ネットワーク・大衆・マーケット

現代社会の複雑な連結性についての推論

David Easley, Jon Kleinberg 著
浅野孝夫・浅野泰仁 訳

NETWORKS
CROWDS
AND MARKETS
Reasoning about a Highly Connected World

共立出版

Networks, Crowds, and Markets
Reasoning about a Highly Connected World

David Easley

Jon Kleinberg

This book is in copyright. Subject to statutory exception
and to the provisions of relevant collective licensing agreements,
no reproduction of any part may take place without
the written permission of Cambridge University Press.

©David Easley and Jon Kleinberg 2010

Japanese language edition published by
KYORITSU SHUPPAN Co. Ltd., ©2013

訳者序文

　最近，ビッグデータ，フェイスブック，ツイッター，ソーシャルネットワーク，インターネットオークション，ウェブ検索，推薦システム，情報カスケード，フラッシュモブ，ニッチな商品のロングテールなどの用語が活発に取り上げられている．本翻訳書は，このようなトピックに関係する David Easley と Jon Kleinberg の著書 "Networks, Crowds, and Markets" の全訳である．訳者が原書の翻訳に至ったのは，2010 年 6 月にケンブリッジで開催された ACM の STOC (Symposium on Theory of Computing) の国際会議において，Cambridge University Press の Lauren Cowles のブースで出版予定の原書の原稿を手に取ったときの新鮮な感銘からである．Jon Kleinberg 教授の "Algorithm Design" に続く 2 冊目の本であるということもさることながら，今やネットワークなしでは社会生活も経済活動も成り立たなくなっていて，このネットワーク社会で起こる現実問題および潜在的問題に対する学際的な新分野の研究に注目して，情報科学・経済学・社会学の総合的な観点から，最新の研究動向に対する系統的な解説を目指して執筆された初めてのテキストでもあったからである．そして，ぜひとも日本の多くの学生や研究者にも，この分野の研究に関心をもってもらいたい，むしろ，もってもらわなければならない，という気持ちで，日本語訳の許可を共立出版に依頼して快諾されたのである．

　インターネットやウェブの急速な発展に伴い，ニュースや情報，感染症，金融危機が猛烈なスピードで全世界に行き渡ることから，現代社会の複雑な連結性（つながり）に対する人々の関心は，この 10 年間でますます大きくなってきている．それは，ネットワークのみならず，個人の欲望（心理）や大衆の集団行動とも関係して，人々を結びつけるリンク構造や，各人の意思決定が他の人の意思決定に微妙な影響を与えることに基づいている．地球規模のこのような展開に促進されて，現代社会の高度に連結された複雑なシステムがどのように動作するのかを科学的に理解しようとする研究から，複数分野の研究交流を通して多岐にわたる研究分野の融合がもたらされてきている．そしてその結果として，複雑な社会的・経済的・技術的システムで起こる現象に焦点を当てた，新しい研究分野の誕生していることが実感されてきている．

　本書は，このようなトピックとそこに横たわる概念（アイデア）の重要性に注目して，コーネル大学で開設された講義から生まれたものであり，以下の特徴を有する．

　1. 現代の高度情報通信社会の基盤となっているネットワーク（高度結合世界）で生じるもろもろの学際的なトピック（新研究分野）を，情報科学・経済学・社会学の総合

的な観点から系統的に解説している初めてのテキストである．
2. 情報科学のみならず，経済学・社会学の学生をも対象とする学部入門レベルのテキストとして用いることを想定しているので，数学的な予備知識を前提とせずに，ネットワークで生じるテーマと問題に対して，取り上げる概念が容易に理解できるように，具体的な例を用いて丁寧に解説している．
3. より高度な内容に興味をもつ読者層も考慮して，多くの章の最後に自己完結の"発展"の節をもうけて，この分野のより高度な理解と研究につながる道をもうけている．したがって，参考文献も充実している．
4. 情報科学・経済学・社会学の広範な分野の学生に対して，本書のいくつかの章の選択により，目的にかなう新分野の講義を多数設定できる．たとえば，
    (a) 現代のコンピューターシステムの設計と動作における経済学的な推論の果たす役割に焦点を当てた情報科学と経済学のインターフェイスとしての講義
    (b) ソーシャルコンピューティングと情報ネットワークのトピックに関する講義
    (c) ネットワークアルゴリズムに関する講義
    (d) ゲーム理論の応用としての講義
    (e) ソーシャルネットワーク解析としての講義
    (f) 大規模ネットワークデータ集合の解析としての講義

などに用いることができる．

　翻訳の作業は，原著者の伝えたいこと（この分野に対する世界観）を読者が正確に把握でき，日本語としても読みやすくなるようにと細心の注意を払いつつ実行した．原書の翻訳に当たり多くの人と機関から協力援助をいただいた．科学研究費からの助成でこの分野の研究調査を円滑に進めることができた．また，Cambridge University Press の Lauren Cowles には，本書の翻訳に対してアドバイスをいただいた．共立出版の石井徹也氏には，原稿を最初から最後まで精読していただき，膨大な量のアドバイスとコメントを頂戴した．そのおかげで，すべての面で本翻訳書は格段に改善できたと確信している．なお，最終的な翻訳に不適切な箇所があればすべて訳者の責任であり，読者からのご意見を歓迎したい．そして，情報科学・経済学・社会学の分野に関わるすべての学生や研究者および現場の開発者に対して，この翻訳書が原書の世界観を楽しく学ぶことのできる有用な道標となることを期待している．

　最後に，訳者の一人の浅野孝夫は，日頃から支えてくれる妻（浅野眞知子）に感謝するとともに，父の坂田等（2009年没，享年89）と母の坂田はしめ（2012年没，享年91）に本書を捧げる．

2013年5月

浅野孝夫
浅野泰仁

序　文

　現代社会の複雑な"連結性"（つながり）に対する人々の関心は，この10年間でますます大きくなってきている．この連結性は様々な状況で成長していることが観察されている．たとえば，インターネットやウェブの急速な発展においても観察されているし，地球規模の通信（コミュニケーション）の容易さにおいても，また，ニュースや情報，伝染病，金融危機が猛烈なスピードで全世界に行き渡ることでも観察されている．さらに，これらの現象は，ネットワークのみならず，個人の欲望（心理）や大衆の集団行動とも関係している．すなわち，これらは人々を結びつけるリンク構造や，各人の意思決定が他の人の意思決定に微妙な影響を与えることに基づいた現象である．

　地球規模のこのような展開に促進されて，高度に連結されたシステムがどのように動作するのかを科学的に理解しようとする研究から，多岐にわたる研究分野の融合がもたらされてきている．いずれの研究分野も，独自の技法と視点に基づいて成果をあげてきたが，複数分野の研究交流を通して，その結果として，様々な種類の興味深い融合が生まれてきている．設計したシステムにおいてはしばしば期せずして複雑性が生じるが，情報科学と応用数学からは，そのような複雑性が発生するメカニズムについての推論の枠組みが構築された．経済学からは，人々の行動が各自の欲望（心理）と他人の行動に対する期待（予想）にどのように影響されるのかについて視点が与えられた．さらに，社会学からは，グループや集団において生じる特徴的な構造と相互作用についての洞察が与えられた．これらのアイデアや成果が統合されて，複雑な社会的・経済的・技術的システムで起こる現象に焦点を当てた，新しい研究分野の誕生していることが実感されてきている．

　本書は，このようなトピックとそこに横たわる概念（アイデア）の重要性に注目して，コーネル (Cornell) 大学で開設された講義から生まれた．その講義は，広範な学生を対象として，新分野の講義を目指した入門レベルのものであった．さらに，トピックの中心となる概念は，いずれも容易に入手できる基本概念であるが，それらはきわめて多くの研究分野にまたがっている．したがって，本書の主目標は，本質的なアイデアを単一の系統的な方法で取り上げ，前提知識をできるだけ仮定しないで，解説することであると言える．

　概観　本書は，学部初級レベルの教科書として用いることを想定している．したがって，微分積分学の知識を前提とせず，数学の基本的な定義を無理なく理解することができれば十分であり，それ以外の前提知識はいっさい不要である．入門レベルを維持するため

に，多くのアイデアは，具体的な例題を用い，特殊なケースに当てはめて説明している．もちろん，目標は一般のケースでも成立する複雑な概念や定理を理解することであるが，本質的なアイデアはそのまま通用するような単純な形式で解説することに努めている．

さらに，コーネル大学の講義ではこれらのトピックにさらなる興味を持つ学生も多く見受けられたので，本書の実際の利用においては，単に入門的な定式化に留まらず，これらのトピックのより高度な成果につながる道も与えることが有効であると考えた．そこで，多くの章の終わりに "発展" (advanced material) としてオプショナル（選択可能な）節を設けている．これらの節は，本書の他の節とは（レベル的には）本質的に異なる．ある発展の節ではより高度な数学を用い，概念的にもかなり複雑な，挑戦的なレベルの記述になっている．したがって，さらなる数学的予備知識も必要となるが，これらの節はそれ自身で完結している．すなわち，本書のそれ以外のどの部分も，発展の節には依存していないので，これらは完全にオプショナルである．

大要 本書の第1章では，取り上げるトピックと問題点の概観をかなり詳細に与えている．そこで，ここでは本書で焦点を当てる研究分野の簡単な概要を与える．

本書は7部からなり，各部は三つか四つの章で構成されている．第I部と第II部では，ネットワークと行動の研究土台となる二つの理論，すなわちグラフ理論とゲーム理論を議論する．グラフ理論はネットワークの構造を研究するものであり，ゲーム理論は，人々の意思決定が他の人の意思決定に影響を与える環境での，行動のモデルを定式化するものである．第III部では，これらの概念（グラフ理論とゲーム理論）を用いて，マーケットのネットワーク構造解析を行い，そのようなネットワークにおけるパワー（権力）の概念を与える．第IV部では，情報ネットワークとしてのワールドワイドウェブ (World Wide Web) とウェブ検索および現在検索産業の中心に位置するウェブマーケットの発展について議論する．第V部と第VI部では，人々が他の人の意思決定からどのように影響を受けるかも含めて，ネットワークやグループ内で起こる，いくつかの基本的なプロセスのダイナミクスを取り上げる．とくに，第V部では集団としてのスケールでこのトピックを取り上げ，個人と集団の間の相互作用をモデル化する．第VI部では，ネットワーク構造の解析を継続して取り上げ，よりきめ細かいレベルで解析を行う．すなわち，ネットワーク上での他からの影響に対する問題から始め，検索プロセスと感染のダイナミクスを議論する．最後に，第VII部では，本書で取り上げた現象のいくつかを有効に形態化するメカニズムとして，マーケット，投票システム，財産権といった基本的な社会的制度をどのように解釈できるかについて考察する．

本書の利用法 本書は教育用に設計されたが，これらのトピックに関心があり，さらに深いレベルまで個人的に研究したいという読者にも適している．

本書を用いて様々なコースを教えることができる．コーネル大学で著者らが担当したコースでは，履修者が様々な分野を専攻していて，前提知識としてのバックグラウンドも大きく異なっていた．そこで，履修者の多様性を考慮して，本書は初級レベルの内容を中心にしている．現在，著者らのコースでは，各章の内容を部分的に取り上げている．具体的には，各週のおおよそのスケジュールは以下のとおりである．（1回50分の講義が毎週

3回行われる．ただし，第6週と第7週は2回のみである．また，各回の講義では，必ずしもそれらの節の詳細まで講義できたわけではない．）

第1週：第1章；2.1〜2.3節；3.1〜3.3節, 3.5節；4.1節
第2週：5.1〜5.3節；6.1〜6.4節；6.5〜6.9節
第3週：8.1, 8.2節；9.1〜9.6節；10.1, 10.2節
第4週：10.3節；10.4, 10.5節；11.1, 11.2節
第5週：11.3, 11.4節；12.1〜12.3節；12.5, 12.6節
第6週：12.7, 12.8節；13章
第7週：14.1, 14.2節；14.3, 14.4節
第8週：15.1, 15.2節；15.3, 15.4節；15.5, 15.6, 15.8節
第9週：16.1, 16.2節；16.3, 16.4節；16.5〜16.7節
第10週：17.1, 17.2節；17.3〜17.5節；18章
第11週：19.1, 19.2節；19.3節；19.4, 19.6節
第12週：22.1〜22.4節；22.5〜22.9節；7.1〜7.4節
第13週：20.1, 20.2節；20.3〜20.6節；21.1〜21.5節
第14週：23.1〜23.5節；23.6〜23.9節；第24章

これ以外にも，本書によるコースが多数考えられるので例を挙げる．第一に，情報科学と経済学のインターフェースの役割を果たす目的で，多くのコースが展開されている．そのようなコースでは，とくに，現代のコンピューターシステムの設計と動作において，経済学的な推論の果たす役割に焦点が当てられている．そのようなコースでも，本書は何通りかの方法で利用できる．まず，四つの章を基礎として与える．すなわち，第2章でグラフを，第6章でゲームを，第9章でオークションを，第10章でマッチングマーケットを与える．その後，より多くの題材を取り上げるコースでは，第II部と第III部の残りと，第IV部と第V部のすべてと，第19章と第VII部の一部を取り上げることができる．主としてオークション，マーケット，およびこれらの概念のオンライン応用を取り上げる短期集中コースでは，第2, 6, 9, 10, 13, 15, 17, 18, 22章と第11, 12, 14, 16, 19章の一部で構成することもできる．さらに，これらのコースが，より高度なレベルの教育に対応するときには，これらの章の多くにある発展の節も適切な題材になる．すなわち，コースのレベルに正確に対応して，それぞれの章の最後の発展の節を，より高度な解析につながる形で用いることができる．

さらに，ソーシャルコンピューティングと情報ネットワークのトピックに関する新しいコースも展開されてきている．この種のコースでも本書は利用できる．その場合，第2〜6, 13, 14, 17〜20, 22章に重点を置くとよい．そのようなコースの多くでは，スポンサー付き検索マーケットをウェブサービスの一つとして取り上げることもできる．そのときには，第9, 10, 15章を加えればよい．もちろんここでも，コースのレベルによっては，発展の節が重要な役割を果たす．

最後に，より広範なトピックにまたがるコースの自己完結形のモジュールとしても，本書の一部を利用できる．いくつかの例を挙げよう．2.3, 3.6, 5.5, 8.3, 10.6, 14.2, 14.3, 14.6, 15.9, 20.3, 20.4, 20.7節からなる内容を，ネットワークアルゴリズムに関するモジュールと

して構成できる．ゲーム理論の応用では，第6～9, 11章，および12.9, 15.3～15.6, 19.3, 19.5～19.7, 23.7～23.9節からなる内容を，モジュールとして構成できる．ソーシャルネットワーク解析では，第2～5章，12.1～12.3, 12.5～12.8節，第18～20章からなる内容を，モジュールとして構成できる．大規模ネットワークデータ集合の解析では，2.3, 3.2, 3.3, 3.6, 4.4, 5.3, 13.3, 13.4, 14.2～14.5, 18.2, 18.5, 20.5節からなる内容を，モジュールとして構成できる．なお，これらのモジュールは，グラフとゲームを基本ツールとして用いているものが多い．したがって，これらのトピックに不慣れな学生は，自己完結形で記述されている第2章のグラフと第6章のゲームを，入門用の解説として用いることができる．

謝辞 本書は，コーネル大学の情報科学と社会科学間のきわめて良好な共同研究の環境のもとで執筆された．共同研究は，まずNSF（国家科学補助金）の援助に基づくLarry Blume, Eric Friedman, Joe Halpern, Dan Huttenlocher, Eva Tardosによるプロジェクトで始まり，その後LarryとDan，およびJohn Abowd, Geri Gay, Michael Macy, Kathleen O'Conner, Jeff Prince, David Strangのメンバーからなる，コーネル大学社会科学研究所のネットワークに関するキャンパス内プロジェクトで引き継がれた．本書の題材は，学際的な同僚の研究者集団および身近な共同研究者から習得した視点と方法論，すなわち，これらのプロジェクトのトピックを探究し議論する方法，に基づいてまとめられたものである．

本書の基礎になったコースは，部分的には，コーネル大学の上記のプロジェクトの議論を通して生まれ，成長したものである．実際，著者らは大学院のそれぞれの講義で，本書の異なる部分を別々に展開していた．また，ペンシルバニア大学のMichael Kearnのネットワークライフのコースでは，学部初級レベルの学生に対しても，ネットワークに関する題材がきわめて大きな反響をもたらし，好評を博すことも，立証されていた．これまで一緒にまとめられることのなかった異なる分野の視点と方法論を統合して本書を執筆することは，非常に魅力的であった．実際，この執筆過程は，コースの履修者のみならず，著者らにも有益であった．このように，この新しい学際的なコースの創設とその教育は，著者らの属する情報科学と経済学からのサポートと，コーネル大学のSolomon基金からのサポートで初めて可能になったものである．

本書の最初のドラフト版ができてから，多くの同僚に実際に講義で利用してもらった．そして，膨大な量のコメント，提案，および感想をいただいた．そのおかげで本書をさらに改善することができた．とくに，Daron Acemoglu (MIT), Lada Adamic (Michigan), Allan Borodin (Toronto), Noshir Contractor (Northwestern), Jason Hartline (Northwestern), Nicole Immorlica (Northwestern), Ramesh Johari (Stanford), Samir Khuller (Maryland), Jure Leskovec (Stanford), David Liben-Nowell (Carleton), Peter Monge (USC), Asu Ozdaglar (MIT), Vijay Ramachandran (Colgate), R. Ravi (CMU), Chuck Severance (Michigan), Aravind Srinivasan (Maryland) およびLuis von Ahn (CMU) には，名前を挙げてここで感謝する．また，コーネル大学大学院および学部のこのテーマの講義におけるTA (teaching assistant) として，Alex Ainslie, Lars Backstrom, Jacob Bank, Vlad Barash, Burak Bekdemir, Anand Bhaskar, Ben Cole, Bistra Dilkina, Eduard Dogaru, Ram Dubey, Ethan Feldman, Ken Ferguson, Narie Foster, Eric Frackleton, Christie Gibson, Vaibhav Goel,

Scott Grabnic, Jon Guarino, Fahad Karim, Koralai Kirabaeva, Tian Liang, Austin Lin, Fang Liu, Max Mihm, Sameer Nurmohamed, Ben Pu, Tal Rusak, Mark Sandler, Stuart Tettemer, Ozgur Yonter, Chong-Suk Yoon および Yisong Yue は, 多くの手伝いをしてくれた. ここで感謝する. さらに, ドラフト版を講義に利用してくれた人以外でも, 多くの人から本書に関して詳細なコメントをいただいた. そのおかげで本書をさらに改善することができた. とくに, Lada Adamic, Robert Kerr, Evie Kleinberg, Gueorgi Kossinets, Stephen Morris, David Parkes, Rahul Sami, Andrew Tomkins および Johan Ugander に, ここで感謝する. このプロジェクトの進行中, 上記の同僚以外に, Bobby Kleinberg, Gene Kleinberg, Lillian Lee, Maureen O'Hara, Prabhakar Raghavan および Steve Strogatz からも有用なアドバイスや提案をいただいたので, ここで感謝する.

ケンブリッジ大学出版局 (Cambridge University Press) の編集部の人たちとの協働は, きわめて楽しいことであった. とくに, 担当者の Lauren Cowles からは, 多くの驚嘆に値するアドバイスと手助けをいただいた. また, Scott Parris と David Tranah は, このプロジェクトに貢献してくれた. Aptara の Peggy Rote と彼女の同僚は, 本書の出版に尽力してくれた. これらの人に心から感謝する.

最後に, 絶えることのないサポートとすべての面で手助けをしてくれた著者らそれぞれの家族に, 心より感謝する.

David Easley（デイビッド・イースリー）
Jon Kleinberg（ジョン・クラインバーグ）

2010 年, ニューヨーク州イサカにて

目　次

第1章　本書の概観　　1
1.1　ネットワークの景観　　2
1.2　中心的なテーマとトピック　　7

第Ⅰ部　グラフ理論とソーシャルネットワーク　　19

第2章　グラフ　　21
2.1　基本的な定義　　21
2.2　パスと連結性　　23
2.3　距離と幅優先探索　　30
2.4　ネットワークデータ集合：概観　　37
2.5　演習問題　　41

第3章　強い絆と弱い絆　　44
3.1　三者閉包　　45
3.2　弱い絆の強さ　　47
3.3　大規模なデータ集合における絆の強さとネットワークの構造　　53
3.4　絆の強さとソーシャルメディアと受動的参加　　55
3.5　閉包と構造的空洞と社会的資本　　60
3.6　発展：仲介数とグラフ分割　　64
3.7　演習問題　　77

第4章　周囲環境を考慮したネットワーク　　79
4.1　同種親和性　　79
4.2　同種親和性に横たわるメカニズム：選択と社会的影響　　83
4.3　所属構造　　86
4.4　オンラインデータにおけるリンク形成の追跡　　90
4.5　分離形成の空間的モデル　　100
4.6　演習問題　　108

第 5 章　正の関係と負の関係　110

- 5.1 構造的平衡性 ……………………………………………………… 110
- 5.2 平衡的ネットワーク構造の特徴付け …………………………… 113
- 5.3 構造的平衡性の応用 ……………………………………………… 116
- 5.4 弱い形式の構造的平衡性 ………………………………………… 119
- 5.5 発展：構造的平衡性の定義の一般化 …………………………… 123
- 5.6 演習問題 …………………………………………………………… 137

第 II 部　ゲーム理論　141

第 6 章　ゲーム　143

- 6.1 ゲームとは ………………………………………………………… 144
- 6.2 ゲームにおける行動についての推論 …………………………… 146
- 6.3 最善反応と支配戦略 ……………………………………………… 151
- 6.4 ナッシュ均衡 ……………………………………………………… 154
- 6.5 複数の均衡：協調ゲーム ………………………………………… 156
- 6.6 複数の均衡：鷹と鳩のゲーム …………………………………… 160
- 6.7 混合戦略 …………………………………………………………… 162
- 6.8 混合戦略：例と実験的分析 ……………………………………… 167
- 6.9 パレート最適性と社会的最適性 ………………………………… 172
- 6.10 発展：被支配戦略と動的ゲーム ………………………………… 174
- 6.11 演習問題 …………………………………………………………… 189

第 7 章　進化論的ゲーム理論　199

- 7.1 相互作用の結果としての適合性 ………………………………… 200
- 7.2 進化論的安定戦略 ………………………………………………… 201
- 7.3 進化論的安定戦略の一般的記述 ………………………………… 206
- 7.4 進化論的安定性とナッシュ均衡の関係 ………………………… 208
- 7.5 進化論的に安定な混合戦略 ……………………………………… 210
- 7.6 演習問題 …………………………………………………………… 216

第 8 章　ゲーム理論によるネットワークトラフィックのモデリング　219

- 8.1 均衡におけるトラフィック ……………………………………… 219
- 8.2 ブレイスのパラドックス ………………………………………… 221
- 8.3 発展：均衡におけるトラフィックの社会的コスト …………… 223
- 8.4 演習問題 …………………………………………………………… 233

第 9 章　オークション　238

- 9.1 オークションの種類 ……………………………………………… 238

- 9.2 オークションが適切なときとは？ ･････････････････ 240
- 9.3 様々な形式のオークション間の関係 ････････････････ 241
- 9.4 第二価格入札オークション ････････････････････ 244
- 9.5 第一価格入札オークションと他の形式のオークション ････････ 247
- 9.6 共通価値と勝者の呪い ･････････････････････ 248
- 9.7 発展：第一価格入札オークションと全額支払いオークションでの入札戦略 ･ 250
- 9.8 演習問題 ･･･････････････････････････ 258

第 III 部　マーケットとネットワークにおける戦略的相互作用　265

第 10 章　マッチングマーケット　267

- 10.1 二部グラフと完全マッチング ･･･････････････････ 267
- 10.2 価値評価と最適割当て ･････････････････････ 271
- 10.3 価格とマーケット完売性 ････････････････････ 273
- 10.4 マーケット完売価格の集合の構成 ････････････････ 277
- 10.5 単一商品オークションとの関係 ･････････････････ 281
- 10.6 発展：マッチング定理の証明 ･･････････････････ 282
- 10.7 演習問題 ･･･････････････････････････ 290

第 11 章　仲介が存在するマーケットのネットワークモデル　298

- 11.1 マーケットにおける価格設定 ･･････････････････ 298
- 11.2 ネットワーク上での取引モデル ･････････････････ 301
- 11.3 取引ネットワークにおける均衡 ･････････････････ 308
- 11.4 さらなる均衡現象：オークションと波及効果 ･････････････ 312
- 11.5 取引ネットワークにおける社会的幸福 ･･･････････････ 316
- 11.6 取引者の利得 ･･･････････････････････ 317
- 11.7 仲介が存在する取引についてのまとめ ･･･････････････ 320
- 11.8 演習問題 ･･･････････････････････････ 320

第 12 章　ネットワークにおける交渉とパワー　324

- 12.1 ソーシャルネットワークにおけるパワー ･･････････････ 324
- 12.2 パワーと交換の実験的研究 ････････････････････ 327
- 12.3 ネットワーク交換の実験結果 ･･･････････････････ 329
- 12.4 販売人と購買人からなるネットワークと交換ネットワークとの関係 ･････ 332
- 12.5 2 人相互作用のモデリング：ナッシュ交渉解 ･････････････ 334
- 12.6 2 人相互作用のモデリング：最終提案ゲーム ･････････････ 336
- 12.7 ネットワーク配分のモデリング：安定結果 ･････････････ 338
- 12.8 ネットワーク配分のモデリング：平衡的な結果 ･････････････ 342
- 12.9 発展：交渉へのゲーム理論的アプローチ ･･････････････ 346
- 12.10 演習問題 ･･････････････････････････ 353

第 IV 部　情報ネットワークとワールドワイドウェブ　357

第 13 章　ウェブの構造　359
- 13.1　ウェブ　359
- 13.2　情報ネットワークとハイパーテキストと連想記憶　362
- 13.3　有向グラフとしてのウェブ　367
- 13.4　ウェブの蝶ネクタイ構造　370
- 13.5　Web 2.0 の出現　374
- 13.6　演習問題　377

第 14 章　リンク解析とウェブ検索　379
- 14.1　ウェブの検索：ランク付け問題　379
- 14.2　ハブとオーソリティを用いたリンク解析　381
- 14.3　PageRank　387
- 14.4　現代のウェブ検索におけるリンク解析の応用　393
- 14.5　ウェブを超えた応用　395
- 14.6　発展：スペクトル解析・ランダムウォーク・ウェブ検索　398
- 14.7　演習問題　409

第 15 章　スポンサー付き検索のマーケット　414
- 15.1　検索行動に結びつけられた広告　414
- 15.2　マッチングマーケットとしての広告　417
- 15.3　マッチングマーケットにおける真の評価の入札の推奨：VCG 原理　421
- 15.4　VCG メカニズムの解析：支配戦略としての真の申告　426
- 15.5　一般化第二価格入札オークション　428
- 15.6　一般化第二価格入札オークションの均衡　433
- 15.7　広告の品質　436
- 15.8　複合的クエリーとキーワード間の相互作用　438
- 15.9　発展：VCG 価格とマーケット完売性　439
- 15.10　演習問題　454

第 V 部　ネットワークダイナミクス：集団モデル　457

第 16 章　情報カスケード　459
- 16.1　群衆化　459
- 16.2　単純なカスケード実験　461
- 16.3　ベイズの法則：不確実性のもとでの意思決定モデル　465
- 16.4　情報カスケードの実験におけるベイズの法則　469
- 16.5　カスケードの単純な一般的モデル　472
- 16.6　逐次意思決定とカスケード　476
- 16.7　カスケードからの教訓　479

16.8	演習問題	481

第17章　ネットワーク効果　　485

17.1	ネットワーク効果がない経済	486
17.2	ネットワーク効果があるときの経済	489
17.3	安定性・不安定性・転換点	492
17.4	マーケットの動的な景観	494
17.5	ネットワーク効果を持つ商品の販売企業	499
17.6	個人的効果と集団レベルの効果の混合	502
17.7	発展：負の外部性とエルファロルバー問題	506
17.8	演習問題	513

第18章　べき乗則と富めるものがますます富む現象　　516

18.1	ネットワーク現象としての人気	516
18.2	べき乗則	518
18.3	富めるものがますます富むモデル	519
18.4	富めるものがますます富む効果の予測不可能性	522
18.5	ロングテール現象	524
18.6	検索ツールと推薦システムの効果	526
18.7	発展：富めるものがますます富むプロセスの解析	527
18.8	演習問題	532

第VI部　ネットワークダイナミクス：構造的モデル　　535

第19章　ネットワークにおけるカスケード行動　　537

19.1	ネットワークでの拡散	537
19.2	ネットワークを介する普及のモデル化	539
19.3	カスケードとクラスター	546
19.4	普及としきい値と弱い絆の役割	550
19.5	カスケードの基本モデルの一般化	553
19.6	知識としきい値と集団活動	555
19.7	発展：カスケード容量	559
19.8	演習問題	574

第20章　スモールワールド現象　　580

20.1	6次の隔たり	580
20.2	構造とランダム性	581
20.3	分散化検索	585
20.4	分散化検索のプロセスのモデル化	587
20.5	実験的解析と一般化モデル	590
20.6	分散化検索における核−周辺構造と困難性	596

- 20.7 発展：分散化検索の解析 ……………………………………… 598
- 20.8 演習問題 ……………………………………………………… 608

第21章　伝染病　610

- 21.1 病気の感染ネットワーク ……………………………………… 610
- 21.2 分枝プロセス ………………………………………………… 612
- 21.3 SIR 感染モデル ……………………………………………… 615
- 21.4 SIS 感染モデル ……………………………………………… 620
- 21.5 同期性 ………………………………………………………… 622
- 21.6 一時的な接触と同時並行性の危険 …………………………… 626
- 21.7 系図学と遺伝子継承とミトコンドリアイブ ………………… 629
- 21.8 発展：分枝プロセスと併合プロセスの解析 ………………… 635
- 21.9 演習問題 ……………………………………………………… 647

第VII部　制度と集約行動　649

第22章　マーケットと情報　651

- 22.1 外生的な事象のマーケット …………………………………… 652
- 22.2 競馬と賭博と確信 ……………………………………………… 654
- 22.3 集約化された確信と"大衆の知恵" …………………………… 659
- 22.4 予測マーケットと株式市場 …………………………………… 663
- 22.5 内生的な事象のマーケット …………………………………… 666
- 22.6 ポンコツ車のマーケット ……………………………………… 668
- 22.7 他のマーケットにおける非対称的な情報 …………………… 673
- 22.8 品質を知らせるシグナル ……………………………………… 677
- 22.9 不確定性のあるオンラインでの品質：評判システムと他のメカニズム … 678
- 22.10 発展：マーケットにおける財のダイナミクス ……………… 681
- 22.11 演習問題 ……………………………………………………… 688

第23章　投　票　693

- 23.1 グループの意思決定のための投票 …………………………… 693
- 23.2 個人の選好 …………………………………………………… 695
- 23.3 投票システム：多数決ルール ………………………………… 697
- 23.4 投票システム：順位投票 ……………………………………… 703
- 23.5 アローの不可能性定理 ………………………………………… 706
- 23.6 単峰型選好と中位投票者定理 ………………………………… 708
- 23.7 情報集約の一形式としての投票 ……………………………… 713
- 23.8 情報集約に対する不誠実投票 ………………………………… 716
- 23.9 陪審判決と全員一致ルール …………………………………… 718
- 23.10 逐次投票と情報カスケードとの関係 ………………………… 723

23.11　発展：アローの不可能性定理の証明 ……………………………… 724
　　23.12　演習問題 ……………………………………………………………… 730

第 24 章　財産権　732

　　24.1　外部性とコースの定理 ……………………………………………… 732
　　24.2　共有地の悲劇 ………………………………………………………… 737
　　24.3　知的財産 ……………………………………………………………… 739
　　24.4　演習問題 ……………………………………………………………… 743

参考文献　745

索　引　765

第 1 章

本書の概観

　現代社会の複雑な"連結性"（つながり）に対する人々の関心は，この 10 年間においてますます大きくなってきている．この関心の中心にあるのが，ネットワーク (network) の概念，すなわち，対象物間の相互結合のパターンの概念である．そして，莫大で多岐にわたるトピック（話題）に関する議論と論評で，ネットワークが取り上げられている．ネットワークが取り上げられる文脈や内容の多様性は，実際，計り知れないほど大きいので，初めにネットワークの顕著な例を少し示し，そのあとで正確な定義を与えるのがよいと思われる．

　第一に，社会生活空間におけるソーシャルネットワークが挙げられる．この友人間の社会的結びつき（つながり）を表現するソーシャルネットワークは，技術革新により，遠く離れたところへの移動，全世界的な規模のコミュニケーション，デジタル対話なども可能になって，歴史的に眺めても複雑性が着実に増してきている．直近の半世紀では，これらのソーシャルネットワークが，地理的制約から猛烈な勢いで解放されて，全世界に波及するスケールになっている．すなわち，地域に密着する伝統的な構造は弱まったものの，その一方で別の次元につながる構造を持つようになったのである．

　日常的に利用する情報についても，同様のネットワーク構造が観察されている．これらのネットワークも，視点，信頼性，宣伝効果の観点から非常に多岐にわたる一連の情報ソースであふれかえっている状況で，出版社，報道機関，研究教育機関などから提供される高品質な情報が埋没するまでに，複雑性を増してきている．このような環境では，どの一片の情報の解釈も，大きなネットワークの内部で，それがどのようにして得られ，他の情報をどのように参照しているかによって大きく変わるのである．

　技術システムや経済システムも，きわめて複雑なネットワークを形成するようになってきている．したがって，これらのシステムの動作は，推論するのが困難であるばかりでなく，手を加えて調整するのも大きな危険を伴うものになっている．そして，基盤のネットワーク構造内で局所的に生じる故障や麻痺などから連鎖反応が生じて，ネットワーク全体の故障や金融危機へと陥るケースも生じている．

　他の形式のネットワークも考えることができ，同様に様々な議論も行われている．全世界規模のメーカーは製品供給のネットワークを持ち，ウェブサイトはユーザーのネットワークを持ち，メディア会社は広告主のネットワークを持っている．そのようなネットワークの形成においては，ネットワークそのものの構造に関するよりも，むしろ中央当局

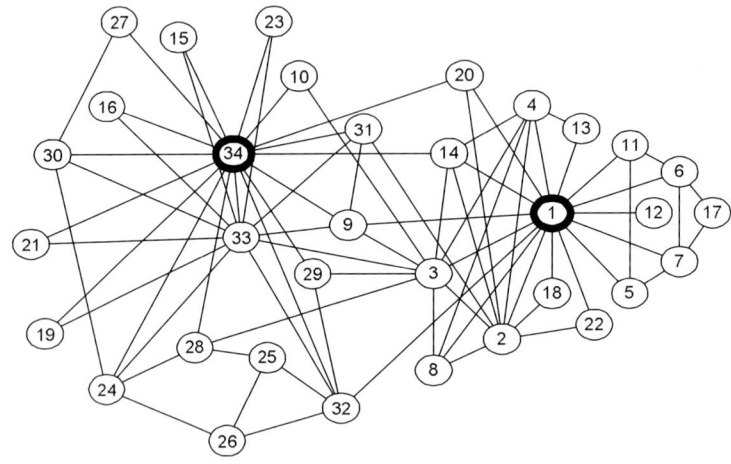

図1.1 34人からなる空手クラブ内での友人関係のソーシャルネットワーク [421]．（出典：Journal of Anthropological Research）

からの規制行動に対して予想もしないような反応を見せる広範な利用者の存在から生じる複雑さに，しばしば強調が置かれている．同様に，国際紛争に関する用語も，これを反映するようになった．たとえば，アメリカ大統領がスピーチで国策として掲げる軍の役割は，以前は二つの対立国家に関する問題の解決であったが，現在は「テロリストネットワークに対峙する広く適応可能な作戦」[296] や「暴力と憎悪のネットワークとの限りない戦い」[328] へと徐々に変化してきている．

1.1 ネットワークの景観

これらのすべての問題点を取り上げて，より正確なレベルでまとめるとすると，ネットワークをどのように考えるべきであろうか？ 最も基本的な意味では，ネットワークは，対象物の集合であり，これらの対象物の対（二つの対象物）のいくつかが**リンク (link)** で結ばれているものと考えることができる．この定義は非常に柔軟である．リンクは，状況設定に応じて，様々な関係やつながりで定義されるからである．

この柔軟性により，これまで議論してきたネットワークも含めて，多くの領域でネットワークを簡単に見つけることができる．図1.1は，ネットワークがどのように見えるのかについての最初の例である．この図は，1970年代に人類学者の Wayne Zachary（ウェイン・ザカリー）が研究に用いた，大学空手クラブの34人の部員で構成されるソーシャルネットワークを示している．各部員は小円で表され，2人の部員を結ぶ線はその2人が互いに空手クラブのメンバーであるだけでなく，個人的な友人関係にあることを表している．本書では，通常，ネットワークをこの例のように描く．すなわち，二つの対象物の間のリンクを線で表す．

本章では，図1.1のネットワークや，図1.2～1.4のより大きいネットワークの例などからどのようなことが学べるかについて，後に議論する．これらのより大きいネットワーク

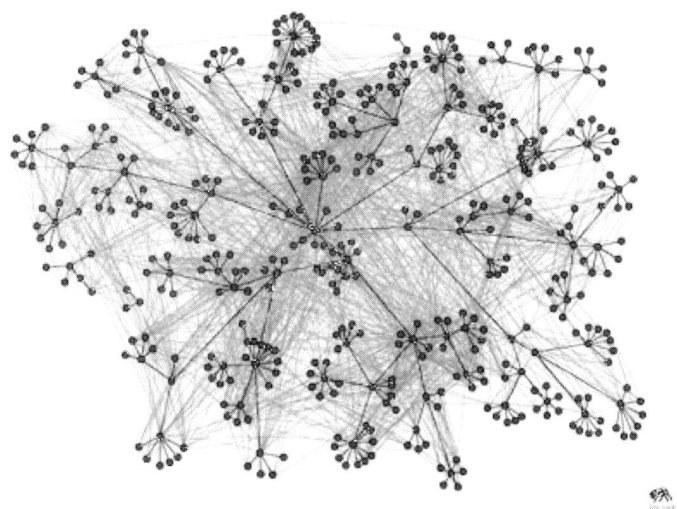

図 1.2 オンラインデータに記録された電子メール交換に基づくソーシャルネットワーク．これは，ヒューレット・パッカード研究所の 436 人の従業員の間の電子メール交換のパターンを，職場の組織階層図の上に描いたものである [6]．（出典：Elsevier Science and Technology Journals. http://www-personal.umich.edu/~ladamic/img/hplabsemailhierarchy.jpg）

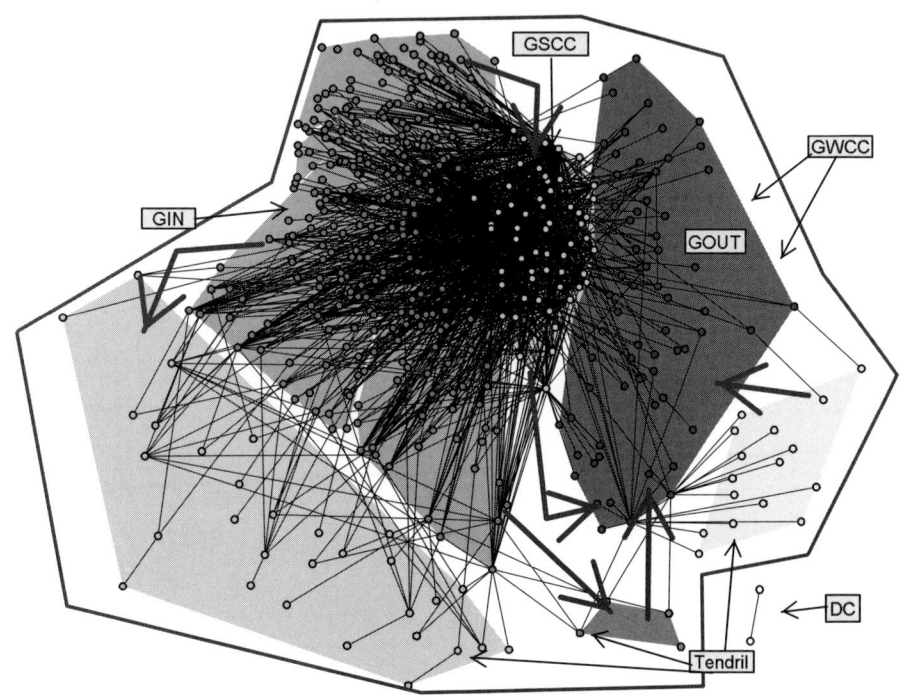

図 1.3 金融機関同士の貸借のネットワーク．これは，金融システムにおいて参加者が果たす役割と，それらの役割が個々の参加者および全体システムの健全性に及ぼす影響を分析するのに用いることができる．第 13 章で記述する理論に基づいて，このネットワークは，その密集する核の存在をはっきりと示している．（出典：Bech and Atalay [50]）

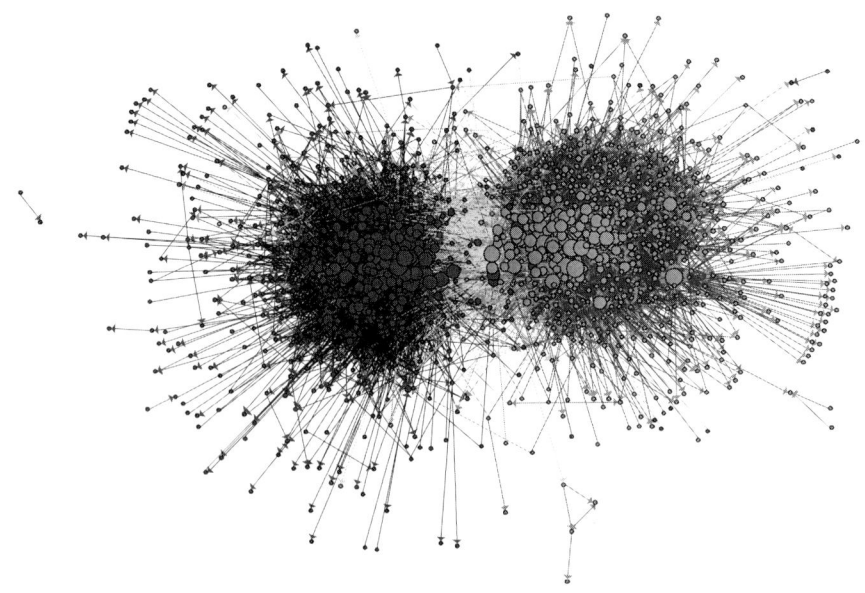

図1.4 ウェブ上でのブログのネットワーク．これは，2004年の米国大統領選挙に先立つ政治的なブログのネットワーク構造である．この図から，ページ間にリンクが高密度に張られたコミュニティと突出したサイトの存在が読み取れる．すなわち，二つの自然で明確に分離されたクラスターの存在を示している [5]．（出典：Association for Computing Machinery. http://www-personal.umich.edu/~ladamic/img/politicalblogs.jpg）

の例は，ある一つの企業内での従業員同士の電子メール交換のネットワーク（図1.2），複数の金融機関同士の貸借のネットワーク（図1.3），およびウェブ上でのブログ間のリンク（図1.4）である．いずれの場合も，リンクは二つの対象物が結ばれていることを示している．すなわち，それぞれのネットワークでは，電子メールを交換した2人の従業員，貸借関係にある二つの金融機関，ウェブ上でリンクが張られている二つのブログを線で結んで示している．

これらの図をざっと眺めただけで，そのネットワーク構造固有の複雑さの存在をすぐにいくつか理解することができる．全体のネットワークを簡潔にまとめることは，通常難しい．もちろん，ある部分はいくぶん高密度に結合しているとか，ある部分はほとんどすべてにリンクが張られていて中心的な"核"をなしているとか，きつく結合された複数の領域に自然に分割できるなどと指摘することはできる．ネットワークの参加者は，より中心的であるときもあるし，より周辺的であることもある．また，複数のきつく結合された領域の境界にまたがっていることもあるし，きつく結合された一つの領域の中央にいるときもある．このようなネットワークの典型的な構造的特徴について話すための言語を開発することは，そのような特徴を理解するための重要な第一歩であると言える．

行動とダイナミクス しかし，ネットワークの構造は単に出発点にすぎない．複雑なシステムの"連結性"について話そうとすると，一般には，二つの関連する問題を真に取り上げなければならないことになる．一つは，誰と誰が結合されているのかという構造のレベルでの連結性である．もう一つは，**行動** (behavior) のレベルでの連結性である．すなわ

ち，各個人の行動がシステム全員のこれからの結果に潜在的に影響を与えるという事実である．

したがって，これは，ネットワークの構造を議論するための言語に加えて，ネットワーク内部での行動と相互作用について推論する枠組みも必要であることを意味する．そして，ネットワークの基礎となる構造が複雑であるのと同様に，ネットワークを構成するメンバーが絡み合う行動も複雑である．個人が良い結果を達成したいという強い誘因があるならば，得られる結果が，他人がどのように行動するかに依存することだけでなく，自分のとろうとしている行動が他人に与える影響も考慮していかなければならない．したがって，ネットワークの状況下での行動のモデルでは，戦略的な行動と戦略的な推論を考慮に入れなければならない．

ここで注意すべき基本的な点は以下のとおりである．すなわち，ネットワークの状況設定のもとでは，自分の行動の評価においては，自分1人だけの行動に分離して考えるのではなくて，ネットワークに属する他人が自分の行動によってどのように反応するのかも考慮しなければならないということである．これは，因果関係がきわめて複雑になりうることを意味する．製品，ウェブサイト，あるいは政府プログラムにおいて何らかの変更を行う際に，他はすべて変わらないという仮定に基づいた評価が良さそうに思えても，実際には，そのような変更をすることにより，ネットワークを横断する他の変更が予想外に誘起されることもありうるのである．

さらに，ネットワーク全体を見ることができるかどうかにかかわらず，そのような影響は起こりうる．多数の人からなるグループがきつく密に相互接続されているときには，集団レベルでのみ明らかになっていることであるが，たとえこれらの影響が，全体像がはっきりしないネットワークから及ぼされるにしても，人々はしばしば複雑な反応をする．たとえば，新製品，ウェブサイトあるいは有名人が突出して脚光を浴びるようになるメカニズムを考えてみよう．図 1.5 と図 1.6 は，それぞれソーシャルメディアサイトの YouTube と Flickr の人気が過去数年間で上昇している様子を示している．これらの図から，新しい技術革新への理解と採用の増加が集団全体を通して総合的に見えてくる．そのような成功につながる基盤となるメカニズムは何であろうか？これらの状況でしばしば用いられる標準的な説明は，以下のようなものある．金持ちはより金持ちになり，勝者はすべてを手に入れ，小さな有利が臨界点に達するまで拡大成長し，そして，新しい考えは"ウイルス"と同じように（全体に影響を及ぼすほどの）注目を浴びる．しかし，金持ちは必ずしもより金持ちにならないし，小さな有利は成功に必ずしもつながらない．Facebook（フェイスブック）のように栄えるソーシャルネットワークサイトもあるし，SixDegrees.com のように消えるサイトもある．これらのプロセスがどのように機能するのか，また，多くの人々の，相互に影響を及ぼす行動を通してこれらのプロセスがどのように実現されるのかを理解するためには，集団での行動のダイナミクスを研究することが必要である．

概念の一体化 高度に結合されたシステムを理解するには，ネットワーク構造，戦略的な行動，大きな集団で生じるフィードバック効果についての推論を可能にする一連の概念が必要である．これらの概念は，伝統的に様々な研究分野で分散して用いられてきた．しかし，ネットワークに対する一般の関心が増加するに伴って，ネットワーク研究のトピッ

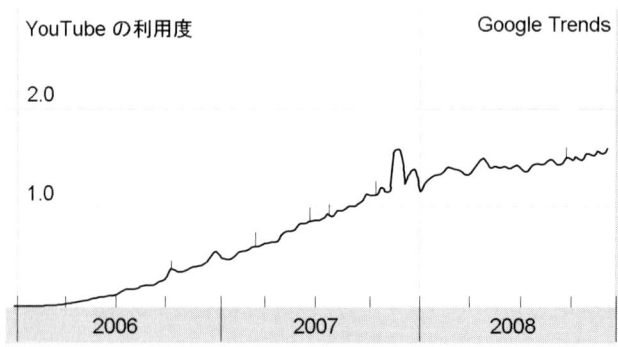

図 1.5 YouTube の人気が上昇する様子．集団における多くの個人の行動のフィードバック効果を通して，新製品，テクノロジー，技術革新が突出するほど脚光を浴びるようになる特徴が，これから読み取れる．この図は Google Trends のサイト (http://www.google.com/trends?q=youtube) から引用したもので，YouTube に対してなされた Google 検索の回数を月日の経過とともに示している．縦軸上の単位はこのサイトからの出力に基づいて正規化している．

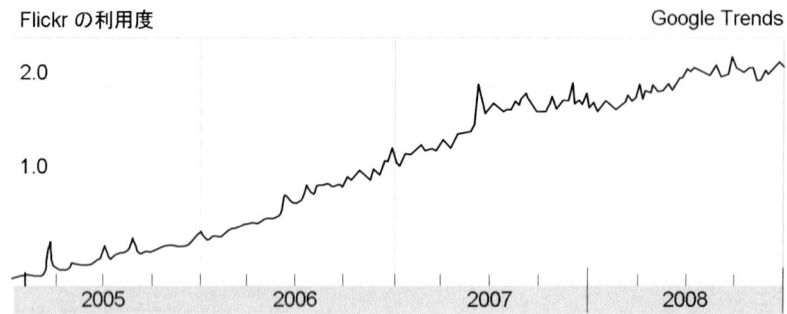

図 1.6 ソーシャルメディアサイト Flickr の人気上昇の様子．図 1.5 と同種の図である．人気の上昇は，YouTube を含む他の人気サイトと非常に類似したパターンを持っている．（出典：Google Trends. http://www.google.com/trends?q=flickr）

クに関して，複数の科学研究分野が一緒になって取り組むようになってきている．これらの分野は，議論のための重要な概念を個別に発展させてきたが，ネットワーク研究の完全な理解には，それらのすべての視点を統合することが必要であると思われる．

本書の主たる達成目標は，伝統的に個別に追究されてきたアプローチを融合して，そのような統合をもたらすことを手助けすることである．そこで，ネットワーク構造，情報，相互作用しているエージェントのシステムの複雑さについて議論するための言語を，情報科学，応用数学，オペレーションズリサーチの分野から引き出して利用する．経済学からは，相互作用を持ち，集団として働く個々人の戦略的な行動を表すモデルを引き出して利用する．社会学からは，とくにソーシャルネットワークに関係するより数学的な面において，社会的グループの構造とダイナミクスについて議論するための，広範な理論的枠組みを引き出して利用する．

したがって，本書で与える全体像は，これらの各分野でおそらく不足していると思われる部分を満たすのにも役立つものと思われる．経済学は，少数のグループ間での戦略的な相互作用および大きい均一的な集団の行動に対する豊かな理論を発展させてきた．しかし

ながら，これらは経済的生活での両極端の例である．すなわち，一般の多くの経済的生活は，局所化された（ローカルな）相互作用の複雑なパターンから生じる巨視的な（グローバルな）影響もあり，これらの（ローカルとグローバルの）両極端の間に存在する複雑なスペクトルで起こる．したがって，その解明が挑戦的な研究課題なのである．一方，社会学は，ソーシャルネットワーク構造に対する基本的な洞察を発展させてきた．しかしながら，そのネットワーク方法論は，データ収集が古くから可能であった分野と規模に限定されていた．すなわち，基本的には，10人から100人の明確なグループを対象としていた．これに対して，近年，デジタルメディアにより膨大なデータも取り扱えるようになって，ネットワークデータの急増やネットワーク応用の新しい形態の出現により，ソーシャルネットワークについての問題の提起，理論の定式化，予測の評価を可能にする新しい機会が生まれてきている．このようなウェブとソーシャルメディアの高まりにより，情報科学は，大きなコンピューターシステムの設計において，技術的である上に人間的でもある制約も取り上げなければならなくなっている．すなわち，通信，自己表現，知識創成の目的にウェブを集団的に利用するときに，人間の集団によりもたらされる複雑なフィードバック効果を，制約として考慮する設計が要求されている．ネットワーク構造と行動に対して，十分に満足のいく理論には，これらのすべての分野で同時に生じる課題に応えられるものが要求される．

　これらの挑戦の基盤となっている課題は，取り上げられるネットワークが，規模と分解能の点で，様々なレベルにわたることから生じている．すなわち，対象となる問題は，図1.1の34人のソーシャルネットワークのような，小さなグループの規模から，全地球規模の社会・経済のレベルや，ウェブで表現される巨大な知識体系にまで至っているのである．本書では，両方のレベルでネットワークを議論する．すなわち，図1.1〜1.4のように全体像の明確なネットワークのレベルと，図1.5，1.6の人気曲線で表されるような集団効果のネットワークのレベルの両方で議論する．ネットワークの規模が拡大するに従い，集団的な要素を考慮することがより適切になる．実際，巨大なネットワークデータ集合で作業できることになれば，像を全体的に豊かにすることができるだけでなく，相互作用をする数十億の要素からなり，明確にそのリンクも記録されたレベルのネットワークを研究することもできることになるのである．たとえば，インターネット検索エンジンは，ウェブ全体のインデックスから最も有用なページを見つけ出してくるときに，指示されたタスクに基づいて正確にこれを実行している．結論として，規模の非常に異なるこれらのレベル間を橋でつないで，究極的には，ある一つのレベルから得られた予測と原理を他のすべてのレベルでも適用できるようにすることが，現在進行中の挑戦的で科学的な研究である．

1.2　中心的なテーマとトピック

　これまで述べてきたことを踏まえて，本書で取り上げる主たるトピックのいくつかと，それらを用いてわかりやすく説明できるネットワークの根底にある原理のいくつかを，最初に与えることにする．まず，土台となる二つの理論体系のグラフ理論とゲーム理論を与

える．これらは，それぞれ構造と行動の理論である．グラフ理論がネットワーク構造を研究対象とするのに対して，ゲーム理論は，実際にとる行動が他の全員の行動から影響を受けるような状況における，個人の行動のモデルを研究対象とする．

グラフ理論　本書におけるグラフ理論の議論では，ソーシャルネットワークの分析から生じるいくつかの基本的な概念に焦点を絞り，それらの用語に基づいてグラフ理論的な概念の枠組みを与える．図1.1, 1.2のネットワークを用いていくつかの概念が説明できる．たとえば，図1.2に示した企業内の電子メール交換のネットワークでは，小さな組織単位である部内で行われたメール交換と，異なる部にまたがって行われたメール交換がほぼ同数で，バランスがとれていることが読み取れる．これは，ソーシャルネットワークにおけるきわめて一般的な原理を表している例である．すなわち，親密で頻繁な接触である**強い絆** (strong tie) は，ネットワークのきつく結ばれた領域内に埋め込まれる傾向があるのに対して，よりカジュアルである**弱い絆** (weak tie) は，きつく結ばれた領域間にまたがる傾向がある[1]．このような二分法は，強い絆の密集した小地域（ポケット）と弱い絆を通しての小地域間の相互作用に基づいてソーシャルネットワークを考える方法を示唆している．より専門的には，相互にそれほど作用していないネットワーク部分である**構造的空洞** (structural hole) を見つけ，大きな組織の社会的景観図を通して，人をナビゲートする戦略を示唆している．大域的なスケールでは，弱い絆は，ある意味で，遠く離れた世界の地域を結びつける"近道"の働きをすると考えられる．これは，**6次の隔たり** (six degrees of separation) として，一般に広く知られている現象である．

ソーシャルネットワークは，グループ内での対立の根源を把握するために利用することもできる．たとえば，図1.1の空手クラブのソーシャルネットワークには，潜在的な対立の存在が見られる．太い円で示されている1と34のラベルの2人は，友人関係を表すこのネットワークで，他の多くの人と結ばれていて，ともに中心的メンバーである．しかし，この2人は互いに友人でない．さらに，多くの人は彼らのどちらか一方のみの友人である．実際，この中心的な34と1の2人は，それぞれクラブを創立した学生と（あとから来た）インストラクターであった．このような相互作用のないクラスターのパターンは，二つのクラスター間の対立が最もよくわかる例であり，実際この二つの派閥は，図1.7に示しているように，ライバル関係の二つの空手クラブに分裂したのである．真に局所的なレベルでの対立や抗争のダイナミクスから，ネットワークの分裂がいかにして生じるかについて推論するのに，**構造的平衡** (structural balance) の理論を用いることができることを，後の章で取り上げることにする．

ゲーム理論　本書でのゲーム理論は，すべての人から下される判断に出力が依存することを知っていて，グループの全員が同時に自分の行動を選ぶという，様々な状況設定をまず取り上げて観察する．自然な例として，交通渋滞を起こしている高速道路網における運転経路の選択問題が挙げられる．そのような状況でドライバーが経験する通過時間（遅

---

[1] 【訳注】社会的な結びつき（絆）は，専門的には**紐帯** (tie) と呼ばれる．しかし本書では，より単純な用語である"結びつき"あるいは"絆"を用いることにする．

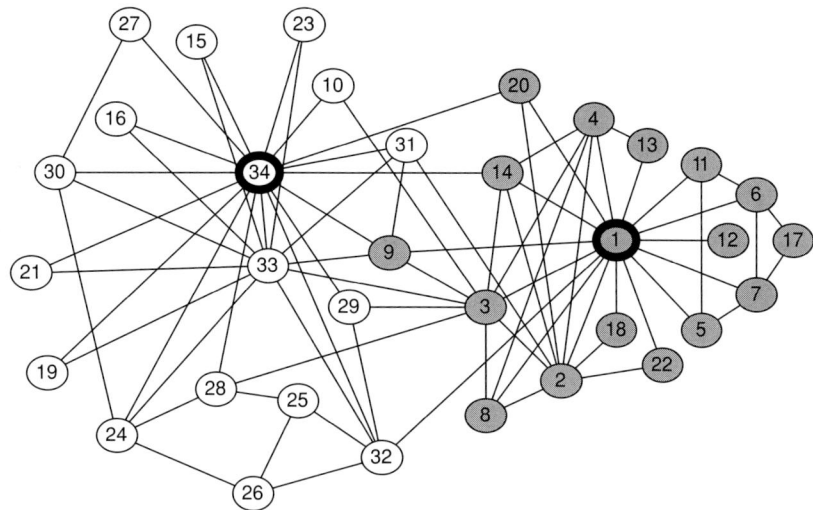

図 1.7 図 1.1 の空手クラブの友人からなるソーシャルネットワークでは，クラブが最終的に二つに分裂するかもしれない潜在的な対立の兆候が読み取れる（図では，二つのどちらに属するかがわかるように影をつけて区別している）．

延）は，ドライバー自身の経路選択と他のドライバーの経路選択によって生じる交通渋滞のパターンに依存する．この例では，ネットワークは共有資源の役割を果たし，ユーザー（ドライバー）の互いに組み合わされた行動は，資源を混雑に追いやることもあれば，効率的な利用をもたらすこともある．実際，人々の行動の相互作用は，思いもよらない結果をもたらすことがある．たとえば，輸送ネットワークに新しい道路を加えると，その道路の利用者（利用したいという気持ちの生じる人）が急増して，全体としてきわめて効率が悪くなる例もある．これは**ブレイスのパラドックス** (Braess's paradox) として知られている [76].

本書を通していくつかの状況設定で繰り返されるもう一つの例は，オークションでの入札問題である．オークションで一つの品物を売り手が売ろうとしているときには，その品物を獲得するという成功は，（品物を獲得するかとか，支払額はいくらかとかにかかわらず）自分の入札額（自分がどのように入札するか）のみならず，他の全員の入札額（他の全員がどのように入札するか）にも依存する．最適な入札戦略を選択するには，これを考慮に入れなければならない．ここでもまた，直観に反する影響が起こりうる．たとえば，売り手がより積極的な価格設定ルールをオークションに導入すると，入札者の行動に対する戦略が大幅に複雑になってしまい，新しいルールのもとで売り手が得られると思っていた利益を相殺してしまうような，最適な入札戦略も生じうるのである．オークションは，より複雑なネットワークでの相互作用のパターンに一般化できる，基本的な種類の経済的相互作用を表現している．

本書におけるゲーム理論の探究の一般的な記述では，相互依存行動のあるそのような状況を抽象化している．すなわち，各個人はそれぞれの**戦略** (strategy) を実行し，すべての人の戦略の結果に基づいて**利得** (payoff) を受け取る．先の例に当てはめて考えると，各ドライバーがとれる戦略は，そのドライバーが利用できる高速道路網の経路からなる集合であり，そのドライバーの利得は，選択した経路の通過時間である．オークションでは，選

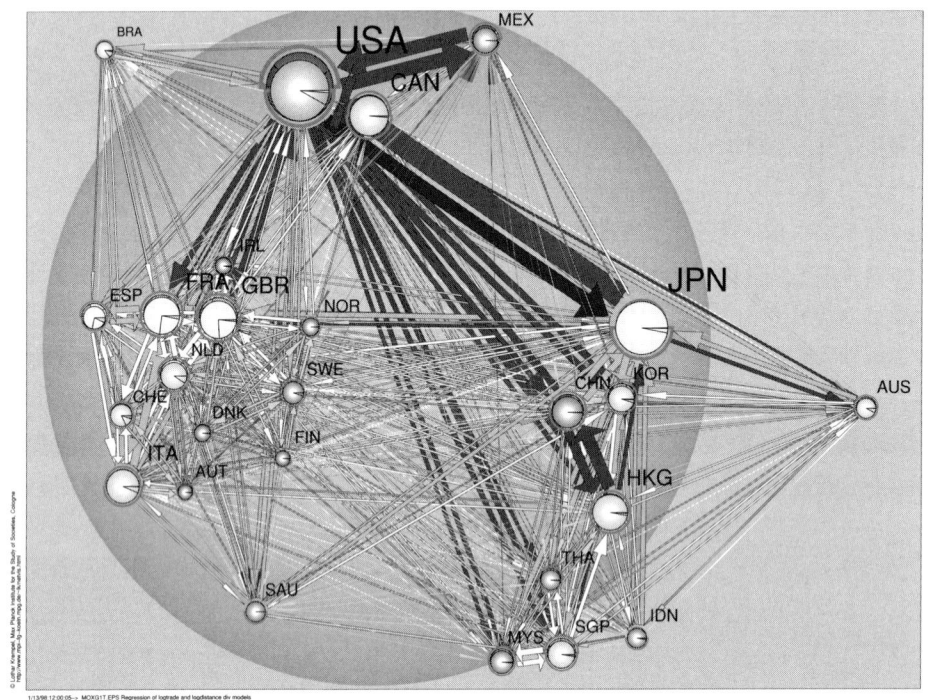

図 1.8 国際貿易のネットワーク．強力な地位を占めて，それにより経済的優位性を得ている国を，このネットワークから探すことができる．（出典：カーネギーメロン大学の以下のウェブページ．http://www.cmu.edu/joss/content/articles/volume4/KrempelPlumper.html）

択できる異なる入札の仕方の集合が可能な戦略であり，利得は，獲得した品物の評価価値から支払額を差し引いた額である．この一般的な枠組みにより，多岐にわたるこのような状況で，個人がどのように行動するかについての予測ができる．この枠組みで基本となるのは，**均衡** (equilibrium) の概念である．すなわち，他の人がどのように（戦略に基づいて）行動するのかを知っているとして，誰もが自分のとる戦略を変えたい気持ちが生じないという意味で，"自己規制の力"が働く状態が均衡である．

マーケットとネットワークにおける戦略的相互作用 グラフ理論とゲーム理論の準備が済むと，それらを組み合わせて，ネットワークにおける行動のより豊かなモデルを考えることができる．この観点からの探求に対する自然な設定として，取引と他の形の経済的活動のモデルが挙げられる．買い手と売り手の間での相互作用，すなわち取引や貸借における関係者間での相互作用は，自然にネットワークを形成する．図 1.3 はそのようなネットワークの例であり，貸借に関わっている二つの銀行がリンクで結ばれている．図 1.8 はもう一つの例であり，28 か国間での貿易を表しているネットワークである [262]．この図で，各国のサイズはその国の貿易量を表し，二つの国を結ぶリンクの太さはその 2 か国間での貿易量を表している．

これらのネットワークは，どこから来ているのであろうか？ それは，各国の貿易相手を評価する方法に依存して決まってくる最高の貿易相手を，求めるときに起こることをトレースしたものであることもあるであろう．あるいは，マーケットの基本的な制約によ

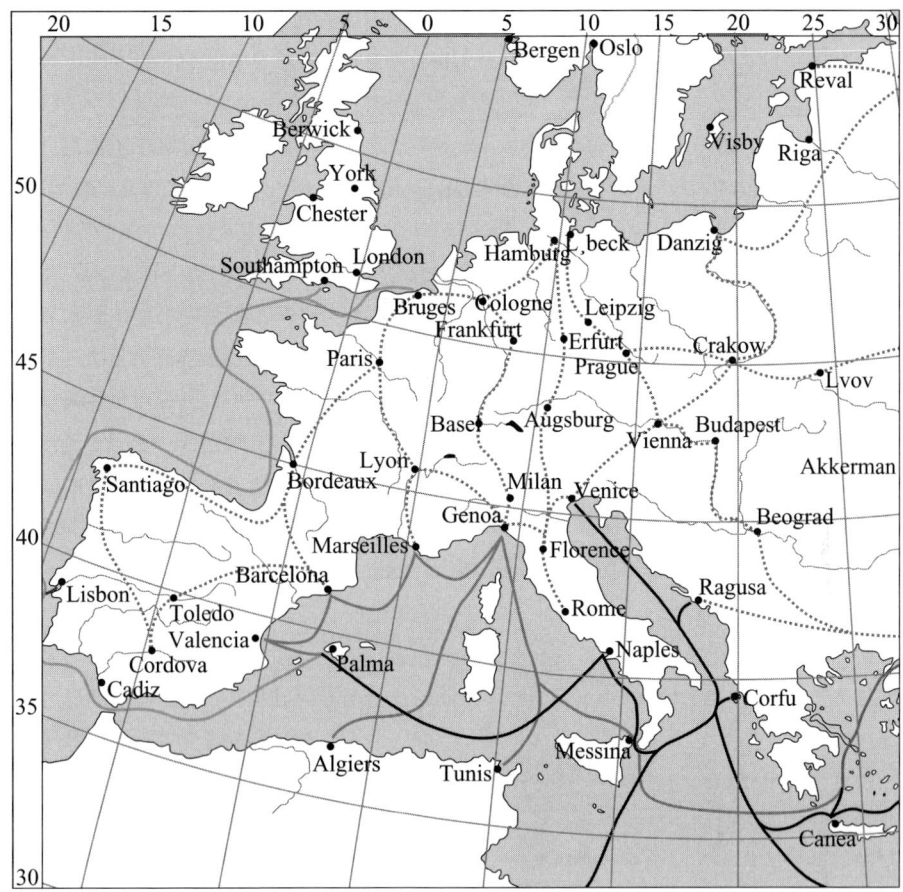

図 1.9 中世ヨーロッパの貿易で利用された交易路．この地図のような状況では，ネットワークの物理的な制約により相互作用のパターンが限定される．ネットワーク上の位置に基づいて都市の経済的な有利性が本質的に決まる．（出典：http://upload.wikimedia.org/wikipedia/commons/e/e1/LateMedievalTradeRoutes.jpg）

り，国家間の貿易に課せられる制限を反映していることもあるであろう．現在の国際市場では，これらの制約は，規則に基づく制度上の規制であることもあるであろうし，地理的な制約に基づいていることもあるであろう．たとえば，図1.9 は，中世ヨーロッパの貿易で利用された交易路の地図である．商品の物理的な輸送が困難で高価であるときには，輸送ネットワークのどこに位置しているかによって，各都市における経済は大きく影響を受けうるのである．

これらの状況設定において，ネットワーク構造は，貿易のパターンに関する情報を多く含んでいる．また，国（都市）の成功レベルは，ネットワークに占める位置に大きく左右される．しかしながら，強力な位置を占めることは，多くの国（都市）と結ばれていることだけでなく，より微妙な特徴，たとえば結ばれている国（都市）のパワーなどにも依存している．後の章では，ネットワークでパワーを与えている位置に関するこの考えを，さらに広く拡張して取り上げる．すなわち，単なる経済的交流を超えて，社会的関係における多くの形式のパワーの非平衡性が，形成されるネットワークのパターンの中でどのように根付いていくのかについても，説明できることを眺める．

情報ネットワーク　オンラインで取り上げられている情報の集合も，基本的なネットワーク構造を有する．ウェブページ間のリンクは，たとえば，これらのページがどのように関連していて，どのように異なるのか，あるいはどのページが最も著名で重要であるのかなどを理解するのに役立つ．これらの問題のいくつかを示した図 1.4 は，Lada Adamic（ラダ・アダミック）と Natalie Glance（ナタリー・グランス）が作成したものであり，2004 年の米国大統領選挙を控えた期間において，政治的ブログ間のリンクで形成されたネットワークを表している [5]．図のネットワークは（個々のブログと比べて）全体が大きすぎて，各ブログのまわりの詳細な構造をはっきりと見ることはできないが，ブログネットワークが，そのイメージとリンクの分布から，二つの大集団に分割されることがわかる．そして，二つの大集団は，それぞれ民主党のブログの集合と，共和党のブログの集合に，密接に対応しているのである．生のリンクデータのより多くの詳細分析に基づいて，これらの集団のそれぞれで突出しているブログを，見つけ出してくることもできる．

　Google などの現在のウェブ検索エンジンは，ウェブページの品質と妥当性を評価する際に，ネットワーク構造を広範囲に使用している．これらの検索エンジンは，ウェブページの卓越性を数値化して出力するにあたり，そのページへと張られているリンクの本数だけでなく，ネットワークで占める位置のより微妙な側面も評価している．たとえば，多くの卓越したページからリンクされているウェブページは，より卓越していると評価される．これは，定義が自分自身の定義を用いて定義されるというような，環状の堂々巡りをする定義であるが，リンク構造で一種の平衡性に基づく注意深い定義を通して，この環状性を解消できることを後の章で眺める．

　検索エンジンとウェブページの制作者との相互作用により，システムは行動のレベルで興味深い影響を強制的に受けることもある．実際，検索エンジンがウェブページを評価する新しい方法を導入すると，その結果どのページが上位にランク付けされるようになるかについて，ウェブ制作者は必ず敏感に反応する．すなわち，制作者は，新しい方法のもとで上位のランクになるように，ウェブの内容を最適化する．したがって，ウェブの内容が不変であるという仮定に基づいて検索エンジンの変更が設計されることは，決してあり得ない．むしろ，検索エンジンがウェブの内容を評価する方法に応じて，ウェブの内容が必然的に適応してくると言える．すなわち，これらのフィードバック効果を十分に考慮して，Google などは検索方法の開発を行わなければならないのである．

　この本質的にゲーム理論的な相互作用は，ウェブの初期の段階においても潜在的な形で存在していた．オークションメカニズムにおける広告スペースの割当てなどの検索に基づく広告のマーケットの設計を通して，ゲーム理論的な相互作用は，時間の経過とともに，より明確に定式化されるようになった．現在，そのようなマーケットが主要な検索エンジンの主たる収入源になっている．

ネットワークダイナミクス：集団効果　大きな集団を長い期間にわたって観察すると，新しい考え，信条，意見，イノベーション，技術，製品，社会通念が生じては進化するという，規則的なパターンが繰り返されていることがわかる．全体的に眺めて，これらは，（たとえば，意見を持つとか，製品を購入するとか，特定の主義に従って振る舞うとかの

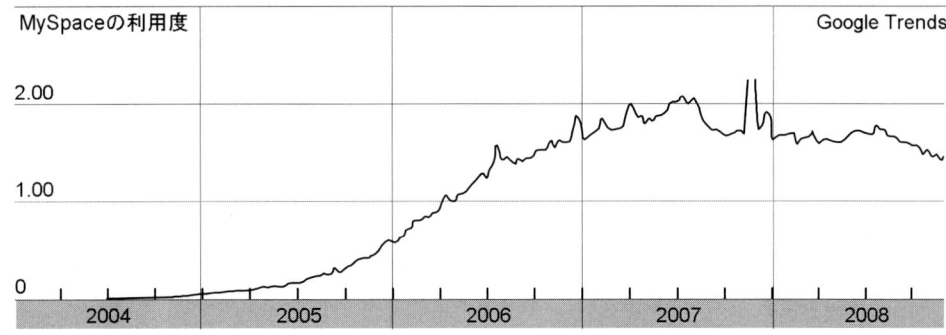

図 1.10 ソーシャルネットワークサイトの MySpace における，新技術（新サービス）のカスケードによる急速な浸透と，その後の緩やかな衰退を表す曲線．新技術の急速な浸透は，最も普及している技術を利用したいという個人の気持ちの表れと言える．それは，その技術を他の多くの人が利用しているのを見たことによる情報の影響に基づいているか，あるいは他の多くの人がすでに利用しているものを利用する直接的な利益に基づいているかの，いずれであったとしてもである．（出典：Google Trends のホームページ．http://www.google.com/trends?q=myspace）

ように）人々が採用するかしないかを選ぶことができる社会的な**習慣 (practice)** と呼ぶことができる [382]．集団のグループや社会を時間の経過とともに観察すると，新しい習慣は人気が出るか，あるいは目立たないままで終わるか，いずれかであることがわかる．一方，確立されている習慣は，そのままの地位を持続することもあれば，時間とともに廃れることもある．図 1.5 と図 1.6 をもう一度例に挙げると，時間の経過とともに特定の習慣が浸透していること，すなわち，（これらのサイトに対する Google の問合せ数をそれらの人気の指標と見なして）二つの非常に人気のあるソーシャルメディアのサイトを利用していることが読み取れることを思い出そう．図 1.10 は，ソーシャルネットワークサイトの MySpace（マイスペース）に対する同種の曲線である．急速な浸透に続く長い緩やかな衰退のライフサイクルが見て取れる．MySpace の優位性が，Facebook を含む新しい競争相手の出現により損なわれていったのである．

新しい習慣が集団に広く浸透していくメカニズムは，主として，人は互いに他の人の行動に**影響 (influence)** を与えるという事実に基づいている．簡潔に述べると，以下のようにまとめることができる．一般的には，あることをする人がますます多くなるに従って，自分もそのことをますますしそうになる．このプロセスとそれから得られる結果が何であるかを理解することは，ネットワークと集団の行動を理解する上で中心的な問題である．

表面的なレベルでは，単に他の人と同じでいたいという人間の根底にある気持ちのために，人は他の人の決定を真似る，という仮説を立てることもできる．人間には，他の人が行動するのを見て，それと同じ行動をする基本的な傾向がある．この観察はもちろん重要である．しかし，それで説明を終えてしまっては，重要な問題のいくつかを未解決のままにする．とくに，模倣は人間の天性のものであるとしてやめてしまっては，人が "なぜ" 他の人の行動から影響を受けるのかという質問の機会がなくなってしまう．これは広くて困難な質問であるが，様々な理由を特定することができる．たとえば，かなり理性的な人であっても，すなわち，他の人と同じようなことをしたいという気持ちのない人でも，他の人と同じように行動してしまうことに対して，実際には，様々な理由を特定することが

できるのである．

　考えられる第一の理由は，他の人の行動が"情報"を持つという事実に基づいている．複数の選択肢から何らかの個人的な情報に基づいて判断を下すものとする．このとき，多くの人が特定の選択をしているのを見ると，彼らも彼ら自身の情報を持っていると仮定して，彼らの行動から彼らが異なる選択肢をどのように評価しているのかを推測しようとするのは，自然なことであろう．YouTube や Flickr のようなウェブサイトのケースでは，多くの人がそのサイトを利用しているのを観察して，これらの人がその品質について何かを知っていると考えてしまう．同様に，あるレストランがどの週末も混んでいることがわかると，そのレストランは多くの人に高く評価されていると考えてしまう．しかしながら，この種類の推論からは，驚くほど微妙な問題が生じてくる．多くの人が時間の経過に従って順番に決断をしているので，あとからの決断は，自身の個人的な情報と，他の人のとった行動から得られた推論が複雑に絡み合ったものに基づいて行われることもあるからである．したがって，多くの人からなる集団の行動は，実際には，驚くほど少ない本物の情報に基づいている（すなわち，本物の情報にはほとんど基づいていない）と考えることもできる．この現象の極端な形，すなわち，どんなに理性的な人でも自身の持つ情報を捨てて集団に従うことを選択してしまうことは，**情報カスケード** (information cascade) と呼ばれる．

　最高の決断をしているかどうかにかかわらず，他の人の行動に自分の行動を合わせることから直接的な利益を得ることができる場合もある．これは，人が他の行動を模倣することもあることを説明する第二の理由であり，上の第一の理由とはまったく異なるが，同様に重要なものである．ソーシャルネットワークとメディア共有のサイトの例に戻ろう．そのようなサイトの価値評価が，他と相互作用をするとか，広範囲にわたる内容にアクセスするとか，掲載している内容に対して大観衆が存在するとかの可能性によるならば，人がそのようなことに加わることによって，この種のサイトはますます重要性を増すことになる．言い換えると，YouTube に競争相手より良い特徴があったかどうかにかかわらず，最も人気のある動画共有サイトにいったんなってしまったので，"定義により"，それを利用する付加価値が存在することになった，ということである．このような**ネットワーク効果** (network effect) は，すでにうまくいっている製品・技術の成功をよりいっそう拡大する．ネットワーク効果が働いているマーケットでは，最上位のリーダーが置き換わることは困難である．しかし，この種の優位が，必ずしも永遠であるわけでもない．後の章で眺めるように，新技術により著しい差別化が提供されるとき，あるいは，ネットワークの入り込む余地のあるところで新技術が始まるときには，古いリーダーに取って代わることも可能となる．

　これらの考察は，一般的な現象として，人気がさらに人気を生み出す傾向を表した"富めるものがますます富む"というフィードバックプロセスにより，人気がどのように支配されるのかを明らかにしている．さらに，経験的なデータで実証されている人気の分布に対する予測も含むこのプロセスに対して，少数の卓越した品物と，より目立たない品物の"ロングテール"（長い尻尾）に，社会の関心が分割される数学的なモデルを構築することができるのである．

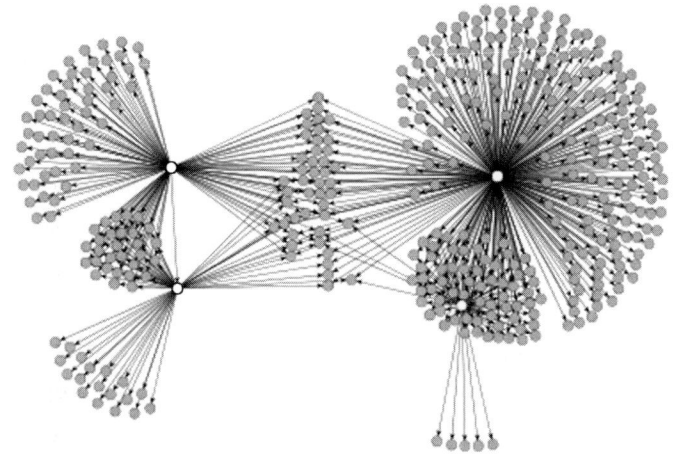

図1.11 人々がネットワークの隣人の行動に影響を受けるときに起こる，新技術や革新の浸透の様子．それらは，ネットワーク構造の中でカスケードを起こして広まる．この図は，日本の劇画を推薦する電子メールが，一種の情報的伝染病あるいは社会的伝染病のように広がっている．（出典：Leskovec et al. [271]）

ネットワークダイナミクス：構造効果 これまで眺めてきたように，人がそれぞれ互いの行動に影響を与えるメカニズムは，基礎となるネットワークの実際の構造がはっきりとしていないときにはきわめて微妙である．しかし，ネットワーク構造を考慮に入れると，そのような種類の影響が起こるメカニズムに対する洞察が得られる．情報と直接的な利益に基づく行動の基盤となっているメカニズムは，全集団でのレベルのみならず，個人とその友人（同僚）の集合を対象としたネットワークの局所的なレベルでも見られる．多くの場合，自身の行動を，ソーシャルネットワークにおける全体としての集団の行動に合わせるより，むしろ直接結ばれている隣人の行動に合わせようと気を遣う．

ネットワークの隣人と同様の行動をしたいという気持ちになるとき，そこには連鎖する**カスケード効果 (cascading effect)** が見られる．すなわち，最初に少数の人が新しい行動を採用し始めて，その後，それらを核にして，ネットワーク内を外側に向かって放射状に急速に広がっていく効果が見られる．図1.11 はその小さな例であり，日本のある劇画を推薦する電子メールが，最初の4人の購入者から外側に向かって放射状に広がっていく様子を示している．すなわち，基盤となるネットワーク構造について推論すると，毎回1人から複数の隣人へと伝搬できるような，ネットワークのある部分において，優位性のある技術が開始されれば，これまで一般的に普及して利用されていた古い技術がそれに取って代わられることもありうることがわかる．しかし，技術の普及が高密度に結合している集団の境界線で妨げられることがありうることもわかる．すなわち，"閉ざされたコミュニティ" とも言える，そこに存在する個人間のリンクが密集している部分では，外側からの影響に強い抵抗を示すこともありうる．

ネットワークにおけるカスケード行動は，病気が人から人へと感染する様子に似ているので，"社会的感染" とも呼ばれている．図1.12 は，この類推をさらに強めるものである．この図は，結核が発生し感染が拡大していく様子を示していて [16]，図1.11 の社会的カス

16   第1章 本書の概観

図 1.12 伝染病（結核）の感染の様子．これもネットワークにおけるカスケード行動の一形式である．病気の感染と社会的感染の類似点と相違点は，興味深い研究テーマになっている．（出典：American Public Health Association（米国公衆衛生協会）[16]）

ケードのイメージと視覚的に対応している．社会的感染と伝染病の感染の基礎となるメカニズムの間には，基本的な違いがある．社会的感染では，感染した個人の意思決定が絡んでいることが多いのに対して，伝染病の感染では，他人との接触を通して病気に感染してしまうことが多い．しかし，ネットワークレベルでのダイナミクスは類似している．したがって，生物学的感染の研究からの洞察も，ネットワークで物事が広がっていくことを考察するのに役立つ．

概念と病気を伝達する拡大の行為は，ネットワークで起こる一種の動的なプロセスである．他のプロセスである**検索 (search)** についても考察する．検索とは，社会的に関連している一連の情報や他への参照を調査することである．検索は，驚くほど効果的に実行できることが，実験的にも，日常の経験からも確認されている．このような種類の活動には，ネットワークレベルでの構造の特徴的なパターンがきわめて役立っていると思われる．

制度と集約行動　ネットワークと戦略的な行動の基礎となる原動力（誘起力）について準備が済むと，今度は社会で設計された**制度 (institution)** が，ある種の全体的な結果を生むのに，実質的にどのように結びつくのかを質問できるようになる．ここで言う制度の概念は非常に広い．それは，個々の行動を集団としての行動パターンに統合するのに役立つ規則，慣例，あるいはメカニズムのどんなものでもありうる．このプロセスの特定の例，たとえば，特定のオークションメカニズムによる入札者の行動と支払額の決定方法や，インターネット検索産業がウェブサイトの作成に影響を与える仕組み，についてはすでに言及している．

この種の分析の基本的な社会制度への応用は，多くの設定においてきわめて有用なものになりうる．最初の設定として，マーケットが情報を集約して伝達する役割を考察する．たとえば，金融市場では，市場価格は取引される品物の価値に対する個人の評価額の集約

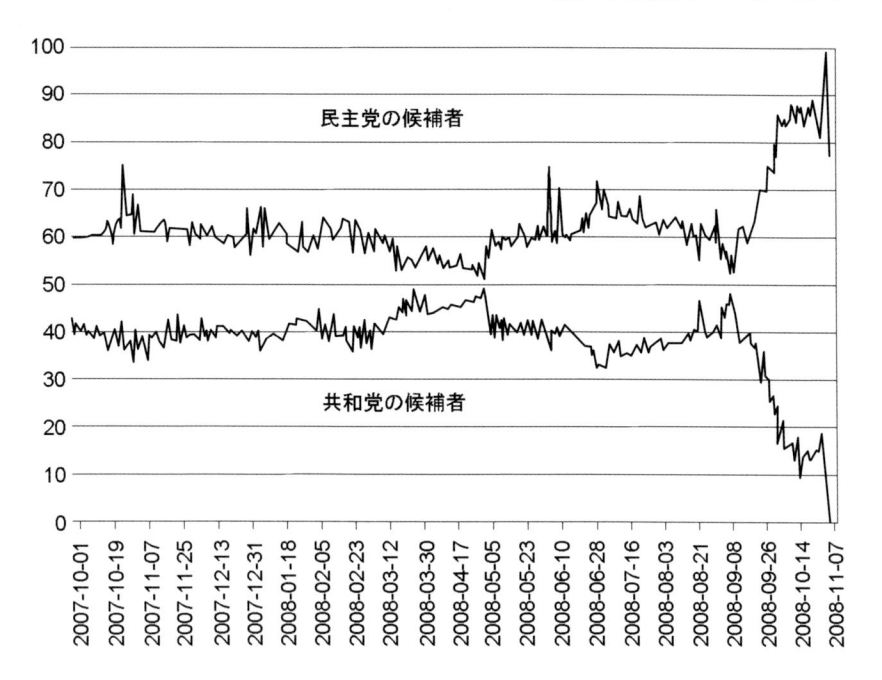

図 1.13 予測マーケットや，株のような金融資産のマーケットは，将来の事象に対する個人の評価を集約化された評価へと統合する．図は，2008 年の米国大統領選挙に対する民主党と共和党の候補者がそれぞれ勝利するときに 1 ドルをもらえる事象の獲得ポイントを時系列で表している．（出典：Iowa Electronic Markets. http://iemweb.biz.uiowa.edu/graphs/graph_PRES08_WTA.cfm）

値の役割を果たす．この意味では，マーケットにおける全体的な行動は，多くの参加者が持っている情報を集約するのに役立つ．したがって，マーケットが"期待する"ことについて人が話すときには，この複合された情報から読むことができる予想に関して本当に言及しているのである．

この統合がどのように起こるかは，マーケットがどのように設計されるのかとか，様々な結果を生み出す個人と集団の行動の種類とかに依存する．そのような問題は，決して株のような金融資産のマーケットに制限されるものではない．たとえば，最新の研究では，マーケットのメカニズムを利用して，選挙の結果などの将来の事象に対して予測を提供する**予測マーケット (prediction market)** 設計の探究も行われている．そこでは，マーケット参加者は，ある事象が起こるとある一定の支払いが生じる商品を購入する．したがって，商品の価格は，特定の事象が起こる確率に対する集約化された評価を反映する．さらに，そのような評価は，いくつかのケースでは，非常に正確であることもわかってきている．マーケットで集約された予測のほうが，その分野の専門家の予想よりも，圧倒的に優れていたこともしばしば経験されている．図 1.13 は，2008 年の米国大統領選挙からの例である．民主党の候補者が選挙に勝った場合に 1 ドルもらえる商品と，共和党の候補者が選挙に勝った場合に 1 ドルもらえる商品とを比較して，選ぶとしたらどちらの商品を選ぶかを，時系列で表している．なお，上の曲線は民主党を選ぶポイントであり，下の曲線は共和党を選ぶポイントである．注意したい点は，これらの候補者が正式に決まる前から，マーケットがすでに機能していたことである．さらに，5 月上旬に行われたオバマとクリ

ントンによる民主党予備選の終了時や，9月上旬の共和党全国大会のときのように，特定の事象に対する集約化された反応を，この図ははっきりと表していることにも注意しよう．すなわち，対立する予想ポイントがほぼ等しくなって拮抗し，その後，実際の選挙の直近まで，いったん発散するともう二度と拮抗することはなくなっている．

投票 (voting) は，集団の行動を集約化するもう一つの社会制度である．マーケットと投票システムはともに，個人の評価と好みを統合しようとするものであるが，一般に適用できる状況設定には，基本的な相違がいくつか存在する．すぐ上で将来の事象が起こる確率に対して，集約する役割を果たすマーケットの概観を与えた．マーケットの合意を構成する基本的構成要素である各個人の評価は，関連する事象が実際に起こるかどうかに基づいて，最終的に正確であるか不正確であることがしっかりとわかることになる．一方，投票システムは，"正しい"とか"間違っている"とかとは最終的に言うことができない．任意の主観的な選択可能集合に対する好みや優先度を各個人が有するときに，一般に適用されるものである．このシステムでは，集団において，各個人間で対立する優先度を，できるだけうまく調停する社会的な選択に統合することが問題なのである．本書における投票システムの分析では，そのような社会的な選択を決定することが，避けることのできない多くの困難に満ちていたことを示す，研究の長い歴史を与える．そのような困難を定式化する研究は，18世紀にフランスの哲学者によって始められ，1950年代に Arrow（アロー）の不可能性定理として完成されるに至ったのである．

制度についてのこのような見通しは，高度に相互接続する社会システムに自然に適用できる．実際，集団における出力が各個人の行動を集約したものに依存するときには，基盤となる制度の設計は，行動の形成法と，形成された行動から社会に対して得られる結果に重要な影響を及ぼしうるのである．

将来への展望 本章で議論した例題，現象，原理などは，本書を通して，ネットワークと行動，および集団レベルでのダイナミクスを分析する方法として用いることができる．多くの設定にわたって原理が成立するかどうかを理解するためには，適切な数学的モデルで定式化し，定式化したモデルを定性的に推論し，より幅広い適用可能性を探究することが必要である．このように，複雑なシステムを眺める強力な一般的手法として，本書で展開するネットワーク的視点がいっそう広く適用されること，すなわち，社会的なダイナミクス，経済的な相互作用，オンライン情報，設計技術，自然プロセスを考察し，内部構造のパターンとそれから生じる豊かなフィードバック効果に注目して，そのようなシステムを解析する強力な方法として，ネットワーク的視点が広く適用されることを期待している．

第I部

グラフ理論とソーシャルネットワーク

第2章

グラフ

本書の第I部では，ネットワーク構造を研究対象とするグラフ理論の基本概念をいくつか展開する．これにより，基本的なネットワークの性質をグラフ理論の用語を用いて系統的に述べることができるようになる．ここで議論する中心的な概念の定義はきわめて単純なので，最初から簡単に素早くそれらの定義を記述する．その後，それらの定義の基本的な適用例を取り上げる．

2.1 基本的な定義

グラフ：ノードと辺　グラフはアイテム集合における関係を記述するのに用いることができる．グラフ (graph) は，ノード (node) と呼ばれる対象物の集合（ノード集合）と，二つの特定のノード間を結ぶ，辺 (edge) と呼ばれる線の集合（辺集合）からなる．たとえば，図2.1(a)のグラフでは，A, B, C, Dのラベルがついている4個のノードがノード集合であり，辺集合は，ノードBと他の3個のノードを結ぶ3本の辺と，ノードC, Dを結ぶ1本の辺からなる．辺で結ばれている2個のノードは，**隣接ノード** (neighbor) と呼ばれる．図2.1はグラフを描く典型的方法を示している．小円でおのおののノードを表し，ノード対を結ぶ辺を線で表している．

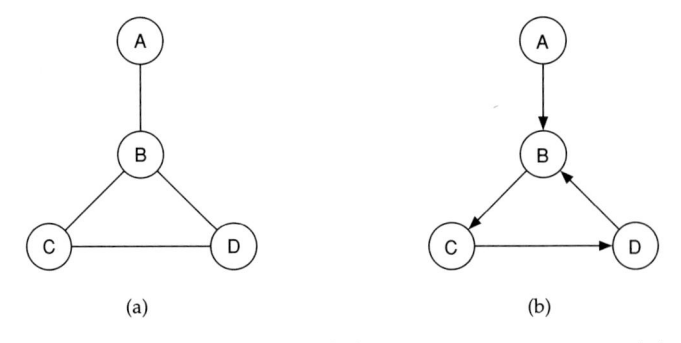

図2.1　二つのグラフ．(a) 四つのノードの無向グラフ．(b) 四つのノードの有向グラフ．

図2.1(a)のグラフでは，辺で結ばれている両端点のノードの関係は対称的であると考えられる．辺は，単に二つのノードを互いに結んでいるだけである．一方，非対称の関係，たとえば，AはBを"指している"がBはAを"指していない"という関係を表したい状況

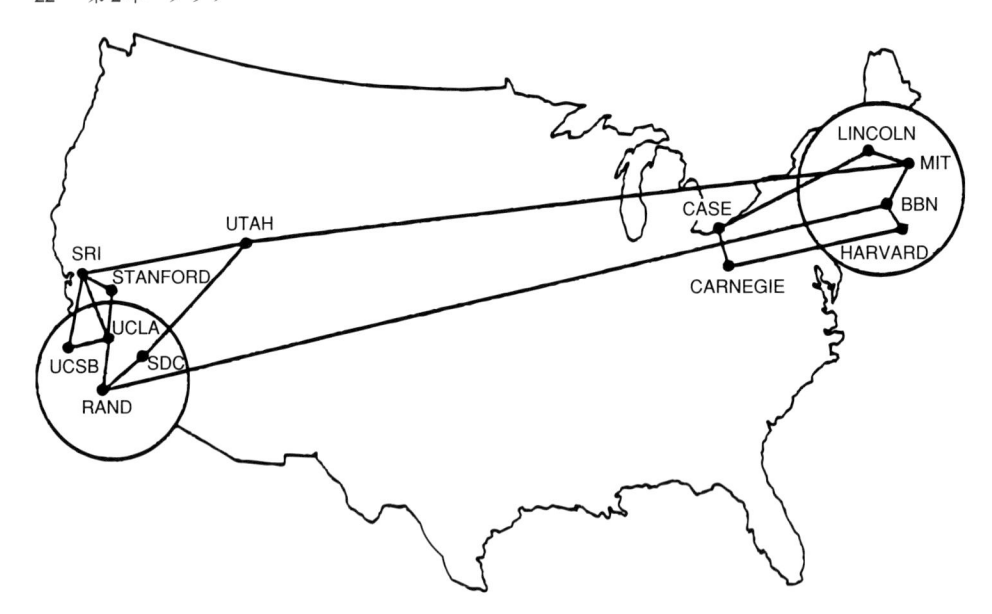

図 2.2 ARPANET として知られている 1970 年 12 月当時のインターネット上のサイトを表現するネットワーク．（F. Heart, A. McKenzie, J. McQuillian, and D. Walden [214] から引用．以下のホームページからも入手できる．http://som.csudh.edu/cis/lpress/history/arpamaps/）

も多くある．そこで，**有向グラフ** (directed graph) を定義する．有向グラフは，前の（辺が対称的な）グラフと同様に，ノードの集合と，**有向辺** (directed edge) の集合からなる．なお，各有向辺はあるノードから他のノードに向かう，一方向のリンクを表す．したがって，有向辺では辺の向きは重要である．有向グラフは，通常，有向辺を矢印で描いて図 2.1(b) のように表される．グラフが有向グラフでないことを強調するときには，そのグラフを**無向グラフ** (undirected graph) と呼ぶことにする．しかしながら，とくに断らない限り，一般には，グラフは無向グラフであるものとする．

ネットワークのモデルとしてのグラフ ネットワーク構造の数学的モデルとしてグラフを用いることができるので，グラフはきわめて役に立つ．その点に関して，具体的に図 2.1 の簡単な実際の例を眺めてから，詳細を議論することにしよう．図 2.2 は，当初米国防総省の **ARPANET** (Advanced Research Projects Agency Network)（高等研究計画局ネットワーク）と呼ばれていた，1970 年 12 月当時の 13 個のサイトだけからなるインターネットのネットワーク構造を表している [214]．この図において，ノードはコンピューターホストを表し，二つのコンピューターホスト間を結ぶ直接の通信リンクがあるとき（そしてそのときのみ）対応する二つのノードを結ぶ辺が存在している．基礎となっている米国の地図（および，マサチューセッツと南カリフォルニア地方を示している円）を無視すると，13 個のノードからなる，図 2.1 のような点と線の形式の描画が得られることがわかる．隣接関係の表現においては，ノードの実際の配置は重要でない点に注意しよう．重要なのは，どのノードが他のどのノードにリンクされているかだけである．このように，図 2.3 は，同じ 13 個のノードの ARPANET グラフの異なる図表現と考えることができる．

ネットワーク構造において，対象物が物理的あるいは論理的に，互いにどのように

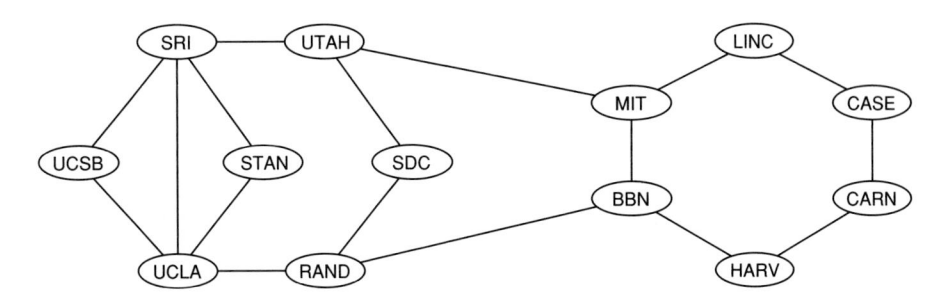

図 2.3 1970年12月当時の13個のノードからなるインターネットグラフの別の表現.

リンクされているのかを表現することが有効なときには，グラフは常に役に立つ．図2.2 と図 2.3 の 13 個のノードからなる ARPANET は，**コミュニケーションネットワーク** (communication network) の例である．そこでは，ノードはコンピューターやメッセージを中継することができる装置であり，辺は直接メッセージを伝送できるリンクを表している．第 1 章では，他の幅広い二つのクラスのグラフ構造の例，すなわち，**ソーシャルネットワーク** (social network) と**情報ネットワーク** (information network) を眺めた．ソーシャルネットワークでは，各ノードは人であり，辺はある種の社会的な相互関係のある 2 人を結ぶものである．一方，情報ネットワークでは，各ノードはウェブページや文書のような情報リソースであり，辺はハイパーリンク，引用，相互参照などを表現する論理的な連接関係を表している．もちろん，グラフが役に立つ分野のリストは非常に膨大になり，ここですべてを列挙することはできない．図 2.4 は，日常的に目にする多くの案内図などにグラフが埋め込まれているいくつかの例を示している．

2.2 パスと連結性

グラフに関する基本的な概念と定義をいくつか与えることにする．グラフはきわめて単純であり，概念も自由に定義できて多方面から研究されてきたことから，グラフの用語はきわめて膨大になっている．実際，社会科学者の John Barnes（ジョン・バーンズ）は，かつてグラフ理論を「どんな新顔でも木を植えることのできる用語のジャングル」と述べている [45]．しかしながら，本書の目的のためだけに限定すると，幸いにも最も中心的な概念についての短い記述をいくつか与えるだけで済む．

パス これまで様々な分野で生じるグラフの例を眺めてきたが，これらの分野で用いられているグラフに共通する（複数の）概念が，明らかに存在する．おそらく一番先に考えられる概念は，順番に辺をたどりながらノードからノードへと移動していく概念であろう．たとえば，旅客機を乗り継いでいく乗客，ソーシャルネットワークで人から人に引き継がれていく情報，リンクに従って一連のウェブページを訪問するコンピューターユーザーやソフトウェアなどが当てはまる．

(a)

(b)

(c)

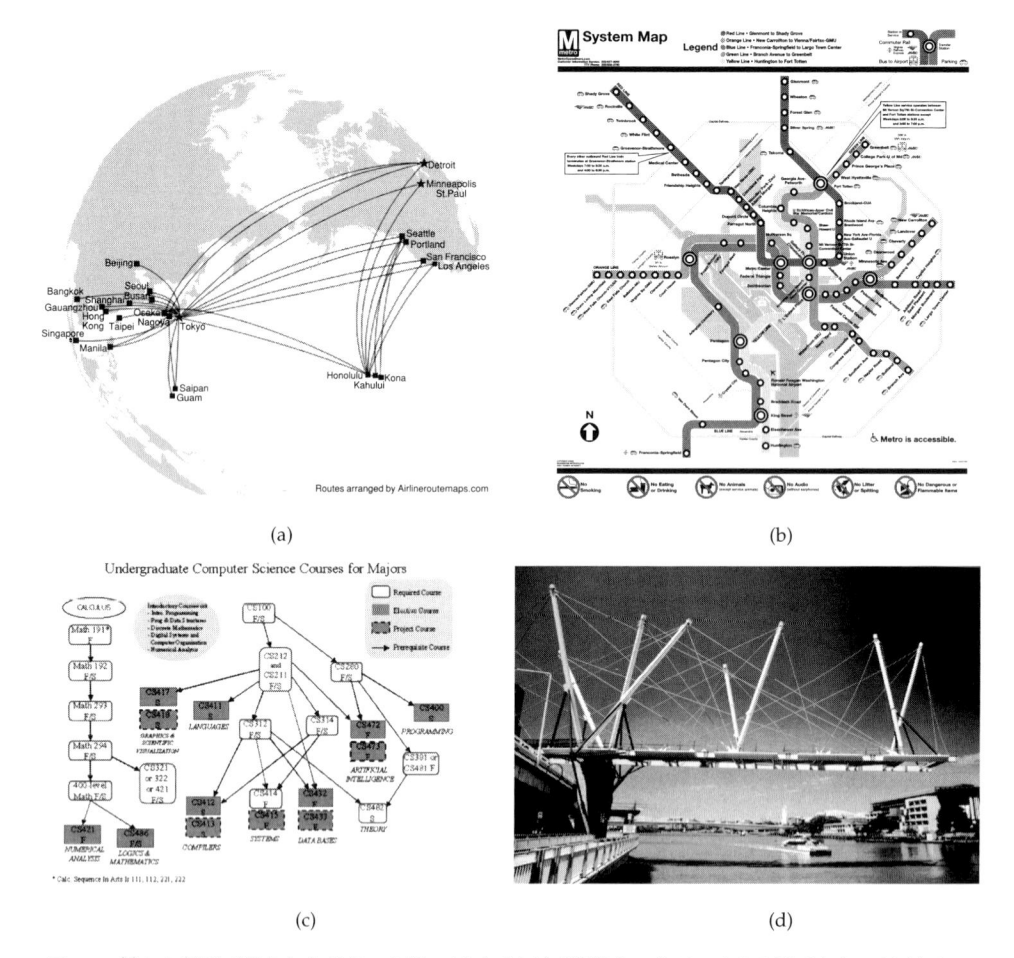

(d)

図 2.4　様々な領域で見られるグラフの例. (a) と (b) は "輸送ネットワーク" の例であり，(a) はノースウエスト航空会社の運航路線図，(b) はワシントン D.C. の地下鉄の路線図である. (a) と (b) のそれぞれの図において，ノードは空港と駅であり，辺は直航便の存在と路線における隣接する駅であることを表している. グラフに関する専門用語は，多くが道路ネットワーク，鉄道ネットワーク，航空ネットワークでの輸送に由来している. (c) は，大学のカリキュラムにおける修得科目間の履修の前後関係を部分的に表現した "依存ネットワーク" のグラフ例である. すなわち，この図では，ある科目を履修するには別のある科目を履修していることが必要であることを表している. より具体的には，ノードは履修科目を表し，有向辺は履修科目間の前後関係，すなわち，矢先の科目（矢で指し示している科目）を履修するには矢尻の科目（矢の出発点の科目）が履修済みでなければならないことを表している. 複雑なソフトウェアシステムや産業プロセスの設計においては，重要な成果をもたらす効率的なスケジューリングを得るために，巨大な依存ネットワークの解析がしばしば必要となる. (d) の橋は "構造ネットワーク" の例である. そこでは，接合部がノードであり，物理的に接合部間をつないでいるものが辺である. すなわち，ビルや車両や人体のように，内部部品を用いて機械的に構成されている構造体などが構造ネットワークの例である. "剛性理論" の研究は，幾何学と機械工学を融合してグラフ理論の観点からそのような構造体の安定性を研究する研究分野である.
（出典：(a) www.airlineroutemaps.com/USA/Northwest_Airlines_asia_pacific.shtml, (b) www.wmata.com/metrorail/systemmap.cfm, (c) www.cs.cornell.edu/ugrad/flowchart.htm, (d) クイーンズランド州 2009 年度公共事業部報告）

このような概念から，グラフの**パス** (path) の定義が生まれた．すなわち，パスは，連続する二つのノードが辺で結ばれている一連のノードの列である．ときには，ノードの列だけでなく，これらのノードを結んでいる辺の列もパスに含まれると考えると役に立つ．たとえば，図2.2と図2.3のインターネットグラフにおいて，ノード列 MIT, BBN, RAND, UCLA はパスであり，ノード列 CASE, LINC, MIT, UTAH, SRI, UCSB もパスである．パスのここでの定義から，一つのパスの中でノードが重複して出現してもかまわない．たとえば，SRI, STAN, UCLA, SRI, UTAH, MIT もパスである．しかしながら，これから考えていくパスでは，ノードの重複出現は通常あまりない．そこで，ノードの重複出現のないパスを強調するときには，そのパスを**単純なパス** (simple path) と呼ぶことにする．

閉路 単純でないパスのうちでとくに重要な概念は，**閉路** (cycle) である．閉路は，直観的には，図2.3の右側にあるノード列 LINC, CASE, CARN, HARV, BBN, MIT, LINC のような"円環"構造である．より正確には，閉路は少なくとも3本の辺からなり，最初と最後のノードのみが一致して，他のノードはすべて異なるというパスである．図2.3には，多くの閉路が存在する．ノード列 SRI, STAN, UCLA, SRI は，（ちょうど3本の辺からなるので）最も短い閉路である．反対に，ノード列 SRI, STAN, UCLA, RAND, BBN, MIT, UTAH, SRI は，かなり長い閉路の例である．

1970年当時の ARPANET においては，どの辺も閉路に属している．それは設計上そうなっている．すなわち，ある一つの辺が故障した（たとえば，建設作業員がケーブルを偶然に切断してしまった）としても，すべてのノードから他のすべてのノードに到達できるパスを維持し続けるようにしているからである．より一般的に，通信ネットワークや輸送ネットワークでは，安全性（対故障性）を考慮して，閉路がしばしば存在する．閉路は，閉路上の二つのノードを結ぶ一つのパスに対して，そのパスが利用できなくなったとしても利用できる，そのパス以外の部分からなる閉路上の"代替パス（ルート）"を与える．日常的な生活における知り合いに基づくソーシャルネットワークでも，そのように呼んではいないかもしれないが，閉路がしばしば見られる．たとえば，自分の妻のいとこの高校時代からの親友が，実際には自分の兄弟の職場の同僚であるとわかったときには，そこには閉路が存在する．すなわち，自分，自分の妻，彼女のいとこ，いとこの高校時代の友だち，その友だちの同僚としての自分の兄弟，そして自分という閉路である．

連結性 グラフが与えられたとき，すべてのノードが他のすべてのノードへパスで到達できるかどうかを尋ねることは自然である．これを考慮して，どの2個のノードに対しても，それらの間を結ぶパスが存在するとき，グラフは**連結** (connected) であると呼ばれる．たとえば，13個のノードからなる ARPANET グラフは連結である．より一般的に，通信ネットワークや輸送ネットワークはたいてい連結である．少なくとも連結であることが要望されている．実際，これらのネットワークは，ノードからノードへの通信や輸送が目的であるからである．

しかし，他の状況設定では，グラフが連結であると前もって期待できる理由は存在しない．たとえば，ソーシャルネットワークでは，一方（のノード）から他方（のノード）へとパスでつなげることができない2人（2個のノード）が存在することもあることは，容

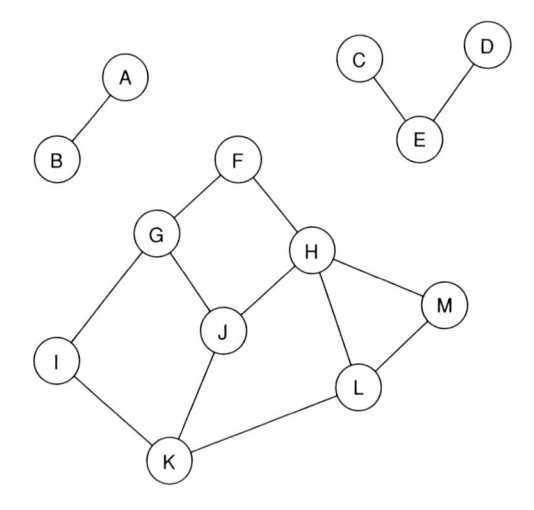

図2.5　三つの連結成分を持つグラフ．

易に想像できる．図2.5と図2.6は，連結でないグラフの例を示している．最初の例は単純な人工的な例である．第二の例は，生物学研究センター[134]の研究者がノードであり，共著の公表論文が存在する二人（二つのノード）を辺で結んで得られる共著者グラフである（したがって，図2.6のグラフの辺は公表された共著論文の存在のみを表現していて，論文の公表を伴わない研究センター内の共同研究ネットワークを示すものではない）．

連結成分　連結でないグラフについての基本的な事実は，図2.5と図2.6の例から視覚的に明らかになる．グラフが連結でなければ，連結な"グループ"の集合に自然に分割される．すなわち，各グループは，それ自身のノード集合に限定したグラフを考えれば連結であり，どの二つのグループも共通部分を持たない．図2.5のグラフは，そのような三つのグループからなる．AとBのノードからなるグループ，C, D, Eの3個のノードからなるグループ，そして，残りのノードからなるグループの3個のグループからなる．図2.6のネットワークも3個のグループからなる．3個のノードからなるグループ，4個のノードからなるグループ，そして非常に多くの（34個の）ノードからなるグループの3個のグループからなる．

この概念を正確にしよう．グラフのノード集合の部分集合は，以下の条件 (i), (ii) を満たすとき，**連結成分** (connected component) と呼ばれる（省略して**成分** (component) と呼ぶこともある）．

(i) この部分集合の異なる2個のどのノードに対しても，一方から他方へのパスが存在する．

(ii) この部分集合を真に含むノードの拡大集合は，条件 (i) を満たさない（すなわち，一方のノードから他方のノードへのパスが存在しない2個の異なるノードが拡大集合に存在する）．

(i) と (ii) の両方の条件が，意図する直観を正確に表現するために必要であることに注意しよう．条件 (i) は，連結成分が内部で実際に連結であることを言っている．条件 (ii) は，連

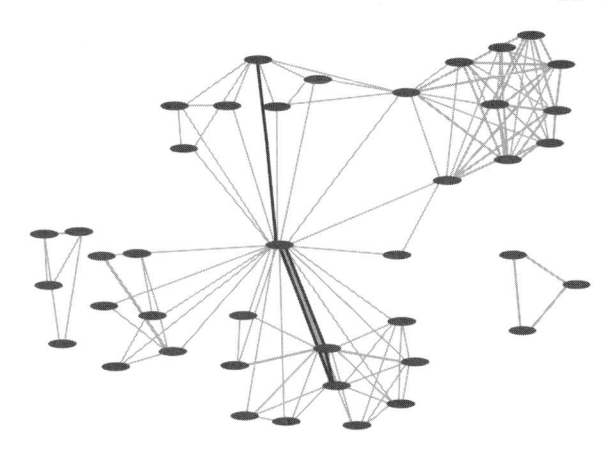

図 2.6 病原性原虫の構造ゲノム学 (Structural Genomics of Pathogenic Protozoa; SGPP [134]) の生物学研究センターの共著者グラフは，三つの異なる連結成分からなる．このグラフは，国立衛生研究所のタンパク質構造最先端研究戦略の研究助成を受けている九つの研究センターの共同研究パターンの比較研究で取り上げられたグラフの一部である．SGPP の生物学研究センターの共著者グラフは，(一つの連結成分からなる) 連結であるセンターの共著者グラフと多くの小さな連結成分からなるセンターの共著者グラフの，ほぼ中間にあるグラフであった．(出典：BioMed Central)

結成分が実際に自由で独立した"部分"であり，より大きく拡大化された部分の連結な部分ではないことを言っている（たとえば，図 2.5 のグラフでは，F, G, H, J のノード集合は連結成分とは考えない．このノード集合は連結成分の定義の (ii) の条件を満たさないからである．確かに F, G, H, J のノード集合のどの 2 個のノードに対してもそれらを結ぶパスが存在するので，ノード集合 {F, G, H, I} は条件 (i) を満たすが，条件 (i), (ii) を満たすノード集合 {F, G, H, I, J, K, L, M} に真に含まれるので，条件 (ii) を満たさない）．

　グラフを連結成分に分割することは，もちろん，その構造を巨視的に記述するための第一歩と言える．さらに，連結成分の内部でも，ネットワークの解釈にとって重要な，より豊かな内部構造もありうる．たとえば，図 2.6 のグラフのノード数が最大の連結成分について眺めてみると，それが意味する共同研究において，ある特徴的な構造の存在に気がつくと思われる．すなわち，中心に突出した研究者のノードが存在し，さらに複数の高度に結合されたノードからなる部分がこの中心ノードに辺で結ばれている．しかし，それらの高度に結合されたノードからなる複数の部分間を結ぶ辺はそれほど多くはない．この突出した中心ノードの役割は，正確には以下のように表現できる．このノードが除去されると，ノード数が最大の連結成分は三つの異なる連結成分に分離される．このように，高度に結合された部分とそれに接続している境界の部分という見方でグラフを分析すると，ネットワーク構造を理解しやすくなる．これは，第 3 章で取り上げる中心トピックである．

巨大連結成分　大規模なネットワークの典型例で，連結成分について定性的に考える際に役立つ方法がある．そのためには，以下の思考実験をしてみるとよい．2 人が友人であるとき，そしてそのときのみ辺で結ばれている全世界のソーシャルネットワークを考える．もちろん，そのようなグラフを実際に作ることはできないが，これは，基本的ないくつかの質問に答えるのに，一般に直観的なイメージを働かせることのできるグラフで

ある．

　まず，この全世界の友人ネットワークは連結であろうか？　おそらくそうではないと考えられる．そもそも1個のノードに対応する1人（または少数のノードに対応する少数の人）の行動は無視できる点からも，連結性はかなりもろい性質であると考えられるからである．たとえば，生存している友人のいない孤独な人は，全世界の友人ネットワークで，1個のノードからなる連結成分を構成する．したがって，全世界の友人ネットワークのグラフは連結ではない．あるいは，外界との接触のない人々からなる典型的な"遠い熱帯の孤島"もそれ自体で小さな連結成分をなし，全世界の友人ネットワークが連結でないことを示している．

　しかし，それ以上のものがさらに存在する．本書の読者ならば，他の国で育った友人がいるのが普通であろう．すると，そのような読者の1人は，全世界の友人ネットワークで，これらの友人全員に対してそれぞれ1本の辺からなるパスを持つので，これらの友人全員と同じ連結成分に属することになる．さらに，これらの友人の両親，これらの友人の両親の友人，そのまた友人や子孫も同じ連結成分に属することになる．したがって，これから類推できることは，この読者の属する連結成分には，読者がこれまでに聞いたこともない人，母国語を共有しない人，読者の在住する近辺にまで来たことのない人，生活様式のまったく異なる人も含まれるということである．したがって，全世界の友人ネットワークは連結ではないが，本書の読者の属する連結成分は，巨大であり，実際，全世界の大部分の地域に達して多くの異なる背景を有する人々を含んで，世界の人口のかなりの割合に達していると思われる．

　これは，かなりの分野の大規模なネットワークのデータ集合では，実際に真となる事実である．大規模で複雑なネットワークでは，**巨大連結成分** (giant component) と呼ばれるものが見られる．ネットワークの全ノードのかなりの割合のノードからなる連結成分に対して，意識的につけられた用語である．さらに，ネットワークが巨大連結成分を含むときには，それは唯一の巨大連結成分であることがほとんどである．その理由は以下のように説明できる．全世界の友人ネットワークの例で考えてみよう．（何億もの人々からなる）巨大連結成分が2個含まれていたとしよう．これらの二つの連結成分で，一方の連結成分に属する誰かが他方の連結成分に属する誰かと友人になると，1本辺が加わって二つの巨大連結成分は一つの連結成分になる．ほとんどの場合，このような辺が形成されないとは，本質的に考えられない．したがって，二つの共存する巨大連結成分が実際のネットワークで見受けられることはほとんどない．すなわち，一般には，巨大連結成分が存在するときには唯一であり，それ以外の連結成分はすべて（巨大連結成分と比べて）小さいものとなる．

　実際のネットワークで，二つの巨大連結成分が長い間共存したまれなケースでは，突然それらが融合して最終的なカタストロフィーとなったものもあった．たとえば，Jared Diamond（ジャレド・ダイアモンド）の本 *Guns, Germs, and Steel* [130] は，ほぼ500年前にヨーロッパの探検家が到着し始めたときに生じた西半球の文明の大変動に焦点を当てている．このような展開は，ネットワークの観点から以下のように解釈できる．5,000年前，全世界のソーシャルネットワークは，二つの巨大連結成分を含んでいたと考えられる．一つは（南北）アメリカ大陸の住民からなり，もう一つはアジアとヨーロッパ（とアフリカ）

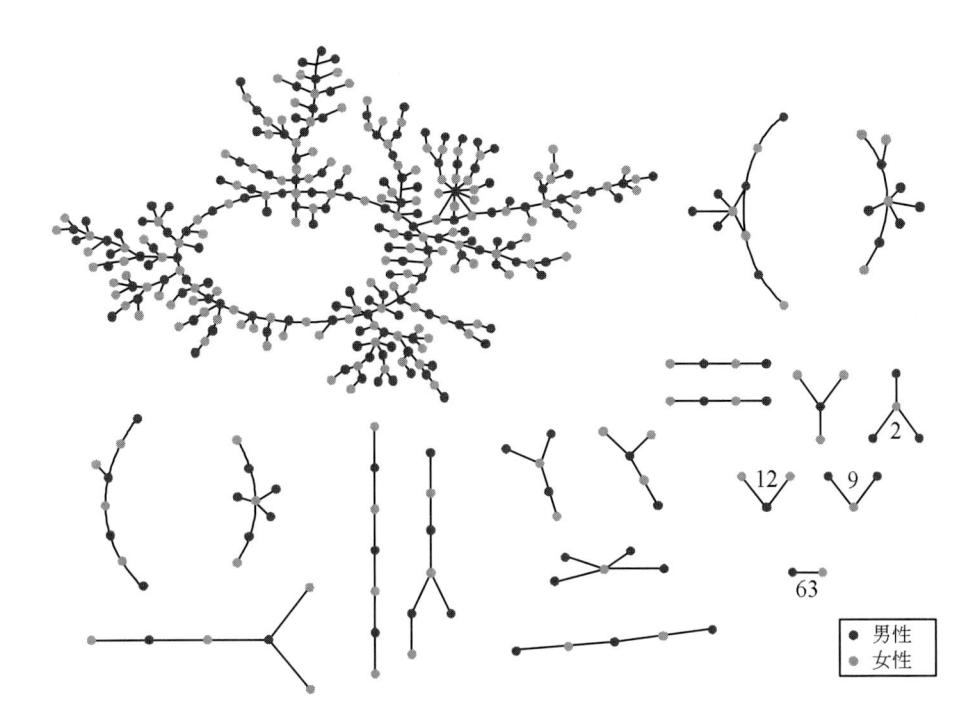

図 2.7 米国のある大きなハイスクールの生徒間の恋愛関係のネットワーク．ノードは生徒に対応し，18 か月の研究調査の期間中に恋愛関係にあった 2 人の生徒を辺で結んでいる [49]．（出典：The University of Chicago Press）

の住民からなる．このように分離されていたので，二つの連結成分で産業技術は独立に発展し，患う病気もまったく異なっていた．しかし，二つの連結成分が接触を持つと同時に，一方の産業技術や病気が他方のそれらを急激に圧倒して飲み込んでいったのである．

巨大連結成分の概念は，かなりスケールが小さいネットワークにおける推論でも役に立つ．図 2.6 の共同研究ネットワーク（共著者グラフ）は，その単純な一例である．もう一つの面白い例を，図 2.7 に示している．これは，米国のあるハイスクールでの恋愛関係を，Bearman, Moody, and Stovel が 18 か月の期間にわたって調査したものである [49]．これらの辺は 18 か月間のどこかの時点で生じた恋愛関係を表していて，すべてが同時に存在していたというものではない．性病感染について考えるときには，このグラフが大きな連結成分を含むという事実は重要である．そして，それはこの事例の研究者が焦点を当てていたことでもあった．この期間パートナーが 1 人であった生徒もいる．しかし，ある生徒は，自分自身気づいていないと思われるが，大きな連結成分に属し，潜在的に性病感染の多くのパスに巻き込まれていた．Bearman, Moody, and Stovel は，このネットワークを解析して，以下の注意を与えている．「これらの構造は，遠くまで影響を与えうる関係を反映している．そして，非常に長いパスでつながれた個人をも，ゴシップや調査の対象として結びつけるものになっている．そうではないであろうと思うかもしれないが，これは実際正しい．社会的な事象のように，全体像は個人には見えないものの，個人がエージェントとして個別に行動するときに，副産物として生じるマクロ構造の全体像なのである．」

2.3　距離と幅優先探索

2個のノードが単にパスで結ばれているかどうかだけでなく，多くの状況では，パスの"長さ"も興味深い．輸送ネットワーク，インターネット通信，ニュースと病気の伝搬感染においては，ネットワークの中を流れるものが，単に2,3個のノードを経由して目的地に到達するのか，あるいは多くのノードを経由して到達するのかは，しばしば重要である．

この概念について正確に議論することができるようにしよう．パスの**長さ** (length) は，パスの始まりから終わりまでに含まれるステップ数である．すなわち，パスに含まれる辺の本数が，パスの長さである．したがって，たとえば，図2.3のグラフで，パスMIT, BBN, RAND, UCLAの長さは3であり，パス MIT, UTAHの長さは1である．パスの長さの概念を用いて，グラフの中で2個のノードが近いとか，はるかに離れているとかと言うことができる．とくに，グラフの任意の二つのノードに対して，それらの二つのノード間を結ぶ最も短いパスは**最短パス** (shortest path) と呼ばれ，それらの二つのノード間の**距離** (distance) は，その最短パスの長さで定義される．したがって，二つのノード LINC, SRI間の距離は3である．もちろん，これを納得するためには，これらの二つのノード間を結ぶ長さ1のパスも長さ2のパスもないことを自分自身で確かめなければならない．

幅優先探索　図2.3のようなグラフでは，二つのノード間の距離は単に図を見ながら困難なく求めることができる．しかし，さらに複雑なグラフに対しては，組織的な方法で距離を決定することが必要となる．

距離を決定する最も自然な方法は，おそらく誰もが行う以下のような方法であろう．これは，大規模なネットワークのデータ集合に対して，コンピューターを用いて計算する最も効率的な方法でもある．そこで，全世界の友人ネットワークで（全世界のすべての人の無制限の忍耐と協力を得て）距離を求めるものとしてみる．すると，距離を計算する手続きは，図2.8のようなイメージで捉えることができる．

1. まず，自分の友人全員は距離1である（層1を形成する）と宣言する．また，自分自身の距離は0であると宣言する．
2. 次に，自分の友人の友人から，自分と自分の友人を除いた全員が距離2である（層2を形成する）と宣言する．
3. さらに，自分の友人の友人の友人から，距離が2以下の人を除いた全員が距離3である（層3を形成する）と宣言する．
4. 1～3を繰り返して，その次の距離に属するノードの層を順々に求めていく．新しい層は，(i) それ以前のどの層にも属していないノードのうちで，(ii) 直前の層のいずれかのノードと辺で結ばれているノードすべてから形成される．

この技法（手続き）は，出発ノードから近い順にノードに到達しながら（すなわち，幅優先順に）外向きにグラフを探索していくため，**幅優先探索** (breadth-first search) と呼ば

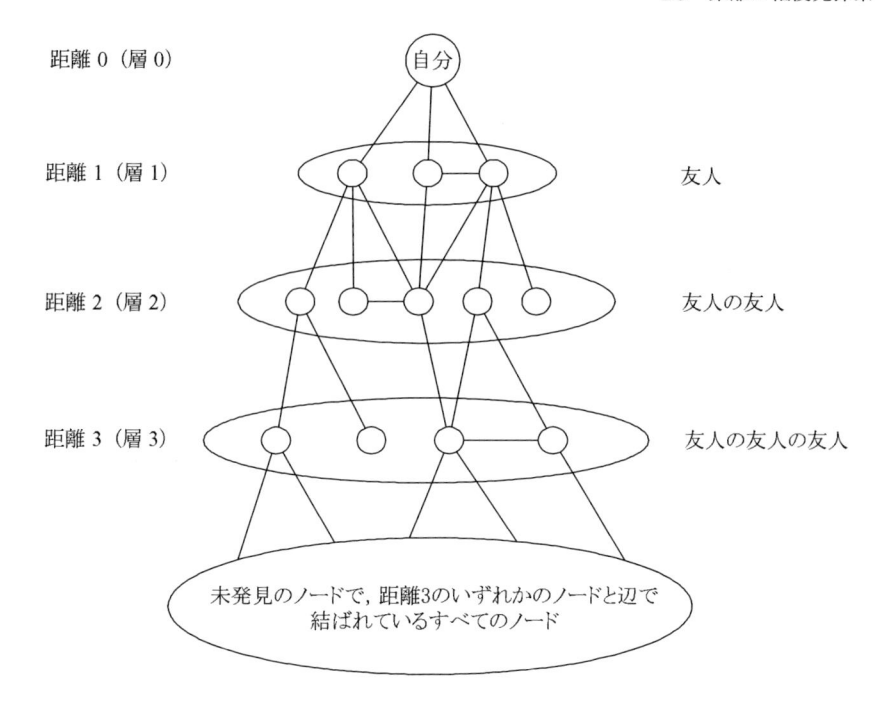

図2.8 幅優先探索は，"一つの層"に属するすべてのノードの距離を一度に発見する．各層は一つ前の層に属する少なくとも一つのノードと辺で結ばれたノードのうち，これまで発見されていなかったノードからなる．

れる．この方法は，距離を決定する方法を提供するばかりでなく，指定した出発ノードからの距離に基づくノードの配置に基づいて，グラフの構造を組織化する有効な概念上の枠組みを与えている．

もちろん，幅優先探索を記述するために用いたソーシャルネットワークの例以外の任意のグラフに対しても，このプロセス（幅優先探索）は適用できる．各層ごとにその層に属するノードを発見していくことを繰り返せばよい．すなわち，一つ前の層の少なくとも一つのノードと辺で結ばれているノードで，それ以前のどの層にも属していないノードをすべて集めて新しい層を作っていけばよい．たとえば，図2.9は，図2.3の13個のノードからなるARPANETグラフにおいて，ノードMITからすべてのノードへの距離がこのようにして決定されたことを示している．

スモールワールド現象 グラフの連結成分の議論でも取り上げたように，典型的な大きなネットワークにおける距離にも，正式な定義の枠を超えて定性的に言えるものが存在する．全世界の友人ネットワークの思考実験を振り返ってみよう．なぜ自分が巨大連結成分に属しているかについて説明している議論から，実際にはより強いことが主張されていることがわかる．すなわち，自分から友人へのパスを経由して世界の人口のかなりの割合の人につながっているだけでなく，そのパスが実際にはきわめて"短い"という驚くべきことがわかるのである．他国で育った友人がいるものと考えてみよう．すると，この友人を経由して，友人の両親ともパスでつながっている．さらに，その両親の友人ともつながっている．このように，単に3ステップを渡っていくだけで，世界の異なる地域に住み，世

距離 0（層 0）

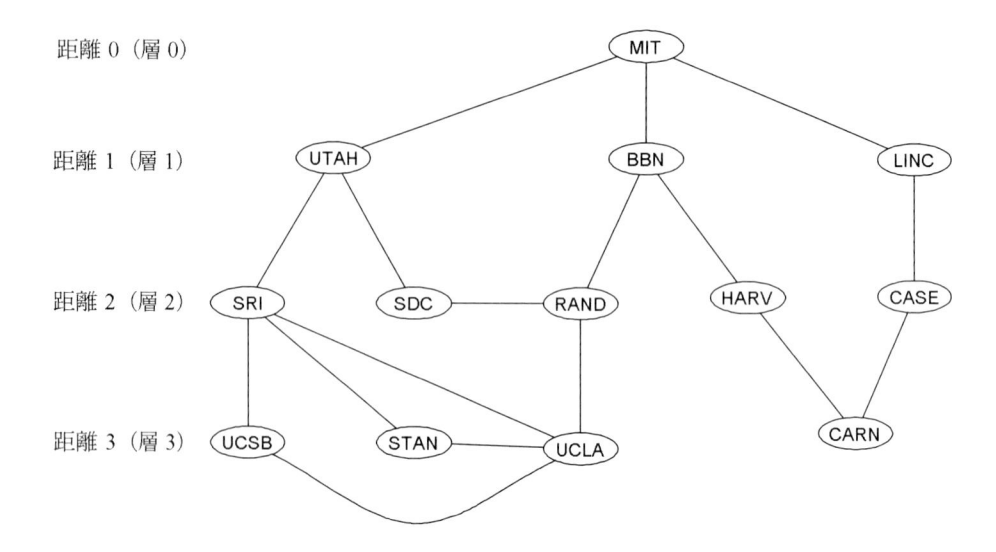

距離 1（層 1）

距離 2（層 2）

距離 3（層 3）

図 2.9 1970 年 12 月当時の ARPANET に対して，ノード MIT から幅優先探索をして得られる層．

代も異なって，まったくと言ってよいほど知らない人にたどり着く．

この概念は**スモールワールド現象** (small-world phenomenon) と呼ばれている．すなわち，自分から友人を経由して，ほかの誰にでも短いパスで到達できることから，世界が"小さく"（スモールに）見えるという考えである．これは，**6 次の隔たり** (six degrees of separation) とも呼ばれている．おそらく，こちらのほうがより記憶しやすいと思われる．これは，劇作家 John Guare（ジョン・グエア）の『私に近い 6 人の他人』（原題：*Six Degrees of Separation*）として映画化された戯曲に由来する [200]．その戯曲で，俳優の 1 人が以下のように言った．「この惑星の誰もが，間に他の 6 人が入るだけでどんな人にでもたどり着けるとどっかで読んだことがある．6 次の隔たりである．」

この概念，および大衆文化的なマントラの番号 "6" の起源を検証する実験的研究は，1960 年代に Stanley Milgram（スタンレー・ミルグラム）と彼の同僚によって初めて行われた [297, 391]．すなわち，全世界の友人ネットワークで人々が実際に少数の友人を経由して（短いパスで）つながっていると推論する考えの裏付けを得ようとして，Milgram は実験を行った．ただし，現在なら利用可能な大きいソーシャルネットワークのデータ集合が，当時は手に入らなかったことと，680 ドルという限られた予算しかなかったことから，その実験は以下のようなものであった．Milgram は，"スターター" としてランダムに選んだ 296 人の集合と，"ターゲット" としてボストンの郊外に住んでいた 1 人の株式仲買人を定め，各スターターに，ターゲットに手紙が届くよう転送してほしいと依頼した．各スターターは，ターゲットを特定するための情報（住所と職業を含む）が少し与えられて，親しい間柄の友人を介して，ターゲットに手紙ができるだけ早く到達するように転送することを依頼された．同様に，スターターから転送されてきた手紙を受け取った親しい友人も，同一の指示に従って，ターゲットに手紙ができるだけ早く到達するように転送することを依頼された．こうして，各手紙は，一連の親しい友人の手を経由して，ボストンの郊外の株式仲買人へ至る友人のチェーン（パス）を形成することになった．

図 2.10 は，ターゲットへの到達に成功した 64 個のチェーン（パス）に対する，パスの長

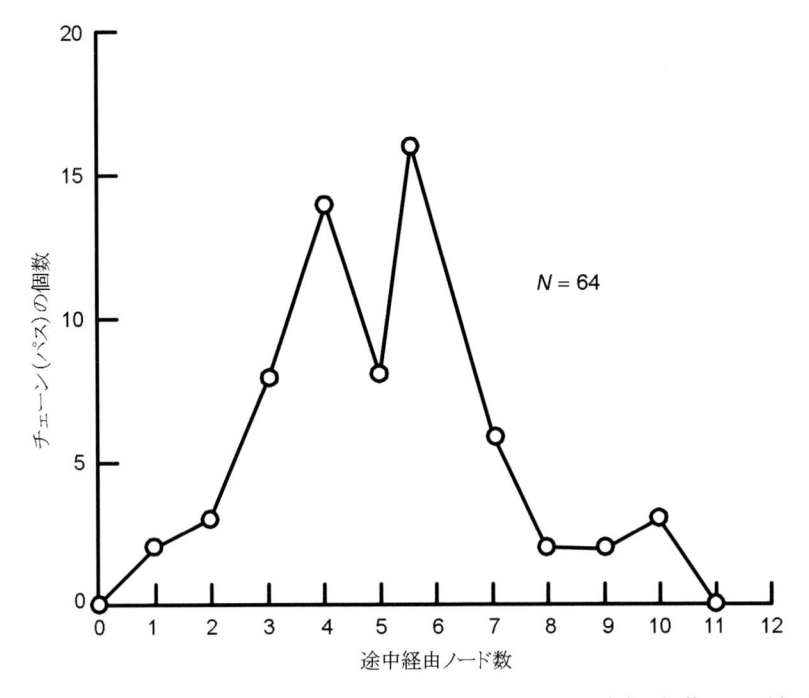

図 2.10 スモールワールド現象の実験に関する Travers and Milgram の論文に掲載された折れ線グラフ [391]．ターゲットに到達したチェーン（パス）の長さ（横軸に"途中経由ノード数"で表示）それぞれに対して，ターゲットに到達したチェーン（パス）の個数をプロットしている．全体で 64 個のチェーン（パス）がターゲットに到達している．また，チェーンの長さの中央値は 6 である．（出典：American Sociological Association）

さの頻度を示している．パスの長さの中央値は 6 であった．そして，その数字は，20 年後の John Guare の戯曲のタイトルに用いられた．64 通という多くの手紙がターゲットに到達したことと，そこで用いられたパスの長さが短かったことは，それらが最初に発見されたときには衝撃的であった．そして，今日でも衝撃的なことである．もちろん，その実験についてのいくつかの警告に注意を払っておくことは価値がある．第一に，この実験により，"この地球上のどの 2 人に対しても 6 次の隔たり"が明確に確認されたとは断言できないことである（それは明らかである）．ターゲットへのパスがもともと数多く存在するようにターゲットが選ばれているので，ターゲットへの到達に成功したパス（ターゲットに届いた手紙）が多く得られたとも言える．さらに，届かなかった手紙のほうがむしろ多数であった．また，（人数も含めた）参加者の問題もあり，再実験を試みることも困難である．第二に，これらの短いパスが社会で人々にどのくらい本当に役に立つのかについて，疑問がある．友人の短い長さのチェーンを介して誰かとつながっているとしても，それがどのように役に立つのかがわからない．実際に，そのことから，つながっている人同士が本当に社会的に"親しい"と言えるのであろうか？ Milgram 自身は，原論文 [297] で，このことについて考え込んでいる．彼の観察は，簡潔に言ってしまうと，自身を中心とした社会的"世界"で自分のことを考えると，"六つの短いステップ"で"六つの別の世界"になり，6 がまるで非常に大きい数のように感じられてしまうということである．

　これらの警告にもかかわらず，実験とそれから示唆される現象は，ソーシャルネット

ワークを理解する際の重要な側面を形成した．最初の実験以来，結論はほぼ全面的に受け入れられた．すなわち，ソーシャルネットワークでは，まったく無関係と言える任意の2人の間も非常に短いパスでつながる傾向があるのである．もちろん，最高経営責任者や政治指導者と6ステップでつながっていると言っても，それによって日常的に直接的な報酬が得られるわけではないが，そのような短いパスが存在することから，以下のようなことを結論付けることができる．すなわち，情報や病気その他の感染症が社会で伝搬・感染する潜在的な速度や，ソーシャルネットワークが提供する様々な機会や希有な人々に対する潜在的アクセスは，かなりのものなのである．これらのすべての問題およびソーシャルネットワークで起こるプロセスに対するそれらの効果は豊富な内容を含んでいるので，第20章では，スモールワールド現象とその影響の詳細な研究に焦点を当てて議論する．

電子メール交換と Paul Erdös と Kevin Bacon 現在，ソーシャルネットワークが一般に"スモールワールド"であるということが経験的に受け入れられている大きな理由は，ネットワーク構造についての完全なデータがある状況のもとで，この概念が成立することが確実に確認されてきているからである．Milgram は，手紙を"追跡者"として，彼自身全体像がわからない大きな友人ネットワークで実験するしかなかった．しかし，全体像が完全に把握できるようなソーシャルネットワークデータに対しては，コンピューターによる幅優先探索を用いて，距離が全体的にどうなっているかを決定することができる．

そのような観点からの大規模な研究の一つが，Jure Leskovec and Eric Horvitz [273] により行われた．彼らは，Microsoft Instant Messenger（IM; マイクロソフト・インスタントメッセンジャー）の2億4000万人の活発なユーザーのアカウントを用いてグラフを構成し研究を行った．この IM グラフでは，各ノードが1人のユーザー（アカウント）に対応し，2人のユーザーが，1か月間の観察期間のいずれかの時点で，双方向のメール交換を行ったとき，そしてそのときのみ，対応する二つのノードが辺で結ばれる．当時，Leskovec と Horvitz は Microsoft の社員として，研究対象の1か月の観察期間のシステムのスナップショットをすべて手に入れているので，このデータが全体像を完全に捉えているものであることに関して何も疑いはない．そして，この IM グラフは，ほとんどすべてのノードを含む巨大連結成分を持ち，巨大連結成分内の任意の二つのノード間の距離も小さいことが確認された．実際，IM グラフは，平均距離が 6.6，距離の中央値が 7 であり，Milgram の実験から得られた値とほぼ一致している．図 2.11 は，無作為に選んだ 1,000 ユーザーの標本における距離の分布（の確率）を示している．すなわち，これらの 1,000 人のユーザーに対応する 1,000 個のノードに対して，各ノードからすべてのノードへの距離を幅優先探索で求めることを独立に実行して，1,000 個のノードのすべてのペア（すなわち，499,500 個のペア）の距離を求め，その分布を示している．その意味では，2億4000万のノードのすべてのペアにわたる距離の分布（の確率）ではないので，おそらくそこでも期待される値としての，平均距離 6.6 と中央値 7 であることに注意しよう．1,000 人のユーザーを選んだ理由は，計算時間の観点からである．グラフのノード数が 2億4000万にもなるので，すべてのノードからの幅優先探索を行うと，膨大な計算時間（単純に考えても 1,000 人の場合の 24 万倍の計算時間）になってしまう．このように，巨大なグラフに対して正確な距離の分布を効率的に計算して表示することは，それ自身きわめて興味深い研究テーマであ

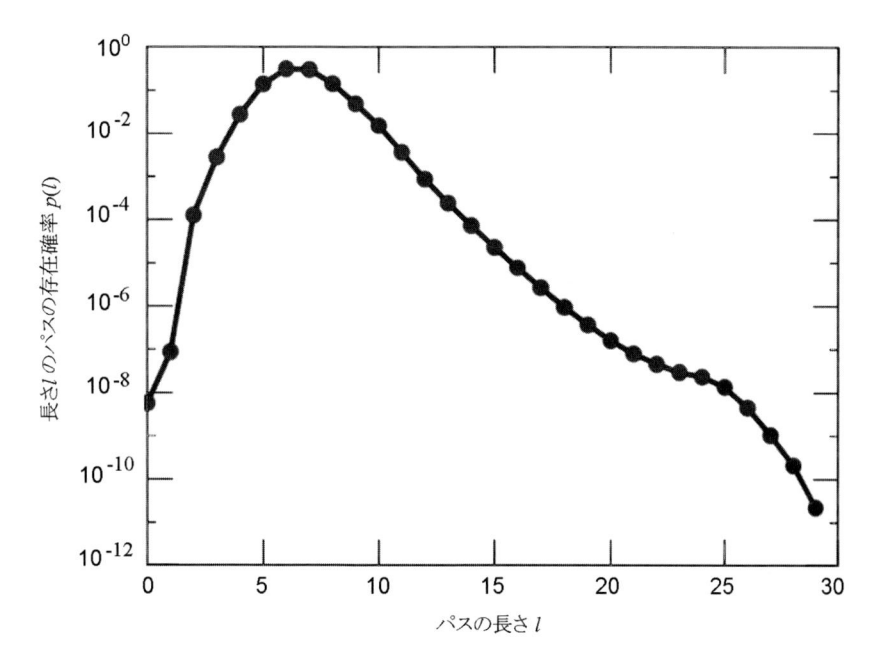

図 2.11 1か月間の観察期間のいずれかの時点でメールの送受信を行ったMicrosoft Instant Messengerのユーザー集合をノード集合とし，2人のユーザーが双方向のメール交換を行ったとき，そしてそのときのみ，対応する二つのノード間を辺で結んだIMグラフにおける，パスの距離の分布（の確率）[273].

る [338].

　ある意味では，図2.11のグラフは，Milgramとその同僚が理解しようとしていたこと，すなわち，完全な形の全世界の友人ネットワーク上で，任意の2人の間の距離の分布を明らかにすることを，近似による衝撃的な方法で初めて達成したものである．同時に，そのようにして得られる巨大なデータ集合の構造と，測定しようとする対象のネットワークは異なることも多く，それに対する調整もここでは問題点として挙げられる．本書では，この問題をこれから何度も取り上げる．たとえば，Microsoft Instant Messengerの電子メール交換に基づいた研究は巨大なデータ集合を対象としていたが，これは，Milgramの最終目標からは少し逸脱していると考えられる．電子メール交換に基づく巨大データ集合は，真に友人である2人の間に辺を考えて得られる友人グラフとは異なり，電子メールへのアクセスなどの情報通信技術を使いこなせる人のみを対象として，観察期間内に単にメールの交換を行った2人のユーザー間に辺を考えて得られるグラフであるからである．

　少し規模の小さいケースも考えてみよう．数億個のノードのネットワークではなく，少し規模の小さい数十万個のノードの共同研究ネットワークにおいても，研究者によって非常に短いパスの存在が確認されている．たとえば，数学の分野では，生涯にわたって1,500本の論文を発表した放浪の数学者 Paul Erdös（パウル・エルデシュ）にまつわる例，すなわち，彼を中心とする論文の共著者グラフが，しばしば取り上げられている．より正確には，図2.6でも眺めたように，共著者グラフは以下のように定義される．ノードは数学者に対応し，2人が共著論文を有するとき，そしてそのときのみ辺を結んだグラフである（図2.6は一つの研究所の研究者に対するものであったが，ここではすべての分野の数

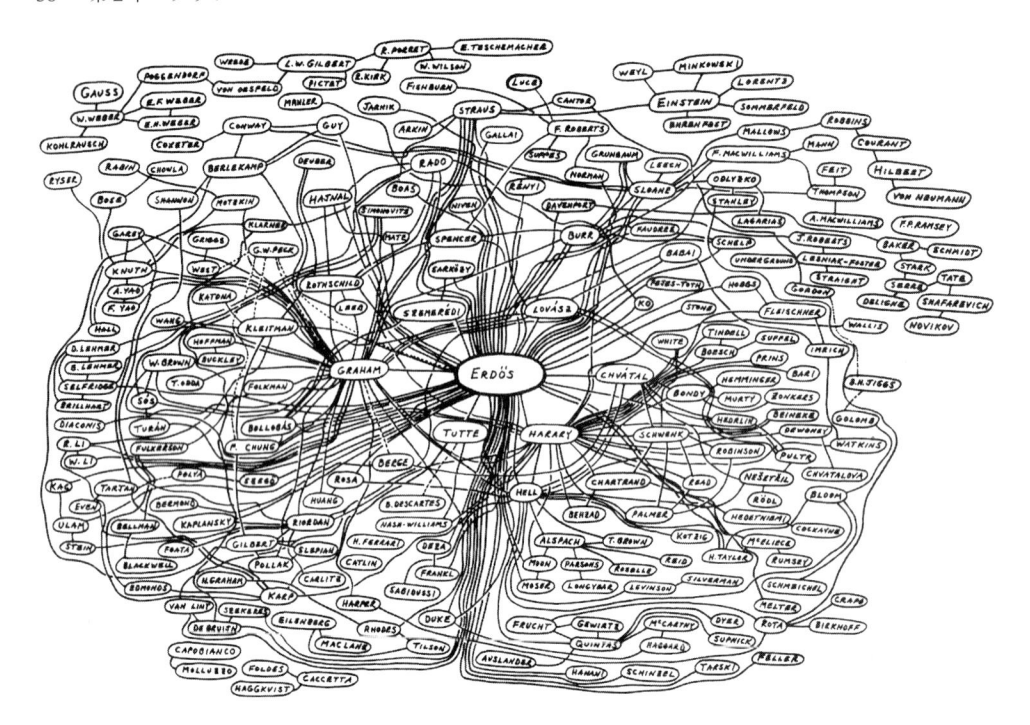

図 2.12 数学者の共著者グラフの一部を Paul Erdös を中心にして描いた Ron Graham の手書きの図 [189].（出典：Ron Graham）

学者を対象としている）．図 2.12 は共著者グラフのうちの一部であり，Paul Erdös へつながるパスの存在する小さいグラフの手書き図である [189]．このグラフにおいて各数学者から Erdös までの距離は，その数学者の **Erdös 数** (Erdös number) と呼ばれている [198]．このとき，たいていの数学者は Erdös 数が 4 あるいは 5 以内であることに注意されたい．さらに，すべての分野の科学者を対象として拡張した共著者グラフでも，多くの科学者の Erdös 数はほんの少し大きいだけである．たとえば，Albert Einstein は 2，Enrico Fermi は 3，Noam Chomsky と Linus Paulin は 4，Francis Crick と James Watson はそれぞれ 5 と 6 である．このことからも，科学の世界は本当に小さい（スモールワールドである）ことがわかる．

Milgram の実験と John Guare の戯曲，そして Kevin Bacon がハリウッドの世界で中心的な俳優であることに触発されて，1994 年頃にペンシルバニア州のオルブライト (Albright) 大学の 3 人の学生が，Erdös 数の概念を映画俳優の共演グラフに適用した．共演グラフは，ノードが俳優（男優・女優）に対応し，映画で共演した 2 人の俳優間に辺を考えて得られるグラフである．そして，共演グラフで，各俳優から Kevin Bacon への距離がその俳優の **Bacon 数** (Bacon number) である [372]．インターネットの映画データベース (IMDb) にある出演俳優のリストを用いると，幅優先探索により，すべての俳優の Bacon 数を計算することができる．したがって，数学者のときと同様に，この世界も実際にスモールワールドであることが確かめられる．IMDb にあるすべての俳優の Bacon 数の平均はほぼ 2.9 であり，Bacon 数が 6 以上の俳優を見つけることは困難である．実際，IMDb にある俳優の最大 Bacon 数を手計算により徹夜で決定することを試みた熱狂的な映画ファンの言葉 [197] を掲載して，結論を述べることにする．「映画に対する長年の熱情ゆえに，日曜日午

前10時ころまで長い時間を費やして，映画史を奥深くまで徹底調査することをやめることができなかった．そしてついに，信じられないほど無名の1928年のソビエトの海賊映画 *Plenniki Morya* の主演俳優 P. Savin の Bacon 数が7であることを発見した．さらに，彼と共演した助演俳優の Bacon 数は8であり，彼は他のどの映画にも出ていないことがわかった．」長い時間かけて調べて，ついに（米国の）映画界の外に飛び出す辺で結ばれた映画史の初期における，しかもソビエト連邦における，映画に到達したのである．しかしそれでも，そこにはたった8ステップで行けたのである．

2.4 ネットワークデータ集合：概観

　大規模で詳細なネットワークデータ集合がますます入手できるようになってきて，最近，大規模なネットワークの研究が目を見張るほど爆発的に実行されている．このようなデータ集合の例をこれまで二つの章を通して眺めてきた．ここでは，もう一度振り返ってみて，大規模なネットワークの研究で用いるデータをどこで得てきたのかについて，さらに系統的に考えてみる．

　まず，大局的に眺めてみよう．最初に，特殊なネットワークデータ集合を研究する様々な理由が存在することを注意しておく．データ集合をもたらす実際の領域が気になるので，データのきめ細かい詳細も全体像と同じくらい潜在的に関心を引くことが，第一の理由である．また，関連する測定不可能なネットワークの代用として，データ集合を用いることもあることが，第二の理由である．たとえば，ソーシャルネットワークでの距離の情報を得るために，そのスケールと特徴の両方の点で，全世界の友人ネットワークを近似モデルとして代用できる図2.11のIMグラフで，距離の情報を得た方法が，これに当たる．第三の理由は，多くの異なる領域にまたがって共通して現れるネットワークの性質を探し求めることもあるかもしれないことである．無関係と思えるデータ集合のもとで類似の結果を見つけることができれば，特定の領域の詳細に制約されない普遍的な性質の存在を示唆することができる．

　もちろん，一つの研究で，これらの三つの理由が異なる度合いで同時に作用することもしばしばある．たとえば，IMグラフの解析により，全世界の友人ネットワークの洞察が得られた．しかし，より個別的なレベルでは，研究を実行する研究者は電子メールでのダイナミクス（動作や振る舞い）にも特別な関心がある．そして，より一般的なレベルでも，IMグラフの解析の結果は，多くの領域にまたがるスモールワールド現象の広い枠組みに当てはまることが確認されている．

　最後に，本書では，ネットワークに関する"大規模な"データ集合のソースが関心の対象であることを注意しておく．20人程度の規模のソーシャルネットワーク，たとえば小企業，同好会，女性クラブ，あるいは図1.1のような空手クラブを研究したいということならば，一つの戦略は，関係する人全員にインタビューをして，誰と誰が友人かを確かめることであろう．しかし，20,000人あるいは人以外の20,000ノードに及ぶ規模の相互作用を研究したいのであれば，どこでデータを探し求めるかに関しては，もっと便宜主義的にな

らざるを得ない．特殊な例外を除いて，個別にすべてを手で集めることは不可能である．そこで，関係する情報（データ集合）が何らかの本質的な方法ですでに収集されている状況を考えることが必要である．

これを考慮して，これまで研究用に利用された大規模なネットワークデータの主たるソースのいくつかを取り上げることにする．掲載するリストは，完全からは遠く離れている．さらに，カテゴリーも真に分類されているとは言えない．しかし，単一のデータ集合でも多くのデータ集合の特徴を具現することもある．

共同グラフ　共同グラフは，特定の状況で誰が誰と共同で研究をしているかを記録するものである．たとえば，2.3 節で議論した二つのグラフ，すなわち，科学者間の論文の共著関係や映画俳優の共演関係を記録する共同グラフは，その例である．産業界の取締役グラフ，すなわち，Fortune 500 に掲載された企業の取締役をノードとし，同一の企業の取締役を同時に務めた 2 人の間に辺を考えて得られるグラフも，社会学者により広範囲にわたって研究された共同グラフの例である [301]．インターネット社会のオンラインの世界からも新しい例が生じている．オンライン百科事典 Wikipedia（ウィキペディア）で同一の項目を編集した 2 人の編集者間に辺を考えて得られる Wikipedia 共同グラフ [122, 246] や，同一のミッションに従事した 2 人の軍人間に辺を考えて得られる軍事作戦共同グラフ [419] は，その例である．

共同グラフは，個別の領域について理解するためにも研究されてきている．たとえば社会学者は，取締役レベルの人脈における共同経営者としての企業関係に，大きな関心を持って研究している．一方，科学的研究の社会的な背景を研究しているコミュニティも存在する．実際，広範なコミュニティにわたる人々が，科学論文の共著者ネットワークに高い関心を示している．そこには，長期間にわたって展開された豊富な社会的相互作用が詳細で利用しやすいスナップショット形式にまとめられているからである [318]．オンラインの文献記録を用いることにより，一つの分野で 1 世紀以上にわたる共同研究の記録をたどることができることも，しばしばある．したがって，共同作業の社会的な構造が測定困難な状況にまで拡大化して推測することもできる．

メール交換グラフ　Microsoft の IM グラフは，1 か月間にわたる数億人のメール交換の記録からなる大きなコミュニティのスナップショットである．このように，これは "誰と誰が会話した" というコミュニティのメール交換の構造を捉えたものである．一つの企業内 [6] や一つの大学内 [259] の電子メールのログファイルや電話記録からも，同様のデータ集合が構成されている．**電話利用グラフ** (call graph)，すなわち，電話番号がノードに対応し，ある観察期間内に二つの電話番号間で電話の利用があったときに辺を考えて得られるグラフの構造も，研究者により研究されてきている [1, 334]．近くの携帯電話の存在を検出する機能を持つ携帯電話を利用することもできる．このような携帯端末を用いた一連の実験結果を利用したり，その記録を研究することにより，研究者は物理的な距離を表現する "対面" (face-to-face) グラフを構成することができる．対面グラフは，携帯端末の所有者がノードに対応し，ある観察期間内に物理的に近い位置にいることが検出された 2 人の間に辺を考えて得られるグラフである [141, 142]．

これらの種類のデータ集合のほぼすべてにおいて，ノードは，データを構成する組織の顧客や従業員，あるいは学生を表す．一般に，これらの個人はプライバシーの保護を強く求める．すなわち，電子メールや電話の通信後に残る電子的な記録から，その行動の詳細が簡単に再現されることを決して望まない．したがって，この種のデータで実行される研究スタイルは，通常，関与する個人のプライバシーの保護を考慮した特殊な方法に限定される．このようなプライバシー考慮の問題は，企業がこの種のデータをマーケティングに利用するときや，政府が情報収集の目的で利用するときには，十分に議論しておかなければならないトピックになっている [315].

この種のメール交換データに関係して，マーケットや金融コミュニティで"誰が誰と取引をした"という取引構造を記録した経済的ネットワークデータは，マーケット参加において参加者のアクセスレベルが様々であることに依存して，様々なレベルの市場力と商品の価値が生まれることもある，経済活動を解明するための研究に用いられてきた．この経験に基づく研究から，買い手と売り手の間でアクセスを制限しているネットワーク構造がどのように効果をもたらすかについて，より数学的な研究調査も生まれることになった [63, 176, 232, 261]. これに関しては，第 10 章から第 12 章で焦点を当てて議論する．

情報リンケージグラフ　ウェブのスナップショットはネットワークデータ集合の中心的な例である．すなわち，ウェブグラフは，ウェブページがノードに対応し，あるページから別のページに向かうリンクが有向辺に対応するグラフである．ウェブグラフはその規模と，ノードが表すものの多様さにおいて突出している．数億に達するノードの各ノードに少量の情報が記憶されていて，相互にリンクが張られている．多様で大規模な情報であるがゆえに興味深いばかりでなく，情報の背後にある社会的構造や経済的構造の観点からも興味深いことは明らかである．ソーシャルネットワークサイトやブログサイトに群がる数億の人のウェブページや，大衆のネットワークにおいて，良いイメージの情報を対外的に与えようとして，数億の代表的な企業および政府機関のウェブページが存在しているのである．

全世界のウェブの完全なスケールのネットワークデータは膨大すぎて，そこで研究をするのが恐ろしい状態になっている．実際，そのようなデータ集合を効率的に操作することは，それ自身が挑戦的な研究テーマになっている．したがって，たいていのネットワーク研究は，ウェブデータ集合の興味深くて明確に定義できる部分集合に対して行われる．ブロガー間のリンケージ [264], Wikipedia のページ間のリンケージ [404], Facebook や MySpace のようなソーシャルネットワークサイトのページ間のリンケージ [185], ショッピングサイトでの議論や商品評価 [201] などが，そのようなウェブデータ集合の部分集合である．

情報リンケージグラフの研究は，ウェブの出現よりもずっと早くから行われていた．**引用解析** (citation analysis) の分野では，科学の進化の過程を追跡する方法として，20 世紀の前半から科学論文や特許における引用（サイテーション）のネットワーク構造が研究されていた [145]. 引用ネットワークは，科学論文の共著者グラフと同じ理由で，現在も人気のある研究データである．科学が与えた社会プロセスにそれほどの興味がないとしても，引用ネットワークは，何十年もの長い年月にわたるデータの蓄積があるきわめて整っ

たデータ集合である．

技術ネットワーク ウェブは複雑な技術を大量に用いて構築されているが，ウェブが技術ネットワークであると考えるのは間違いであろう．ウェブは，多数の技術的なアイデアを結集して創造された情報・社会・経済構造そのものである．本章の前の部分でも注意したように，最近では社会と技術のネットワークデータ集合は一緒になってきているが，それでも多くの興味深いネットワークデータ集合は，ノードが物理的な機器を表し，物理的に接続している機器同士に辺があるという，最も技術寄りの先端から生じている．インターネット上のコンピューター間の相互接続 [155] や，電力送電網の発電所間の相互接続 [411] がその例である．

このような物理ネットワークでさえも，究極的には，ライバル組織，会社，監督機関，他の形の経済的実体間での相互作用を表現する経済的ネットワークでもある．インターネット上では，この関係は二つのレベルの観点から明らかになる．下位レベルの観点からは，ノードはルーターとコンピューターであり，辺は二つの機器が物理的につながれていることを示す．一方，上位レベルの観点からは，これらのノードは，**自律システム** (autonomous system) と呼ばれる本質的に小さい"独立部分"にグループ化される．各自律システムは，異なるインターネットサービスプロバイダーにより制御されている．したがって，これらの自律システム間での電子取引を表現するグラフが存在し，それはこれらのインターネットサービスプロバイダーが互いに行うデータ交換の合意を表現する **AS グラフ** (AS graph) として知られている．

自然界のネットワーク 生物学などの自然科学の分野でも，グラフ構造がふんだんに見られる．とくに，いくつかの種類の生物学的ネットワークに対するネットワーク研究が注目を浴びている．以下は，人口レベルから分子レベルまでの三つの異なるスケールにおける，それぞれの例である．

1. 最初の例は，生態系の種同士の捕食関係を表現する**食物網** (food web) である [137]．食物網では，ノードは種であり，ノード A からノード B への有向辺は，A の種が B の種をえさとして食べることを意味する．食物網の構造をグラフとして理解することにより，**絶滅危機連鎖** (cascading extinction) のような問題に対して推論を与えることができる．すなわち，ある特定の種が絶滅すると，その種をえさとする種は，代替の種のえさがない限り絶滅する．そして，この絶滅は，食物網を連鎖反応しながら伝搬していく．
2. 生物学において重点的に研究されているネットワークは，生物の脳における神経接続の構造である．この脳内神経網（グラフ）では，ノードがニューロンであり，辺は二つのニューロンが結ばれていることを表す [380]．線虫の一種である *C. elegans* の脳内神経網グラフは，302 個のノードと約 7,000 本の辺からなる．このように単純な生物では，本質的に完全に脳内神経網地図が決定されている [3]．一方，より高度な生物の詳細な脳内神経網グラフを得ることは，現在の科学水準ではまったく不可能である．しかし，複雑な脳内の特定のモジュールの構造研究，およびそれらが相互

にどう関係するかについての理解により，重要な洞察が得られてきている．

3. 最後の例は，細胞の新陳代謝をもたらすネットワークの集合である．これらのネットワークを定義する方法は多数存在する．大まかに述べると，ノードは新陳代謝のプロセスで役割を果たす化合物であり，辺はそれらの化合物間での化学反応を表す [43]．研究者は，これらのネットワークの解析により，細胞内で起こる複雑な反応のパスと制御の帰還ループに光を当てて，目標を定めた病原体に対する"ネットワーク中心的"攻撃を用いて，その新陳代謝を妨害することができるのではないかと期待している．

2.5　演習問題

1. モデリングツールとしてグラフ理論が有力である理由の一つに，大きなシステムの特性をグラフの言語を用いて定式化し，グラフ理論の成果を組織的に調査して利用することができる，その適用性が挙げられる．以下，本章の最初の演習問題では，中軸的ノードの概念を用いてこのプロセスの例を取り上げる．

　そこで，本章の 2.3 節において，二つのノード間のパスのうちで長さが最小のパスを，その二つのノード間の**最短パス** (shortest path) と定義したことを思いだそう．異なる三つのノード X, Y, Z に対して，Y と Z を結ぶ最短パスがいずれも X を必ず通るとき，X は Y, Z に対して**中軸的** (pivotal) であると呼ばれる．

　たとえば，図 2.13 のグラフでは，ノード B は二つのノード A, C に対して中軸的であり，二つのノード A, D に対しても中軸的である．ただし，二つのノード D, E に対しては中軸的でないことに注意しよう．D と E を結ぶ最短パスは 2 本あり，そのうちの 1 本の最短パスが C と F を通っていて，B を通らないからである．すなわち，B は D と E を結ぶ"すべての"最短パス上にあるとは言えない．一方，ノード D はどの二つのノードに対しても中軸的ではない．

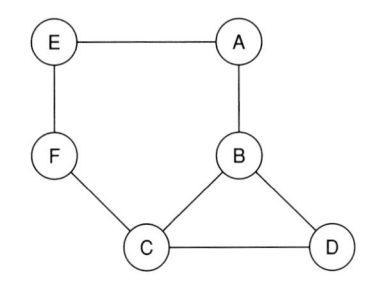

図 2.13　このグラフの例では，ノード B は，二つのノード A, C および二つのノード A, D に対して中軸的である．一方，ノード D はどの二つのノードに対しても中軸的ではない．

(a) "どの"ノードも少なくとも 1 組の二つのノードに対して中軸的であるようなグラフの例を挙げよ．その答えに対する説明も与えよ．

(b) "どの" ノードも少なくとも異なる 2 組の二つのノードに対して中軸的であるようなグラフの例を挙げよ．その答えに対する説明も与えよ．

(c) "すべての" 二つのノードに対して中軸的であるような 1 個のノード X が存在するような，4 個以上のノードからなるグラフの例を挙げよ．その答えに対する説明も与えよ．

2. 本章の 2 番目の演習問題では，ネットワークで "入口監視" の役割を果たすノードの概念を定式化するために，いくつかの定義を考える．最初の定義は以下のとおりである．ノード X は，他の 2 個の異なるノード Y, Z が存在して，Y と Z を結ぶどのパスも X を通るとき，**門番 (gatekeeper)** であると呼ばれる．たとえば，図 2.14 のグラフでは，ノード A は，ノード B とノード E を結ぶどのパス上にも存在するので，門番である．なお，ノード A に対するそのような二つのノードは，ほかにも存在する．たとえば，ノード A は，ノード D とノード E を結ぶどのパス上にも存在し，その他のいくつかのノード対に関しても同様である．

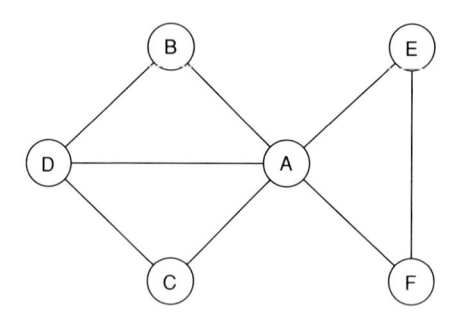

図 2.14 ノード A は門番である．一方，ノード D は局所的な門番であり，門番ではない．

この定義は，ある意味で "大域的" である．あるノードが門番であるかどうかを決定するには，グラフのすべての二つのノード対に対するすべてのパスを考えなければならないからである．この定義をより "局所的" にした以下の定義は，一つのノードの（すべての）隣接ノードのみを考えている．すなわち，ノード X は，異なる 2 個の X の隣接ノード Y, Z が存在して Y, Z が隣接していないとき，**局所的な門番 (local gatekeeper)** であると呼ばれる．つまり，Y と Z を結ぶ辺がなくて，かつ X と Y を結ぶ辺および X と Z を結ぶ辺が存在するとき，X は局所的な門番である．たとえば，図 2.14 のグラフの例では，ノード A は門番であると同時に局所的な門番である．一方，ノード D は局所的な門番であるが，門番ではない．実際，ノード D は辺で結ばれていない二つのノード B, C を隣接ノードとして持つ（局所的な門番である）が，B, C を含むどの二つのノード対にも，D を通らないでそれらを結ぶパスが存在する（門番でない）からである．

ここまでで，二つの新しい用語，すなわち "門番" と "局所的な門番" の定義を与えた．新しい数学用語の定義に直面したとき，最初にいくつかの例でそれらを確認し，その後に他の概念や定義に，より一般的に関係付けるのが，しばしば有効な戦略となる．この戦略を以下の二つの問題に適用してみよう．

(a) 全体の半分より多くのノードが門番であるグラフの例を挙げよ．その答えに対する説明も与えよ．

(b) すべてのノードが局所的な門番であるが，門番は存在しないグラフの例を挙げよ．その答えに対する説明も与えよ．

3. グラフのノード間の距離を全体としてまとめて一つの指標として述べるとき，二つの自然な指標が思い浮かぶ．一つは直径，すなわち，グラフのすべてのノード対の最短パスのうち，最も長い最短パスの長さである．もう一つは平均距離，すなわち，文字どおり，グラフのすべてのノード対の最短パスの長さの平均である．

多くのグラフでは，この二つの指標は近い値になる．しかし，きわめて離れた値になるグラフも存在する．

(a) 直径が平均距離の 3 倍より大きくなるグラフの例を挙げよ．その答えに対する説明も与えよ．

(b) これを一般化して，直径が平均距離よりいくらでも大きくなるグラフは，どのようにすると構成できるかについて述べよ．すなわち，どのような定数 c に対しても，直径が平均距離の c 倍よりも大きくなるグラフを構成することは可能か？

第3章

強い絆と弱い絆

　ネットワークが果たす強力な役割の一つに，局所（ローカル）から大域（グローバル）への架け橋が挙げられる．すなわち，個々のノードとリンクのレベルでの単純なプロセスが，集団を介してどのように全体へと伝わっていき複雑な影響を与えるのかを，ネットワークはうまく説明してくれる．本章では，局所から大域への架け橋をテーマとするソーシャルネットワークの基本的な問題をいくつか考察する．すなわち，情報がソーシャルネットワークの中でどのように流れるのか，このプロセスにおいて様々なノードが構造的に異なる役割をどのように果たせるのか，これらの構造的な考慮により時間とともにネットワークの進化がどのように形成されるのかについて考察する．これらのテーマはすべて，それぞれ内容に応じて姿を変えながら，本書を通して中心的な役割を果たすことになる．本章では社会学で有名な"弱い絆の強さ"の仮説 [190] から始めて，拡張しながら，より一般的な設定へと展開する．

　いくつかの背景と動機付けに関する問題から始めよう．Mark Granovetter（マーク・グラノヴェッター）は，1960 年代後半に，博士論文の研究の一部として，転職した人に，新しい会社をどのように見つけたかを尋ねるインタビューを行った [191]．これに先立つ研究で，多くの人が個人的に接触して得た情報に基づいて現在の仕事に就いていることを，Granovetter は知っていた．さらに衝撃的なことに，これらの個人的な接触で得られた情報でより役立ったのは，親しい友人からの情報よりもむしろそれほど親密でなかった知人からの情報であるケースが多かった．この事実はかなりびっくりするものである．新しい仕事を探しているとき，最も助けたいと思っているのは親しい友人であるはずであるからである．すなわち，なぜ新しい仕事につながる重要な情報が，実際には，より疎遠な知人からのものなのであろうか？

　この問題に対して Granovetter が提起した答えは，（必ずしも親密とは言えない）友情についての二つの異なる視点を結びつけるものであり，衝撃的であった．すなわち，一つは全体的な構造に及ぶもので，これらの友情がどのようにして，ネットワーク全体から見て離れた大きな部分にまでたどり着けるようになるのかに焦点を当てている．もう一つは局所的な個人間でのもので，強い友情と弱い友情から得られる純粋に局所的な結論である．このように，提起された答えは，仕事を探すという特定の設定を超えて，より一般的に，ソーシャルネットワークの構造について考察する方法を与えるものであった．このより広い見解を理解するために，まずソーシャルネットワークについて一般的原理を展開し，そ

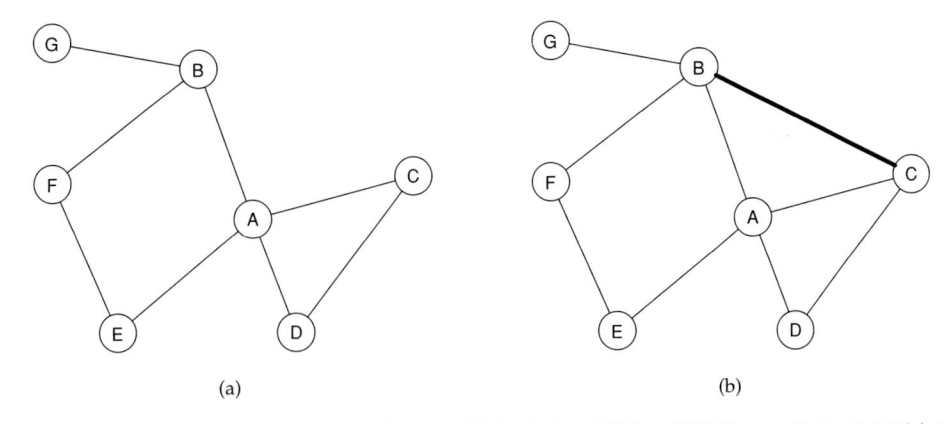

図 3.1 A に隣接する二つのノード B, C 間に辺が形成される三者閉包の説明図. (a) 辺 (B, C) が形成される前のネットワーク. (b) 辺 (B, C) が形成された後のネットワーク.

の後 Granovetter の問題に戻ることにする.

3.1 三者閉包

第2章の議論では，主としてネットワークを静的な構造として取り扱った．すなわち，ある時刻にノードと辺のスナップショットをとって，パス，連結成分，距離などを議論した．その種の分析は，ネットワークを考える上で最も基本的である．実際，多くのデータ集合が本質的に静的であり，ある時刻のスナップショットを提供しているだけであるからである．一方，時刻とともにネットワークがどのように進化していくかを考えることも有用である．とくに，時刻とともに，ノードが出現したり消滅したり，辺が形成されたり消えたりするメカニズムは，どのようなものであろうか？

正確な解答は，もちろん対象とするネットワークのタイプに依存する．しかしながら，最も基本的な原理の一つとして，以下が挙げられる．

> ソーシャルネットワークにおける 2 人は，共通の友人を持つならば，将来のいずれかの時点で友人になる可能性が高い [347].

この原理を**三者閉包** (triadic closure) と呼ぶ．図 3.1 はその説明図である．ノード B とノード C が共通の友人 A を持つならば，B, C 間に辺が形成されて，三つのノード A, B, C はどの二つのノード間も辺で結ばれ，**三角形** (triangle) と呼ばれるネットワークの構造が生じる．"三者閉包"という用語は，B, C 間の辺が三角形の他の 2 辺を"閉じる"役割を果たしていることに由来する．異なる 2 時点でのソーシャルネットワークのスナップショットを観察すると，一般に，前の時点のスナップショットで共通の友人を持つ 2 人に対する三者閉包により，後の時点のスナップショットには新しい辺がかなり形成されていることがわかる．たとえば，図 3.2 は，図 3.1 のネットワークからかなりの時間が経過した後のネットワークであるが，新しい辺がいくつか形成されていることがわかる．

46　第3章　強い絆と弱い絆

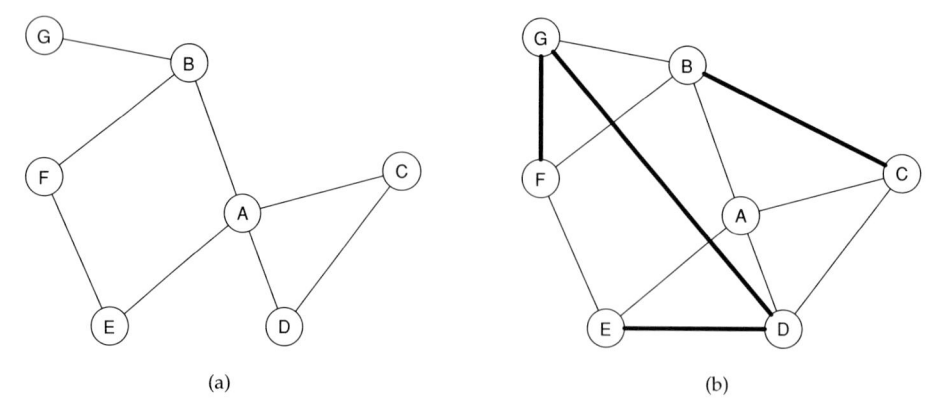

図 3.2　長い時間間隔でネットワークを観察すると，多数の辺が新たに形成されていることがわかる．共通の友人を持つ2人を結ぶ三者閉包の辺以外に，共通の隣接ノードを持たない二つのノード間（たとえばD, G間）にも辺が形成されている．(a) 辺が形成される前のネットワーク．(b) 辺が形成された後のネットワーク．

クラスタリング率　ソーシャルネットワークにおける三者閉包を用いて，様々な性質のネットワークにおける普及度を単純な指標で定式化して把握することができる．たとえば，このような指標の一つとして，**クラスタリング率** (clustering coefficient) [320, 411] が挙げられる．ノードAのクラスタリング率は，Aの友人のうちでランダムに選ばれた2人の友人同士が友人である確率として定義される．すなわち，Aの全隣接ノードのすべての二つのノード対のうちの，辺で結ばれている二つのノード対の割合である．たとえば，図3.2(a)のノードAのクラスタリング率は1/6である．なぜなら，Aの6組の友人対B-C, B-D, B-E, C-D, C-E, D-Eのうち，C-Dの友人対を結ぶ辺のみが存在するからである．図3.2(b)のネットワークの2番目のスナップショットでは，Aのクラスタリング率は1/2に増加している．なぜなら，Aの6組の友人対のうち，B-C, C-D, D-Eのちょうど3組の辺が存在するからである．ノードのクラスタリング率は，0（そのノードの友人のうちでどの2人も友人でない）から1（そのノードの友人のうちでどの2人も友人である）の間の値をとる．そのノードの隣接ノードに対する三者閉包のプロセスがより強く行われると，そのノードのクラスタリング率はより高くなる．

三者閉包の根拠　三者閉包は直観的にはきわめて自然であり，誰もが経験からいくつか例を思い浮かべることができる．さらに，三者閉包の起こる基本的な理由も経験から類推できる．共通の友人AをもつBとCが友人になる確率が高い理由の第一は，BとCが顔を合わせる"機会"が多いことである．第二の理由は，第一の理由にも関係するが，友人関係が形成されるプロセスの中で，BとCがともにAの友人であることを互いに知っているという事実が，絆のない任意の2人の間にはないと思われる，互いの"信頼"の絆を形成する基礎を与えることである．

　第三の理由は，AがBとCを一緒にさせたいという"気持ち"を持つかもしれないことである．AがBとCの共通の友人であるとき，BとCが友人でないままでいると，Aにはそれが潜在的なストレスのもととなる．この前提は，社会学の初期の研究による理論に基

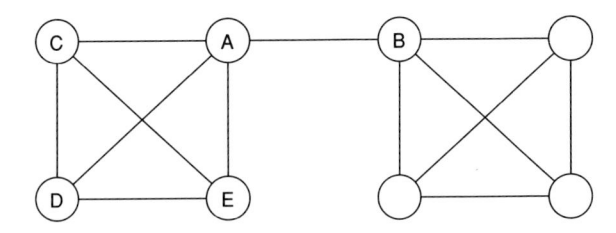

図 3.3 A, B 間の辺は "ブリッジ辺" である．すなわち，この辺を除去すると A と B はそれぞれ異なる連結成分に属することになる．ブリッジ辺により，それ以外の方法では到達できないネットワークの部分へ，ノードがアクセス可能となっている．

づいている [217]．これは自然な，しかしながらきわめて悩ましい公衆衛生データの実験的な研究からも確かめられている．Bearman and Moody [48] では，友人ネットワークでクラスタリング率の低い 10 代後半の少女は，クラスタリング率の高い同年代の少女と比較して，自殺する可能性が明らかに高いことが発見されている．

3.2 弱い絆の強さ

Mark Granovetter が行ったインタビューの主題である．最善の仕事が親しい友人よりも知人からの情報に基づいていることに，これがどのように関係しているのか？ 実は，そこで起こっていることを解明するのに必要な重要なアイデアの一つが，三者閉包であることがわかるのである．

ブリッジ辺と局所ブリッジ辺 良い仕事に結びつく情報はかなり珍しいという仮説から始めよう．働きがいのある仕事についての情報を他の人から得たときには，自分の持っていない有用な情報源にアクセスできていたと考えられる．図 3.3 の単純なソーシャルネットワークの枠組みで，この観察を考えてみよう．この図において，A は 4 人の友人がいるが，1 人の友人は，質的に他の 3 人とは異なっている．A は C, D, E と辺で結ばれていて，さらに，C, D, E の間でも互いがそれぞれ辺で結ばれている．すなわち，A 自身も含む密に結合されたグループが形成されている．一方，A は B と辺で結ばれているが，B を含む密に結合されたグループは A 自身を含まない，ネットワークの異なるグループである．すなわち，A と B を結ぶ辺は，A を異なるグループへと到達させているリンクである．この B へのリンクの構造的特殊性が，A の日常生活において果たす役割の差別化を示すものになっている．すなわち，A, C, D, E のノードからなる密に結合されたグループは，同じ考えや同一の情報源に日常的に接するが，A から B へのリンクは，そのリンクがないと決して得ることのできない情報へのアクセスを可能にしている．

A, B 間のリンクが特殊であることの意味を正確にするために，以下の定義を導入する．二つのノード A, B を結ぶ辺は，それを除去すると A と B がそれぞれ異なる連結成分に属するとき，**ブリッジ辺** (bridge) あるいは**橋辺**という．すなわち，ブリッジ辺は，文字どおり 2 端点のノード A, B 間を結ぶ唯一の経路となる．

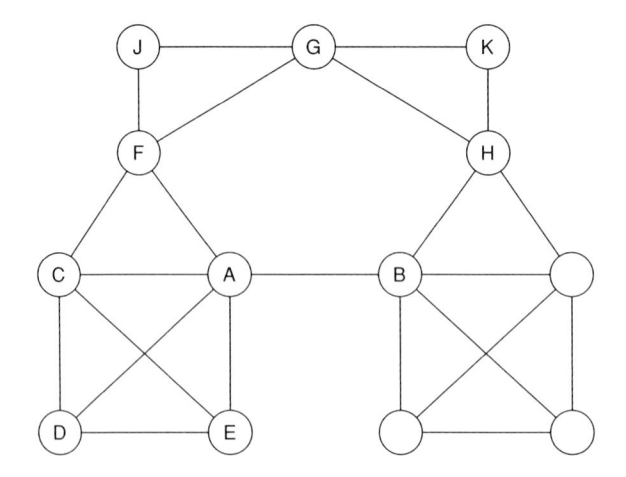

図 3.4 A, B 間の辺はスパン 4 の局所ブリッジ辺である．この辺を除去すると，A, B 間の距離が 4 に増加するからである．

　巨大連結成分とスモールワールドの性質についての第 2 章の議論によれば，そのようなブリッジ辺が実際のソーシャルネットワークに存在することは，きわめてまれであると考えられる．非常に異なる背景を持つ友人がいて，その友情により，そしてそれのみにより，自分の世界とその友人の世界とを結ぶ橋渡しができていることもあるかもしれない．しかし，実際の状況では，発見しづらいが，これらの世界を結ぶ別の長いパスが存在しているかもしれないのである．すなわち，図 3.3 を，それを取り巻くより大きいソーシャルネットワークの一部として眺めてみると，それは図 3.4 のように見えることもあるであろう．

　図 3.4 においては，A, B 間の辺のみが，両端点の A と B を結ぶパスではない．A と B を結ぶ別のパスとして，A と B は気づいていないかもしれないが，ノード F, G, H を経由する長いパスがある．グラフの二つのノード A, B を結ぶ辺は，共通の友人が存在しないとき，すなわち，除去すると A, B 間の距離が 3 以上になるとき，**局所ブリッジ辺** (local bridge) と呼ばれる．局所ブリッジ辺の**スパン** (span) は，その辺を除去したときの両端点の距離として定義される [190, 407]．したがって，図 3.4 では，辺 A-B はスパン 4 の局所ブリッジ辺である．それ以外の辺は局所ブリッジ辺でないことも確かめられる．他の辺は，いずれも三角形に含まれているので，その辺を除去しても両端点の距離が 2 であるからである．この例でもわかるように，局所ブリッジ辺は，定義より三者閉包とも関係していることに注意しよう．すなわち，辺が局所ブリッジ辺であることと，その辺がグラフのどの三角形にも含まれないこととは正確に対応しているという意味で，二つの概念は相補的である．

　局所ブリッジ辺，とりわけスパンのかなり大きい局所ブリッジ辺は，ブリッジ辺ほど極端ではないが，ブリッジ辺とほぼ同じ働きをする．すなわち，局所ブリッジ辺は，それがなければ，遠く離れすぎていて情報源として用いることのできないような部分にまで，その両端点がアクセスできる手段を与えている．求職活動における Granovetter のネットワークの枠組みで得られた観察結果は，この概念を用いて説明できる．すなわち，新しい仕事を探すときのように，真に新しい情報を求めているノード A のような人にとっては，局所ブリッジ辺で結ばれた友人から情報が来ることが，常にそうとは言えないものの一般的には多い．自分の属する密に結合したグループの人は，手助けになりたいと心から思っ

ていても，自分とほぼ同じ情報しか持っていないことが多いからである．

強三者閉包性　もちろん，Granovetter のインタビューの主題は，「局所ブリッジ辺によって結びつけられている友人から仕事についての情報を得た」とは言っていない．しかし，局所ブリッジ辺が仕事の情報を与える人の集合で平均以上に大きな比率を占めていると信じると，この事実が，（それほど親しいとは言えない）遠く離れた知人からの情報が平均以上に大きな比率を占めるという観察とどのように関係しているのか？ ということになる．

これについて詳しく述べるためには，ソーシャルネットワークにおけるリンクの**強さ** (strength) のレベルを識別できなければならない．"強さ"の正確な定義を与えることは，あえて延ばすことにする．しかし，強いリンクは，より親しい友人関係で相互交流の頻度が高いことを意味している．一般には，リンクは広い範囲にわたる強さを持ちうるが，概念的に単純化して，（親しい）友人と（それほど親しいとは言えない）知人の二者択一性にうまく合致するように，ソーシャルネットワークのすべてのリンクを二つのタイプ，すなわち**強い絆** (strong tie)（友人に対応するより強いリンク）と**弱い絆** (weak tie)（知人に対応するより弱いリンク）のいずれかに属すると考える[1]．

リンクが強い絆か弱い絆かの分類をいったんしてしまえば，ソーシャルネットワークの各辺に強いあるいは弱いというラベルを貼ることができる．たとえば，図 3.4 のソーシャルネットワークで，各ノードに辺で結ばれている各隣接ノードが，友人であるか知人であるかを尋ねて，その情報が得られていると仮定すると，図 3.5 のように，辺にラベルのついたネットワークを得ることができる．

強い絆と弱い絆への辺の 2 分割に基づいて，もう一度三者閉包について考えてみることは役に立つと思われる．機会・信頼・気持ちに基づいて，三者閉包をサポートした議論を思い出してみると，関係する辺の絆が弱いときより強いときのほうが，より強力に三者閉包性が成立すると考えられる．これから以下の定性的な仮定が自然となる．

> ノード A がノード B とノード C への辺をともに持つとき，それらがともに強い絆の辺ならば，辺 B-C が形成される確率はきわめて高い．

より具体的な分析を可能にするために，Granovetter はこの仮定をより形式的にし，さらにいくぶん極端化して，以下のような概念を導入している．

> ノード A に隣接する任意の二つのノードを B, C とする．このとき，辺 A-B と辺

---

[1] リンクの強さの可能な範囲を強い/弱いの二つのカテゴリーに帰着させることの難しさに加えて，この種の分類には微妙な問題が多く存在する．なお，ここでの議論では，ある時刻でのネットワークの一つのスナップショットでは，リンクが強い絆と弱い絆のいずれかであることは固定されていると考える．もちろん，実際には，特別なリンクの強さは異なる時刻と異なる状況で変化する．たとえば，会社の新しい支社への出向を一時的に命じられた社員が，ソーシャルネットワークの利用可能なリンクの完全集合は数か月はほぼそのままであるが，支社内の人に対するリンクは（突然生じた距離の近さと接触回数の増加により）一時的に強くなる．一方，元の支社の人に対するリンクは一時的に弱くなる．同様に，高校生の所属スポーツチームのメンバーに対するリンクは，シーズン中はより強い絆を構成する．一方，その中のリンクで外部からあまりよく知られていないチームメートへのいくつかのリンクは，オフシーズンになるとより弱い絆になる．繰り返しになるが，ここでの目的のために，分析を通してずっと成立している強いか弱いかの単一の違いのみを対象とする．

【訳注】前にも述べたように，社会的な結びつき（絆）は専門的には"紐帯"と呼ばれる．しかし本書では，より単純な用語である"結びつき"あるいは"絆"を用いている．

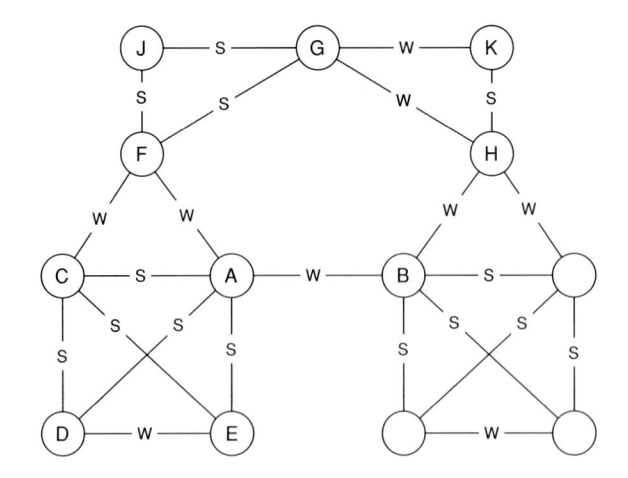

図 3.5 図 3.4 のソーシャルネットワークの各辺に，関係の強さを示す**強い絆** (S) あるいは**弱い絆** (W) のラベルが貼られた図．この図では，各ノードで強三者閉包性，すなわち，強い絆の辺が一つのノードに 2 本接続しているときには，この 2 本の辺で結ばれている（このノード以外の）二つのノードには，少なくとも弱い絆の辺が存在する．

A-C の両方が強い絆の辺であるにもかかわらず，辺 B-C がないときには，A は B,C に対して**強三者閉包性** (strong triadic closure property) を満たさないという．そうでないときには，A は B,C に対して強三者閉包性を満たすという．A がすべての隣接する二つのノードに対して強三者閉包性を満たすときに，A は強三者閉包性を満たすという．

図 3.5 では，強三者閉包性を満たさないノードは一つもないことが確かめられる．したがって，すべてのノードが強三者閉包性を満たす．しかしながら，辺 A-F が弱い絆の辺ではなく，強い絆の辺であるとすると，以下のことが成立する．すなわち，ノード A とノード F は，いずれも強三者閉包性を満たさない．なぜなら，ノード A は二つのノード E, F の両方に対して強い絆の辺を持つにもかかわらず，辺 E-F がないからである．同様に，ノード F は二つのノード A, G の両方に対して強い絆の辺を持つにもかかわらず，辺 A-G がないからである．さらに，図 3.5 における辺のラベルに対して，ノード H が強三者閉包性を満たすことも定義から確かめられる．ノード H に接続する強い絆の辺が 1 本しかないからである．

もちろん，大きなソーシャルネットワークのすべてのノードにわたって，強三者閉包性が成立すると期待することは，明らかにあまりに極端すぎる．しかしながら，強三者閉包性の仮定は，現実を抽象化する際の有用なステップである．強い絆と弱い絆の辺の分類から得られる構造的な結果について，推論できるようになるからである．それは，基礎物理学において空中でのボールの運動を解析する際に，ボールに対する空気抵抗の影響を無視すると，本質の解析がより明確でわかりやすくなることにも通じる．ネットワークの枠組みでも，わずかに強力な仮定を用いることにより，本質の分析がより明確でわかりやすくなるからである．強三者閉包性の仮定は，実際にこれが当てはまることをこれから明らかにしていく．そしてその後に，モデル化における仮定の妥当性を振り返ってみる．

局所ブリッジ辺と弱い絆　これで，純粋に局所的かつ人対人で異なる2種類の強い絆と弱い絆のリンクの概念と，局所ブリッジ辺であるか否かの大域的で構造的な概念を手に入れられた．表面的には，この二つの概念に直接的な関係はないように思える．しかし，実際には，三者閉包を用いた以下の主張を介して，その関係を確立することができる．

> **主張**：ネットワークのノードAが強三者閉包性を満たし，かつ少なくとも2本以上の強い絆の辺がAに接続しているならば，Aに接続する局所ブリッジ辺は必ず弱い絆の辺である．

すなわち，強三者閉包性と強い絆の辺が十分多いという仮定のもとでは，ネットワークの局所ブリッジ辺は弱い絆の辺となる．

この主張が数学的に正しい命題であることを説明する．具体的には，与えられた定義から論理的に得られることを証明する．したがって，ここでは，ソーシャルネットワークがどのように見えるかという説明で用いたような，正式に定義していない直観などを用いることはしない．このように，これは，全世界の友人ネットワークが巨大連結成分を含むという第2章で用いた議論とは，まったく異なる種類の主張である．第2章の議論は，きわめて納得のいくものであるが，思考実験から得られたものであった．すなわち，人類の友人ネットワークについての様々な実験的主張が信じられることを要求するものであった．しかし，実験的主張は，あとで大きなソーシャルネットワークのデータ集合を集めることで確認されることもあるが，ときには否定されることもありうる．一方，ここでは，いくつかの特別な数学的な定義（具体的には，局所ブリッジ辺と強三者閉包性）を用いて，この定義のみから主張を引き出すことができる．

議論は，実際にはきわめて短いものである．それは背理法を用いている．あるネットワークが存在して，ノードAが強三者閉包性を満たし，Aに少なくとも2本の強い絆の辺が接続しているとする．そして，Aに局所ブリッジ辺も接続しているとする．その局所ブリッジ辺はAとノードBを結んでいるとする．まず，この局所ブリッジ辺が強い絆の辺であると仮定してみる．これが不可能であることを導きたい．そのための議論の中核となるものを図3.6に示している．第一に，Aに少なくとも2本の強い絆の辺が接続していて，AとBを結ぶ辺もその中の1本である．したがって，B以外のノードとAを結ぶ強い絆の辺が存在する．そこで，そのような強い絆の1本の辺が，Bと異なるノードCとAを結んでいるとする．ここで，BとCを結ぶ辺があるかどうかを考えてみる．AとBを結ぶ辺は局所ブリッジ辺であり共通の友人を持たないので，BとCを結ぶ辺は存在しない．しかし，これは強三者閉包性に反する．なぜなら，辺A-Bと辺A-Cはともに強い絆の辺であるので，強三者閉包性より，辺B-Cが存在することになるからである．この矛盾により，最初の仮定，すなわち，局所ブリッジ辺が強い絆の辺であるという仮定が成立しないことが得られた．これで議論は終了である．

この議論を通して，これまで追求してきた絆の強さである局所的な性質と局所ブリッジ辺として働く大域的性質の間の関連性を完結できる．すなわち，この議論から，ソーシャルネットワークのリンクである2人の間の性質が，全体的なネットワークの構造にどのように関係しているかについて考える方法が得られた．しかし，この議論はかなり強い仮定

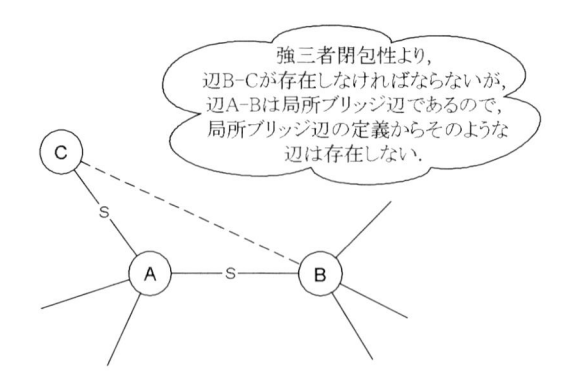

図3.6 ノードAが強三者閉包性を満たし，Aに少なくとも2本の強い絆の辺が接続しているとする．このときAに接続する局所ブリッジ辺は弱い絆の辺である．この図はその理由を説明している．辺A-Bが強い絆の辺であり，辺A-Cも強い絆の辺であるとすると，強三者閉包性より，辺B-Cが存在しなければならないからである．したがって，辺A-Bは局所ブリッジ辺とはならない．

（吹き出し）強三者閉包性より，辺B-Cが存在しなければならないが，辺A-Bは局所ブリッジ辺であるので，局所ブリッジ辺の定義からそのような辺は存在しない．

である強三者閉包性（他の仮定はこれに比べるときわめて弱い仮定である）に基づいているので，この種の結果における仮定の単純化の果たす意義をきちんと考慮しておくことが大切である．

　第一に，仮定を単純化することにより，実際に頑健な命題が得られるならば，仮定の単純化は有効である．実際，仮定を緩和しても命題が近似的に成立する（近似的な形で成立する定性的な結果が得られる）ならば，仮定の単純化は有効である．これは，ここでの数学的議論にも当てはまる．実世界では，より直観的で近似的に，二つのノードA, B間の局所ブリッジ辺は，弱い絆の辺となることが多い．そうでなかった（強い絆の辺であった）とすると，強三者閉包の仮定により辺が生成されて，AとBを結ぶ別の短いパスができ，AとBを結ぶ辺が局所ブリッジ辺でなくなってしまう．また，仮定の単純化の有効性は，基礎物理学からの類推でも理解できる．ボールの軌跡が完全な放物線になることを導き出すのに用いた仮定が実世界では成立しないにしても，ボールの軌跡が完全な放物線になるという結論は，実際に概念的に利用できる近似をもたらす意味で非常に役立っている．

　第二に，ここで行ったように，基礎となる仮定を正確に述べることにより，実世界のデータに対して実験することが可能になる．この数年，何人かの研究者が，絆の強さとネットワークの構造との関係を，大規模な集団データを用いた定量的な実験により研究し，ここで述べた結論が実際に近似的に成立することを示している．この実験的研究のいくつかを次節で取り上げる．

　第三に（最後に），転職のような人生の転換期に，真に役立つ情報がしばしば遠く離れた知人から得られているという，最初は驚きであった事実に対しても，それを考察する具体的な枠組みがこの分析を通して得られたということである．議論を通して得られたことは，これらのリンクが他の情報源や新しい機会へと人々を導いていく社会的な弱い絆であるということである．さらに，それらのソーシャルネットワークにおける概念的な距離，すなわち，局所ブリッジ辺の"スパン"は，その弱い絆と密接に関係しているということである．この二面性，すなわち，弱い絆であるにもかかわらず，ネットワークの到達困難な部分への有用な伝達経路であることが，弱い絆の辺の驚異的な力を示すものなのである．

3.3 大規模なデータ集合における絆の強さとネットワークの構造

　絆の強さと基礎となるソーシャルネットワークの構造的性質をつなぐ議論により，実世界でのソーシャルネットワーク形成についての興味深い理論的な予測が可能となる．しかし，Granovetter の最初の研究から多くの年月が過ぎても，これらの予測が，大規模なソーシャルネットワークで確かめられることはほとんどなかった．何よりも，実際的な状況の大規模なネットワークにおける辺の絆の強さの信頼できるデータが，手に入らなかったからである．

　この状況が一変したのは，デジタル交信の情報追跡が可能になったことである．"誰が誰と電話で話した"というデータは，弱い絆の辺に関する仮説を実験的に評価するために必要な二つの基礎材料となる．その二つとは，2 人の会話から構成されるネットワーク構造と，2 人の間の辺の絆の強さの指標となる会話時間である．もちろん，ある観察時間を通して 2 人の間で交わされた会話時間が長いほど，その絆は強いと考えることができる．

　この種の研究の中でわかりやすいものの一つに，Onnela らの研究が挙げられる．Onnela らは，国の人口の 20% の利用者を有するある携帯電話会社の会話記録データをネットワークデータとして用いて研究した [334]．そのネットワークでは，ノードは携帯電話の利用者に対応し，二つのノード間を結ぶ辺は，18 週間の観察期間に両方向から電話をかけたことを意味する．この利用者集団では，携帯電話は一般に業務用というよりも個人間の通信に用いられていて，中央の管理者が存在しないことから携帯電話番号は知人同士でのみ交換されていることがわかっている．したがって，基礎となるネットワークは，1 国の人口のかなりの部分を占めるソーシャルネットワークで起こった会話の，十分に理にかなったサンプル集合であると考えることができる．さらに，このデータ集合は，ネットワーク人口の 84% の人（ほとんどすべての人）からなる**巨大連結成分** (giant component) の存在を含めて，第 2 章で議論した大規模なソーシャルネットワークの特徴もいくつか示していた．

弱い絆と局所ブリッジ辺の概念の一般化　前節での理論的な定式化は，ネットワークでの厳密な 2 分割に対応する二つの定義，すなわち，辺は強い絆か弱い絆のいずれかであることと，局所ブリッジ辺であるかそうでないかのいずれかであることに基づいていた．これらの二つの定義に対して，実際の大規模なデータで検証を行うときには，連続的に変化する版の定義が役立つ．

　絆の強さに対しては，上でこれに対応する方法を示したばかりである．辺の強さは，辺の両端のノードの総通話時間（総分数）として定義することができる．また，このようにして定めた絆の強さをソートすると，ある辺の絆の強さが全体の何番目に位置するかという問題にも役立つ．

　携帯電話データの辺で局所ブリッジ辺になるものはごく限られているので，この定義を少し弱めて，ある辺が "ほぼ" 局所ブリッジ辺であると見なせるようにすることは意義がある．そのため，A と B を結ぶ辺の**隣接ノード重なり** (neighborhood overlap) を

$$\frac{\text{AとBの"両方に"隣接するノードの個数}}{\text{AとBの"少なくとも一方のノードに"隣接するノードの個数}} \quad (3.1)$$

として定義する．ただし，分母では（AがBの隣接ノードで，BもAの隣接ノードであるが）AとBは数えられないものとする．図3.4の辺A-Fを例にとって，この定義を考えてみる．辺A-Fに対して，AとFの少なくとも一方のノードに隣接するノードは，B, C, D, E, G, Jの6個であり，隣接ノード重なりの分母は6である．AとFの両方に隣接するノードはCのみであり，隣接ノード重なりの分子は1である．したがって，辺A-Fの隣接ノード重なりは1/6である．

この定義の重要な点は，辺の隣接ノード重なりが0になるのは分子が0であるとき，すなわち，その辺が局所ブリッジ辺であるとき，そしてそのときのみであることである．したがって，局所ブリッジ辺の概念はこの定義に含まれていると考えることができる．すなわち，局所ブリッジ辺は隣接ノード重なりが0の辺に完全に一致する．したがって，隣接ノード重なりの小さい辺は，"ほぼ"局所ブリッジ辺であると考えることができる．たとえば，辺A-Fは，辺A-Eより局所ブリッジ辺に近い．これは直観に合致する．直観的には，隣接ノード重なりの小さい辺からなるグラフは，共通の隣接ノードをまったく含まないような複数の"ソーシャルサークル"（閉路）からなるノードで構成される．

絆の強さと隣接ノード重なりについての実験的結果 これらの定義を用いて，Granovetterの理論的予想に基づく定量的な基本的質問のいくつかを定式化することができる．第一に，辺の隣接ノード重なりがその強さにどのように依存しているのかを，具体的には，絆の強さが大きくなるに従って隣接ノード重なりが大きくなるという予想を，取り上げることができる．

実際，この相関性は，実験データの分析からはっきりと読み取ることができる．図3.7は，強さの小さい順にソートしたすべての辺における各辺の順番を百分率として横軸に，それを関数とする隣接ノード重なりを縦軸に表したものである．したがって，横軸を右に進むに従って，辺の強さが増大している．さらに，曲線は線形に右上がりで，辺の隣接ノード重なりも大きくなっていることが読み取れる．したがって，これらの量の関係は理論的な予想とぴったり一致している[2]．

図3.7の測定結果は，辺の絆の強さと各ノードの隣接ノードにおける局所的なレベルのネットワーク構造の関係を表している．さらに，理論的な枠組みで予想された，より大域的な図，すなわち，強い絆の辺を多く用いてきつく結ばれているコミュニティ間を結ぶ役割を絆の弱い辺が果たしているという図を評価するために，図3.7の測定結果をどのように用いることができるかを考えることも興味深い．この質問に答えるためにOnnelaらが行った間接的な分析は，以下のようなものであった．最も強い辺から始めて，強い順に毎回1本の辺をネットワークから除去していく．これにより，ノード間のつながりが徐々に減少していき，巨大連結成分のサイズは着実に縮小していく．一方，Onnelaらは同じことを最も弱い辺から始めて，弱い順に毎回1本の辺をネットワークから除去していくこと

---

[2] もちろん，図3.7の辺の強さが最大になることに対応して，右端の近くで，この傾向が外れていることも興味深い．このような例外の理由は定かではないが，ごく一般的には，これらのきわめて強い辺は，携帯電話を何か異常なやり方で使っている2人に対応していると考えられる．

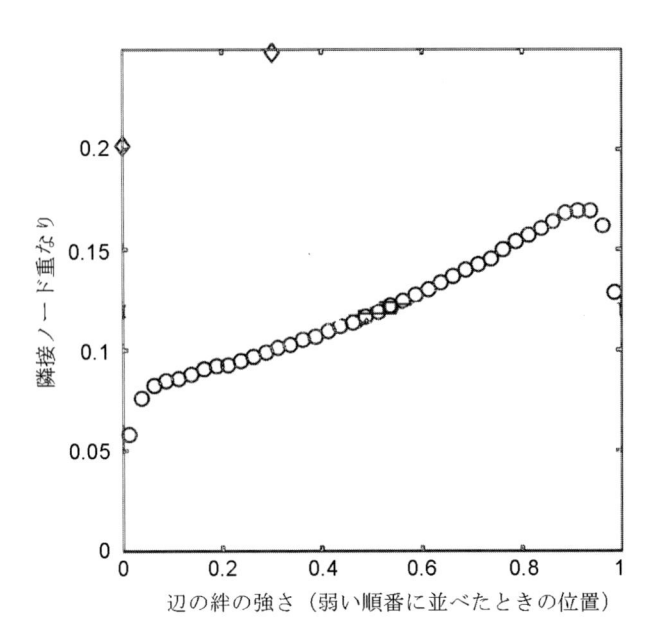

図3.7 すべての辺を絆の強さの小さい順に並べたときの，辺の強さの割合（150番中30番目ならば20%の位置にあると考える）に対する，辺の隣接ノード重なり．絆の強さが大きくなるに従って隣接ノード重なりが大きくなるという事実は，3.2節の理論的な予想に合致する [334]．（出典：National Academy of Sciences, USA）

も行った．すると，このときには，巨大連結成分のサイズはより急激に縮小していった．さらに，弱い絆の辺をかなり除去していくと，残りの部分は急激にばらばらになっていく．このような出力は，離れた異なるコミュニティをつないで，巨大連結成分が内部に存在するという大域的な構造を保つのに，弱い絆の辺が構造的により重要な役割を果たしているという説明に合致する．

　これは，究極的には，このように大規模なサイズのネットワークデータにおける絆の強さの理論を評価するための最初のステップにすぎないものの，本質的な挑戦的研究のいくつかも説明している．このようなネットワークデータのサイズや複雑さでは，その構造を見ることも，"そこにあるものを見る"こともできない．一般的には，どのノードにおいても，そのノードの意義や重要性については簡単に読み取れるわけではないので，間接的な測定法を用いなければならない．これに対するより豊かでより詳細な説明は，現在進行中の挑戦的な研究である．

3.4 絆の強さとソーシャルメディアと受動的参加

　かなりの量の社会的な相互作用がオンライン形態に移動しているので，ソーシャルネッ

トワークを維持しアクセスする方法も同様に変化し始めている．たとえば，ソーシャルネットワークのツールの利用者にはよく知られていることであるが，人々は，これらのウェブサイト上の自分のプロフィールに，きわめて大きい友人のリストを明示的に維持している．一方，このような友人のサークルは，以前はきわめて非明示的な形で維持されていた．実際，各個人は，友人のリストに含まれる友人をそらで列挙したりアクセスしたりすることも困難であった [244]．このような変化は，より広いソーシャルネットワークの構造では，どのような効果を持つのであろうか？これらの技術的メディアの形式から生じる変化を理解しようとする挑戦は，インターネットの一般的な利用が始まる前から Barry Wellman（バリー・ウェルマン）を含む研究者により提起されていた [413, 414]．そして，これらの問題は範囲を広げてますます重要になってきている．

　絆の強さから，このような問題に対する重要な視点が得られる．すなわち，様々な種類のリンク（とくに異なる強さのリンク）にまたがってオンラインの社会的活動がどのように分散しているかを議論するための言語が得られるので，このような問題に対する重要な視点を与えることができる．ソーシャルネットワークサイトで，人々がそれぞれ数百に及ぶ友人リンクを維持している様子を眺めるとき，これらのうちのいくつのリンクが頻繁なコンタクトを伴う強い絆に対応し，いくつのリンクがあまりアクティブでない弱い絆に対応するのかを問題にすることもできる．

　Facebook での絆の強さ　研究者は，最も活発なソーシャルメディアサイトのいくつかのデータを用いて，絆の強さに対するこのような問題を扱い始めている．Cameron Marlow（キャメロン・マーロー）は同僚とともに，各ユーザーのプロフィールで報告されている友人リンクのそれぞれが，社会的相互作用のために均等に用いられているわけではないことに注目して，Facebook のリンクの分析を行い，各リンクが実際にはどの範囲まで "使用されている" のかを明らかにしようとした [286]．言い換えると，友人リンクのどのリンクが強い絆であるかなどを調べようとした．利用可能なデータを用いてこの種の分析を正確にするために，1 か月間の観察期間での使用状況に基づいて，リンクに対する以下の 3 種類の定義を与えた．

1. リンクの両端のユーザーが観察期間内にともに他方にメッセージを送っているリンクは，**両方向的通信** (reciprocal communication) である（**相互的通信** (mutual communication) であるとも呼ばれる）．
2. リンクの両端のユーザーの一方から他方へ観察期間内にメッセージを送っているリンクは，（これらのメッセージ送信が両方向的に行われたかどうかにかかわらず）**一方向的通信** (one-way communication) である．
3. 観察期間内でリンクの両端のユーザーの一方が他方の情報をフォローしたリンクは，（実際にメッセージ送信が行われたかどうかにかかわらず）**維持関係** (maintained relationship) である．なお，ここで "情報をフォローする" とは，友人についての情報を提供する Facebook の News Feed サービスを経由して内容をクリックするか，あるいは友人のプロフィールを 2 回以上訪問することを意味する．

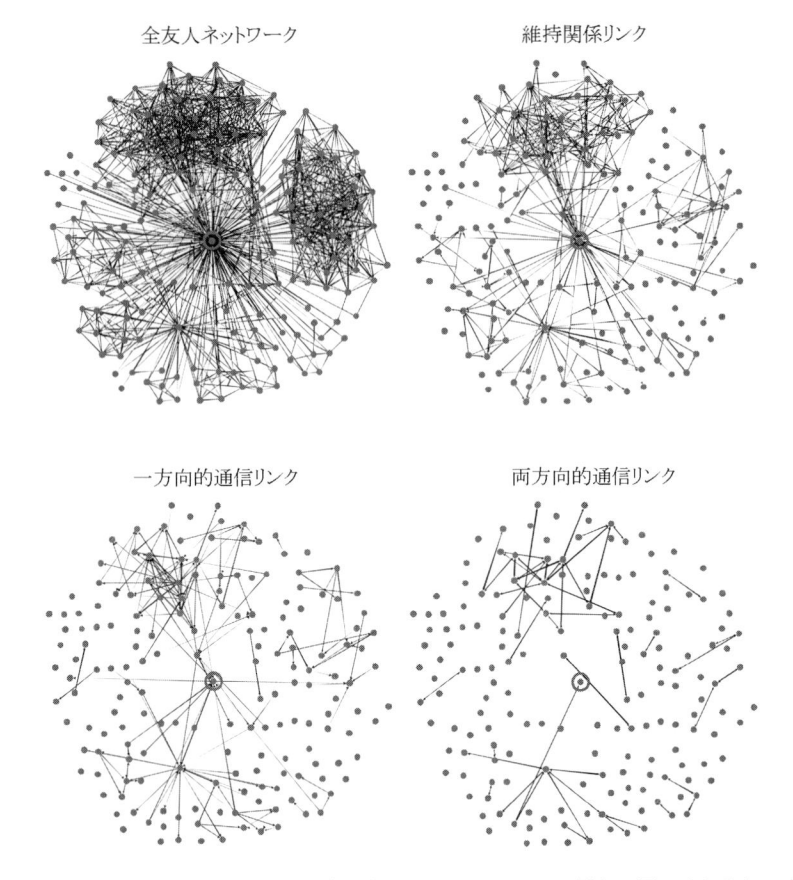

図 3.8 Facebook のユーザーを中心とした友人ネットワークの四つの異なる図．それぞれ，宣言された友人リンクで構成されるネットワークと，1か月の観察期間中の維持関係リンクで構成されるネットワーク，一方向的通信リンクで構成されるネットワーク，および両方向的通信リンクで構成されるネットワークを表している．（出典：[286]）

これらの3種類の定義は互いに排反的ではないことに注意しよう．実際，両方向的通信であるリンクは，常に一方向的通信である．

このリンク利用状況による階層化は，Facebook のようなサイト上で宣言された大きな友人集合において，強い絆の辺に対応する社会的な相互作用のより活性なリンクが，実際のパターンにどのように反映されているのかを理解するのに役立つ．これらの種類の異なる相互作用の相対的な量を理解するために例を挙げる．図3.8 は，Facebook の利用者のサンプルの1人を中心とした友人ネットワークを示している．左上の図は，サンプルの人とそのすべての友人とを結ぶリンクと，それらの友人同士のリンクからなるネットワークである．残りの三つの図は，それぞれ，維持関係，一方向的通信，両方向的通信であり，このように限定していくに従って，より粗になっていく．さらに，絆の強さに限定すると，ある部分は他の部分より友人関係が急速に薄くなっていく．たとえば，図3.8の左上の友人ネットワークでは，三者閉包できつく結ばれた二つの大きなグループが確認できる．一つは図の上側にあり，もう一つは右側にある．しかしながら，維持関係リンクや通信リンクに限定していくと，右側のグループは上側のグループより急速にリンクが減って絆が疎になっていく．右側のグループは，サンプルの利用者のおそらく高校時代の友人のグルー

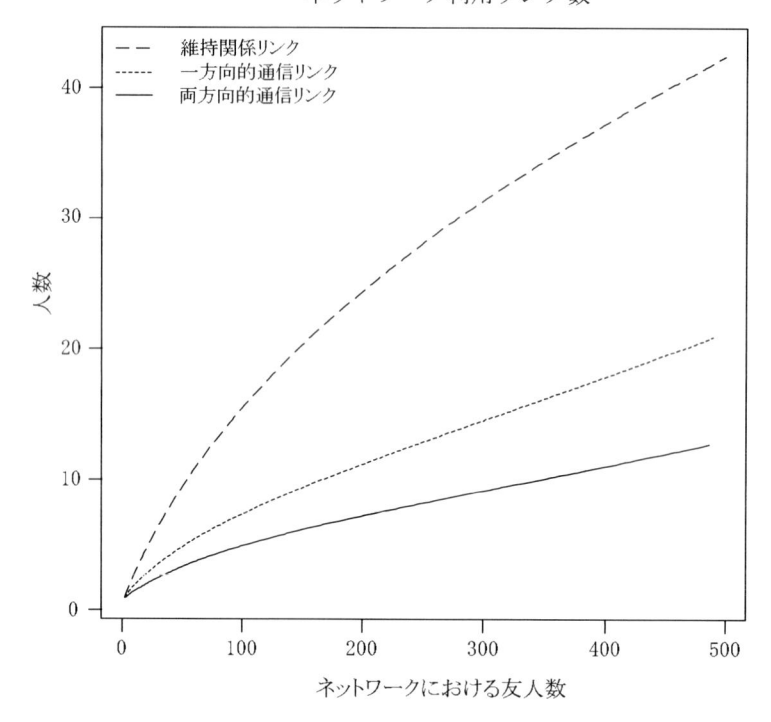

図 3.9 Facebook の各ユーザーの総友人数に対する関数として，維持関係リンク数，一方向的通信リンク数，両方向的通信リンク数．（出典：[286]）

プのように，互いに友人には登録しているが，最近はあまり交流がない古い友人であると思われる．一方，上側のグループは，会社の同僚のように最近頻繁に交流のある新しい友人であると思われる．

図 3.9 の曲線は，これらの 3 種類の異なるリンクの相対的な量を示している．横軸はユーザーの総友人数である．そして，それぞれの種類の友人数を総友人数の各値の関数として表したものが，三つの曲線である．この図から，いくつかの結論が導き出せる．第一に，きわめて多くの友人，たとえば 500 人の友人をプロファイルに登録しているユーザーでも，実際に通信している友人は，一般的には 10〜20 人で，友人の情報を読むなどの受動的な維持関係の友人でも 50 人以下である．さらにこの観察以外に，Marlow らは，Facebook のようなメディアにより，通信はしないけれども友人の情報を読むなどして友人関係を受動的に維持する状態である**受動的参加** (passive engagement) が多く見られることを結論付けている．彼らは，この受動的なネットワークが，定期的な通信が維持されている最も強い絆と，プロファイルにずっと前から登録されているだけの最も弱い絆との間の，興味深い中間の位置を占めることを議論している．そして，以下のように述べている．「両方向的通信リンクのネットワークと受動的なネットワークとの間の明確な対照性から，News Feed のような技術の効果が明らかであることもわかる．これらの人が互いに電話で会話することを要求されたとすると，両方向的通信リンクのネットワークのように，誰もがごく限られた少数の友人とのみ結びつくようになると思われる．一方，誰もが互いに受動的に参加する状況に移っていくと，結合度の高いこのようなネットワークで

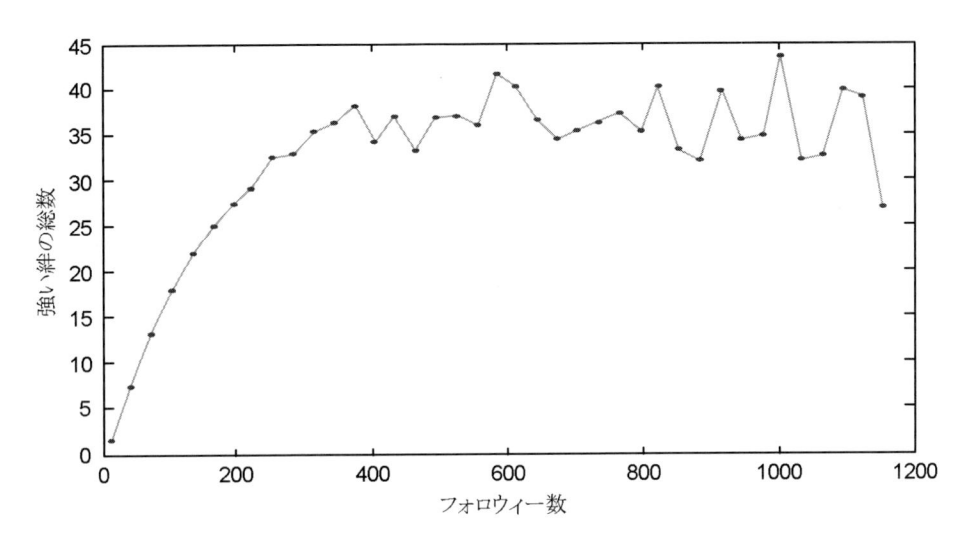

図3.10 Twitterにおけるフォロウィー数の関数としての強い絆の総数（メッセージを二つ以上送った宛先ユーザーとを結ぶ強い絆の総数）．（出典：First Monday と [222]）

は，赤ちゃんの誕生や婚約などの事象の情報は，きわめて速く全体に伝わる．」

Twitter での絆の強さ　最近，ソーシャルメディアサイトの Twitter（ツイッター）上でも同様の研究が行われている．Twitter は，各ユーザーが"ツイート"(tweet) と呼ばれている 140 字以内の短いメッセージを掲示する形式の**マイクロブロギング (microblogging)** を提供する．Twitter もソーシャルネットワークの特徴を持っていて，より強い絆とより弱い絆の識別をすることができる．各ユーザーは，フォローしようとしている他のユーザーからなる集合を指定できる．さらに，メッセージを宛名を指定して送ることもできる（このとき，メッセージは一般向けの公的なものになり，誰もが読めるが，指定したユーザーに向けられたものである印がつけられる）．したがって，フォローしている他のユーザーからのメッセージを実際に誰とも通信を行うことなく容易にフォローすることができるので，フォローしている他のユーザーからなる集合は，より受動的な弱い絆のソーシャルネットワークを形成する．宛名を指定してメッセージを送る種類の相互作用は，とくに多くの人が他の多数の人宛てに多くのメッセージを送るときに見られる，より強い種類の直接的な関係に対応する．

Huberman, Romero, and Wu は，Marlow らと同様のスタイルの研究で，Twitter 上のこれらの 2 種類の相対的な量の分析を行った [222]．具体的には，各ユーザーをフォローしている他のユーザー数（"フォロウィー"(followee) 数）と，観察期間中に二つ以上のメッセージを送った宛先のユーザーとを結ぶ強い絆の個数を考えた．図3.10 は，フォロウィー数の関数としての強い絆の総数を示している．Facebook で観察されたようにオンラインの弱い絆はきわめて多数になるが，強い絆の個数は比較的小さく，この図では 1,000 人以上のフォロウィーを持つユーザーでも 50 人以下と安定している．

Facebook や Twitter のような環境では，リンクの形成が容易であることと，強い絆のリンクが相対的に少ないことの対照性を考える，もう一つの方法がある．強い絆を維持するためには時間の投資と管理の努力が要求されるので，強い絆のために多大なエネルギーを

捧げている人でも，単に1日に利用できる時間の制限から，強い絆の個数は最終的には限界に達する．一方，弱い絆の形成では，最初の設定時に確立しておきさえすればよく，あとはそのまま更新しなくてもよいので，強い絆の形成と比較して，課せられるのは非常に弱い制約である．したがって，誰もが多数の人と簡単に弱い絆の結びつきを持つことができる．第13章で，ワールドワイドウェブ (World Wide Web) などの情報ネットワークとソーシャルネットワークが，構造のレベルでどのように異なるかを考えるときに，この相違にもう一度出会うことになる．

ソーシャルネットワークの維持や利用に対するオンラインメディアの影響を理解する研究は，複雑な問題を抱え，現在その基礎研究が始まったばかりの初期段階にある．しかし，この中でもいくつかの予備的な研究を通して，弱い絆の辺がふんだんに存在するオンラインの状況でも，強い絆のネットワークは比較的辺が少なくて疎であることの理由が，すでに解明されてきている．さらに，情報の伝達に用いられる様々なリンクの使われ方に，オンラインメディアの基礎的な性質がどのように影響を与えているのかについても，すでに解明されてきている．

3.5 閉包と構造的空洞と社会的資本

ここまでの議論から，きつく結合されたグループとそれらを結ぶリンクによるソーシャルネットワークの一般的な景観が示唆される．その分析は，この景観の構造において，ネットワークの異なる種類の辺が果たす役割に焦点を当てたものであった．すなわち，少数の辺が異なるグループ間にまたがっていて，大多数の辺が密な結合のパターンの形成に関係しているというものであった．

この構造において，異なる**ノード**の果たす役割についても，さらなる洞察が多数得られている．ソーシャルネットワークにおいて，異なるグループにまたがる辺は必ずしもノードに等分されているわけではない．境界にまたがる辺の存在により，複数のグループのインターフェース（仲介役）の役割を果たす位置にいるノードもあれば，一つのグループ内の中央に位置するノードもある．この不均一性はどのような影響を与えているのであろうか？ Ron Burt（ロン・バート）[87] など，ソーシャルネットワークの研究者の総体的な研究成果に基づけば，図3.11のようなネットワークの例を通して，異なるノードが異なる体験をすることを説明しながら，この問題に回答を与えることができる．とくに，きつく結ばれた一つのグループの中央にいるノードAと，いくつかのグループのインターフェース上にいるノードBを例にとって，対照的な体験をすることを説明する．

埋め込み数 ノードAから始める．Aの隣接ノード集合では三者閉包性がかなり成立していて，Aのクラスタリング率は高い．なお，クラスタリング率は，Aの隣接ノード同士が隣接している割合であったことを思い出そう．

Aのまわりの構造について説明するためには，新しい定義を導入することが有効である．ネットワークの辺の**埋め込み数** (embeddedness) は，その辺の両端ノードに対する共

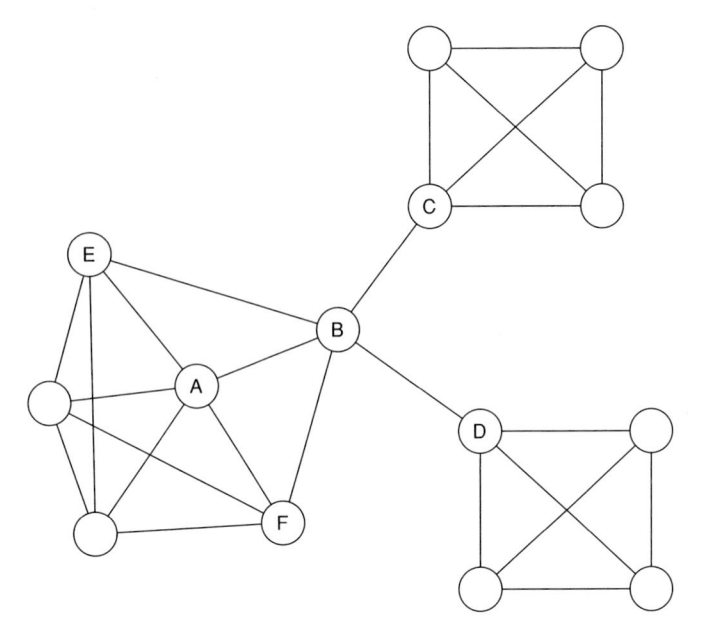

図 3.11 密に結合されたグループ内の辺と境界をまたぐ辺の対照性は，基盤となるソーシャルネットワークでの異なる位置のノードの A と B に反映されている．

通の隣接ノードの個数として定義される．したがって，たとえば辺 A-B の埋め込み数は，A と B が 2 個の共通の隣接ノード E, F を持つので，2 である．この定義は，本章で前に定義した二つの概念と関係している．第一に，埋め込み数は，3.3 節の隣接ノード重なりの定義の式 (3.1) の分子に等しい．第二に，局所ブリッジ辺は，共通の隣接ノードを持たない辺であると定義されていたので，埋め込み数 0 の辺そのものであることがわかる．

図 3.11 の例では，A について注目すべき点は，A に接続する辺の多くが大きな埋め込み数を持っていることである．社会学での長期にわたる研究から，埋め込み数が正の辺の両端のノードは，互いに信頼が生じやすく，社会性や経済性などの点から相互取引の公正性に対する信用も形成されやすい [117, 118, 193, 194, 395]．実際，取引が個人的に行われたとしても，共通の友人の存在により，その相互作用は社会的な意味で"開示" (on display) されていると考えることができる．相互取引において，一方が他方に不正行為を行うと，共通の友人からの社会的な制裁や悪評を被る可能性があるからである．Granovetter も以下のように書いている [194]．「長年の友人をあざむくことは，それが外部に漏れなくても屈辱であるという気持ちになることが重要であると思われる．その屈辱感は，皆に知られるようになると増加すると考えられる．共通の友人が不正を知り，それを互いに話すようになると，さらに耐えられないものになると思われる．」

埋め込み数 0 の辺では，両者の相互作用を同時に監視できる共通の友人が存在しないので，この種の抑止効果は存在しない．この点では，B と C あるいは B と D の相互作用は，A が経験する埋め込み数が正の相互作用と比べて，危険性がきわめて高いと言える．さらに，B の行動に対する制約は，B の立場から価値観も期待も潜在的に対立する異なるグループとの相互作用もからみ，複雑になる [116]．

構造的空洞 これまで，ネットワークの隣接ノードにおいて，図3.11のノードAのように，閉じているグループの中央に位置するノードと，埋め込み数が正の辺の有利性が高まる点を議論してきた．しかし，Burtの影響力の高い研究成果 [86] に触発されて，社会学における一連の関連研究では，ネットワークの局所ブリッジ辺の一方の端点の位置にいるノードBのようなノードに対しても，同等の別種の優位性が存在することが注目されてきている．

この議論における標準的な設定では，一方で共通の目的意識で共同作業をしつつ，他方でキャリア向上を競い合っている人からなる組織や会社内のソーシャルネットワークを想定している．誰が誰へ報告をするというようなごく通常の階層組織の状況設定を思い浮かべるかもしれないが，ここでは，誰が誰を知っていて，定期的に誰が誰と会話しているという，より広い意味での形式的でないネットワークを対象としている．各個人の会社内での成功と局所ブリッジ辺の相互関連性が，大企業の取締役に対する実験的な研究で論じられている [86, 87]．より抽象的なレベルでは，これらの研究の背景にある中心的な成果は，これまで議論してきたネットワーク原理でも支持されるものである．そこで，それについてさらに詳しく述べることにする．

図3.11のネットワークに戻って，大企業の取締役の相互作用と共同作業のネットワークを考えてみよう．Burtの言語では，複数の局所ブリッジ辺の端点となっているノードBは，組織の**構造的空洞** (structural hole) と呼ばれる．すなわち，そのノードがなくなると，二つのノード集合間の親密な相互作用がなくなり，"空洞" (empty space) が生じてしまうという意味である．したがって，"構造的空洞"は"局所ブリッジ辺"のような定義とは異なり，基盤となるグラフの数学的に厳密な定義ではない．しかしながら，ここでは，この形式的でない定義をそのまま用いることにする．Bの位置は，Aの位置と比較して相対的にいろいろな意味で有利であることを議論しよう．第一の有利点は，前節での観察に従う，情報上の有利点である．ノードBは，ネットワークの相互作用のない複数のグループからの情報に，より早くアクセスできる．どんな人でも組織内で他の人とコンタクトをとるために投資できるエネルギーは限られている．しかし，Bは同一のグループ内のコンタクトだけでなく，外部の異なるグループに到達するコンタクトにも，エネルギーを効率的に投資することができる．

第二の有利点は，局所ブリッジ辺の端点に位置することが，創造力をより活性化して豊かにしてくれるという点である [88]．多くの分野での経験によれば，革新は複数のアイデアの斬新な統合から得られる．そして，それらのアイデアは，どれもよく知られていたが，それぞれが独立した専門の異なる分野でのみよく知られていたというものである．したがって，Bは，相互作用のないいくつかの異なるグループの仲介の位置にいることから，これらのグループの情報を組み合わせられるだけでなく，これらのばらばらな情報を新しい方法で組み合わせて新しいアイデアを生み出す機会も得られることになる．

最後に，第三の有利点として，Bのネットワークでの位置が一種の社会的な"門番"の機会を与えてくれることが挙げられる．すなわち，CとDが，Bの属するきつく結ばれたグループへアクセスすることを，Bが統制できることである．したがって，CとDが属するグループからの情報に対して，B自身の属するグループが学ぶ情報をBは制御できる．す

なわち，Bのこの位置は，組織内でのBの権力に有利に働く．そして，このような立場にいる人の中に，局所ブリッジ辺のまわりで三者閉包が形成されることを妨害する人が存在しうることは，容易に想像できるであろう．たとえば，Bの属するグループへの新たな辺は，Bの門番の役割を減らしてしまうからである．

この最後の点は，ある意味では，ノードBと組織の全体としての利益が一致しないことを強調している．組織のより良い機能のためには，二つのグループ間の情報のフローを加速化することの利点は大きいと思われるが，二つのグループ間にまたがる辺の構築は，これらの二つのグループ間の境界にいるBの潜在的な権力の低下につながるからである．ここでの構造的空洞の分析は，第一義的には，静的な分析であることを強調している．ある時刻におけるネットワークを眺めて，局所ブリッジ辺の影響を考えているからである．三者閉包で二つのグループ間にまたがる辺が形成されて，局所ブリッジ辺でなくなるまでにどのくらいの時間がかかるのかとか，どこまで組織の人が意識して戦略的に局所ブリッジ辺を探し求め，そしてそのままにしておくのかということに関しては，まだよく知られていない．それは，現在進行中の研究テーマである [90, 188, 252, 259].

したがって，究極的には，AとBの相対的な位置に関してはトレードオフが存在するのである．二つのグループ間の仲介に対応するBの位置は，単一のグループにそれほど埋め込まれていず，ネットワークの共通の隣接ノードの存在による保護も少ない．一方，このリスクのより高い位置により，複数のグループからの情報にアクセスし，情報のフローを規制し，新しい方法で統合することが行いやすいのである．

社会的資本としての閉包と架け橋　これらの議論はすべて，基盤となる社会的構造あるいはソーシャルネットワークから利潤を生み出す個人とグループの枠組みで捉えることができる．したがって，それらは**社会的資本** (social capital) の概念に自然に関係している [117, 118, 279, 342, 344]．社会的資本は近年急速に用いられるようになってきた用語であるが，定義が難しいことでも有名である [138]．このトピックに関する Alejandro Portes（アレハンドロ・ポーティス）のレビューには，以下のように書かれている [342].「ソーシャルネットワークあるいは他の社会的構造のもとで，メンバーであることを用いて利益を確保するメンバーの能力が社会的資本であるというコンセンサスが，この分野では大きくなっている．」

"社会的資本" という用語は，資本の別の形態を含む一連の用語の一部をなすものとして形成された．これらの資本はいずれの形態でも，目的を達成するために流通できる有形・無形の資源の役割を果たしている．James Coleman（ジェームズ・コールマン）らは，社会的資本を（仕事を実行する手助けとなる装置と技術という）**物理的資本** (physical capital) と（仕事や目的に適用される人の技能や才能という）**人的資本** (human capital) とともに述べている [118]．Pierre Bourdieu（ピエール・ブルデュ）は，関連する別の分類で，（金融的資源や物的資源からなる）**経済的資本** (economic capital) や（個人的なサークルのレベルを超えて，教養や他の広い社会的慣習を通して伝承された文化の蓄積資産を表す）**文化的資本** (cultural capital) と関連付けて，社会的資本を定義している [17, 75].

Borgatti, Jones, and Everett [74] は，"社会的資本" という用語の利用において，二つの重要な観点に源があることを観察した．第一の観点では，社会的資本は，あるときには，

社会的構造やネットワークにおける好都合な特性により，あるグループが他のグループより効果的に機能していることから，グループの財産であると考えられていることに源を発している．またあるときには，基盤となる社会的構造やネットワークにおける自分の位置に応じて，個人が社会的資本を多かれ少なかれ有することから，個人の財産であるとも考えられている．この用語に関係する第二の観点では，社会的資本が，純粋に本質的に，グループのメンバー間の社会的な相互作用にのみ基づいてグループに帰するものであるのか，あるいは，グループ外のグループとの相互作用も含めることに基づいてグループに帰するものであるのかということに源を発している．

このレベルの一般的な概観では，どの種類のネットワーク構造がそのような社会的資本に対して最も効果的であるかについては，具体的には述べられていない．しかし，本節の前の議論は，この問題のいくつかの異なる視点について焦点を当てている．Coleman らの社会的資本に関する著述では，前述したような理由，すなわち，基準や評判の影響力が働き，社会的取引や経済的取引の公正性の保護が自然に作用するという理由から，三者閉包と正の埋め込み数の有利性が強調されている．一方，Burt は社会的資本を，**閉包** (closure) と**仲介** (brokerage) の対立として議論している．前者の閉包は Coleman の概念に対応し，後者は，構造的空洞でもある二つの異なるグループにまたがる仲介人としての"ブローカー"の役割を果たせることから生じる有利性に対応している．

これらの視点間の構造的な相違に加えて，それらの対比は，グループ対個人という対立する観点と，"グループ内の行動"対"グループ間での接触"という対立する観点に焦点を当てて説明している．さらに，これらの対比は，Robert Putnam（ロバート・パットナム）の**内部結合型資産** (bonding capital) と**橋渡し型資産** (bridging capital) の二分性とも関連している [344]．これらの用語は，あえて定義せずに用いているが，大まかには，それらはそれぞれ，きつく結びつけられたグループ内の接触と，異なるグループ間の接触から生じる種類の社会的資本に対応する．

したがって，社会的資本の概念は，社会的構造について考えるための個人やグループの効果的な行動の進行役としての枠組みと，異なる構造によってもたらされる異なる種類の有利性に焦点を当てた議論の方法とを与える．ネットワークは，このような議論，すなわち，取引が信頼できる閉じたグループ内でのものを取り上げる方法と，異なるグループ間を結んでグループ固有の情報を引き出して融合する方法の両方を解明するための議論の中核となる．

3.6 発展：仲介数とグラフ分割

本節は，本書を通して"発展"のラベルのついた一連の節の一つ目である．これらの節はいずれも章の最後に配置されている．そこでは，その章で展開されたモデルのいくつかの側面に対して，数学的により深く踏み込んだ議論をする．本書のこれ以降の内容が発展の内容に基づくことはないので，これらの発展の節は，完全に取捨選択可能である．さらに，これらの節は技術的にかなり複雑になっているが，数学的な予備知識が多少必要にな

ることを除いて，完全に自己完結の形で書かれている．また，必要に応じて，これらの節の始まりの部分で必要な予備知識を与えている．

本章ですでに説明してきた基本的な概念のいくつかに対して，より具体的で正式な数学的定義を与える．本章の議論では，きつく結ばれた領域と，それらを結ぶより弱い絆を用いて，ネットワークを考える方法を明らかにしてきた．たとえば，クラスタリング率や局所ブリッジ辺のように，土台となる概念のいくつかに対しては正確な定義を与えた．一方，その過程で，"きつく結ばれた領域"の意味することや，そのような領域が正確にはどのように特徴付けられるのかについては，正確に述べることを控えてきた．

これまでは，このように，より一般的で直観的な方法により，きつく（密に）結ばれた領域について話すことが目的にかなっていた．この概念の正確な特性付けは，対象とする実際の分野やデータに応じて変わってくるので，概念を固定せず柔軟にしておくことが役立つと思われたからである．しかし，正確で正式な定義を与えたほうがより良い状況設定もある．たとえば，現実のネットワークデータ集合に直面し，その中の密に結合されたグループを実際に特定したいときなどは，正式の定義が必要不可欠である．

そこで，ここでは，ネットワークが入力として与えられたとき，きつく結ばれた領域の集合に分解し，それらを結ぶより疎な相互接続を求める方法を述べることに焦点を当てる．このようなものを求める問題は，**グラフ分割** (graph partitioning) 問題と呼ばれる．そして，分割されたネットワークの各部分は，**領域** (region) と呼ばれる．グラフ分割問題に対する方法を正式に記述するためには，これらの概念に対して，数学的に取り扱えて，かつ実際のデータ集合でも有効となる定義をきちんとすることが必要になる．

そのような方法で達成しようとしていることについて直観が働くように，二つの例を考えてみる．最初の例は，ネットワークの研究をしている物理学者と応用数学者の共著者グラフ（図 3.12）である [322]．共著者グラフは，第 2 章で議論したように，ある専門分野のコミュニティにおける共同作業の関係を表現した，共同グラフの一つである．この図から，このコミュニティには，きつく結ばれたグループが複数存在し，ある人たちはそれらの領域の境界上に位置していることが読み取れる．実際，それは，規模は多少異なるが，図 3.11 の例などで観察した，きつく結ばれたグループとその間にまたがる弱い絆の辺の，典型的な図に似ている．目視による直観に頼らず，データ集合からこれらのグループを抽出する一般的な方法は存在するのであろうか？

第二の例は，第 1 章で議論した図 3.13 の Wayne Zachary（ウェイン・ザカリー）が研究した空手クラブのソーシャルネットワークである [421]．クラブの創立者（ノード 34）とインストラクター（ノード 1）との闘争から，クラブは二つのライバルのクラブに分裂した．図 3.13 では，メンバーが分割後にどちらのクラブに属しているかがわかるように，一方のクラブのメンバーに影をつけて区別している．ここで，構造自身が分割線を予言できるほどの十分な情報を有しているか，という自然な疑問が生じる．言い換えれば，二つの密に結合された領域間にまたがる弱い部分に沿って分割が生じたかということである．図3.12 や本章で以前に用いたいくつかのネットワーク例と異なり，ここでは対立する二つのグループが依然としてかなり密に相互に結ばれている．したがって，この場合の分割を特定するには，グループ内の辺より低い"密度"でグループ間にまたがっている辺を，より巧妙な方法で探し出すことが必要となる．ここで考える定義と他の定義の両方に対して，

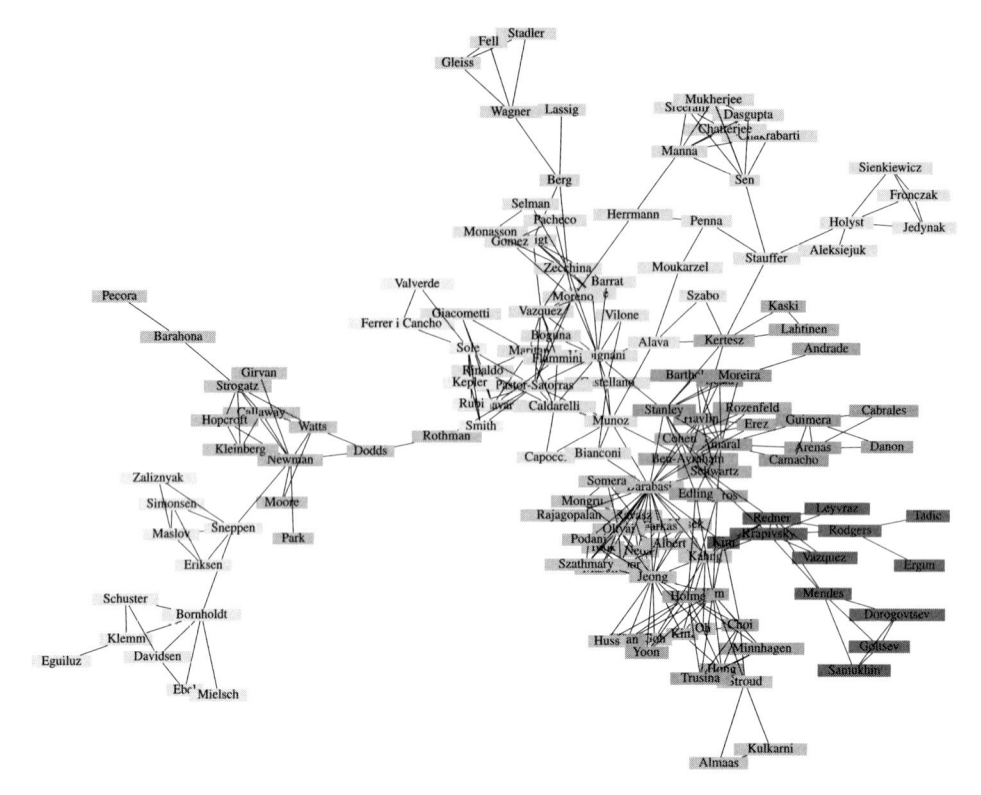

図 3.12 ネットワークの研究をしている物理学者と応用数学者の共著者グラフ [322]．この専門家集団のコミュニティで，よりきつく結ばれたグループの部分は，ネットワーク構造から明らかである．（出典：American Physical Society）

これが可能であることを後に示す．

A. グラフ分割の方法

グラフ分割の問題に対して様々な方法が提案されてきた．また，密に結合された領域への分割がはっきりしているネットワークに対しては，効果的であるとわかっている方法も多数ある．これらの方法は，細部でかなり異なる．そこで，どのようなことが行われるかについて，一般的なスタイルをいくつか明確にしておくことが有効であろう．

グラフ分割に対する一般的アプローチ 一つのクラスを形成している方法は，密に結合された領域を結ぶ"橋渡しリンク"(spanning link) を特定して，それらを除去することを主とする．そのような橋渡しのリンクを除去すると，ネットワークはいくつかの大きな部分に分割され始める．そこで，それらの部分に対してさらに橋渡しのリンクを特定し，除去する．プロセスはこの繰り返しからなる．プロセスが進行するに従い，ネットワークは小さく分割されていくので，これをグラフ分割の**分断的** (divisive) 方法と呼ぶことにする．

もう一つのクラスを形成している方法は，境界で橋渡しをしている辺ではなく，ネットワークの最もきつく結ばれた領域を探し出すことを主とし，上の方法とは逆の方向に進む．このような方法では，同一の領域に属すると思われるノードを見つけてきて，それら

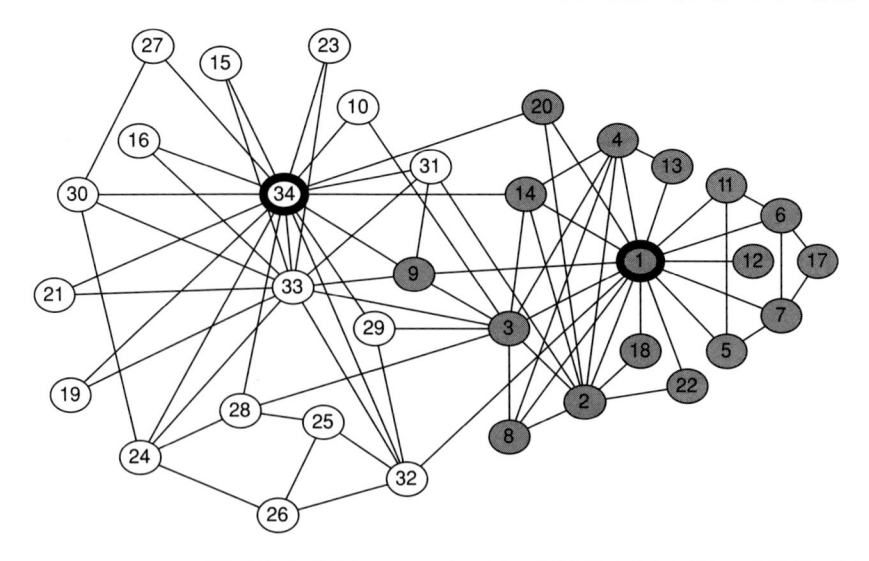

図 3.13 Wayne Zachary が研究した空手クラブ [421]．クラブは研究の最中に起こった闘争により，二つに分裂した．一方のクラブのメンバーを影をつけて区別している．二つのクラブの境界線はネットワーク構造から予言できるのであろうか？（出典：Journal of Anthropological Research）

を一緒にする．一度これが終了すると，ネットワークは多数の大きな塊からなり，各塊は密に結合された領域の源（種）になる．プロセスは，これらの塊でさらに一緒にするものを探して併合していくことを繰り返す．このように，領域は"ボトムアップ"に組み立てられていく．プロセスが進行するに従い，ノードが一緒になっていくので，これをグラフ分割の**集塊的** (agglomerative) 方法と呼ぶことにする．

　二つのアプローチの概念的な相違を説明するために，図 3.14(a) の単純なグラフを考える．図 3.14(b) からすぐにわかるように，ノード 1〜7 からなる領域とノード 8〜14 からなる領域とに大きく分割することができる．これらの領域のそれぞれは，さらに分割できる．ノード 1〜7 からなる領域は，ノード 1〜3 からなる領域とノード 4〜6 からなる領域（とノード 7 からなる領域）に分割できる．ノード 8〜14 からなる領域は，ノード 9〜11 からなる領域とノード 12〜14 からなる領域（とノード 8 からなる領域）に分割できる．この単純な例からもわかるが，このグラフ分割のプロセスは，ネットワークの領域を自然に**入れ子構造** (nested structure) の形式で生成していると見なせる．すなわち，大きな領域がより小さくてより密に結合されたいくつかの領域を含み，それらの小さくより密に結合した領域内においても，さらなる"入れ子構造"が続いていく．これは日常的にも観察できる図である．たとえば，地球上の人は，各国の居住者へと分割され，さらに一つの国の人々は，その国の州（都道府県）の居住者へと分割される．

　実際，多くのグラフ分割の方法で，図 3.14(b) で示しているような領域の入れ子構造が得られる．一般に分断的方法では，最初に辺 7-8 でグラフが分断され，その後ノード 7 につながる辺とノード 8 につながる残りの辺で分断されるように進行する．集塊的方法では，逆順に進行して同様の結果が得られる．すなわち，最初に 4 個の三角形が形成され，次に対となる三角形が自然に見つけられて塊となっていく．

　このあたりで，議論をより具体的にするのがよいと思われる．そこで，Girvan and

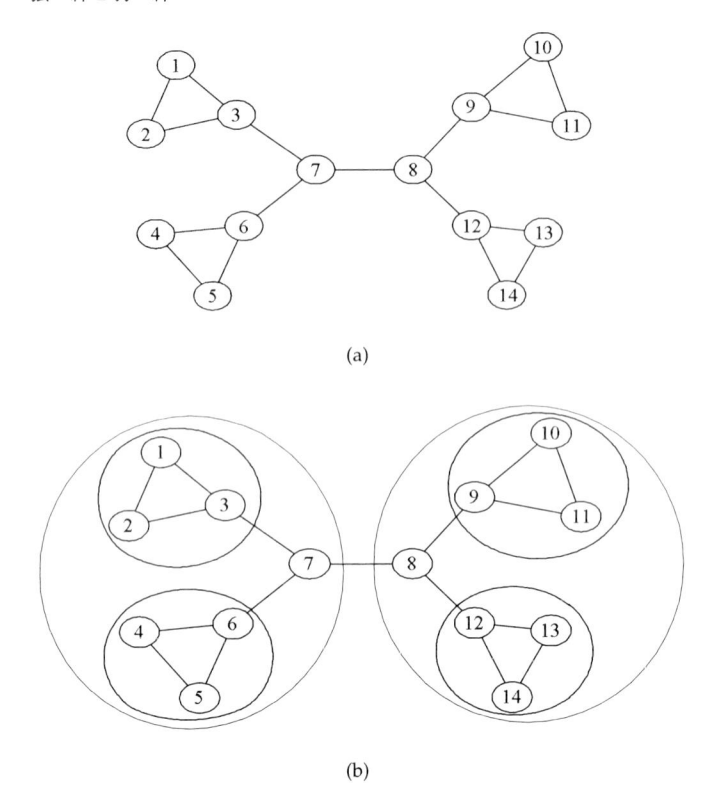

図3.14 (a) サンプルのネットワークと，(b) きつく結ばれた領域の入れ子構造．多くのネットワークでは，すぐにわかるきつく結ばれた領域があり，そしてそれらは，より小さい領域がより大きい領域の中に入れ子になる**入れ子構造**を形成する．

Newman（ギルバンとニューマン）により提案された分断的方法に焦点を絞って説明していく [184, 322]．Girvan–Newman法は，最近広く用いられてきている．とくに，ソーシャルネットワークのデータ集合で用いられている．しかし，繰り返しになるが，グラフ分割問題は，とくに幅広く様々なアプローチが利用されている研究分野であることを強調しておく．ここで議論するアプローチはエレガントで，とくに広く用いられているが，異なる状況でどれが最善の方法であるかを理解することは，最先端の研究テーマである．

仲介数の概念 グラフ分割に対する分断法が，どのようなアイデアに基づいて設計されたかを直観的に把握できるように，図3.14(a)で辺7-8が最初に除去されることになる一般的な原理を考えてみよう．

（本章の議論に基づいた）第一のアイデアは，ブリッジ辺と局所ブリッジ辺がネットワークの密に結合された領域間を結ぶので，最初にこれらを除去するというものであろう．実際，このアイデアは正しいラインに沿っている．しかしながら，それは二つの理由から十分に強力とは言えない．第一に，ブリッジ辺が複数あるとき，どれを最初に除去するのかを決めなければならない．図3.14(a)では5本のブリッジ辺が存在するが，あるものは他のものより理にかなった分断につながる．第二に，どの辺も三角形の1辺となり，局所ブリッジ辺さえも存在しないときもある．それでも，領域への自然な分割が可能である．図3.15はそのような一つの単純な例である．このネットワークは局所ブリッジ辺を持たない

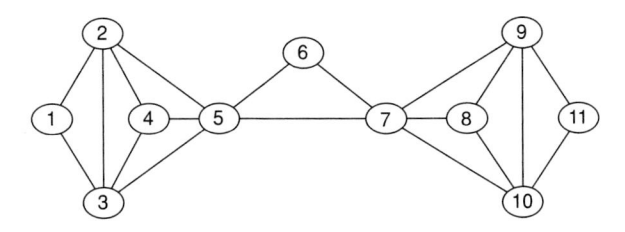

3.6 発展：仲介数とグラフ分割　69

図3.15 分離を招くブリッジ辺や局所ブリッジ辺が存在しないときでも，きつく結ばれた領域は存在しうる．

ものの，ノード1～5からなるきつく結ばれた領域と，ノード7～11からなるきつく結ばれた領域を特定することができる．

しかしながら，ブリッジ辺や局所ブリッジ辺が果たしている役割を一般化して考えれば，Girvan–Newman法の核心を構成するアイデアに到達できる．ネットワークの異なるグループに属する二つのノード間の最短パスに含まれることから，局所ブリッジ辺は重要である．局所ブリッジ辺が失われると，多くのノード対において，対である二つのノード間を結ぶ最短パスが"迂回路"を使用しなければなくなり，長くなってしまうこともある．そこで，抽象化した"トラフィック"の概念をネットワークに導入し，最大のトラフィックを有する辺を探し出す．必要不可欠な橋や主要高速道路のように，これらの辺が密に結合された領域間を結ぶ役割を果たしていると考えることができ，したがって，分断法での除去すべき辺の候補と見なせる．

そこで，トラフィックの概念を以下のように定義する．グラフの各ノード対A, Bに対して，AとBが同一の連結成分内にあれば，AからBへ辺に沿って1単位の"フロー"が送られると考える．AとBが異なる連結成分に含まれれば，AからBへ送られるフローは存在しないと考える．AからBへの1単位のフローは，AとBを結ぶすべての可能な**最短パス** (shortest path) で均等に分割されるとする．したがって，AとBを結ぶすべての可能な最短パスがk本ならば，各最短パスは$1/k$単位のフローを運ぶと考える．

ネットワークの各辺eに対して，各ノード対でこの辺eを通るフローを考えて，すべてのノード対のフローの総和をとったものが，その辺eの**仲介数** (betweenness) として定義される．たとえば，図3.14(a)のネットワークの各辺の仲介数は，以下のように決定することができる．

- 最初に，辺7-8を考える．グラフの左半分の各ノードAとグラフの右半分の各ノードBに対して，AとBを結ぶ最短パスは辺7-8を含むので，辺7-8を1単位のフローが通る．一方，A, Bがともに左半分にあるときは，AとBを結ぶ最短パスは辺7-8を決して含まないので，辺7-8を通るフローは0単位である．同様に，A, Bがともに右半分にあるときも，辺7-8を通るフローは0単位である．したがって，辺7-8を通るフローの総和，すなわち辺7-8の仲介数は$7 \times 7 = 49$である．
- 1, 2, 3の各ノードから4～14の各ノードへの各フローは，辺3-7を1単位ずつ通る．それ以外のノード対に対しては，辺3-7を通るフローは0単位である．したがって，辺3-7の仲介数は$3 \times 11 = 33$である．辺6-7，辺8-9，辺8-12も同様で，仲介数はすべて33である．

- 辺1-3は，ノード1からノード2以外のすべてのノードへ，各フローを1単位運ぶ．それ以外のノード対に対しては，辺1-3はフローを運ばない．したがって，辺1-3の仲介数は12である．対称性から，ノード3, 6, 9, 12に接続する上述の辺以外の各辺の仲介数も12である．
- 最後に，辺1-2はノード1からノード2へのフローを1単位運ぶ．それ以外のノード対に対しては，辺1-2はフローを運ばない．したがって，辺1-2の仲介数は1である．同様に，辺4-5，辺10-11，辺13-14の各辺の仲介数も1である．

したがって，仲介数は，最大のトラフィックを運ぶ辺である辺7-8で最大となる．

実際，仲介数を用いて重要な辺を特定するアイデアは，社会学で長い歴史を持つが，それを最初にはっきりと述べたのはLinton Freeman（リントン・フリーマン）であると，多くの人が考えている [73, 168, 169]．社会学からのその有効性は，主として辺よりもノードに焦点が当てられていた．なお，ノードに対する仲介数も同様に定義される．すなわち，各ノード対間でフローが1単位運ばれるとし，さらにノード対間の1単位のフローがすべての最短パスで均等に分配されるとして，与えられたノードを通過するすべてのノード対間でのフローの総和が，そのノードの仲介数である．仲介数が多い辺と同様に，仲介数が多いノードは，ネットワーク構造できわめて重要な役割を果たす．実際，多量のフローを運ぶということは，きつく結ばれたグループ間を仲介する位置にいると考えられるので，ソーシャルネットワークにおいて，構造的空洞を占めるノードに対する前述の議論と仲介数の間には，密接な関係が存在する [86]．

Girvan–Newman法：高い仲介数の辺の除去の反復 仲介数が最大の辺は，すべてのノード対にわたって考えて，最短パスに沿って運ばれるフローのトラフィック量が最大になる辺である．これらの辺がネットワークの異なる領域を結ぶ最も"重要な"役割を果たしているというこの仮説に基づいて，これらを最初に除去するのが自然である．このアプローチがGirvan–Newman法の核心であり，これは以下のようにまとめることができる．

1. 仲介数が最大の辺（仲介数が最大の辺が複数あるときは，そのような辺集合）を求め，その辺（辺集合）をグラフから除去する．これにより，グラフは複数の連結成分に分離されることもある．その場合は，これらの各連結成分が，グラフを分割する最初のレベルの領域となる．
2. ここでまた，すべての仲介数を求めて，仲介数が最大の辺（仲介数が最大の辺が複数あるときは，そのような辺集合）を除去する．これにより既存の連結成分がより小さい連結成分に分解されるならば，これらは，より大きい領域の中で入れ子構造になる領域となる．

   ･･･ グラフに辺が残っている限り，毎回すべての仲介数を求めて，仲介数が最大の辺（仲介数が最大の辺が複数あるときは，そのような辺集合）を除去して，上記のように進める．

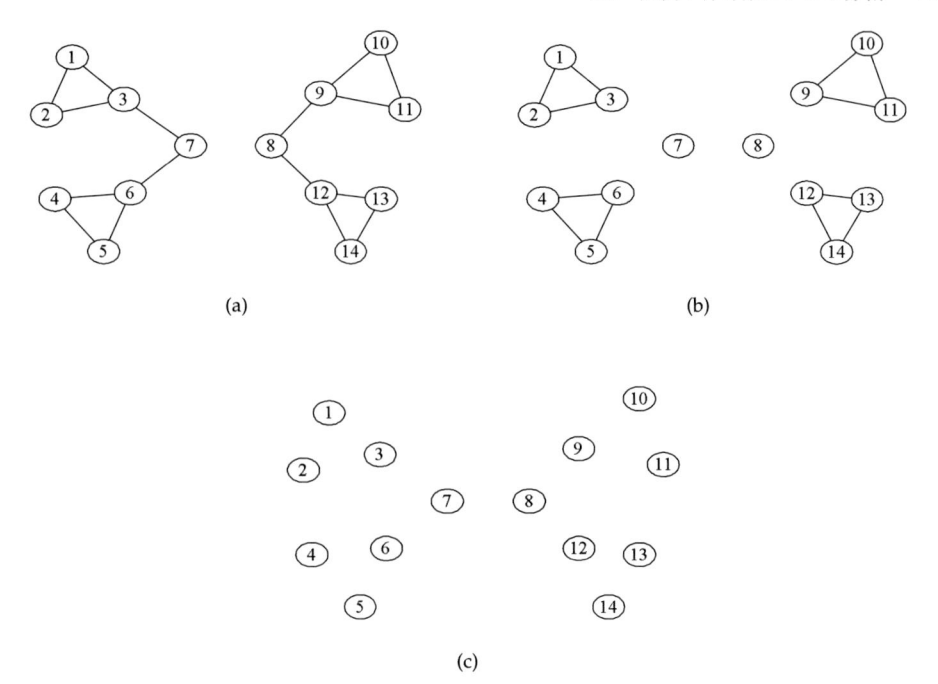

図 3.16 Girvan–Newman 法を適用して，図 3.14(a) のネットワークから辺を順次除去して得られるグラフ．

したがって，グラフは最初に大きい領域に分離され，その後より小さい領域に分離されていくので，きつく結ばれた領域の入れ子構造は，この方法により自然に得られる．図 3.14(a) のグラフと図 3.15 のグラフにこの方法を適用した様子を，それぞれ図 3.16 と図 3.17 に示している．大きい領域から小さい領域が生じてくる様子に注目しよう．

実際，図 3.17 の (a)〜(d) は，この方法がどのように動作するかについて興味深い点を示している．

- 最初のステップで仲介数を計算すると，辺 5-7 はノード 1〜5 の各ノードとノード 7〜11 の各ノードを結ぶフローをすべて運ぶので 25 であり，一方，辺 5-6 はノード 6 からノード 1〜5 の各ノードへのフローを運ぶだけなので 5 である．同様に，辺 6-7 も 5 である．
- しかし，辺 5-7 が除去されると，2 回目のステップで仲介数を再計算しなければならない．するとこの時点で，除去された辺 5-7 で運ばれた 25 単位のフローはノード 5, 6, 7 を通るパスに移される．したがって，辺 5-6 の仲介数は（同様に辺 6-7 も）増えて $5 + 25 = 30$ となる．これが，次にこれらの辺が除去される理由である．

Girvan and Newman は，彼らの提案した方法を多くの実際のネットワークデータ集合に適用して，直観的に納得できる領域集合に分割してその有効性を検証した．たとえば，図 3.13 の Zachary の空手クラブのネットワークデータにこの方法を適用して，グラフが初めて二つの連結成分に分離されるまで辺を除去すると，得られる結果は，ノード 9 の 1 人を除いて実際のクラブの分裂と一致した．適用したグラフ分断法の分析では，ノード 9 はクラブの創立者の 34 のほうへ行くと予想されたが，実際には，インストラクターの 1 のほ

72　第3章　強い絆と弱い絆

(a)

(b)

(c)

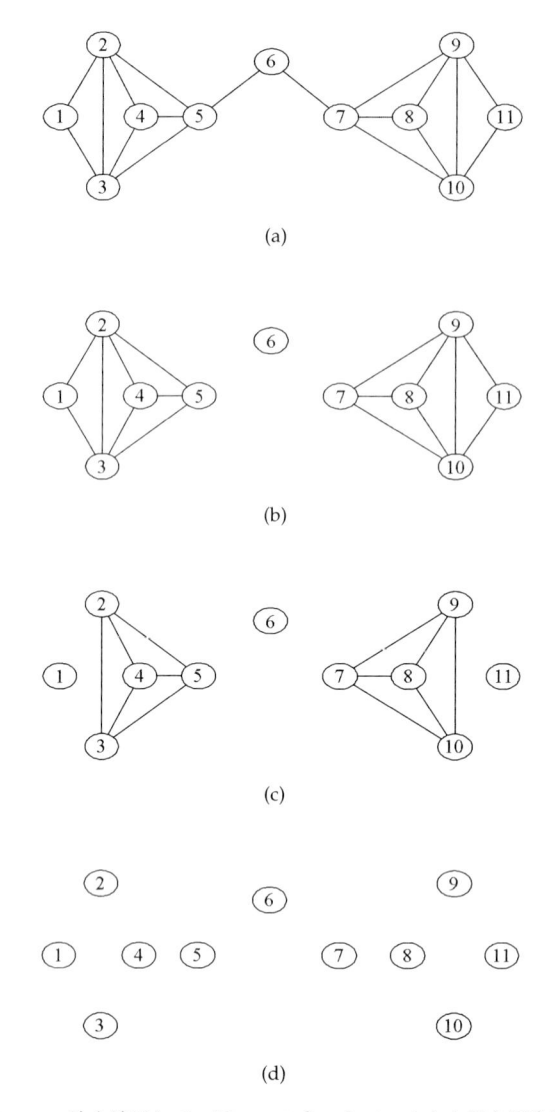

(d)

図3.17　Girvan–Newman法を適用して，図3.15のネットワークから辺を順次除去して得られるグラフ．

うに行った．

　Zacharyの原論文の分析では，ネットワーク構造を用いた別のアプローチがとられている．まず，ネットワークの各辺に対して，空手クラブ内で経験されていた絆の強さに基づいた見積もり値を与えた．次に，辺の集合で除去すると，ライバルのリーダーであるノード1とノード34が異なる連結成分に属するようになるようなものの中で，総和の強さが最小になるものを特定して，除去した．そして，得られた連結成分を分断の予測とした．Zacharyが用いた，強さの総和が最小の辺集合を除去して二つの指定されたノードが異なる連結成分に属するようにするアプローチは，グラフの**最小カット** (minimum cut) を求める問題として知られている．そして，それは深くて幅広い研究と応用を有する研究テーマであり続けている [8, 164, 253]．空手クラブのネットワークでは，この最小カットのアプローチでも，Girvan–Newman法と同一の分裂が得られている．すなわち，得られた結果は，ノード9の1人を除いて実際のクラブの分裂と一致している．このように，グラフ

分割に用いるアプローチが異なっても，同一の予測が得られている．なお，Zacharyは，ネットワーク構造からは把握できなかったノード9の特異性についても追跡調査をしている．実際の分裂が起こったとき，ノード9の人は，4年間の訓練期間を終えて黒帯の段位を獲得するために3週間クラブを離れていた．そしてそれは，ノード1のインストラクターと一緒にいることで，初めて可能なことであったのである．

Girvan and Newmanは他の例でも分割を行っている．それらの例の中で，図3.12の共著者グラフでは，得られる分割の入れ子構造の最上位のレベルの領域が，ノードの影の濃さを変えて示されている．

最後に，グラフ分割の方法を厳密に評価して，それらに優劣をつけることは，挑戦的な研究であることを注意しておく．その理由は，目標を正式に記述することが困難であり，また，対象とするネットワークのデータ集合に応じて，別の方法が良くなったり悪くなったりするからである．さらに，Leskovecらの一連の研究によると，実際のソーシャルネットワークデータ集合では，サイズが小さいなら，すなわち，数百程度のノードからなるネットワークなら，きつく結ばれた領域を分離することは，きわめて容易である [275]．一方，このサイズを超えるソーシャルネットワークや情報ネットワークの幅広い研究では，きつく結ばれた領域を分離することは，格段に困難になることが予想されている．そして，この種のデータ集合に対するグラフ分割の方法は，対象とするネットワークや領域が小さいか大きいかで，質的に異なる結果をもたらすと予測されている．これは現在進行中の研究テーマである．

本節の残りの部分では，最後の重要な問題，すなわち，Girvan–Newman法を動作させるために必要となる仲介数を，実際にはどのようにして計算するのかを取り上げる．

B. 仲介数の計算

Girvan–Newman法を実行するためには，各ステップで仲介数が最大の辺をすべて求めなければならない．これは，すべての辺の仲介数を計算して，その後，最大のものを探し出すことでできる．しかし，仲介数の定義より，各ノード対に対して"すべての"最短パスの個数が関わっているので，困難が生じる．最短パスの個数は膨大な数になりうるので，そのようなパスを実際には列挙せずに仲介数を求めるには，どうすればよいのであろうか？ この問題に対する合理的な回答は，コンピューターでかなり大きいデータ集合に対して実行する際に，最も重要になってくる．

実際には，仲介数を効率的に計算する巧妙な方法が存在する [77, 317]．それは，2.3節で述べた幅優先探索の概念に基づくものである．毎回，グラフを1個のノードを開始点として考える．与えられた各ノードから，残りのすべてのノードへの総フローを求めて，それを辺に配分していく．これをすべてのノードを開始点として計算し，各辺で総和をとると，その辺の仲介数が得られる．

そこで，グラフの1個のノードから他のすべてのノードへのフローをどのようにして決定したらよいかについて考える．例として，図3.18(a)のグラフで，ノードAから他のすべてのノードへのフローを求める方法に注目しよう．これを以下の三つのステップで求める．各ステップの詳細は後に与える．

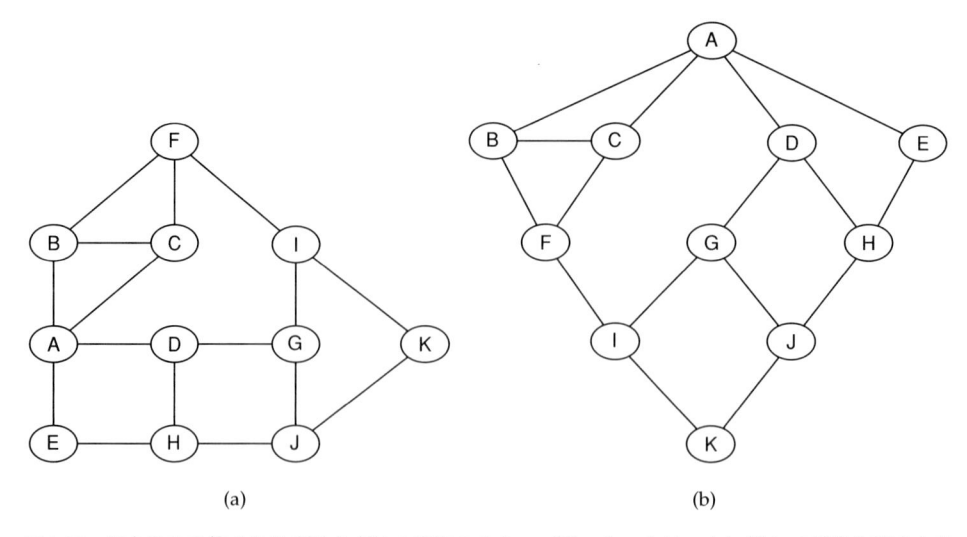

図 3.18 仲介数を計算する効率的な方法の最初のステップは，ネットワークに対して幅優先探索を実行することである．(a) 用いる例のネットワーク．(b) ノード A からの幅優先探索の結果．この方法では，各ノードに対して順番に幅優先探索が実行される．

1. グラフのノード A から幅優先探索を実行する．
2. ノード A から他のすべてのノードへの最短パスの個数を決定する．
3. この個数に基づいて，ノード A から他のすべてのノードへのフローで運ばれる各辺のフローの値を決定する．

最初のステップに対して，与えられた開始点のノード A からグラフを幅優先探索すると，すべての点に対する**層** (layer) が得られる．すなわち，層 d に属するノードは A からの距離が d となる．さらに，A から層 d のノード X への最短パスは，どの辺でも層の値が 1 増えるように下に降りているので，ちょうど d 本の辺を用いている．図 3.18(b) は，A からの幅優先探索の結果を示している．そこでは，各層は水平になるように書かれていて，下に 1 段降りるごとに層の値は 1 増加する．たとえば，A から F には 2 本の長さ 2 の最短パスがあり，一つはノード A, B, F からなり，もう一つはノード A, C, F からなることが，図からすぐに読み取れる．

最短パスの個数の計算 次に 2 番目のステップ，すなわち，ノード A から他の各ノードへの最短パスの個数を決定することを考える．これに対しては，きわめて明快な方法が存在する．それは，幅優先探索の層を下に降りながら計算していくものである．

イメージが湧くように，図 3.18(b) のノード I を考えてみる．ノード A からノード I への最短パスは，最後にノード F からの辺で行くか，ノード G からの辺で行くかのいずれかである．幅優先探索において，F と G の二つが I の直前のノードであるからである．なお，ここでは用語の都合で，グラフの二つのノード X, Y に対して，幅優先探索において，Y の属する層が X の属する層より 1 段下にあり，X と Y を結ぶグラフの辺が存在するとき，X は Y の "直前の" ノードであると呼んでいる．さらに，I への最短パスは，F を含む場合は，先頭の部分が F への最短パスでありその後 F から I への辺を用い，G を含む場合は，先頭の部分が G への最短パスでありその後 G から I への辺を用いている．したがって，A から

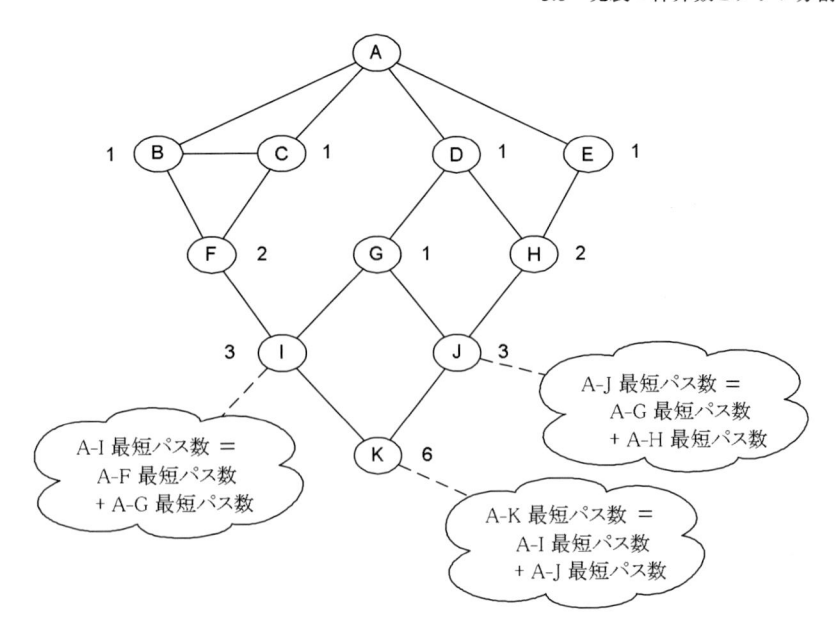

図3.19 仲介数を計算する2番目のステップでは，ネットワークの開始ノードAから他のすべての
ノードへの最短パスの個数を計算する．これは，幅優先探索の層を1段ずつ降りながら，直前
のノードまでの最短パスの個数の総和をとることで実行できる．

Iへの最短パスの個数は，AからFへの最短パスの個数とAからGへの最短パスの個数の和になる．

これを，図3.19に示しているように，Aから他のすべてのノードへの最短パスの個数を数える一般的な方法として用いることができる．層1の各ノードはAの隣接ノードであるので，Aからの最短パスはAからそのノードへの辺からなる．したがって，Aからの最短パスの個数は1である．次に，幅優先探索の層に沿って降りていく．ここでは，上で議論した推論が適用できる．すなわち，各ノードへのAからの最短パスの個数は，幅優先探索でそのノードの直前のノードへのAからの最短パスの個数の"総和"になる．したがって，層を降りながら，このようにして，図3.19に示しているような各ノードへの最短パスの個数を得ることができる．より深い層になると，その層のノードへの最短パスの個数は，図を単に見るだけではそれほど簡単に得られなくなることに注意しよう．たとえば，AからKへの最短パスが6個であることを，図を単に見るだけですぐに答えることは難しい．しかし，層ごとに上のような方法で計算していくと，容易に得ることができる．

フローの値の決定 最後に，3番目のステップ，すなわち，Aから他のすべてのノードへのフローにおいて，各辺で運ばれるフローを計算する方法について述べる．ここでも，幅優先探索を用いる．ただし，今回は層を下から上にのぼりながら計算していく．まず，どのようにして求めていくのかについて，図3.20にアイデアを示す．その後，一般的な手続きを述べる．

- 一番下の層のノードKから出発する．Kに1単位のフローが到達し，かつAからKへの最短パスでノードIとJを経由するものは同数であるので，1単位のフローは2本

76 　第 3 章　強い絆と弱い絆

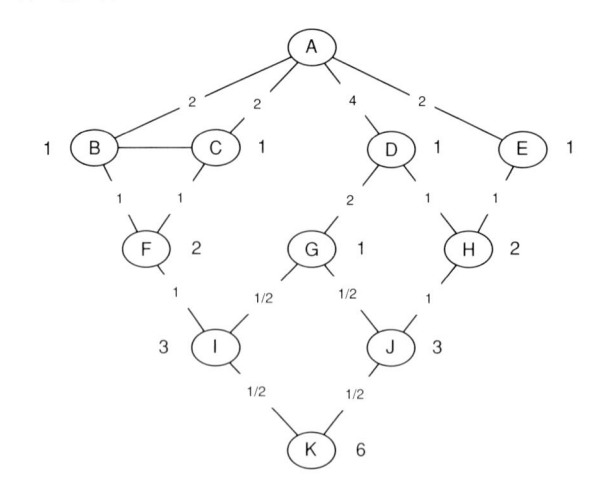

図 3.20　仲介数を計算する最後の第 3 ステップでは，開始ノード A から他のすべてのノードへのフローにおいて，各辺で運ばれるフローが決定される．これは，幅優先探索の一番下の層のノードから出発して層を 1 段ずつ上にのぼりながら，各ノードに入る辺に対し，直前のノードからの最短パスの個数に比例してフローを分配していく．

の K への辺で当分に分配される．したがって，これらの辺のそれぞれで 1/2 単位のフローが運ばれる．

- 次に，幅優先探索の層に沿って上にのぼっていく．I に到達する総フローのうち，1 単位は I が最終目的地であり，1/2 単位は通過して K へと向かうものである．したがって，総フローは 3/2 単位となる．この 3/2 単位のフローを I から直前のノード F と G につながるそれぞれの辺に，どのように分配すればよいのであろうか？ 2 番目のステップで眺めてきたように，A から F を経由して I に来る最短パスの個数は，A から G を経由して I に来る最短パスの個数の 2 倍である．したがって，図に示されているように，1 単位のフローが F から I への辺で運ばれ，1/2 単位のフローが G から I への辺で運ばれる．
- 幅優先探索の層を 1 段ずつ上にのぼりながら，他の各ノードでも，このようにして求める．

これから，一般的な原理を記述することも困難ではない．幅優先探索の層構造を，一番下の層のノードから出発して層を 1 段ずつ上にのぼりながら，ノード X に到達したとき，X の直後のノード（X を直前とするノードを X の直後のノードという）へ向かう辺のフローの総和に X 自身を最終目的地とするフローの 1 を加える．これが X に運ばれるフローの総量になる．なお，一番下の層から層を 1 段ずつ上にのぼっているので，X の直後のノードへ向かう辺のフローは，X に到達した時点ではすでに得られている．この X に到達したフローの総量を X への最短パスのうちで X の直前のノードからのものの個数に比例して分配して，X に入る各辺のフローを定める．この原理を図 3.20 のネットワークに適用すると，同図に示しているような辺のフローが得られる．

これで本質的なことはすべて終わった．ネットワークのすべてのノードに対して，"各" ノードを開始点として，これらの幅優先探索の層構造を構築する．すなわち，上記の手続きで 1 個のノードを開始点とする各辺のフロー値を決定し，それらをすべての開始点に対

して行い総和をとると，各辺の仲介数が得られる．しかし，こうして得られる値では，各ノード対 X, Y に対して，X を開始点とする幅優先探索での最短パスで考えた値と，Y を開始点とする幅優先探索での最短パスで考えた値とで，二重に重複して数えられていることに注意しよう．したがって，最終的には 2 で割ったものを各辺の仲介数として決定する．最後に，これらの仲介数を用いて，Girvan–Newman 法で除去の対象になる，最大の仲介数を持つ辺を特定することができる．

最終的な注意 上で述べた方法は，辺の仲介数だけではなく，ノードの仲介数の計算にも用いることができる．実際，最後の 3 番目のステップですでに行われている．辺を通過するフローの値を計算しているが同時にノードを通過するフローも，明示的ではないが，管理していると考えることができるからである．そして，これがノードの仲介数を計算するのに必要となるからである．

ここで与えたオリジナルな Girvan–Newman 法は，高い仲介数の辺を繰り返し除去することに基づいている．それは，グラフ分割を考える上で概念的に良い方法であるだけではなく，数百のノードからなる中規模サイズのネットワークに対してうまく働く．しかしながら，大規模なサイズのネットワークに対しては，繰り返し仲介数を計算し直すことが必要であり，膨大な計算時間が必要になる．この点を考慮して，きつく結ばれた領域をより効率的に特定する多数の代替手法が提案されている．それらの中には，仲介数を近似的に計算する方法 [34] や，分断法や集塊法を用いたより効率的な関連するグラフ分割の方法 [35, 321] も含まれる．きわめて大規模なネットワークデータ集合に対しても有効な高速グラフ分割の方法は，今でもきわめて興味深い研究テーマである．

3.7 演習問題

1. 三者閉包と，それがソーシャルネットワークの形成において果たす役割を，簡単に説明せよ．必要ならば図を用いてもよい．
2. 図 3.21 のグラフを考える．このグラフでは，ノード B とノード C を結ぶ辺を除いて，すべての辺に強い絆 (S) あるいは弱い絆 (W) のラベルがつけられている．

   強三者閉包性の仮定のもとでの強い絆と弱い絆の理論によれば，このグラフの B と C を結ぶ辺のラベルはどうなると考えられるか？ 答えとともに短い説明を与えよ．

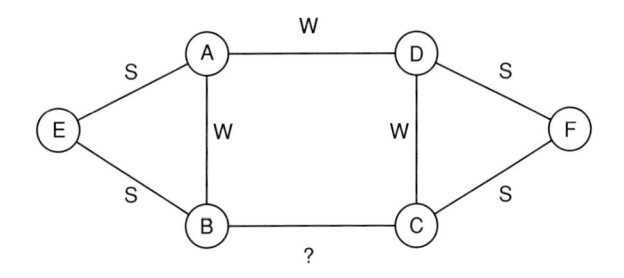

図 3.21 演習問題 2 の図．各辺が強い絆 (S) あるいは弱い絆 (W) のラベルを持つグラフ．

78　第3章　強い絆と弱い絆

3. 各辺に強い絆あるいは弱い絆のラベルがついている図3.22のソーシャルネットワークにおいて，本章の強三者閉包性を満たすノードはどれか？　また，満たさないノードはどれか？　答えとともに短い説明を与えよ．

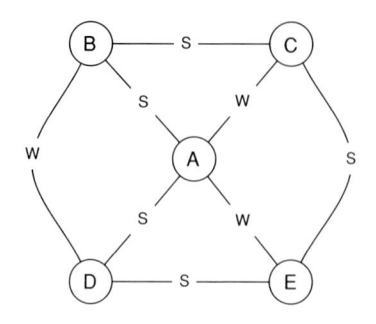

図3.22　演習問題3の図．強い絆(S)と弱い絆(W)のラベルを持つグラフ．

4. 各辺に強い絆あるいは弱い絆のラベルがついている図3.23のソーシャルネットワークにおいて，強三者閉包性を満たさない2個のノードはどれか？　答えとともに短い説明を与えよ．

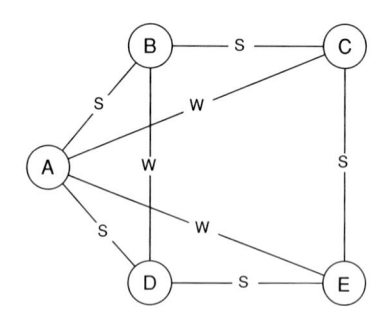

図3.23　演習問題4の図．強い絆(S)と弱い絆(W)のラベルを持つグラフ．

5. 各辺に強い絆あるいは弱い絆のラベルがついている図3.24のソーシャルネットワークにおいて，本章の強三者閉包性を満たすノードはどれか？　また，満たさないノードはどれか？　答えとともに短い説明を与えよ．

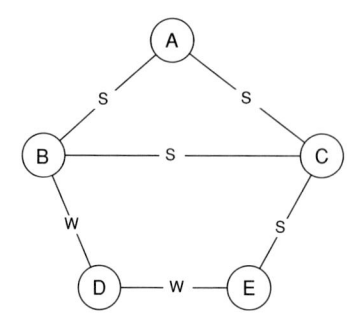

図3.24　演習問題5の図．強い絆(S)と弱い絆(W)のラベルを持つグラフ．

第4章
周囲環境を考慮したネットワーク

　第3章では，ソーシャルネットワークを特徴付ける典型的な構造のいくつかと，ネットワークのリンク形成に影響を与える典型的なプロセスのいくつかを考えた．第3章の議論は，ネットワーク自身を研究の対象としていて，ネットワークはそれを含むより広い世界から独立しているものとして扱っていた．

　しかしながら，ソーシャルネットワークの周囲環境は，一般に，その構造に大きな影響を与える．ソーシャルネットワークにおける各個人は個性を持ち，2人の個性間の類似性と両立性は，2人の間を結ぶリンクが形成されるかどうかに強い影響を及ぼす．また，各個人は，ネットワーク内でのリンク形成に寄与すると考えられる様々な行動や活動に従事している．このようなことを踏まえて，ネットワークの**周囲環境** (surrounding context) の影響を考える．すなわち，ネットワークのノードや辺の外部に存在するにもかかわらず，このような要因がネットワークの構造の進化にどのように寄与するかを取り上げる．

　本章では，それらの影響がどのように働き，ソーシャルネットワークの構造に何をもたらすかについて考える．初めに，様々な観察を用いて，ネットワークのリンク形成に与える周囲環境の影響を，ある程度の範囲まで，ネットワークの用語で記述できることを取り上げる．そして，ネットワークの内部に存在する個人とその人の周囲環境をネットワークで拡大表現して，ネットワークのリンク形成の様々なプロセスが共通の枠組みのもとで記述できることを眺める．

4.1　同種親和性

　ソーシャルネットワークの構造を支配する最も基本的な概念の一つとして，自身の友人と同類でいたいという原理である**同種親和性** (homophily) が挙げられる．すなわち，友人は基盤となる社会からランダムに選ばれたとは考えられないのである．集団的に眺めてみると，各個人の友人は，一般には，人種や民族の次元においては同種であることが多い．また，年齢においては同世代であることが多い．さらに，個性においても，すなわち，住居，職業，生活レベル，趣味，信仰，信条などの面でも許容範囲内であることが多い．もちろん，これらの壁を乗り越える特別な友人を持つ人も多い．しかし，集約したレベルに

おいては，ソーシャルネットワークのリンクは，互いに同種である人々の間で広がっている．

この観察は長い歴史に基づくものである．McPherson, Smith-Lovin, and Cook は，同種親和性に関する広範にわたる研究調査 [294] の中で，その土台となるアイデアは，プラトンの書 ("similarity begets friendship") やアリストテレスの書 (people "love those who are like themselves")，また "birds of a feather flock together"（類は友を呼ぶ）などのことわざにも見られる．現代社会学の研究における同種親和性の役割は，主として，1950 年代の Lazarsfeld and Merton の画期的な研究業績 [269] で引き起こされたと見られている．

同種親和性は，ネットワークの周囲環境がリンクの形成にどのように関わっているのかを説明する第一の基本要因となっている．共通の友人に紹介された 2 人に芽生える友情と，同じ学校や職場に通う 2 人に芽生える友情の基本的な違いを考えてみよう．前者では，ネットワーク自身に存在する "固有の" 理由に基づいて辺が形成される．したがって，そのリンクが形成された理由について，ネットワークの外部を考える必要はない．一方，後者では，同様に自然な理由に基づいて新しくリンクが形成されるが，ネットワークを越えて周囲を考えることで，初めてその理由を納得することができる．すなわち，ノードが属する社会的な環境（この場合は学校や職場）を考えて初めてわかるものである．

ネットワークを眺めると，しばしばそのような環境が，全体の構造の支配的な特徴のいくつかを捉えていることがわかる．たとえば，図 4.1 はある町の中学校・高等学校（7 年生から 12 年生）におけるソーシャルネットワークを図示したものである [304]．James Moody（ジェームズ・ムーディ）の研究により作成されたこの図では，生徒は人種ごとに色を変えて表示されている．図から，ネットワークに二つの支配的な分離が存在することが明らかである．一つは人種に基づくもので，図の左の部分と右の部分とに分離している．もう一つは，年齢と通学先に基づいて中学校の生徒と高等学校の生徒を分離するものであり，図の上の部分と下の部分を分けている．このネットワークには，そのほかにも多くの構造的な特徴が存在するが，巨視的なレベルでネットワークを眺めると，これらの二つの環境の影響がとくに際立っている．

もちろん，リンク形成においては，ネットワークに固有の影響とネットワークの周囲環境の影響の間で強い相互作用が存在する．実際，それらは同一のネットワーク内で同時に作用する．たとえば，共通の友人を持つ友人間にリンクが形成されて，ネットワークでの三角形が "閉じられる" 傾向があるという三者閉包の原理は，ネットワーク内にある固有の影響から環境の影響に至るまでの様々なメカニズムでサポートされている．第 3 章では，ネットワーク内にある固有のメカニズム仮説に基づいて，三者閉包が形成されることを議論した．B と C が共通の友人 A を持つとき，互いに知り合う機会と信頼の形成が増加・進展し，それに基づいて相互作用が行われ，さらに，A も彼らに友人になってもらいたいという気持ちが働くことになる．しかしながら，社会的な環境も三者閉包に対して自然な基礎付けを与える．A-B の友情と A-C の友情がすでに存在するので，同種親和性の原理から B と C はかなり多数の次元においてそれぞれ A と類似していて，したがって，B と C も互いによく似ていることが多い．結果として，純粋にこの類似性に基づいて，B-C の友情が形成される機会が増加することになる．これは，B と C がそれぞれ，相手が A と親しいことを知らない場合にも成立する．

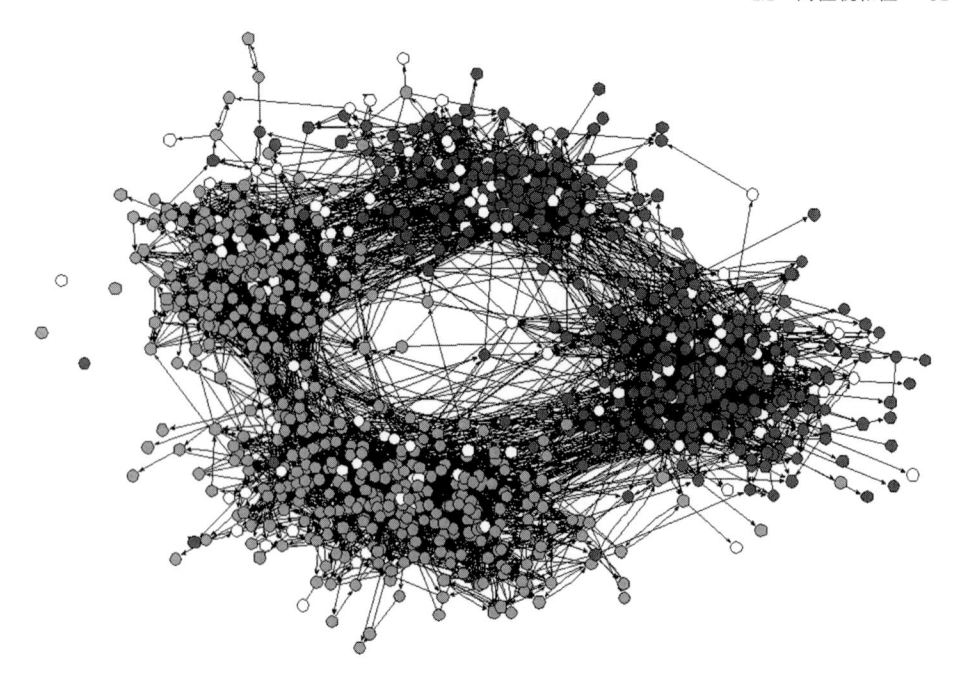

図 4.1 同種親和性により，ソーシャルネットワークを，互いに弱く結合している，密結合の同種部分に分離することができる．このソーシャルネットワークでは，町の中学校と高等学校の分布による，ネットワーク内での二つの分離の存在も明らかである．生徒は人種ごとに色を変えた丸で示されていて，一つの分離は人種に基づき，もう一つの分離は中学校の生徒と高等学校の生徒の友人関係に基づく [304]．（出典：シカゴ大学出版）

三者閉包が"正解"と考えられる単一の要因で形成されるものではない，ということが要点である．むしろ，ソーシャルネットワークでリンクが形成される要因がより多く考慮されるに従い，どのリンクも単一の要因で形成されたとは考えにくくなる．そして，究極的には，大部分のリンクが実際には複数の要因が組み合わされて形成されると考えられるのである．すなわち，リンクの形成は，一部はネットワーク内での他のノードからの影響に基づき，一部はネットワークの周囲環境からの影響に基づいていると考えられる．

同種親和性の測定 図4.1のような，ネットワークにおける衝撃的な分離の存在を眺めるときに，それらがネットワーク自身の内部に"真に"存在するものであって，単なる人工物でないことを確認できるかどうかは重要である．この問題を具体的にするためには，問題をより正確に定式化することが必要となる．人種や年齢のように，対象とする特別な特徴が与えられたときに，ネットワークに適用して，この特徴に基づく同種親和性が観察されるかどうかを評価できるような簡単なテストは存在するのであろうか？

図4.1の例は，手で検査するには大きく複雑すぎるので，ある種の直観を働かせることができるような，より小さい例を用いて考えてみよう．小学校の一つのクラスの友人ネットワークが与えられたとする．そして，そのネットワークで性別の同種親和性が観察されるかどうか，すなわち，男子児童は男子児童だけで友人を形成し，女子児童は女子児童だけで友人を形成する傾向が観察されるかどうかを取り上げる．たとえば，図4.2のグラフは，ある小さい仮想的なクラスの友人ネットワークを示している．灰色のノードは女子児

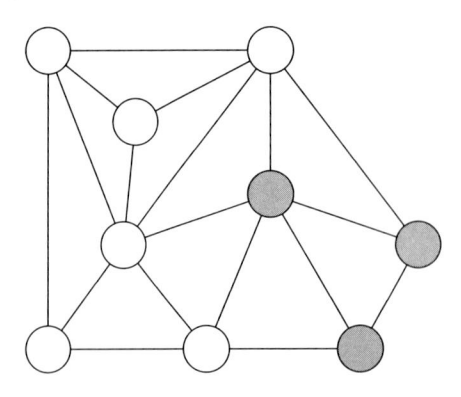

82　第4章　周囲環境を考慮したネットワーク

図4.2　この図のような（2種類のノードからなる）小さなネットワークにおいて同種親和性が観察されるかどうかは，数値的な測定により決定することができる．

童，白色のノードは男子児童を表す．男子と女子を結ぶ辺が1本もなければ，同種親和性の問題は簡単に解決する．すなわち，極端な意味で，同種親和性が存在することになる．しかし，同種親和性はより複雑な形で現れ，たとえば，図4.1の実際の生データのように，集団として眺めることで初めてわかることが多いと思われる．一方，図4.2のネットワークでは，同種親和性は観察されるのであろうか？

この質問に対処できる，同種親和性を測定するための自然な数値測定基準が存在する[202, 319]．図4.2の同性間における同種親和性の例を用いて，この測定基準を説明しよう．そこで，まず以下のような質問をする．ネットワークが同性間における同種親和性を具現化して"いない"とは，どのようなことを意味するのであろうか？それは，全体の集団に存在すると思われる異性間の友情に対して，実際に存在する異性間の友情の割合がきわめて多いことを意味するであろう．この"非同種親和性"の定義と密接に関係して，解析のより簡単な定式化が以下のように与えられる．現実のネットワークにおける男子児童と女子児童の割合に比例するように，ネットワークの各ノードにランダムに男子と女子の性を割り当てると，異性間にまたがる辺の本数は，実際のネットワークにおける異性間の辺の本数と大幅に異なることはないと思われる．すなわち，同種親和性のないネットワークでは，このような割当てにおいても，異性間における辺（友情）が多数形成される．

そこで，全体の集団で，男子児童の割合が p であり，女子児童の割合が $q = 1 - p$ であるとする．このネットワークの与えられた辺を考えてみる．この辺の両端の各ノードに，確率 p で"男子"を，確率 q で"女子"を独立に割り当てると，この辺の両端のノードがともに男子である確率は p^2 となり，ともに女子である確率は q^2 となる．さらに，この辺の一方のノードが男子で，他方のノードが女子となるときには，この辺は異性間を結ぶ辺となるが，その確率は $2pq$ である．

したがって，性別に基づく同種親和性テストは，以下のようにまとめられる．

同種親和性テスト：異性間を結ぶ辺の本数の割合が $2pq$ を大幅に下回るときには，同種親和性の存在を認める証拠が存在する．

たとえば，図4.2のグラフでは，18本の辺のうち5本が異性間を結ぶ辺である．さらに，この例では，$p = 2/3$, $q = 1/3$ であるので，異性間を結ぶ辺の割合 $5/18$ を値 $2pq = 4/9 = 8/18$

と比較する．すなわち，同種親和性がないとすると，異性間を結ぶ辺は5本ではなく，8本と期待できる．したがって，この例では，同種親和性の存在する証拠が見られると言える．

以下に注意すべき点をいくつか挙げておく．第一に，ランダムな性の割当てにおける異性間を結ぶ辺の割合は，期待値の $2pq$ からいくぶん逸脱することも考えられる．したがって，実際のテストの実行においては，"大幅に下回る"ことの定義を明確にすることが必要となる．（平均からの逸脱が大幅であることを定量的に与える）統計学的な大幅性の標準的基準を，この目的のために使用することができる．第二に，ランダムな性の割当てにおける異性間を結ぶネットワークの辺の割合が，$2pq$ より大幅に"上回る"ことも，同様にありうる．そのようなケースでは，ネットワークには，**異種親和性** (inverse homophily) が観察されるという．第2章の図2.7の恋愛関係のネットワークは，異種親和性が観察される明快な例である．高校生を対象にして研究したその例では，報告されたほとんどすべての関係が異性間にまたがるものであり，同性間における関係より圧倒的に多い．したがって，ほとんどすべての辺が異性間を結ぶ辺となっている．

最後に，同種親和性テストは任意の特性，たとえば人種，民族，年齢，母国語，支持政党などにも，容易に一般化できる．二大政党の立候補者への投票などのように，特性のとる値が2値のときには，二つの性のケースからの類推を直接的に用いて，同一の式 $2pq$ を用いることができる．特性のとる値が3値以上のときには，同一の計算の一般化版を適用することができる．実際，そのときには，対象とする特性において，辺の両端のノードの値が異なる場合に，その辺は**異種** (heterogeneous) であるということにする．その特性において，各値の割合に基づく確率でランダムかつ独立に，ネットワークの各ノードに値を割り当てたときの異種の辺数と，実際のネットワークでの異種の辺数とを比較する．このようにして，ノードが3種類以上の値をとるときでも，実際の異種の辺数と，基準となるランダムなときの異種の辺数とを比較して，ネットワークの同種親和性テストを行うことができる．

4.2 同種親和性に横たわるメカニズム：選択と社会的影響

人々が，自分に似た人と友人になる傾向があるという事実は，ソーシャルネットワークの構造についての主張である．ネットワーク自身についてのものであり，類似する人々の間で絆のリンクが形成される土台となるメカニズムについて，提案しているものではない．

人種や民族のように変えることのできない特性に関しては，自分と似た人と友情を形成する傾向は，類似の特性を有する友人を選択するということであり，しばしば**選択** (selection) と呼ばれている．選択は，様々なスケール，様々なレベルの志向のもとで行われることもある．潜在的に接触できる明確に範囲の決まった人々の中から自分に似た人を友人として選ぶことができる小さいグループでは，積極的な選択が明らかに起こっている．より大きい大域的なレベルの場合には，選択はより複雑であり，非明示的であること

もある．たとえば，全体の集団と比較すると，かなり同種的である社会的環境の近所の人，学校で会う人，会社でともに働く人などに対しては，すでに自身と似た人と友人関係を形成する土壌ができていると考えられる．ここでの議論のために，これらのすべての効果を総称して選択と呼ぶ．

変えることのできない特性がネットワークの形成に対してどのように相互作用をしているのかを考えると，事象の起こる順番が明確になる．個人の特性は生まれたときに決定され，そして，それらはその個人の人生におけるネットワークの形成に大きな役割を果たす．一方，行動，活動，興味，信仰，意見などのように，変えることも可能である特性においては，個人の特性とソーシャルネットワークのリンク形成におけるフィードバック効果は，大幅に複雑になる．それでも，選択のプロセスは依然として働き，個人の特性も依然として形成される絆に影響を与える．しかし，他のプロセスも同時に働くことになる．人々は，友人の行動に自分の行動を修正して近づけることも見られるのである．このプロセスは，様々なところで，**社会化 (socialization)** [233] や**社会的影響 (social influence)** [170] などとして記述されている．ネットワークに存在する社会的な絆により，ネットワークの各個人の特性が影響を受けるからである．社会的な影響は，選択の逆として見なすことができる．選択においては，個人の特性はリンクの形成を促すが，他方，社会的な影響においては，ネットワークに存在するリンクにより，変えることのできる個人の特性に変化がもたらされる[1]．

選択と社会的な影響の相互作用　ネットワークのある時刻のスナップショットを一つ眺めて，人々が友人と可変な特性を共有している傾向があることがわかるとき，その絆が選択によるものなのか，社会的な影響によるものなのかを，はっきりと識別してその寄与を明らかにすることは，きわめて困難になりうる．すなわち，ネットワークにおいて，人々はその行動を友人に合わせたのか，あるいは，人々は初めから似ている人を求めたのか？ということである．このような問題は，ソーシャルネットワークの**長期間 (longitudinal)** の研究，すなわち，グループにおける社会的な絆と行動を長期にわたって追跡調査する研究を通して答えることができる．基本的には，このアプローチにより，個人の行動の変化後に生じたネットワークでの絆の変化と，個人のネットワークでの絆の変化後に生じた行動の変化を，対比して理解することができる．

この種の方法論は，たとえば，学業目標の達成や薬物使用の非行などにおいて，青少年の友人同士が類似した結果に向かうプロセスの研究などに用いられてきた [92]．このような状況で，10代の友人らが行動において似た行動をとり，そこにおいては，選択と社会的な影響がともに自然な共鳴を奏でている，という直観的な事実を実験的な結果は確信させるものになっている．すなわち，10代の青少年は，似た者同士で社会的な輪を求め，その社会的な輪の中で，仲間からのプレッシャーにより同一の行動をとるのである．どのようにこれらの効果が相互作用しているのか，そして，どちらが他方より強く働いているのかを見極めることは難しい．この問題に関係する長期の行動記録が利用できるようになってきて，研究者はこれらの異なる要因の相対的なインパクトを定量的に調査し始

---

[1] 他の認識効果も同様に働く．たとえば，人々は，友人の特性を実際よりも自分の特性と類似していると誤解することもある [224]．しかし，ここでの議論では，この効果を明示的に取り上げることはしない．

た．Cohen and Kandel に始まる一連の研究では，データには両方の効果が見られ，従来のインフォーマルな研究では大きな役割を果たしていると考えられていた仲間からのプレッシャー（すなわち，社会的な影響）は，実際にはそれほどでもないこと，すなわち，選択の効果が社会的な影響に匹敵するか，それ以上に働いていることがわかったとしている [114, 233]．

　これらの二つの力の強さを正しく理解することは，実際に働いている力を同定するためだけでなく，システムに介入する際の効果を推論するためにも重要である [21, 396]．たとえば，友人が薬物を使用するとそれにならって自分も薬物を使用しやすいという，薬物使用の同種親和性を持つ高校生のソーシャルネットワークを見つけたとすると，その中の高校生を対象として社会プログラムを施し，薬物使用をやめさせることの効果について取り上げることができる．同種親和性がかなりの割合で社会的な影響に基づいている限りにおいては，対象とした高校生のみならず，友人も薬物をやめることになり，プログラムがソーシャルネットワーク全体に大きな効果をもたらすと考えられる．しかし，注意が必要である．観察される同種親和性が，社会的な影響ではなく，選択にほぼ全面的に基づいているときには，そのプログラムの効果は対象とした高校生以外に広がらないこともある．すなわち，対象の高校生は薬物使用をやめて，薬物使用のソーシャルネットワークから抜け出し，薬物を使わない高校生と親しくなり，したがって，薬物使用のソーシャルネットワークの他の高校生は，あまり影響を受けない．

　二つの要因の微妙で複雑な相互作用を取り上げた別の例として，健康に関するソーシャルネットワークの効果に対する Christakis and Fowler の研究が挙げられる．長期データを用いた最近の研究の一つで，Christakis and Fowler は，32 年間にわたって，約 12,000 人の肥満状態とソーシャルネットワークを追跡調査した [108]．彼らは，4.1 節で述べた数値的な指標によれば，肥満である人々と肥満でない人々が，それぞれ同種親和性を形成していたことを見出した．すなわち，同一のネットワークで，適切な確率で肥満と肥満でない状態をランダムに割り当てたときの数値的な指標と比べて，類似の肥満状態でリンクを形成する傾向が見られたのである．そこで問題になるのは，このような集団（クラスター）が存在することに対する以下の様々な仮説の識別化である．

(i) 選択の効果によるのではないか？ すなわち，人々は，肥満状態の似た人と友情を形成しているのではないか？
(ii) 他の特性も複数混じり合った同種親和性の効果によるものではないか？ すなわち，肥満状態と相関のある他の複数の次元の同種親和性のパターンが存在することをネットワーク構造が示しているのではないか？
(iii) 社会的な影響によるものではないか？ すなわち，個人の将来的な肥満状態は，友人の肥満状態の変化から，生活習慣的な行動の影響を受けているのではないか？

Christakis and Fowler の論文は，統計的な解析を用いて，(i) と (ii) の種類の効果に対する根拠の説明においても，(iii) の種類の効果の痕跡が明白に存在することを議論している．すなわち，肥満は社会的な影響によっても形成される健康状態であり，友人が肥満状態を変化させると，それが自身のその後の肥満状態にも影響する．この痕跡は，肥満や生活習慣的な行動に深く関係する健康条件が，社会的な意味で，ある程度 "感染" すると考えら

れることを示している．それは，インフルエンザのように感染するわけではないが，社会的な影響のメカニズムにより，基盤となるソーシャルネットワークにおいて広がるのである．

これらの例とこの一般的な探求スタイルは，集約的な結論に寄与する様々な要因を識別する際に，きわめて注意深い解析が必要であることを示している．すなわち，人々がソーシャルネットワークの隣人と似た傾向があるにしても，その理由は明確ではない．同種親和性はそれ自体が最終目的ではないことが多く，むしろより深い課題への出発点であることがポイントである．すなわち，そのような課題として，「どうして同種親和性が存在するのか？」，「その基盤となるメカニズムは，ネットワークのさらなる進化にどのように影響を与えることになるのか？」，「これらのメカニズムは，ネットワークにいる人々の行動に影響を与える他の力とどのような相互作用を行うのか？」などが挙げられる．

4.3 所属構造

これまでは，ネットワークのノードの特性の類似性やノードの従事する行動や活動に基づいて，ネットワークのリンクの形成に影響を与える環境要因について議論してきた．これらの周辺環境は，ネットワークの"外部に"存在するとして，適切に眺めてきた．しかし実際には，これらの環境も，人々と環境をノードとして含むより大きなネットワークを考えることで，ネットワーク自身に取り込むことができる．ネットワークを通して，同種類似性に対してかなり広い観点からさらなる洞察を得て，この環境と友情を取り込んだネットワーク上で，第3章の三者閉包の概念を土台として，リンクの形成がどのように行われるのかを同時に扱うことができることになる．

原理的には，どの環境もこのように表現することができるが，本書では，具体性を強調して，人々が参加する活動の集合の表現法と，これらの活動がリンクの形成にどのような影響を与えるのかについてのみ，焦点を当てることにする．ここでは，"活動"の概念をきわめて一般的に捉えている．特定の会社，組織，近所の一員であることや，特定の場所への頻繁な出入り，特定の趣味や興味の追求なども，すべて活動であり，それらの活動を2人が共有するときには，そこに相互作用が生じ，したがって，ソーシャルネットワークでのリンクが形成される可能性が高くなる傾向が見られる [78, 161]．そのような活動は社会的な相互作用の中心となるので，Scott Feld（スコット・フェルド）により紹介された専門用語を用いて，**拠点** (focal point) と呼ぶことにする．したがって，拠点は，たとえば作業所，ボランティア組織，たまり場などの「共同の活動が組織化される社会的，心理的，法的，物理的な実体」である [161]．

所属ネットワーク 最初のステップとして，拠点の集合とそれらの拠点に参加する人の集合をグラフを用いて表現する．各人と各拠点を表現するノードがあり，個人Aが拠点Xに参加しているとき（そしてそのときのみ）AとXが辺で結ばれる．そのようなグラフの非常に単純な例を図4.3に示している．グラフは，AnnaとDanielの2人と，語学教室（で

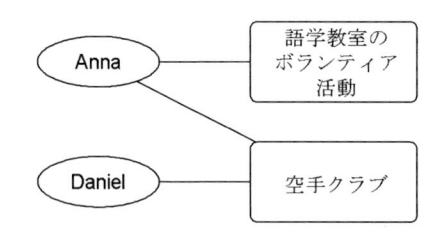

```
   Anna ─── 語学教室の
           \  ボランティア
            \   活動
             \
   Daniel ─── 空手クラブ
```

図 4.3 所属ネットワークは，各個人がどのグループあるいは活動に所属しているかを表現する二部グラフである．このグラフでは，Anna は右側の二つの社会的拠点に参加していて，Daniel は一つの拠点だけに参加している．

ボランティア活動をしていること）と空手クラブ（に属していること）を表す二つの拠点からなる．このグラフでは，Anna は二つの拠点に参加し，Daniel は一つの拠点にのみ参加している．

そのようなグラフは，左側のノードの各個人が右側のノードの拠点に所属していることを表現しているので，**所属ネットワーク** (affiliation network) と呼ばれる [78, 323]．より一般的には，所属ネットワークは，**二部グラフ** (bipartite graph) と呼ばれるグラフの例である．二部グラフとは，グラフのノードの集合が二つの集合に分割できて，どの辺も一方の集合のノードと他方の集合のノードを結ぶようになっているグラフである．したがって，同一の集合の二つのノードを結ぶ辺はまったく存在せず，すべての辺は二つの集合間にまたがる辺となる．二部グラフは，研究対象の項目が二つのカテゴリーに分類できるとき，そのような項目データを表現して，一方のカテゴリーの項目が他方のカテゴリーの項目にどのように関係しているのかを理解するのにきわめて役に立つグラフである．所属ネットワークのケースでは，二つのカテゴリーは人と拠点であり，各辺は，個人とその個人が参加している拠点とを結ぶものになっている．二部グラフは，通常，二つのカテゴリーのノード集合を 2 列に並べ，辺は二つの列間にまたがるようにして，図 4.3 のように描く．

所属ネットワークは，構造化された活動における参加者のパターンを理解したいという研究者の様々なモデルで取り上げられている．一つの例として，このようなネットワークは，大企業の取締役会の研究において，かなりの注目を浴びてきている [301]．取締役会は少数の高ステータスの人からなる助言グループであり，そのメンバーの多くが複数の取締役会に名前を連ねているので，所属の重複が複雑な構造をなしている．これらの重複は，所属ネットワークとして自然に表現することができる．図 4.4 の例からもわかるように，各メンバーに対応するノードと各取締役会に対応するノードがあり，辺は各取締役会に含まれるメンバーとその取締役会とを結んでいる．

取締役会で定義された所属ネットワークは，グラフの両サイドの興味深い関係を明らかにする潜在的な可能性を持っている．二つの企業は，両方の企業の取締役会に名前を連ねているメンバーを介して暗に連結されている．すなわち，この取締役の存在により，二つの企業間で情報と影響が流れる潜在的なパイプの存在がわかる．一方，共通の取締役会に属する 2 人も，暗黙のうちにリンクされているので，この社会において最も権力のある何人かの人たちの間での，社会的な相互作用の特別なパターンも知ることができる．もちろん，取締役と取締役会の所属ネットワーク（図 4.4 はその中のきわめて小さい部分である）

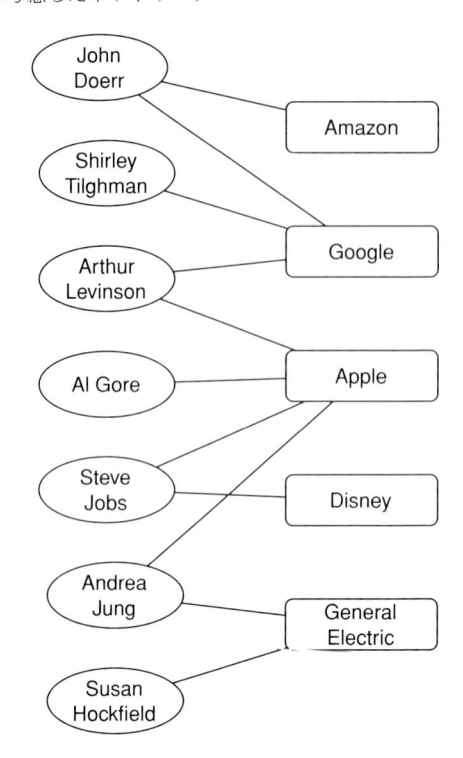

88　第4章　周囲環境を考慮したネットワーク

図 4.4　広く研究されている所属ネットワークの一つとして，取締役会の構造が挙げられる [301]．2009 年におけるこのネットワークのごく一部を取り出したものが，このグラフである．この所属の構造パターンから，所属するメンバーと企業の両方において，相互作用の複雑性が明らかになることもある．

が完全であったとしても，それらの人々が所属している重要な環境を見逃していることも多い．たとえば，図 4.4 の 7 人のうち，2 人は米国の二つの主要大学の学長であり，1 人は米国の前副大統領である[2]．

ソーシャルネットワークと所属ネットワークの共進化　ソーシャルネットワークと所属ネットワークが，いずれも時間とともに変化していくことは明らかである．新しい友情のリンクが形成され，人々は新しい拠点に従事する．さらに，これらの変化は，選択と社会的な影響の相互作用を反映して，一種の**共進化** (coevolution) を表現する．共通の拠点に参加する 2 人には友人になる機会が与えられ，また，2 人の友人はそれぞれの所属する拠点の選択に影響を与える．

これらのアイデアの観点から，所属ネットワークの概念をわずかに一般化した自然なネットワークが考えられる．前と同様に，人と拠点に対してノードがあるが，辺は 2 種類

---

[2] このネットワークの構造も時間とともに変化し，あるときには，上記の議論で取り上げた点を強化する．たとえば，図 4.4 で示されている所属は，2009 年の中間時点のものである．2009 年の末までに Arthur Levinson は Google の取締役会から解雇され，このグラフから辺が 1 本除去された．この解雇のニュースの一部として，以下が紹介されている．米国の連邦取引委員会の Jon Leibowitz は，二つの取締役会のメンバーを兼ねていることに対して，以下のような発言をして，法的な態度を明確に示している [219]．「Mr. Levinson が Google と Apple というライバル会社の二つの取締役会のメンバーを兼務することにより，深刻な不信が生じる可能性を Google と Apple と Mr. Levinson は理解して，訴訟を起こされる前にこの懸念を解決すべきである．この問題以外にも，メンバーが複数の取締役会を同時に兼ねる企業のモニタリングを続けて，今後も適切な強制行動をとっていくことにする．」

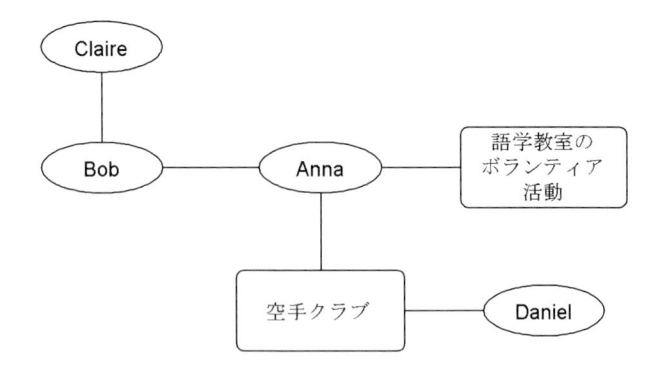

図 4.5 ソーシャル-所属ネットワークは，人々の友人関係と異なる拠点への所属関係の両方を示している．

を考える．一つは，ソーシャルネットワークの辺に対応するものであり，したがって，2人が友人であるときに（あるいは論文の共著者であるなどの社会的な関係があるときに）辺で結ぶ．もう一つは，所属ネットワークの辺に対応するものであり，各拠点に参加している人とその拠点を結ぶ．そのようなネットワークは，人々のソーシャルネットワークと人と拠点の所属ネットワークを同時に含んでいるので，**ソーシャル-所属ネットワーク** (social-affiliation network) と呼ぶことにする．図 4.5 は，単純なソーシャル-所属ネットワークを示している．

ソーシャル-所属ネットワークの表現を手にしていれば，リンク形成の様々なメカニズムは，ネットワークの三角形の 3 番目の辺を"閉じること"と関係して，すべて**閉包プロセス** (closure process) の一種であると見なせるようになる．具体的には以下のとおりである．ネットワークの二つのノードの B と C がそのネットワークで共通の隣接ノード A を持ち，B と C の間に辺が形成されるとする．図 4.6 の説明からもわかるように，この状況は，A, B, C のノードがそれぞれ人か拠点によって，いくつかの種類に分類できる（ソーシャル-所属ネットワークを対象として，A と B は辺で結ばれ，A と C も辺で結ばれているので，A が拠点のときには，B と C はともに人であることに注意しよう）．

(i) A, B, C のノードがいずれも人であるときには，B と C の間の辺の形成は，第 3 章の三者閉包に一致する（図 4.6(a) 参照）．

(ii) B, C のノードがともに人であり，A のノードが拠点であるときには，B と C の間の辺の形成は三者閉包とは異なるものになる．これは，共通の拠点を持つ 2 人の間にリンクが形成される傾向が見られることに対応する（図 4.6(b) 参照）．これは，自身と似た特性を持つ人とリンクを形成する選択原理のより一般的な側面に対応する．三者閉包からの類推を強調して，このプロセスは**拠点閉包** (focal closure) と呼ばれている [259]．

(iii) A, B のノードがともに人であり，C のノードが拠点であるときには，新しい所属関係のリンクが形成される．B は，友人 A がすでに関与している拠点 C に参加するようになる（図 4.6(c) 参照）．これは，一種の社会的な影響であり，B の行動が，友人 A の行動に似たものになることに対応する．三者閉包からの類推をここでも用いて，この種のリンク形成を**会員閉包** (membership closure) と呼ぶことにする．

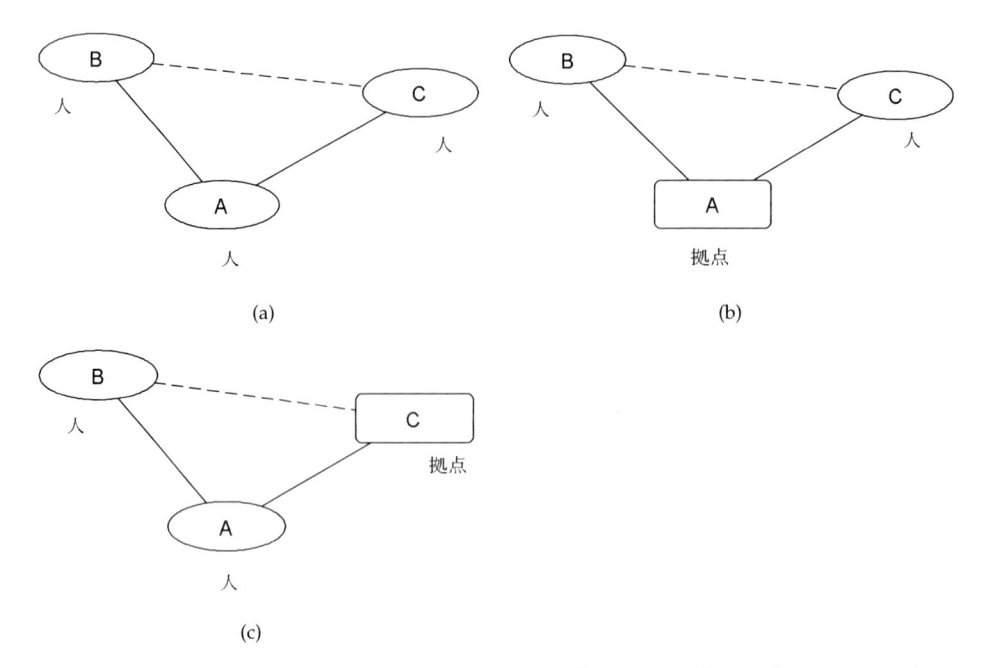

90　第4章　周囲環境を考慮したネットワーク

図4.6　ソーシャル-所属ネットワークにおける三角形の3番目の辺の3種類の閉包．(a) 三者閉包，(b) 拠点閉包，(c) 会員閉包．

したがって，三者閉包と，選択と社会的な影響の側面を反映するきわめて基盤の異なる三つのメカニズムは，この種のネットワークで，閉包として系統的に扱うことができる．すなわち，共通の隣接ノードを有する2個のノード間でのリンクの形成を閉包として，系統的に扱える．図4.7は，3種類の閉包のプロセスが働くことを示している．三者閉包でAnnaとClaireを結ぶ新しいリンクが形成され，拠点閉包でAnnaとDanielを結ぶ新しいリンクが形成され，会員閉包でBobが空手クラブに所属する新しいリンクが形成される．働くこれらのメカニズムをごく単純化すると，以下のようにまとめることができる．

(i) BobがAnnaをClaireに紹介する．
(ii) 空手クラブがAnnaをDanielに紹介する．
(iii) AnnaがBobに空手クラブを紹介する．

4.4　オンラインデータにおけるリンク形成の追跡

前章と本章では，ソーシャルネットワークでリンクの形成につながる様々なメカニズムを特定してきた．このようなメカニズムは，小さいグループのモデルでは，働いていることがはっきりと確認できる良い例となっているが，定量的にそのことを測定することは，伝統的にきわめて難しかった．これに対する自然な研究戦略としては，大きな集団でもこれらのメカニズムが働くものと考えて，多くの小さい効果が集まって相対的に観察できるものが生み出されることを追跡することが挙げられる．しかしながら，日常生活におい

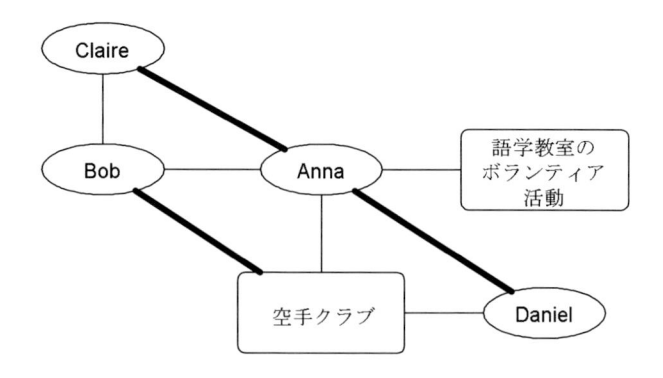

図4.7 人と拠点を含むソーシャル-所属ネットワークでは，辺は様々な種類の閉包プロセスに従って形成される．すなわち，共通の友人を持つ2人の間の辺の形成，共通の拠点を持つ2人の間の辺の形成，友人がすでに関与している拠点への参加による辺の形成がある．

て，リンク形成に大きく寄与したと考えられる力の大部分は記録されることがないため，人（や社会的拠点）の大きくて輪郭のはっきりしたグループを選び出すことや，実際のネットワークのリンク形成に対するこれらの様々なメカニズムの相対的な寄与を正確に与えることは，きわめて困難である．

明確な社会的構造を有するオンラインの生データが手に入るようになったことにより，最近はこれらの線に沿った準備的な研究ができるようになっている．第2章でも強調したように，そのようなオンラインデータに基づいて行う社会的なプロセスの解析は，多くの問題点を抱えている．とくに，デジタルな相互作用から，コンピューターを介さない実際の相互作用を，どれほどまで推測して外挿することができるかは，前もってはっきりとはわからない．さらには，コンピューターを介した状況から別のコンピューターを介した状況へ推測して外挿することさえも，よくわからないのが実情である．もちろん，モデルシステムを用いて研究する際には，オンラインデータであろうがなかろうが，この外挿の問題は常に生じる．そして，大きなデータ集合で可能となるこの種の測定は，日常生活におけるリンクの形成がどのように行われているのかを定量的により深く理解するための，興味深い最初のステップとなる．広い範囲の大きなデータ集合でこれらの問題を探求することは，きわめて重要であり，昨今そのようなデータが豊富になるに従って，より扱いやすくなってきている問題とも言える．

三者閉包 このような背景を踏まえて，三者閉包についてのいくつかの問いから始めよう．以下は，最初の数値的な基本問題である．ソーシャルネットワークにおいて，共通の友人を持つ2人の間にリンクが形成される可能性はどれほど高くなるのであろうか？ 言い換えると，三角形の3番目の辺が閉じられる効果があるとき，そのリンクが形成される可能性はどれほど高くなるのであろうか？

第二の問いも，最初の問いと同様に数値的な基本問題である．2人の共通の友人が"複数"いるときには，この2人の間にリンクが形成される可能性はより高くなると考えられるが，どれほど高くなるのであろうか？ たとえば，図4.8の例では，AnnaとEstherは共通の友人が2人であるのに対して，ClaireとDanielの共通の友人は1人だけである．これ

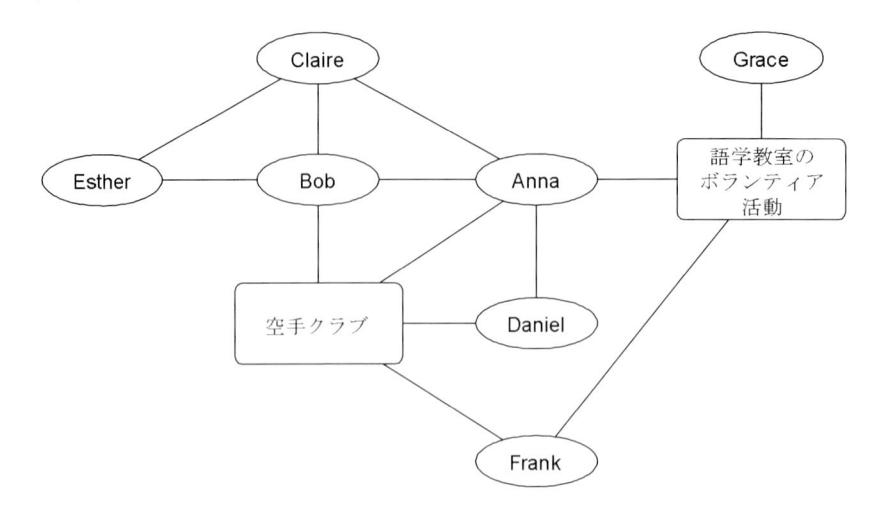

図4.8 図4.7のネットワークを真に含むより大きいネットワーク．何組かの2人は，共通の友人（拠点）を2人（2個）以上持ちうる．このことにより，2人の間に辺が形成される可能性はどれだけ高くなるか？

らの二つのケースにおいて，第一のケースでリンクが形成される可能性はどの程度高くなるのであろうか？ ソーシャルネットワークにおいて三者閉包が起こる理由を議論したときに戻ってみれば，三者閉包が起こる可能性は，2人の共通の友人が多いほど質的に大きくなる．実際，2人の共通の友人が多いほど，その2人の間で行われる相互作用に対する機会と信頼の源は大きくなり，2人を友人同士にしたいと思う人も多くなり，したがって，同種親和性は確実により強力になる．

これらの問題を実験的に取り上げるために，ネットワークデータを用いて，以下のような分析を行う．

(i) 二つの異なる時刻でネットワークのスナップショットをとる．
(ii) 各整数kに対して，最初の時刻のスナップショットで，共通の友人を正確にk人持ち，かつ友人でない2人（辺で結ばれていない二つのノード）をすべて求める．
(iii) これらの友人でない2人のうちで，次の時刻のスナップショットで友人となっている（辺が形成されている）割合$T(k)$を求める．これは，共通の友人を正確にk人持つ，友人でない2人の間にリンクが張られる確率の実験的な評価となる．
(iv) 共通の友人を持つ2人の間に辺が形成される効果を説明するために，kの関数として$T(k)$をプロットする．

ここで，$T(0)$は三角形の3番目の辺でない（すなわち，共通の友人を持たない2人の間に）リンクが形成される割合である．また，1以上のkでの$T(k)$は，ちょうどk人の共通の友人を持つ，友人でない2人が友人となる（三者閉包が起こる）割合である．したがって，$T(0)$とこれらの$T(k)$を比較することにより，三者閉包が生じる力についての基本的な問いに答えられることになる．

Kossinets and Watts（コッシネッツとワッツ）は，米国のある大きな大学の約22,000人に及ぶ学部学生と大学院生の，1年間にわたる電子メールの完全な履歴データ集合を用いて，関数$T(k)$を計算した[259]．これは，第2章で議論した"誰が誰と会話をした"という

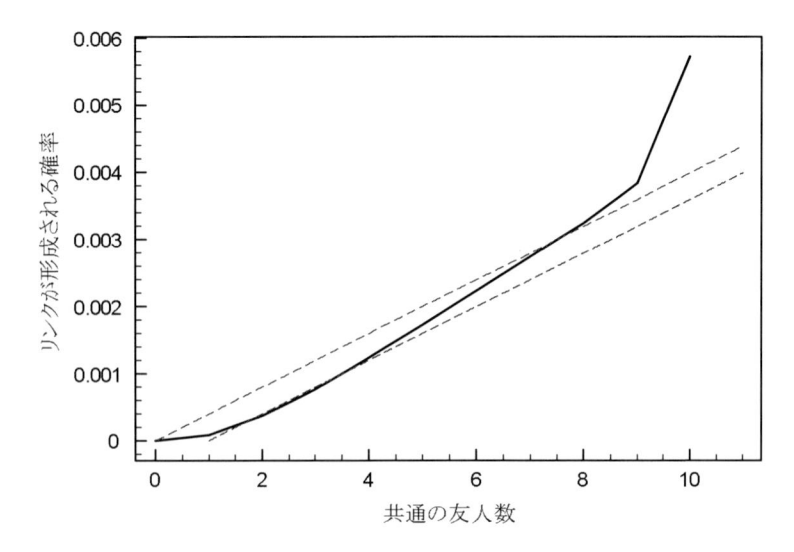

図 4.9 電子メールのデータ集合における三者閉包の効果の定量化 [259]．このデータ集合で決定された曲線を太い実線で示している．破線は太い実線と比較するための，二つの単純なモデルの基準線である．なお，この基準線は，共通の友人がそれぞれ独立にリンクの形成に作用しているとして導出されたリンク形成の確率に対応する．（出典：American Association for the Advancement of Science）

種類のデータ集合である．Kossinets and Watts は，通信の追跡調査に基づいて，それ以前の 60 日間のいずれかの日に，2 人の間で電子メールを相互に受信しているときその 2 人の間にその時点でのリンクを考えて，時系列とともに進化するネットワークを構成した．彼らは，二つのスナップショット間の $T(k)$ を計算し，それを多くのスナップショット間で考えて"平均"を決定した．すなわち，前述の手続きを用いて，各二つのスナップショット間での $T(k)$ の曲線を構築し，それらのすべての曲線の平均を求めた．とくに，二つのスナップショット間での $T(k)$ の構築では，その日と次の日という 1 日後のスナップショット間で観察し，比較している．したがって，彼らが計算したものは，1 日間で 2 人の間にリンクが形成される平均の確率を，その 2 人の共通の友人数の関数として与える．

図 4.9 は，この曲線を太い実線で表している．初めに気づくことは，三者閉包の効果が如実に表れていることである．すなわち，$T(0)$ はほとんど 0 であり，そして，共通の友人数 k が増加するに従い，リンクの形成される確率 $T(k)$ は確実に増加している．さらに，この確率は共通の友人数 k に対してほぼ線形関数的に増加していて，直線より上向きになっている部分がわずかにある．とくに，このグラフは，共通の友人数が 0 から 1 そして 2 に移るところで上向きに増加している．すなわち，共通の友人が 2 人のときと共通の友人が 1 人のときとを比べると，リンクの形成される効果が明らかに 2 倍以上になっている．共通の友人数が 8 から 9 そして 10 へ移るところでも上向きの増加が明白に見られるが，それは集団としてはかなり小さい（$T(k)$ の分母に対応する母集団が小さい）部分で生じている．理由は，これほど多くの共通の友人を持っている 2 人はすでに友人であることが多く，つまり，多くの共通の友人を持っているにもかかわらず，リンクが形成されていない 2 人の集合（母集団）はきわめて小さいので，誤差が生じやすいと考えられる．

このグラフをより詳しく解釈するために，三者閉包が存在するときに想定されるであ

ろう意識的に単純化した基準線モデルと，これを比較してみることは有益であろう．そこで，ある小さな値 p を用いて，共通の友人を持つが友人でない 2 人が 1 日で友人になる（リンクを形成する）事象が，独立に確率 p で起こるとする．したがって，共通の友人が k 人であるときには，2 人が 1 日で友人になる（リンクを形成する）ことに失敗する事象は，確率 $(1-p)^k$ で起こることになる．すなわち，1 人の共通の友人の存在によりリンクの形成が成功する事象の確率が p であるので，失敗する事象の確率は $1-p$ となり，さらに，それらの事象は k 人の共通の友人ごとに独立であるので，共通の友人が k 人いるのにリンクの形成に失敗する事象の確率は，$(1-p)^k$ になる．$(1-p)^k$ は，この単純な基準線モデルで，与えられた 1 日の間にリンクの形成に失敗する確率であるので，与えられた 1 日の間にリンクの形成が成功する確率は，

$$T_{\text{baseline}}(k) = 1 - (1-p)^k$$

となる．この基準線をプロットしたものが，図 4.9 の破線である．ただし，p の値は，この線が実際の曲線に近似的に適合するように選ばれている．共通の友人が 1 人増えることによる効果がよくわかるように，$1-(1-p)^{k-1}$ の曲線との比較も与えている．なお，この線は，元の単純な基準線を単に 1 だけ右にシフトしたものである．もちろんここでも，この基準線は，三者閉包のメカニズムとして提案しようとするものではなく，実際の曲線と比較するためだけのものである．実際の曲線も基準線もともに，ほぼ線形であり，定性的に似ている．しかし，実際の曲線が上向きに曲がっているのに対して，基準線は下向きにわずかに曲がるので，共通の友人の効果が独立であるという仮定が，データを真にサポートするには，単純すぎることを示している．

これらの効果に対して，さらに大規模でより詳細な研究が Leskovec ら [272] により行われ，LinkedIn，Flickr，Del.icio.us および Yahoo! Answers のオンラインのソーシャルネットワークにおける三者閉包の性質が解析された．様々な状況設定のもとで，社会的な相互作用による三者閉包の効果の類似性と多様性を理解しようとする研究は，興味深いテーマである．

拠点閉包と会員閉包 同じアプローチを用いて，前述の他の種類の閉包に対する確率も計算することができる．より具体的には，以下の確率を計算できる．

- 拠点閉包：共通の拠点を利用する友人でない 2 人が友人になる（リンクが形成される）確率は，共通の拠点数の関数としてどのように表せるか？
- 会員閉包：ある拠点を 1 人の人が利用するようになる確率は，その拠点を利用しているその人の友人数の関数としてどのように表せるか？

図 4.8 はこれらの閉包の例を示している．この図では，拠点閉包に関しては，Anna と Grace は共通の拠点を一つ持ち，Anna と Frank は共通の拠点を二つ持つ．また，会員閉包に関しては，Esther は空手クラブに属する友人を 1 人持ち，Claire は空手クラブに属する友人を 2 人持つ．これらの拠点数や友人数の違いがリンクの形成に与える効果は，それぞれどう異なるのであろうか？

[グラフ: 横軸「共通の拠点数」(0〜5)、縦軸「リンクが形成される確率」(0〜0.0005)。実線と破線のプロット]

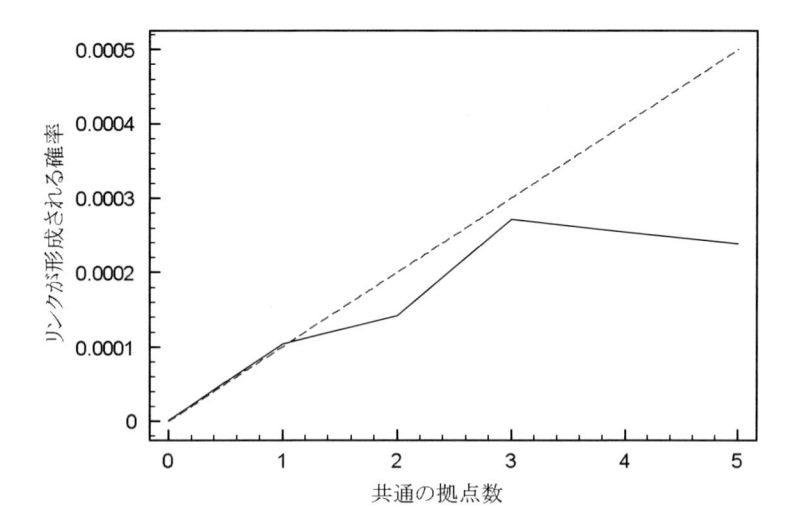

図4.10 電子メールのデータ集合における拠点閉包の効果の定量化 [259]. データに基づいて決定された曲線を実線で表示している. 破線は, 比較のための単純なモデルの基準線である. (出典: American Association for the Advancement of Science)

Kossinets and Watts は, 大学での電子メールのデータ集合に, 各学生の履修した講義を補充して, 拠点閉包に対しても解析した. すなわち, 各講義を拠点として, 2人の学生が同じ講義を履修したとき, 拠点を共有したと考えた. そうすることにより, 三者閉包の計算からの直接的な類推に基づいて, 拠点閉包の確率を計算することができた. すなわち, 共通の拠点数の関数として, 1日間で2人の間にリンクが形成される確率を決定することができた. 図4.10は, この関数をプロットしたグラフである. 1個の共通の拠点（講義）におけるリンクの形成は, 1人の共通の友人のときのリンクの形成とほぼ同一の効果を持つことになった. 一方, 共通の拠点が2個以上になると, 拠点閉包の曲線は三者閉包の曲線とは大きく異なることになった. すなわち, 基準線と比べて, 拠点閉包は, わずかに上向きになるのではなく, むしろ下向きになっている. したがって, 共通の拠点が2個以上になると, 1個当たりの効果は"減少する"ように働く. 図4.10に破線で表している k 個の共通の拠点（講義）のときにリンクが形成される確率を, $1-(1-p)^k$ とする前と同様の独立なモデルの基準線と比較すると, 実際の曲線は大幅に下方に折れ曲がっている. なお, この拠点閉包に対しても, 他の種類の拠点や他の種類のデータ集合にまで一般化して, この効果がどのように働いているかを理解することは, 興味深い未解決の課題である.

会員閉包に対しても, 人対人の友人関係と人対拠点の所属関係の他のオンラインデータを用いて, 同様の定量化が測定されている. 図4.11は, ブログサイト LiveJournal に基づいたものである. ユーザーのプロファイルに基づいて友人を定義し, ユーザーがコミュニティの会員であるとき, そのコミュニティを拠点と定義し [32], その上で, 1人の人が一つの拠点のコミュニティに参加する確率を, その拠点にすでに参加しているその人の友人数の関数としてプロットしている. 図4.12は, Wikipedia に対して同様の解析をした結果である [122]. このソーシャル-所属ネットワークでは, ユーザーアカウントを持ち, かつシステムにおける**ユーザー会話ページ** (user talk page) を持つ各 Wikipedia 編集者に対応してノードが存在する. そして, 2人の編集者に対して, 一方のユーザー会話ページに他方

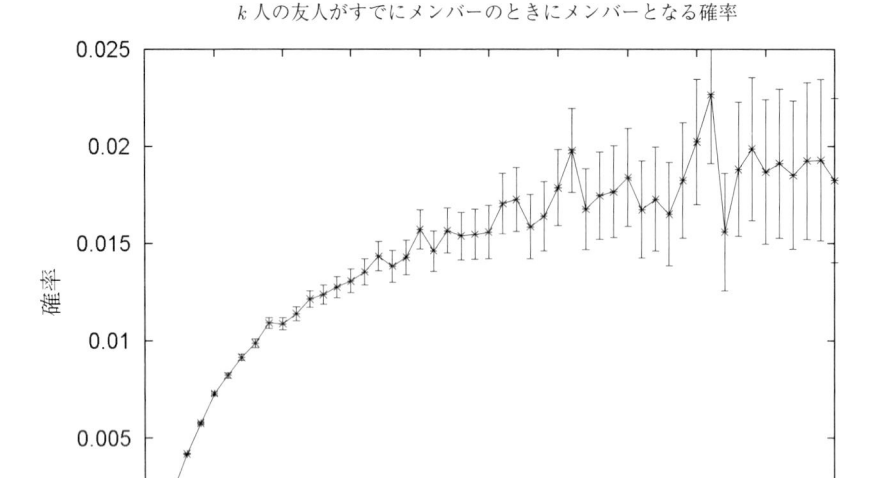

k 人の友人がすでにメンバーのときにメンバーとなる確率

図 **4.11** 大規模なオンラインデータ集合における会員閉包の効果の定量化．グラフは，1 人の人が一つの LiveJournal コミュニティに参加する確率を，そのコミュニティにすでに参加しているその人の友人数の関数として示している [32].

が書き込みを行っているときに会話をしたと考えて，その 2 人を辺で結ぶ．さらに，このネットワークには，各 Wikipedia の記事を拠点と考えて，それに対応するノードも存在する．そして，各編集者は，編集した記事とも辺で結ばれる．このようにして得られるものが，このケースでのソーシャル–所属ネットワークである．したがって，図 4.12 は，1 人の人が一つの Wikipedia の記事を新しく編集する確率を，その人と会話をした編集者のうちで，その記事を編集したことがある人の数についての関数として表したグラフである．

　三者閉包や拠点閉包のときと同じように，図 4.11 と図 4.12 の両方で，確率は，拠点を利用する共通の友人数 k とともに増加している．友人数の増加に伴うマージナル効果は消滅するが，トータルとしての効果は下がることなく，いつまでも残ることが見られる．さらに，両方のデータにおいて，三者閉包で観察できたものと同様の**初期増加**の効果が存在する．LiveJournal のコミュニティに参加する確率，あるいは Wikipedia の記事を編集する確率は，拠点を利用する友人が 1 人のときより 2 人のときのほうが 2 倍以上大きくなる．言い換えると，拠点を利用している第二の人がいることが，特別に強力な効果を発揮するのである．その後，さらに多くの人が拠点を利用していることの有利性は，この時点から徐々に弱まっていく．

　もちろん，1 本の辺の形成において，複数の効果が同時に働いていることもある．たとえば，図 4.8 のネットワークでは，Bob と Daniel は，共通の友人の Anna の存在により，三者閉包でリンクが形成されやすくなる．また，Bob と Daniel は，共通の拠点の空手クラブに所属していることにより，拠点閉包でリンクが形成されやすくなる．Bob と Daniel とを結ぶリンクが生成されたとき，これらの異なる二つの効果がどのように寄与してリンクが形成されたのかが，前もって明らかであったとは言えない．これは，4.1 節で，三者閉包の

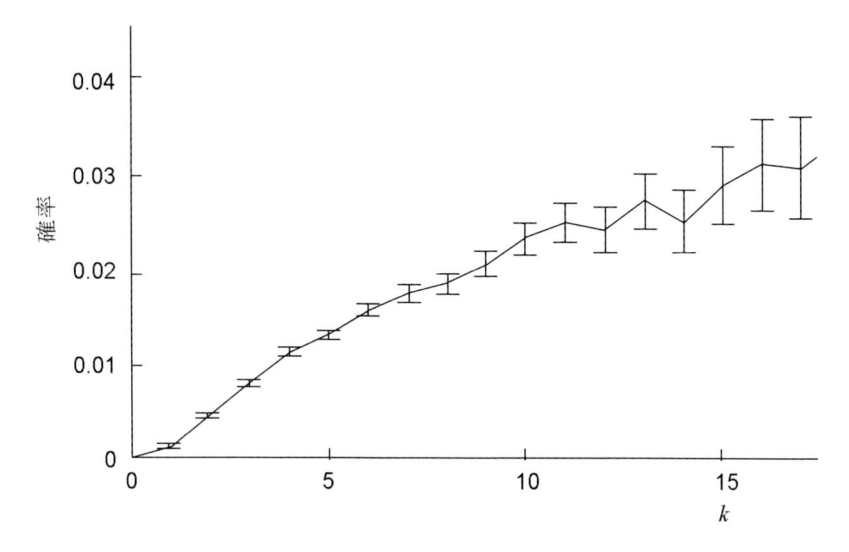

図 4.12 大規模なオンラインデータ集合における会員閉包の効果の定量化．グラフは，1人の人が一つの Wikipedia の記事を新しく編集する確率を，その人と会話をした編集者のうちで，その記事を編集したことがある人の数についての関数として表している [122]．

背後にあるメカニズムのいくつかを述べたときに議論した問題点を反映するものにもなっている．実際，同種親和性の原理は，友人と多くの特性を共有する傾向があるので，2人の共通の友人の存在は，その2人が互いに気づきはしなくても，潜在的に多くの特性（ここの場合では，空手クラブという共通の拠点を利用していることなど）を共有していることもしばしばあり，したがって，2人の間にリンクが形成される可能性も高くなることを示唆している．

選択と社会的な影響の相互作用の定量化 リンク形成のプロセスを追跡するのに，大規模なオンラインデータ集合をどのように利用できるのかについて，最後の説明を与えることにしよう．そこで，4.2節で取り上げた，選択と社会的な影響が一緒になって，同種親和性がどのようにもたらされるのかという問いに戻ろう．本節の前の部分で議論した Wikipedia のデータを用いて，以下を考えてみよう．Wikipedia の2人の編集者間の行動における類似性は，時間の経過とともに変化する社会的な相互作用のパターンとどのように関係しているのであろうか？

この問いをより正確にするには，ここのソーシャルネットワークと行動の類似性の基盤となる測定基準の両方を定義することが必要である．前と同様に，対象とするソーシャルネットワークは，Wikipedia の会話ページを持っているすべての編集者に対応するノードからなり，2人の編集者が会話をしたとき（すなわち，一方の会話ページに他方が書き込みをしたとき，そしてそのときのみ）その2人を結ぶ辺が存在する．編集者の行動は編集した記事の集合に対応する．この行動に基づいて，類似性の数値的基準を定義する自然な方法が何通りか考えられる．その中でも最も単純と思えるものは以下の比

$$\frac{\text{A と B が "ともに" 編集した記事の本数}}{\text{A と B の "少なくとも一方" が編集した記事の本数}} \tag{4.1}$$

で決定される値を類似度とするものであろう．たとえば，Wikipedia の記事として，編集

者 A が "Ithaca, NY" と "Cornell University" を編集し，編集者 B が "Cornell University" と "Stanford University" を編集していたとき，この定義による類似度は 1/3 となる．2 人合わせて編集した 3 本の記事 (Cornell, Ithaca, Stanford) のうちで，2 人がともに編集した記事は 1 本 (Cornell) であるからである．この定義は，3.3 節で用いた**隣接ノード重なり (neighborhood overlap)** の定義と密接に関係していることに注意しよう．実際，式 (4.1) の類似度は，（記事とそれを編集した編集者とを結ぶ辺からなる）編集者と記事の二部グラフの所属ネットワークにおける 2 人の編集者の隣接ノード重なりと正確に一致している[3]．

Wikipedia で会話したことのある 2 人の編集者は，会話したことのない 2 人の編集者より，行動において大幅に類似性が高くなるので，ここでは同種親和性がはっきりと観察できる．したがって，選択と社会的な影響について以下の問いを取り上げることができる．同種親和性は，2 人の編集者が同じ記事を編集したことがあることから形成された（選択による）のか，あるいは，2 人の編集者が会話をしていたことから同じ記事を編集することになって形成された（社会的な影響による）のか，どちらであろうか？

Wikipedia 上でのどの活動も記録されて時刻が刻印されているので，以下の方法を用いて，この相互作用の初歩的なイメージを描くことができる．すでに会話している 2 人の編集者の A と B に対して，時間の経過とともにその類似度を記録する．なお，ここで "時間" は離散的に進むものとする．すなわち，A あるいは B が，Wikipedia 上で（記事の編集や他の編集者との会話をしたなどの）行動をとったとき，時間は "カチ" と 1 単位時間進むと考える．次に，A と B が初めて会話したときの時間を "時刻 0" とする．これから，時刻を関数とする A と B の類似度の曲線が得られる．こうして，会話した 2 人の編集者すべてに対して，それぞれ初めて会話したときの時間を時刻 0 と考えて，時刻の関数としての 2 人の類似度の曲線が多数得られる．これらの類似度の曲線を平均化して，1 本の曲線で表したものを図 4.13 に示している．この図は，Wikipedia 上で会話した 2 人の編集者のすべての対に対して，各対の 2 人が初めて会話したときの時間を時刻 0 と考えて得られる類似度の曲線をすべて加え，それを対の総数で割って得られる平均の曲線を表している [122]．

この曲線からいくつかのことがわかる．第一に，類似度は最初に会話した時刻 0 の前後ではっきりと上昇していて，選択と社会的な影響がそれぞれ働いている．しかしながら，曲線は時刻 0 の点で対称的ではない．類似度が最も急激に上昇しているのは，時刻 0 の直前であることがはっきりしていて，選択の役割が特別に働いていることがわかる．すなわち，2 人の編集者が初めて接触する（会話する）直前に，類似度は，平均として最も急激に上昇している[4]．さらに，曲線上の類似度のレベルは，図の下部に破線で示されている，会話をしたことがないランダムな 2 人の編集者の類似度と比べて，きわめて高くなっていることがわかる．会話をしたことがないランダムな 2 人の編集者の類似度はきわめて低く，時間の経過に依存せず，本質的に定数であると見なせる．

図 4.13 の曲線は，ハイレベルの観点からは，大規模なオンラインデータ集合を扱う際に

---

[3] 技術的な理由により，以下で述べる結果では，この単純な類似度にわずかな修正を施したものを用いている．しかしながら，この修正版の説明は困難であり，本書の目的からは大きな相違はないので，上記で定義した類似度を修正版と解釈してそのまま用いることにする．

[4] これらの編集者が Wikipedia 上で十分な経歴を持っていることを確実にするために，この曲線は，互いに初めて会話する前後でそれぞれが少なくとも 100 回行動しているような編集者の対のみを用いて構成されている．

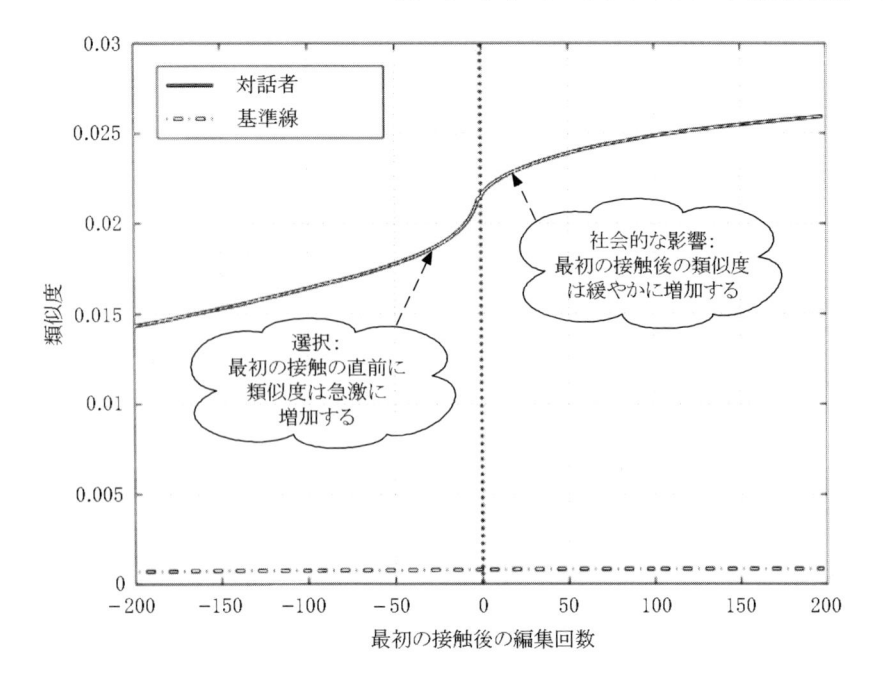

図 4.13 Wikipedia 上の 2 人の編集者の平均類似度．Wikipedia 上で会話した 2 人の編集者のすべての対に対して，各対の 2 人が初めて会話したときの時間を時刻 0 と考えて得られる類似度の曲線をすべて加え，それを対の総数で割って得られる平均の曲線である [122]．横軸は，Wikipedia 上でいずれかの 2 人の編集者が一つの行動をとったときに 1 単位時間進むとして，離散的に測定した時刻を表す．この曲線は，最初に会話した時刻 0 の前後で上昇している．このことから，選択と社会的な影響のそれぞれが演じている役割がわかる．類似度は，時刻 0 の直前で最も急激に増加している．

起こるトレードオフも示していると言える．別の観点からは，曲線は，きわめて多くの対にわたって平均をとっているので，驚くほど滑らかである．したがって，選択と社会的な影響間の真の相違が現れているものの，小さなスケールでは識別できないほど，その相違はわずかである．他方で，効果は集約されたものが観察されている．多くの異なる 2 人の対での相互作用の歴史を平均化したものであるので，特別な 2 人の対に対する経験への，より詳細な洞察を与えるものではない[5]．さらなる研究の目標は，明らかに，大規模なデータ集合に対して，取り上げることが意味のある，より複雑な様々な問題を定式化する方法を見つけることである．

まとめると，これらの解析は，大規模なオンラインのデータ集合を用いて，リンク形成の基本的なメカニズムのいくつかを定量化する計画の，初期的なものを表している．これらの解析は，基本的なパターンがこのデータに実際に強力に現れることを示す有望な手段であるが，多くのさらなる課題も投げかけている．とくに，図 4.9 から図 4.13 までの曲線の一般的な形状が，技術的な領域でないような領域のデータ集合を含む，他の領域のデータ集合でも同様であるのかどうか，および，これらの曲線の形状が，より基本的な基盤と

---

[5] Wikipedia の歴史の中で個人の歴史は多くの異なる時点で平均化されているので，この歴史の異なるフェーズで集約の効果が異なって働いているかどうかは，自然な疑問である．これは，さらなる探求が必要な問題であるが，様々な時刻からなる Wikipedia のデータ集合で，この種の性質を研究することに基づいて初期的なテストが行われていて，主たる効果が時間の経過において，比較的安定していることがわかっている．

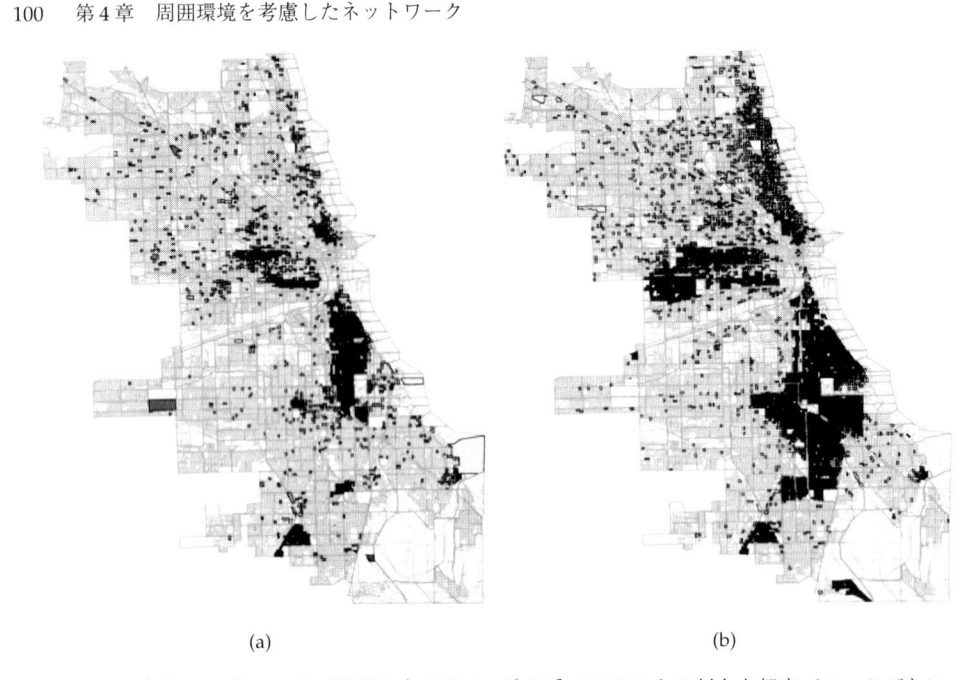

図 4.14 1940 年と 1960 年のシカゴ住民に占めるアフリカ系アメリカ人の割合を都市ブロックごとに濃淡表示した図 [302]．(a) 1940 年，(b) 1960 年．人種による同種親和性に基づいて，人々が近隣に集中化して住む傾向は，日常生活からも，また地図に重ね合わせて表示したこの図からもよくわかるように，分離の空間パターンを生み出す．薄い灰色のブロックはアフリカ系アメリカ人の人口の割合が全人種のうちで最も低かったところで，濃い灰色のブロックはアフリカ系アメリカ人の人口の割合が全人種のうちで最も高かったところである．

なる社会的なメカニズムで，より単純に説明できるのかどうかは，自然な今後の課題である．

4.5 分離形成の空間的モデル

　最もよく理解されている同種親和性の一つとして，都市における同民族，同人種における同種親和性の集中による分離形成が挙げられる．大都市圏内を移動してみると，同種親和性により，自然空間での署名とも言えるパターンが観察できる．人々は自分に似た人の近くに住み，そして自分に似た近隣の多数の住民に向けて，店，レストラン，事業を開く．この効果は，Möbius and Rosenblat（メビウスとローゼンブラット）による図 4.14 [302] が説明しているように，地図上に重ね合わせて表示すると驚くほどよくわかる．この図は，1940 年と 1960 年のシカゴ住民に占めるアフリカ系アメリカ人の割合を都市ブロックごとに示している．すなわち，地図上で薄い灰色の部分は，アフリカ系アメリカ人の割合が最も低かった部分で，地図上で濃い灰色（黒）の部分は，アフリカ系アメリカ人の割合が最も高かった部分である．

　この二つの図は，時間の経過とともに，様々な複数のグループにおいてグループごとの集中化がいかに進むかを，そのプロセスの動的な側面を強調して示している．そこで，こ

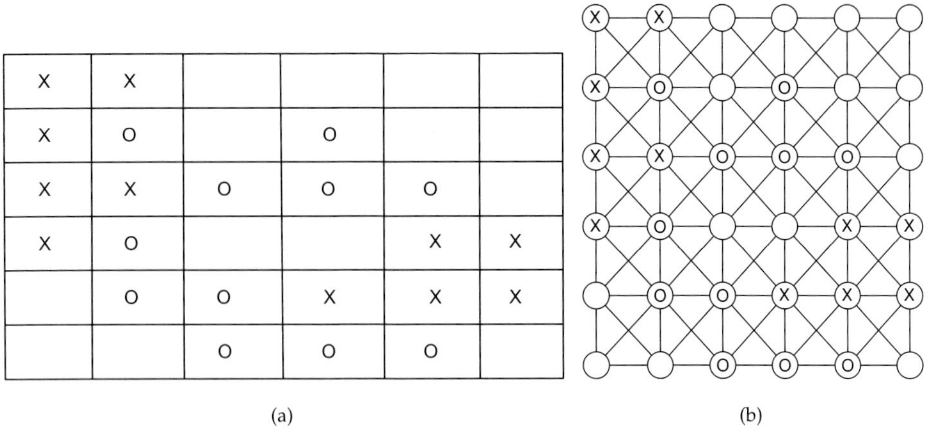

図 4.15 (a) Schelling の分離モデル．エージェントは×と○の二つのタイプからなり，グリッド上のセルを占める．(b) 等価なグラフ表現．セル間の隣接関係はグラフを用いても表現することができる．エージェントは隣接セルに同じタイプのエージェントがある閾値以上の数だけいるかどうかを気にする．

れまで考えてきた原理を用いて，観察されるパターンとそのダイナミクスに対して，類似性と選択に基づく単純なメカニズムがどのように洞察を与えることができるかを議論する．

Schelling モデル　Thomas Schelling（トーマス・シェリング）により導入された有名なモデル [365, 366] は，局所的な同種親和性の効果により，空間分離の巨視的なパターンがどのように形成されるかを示す．実際の日常生活においては，分離は多くの要因が重なって起こると考えられるが，Schelling のモデルは，意識的に単純化したメカニズムに限定し，それを用いて分離へと導く力がきわめて頑健であることを説明している．すなわち，分離の結果は，個人の誰もがそのことを明確には望まなくても，そのメカニズムが働いて，そうなってしまうのである．

　モデルの一般的な定式化は以下のように書ける．**エージェント**と呼ぶ個人が，集団を形成しているとする．各エージェントは，×あるいは○のいずれかのタイプであるとする．この二つのタイプは，変えることのできない特性，たとえば，人種，民族，母国，母国語などを表し，これが同種親和性の基礎として働くものとする．エージェントは，都市の 2 次元的な地理空間の様式化されたモデルを意識して，グリッドのセル内に住んでいるとする．図 4.15(a) に図示しているように，エージェントを含むセルもあるし，エージェントを含まないセルもあると仮定する．一つのセルに対して，対角線の位置にあるセルも含めて接しているセルを，そのセルの**隣接セル**と呼ぶことにする．したがって，グリッドの端に接していないセルは，8 個の隣接セルを持つ．この隣接関係を，グラフを用いて以下のように等価的に表現することもできる．すなわち，各セルがグラフのノードに対応し，グリッド内の二つのセルが互いに隣接セルであるとき，対応する二つのノード間に辺が存在するグラフである．したがって，図 4.15(b) に示しているように，グリッドパターン状に配置したグラフのノード上にエージェントが置かれる．しかし，以下の説明においては，可視化の容易さから，グラフ表現ではなく幾何的なグリッドを用いることにする．

X1*	X2*				
X3	O1*		O2		
X4	X5	O3	O4	O5*	
X6*	O6			X7	X8
	O7	O8	X9*	X10	X11
		O9	O10	O11*	

(a)

X3	X6	O1	O2		
X4	X5	O3	O4		
	O6	X2	X1	X7	X8
O11	O7	O8	X9	X10	X11
		O5	O9	O10*	

(b)

図 4.16 閾値 $t = 3$ として，同じタイプのエージェントが隣接セルに t 人未満であるような，"不満" であるエージェントに*印をつけて表した図．(a) 図 4.15(a) の配置．(b) 一つのラウンドで，各 "不満" であるエージェントを "満足" であるようなセルに移動した後の図．なお，"不満" であるエージェントの移動により，"満足" であるエージェントが新しく "不満" になることも起こるので，次のラウンドでこれをまた "満足" であるようにする．

このモデルの駆動力となる基本的な制約は，各エージェントが，隣接セルに同じタイプのエージェントがある程度以上いることを望むことである．そこで，すべてのエージェントに共通な閾値 t が存在すると仮定する．すなわち，どのエージェントも，自分と同じタイプのエージェントが隣接セル全体の合計で t 人未満であるときには，新しいセルに引越したいとする．そのようなエージェントは現在の位置に "不満" である．たとえば，図 4.16(a) は，閾値 t を 3 として，図 4.15(a) の配置で "不満" であるエージェントに，*印をつけたものである．なお，図 4.16(a) では，各エージェントに固有の番号をつけている．こうすることによって，各エージェントの行動を識別できるようになる．もちろん，最も大切なことは，これまでどおり，エージェントがタイプ×であるかタイプ◯であるかである．

移動のダイナミクス　これまでは，与えられた閾値に基づいて移動したいエージェントの集合を指定しただけであった．以下では，これから得られる動的な側面を議論する．エージェントは，複数の**ラウンド**の系列に従って移動する．毎ラウンド，"不満" である各

エージェントは順番に，"満足"になるセルのうちで，まだどのエージェントにも占められていないセルに移動する．ラウンドの最初に"不満"であったエージェントすべてについてこれが終わると，そのラウンドは終了する．これは，"不満"であったエージェントが住居を変えるので，ある一定の時間がかかる．これらのエージェントの移動により，新しく"不満"になるエージェントが出現することもある．そのときには，次の新しいラウンドに入る．

このモデルの文献では，一つのラウンド内でのエージェントの移動方法の詳細に基づいて，様々なモデルが提案されている．たとえば，エージェントがランダムな順番で移動するように提案しているものもあれば，グリッドの行の順番で，上から下の順番で移動するように提案しているものもある．そして，占拠されていない"満足"なセルへの移動においては，直近のセルへ移動する提案と，ランダムなセルへ移動する提案とがある．さらに，順番が回ってきた不満であるエージェントが移動するとき，占拠されていない"満足"であるセルが"まったく存在しない"ときの対処も必要である．そのようなときは，移動しないという提案もあるし，ランダムなセルに移動するという提案もある．これらの問題をどのように解決しても，また様々なモデルを提案して異なる方法で解決する傾向があったとしても，このモデルから得られる結果は定性的にはきわめて似たものになることが，研究から明らかになった．

たとえば，図4.16(b)は，図4.16(a)の配置から出発して，閾値tを3として，1ラウンドでの移動が終了した後の配置を示している．なお，ここでは，"不満"なエージェントは上から順番に下に向かって一度に一つの行を考え，他のエージェントに占有されていない，直近の"満足"であるセルに移動することにしている．図の各エージェントに対する固有の番号から，最初の図4.16(a)の位置から，図4.16(b)のどの位置に移動したかがわかる．このラウンドの移動後に，同じタイプのエージェントによって，より"分離された"状態のパターンが，ある程度具体的に観察されることに注意しよう．たとえば，図4.16(a)では，隣接セルに反対のタイプのエージェントがいないエージェントが1人のみであったのに対して，このラウンドの移動後の図4.16(b)では，そのようなエージェントが6人に増えている．あとで眺めるように，この分離の増加レベルが，このモデルの持っている重要な特質である．

より大規模な例　図4.15と図4.16の小規模な例は，モデルの詳細を手で確かめる際には役に立つが，生じる典型的なパターンをはっきりと眺めるには，スケールが小さすぎる．大規模なデータ集合でそのようなパターンを特定するには，計算機シミュレーションがきわめて役に立つ．

Schellingモデルのシミュレーションができるオンラインのコンピュータープログラムは多数存在する．このモデルについて発表した文献と同様に，それらのプログラムは，詳細においてそれぞれわずかに異なっている．ここでは，Luke [282] に記載されたシミュレーションの例についていくつか議論する．なお，このモデルは，"不満"なエージェントが，("満足"になる占有されていないセルのうちで) 直近のセルに限定されず，ランダムなセルに移動できるとしている以外は，これまで議論してきたモデルそのものである．

図4.17は，150行150列のグリッド上で各タイプが10,000人のエージェントからなる

(a) (b)

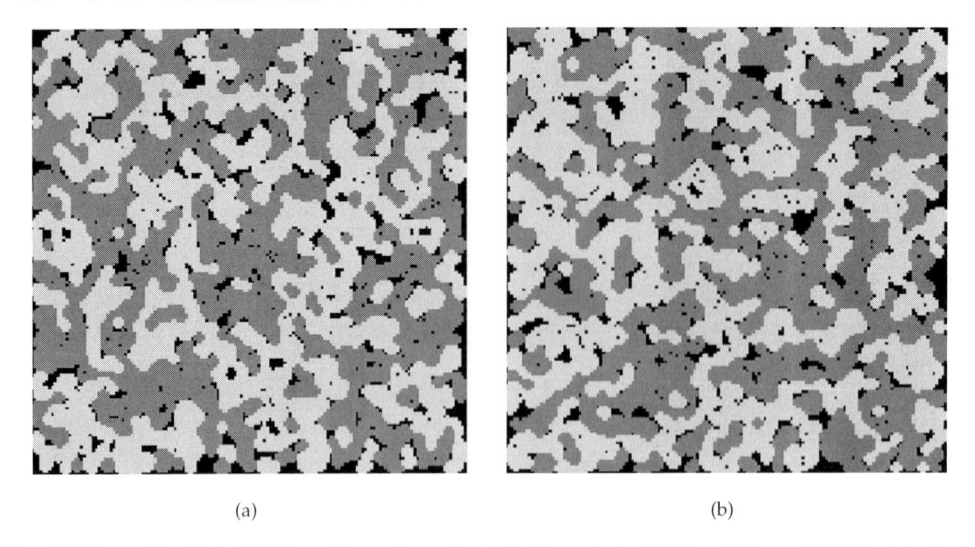

図 4.17 閾値 t を3とし，150行150列のグリッド上で，各タイプのエージェントを 10,000 人として実行した Schelling モデルの二つのシミュレーション結果．いずれの図でも，それぞれのドットはグリッドのセルに対応する．黒のドットはエージェントがいないセルを表し，濃さの異なる灰色のドットは，それぞれ二つのタイプの一方のエージェントがいるセルを表す．

（したがって，占有されていないセルは 2,500 個となる）モデルでシミュレーションを行った二つの結果を示している．閾値 t は，これまでの例と同様に3としている．二つの図は，エージェントのランダムな二つの異なる配置から出発して得られた二つの異なるシミュレーションの結果である．いずれのケースでも，シミュレーションは，ほぼ50ラウンドの移動後に，図に示しているように，すべてのエージェントが満たされて，終了している．

最初のランダムな配置が異なるので，最終的なエージェントの配置は，二つのケースで異なっている．しかし，このモデルから得られる基本的な結果は，定性的に類似するものであることが，図には反映されている．自分と同じタイプのエージェントの近くに住むことを追い求めることにより，モデルは，大きな同種のエージェントの領域を生み出し，領域がグリッドを横断するように拡大することを互いに封じ込めている．これらの領域の中央には，すべての隣接セルに同種のエージェントが並んだエージェントが多数いて，そのエージェントから最も近い異種のエージェントまではある程度離れている．図4.14のシカゴの地図のように，この図でも，幾何的な分離のパターンが観察できる．

モデルの解釈 これまで，どのようにモデルが働き，比較的大規模なスケールではどのように見え，そして，どのようにして空間的分離が生ずるのかについて眺めてきた．しかし，同種親和性と分離に対するより広い洞察とはどんなものであろうか？

第一に，最も基本的と言える洞察は，空間的な分離は個々のエージェントが積極的にそれを求めていなくても起こるということである．ここでも，$t = 3$ の閾値を用い，前述の例で考えてみることにする．エージェントは自分と似たエージェントの近くに住みたいとは思っているが，その要求はそれほど強烈ではない．たとえば，エージェントは，8個の隣接セルのうち，たとえ5個の隣接セルに異種のエージェントがいても，3個の隣接セルに同種のエージェントがいさえすれば少数派でも完全に"満足"で幸せでいるのである．さ

X	X	O	O	X	X
X	X	O	O	X	X
O	O	X	X	O	O
O	O	X	X	O	O
X	X	O	O	X	X
X	X	O	O	X	X

図 4.18 閾値を3としたとき，エージェントが融合するパターンになるように配置することができる．すべてのエージェントが"満足"であり，グリッドの端に接していない各エージェントは，隣接セルに同種のエージェントと異種のエージェントがそれぞれ4人ずついる．

らに，その要求は，集団での完全な融合とも巨視的に見て矛盾するものでもない．図 4.18 に示しているチェッカー盤のパターンのようにエージェントを配置することにより，どのエージェントも"満足"であるようにすることができる．ここでは，グリッドの端に接していないエージェントはすべて，隣接セルに同種のエージェントが4人いる．これは，グリッドのサイズが大きくなっても，パターンを繰り返すことでいくらでも対応できる．

したがって，このケースでは，モデルが巧妙に構築されていて分離は起こらない．さらに，他の融合のパターンでも，注意深くエージェントを配置してどのエージェントも"満足"であるようにできるときには，エージェントは，たとえ同種のエージェントが少数派であっても喜んでそれを受け入れるのである．問題は，ランダムな配置から出発した場合に，集団としてのエージェントがそのような融合のパターンを見出すことはきわめて困難であるということである．ごく普通に起こることは，以下のとおりである．すなわち，エージェントは自分と同種のエージェントの集団に近づいていって，さらに他のエージェントもそれに従って，集団が大きくなっていく．さらに，各ラウンドでの移動をすべてのラウンドでの移動として展開すると，複合的な効果が起こる．すなわち，移動により閾値未満となってしまったエージェントは，その集団を離れて，グリッド内でより大きい同種の集団のほうに移動するので，これが重なって，その集団を形成していた多くのエージェントも，より大きい同種の集団のほうに移動することになる．すなわち，Schelling のいう融合された領域が絶えず"ほどけていく"効果が起こるのである．したがって，このプロセスで，長期的には，融合された領域は解体されて，その代わりに分離された領域が成長してくる．すなわち，全体的な効果として，個々のエージェントの局所的に限定された優先度により，必ずしも意図していなかった大域的なパターンが生成されるのである．

この点が，このモデルにおける究極的な核心なのである．実際の日常生活においては，同種の人のより多いグループのところに移動したいと本当に思う人も集団には一定の割合で存在するので，分離はさらに増幅される．すなわち，異種のグループに属するのはいやであるという人や，自分の所属するグループでは同種の人が絶対的に多数派であることを

(a) (b)

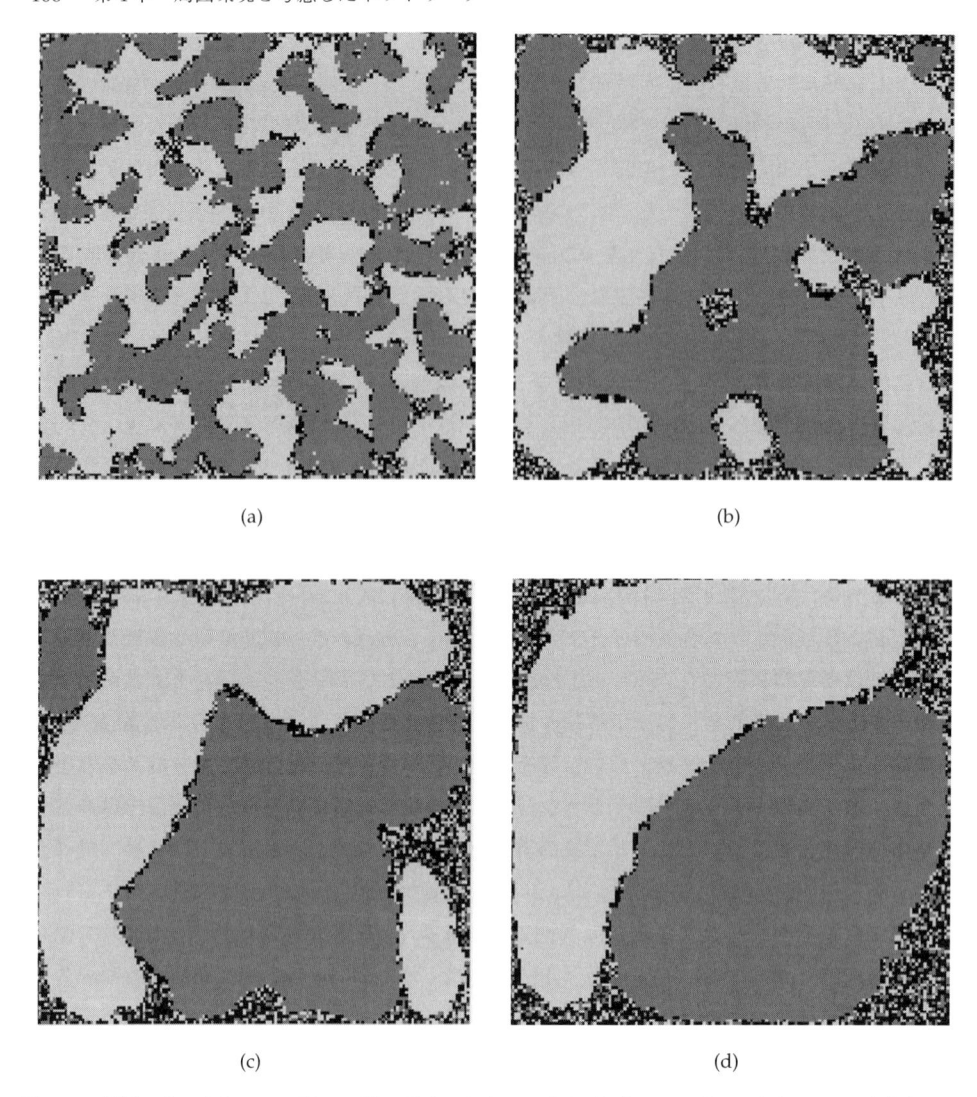

(c) (d)

図 4.19 閾値 t を 4 とし，150 行 150 列のグリッド上で，各タイプのエージェントを 10,000 人としてシミュレーションを実行した Schelling モデルの，4 種類の途中のパターン．(a) 20 ラウンド後，(b) 150 ラウンド後，(c) 350 ラウンド後，(d) ラウンド後．ラウンドが進むにつれて，それぞれの種類の領域は，小さい領域が消滅して，大きい領域へと成長していく．いずれの図でも，それぞれのドットはグリッドのセルに対応する．黒のドットはエージェントがいないセルを表し，濃さの異なる灰色のドットは，それぞれ二つのタイプの一方のエージェントがいるセルを表す．

本当に望む人も，ある割合で集団には存在する．しかし，そのような要因は，分離が起こるための絶対的な条件ではない．分離を起こすものが，すでにシステムの中に存在しているのである．すなわち，局所的領域で，極端に少数派ではいたくないという個々のエージェントの気持ちが，大域的な分離をもたらすのである．

閾値 t を 3 から 4 に上げると，このプロセスはこの例でさらに強力に働くことになる．閾値 4 のときでも，各エージェントは，それぞれの種類のエージェントが同数ずつまわりにいることを喜んで受け入れる．したがって，図 4.18 の精神に基づいて，より工夫して注意深くチェッカー盤にエージェントを配置すれば，すべてのエージェントが"満足"で，大

部分が異種のエージェントを隣接セルにかなり持つようにできる．しかし，ランダムな配置から出発すると，融合したパターンに到達するのはきわめて困難であるだけでなく，2種類のタイプの融合の痕跡も時間の経過とともに完全に消滅する傾向がある．一つの例として，図 4.19 を考える．この図は，閾値を 4 にした以外には，他の性質は前とまったく同じである例に対して，一つのシミュレーションの途中のパターンを示している．したがって，150 行 150 列のグリッド上で各タイプのエージェントが 10,000 人からなるモデルであり，"不満" なエージェントは，(占有されていず "満足" であるようになるセルのうちの) ランダムなセルに移動できるとしている．図 4.19(a) は，ランダムな配置から出発してシミュレーションを行った結果である．20 ラウンドの移動後では，より低い閾値の 3 のときとよく似たエージェントの配置が得られる．しかしながら，この配置は長くはもたない．決定的なことは，一方のタイプが他方のタイプと絡み合って構成されていた長い部分が急速にしぼんで収縮し，150 ラウンドの移動後では，図 4.19(b) に示している，より大きな同種の領域になっている．この引越は継続して起こり，図 4.19(c) に示している 350 ラウンド後の，それぞれの種類の領域が大きな領域と小さな領域からなるパターンを経由し，ほぼ 800 ラウンド後を経て，最終的に図 4.19(d) のように，それぞれの種類の領域は大きな一つの領域にまとまる．境界上にいるエージェントは，この時点でも移動先を探し求めるので，これでプロセスは終了というわけではない．しかし，この時点で，全体の二つの領域の配置はきわめて安定な状態である．最後に，以下の注意を与えておく．この図は 1 回だけのシミュレーションの結果であるが，閾値がこの図のように高いときは，大多数のコンピューターシミュレーションで，途中の経過から各種類の領域が大きな一つの領域になるところまで，きわめて類似した結果が得られる．

より一般的なレベルで眺めてみると，Schelling モデルは，(たとえば，人種とか民族などのように) 固定されて不変である特性が，変更できる他の特性と，いかに高い相関を持ちうるかを示している．ここのケースでは，変更できる特性は，どこに住むかという決定であり，それは時間の経過とともに，エージェントの不変な特性の類似性と適合していって，分離をもたらす．一方，たとえば信仰や意見は，人種や民族に横たわる特性と相関して，同じ効果が空間的でない形式で出現することもある．したがって，同様の理由により，同種親和性が不変な特性と絡み合って，変更できる特性がネットワーク構造を自然に変えていく傾向も見られる．

最後に以下の注意を与えておく．モデルは数学的に正確で自己完結しているものであるが，議論は，シミュレーションと定性的な観察に基づいて遂行されてきている．これは，Schelling モデルの厳密な数学的解析がきわめて困難であるからである．したがって，厳密な数学的解析は，ほとんどが未解決の研究課題となっている．Schelling モデルの性質の解析に対する部分的な進展に対しては，すべてのエージェントが "満足" である様々な配置の性質を比較している Young の業績 [420] を参照されたい．また，Möbius and Rosenblat は確率的な解析を行っている [302]．Vinković and Kirman は類似性に注目して，2 種類の液体の混合や他の物理的な現象に対するモデルに，ここでの議論を発展させて用いている [401]．

4.6 演習問題

1. 図 4.20 のソーシャルネットワークを考える．この図は，ある集団をある特定の時刻で観察し，友人関係のソーシャルネットワークを記録したものである．さらに，時間が経過して，その後のある時刻で，もう一度この集団を観察して友人関係のソーシャルネットワークの図を構築したとする．ネットワークにおける三者閉包の実験的な研究に基づく理論によって，新しい辺が 1 本できているとすると，その辺が存在する可能性が高いのはどこか？ すなわち，この図で辺で結ばれていない二つのノードのうちで，2 回目の観察で辺ができている可能性が最も高い二つのノードはどれか？ 答えとともに，その答えに対する簡単な説明を与えよ．

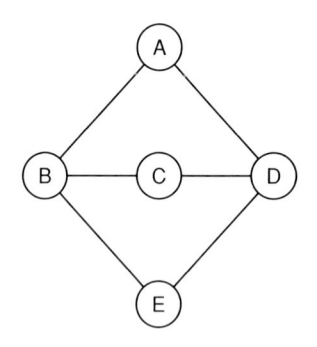

図 4.20 演習問題 1 の図．ノードは人を表し，辺は最初の観察時点で両端の 2 人が友人であることを表す．

2. 異なる社会的拠点への人々の所属を表す二部グラフの所属ネットワークが与えられると，研究者は時折，その人々のみからなり，共通の拠点に所属する 2 人を辺で結んだ**プロジェクトグラフ** (projected graph) を作る．
   (a) 図 4.4 の取締役の所属ネットワークに対するプロジェクトグラフを与えよ．なお，プロジェクトグラフの各ノードは，図 4.4 の 7 人のそれぞれに対応し，辺は，2 人の人が共通の取締役会に所属するとき（そしてそのときのみ）作られる．
   (b) 同じプロジェクトグラフを持つ所属ネットワークで，所属する人の集合は同一であるが拠点集合の異なる例を二つ挙げよ．したがって，所属ネットワークからプロジェクトグラフを構成すると，情報が失われてしまうこともある．

3. A～F のラベルをつけられた人と，X, Y, Z のラベルをつけられた拠点からなる図 4.21 の所属ネットワークを考える．
   (a) 演習問題 2 で取り上げたように，共通の拠点に所属する 2 人を辺で結んで得られる，6 人だけからなるプロジェクトグラフを作成せよ．
   (b) 得られたプロジェクトグラフにおいて，A, C, E の三つのノードからなる三角形は，グラフの他の三角形と質的に異なるかどうかを述べよ．さらに，異なるときには，どのように異なるかを説明せよ．

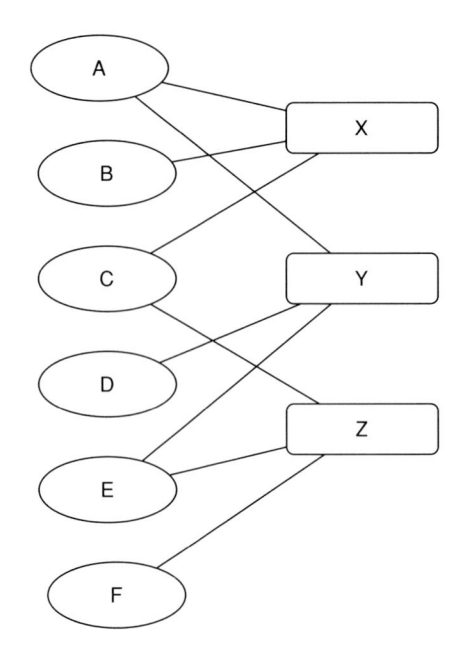

図 4.21 演習問題 3 の図．A〜F のラベルをつけられた人と，X, Y, Z のラベルをつけられた拠点からなる所属ネットワーク．

4. 演習問題 2 で定義されたような，共通の拠点に所属している 2 人の間にのみ辺があるプロジェクトグラフが与えられたとき，このグラフに矛盾しない所属ネットワークを復元することを試みているとする．ここでは，図 4.22 に示しているプロジェクトグラフが与えられたとする．
   (a) 図 4.22 のグラフをプロジェクトグラフとして持つ，6 人の人と 4 個の拠点からなる所属ネットワークを作成せよ．
   (b) 図 4.22 のグラフをプロジェクトグラフとして持つ所属ネットワークは，拠点を 4 個以上持つことを説明せよ．

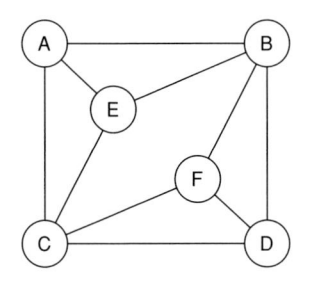

図 4.22 演習問題 4 の図．未知の所属ネットワークから生じるプロジェクトグラフ．

第5章
正の関係と負の関係

　ネットワークに対するこれまでの議論では，ネットワークのリンクで表される関係は，一般には正の関係であったと見なすことができる．すなわち，友人関係，共同関係，情報共有関係，同一のグループの会員関係などであった．オンラインソーシャルネットワークの用語でも，友人，ファン，フォロワーなどの関係に力点が置かれていて，同様に正の観点が反映されていた．しかしながら，大部分のネットワークでは，負の影響も働いているのが一般的である．ある関係が友好的である一方で，他の関係は敵対的であることも多い．すなわち，人同士，あるいはグループ同士での相互作用が，論争，不和，対立などに支配されているときには，敵対的関係となる．友好的な正の関係と敵対的な負の関係がネットワークで同時に存在するときには，どのように推論していけばよいのであろうか？

　ここでは，リンクに正負の符号の付随するネットワークを取り上げて，ソーシャルネットワークの理論の豊富な内容の一部を議論していくことにする．なお，正のリンクは友好的関係，負のリンクは敵対的関係を表す．ソーシャルネットワークの研究における重要課題の一つとして，これらの相互作用による対立状態の理解が挙げられる．本章で議論する**構造的平衡性**の概念は，これを行うための一つの枠組みを与えるものである．

　本章では，構造的平衡性に関する基本的な概念をいくつか解説する．そこで展開される議論は，第二の方法論としても利用できることになる．すなわち，それにより，局所的なネットワークの性質と大域的なネットワークの性質の関係をうまく説明できることになる．ネットワークシステムの分析においてしばしば生じる重要課題は，ある時刻において少数個のノードで発生した現象，すなわち，"局所的な"現象が，全体のネットワークのレベルで観察できる大域的な現象につながる仕組みを解明することである．構造的平衡性の概念は，そのような関係を把握する明快な方法と，純粋に数学的に解析する方法を提供している．そこで以下では，抽象化した単純な定義を考えて，それがネットワークの大域的な性質に必然的につながっていくことを明らかにする．

5.1 構造的平衡性

　ここでは，最も基本的と考えられる正負の関係のモデルに焦点を当てて議論する．互い

がともに知り合いであるような人の集合によるソーシャルネットワークを考える．したがって，ネットワークのすべてのノード間に辺が存在する．そのようなネットワークは，**クリーク (clique)** あるいは**完全グラフ (complete graph)** と呼ばれる．そして，各辺には正 (+) あるいは負 (−) のラベルがつけられる．+ のラベルはその辺の両端のノードが友好的関係であることを示し，− のラベルはその辺の両端のノードが敵対的関係であることを示す．

どのノード対に対してもそれらを結ぶ辺が存在するので，どの2人も互いに友人か敵であり，友人でも敵でもないとか，互いに知らないとかの2人は存在しない．したがって，このモデルが意味を持つのは，互いに知っているという十分に少ない人数からなる小さいグループに対してである．そのような例としては，学校の一つのクラス，従業員の少ない一つの会社，一つのスポーツチーム，一つの男子同好会，一つの女子同好会などが挙げられる．また，ノードが国に対応し，各国が他のすべての国と（良い悪いにかかわらず）何らかの関係がある国際関係などもその例である[1]．

構造的平衡性に横たわる原理は，1940年代のHeider（ハイダー）の研究にまでさかのぼる社会心理学の理論に基づいている [216]．それはさらに，1950年代にCartwright and Harary（カートライトとハラリー）の研究で一般化されて，グラフ理論の言語でも述べられている [97, 126, 204]．中核となるアイデアは以下のとおりである．グループの2人を個別に考えると，その2人を結ぶ辺には，+（友好的関係）あるいは−（敵対的関係）のラベルをつけることができる．しかし，グループの"3人"を選んで考えると，+と−の状態図はどうなるのであろうか？あるものは他のものより社会的にも心理学的にも好ましいことがわかる．具体的には，図5.1で示しているように，3人の人からなる3本の辺の+と−の状態図は，対称性の範囲内で4通り存在する．これらの4通りの状態図は，以下のように識別できる．

1. A, B, C の3人の集合に対して，図5.1(a)のような3本の辺が正である状態は，A, B, C が互いに友人であることに対応して，きわめて自然で好ましい状態である．
2. 図5.1(c)のように，A, B, C の3人の間で，2個の負の符号と1個の正の符号がある状態も，きわめて自然な状態である．それは，3人のうちの2人が友人で，残りの1人とはともに敵であることに対応する．
3. A, B, C の3人の間のその他のラベルの状態は，それらの関係に心理的な"ストレス"あるいは"不安定性"を生じさせるものがあることを意味する．図5.1(b)のように，A, B, C の3人の間で，2個の正の符号と1個の負の符号がある状態は，AはBとCの友人であるが，BとCは敵同士である状態に対応する．この種の状態では，BとCが仲良くなって友人（すなわち，辺B-Cのラベルが+）になってほしいという気持ちがAに働くか，あるいは，Aに対して自分の側に立って（すなわち，辺A-Bあるいは辺A-Cのいずれか一方のラベルが−になって）ほしいという気持ちが，BとCのいずれか一方に働くと思われる．
4. 同様に，図5.1(d)のように，A, B, C が互いに敵同士である状態も，不安定性の源と

---

[1] 後の5.5節において，必ずしも2ノード間に辺があるとは限らない，正負の付随する一般的なネットワークも取り上げる．

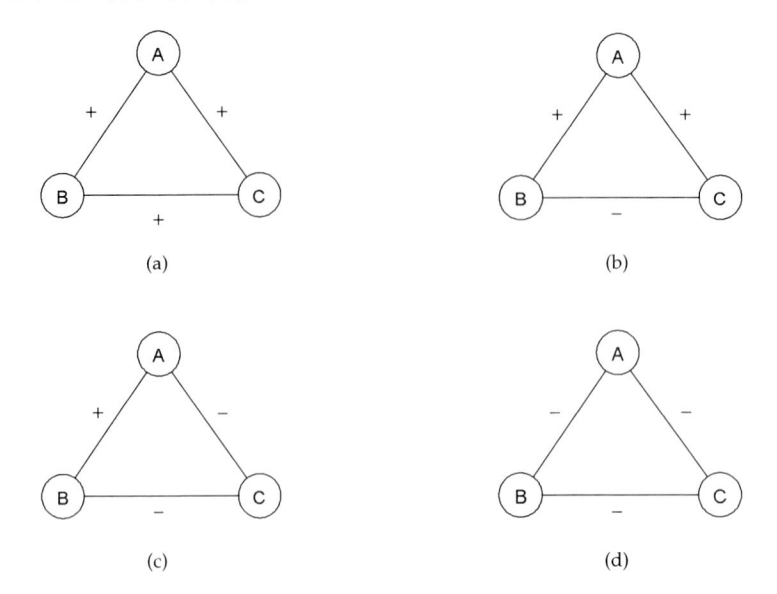

図 5.1 構造的平衡性の説明図．構造的に平衡的であるとき，そしてそのときのみ，三角形の3本の辺のうち，1本の辺あるいは3本の辺が正である．(a) A, B, C が互いに友人である：平衡的．(b) A は B と C の友人であるが，B と C は敵同士である：非平衡的．(c) A と B は友人であるが，C とはともに敵同士である：平衡的．(d) A, B, C は互いに敵同士である：非平衡的．

なる．この状態では，3人のうちの2人が"チームを組み"，他の1人に対抗しようとする（すなわち，3本の辺の1本のラベルが + になる）力が働くと考えられる．

このようなことを踏まえて，1個あるいは3個の +（すなわち，2個あるいは0個の −）の三角形は，不安定になる要素がないことから，**平衡的** (balanced) であると呼ぶことにする．また，0個あるいは2個の +（すなわち，3個あるいは1個の −）の三角形は，**非平衡的** (unbalanced) であると呼ぶことにする．構造的平衡性の理論家による議論では，非平衡的な三角形はストレスや心理的な不和の原因になりうるので，個人的な関係では，それらを最小化する努力がなされると考えられる．したがって，実際の社会的な状態としては，非平衡的な三角形は，平衡的な三角形と比較して，より少ないと考えられている．

ネットワークの構造的平衡性の定義 これまでは，3個のノードからなるグループにおける構造的平衡性について議論してきた．これを一般化して，辺に正負のラベルが付随する任意のノード数の完全グラフに対しても，構造的平衡性が自然に定義できる．

具体的には，ラベル付き完全グラフは，どの三角形も平衡的であるとき，**平衡的** (balanced) であると呼ぶことにする．すなわち，以下のように定める．

> **構造的平衡性** (structural balance property)：3個のノードからなる "どの" 集合に対しても，それらの3個のノードからなる三角形が平衡的である（すなわち，3本の辺がすべて + のラベルであるか，1本の辺のみが + のラベルである）とき，ネットワークは**平衡的**であるという．

たとえば，図5.2の4個のノードからなるラベル付きの二つのネットワークを考える．

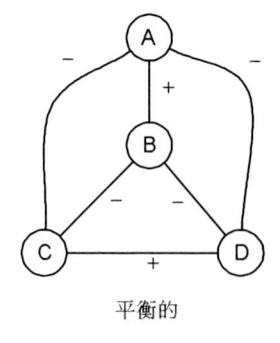

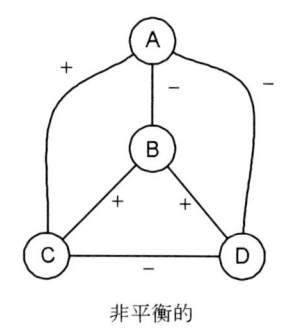

図 5.2 4個のノードからなるラベル付きの左のネットワークは平衡的である．一方，右のネットワークは非平衡的である．

左のネットワークは，どの3個のノードからなる三角形も平衡的であるので，構造的平衡性を満たし，平衡的である．一方，右のネットワークは非平衡的である．3個のノードA，B，Cからなる三角形は，＋のラベルの辺をちょうど2個持ち，構造的平衡性を満たさないからである（B，C，Dの3個のノードからなる三角形も非平衡的である）．

ここでの平衡的ネットワークの定義では，社会的システムが非平衡的な三角形を1個も含まないという制約を表している．これは，明らかにきわめて極端な定義である．したがって，より弱い定義を提案することも可能である．たとえば，ある程度の三角形が非平衡的であることを認め，すべての三角形のうちで，ある割合以上の三角形が平衡的であるとき，ネットワークが平衡的であるとして定義することもできる[2]．しかしながら，平衡性を考える上では，すべての三角形が平衡的である版の平衡性が，最も基本的である．さらに，次節で眺めるように，その平衡性は，数学的にもきわめて興味深い構造を持ち，より複雑なモデルに対する結論を導くのにも有効になるのである．

5.2 平衡的ネットワーク構造の特徴付け

一般的なレベルで，平衡的ネットワーク（平衡的なラベル付きの完全グラフ）はどのように見えるものであろうか？ 具体的な例では，構造的平衡性を検証して，すなわち，すべての三角形に対してそれらが平衡的であることを検証して，ネットワークが平衡的であることを確認することができる．しかし，平衡的ネットワークがどのような形をしているのかを，単純な形で概念的に記述できれば，よりすばらしいであろう．

平衡的であるネットワークの一つの例は，すべての人が互いに友好的であるネットワークである．このときは，すべての三角形が3個の＋ラベルを持っていることになる．一方，図5.2の左の図は，より複雑な平衡的なネットワークの例を示している．そこでは，2個の友好的関係（正の関係）のグループ（A，Bからなるグループと C，D からなるグループ）があり，それらの異なるグループにまたがる人同士は敵対的関係（負の関係）にある．これは一般の場合でも成立する．すなわち，ラベル付きの完全グラフのノードが，図5.3

---
[2] 5.4節でこの種の弱い平衡性についての定義を考える．

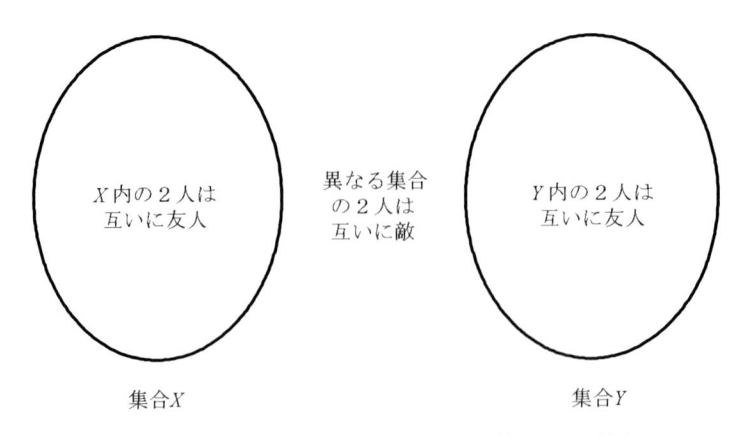

```
         X内の2人は                異なる集合           Y内の2人は
         互いに友人                 の2人は             互いに友人
                                    互いに敵

           集合X                                         集合Y
```

図 5.3 完全グラフは，2 個の互いに友人同士のグループへと分割されて，異なるグループの人同士が互いに敵同士であるときには，平衡的である．さらに，（すべての辺が正 (+) のラベルのグラフを除いて）これが，完全グラフが平衡的であるための唯一のケースである．

の模式図で説明しているように，二つのグループの X と Y とに分割される．そして，X に属する人同士は互いに友人であり，Y に属する人同士も互いに友人であるが，X に属するすべての人が Y に属するすべての人と互いに敵同士である．このようなネットワークは平衡的であることが確認できる．どの三角形も，どちらか一方のグループに属する（すなわち，3 本の辺がすべて + のラベルである）か，あるいは 1 個のノードが一方のグループに属し，残りの 2 個のノードが他方のグループに属する（すなわち，ちょうど 1 本の辺が + のラベルである）かの，いずれかであるからである．

以上により，構造的平衡性を達成する構造は 2 通りあることがわかった．すなわち，すべての人が互いに友人であるという構造と，互いに友人同士の二つのグループに分割されて，異なるグループの人同士が互いに敵であるという構造である．驚きに値することは，平衡的ネットワークがこれらの 2 通り"だけ"であることである．1953 年に Frank Harary（フランク・ハラリー）により証明された**平衡性定理** (balance theorem) として，これを以下にまとめておく [97, 204]．

> **平衡性定理**：ラベル付き完全グラフが平衡的であるならば，すべてのノード対が友人であるか，あるいは，二つの対立するグループの X と Y とに分割されて，X に属する人同士は互いに友人であり，Y に属する人同士も互いに友人であるが，X に属するすべての人は Y に属するどの人とも互いに敵同士である．

平衡性定理は，自明である事実とは決して言えないし，どうしてそうなるのかも初めは明らかでない．本質的に，純粋に"局所的な"性質である（すべての）3 個のノードでの平衡性に基づいて与えられた構造的平衡性から，すべてが友人であるか，あるいは二つの対立する派閥に分割されるかのいずれかであるという，"大域的"な性質が得られているからである．

この命題が実際に真であることを，これから示す．

平衡性定理の証明　定理を確立するには証明が要求される．任意のラベル付き完全グラフが与えられて，それが平衡的であるとする．そして，定理に述べているように，それが，

すべてが友人であるか，あるいは二つの対立する派閥に分割されるかのいずれかであることを導き出す．本書の第3章ですでに証明を行ったことを思い出そう．そこでは，ソーシャルネットワークで単純な強三者閉包性の仮定を用いて，ネットワークの局所ブリッジ辺はすべて弱い絆であることを導き出した．ここでの証明はいくぶん長くなるが，きわめて自然で直線的である．実際，平衡性の定義を用いるだけで，定理の結論が直接得られる．

　任意のラベル付き完全グラフが与えられて，それが平衡的であるとする．このとき，定理で述べている構造を持つことを示さなければならない．負の辺がまったくないときは，すべての人が互いに友人であるので，それで終了である．そこで，負の辺が1本存在するとする．このとき，ノード集合が二つの対立する派閥に分割されることを示さなければならない．すなわち，Xに属する人同士は互いに友人であり，Yに属する人同士も互いに友人であるが，Xに属するすべての人がYに属するどの人とも互いに敵同士であるという二つの対立するグループ（派閥）X, Yに分割されることを示さなければならない．しかし，困難は，グラフが平衡的であること以外にあまり情報がなく，どのようにしてXとYを特定したらよいのかが，はっきりしないことである．

　ネットワークの任意の負の辺の端点のノードを任意に選び，それをAとする．そしてAを中心に物事を考える．他の人はAの友人であるか敵である．そこで，第一の候補として，XをAとAの友人の集合とし，YをAの敵の集合とするのが，自然であると思われる．実際に，これでノード集合の2分割が得られる．（A以外の）すべてのノードはAの友人か敵であるからである．

　これらの二つの集合X, Yは，定理の以下の条件を満たすことが必要であることを思い出そう．

(i) Xのどの二つのノードも互いに友人である．
(ii) Yのどの二つのノードも互いに友人である．
(iii) Xの各ノードとYの各ノードは互いに敵である．

そこで以下では，このXとYでこれらの条件が成立することを導き出す．これは，XとYが定理の条件を満たすことを意味する．したがって，図5.4で模式的に提示されている条件の(i), (ii), (iii)が成立するかどうかの議論のみが残されている．

　条件(i)に対して，XのA以外のどのノードもAの友人であることはわかっている．XのA以外の二つのノード（便宜上，BとCとする）は友人同士であろうか？ BとCはともにAの友人であるので，BとCが敵同士であるとすると，A, B, Cの3人で，2個の＋のラベルと1個の－のラベルの三角形が形成される．これは，平衡的であるという条件に反する．一方，ネットワークは平衡的であるとしているので，これは起こり得ない．したがって，BとCは互いに友人である．さらに，BとCはXのA以外の任意の二つのノードであるので，Xのどの二つのノードも互いに友人であることが得られた．

　条件(ii)に対しても同種の議論を行う．Yの二つのノード（便宜上，DとEとする）は友人同士であろうか？ DとEはともにAの敵であるので，DとEが敵同士であるとすると，A, D, Eの3人で，3個の－のラベルの三角形が形成される．これは，平衡的であるという条件に反する．一方，ネットワークは平衡的であるとしているので，これは起こり得ない．したがって，DとEは互いに友人である．さらに，DとEはYの任意の二つのノー

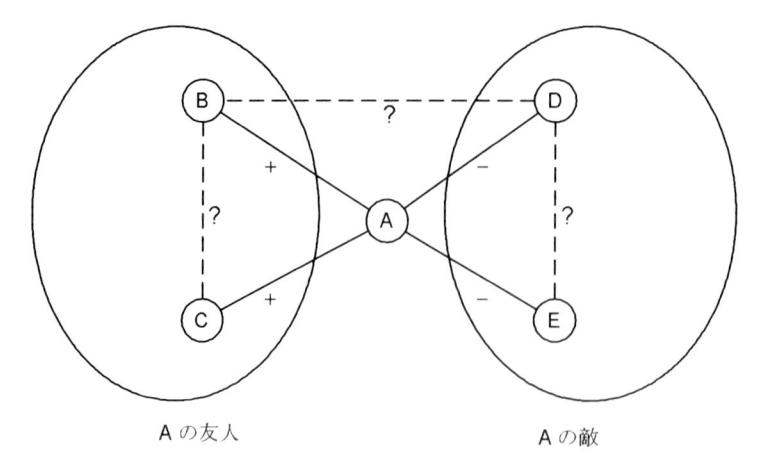

図 5.4 平衡的ネットワークの証明で用いられている説明の模式図（ここで明示していない他のノードもありうる）．

ドであるので，Yのどの二つのノードも互いに友人であることが得られた．

最後に，条件 (iii) の検証を行う．条件の (i) と (ii) に対する議論と同様の議論を用いる．Xの任意のノード（Bとする）とYの任意のノード（Dとする）に対して，BとDは敵同士であろうか？ BがAと一致するときには，BとDは明らかに敵同士である．そこで，BはAと異なるとする．BがAの友人であり，DがAの敵であることはわかっている．そこで，BとDが友人同士であるとすると，A, B, Dの3人で，2個の＋のラベル（と1個の－のラベル）の三角形が形成される．これは，平衡的であるという条件に反する．一方，ネットワークは平衡的であるとしているので，これは起こり得ない．したがって，BとDは敵同士である．さらに，BとDはそれぞれXの任意のノードとYの任意のノードであるので，Xの各ノードはYの各ノードと敵であることが得られた．

したがって，ネットワークが平衡的である（かつ負のラベル辺が存在する）と仮定して，ノード集合の二つの集合 X, Y への分割を与え，定理に要求される条件 (i), (ii), (iii) が成立することが検証できた．これで，平衡性定理の証明が完結した．

5.3 構造的平衡性の応用

構造的平衡性は，幅広い領域の研究で展開され利用されてきた．前節では，その理論の，単純で中核となる例のみを与えた．5.5節で基本的な定理の二つの拡張を議論する．一つは，必ずしも完全ではないグラフも取り上げている．もう一つは，すべてではないが大部分の三角形が平衡的であるという意味で，"近似的に平衡的である"完全グラフの構造を与える．

最近の研究は，構造的平衡性理論の動的な側面も視野に入れている．すなわち，ソーシャルネットワークが構造的平衡性を暗黙のうちに求めて，時間の経過に伴い，完全グラフの友好的関係と敵対的関係（すなわち，辺のラベル）が進化していく過程をモデル化する研究も行われている．Antal, Krapivsky, and Redner [20] は，完全グラフの各辺に＋あ

るいは − のラベルを無作為に選んで与えたランダムなラベリングから出発し，平衡的でない三角形を探して，それが平衡的になるように 1 個のラベルをフリップ（正負の符号を反転）することを繰り返して，最終的に平衡的にするモデルを研究した．時間の経過に伴い，ネットワークの符号のパターンが進化するこの動的なプロセスは，人々が他の人と自分の友好的関係や敵対的関係を変化させながら，構造的平衡性を追求する状況を捉えようとしている．これに対する数学的な側面はきわめて複雑になり，それは，エネルギーを最小化しようとして状態を変化させていく物理システムで用いられる数学的モデルと似たものになる [20, 287]．

本節の残りの部分では，構造的平衡性の概念が関係している二つのさらなる分野を取り上げる．一つは，ノードが国に対応する国際関係であり，もう一つは，ユーザーが互いに賛成や反対の意見を述べるオンラインのソーシャルメディアである．

国際関係 国際政治関係は，各国に対応するノードと，二つの国が互いに同盟国であるか敵対国であるかを示す，＋ あるいは − のラベルが辺に付随する完全グラフとして表現できる．政治学の研究では，国際関係における危機的な局面に対する効果的な説明を，構造的平衡性に基づいて与えることもできることが示されてきた．たとえば，Moore は，1972 年のバングラデシュのパキスタンからの分離独立戦争を取り上げながら，構造的平衡性の理論を明示的に呼び起こして，以下のように書き記している [306]．「米国のパキスタンに対するいくぶん驚きに値する支援は，… 以下のことを考えると納得できる．ソビエト連邦は中国の敵で，中国はインドの敵であった．また，インドはパキスタンと伝統的に敵対的関係にあった．米国は，当時中国との関係改善を行っていたので，中国の敵の敵を支持していた．さらに，この奇妙な政治的布陣への波紋も避けられなくなった．北ベトナムはインドと友好的関係を示したこともあり，パキスタンは，バングラデシュを承認した（東西対立における）東側の（中国を除く）国々との外交関係を悪化させた．そして，中国は，国連でバングラデシュの承認に拒否権を発動した．」

Antal, Krapivsky, and Redner は，第 1 次世界大戦に先立つ同盟関係の移り変わりを，国際関係における構造的平衡性のもう一つの例として用いている（図 5.5 参照）．この例は，構造的平衡性は必ずしも良いほうに向かうわけでないことを強調している．なぜなら，得られる大域的な最終結果は，しばしば二つの対立する冷酷な同盟国への分割となるので，システムにおける平衡性の探索は，解決不可能な巨大な二つの対立へと向かうことを映し出すスライドと見なせるからである．

信頼–不信頼とオンラインレーティング 各人が他人に対して意見を表現するウェブ上のユーザーコミュニティは，正負の辺を持つネットワークデータの大きな供給源となっている．例として，ユーザーが各他人を"友人"あるいは"敵"と見なす技術ニュースサイトの Slashdot [266] や，ユーザーが様々な製品を評価し，他のユーザーに対して**信頼**あるいは**不信頼**を表現するオンラインの製品レーティングサイトである Epinions が挙げられる．

Guha et al. [201] は，Epinions 上でのユーザーの評価のネットワーク分析を実行して，いくつかの興味深い問題点，すなわち，オンラインレーティングにおける信頼–不信頼の二分性と，構造的平衡性理論における友好的関係と敵対的関係の二分性との間の，類似性

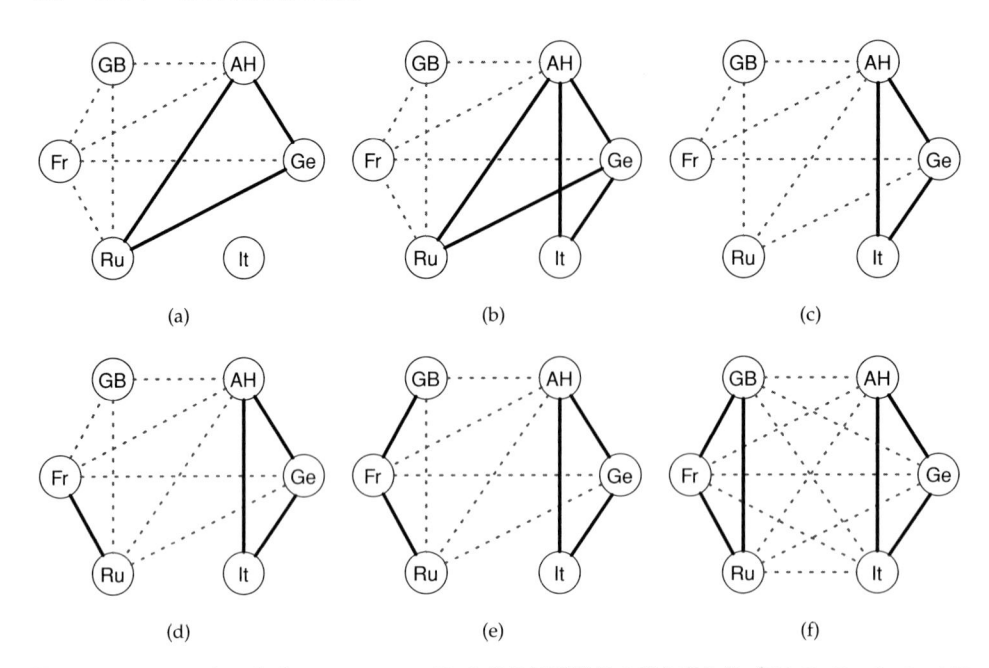

図 5.5 1872〜1907 年にかけてのヨーロッパにおける同盟関係の移り変わり（GB, Fr, Ru, It, Ge, AH は，それぞれイギリス，フランス，ロシア，イタリア，ドイツ，オーストリア-ハンガリーを表す）．(a) 三帝同盟，1872〜1881 年．(b) 三国同盟，1882 年．(c) 独露同盟解消，1890 年．(d) 露仏同盟，1891〜1894 年．(e) 英仏協商，1904 年．(f) 英露協商，1907 年．太い実線は友好的関係を表し，点線は敵対的関係を表す．ネットワークが次第に平衡的ラベリングに移っていき，第 1 次世界大戦に至ったことに注意しよう．（図と例の出典：Antal et al. [20] と Elsevier Science and Technology Journals）

と相違性を特定した．相違性の一つとして，構造上の単純な相違が挙げられる．これまでは，無向グラフの枠組みで構造的平衡性を考えてきたが，他方，Epinions のようなサイトでのユーザーの評価は，有向グラフを形成する．すなわち，ユーザー A がユーザー B を信頼するか信頼しないかを表現するとき，B が A をどのように考えているかはわからないし，B は A に気づいていないこともあるのである．

信頼-不信頼の関係と友好-敵対の関係の間のさらに微妙な相違は，Epinions の 3 人のユーザーの三角形がどのように振る舞うかについて考えると，以下のように明らかになる．あるパターンは推論が容易である．たとえば，ユーザー A がユーザー B を信頼し，ユーザー B がユーザー C を信頼するときには，ユーザー A がユーザー C を信頼すると期待するのが自然である．ここでは，このような 3 本の方向が一致する正の辺からなる三角形は，構造的平衡性理論のすべてが正の（無向グラフの）辺からなる三角形からの類推で，意味をなす．しかし，A が B を信頼せず，B が C を信頼しないときにはどうであろうか？ A が C を信頼すると期待すべきであろうか，あるいは，A が C を信頼しないと期待すべきであろうか？ これに対して，どちらも直観的に正しいと思われる議論がある．信頼できないことが，基本的に一種の敵対の関係と考えれば，構造的平衡性理論から，A は C を信頼すると期待できる．そうでないとすると，3 本の負の辺からなる三角形が得られるからである．一方，A の B に対する不信頼が，A が B より博識で有能であるという A の確信を表現していて，かつ同様に，B の C に対する不信頼が，B が C より博識で有能であるとい

うBの確信を表現しているとすると，AがBを信頼しない度合いよりもさらに強い度合いで，AはCを信頼しないと期待できる．

不信頼に対するこの二つの異なる解釈は，単に状況設定に依存しているだけであるとするのが自然である．どちらの状況も，Epinionsのような製品のレーティングサイトの枠組みで説明できる．たとえば，政治評論家のベストセラー書籍を主に評価するユーザーの間では，ユーザー間の信頼-不信頼の評価は，これらのユーザーの個人的な政治的信条に大きく依存して，賛成-反対になると思われる．このようなケースでは，AがBを信頼せず，BもCを信頼しないときには，AとCは基本的には政治的信条が近いと考えられ，したがって，構造的平衡性理論より，AはCを信頼すると予測できる．一方，パソコンを主に評価するユーザーの間では，ユーザー間の信頼-不信頼の評価は，（特徴や信頼性といった）製品に対する相対的な専門知識を大きく反映すると考えられる．このようなケースでは，AがBを信頼せず，BもCを信頼しないときには，AはCより格段に専門家であると考えられ，AはCも信頼しないと期待できる．

まとめると，ユーザーが主観的な評価を登録するようなソーシャルウェブサイトにおいて，これらの正の関係と負の関係がどのように働くかを理解することは，そのような評価が果たす役割を理解する上でも重要である．これらの基本的な問題に対する研究調査は始まったばかりである．すなわち，大規模なデータ集合におけるこれらの問題に光を当てるための方法論としての平衡性理論や関連する理論の研究も含めて，研究は始まったばかりなのである [274]．

5.4 弱い形式の構造的平衡性

研究者は，ネットワークの正の関係と負の関係のモデルの研究を続けながら，構造的平衡性の枠組みの動機付けに用いた最初の仮定をもう一度振り返ってみて，構造的平衡性の別の概念を与えた．

とくに，これまでの分析は，3人の間の関係で非平衡的である構造が2種類あることに基づいていた．すなわち，図5.1(b)で示しているような2本の正の辺と1本の負の辺からなる三角形と，図5.1(d)で示しているような3本の負の辺からなる三角形が非平衡的であるという，主張を出発点としていた．一方，これらのいずれの場合も，三角形内の関係に，ネットワークが解消したいとする潜在的なストレス源が存在していた．しかしながら，二つのケースに横たわる議論は，基本的には異なるものであった．すなわち，2本の正の辺と1本の負の辺からなる三角形では，互いに敵意を持っている自分の2人の友人が敵意を解消して，友人同士になるという可能性があり，3本の負の辺からなる三角形では，3人のうちの2人が手を組んで一緒になり，残りの1人と対立する可能性が見られた．

James Davis（ジェームズ・デービス）らは，多くの状況で，これらのうちで，前者に働く力のほうが，後者に働く力よりずっと強いと考えた [127]．すなわち，共通の友人を持つ敵対している2人の間では，共通の友人の説得で対立が解消するように働く力（図5.1(b)のような，欠けている平衡性を戻そうとする力）のほうが，敵対する3人のうちの2

人が手を結んで残りの1人と対立するように働く力（図 5.1(d) のような，欠けている平衡性を戻そうとする力）よりずっと強いと考えた．したがって，ネットワークに 3 本の負の辺からなる三角形は存在しうるが，2 本の正の辺と 1 本の負の辺からなる三角形は存在しないとしたら，どのような構造的特性が得られるであろうかと考えた．これはきわめて自然であると思われる．

弱い形式の構造的平衡性の特徴付け より正確には，各辺に + あるいは − のラベルが付随する完全グラフは，以下の性質を満たすとき，**弱平衡的** (weakly balanced) であると呼ばれる．

> **弱構造的平衡性** (weak structural balance property)：ネットワークに 2 本の正の辺と 1 本の負の辺からなる三角形は存在しない．

弱平衡性では，課せられる制約がより弱くなっているので，最初の定義の平衡性定理で得られた平衡的であるネットワーク構造に比べて，より広い範囲のネットワーク構造が弱平衡性を満たすと期待できる．そして実際，図 5.6 からもわかるように，新しい構造が生じうる．そこで，同じグループ内では互いが友人同士であり，異なるグループに属する人同士は敵同士であるように，ネットワークのノード集合が（3個以上でもかまわない）複数個のグループに分割できたとする．すると，このネットワークは弱平衡的であることが確認できる．実際，少なくとも 2 本の正の辺を持つ三角形では，すべてのノードが同一のグループに属することになる．したがって，3 本の辺すべてが正の辺となる．すなわち，このネットワークには，ちょうど 2 本の正の辺を持つ三角形は含まれないことになる．

平衡性定理で，すべての平衡的であるネットワークが単純な構造を持つことを確立したように，同様の定理をここでも確立できる．すなわち，弱平衡的であるネットワークは，任意個のグループからなる図 5.6 に示しているような構造を持つことが言える．

> **弱平衡的ネットワークの特徴付け**：正負のラベルを持つ完全グラフが弱平衡的であるならば，ノード集合は，同じグループ内では互いが友人同士であり，異なるグループに属する人同士は敵であるように，グループに分割できる．

この特徴付けが真であるという事実が，弱構造的平衡性を研究するもう一つの原動力となった．平衡性の最初の Cartwright–Harary の概念は，基本的な社会的構造として，（互いが友人である場合を除いて）二分性のみを予測したものであった．したがって，ネットワークが 3 個以上の派閥に分割される状況に対して推論をするモデルは与えていなかった．しかし，弱構造的平衡性により，このモデルが可能になる．実際，弱平衡的完全グラフは，各グループ内では互いが友人であり，異なるグループ間では互いが敵であるという，任意の個数のグループに分割されるからである [127]．

特徴付けの証明 必要な変更を加えながら平衡性定理に対する証明の構造に従って，この特徴付けの証明を与えることは難しくない．弱平衡的完全グラフから出発して特徴付けを証明するためには，ノード集合が以下の性質を満たす任意の個数のグループに分割できることを示せばよい．すなわち，それらのグループは，各グループ内では互いが友人であ

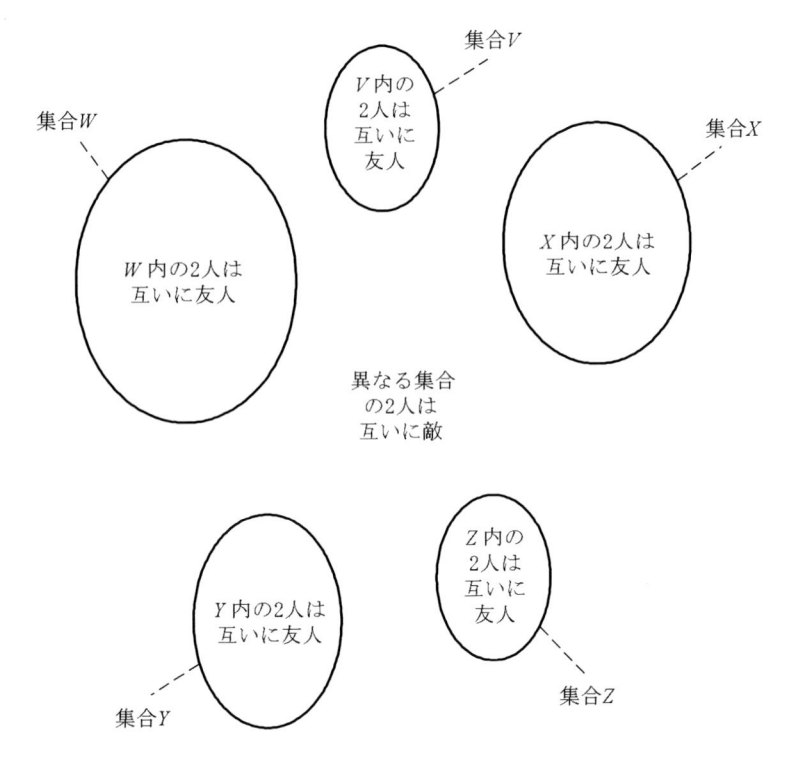

図 5.6 完全グラフが弱平衡的であるとき，そしてそのときのみ，ノード集合は，同じグループ内では互いが友人同士であり，異なるグループに属する人同士は敵であるように，複数のグループに分割できる．

り，異なるグループ間では互いが敵であるという性質を満たす．このような分割を以下で与えることにする．

まず，任意にノードを選びAとする．そして，AとAのすべての友人のノードからなる集合を考え，それをXとする．Xを最初のグループとする．これが求めたいグループの一つであることを示すためには，以下の2個の条件が成立することを示せばよい．

(i) Xのどの2人も友人同士である（このようにして友人同士の一つの集合が得られる）．
(ii) Xのすべての人がグラフのそれ以外の人と敵同士である（このようにして，グラフの残りの部分をどのように分割しても，このグループXのすべての人が，他の残りのグループの人と敵同士であることが得られる）．

幸運なことに，ここのモデル設定に対しても，平衡性定理の証明ですでに用いたアイデアを利用して，条件の(i)と(ii)を確立することができる．そのアイデアを図5.7に示している．まず，条件(i)を議論する．XのA以外の二つのノードを任意に選び，BとCとする．もちろん，BとCはXに含まれているので，ともにAの友人である．BとCが敵同士であったとすると，3個のノードA, B, Cからなる三角形がちょうど2個の＋のラベルを持つことになってしまう．これは，このような三角形がないとした弱構造的平衡性に反する．したがって，BとCは実際に友人同士であることになる．したがって，条件(i)が確立できた．

次に，条件(ii)について議論する．AがX以外のグラフのすべてのノードと敵同士であ

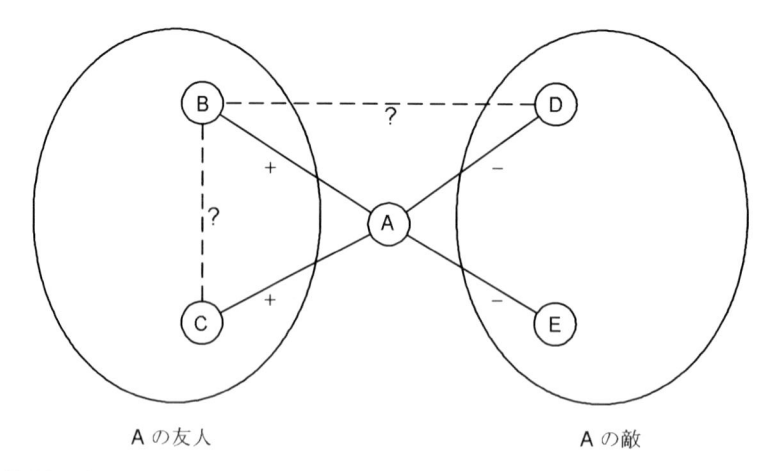

122　第5章　正の関係と負の関係

図 5.7　弱平衡的ネットワークの分析の説明の模式図（ここで説明されていないノードもありうる）．

ることは知っている．X が A のすべての友人を含むように定義されたからである．（A 以外の）X のノード B と X に含まれないノード D を結ぶ辺はどうであろうか？ B と D が友人であったとすると，3 個のノード A, B, D からなる三角形がちょうど 2 個の ＋ のラベルを持つことになってしまう．これは前と同様に，このような三角形がないとした弱構造的平衡性に反する．したがって，B と D は実際に敵同士であることになる．したがって，条件 (ii) が確立できた．

　(i) と (ii) の条件が成立するので，A と A のすべての友人からなる集合 X を，第一のグループとしてグラフから除去することができる．すると，より小さい弱平衡的な完全グラフが得られる．このようにしてこのグラフから第二のグループを除去できる．これを繰り返して，すべてのノードがいずれかのグループに属するようにグループ分けすることができる．そして，条件 (i) より，どのグループも互いに友人同士からなり，さらに条件 (ii) より，どのグループに属する人も外部のグループの人とは敵同士である．したがって，特徴付けの証明が得られた．

　平衡性定理の証明と関連して，この証明を振り返ってみることは興味深い．とくに，図 5.4 と図 5.7 の間の小さいな相違で反映される対照性は興味深い．平衡性定理の証明では，集合 X の敵の集合が互いに友人同士の集合 Y を形成したことを示すために，D と E の間の辺の符号を推論しなければならなかった．一方，弱平衡的完全グラフの特徴付けの証明では，辺 D-E についての推論は行わなかった．弱平衡性では，A の 2 人の敵は友人同士でも敵同士でもよく，そのような制約がないからである．したがって，図 5.7 の A の敵の集合は，弱平衡性のみが成立するときには，互いに友人同士の集合でないこともある．敵の集合は，複数の友人同士のグループからなることもあるので，証明内で 1 個ずつこれらのグループを除去していって，図 5.6 で模式的に説明しているように，潜在的に多くの派閥（グループ）を持つ構造ができるのである．

5.5 発展：構造的平衡性の定義の一般化

本節では，ネットワークの構造的平衡性の概念を一般化する．とくに，これまでの構造的平衡性の定義は，以下の二つの点でかなり強いものであったからである．

1. 完全グラフにのみ限定していた．誰もが他の人を知っていて，互いに正または負の感情を持っていた．互いに知らないという2人が何組か存在するとしたらどうであろうか？
2. 構造的平衡性から，二つの派閥への世界の大域的な2分割が導かれることを示している平衡性定理は，"すべての"三角形が平衡的であるケースでのみ成立する[97, 204]．この制約を緩和して，"大多数の"三角形が平衡的であるときに，世界を二つの派閥へ"近似的に"2分割するとしたらどうであろうか？

本節のAとBの二つのセクションで，これらの問題に対する結果を議論する．第一の結果は，第2章の幅優先探索の概念を用いたグラフ理論的な分析に基づいていて，第二の結果は，"数え上げ議論"として知られている典型的なタイプの証明に基づいている．本節を通して，構造的平衡性は，5.4節の弱い版の定義ではなく，5.1節と5.2節の本来の定義のものに限定する．

A. 一般のネットワークにおける構造的平衡性

ソーシャルネットワークが必ずしも完全グラフとは限らないケースを最初に取り上げよう．すなわち，すべてのノード対の集合のある部分集合にのみ辺があり，それらの各辺に＋あるいは－のラベルが付随しているネットワークを取り上げる．したがって，各ノード対に対して，両端のノードの友好的関係を表す正の辺，両端のノードの敵対的関係を表す負の辺，両端のノードが互いに知らないという辺の欠如という，3通りの可能性が存在する．図5.8 はそのような符号付きネットワークの例を示している．

一般のネットワークに対する平衡性の定義 完全グラフの特別なケースで学んだことを踏まえて，より一般的な構造のグラフに対する平衡性の定義は，どのようなものにしたらよいのであろうか？ 平衡性定理により，構造的平衡性は二つの観点から等価的に捉えることができる．"局所的な"観点からは，ネットワークの各三角形に対する条件であり，"大域的な"観点からは，世界が相互に対立する二つの友人の集合に分割されるという条件である．これらの各観点から，一般の符号付きグラフに対する以下のような構造的平衡性の定義が考えられる．

1. 一つの方法として，完全でないネットワークの平衡性を，"欠けている値"を書き込む問題として扱うことが考えられる．思考実験として，グループのすべての人が他

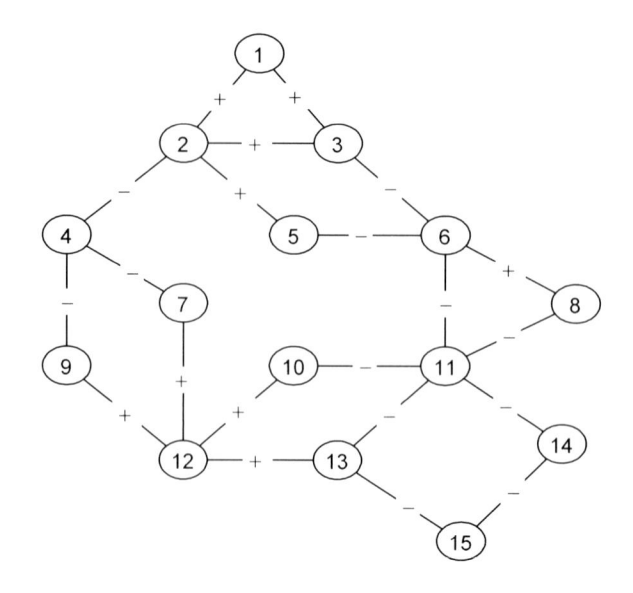

図5.8 完全でないグラフに対しても，各辺に，友好的関係を示す正の符号，あるいは敵対的関係を示す負の符号が付随しているときには，構造的平衡性の概念が定義できる．

の人をすべて知っていて，その人に対する印象（意見）を持っているものとする．しかし，与えられているグラフは，いくつかの辺の情報が入らずに，完全グラフでないとする．ここで，完全グラフでないこのグラフは，欠けている辺にラベルを書き込んで加えて，最終的に平衡的な完全グラフにすることができるとき，**平衡的**であると呼ぶことにする．すなわち，完全でないグラフは，辺にラベルを付随させて加えて"完全化して"，平衡的な完全グラフにすることができるとき，平衡的である．

たとえば，図5.9(a)の符号付きグラフに対して，図5.9(b)は，欠けている残りの辺に符号を付随させて"書き込んで"，平衡的な完全グラフにしている．すなわち，ノードの3と5の間の欠けている辺の符号を正にして，残りの欠けているすべての辺の符号を負にすると，得られる符号付き完全グラフのすべての三角形が平衡的であることになる．

2. もう一つの方法として，大域的な観点から，構造的平衡性を，ネットワークを相互に対立する二つの友人の集合に分割できることであるとして捉えることもできる．これを踏まえて，符号付きグラフは，両端のノードがともに X に，あるいはともに Y に属するような辺は正であり，両端のノードの一方が X に，他方が Y に属するような辺は負となるように，ノード集合を二つの集合の X と Y に分割できるときに，"平衡的"であると定義することもできる．すなわち，X に属する2人は互いに知っている限りにおいては友人であり，同様に，Y に属する2人は互いに知っている限りにおいては友人であり，さらに，X に属するどの人も Y に属するどの人とも互いに知っている限りにおいては敵同士であるときに，符号付きグラフは平衡的であるという．

図5.9(c)は，図5.9(a)のグラフのノード集合が要求される性質を満たすように二つの集合に分割できる様子を示している．

(a)　　　　　　　　　(b)　　　　　　　　　(c)

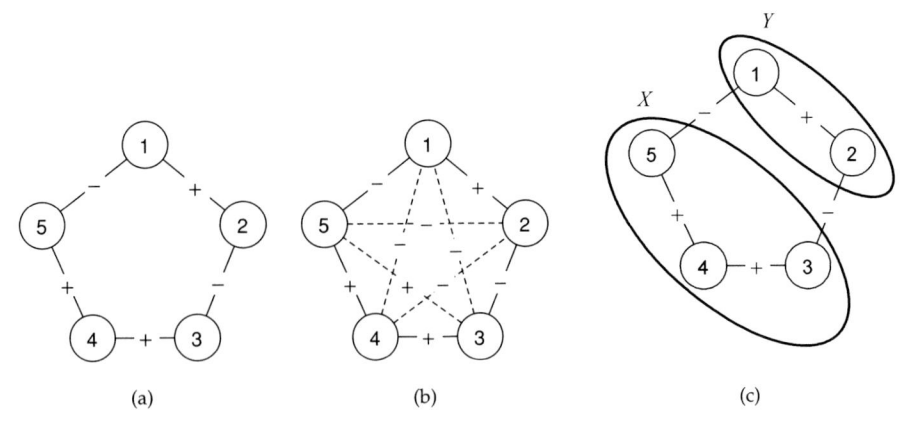

図 5.9 任意のグラフに対する二つの等価な構造的平衡性の定義．(a) 完全でない符号付きグラフ．(b) 残りの欠けている辺に符号を書き込んで加えて，最終的に平衡的な完全グラフにすることができるかどうかによる定義．(c) 両端のノードがともに X に，あるいはともに Y に属するような辺は正であり，両端のノードの一方が X に，他方が Y に属するような辺は負となるように，ノード集合を二つの集合の X と Y に分割できるかどうかによる定義．

この例は，一般に成立する原理に結びつくものである．すなわち，二つの平衡性の定義は等価である．任意の符号付きグラフが，第一の定義のもとで平衡的であるとき，そしてそのときのみ，第二の定義のもとでも平衡的であるのである．

実際，これはそれほど難しくなく理解できる．符号付きグラフが第一の定義のもとで平衡的であるとき，すべての欠けている辺に符号を適切につけて加えて，平衡性定理を適用できる平衡的符号付き完全グラフ（ネットワーク）が得られる．したがって，このネットワークは，第二の定義の性質を満たす二つの集合の X と Y に分割できる．次に，逆方向の推論を考える．符号付きグラフが第二の定義のもとで平衡的であるとき，ノード集合の二つの集合の X と Y への分割を求めて，X 内の二つのノードを結ぶ欠けている辺と Y 内の二つのノードを結ぶ欠けている辺を，すべて正の符号をつけて加える．そして，X のノードと Y のノードを結ぶ欠けている辺を，すべて負の符号をつけて加える．すると，すべての三角形が平衡的になる．したがって，このようにして，第一の定義を満たすように，欠けている辺に符号を"書き込む"ことができる．

基本的に異なる方法で同一のものに到達していたので，二つの定義が等価であるという事実は，定義にある種の"自然さ"があることをほのめかしている．この等価性は，与えられた状況に応じて，より都合の良いほうの定義を用いてもよいことを示している．図 5.9 の例からもわかるように，第二の定義のほうが，一般には利用しやすい．欠けている辺に適切に符号をつけて加えて，三角形をすべて検証するよりも，ノード集合を二つの集合に分割するほうがずっとやさしいからである．

一般のネットワークの平衡性の特徴付け　しかしながら，どちらの定義も，概念的には完全に満足のいくものとは言えない．グラフが平衡的であるかどうかを簡単に検証する方法について，多くの洞察を与えてくれるものになっていないからである．実際，欠けている辺の符号の選び方は多数あり，ノード集合を二つの集合の X と Y に分割する方法も多

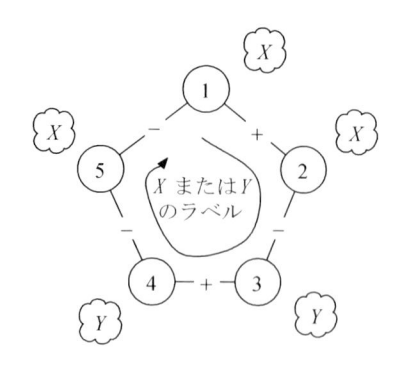

図 5.10 符号付きグラフは，奇数個の負の辺を含む閉路を持つときには，平衡的でない．実際，奇数個の負の辺を含む閉路上のノードを一つ任意に選び，そのノードを X に含める．そして，そのノードから始めて閉路上のノードを友人/敵の関係に従って1周すると，出発ノードに到達したとき，矛盾が得られる．

数ある．さらに，グラフが平衡的でないときには，符号の選び方も分割する方法もうまくいかないわけであるが，そのことをどのようにして納得してもらうことができるのであろうか？ 困難のいくつかをわかるようにするために，小さい例を考える．図 5.8 のグラフが平衡的でないことは，見ただけですぐにわかるわけではないであろう．ノードの2と4を結ぶ辺を負から正に変えれば平衡的グラフになることに関しても，同様であろう．

しかしながら，実際には，定義から得られる結果をいろいろと深く考えてみると，これらの問題はすべて解決できるのである．これから，Harary によって示された，一般の符号付きグラフが平衡的であるための単純な特徴付けを与える [97, 204]．さらに，この証明から，グラフが平衡的であるかどうかを検証する簡単な方法も得られる．

特徴付けは，グラフが平衡的であることを妨げているのは何なのかを考えることに基づいている．図 5.9(a) のノード4とノード5を結ぶ辺の符号を変えて得られる図 5.10 のグラフは，平衡的でないグラフである．この図は，さらにこのグラフが平衡的でない理由も説明している．ノード1から出発して，ノード集合を集合 X と集合 Y に分割することを試みる．最初，ノード1は対称性から X に属すると決定することができる．すると，ノード2はノード1の友人であるので，X に属することになる．ノード3はノード2の敵であるので，Y に属することになる．次に，ノード4もノード3の友人であるので，Y に属することになる．さらに，ノード5はノード4の敵であるので，X に属することになる．この推論をもう1ステップ進めると，問題が生じる．すなわち，ノード1はノード5の敵であるので，Y に属することになる．しかし，最初に決めているように，ノード1は X に属する．このプロセスに自由度はなく，必然的に進んできたので，これから，ノード集合を構造的平衡性の友人同士/敵同士の条件を満たすように二つの集合の X と Y に分割することは不可能であることがわかる．したがって，図 5.10 の符号付きグラフは平衡的でない．

上記のパラグラフの論理展開は複雑そうに見えるが，実際には，以下のように単純な原理に従っている．一つの閉路に沿って移動しながらノードを二つの集合のいずれかに入れていくとき，負の辺を横切るたびに入れるべき集合を変えなければならなかったということである．問題は，"奇数個"の負の辺を横切ってノード1に戻ってきたことである．すなわち，ノード1を最初に X に入れた最初の決断からすると，"奇数個"の負の辺を横切って

ノード1に戻ってきたときには，ノード1をYに入れることになってしまうという矛盾が得られてしまう．

この原理は，一般のときも適用可能である．すなわち，グラフに奇数個の負の辺を含む閉路が存在するならば，グラフは平衡的でない．実際，閉路上のノードAから出発して，それを二つの集合の一方に入れ，その後閉路に沿って辺を横切りながら，その辺の両端のノードで，まだ二つの集合に入っていないノードを入れていくとき，そのノードが入るべき集合は負の辺を横切るごとに交換しなければならない．したがって，負の辺が奇数個ある閉路を1周すると，出発ノードAの入るべき集合は，奇数回の交換が行われているので，出発ノードAの入っていた集合と異なるほうの集合となってしまう．すなわち，Aに戻ってきた時点で，"悪いほうの集合"で終わってしまうのである．

奇数個の負の辺を含む閉路が平衡的でない理由は，きわめて単純で理解しやすかった．したがって，グラフが平衡的でないことは，そのような閉路を示せば誰にでもすぐに納得してもらえる．たとえば，図5.8のノード2, 3, 6, 11, 13, 12, 9, 4からなる閉路は5個の負の辺を含むので，このグラフが平衡的でないことの十分な証拠となる．しかし，このグラフが平衡的でないことの証拠となる，より複雑なものがほかにも存在するのであろうか？

実際には，驚きに値することであるが，奇数個の負の辺を含む閉路のみが，グラフが平衡的であるための障害なのである．これが次の主張の中核である [97, 204]．

主張：符号付きグラフは，平衡的であるとき，そしてそのときのみ，奇数個の負の辺を含む閉路を持たない．

この主張の証明をこれから示す．この証明は，グラフを分析して，所望の二つの集合のXとYへの分割を求めるか，そうでないときには奇数個の負の辺を含む閉路を求める方法を設計するというものである．

特徴付けの証明：スーパーノードの特定 やろうと思っていることを思い出そう．求めたいものは，集合X内の辺と集合Y内の辺はすべて正であり，XとY間にまたがる辺はすべて負となるような，ノード集合のXとYへの2分割である．これらの性質を満たす2分割が得られるとき，その分割は**平衡的分割** (balanced division) と呼ばれる．ノード集合のXとYへの平衡的分割を探して，成功してその分割を求めてくるか，失敗して負の辺を奇数個含む閉路を求めてくるような手続きをこれから与える．手続きで得られる出力の可能性は2通りしかないので，これで主張の証明が与えられることになる．

手続きは二つのメインステップからなる．第1ステップは，グラフを変換して負の辺のみからなる既約グラフにすることである．第2ステップは，この既約グラフの上で問題を解くことである．二つのノードが正の辺で結ばれているときにはいつでも，それらの二つのノードの両方が，XあるいはYに属することに注意しよう．そこで，正の辺のみからなるグラフを考えて連結成分を求める．これらの連結成分は，図5.11に示しているように，全体のグラフで連続した"塊"をなすと見なせる．これらの塊を**スーパーノード** (supernode) と呼ぶことにする．各スーパーノードの内部は正の辺で連結であり，二つの異なるスーパーノードにまたがる辺は負の符号を持つ（二つの異なるスーパーノードにまたがる正の辺があったとすると，それらは一緒になって一つのスーパーノードにされてい

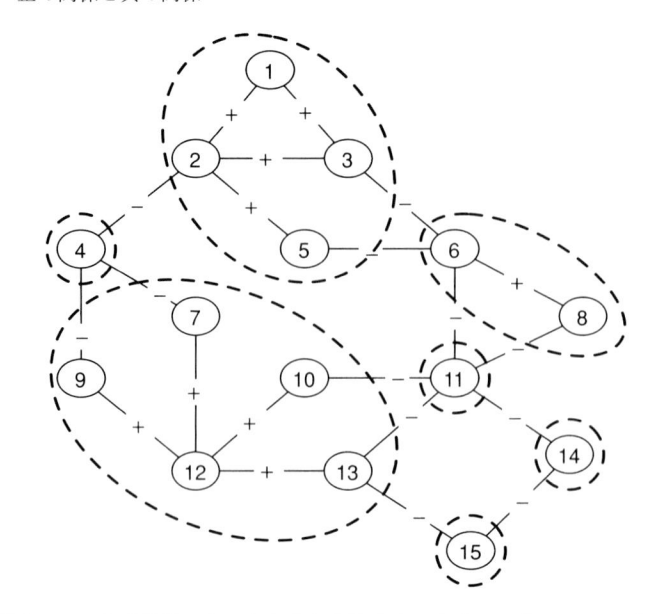

図 5.11 符号付きグラフが平衡的であるかどうかを決定するために，第 1 ステップでは，正の辺のみからなるグラフを考えて，そのグラフのすべての連結成分を求め，各連結成分をスーパーノードと宣言する．もとのグラフの任意の平衡的分割の X と Y では，同一のスーパーノードに属するすべてのノードは，X あるいは Y のいずれか一方のみに含まれる．

たはずである）．

ここで，あるスーパーノード内の二つのノード（A, B とする）を結ぶ負の辺が存在するとする．すると，図 5.12 の例で説明しているように，奇数個の負の辺を含む閉路が存在することになる．実際，スーパーノード内で A と B を結ぶ正の辺からなるパスと A と B を結ぶ負の辺を合わせて閉路が得られる．したがって，この閉路は負の辺をちょうど 1 本含むので，グラフは平衡的でないことが得られる．

次に，どのスーパーノードも内部の二つのノードを結ぶ負の辺を持たないとする．すると，"内部的" な問題は存在せず，各スーパーノードは，完全に X あるいは Y のいずれか一方に含まれると宣言することができる．したがって，次は，各スーパーノードに，矛盾

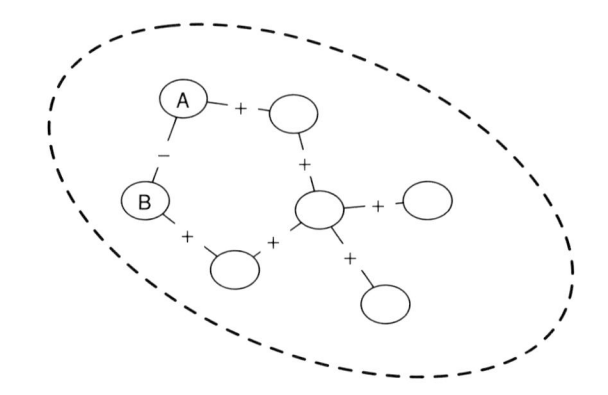

図 5.12 同一のスーパーノードに属する二つのノードの A と B を負の辺が結んでいるとする．このスーパーノード内に A と B を結ぶ正の辺からなるパスが存在するので，このパスとこの負の辺とが一緒になって，奇数個の負の辺を含む閉路が得られる．

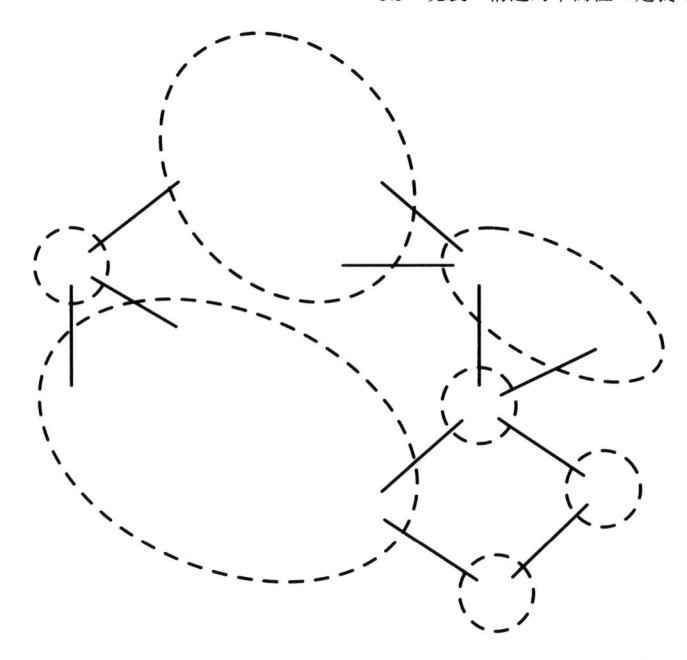

図 5.13 　符号付きグラフが平衡的であるかどうかを決定する第 2 ステップは，隣接するスーパーノードは互いに敵同士になるので，隣接するスーパーノードが異なるラベルになるようなラベリングを探すことである．この目標は，元のノードを無視して，ノードが元のノードのスーパーノードである "既約グラフ" を考えて，探索することで達成できる．

なく，"X" あるいは "Y" のラベルを与えることができるかどうかが問題となる．これらのラベルの決定はスーパーノードのレベルで行われるので，各スーパーノードを 1 個のノードで代表として，"縮小した" 新しいグラフで考える．すなわち，各スーパーノードが新しいグラフでは 1 個の代表ノードであり，元のグラフで二つのスーパーノード間にまたがる辺があるとき，そしてそのときのみ，新しいグラフでは対応する二つの代表ノード間に辺がある．図 5.13 は，図 5.11 の例にこの方法を適用して得られるグラフを示している．したがって，スーパーノード内の個別のノードは本質的に忘れてしまい，新しいグラフは大きい "塊" のレベルのものである．もちろん，こうしてしまえば，図 5.14 のように，ノードがより塊らしくなく描ける．

これから，元のグラフのスーパーノードがノードであるこの**既約グラフ** (reduced graph)

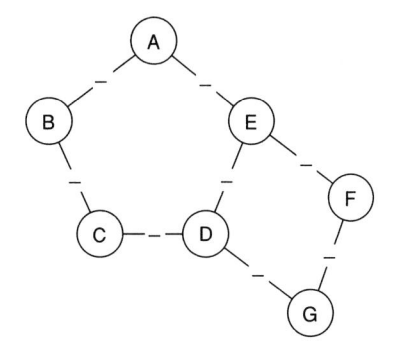

図 5.14 　図 5.13 の既約グラフをより標準的に描画したグラフ．このグラフでは負の辺の閉路が目で見てより明らかになる．

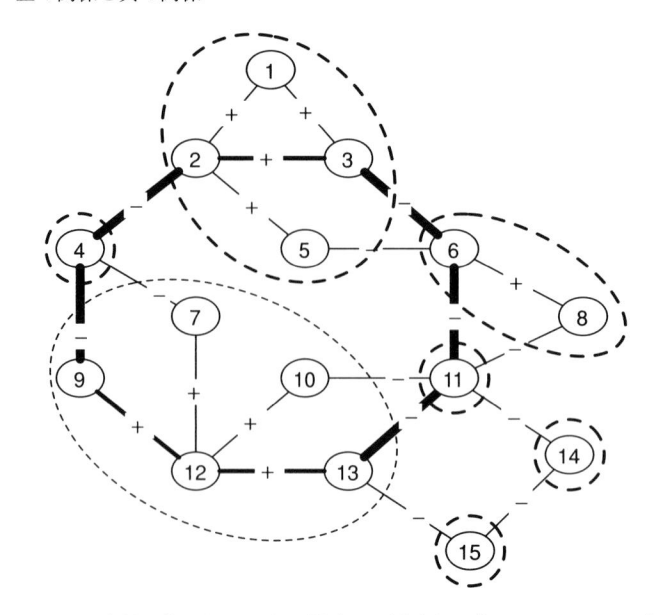

図 5.15 スーパーノードを通る負の辺からなる閉路は，閉路上の各スーパーノード内で，元のグラフの正の辺からなるパスを用いてつなぎ合わせることで，元のグラフの閉路に変換できる．その閉路は奇数個の負の辺を含む．

を用いて，手続きの第 2 ステップを説明する．

特徴付けの証明：既約グラフでの幅優先探索　二つの異なるスーパーノードにまたがる辺は負の符号を持つものだけであることを思い出そう（二つの異なるスーパーノードにまたがる正の辺があったとすると，それらは一緒になって一つのスーパーノードにされていたはずである）．したがって，既約グラフは負の辺のみからなる．手続きの残りの部分からの出力は，以下のように 2 通りの可能性がある．

1. 出力の一つの可能性としては，既約グラフの各ノードに X あるいは Y のラベルが与えられ，どの辺の両端のノードも異なるラベルになっているというものである．このラベリングから，各ノードにそれが属するスーパーノードのラベルをつける（そのラベルの集合に含まれるとする）ことで，元のグラフの平衡的分割を得ることができる．
2. 出力のもう一つの可能性としては，既約グラフの奇数個の辺からなる閉路が得られるというものである．この閉路は，奇数個の負の辺を含む元のグラフの閉路に変換することができる．既約グラフの閉路はスーパーノードを結んでいて，その辺は元のグラフの負の辺に対応する．既約グラフの閉路のこれらの辺を，閉路上の各スーパーノード内の正の辺からなるパスを用いて"つなぎ合わせて"，元のグラフの閉路にすることができる．したがって，この閉路は奇数個の負の辺を含むことになる．

　たとえば，図 5.14 のノード A からノード E までの負の長さの閉路 (A, B, C, D, E, A) に対して，それに含まれる負の辺は，図 5.15 に示しているように，元のグラフのスーパーノード間を結ぶ太い負の辺に対応する．さらに，それらの太い負の辺を各スーパーノード内の正の辺からなるパス（この例では，2-3 のパスと 9-12-13 のパス）

5.5 発展：構造的平衡性の定義の一般化　131

```
        G
       / \
      D   F
      |\  |
      | \ |
      C   E
      |   |
      |   |
      B---A
```

同一の層の二つの
ノードを結ぶ辺が
存在するときには，
奇数の長さの閉路が
形成される．

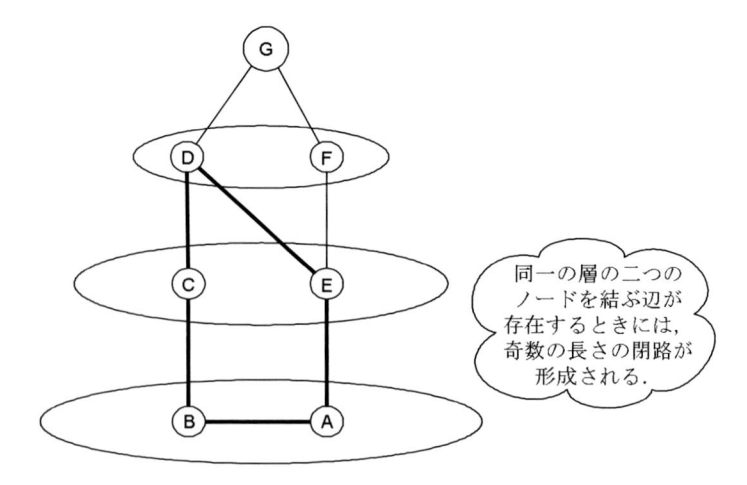

図 5.16 既約グラフに対して幅優先探索を実行する．すると，同一の層の二つのノードを結んでいる辺が存在するか，存在しないかのいずれかである．そのような辺が存在しないときには，ノード集合を所望の集合の X と Y に分割することができる．単に，偶数の番号の層に属するノードの集合を X とし，奇数の番号の層に属するノードの集合を Y とすればよい．図の A と B を結ぶような同一の層の二つのノードを結んでいる辺が存在するときには，同一のノード（ここではD）からこれらの二つのノードに到達する同じ長さのパスとこの辺を合わせることで，奇数の長さの閉路ができる．

を用いてつなぎ合わせ，元のグラフの閉路にすることができる．

　実際，負の辺からなる既約グラフでのこの問題は，グラフ理論では，グラフが**二部(bipartite)グラフ**であるかどうかを決定する問題として知られている．すなわち，各辺が異なるグループ間にまたがるように，グラフのノードを二つのグループ（この場合は X と Y）に分割できるかどうかを決定する問題として知られている．二部グラフは，第4章で所属ネットワークを取り上げたときに，すでに眺めている．しかし，その章での議論では，ノードが人々と拠点に最初から分割されていたので，グラフが二部グラフであることは明らかであった．一方，ここでは，前もって二つには分割されていない"野生"とも言えるグラフが手渡されて，そのような分割を特定することが可能かどうかを知りたいのである．これ以降では，第2章の幅優先探索のアイデアを用いて，所望の分割を出力するか，あるいは奇数の長さの閉路を出力する方法を示す．

　グラフの任意に選んだ"根"ノードから出発して，幅優先探索を実行するだけでよい．これにより，この根から距離が1ずつ増えていく各層のノード集合が得られる．図5.16は，図5.14の既約グラフに，ノードGを出発の根ノードとして，このプロセスを適用した図である．すると，幅優先探索のどの辺も，連続する番号の層を飛び越すことはないので，各辺は，隣接する層にまたがる二つのノードを結んでいるか，あるいは，同一の層の二つのノードを結んでいる．すべての辺が前者の場合には（すなわち，隣接する層にまたがる二つのノードを結んでいるときには），ノード集合を所望の集合である X と Y に分割できる．単に，偶数の番号の層に属するノードの集合を X とし，奇数の番号の層に属するノードの集合を Y とすればよい．すると，すべての辺は隣接する層にまたがる二つのノードを結んでいるので，各辺の両端のノードは所望どおりに，一方が X に属し他方が Y に属

することになる．

そうでないときには，同一の層の二つのノードを結んでいる辺が存在する．そこで，図 5.16 のように，そのような辺の両端のノードに対して，一方のノードを A，他方のノードを B とする．これらの二つのそれぞれのノードに対して，根からそのノードまでのパスで，どの辺も層番号が 1 増えるものが存在する．根から出発して A と B に到達するこのような二つのパスの最後の共通ノード（分岐点）を考え，それを，図 5.16 のように D とする．すると，D-A パスと D-B パスは同じ長さである．その長さを便宜上 k とする．そこで，D-A パスと D-B パスと辺 A-B を合わせると，長さ $2k+1$ の閉路が得られる．したがって，所望の奇数の長さの閉路となる．

証明はこれで終わりである．要約しておこう．既約グラフのすべての辺が幅優先探索の隣接する層にまたがる二つのノードを結んでいるときには，既約グラフの各ノードに X あるいは Y のラベルをつけることができる．そしてそれから，元のグラフのノード集合の平衡的分割が得られる．したがって，このときにはグラフは平衡的であると確立できる．一方，そうでないとき，すなわち，幅優先探索の同一の層の二つのノードを結んでいる辺が存在するときには，図 5.16 に示しているように，既約グラフの奇数の長さの閉路を求めることができる．このときには，図 5.15 で示しているように，この閉路を元のグラフの奇数本の負の辺を含む閉路に変換することができる．2 通りの可能性しかないので，これで主張が証明できた．

B. 近似平衡的ネットワーク

ここで，グラフが完全で，各ノードは他の各ノードと正の関係であるか負の関係であるときに戻って，構造的平衡性を別の方法で一般化することを考える．

初めに，もともとの平衡性定理を，その論理的構造を明確化した形でもう一度書き下しておこう．

> **主張**：符号付き完全グラフのすべての三角形が平衡的であるならば，以下の (a) あるいは (b) が成立する．
> 　(a) すべてのノード対が友人同士である．
> 　(b) ノード集合が以下の (i), (ii), (iii) を満たす二つのグループ X, Y に分割できる．
> 　　(i) X のすべてのノード対が友人同士である．
> 　　(ii) Y のすべてのノード対が友人同士である．
> 　　(iii) X の各ノードと Y の各ノードは敵同士である．

この定理の前提は，すべての三角形が平衡的であることを要求していて，かなり極端なものである．大部分の三角形が平衡的であることしかわからないとしたらどうであろうか？実は，定理の前提を自然な形で緩和して，以下のような命題を証明することができる．なお，命題は上の平衡性定理との対応がわかる形式で書いている．

主張：符号付き完全グラフの 99.9% 以上の三角形が平衡的であるならば，以下の (a) あるいは (b) が成立する．

 (a) 90% 以上のノードからなる集合が存在して，その中の 90% 以上のノード対が友人同士である．

 (b) ノード集合が以下の (i), (ii), (iii) を満たす二つのグループ X, Y に分割できる．

  (i) X の 90% 以上のノード対が友人同士である．

  (ii) Y の 90% 以上のノード対が友人同士である．

  (iii) X のノードと Y のノードを対とする 90% 以上のノード対が敵同士である．

用いている数字がきわめて特殊ではあるものの，この命題は成立する．もともとの平衡性定理とこの特殊な主張をどちらも特別なケースとして含む，より一般的な命題は以下のように書ける．

主張：ε を $0 \leq \varepsilon < \frac{1}{8}$ を満たす任意の数とし，$\delta = \sqrt[3]{\varepsilon}$ と定義する．このとき，符号付き完全グラフのすべての三角形のうちで，$1-\varepsilon$ 以上の割合で三角形が平衡的であるならば，以下の (a) あるいは (b) が成立する．

 (a) すべてのノードの $1-\delta$ 以上の割合からなるノード集合が存在して，そこのすべてノード対の $1-\delta$ 以上の割合のノード対は友人同士である．

 (b) ノード集合が以下の (i), (ii), (iii) を満たす二つのグループ X, Y に分割できる．

  (i) X のすべてのノード対の $1-\delta$ 以上の割合のノード対は友人同士である．

  (ii) Y のすべてのノード対の $1-\delta$ 以上の割合のノード対は友人同士である．

  (iii) X のノードと Y のノードを対とするすべてのノード対の $1-\delta$ 以上の割合のノード対は敵同士である．

平衡性定理は $\varepsilon = 0$ の特別な場合であり，上の主張は $\varepsilon = 0.001$ である（このとき $\delta = \sqrt[3]{\varepsilon} = 0.1$ となる）ときの特別な場合である．

最後の主張を証明することにしよう．証明は自己完結の形になっているが，"順列と組合せ" についての予備知識があればより理解しやすくなる．なお，"順列と組合せ" とは，ある大きな基礎集合から指定された要素数の部分集合を選んでくる組合せの個数などの数え上げを扱う数学分野である．

証明は，平衡性定理で用いた証明のスタイルにほぼ従っている．選んできたノード A と A の友人からなる集合 X と，A の敵からなる集合 Y の二つの集合を定義することから始める．しかし，必要とする構造に対して，A の選び方はどれでもよいというわけではなく，少し工夫が必要になる．とくに，ノード A が多くの平衡的でない三角形に関与していると，得られる A と A の友人の集合 X と，A の敵の集合 Y は，きわめて整然としない構造を持ってしまうこともあるからである．したがって，証明は二つのステップからなる．最初のステップで，あまり多くの平衡的でない三角形に関与していないノードである "良い" ノードを求める．そして次のステップで，この良いノードを用いて，グラフのノード

集合を友人の集合 X と敵の集合 Y に分割すると，所望の性質が得られる．

ウォームアップ：辺と三角形の数え上げ　証明を行う前に，あとで証明の道具となる基本的な数え上げの問題を考えよう．すべてのノード対を結ぶ辺の存在する（無向）完全グラフを考えていることを思い出そう．N をグラフのノード数とすると，辺の個数はどうなるであろうか？ この値は以下のようにして数え上げることができる．辺の両端の一方のノードとして N 通りの選び方が存在し，次にもう一方の異なるノードとして $N-1$ 通りの選び方が存在する．したがって，続けて二つのノードを選ぶ選び方の総数は，$N(N-1)$ である．ここで，これらの可能な両端のノードを書き出してリストにしてみると，辺の両端のノードである A と B は，リストに AB と BA として二度現れる．したがって，辺の総数は $N(N-1)/2$ である．

同様の議論を用いて，グラフの三角形の総数を数え上げる．三角形の最初のノードとして N 通りの選び方があり，2 番目の異なるノードとして $N-1$ 通りの選び方があり，3 番目の異なるノードとして $N-2$ 通りの選び方がある．したがって，三角形の異なる 3 ノードとして $N(N-1)(N-2)$ 通りの選び方が存在する．これらの三角形を選んだ順番で書き出して，リストにしてみると，A, B, C の 3 ノードの三角形は，リストに ABC, ACB, BAC, BCA, CAB, CBA と 6 回現れる．したがって，異なる 3 ノードからなる三角形はいずれもリストに 6 回現れるので，三角形の総数は，

$$\frac{N(N-1)(N-2)}{6}$$

となる．

第 1 ステップ："良い"ノードの発見　ここで，多くの平衡的でない三角形に関与していないノードを見つける証明の第 1 ステップに移ることにする．

グラフの三角形の総数は $N(N-1)(N-2)/6$ であり，さらに，平衡的でない三角形は，それらのうちの高々 ε の割合であるので，平衡的でない三角形の総数は $\varepsilon N(N-1)(N-2)/6$ 以下である．各ノードの"重み"を，そのノードを含む平衡的でない三角形の個数と定義する．したがって，関与する平衡的でない三角形の個数が比較的少ないノード，すなわち，重みの小さいノードが求めたいノードとなる．

すべてのノードの重みの総和を求める一つの方法として，各ノードが関与する平衡的でない三角形を書き出してリストにし，それらのすべてのリストをつないだリストの長さを考えてみることが挙げられる．各平衡的でない三角形は，その 3 頂点に対応するノードのそれぞれのリストで現れるので，すべてのリストをつないだリストでは 3 回現れる．したがって，すべてのリストをつないだリストの長さは，平衡的でない三角形の総数の正確に 3 倍になり，すべてのノードの重みの総和は $3\varepsilon N(N-1)(N-2)/6 = \varepsilon N(N-1)(N-2)/2$ 以下となる．

N 個のノードがあるので，ノードの"平均"重みは $\varepsilon(N-1)(N-2)/2$ 以下である．すべてのノードの重みがこの平均重みより大きいことはあり得ないので，少なくとも 1 個のノードは，重みが平均重み以下である．そのようなノードを任意に選び A とす

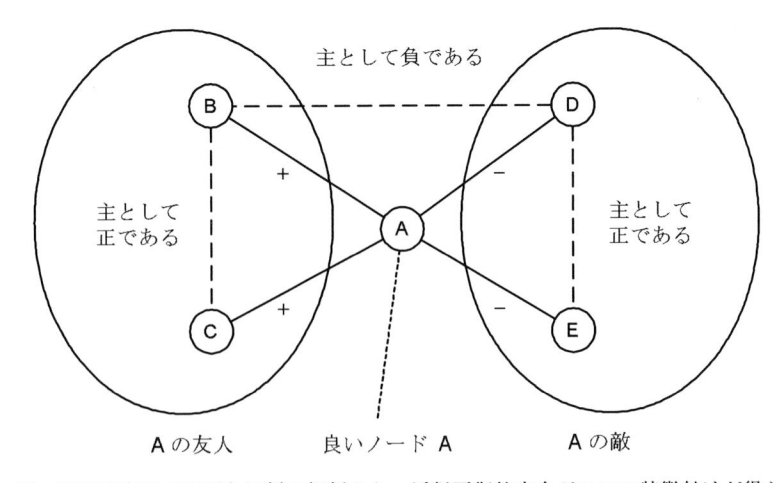

図 5.17 元の平衡性定理の証明と同様の解析から，近似平衡的完全グラフの特徴付けが得られる．しかし，グラフの分割においては，より注意を払うことが必要になる．すなわち，最初に，平衡的でない三角形にそれほど関与していない"良い"ノードを見つけることが必要である．

る．すると，ノードAは"良いノード"となり，重みが $\varepsilon(N-1)(N-2)/2$ 以下である[3]．$(N-1)(N-2) < N^2$ であるので，この良いノードが関与する平衡的でない三角形の個数は $\varepsilon N^2/2$ 以下である．$\varepsilon N^2/2$ を用いるほうが解析が少し簡単になるので，以下の解析ではこの値を用いることにする．

第2ステップ：良いノードによるグラフの分割 平衡性定理の証明に沿って同様に行う．まず，図5.17で説明しているように，グラフをAとAのすべての友人からなる集合 X と，Aのすべての敵からなる集合 Y の二つの集合に分割する．そして，平衡的でない三角形の定義と，Aがそれほど多くの平衡的でない三角形に関与していない事実を用いて，X と Y のそれぞれの内部において負の辺はそれほど多くなく，X と Y にまたがる正の辺はそれほど多くないことを議論する．具体的には，以下が成立することを議論する．

- X 内の二つのノードを結ぶ負の各辺は，Aに関与する平衡的でない三角形をもたらす．（Aに関与する）平衡的でない三角形は高々 $\varepsilon N^2/2$ 個であるので，X 内の二つのノードを結ぶ負の辺は高々 $\varepsilon N^2/2$ 本である．
- Y についても同様の議論が適用できる．Y 内の二つのノードを結ぶ負の各辺は，Aに関与する平衡的でない三角形をもたらす．したがって，Y 内の二つのノードを結ぶ負の辺は高々 $\varepsilon N^2/2$ 本である．
- 最後に，両端のノードの一方が X に属し，他方が Y に属する辺に対しても同様の議論が適用できる．正のそのような各辺は，Aに関与する平衡的でない三角形をもたらす．したがって，両端のノードの一方が X に属し，他方が Y に属する正の辺は高々 $\varepsilon N^2/2$ 本である．

---

[3] これは数え上げ議論でしばしば用いられる技法であり，**鳩ノ巣原理** (pigeonhole principle) と呼ばれている．すなわち，対象としているノードの値の集合で平均を計算すると，平均以下の値を持つノードが必ず存在するのである．同様に，平均以上の値を持つノードが必ず存在する．しかし，ここでの目的では，これは用いない．

主張の証明の以下の議論は，集合 X と集合 Y のサイズに応じた場合分けに基づいている．X あるいは Y がグラフのノード集合のほぼ全体を占めるときには，主張の (a) が成立することを示すことにする．そうでないとき，すなわち，X と Y のどちらも無視できないほど多くのノードを含むときには，主張の (b) が成立することを示すことにする．以下では，計算を簡単化するために，N は偶数で，δN は整数であるとする．もちろん，実際には，証明にこの仮定は必要ないが，この仮定がないと計算はかなり複雑になる．

まず，以下の記法を用いる．x を X のノード数とし，y を Y のノード数とする．最初に $x \geq (1-\delta)N$ とする．$\varepsilon < \frac{1}{8}$ かつ $\delta = \sqrt[3]{\varepsilon}$ であるので，$\delta < \frac{1}{2}$ であり，したがって，$x > \frac{1}{2}N$ となる．ここで，ノード数 N による完全グラフの辺数の値を求めた，前の数え上げ議論を思い出そう．今の場合は，X は x 個のノードを持つので，X 内の辺数は $x(x-1)/2$ である．$x > \frac{1}{2}N$ であるので，この値は少なくとも $(\frac{1}{2}N + 1)(\frac{1}{2}N)/2 \geq (\frac{1}{2}N)^2/2 = N^2/8$ である．さらに上記の議論より，X 内にある負の辺数は $\varepsilon N^2/2$ 以下であるので，X 内のすべての辺数に対する X 内の負の辺数の割合は，

$$\frac{\varepsilon N^2/2}{N^2/8} = 4\varepsilon = 4\delta^3 < \delta$$

以下である．なお，$\varepsilon = \delta^3$ と $\delta < \frac{1}{2}$ という事実を用いた．したがって，X が $(1-\delta)N$ 個以上のノードを持つときには，X は，すべてのノードの $1-\delta$ 以上の割合からなるノード集合であり，X のすべてのノード対の $1-\delta$ 以上の割合のノード対は，友人同士であることが得られる．すなわち，主張の結論の (a) が得られる．

Y が $(1-\delta)N$ 個以上のノードを持つときにも，同一の議論が適用できる．したがって，残っているケースは，X と Y のいずれも $(1-\delta)N$ 個未満のノードを含むときである．このケースでは主張の結論の (b) が得られることを示すことにする．最初に，両端のノードの一方が X に属し，他方が Y に属するような辺のうちで正であるものの割合を考える．両端のノードの一方が X に属し，他方が Y に属するような辺の総数は xy であることが，以下のようにして得られる．すなわち，X のノードを 1 個選ぶ選び方が x 通りあり，Y のノードを 1 個選ぶ選び方が y 通りあるので，全体として両端のノードの一方が X に属し，他方が Y に属する辺は xy 通りある．さらに，x と y のいずれも，δN より大きくかつ $(1-\delta)N$ 未満であり，合わせると N となるので，積 xy は $(\delta N)(1-\delta)N = \delta(1-\delta)N^2 \geq \delta N^2/2$ 以上となる．最後の不等式は $\delta < \frac{1}{2}$ から得られる．両端のノードの一方が X に属し，他方が Y に属する正の辺の総数は，上記の議論より，$\varepsilon N^2/2$ 以下であるので，両端のノードの一方が X に属し，他方が Y に属する辺の総数に対するその割合は，高々

$$\frac{\varepsilon N^2/2}{\delta N^2/2} = \frac{\varepsilon}{\delta} = \delta^2 < \delta$$

である．すなわち，(b) の (iii) が得られた．

最後に，X と Y のそれぞれに対して，両端のノードの両方とも X あるいは Y に属する辺のうちで負であるものの割合を考える．X に限定して議論する．Y に対しても同一の議論ができる．X の内部の 2 個のノードを結ぶ辺は，全体として，$x(x-1)/2$ 個存在する．さらに，$x > \delta N$ のケースを取り上げているので，この値は，少なくとも $(\delta N + 1)(\delta N)/2 \geq (\delta N)^2/2 = \delta^2 N^2/2$ である．X の内部にある負の辺は $\varepsilon N^2/2$ 個以下であるので，X の内部にある辺の総数に対するその割合は，

$$\frac{\varepsilon N^2/2}{\delta^2 N^2/2} = \frac{\varepsilon}{\delta^2} = \delta$$

以下である．すなわち，(b) の (i)（および (ii)）が得られた．したがって，グラフのノード集合の二つの集合 X, Y への分割は，主張の結論の (b) の要求をすべて満たすことが得られ，証明が完結する．

最後に，主張とその証明に関してコメントを与えておく．主張の仮定の $1 - \varepsilon$ と結論の $1 - \sqrt[3]{\varepsilon} = 1 - \delta$ の間のギャップは，かなり大きすぎると感じるかもしれない．実際，正しい符号の辺が 90% の割合で存在する集合を得るために，$\varepsilon = 0.001$ として，平衡的な三角形がすべての三角形の 99.9% の割合で存在することを要求している．しかし，一方で，この ε と δ の間の関係をこれ以上改善することのできない具体例も作れて，実際には本質的に最善であることも示せる．要約すると，主張は，定性的なレベルで欲している平衡性定理の，一種の近似版を与えている．一方で，より強力な結論を導き出すには，平衡的でない三角形の個数の割合がきわめて小さいことを仮定しなければならなかったとも言える．

5.6 演習問題

1. 人類学者のチームが，互いに隣接する三つの小さい村を研究対象にしているとする．各村は二つあるいは三つの大家族からなり，総人口は 30 人である．どの村の住人も，その村の他の住人のみならず，他の村の住人も全員知っている．

   人類学者のチームは，三つの村の全員からなるソーシャルネットワークを明らかにした．そして，各住人は，自分が属する村の他のすべての住人とは友人であり，自分が属さない別の村のすべての住人とは敵であることが明らかになった．これから，（三つの村の全体で）90 人からなるグラフの各辺に正あるいは負の符号の付随するネットワークが得られる．

   本章の定義に基づいて，この 90 人のネットワークが平衡的であるかどうかを答えよ．さらに，その答えに対する短い説明を与えよ．

2. 図 5.18 に示しているネットワークを考える．図にあるように，任意の二つのノード間に辺があり，全部で 10 本の辺のうち，5 本は正の関係に対応し，5 本は負の関係に対応している．

   このネットワークで，各辺は三つの三角形の辺になっている．なぜなら，辺の両端以外の 3 個の各ノードとその辺とで，三角形が構成されるからである．（たとえば，辺 A-B は，ノード A, B, C，ノード A, B, D，ノード A, B, E からなる 3 個の三角形の辺となっている．他の辺に関しても同様にその辺を持つ三角形を列挙できる．）

   各辺に対して，その辺を含む三角形のうちで，平衡的な三角形の個数と平衡的でない三角形の個数を求めよ．（ネットワークは対称的であるので，すべての正の辺に対する答えは同じものになる．同様に，すべての負の辺に対する答えも同じものになる．したがって，1 本の正の辺と 1 本の負の辺のそれぞれに対して考えれば十分であることに注意しよう．）

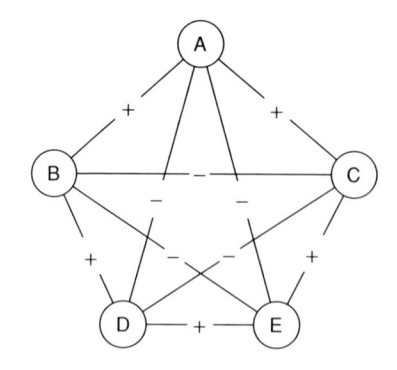

138　第 5 章　正の関係と負の関係

図 5.18　5 本の正の辺と 5 本の負の辺を持つネットワーク．

3. 友好的関係と敵対的関係がすでにあるネットワークに，新しいノードを加えると，構造的平衡性はどうなるかを考える．図 5.19〜5.22 のネットワークで，各辺は，両端の二つのノードが友人同士であるときは＋のラベルで，敵同士であるときは−のラベルで示されている．

　まず，図 5.19 の三つのノードからなるソーシャルネットワーク，すなわち，互いが知り合いで，どの 2 人も友人同士である三つのノード A, B, C からなるソーシャルネットワークを考える．そこに 4 番目のノード D が加わり，既存のノード A, B, C と正または負の関係を築くとする．ノード D が平衡的でない三角形に関与しない形で，A, B, C との関係を築きたいとする．すなわち，D を加えた後に，平衡的でない三角形が D を含むことのないように，D と A, B, C とを結ぶ 3 本の辺のラベル（＋と−の符号）を与えたいとする．これは可能か？

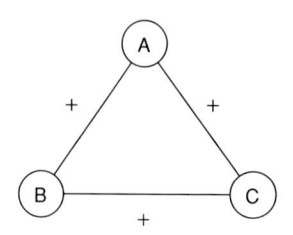

図 5.19　互いが知り合いで，どの 2 人も友人同士である三つのノード A, B, C からなるソーシャルネットワーク．

　実際には，図 5.20 で示しているように，この例では 2 通りの方法でこれを達成することができる．一つの方法は，D が既存のすべてのノードと友人同士になることである．こうすると，D を含むすべての三角形は，3 本とも正の辺となり，したがって，平衡的である．もう一つの方法は，D が既存のすべてのノードと敵同士になることである．こうすると，D を含むすべての三角形は，2 本の負の辺と 1 本の正の辺からなり，平衡的である．

　したがって，このネットワークに対しては，平衡的でない三角形に関与しない形で D は参加することができる．しかしながら，他のネットワークに対しては，これがいつも可能であるわけではない．

　他のいくつかのネットワークに対して，この種の問題を考える．

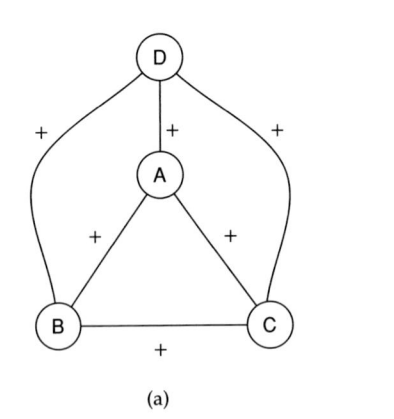

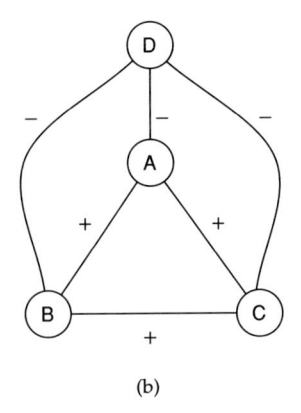

図 **5.20** 図 5.19 のソーシャルネットワークに，平衡的でない三角形に関与しない形でノード D が参加する方法は，2 通りある．(a) 既存のすべてのノードと友人同士になる．(b) 既存のすべてのノードと敵同士になる．

(a) 図 5.21 の三つのノードからなるソーシャルネットワークを考える．すなわち，互いが知り合いで，各辺は，両端の二つのノードが友人同士であるときには + のラベルで，敵同士であるときには − のラベルで示されている．そこに 4 番目のノード D が参加して，既存のノードの A, B, C と正または負の関係を築くとする．このとき，D は平衡的でない三角形に関与しない形で参加することができるのであろうか？
　　● D が平衡的でない三角形に関与しない形で参加できるときには，何通りの方法でできるかを答えよ（すなわち，D が平衡的でない三角形に関与しないようにする，D と他のノードを結ぶ辺へのラベリングは何種類あるか？）．さらにその答えに対する説明を与えよ．
　　● D が平衡的でない三角形に関与しない形で参加することができないときには，なぜできないかを説明せよ．
（この演習問題とこれ以降の演習問題では，新しいノードに対する可能なケースを推論して答えを導出するのに，すべてを検証しなくてもよいことに注意しよう．）

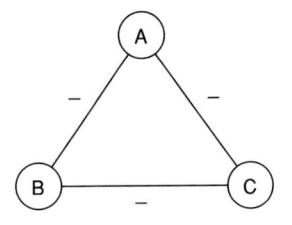

図 **5.21** 互いが敵同士である三つのノードからなるソーシャルネットワーク．

(b) 別のネットワークとして，図 5.22 の三つのノードからなるソーシャルネットワークを考える．すなわち，互いが知り合いで，各辺は，両端の二つのノードが友人同士であるときには + のラベルで，敵同士であるときには − のラベルで示されている．そこに 4 番目のノード D が参加して，既存のノードの A, B, C と正または負の関係を築くとする．このとき，D は，平衡的でない三角形に関与しない形で参加することができるか？

140　第5章　正の関係と負の関係

- Dが平衡的でない三角形に関与しない形で参加することができるときには，何通りの方法でできるかを答えよ（すなわち，Dが平衡的でない三角形に関与しないようにする，Dと他のノードを結ぶ辺へのラベリングは何種類あるか？）．さらにその答えに対する説明を与えよ．
- Dが平衡的でない三角形に関与しない形で参加することができないときには，なぜできないかを説明せよ．

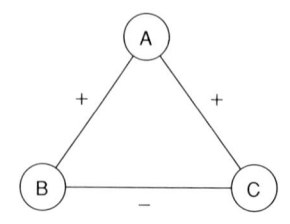

図5.22　ノードAはノードBとノードCの友人であるが，BとCは敵同士である．

(c) 問題(a)と(b)で行ったことを用いて，以下の問題を考える．任意のノード数の平衡的でない"任意の"符号付き完全グラフが与えられたとする．すなわち，平衡的でない三角形を少なくとも1個は含む（符号付き完全グラフは，任意の二つのノード間に辺があり，各辺に＋あるいは－のラベルが付随しているグラフであることを思い出そう）．そこに新しいノードXが参加して，既存の各ノードと正または負の関係を築くとする．このとき，Xは平衡的でない三角形に関与しない形で参加することができるかどうかを答えよ．さらにその答えに対する説明を与えよ．

【ヒント】平衡的でない三角形の3個のノードとXとを結ぶ辺の正または負の関係を考えよう．

4. 何人かの人類学者とともに，熱帯雨林の人口密度の小さい地域の研究をしているとする．そこでは，川沿いの50マイルの範囲に50人の農民が住んでいる．各農民は川に沿って1マイルにわたる土地を所有して生活している．すなわち，川沿いの土地は，この50人の農民で分割されている（この数値は問題の記述が単純でやさしくなるように選んでいる）．

農民は互いに知り合いであり，調査により，どの農民も20マイル以内で生活している農民とは友人同士であり，20マイルより離れたところで生活している農民とは敵同士であることがわかっている．

このソーシャルネットワークに対応する符号付き完全グラフを作成し，それが構造的平衡性を満たすかどうかを答えよ．さらにその答えに対する説明を与えよ．

第II部

ゲーム理論

第 6 章
ゲーム

　複雑な社会・自然・技術システムにおける"連結性"は，実際には以下の二つのことを意味することを，本書の第 1 章で強調した．第一に，相互接続で形成される基盤の構造であり，第二に，システム内に居住する個々人の行動の相互依存関係である．したがって，結果として個人の選択する行動は，すべての人の複雑に絡み合った行動に少なくとも非明示的に依存している．第一のテーマ，すなわちネットワーク構造に関しては，本書の第 I 部で取り上げ，グラフ理論を用いて議論してきた．第 II 部では，行動のレベルでの相互依存を取り上げ，**ゲーム理論** (game theory) の言語を用いて，基本的なモデルを展開して議論する．

　ゲーム理論は，個人の選択した意思決定による結果が，自分の可能な複数の選択肢からの選択に依存するのみでなく，自分と相互作用のある他の人々の選択にも依存する状況を取り扱うために研究されてきた．ゲーム理論的な概念は，多くの分野で生じる．それらのいくつかは，文字どおりゲームそのものである．たとえば，サッカーのペナルティキックにおいて，キッカーのゴール目標の選択法と，それに対するキーパーの防御法は，ゲーム理論を用いてモデル化することができる．他の状況設定でも，通常はゲームとは呼ばれないものの，ゲーム理論を用いて分析できる．例として，新製品の販売でいくつかの競合する企業間における製品価格の設定，オークションにおける入札法の決定，インターネットあるいは輸送ネットワークにおけるルート選択，国際関係における攻撃的姿勢・受動的姿勢の決定，プロスポーツにおける筋肉増強剤の使用・不使用の決定などが挙げられる．これらの例では，各個人の意思決定の結果は他の人の意思決定に依存する．そこで戦略が生まれる．それを分析するために展開されたのがゲーム理論である．

　後の第 7 章で眺めるように，ゲーム理論の概念は，誰も公然と意思決定をしていないような状況設定にも関係している．遺伝生物学は，その最も衝撃的な例と言えるであろう．突然変異を起こした個体が環境に対して適合性を増すと，突然変異は集団で成功して定着することが多いという，基本的な原理が遺伝生物学では広く認識されている．しかし，適合性は，孤立して評価されるべきものではない．むしろ，適合性は，突然変異をしていない他のすべての個体の行動のみならず，突然変異した個体の行動と突然変異をしていない個体の行動との相互作用にも，深く依存している．このような状況では，突然変異の成功・失敗についての推論には，ゲーム理論の概念と定義が必要である．実際，それは，知性あふれる行為者が下す意思決定への推論のプロセスと類似したものになる．したがっ

て，そこでは，突然変異と同様の推論が，新しい文化的な習慣やしきたりの普及の成功・失敗についても適用されてきている．それは，新しい習慣やしきたりが導入される前の既存の行動形式にも深く依存するからである．これらは，ゲーム理論の概念が，人々が他人とどのように相互作用をしているのかをモデル化するのみならず，それ以上のものに広く適用されている例を示している．すなわち，ゲーム理論は，より大きい集団で個体が適応していく行動についての問題を，広く一般に取り上げて議論している．

　ゲーム理論の概念は，本書でもいろいろなところで取り上げている．第8章と第9章では，二つの基本的な応用を取り上げる．一つは，所要時間が他人のルート選択に依存するネットワークのトラフィック問題であり，もう一つは，個人の入札の成功が，他人がどのように入札するかに依存するオークションの問題である．本書のそれ以外の部分でも，さらなる例，たとえばマーケットにおける価格の設定法や，利得が他人の採用した決断に影響を受ける状況下での新しい決断の選択法などを眺める．

　そこで，まず，ゲーム理論に横たわる基本的な概念の説明から始める．初めのうちは，グラフ構造が付随しない状況における人々の相互作用についての議論をする．これらの概念の準備が済んでから，その後の章で，グラフ構造が付随する状況での議論を取り上げ，構造と行動を結びつけて探究することにする．

6.1　ゲームとは

　ゲーム理論では，すべての意思決定者が互いに相手に影響を与えながら行動をする状況，すなわち，各意思決定者の結果に対する満足が，自分自身の決断のみならず，他の意思決定者の決断にも依存する状況を取り上げて議論する．定義をより具体的でわかりやすくするために，例を用いて始めることにする．

　最初の例　2人の大学生が翌日に行われる試験と共同発表の準備を進めているとする．そして，2人とも決断を迫られている状況にあったとする．ここで，いくつかの仮定を設けて，問題を簡単化し，例をできるだけ明確にする．第一に，残された時間の関係で，試験の勉強と発表の準備の両方に時間をさくことはできず，どちらか一方にしか時間を使えない状況であったとする．第二に，異なる決断の結果から得られる評価が正確に予測できているとする．

　試験結果には次の単純な予測を使う．それぞれ，勉強すれば評価は92点となり，勉強しなければ80点となる．

　一方，発表の評価の予測は少し複雑である．発表は2人が共同でやることになっている．2人とも発表の準備をすれば，発表の評価はきわめて良くなり100点となる．2人のうちの1人が準備をして，もう1人が準備しないときには92点となる．さらに，2人とも発表の準備をしないときには84点となる．

　この試験の勉強と発表の準備のどちらを選ぶかの決断が困難なのは，2人ともまったく同じ状況にあり，一方が独自の選択で決まる評価であるのに対して，他方がもう1人の選

択にも依存して決まる評価であるためである．さらに，ここでは，互いに連絡して相談することはできないと仮定する．したがって，2人のいずれも，独立に決断しなければならない．さらに，2人のいずれも，相手も独立に決断しなければならないことを知っているものとする．

もちろん，2人とも，自分の評価（平均点）をできるだけ良くしたいと考えている．2人の決断に応じて得られる各自の平均点は，上記の議論を用いて以下のように算出することができる．

- 2人とも発表の準備を行えば，2人とも発表は100点で試験は80点である．したがって，2人とも平均は90点となる．
- 2人とも試験の勉強を行えば，2人とも発表は84点で試験は92点である．したがって，2人とも平均は88点となる．
- 2人のうちの一方が試験の勉強を行い，他方が発表の準備を行ったときには，以下のようになる．
    - 発表の準備を行ったほうは，発表が92点で試験が80点であるので，平均は86点となる．
    - 試験の勉強を行ったほうは，発表が92点で試験も92点であるので，平均は92点となる．自分で発表の準備をしていないにもかかわらず，発表は共同作業であり，相手が準備をしてくれているために，92点を獲得できて得をすることになる．

これらの結果は，2×2の表として，以下のように簡潔にまとめることができる．2人のうちの一方（自分）の発表準備と試験勉強の二つの選択肢を行に対応させ，他方（相手）の発表準備と試験勉強の二つの選択肢を列に対応させる．したがって，この表の各セルは選択肢から選んだ2人の決断に対応する．各セルには，自分の平均点と相手の平均点がこの順に並べて書かれる．このようにしてできた表が図6.1である．

	相手 発表	相手 試験
自分 発表	90, 90	86, 92
自分 試験	92, 86	88, 88

図 6.1 試験の勉強と発表の準備．

これで状況設定が終わった．次は，どのように行動するのかを明らかにすることである．すなわち，発表の準備をするか，あるいは試験の勉強をするかである．もちろん，獲得できる平均点は，自分の選択のみならず相手の選択にも依存している．したがって，決断をするためには，相手がどう行動するかを推論しなければならない．他人の行動の影響も考慮に入れて，自身の行動に対する戦略的な結果を考えることは，ゲーム理論で取り扱える種類の推論に完全に当てはまる．そこで，試験と発表のシナリオの実際の結果に移る前に，ゲーム理論の基本的な定義をいくつか導入し，その後，このシナリオをゲーム理論

の言語を用いて議論する．これが，最もわかりやすいと思われるからである．

ゲームの基本構成要素　上記で説明した状況は，**ゲーム** (game) の一例である．本書でのゲームは，以下の三つの要素から構成される状況を表すと考えることができる．

1. **プレーヤー** (player) と呼ばれる参加者の集合がある．上の例では，自分と相手が2人のプレーヤーである．
2. 各プレーヤーには，行動に対する選択肢の集合が存在する．各選択肢は，プレーヤーの可能な**戦略** (strategy) と呼ばれる．上の例では，2人のプレーヤーがそれぞれ，発表の準備と試験の勉強の二つの戦略を持っている．
3. 各プレーヤーは，自分の選んだ戦略と他人の選んだ戦略に依存する**利得** (payoff) を受け取る．利得は通常数値化され，各プレーヤーは，小さい利得よりも大きい利得を得たいと考えている．上の例では，各プレーヤーの利得は，獲得する試験と発表の評価の平均点である．通常，これらの利得は，図6.1のように，**利得行列** (payoff matrix) で表される．

本書では，とくに，与えられたゲームにおいて，プレーヤーの行動についての推論を取り上げる．ここでは，2人のプレーヤーに限定して焦点を絞っているが，もちろん，この推論の概念は3人以上のプレーヤーのゲームにも適用できる．また，主として，単純な1回限りのゲームに焦点を絞ることにする．すなわち，プレーヤーの全員が，独立にそして同時に，決断を一度だけ選択するゲームを考える．6.10節では，この理論を行動が時々刻々と決断されて実行される動的なゲームにも適用するために，理論の再解釈法について議論する．

6.2　ゲームにおける行動についての推論

プレーヤーと戦略と利得からなるゲームの記述が完了したので，次に，プレーヤーがどのように行動すると考えられるか，すなわち，戦略をどのように選択するかについて議論する．

基盤の構造に対する仮定　この問題を扱いやすくするために，まずいくつかの仮定から始める．第一に，プレーヤーの目的はすべて，そのプレーヤーの利得に組み込まれていると仮定する．たとえば，6.1節で与えた試験と発表のゲームでは，2人のプレーヤーはいずれも，自分の平均点を最大化することだけが目的である．しかしながら，一般のゲーム理論の枠組みでは，自分の利得のみを興味の対象とすることは要求されていない．たとえば，利他主義のプレーヤーは，自分の利益以外に他人も利益が増えることを願うかもしれない．そのようなときには，利得がこれを反映するようにすべきであろう．このように利得を定めておけば，利得は，ゲームにおける可能な結果のそれぞれに対する各プレーヤーの評価を，完全に記述するものになる．

第二に，各プレーヤーは，ゲームの構造についてすべて知っていると仮定する．この仮定は，まず，各プレーヤーが自分の可能な戦略をすべて知っていることを意味する．さらに，多くのモデル設定では，各プレーヤーが，（プレーヤーが2人のゲームのとき）相手のプレーヤーが誰かも，相手のプレーヤーが利用できる戦略も，すべての戦略の組合せに対する利得も知っているとするのが一般的である．具体的には，試験と発表のゲームでは，この仮定は，自分と相手の2人とも，ともに試験の勉強と発表の準備に直面していることを知っていて，さらに，すべての選択肢の組合せに対する正確な評価も互いの手もとにあることも知っていることを意味する．プレーヤーが基盤の構造についてずっと少ない情報しか持たないゲームの解析法に対しても，多くの研究がなされていて，実際，John Harsanyi（ジョン・ハルサーニ）は，不完全な情報のゲームに対する研究で，1994年にノーベル経済学賞を共同受賞している [208]．

最後に，各個人は，他のプレーヤーが用いる戦略に対する自身の確信に基づいて，自身の利得を最大にする戦略を選択するものと仮定する．この個人の行動のモデルは，通常，**合理性** (rationality) と呼ばれ，以下の二つの考えを実際に組み合わせたものである．一つは，各プレーヤーが自身の利得を最大化したいという考えによる．各個人の利得は，個人の目標を数値化したものであるので，この仮定は合理的と考えられる．もう一つは，各プレーヤーが，実際に，最適な戦略の選択に成功するという考えによる．単純なモデルのゲームや熟練したプレーヤー間で行われるゲームでも，これは合理的に思える．複雑なゲームや未熟なプレーヤー間で行われるゲームでは，これはそれほど合理的とは言えない．間違いを犯したり，ゲームから学ぶプレーヤーを考えることは，興味深いことである．この種の問題を分析する文献も数多く見られる [175]．しかし，これに関しては，ここでは取り上げないことにする．

試験と発表のゲームの行動についての推論 試験と発表のゲームに戻って，2人のプレーヤーがどのように行動するかについて考える．

まず，自分の観点に絞ってこの問題を考える．ゲームは相手の観点からも対称的な構造を持っているので，推論も対称的であることに注意しよう．相手がどのような行動をとるかを予測できたとすると，どう行動すべきかが，より簡単になると思われる．そこで，まず相手の可能な各戦略に対して，どう行動すべきかを考えよう．

- 最初に，相手が試験の勉強をすることがわかったとする．このとき，同様に試験の勉強をすると自身の利得は 88 点となり，そうせずに発表の準備をすると自身の利得は 86 点となる．したがって，このときは試験の勉強をすべきとなる．
- 一方，相手が発表の準備をすることがわかったとする．このとき，同様に発表の準備をすると自身の利得は 90 点となり，そうせずに試験の勉強をすると自身の利得は 92 点となる．したがって，このときにも試験の勉強をすべきとなる．

相手の各選択肢を別個に考えるこのアプローチは，ここでの状態を分析する有効な方法であることがわかった．すなわち，ここでは，相手がどのような行動を選択しようとも，自分は試験の勉強すべきであることが得られた．

あるプレーヤーの一つの戦略が，他のプレーヤーがどのように行動しても，自分の他の

戦略よりも良い利得になるとき，この戦略を**厳密支配戦略** (strictly dominant strategy) と呼ぶことにする．あるプレーヤーが厳密支配戦略を持っているときには，そのプレーヤーは必ずその戦略を選択すると期待できる．試験と発表のゲームでは，試験の勉強が自分の厳密支配戦略であり，また同一の理由で，相手の厳密支配戦略でもある．したがって，2人のプレーヤーは，いずれも試験の勉強を行うと期待でき，いずれも平均点は88点となる．

したがって，試験と発表のゲームではきわめて明快な分析ができ，結果の予想も簡単にできた．しかし，それでも結論には気になることがある．もし2人がともに発表の準備をすることに合意できれば，2人のいずれも平均点が90点となる．すなわち，さらに良い評価となるのである．しかし，2人ともこのことはわかっているにもかかわらず，この平均点90点は合理的なゲームのプレーでは達成できない．上記の推論より，理由は明らかである．たとえ，ともに90点の達成を目指して，自分が発表の準備をすることを明らかにしたとしても，そして相手がそのことを知っていたとしても，相手はより高い92点を達成したいという気持ちが働き，試験の勉強を選択したくなってしまうからである．

この結果は，利得がプレーヤーの結果に対する価値をすべて正しく反映していると考えていることに基づいている．ここでは，2人のプレーヤーがともに自身の平均点のみを最大化したいと考えていたのである．一方，たとえば，2人のプレーヤーがともに他者の平均点も含めて良くしたいということならば，このゲームの利得はそれを反映するように変えなければならない．そして，結果も異なるものになると思われる．同様に，2人の一方が，共同である発表の準備を自分がしないと，他方が怒り狂ってしまうであろうと考えるときには，そのことをゲームの利得に組み入れなければならず，したがって，結果も異なるものになる．しかし，利得が上記のままであったとすると，2人のプレーヤーが合理的な推論に基づいて決断して得られる利得の平均点88点よりも，より良い利得である平均点90点を達成できる興味深い状況が残されているのである．さらに，それは，合理的なゲームのプレーでは，決して達成できない結果である．

関係する話題：囚人のジレンマ　試験と発表のゲームの結果は，ゲーム理論で展開された最も有名な例の一つである**囚人のジレンマ** (prisoner's dilemma) に密接に関係している．囚人のジレンマは以下のように記述できる．

2人の容疑者が警察に逮捕されて，別室で個別に取り調べを受けているとする．警察は，2人とも強盗を犯したと強く信じているが，それを立証する証拠は十分ではなかった．しかしながら，2人が軽微な罪を犯したことは立証でき，したがって，1年間の禁固刑を課すことができる．このような状況のもとで，取り調べを受けている各容疑者は，以下の尋問をされている．「あなたが自白して，相手が自白しなければ，あなたは釈放されて，相手のみが罰を受けることになります．あなたの自白で，相手が強盗をしたことが立証でき，相手は10年間の禁固刑になります．あなたと相手がともに自白したときには，互いに，もう一方の立証は必要でなくなるので，両者の強盗の罪が立証できます．このときには，自供なので刑は軽くなり，4年の禁固刑となります．最後に，あなたも相手も自白しないときは，2人のいずれに対しても，強盗の罪を立証できません．したがって，あなたも相手も軽微な罪に対する刑で，1年間の禁固刑となります．相手も同様のことが説明されています．自白しますか？」

この尋問をゲームとして述べるには，プレーヤーと戦略と利得を決めなければならない．2人の容疑者がプレーヤーで，プレーヤーはそれぞれ，"自白"と"黙秘"の二つの戦略が可能である．最後に，利得は上記の尋問より図6.2のようにまとめることができる．なお，利得が負の値あるいはゼロになっていることに注意しよう．容疑者にとって結果は好ましいものではないからである．

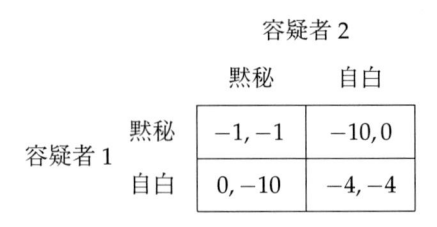

容疑者2

		黙秘	自白
容疑者1	黙秘	−1, −1	−10, 0
	自白	0, −10	−4, −4

図 **6.2** 囚人のジレンマ．

試験と発表のゲームのように，容疑者の選択肢に対する推論を考えることができる．ここでは，対称性から，容疑者1について考える．

- 容疑者2が自白したとする．すると，容疑者1は自白すると利得が−4となり，黙秘すると利得が−10となる．したがって，このときは容疑者1は自白すべきとなる．
- 容疑者2が黙秘したとする．すると，容疑者1は，自白すると利得が0となり，黙秘すると利得が−1となる．したがって，このときも容疑者1は自白すべきとなる．

したがって，自白が厳密支配戦略となる．すなわち，2人の一方にとって，他方がどの戦略をとったとしても，自白が最善の選択となる．その結果として，2人の容疑者はともに自白し，−4の利得を受けとることになると期待できる．

したがって，試験と発表のゲームと同様の衝撃的な現象がここでも生じる．すなわち，2人の容疑者が，ともに黙秘を選択することにより，ともにより良い利得を得られると，2人ともわかっているにもかかわらず，この結果を合理的なゲームのプレーでは達成できない．合理的なプレーでは，2人にとってより悪い結果が得られるのである．もちろん，ここでも，利得がゲームの結果をすべて反映していることが重要である．そうではなくて，たとえば，容疑者が，相手が自白したときには，あとで確実に報復すると互いに脅迫していたとすると，自白の選択肢はあまり良いものではなくなってしまう．したがって，利得は影響を受け，結果は変わりうる．

囚人のジレンマの解釈 囚人のジレンマは，個人の利己的な関心が前面に出ている場合の協力の確立の困難性をきわめて明快に記述しているので，1950年代の前半に紹介されて以来，数え切れないほど多くの文献で取り上げられてきた [343, 346]．もちろん，このような単純なモデルで，実世界の複雑なシナリオを正確に表現できるわけではないが，囚人のジレンマは，多くの実世界の様々な状況を解釈するための枠組みとして用いられている．

たとえば，スポーツにおける能力向上のための薬物の使用は，囚人のジレンマでモデル化されている [210, 367]．ここでは選手がプレーヤーであり，この薬物を使用するかしないかが二つの可能な戦略である．一方が薬物を利用して，他方が薬物を使用しないときに

は，薬物を使用したほうが，競技に有利になるが，長期にわたって副作用に煩わされるばかりでなく，逮捕されることもある．薬物の使用を検出することが難しいようなスポーツを考える．そして，そのようなスポーツの選手が競技に勝つほうを優先して，薬物の副作用を過小に評価している状況とする．すると，この状況の利得は，図6.3のようなものになる．ただし，ここでの数値は任意に選んでいる．互いに相対的な大小関係のみが大切である．

選手2

	薬物不使用	薬物使用
選手1　薬物不使用	3, 3	1, 4
薬物使用	4, 1	2, 2

図 **6.3** 能力向上の薬物．

ここでは，2人の選手のうちの一方の最善の結果は，他方が薬物を利用しないで自分が薬物を使用するときであり，このとき勝利するチャンスが最大になり，利得4である．しかしながら，2人とも薬物を使用すると，どちらも利得は2となり，2人とも薬物を使用しないときの利得3よりも悪くなってしまう．このどちらの場合も，ともに対等になるが，後者（薬物不使用）が前者（薬物使用）より利得が大きいのは，前者のときには自身が薬物の副作用に煩わされる可能性があるからである．一方，薬物使用は，厳密支配戦略であることがわかる．したがって，プレーヤーは，ともに2人にとってより良い他の結果があるとわかっていても，薬物を使用してしまう状況になる．

より一般的には，この種の状況は，しばしば**軍拡レース (arms race)** とも呼ばれている．すなわち，二つの競争国が，互いに力の均衡を保つために，きわめて危険な軍備を拡充している状況である．上記の例では，能力向上の薬物使用が軍備拡充に相当する．囚人のジレンマを用いても，敵対する二つの国家の軍拡レースを解釈することができる．このときには，黙秘が当該国の軍備拡充に対応する．

囚人のジレンマの議論をまとめておく．囚人のジレンマが当てはまるゲームは，利得の配列がある形式に沿っているときにのみ生じることに注意しよう．本章の残りの部分でも眺めるように，ゲームの構造は様々で，したがって，推論で得られる行動の結果が大きく異なることも多い．実際，ゲームを少し変えるだけでも，囚人のジレンマから，より問題点のないものになるのである．たとえば，試験と発表のゲームに戻って，試験がきわめてやさしいとしてみる．すなわち，試験勉強をすれば100点がとれて，しないときでも96点がとれるとする．それ以外の部分は前のとおりとする．すると，利得行列は，図6.4のような値になることがわかる．

この新しい利得では，発表の準備が厳密支配戦略になることがわかる．したがって，2人のプレーヤーはともに発表の準備を行うと期待できる．そして，その決断から利益を得ることになる．前述のシナリオのような欠点はここでは現れない．他の危険な現象でもそうであるが，囚人のジレンマは，条件が揃ったときにのみ現れるのである．

	相手 発表	相手 試験
自分 発表	98, 98	94, 96
自分 試験	96, 94	92, 92

図 6.4　試験がきわめてやさしいときの試験と発表のゲーム．

6.3　最善反応と支配戦略

　前節におけるゲームについての推論では，本書のゲーム理論の議論で中心的な役割を果たす二つの基本的な概念を用いた．そこで，ここでそれらについて注意深い定義を与えておき，その後，それらの意味するものを探求していく．

　第一の概念は，**最善反応** (best response) である．それは，他のプレーヤーがどう行動するかについて確信が得られたときに，自分の最善の選択をすることを指す．たとえば，試験と発表のゲームの分析では，他のプレーヤーの可能な各選択に対して最善の行動を決定した．

　以下のように少し記法を用いると，この概念をより正確に記述することができる．S をプレーヤー 1 の選んだ戦略とし，T をプレーヤー 2 の選んだ戦略とする．このとき，この選択した戦略の対 (S, T) に対応する利得行列の要素を考える．この戦略の対 (S, T) の結果から得られるプレーヤー 1 の利得を $P_1(S, T)$ と表記し，プレーヤー 2 の利得を $P_2(S, T)$ と表記することにする．すると，プレーヤー 2 の戦略 T に対して，プレーヤー 1 のどの戦略 S' よりも戦略 S のほうがプレーヤー 1 の利得が悪くならないときに，戦略 S はプレーヤー 1 の**最善反応**であると呼ぶことにする．したがって，プレーヤー 1 の戦略 S 以外のプレーヤー 1 のどの戦略 S' に対しても

$$P_1(S, T) \geq P_1(S', T)$$

が成立するとき，戦略 S はプレーヤー 1 の最善反応である．同様に，プレーヤー 2 の最善反応も完全に対称的に定義できる．そのため，それについてはここでは記さない．すなわち，本書ではこれからもプレーヤー 1 に対する定義だけを与える．いずれのときも，プレーヤー 2 に対する定義を完全に対称的に与えることができるからである．

　この定義では，戦略 T に対して，プレーヤー 1 の利得の最大値が等しくて複数の戦略で最善反応が達成されることも許していることに注意しよう．これにより，これらの戦略から，プレーヤー 1 の用いる戦略を予測することが困難になる．そこで，戦略 T に対する最善反応が唯一に決定されるときを，以下のように強調することもできる．プレーヤー 2 の戦略 T に対して，プレーヤー 1 の戦略 S 以外のプレーヤー 1 のどの戦略 S' に対しても

$$P_1(S, T) > P_1(S', T)$$

が成立するとき（すなわち，プレーヤー1のどの戦略S'よりも戦略Sのほうがプレーヤー1の利得が大きくなるとき）に，戦略Sはプレーヤー1の**厳密最善反応** (strict best response) であると呼ぶことにする．プレーヤー2の戦略Tに対する厳密最善反応がプレーヤー1に存在するときには，プレーヤー2の戦略Tに対して，プレーヤー1は明らかに厳密最善反応を行うと期待できる．

第二の概念は，前節の分析で中心的な役割を果たした，厳密支配戦略である．最善反応を用いて，その定義は以下のよう述べることができる．

- プレーヤー2のすべての戦略に対して，プレーヤー1の最善反応であるような戦略をプレーヤー1の**支配戦略** (dominant strategy) という．
- プレーヤー2のすべての戦略に対して，プレーヤー1の厳密最善反応であるような戦略をプレーヤー1の**厳密支配戦略** (strictly dominant strategy) という．

前節では，プレーヤーが厳密支配戦略を持つときには，そのプレーヤーがそれを選ぶと期待できることを観察した．支配戦略の概念は，複数の対立する戦略が同じ値の利得で最善となることもあるので，少し弱まっている．そのようなときには，プレーヤーが複数の支配戦略を持つことになり，そのうちのどれが選択されるかが明らかでなくなる．

囚人のジレンマでは，2人とも厳密支配戦略を持っていたことから，その分析は簡単にできるようになっていて，何が起こるかも容易に推論することができたのである．しかし，大部分のモデルでは，このように明快な推論ができないことも多い．そこで，厳密支配戦略がないゲームを眺めてみる．

一方のプレーヤーだけが厳密支配戦略を持つゲーム 第一のステップとして，2人のうち，一方のプレーヤーは厳密支配戦略を持つが，他方のプレーヤーは厳密支配戦略を持たないゲームのモデルを考えてみよう．具体化するために，以下の状況設定を考える．

二つの企業がそれぞれ，製品を作って新しい商品として販売することを考えているとする．二つの企業の製品は，互いに完全に競合している．消費者の集団は，2種類の製品により完全に2分割されている，すなわち，低価格の商品を買う人と高性能な商品を買う人に二分されているとする．さらに，低価格の商品でも高性能な商品でも販売で得られる利益は，どちらの企業でも同一であると仮定する．したがって，利益の管理は，商品の売上高を管理すれば十分である．どちらの企業も利益の最大化，すなわち，売上高の最大化を目指していて，そのために，低価格の商品を生産するか高性能な商品を生産するか，どちらにするかを決断しなければならない．

このゲームは，企業1と企業2の2人のプレーヤーからなり，二つの可能な戦略（ターゲット）は，低価格の商品を生産することと，高性能な商品を生産することである．利得を決定するために，企業は販売で期待できることを以下のように分析している．

- 低価格の商品を購入したいと考えている消費者は集団全体の60%であり，高性能な商品を購入したいと考えている消費者は集団全体の40%である．
- 企業1はより人気のブランドであるので，二つの企業が同じターゲットの商品で直接競合すると，企業1は80%の売上高になり，企業2は20%の売上高になる．企業が互

いにターゲットの異なる商品を売り出すと，ブランドの影響を受けることなく，各商品の売上高はその商品を購入したいと考えている各集団の割合に一致する．

この記述に基づいて，異なる戦略の選択による利得は以下のように決定することができる．

- 二つの企業が互いにターゲットの異なる商品を販売すると，低価格の商品を販売する企業は 0.60 の利得が獲得でき，高性能な商品を販売する企業は 0.40 の利得を獲得する．
- 二つの企業がともに低価格の商品を販売すると，低価格の商品を購入したいと考えている集団の 60% の消費者のうちの，80% が企業 1 の商品を買い，20% が企業 2 の商品を買うことになるので，企業 1 は $(0.8)(0.6) = 0.48$ の利得を獲得し，企業 2 は $(0.2)(0.6) = 0.12$ の利得を獲得する．
- 同様に，二つの企業がともに高性能な商品を販売すると，高性能な商品を購入したいと考えている集団の 40% の消費者のうちの，80% が企業 1 の商品を買い，20% が企業 2 の商品を買うことになるので，企業 1 は $(0.8)(0.4) = 0.32$ の利得を獲得し，企業 2 は $(0.2)(0.4) = 0.08$ の利得を獲得する．

したがって，このゲームは，図 6.5 の利得行列として，まとめることができる．

企業 2

	低価格の商品	高性能な商品
企業 1　低価格の商品	0.48, 0.12	0.60, 0.40
企業 1　高性能な商品	0.40, 0.60	0.32, 0.08

図 6.5 マーケティング戦略．

このゲームでは，企業 1 が厳密支配戦略を持つことに注意しよう．実際，企業 1 の低価格の商品の戦略は，企業 2 のすべての戦略に対して厳密最善反応になっているからである．一方，企業 2 は支配戦略を持たない．実際，企業 1 の高性能な商品の戦略に対して，企業 2 の低価格の商品の戦略は最善反応であるが，企業 1 の低価格の商品の戦略に対しては，企業 2 の高性能な商品の戦略が最善反応になるからである．

それでも，このゲームの結果は，以下のように困難なく予測することができる．企業 1 が低価格の商品の厳密支配戦略を持つので，企業 1 は低価格の商品の戦略を選択すると期待できる．すると，企業 2 はどうすべきであろうか？企業 2 は，企業 1 の利得を知っていて，さらに，企業 1 が利得を最大化したいことも知っているとすると，企業 2 は確信を持って企業 1 が低価格の商品の戦略を選択すると予測できる．企業 1 の低価格の商品の戦略に対して，企業 2 の高性能な商品の戦略は厳密最善反応であるので，企業 2 は高性能な商品の戦略を選択すると期待できる．したがって，このゲームでは，企業 1 が低価格の商品の戦略を選択し，企業 2 が高性能な商品の戦略を選択すると期待でき，企業 1 と企業 2 の利得はそれぞれ，0.60 と 0.40 になる．

上記では，最初に企業 1 の厳密支配戦略の選択の推論をし，次にそれに対する企業 2 の最善反応戦略の選択の推論をした．すなわち，2 段階の推論を述べたが，実際のゲームで

は，2人のプレーヤーはもちろん同時に行動を選択することに注意しよう．すなわち，二つの企業は同時に，そして秘密裏に，マーケティング戦略を展開する．そして，同時進行のゲームがどのように展開されるかを予測するために，戦略に対する推論を，単に2段階の論理で自然に展開していただけである．この予測に対する直観的な意味合いも興味深い．すなわち，企業1は人気があり評判が良いので，企業2の決断を気にすることなく，決断をすることができる．一方，企業2はこれを受け，企業1と衝突することを避けて，安全な策を選ぶことが最善の戦略となる．

最後に，このマーケティング戦略ゲームで，ゲームに関する知識と他方のプレーヤーに関する知識をプレーヤーが持っているという仮定が，どのように利用されているかについても，注意しておくべきであろう．ここでは，とくに各プレーヤーが，利得行列を完全に知っていると仮定していた．さらに，この例のゲームの推論では，企業1が利益を最大化したいと考えていることを企業2は知っているとともに，企業1が自身の利益を知っていることを企業2は知っている，ということが重要である．一般に，本書では，プレーヤーがゲームの**共有知識** (common knowledge) を持っていることを仮定する．すなわち，ゲームの構造を知っていて，ともにゲームの構造を知っていることを知っていて，ともに，ともにゲームの構造を知っていることを知っていることを知っていて，…となる．本書では，いずれにおいても共有知識の全内容を必要とすることはないが，この仮定はよく用いられるとともに，ゲーム理論分野における研究テーマでもある [28]．前にも述べたように，共有知識の仮定がない状況のゲームでも分析は可能であるが，その分析はかなり複雑になってしまう [208]．さらに，他のプレーヤーの選択にかかわらずに，各プレーヤーの厳密支配戦略による推論で行動を予測できる囚人のジレンマのような単純なゲームでは，共有知識の仮定は，必要以上に強すぎる仮定であることにも注意しよう．

6.4 ナッシュ均衡

2人ゲームにおいて，2人のプレーヤーがいずれも厳密支配戦略を持たないときには，ゲームで起こることを予測するためには，他の方法が必要となる．本節では，これを行う方法を展開する．さらに，それから得られる結果は，一般のゲームを分析する有効な枠組みを与えることにもなる．

例：3人の顧客ゲーム 問題の構造を明らかにするために，厳密支配戦略のないゲームの単純な例を考えてみることにする．その例とは，前述の例のような，二つの企業間のマーケティングゲームである．しかしながら，設定が少し複雑になっている．二つの企業のそれぞれが，3人の大口の顧客であるA, B, Cとビジネスを行おうとしているとする．いずれの企業も三つの可能な戦略，すなわち，A, B, Cのいずれかとビジネスを行う3通りの戦略を持っているとする．二つの企業の決断から得られる利得は，以下のように算出されるとする．

- 二つの企業が同じ顧客と同時にビジネスを行うことになると，その顧客のビジネスは半分ずつになる（すなわち，利得は二つの企業で2等分することになる）．
- 企業1は小さすぎて自身だけではビジネスを行うことができない．したがって，企業1がある顧客とビジネスを行うことにしても，企業2が別の顧客とビジネスを行うことになると，企業1の利得は0となる．
- 企業2が顧客Bあるいは顧客Cと自身だけでビジネスを行うことになると，ビジネスは全部行えることになる．一方，Aはより大きい顧客であるので，二つの企業は一緒にならないとAとはビジネスを行えない．
- Aは大きな顧客であるので，ビジネスを行う価値は8である（したがって，各企業の利得は半分の4になる）．一方，BあるいはCとビジネスを行う価値は2である（したがって，二つの企業が同時にビジネスを行うと，各企業の利得は半分の1になる）．

以上のことから，利得行列は図6.6のように書ける．

企業2

	A	B	C
A	4,4	0,2	0,2
B	0,0	1,1	0,2
C	0,0	0,2	1,1

企業1

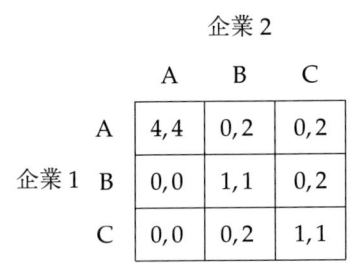

図6.6 3人の顧客ゲーム．

このゲームで利得がどのように働くかを考えてみると，どちらの企業も支配戦略を持たないことがわかる．実際，各企業の最善反応の各戦略は，以下のように記すことができる．企業1においては，Aは企業2の戦略Aに対して厳密最善反応であり，Bは企業2の戦略Bに対して厳密最善反応であり，Cは企業2の戦略Cに対して厳密最善反応である．一方，企業2においては，Aは企業1の戦略Aに対して厳密最善反応であり，Cは企業1の戦略Bに対して厳密最善反応であり，Bは企業1の戦略Cに対して厳密最善反応である．このゲームのプレーの結果について，どのような推論ができるであろうか？

ナッシュ均衡の定義 1950年にJohn Nash（ジョン・ナッシュ）は，一般のゲームにおける行動についての推論に対して，単純ながら強力な原理を提案している [313, 314]．そのもととなる仮説は以下のようなものである．支配戦略がない場合でも，プレーヤーは，互いに最善反応となる戦略を用いると期待できる．より詳しくは，以下のとおりである．プレーヤー1が戦略Sを選択し，プレーヤー2が戦略Tを選択するとする．SがTに対する最善反応であり，かつTがSに対する最善反応であるとき，この戦略の対(S,T)は**ナッシュ均衡** (Nash equilibrium) と呼ばれる．この概念は，プレーヤーの一部の合理性から純粋に導き出せる概念ではない．むしろ，**均衡** (equilibrium) の概念である．基本となる考え方は，どちらのプレーヤーも，他方のプレーヤーの戦略に対する最善反応となっているときには，別の戦略をとりたいという気持ちにはならない，ということに基づいている．すなわち，システムは一種の均衡状態にあり，他の結果に向かう力は働かないという考え

方に基づいている．Nash は，この概念の展開と分析に対する貢献で，1994 年にノーベル経済学賞を共同で受賞している．

　ナッシュ均衡の概念をよく理解するために，なぜ互いに他方の最善反応となる戦略の対でない限り，戦略の対は均衡とならないかを，最初に考えてみる．その答えは，以下のとおりである．すなわち，戦略の対が互いに他方の最善反応となる戦略の対でないときには，少なくとも一方に他の戦略をとりたいという気持ちが生じるので，この戦略の対がゲームで実際に用いられることはない，ということを，2 人のプレーヤーがともに確信しているからである．したがって，ナッシュ均衡は，確信に基づく均衡であると考えられている．各プレーヤーは，他のプレーヤーがナッシュ均衡を構成する戦略を実際に選ぶと確信しているときには，そのナッシュ均衡を構成するように自分の戦略を選びたいという気持ちになるからである．

　上記の 3 人の顧客ゲームをナッシュ均衡の観点から考えてみよう．企業 1 が A を選択し，企業 2 も A を選択するときには，企業 1 は企業 2 の戦略に対する最善反応を行い，企業 2 は企業 1 の戦略に対する最善反応を行っていることが確認できる．したがって，戦略の対 (A, A) はナッシュ均衡を形成する．さらに，これが唯一のナッシュ均衡であることも確認できる．他の戦略のどの対も，少なくとも一方の戦略の最善反応とはなっていないからである[1]．

　上記の議論より，ナッシュ均衡を求める方法が二つあることがわかる．一つの方法は，すべての戦略の対のそれぞれに対して，互いに最善反応となる戦略の対となっているかどうかを判断し，最善反応となる戦略の対を求める方法である．もう一つの方法は，まず各プレーヤーが他方のプレーヤーの各戦略に対する最善反応の戦略を求めて，その後に，同時に（相互に）最善反応となる戦略の対を求める方法である．

6.5　複数の均衡：協調ゲーム

　前節の 3 人の顧客ゲームのように，ナッシュ均衡が唯一のゲームでは，すべてのプレーヤーがナッシュ均衡となる戦略を選ぶと予測することは，理にかなっていると考えられる．ゲームの他の選択では，少なくとも 1 人のプレーヤーが，他の人の戦略に対して最善反応を選んでいないことになるからである．しかしながら，いくつかの自然なゲームでは，2 個以上のナッシュ均衡を持つこともある．そして，このようなケースでは，合理的なプレーヤーが，ゲームでどのような行動をするかの予測が困難になる．この問題に対する基本的な例をここでいくつか考えてみよう．

　協調ゲーム　理解しやすくするために，以下のようなストーリーを用いて，単純であるものの **協調ゲーム** の中核となる例を説明する．2 人の大学生（自分と相手とする）が，共

---

[1] この議論では，各プレーヤーが使用できる戦略は，A, B, C の 3 通りである．本章の後の部分で，プレーヤーが 3 通りの戦略をランダムに使用する，より複雑な戦略を選べる状況を取り上げる．このより複雑な戦略を選べる状況のモデルを用いて，3 人の顧客ゲームに対する均衡をさらに得ることにする．

同発表のスライドの準備をそれぞれ進めているとする．互いに電話連絡はできず，どちらもスライドの作成をただちに行わなければならない．そこで，2人とも，自身の分のスライドをパワーポイントかAppleのキーノートのどちらのソフトウェアで作成するか，を決断しなければならない．どちらでもかまわないが，同一のソフトウェアを使っていれば，あとで2人のスライドを一緒にするのがより簡単になる．

この例は，2人の大学生がプレーヤーであるゲームとなる．パワーポイントの選択とAppleのキーノートの選択が二つの戦略となり，利得は図6.7に示すようになる．

		相手	
		パワーポイント	キーノート
自分	パワーポイント	1,1	0,0
	キーノート	0,0	1,1

図 6.7　協調ゲーム．

これは，2人のプレーヤーの目標が同一の戦略を選択するように協調することであるので，**協調ゲーム** (coordination game) と呼ばれている．協調ゲームは多くの状況で起こる．たとえば，多くの分野で共同で製品を製作している二つの会社が，新製品をメートル単位あるいはヤード単位のどちらで作るかの決断を迫られている状況，同一の軍の二つの小隊が，敵の左側あるいは右側のどちらから攻撃するかの決断を迫られている状況，2人の人が混雑したモールの北端あるいは南端のどちらで会うかの決断を迫られている状況などが挙げられる．いずれの場合も，両者とも同一の選択をする限り，どちらの選択でも問題はない．

このゲームの潜在的な困難は，二つのナッシュ均衡を持つことである．図6.7のゲームの例では，(パワーポイント, パワーポイント) と (キーノート, キーノート) が二つのナッシュ均衡である．2人のプレーヤーがどちらかのナッシュ均衡で一致することに失敗すると，たとえば，一方がパワーポイントで作成し，他方がキーノートで作成すると，利得は少なくなってしまう．2人のプレーヤーはどのように行動すべきであろうか？

これは，かなりの議論がなされ現在も研究対象となっているテーマである．そして，いくつかの提案が，この分野の研究で注目を浴びてきている．Thomas Schelling（トーマス・シェリング）は，この困難を解決する方法として，**焦点法** (focal point) のアイデアを紹介している [364]．彼は，あるゲームでは，プレーヤーがナッシュ均衡の一つに焦点を当てて行動していることに気づいた．そして，そのようなナッシュ均衡を予測できる（ゲームの利得構造の外部に存在することもある）自然な理由が存在することに注目した．たとえば，センターラインのない田舎の狭い道路で，夜間に2台の車がすれ違う状況を考えてみよう．どちらのドライバーも左あるいは右のいずれか一方に寄ることを決断しなければならない．2人のドライバーが協調できて同一の選択を行えば，互いに安全にすれ違える．しかし，協調できなければ，悲惨な衝突となり，利得はきわめて低くなる．幸運にも，交通ルールによりドライバーはどうすべきかを容易に判断できる．すなわち，このゲームが米国で起こった場合は，交通ルールによりドライバーはともに右に寄り，英国で起こった

場合は，交通ルールによりドライバーはともに左に寄る．このように，その地域の社会習慣により，複数の均衡から一つの均衡が優先的に選ばれてくることもある．

基本的な協調ゲームの変種版 複数の均衡にまつわる様々な問題点を把握するために，基本的な協調ゲームの構造をさらに拡充することもできる．前述の例の単純な拡張として，以下の問題を考える．2人ともパワーポイントよりキーノートのほうが好きであったとする．ここでも協調が要求されるが，二つの均衡は価値が異なる．この状況は，**不均等協調ゲーム** (unbalanced coordination game) としてモデル化でき，たとえば，利得行列は図 6.8 のようになる．

		相手	
		パワーポイント	キーノート
自分	パワーポイント	1, 1	0, 0
	キーノート	0, 0	2, 2

図 6.8　不均等協調ゲーム．

このゲームでも，(パワーポイント, パワーポイント) と (キーノート, キーノート) は，一方が他方より利得が高くなるものの，ともにナッシュ均衡であることに注意しよう．したがって，相手がパワーポイントを選択するであろうと信じるならば，自分もパワーポイントを選択すべきと考えることがキーポイントである．このようなとき，Schelling の焦点法の理論は，プレーヤーによって選ばれる均衡の予測には，任意の社会的な習慣よりも，ゲームに"固有の"特徴を用いるべきであるとしている．すなわち，プレーヤーの複数の選択肢から，より高い利得を両者に与える均衡（を達成する戦略）がプレーヤーによって選択されると予測することができる他の例として，混雑しているモールで2人が会おうとしているとする．モールの北端は両者にお気に入りの本屋があり，南端は入出荷口であるとする．すると，焦点法では，2人が選ぶ均衡は北端であると予測される．

2人のお気に入りのソフトウェアが異なると，図 6.9 に示しているような利得行列になり，状況はさらに複雑になる．

		相手	
		パワーポイント	キーノート
自分	パワーポイント	1, 2	0, 0
	キーノート	0, 0	2, 1

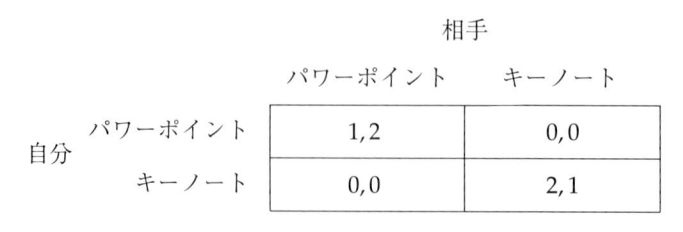

図 6.9　夫婦の戦い．

この場合でも，2通りの協調が可能であり，それらに対応する2通りの均衡があるが，一方の利得は (キーノート, キーノート) 均衡でより高く，他方の利得は (パワーポイント, パワーポイント) 均衡でより高くなっている．このゲームは，伝統的に**夫婦の戦い** (battle of the sexes) と呼ばれている．それは以下のストーリーに基づいている．1組の夫婦が映

画館に行って映画を見ようとしている．ロマンティックコメディとアクション映画が上映されていて，どちらか一方を選択しなければならない．もちろん，2人は一緒に同じ映画を見ることになる．そこで協調することになるが，(ロマンス, ロマンス) の均衡は2人の一方で利得が高くなり，(アクション, アクション) の均衡は他方で利得が高くなる．

夫婦の戦いのゲームでは，利得行列を用いても，純粋に外部の社会的習慣を用いても，実際に実行されるゲームの均衡を予測することが困難である．むしろ，異なる協調の均衡を，通常，どのようにして解決しているかなどの2人のプレーヤー間に存在する習慣のようなものが，予測に役立つと考えられる．

基本的な協調ゲームの最後の変種版として，最近注目を浴びているものも述べておくとよいであろう．それは，以下の Rousseau（ルソー）の本のストーリーに基づいて，雄ジカ狩りゲームと呼ばれている [374]．2人のハンターが狩りに出かけたとする．一緒に協力すれば雄ジカを捕えることができる．これは2人にとって最も利得が高くなる．一方，2人は1人だけで野ウサギを捕えることもできる．しかし，1人だけで雄ジカを捕らえようとしても不可能であり，このときは何も得ることができない（他方は野ウサギを得ることができる）．この例は，2人のハンターがプレーヤーであり，戦略は雄ジカ狩りあるいは野ウサギ狩りの二つであり，利得は図 6.10 に示しているようになる．

		ハンター 2	
		雄ジカ狩り	野ウサギ狩り
ハンター 1	雄ジカ狩り	4,4	0,3
	野ウサギ狩り	3,0	3,3

図 6.10 雄ジカ狩りゲーム．

この状況は，2人のプレーヤーがうまく協調できないとき，高い利得を得ようとしたプレーヤーが低い利得を得ようとしたプレーヤーよりも大きな罰を受けることになる点を除いて（実際，低い利得を得ようとしたプレーヤーは罰を受けることはない），不均等協調ゲームにきわめて似ている．したがって，高い利得と他との協調不一致による低い利得との間のトレードオフに基づいてどちらの均衡が選ばれるかを推論することは，困難な問題となる．

雄ジカ狩りゲームも，囚人のジレンマで起こった直観的な困難のいくつかを含んでいると議論されている．もちろん，囚人のジレンマは厳密支配戦略を持つので，構造は明らかに異なる．しかしながら，2人のプレーヤーが協調して同じ行動がとれれば利益があり，協調に失敗して異なる行動をとることになると危険が伴うという点では，同じである．これら二つのゲーム間のいくつかの類似点を眺めるもう一つの方法は，以下のとおりである．すなわち，6.1 節の試験と発表のゲームに戻って，一つだけ小さい変更を加えてみる．すると，囚人のジレンマから雄ジカ狩りゲームにきわめて似たものが得られることになる．具体的には，6.1 節で設定した評価に対して，発表の準備を2人が協調して行うことを要求する．それ以外は同じであるとする．すなわち，2人とも発表の準備をすれば発表の評価は 100 点となるが，そうでないときには2人とも 84 点になるとする．このように変更

すると，試験と発表のゲームの利得行列は，図6.11で示しているようになる．

相手

		発表	試験
自分	発表	90, 90	82, 88
	試験	88, 82	88, 88

図 6.11　試験と発表のゲーム（雄ジカ狩り版）．

こうして，雄ジカ狩りゲームにきわめて似た構造が得られる．そして，(発表, 発表) と (試験, 試験) が均衡となる．しかし，一方がより高い利得の均衡に移ろうとすると，他方が試験の勉強を選択する（たとえば，(試験, 発表) から (試験, 試験) となる）可能性もあり，((発表, 発表) とはならなくなって）危険を伴うことになる．

6.6　複数の均衡：鷹と鳩のゲーム

複数のナッシュ均衡は，別の同程度に基本的なゲームでも起こる．そこでは，プレーヤーがある種の"反協調的"行動をとることが望まれる．そのようなゲームで最も基本的と思えるゲームが，以下のストーリーに基づく，**鷹と鳩のゲーム** (hawk-dove game) である．

2匹の動物が，食物の分割法で競い合っているとする．各動物は，攻撃的に行動する戦略（**鷹戦略**）と平和的に行動する戦略（**鳩戦略**）の二つの戦略を持っている．2匹がともに平和的な行動をとると，食物は2等分されて，利得はともに3となる．一方が攻撃的な行動をとり，他方が平和的な行動をとると，攻撃的なほうが食物の大部分をとって利得は5となり，平和的なほうの利得は1となる．2匹の動物がともに攻撃的な行動をとると，食物は破壊されて（さらに互いに傷つき），利得はともに0となる．したがって，利得行列は図6.12のようになる．

動物 2

		D	H
動物 1	D	3, 3	1, 5
	H	5, 1	0, 0

図 6.12　鷹と鳩のゲーム（Dは平和的戦略，Hは攻撃的戦略）．

このゲームは，(D, H) と (H, D) の二つのナッシュ均衡を持つ．これらの動物についてさらなる知識がないと，どちらの均衡が実行されるかを予測することはできない．したがって，これまで眺めてきた協調ゲームと同様に，ナッシュ均衡は合理的な予測の範囲を絞り込むのには有効であるが，唯一の予測に絞り込むことはできない．

6.6 複数の均衡：鷹と鳩のゲーム

鷹と鳩のゲームは多くの枠組みで研究されてきた．たとえば，動物を国で置き換えて，二つの国が外交政策として，攻撃的な政策と平和的な政策のいずれか一方の政策を，同時に選択するとする．どちらの国も，攻撃的な政策を通してより良い利益を獲得したいと考えているが，両方とも攻撃的な政策をとると戦争になる危険が伴い，両方とも最悪の結果に陥ってしまう．したがって，均衡では，一方が攻撃的な政策をとり，他方が平和的な政策をとると期待できる．しかし，どちらの国が攻撃的な政策をとり，どちらの国が平和的な政策をとるかを予測することはできない．したがって，ここでも，攻撃的な政策をとる国と平和的な政策をとる国を予測するには，さらなる知識が必要になる．

鷹と鳩のゲームは，6.1節の試験と発表のゲームの利得に小さな変更を加えて得られるゲームのもう一つの例である．6.1節の設定を思い出して，以下の小さな変更を加えてみる．2人とも発表の準備をしないときは発表の評価は60点となり，そうでないときは（すなわち，2人の少なくとも一方が発表の準備をするときには），2人とも6.1節と同じ評価になるとする（一方のみが発表の準備をしたときはともに92点となり，2人がともに発表の準備をしたときはともに100点となる）．試験に対しての変更はないものとする．したがって，このゲームにおける利得行列，すなわち，各戦略の対に対して得られる平均点の対は，図6.13に示しているようになる．

	相手 発表	相手 試験
自分 発表	90, 90	86, 92
自分 試験	92, 86	76, 76

図 6.13 試験と発表のゲーム（鷹と鳩のゲーム）．

この変更版のゲームでは，(発表, 試験) と (試験, 発表) の二つの均衡が存在する．本質的には，一方が受動的に行動して発表の準備を行い，他方が試験の勉強をしてより高い利得を獲得すると言える．ともに受動的な行動をとることを拒否すると，低い利得となるが，ゲームの構造からのみでは，どちらが受動的な行動をとり，どちらが能動的な行動をとるかの予測はできない．

鷹と鳩のゲームはゲーム理論の分野では様々な名前で知られている．たとえば，**チキンゲーム** (chicken game) とも呼ばれている．その名前は，前方に障害物がある道路で10代の2人の少年が同じ猛スピードで車を運転し，できるだけ遅くまでハンドルを切らずに勇気を競うレースに由来する．ここでの二つの戦略は，"ハンドルを切る"と"ハンドルを切らない"である．最初にハンドルを切ったほうは，友人から弱虫と見なされることになる．一方，どちらもハンドルを切らないと，ともに障害物に衝突して悲惨な目に遭ってしまう．

6.7 混合戦略

前の二つの節では，ナッシュ均衡が複数存在すると，ゲームの予測が概念的に困難になることを議論してきた．一方で，ナッシュ均衡がまったく存在しないゲームもある．そのようなゲームに対しては，ランダム化の可能性も含めて戦略の集合を拡張し，プレーヤーの行動についての予測をする．プレーヤーがランダムに行動することを許すと，John Nash（ジョン・ナッシュ）の主な成果の一つである均衡が常に存在することになる [313, 314]．

この現象をもたらすゲームのクラスのうちでおそらく最も単純なものは，"攻撃と防御のゲーム" と呼ばれるものであろう．そのようなゲームでは，一方のプレーヤーが攻撃者として行動し，他方のプレーヤーは防御者として行動する．攻撃者は二つの戦略（攻撃）を用いることができる．それらの戦略を A と B と呼ぶことにする．一方，防御者の二つの戦略は，"A に対する防御" と "B に対する防御" である．防御者は，攻撃者の用いた攻撃に対する防御を行ったときには，より高い利得を獲得する．一方，防御者が攻撃者の用いた攻撃でないほうに対する防御を行ったときには，攻撃者がより高い利得を獲得する．

二つのコインの表裏ゲーム　単純な攻撃と防御のゲームは，**二つのコインの表裏ゲーム** (matching pennies) と呼ばれている．それは，2 人のプレーヤーのそれぞれが同じコインを 1 枚ずつ持っていて，表 (H) あるいは裏 (T) を同時に選ぶゲームに基づいている．ともに表，あるいはともに裏となったときには，プレーヤー 1 は負けたことになり，自分のコインをプレーヤー 2 に渡す．そうでないときには（すなわち，一方が表で他方が裏となったときには），プレーヤー 1 は勝ったことになり，プレーヤー 2 からコインをもらう．このストーリーから，図 6.14 に示している利得行列が得られる．

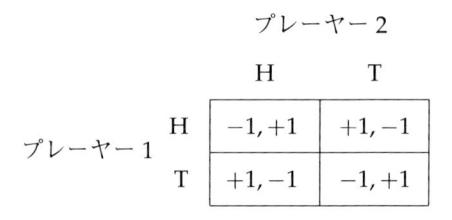

		プレーヤー 2	
		H	T
プレーヤー 1	H	−1, +1	+1, −1
	T	+1, −1	−1, +1

図 **6.14**　二つのコインの表裏ゲーム．

二つのコインの表裏ゲームは，ゲームのどの実行（どの戦略の組合せ）でもプレーヤーの利得の総和がゼロになるという性質を持つ，興味深い大きなクラスの単純な例である．プレーヤーの利得の総和がゼロになるゲームは，**ゼロ和ゲーム** (zero-sum game) と呼ばれている．多くの攻撃と防御のゲームや，より一般的には，プレーヤーの興味が直接的に相反しているゲームは，この構造を持っている．二つのコインの表裏ゲームは，戦争での意思決定を比喩的に表現している．たとえば，第 2 次世界大戦の戦況に大きな変化をもたら

した作戦の一つとして，1944年6月6日の連合軍のノルマンディー上陸作戦がある．当時連合軍は，イギリス海峡を渡ってノルマンディーに上陸する作戦と，カレーに上陸する作戦の二つを持っていた．ドイツ軍もそれに対応して，主力部隊をノルマンディーに結集する作戦と，カレーに結集する作戦の二つを持っていた．この状況は攻撃と防御の構造を有していて，二つのコインの表裏ゲームにきわめて似ている [123]．

二つのコインの表裏ゲームで最初に注目すべき点は，互いに最善反応となる戦略の対がないことである．これは以下のように観察することができる．任意の戦略の対に対して，プレーヤーの一方は -1 の利得であるので，このプレーヤーは，戦略を他方にスイッチすることにより利得を $+1$ に改善できることになる．したがって，どの戦略の対に対しても，プレーヤーの一方は，自分の今の行動をスイッチしたいと思うことになる[2]．

したがって，各プレーヤーが二つの戦略であるHあるいはTのみを持っているとすると，このゲームにはナッシュ均衡が存在しない．これは，二つのコインの表裏ゲームがどのように働くかを考えれば，問題なく理解できる．各プレーヤーの戦略についての知識が与えられて，各プレーヤーの戦略のある対がナッシュ均衡を形成するとすると，どちらのプレーヤーも，その戦略を別の戦略にスイッチしたいという気持ちにはならない．しかし，二つのコインの表裏ゲームでは，プレーヤー1は，プレーヤー2がHあるいはTの行動をとるとわかれば，プレーヤー2とは異なる行動をとることにより，$+1$ の利得を受け取れることになる．同様の推論がプレーヤー2に対しても適用できる．

この種のゲームが，実世界で行われるとすると，どのように実行されるかを考えてみよう．一般に，プレーヤーは相手にとって自分の行動が予測困難になるように行動すると考えられる．このことから，二つのコインの表裏ゲームのようなゲームのモデル化においては，戦略を単にHあるいはTのみに限定するのではなくて，HとTの間の行動にランダム性を導入したものを戦略として考えるのがよいと思われる．そこで，この種のゲームのプレーに対するランダム性の導入法について，これから探求してみる．

混合戦略 ランダム化された行動を導入する最も単純な方法は，各プレーヤーがHあるいはTを直接的に選ぶのではなくて，Hの行動をとる**確率 (probability)** を選ぶことであろう．したがって，このモデルでは，プレーヤー1の可能な戦略は0と1の間の数値 p である．すなわち，プレーヤー1は確率 p でHの行動をとり，確率 $1-p$ でTの行動をとると考える．同様に，プレーヤー2の可能な戦略は0と1の間の数値 q である．すなわち，プレーヤー2は確率 q でHの行動をとり，確率 $1-q$ でTの行動をとると考える．

ゲームは，プレーヤーの集合と戦略の集合と利得の集合から構成されるので，ランダム性を許すことにより，ゲームは実際に異なるものとなっていることに注意しよう．もはや各プレーヤーの戦略集合は二つの戦略から構成されているのではなく，0と1の間の数からなる区間で構成されているのである．このような戦略を，**混合戦略 (mixed strategy)** と

---

[2] ここでの議論に直接関係するわけではないが，6.4節で例として用いた3人の顧客ゲームは，たまたまであるが，二つのコインの表裏ゲームと雄ジカ狩りゲームを組み合わせた一種の混合ゲームともみなせる．このことは，興味深いであろう．すなわち，2人のプレーヤーが顧客のBとCとビジネスを行う選択肢の利得のみを眺めれば，二つのコインの表裏ゲームが得られる．企業1は同一の顧客となることを望むのに対して，企業2は異なる顧客となることを望むからである．しかしながら，両方の企業が協調して顧客Aとのビジネスを行えば，2人のハンターが協調して雄ジカを狩るときの利得のように，さらに高い利得をともに得られることになる．

呼ぶことにする．HとTの選択を"混合している"と考えられるからである．注意しておきたいことは，混合戦略の集合は元の二つの戦略の選択肢，すなわち，HあるいはTを確定的に選択する選択肢も含んでいることである．すなわち，Hを選ぶことは確率1を選ぶことであり，Tを選ぶことは確率0を選ぶことに対応する．HあるいはTを確定的に選択する戦略を，**純粋戦略** (pure strategy) と呼ぶことにする．以下のように，もっと直観的に言ってしまうこともある．すなわち，プレーヤー1の $p=1$ の選択を等価的に"純粋戦略H"と呼び，プレーヤー1の $p=0$ の選択や，プレーヤー2の $q=1$ や $q=0$ の選択も同様の呼び方で呼ぶ．

混合戦略の利得 この新しい戦略の集合に対する新しい利得の集合も定めなければならない．利得を決定する際の困難性は，今回の利得がランダムな数であることから来ている．すなわち，各プレーヤーは，ある確率で $+1$ を獲得し，また残りの確率で -1 を獲得する．利得がランダムな数でなかったときは，利得のランク付けは自明であった．大きいほど良かったからである．今回は，利得がランダムな数であるので，それらのランク付けがすぐには明らかでない．あるランダムな結果が他のランダムな結果よりも良いと言えるような原理に基づいた方法が欲しいのである．

そこで，この問題点を考えるために，プレーヤー1の観点から二つのコインの表裏ゲームについて考えてみよう．まず，二つの純粋戦略，すなわち，確定的にHを実行する場合と，確定的にTを実行する場合に焦点を当てて評価してみる．プレーヤー2が戦略 q を選ぶものとする．すなわち，確率 q でHを実行し，確率 $1-q$ でTを実行するものとする．そこで，プレーヤー1が純粋戦略Hを選ぶとする．すると，確率 q でともにHとなり，プレーヤー1は負けることになるので，確率 q で -1 の利得を受け取ることになる．さらに，確率 $1-q$ でHとTになり，プレーヤー1は勝つことになるので，確率 $1-q$ で $+1$ の利得を受け取ることになる．逆に，プレーヤー1が純粋戦略Tを選ぶとする．すると，確率 q で $+1$ の利得を受け取り，確率 $1-q$ で -1 の利得を受け取ることになる．したがって，プレーヤー1が純粋戦略を用いたとしても，その利得は，プレーヤー2が採用するランダム性により，ランダムな値になる．この場合，プレーヤー1にとってより魅力的なのはHとTのどちらであろうか？ また，それをどのようにして判断したらよいのであろうか？

ランダムな利得を数値的にランク付けするために，各確率に対してその確率がプレーヤーにどれほど魅力的かを表す数値を付随させる．いったんこの数値が確率に対して割り当てられると，その数値に基づいてランク付けをすることができる．この目的のために用いる数値は，利得の**期待値** (expected value) である．たとえば，プレーヤー1が純粋戦略Hを選び，プレーヤー2が確率 q を選ぶと，上記のように，プレーヤー1の利得の期待値は，

$$(-1)(q) + (1)(1-q) = 1 - 2q$$

となる．同様に，プレーヤー1が純粋戦略Tを選び，プレーヤー2が確率 q を選ぶと，プレーヤー1の利得の期待値は，

$$(1)(q) + (-1)(1-q) = 2q - 1$$

となる.

ここで，各プレーヤーは，利得の期待値が最大になる混合戦略を求めようとしていると仮定する．期待値は自然なものであるが，それを最大化することが，プレーヤーの行動に対するモデル化として合理的な仮定であるかどうかは，微妙な問題である．しかしながら，現在に至るまでに，期待値に基づいてプレーヤーが利得に対する確率をランク付けるこの仮定に対して，(これらの利得が各プレーヤーのゲームにおける満足の度合いを適切に表すので) 広く確立された基礎理論がある [288, 363, 398]．したがって，ここでもこの仮定に従うことにする．

これで，二つのコインの表裏ゲームの混合戦略版が定義できた．戦略は，Hを実行する確率であり，利得は，(H, H), (H, T), (T, H), (T, T) の利得の期待値からなる．そして，ここで，この拡充版のゲームにナッシュ均衡が存在するかどうかを考えることができる．

混合戦略の均衡 混合戦略版に対しても，純粋戦略版で行ったのと同様に，ナッシュ均衡を定義することができる．すなわち，それぞれが他方に対して最善反応となっている戦略 (今は確率) の対である．

最初に，二つのコインの表裏ゲームでは，純粋戦略はナッシュ均衡の一部にはなり得ないことを観察する．本節の最初に説明したのと等価な方法で，これを推論することができる．たとえば，ナッシュ均衡のプレーヤー1の部分が純粋戦略H (すなわち，確率 $p = 1$) であったとする．すると，前と同様に，(H,H) となるとプレーヤー2は +1 の利得を受け取れるので，プレーヤー2の最善反応は唯一で，純粋戦略Hであることになる．しかし，このとき，プレーヤー2のHに対するプレーヤー1のHは最善反応ではないので，ナッシュ均衡のプレーヤー1の部分が純粋戦略Hであることはない．同様の推論により，ナッシュ均衡の一部に，プレーヤーの純粋戦略Tが含まれることもない．したがって，どのナッシュ均衡においても，2人のプレーヤーはともに0と1の間に真に含まれる (すなわち，0より大きく1より小さい) 確率を用いていることが自然に得られる．

次に，プレーヤー2の用いる戦略 q に対して，プレーヤー1の最善反応が何であるかを考えてみよう．この場合は，前にも与えたように，プレーヤー1の純粋戦略Hの期待値は

$$1 - 2q$$

であり，プレーヤー1の純粋戦略Tの期待値は

$$2q - 1$$

である．ここでのキーポイントは以下のとおりである．$1 - 2q \neq 2q - 1$ ならば，プレーヤー2の用いる戦略 q に対して純粋戦略のHあるいはTが，実際にはプレーヤー1の唯一の最善反応になる．理由は簡単である．この場合には，$1 - 2q$ あるいは $2q - 1$ の一方が他方より大きいので，プレーヤー1が悪いほうの純粋戦略をとる利点は何もなく，その確率は0となる (良いほうの純粋戦略を確率1でとることになる)．しかし，二つのコインの表裏ゲームでは，純粋戦略はナッシュ均衡の一部にはならないことをすでに上で示していて，さらに，$1 - 2q \neq 2q - 1$ ならば純粋戦略が最善反応になるので，ナッシュ均衡では $1 - 2q \neq 2q - 1$ となることはない．

したがって，二つのコインの表裏ゲームの混合戦略版のどのナッシュ均衡でも，

$$1 - 2q = 2q - 1$$

が成立することが得られた．すなわち，$q = 1/2$ が得られた．状況は対称的であるので，プレーヤー1の確率 p の戦略に対するプレーヤー2の最善反応をプレーヤー2の観点から考えると，同様の結果が得られる．すなわち，どのナッシュ均衡でも $p = 1/2$ が成立することが得られる．

したがって，ナッシュ均衡となる可能性は，$p = 1/2$ かつ $q = 1/2$ の戦略の対のみである．この戦略の対が，実際に，互いに最善反応の対になっていることが確認できる．以上の議論より，二つのコインの表裏ゲームの混合戦略版では，これが唯一のナッシュ均衡であることが得られた．

二つのコインの表裏ゲームに対する混合戦略の均衡の解釈 このゲームのナッシュ均衡を導き出したので，それが意味することと，一般のゲームに対してこの推論をどのように適用できるかを考えてみることは，有効であろう．

最初に，2人のプレーヤーが実際に座って，二つのコインの表裏ゲームを，それぞれ確率 p と確率 q に基づいて実行している様子をより具体的に眺めてみよう．プレーヤー2が半分より真に多くHを実行するとプレーヤー1が確信を持っていれば，確実にTを実行すべきとなる．したがって，プレーヤー2は半分より真に多くHを実行すべきでないことになる．同様に，プレーヤー2が半分より真に多くTを実行するとプレーヤー1が確信を持っているときも，対称的な推論を適用できる．したがって，いずれの場合も，ナッシュ均衡にはならないことになる．以上のことから，プレーヤー2が $q = 1/2$ を選択すると，プレーヤー1はHとTのどちらが実行されているかが**識別不可能** (indifferent) となる．すなわち，プレーヤー2の $q = 1/2$ の戦略がプレーヤー1に効果的に利用されることはない．この推論が，実際には，ランダム性を導入する際の本来の直観であった．すなわち，各プレーヤーは，自分の行動を相手が予測して有利に利用することができないようにしている．なお，2人のプレーヤーの確率がともに $1/2$ になったのは，二つのコインの表裏ゲームが，完全に対称的な構造を持っているからであることを注意しておく．次節のいくつかの例でも眺めるが，利得に対称性がそれほどないときには，ナッシュ均衡は異なる確率からなることもある．

2人のプレーヤー，二つの戦略のゲームに，純粋戦略のもとで均衡が存在しないときには，この識別不可能の概念が，混合戦略の均衡の計算の背後にある一般的な原理となる．すなわち，各プレーヤーは，自身の選ぶ戦略を相手に識別不可能にするためにランダム化すべきである．このようにして，どちらのプレーヤーの行動も，純粋戦略では有利に利用できなくなり，二つの確率の選択は互いに他方の最善反応となるようになる．ここではその詳細をこれ以上探究しないが，この原理を一般化した原理は，任意の人数のプレーヤーと任意の個数の戦略のゲームに対しても適用することができる．均衡に対する定義とそれに付随する Nash の数学的な主成果は，そのようなゲームが"すべて"少なくとも1個の混合戦略の均衡を持つことを証明したことである [313, 314]．

実世界の状況で混合戦略の均衡を解釈してみることも，価値があると思われる．実際，

様々な状況に応じて，以下のように適切な解釈が可能である．

- たとえば，参加者が実際にスポーツやゲームを行っているとき，プレーヤーは積極的に行動をランダム化している [107, 337, 405]．テニスの選手は，サーブをコートのセンターライン寄りに打つか，外側のライン寄りに打つかでランダム化している．ポーカーのプレーヤーはランダムにはったりをかけたりする．小学校で繰り返し行われるコンテストの解決に用いられるじゃんけんでは，2人の児童はグー，チョキ，パーをランダムに出している．この種の行動の例をいくつか次節で眺める．
- 混合戦略は，集団内での行動の割合として眺めることもできる．たとえば，二つのコインの表裏ゲームの構造を持つ攻撃と防御のゲームとして，2種類の動物の日常的な捕食活動を考えてみる．ここでは，一方の種の個体は，常に攻撃者の役割を演じ，もう一方の種の個体は，常に防御者の役割を演じるとする．

  各個体は，一般的に行動が決まっていて，常にHをとるか常にTをとるかのいずれかである．さらに，どちらの種でも，その集団で常にHをとる個体と，常にTをとる個体はちょうど半分ずつの割合であるとする．すると，この集団内の混在により，どちらの種の行動も，多くのランダムな相互作用において，平均的にHの行動とTの行動は同数であると見なせる．したがって，各個体が純粋戦略を実行しているとしても，大域的な集団としては，混合戦略の均衡が観察される．このストーリーは，遺伝生物学と重要な関係がある．実際，長い研究の歴史を通してその関係が探求されてきた [375, 376]．このトピックは，第7章で取り上げる主要テーマである．
- 最も微妙な解釈は，おそらく6.4節における，ナッシュ均衡はそれぞれの確信による均衡であると考えるのが最善である，という議論に基づく解釈であろう．相手が一つのナッシュ均衡に基づいて行動しようとしているという確信が各プレーヤーにあるときには，自身もそのナッシュ均衡に基づいて行動しようとすると考えられる．唯一の混合戦略の均衡がある二つのコインの表裏ゲームのケースでは，これは，自分が見知らぬ人とこのゲームを行うとすると，相手は1/2の確率でプレーすると期待できることを意味している．この場合，自分も1/2の確率でプレーするのがよいことになる．したがって，この確率の選択は，ゲームの内部に自動的に働く力と見なせる．すなわち，この確率の選択は，集団全体として眺めたときにも成立する均衡である．

6.8 混合戦略：例と実験的分析

混合戦略の均衡は巧妙な概念であるので，さらに例を通して考えてみることが有用であろう．スポーツの分野で生じる二つの例に焦点を当てて議論する．それらはともに，攻撃と防御の構造を持っている．最初の例は様式化された比喩的な例であり，2番目の例は，大金を求める状況で，人々が混合戦略の均衡からの予測に実際に従うかどうかを実験的に検証する衝撃的な例である．最後に，2人のプレーヤーによる二つの戦略のゲームの均衡をすべて求める方法について一般的な議論をして，本節を締めくくる．

ランとパスのゲーム　アメリカンフットボールで生じる問題の簡易版を考える．明日二つのチームのフットボールのゲームが予定されているとする．攻撃者はランかパスを選べる．一方，防御者は，ランに対する防御とパスに対する防御を選べる．利得は以下のように算定される．

- 防御者の防御が攻撃者の攻撃と一致すると，攻撃者は0ヤード進める．
- 攻撃者がランを選択し，防御者がパスに対する防御を選択すると，攻撃者は5ヤード進める．
- 攻撃者がパスを選択し，防御者がランに対する防御を選択すると，攻撃者は10ヤード進める．

したがって，図6.15に示しているような利得行列が得られる．

		防御者	
		パスの防御	ランの防御
攻撃者	パス	0, 0	10, −10
	ラン	5, −5	0, 0

図6.15　ランとパスのゲーム．

ここでは，アメリカンフットボールのルールを知らなくても，最初から利得行列が与えられたと考えて，以下の議論を理解すれば問題ない．直観的には，単に"攻撃者"と"防御者"の2人のプレーヤーからなる攻撃と防御のゲームであることさえ押さえておけばよい．なお，攻撃者は，強い戦略であるパスと，弱い戦略であるランの二つの戦略を持っている．

二つのコインの表裏ゲームと同様に，一方のプレーヤーが純粋戦略を用いるナッシュ均衡は存在しないことが容易に確認できる．したがって，ナッシュ均衡では，両方のプレーヤーが予測できないような混合戦略を選択しなければならない．そこで，このゲームの混合戦略の均衡を算出することにしよう．pを攻撃者がパスをする確率とし，qを防御者がパスに対する防御をする確率とする．Nashの成果より，混合戦略の均衡が少なくとも一つ存在することはわかっているが，実際にpとqの値がどうなるかはまだわからない．

各プレーヤーの用いる確率が，相手の二つの戦略に対する利得の比較を識別不可能にしているときに，混合戦略の均衡が生じるという原理を用いる．

- まず，パスに対して防御者が防御する確率をqとする．すると，パスにおける攻撃者の利得の期待値は，

$$(0)(q) + (10)(1-q) = 10 - 10q$$

となり，ランにおける攻撃者の利得の期待値は，

$$(5)(q) + (0)(1-q) = 5q$$

となる．これらの利得の良さを攻撃者が識別不可能になるようにするには，$10 - 10q = 5q$とすればよい．したがって，$q = 2/3$となる．

● 次に，攻撃者がパスをする確率を p とする．すると，パスに対する防御における防御者の利得の期待値は，

$$(0)(p) + (-5)(1-p) = 5p - 5$$

となり，ランに対する防御における防御者の利得の期待値は，

$$(-10)(p) + (0)(1-p) = -10p$$

となる．これらの利得の良さを防御者が識別不可能になるようにするには，$5p - 5 = -10p$ とすればよい．したがって，$p = 1/3$ となる．

以上の議論より，混合戦略の均衡で可能な混合戦略は以下の確率のみである．すなわち，攻撃者のパスの確率は $p = 1/3$ で，防御者のパスに対する防御の確率は $q = 2/3$ である．そして，この確率は実際に均衡を形成する．この均衡で，攻撃者の利得の期待値は $10/3$ であり，防御者の利得の期待値は $-10/3$ であることにも注意しよう．さらに，二つのコインの表裏ゲームと異なり，この例では，利得の構造が非対称的であるので，混合戦略の均衡に現れる確率の値が異なることにも注意しよう．

ランとパスのゲームの戦略に対する解釈 この均衡に対して注目すべき点が何点か存在する．第一に，均衡での確率においてとるべき戦略が興味深く，少し巧妙である．より具体的には，パスが攻撃者のより強力な戦略であるにもかかわらず，それが用いられるのは半分未満であることである．実際，攻撃者はパスを確率 $p = 1/3$ でしか用いていない．これは一見，直観に反するように思える．より強力な戦略をどうしてもっと多く使用しないのであろうか？ しかし，均衡の確率を導出した計算から，この質問に対する解答も得られる．攻撃者がパスの確率を大きくすると，防御者の最善反応は常にパスに対する防御となり，攻撃者の利得に対する期待値は，実際さらに悪くなってしまうのである．

どうしてそうなるかを p の値を大きくして眺めてみよう．そこで，$p = 1/2$ としてみる．するとこのとき，防御者は常にパスに対する防御をする（すなわち，$q = 1$ をとる）．すると，攻撃者の利得の期待値は，$5/2$ となる．実際，利得は半分の回数で 5 であり，残りの半分の回数で 0 となるので，

$$(1/2)(0) + (1/2)(5) = 5/2$$

となる．上で眺めたように，均衡での確率では，攻撃者の利得の期待値は $10/3 > 5/2$ である．さらに，$p = 1/3$ は，防御者の二つの戦略の良さを識別不可能にしているので，攻撃者の $p = 1/3$ の使用により，防御者がどのような行動をとったにしても，攻撃者の利得は $10/3 > 5/2$ となるのである．

戦略としてのパスの実際の力を考える一つの方法は，均衡において，攻撃者が全体の回数の $1/3$ の割合でパスを選択しているにもかかわらず，防御者が全体の回数の $2/3$ の割合で，パスに対する防御を選択していることに注目することである．したがって，パスが用いられる回数が比較的少なくても，実際には，攻撃者が防御者に与える，パスの持つ潜在的な "脅し" が有効に働いていると考えられる．

明らかに，この例はアメリカンフットボールで用いられている戦略を過剰に単純化している．単に二つの戦略のみではなく，さらに多くの戦略が存在する．また，チームの次の目標が，単にヤードの獲得だけであるとも限らない．それにもかかわらず，この種の分析は，アメリカンフットボールの統計解析に用いることができて，広い範囲で重要な定性的結論の検証に用いられてきた．たとえば，実際のゲームでは一般にパスよりもランを選択する回数が多く，大部分のチームで，ランによって獲得されるヤードの期待値とパスによって獲得されるヤードの期待値は，ほとんど等しいのである [82, 84, 355]．

ペナルティキックゲーム アメリカンフットボールはきわめて複雑なゲームであるので，それを2人のプレーヤーの二つの戦略のゲームの枠組みで真にモデル化することは，困難であった．そこで，次に，同様にプロスポーツのゲームで，より正確にモデル化できる状況設定を考える．すなわち，サッカーのペナルティキックを2人のプレーヤーによるゲームとしてモデル化する．

2002年に，Ignacio Palacios-Huerta は，ゲーム理論の観点から，ペナルティキックの大規模データ分析の研究を行った [337]．ここでは，その分析に焦点を当てることにする．彼が注目したように，ペナルティキックは，2人のプレーヤー，二つの戦略からなるゲームを，驚くほど忠実に表現している．キッカーはゴールの右コーナーあるいは左コーナーをめがけてボールを蹴り込むことができる．同様に，ゴールキーパーもゴールの右コーナーあるいは左コーナーの方向にジャンプすることができる[3]．ボールはゴールへと高速に移動するので，キッカーとキーパーの決断は同時に行われると考えられる（キッカーがボールを蹴ったのを見てから，キーパーが動作を決断したのでは，ボールは高速なのでゴールに入ってしまうことになる）．これらの決断に基づいて，キッカーが得点を獲得できるかできないかが決まる．実際には，このゲームの構造は，二つのコインの表裏ゲームに酷似している．キーパーがボールの方向にジャンプすれば，ゴールの可能性はかなり低くなる．キーパーがボールとは逆の方向にジャンプすれば，ゴールの可能性が高くなる．

プロサッカーにおける約 1,400 回のペナルティキックのデータの分析に基づいて，Palacios-Huerta は，キッカーの左 (L) と右 (R)，キーパーの左 (L) と右 (R) からなる，戦略のすべての組合せ（4通り）で得点の確率を決定した．こうして得られたのが，図 6.16 に示している利得行列である．

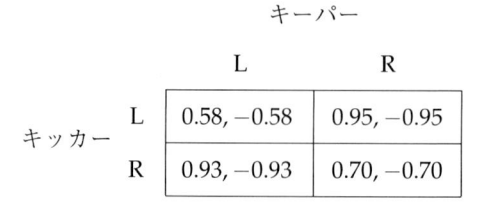

キーパー

		L	R
キッカー	L	0.58, −0.58	0.95, −0.95
	R	0.93, −0.93	0.70, −0.70

図 **6.16** ペナルティキックゲーム（Palacios-Huerta による実験的データ [337]）．

基本的な二つのコインの表裏ゲームに関係して，いくつかの注意点が存在する．第一に，キッカーが選択した方向にキーパーがジャンプしたとしても，（ゴールの確率は減る

---

[3] キッカーはゴールの中央にボールを蹴り込むこともでき，ゴールキーパーは中央にそのままいることもできるが，これらはきわめてまれであり，単純な分析版では無視できる．

が）ゴールになる可能性がかなり高いことである．第二に，キッカーは右利きであることが多いので，左を目指す場合と右を目指す場合とで，ゴールになる確率は対称的でないことである[4]．

このような注意点はあるものの，二つのコインの表裏ゲームの基本的な前提は，ここでも成立している．すなわち，純粋戦略における均衡は存在しない．したがって，このゲームでも，プレーヤーは行動をランダム化して混合戦略をとることになる．これまでの例のように，識別不可能にする原理に基づいて，キーパーのLを選ぶ確率qとキッカーのLを選ぶ確率pを算出する．キッカーの二つの戦略の良さが識別不可能となるようにすると，

$$(0.58)(q) + (0.95)(1-q) = (0.93)(q) + (0.70)(1-q)$$

となる．したがって，$q = 0.42$ が得られる．同様に，キーパーの二つの戦略の良さが識別不可能となるようにしてpの値を計算すると，$p = 0.39$ となる．

この研究が衝撃であったのは，実際のペナルティキックのデータにおいて，全体の回数の0.42の割合でキーパーが左にジャンプし（上記の解析の結果の$q = 0.42$ と小数点以下2桁まで一致している），全体の回数の0.40の割合でキッカーが左を目指している（上記の解析の結果の$p = 0.39$ と比べて0.01の誤差しかない）という点である．このように，プロサッカーのようなモデルに対して，理論から導かれる予測を明らかにすることは，きわめて有意義である．すなわち，研究対象としている2人のプレーヤーのゲームが，実際にプロ同士で行われているゲームであり，そこでは戦略の選択がゲームの勝利に大きく作用するので，戦略の選択を非常に重要視していて，理論から導かれる予測は，ゲームの参加者にはきわめて有用なものであるからである．

すべてのナッシュ均衡の発見 本節の混合戦略の均衡に関する最後の議論として，2人のプレーヤー，二つの戦略のゲームにおいて，すべてのナッシュ均衡を求める方法を取り上げる．

第一に，ゲームは，純粋戦略の均衡と混合戦略の均衡を持ちうることに注意することが大切である．したがって，最初に，純粋戦略のすべての組合せである4通りの結果で，ナッシュ均衡であるかどうかを検証する．次に，互いに相手の最善反応となる混合戦略の確率のpとqに対して，混合戦略の均衡を検証する．混合戦略の均衡が存在するときには，プレーヤー1が戦略をランダム化できるという要求に基づいて，プレーヤー2の戦略(q)を決定する．このとき，プレーヤー1は，二つの戦略の選択で利得の期待値が等しいときのみ，ランダム化を採用する．プレーヤー1の利得の期待値が同じであることから一つの方程式が得られて，それを解いてqの値を決定する．対称性から，同様にプレーヤー1の戦略(p)に対する方程式が得られ，それを解いてpの値を決定する．得られたpとqの値が，ともに0より大きく1より小さくて，さらに，互いに相手の最善反応となる混合戦略の対になっているときには，こうして混合戦略の均衡が一つ得られる．

これまでに眺めた混合戦略の均衡の例は，攻撃と防御の構造を持つゲームに限定されていた．そのため，純粋戦略の均衡と混合戦略の均衡をともに持つ例は，挙げてこなかっ

---

[4] 実際には左利きのキッカーのデータもあるが，そのようなキッカーに対しては左右の役割を置き換えている．すなわち，この実験的確率の導出においては，Rは，各キッカーの"利きサイド"（右利きならば右，左利きならば左）を表している．

た．しかしながら，そのような例を見つけることは難しくない．たとえば，二つの純粋戦略の均衡を持つ協調ゲームと鷹と鳩のゲームは，それぞれ 3 番目の均衡として，各プレーヤーがランダム化する混合戦略の均衡を持っていることがわかる．例として，図 6.17 にも再掲している 6.5 節の不均等協調ゲームを考えてみよう．

		相手	
		パワーポイント	キーノート
自分	パワーポイント	1, 1	0, 0
	キーノート	0, 0	2, 2

図 6.17　不均等協調ゲーム．

自分が 0 以上 1 以下の確率 p でパワーポイントを選び，相手が 0 以上 1 以下の確率 q でパワーポイントを選ぶとする．すると，パワーポイントとキーノートの間で自分の利得の期待値が識別不可能になるのは，

$$(1)(q) + (0)(1-q) = (0)(q) + (2)(1-q)$$

のとき，すなわち，$q = 2/3$ のときである．対称性から，相手の観点からの議論より，$p = 2/3$ が得られる．したがって，二つの純粋戦略の均衡に加えて，ともにパワーポイントを確率 2/3 で選ぶ均衡が一つ得られる．純粋戦略の均衡と異なり，この混合戦略の均衡では，2 人の選択が一致しない確率が（0 ではなく）正となることに注意しよう．しかし，それでもこれは均衡である．相手が，2/3 の確率でパワーポイントを選び，1/3 の確率でキーノートを選ぶと確信すると，自分の純粋戦略の二つの戦略の良さが識別不可能となるので，いずれを選択しても，利得の期待値は同じになるからである．

6.9　パレート最適性と社会的最適性

ナッシュ均衡において，各プレーヤーは，他のプレーヤーの戦略に対する最善反応をとっている．すなわち，プレーヤーはいずれも個人的に最適化している．しかし，そうであるからといって，すべてプレーヤーがあらゆる意味で最善の結果に到達しているとは，必ずしも言えない．6.1 節の試験と発表のゲームや，囚人のジレンマのような関連するゲームは，この可能性を示している．図 6.18 に基本的な試験と発表のゲームを再掲する．

ゲームの結果を，戦略や均衡という観点から分類するだけでなく，"社会への良さ" の観点から分類することも興味深い．この後者の観点からの推論をするためには，それを正確にすることが必要となる．そのような概念の二つの有用な候補についてまず議論する．

パレート最適性　最初の定義は，1800 年代の後半から 1900 年代の前半に活躍したイタリアの経済学者 Vilfredo Pareto（ビルフレッド・パレート）に由来する**パレート最適性** (Pareto-optimality) である．

相手

		発表	試験
自分	発表	90, 90	86, 92
	試験	92, 86	88, 88

図 **6.18** 試験と発表のゲーム.

　各プレーヤーの戦略から1個ずつ選ばれた戦略の組合せ（S とする）は，以下の条件を満たすとき，**パレート最適** (Pareto-optimal) であると呼ばれる.
　いずれかのプレーヤー i の利得が，この組合せ (S) でのプレーヤー i の利得より，真に大きくなる他のそのような戦略の組合せ（S' とする）が存在するときにはいつでも，その戦略の組合せ (S') で必ず別のあるプレーヤー j の利得がこの組合せ (S) でのプレーヤー j の利得より真に小さくなる.

パレート最適性の魅力を直観的にわかるようにするために，パレート最適でない戦略の組合せを考えてみよう．パレート最適でない戦略の組合せでは，他のプレーヤーの利得を犠牲にせずに，1人のプレーヤーの利得をさらに多くする，別の戦略の組合せがあることになる．合理的な感覚では，この別の組合せのほうが現在の組合せよりも良いと考えられる．プレーヤーが全員ですべき行動に合意できて，この合意どおりに実行できるのであれば，プレーヤーはこのより良い戦略の組合せに移動することになる．

　この概念は，より良い戦略の組合せを実際に選んで行うことの合意をプレーヤー全員で形成できるという考えに，全面的に依存している．たとえば，このように選んだ別の組合せがナッシュ均衡でないとする．すると，プレーヤー全員での合意がないときには，少なくとも1人以上のプレーヤーが異なる戦略をとりたいと考えてしまうからである．これがなぜ重要な点であるかの説明として，試験と発表のゲームの結果を考えてみよう．自分と相手がともに試験の勉強を選んで得られる結果は，パレート最適ではない．自分と相手がともに発表の準備を選んで得られる結果のほうが，2人のいずれにとってもより良い結果となるからである．これが，パレート最適性に基づいて説明できるこの例の最も困難な部分の核心である．すなわち，2人にとってより良い解が存在するにもかかわらず，2人の合意がないと，それを達成できる方法がまったくないことを示しているのである．

　この例では，自分と相手がともに発表の準備を選んで得られる結果は，パレート最適解である．さらに，2人の一方が試験の勉強を行い，他方が発表の準備を行う二つの結果もパレート最適である．このケースでは，2人の一方が悪くなるものの，"すべての人の"利得が少なくともこの選択以上になる別の選択がないからである．したがって，上記の試験と発表のゲームや囚人のジレンマは，パレート最適解でない結果"のみ"が，唯一のナッシュ均衡に対応するゲームの例である．

　社会的最適性　より簡単に述べることのできるより強い条件は，以下のように定義される**社会的最適性** (social optimality) である.

すべてのプレーヤーのそれぞれから一つ選ばれた戦略からなる戦略の組合せは，すべてのプレーヤーの利得の総和が最大になるとき，**社会的効用最大解** (social welfare maximizer) あるいは**社会的最適解** (socially optimal solution) であると呼ばれる．

上記の試験と発表のゲームでは，社会的最適解は 2 人がともに発表の準備を行う結果で達成され，利得の総和は 90 + 90 = 180 となる．もちろん，異なるプレーヤーの利得の和をとることに意味があるときのみ，この定義は適切なものになる．しかし，プレーヤー全員の利得の単なる総和をとることに，どのような有効性があるのかについては，常に明らかであるというわけではない．

社会的最適解の結果は，パレート最適解でもある．実際，それは以下のようにしてわかる．そのような社会的最適解の結果がパレート最適解でなかったとしてみる．すると，すべてのプレーヤーの利得がこの社会的最適解の結果の利得以上で，さらに，少なくとも 1 人のプレーヤーの利得がこの社会的最適解の結果の利得より真に大きい結果が存在することになる．そのような結果では，利得の総和が，社会的最適解の結果の利得の総和より，真に大きくなってしまうので，矛盾が得られる．社会的最適解の結果がパレート最適解でもあることがこれで得られたが，逆は言えない．すなわち，パレート最適解の結果は，社会的最適解でないこともある．上記の試験と発表のゲームでは，パレート最適解となる結果は 3 個あるが，その中の 1 個のみが社会的最適解である．

もちろん，すべてのゲームで，ナッシュ均衡が社会的最適解の目標と常に対立するわけではない．たとえば，試験がよりやさしい版の試験と発表のゲームでは，図 6.4 で眺めた利得行列となり，唯一のナッシュ均衡が唯一の社会的最適解にもなる．

6.10　発展：被支配戦略と動的ゲーム

本節では，ゲームの分析で生じる二つの問題点について考える．第一に，ゲームでの行動に対する推論で**被支配戦略** (dominated strategy) の果たす役割について探究する．この種の戦略の分析から，どのプレーヤーも支配戦略を持たないゲームでも，合理性に基づく行動を予測する方法が得られることになる．第二に，時間の経過ととも実際の行動がとられる状況を扱うゲームの戦略と利得について，再解釈をする方法を議論する．

しかし，これを行う前に，3 人以上のプレーヤーからなるゲームの正式な定義を与えることにする．

A. 多数のプレーヤーからなるゲーム

2 人のプレーヤーからなるゲームと同様に，多数のプレーヤーからなるゲームも，プレーヤーの集合，各プレーヤーに対する戦略の集合，および可能な結果における各プレーヤーの利得からなる．

より具体的に述べる．ゲームのプレーヤーが n 人で，$1, 2, \ldots, n$ の名前がつけられているとする．各プレーヤーは，可能な戦略の集合を持っている．各プレーヤーが自分の戦略集合から 1 個ずつ選んだ戦略の組合せは，ゲームの**結果** (outcome)，あるいは，**結合戦略** (joint strategy) と呼ばれる．そして最後に，各プレーヤー i はゲームの結果から自分の利得への写像である**利得関数** (payoff function) P_i を持っている．すなわち，各結果 $(S_1, S_2, \ldots, S_n)$ に対する各プレーヤー i の利得が $P_i(S_1, S_2, \ldots, S_n)$ である．

このとき，最善反応は以下のように定義される．$(S_1, S_2, \ldots, S_{i-1}, S_{i+1}, \ldots, S_n)$ をプレーヤー i 以外のすべてのプレーヤー j の戦略 S_j の任意の組合せであるとする．各プレーヤー i の戦略 S_i は，プレーヤー i の他のすべての可能な戦略 S_i' に対して，

$$P_i(S_1, S_2, \ldots, S_{i-1}, S_i, S_{i+1}, \ldots, S_n) \geq P_i(S_1, S_2, \ldots, S_{i-1}, S_i', S_{i+1}, \ldots, S_n)$$

が成立するとき，$(S_1, S_2, \ldots, S_{i-1}, S_{i+1}, \ldots, S_n)$ に対するプレーヤー i の**最善反応** (best response) であると呼ばれる．

最後に，戦略の選択の結果の $(S_1, S_2, \ldots, S_n)$ は，すべての S_i $(i = 1, 2, \ldots, n)$ が，他のすべての $(S_1, S_2, \ldots, S_{i-1}, S_{i+1}, \ldots, S_n)$ に対する最善反応であるとき，**ナッシュ均衡** (Nash equilibrium) であると呼ばれる．

B. 被支配戦略と戦略に対する推論でのその役割

6.2 節と 6.3 節で，（厳密）支配戦略について議論した．すなわち，他のすべてのプレーヤーの戦略のすべての可能な選択に対して，（厳密）最善反応である戦略を（厳密）支配戦略と呼んだ．あるプレーヤーが厳密支配戦略を持つときには，そのプレーヤーは明らかにその厳密支配戦略を用いるべきであると言える．しかし，これまで眺めてきたように，2 人のプレーヤー，二つの戦略からなるゲームでさえも，支配戦略を持たないのが普通である．より大きなゲームでは，支配戦略を持たないことがさらに強力に成立する．すなわち，多くのプレーヤーと多くの戦略からなるゲームでも，支配戦略や厳密支配戦略が存在することはあるが，それはきわめてまれである．

あるプレーヤーが支配戦略を持たないときでも，他の戦略で支配される戦略を持つことがある．本節では，そのような支配される戦略が，ゲームにおいて行動を推論する際に果たす役割について考えていく．

形式的な定義を与えることから始める．あるプレーヤーの戦略は，他のすべてのプレーヤーの戦略の可能な"すべての"選択に対して，利得がより高くなるそのプレーヤーの戦略が存在するとき，**厳密支配されている** (strictly dominated) と呼ばれる．すなわち，上で展開した記法を用いると，以下のように書ける．プレーヤー i の戦略 S_i は，他のすべてのプレーヤーの戦略の可能なすべての組合せ $(S_1, S_2, \ldots, S_{i-1}, S_{i+1}, \ldots, S_n)$ に対して，

$$P_i(S_1, S_2, \ldots, S_{i-1}, S_i', S_{i+1}, \ldots, S_n) > P_i(S_1, S_2, \ldots, S_{i-1}, S_i, S_{i+1}, \ldots, S_n)$$

となるようなプレーヤー i の別の戦略 S_i' が存在するとき，厳密支配されていて，**厳密被支配戦略** (strictly dominated strategy) と呼ばれる．

```
Ⓐ——Ⓑ——Ⓒ——Ⓓ——Ⓔ——Ⓕ
```

図6.19 6個のノードからなるこのパス上での施設配置ゲームでは，どのプレーヤーも厳密支配戦略を持たない．

したがって，とくにこれまで考えてきた2人のプレーヤー，二つの戦略からなるゲームでは，あるプレーヤーの戦略が厳密被支配戦略であることと，そのプレーヤーの別の戦略が厳密支配戦略であることとは，等価であることがわかる．このことから，2人のプレーヤー，二つの戦略からなるゲームでは，別の概念として，厳密被支配戦略を考える意義はないことになる．しかしながら，プレーヤーが多数の戦略を持つときには，厳密支配戦略がまったくないときでも，厳密被支配戦略が存在しうるのである．このようなときには，厳密被支配戦略は，ゲームの行動についての推論において，きわめて有効な役割を果たすこともある．とくに，厳密支配戦略がないゲームで，厳密被支配戦略の構造を用いて，最終的にゲームの結果を唯一に推論することができるゲームが存在することを，これから眺めていく．このように，被支配戦略に基づく推論は，支配戦略とナッシュ均衡の間の興味深い中間的なアプローチとなるのである．さらに，支配戦略のみに基づく推論よりも，さらに強力になることもある．しかし，一方で，被支配戦略に基づく推論でも，プレーヤーが自身の利得を最大化することを目的としているという仮説を用いている．なお，均衡の概念は，被支配戦略に基づく推論では必要とされない．

被支配戦略に基づく推論がどのように行われるかを，基本的な例を用いて眺めてみよう．

例：施設配置ゲーム 二つの企業が店舗の開設場所の選択で競争しているゲームを考える．二つの企業がそれぞれ，一つの高速道路に沿った連続する6か所の出入口に位置する6個の町のいずれかに店舗を開設する計画でいるとする．これらの町の配置を，図6.19のように，6個のノードからなるグラフで表現する．

地主との賃貸借の合意により，企業1はA, C, Eのいずれかの町に店舗を開店できる．同様に，企業2はB, D, Fのいずれかの町に店舗を開店できる．店舗の位置の決定は，同時に行われる．二つの店舗が開店されると，これらの6個の町の住民は，最も近い町の店舗へ買い物に出かける．たとえば，企業1がCの町に店舗を開店し，企業2がBの町に店舗を開店すると，Bの町の店舗にはAとBの町の住民が買い物に来て，Cの町の店舗にはC, D, E, Fの町の住民が買い物に来る．どの町も人口は同じとし，利得は買い物に来る住民数に比例すると仮定する．すると，企業1の店舗には四つの町から買い物に来て，企業2の店舗には二つの町から買い物に来ることになるので，企業1の利得は4となり，企業2の利得は2となる．このように，店舗への近さに応じて，買い物に来る町の数を推論することにより，図6.20に示している利得行列が得られる．

これを**施設配置ゲーム** (facility location game) と呼ぶことにする．施設の競争的位置の決定問題は，オペレーションズリサーチや他の分野で精力的に研究されてきたテーマである [135]．さらに，考える対象として"位置決めする"ものが，1次元の高速道路沿いにある町ではなくて，1次元的な広がりを持つ政治的なイデオロギーの信条における選挙立候補者の政治的位置決めであるような，密接に関係するモデルでも利用されてきた．この

企業2

	B	D	F
A	1,5	2,4	3,3
企業1　C	4,2	3,3	4,2
E	3,3	2,4	5,1

図 6.20　施設配置ゲーム.

ケースでも，敵対する立候補者との相対的な位置決めが投票者の一部を引きつけ，他を遠ざけることにつながるからである [350]．これらの政治的な闘争に関する問題点については，第23章で，少し形式を変えて取り上げることにする．

この例のゲームでは，どちらのプレーヤーも支配戦略を持たないことが確認できる．たとえば，企業1がノードAに開店すると，企業2の厳密最善反応はノードBに開店することである．企業1がノードEに開店すると，企業2の厳密最善反応はノードDに開店することである．二つの企業の役割を交換するときには，状況は対称的であるので，グラフを逆の方向から読むことにすればよい．

施設配置ゲームにおける被支配戦略　施設配置ゲームにおいて，2人のプレーヤーの行動についての推論は，被支配戦略を考えながら進めることができる．最初に，Aは企業1の厳密被支配戦略であることに注意する．企業1がAに開店するとする．すると，企業2がどこに開店したとしても，企業1はCに開店するほうが，真により高い利得を得ることになる．同様に，Fは企業2の厳密被支配戦略である．企業1がどこに開店したとしても，企業2はDに開店するほうが，真により高い利得を得ることになるからである．

どのプレーヤーにとっても，厳密被支配戦略より別のある戦略のほうが高い利得を受け取れるので，厳密被支配戦略が用いられることはないと言える．したがって，企業1は戦略Aを用いることはない．さらに，企業2は，企業1の利得も含めてゲームの構造を知っているので，企業1が決して戦略Aを用いることがないことも知ることになる．すなわち，その戦略はゲームから効果的に除去できる．同一の理由により，Fに開店する戦略もゲームから除去できる．

したがって，4個のノードB, C, D, Eからなり，図6.21に示している利得行列のより小さい施設配置ゲームが得られることになる．

企業2

	B	D
企業1　C	4,2	3,3
E	3,3	2,4

図 6.21　より小さい施設配置ゲーム.

ここで興味深いことが起こる．すなわち，戦略のBとEは，以前は厳密被支配戦略では

なかった．実際，それらは戦略のAやFよりは有用であった．しかし，AとFが除去されてしまっているので，BとEは，ここでは厳密被支配戦略となってしまっている．上と同一の理由により，どちらのプレーヤーでも，BとEの戦略は用いられないとわかり，したがって，ゲームからそれらを除去できることになる．こうして，図 6.22 に示している，さらに小さいゲームが得られる．

企業 2

D

企業 1　C　| 3,3 |

図 6.22　さらに小さい施設配置ゲーム．

この時点で，ゲームの行動に対するきわめて明確な予測，すなわち，企業 1 は C に開店し，企業 2 は D に開店するという予測が得られる．この結果が導かれた推論は明らかである．厳密被支配戦略であった，あるいは，厳密被支配戦略になった戦略を繰り返し除去していったあとに残った戦略は，各プレーヤーに対して好都合な唯一の戦略となったからである．

このゲームを小さくしていくプロセスは，**厳密被支配戦略の反復除去 (iterated deletion of strictly dominated strategies)** と呼ばれている．それを以下で，完全に一般的な形で正確に述べる．しかし，その前に，この施設配置ゲームの例で，いくつかの注意点を眺めておくことが役に立つであろう．

第一に，戦略の対 (C,D) は，実際にゲームの唯一のナッシュ均衡である．あとで厳密被支配戦略の反復除去について議論するときに，このプロセスがナッシュ均衡を探すのに有効な方法であることを眺める．しかし，ここで強調しておきたいことは，このプロセスは，見つけられたものがナッシュ均衡であることを正当化する有効な方法でもあるということである．ナッシュ均衡の概念を最初に導入したときに，それがプレーヤーの合理性の仮定から純粋に導かれるものではないことに注目した．むしろ，均衡においては，誰もがそこから他に移りたいという気持ちにならないことに基づいてゲームが実行されることを，さらに仮定しなければならなかったのである．一方，厳密被支配戦略の反復除去で唯一のナッシュ均衡が得られたときには，それは，実際に，プレーヤーの合理性とゲームについての知識に純粋に基づいて得られた予測であると言える．実際，それに到達するまでのすべてのステップが，利得の最大化の観点から見て，他よりも厳密に劣っている戦略を単に除去することに基づいていたからである．

反復除去は，原理的には，膨大な回数の繰り返しが実行されることもあることを，最後に注意しておく．施設配置ゲームに簡単な変更を加えて，その事実を具体的に以下で眺めてみる．パスの長さが 6 ではなくて，1,000 であったとする．二つの企業の店舗の開店候補地はそれぞれ交互になっているとする．すなわち，左から数えて奇数番目の地点は一方の企業の候補地であり，左から数えて偶数番目の地点は他方の企業の候補地であるとする．したがって，各プレーヤーは 500 個の候補地を持っている．すると，ここでも，一番外側の二つのノードのみが厳密被支配戦略となる．それらを除去すると，998 の長さのパスが得られ，そこでも一番外側の二つのノードのみが厳密被支配戦略となる．このように

ノードを除去することを繰り返して，499回目の推論による除去後に，最初のパスの左から数えて500番目と501番目のノードのみが生き残る戦略になる．これらが最初のパスにおける施設配置ゲームの唯一のナッシュ均衡となるが，この唯一の予測が正しいことは，きわめて長い繰り返しの被支配戦略の除去に基づいて得られる．

この予測が直観的にきわめて自然であり，実際の生活でもしばしば目にしているものであることも注意しておく．実際，競争している二つの企業が，町の中心の近くで背中合わせに営業している店舗もよく見られる．また，2人の選挙立候補者が，一般の選挙において，有権者を互いに取り込むためにイデオロギー的に中間の姿勢をとることもよく見られる．いずれの場合も，中央寄りに動くことが，競争者に対して自分の勢力圏を最大化するための唯一の方法であると言える．

被支配戦略の反復除去：一般的原理 一般に，任意の人数の n 人のプレーヤーからなるゲームにおいて，**厳密被支配戦略の反復除去** (iterated deletion of strictly dominated strategies) のプロセスは，以下のように進行する．

- 厳密被支配戦略をすべて求めて，それらを除去する．
- これらすべての戦略が除去されて小さくなったゲームを考える．この縮小されたゲームで，最初のゲームでは厳密被支配戦略でなかったものが，新しく厳密被支配戦略となることもある．そこで，そのような厳密被支配戦略をすべて求めて，それらを除去する．
- このプロセスを続ける．すなわち，縮小されたゲームで新しく厳密被支配戦略となったものをすべて除去する．そして，そのような厳密被支配戦略がなくなったら終了する．

重要な点は，最初のゲームのナッシュ均衡の集合が，最終的に縮小されたゲームのナッシュ均衡の集合と一致することである．すなわち，反復除去で最終的に残った戦略の中にのみ，最初のゲームのナッシュ均衡が含まれるのである．この事実を証明するには，ナッシュ均衡の集合が，厳密被支配戦略の除去の各反復において，不変であることを示せばよい．したがって，任意の1回の反復で，ナッシュ均衡の集合が不変であることを示すだけで十分である．これが言えれば，ナッシュ均衡の集合は，任意の有限回の反復でも不変となり続けることになるからである．

任意の1ラウンドの除去でナッシュ均衡の集合が不変であることを証明するためには，以下の二つのことを示せばよい．第一に，最初のゲームの任意のナッシュ均衡が，縮小されたゲームでもナッシュ均衡であることを示すことが必要である．これは以下のようにしてわかる．最初のゲームのナッシュ均衡に関与する戦略 S がこのラウンドで除去されたと仮定してみる．しかし，そうすると，S は他のある戦略 S' で厳密支配されていたことになる．したがって，S は最初のゲームのナッシュ均衡に関与することはできなかったことになる．実際，それは，他のすべてのプレーヤーから一つずつ選ばれてきたどの戦略に対しても，戦略 S' に厳密支配されている戦略 S のほうがより悪い（良くない）反応となるので，S は最善反応とはならないからである．こうして，最初のゲームのどのナッシュ均衡も，除去プロセスで除去されることがないことが得られた．第二に，縮小されたゲームの

任意のナッシュ均衡が，最初のゲームのナッシュ均衡であることを示すことが必要である．そこで，縮小されたゲームのナッシュ均衡 $E = (S_1, S_2, \ldots, S_n)$ が最初のゲームのナッシュ均衡でなかったと仮定してみる．そして，プレーヤー i が E の自分の戦略 S_i からこのラウンドで除去された別の自分の戦略 S_i' に移りたいと思っていたとする．しかし，戦略 S_i' がこのラウンドで除去されたということは，少なくとも1個の別の戦略があって，それで S_i' が厳密支配されていたはずである．そこで，そのような戦略でこのラウンドで除去されなかった戦略を S_i'' とする．すなわち，S_i' は S_i'' に厳密支配されていて，S_i'' はこのラウンドで除去されなかったとする．すると，プレーヤー i は，S_i から S_i'' に移りたい気持ちもあることになる．しかし，S_i'' は縮小されたゲームに残って存在しているので，これは，E が縮小されたゲームのナッシュ均衡であるとしたことに矛盾してしまう．

したがって，厳密被支配戦略の反復除去が終了した時点でのゲームは，最初のゲームのナッシュ均衡をすべて持ち，それ以外のナッシュ均衡を持たないことが確立できた．すなわち，このプロセスは，ナッシュ均衡の探索範囲を狭めるきわめて強力な方法と言えるのである．さらに，ここでは，プロセスをラウンドに基づいて，各ラウンドですべての厳密被支配戦略を除去すると述べたが，これは本質的なものではない．すなわち，厳密被支配戦略をどのような順番で除去していっても，最終的に生き残る戦略の集合はまったく同一になることも言えるのである．

弱被支配戦略　これまでに与えた厳密被支配戦略の定義より少し弱い概念の定義も可能であろうかと問うことは，自然である．このような考えに基づいた基本的な定義の一つとして，弱被支配戦略が挙げられる．ある与えられた戦略は，他のすべてのプレーヤーがどのような戦略をとっても，すなわち，他のすべてのプレーヤーのどの（各プレーヤーから一つ選ばれた）戦略の組合せにおいても，この与えられた戦略よりも自分の利得が悪くならず，さらに，少なくとも一つの組合せに対して自分の利得が真に良くなるような他の戦略が存在するとき，この与えられた戦略は，（この戦略に）**弱支配されている** (weakly dominated) と呼ばれる．すなわち，前述の記法を用いれば，プレーヤー i の戦略 S_i は，プレーヤー i の他の S_i' が存在して，他のすべてのプレーヤーのすべての（各プレーヤーから一つ選ばれた）戦略の組合せ $(S_1, S_2, \ldots, S_{i-1}, S_{i+1}, \ldots, S_n)$ に対して

$$P_i(S_1, S_2, \ldots, S_{i-1}, S_i', S_{i+1}, \ldots, S_n) \geq P_i(S_1, S_2, \ldots, S_{i-1}, S_i, S_{i+1}, \ldots, S_n)$$

であり，さらにそのような戦略の組合せの少なくとも一つの $(S_1, S_2, \ldots, S_{i-1}, S_{i+1}, \ldots, S_n)$ に対して

$$P_i(S_1, S_2, \ldots, S_{i-1}, S_i', S_{i+1}, \ldots, S_n) > P_i(S_1, S_2, \ldots, S_{i-1}, S_i, S_{i+1}, \ldots, S_n)$$

となるとき，**弱被支配戦略** (weakly dominated strategy) と呼ばれる．

厳密被支配戦略は決して最善反応になることはないので，厳密被支配戦略が除去できるという議論は必然的であったと言える．弱被支配戦略に対するこの議論はきわめて微妙になる．弱被支配戦略であっても，他のプレーヤーのある組合せに対しては，最善反応となることもあるからである．したがって，合理的なプレーヤーが弱被支配戦略を実行することもあり，ナッシュ均衡が弱被支配戦略に関与することもあるのである．

2 人のプレーヤー，二つの戦略のゲームでも，これを明快に示す単純な例を作ることができる．たとえば，雄ジカ狩りに成功して得られる利得が，野ウサギ狩りに成功して得られる利得と等しい雄ジカ狩りゲームの変種版を考える．したがって，利得行列は図 6.23 に示しているようになる．

	ハンター2 雄ジカ狩り	野ウサギ狩り
ハンター1 雄ジカ狩り	3, 3	0, 3
野ウサギ狩り	3, 0	3, 3

図 6.23 弱被支配戦略を持つ版の雄ジカ狩りゲーム．

このゲームでは，雄ジカ狩りの戦略は，どちらのプレーヤーにとっても，弱被支配戦略である．実際，ハンター 1 の雄ジカ狩りの戦略を考えてみよう．すると，ハンター 2 の雄ジカ狩りと野ウサギ狩りの戦略に対して，ハンター 1 の野ウサギ狩りの戦略の利得がそれぞれ 3 と 3 であり，ハンター 1 の雄ジカ狩りの戦略の利得がそれぞれ 3 と 0 である．したがって，ハンター 1 の雄ジカ狩りの戦略は，弱被支配戦略である．対称性から，ハンター 2 の雄ジカ狩りの戦略も弱被支配戦略である．それにもかかわらず，2 人とも雄ジカ狩りの戦略を選ぶ結果は，ともに相手方の戦略に対する最善反応を選んでいることになるので，ナッシュ均衡である．したがって，弱被支配戦略を除去することは，ゲームの本質的な構造の保存の観点からは，一般に安全とは言えない．すなわち，そのような戦略の除去は，ナッシュ均衡を破壊することもある．

もちろん，他方のプレーヤーがとろうとしている戦略に，不確かさがあると思われるときには，弱被支配戦略に関与する均衡，たとえば (雄ジカ狩り, 雄ジカ狩り) のような均衡に頼らない戦略を選ぶと考えることも，合理的であるように思える．すなわち，すべての可能性を考えて，少なくとも同じように良い戦略はすべて用いたらよいのではとなる．しかし，ナッシュ均衡は，他のプレーヤーの行動についてのこの不確実性の概念は考慮に入れていないので，そのような結果を例外視することができない．次章では，進化論的安定性として知られている別の均衡の概念を議論する．そこでは，ある原理に基づく方法で，弱被支配戦略を実際に除去することになる．ナッシュ均衡，進化論的安定性，弱被支配戦略の関係は，次章の演習問題で取り上げる．

C. 動的ゲーム

本章では，すべてのプレーヤーが同時に各自の戦略を選択し，そして，その組合せに基づいて利得を受け取るというゲームに焦点を当てて議論してきた．もちろん，実際の同時性はこのモデルに必要不可欠というわけではないが，他のプレーヤーが実際に選択した戦略がわからずに，各プレーヤーが自身の戦略を選択している点は，これまでの議論の中核をなしてきたのである．

しかしながら，多くのゲームでは，時間の経過とともにプレーが進行される．すなわ

ち，あるプレーヤーが最初にプレーをし，そのプレーされた行動を眺めて，その後に他のプレーヤーがその行動に反応する．プレーをする順番は，前もってプレーヤーに割り当てられていることが多い．そのようなゲームは，**動的ゲーム** (dynamic game) と呼ばれていて，多くの基本的な例が挙げられる．プレーヤーが交互にプレーをするボードゲームやカードゲーム，提案と反対提案の系列からなる交渉，参加者が時刻の経過とともに決断しなければならないオークションにおける入札や競争品の価格付けなども，それらの例である．ここでは，動的な側面を組み込んだゲーム理論について議論する．

ゲーム表現の標準形と拡張形　まず，動的ゲームを記述するための新しい記法を与える．これまでは，ゲーム表現の**標準形** (normal-form) とも呼ばれるもので説明してきた．すなわち，プレーヤーのリスト，可能な戦略の集合，プレーヤーの同時に選択される戦略からなるすべての組合せに対する利得を表現する表を用いていた．たとえば，本章でこれまで眺めてきた2人ゲームの利得行列などは，ゲームを簡潔に符号化した標準形の表現であると考えることができる．

動的ゲームを記述するには，より表現力のあるものが要求される．どのプレーヤーがいつプレーするのかとか，各プレーヤーがプレーするときにどのような知識を持っていると考えるのかとか，実際にプレーするときどのようなプレーができるのかとか，ゲームの終了時の利得とかを記述することが必要である．この記述を，ゲーム表現の**拡張形** (extensive-form) と呼ぶことにする．

まず，ゲーム表現の拡張形がどのようなものかを議論できるように，動的ゲームのきわめて簡単な例を挙げよう．取り上げる例は，動的ゲームの分析で生じる困難をいくつか避けている単純なものである．しかし，最初の説明には有効である．その後に，より複雑な2番目の例に進む．

最初の例は，二つの企業の例である．企業1と企業2は，それぞれ二つの候補地域のAとBのどちらで宣伝とマーケティングを行うかを決定しようとしている．企業1が最初に候補地域を選ぶとする．次に，企業2が候補地域を選ぶとする．企業2が企業1と同じ候補地域を選ぶと，企業1は"最初に選んだほうの有利性"より，その候補地域からあげられる利益の2/3を得ることができるが，企業2は1/3しか得ることができない．企業2が企業1と異なる候補地域を選ぶと，各企業は選んだ地域からあげられる利益のすべてを得ることができる．最後に，候補地域Aは，候補地域Bと比べて，マーケットの規模が2倍である．すなわち，候補地域Aからあげられる総利益は12であり，候補地域Bからあげられる総利益は6である．

この拡張形の表現は，図6.24の"ゲーム木"として書ける．この木は，上から下に向かって読むように描かれている．一番上のノードは企業1の最初のプレーを表し，このノードから下に向かう2本の辺は，AとBの選択肢を表している．一番上のノードはそこで，企業1はどちらか一方の辺を選択する．すると，選択された辺で，次の企業2のプレーを表現するノードへと導かれる．企業2も，そのノードから下に向かう2本の辺で示されているAとBの選択肢のいずれかを選択する．この選択により，ゲームの終了を表現する終点のノードに到達する．各終点のノードに，2人のプレーヤーの利得が書かれている．

したがって，ゲームの一つの実行は，企業1と企業2で選ばれた系列となり，一番上の

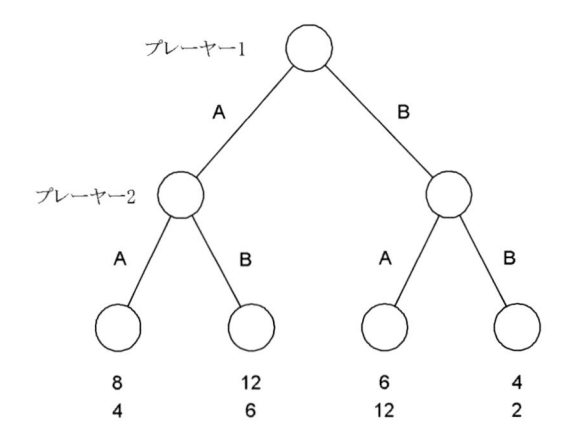

図 6.24　拡張形で表現された単純なゲーム.

ノードからある終点のノードへと降りていくパスが対応する．最初に企業1がAかBを選び，次に企業2がAかBを選び，そして2人のプレーヤーの利得が決まる．より一般的な動的ゲームでは，各ノードには，そのノードに対応するプレーヤーに対して，それまでの選択された戦略に関して知っているとする情報が付随する．しかしながら，ここでは，各ノードに対応するプレーヤーが，そのノードに到達するまでに選択された動作履歴の情報をすべて知っているとする．

動的ゲームでの行動についての推論　同時行動のゲームと同様に，動的ゲームにおける各プレーヤーの行動を予測することにする．ゲーム木による推論も一つの方法である．ここの例では，企業1の二つの選択のそれぞれについて，それが実行された後の企業2の行動を最初に考えることにする．企業1がAを選択したとすると，企業2はBを選択することで利得を最大化する．一方，企業1がBを選択したとすると，企業2はAを選択することで利得を最大化する．次に，企業1がAとBのどちらを選択するかを考える．なお，その選択後の企業2の行動は，上記で議論したものが与えられているとする．企業1がAを選択したとすると，企業2はBを選択すると考えられ，企業1の利得は12となる．企業1がBを選択したとすると，企業2はAを選択すると考えられ，企業1の利得は6となる．プレーヤーは，ともに自身の利得を最大化したいと考えているので，企業1がAを選択し，その後，企業2がBを選択すると予測できる．

このアプローチは，動的ゲームを分析する有効な方法である．最初に，終点のノードの一つ上のレベルのすべてのノードから出発する．これらのノードは，順番が最後のプレーヤーに対応するノードであり，各ノードでの選択は，そのノードから下の終点に降りる辺に対応し，最大の利得になるものが選択される．これから，これらのすべてのノードでの，最後のプレーヤーの行動の予測が得られる．この予測の確立後に，ゲーム木の1段上のレベルのノードに移って考える．これらの各ノードでの選択は，1段下のレベルのノードに降りる辺に対応し，それらの各ノードでの予測は一つ前の段階ですでに得られているので，それを用いて最大の利得になるものが選択される．これを繰り返して木を上にのぼり，各ノードで選択されるものの予測が得られ，一番上のレベルのノードに到達して，そのノードでの予測が得られて終了する．

標準形と拡張形の興味深い関係を利用する別の形式の分析もある．したがって，動的ゲームの標準形は，以下のように書ける．ゲームが行われる前に，各プレーヤーはすべての可能性を考えて，全体のゲームをどのように実行するかについてプランを作成しているとする．このプランがプレーヤーの戦略となる．そのような戦略とさらに，すべての可能性に対する完全な記述であると確信できる有効な方法として，各プレーヤーが自分の番が来たときに，その場の状況に応じてゲームで実際に実行すべきことを，コンピューターのプログラムとして，すでに自分の頭の中に完全に記憶していると考えればよいであろう．

図6.24のゲームに対しては，企業1はAとBの二つの戦略しか持たない．企業2は，企業1がプレーをしたのを見た後にプレーを行うことになっていて，さらに，企業1の二つの選択肢のそれぞれに対して企業2の選択肢は2通りあるので，企業2はゲームに対して4通りのプランを持つことになる．したがって，企業1の可能な2通りのプラン(A,B)に対応して，企業2の4通りの可能なプランは，

(A if A, A if B), (A if A, B if B), (B if A, A if B), (B if A, B if B)

と書くことができる．なお，企業1の選ぶ選択肢が，Aのとき if A と書き，Bのとき if B と書いている．これを簡略化して，

(AA, AB), (AA, BB), (BA, AB), (BA, BB)

と書くことにする．

各プレーヤーのゲームに対するプラン全体をそのプレーヤーの戦略の集合とすると，選ばれた戦略の対で決定される利得は，図6.25の利得行列として書ける．

企業2

		AA,AB	AA,BB	BA,AB	BA,BB
企業1	A	8, 4	8, 4	12, 6	12, 6
	B	6, 12	4, 2	6, 12	4, 2

図 6.25 標準形への変換．

プランはプレーヤーがどのように行動するかについてすべてを記述したものであるので，この動的ゲームを標準形で表現することができたことになる．すなわち，各プレーヤーが完全なプランからなる一つの戦略を前もって選ぶとすると，この戦略の組合せから利得が決定できる．あとで，動的ゲームに対してこのような解釈を用いたときに生じる，いくつかの重要な問題点を眺める．とくに，拡張形から標準形への変換により，動的ゲームに内包される完全な構造がときには失われることもあることを眺める．しかし，変換は分析には有効な道具であり，さらに，変換で生じる多少の忠実性の欠如の問題は，それ自身で探究すべき興味深い研究対象である．

これを考慮して，最初に，変換が完璧にうまくいく最初の単純な例を完結しよう．そのあとで，複雑性が生じる2番目の例に移る．最初の例に対応する標準形表現の利得行列は8個の要素からなるが，拡張形表現では4個の終点ノードに付随する利得のみであった．

これは，各終点ノードが二つの異なる戦略の対の各対で到達できて，各対が利得行列の一つの要素を形成することから起こっている．すなわち，これらの戦略の対は両方とも，ゲーム木で生じるパスの同一の行動を記述している．同時に，実現されないパスの架空の行動も記述している．たとえば，(A, (AA, AB)) と (A, (AA, BB)) は同一の終点ノードへ導いているので，それらの要素の利得は同一である．実際，この両方のケースでは，企業2は企業1が実際に選んだプランAに対応して，プランAAを選ぶからである．プランBを企業1が選んでいないので，企業2のプランであるABとBBは，これらの戦略の対では，実現されないパスとなる．

ここで，標準形表現を用いて，戦略Aが企業1の厳密支配戦略であることがすぐにわかる．さらに，企業2が厳密支配戦略を持たないものの，企業1の戦略Aに対して最善反応の (BA, AB) あるいは (BA, BB) を実行すべきこともわかる．標準形表現に基づいて得られた企業1と企業2の行動のこの予測は，ゲーム木で終点ノードから上にのぼりながら行う直接分析に基づいて得られた予測，すなわち，企業1がAの行動をし，それに応じて企業2がBの行動をするという予測と一致していることに注意しよう．

より複雑な例：マーケット進出ゲーム 最初の動的ゲームの例では，拡張形表現と標準形表現に基づいた推論で，本質的に同一の結論に到達した．ゲームが大規模になるに従って，標準形と比べて，拡張形のほうがよりスムーズに表現できる．しかし，標準形と拡張形の違いが単にこれだけならば，ゲーム理論の全体において，動的ゲームを本当に考える理由があるのであろうかと疑問視してしまう．しかしながら，実際には，動的な側面から新しい複雑性が生じるのである．そして，それは，拡張形表現から標準形表現に変換する際に，動的ゲームに内包されている構造のいくつかが不明瞭化されてしまう例を考えることで明らかになる．

これらの複雑性を説明するために，動的ゲームの2番目の例を考える．このゲームも二つのライバルの企業間で行われる．ここでは，このゲームを**マーケット進出ゲーム** (market entry game) と呼ぶことにする．そのシナリオは以下のとおりである．ある一連の商品で企業2が現在マーケットを完全に独占している地域を考える．そのマーケットに企業1が進出するかどうかを検討している．

- このゲームにおける最初の行動は企業1が行う．企業1は，マーケットに進出するかしないかを決断する．
- 企業1が進出しないと決断するとゲームは終了し，企業1の利得は0となり，企業2はマーケット全体の利得がそのまま得られ続ける．
- 企業1が進出すると決断するとゲームは継続し，企業2の番になり，企業2は協調して企業1とマーケットを2等分するか，企業1に報復して価格戦争に突入するかを選択する．
    - 企業2が協調すれば，どちらの企業もマーケット全体の半分の利得が得られる．
    - 企業2が報復すれば，どちらの企業も利得は負となる．

このストーリーで数値を選んで利得を決めると，マーケット進出ゲームの拡張形表現は，図6.26のように書ける．

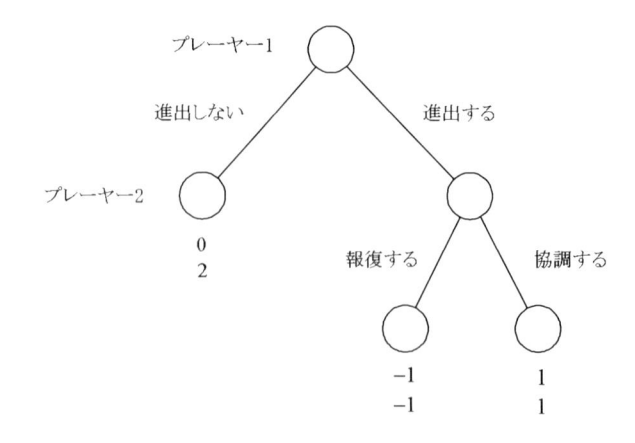

図 6.26 マーケット進出ゲームの拡張形表現.

拡張形表現と標準形表現の間の相違 最初の例の動的ゲームを分析する際に用いた二つの方法を取り上げ，このゲームにも適用してみよう．最初に，ゲーム木での分析を行う．以下のように，終点のノードから出発する．企業1がマーケット進出を選択すれば，企業2は報復するよりも協調するほうが利得が高くなるので，ゲームのこの時点で協調することを選択すると予測できる．これが与えられると，企業1は最初に選ぶ行動として，進出しないと利得が0となり，進出すると利得が1となるので，進出することを選択すると予測できる．したがって，企業1はマーケット進出を選び，企業2は協調を選ぶと予測できる．

次に，標準形表現を考えよう．企業1のゲームにおける可能なプランは，進出しない(S)，あるいは進出する(E)の選択のみである．企業2の可能なプランは，企業1の進出に伴い，報復する，あるいは協調するの選択のみである．これらの二つのプランをそれぞれRとCと書くことにする．こうして，図6.27の利得行列が得られる．

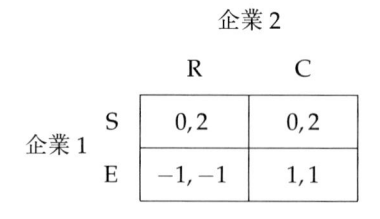

	R	C
S	0, 2	0, 2
E	−1, −1	1, 1

図 6.27 マーケット進出ゲームの標準形表現.

すると，ここで衝撃が走ることになる．この標準形表現されたゲームを眺めると，二つの異なる純粋戦略のナッシュ均衡 (E, C) と (S, R) が存在することがわかる．最初のナッシュ均衡の (E, C) は，拡張形表現の分析から得られた行動の予測と一致する．しかし，2番目のナッシュ均衡 (S, R) は何と対応するのであろうか？

この質問に答えるためには，標準形表現が何を表現したのかを思い出してみることが役に立つ．すなわち，各プレーヤーがすべての可能性を考えて，対応する状況に置かれたときにどのように行動するかを，前もってコンピュータープログラムにプランとして登録しておき，そのとおりに行動することを表現したものが標準形表現であった．このように眺

めると，均衡 (S, R) は，企業2が前もってコンピュータープログラムに登録していた，企業1がマーケット進出したとき自動的に報復するプランに対応する．一方，企業1は，プログラムに登録していた，マーケットに進出しないプランに対応する．この選択の対が与えられたとき，どちらの企業も，使用するコンピューターのプログラムを変更したい気持ちにはならない．たとえば，企業1がプログラムをマーケット進出に変えたとすると，企業2が用いているプログラムで，報復が起動されてしまうことになるからである．

拡張形と標準形の間でのこの予測の違いは，いくつかの重要な点に光を当てている．第一に，それは，拡張形から標準形への変換の背後にある仮説（すなわち，各プレーヤーがゲームのプレーに対する完全なプランを前もって登録しているという仮説）が，動的ゲームを定義する際に用いた仮説（すなわち，各プレーヤーが，ゲームのどの中間時点でも，その時点までに起こったことに基づいて，最適な決断をするという仮説）と，本当に等価であるとは言えないことを示している．企業1の進出に対する企業2の報復の決断が，この点を明瞭に照らし出している．企業2がこのプランを前もって本当に予備登録できれば，(S, R) の均衡も意味のあるものとなる．なぜなら，企業1は，企業2のプランとして書かれている報復を，引き起こさせたくないと考えるからである．しかし，動的ゲームを拡張形で最初に定義されたものとして考えると，この予備登録はモデルのプランとして組み込まれていない．むしろ，企業2は，企業1がマーケットに進出して初めて，協調するかあるいは報復するかの決断をし，そしてその時点で，協調するほうが利得がよくなる．これが与えられていて初めて，企業1は進出するのが安全であると予測できるのである．

ゲーム理論において，拡張形の動的ゲームの標準的なモデルでは，ゲームで到達できるプレーのどの中間時点でも，各プレーヤーは自身の利得を最大化しようと努めることを仮定している．この解釈によれば，マーケット進出ゲームでは，標準形表現における (E, C) が唯一の均衡として予測されることになる．しかしながら，もう一方の均衡である (S, R) に関する問題点は，単なる記法や表現上の理由で生じているものではない．それはより深い意味を持つものなのである．任意に与えられたシナリオに対して，拡張形表現の動的ゲームで，本当にモデル化したいと考えていたものが実際にモデル化できていたのかが問題になる．すなわち，他のプレーヤーが，あるプランに対して変更不可能な予備登録ができる状況として，確かな脅威と考えられる行動まで範囲に含めて登録を考えるか，あるいは，脅威と考えられるだけで，実際には選択されない行動は含めない範囲で登録を考えるかが問題である．

さらに，このマーケット進出ゲームにおいては，一つの行動列であるプランがどこまで登録できるかは，それが可能で実際に実行されたときにはその行動列が全員に悪いことであっても，実際には各プレーヤーにとって価値のあることであることを示している．とくに，進出すると本当に報復を受けることになると，企業2が企業1に確信させることができたとすると，企業1は進出しないことを選ぶことになり，企業2により高い利得がもたらされる．現実的には，ゲームが開始される前に，企業2は特別な行動をとることもできることを示唆している．たとえば，企業1がマーケットに進出するかどうかの決断をする前に，企業2はライバルの価格から10%引きの価格で商品を販売すると宣伝することもできる．これは，企業2がマーケットを現在独占している限りにおいては，安全なことである．しかし，企業1が実際に進出すると，両方の企業にとって危険になる．プランが公開

されてしまうということは，企業 2 にとって元に戻ることが（信望の観点からだけでなく法的な観点からも）きわめて代償が大きくなることを意味する．このようにして，公開は，企業 2 の報復する脅威が確かでないモデルから，企業 2 が実際に報復するプランの予備登録のモデルへと，基礎になるモデルを交換する方法として働くことになりうるのである．

弱被支配戦略との関係 これらの相違点を議論する際には，弱被支配戦略で演じられる役割も興味深い．図 6.27 の標準形表現では，企業 2 の戦略 R は弱被支配戦略である．実際，企業 1 が S を選択すると（企業 2 は実際には何の行動もとらないので）同一の利得となり，企業 1 が E を選択するとより低い利得となるからである．したがって，動的ゲームの拡張形から標準形への変換は，弱被支配戦略に基づく標準形表現のゲームにおける行動の予測について，他の注意すべき理由も与えている．構造が拡張形の動的ゲームで実際に生じているときには，標準形への変換で失われた動的ゲームに関する情報から，そのような均衡を除去しても潜在的に問題ないことになる．

しかしながら，単に弱被支配戦略を除去することにより，変換を修正できるわけではない．厳密被支配戦略の反復除去に対する注意での記述で，厳密被支配戦略の除去は，任意の順番で行うことができることを眺めた．すなわち，厳密被支配戦略の除去は，どのような順番で行っても同一の結果が得られた．しかし，弱被支配戦略の反復除去では，これは一般に成立しない．これを実際に確認するために，マーケット進出ゲームを少し変更して，組合せ (E, C) の利得を (0, 0) とする（この版のマーケット進出ゲームでは，企業 1 の進出に対して，企業 2 が協調することによって，報復するときよりは良い利得を得られるが，正の利得は得られなくなってしまうことを，どちらの企業も知っている）．すると，戦略 R はこれまでと同様に弱被支配戦略となるが，ここでは戦略 E も弱被支配戦略となる．実際，企業 2 が戦略 C を選ぶと，企業 1 の戦略の E と S は同一の利得となり，企業 2 が戦略 R を選ぶと，企業 1 の戦略 S のほうが戦略 E より高い利得となるからである．

この版のゲームでは，純粋戦略からなるナッシュ均衡が (S, C)，(E, C)，(S, R) の 3 個存在する．最初に弱被支配戦略の R を除去すると，(S, C) と (E, C) が均衡として残る．一方，最初に弱被支配戦略の E を除去すると，(S, C) と (S, R) が均衡として残る．いずれのケースでも，弱被支配戦略の除去はこれ以上行えない．したがって，除去の順番が最終的な均衡の集合に影響を与えることになる．このゲームの行動の予測として，実際に意味のあるのは，これらのうちのどちらであろうか？ この標準形表現がマーケット進出ゲームの動的版から実際に生じたものとすると，企業 2 にとっては依然として C が唯一の合理的な戦略であるが，企業 1 にとっては S と E のいずれも合理的な戦略となってしまうのである．

最終的なコメント 本章で展開した分析の様式は，大部分が標準形表現のゲームに基づいている．拡張形表現の動的ゲームを分析する一つのアプローチとして，標準形表現へ変換してそこですべてのナッシュ均衡を求めて，各ナッシュ均衡を動的ゲームにおける行動の予測候補とし，そして最後に，拡張形表現版に戻って，それらの予測候補が実際の予測として意味を持つかを判定することが挙げられる．

拡張形表現で直接的に分析を行う理論もある．その理論で用いられている最も単純な方法は，拡張形表現を分析する際に用いた，終点のノードからゲーム木をのぼりながら分析

する様式のものである．実際には，この理論では，より複雑なモデルも取り扱うことができる．たとえば，プレーヤーが任意の時点で，その時点までに到達するのに用いられた行動の履歴を，完全ではなく一部のみ与えられるという可能性を考慮した，より複雑な構造を持つ動的ゲームにも適用できる理論である．この理論に対しては，本書ではこれ以上踏み込まないが，ゲーム理論やミクロ経済学理論の多くの本で取り上げられている [263, 288, 336, 398]．

6.11　演習問題

1. 以下の主張が真であるか偽であるかを答えよ．さらに，その答えに対する短い説明を与えよ．

    主張：2人のプレーヤーのゲームにおいて，プレーヤー A が支配戦略 s_A を持つならば，プレーヤー A が s_A を選び，プレーヤー B が s_A に対する最善反応となる戦略を選ぶ純粋戦略のナッシュ均衡が存在する．

2. 以下の命題を考える．

    2人のプレーヤーのゲームのナッシュ均衡において，各プレーヤーは自身の最善の戦略を選んでいる．したがって，ナッシュ均衡は社会的満足度を最大化している．

    この命題は正しいか，それとも間違っているかを答えよ．正しいと答えたときには，その答えに対する短い説明を与えよ．間違っていると答えたときには，本章で議論した例のうちで，反例（間違っている例）を挙げよ．さらに，その答えに対する短い説明を与えよ．なお，ゲームの詳細を書く必要はない．どの例が反例であるかを示すだけでよい．

3. 図 6.28 のゲームの純粋戦略のナッシュ均衡をすべて求めよ．なお，図 6.28 の利得行列で，行はプレーヤー A の戦略に対応し，列はプレーヤー B の戦略に対応する．各要素の第1成分はプレーヤー A の利得であり，第2成分はプレーヤー B の利得である．

    プレーヤー B

	L	R
U	1,2	3,2
D	2,4	0,2

    プレーヤー A

    図 6.28　演習問題3の図．2人のプレーヤーのゲーム．

4. 図 6.29 の利得行列の2人のプレーヤーと戦略と利得からなるゲームを考える．
    (a) どちらかのプレーヤーは支配戦略を持つか？　答えとその答えに対する短い説明を与えよ．
    (b) このゲームの純粋戦略のナッシュ均衡をすべて求めよ．

プレーヤー B

	L	M	R
t	0,3	6,2	1,1
プレーヤー A m	2,3	0,1	7,0
b	5,3	4,2	3,1

図 6.29 演習問題 4 の図. 2 人のプレーヤーのゲーム.

5. 各プレーヤーが 3 個の戦略を持つ図 6.30 の 2 人のプレーヤーのゲームを考える.

プレーヤー B

	L	M	R
U	1,1	2,3	1,6
プレーヤー A M	3,4	5,5	2,2
D	1,10	4,7	0,4

図 6.30 演習問題 5 の図. 2 人のプレーヤーのゲーム.

このゲームの純粋戦略のナッシュ均衡をすべて求めよ.

6. この演習問題では,2 人のプレーヤーのゲームをいくつか考える.以下の各利得行列で,行はプレーヤー A の戦略に対応し,列はプレーヤー B の戦略に対応する.各要素の第 1 成分はプレーヤー A の利得であり,第 2 成分はプレーヤー B の利得である.

(a) 図 6.31 の利得行列で記述されるゲームの(混合戦略の均衡ではない)純粋戦略のナッシュ均衡をすべて求めよ.

プレーヤー B

	L	R
プレーヤー A U	2,15	4,20
D	6,6	10,8

図 6.31 演習問題 6(a) の図. 2 人のプレーヤーのゲーム.

(b) 図 6.32 の利得行列で記述されるゲームの純粋戦略のナッシュ均衡をすべて求めよ.

(c) 図 6.33 の利得行列で記述されるゲームのナッシュ均衡を"すべて"求めよ.

【ヒント】このゲームは,純粋戦略の均衡と混合戦略の均衡の両方の均衡を持つ.混合戦略の均衡を求めるために,プレーヤー A が戦略 U を用いる確率を p とし,プレーヤー B が戦略 L を用いる確率を q とする.二つのコインの表裏ゲームの解析で学んだように,プレーヤーが混合戦略(確率 1 の純粋戦略ではない戦略)を用いるときには,プレーヤーは二つの戦略の良さが識別不可能にならなければならない.すなわち,二つの戦略は利得の期待値が等しくならなければならない.したがって,

プレーヤー B

		L	R
プレーヤー A	U	3,5	4,3
	D	2,1	1,6

図 **6.32** 演習問題 6(b) の図．2 人のプレーヤーのゲーム．

プレーヤー B

		L	R
プレーヤー A	U	1,1	4,2
	D	3,3	2,2

図 **6.33** 演習問題 6(c) の図．2 人のプレーヤーのゲーム．

たとえば，p が 0 でも 1 でもないときには，$q+4(1-q) = 3q+2(1-q)$ が成立することになる．これらの左辺と右辺はそれぞれ，プレーヤー B が戦略 L を確率 q で用いる場合に，プレーヤー A が戦略 U と戦略 D を用いるときの利得の期待値であるからである．

7. この演習問題では，2 人のプレーヤーのゲームをいくつか考える．以下の各利得行列で，行はプレーヤー A の戦略に対応し，列はプレーヤー B の戦略に対応する．各要素の第 1 成分はプレーヤー A の利得であり，第 2 成分はプレーヤー B の利得である．

   (a) 図 6.34 の利得行列で記述されるゲームのナッシュ均衡をすべて求めよ．

プレーヤー B

		L	R
プレーヤー A	U	1,1	3,2
	D	0,3	4,4

図 **6.34** 演習問題 7(a) に対する 2 人のプレーヤーのゲーム．

(b) 図 6.35 の利得行列で記述されるゲームのナッシュ均衡をすべて求めよ．さらに，その答えに対する説明も与えよ．

【ヒント】このゲームは混合戦略の均衡を持つ．混合戦略の均衡を求めるために，プレーヤー A が戦略 U を用いる確率を p とし，プレーヤー B が戦略 L を用いる確率を q とする．二つのコインの表裏ゲームの解析で学んだように，プレーヤーが混合戦略（確率 1 で行われる純粋戦略でない戦略）を用いるときには，プレーヤーは二つの戦略の良さが識別不可能にならなければならない．すなわち，二つの戦略は利得の期待値が等しくならなければならない．したがって，たとえば，p が 0 でも 1 でもないときには，$5q+0(1-q) = 4q+2(1-q)$ が成立することになる．これらの左辺と右辺はそれぞれ，プレーヤー B が戦略 L を確率 q で用いるときに，プレーヤー A が戦略 U と戦略 D を用いるときの利得の期待値であるからである．

	プレーヤー B	
	L	R
U	5,6	0,10
D	4,4	2,2

プレーヤー A

図 6.35 演習問題 7(b) の図. 2 人のプレーヤーのゲーム.

8. 図 6.36 の利得行列で記述される 2 人のプレーヤーのゲームを考える.

	プレーヤー B	
	L	R
U	1,1	0,0
D	0,0	4,4

プレーヤー A

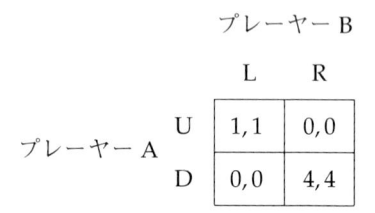

図 6.36 演習問題 8 の図. 2 人のプレーヤーのゲーム.

(a) このゲームの純粋戦略のナッシュ均衡をすべて求めよ.

(b) このゲームは混合戦略のナッシュ均衡も持つ. この混合戦略の均衡でプレーヤーが用いる戦略の確率を求めよ. さらに, その答えに対する説明も与えよ.

(c) 本章の 6.5 節の Schelling の焦点法のアイデアを思い出そう. 最も自然な予測で得られるこのゲームの均衡はどれか？ さらに, その答えに対する説明も与えよ.

9. 図 6.37 と図 6.38 は, それぞれ 2 人のプレーヤーのゲームの利得行列で, 行はプレーヤー A の戦略に対応し, 列はプレーヤー B の戦略に対応する. 各要素の第 1 成分はプレーヤー A の利得であり, 第 2 成分はプレーヤー B の利得である.

(a) 図 6.37 のゲームのナッシュ均衡をすべて求めよ.

	プレーヤー B	
	L	R
U	8,4	5,5
D	3,3	4,8

プレーヤー A

図 6.37 演習問題 9(a) の図. 2 人のプレーヤーのゲーム.

(b) 図 6.38 のゲームのナッシュ均衡をすべて求めよ.

10. 図 6.39 の利得行列で, 行はプレーヤー A の戦略に対応し, 列はプレーヤー B の戦略に対応する. 各要素の第 1 成分はプレーヤー A の利得であり, 第 2 成分はプレーヤー B の利得である.

(a) このゲームの純粋戦略のナッシュ均衡をすべて求めよ.

(b) 利得行列から戦略の対 (U, L) に対するプレーヤー A の利得は 3 であることに注意しよう. この戦略の対に対するプレーヤー A の利得をある非負数に変更して, 純粋戦略のナッシュ均衡が "存在しない" ようにできるか答えよ. さらに, その答

                    プレーヤー B
                     L   R
                  ┌─────┬─────┐
              U   │ 0,0 │ −1,1│
  プレーヤー A   ├─────┼─────┤
              D   │−1,1 │ 2,−2│
                  └─────┴─────┘

図 6.38 演習問題 9(b) の図. 2 人のプレーヤーのゲーム.

                    プレーヤー B
                     L   R
                  ┌─────┬─────┐
              U   │ 3,3 │ 1,2 │
  プレーヤー A   ├─────┼─────┤
              D   │ 2,1 │ 3,0 │
                  └─────┴─────┘

図 6.39 演習問題 10 の図. 2 人のプレーヤーのゲーム.

えに対する短い説明を与えよ.

なお，この問題に答える際には，この戦略の対 (U, L) に対するプレーヤー A の利得にのみ，変更を与えることができることに注意しよう．したがって，ゲームのこれ以外の部分はそのままにすること．すなわち，プレーヤー，戦略，(U, L) 以外の戦略の対に対する利得，(U, L) に対するプレーヤー B の利得に，変更を加えてはならない．

(c) ここで，問題 (a) の最初の利得行列に戻り，プレーヤー B に対して同様の質問をしよう．すなわち，プレーヤー A とプレーヤー B の戦略の対 (U, L) に対する利得がともに 3 である利得行列に戻る.

この戦略の対 (U, L) に対するプレーヤー B の利得をある非負数に変更して，純粋戦略のナッシュ均衡が "存在しない" ようにできるか答えよ．さらに，その答えに対する短い説明を与えよ．

繰り返しになるが，この問題に答える際には，この戦略の対 (U, L) に対するプレーヤー B の利得にのみ，変更を与えることができる．したがって，ゲームのこれ以外の部分はそのままにすること．すなわち，プレーヤー，戦略，(U, L) 以外の戦略の対に対する利得，(U, L) に対するプレーヤー A の利得に，変更を加えてはならない．

11. 本章の本文では，支配戦略を議論するとともに，プレーヤーが支配戦略を持つときには，その戦略が用いられると期待できることを注意した．支配戦略に対する反対の概念が，被支配戦略である．被支配戦略に関連する概念の定義はいくつか可能である．この演習問題では，以下のように定義される**厳密被支配戦略** (strictly dominated strategy) に焦点を当てる.

プレーヤー i の戦略 s_i^* は，以下の性質を満たすプレーヤー i の別の戦略 s_i' が存在するとき，戦略 s_i' に**厳密支配されている** (strictly dominated) と呼ばれる．すなわち，他のすべてのプレーヤーがどのような戦略を選択しても，プレーヤー i の利得は，戦略 s_i^* よりも戦略 s_i' のほうが真に大きくなるという性質を満たすとき，プレーヤー i

の戦略 s_i^* は戦略 s_i' に厳密支配されていると呼ばれる．プレーヤー i の戦略 s_i^* は，ある戦略に厳密支配されているとき，**厳密被支配戦略**と呼ばれる（本章の6.10節の発展の節でも定義を与えている）．

厳密被支配戦略はプレーヤーに選択されないと期待できる．したがって，ナッシュ均衡を求める際にこれを有効に適用できる．以下はこのアイデアを適用する例である．図6.40で与えられる利得行列のゲームでは，戦略 M は戦略 R に厳密支配されていて，厳密被支配戦略であり，プレーヤー B で用いられることはない．

プレーヤー B

	L	M	R
U	2,4	2,1	3,2
D	1,2	3,3	2,4

プレーヤー A

図6.40 演習問題11の図．2人のプレーヤーのゲーム．

したがって，ゲームの解析においては，戦略 M を除去することができ，それにより得られる図6.41の利得行列でゲームを考えればよいことになる．

プレーヤー B

	L	R
U	2,4	3,2
D	1,2	2,4

プレーヤー A

図6.41 演習問題11の図．2人のプレーヤーのゲームから戦略 M を除去して得られるゲーム．

ここで，プレーヤー A は支配戦略 U を持つことになる．したがって，2 × 2 のゲームのナッシュ均衡は唯一で，(U, L) となることが簡単にわかる．最初のゲームでも，(U, L) がナッシュ均衡になることは確認できる．もちろん，この手続きを用いるためには，厳密被支配戦略がナッシュ均衡では用いられないことを知っていることが要求される[5]．

2人のプレーヤーのゲームで，少なくとも一つの純粋戦略のナッシュ均衡を持つゲームを考える．このゲームのナッシュ均衡で用いられている戦略は，厳密被支配戦略でないことを説明せよ．

12. 本章では，支配戦略について議論するとともに，プレーヤーが支配戦略を持つときには，その戦略が用いられると期待できることを注意した．支配戦略に対する反対の概念が，被支配戦略である．被支配戦略に関連する概念の定義はいくつか可能である．この演習問題では，以下のように定義される**弱被支配戦略** (weakly dominated strategy)（本章の6.10節の発展の節でも定義を与えている）に焦点を当てる．

---

[5] これは，実際には，任意の人数のプレーヤーでも成立する．厳密被支配戦略を任意の順で除去することを繰り返し行って，得られる縮小化されたゲームを解析することにより，最初のゲームのすべてのナッシュ均衡を（そしてそれのみを）得ることができる．これは知っておくと有用であろう．実際これは正しく，本章の6.10節の発展の節で議論している．

プレーヤー i の戦略 s_i^* は，以下の二つの性質を満たすプレーヤー i の別の戦略 s_i' が存在するとき，戦略 s_i' に**弱支配されている** (weakly dominated) と呼ばれる．

- 他のすべてのプレーヤーがどのような戦略を選択しても，プレーヤー i の利得は，戦略 s_i^* よりも戦略 s_i' のほうが大きいか等しい．
- 他のすべてのプレーヤーの戦略の選択のうちの，少なくとも一つの選択で，プレーヤー i の利得は，戦略 s_i^* よりも戦略 s_i' のほうが真に大きい．

プレーヤー i の戦略 s_i^* は，ある戦略に弱支配されているとき，**弱被支配戦略**と呼ばれる．

(a) 弱被支配戦略がプレーヤーに用いられることは，ほとんどなさそうに思える．しかし，弱被支配戦略はナッシュ均衡に現れることもある．図 6.42 で与えられる利得行列のゲームに対して，（混合戦略の均衡でない）純粋戦略の均衡をすべて求めよ．それらのナッシュ均衡で，弱被支配戦略を用いているものは存在するか？

プレーヤー B

		L	R
プレーヤー A	U	1,1	1,1
	D	0,0	2,1

図 6.42 演習問題 12 の図．2 人のプレーヤーのゲーム．

(b) 問題 (a) に答える際にわかった弱被支配戦略について推論をする一つの方法は，以下のような逐次的なゲームを考えることである．プレーヤーが実際に逐次的にゲームを行うとする．ただし，2 番目にゲームを行うプレーヤーは，最初にゲームを行うプレーヤーが選んだ行動を知ることはできないとする．プレーヤー A が最初にゲームを行い戦略 U を選んだとすると，プレーヤー B はどちらの戦略を選んでも利得は変わらない．したがって，プレーヤー A が U を選ぶと，利得は (1,1) と決定され，ゲームは終了したのと同じである．プレーヤー A が戦略 D を選んだとすると，今度はプレーヤー B の利得はどちらの戦略を選ぶかによって異なる．すなわち，プレーヤー B が，戦略 L を選ぶと利得は (0,0) となり，戦略 R を選ぶと利得は (2,1) となる．なお，プレーヤー B は，A の選択を知ることはできないので，問題 (a) の利得行列の同時選択のゲームは，この逐次的なゲームと等価であることに注意しよう．

このゲームで，プレーヤーはどのように行動すると考えられるか？ その推論に対する説明も与えよ．なお，プレーヤーはゲームの選択を変更することはできない．すなわち，一度選択した戦略をあとから変更することはできない．利得行列やゲームの背後にあるストーリーを推論に用いることはできる．ストーリーを用いるときには，プレーヤー B はゲームが終了してからでないと，プレーヤー A の選んだ行動が何であったかがわからないことに，再度注意すること．

13. この演習問題では，A, B, C の 3 人のプレーヤーからなるゲームを考える．そこで，各プレーヤーの戦略の集合と，3 人の各プレーヤーが戦略を選択したときに，各プ

レーヤーが受け取る利得を定めて，ゲームを定義する．まず，プレーヤー A の戦略の集合は {U, D} であり，プレーヤー B の戦略の集合は {L, R} であり，プレーヤー C の戦略の集合は {l, r} であるとする．

各プレーヤーが受け取る利得を定める一つの方法は，可能な三つの戦略の組合せと，それらのそれぞれに対する各プレーヤーの利得を書き出すことである．これと等価であるが，可能な三つの戦略の組合せに対する利得を解釈する異なる方法として，以下のより簡単に記述する方法が考えられる．すなわち，プレーヤーの A と B の 2 人ゲームの二つのうちのどちらかを，プレーヤー C が選ぶと考える．プレーヤー C が l を選ぶと，プレーヤーの A と B の 2 人ゲームの利得行列は，図 6.43 で与えられる．

プレーヤー B

		L	R
プレーヤー A	U	4,4,4	0,0,1
	D	0,2,1	2,1,0

図 6.43 演習問題 13 の図．プレーヤー C が戦略 l を選んだときの，A と B の 2 人のプレーヤーのゲーム．

各要素は，第 1 成分がプレーヤー A の利得，第 2 成分がプレーヤー B の利得，第 3 成分がプレーヤー C の利得を示している．

プレーヤー C が r を選ぶと，プレーヤーの A と B の 2 人ゲームの利得行列は，図 6.44 で与えられる．

プレーヤー B

		L	R
プレーヤー A	U	2,0,0	1,1,1
	D	1,1,1	2,2,2

図 6.44 演習問題 13 の図．プレーヤー C が戦略 r を選んだときの，A と B の 2 人のプレーヤーのゲーム．

したがって，たとえば，プレーヤー A が U を選び，プレーヤー B が R を選び，プレーヤー C が r を選ぶと，いずれのプレーヤーの利得も 1 となる．

(a) 最初に，すべてのプレーヤーが同時に選択を実行するとする．すなわち，プレーヤーの A と B は，それぞれの選択の終了後に初めて，プレーヤー C がゲームで何を選択したのかがわかるとする．このゲームの純粋戦略のナッシュ均衡をすべて求めよ．

(b) 次に，プレーヤー C が最初に戦略を選択して，プレーヤーの A と B は，その選択を見た後に，それぞれの戦略を選択するとする．すなわち，プレーヤー C が最初に戦略 r を選択すると，プレーヤーの A と B は，プレーヤー C の r の選択で決定されるゲームを行うことになり，どちらもそのゲームを行っていることを知って

いる．同様に，プレーヤーCが最初に戦略 l を選択すると，プレーヤーのAとBは，プレーヤーCの l の選択で決定されるゲームを行うことになり，どちらもそのゲームを行っていることを知っている．

プレーヤーのAとBは，プレーヤーCの r の選択で決定されるゲームを行うときは，どちらもそのゲームに対する純粋戦略のナッシュ均衡の戦略を選択するとする．同様に，プレーヤーのAとBは，プレーヤーCの l の選択で決定されるゲームを行うときは，どちらもそのゲームに対する純粋戦略のナッシュ均衡の戦略を選択するとする．最後に，プレーヤーCは，プレーヤーのAとBがそのように行動することを知っているとする．

このとき，プレーヤーCがどのように行動すると期待できるかを答えよ．さらに，その答えに対する説明を与えよ．全体として，3人のプレーヤーで選択される戦略の組合せはどうなると期待できるか？それらの戦略の組合せは，3人のプレーヤーで行われる同時選択のゲームのナッシュ均衡となるか？

14. 図6.45の利得行列で与えられる，2人のプレーヤーと戦略と利得からなるゲームを考える．

プレーヤー2

		L	R
プレーヤー1	U	1,1	4,0
	D	4,0	3,3

図6.45 演習問題14の図．2人のプレーヤーのゲーム．

(a) このゲームのナッシュ均衡をすべて求めよ．

(b) 問題(a)で得られた混合戦略の均衡では，プレーヤー1は，戦略Dより戦略Uをより多く用いていることがわかる．しかし，これに対して1人が，以下の理由でその答えは間違いであると指摘している．プレーヤー1にとって，戦略Uよりも戦略Dのほうがより魅力的であることは，以下の点からも明らかである．すなわち，プレーヤー1にとって，UとDの戦略はともに利得行列の非対角部分の利得が4であり，さらに，戦略Dからは対角部分でのプレーヤー1の利得が3となり，戦略Uからは対角部分でのプレーヤー1の利得が1となるからである．この推論における誤りを説明せよ．

15. まったく同一の二つの企業（便宜上，企業1と企業2とする）が，同時にそして独立に，新しいマーケットに参入するか参入しないか，および，参入したときに販売する製品として，AとBのどちらの製品を生産するかの決断を迫られているとする．すなわち，どちらの企業も，参入したときには製品のAとBのいずれかを生産し，販売展開することになる．ともに参入して，ともに製品Aを生産すると，どちらの企業も1000万ドルの損失を被ることになる．ともに参入して，ともに製品Bを生産すると，どちらの企業も500万ドルの利益をあげることになる．ともに参入して，一方が製品Aを生産し，他方が製品Bを生産すると，どちらの企業も1000万ドルの利益

をあげることになる．参入しない企業は，利益も出ないし損失もない．最後に，一方の企業が参入せず，他方の企業のみが参入したときは，以下のようになる．参入して製品 A を生産すると 1500 万ドルの利益をあげ，参入して製品 B を生産すると 3000 万ドルの利益をあげる．

ここで，企業 1 の経営者であるとする．したがって，戦略を選択しなければならない．

(a) 企業 1 と企業 2 の 2 人のプレーヤーからなり，各プレーヤーの戦略が，製品 A を生産する，製品 B を生産する，参入しないの三つであるゲームとして，この状況を利得行列を用いて記述せよ．

(b) 社員の 1 人が，どちらの製品を生産すべきか確信は持てないが，マーケットには参入すべきであると主張している．その理由は，企業 2 がどのような行動をとろうとも，参入して製品 B を生産するほうが，参入しないよりも良い結果になる，というものであった．これについての評価を与えよ．

(c) 問題 (b) の意見に賛成している別の社員が，製品 A を生産する戦略は（企業 2 も製品 A を生産すると）損失につながることもあるので，マーケットに参入して製品 B を生産すべきであると主張している．両方の企業が，このような推論に基づき，ともにマーケットに参入して製品 B を生産することは，このゲームのナッシュ均衡となるかを答えよ．さらに，その答えに対する説明も与えよ．

(d) このゲームの純粋戦略のナッシュ均衡をすべて求めよ．

(e) さらにもう 1 人の社員は，二つの企業が合併することを提案して，利益の総和を最大化できるように，協力して戦略を決定すべきであると主張している．合併が合法であるかどうかは無視して，これが良い考えかどうかを答えよ．さらに，その答えに対する説明も与えよ．

第7章

進化論的ゲーム理論

　第6章では，各プレーヤーが決断を下し，そして全員の決断に基づいて各プレーヤーの利得が決まるゲーム理論の基本的な概念を展開した．そこで眺めたように，ゲーム理論では，与えられたゲームに参加するプレーヤーがどのような行動を選択するかを推論することが主たる問題である．

　第6章の議論は，与えられたゲームで，他のプレーヤーがどのような行動をとるのかについて，すべてのプレーヤーが同時に推論することに基づいていた．これに対して，本章では，**進化論的ゲーム理論** (evolutionary game theory) の概念を展開する．すなわち，ゲーム理論の基本的な概念が，各個人が公然と推論を行ったり，明示的な決断を下したりしない状況にも適用できることを示す．したがって，意識的に下した決断ではない行動も含む様々な形の行動を各個人が行う状況にも，ゲーム理論の解析が適用できることになる．この方法により，集団に生き残れる形式の行動と駆逐される形式の行動を議論していくことにする．

　名前からも想像できるように，進化論的ゲーム理論は，John Maynard Smith（ジョン・メイナード・スミス）とG. R. Price（G. R. プライス）の論文 [375, 376] でその概念が初めて明確化された進化論的生物学と呼ばれる分野に，最も多く適用されている．進化論的生物学は，生物の遺伝子が，その観察できる特性を主として決定し，それゆえ与えられた環境への適合性も決定する，という考えに基づいている．より適合した生物は，子孫をより多く残せる傾向があり，集団における存在感を増加させることができる．このようにして，より適合した生物種は，より再生率が高くなるので，時間の経過とともに生存競争に勝ち残っていく．

　進化論的ゲーム理論における洞察のポイントは，多くの行動が多数の生物間の集団における**相互作用**に関与していて，これらの生物間におけるどの生物の成功も，その行動と他の行動との相互作用に依存している，ということである．したがって，個々の生物の適合性を，個別に隔離して測定することはできない．むしろ，その適合性は，それが生存している集団全体の環境のもとで評価すべきである．このアプローチは，自然にゲーム理論的な類推へのドアを開けることにつながる．すなわち，生物種として決定された特性や行動はゲームでの戦略に対応し，適合性は利得に対応し，この利得は相互作用をするすべての生物の戦略（特性）に依存して決定される．このように書けても，この類推が皮相的なものになるか奥深いものなるかについて前もって述べることは難しい．しかし，実際には，

この結びつきはきわめて深いことになる．すなわち，均衡などのゲーム理論的な概念が，集団における進化の結果の予測に有効な方法となるのである．

7.1 相互作用の結果としての適合性

上述の考えを具体化するために，進化論的な設定においてゲーム理論の概念をどのように適用できるのかを，最初に単純な例を挙げて説明する．この例は，説明の容易性に基づいているものであり，したがって，土台となる生物学に完全に忠実であるとは言えない．しかしながら，この例のあとで，この最初の例の中核となる現象が，自然な様々な設定のもとで実験的に観察されてきていることを眺める．

この例では，カブトムシの特別な種を取り上げる．そこでは，与えられた環境のもとで，各カブトムシの適合性は，主に食物を見つけてその食物を栄養分として効果的に利用できるかに，かかっているとする．そして，集団においてある突然変異が生じ，突然変異したカブトムシは元のカブトムシに比べて体が格段に大きくなっているとする．したがって，集団には，小さいカブトムシと大きいカブトムシの2種類のカブトムシがいる．大きいカブトムシは，新陳代謝のためにより多くの食物と栄養が必要になり，したがって，適合性の観点からは負の効果となり，実際に集団で生きていくのは困難である．

話がこれで終わるのであれば，突然変異の大きいカブトムシは，適合性が減少して，時間が経過して世代が進むにつれて，集団から消滅していくことになる．しかし，実際には，これから眺めるように，話の続きが存在する．

生物間の相互作用 集団の中のカブトムシは，互いに食物を求めて競争する．食物の存在が確認されると，そこには多数のカブトムシが集まり，どのカブトムシもできるだけ多くの食物を食べようとする．そして，すぐにわかることであるが，大きいカブトムシは，小さいカブトムシと比べて，より多くの食物を獲得することができる．

この集団における食物獲得競争において，簡単化して，ある時刻に2匹のカブトムシが食物を前にして相互作用をしていると仮定しよう．2匹という仮定は，議論と概念を簡単化するためのものであるが，実際には，多数のカブトムシが同時に相互作用をしている場合にも，容易に拡張して適用できることに注意しよう．2匹のカブトムシがある食物で競争しているとき，以下のような結果が得られるとする．

- 同一のサイズのカブトムシが競争しているときには，食物は2等分して獲得される．
- 大きいカブトムシと小さいカブトムシが競争しているときには，食物のほとんどが大きいカブトムシに獲得される．
- いずれの場合でも，一定量の食物から得られる適合性は，大きいカブトムシより，小さいカブトムシのほうがより高い．新陳代謝として必要な量は，大きいカブトムシのほうが大きいからである．

したがって，与えられた食物競争の相互作用における各カブトムシの適合性は，2匹の

カブトムシにおける2人ゲームで，以下のように数値化された利得として見なすことができる．一方のカブトムシは，"小さい"あるいは"大きい"の二つの戦略のうちの一つを選択できる．他方のカブトムシも同様に，これらの二つの戦略のうちの一つを選択できる．この二つの戦略に基づいて，カブトムシの利得は図7.1のように書けるとする．

	カブトムシ2 小さい	カブトムシ2 大きい
カブトムシ1 小さい	5, 5	1, 8
カブトムシ1 大きい	8, 1	3, 3

図7.1 2匹のカブトムシの体格ゲーム．

前述の原理がこの数値例の利得に反映されていることに注意しよう．食物競争で2匹の小さいカブトムシ同士が出会ったときには，適合性は2等分される．大きいカブトムシが小さいカブトムシに出会ったときには，大きいカブトムシが，小さいカブトムシを犠牲にしてほとんどを自分のものにしてしまう．しかし，2匹の大きいカブトムシ同士が出会ったときには，食物から得られる適合性の全部は獲得できない．すなわち，この利得行列では，2匹の大きいカブトムシ同士が出会ったときには，利得の和は6になって，小さいカブトムシ同士が出会ったときに得られる利得の和の10より小さい．大きいカブトムシ同士が出会うと，競争に余分なエネルギーを費やしてしまうので，全体の適合性からその分も減じられていると見なせる．

この利得行列は，2匹のカブトムシが遭遇したときの状況をうまく表現しているが，以下のような観点から，第6章のゲームとは基本的に異なる．このゲームのカブトムシは，「ここの相互作用で自分の体格をどうすれば良いか？」と考えることはできない．各カブトムシは，1個の生物として一生がこれらの二つの戦略の一方に固定されている．すなわち，ゲーム理論の定式化で中心的な概念である戦略の選択は，進化論的ゲーム理論では存在しないことになる．その結果として，自身の戦略の変更による相対的な優位性に基づくナッシュ均衡の概念の代わりに，進化論的な力のもとで集団に生じる長期間にわたる戦略の変更を考える必要が生じる．そこで，このために必要となる基本的な定義を次節で展開する．

7.2 進化論的安定戦略

第6章では，ナッシュ均衡の概念が，ゲームの結果を推論する際に中心的な役割を果たした．2人ゲームのナッシュ均衡では，どのプレーヤーも現在用いている戦略と異なる戦略を用いたいという気持ちにはならない．すなわち，ナッシュ均衡とは，プレーヤーがそれらの戦略をいったんとってしまうと，ずっと固執する戦略の組合せである．進化論的ゲーム理論における類似の概念は，**進化論的安定戦略** (evolutionarily stable strategy)，す

なわち，いったん集団に広まると種としてずっと生き残ることが決まる戦略である．

この概念を以下のように定式化する．たとえば上記の例では，各カブトムシは，一生の間に，他の多くのカブトムシに遭遇して，2匹での食物競争を繰り返し展開するとする．さらに，カブトムシの集団は大きくて，各カブトムシは一生の間に他の同じカブトムシと2回以上食物競争で遭遇することはないと仮定する．各カブトムシの一生を通しての適合性は，そのカブトムシが遭遇する2匹のカブトムシの食物競争での適合性の平均とする．そして，この一生を通しての適合性が再生産の成功，すなわち，次の世代にその種（戦略）を引き継ぐ子孫の個数を決定するとする．

この設定で，与えられた戦略は，集団全体がその戦略を用いると，異なる戦略をとる小さいグループの侵入者が複数世代にわたるものの最終的には消滅するとき，その戦略は**進化論的に安定** (evolutionarily stable)であると呼ばれる．侵入者は，集団に移り住もうとする移住者や，あるいは，その集団に生じた突然変異と見なすことができる．この概念は，利得を用いて，数値的には以下のように捉えることもできる．すなわち，戦略Sを集団全体が用いているとする．その集団に，別の戦略Tを用いる小規模の侵入者グループが現れるとする．このとき，大多数の戦略Sのユーザーよりも侵入者の適合性が真に小さいときに，戦略Sが進化論的に安定であると言える．適合性は再生産の成功と解釈できるので，進化論的な原理から，適合性が真に小さいことは，戦略Tのユーザーのように，構成割合の小さい集団が複数の世代を経て最終的に高い確率で消滅することを意味している．

より形式的には，基本的な定義は以下のように記すことができる．

- 集団における一つの生物の**適合性** (fitness)は，集団のランダムな生物との相互作用から受け取る利得の期待値である．
- 集団において，ある小さい正数 x に対して，x の割合の生物が戦略Tを用いて，$1-x$ の割合の生物が戦略Sを用いるとき，戦略Tが戦略Sをレベル x で"侵略する"という．
- 戦略Sは，小さい正数 y が存在して，任意の $x < y$ に対して任意の別の戦略Tが戦略SをレベルTで侵略するとき，戦略Sを演じる生物の適合性が戦略Tを演じる生物の適合性より真に大きい場合は，**進化論的に安定** (evolutionarily stable)である．

最初の例における進化論的安定戦略 この定義を食物競争で遭遇するカブトムシの最初の例に適用するとどうなるかを考えてみよう．最初に戦略"小さい"が進化論的に安定であるかどうかを検証する．そしてその後に，戦略"大きい"が進化論的に安定であるかどうかを検証する．

定義に従い，集団において小さい正数 x に対して $1-x$ の割合のカブトムシが"小さい"カブトムシであり，x の割合のカブトムシが"大きい"カブトムシであるとする．これは，大きいカブトムシの小グループが集団を侵略してきたケースに対応する．

- この集団におけるランダムな相互作用を通して得られる小さいカブトムシの利得の期待値はどうなるであろうか？小さいカブトムシは確率 $1-x$ で小さいカブトムシに食物競争で遭遇し，利得5を受け取る．また，小さいカブトムシは確率 x で大きいカブトムシに食物競争で遭遇し，利得1を受け取る．したがって，利得の期待値は

$$5(1-x) + 1x = 5 - 4x$$

となる.
- この集団におけるランダムな相互作用を通して得られる大きいカブトムシの利得の期待値はどうなるであろうか？大きいカブトムシは確率$1-x$で小さいカブトムシに食物競争で遭遇し,利得8を受け取る.また,大きいカブトムシは確率xで大きいカブトムシに食物競争で遭遇し,利得3を受け取る.したがって,利得の期待値は

$$8(1-x) + 3x = 8 - 5x$$

となる.

この集団において,十分に小さい正数xに対して（さらにこのケースではある程度大きい正数に対しても）,大きいカブトムシの適合性の期待値は,小さいカブトムシの適合性の期待値より大きい.したがって,戦略"小さい"は,進化論的に安定ではない.

次に,戦略"大きい"が進化論的に安定かどうかを検証しよう.そこで,小さい正数xに対して,集団において$1-x$の割合のカブトムシが"大きい"カブトムシであり,xの割合のカブトムシが"小さい"カブトムシであるとする.

- この集団におけるランダムな相互作用を通して得られる大きいカブトムシの利得の期待値はどうなるであろうか？大きいカブトムシは確率$1-x$で大きいカブトムシに食物競争で遭遇し,利得3を受け取る.また,大きいカブトムシは確率xで小さいカブトムシに食物競争で遭遇し,利得8を受け取る.したがって,利得の期待値は

$$3(1-x) + 8x = 3 + 5x$$

となる.
- この集団におけるランダムな相互作用を通して得られる小さいカブトムシの利得の期待値はどうなるであろうか？小さいカブトムシは確率$1-x$で大きいカブトムシに食物競争で遭遇し,利得1を受け取る.また,小さいカブトムシは確率xで小さいカブトムシに食物競争で遭遇し,利得5を受け取る.したがって,利得の期待値は

$$(1-x) + 5x = 1 + 4x$$

となる.

このケースでは,この集団において,大きいカブトムシの適合性の期待値は,小さいカブトムシの適合性の期待値より大きいので,戦略"大きい"は,進化論的に安定である.

2匹のカブトムシの体格ゲームにおける進化論的安定戦略の解釈　直観的には,上記の解析は以下のようにまとめることができる.小さいカブトムシで構成される集団に,ごく少数の大きいカブトムシが導入されると,大きいカブトムシにとってすべてが格別に良く働くことになる.なぜなら,大きいカブトムシ同士が遭遇することはまれであり,したがって,食物競争ではほぼ毎回,ほとんどの食物を獲得することができるからである.結

果として，小さいカブトムシからなる集団は，大きいカブトムシを消滅させることができず，したがって，戦略"小さい"は進化論的に安定ではない．

一方，大きいカブトムシからなる集団においては，ごく少数の小さいカブトムシが導入されても，小さいカブトムシは，食物競争ではほぼ毎回負けて，ごくわずかの食物しか獲得することができない．結果として，大きいカブトムシからなる集団は，小さいカブトムシの侵略を食い止めることができて，戦略"大きい"は進化論的に安定である．

したがって，大きいカブトムシの突然変異が可能であるとわかるときには，自然のままでは，大きいカブトムシの集団が形成されて，小さいカブトムシの集団は消滅すると予測することができる．このように，方法は異なるが第6章で合理的なプレーヤーによるゲームでの結果を予測できたように，進化論的安定性の概念を用いて，集団の戦略の結果を予測できた．

しかしながら，この予測された特別な結果は，以下の観点の事実からきわめて注目に値するものである．すなわち，小さいカブトムシの集団における各（小さい）カブトムシの適合性は5であり，大きいカブトムシの集団における各（大きい）カブトムシの適合性である3よりも値が大きいという事実である．実際，小さいカブトムシと大きいカブトムシからなる2匹のカブトムシの体格ゲームは，囚人のジレンマゲームと完全に同一の構造を有している．食物競争に基づくシナリオの説明は，第6章で述べた2人のライバルの競争者が能力向上の薬物を使用するかどうかを決断する軍拡レースを，カブトムシが行っていることをわかりやすくしている．第6章のゲームでは，2人の競争者はともに薬物を使用しないことが良い結果をもたらすことを知っているにもかかわらず，薬物を使用する戦略が支配戦略であった．薬物をともに使用しないという，良い結果をもたらす戦略の組合せは，誘惑が多く，維持できるものではなかったのである．ここのケースでは，各カブトムシは何もわかっていないし，たとえ望んだとしても体格を変えることはできない．それにもかかわらず，大きいカブトムシが小さいカブトムシを犠牲にして利するので，複数の世代にわたって進化論的な力が作用し，最終的に完全に類似の結果が達成されるのである．二つの異なる様式の解析から得られる結論におけるこの類似性は，実際には，より広い原理の一部であることを，本章の後の部分で眺めることにする．

この例における注目すべき特徴は，以下のように別の方法でもまとめることができる．すなわち，小さいカブトムシの集団から出発して，自然淘汰の進化により，生物個体の適合性は減少していく．自然淘汰は適合性を増加させると考えているので，これは一見，困惑させる主張に思える．しかし，自然淘汰のこの一般的な原理に実際に起こっていることを考えれば，これは納得できるものになる．自然淘汰で生物個体の適合性が増加するのは，環境が固定されているときである．環境が生物個体に対してより敵対するように変化していくと，各個体の適合性は減少に向かうこともありうるのである．これが，実際にカブトムシの集団で起こっていることである．食物競争において，他のカブトムシの存在が成功に影響を与えるので，各カブトムシの環境には，他のすべてのカブトムシも含まれる．したがって，集団における大きいカブトムシの存在割合が増えるに従い，環境はどの個体に対しても，より敵対的にシフトしていくと考えることができるのである．

進化論的な軍拡レースに対する実験的な証拠 生物学者は，上で眺めた囚人のジレンマの構造を有する進化論的ゲームが，実際に自然界にも存在することを，最近の証拠を示して明らかにしてきている．実際の世界での設定では，利得行列を正確に決定することはきわめて困難である．したがって，これらの研究はすべて現在進行中の研究テーマであり，その意味では議論の余地のあるところでもある．本節での議論の目的において，生物学的な相互作用の様々な形式に対する洞察を与えるためには，ゲーム理論的な推論がどのように役に立つのかを，意識的に例を並べて説明していくのが，おそらく最も適していると思われる．

樹木の高さは，囚人のジレンマの利得に従うと言われている [156, 226]．隣り合う2本の木は，ともに低ければ，等分に太陽の光の恩恵を受ける．ともに高い場合もやはり等分に太陽の光の恩恵を受けることができるが，高さを維持するために余分な資源を必要とするので，その恩恵は低いときと比べて小さくなる．問題は，一方の木が高くて，他方の木が低いときである．このときには，太陽の光の恩恵のほぼすべてを高い木が受け取ることになる．結果として，利得行列は，2匹のカブトムシの体格ゲームのようになることが容易にわかる．すなわち，木の進化論的な戦略は，"低い"と"高い"であり，それらはそれぞれ，カブトムシの"小さい"と"大きい"に対応する．もちろん，木は連続的に様々な高さが可能であり，種としての個体差の範囲が広いので，戦略は単なる"低い"と"高い"では収まりきらず，実際の状況はさらに複雑である．また，この連続的な範囲でも，囚人のジレンマの利得は，ある範囲の高さの木にしか当てはまらない．実際，ある高さを超えると，高さの優位性が利得に逆に反映されることもある．太陽の光の恩恵よりも，巨大な高さを維持するための資源獲得の困難性により適合性が相殺されて減少してしまうからである．

植物の根のシステムでも同様の競争が起こる [181]．大きな植木鉢に詰めた土壌の両端で2本の豆の木を育てるものとする．すると，豆の木の根は，できる限り多くの栄養を土壌から吸収しようとして，"遠くまで"根を伸ばす．そして，2本の豆の木は土壌の資源を等分に分割する．そこで，前もって土壌の中央に板を差し込んで土壌を2等分しておく．すると，いずれの豆の木も，根を伸ばすのに前ほどエネルギーを必要としなくなり，実（豆）の生産によりエネルギーを費やすことができるようになって，生産性が増すことになる．

この観察に基づいて，根のシステムに関わる以下の単純化された進化論的ゲームを考えよう．板を用いる代わりに，豆の木に2種類の根の成長戦略が可能であると考える．すなわち，根の生長が自分の領域の土壌内に留まる戦略"保守"と，他の領域の土壌にまで広がる戦略"伸張"の2種類である．すると，ここでも2匹のカブトムシの体格ゲームと同様のシナリオと利得行列が得られ，同一の結果が得られる．二つの豆の木は，集団の中でどちらも"保守"の戦略をとるほうが利得が良くなるが，戦略の"伸張"のみが進化論的に安定である．

3番目の例として，最近発見されて熱い注目を浴びている，囚人のジレンマの進化論的ゲームを演じるウイルスの集団を挙げる [326, 392, 393]．Turner and Chao は，細胞に感染して自身を増幅させるのに必要な物質を生産するバクテリアファージ $\Phi 6$ と呼ばれる細菌

ウイルスの研究を行った．このウイルスの突然変異で生じたバクテリアファージΦH2と呼ばれる細菌ウイルスも，細胞に感染して自身を増幅させるのに必要な物質を生産するが，Φ6よりは増殖性で劣る．しかしながら，ΦH2はΦ6が生産する化学物質を有利に利用することができて，Φ6が存在するときのΦH2の適合性の増加につながっている．これから囚人のジレンマの利得の構造が得られる．すなわち，ウイルスはΦ6とΦH2の二つの進化論的な戦略を持ち，ウイルスに対する環境としては，純粋なΦH2の集団よりも純粋なΦ6の集団のほうが優れている．しかし，他のウイルスの戦略行動にかかわらず，利得はΦH2の戦略が常に良くなる．したがって，ΦH2の戦略のみが進化論的に安定である．

研究対象のウイルスシステムはきわめて単純であったので，Turner and Chaoは，2種類のウイルスが様々な条件のもとで自身を再生増殖する相対的な割合を測定して，それに基づいて実際の利得行列を求めることができた．これらの測定に基づいて得られた利得行列を図7.2に示している．なお，利得行列は，左上の(1,1)要素が(1.00, 1.00)となるように，スケール変換が施されている[1]．

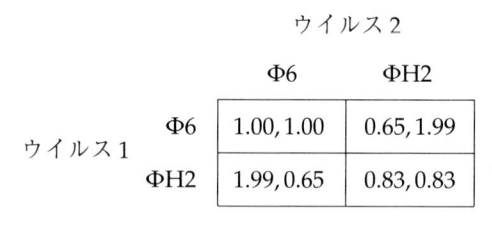

		ウイルス2	
		Φ6	ΦH2
ウイルス1	Φ6	1.00, 1.00	0.65, 1.99
	ΦH2	1.99, 0.65	0.83, 0.83

図7.2 ウイルスゲーム．

これまでの例は，能力向上の薬物使用のシナリオと同様のものであったが，バクテリアファージのこのゲームは，囚人のジレンマの利得の構造を持つ点では同じであるが，実際には，第6章で最初に用いた試験と発表のゲームの背後にある，囚人のジレンマとは異なるシナリオとなる．試験と発表のゲームの利得行列では，ともに発表の準備をすればともに良い評価を獲得できるにもかかわらず，そうはせずに各自が利己的に考えて行動して，試験の勉強をしてより高い利得を獲得しようとする．しかし，結果的には，ともに試験の勉強をして，悪い評価となってしまう．ここでのウイルスゲームは，共同の責任を軽んじることが合理的な判断から得られるばかりでなく，進化論的な力も同様に，この戦略をウイルスがとることを示していると言える．

7.3 進化論的安定戦略の一般的記述

進化論的ゲームと合理的な参加者によってプレーされるゲームの結びつきから，一般にこれらの間でどのような関係が作用しているのかが，かなりわかってくる．ここでは，こ

---

[1] このような単純なシステムであっても，他の多くの生物学的な要因も作用しているので，この利得行列は，実際の実験と自然界の条件のもとでΦ6とΦH2の集団が起こす行動の近似にすぎない．これらの集団で，集団の密度や潜在的に存在するウイルスの他の突然変異なども含めて，他の要因も影響を与えると思われる[393]．

れまでも行ってきたように，二つの戦略からなる2人ゲームに絞って議論する．さらに，前節でも行ったように，2人のプレーヤーの役割が互いに交換可能な対称的なゲームに限定して議論する．

二つの戦略からなる対称的な2人ゲームの利得行列は，一般に，図7.3のように書ける．

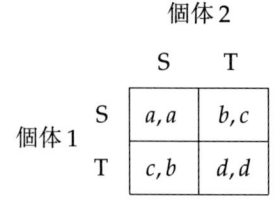

個体2

	S	T
個体1 S	a,a	b,c
T	c,b	d,d

図7.3 一般の対称的ゲーム．

そこで，戦略Sが進化論的に安定であるための条件が，四つの変数 a, b, c, d を用いてどのように書けるかを確認する．前と同様に，集団において，ある小さい正数 x に対して，$1-x$ の割合で戦略Sを用い，x の割合で戦略Tを用いるとする．

- この集団におけるランダムな相互作用を通して得られる戦略Sをプレーする個体の利得の期待値は，どうなるであろうか？ 確率 $1-x$ で戦略Sをプレーする個体と遭遇し，利得 a を受け取る．また，確率 x で戦略Tをプレーする個体と遭遇し，利得 b を受け取る．したがって，利得の期待値は

$$a(1-x) + bx$$

となる．

- この集団におけるランダムな相互作用を通して得られる戦略Tをプレーする個体の利得の期待値は，どうなるであろうか？ 確率 $1-x$ で戦略Sをプレーする個体と遭遇し，利得 c を受け取る．また，確率 x で戦略Tをプレーする個体と遭遇し，利得 d を受け取る．したがって，利得の期待値は

$$c(1-x) + dx$$

となる．

したがって，十分に小さいすべての $x > 0$ に対して，不等式

$$a(1-x) + bx > c(1-x) + dx$$

が成立するときには，戦略Sは進化論的に安定である．x が0に近づくに従い，左辺は a となり，右辺は c となる．したがって，$a > c$ ならば，x が十分小さいときには，左辺が右辺よりも大きくなり，$a < c$ ならば，x が十分小さいときには，左辺が右辺よりも小さくなる．さらに，$a = c$ ならば，$b > d$ のときに左辺が右辺よりも大きくなる．したがって，戦略Sが進化論的に安定であるための条件は，以下のように単純な形で表すことができる．

二つの戦略からなる対称的な2人ゲームにおいて，戦略Sが進化論的に安定であるための必要十分条件は，

(i) $a > c$ あるいは   (ii) $a = c$ かつ $b > d$

が成立することである．

上記の計算の背後にある直観が，以下のような条件に翻訳できることは容易にわかる．

- 第一に，戦略Sが進化論的に安定であるためには，戦略Sを用いているプレーヤーに遭遇するときの利得が，戦略Sを用いているプレーヤーのほうが戦略Tを用いているプレーヤーより大きいか等しい（$a \geq c$である）ことが必要である．そうでないとき（$a < c$）には，戦略Tを用いる侵入者が，戦略Sを用いている集団の残りのプレーヤーに対して，より適合性が高いことになり，集団における戦略Tを用いる侵入者の割合が，時間の経過とともに増加していってしまうからである．
- 第二に，戦略Sと戦略Tが戦略Sに対して同じ利得となる（$a = c$である）ときは，戦略Sが進化論的に安定であるためには，戦略Tを用いているプレーヤーに遭遇するときの利得が，戦略Sを用いているプレーヤーのほうが戦略Tを用いているプレーヤーより大きい（$b > d$である）ことが必要である．そうでないとき（$a = c$かつ$b \leq d$）には，戦略Tを用いているプレーヤーに遭遇するときの利得は，戦略Tを用いているプレーヤーのほうが戦略Sを用いているプレーヤーより大きいか等しいことになり，戦略Tを用いているプレーヤーの適合性のほうが戦略Sを用いているプレーヤーの適合性より高いか等しいことになってしまうからである．

7.4 進化論的安定性とナッシュ均衡の関係

進化論的安定戦略の特徴付けを用いると，進化論的安定性とナッシュ均衡がどのように関係しているかを理解することができる．前節の一般の対称的なゲームを振り返ってみると，2人のプレーヤーがともに戦略Sを選択する組合せ(S, S)がナッシュ均衡であるための条件は，以下のように書き下せる．すなわち，他方の戦略Sに対して，自分の戦略Sが最善反応であるときに，(S, S)はナッシュ均衡である．これは単純な条件

$a \geq c$

として解釈できる．この条件とSが進化論的に安定であるための必要十分条件

(i) $a > c$　　あるいは　　(ii) $a = c$ かつ $b > d$

を比較すると，次の結論がすぐに得られる．

戦略Sが進化論的に安定ならば，(S, S)はナッシュ均衡である．

この命題の逆は成立しないこともわかる．すなわち，(S, S)がナッシュ均衡であっても，Sが進化論的に安定でないゲームも存在する．進化論的安定性の条件とナッシュ均衡の条件の相違性より，そのようなゲームがどう構成できるのかがわかる．すなわち，$a = c$かつ$b < d$となるゲームを構成すればよいのである．

7.4 進化論的安定性とナッシュ均衡の関係

そのようなゲームがどんなところから生じてくるかを具体的に眺めるために，第6章で取り上げた雄ジカ狩りゲームを思い出そう．このゲームでは，各プレーヤーは，雄ジカ狩りか野ウサギ狩りをすることができる．野ウサギ狩りは自分1人だけの努力で成功するが，より価値の高い雄ジカ狩りは，2人が協力しないと成功できない．これから，利得行列は図7.4のように書ける．

		ハンター2	
		雄ジカ狩り	野ウサギ狩り
ハンター1	雄ジカ狩り	4,4	0,3
	野ウサギ狩り	3,0	3,3

図7.4 雄ジカ狩りゲーム．

このゲームでは，雄ジカ狩りと野ウサギ狩りのどちらの戦略も進化論的に安定である．それは，a, b, c, d に対する条件を確認すれば容易にわかる．なお，野ウサギ狩りに対する条件を確認するときには，利得行列の行と列をそれぞれ入れ替えて，野ウサギ狩りを第1行，第1列になるようにすればよい．

しかしながら，雄ジカ狩りゲームの利得を以下のように変更してみる．この変更版では，プレーヤーが一致せずに，一方が雄ジカ狩りを行い，他方が野ウサギ狩りを行ったときに，野ウサギ狩りをしたプレーヤーのほうの利得を上げている．このようにして，変更版の利得行列は図7.5のように書ける．

		ハンター2	
		雄ジカ狩り	野ウサギ狩り
ハンター1	雄ジカ狩り	4,4	0,4
	野ウサギ狩り	4,0	3,3

図7.5 雄ジカ狩りゲーム：1人だけが野ウサギ狩りをするときの利得を高めた版．

この変更版のゲームでも，(雄ジカ狩り，雄ジカ狩り)の戦略の組合せはナッシュ均衡である．すなわち，他方のプレーヤーが雄ジカ狩りの戦略のときには，自分も雄ジカ狩りの戦略をとるのが最善反応である．しかし，雄ジカ狩りの戦略は，この変更版のゲームでは進化論的に安定ではない．一般の対称的なゲームでの記法を用いたときに，$a = c$ かつ $b < d$ であるからである．ざっくばらんに言うと，問題は以下の点である．すなわち，野ウサギ狩りの戦略が雄ジカ狩りの戦略と対にされたときの利得が，雄ジカ狩りの戦略と雄ジカ狩りの戦略とが対にされたときの利得と等しくなって，野ウサギ狩りの戦略が野ウサギ狩りの戦略と対になる組合せのときより，利得が高くなってしまった点が問題なのである．

進化論的安定戦略と**厳密ナッシュ均衡** (strict Nash equilibrium) の概念の間にも関係がある．戦略の組合せは，その組合せの中でどのプレーヤーも他のプレーヤーの戦略に対して唯一の最善反応をとっているときに，厳密ナッシュ均衡であると呼ばれる．二つの戦略で2人のプレーヤーからなる対称的なゲームに対して，(S, S) が厳密ナッシュ均衡である

ための条件は，$a > c$ であることである．したがって，安定性と均衡のこれらの異なる概念が，実際には互いに他の"細分"になっていることがわかる．すなわち，進化論的安定戦略の概念は，ナッシュ均衡の概念の細分であると見なせる．実際，進化論的に安定である戦略 S の集合は，(S, S) がナッシュ均衡である戦略 S の集合の部分集合である．同様に，(S, S) が厳密ナッシュ均衡ならば，S は進化論的に安定であるので，すべてのプレーヤーが同一の戦略を用いるとしたときの厳密ナッシュ均衡の概念は，進化論的安定戦略の概念の細分であると見なせる．

このように，進化論的安定性とナッシュ均衡の結論の間にきわめて密接な関係があるにもかかわらず，土台となっているストーリーがまったく異なっていることは興味深い．ナッシュ均衡においては，他のプレーヤーの戦略に対して，いずれのプレーヤーも最善反応となる戦略を考慮して選んでいる．この均衡の概念は，プレーヤーが戦略を最適に選び，互いに他の戦略の最善反応となるように一致することのできる能力を，大きく要求するものである．一方，進化論的安定性は，プレーヤーに関して，知性や一致を仮定していない．そうではなく，各プレーヤーの戦略は，種として生まれたときから備わっている固定化されたものであると見なされている．このような概念によると，子の生産がより高い確率で成功する戦略が選択されることになる．

ゲームを解析するこのような進化論的なアプローチは，生物学の分野で始められたものであるが，生物学以外の分野にも多く応用できる．たとえば，大きなグループに属する人々が，繰り返し図 7.3 の一般の対称的なゲームに参加しているとする．ここで，利得はプレーヤーの満足度を反映するものであり，生産する子の数ではないとする．すると，プレーヤーは，他のプレーヤーがどのように行動し利得を得ているかを繰り返し眺めて，最も成功を収めている戦略を模倣することになり，進化論的なダイナミクスが生じると思われる．あるいは，プレーヤーが自身の過去の成功や失敗を顧みて，その教訓から進化論的なダイナミクスが生じると思われる．いずれのケースでも，過去において相対的にうまくいった戦略が，将来，より多くの人に用いられるようになる．このアプローチは，進化論的安定戦略の概念が土台にある行動と同一の行動につながり，したがって，そのような戦略はより多く選択されるようになるのである．

7.5 進化論的に安定な混合戦略

進化論的ゲーム理論をさらに展開するために，進化論的安定戦略が存在しないゲームをどのように取り扱ったらよいかを，次に考えていくことにする．

実際，純粋戦略のナッシュ均衡を持つ 2 人ゲームでさえも，進化論的安定戦略が存在しないゲームが存在することは，それほど困難なく理解できる[2]．そのような例で最も自然なものは，おそらく第 6 章の鷹と鳩のゲームであると思われるので，このゲームを用いて

---

[2] ゲームにおいて，可能な戦略の中から一つの戦略を選んで常にその戦略をプレーするとき，プレーヤーは **純粋戦略 (pure strategy)** を用いていると言ったことを思い出そう．一方，可能な戦略の中からランダムに戦略を選んでその戦略をプレーするとき，プレーヤーは **混合戦略 (mixed strategy)** を用いているという．

本節の基本的な概念を説明する．なお，鷹と鳩のゲームでは，2匹の動物が食物競争を行う．鷹戦略 (H) をとる動物は攻撃的に行動し，鳩戦略 (D) をとる動物は受動的に行動する．食物競争において一方の動物が攻撃的に行動し，他方の動物が受動的に行動するときには，攻撃的に行動する動物が食物の大部分を獲得する．しかし，両方の動物がともに攻撃的に行動すると，食物は台無しになり，互いに怪我をする危険も生じる．したがって，この種の相互作用は，図 7.6 に示しているような利得行列となる．

動物 2

	D	H
D	3,3	1,5
H	5,1	0,0

動物 1

図 7.6 鷹と鳩のゲーム（鳩戦略 (D) と鷹戦略 (H)）．

第 6 章では，2 人のプレーヤーがどのように行動したらよいかという観点からこのゲームを考えたが，ここでは，各動物が，種として行動が固定されていて，特別な行動しかとれない状況でこのゲームを考える．この観点から眺めて進化論的安定性を考えると，どうなるであろうか？

戦略 D も戦略 H も自身の戦略に関して最善反応ではないので，直近の 2 節の一般原理を用いると，戦略 D も戦略 H も進化論的に安定ではないことが得られる．直観的には，鳩の集団の中で鷹はきわめてうまく生きていけることがわかる．しかし，実際には，鷹の集団の中でも鳩は何とかうまく生きていける．鷹同士が争っている最中に食物にありつけることもあるからである．

各プレーヤーが戦略を実際に選べる 2 人ゲームとしての鷹と鳩のゲームでは，(D, H) と (H, D) の二つの純粋戦略のナッシュ均衡が存在する．しかし，これは，進化論的安定戦略を見つけるためには，何の役にも立たない．これまでの進化論的安定性の定義では，集団のほぼ全員が同一の純粋戦略をとることが要求されていたからである．進化論的な力が働く場合の鷹と鳩のゲームにおいて，どのようなことが起こるのかを推論するためには，戦略間に "混合" の概念を導入して進化論的安定性の概念を一般化することが必要になる．

進化論的ゲーム理論における混合戦略の定義 進化論的ゲームの枠組みに混合戦略の概念を導入する自然な方法は少なくとも 2 通り存在する．第一の方法は，各個体は一つの純粋戦略の行動をとるように固定されているが，集団のある割合が一方の戦略の行動をとり，集団の残りが他方の戦略の行動をとるとすることである．集団のどちらに属していても集団内における各個体の適合性が同一であり，かつ侵入者が最終的には滅亡してしまうときには，この状態は一種の進化論的安定性と考えることができる．第二の方法は，各個体は一つの特別な混合戦略の行動をとるように固定されているとすることである．すなわち，各個体は生まれたときから，与えられた可能な戦略のそれぞれを固定された確率で選択するように決定付けられているとすることである．他の混合戦略を用いる侵入者が最終的に滅亡してしまうときには，これも一種の進化論的安定性と考えることができる．ここ

での目的のために，これらの二つの概念が実際には互いに等価であることを，あとで眺めることにする．したがって，ここでは，とりあえず 2 番目の方法に絞り，各個体が混合戦略を用いるものとして，議論を展開していく．本質的には，鷹と鳩のゲームのような状況では，各個体あるいは全体としての集団が，他の行動をとる侵入者に対して安定性を維持するには，二つの行動を混合しなければならないことを，導出する．

進化論的に安定な混合戦略は，実際には，これまで眺めてきた進化論的安定戦略の定義と，完全に並列的に定義することができる．可能な戦略の集合を，単に，純粋戦略の集合上でランダムな選択に対応する戦略からなると定義するだけでよい．

図 7.3 の一般の対称的なゲームで，より具体的に考えていこう．ここで，混合戦略は，0 と 1 の間の値をとる確率 p に対応する．それは，個体が確率 p で戦略 S をとり，確率 $1-p$ で戦略 T をとることを意味する．第 6 章の混合戦略に対する議論と同様に，この混合戦略は，$p=1$ とすれば純粋戦略 S をとることになり，$p=0$ とすれば純粋戦略 T をとることになるので，純粋戦略を特殊ケースとして含んでいる．個体 1 が混合戦略 p を用い，個体 2 が混合戦略 q を用いているときには，個体 1 の利得の期待値は以下のように計算することができる．戦略の対が (S,S) となり個体 1 の利得が a となる確率は pq である．戦略の対が (S,T) となり個体 1 の利得が b となる確率は $p(1-q)$ である．戦略の対が (T,S) となり個体 1 の利得が c となる確率は $(1-p)q$ である．戦略の対が (T,T) となり個体 1 の利得が d となる確率は $(1-p)(1-q)$ である．したがって，個体 1 の利得の期待値は

$$V(p,q) = pqa + p(1-q)b + (1-p)qc + (1-p)(1-q)d$$

となる．これまでと同様に，個体の"適合性"は，集団の構成員とのランダムな相互作用による利得の期待値である．これで，進化論的に安定な混合戦略の正確な定義ができるようになった．

> 一般の対称的なゲームにおいて，混合戦略 p は，ある小さい正数 y が存在して，p と異なる任意の混合戦略 q に対して，q が任意のレベル $x < y$ で侵略しても，戦略 p をとる個体の適合性が戦略 q をとる個体の適合性より真に大きいとき，進化論的に安定な混合戦略であると呼ばれる．

この定義は，戦略を混合戦略とした点"および"侵入者が混合戦略を用いることができるとした点を除いて，これまでの進化論的に安定な（純粋）戦略の定義とほぼ同じである．$p=1$ や $p=0$ の進化論的に安定な混合戦略は，元の純粋戦略での定義における進化論的安定戦略でもある．しかし，元の純粋戦略の定義のもとで，戦略 S が進化論的安定戦略であっても，この新しい定義のもとでは必ずしも $p=1$ の進化論的に安定な混合戦略になるとは限らないという微妙な点に注意しよう．すなわち，戦略 S をとっている集団に対して純粋戦略の侵入者は侵略に失敗するが，混合戦略の侵入者は侵略に成功するというゲームも構成できる点が問題なのである．結果として，進化論的安定性を議論する際には，侵入者がどのような種類の行動をとることができるのかを明らかにしておくことが，きわめて大切である．

この定義から，すぐに，p が進化論的に安定な混合戦略であるための条件を，以下のように書くことができる．すなわち，p が進化論的に安定な混合戦略であるための必要十分

条件は，ある十分に小さい正数 y と任意の正数 $x < y$ に対して，すべての混合戦略 $q \neq p$ で

$$(1-x)V(p,p) + xV(p,q) > (1-x)V(q,p) + xV(q,q) \tag{7.1}$$

が成立することである．

この不等式は，混合戦略のナッシュ均衡と進化論的に安定な混合戦略の間の関係も明らかにしている．すなわち，その関係は，純粋戦略で前に眺めたものと並列的である．とくに，p が進化論的に安定な混合戦略であるときには，$V(p,p) \geq V(q,p)$ となり，したがって，p は p に対する最善反応となる．結果として，戦略の対の (p,p) は，混合戦略のナッシュ均衡となる．しかしながら，式 (7.1) は真の不等号であるので，p が進化論的に安定な混合戦略でなくても，(p,p) が混合戦略のナッシュ均衡であることもある．したがって，ここでも，進化論的に安定な混合戦略の概念は，混合戦略のナッシュ均衡の概念の細分であると言える．

鷹と鳩のゲームにおける進化論的に安定な混合戦略 これらの概念が鷹と鳩のゲームにどのように適用できるかを，これから眺めていくことにしよう．第一に，このゲームにおける進化論的に安定な混合戦略は，いずれも混合戦略のナッシュ均衡となるので，進化論的に安定な混合戦略を探し出す方法が得られる．すなわち，初めに，鷹と鳩のゲームの混合戦略のナッシュ均衡をすべて求めて，次に，それらが進化論的にそれぞれ安定であるかどうかを確認することで，すべての進化論的に安定な混合戦略が得られる．

第6章で眺めたように，(p,p) が混合戦略のナッシュ均衡であるためには，2人のプレーヤーが，利得の観点から二つの純粋戦略の良さを**識別不可能 (indifferent)** になることである．他方のプレーヤーが鳩戦略 (D) を確率 p で用いているとき，D を用いるときの利得の期待値は $3p + (1-p) = 1 + 2p$ となり，H を用いるときの利得の期待値は $5p$ となる．二つの戦略の良さが識別不可能であるので，これらの二つの値が等しいとおいて，$p = 1/3$ が得られる．したがって，$(1/3, 1/3)$ は混合戦略のナッシュ均衡である．このケースでは，他方のプレーヤーの混合戦略 $p = 1/3$ に対して，二つの純粋戦略のみならず，それらの任意の混合戦略も同一の $5/3$ という利得の期待値となる．

$p = 1/3$ が進化論的に安定な混合戦略であることを確認するためには，p と異なる他の混合戦略 q がレベル x で侵略してきても，不等式 (7.1) が成立することを検証することが必要である．以下は，この不等式の評価を少し簡単にするためのものである．(p,p) は二つの純粋戦略を用いる混合戦略のナッシュ均衡であるので，上で眺めたように，他方が混合戦略 p を用いるときには，すべての混合戦略 q で利得の期待値は等しくなる．したがって，すべての q で $V(p,p) = V(q,p)$ となることが得られる．これらの項をそれぞれ不等式 (7.1) の左辺と右辺から引いて，さらに，その両辺を x で割ると，検証すべき不等式として

$$V(p,q) > V(q,q) \tag{7.2}$$

が得られる．ここで，ポイントは，(p,p) が混合戦略のナッシュ均衡であるので，戦略 p はそれ自身の戦略 p に対する厳密最善反応とはならずに，他のすべての混合戦略も p に対して同様に良くなることである．したがって，p が進化論的に安定な混合戦略であるため

には，p と異なる他のすべての混合戦略 q に対して，q が q 自身に対するよりも，p が q に対するほうが真に良い反応であることが必要である．すなわち，q が侵略しても q より適合性が大きいことが必要である．

実際，すべての混合戦略 $q \neq p$ に対して $V(p,q) > V(q,q)$ が成立するが，それは以下のようにして検証できる．$p = 1/3$ である事実を用いると，

$$V(p,q) = \frac{1}{3} \times q \times 3 + \frac{1}{3} \times (1-q) \times 1 + \frac{2}{3} \times q \times 5 = 4q + \frac{1}{3}$$

と

$$V(q,q) = q^2 \times 3 + q \times (1-q) \times 1 + (1-q) \times q \times 5 = 6q - 3q^2$$

とが得られる．したがって，

$$V(p,q) - V(q,q) = 3q^2 - 2q + \frac{1}{3} = \frac{1}{3}(9q^2 - 6q + 1) = \frac{1}{3}(3q-1)^2$$

が得られる．$V(p,q) - V(q,q)$ は，最後の式のように完全平方の形で書けているので，$q \neq 1/3 = p$ に対して常に正となる．$q \neq p$ で常に $V(p,q) > V(q,q)$ が成立することを示したかったので，これから所望の結果を示すことができたことになる．すなわち，p が実際に進化論的に安定な混合戦略であることが示せた．

進化論的に安定な混合戦略の解釈　ここの鷹と鳩のゲームで眺めた種類の混合戦略の均衡は，生物界では典型的である．とくに，生物の個体がとりうる二つの異なる行動の一方の行動だけを常にとり続けると進化論的に滅亡してしまうときに，二つの行動間の対称性を解消するために，この種の均衡が観察できる．

この例の結論は，2通りの方法で解釈することができる．第一に，集団のすべての構成員が，二つの可能な純粋戦略を与えられた確率で実際に混合して用いていると考えることができる．このケースでは，集団の構成員は全員同一であるが，互いに食物競争で戦うときには，DとHの任意の組合せが潜在的にとられることになる．これらの各組合せが起こる頻度は実験的に知ることができるが，任意の2匹の動物が実際にどのように行動をとっているかを知ることはできない．第二に，混合が集団のレベルで起こっていると考えることもできる．すなわち，集団の1/3の動物がDの行動をするように遺伝子で定められていて，残りの2/3の動物がHの行動をするように遺伝子で定められていると考えることもできる．このケースでは，どの動物も混合戦略をとることはない．しかし，どの動物がDの行動をとり，どの動物がHの行動をとるのかが前もってわからない限り，2匹のランダムに選ばれた動物の相互作用は，実際に混合戦略をとる2匹の動物による相互作用と同一の結果の分布をもたらす．すなわち，DとHの組合せで，結果として観察できる各組合せの頻度は同一である．このケースでは，どちらのグループに属しても動物は適合性が等しくなることにも注意しよう．混合戦略 $p = 1/3$ に対してDとHはともに最善反応であるからである．したがって，進化論的に安定な混合戦略に対するこれらの二つの異なる解釈は，同一の計算となり，集団として観察される行動は同一であることになる．

純粋戦略に対するこの種の混合は，生物学における他の様々な設定でも議論されてきている．全体に共通するシナリオの一つとして，以下のものが挙げられる．生物個体の集団

の中に，適合性を減少させる望まれない行動が存在するが，この行動をとる個体が存在しないとすると，集団のすべての個体がかなり大変なことになってしまうというシナリオである．たとえば，図7.2のウイルスゲームを振り返り，例のためだけの仮想的なものでかなり強引になるが，図7.7に示しているように，両方のウイルスが戦略ΦH2をとったときの利得が $(0.50, 0.50)$ であるとしてみる．

ウイルス2

		Φ6	ΦH2
ウイルス1	Φ6	1.00, 1.00	0.65, 1.99
	ΦH2	1.99, 0.65	0.50, 0.50

図7.7 ΦH2に対する適合性のペナルティをより強めた仮想的な利得からなるウイルスゲーム．

　この例では，利得の構造は，囚人のジレンマのゲームのタイプではなく，鷹と鳩のゲームのタイプである．両方のウイルスがΦH2の行動をとるときわめて悪い結果になるので，一方はΦ6の行動をとることが必要である．生物学的な相互作用としてではなく，合理的なプレーヤーによるゲームとして見たときに，この2人ゲームの純粋戦略のもとでのナッシュ均衡は，(Φ6,ΦH2) と (ΦH2,Φ6) となる．このように，一般のウイルスの集団では，両者の行動が観察されるような進化論的に安定な混合戦略が見つけられると期待される．

　この例は，前の6.6節の鷹と鳩のゲームの議論の例と同様に，囚人のジレンマのゲームと鷹と鳩のゲームの間に存在する境界は，きわめて微妙であることを示している．どちらのケースでも，他のプレーヤーに対する"協力的な"戦略と"利己的な"戦略があり，プレーヤーはこれらの一つを選べる．囚人のジレンマのゲームでは，利己的な戦略をとったときの利得に対するペナルティがかなり弱くて，2人とも利己的な戦略をとることが唯一のナッシュ均衡となる．一方，鷹と鳩のゲームでは，2人とも利己的な戦略をとるとダメージはきわめて大きくなり，少なくとも一方がその戦略を避けなければならないことになる．

　他の生物学的な状況設定でも，二つのゲーム間の境界を明らかにしようとする研究が，多く見られるようになってきている．一つの例として，縄張りを守ろうとして演じられる以下のゲームの例が挙げられる [218, 327]．縄張りの境界で2頭の雌ライオンが攻撃者に出会ったとする．どちらのライオンも，その攻撃者と対決する戦略"対決"と，後ずさりして別のライオンに最初に対決してもらおうとする戦略"後ずさり"の二つの戦略を持っているとする．一方のライオンが戦略"対決"を選んだときには，他方のライオンは，戦略"後ずさり"を選ぶことにより，怪我をするリスクが少なくなるので，より高い利得を得ることができる．実験的な研究で明らかにすることがより難しいのは，一方のライオンが戦略"後ずさり"を選んだときである．このとき，他方のライオンの最善反応がどちらであるかを決定することはできていない．他方のライオンが，戦略"対決"を選ぶと，怪我をするリスクが高まる．また，戦略"後ずさり"を選ぶと，ともに戦略"後ずさり"を選んだことになり，縄張りを攻撃者に侵略されるリスクが高まる．どちらが最善反応であるかを見極めることは，このゲームが囚人のジレンマタイプのゲームなのか，鷹と鳩タイプ

のゲームなのかを理解する上で，さらに，ライオンの集団の中で観察される行動に対する進化論的な結果を理解する上で，重要である．

　他の多くの進化論的なゲーム理論の例でもそうであるが，この例では，それぞれの戦略に対する精密で詳細な適合性を算出することは，現在の実験的研究ではまだできていないと言える．しかしながら，正確な利得がわからない状況でさえも，進化論的なゲーム理論の枠組みは，基盤となる集団における様々な行動形式間の相互作用と，そしてこれらの相互作用からどのように集団が構成されるかを理解する上で，明るい見通しを与えることができている．

7.6 演習問題

1. 図7.8の利得行列で，行はプレーヤー A の戦略に対応し，列はプレーヤー B の戦略に対応する．各要素の第1成分はプレーヤー A の利得であり，第2成分はプレーヤー B の利得である．

	プレーヤー B X	プレーヤー B Y
プレーヤー A X	2,2	0,0
プレーヤー A Y	0,0	1,1

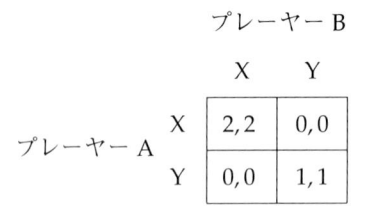

図7.8　演習問題1の2人ゲーム．

(a) 純粋戦略のナッシュ均衡をすべて求めよ．
(b) 進化論的安定戦略をすべて求めよ．その答えに対する簡単な説明も与えよ．
(c) 問題(a)と問題(b)の答えが互いにどのように関係しているかを簡単に説明せよ．

2. 図7.9の利得行列で，行はプレーヤー A の戦略に対応し，列はプレーヤー B の戦略に対応する．各要素の第1成分はプレーヤー A の利得であり，第2成分はプレーヤー B の利得である．

	プレーヤー B X	プレーヤー B Y
プレーヤー A X	4,4	3,5
プレーヤー A Y	5,3	5,5

図7.9　演習問題2の2人ゲーム．

(a) 純粋戦略のナッシュ均衡をすべて求めよ．
(b) 進化論的安定戦略をすべて求めよ．その答えに対する簡単な説明も与えよ．
(c) 問題(a)と問題(b)の答えが互いにどのように関係しているかを簡単に説明せよ．

3. この問題では，厳密支配戦略を持つゲームでのナッシュ均衡と進化論的安定戦略の

間の関係を考える．まず厳密支配戦略が意味することの定義から始めよう．2人ゲームにおいて，他のプレーヤー j がどのような戦略をとったにしても，プレーヤー i は戦略X以外のどの戦略よりも戦略Xのほうが真に利得が高くなるときに，戦略Xは**厳密支配戦略** (strictly dominant strategy) であると呼ばれる．そこで，a, b, c, d が非負の数である図7.10のゲームを考える．

プレーヤー B

	X	Y
プレーヤー A X	a, a	b, c
Y	c, b	d, d

図7.10 演習問題3の2人ゲーム．

ここで，戦略Xはどのプレーヤーにとっても厳密支配戦略であるとする．すなわち，$a > c$ かつ $b > d$ であるとする．

(a) このゲームの純粋戦略のナッシュ均衡をすべて求めよ．

(b) このゲームの進化論的安定戦略をすべて求めよ．

(c) $a > c$ かつ $b > d$ であるという仮定を，$a > c$ かつ $b = d$ であるという仮定に置き換えると，問題(a)と問題(b)の答えはそれぞれどのように変わるかを説明せよ．

4. x が 0, 1, 2 のいずれかの値をとるとして，図7.11の対称的な2人ゲームを考える．

プレーヤー B

	X	Y
プレーヤー A X	1, 1	2, x
Y	x, 2	3, 3

図7.11 演習問題4(a)の2人ゲーム．

(a) x のとりうる各値に対して，このゲームの純粋戦略のナッシュ均衡と進化論的安定戦略をすべて求めよ．

(b) 問題(a)の解答から，ナッシュ均衡が**弱被支配戦略**を用いているときには，進化論的安定戦略と純粋戦略のナッシュ均衡との予測間に相違が生じると思われる．なお，プレーヤー i の戦略 s_i^* は，以下の性質を満たすプレーヤー i の他の戦略 s_i' が存在するとき，**弱被支配戦略** (weakly dominated strategy) と呼ばれる．

　i. 他のプレーヤーがどのような行動をとろうとも，プレーヤー i の得られる利得は，戦略 s_i' のほうが戦略 s_i^* より大きい．

　ii. 他のプレーヤーのある戦略が存在して，その戦略に対してプレーヤー i の得られる利得は，戦略 s_i' のほうが戦略 s_i^* より真に大きいか等しい．

ここで，進化論的安定戦略と弱被支配戦略とを結びつける以下の主張を考える．

主張：図7.12のゲームにおいて，(X, X) はナッシュ均衡であり，戦略Xは弱被支配戦略であるとする．すると，Xは進化論的安定戦略ではない．

プレーヤー B

		X	Y
プレーヤー A	X	a, a	b, c
	Y	c, b	d, d

図 7.12 演習問題 4(b) の 2 人ゲーム．

この主張がなぜ成立するかを説明せよ．正式の証明を与えなくてもよい．注意深い説明だけでよい．

第8章
ゲーム理論によるネットワークトラフィックのモデリング

　第6章のゲーム理論の議論で用いた最初の例で，輸送ネットワークにおける車両の走行やインターネットにおけるパケット送信には，基本的にゲーム理論の推論が関与していることを注意した．すなわち，おのおのが経路を孤立化して考えて選ぶというよりは，むしろ自身も含めて他の全員が下す決断に基づいて生じる混雑を考慮しながら，経路を評価して選ばなければならない．本章では，これまで展開してきたゲーム理論の概念を用いて，ネットワークのトラフィックのモデルを展開していく．このプロセスの中で予想外の結果，すなわち，ネットワークに道路（回線）を新しく付加すると，ときには混雑を増加させてしまうことが実際にありうるという結果を発見することになる．この結果は，ブレイスのパラドックス (Braess's paradox) [76] として知られている[1]．

8.1　均衡におけるトラフィック

　輸送ネットワークのモデルを定義して，そのモデルがトラフィックの混雑にどのように反応するのかを議論することから始めよう．このモデルのおかげで，問題におけるゲーム理論的な側面を導入できることになる．
　輸送ネットワークを有向グラフで表現する．すなわち，高速道路に対応して辺を考え，高速道路の入口・出口に対応してノードを考える．そして，特別な二つのノードを考え，それらをAとBと呼ぶことにする．たとえば，Aは郊外の入口に対応し，Bはダウンタウンの出口に対応して，誰もがAからBへ行こうとしていると仮定する．このように，朝の通勤中のマイカーの大きな集団を考える．最後に，各辺には，その辺に対応する道路を通過するのに必要な所要時間が付随していて，所要時間はその道路の交通量に依存するものとする．
　図8.1のグラフの例を用いて，より具体的に説明しよう．各辺の数字は，対応する道路を通過するのに必要な分単位の所要時間であり，xはその道路を利用する車の台数である．

---

[1]【訳注】原論文 [76] はドイツ語によるものであるが，以下の英語版も出版されている．D. Braess, A. Nagurney, and T. Wakolbinger. On a paradox of traffic planning. *Transportation Science*, 39: 446 – 450, 2005. なお，ドイツのルール大学の Braess 本人から聞いた話では，"Braess" を正しく発音してくれる人はドイツでも少なく，そのため会議で正しい発音を説明することも多々あるということである．"Braess" の最も正しい発音は，英単語の "brace" の発音である．そこで，本書では "Braess" を "ブレイス" と記している．

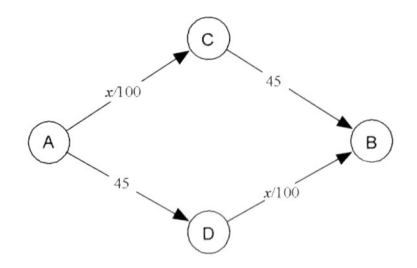

図 8.1 高速道路ネットワーク．各辺に付随する数値は，その辺を通過するのに必要な分単位の時間を表し，x はその辺を利用する車の台数を表す．4,000 台の車が A から B に行くとき，二つのルートを 2,000 台ずつ通るようにすると均衡が得られ，そのときの所要時間はともに 65 分である．

この単純な例では，辺 A-D と辺 C-B は，混雑に関係なく所要時間が一定な道路であり，利用する車の台数とは無関係に，45 分で通過するとしている．一方，辺 A-C と辺 D-B は，ともに混雑にきわめて敏感な道路であり，利用する車の台数 x に依存して，通過するのに $x/100$ 分かかるとしている[2]．

ここで，朝の通勤で 4,000 台の車が A から B に行こうとしているとする．どの車も，上側の C を通るルートと，下側の D を通るルートの 2 通りのルートが可能である．たとえば，すべての車が上側の C を通るルートを選択すると，$(4000/100) + 45 = 85$ であるので，どの車も総所要時間は 85 分となる．すべての車が下側の D を通るルートを選択しても同じである．しかしながら，二つのルートを利用する車が等分に分かれると，各ルートを 2,000 台ずつ通るようになり，$(2000/100) + 45 = 65$ から，どちらのルートでも各車の総所要時間は 65 分となる．

均衡トラフィック そこで，何が起こると期待できるか？ということになる．ここで与えたトラフィックモデルは，実際には，プレーヤーがドライバーに対応し，各プレーヤーの可能な戦略が A から B への可能なルートに対応するゲームである．この例では，各プレーヤーは二つの戦略しか持たないが，より大きいネットワークでは，各プレーヤーが多くの戦略を持つこともある．プレーヤーの利得は，所要時間に負の符号をつけたものと考えられる．所要時間は長いほど悪いからである．

これは，これまで眺めてきたゲーム理論の枠組みにきわめて自然に適合する．前の二つの章では，主として 2 人ゲームに限定して議論を進めてきたが，このトラフィックゲームは，一般には膨大な数のプレーヤーからなる（この例では 4,000 人のプレーヤーからなる）ことに注意しよう．しかし，これにより，これまで展開してきた概念を適用することに問題が生じることはまったくない．ゲームは，任意の人数のプレーヤーからなりうるし，各プレーヤーは任意の個数の可能な戦略を持ちうる．そして，各プレーヤーの利得はすべてのプレーヤーが選択した戦略に依存して決まる．ナッシュ均衡は，ここでも，各プレーヤーから一つずつ選ばれた戦略のリストで，そのリストの中で各プレーヤーの戦略は，そ

---

[2] 推論を明快にするために，ここでは所要時間を単純化している．現実の応用では，どの道路の所要時間も，必要最小限の所要時間と道路を利用する車の台数 x に依存する（増加分の）所要時間の和になると考えられる．しかしながら，ここで用いる解析は，各辺の所要時間がより複雑な関数であっても，容易に対応できることを考慮している．

のリストにある他のすべてのプレーヤーの戦略に対する最善反応となっているものである．支配戦略，混合戦略，混合戦略のナッシュ均衡などの概念も，2人ゲームにおけるそれらの定義とまったく同様である．

このトラフィックゲームでは，一般には支配戦略が存在しない．たとえば，図8.1では，他のすべてのプレーヤーが一方のルートを利用するとき，どのプレーヤーにとっても他方のルートを選択することが最善であるからである．しかしながら，このゲームはナッシュ均衡を持つ．あとで議論するが，それぞれのルートを同数のドライバー（すなわち，2,000人のプレーヤー）が利用する任意の戦略のリストはナッシュ均衡であり，そのような戦略のリストのみがナッシュ均衡である．

なぜ，それぞれのルートを同数の2,000人のドライバーが利用する任意の戦略のリストがナッシュ均衡であり，なぜ，そのような戦略のリストのみがナッシュ均衡なのであろうか？ それぞれのルートを同数の2,000人のドライバーが利用しているときには，どのドライバーも自分の利用しているルートを変えると所要時間が増えてしまうので，変えたいという気持ちにはならない．このことに注意すれば，最初の疑問に対する回答はすぐに得られる．次に，2番目の疑問に答えよう．そこで，x人のドライバーが上側のルートを利用し，$4000 - x$人のドライバーが下側のルートを利用している戦略のリストを考える．そして，xが2000ではなかったとしてみる．すると，二つのルートの所要時間は異なり，所要時間が大きいほうのルートを利用しているドライバーは，所要時間が小さいほうのルートを利用したいという気持ちになる．したがって，xが2000でないときは，ナッシュ均衡でないことになり，それぞれのルートを同数の2,000人のドライバーが利用する戦略のリストのみがナッシュ均衡であることになる．

8.2 ブレイスのパラドックス

図8.1では，すべてのことが明快に得られた．すなわち，各ドライバーが利己的に行動すると，それぞれのルートを同数の2,000人のドライバーが利用するようになり，均衡が得られた．しかし，ネットワークを少し変更するだけで，直観に反する予想外の結果に遭遇することになる．

その変更とは以下のとおりである．道路網を管理する市役所が，図8.2に示しているように，CからDへときわめて高速に通行できる高速道路を新設することを決定したとする．物事を簡単化するために，この所要時間は利用する車の台数に依存せず0としてモデル化する．もちろん，現実に即して，より実際的な（小さい）所要時間であるとしても，結果的には同じ効果が得られることを注意しておく．このCからDへの辺に対応する新道路の建設により，AからBへの所要時間は確実に改善されると思われる．しかし，本当にそうであろうか？

以下のような驚くべきことが起こる．この新しい高速道路ネットワークでは，唯一のナッシュ均衡が存在し，そこでは所要時間がむしろ大きくなっているのである．ナッシュ均衡においては，どのドライバーもCからDへと向かう道路を利用するようになり，結

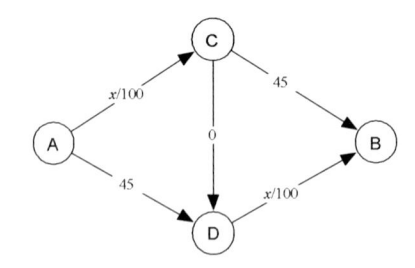

図8.2 図8.1の高速道路ネットワークに，きわめて高速に通過できる道路であるCからDへの辺を加えて得られるネットワーク．この高速道路ネットワークは，"アップグレード"されたシステムであるが，実際のナッシュ均衡では，すべてのドライバーがCからDへと向かう道路を利用するようになり，所要時間は80分となる．

果として，$(4000/100) + 0 + (4000/100) = 80$から，どのドライバーの所要時間も80分となる．これがどうしてナッシュ均衡になるのかは，この戦略のリストにおいて，どのドライバーも他のルートに変えることによって所要時間が小さくなることはないので，移りたいという気持ちにはならないことからわかる（すなわち，CからDへと向かう道路以外のルートでは，所要時間が85分となるからである）．これのみがナッシュ均衡であることは，この新しい高速道路ネットワークでは，CからDへと向かう道路を利用することが，どのドライバーにとっても支配戦略となることからわかる．すなわち，どのような交通パターン（戦略のリスト）においても，CからDへと向かう道路を利用することが，より所要時間を短く（あるいは等しく）することになるからである．

言い換えると，CからDへのきわめて高速に通行できる高速道路がいったん建設されてしまうと，CからDへの辺を通るルートが"竜巻"のように振る舞って，すべてのドライバーを飲み込んでしまい，全員が損害を受けることになるのである．すなわち，この新しい高速道路ネットワークでは，ドライバーの利己的な行動に任せておくと，どのドライバーにとっても良かった上側のルートと下側のルートを等分して利用するバランスのとれた状態には戻れない．

輸送ネットワークに新しい資源を加えると，均衡における性能が悪くなってしまうというこの現象は，1968年にDietrich Braess（ディートリッヒ・ブレイス）の文献[76]により，初めて指摘されたので，ブレイスのパラドックスとして知られている．多くの直観に反する変則性と同様に，様々な条件が運悪く組み合わさって起こらない限り，実世界では，このようなことは実際にはほとんど起こらないと思われる．しかし，これは，実世界の輸送ネットワークで実際に観察されている．一つの例として，韓国のソウルでの例が挙げられる．すなわち，ソウルで6車線の高速道路の一部を破壊して公園にしたら，交通流量（ネットワークを利用した車の台数）が破壊前と破壊後でほぼ同じであったにもかかわらず，郊外から市中心部への所要時間が改善されたのである[37]．

ブレイスのパラドックスに対するいくつかの注意 ブレイスのパラドックスがどのようにして生じるかを眺めてきたが，これは，実際には少しも"逆説的な"ことではないことがわかる．ゲームにおいては，新しい戦略を加えると，どのプレーヤーにとっても利得が悪くなることも多々あるのである．たとえば，第6章の囚人のジレンマゲームでも，この

点を説明することができる．各プレーヤーが，単に"黙秘"という戦略だけからなるとすると，きわめて単純なゲームとなり，"自白"という戦略を加えた元のゲームよりも，どのプレーヤーも利得が高くなるのである．したがって，実際には，警察が"自白"という戦略を選択肢に加えたのは，このためであったとも言える．

それにもかかわらず，ブレイスのパラドックスの本質と似たような現象を，直観的なレベルでは，より逆説的であると考えることももっともである．ネットワークを"アップグレード"することは，良いことであるという常識が誰にもあるので，悪くなってしまうと驚くのである．

本節の例は，実際には，ネットワークトラフィックに対するゲーム理論的な解析の，大きな研究体系における最初の例である．たとえば，一般のネットワークに対して，ブレイスのパラドックスがどれほど悪くなりうるのか？と問うこともできる．すなわち，新しい辺を加える前に比べて，加えたあとのナッシュ均衡での所要時間は，どれほど悪くなるのであろうか？そこで，グラフは任意であり，各辺を通過する所要時間は，そこを通過する車の台数の線形関数であるとする．すなわち，x 台の車が辺を通過するときの所要時間は，ゼロあるいは正の数である a と b を用いて $ax+b$ と書けるとする．この特殊なケースに対しては，Tim Roughgarden（ティム・ラフガーデン）と Éva Tardos（エーバ・タルドシュ）の華麗な研究結果 [18, 353] を用いて，トラフィックの均衡パターンを持つネットワークに辺を加えると，所要時間が前の所要時間の高々 4/3 倍で抑えられる均衡が常に存在することを示すことができる．さらに，図 8.1 と図 8.2 の例のそれぞれの二つの辺の所要時間を 45 から 40 に変えると，この 4/3 の増加を実際に確認することができる．すなわち，このように変えたケースでは，C から D へ向かう辺を加えると，均衡における所要時間は 60 分から 80 分に増加する．したがって，Roughgarden–Tardos の結果から，定量的な意味では，辺の通過所要時間が車の台数の線形関数であるときに，ブレイスのパラドックスがとりうる最悪の増加を，この単純な例が達成していることがわかる．辺の通過所要時間が車の台数の非線形関数であるときには，辺を加えたことによる均衡での所要時間の比は，さらに大きくなりうる．

他のタイプの問題も多数あり，それらを追究することも可能である．たとえば，悪い均衡が生じないネットワークを設計する方法や，ネットワークの一部の道路に通行料金を課して利用を制御し，悪い均衡を避ける方法も研究することが考えられる．ネットワークトラフィックに対するゲーム理論的なモデルに関する Tim Roughgarden の本 [352] では，これらの多数の拡張と他の問題が議論されている．

8.3　発展：均衡におけるトラフィックの社会的コスト

ブレイスのパラドックスは，ナッシュ均衡のネットワークトラフィックが必ずしも社会的に最適ではない現象の一つの側面である．本節では，ナッシュ均衡が社会的に最適なトラフィックから"どのくらい離れうる"のかを定量的に評価する．

ここで扱う解析を，任意のネットワークに適用できるようにしたいので，以下のように

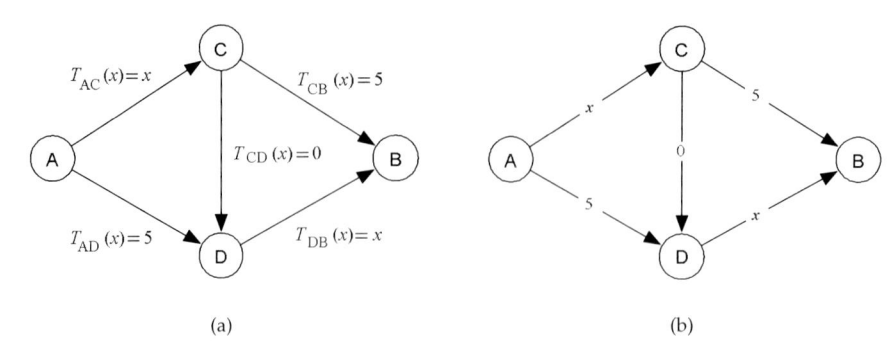

図 8.3 辺に所要時間が付随するネットワーク．(a) 所要時間を x の関数として明示的に表現したもの．(b) 所要時間を辺に埋め込んで表現したもの．

一般的な定義を導入する．ネットワークとしては，任意のグラフが可能である．ドライバーの集合があり，各ドライバーは（他のドライバーとは異なる場合もある任意の）出発ノードと到着ノードを持っている．さらに，各辺 e には，その辺を x 人のドライバーが通過するときにかかる所要時間を表す**所要時間関数** (travel-time function) $T_e(x)$ が付随している．この所要時間は，図 8.1 では，単に辺の中にラベルとして書いた関数である．ここで，辺の所要時間は，すべて，その辺 e を使用するドライバーの人数 x の線形関数であり，したがって，辺 e の所要時間 $T_e(x)$ は，ゼロあるいは正の数の a_e と b_e を用いて $T_e(x) = a_e x + b_e$ と書けるものと仮定する．たとえば，図 8.3 にブレイスのパラドックスが生じる他の例を示しているが，そこでは，所要時間を小さい字を用いて示している．図 8.3(a) では所要時間を明示的に書いているが，図 8.3(b) では辺の中に所要時間をラベルとして書いている．

最後に，各ドライバーによって選ばれたパスの集まりを**トラフィックパターン** (traffic pattern) と呼ぶことにする．そして，与えられたトラフィックパターンの**社会的コスト** (social cost) は，このトラフィックパターンを形成しているすべてのドライバーの所要時間の総和であると定義する．たとえば，図 8.4 は，図 8.3 のネットワークにおいて，出発ノードが A で到着ノードが B の 4 人のドライバーからなる，二つの異なるトラフィックパターンを示している．まず，図 8.4(a) のトラフィックパターンは，可能な最小の社会的コストを達成している．そこでは，各ドライバーの到着ノードまでの所要時間は 7 であり，したがって，社会的コストは 28 となる．可能な最小の社会的コストを達成するトラフィックパターンは，**社会的に最適** (socially optimal) であると呼ばれる．一般に，社会的に最適なトラフィックパターンは，ネットワークに複数存在することもある．社会的に最適なトラフィックパターンは，このトラフィックゲームにおいて，社会的な利得を最大化していると言える．なぜなら，ドライバーの利得の総和は，社会的コストに負の符号をつけたものであるからである．次に図 8.4(b) のトラフィックパターンは，唯一のナッシュ均衡であり，その社会的コストはより高い 32 となる．

本章の残りの部分で取り上げる二つの主たる問題は，以下のとおりである．第一の問題は，どの辺も使用するドライバーの人数に線形な所要時間を持つ任意のネットワークにおいて，ナッシュ均衡のトラフィックパターンが常に存在するか？ということである．第 6 章において，純粋戦略を用いるゲームでナッシュ均衡の存在しない例をすでに眺めた．

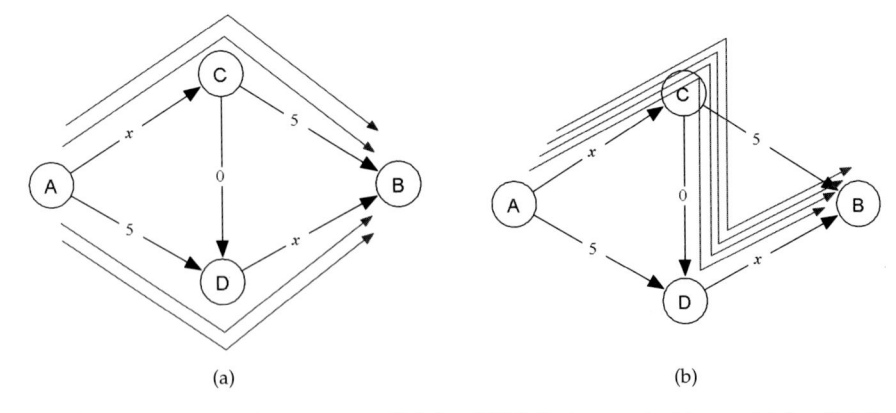

図8.4 別のブレイスのパラドックス．(a) 社会的に最適なトラフィックパターンであり，社会的コストは 28 である．(b) 唯一のナッシュ均衡であるトラフィックパターンであり，社会的コストは 32 である．

したがって，ここで定義したトラフィックゲームにおいて，ナッシュ均衡が存在するかどうかは，前もってはわからない．そこで，以下では，ナッシュ均衡が常に存在することを与えることにする．第二の主たる問題は，社会的に最適なトラフィックパターンと比べて社会的コストがそれほど大きくならない，ナッシュ均衡のトラフィックパターンが存在するかどうかという問題である．そこで，以下では，そのようなナッシュ均衡のトラフィックパターンが存在することを示す．すなわち，Roughgarden and Tardos の結果 [353] に基づいて，社会的コストを社会的に最適なトラフィックパターンの "2倍" 以下で抑えられる，ナッシュ均衡のトラフィックパターンが存在することを説明する[3]．

A. ナッシュ均衡のトラフィックパターンの求める方法

明示的に，ナッシュ均衡のトラフィックパターンを探す以下の手続きを解析して，そのようなトラフィックパターンが存在することを証明する．最初，任意のトラフィックパターンから出発して，手続きは進行する．それがナッシュ均衡ならば終了できる．そうでないときには，少なくとも1人のドライバーの現在の戦略（ルート）が，他のすべてのドライバーの現在の戦略（ルート）に対して最善反応でないことになる．すなわち，そのトラフィックパターンにおける他のすべてのドライバーの戦略（ルート）をそのままにしていて，自分の所要時間が現在よりも真に短くなる別のルートが存在する（最善反応をしていない）ドライバーが存在する．そこで，最善反応をしていないドライバーを任意に選んで，そのドライバーに対するそのようなルートのうちで，最も所要時間が短くなるルートに，そのドライバーの戦略（ルート）を変更する．得られたトラフィックパターンがナッシュ均衡であるかどうかを再び検証する．もちろん，ナッシュ均衡ならば終了できる．そうでないときには，上の操作を繰り返す．すなわち，現在のルートが最善反応になってい

---

[3] 実際には，Roughgarden and Tardos の研究結果を強化した Anshelevich et al. の結果 [18] によれば，社会的コストが社会的に最適なトラフィックパターンの 4/3 倍以下に抑えられる，ナッシュ均衡のトラフィックパターンが存在する．したがって，前節でブレイスのパラドックスで引用した線形の所要時間で，辺を付加したネットワークの例における結果は 4/3 倍より悪くならないことが，これから得られる．しかしながら，あるナッシュ均衡のトラフィックパターンの社会的コストと，社会的に最適なトラフィックパターンの社会的コストの比に対する 4/3 の限界は証明が難しいので，単純な限界の 2 を示すことにする．

ないドライバーを1人任意に選び，そのドライバーの最善反応となるルートに変更して，上の操作を繰り返す．

　この手続きは，**最善反応ダイナミクス** (best-response dynamics) と呼ばれる．なぜなら，各時点で，最善反応となっていないプレーヤーが，最善反応となるように，プレーヤーの戦略を動的に再構成しているからである．手続きが終了すると，その時点で，すべてのプレーヤーが実際に最善反応を行っていることになり，ナッシュ均衡となる．したがって，任意のインスタンス（入力）に対して，最善反応ダイナミクスが最終的には終了することを示すことがキーポイントとなる．

　しかし，どうして終了すると言えるのであろうか？　実際，ナッシュ均衡が存在しないゲームにおいては，最善反応ダイナミクスは永遠に終了しない．たとえば，純粋戦略のみが選択できるときの第6章の二つのコインの表裏ゲームでは，最善反応ダイナミクスは，2人のプレーヤーが表(H)と裏(T)の交換を無限に繰り返すことになってしまう．したがって，あるネットワークのトラフィックゲームにおいても，これが起こりそうに思える．毎回1人のドライバーが所要時間の短くなるほうのルートに移動することを繰り返すと，移ってこられたほうのルートのドライバーは所要時間が増加し，これが次々と伝搬していくように思えるからである．

　しかしながら，トラフィックゲームでは，これは実際には起こり得ない．以下では，最善反応ダイナミクスがナッシュ均衡で必ず終了することを示す．したがって，ナッシュ均衡が存在することの証明だけでなく，ドライバーの最善反応に基づく行動による更新を繰り返し行う単純なプロセスで，ナッシュ均衡が得られることの証明にもなるのである．

　位置エネルギーによる最善反応ダイナミクスの解析　最善反応ダイナミクスが停止することは，どのように証明したらよいのであろうか？　「以下の10個のことを行ってから終了せよ」というような指令の集合に基づいて走るプロセスでは，プロセスが最終的には終了することは一般に明らかである．そのプロセス自身の内部に終了することが本質的に備わっているからである．しかし，他の種類のルール，たとえば「指定した条件が成立するようになるまで，以下のことを繰り返し行え」というようなルールに基づいて走るプロセスもある．このようなケースでは，プロセスが最終的に停止する保証が前もってあるわけではない．

　このようなケースでは，操作を行うごとにプロセスの進捗の状態を追跡する，一種の**進捗度測定器** (progress measure) を定義して，最終的に十分な"進捗"があってプロセスが停止することを示す方法が，有力な解析技法となる．トラフィックゲームに対しては，現在のトラフィックパターンの社会的コストが，この目的に適した一つの進捗度測定器になるかもしれないと考えることは，きわめて自然である．しかし，実際には，社会的コストは進捗度測定器として有効には使えない．あるときには（たとえば，混雑しているルートから比較的すいているルートへ移動するときのように）ドライバーの最善反応による更新で社会的コストが減ることもあるが，一方で，あるときには（社会的に最適なトラフィックパターンから，最善反応の更新の系列で，ブレイスのパラドックスのトラフィックパターンにシフトしていくときのように）他のドライバーのコストが増大して社会的コストも増大することもある．したがって，一般には，最善反応ダイナミクスの進行に伴い，現在の

8.3 発展：均衡におけるトラフィックの社会的コスト 227

トラフィックパターンの社会的コストは高くなったり低くなったり振動することもありうるので，ナッシュ均衡に向かう進捗と社会的コストがどのように関係しているかは，明らかでない．

そこで代わりに，一見しただけでは少し奇妙に思える別の量で定義してみる．すると，この奇妙性にもかかわらず，各最善反応の更新とともに真に減少していく性質を有していることが示せる．したがって，最善反応ダイナミクスの進捗を追跡するのに適した進捗度測定器として用いることができる [303]．これを，これからトラフィックパターンの**位置エネルギー** (potential energy) と呼ぶことにする．

トラフィックパターンの位置エネルギーは，以下のように辺ごとに定義される．すなわち，正確に x 人（$x > 0$）のドライバーが辺 e を利用しているとき，辺 e の位置エネルギーは，（辺 e を正確に y 人のドライバー利用するときの所要時間 $T_e(y)$ を用いて）

$$\mathrm{Energy}(e) = T_e(1) + T_e(2) + \cdots + T_e(x)$$

として定義される．辺 e を利用しているドライバーがいないときには，辺 e の位置エネルギー $\mathrm{Energy}(e)$ はゼロであると定義される．トラフィックパターンの位置エネルギーは，単に，そのトラフィックパターンで各辺の利用者により定義されるその辺の位置エネルギーの総和として定義される．図 8.5 は，図 8.4 のブレイスのパラドックスネットワークにおいて，社会的に最適なトラフィックパターンから出発して，最善反応ダイナミクスで最終的に唯一のナッシュ均衡のトラフィックパターンに移っていく，各最善反応の更新で得られる五つのトラフィックパターンの各辺の位置エネルギーを示している．

ちょうど x 人のドライバーが利用している辺 e の位置エネルギーは，この辺 e を通過するドライバーが経験する通過時間の総和とは異なることに注意しよう．なぜならば，この辺 e を利用する x 人のどのドライバーも通過時間として $T_e(x)$ かかっているので，その総和は $xT_e(x)$ となり，位置エネルギーとは異なるからである．むしろ，位置エネルギーは，その辺をドライバーが 1 人ずつ次々と通過していくとしたときに，その辺を自身とその前に通過したドライバーのみで引き起こされた遅延として各ドライバーが"感じる"一種の"累積"量である．

もちろん，位置エネルギーは，最善反応ダイナミクスの進捗を解析する目的にのみ有効である．これを行う方法について，次に述べることにする．

最善反応ダイナミクスが終了することの証明　主たる主張は以下のように書ける．

主張：最善反応ダイナミクスの各ステップで，その時点のトラフィックパターンの位置エネルギーは，真に減少する．

この主張が証明できれば，以下の理由により，最善反応ダイナミクスが終了することを示せたことになる．位置エネルギーは可能な各トラフィックパターンに対して一つの値しかとれないので，全体でも有限の可能な値しかとれない．そこで，もし，最善反応ダイナミクスの各ステップで位置エネルギーが真に減少するとすると，再度同じ値に戻ることはないので，供給できるこの有限個の可能な値は，確実に"消耗"していくことになる．したがって，位置エネルギーが可能な最小の値になるまでに（あるいはそれ以前に），最善反

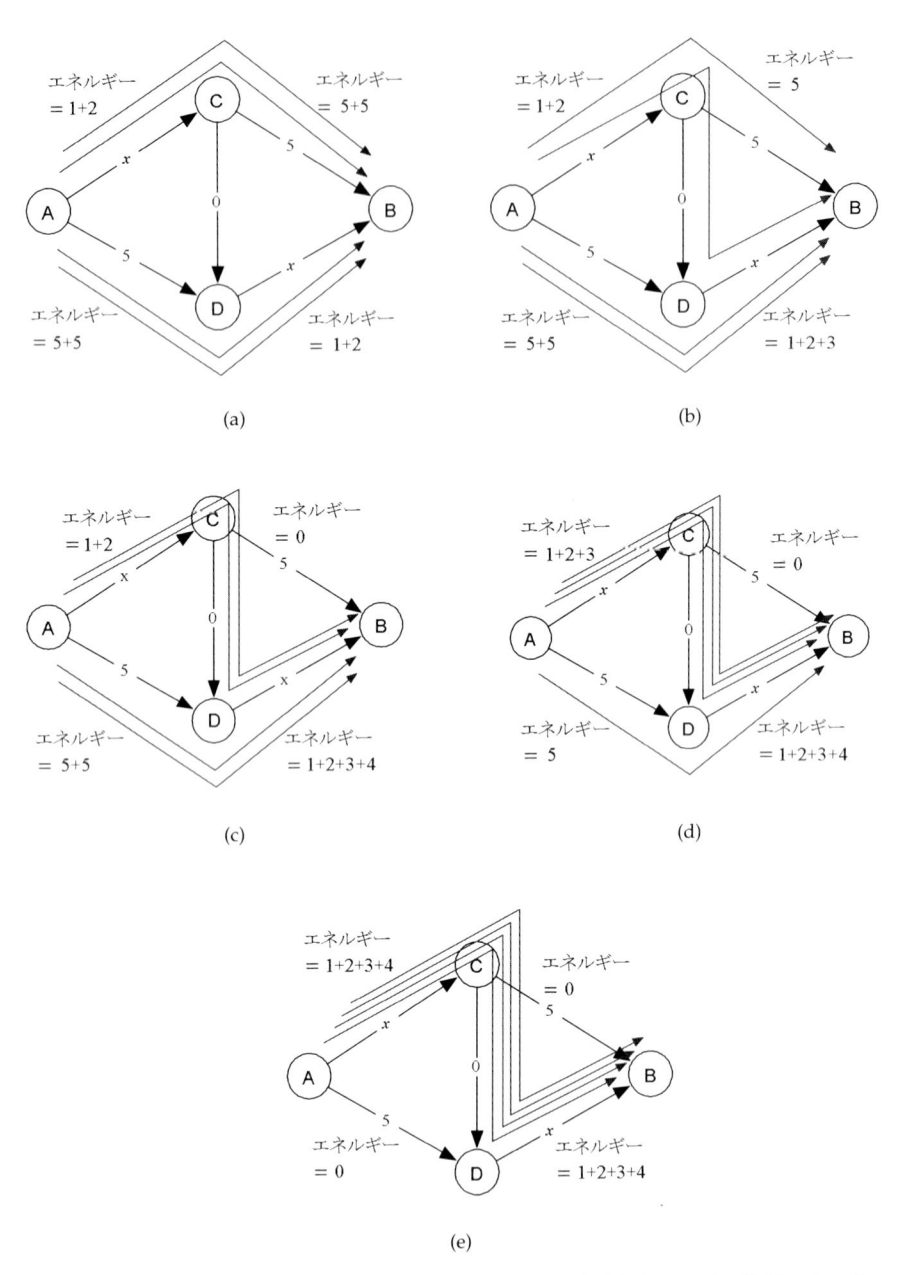

図 8.5 トラフィックゲームにおける最善反応ダイナミクスの進捗状況は，その位置エネルギーの変化を観察することで追跡できる．(a) 初期のトラフィックパターン（位置エネルギー 26）．(b) 最善反応ダイナミクスの 1 ステップ後（位置エネルギー 24）．(c) 2 ステップ後（位置エネルギー 23）．(d) 3 ステップ後（位置エネルギー 21）．(e) 4 ステップ後にナッシュ均衡のトラフィックパターンに到達（位置エネルギー 20）．

応ダイナミクスは終了することになる．最善反応ダイナミクスがいったん終了すると，そのときにはナッシュ均衡のトラフィックパターンが得られていることになる．そうでない限りは，最善反応ダイナミクスが継続し続けるからである．したがって，ナッシュ均衡のトラフィックパターンが存在することを示すためには，位置エネルギーが最善反応ダイナミクスの各ステップで真に減少することさえ示せば十分であることが得られた．

例として，図8.5の最善反応ダイナミクスのステップ列に戻ろう．この五つのトラフィックパターンを通して，社会的コストは28から32に増加するが，位置エネルギーは各ステップで26, 24, 23, 21, 20と真に減少している．実際，この系列において，位置エネルギーの変化は以下のように容易に追跡できる．一つのトラフィックパターンから次のトラフィックパターンに変化するとき，変更点は，1人のドライバーが現在のルートをやめて，新しいルートに移るだけである．この変更を二つのプロセスからなると見なすことにする．第1プロセスで，現在のルートをやめてシステムから一時的に去るとする．そして第2プロセスで，新しいルートを採用してシステムに戻るとする．第1プロセスでは，ドライバーのシステムからの退去により，位置エネルギーが減少する．第2プロセスでは，ドライバーのシステムへの復帰により，位置エネルギーが増加する．正味の増減はどう変化するのであろうか？

たとえば，図8.5(a)から図8.5(b)への変更は，1人のドライバーが上側のルートをやめて，ジグザグなルートを採用していることによる．図8.6に示しているように，上側のルートからの退去により，位置エネルギーは$2+5=7$だけ減少する．一方，ジグザグなルートの採用により，位置エネルギーは$2+0+3$だけ増加する．したがって，位置エネルギーは2だけ減少することになる．

ドライバーがルートを退去することによる位置エネルギーの減少分の7は，そのルートの通過時間であり，新しいルートへの復帰による位置エネルギーの増加分の5は，その新しいルートの通過時間であることに注意しよう．この関係は，任意のネットワークと任意の最善反応に対しても，実際に成立する．それは以下のような単純な理由による．具体的に説明しよう．x人のドライバーが利用している辺eの位置エネルギーは，

$$T_e(1) + T_e(2) + \cdots + T_e(x-1) + T_e(x)$$

であり，この辺を利用しているドライバーが1人減ると

$$T_e(1) + T_e(2) + \cdots + T_e(x-1)$$

に減る．したがって，辺eの位置エネルギーの減少分は$T_e(x)$であり，辺eの通過時間と正確に一致する．ドライバーが退去するルートに含まれるすべての辺にわたりこの値の総和をとると，それはそのルートの通過時間になるので，ルートの退去による位置エネルギーの減少分は，そのルートの通過時間に"正確に等しく"なる．同様に，ドライバーが新しいルートに復帰すると，そのルート上にある辺eの位置エネルギーは，

$$T_e(1) + T_e(2) + \cdots + T_e(x)$$

から

$$T_e(1) + T_e(2) + \cdots + T_e(x) + T_e(x+1)$$

230　第8章　ゲーム理論によるネットワークトラフィックのモデリング

(a)

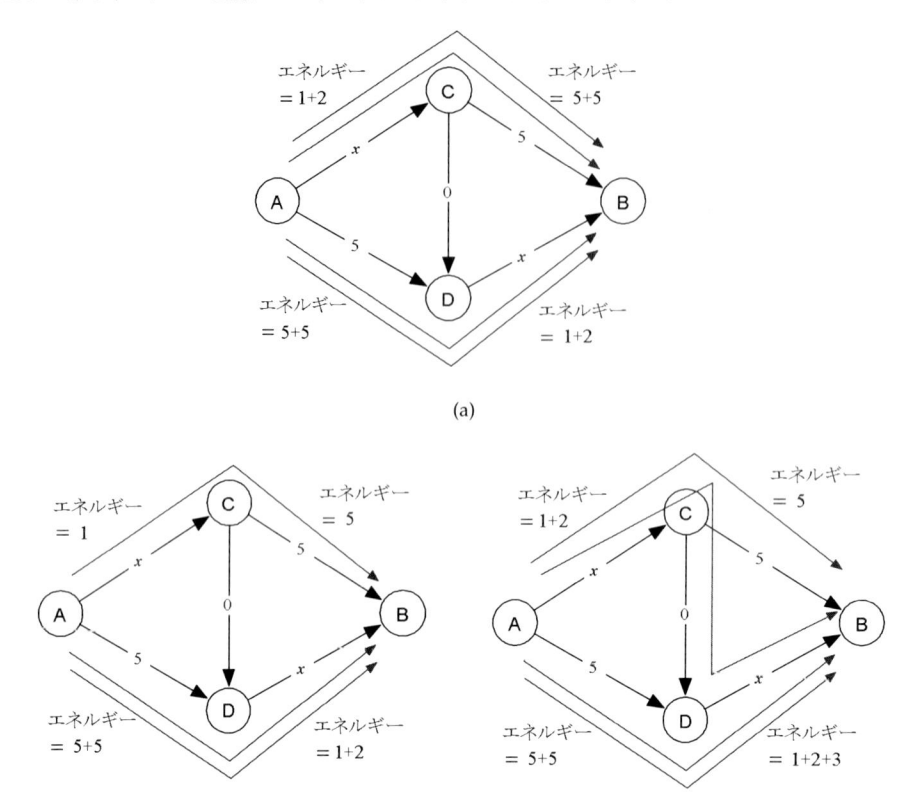

(b)　　　　　　　　　　　　(c)

図 8.6　ドライバーが最も通過時間の短くなる他のルートに変更するとき，位置エネルギーは正確に
ドライバーの通過時間の改善分だけ減少する．(a) ナッシュ均衡でないトラフィックパターンの
位置エネルギー．(b) ドライバーが現在のルートから退去すると，位置エネルギーは減少する．
(c) ドライバーが新しいルートに復帰すると，位置エネルギーは増加する．

に増加し，その増加分の $T_e(x+1)$ は，ドライバーがその辺を通過するのに要する時間と
正確に等しくなる．したがって，ドライバーが新しいルートに復帰することによる位置エ
ネルギーの増加分は，そのルートの通過時間に正確に等しくなる．

　ドライバーがルートを変更するとき，位置エネルギーの正味の変化分は，単に新しい
ルートの通過時間から古いルートの通過時間を引いた値になる．一方，最善反応ダイナミ
クスでは，ドライバーは通過時間が減少するときにのみルートを変更する．したがって，
最善反応でのルートの変更では，位置エネルギーの変化分は負となる．これで示したかっ
たことが確立できた．すなわち，最善反応ダイナミクスにおいては，どのステップでも位
置エネルギーが真に減少することが得られた．位置エネルギーは永遠に減少し続けること
はないので，以上の議論より，最善反応ダイナミクスは最終的には終了し，ナッシュ均衡
のトラフィックパターンとなることが得られた．

B. ナッシュ均衡と社会的に最適なトラフィックパターンの比較

　ナッシュ均衡のトラフィックパターンが常に存在することが示せたので，その均衡での
トラフィックパターンの通過時間が，社会的に最適なトラフィックパターンの通過時間

と，どのように比較できるかについて考える．この比較を行う際にも，上で定義した位置エネルギーが，きわめて有効になることを眺めていく．基本的なアイデアは，辺の位置エネルギーとその辺を通るすべてのドライバーの総通過時間との関係を確立することからなる．この関係を確立してから，すべての辺にわたるこれらの二つの量の総和を求めて，均衡でのトラフィックパターンと社会的に最適なトラフィックパターンの通過時間を比較することにする．

1本の辺における位置エネルギーと総通過時間の関係付け　前と同様に，辺 e の位置エネルギーを Energy(e) と表す．すると，x 人のドライバーがこの辺 e を利用しているとき，この位置エネルギー Energy(e) は

$$\text{Energy}(e) = T_e(1) + T_e(2) + \cdots + T_e(x)$$

と書ける．一方，x 人のドライバーのいずれもこの辺 e の通過時間は $T_e(x)$ となり，これら全員の通過時間の総和は，

$$\text{Total-Travel-Time}(e) = x T_e(x)$$

となる．これを位置エネルギーとの比較が容易になるように

$$\text{Total-Travel-Time}(e) = \underbrace{T_e(x) + T_e(x) + \cdots + T_e(x)}_{x \text{ 個の項}}$$

と書き下しておく．すると，位置エネルギーと総通過時間はともに x 個の項からなるが，後者の総通過時間の各項の値が，前者の位置エネルギーの対応する項の値以上になるので，

$$\text{Energy}(e) \leq \text{Total-Travel-Time}(e)$$

が得られる．

図 8.7 は，T_e が線形関数のときに，位置エネルギーと総通過時間をどのように比較できるのかを示している．総通過時間は y 座標が $T_e(x)$ の水平線の下側の薄い影をつけた長方形の面積に対応する．一方，位置エネルギーは，単位長さの幅を持つ高さが $T_e(1), T_e(2), \ldots, T_e(x)$ の，濃い影をつけた長方形の面積の総和となる．T_e は線形関数であるので，この図の幾何的な説明からも

$$T_e(1) + T_e(2) + \cdots + T_e(x) \geq \frac{1}{2} x T_e(x)$$

であることは明らかである．あるいは，以下のような簡単な計算をすることでも，この不等式を得ることができる．そこで，$T_e(x) = a_e x + b_e$ と書けることをまず思い出そう．すると，

$$\begin{aligned}
T_e(1) + T_e(2) + \cdots + T_e(x) &= a_e(1 + 2 + \cdots + x) + b_e x \\
&= \frac{a_e x(x+1)}{2} + b_e x \\
&= x \left[\frac{a_e(x+1)}{2} + b_e \right]
\end{aligned}$$

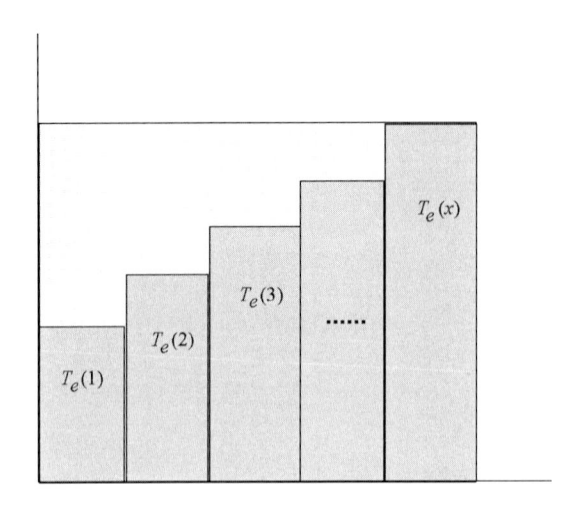

図 8.7 位置エネルギーは，濃い影をつけた幅1の小さな長方形の面積の和である．一方，総通過時間は，それらの長方形を内部に含む薄い影をつけた大きな長方形の面積である．したがって，位置エネルギーは総通過時間の半分以上になる．

$$\geq \frac{1}{2}x(a_e x + b_e)$$
$$= \frac{1}{2}x T_e(x)$$

が得られる．すなわち，位置エネルギーと総通過時間に対して

$$\text{Energy}(e) \geq \frac{1}{2}[\text{Total-Travel-Time}(e)]$$

が成立することが得られる．したがって，辺の位置エネルギーと総通過時間とが大きく離れることは決してないという結論が得られる．すなわち，辺の位置エネルギーは，辺の総通過時間の半分以上であり，かつ辺の総通過時間以下である．

ナッシュ均衡と社会的に最適なトラフィックパターンの通過時間の関係付け 位置エネルギーと総通過時間のこの関係を用いて，ナッシュ均衡のトラフィックパターンと社会的に最適なトラフィックパターンを関係付けることにする．

Z を任意のトラフィックパターンとする．ドライバーがトラフィックパターン Z に従うとき，すべての辺の位置エネルギーの総和を Energy(Z) と表記して用いる．さらに，トラフィックパターン Z の社会的コスト（すなわち，すべてのドライバーの通過時間の総和）を Social-Cost(Z) と表記する．したがって，Social-Cost(Z) は各辺の社会的コストである総通過時間のすべての辺にわたる総和であると，等価的にいうこともできる．そこで，辺の位置エネルギーとその辺の総通過時間の関係を辺ごとに考慮して総和をとると，トラフィックパターンの位置エネルギーと総通過時間の間に

$$\frac{1}{2}[\text{Social-Cost}(Z)] \leq \text{Energy}(Z) \leq \text{Social-Cost}(Z)$$

の関係が成立することが得られる．

ここで，社会的に最適なトラフィックパターン Z から出発して，最善反応ダイナミクスで，最終的にナッシュ均衡のトラフィックパターン Z' が得られたとする．最善反応ダイナ

ミクスが進行するに従って，社会的コストは増加することもあるかもしれないが，位置エネルギーは確実に真に小さくなっていく．さらに，社会的コストは位置エネルギーの2倍より大きくなることはないので，この位置エネルギーの減少により，社会的コストは，出発時の2倍より大きくなることはないことが保持される．したがって，ナッシュ均衡のトラフィックパターンの社会的コストは，出発時の社会的に最適なトラフィックパターンの社会的コストの2倍以下である．したがって，社会的コストが社会的に最適なトラフィックパターンの2倍以下であるナッシュ均衡が存在するという所望の結果が得られた．

位置エネルギーと社会的コストに関する不等式を用いて，この議論を書き下すことにしよう．第一に，上で眺めたように，最善反応ダイナミクスによる Z から Z' への移動で，位置エネルギーが減少することにより，

$$\text{Energy}(Z') \leq \text{Energy}(Z)$$

が得られる．第二に，位置エネルギーと社会的コストの定量的な関係から，

$$\text{Social-Cost}(Z') \leq 2[\text{Energy}(Z')]$$

と

$$\text{Energy}(Z) \leq \text{Social-Cost}(Z)$$

が得られる．ここで，これらの不等式を単につなげるだけで，

$$\text{Social-Cost}(Z') \leq 2[\text{Energy}(Z')] \leq 2[\text{Energy}(Z)] \leq 2[\text{Social-Cost}(Z)]$$

が得られる．これが，上のパラグラフで言葉で説明した議論と，まったく同一のものであることに注意しよう．すなわち，位置エネルギーは最善反応ダイナミクスを通して減少し，この減少により，社会的コストが2倍を超えて増加することはない．

したがって，位置エネルギーを追跡することは，最善反応ダイナミクスでナッシュ均衡が得られることを示すのに有効であるだけでなく，位置エネルギーを社会的コストに関係付けて，得られるナッシュ均衡の社会的コストの限界（上界）を明らかにするためにも有効であるのである．

8.4 演習問題

1. 町 A から町 B へ 1,000 台の車が行くことになっている．各車が選べる可能なルートは2通りあり，それらは町 C を経由する上側のルートと，町 D を経由する下側のルートである．辺 A-C を通る車の台数を x とし，辺 D-B を通る車の台数を y とする．図 8.8 の有向グラフは，辺 A-C を通る車の台数が x のとき，車1台当たりの辺 A-C の通過時間が $x/100$ であり，辺 D-B を通る車の台数が y のとき，車1台当たりの辺 B-D の通過時間が $y/100$ であることを示している．辺 C-B と辺 A-D の車1台当たりの通過時間は，どちらも，利用する車の台数とは無関係に12であるとする．ここで，ドライバーは同時にどちらかのルートを選ぶものとする．

234　第8章　ゲーム理論によるネットワークトラフィックのモデリング

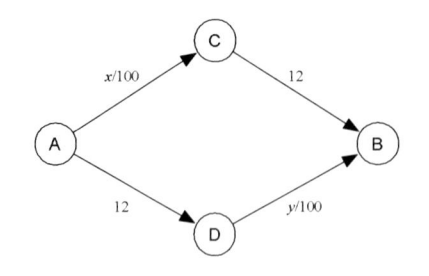

```
        C
     ↗     ↘
  x/100    12
   ↗        ↘
  A          B
   ↘        ↗
   12      y/100
     ↘    ↗
        D
```

図 8.8　演習問題 1 のトラフィックネットワーク．

(a) ナッシュ均衡となる x と y の値を求めよ．

(b) ここで，市役所が町 C から町 D に向かう一方通行の道路を新しく建設した．この新しい道路により，ネットワークに新しく A-C-D-B のルートも加わった．この町 C から町 D に向かう新しい道路の車 1 台当たりの通過時間は，利用する車の台数とは無関係に 0 である．新しいネットワークにおけるゲームのナッシュ均衡を求めよ．ナッシュ均衡における x と y の値はいくらか？ 新しい道路が利用できることになった結果として，総通過コスト（1,000 台の車の通過時間の総和）にどんなことが起こるか？

(c) さらに，辺 C-B と辺 A-D の状況が改善されて，それらのそれぞれの辺の通過時間が 5 になったとする．問題 (b) で建設された C から D に向かう一方通行の道路は，ここでも利用可能であるとする．辺 C-B と辺 A-D の通過時間が短くなったこのネットワークにおけるゲームのナッシュ均衡を求めよ．ナッシュ均衡における x と y の値はいくらか？ 総通過コストはいくらか？ 市役所が C から D に向かう一方通行の道路を閉鎖すると，総通過コストにどんなことが起こるか？

2. 二つの都市の A と B が二つのルートで結ばれている．都市 A を出発して都市 B に行く 80 人のドライバーがいる．A から B には二つのルートが存在する．ルート 1 は A から高速道路に乗るものである．この高速道路は，利用する車の台数とは無関係にドライバー 1 人当たりの通過時間が 1 時間であり，都市 B に向かうローカルな道路に接続して終了している．この都市 B に向かうローカルな道路では，ドライバー 1 人当たりの通過時間は，分単位で数えて，その道路を利用する車の台数に 10 を加えた値となる．ルート 2 は，A からローカルな道路で出発している．このローカルな道路は，B に向かう高速道路に接続して終了している．このローカルな道路では，ドライバー 1 人当たりの通過時間は，分単位で数えて，その道路を利用する車の台数に 10 を加えた値となる．さらに，その後 B に向かう高速道路では，利用する車の台数とは無関係にドライバー 1 人当たりの通過時間は 1 時間である．

(a) 上記のネットワークの図を描き，各辺にその辺を通過するのに必要な時間をラベルとして与えよ．ルート 1 を利用するドライバーの人数を x とする．ネットワークはすべての道路が一方通行なので，有向グラフになることに注意しよう．

(b) ドライバーは利用するルートを同時に選ぶ．ナッシュ均衡となる x の値を求めよ．

(c) ここで，市役所がローカルな道路と高速道路が接続している二つのノード間を結

ぶ両方向通行の道路を建設した．これにより，新しく二つのルートが加わった．新しいルートの一つは，ルート2上の都市Aから出発するローカルな道路と新しい道路，およびルート1上の都市Bにつながるローカルな道路からなる．それをルート3と呼ぶ．もう一つの新しいルートは，ルート1上の都市Aから出発する高速道路と新しい道路，およびルート2上の都市Bにつながる高速道路からなる．それをルート4と呼ぶ．新しい道路はきわめて短く，通過時間は0である．このときの新しいナッシュ均衡を求めよ．

【ヒント】ルート4を誰も選ばないナッシュ均衡が存在する．
(d) この新しい道路が利用可能になった結果，総通過時間にどんなことが起こるか？
(e) ドライバーにルートの割当てをすることができるとする．すると，新しい道路の建設前の総通過時間と比べて，総通過時間を減らすことが可能である．すなわち，80人のドライバーの総通過時間が問題(b)におけるナッシュ均衡での総通過時間より短くなるように，ドライバーにルートの割当てをすることができる．そのような割当てを求めよ．その割当てで総通過時間が減少する理由を説明せよ．

【ヒント】新しい道路は両方向通行の道路であることを思い出そう．総通過時間を最小にする割当てでなくてもよい．この問題に対する一つのアプローチとして，問題(b)におけるナッシュ均衡から出発して，総通過時間を減少させるルートの変更を，何人かに割り当てることができないかを探す方法が挙げられる．

3. 都市Aから都市Bへ300台の車が行くことになっている．各車が選べる可能なルートは2通りあり，それらは都市Cを経由する上側のルートと，都市Dを経由する下側のルートである．辺A-Cを通る車の台数をxとし，辺D-Bを通る車の台数をyとする．図8.9の有向グラフは，上側のルートを通る車の台数がxのとき，車1台当たりの上側のルートの通過時間が$(x/100)+3.1$であり，下側のルートを通る車の台数がyのとき，車1台当たりの下側のルートの通過時間が$3.1+(y/100)$であることを示している．各ドライバーは，通過時間が最小になるルートを選びたいと考えている．なお，ドライバーは全員同時にどちらかのルートを選ぶものとする．

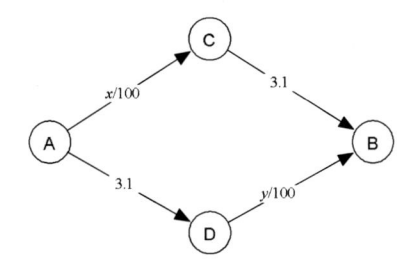

図8.9 演習問題3のトラフィックネットワーク．

(a) ナッシュ均衡となるxとyの値を求めよ．
(b) ここで，市役所が都市Aから都市Bに向かう一方通行の道路を新しく建設した．この新しい道路の車1台当たりの通過時間は，利用する車の台数とは無関係に5である．この新しいネットワークの図を描き，各辺にその辺を通過するのに必要な時間をラベルとして与えよ．ネットワークはすべての道路が一方通行なので，

有向グラフとなることに注意しよう．新しいネットワークにおけるゲームのナッシュ均衡を求めよ．新しい道路が利用できることになった結果として，総通過コスト（300台の車の通過時間の総和）にどんなことが起こるか？

(c) 市役所は，新しく建設した都市Aから都市Bに向かう道路を閉鎖して，都市Cから都市Dに向かう一方通行の道路を建設した．この新しい道路はきわめて短く，通過時間は利用する車の台数とは無関係に0である．この新しいネットワークの図を描き，各辺にその辺を通過するのに必要な時間をコストとして与えよ．ネットワークはすべての道路が一方通行なので，有向グラフとなることに注意しよう．この新しいネットワークにおけるゲームのナッシュ均衡を求めよ．新しい道路が利用できることになった結果として，総通過コストにどんなことが起こるか？

(d) 市役所は，問題(c)の結果に満足できなかった．そこで，（問題(b)で建設され問題(c)で閉鎖された）都市Aから都市Bに向かう道路を再度オープンして利用できるようにした．問題(c)で建設されたCからDに向かう一方通行の道路はここでも利用可能であるとする．ここでも，AからBに直接行く道路の車1台当たりの通過時間は，前と同様に，利用する車の台数とは無関係に5である．この新しいネットワークの図を描き，各辺にその辺を通過するのに必要な時間をコストとして与えよ．ネットワークはすべての道路が一方通行なので，有向グラフとなることに注意しよう．この新しいネットワークにおけるゲームのナッシュ均衡を求めよ．AからBに直接行く道路が再度利用できることになった結果として，総通過コストにどんなことが起こるか？

4. 二つの都市のAとBがあり，ルート1とルート2の二つのルートで結ばれている．道路はすべて一方通行である．都市Aから都市Bへ100台の車が行くことになっている．ルート1は，都市Aから都市Cを経由して都市Bへ行くルートである．このルートは都市Aから都市Cへ行く道路で始まり，都市Cから都市Bへ行く高速道路で終わっている．都市Aから都市Cへ行く道路の車1台当たりのコストは，この道路を通る車の台数がxのとき，$0.5 + (x/200)$である．一方，都市Cから都市Bへ行く高速道路の車1台当たりのコストは，そこを通る車の台数とは無関係に1である．ルート2は，都市Aから都市Dを経由して都市Bへ行くルートである．このルートは都市Aから都市Dへ行く高速道路で始まり，都市Dから都市Bへ行く道路で終わっている．都市Aから都市Dへ行く高速道路の車1台当たりのコストは，そこを通る車の台数とは無関係に1である．一方，都市Dから都市Bへ行く道路の車1台当たりのコストは，この道路を通る車の台数がyのとき，$0.5 + (y/200)$である．

これらの通行のコストは，通行にかかるコストとガソリンのコストの和である．現在，これらの道路の使用量は無料であるので，市役所にこれらの通行からの収入はない．

(a) 上記のネットワークの図を描き，各辺にその辺を通行するのに必要なコストをラベルとして与えよ．ネットワークはすべての道路が一方通行なので，有向グラフとなることに注意しよう．

(b) ドライバーは全員，利用するルートを同時に選ぶものとする．ナッシュ均衡となるxとyの値を求めよ．

(c) ここで，市役所は都市 C から都市 D に向かう一方通行の道路を建設した．この新しい道路はきわめて短く，コストは利用する車の台数とは無関係に 0 である．この新しいネットワークにおけるゲームのナッシュ均衡を求めよ．

(d) 新しい道路が利用できることになった結果として，総通過コストにどんなことが起こるか？

(e) 市役所は，問題 (c) の結果に満足できなかったので，都市 A から都市 C に向かう道路を利用するドライバーに料金を課すとともに，都市 A から都市 D に向かう高速道路を利用するドライバーに補助金を支給することを決めた．都市 A から都市 C に向かう道路を利用する各ドライバーには 0.125 の料金が課され，したがって，この道路を利用するコストはこの分だけ増加する．一方，都市 A から都市 D に向かう高速道路を利用するドライバーには 0.125 の補助金が支給され，したがって，この道路を利用するコストはこの分だけ減少する．新しいナッシュ均衡を求めよ．なお，補助金の作用に疑問を感じるのであれば，それを負の料金が課金されると考えてもよい．この経済活動では，ニューヨーク州で企画されている E-Z 通行システムとよく似た，電子的に課金するシステムとして考えてよい．補助金により，ユーザーによる高速道路の総使用料金は減少することになる．

(f) 問題 (e) を解答するときに観察しているように，市役所は問題 (e) において，ナッシュ均衡では徴収する料金の総額と支給する補助金の総額が等しくなるように設定していた．ここではさらに，この設定を破ろうとしている．問題 (c) と問題 (e) の間の通行の総コストにどんなことが起こるか？ また，それが起こる理由を説明せよ．都市 C から都市 B への道路と都市 D から都市 B への道路に，徴収する料金の総額と支給する補助金の総額が等しくならないような政策を適用して，総通過コストをさらに下げることができるか？

第9章

オークション

ゲーム理論的な概念の最初の本格的な応用として，第8章でネットワークトラフィックの解析を取り上げて議論した．本章では，2番目の本格的な応用として，オークションにおける購買人（買い手）と販売人（売り手）の行動を取り上げて議論する．

オークションは，インターネットの eBay や Yahoo! などのサイト上で，多くの人が日常的に行っている一種の経済的活動である．しかし，オークションには多岐にわたる分野での長い歴史が存在する．たとえば，米国政府は，短期国債の販売や木材と原油の賃貸契約にオークションを採用している．また，Christie's と Sotheby's は美術品の販売に，Morrell & Company と Chicago Wine Company はワインの販売にオークションを採用している．

オークションは，本書でも重要な役割を繰り返し果たすことになる．購買人と販売人の相互作用を単純化した形式で体現するオークションは，経済的な相互作用の，より複雑な形式にも密接に関係しているからである．より具体的には，まず本章で，単純なオークションの形式を理解するためのアイデアを展開する．これらのアイデアを用い，第III部で，複数の購買人と販売人が基盤となるネットワークで結びつけられているマーケットを議論する．第15章では，ウェブ探索の枠組みからの応用として，Google や Yahoo!，Microsoft といった検索エンジンの企業が，キーワード検索広告の販売に用いているオークションの形式を解析する際に，より複雑な形式のオークションを学ぶことにする．

9.1 オークションの種類

本章では，単純なオークションの様々な形式に焦点を当て，それらのオークションで，入札者間の様々な行動がどのように促進されるのかについて議論する．とくに，販売人が1人で1個の商品をオークションに出品して，複数の購買人がそれに入札するケースを取り上げる．逆に，購買人が1人で，購買する1個の商品に対して，複数の販売人が入札するオークションも考えることができる．そのような**調達オークション** (procurement auction) は，政府が商品を調達する際にしばしば行われる．しかし，ここでは，販売人がオークションをとりしきるケースにのみ，焦点を当てることにする．

ここで取り上げるオークションより，格段に複雑なオークションを定義する方法も多数

存在する．後続の章では，本章の解析を一般化して，複数の商品がオークションに出品され，複数の購買人がそれらの商品に対して異なる価値評価をするオークションも取り上げる．他の形式として，商品が時間とともに逐次的に販売される形式のオークションなどが挙げられるが，そのような形式のオークションは本書の範囲を超えるので取り上げない．しかしながら，このような複雑な形式のオークションも，本章で議論する概念を拡張して解析することができる．なお，一般の広範にわたる形式のオークションを取り上げている経済学の分野の文献も多数存在する [256, 292]．

オークションのモデル化において，基礎となる仮定は，オークションに出品される商品に対して，各入札者が**固有の価値** (intrinsic value) を持っているという仮定である．すなわち，これは，この値までの価格ならば商品を購入したいが，この値より高いときには購入しないという金額である．この固有の価値を，その入札者のその商品に対する**真の価値** (true value) と呼ぶことにする．オークションで単一の商品がどのように販売されるかによって，オークションは4種類の形式に分類される．さらに，それらの変形版も多数ある．

1. **競り上げオークション** (ascending-bid auction) は，**イングリッシュオークション** (English auction) とも呼ばれる．この形式のオークションは，入札者が物理的あるいは電子的に出席して，実時間でインタラクティブに行われる．オークションは，購買人が価格を徐々に競り上げていき，それに伴い入札者が降りていって，最終的に入札者が1人になり，そこで終了する．最終的に残った1人の入札者が商品を獲得し，その商品への支払額はオークションが終了したときの最終の価格となる．入札者が声を張り上げて価格を提示したり，価格を電子的に提出する口頭形式のオークションは，競り上げ形式のオークションである．

2. **競り下げオークション** (descending-bid auction) は，**ダッチオークション** (Dutch auction) とも呼ばれる．この形式のオークションも，実時間でインタラクティブに行われる．オークションは，販売人がある高い価格から徐々に価格を競り下げていき，ある入札者がその価格を初めて受諾したときに終了して，その入札者が商品を獲得する．その商品への支払額は，オークションが終了したときの最終の価格となる．この形式のオークションがダッチオークションと呼ばれるのは，ずっと昔からオランダで花を販売するときにこの手続きが使われてきたからである．

3. **第一価格封印入札オークション** (first-price sealed-bid auction) では，すべての入札者は，"封印した入札"を同時に販売人に提出する．第一価格封印入札オークションという用語は，オークションのそのような形式に由来している．すなわち，すべての入札者が入札額を記入して，それを封筒に入れて封印して販売人に提出し，そして，販売人が提出された封筒を同時に開封することから，このように命名されたのである．最高の入札額を提出した入札者が商品を獲得し，その商品への支払額は，その最高入札額になる．

4. **第二価格封印入札オークション** (second-price sealed-bid auction) は，**ヴィックリーオークション** (Vickrey auction) とも呼ばれる．この形式のオークションでも，すべての入札者は，封印した入札を同時に販売人に提出する．最高の入札額を提出した入札者が商品を獲得し，その商品への支払額は，2番目に高い入札額になる．この

形式のオークションは，第二価格入札オークションを含む様々なオークションをゲーム理論を導入して解析したWilliam Vickrey（ウィリアム・ヴィックリー）の業績 [400] にちなんで，ヴィックリーオークションと呼ばれている．Vickreyは，この一連の業績に対して，1996年にノーベル経済学賞を受賞している．

9.2 オークションが適切なときとは？

一般にオークションは，商品に対して購買人がつけている真の価値を販売人があまりうまく評価できない状況において，また，購買人が他の購買人の価値評価を知らない状況において用いられる．これから眺めていくが，このようなケースでは，入札者の潜在的な価値評価を顕在化させるのに，いくつかの主たる形式のオークションを用いることができる．

価値評価が既知のとき 購買人の真の価値が未知である状況の議論をわかりやすくするために，最初に，購買人も販売人も，他のすべての購買人の商品に対する価値評価を知っているケースから始める．このときには，実際には，オークションは必要でないことがわかる．具体的に説明しよう．販売人がxの価値評価をしている商品を売りに出そうとしているとする．そして，この商品に対して価値評価をしている潜在的な購買人の価値評価のうちで，最高の価値評価がxより大きいyであるとする．このケースでは，商品の販売において，より低い価値xの人から，より高い価値yの人へ渡ることにより，$y - x$の剰余 (surplus) が生成される．

販売人が潜在的な購買人の商品に対する真の価値評価を知っているときには，yよりほんの少し安い価格設定をして，商品をその価格で販売すると公表するだけでよい．販売人は，その価格より安い金額では，その商品を売らないことになる．このとき，yの価値評価をしている購買人はその商品を買うことになる．そして，生成される剰余は（ほんの少しを除いて）すべて販売人に渡ることになる．言い換えると，このケースではオークションは必要でなかったことになる．すなわち，販売人は適正な価格を公表するだけで，期待できる最高の金額を獲得できるのである．

この例の定義において，商品の販売に使用するメカニズムに対して，販売人に全面的な権限を与えていたこと，すなわち，定義の非対称性にも注意しよう．このように，固定価格を公表して"手を結ぶ"相手を絞り込める権限は，この販売人にとってきわめて高い価値がある．すなわち，購買人がこの権限を信頼していると仮定すると，商品はyよりほんの少しだけ安い価格で売れて，販売人は（ほとんど）すべての剰余を獲得できる．これと逆のケースも考えてみよう．すなわち，最大価値のyの価値評価をした購買人に，使用するメカニズムを選ぶ権限を与えるとどうなるかも考えてみよう．このとき，他の購買人はこれまでどおりの価値評価を行い，この購買人がx（よりほんの少し高い価格）の価格でその商品を買うと公表したとする．すると，この公表により，販売人は，その価格がx（よ

りほんの少し高い価格）であるので，商品を売ることになる．しかし，このときには，生成された剰余（少なくともかなり）が購買人に渡ることになる．販売人に権限が与えられたときと同様に，この購買人に権限が与えられたときにも，他の全員の価値評価がわかっていることが要求される．

　これらの例から，メカニズムに対する権限により，取引におけるパワーは，販売人に有利になったり購買人に有利になったりすることがわかる．販売人と購買人がともに価値評価を知っているが，メカニズムを決定する権限が一方的にどちらかにある状況ではない，より複雑なシナリオを想像することもできる．このときには，価格に対してある種の駆け引きが生じることになる．第12章で駆け引きに関するトピックを取り上げ，詳しく議論する．本章では，オークションの枠組みにおいて権限の問題がきわめて重大であることを眺めていく．とくに，与えられたオークションの形式に対して，販売人が前もって信頼できる権限を行使できるとしていることが重要である．

価値評価が未知のとき　これまでは，販売人と購買人が他人の価値評価を知っているときに，どのように相互作用するのかを議論してきた．次節以降では，オークションの参加者が，他人の価値評価を知らないときに，オークションがどのように動作するのかを眺めていく．

　本章のほとんどの部分では，購買人が商品に対して，"独立で，個人的な価値評価" をしているケースに限定して議論している．すなわち，どの購買人も商品に対する自身の価値評価はわかっているが，それは他の購買人の価値評価には依存しないし，さらには，他の購買人の価値評価も知らないものとする．たとえば，購買人は誰もがその商品を個人的に堪能することにのみ関心があるのであって，そのとき得られる楽しみが，その価値評価に反映されているとしているのである．

　この状況の対極とも言えるケースも後に考える．すなわち，商品が**共通価値** (common value) を有するケースである．そこでは，商品がオークションに出されるが，それに対して各購買人は，それを獲得したときに自身で堪能するのではなく，仲介人として他に販売しようとしているとする．このケースでは，購買人が仲介人としてそれを売る際に良い仕事をすると仮定して，誰が商品を獲得するにしても変わらない，未知の共通の価値を商品が有しているとする．その値は，この商品の将来の再販売によってあげられる収益に等しい．購買人によるこの収益の見積もりは，共通の価値に対してそれぞれが所有している情報に依存する．したがって，その商品に対する価値評価は，購買人ごとに異なりうる．この状況設定では，各購買人が商品に与える価値評価は，他の購買人の価値評価に影響を受ける．購買人は，他人の価値評価の情報を得て，商品の共通価値の見積もりにその知識を反映させて，見積もりをさらに改善できることもあるからである．

9.3　様々な形式のオークション間の関係

　ここでの目標は，様々な形式のオークションにおいて，入札者がどのように行動するか

を明らかにすることである．本節では，実時間で行われる競り上げオークションや競り下げオークションというインタラクティブなオークションにおける行動と，封印入札オークションにおける行動の関係について，いくつかの単純でインフォーマルな観察から始める．これらの観察は，数学的に厳密化することもできるが，ここでの議論では，あくまでもインフォーマルな記述に留めることにする．

競り下げオークションと第一価格入札オークション　最初に，競り下げオークションを考える．最初に設定した高い価格から販売人が価格を下げていっても，最初のうちは入札者は何も言わない．しかし，価格を下げるに従って，ある時点で入札者がその価格を受諾して，その商品をその価格で獲得することになる．したがって，オークションの進行中は，どの時点でも，提示された価格を受諾する入札者がいないこと以外に，入札者は何も学べない．各入札者 i にとっては，価格 b_i になったときに喜んで沈黙を破り，商品を受諾するという最初の価格 b_i が存在する．この点を踏まえると，競り下げオークションのプロセスは，第一価格封印入札オークションと等価である．すなわち，価格 b_i は入札者 i の入札額の役割を果たし，商品は最高額の入札者に渡って，商品を獲得した入札者はその入札額を支払うことになる．

競り上げオークションと第二価格入札オークション　次に，販売人が価格を上げていくに従い，入札者が脱落していく競り上げオークションを考えよう．オークションの勝者は最後まで残った入札者であり，競り落とした商品に対する支払額は，最後に脱落した入札者の入札額となる[1]．

そこで，そのようなオークションの入札者であるとする．オークションにどこまで留まり，脱落するとしたらどの時点で脱落すべきかを考えてみよう．第一に，自身の真の価値評価より提示価格が高くなっても，オークションに留まるべきであろうか？　答えはNOである．留まることにより，オークションに勝って商品を獲得できるか，負けて獲得できず正の収益は得られないかのいずれかになるが，勝って商品を獲得できたとしても，商品に対する価値評価より支払額が高くなり，損失が出るだけであるからである．第二に，自身の真の価値評価より提示価格が低い段階で，オークションから脱落すべきであろうか？　このときも答えはNOである．自身の真の価値評価に届く前に降りてしまうと，何も収益をあげれないことになるが，もし留まっていれば，自身の真の価値評価より提示価格が低い段階で，勝って商品を獲得できることもありうるからである．

このインフォーマルな議論により，競り上げオークションでは，提示価格が，真の価値

---

[1] 競り上げオークションの終了時には，以下の三つのことが同時に起こると考えることが，概念的には最も単純である．(i) 最後まで残っていた2人のうちの1人が脱落する．(ii) このとき脱落せずに残った入札者が，自分1人だけ残っていることを見て，それより高い任意の価格を受諾して終了する．(iii) 販売人は，品物を最後まで残った入札者に，商品をその時点での価格で与える．もちろん，現実には，提示価格は毎回少しずつ上げられて入札者が脱落して減っていき，最後にもう一度価格が少し上げられた時点で，入札者が1人となる．この最後の価格を競り落とした入札者の支払額とすることもできるが，それはその一つ前に提示された価格からほんのわずかしか増加していないことに注目して，一つ前の提示価格を支払額としているのである．最後の価格を競り落とした入札者の支払額とすると，解析はきわめて複雑になってしまう．しかも，その代償として得られるものも少ない．実際，横たわるアイデアが変わらないからである．そこで，本書では，オークションは最後の脱落者が出て入札者が1人になった時点で，その価格はその一つ前に提示された価格から増加分が無視できるくらい小さいものとして終了するとする．

評価に正確に到達するちょうどそのときまで，オークションに留まる（提示価格が真の価値評価を超えたらすぐに降りる）べきであることがわかる．各入札者 i の"脱落価格"をその入札者の入札額 b_i と考えることができるときには，すべての入札者が真の価値評価を入札額に用いているという．

さらに，この入札の定義を用いて，競り上げオークションの結果を決定するルールは，以下のように定式化することができる．最高額の入札者が，最後まで残って商品を勝ち取り，最後に脱落した入札者の入札額を支払う．すなわち，2番目に高い入札額を支払う．したがって，商品は，最高額の入札者に，2番目に高い入札額の価格で渡ることになる．これは，第二価格封印入札オークションで用いられたルールと正確に一致する．異なる点は，競り上げオークションは販売人と購買人の相互作用が関与して実時間で行われ，封印入札オークションは封印した入札を販売人が開封・評価して行われることである．このように，ルールが密接に関係していることに基づいて，直観的にはすぐには理解できない，第二価格入札オークションの価格設定ルールが理解できるのである．さらに，競り上げオークションでは，提示価格が入札者の真の価値評価に正確に到達するちょうどそのときまで，入札者がオークションに留まることを欲するという事実は，次節の主たる結果に対する直観も与えている．すなわち，次節では，ゲーム理論に基づいて，第二価格封印入札オークションを定式化した後に，入札者が真の価値評価を入札額にすることが，支配戦略であることを示す．

オークション形式の比較　9.4 節と 9.5 節で，封印入札オークションの二つの形式について議論する．しかしながら，それを行う前に，以下の 2 点を確認しておくことは良いことであろう．第一に，本節の議論から，封印入札オークションでの行動を解析するときに，そのインタラクティブ版についても学べることを示した．すなわち，第一価格封印入札オークションのインタラクティブ版としての競り下げオークションと，第二価格封印入札オークションのインタラクティブ版としての競り上げオークションについても学べることを示した．

第二に，第一価格封印入札オークションと第二価格封印入札オークションを純粋に表面的に比較してみると，販売人にとっては，第一価格入札オークションのほうが，より高額な収益を獲得できそうに思える．最終的に，2番目に高い入札額ではなく，最高の入札額を得られるからである．第二価格入札オークションでは，販売人が，最高額の入札者に対して，支払額を故意に少なくしているように思えて不思議である．しかし，このような推論は，ゲーム理論の研究から得られる主たるメッセージの一つを無視している．それは，人々の行動を統制するためのルール作成においては，ルールに照らし合わせて行動が追随することを，考慮しなければならないということである．ここでは，第一価格入札オークションでは，入札者が第二価格入札オークションでの入札額より"低い"入札額を申告する傾向があることが重要である．そして，この入札額の減少により，それがなければ入札の勝利によってもたらされる金額の差が，実際には相殺される傾向になる．この点は，本章のこれ以降の様々なところで中心的なテーマとなる．

9.4 第二価格入札オークション

　第二価格封印入札オークションはとくに興味深いものであり，使用されている例が実際に多岐にわたって存在する．たとえば，eBayで用いられているオークションの形式は，本質的に第二価格入札オークションである．検索エンジンの企業がキーワード検索広告の販売において用いている価格設定メカニズムも，第15章でわかるように，第二価格入札オークションを一般化したものである．オークション理論における最も重要な結果の一つに，前節の最後で述べた以下の事実が挙げられる．独立で個人的な価値設定のもとでは，第二価格封印入札オークションにおいて，真の価値評価を入札額として申告することが，支配戦略である．すなわち，最善の選択は，商品に対する真の価値評価を入札することなのである．

第二価格入札オークションのゲームとしての定式化　第二価格封印入札オークションにおいて真の価値評価を入札額として申告することが，なぜ支配戦略となるのかを理解するために，ゲーム理論の言語を用い，プレーヤーと戦略と利得に基づいて，このオークションを以下のように定義する．まず，入札者がプレーヤーに対応する．入札者iの商品に対する真の価値評価をv_iとする．入札者iの戦略は，真の価値v_iの関数としての入札額b_iの入札である．第二価格封印入札オークションにおいては，入札者iの価値評価v_iと入札額b_iに対する利得は，以下のように定義される．

　　b_iがオークションに勝利する入札額でないときには，入札者iの利得は0である．
　　b_iがオークションに勝利する入札額であるときには，2番目に高い入札者jの入札額をb_jを用いて，入札者iの利得は$v_i - b_j$である．

　この概念を完全に的確に定義するためには，同じ入札額の可能性も取り扱えるようにしなければならない．2人の入札者が同額の最高額の入札をした場合には，どうしたらよいのであろうか？　この解消法の一つとして，前もって同意を得た順番で入札者全員を並べておいて，最高額の入札者でその順番で先に来る入札者が勝利するという方法が挙げられる．このように精密化した"入札の勝利"と"2番目に高い入札"の定義においても，利得の定義は同様に行える．しかし，このときには，自身の価値評価と2番目に高い入札額が等しいので，入札の勝利者は，獲得する商品に対する支払額が自身の価値評価と同額になり，利得が0となることに注意しよう．

　オークションに対するゲーム理論の言語によるこの定義に対して，さらに以下の点に注意しておくことは有用である．第6章でゲームを定義したときには，各プレーヤーがすべてのプレーヤーの利得を知っていると仮定した．しかし，これはここのオークションの定義では当てはまらない．どの入札者も他の入札者の価値評価について知らないからである．したがって，この知識の欠如にも対応できるように，第6章の概念を少し一般化して利用することが要求される．しかしながら，ここでの議論では，どのように他のプレー

ヤーが行動したしても，それに関係なく，各プレーヤーが最適な行動となる支配戦略を選択することに焦点を当てて議論しているので，この問題については無視できることになる．

第二価格入札オークションにおける真の入札　第二価格入札オークションに対する主張は，正確には以下のように書ける．

主張：第二価格封印入札オークションにおいて，各入札者 i は，入札額を $b_i = v_i$ とすることが支配戦略である．

この主張を証明するためには，入札者 i は，入札額を $b_i = v_i$ としたときに，他の入札者がどのような戦略をとったにしても，その入札額を変更したい気持ちにならないことを示せばよい．そこで，入札者 i が入札額を上げる場合と，入札者 i が入札額を下げる場合に分けて議論する．どちらの場合も，以下の点がキーポイントである．すなわち，入札額を上げたり下げたりすることは，入札者 i がオークションに勝利するか敗北するかに影響を与えるだけで，入札者 i が勝利したときに支払う金額には影響を与えないことである．勝利者が商品に対して支払う金額は，完全に他の入札者の入札額で決定される．具体的には，他の入札者の最高入札額である．他の入札者の入札額は変わらないので，入札者 i の入札額の変更による勝利あるいは敗北の結果により，入札者 i に対して影響が出るのは，自身の利得だけである．この議論の内容を，図 9.1 にまとめている．

入札額 b_i'

他の入札者の最高入札額が i の真の入札額より大きく，i の上げた入札額が他の入札者の最高入札額より大きいときのみ結果が変わる．このとき，i は勝利することになるが，支払額は i の真の価値より大きくなる．

真の入札額 $b_i = v_i$

他の入札者の最高入札額が i の真の入札額より小さく，i の下げた入札額が他の入札者の最高入札額より小さいときのみ結果が変わる．このとき，i は敗北することになるが，勝ち取れたはずの正の利得を失うことになる．

入札額 b_i''

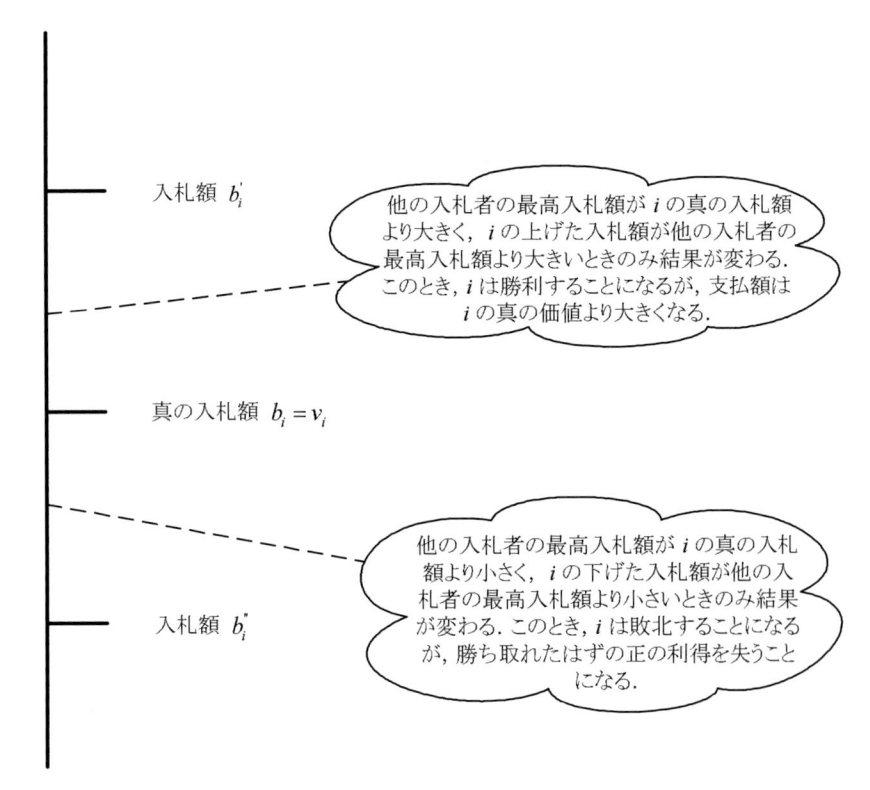

図 9.1　第二価格入札オークションで，入札者 i が真の入札に変更を加えると，勝利あるいは敗北の結果が異なることもあるが，これによる入札者 i への影響は利得に対してのみである．

これを踏まえて二つのケースを考える．最初に，入札者iが$b_i = v_i$ではなく$b'_i > v_i$を入札額に選んだとする．このとき，入札額$b_i = v_i$では敗北するが入札額b'_iでは勝利するときにのみ，入札者iの利得に変化が生じる．したがって，これが起こるときには，他の入札者の最高額b_jが$b_i = v_i$とb'_iの間にあることになる．このとき，入札者iの利得は，高々$v_i - b_j \le 0$だけ変化する（すなわち，利得はそのままか，$b_j - v_i \ge 0$だけ減少する）．したがって，入札額を$b_i = v_i$から$b'_i > v_i$に変更しても，入札者iの利得が改善されることはない．

次に，入札者iが$b_i = v_i$ではなく$b''_i < v_i$を入札額に選んだとする．このとき，入札額v_iでは勝利するが入札額b''_iでは敗北するときにのみ，入札者iの利得に変化が生じる．したがって，変更前は入札額v_iが最高入札額で，他の入札者の最高額（2番目に高い入札額）b_kは，$b_i = v_i$とb''_iの間にあることになる．したがって，入札者iの変更前の利得は$v_i - b_k \ge 0$であって，変更後は敗北して0となるので，このときも入札者iの利得が改善されることはない．

これで，第二価格封印入札オークションでは，真の入札額を申告することが支配戦略であることの議論を終了する．議論の核心は，最初に注意した事実，すなわち，第二価格入札オークションでは，自身の入札額で勝利するか敗北するかが決定されるが，勝利したときに支払う金額は自身の入札額には依存しないという事実である．したがって，この事実に照らし合わせて，入札額の変更を評価することが必要である．同様に，競り上げオークションでも，それに対応することが言える．そこでも，競り上げられて提示される価格が自身の価値評価に到達する時点までは，勝利する可能性を求めてオークションに留まるのがよい．そして，勝利したときに支払う金額は，2番目に高い入札者が降りた時点での入札額で決定される．

真の入札額を申告することが支配戦略であるという事実は，第二価格入札オークションを概念的にきわめて明快にしている．真の入札額の申告が支配戦略であるので，他の入札者がどのような行動をとろうとも，真の入札額を選択するのが最善であることになる．したがって，第二価格入札オークションでは，他の入札者が真の価値より高く入札しようが，低く入札しようが，結託しようが，あるいは予測できないような行動をとろうが，真の入札額を選択することに意味がある．言い換えると，オークションで競争相手の入札者が，同様に真の入札額を申告すべきであることを知っていないときでも，真の入札額を選択することは良い考えである．

これで，第二価格入札オークションが終わったので，次に，第一価格入札オークションについて考える．状況がずっと複雑になることがわかることになる．とくに，各入札者は，自身の最善の入札額を選択するには，競争相手の行動について推論しなければならないことになる．

9.5 第一価格入札オークションと他の形式のオークション

第一価格封印入札オークションでは，各入札者の入札額は，その入札者が勝利するかどうかだけでなく，勝利したときに支払う金額にも影響を与える．したがって，前節の推論の大部分は，修正しなければ使えなくなり，得られる結論も異なるものになる．

まず，本質的には第一価格入札オークションも，第二価格入札オークションで行った方法と同一の方法で，ゲームとして定義できることを注意しておく．前と同様に，入札者がプレーヤーであり，各入札者の戦略は真の価値評価の関数としての入札額である．入札者 i の利得は，価値評価が v_i で入札額が b_i のときには，単に以下のようになる．

b_i が勝利する入札額でないときには，入札者 i の利得は 0 であり，b_i が勝利する入札額であるときには，入札者 i の利得は $v_i - b_i$ である．

ここで第一に気がつくことは，真の価値を入札額とすることは，もはや支配戦略とならないことである．実際，真の申告をすることにより敗北したときの利得は，これまでと同じ 0 であり，勝利したときも，支払額がその商品の価値評価と一致するので，利得はやはり 0 である．

したがって，第一価格入札オークションにおける最善の入札方法は，勝利したときに正の利得が得られるように，入札額を真の価値評価から少し"下げる"ことになる．入札額の適切な下げ幅の決定には，二つの対立する力のバランスをとることが要求される．入札額が真の価値評価にあまりに近すぎると，勝利したときの利得は大きいものにならなくなる．一方，真の価値評価からあまりに離れすぎると，高い入札額でなくなり，勝利する機会も減ってしまうことになる．

これらの二つの可能性間の最善のトレードオフを見つけることは，他の入札者およびその入札額の可能な値の分布についての知識の度合いに依存する複雑な問題を含んでいる．たとえば，入札者の行動についての性質が同じときには，競争相手の入札者が多数参加する第一価格入札オークションでは，競争相手の入札者がわずかに参加する第一価格入札オークションに比べて，入札額をより高くし，下げ幅を小さくして，真の価値評価に近い値にすべきである．理由はきわめて単純で，入札者が多いと最高の入札額はより高いものになる確率が高くなり，したがって，勝利するためにはその最高額に勝る入札額にすることが必要となるからである．9.7 節で，第一価格入札オークションでの最適な入札額の決定方法について議論する．

全額払いオークション 異なる設定で生じる，他の形式の封印入札オークションも存在する．最初に見た限り直観に反するように思えるモデルの定式化として，**全額払いオークション** (all-pay auction) が挙げられる．全額払いオークションでは，各入札者が入札を提出し，最高額の入札者が商品を獲得し，"すべての"入札者が，誰が勝利したかに関係なく，自身の入札額をすべて支払う．したがって，このオークションでの利得は以下のよう

b_i が勝利する入札額でないときには，入札者 i の利得は $-b_i$ であり，b_i が勝利する入札額であるときには，入札者 i の利得は $v_i - b_i$ である．

この種の利得のゲームは，通常，"入札"の概念が明示的でない様々な状況で生じる．政治的なロビー活動もこの枠組みでモデル化できる．各ロビーストはロビー活動にお金を費やすことになるが，成功した者だけが，その代償として価値あるものを引き出せる．一方，より多くのお金をロビー活動に費やした者が常に勝利するとも限らないが，誰が勝利するかにかかわらず，すべてが陳情にお金をかけているので，ロビー活動にかけたお金の総額と陳情の間には，明確な対応が存在する．顧客から契約を勝ち取ろうとして，建築会社がお金を費やしてデザインを競い合うデザインコンペティションなどの状況でも，このような図を描くことができる．このお金は，顧客が決断を下す前に費やされる．

全額支払いオークションでの最適な入札額の決定における推論は，第一価格入札オークションでの推論と，質的な特徴を多く共有している．一般に，真の価値評価より低く入札額を抑えるが，勝利する確率を高くするための高い入札額と，敗北する際の損失の削減や勝利したときの利得の増加を目的とした低い入札額との，トレードオフのバランスをうまくとらなければならない．一般に，このオークションの形式における入札額は，すべての入札者が支払わなければならないという事実から，第一価格入札オークションの入札額と比べてずっと低くなることになる．第一価格入札オークションにおける最適な入札額を決定するために展開した枠組みは，9.7節で眺めるように，全額支払いオークションにも適用できる．

9.6 共通価値と勝者の呪い

これまで，オークションに出品された商品に対する入札者の価値評価は独立であると，仮定してきた．各入札者は，商品に対する自身の価値評価を知っているとし，他の入札者がどのように価値評価しているかは気にしないとしていた．これは，通常多くの状況で当てはまるものであるが，入札者が商品を再販するつもりのモデル設定では成立しない．再販するときには，商品に対する最終的な共通価値が存在する．すなわち，再販する際に生じる商品の価値である共通価値が存在し，それは必ずしも既知であるわけではない．各入札者 i は，共通価値に対する個人的な情報を持っていて，それに基づいて商品の価値評価を v_i としているとする．真の価値を v とする．すると，各入札者のこの価値評価は，真の価値 v に対してわずかな誤差を含んでいるのが普通であり，通常，互いに独立でないことのほうが多い．そのような価値評価をモデル化する一つの方法として，各入札者 i の価値評価 v_i を，真の価値 v と平均が 0 の乱数 x_i を用いて，$v_i = v + x_i$ とすることが挙げられる．したがって，x_i は入札者 i の価値の評価に対する誤差であると見なせる．

共通価値のあるオークションは，さらに新しい複雑性をもたらす．そこで，この複雑性を眺めることにしよう．共通価値を持つ商品が，第二価格封印入札オークションを用い

て，競売にかけられているとする．このときも，入札者iの支配戦略は，入札額をv_iとすることであろうか？ 実際には，そうではない．どうしてそうでないのかを考えてみよう．そこで，ランダムな誤差x_iを含む価値評価のモデル$v_i = v + x_i$を用いることにする．すなわち，入札者が多数で，各入札者iが真の価値vに対する価値評価$v_i = v + x_i$を持っているとする．すると，オークションの結果，勝利する入札者はその商品を獲得するとともに，共通価値に対する自身の価値評価がすべての入札者の価値評価のうちで最高額であったことも知ることになる．したがって，勝者の共通価値に対する価値評価は，過小評価というよりも過大評価になっていた可能性が高くなる．さらに，入札者が多数であるときには，支払額の2番目に高い入札額も，同様に過大評価の可能性が高いと言えそうである．したがって，獲得した商品を再販する際に，支払ったお金を取り戻せなくなる可能性が高くなる．

これは，**勝者の呪い** (winner's curse) として知られているものであり，オークションの研究でも，長い歴史を持つ現象である．この歴史に対する Richard Thaler（リチャード・セイラー）の調査 [387] によれば，勝者の呪いは，石油企業の研究者により初めて指摘された [95]．この分野においては，鉱脈の石油埋蔵量に等しい価値の，共通価値を有する鉱脈の石油採掘権に対して，企業が入札を行う．勝者の呪いは，フリーエージェントの選手に対して契約を競争するプロ野球チームの枠組みでも，プロ野球選手の将来の活躍に対応する，未知の共通価値に対する交渉（裁判）とも関連して，研究されてきている [98] [2]．

入札者は，勝者の呪いも考慮に入れて，入札額を決定するのがよいと思われる．すなわち，入札者は，自身の個人的な評価v_iと，その商品を勝利して獲得したときのことを両方考慮して，商品の価値の最善な評価をして，入札額を決定すべきである．したがって，そのような最適な入札額の入札においては，勝利しないより勝利するほうがより良いことになる．こうして，共通価値のオークションでは，第二価格入札オークション形式を用いるときでさえも，入札額は下げられることになる．第一価格入札オークション形式では，入札額はさらにずっと下げられる．最適な入札額の決定はかなり複雑で，ここではこれ以上その詳細を追求しない．しかし，以下のことを注意しておくことは有用であろう．実際の応用で入札者がきわめて多数であるときには，どの入札者も実際には誤差を含んで，過大評価の入札者がオークションの勝者になる可能性がより高くなるので，勝者の呪いは，勝利する入札者に無条件の損失をもたらすことになる場合も多い [387]．

---

[2] 他のケースも含めて，これらのケースでは，共通価値のモデルが本質的に正確ではないのではないかと議論することもできると思われる．一つの石油会社は，ある鉱脈の採掘では成功したものの，他の鉱脈の採掘では失敗したこともあると思われる．また，プロ野球のフリーエージェント選手は，あるチームに入れば大活躍し，別のチームに入ると活躍できないということもありうる．しかし，これらの二つのケースにおいては，入札の目的が本質的に固有の未知の将来価値を持つ商品を獲得しようとするものであるので，共通価値のモデルは合理的な近似モデルである．さらに，勝者の呪いの背後で行われる推論は，異なる入札者間で関係するものの，同一でない価値を有する商品のオークションでも生じる．

9.7 発展：第一価格入札オークションと全額支払いオークションでの入札戦略

前の二つの節で，第一価格入札オークションと全額支払いオークションにおける入札に対する直観をいくつか与えたが，最適な入札の導出については述べてこなかった．そこで，ここでは，そのようなオークションでの均衡入札戦略を導出するのに用いることができる，入札行動のモデルを展開することにする．そして，最適な入札行動が，入札者数と入札額の分布に依存して，どのように変化するかを探究する．最後に，様々なオークションで，販売人の期待できる収益がどのくらいになるのかを解析する．本節の解析では，初等微分積分学と確率理論を用いる．

A. 第一価格入札オークションにおける均衡入札

モデルの基礎として，すべての入札者が入札者数を知っていて，すべての入札者が，商品に対する他の入札者の価値評価についての情報を，部分的に知っているとする．しかしながら，他の入札者の価値評価についての情報は，正確には知らないものとする．

最初に単純なケースから始めて，次に，より一般的な定式化に移っていく．単純なケースでは，2人の入札者からなり，それぞれが商品に対して独立に，0と1の間に一様に分布する個人的な価値評価を持っているとする[3]．この情報は，2人の入札者には共有されている知識である．入札者の"戦略"は，真の価値評価 v を非負の入札額 b へ写像する関数 $s(v) = b$ である．入札者が用いる戦略に対して，以下の単純な仮定をする．

(i) $s(\cdot)$ は真に単調な増加関数であり，微分可能であるとする．したがって，2人の入札者が異なる価値評価を持っているときには，異なる入札額となる．

(ii) すべての v に対して $s(v) \leq v$ である．すなわち，入札者は入札額を，真の価値評価から下げることはできるが，上げることは決してできない．入札額は常に非負であるので，$s(0) = 0$ となることに注意しよう．

これらの二つの仮定は，広範な戦略を可能にしている．たとえば，真の価値評価を申告する入札は，関数 $s(v) = v$ で表される．一方，$c < 1$ の割合で入札額を下げる入札は，$s(v) = cv$ で表される．$s(v) = v^2$ のように，さらに複雑な関数も許される．しかしながら，あとで眺めるように，第一価格入札オークションでは $s(v) = v^2$ の戦略は最適ではない．

この二つの仮定は，均衡戦略の探索を狭めるのに役立つ．2番目の仮定は，真の価値評価を超える最適でない戦略を，単に除外するだけである．最初の仮定は，可能な均衡戦略の範囲を限定している．しかし，それにより，解析がより容易になるばかりでなく，重要な問題点もこれで研究することができるものになっている．

---

[3] 0と1が可能な最低の入札額と最高の入札額であるという事実は重要でない．これらの量を平行移動したりスケール変換することにより，任意の区間に一様に分布する価値評価も同様に考えることができる．

9.7 発展：第一価格入札オークションと全額支払いオークションでの入札戦略　251

最後に，2人の入札額は，同一の分布から実際に選ばれる値が異なるだけで，他はまったく同一であるので，均衡の探索をさらに狭めることができる．すなわち，2人の入札者が同一の戦略の関数 $s(\cdot)$ に従うケースを取り上げることにする．

入札者が2人の場合の均衡：啓示原理　そのような均衡とはどういうものかを考えてみよう．第一に，仮定(i)は，価値評価のより高い入札者がより高い入札額となることを言っている．入札者 i が v_i の価値評価をしているとき，これが区間 [0,1] で他の入札者よりも高い入札額となる確率は，ちょうど v_i である．したがって，入札者 i がオークションに勝利する確率は v_i となる．i が勝利したときに受け取る利得は $v_i - s(v_i)$ となる．これらを一緒にして，i の利得の期待値は，

$$g(v_i) = v_i(v_i - s(v_i)) \tag{9.1}$$

と書ける．

さて，$s(\cdot)$ が均衡戦略であるということは，何を意味するのであろうか？それは，各入札者 i に対して，他の入札者も $s(\cdot)$ の戦略を用いるとすると，入札者 i は，現在の戦略 $s(\cdot)$ を変更したい気持ちにならないことを意味するのである．(i) と (ii) の仮定を満たす任意の戦略に移ることを，どのようにして解析したらよいのかは，すぐには明らかでない．幸運なことに，他の戦略に移ることについての推論を行う，以下のような華麗な方法が存在する．実際に他の戦略に移ることをせずに，入札者 i は戦略 $s(\cdot)$ をそのまま用い，異なる"真の価値評価"を与えることで，他の戦略に移ることと同じ効果を発揮できるのである．

それがどのように働くかを，以下に示す．第一に，入札者 i 以外の入札者も戦略 $s(\cdot)$ を用いるとしているので，i は $s(1)$ より高い入札額を申告することはない．実際，$s(1)$ の入札額で i は勝利することができるので，$b > s(1)$ を満たす任意の入札額 b より，入札額 $s(1)$ でより高い利得となるからである．したがって，i による任意の可能な変更において，入札額の実際の申告は，$s(0) = 0$ と $s(1)$ の値となる．したがって，オークションの目的のためには，他への移動は，最初に真の価値評価は v_i ではなく v_i' であるふりをして，既存の関数 $s(\cdot)$ に v_i の代わりに v_i' を使用することにより，模倣できる．これは，**啓示原理** (revelation principle) [124, 207, 310] として知られている，より広範な概念の特別なケースである．この目的のためには，それは，現在の戦略関数 $s(\cdot)$ に，"真の価値評価"から離れた値を与えることにより，模擬的に，入札戦略関数の変更と同等の働きが得られると言っている，と考えることができるということである．

この点を踏まえて，入札者 i に戦略 $s(\cdot)$ を変更したい気持ちが湧かない条件を，以下のように書くことができる．すなわち，入札者 i が $s(\cdot)$ に与えることのできる 0 と 1 の間のすべての"偽りの"価値評価 v に対して

$$v_i(v_i - s(v_i)) \geq v(v_i - s(v)) \tag{9.2}$$

である．

この式を満たす関数は存在するのであろうか？実は存在して，$s(v) = v/2$ がこの式を満たすことを容易に確かめることができる．実際，このように $s(\cdot)$ を選択すると，不等式 (9.2) の左辺は $v_i(v_i - v_i/2) = v_i^2/2$ となり，一方，右辺は $v(v_i - v/2) = vv_i - v^2/2$ とな

る．したがって，右辺のすべての項を左辺に移項すると，この不等式は

$$\frac{1}{2}(v^2 - 2vv_i + v_i^2) \geq 0$$

となるが，これは左辺が $\frac{1}{2}(v-v_i)^2$ と書けるので，常に成立する．

したがって，この場合の結論はきわめて簡単に記述できる．2人の入札者が互いに競争相手であることを知っていて，それぞれが区間 [0,1] から一様ランダムに選ばれた個人的な価値評価をしていることも，ともに知っているとする．すると，それぞれが価値評価の半分を入札額にすることが均衡となる．すなわち，競争相手の入札者も同じように行動するときには，真の価値評価の半分の額を入札額にすることが最適なのである．

第二価格入札オークションのケースとは異なり，得られたのは均衡のみで，支配戦略は特定できなかったことに注意しよう．入札者の最適な戦略を求める際に，競争相手の入札戦略に対する各入札者の利得の期待値を用いた．均衡においては，この期待値は正しいものである．しかし，競争相手の入札者が，ある理由で均衡でない戦略を用いるとすると，自身も最適に反応して，潜在的に他の入札戦略を選択する必要が生じることもある．

入札者が2人の場合の均衡の導出 上記の均衡 $s(v) = v/2$ の議論では，関数 $s(\cdot)$ の形を初めに予想してから，次にそれが不等式 (9.2) を満たすことを検証した．しかし，このアプローチでは，予想して用いる関数 $s(\cdot)$ を発見する方法が明らかにならない．

不等式 (9.2) の条件についての推論をして，$s(\cdot)$ を直接的に導出する別の方法もある．以下がその方法である．$s(\cdot)$ が不等式 (9.2) を満たすことと，任意の真の価値評価 v_i に対して，利得関数の期待値 $g(v) = v(v_i - s(v))$ が $v = v_i$ で最大化されることとは等価である．したがって，このときには，v に関する $g(\cdot)$ の1階微分を g' とすると，$v = v_i$ で $g'(v_i) = 0$ となる．関数の積の微分についての性質より，

$$g'(v) = v_i - s(v) - vs'(v)$$

であるので，$s(\cdot)$ は，区間 [0,1] のすべての v_i で，微分方程式

$$s'(v_i) = 1 - \frac{s(v_i)}{v_i}$$

を満たすことになる．この微分方程式の解は，関数 $s(v_i) = v_i/2$ として得られる．

入札者が多数の場合の均衡 次に，n が3以上で，n 人の入札者からなるケースを考えよう．初めに，2人の入札者からなるケースと同様に，各入札者 i は独立に，真の価値評価 v_i を 0 と 1 の間の区間から一様ランダムに選んできているとする．

利得の期待値に対する基本的な式が変わるものの，入札者が2人のケースに対して行った推論の大部分を，入札者が n 人のケースでもそのまま用いることができる．具体的には，仮定 (i) より，真の価値評価が最高額の入札者が最高の入札額になり，オークションに勝利することになる．真の価値評価 v_i の入札者 i に対して，i の入札額が最高になる確率はどうなるであろうか？ v_i が最高額となるためには，他の入札者の入札額が v_i より低くなければならない．入札額は独立に選ばれるので，v_i が最高額となる確率は v_i^{n-1} となる．

したがって，入札者 i の利得の期待値は，

$$G(v_i) = v_i^{n-1}(v_i - s(v_i)) \tag{9.3}$$

と書ける．

$s(\cdot)$ が均衡入札戦略であるための条件は，入札者が2人のケースと同様の掲示原理を用いて，入札者 i に戦略 $s(\cdot)$ を変更したいという気持ちが湧かない条件を，"偽りの" 価値評価 v を $s(\cdot)$ に与えて表すことができる．したがって，このときには，真の価値評価 v_i における利得の期待値が，少なくとも偽りの価値評価 v より高くなるので，0と1の間のすべての v に対して，

$$v_i^{n-1}(v_i - s(v_i)) \geq v^{n-1}(v_i - s(v)) \tag{9.4}$$

となる．

2人の入札者のケースでうまくいった微分方程式のアプローチを用いて，この式から入札関数 $s(\cdot)$ を陽の形で導出できる．そこで，利得の期待値 $G(v) = v^{n-1}(v_i - s(v))$ は，$v = v_i$ で最大化されることに注意する．したがって，関数の積の微分を用いると，その微分 $G'(v)$ は，

$$G'(v) = (n-1)v^{n-2}v_i - (n-1)v^{n-2}s(v) - v^{n-1}s'(v_i)$$

となり，さらに，$v = v_i$ で $G'(v_i) = 0$ となるので，0と1の間のすべての v_i に対して，

$$(n-1)v_i^{n-1} - (n-1)v_i^{n-2}s(v_i) - v_i^{n-1}s'(v_i) = 0$$

が得られる．両辺を v_i^{n-1} で割って，$s'(v_i)$ について解くと，等価でより単純な形の式

$$s'(v_i) = (n-1)\left(1 - \frac{s(v_i)}{v_i}\right) \tag{9.5}$$

が，0と1の間のすべての v_i で成立することが得られる．この微分方程式の解は，

$$s(v_i) = \left(\frac{n-1}{n}\right)v_i$$

となる．

したがって，各入札者が $(n-1)/n$ の割合で価値評価を下げて入札すれば，他の入札者がどのような行動をとったとしても，これが最適な行動となる．これは，上記で解析した，$n=2$ で入札者が2人の場合の戦略と一致していることに注意しよう．この戦略の形式は，9.5節で議論した第一価格入札オークションについての重要な原理に光を当てるものになっている．すなわち，入札者が増加するに従い，勝利するためには，入札額の価値評価に対する減額の割合をより "積極的に" 減らすことが一般に必要であることを示している．一様分布から独立に価値評価が選択される最も単純なケースで，入札者数 n に依存して積極性がどのように増加するのかを，上記の解析は定量的に示している．

一般的な分布 入札者数の増加に加えて，さらに，入札者の価値評価がある区間に一様分布するという仮定も，緩和することができる．

各入札者の価値評価が，ある確率で非負実数上に分布すると仮定する．この確率分布は，**累積分布関数** (cumulative distribution function) $F(\cdot)$ を用いて表現できる．すなわち，任意の x に対して，値 $F(x)$ は x 以下の数が価値評価として選択される確率である．さらに，F は微分可能関数であると仮定する．

上記の解析は，ここの一般的なレベルでも成立する．真の価値評価が v_i である入札者 i がオークションに勝利する確率は，他のすべての入札者の価値評価が v_i 未満である確率であるので，$F(v_i)^{n-1}$ となる．したがって，v_i の利得の期待値は，

$$F(v_i)^{n-1}(v_i - s(v_i))$$

となる．このとき，入札者 i がこの戦略から離れたい気持ちにならないことは，すべての $v \geq 0$ に対して，

$$F(v_i)^{n-1}(v_i - s(v_i)) \geq F(v)^{n-1}(v_i - s(v)) \tag{9.6}$$

であることと等価である．

最後に，これまでと同様に，この平衡条件は不等式 (9.6) の右辺の v についての関数が $v = v_i$ で最大化されるという事実を用いて，微分方程式で書ける．累積分布関数 $F(\cdot)$ の微分が，確率分布の確率密度関数 $f(\cdot)$ になることを思い出して，積形式の関数と合成関数に対する微分の公式を用いる．したがって，一様分布のときの解析と類似の解析を用いて，微分方程式

$$s'(v_i) = (n-1)\left(\frac{f(v_i)v_i - f(v_i)s(v_i)}{F(v_i)}\right) \tag{9.7}$$

が得られる．区間 $[0,1]$ における一様分布に対しては，累積分布関数 $F(v)$ は $F(v) = v$ であり，確率密度関数 $f(v)$ は $f(v) = 1$ であることに注意しよう．したがって，これを式 (9.7) に適用すると，前の式 (9.5) が得られる．

式 (9.7) の解の明示的な表現は，累積分布関数が明示的に与えられていない限りは，不可能である．しかし，この式は，任意の確率密度関数に対して，均衡の入札戦略の解の枠組みを与えていると言える．

B. 販売人の収益

第一価格入札オークションにおける入札戦略の解析が終了したので，9.3 節の最後に取り上げた課題，すなわち，第一価格入札オークションで販売人が期待できる収益と，第二価格入札オークションで販売人が期待できる収益とを，どのように比較できるかという課題に戻る．

ここでは二つの対立する力が働く．第一に，入札集合が与えられたときに，第二価格入札オークションでは，2番目に高い入札額で商品を売ることになるので，販売人の収益は，第一価格入札オークションのときよりも少なくなる．第二に，第一価格入札オークションでは，入札者は真の価値評価で入札せずに，入札額を価値評価より下げて入札するので，販売人の収益は少なくなる．

これらの対立する要因が互いにどのように相殺し合うかを理解するために，n 人の入札者の価値評価が，区間 $[0,1]$ に一様分布する値から独立に選択されたとする．販売人の収益は，最高の入札額と 2 番目に高い入札額に基づいて決定されるので，最高の価値評価と 2 番目に高い価値評価に依存して決まる．そこで，この二つの値の期待値を知ることが必要になる[4]．これらの期待値の計算は少し複雑であるが，その結果はきわめて単純である．それは以下のように書ける．

> n 個の数が，区間 $[0,1]$ の一様分布から独立に選ばれたとする．そして，それらが小さい順に並べられているとする．すると，このソート列で k 番目に小さい数の期待値は，$\frac{k}{n+1}$ である．

ここで，販売人が第二価格入札オークションを行い，すべての入札者が支配戦略に従って真の価値評価の入札を行うとすると，販売人の収益の期待値は，2 番目に高い価値評価の期待値となる．2 番目に高い価値評価は，n 個のランダムな値のソート列で $n-1$ 番目に小さい値となるので，その期待値は，上述のように $(n-1)/(n+1)$ となる．これに対して，販売人が第一価格入札オークションを行うと，前述の解析により，均衡においては，勝利する入札者は自身の真の価値評価を $(n-1)/n$ 倍して入札額にすると期待できる．また，真の価値評価の期待値は，区間 $[0,1]$ の一様分布から独立に選ばれた n 個の数の最大値であるので，$n/(n+1)$ である．したがって，販売人の収益の期待値は，

$$\left(\frac{n-1}{n}\right)\left(\frac{n}{n+1}\right) = \frac{n-1}{n+1}$$

となる．以上の議論により，販売人の収益の期待値は，第一価格入札オークションと第二価格入札オークションとで一致することがわかる．

収益の等価性 販売人の収益に限定する限りにおいては，上記の計算結果の一致は，ある意味では氷山の一角にすぎない．それは，オークションの分野で**収益の等価性** (revenue equivalence) [256, 288, 311] として知られている，ずっと広く適用できる深い原理を反映しているものなのである．大まかに述べると，収益の等価性は，入札者の価値評価が任意に独立に選択されて，入札者が均衡入札戦略に従って入札を行うような，より広い範囲の様々なクラスのオークション間で，販売人の収益が等しくなることを主張している．収益の等価性の正式な定義とその証明は，オークションについての Paul Klemperer（パウル・クレンペラー）の本 [256] に掲載されている．

販売人がオークションのメカニズムを選択する権利を持つことにより，販売人に有利に働くことが様々に生じることを，これから議論する．たとえば，販売人が第二価格入札オークションを用いているとする．そこで，入札者が真の入札額を申告したとする．そして，販売人が約束を翻し，その商品を販売しなかったとする．このとき，販売人は入札者の価値評価がわかり，それを用いて入札者と有利に交渉することができる．すなわち，最悪でも，販売人は最高額の入札者に 2 番目に高い入札額の価格で売ることができる．最高額の入札者は，この価格で買うことを拒否すると，2 番目に高い入札額の入札者が買って

---

[4] 確率理論の分野では，これらは**順序統計量** (order statistics) の期待値として知られている．

しまうことを知っているからである．しかし，販売人はこれを利用して交渉することにより，これ以上の収益をあげることができる．したがって，一般に，第二価格入札オークションで最初に約束された利得と比べて，入札者の利得は下がることになる．入札者は，このようなシナリオがある確率で実際に実行されるかもしれないと思うと，オークションで真の申告をすることはもはや最適でないと考えることになる．こうなると，販売人の収益がいくらになるかは明らかでない．

保留価格　販売人がオークションの形式をどのように選択すべきかを議論したとき，暗黙のうちに，販売人は商品を必ず売るものと仮定していた．そこで，商品を売らないという選択肢もあるものとする．そして，販売人の収益の期待値がどのように変わるのかを，少し考えてみることにしよう．このときの販売人の利得について推論できるようにするため，販売人の商品に対する価値評価を $u \geq 0$ と仮定する．すなわち，商品を売らずに，手もとに置いておくときの販売人の利得が $u \geq 0$ であるとする．

$u > 0$ のときには，単純な第一価格入札オークションや第二価格入札オークションを販売人が用いるべきでないことは，明らかである．いずれの場合も，勝利する入札者の入札額が u 未満のときには，販売人は商品を売りたくなくなると思われる．しかし，販売人が，第一（あるいは第二）価格入札オークションをして，入札を受けたあとで商品を販売しなかったときには，選択したオークションの形式に反することになってしまう．

そこで，そうはせずに，販売人は，オークションを始める前に**保留価格** (reserve price) r を提示しておくのがよい．この保留価格があることにより，最高額の入札額が r より"高いとき"に，最高額の入札者に商品が売られることになる．一方，最高額の入札額が r より低いときには，商品は売られないことになる．保留価格のある第一価格入札オークションでは，保留価格以上の入札額で勝利する入札者が存在するときには，その入札額が販売価格になる．保留価格のある第二価格入札オークションでは，保留価格以上の入札額で勝利する入札者が存在するときには，2番目に高い入札額と保留価格 r の大きいほうの値が販売価格になる．以下で眺めるように，実際には，販売人は販売しようとしている商品の評価が $u = 0$ であっても，保留価格を宣言しておくほうが有効である．

第二価格入札オークションでの保留価格の最適な値の推論法について考えてみよう．第一に，第二価格入札オークションで真の入札額の申告が支配戦略であるという議論を振り返ると，保留価格が存在するときでも，真の入札額の申告が支配戦略であることを確認することは，それほど困難ではないことがわかる．本質的には，販売人が"模擬的な"入札者で入札額を常に r とすると考えればよい．実際，他の入札者がどのような行動をとろうとも，真の入札額を申告することが最適であるので，この模擬的な入札者が追加されても，（模擬的な入札者である販売人以外の）実の入札者のとるべき行動に，何ら影響を与えることがないからである．

それでは，販売人は，保留価格としてどのような値を選択すべきであろうか？ 販売人にとって商品の価値が u であるときには，保留価格 r は，もちろん $r \geq u$ とすべきである．しかし，実際には，販売人の収益の期待値を最大化する保留価格は，u より真に大きくなる．その理由を考える．そこで，初めに，きわめて単純なケースから考えることにしよう．すなわち，$[0,1]$ の一様分布から価値評価がランダムに選ばれる単一の入札者からなる

第二価格入札オークションで，販売人が商品の価値を $u = 0$ としているときを議論する．入札者が1人のみであるので，保留価格を持たない第二価格入札オークションでは，商品が価格0でその入札者に売られることになる．そこで，販売人が保留価格を $r > 0$ に設定するとする．このケースでは，確率 $1-r$ で入札者の入札額が r より高くなり，商品は価格 r でその入札者に売られることになる．また，確率 r で入札者の入札額が r より低くなり，販売人は商品を売らないことになって，販売人の利得は $u = 0$ となる．したがって，販売人の収益の期待値は $r(1-r)$ となり，その値は $r = 1/2$ で最大になる．販売人の商品の価値 u が0より真に大きいときには，販売人の収益の期待値は（商品が売れなかったときの利得が u となるので），$r(1-r) + ru$ となり，その値は $r = (1+u)/2$ で最大になる．したがって，単一の入札者のときには，保留価格の最適な値は，商品に対する販売人の価値と入札者がとりうる最大の入札額の平均値となる．複数の入札者からなる第二価格入札オークションにおける保留価格の最適な値も，より複雑な解析により，同様に決定することができる．さらには，前述の均衡入札戦略のもとでの第一価格入札オークションにおける保留価格の最適な値も，同様に決定することができる．

C. 全額払いオークションでの均衡入札

第一価格入札オークションに用いた解析のスタイルは，他の形式のオークションにも，それほど困難なく適用することができる．ここでは，全額払いオークションに対する解析で，それを示すことにする．9.5節で述べたように，ロビー活動などの活動をモデル化するのに用いられている全額払いオークションは，最高額の入札者が勝利し商品を獲得するが，入札者は入札額をすべて支払うことになる形式のオークションである．

本節の前の部分で用いた，n 人の入札者がそれぞれ独立に0と1の間で一様ランダムに選んだ数を価値評価とする第一価格入札オークションでの一般的な枠組みを，そのまま用いることにする．前と同様に，価値評価から入札額への関数 $s(\cdot)$ のうち，他のすべての入札者がその関数 $s(\cdot)$ を用いるとき，自分もその関数 $s(\cdot)$ を用いることが最適であるという関数 $s(\cdot)$ を求めたい．

全額払いオークションでは，入札者 i の利得の期待値は，勝利できないときの負の項を含む．したがって，期待値は，

$$v_i^{n-1}(v_i - s(v_i)) + (1 - v_i^{n-1})(-s(v_i))$$

と書ける．ここで，第1項は i が勝利するときの利得に対応し，第2項は i が負けるときの利得に対応する．前と同様に，偽の価値評価 v を関数 $s(\cdot)$ に与えることにより，入札戦略を変更したい気持ちを考えることができる．したがって，$s(\cdot)$ が入札者の均衡入札戦略であるときには，区間 $[0,1]$ のすべての v に対して

$$v_i^{n-1}(v_i - s(v_i)) + (1 - v_i^{n-1})(-s(v_i)) \geq v^{n-1}(v_i - s(v)) + (1 - v^{n-1})(-s(v)) \quad (9.8)$$

が成立することになる．

利得の期待値は，オークションでの勝敗に関係なく支払われる固定のコスト $s(v_i)$ と，入札者 i が勝利するときの価値評価 v_i から構成されることに注意しよう．不等式(9.8)の

両辺に共通に出てくる項を消去すると，区間 $[0,1]$ のすべての v に対して

$$v_i^n - s(v_i) \geq v^{n-1}v_i - s(v) \tag{9.9}$$

と書ける．そこで，右辺を関数 $g(v) = v^{n-1}v_i - s(v)$ と書くことにする．すると，不等式 (9.9) は，関数 $g(\cdot)$ が $v = v_i$ で最大になることであると等価的に見なすことができる．その結果として，方程式 $g'(v_i) = 0$ が得られる．これから，$s(\cdot)$ に対する微分方程式は，

$$s'(v_i) = (n-1)v_i^{n-1}$$

と単純な形式となり，これを解くと，$s(v_i) = \left(\dfrac{n-1}{n}\right)v_i^n$ が得られる．

関数 $s(\cdot)$ での n 乗の v_i^n は，$v_i < 1$ であるので，入札者数 n が大きくなるに従い指数的に急激に減少する．したがって，全額払いオークションでは，入札者数が増加するに従い，入札額は大幅に減額されることがわかる．

販売人の収益の期待値を算出することもできる．全額払いオークションでは，すべての入札者からお金を回収できる．しかしながら，入札者は全員，入札額を下げて入札する．1 人の入札者が販売人の収益に貢献する額の期待値は，

$$\int_0^1 s(v)\,dv = \left(\frac{n-1}{n}\right)\int_0^1 v^n\,dv = \left(\frac{n-1}{n}\right)\left(\frac{1}{n+1}\right)$$

となる．販売人は，期待値として，各購買人からこの金額をすべて回収できるので，販売人の総収益の期待値は，

$$n\left(\frac{n-1}{n}\right)\left(\frac{1}{n+1}\right) = \frac{n-1}{n+1}$$

となる．この値は，入札者に対する同一の仮定のもとで，第一価格入札オークションと第二価格入札オークションにおける販売人の収益の期待値と，ぴったりと一致する．すなわち，より広い一般的な形式のオークションの枠組みでの収益の等価性がここでも反映されていて，全額払いオークションはその形式の枠組みに含まれているのである．

9.8 演習問題

1. この演習問題では，1 個の商品を売りたいと考えている 1 人の販売人とその商品を買いたいと思っている複数の購買人からなるオークションを取り上げる．販売人は，第二価格封印入札オークションを行おうとしている．そこで，あなたの会社は入札に参加しようとしているが，そのオークションへの入札者が何社になるかはわかっていないとする．おそらく，あなたの会社以外に 2 社か 3 社がオークションに参加すると思われる．どの入札者もその商品に対して，独立で個人的な価値評価をしている．あなたの会社のその商品に対する価値評価は c である．このとき，あなたの会社の入札額はいくらにすべきであろうか？ それは，他の入札者の数にどのように依存するか？ 答えとともに，その答えに対する短い説明も与えよ．

2. この演習問題では，第二価格封印入札オークションにおいて，商品を販売して獲得できる販売人の収益の期待値が，入札者数によってどのように影響を受けるかを取り上げる．入札者は2人で，各入札者iが1あるいは3の独立で個人的な価値評価v_iをしているとする．各入札者iがv_iを1と3とする確率は，ともに$\frac{1}{2}$であるとする．さらに，最高額xで入札する入札者が複数いるときには，最高額の入札者から勝利者がランダムに選ばれて，その商品を価格xで獲得することになるとする．
   (a) 販売人の収益の期待値が$\frac{6}{4}$であることを示せ．
   (b) 次に，入札者は3人であり，各入札者iが1あるいは3の独立で個人的な価値評価v_iをしているとする．各入札者がv_iを1と3とする確率は，ともに$\frac{1}{2}$であるとする．このとき，販売人の収益の期待値はいくらになるか？
   (c) 入札者数の変化に応じて販売人の収益の期待値が変化することに対して，短い説明を与えよ．

3. この演習問題では，第二価格封印入札オークションにおいて，商品を販売して獲得できる販売人の収益の期待値が，いくらになるのかを取り上げる．各入札者iは，0あるいは1の独立で個人的な価値評価v_iをしているとする．各入札者iがv_iを0と1とする確率は，ともに$\frac{1}{2}$であるとする．
   (a) 入札者は2人で1,2であるとする．すると，価値評価の対(v_1, v_2)に対して，$(0,0)$, $(1,0)$, $(0,1)$, $(1,1)$の4通りの可能な対が存在する．各対は確率1/4で起こる．このとき，販売人の収益の期待値は1/4であることを示せ．ただし，最高額xで入札する入札者が複数いるときには，最高額の入札者から勝利者がランダムに選ばれて，その商品を価格xで獲得することになるとする．
   (b) 入札者が3人のときには，販売人の収益の期待値はいくらになるか？
   (c) 問題(a), (b)の結果から，入札者数が増加するに従い，販売人の収益の期待値も増加すると予想できる．この問題の例では，入札者数が無限大に増加するに従い，販売人の収益の期待値は1に収束すると考えられる．こうなる理由を説明せよ．直観的な説明で十分であり，証明は与えなくてもよい．

4. 1人の販売人が1個の商品を第二価格封印入札オークションで販売しようとしている．入札者はaとbの2人で，各入札者iは，その商品に対して0あるいは1の独立で個人的な価値評価v_iをしている．どちらの入札者も，$v_i = 0$と$v_i = 1$となる確率がそれぞれ$\frac{1}{2}$である．入札者はいずれもオークションの形式はわかっているが，入札者bは商品に対する価値評価を間違ってしまう．入札者bは，半分の回数，価値評価が1でそれが1であることを気づいている．一方，残りの半分の回数，価値評価が0であるが，それをときたま間違って価値評価を1と信じてしまう．そこで，入札者bの価値評価が0のときに，確率$\frac{1}{2}$でそれが1であるように行動し，残りの確率$\frac{1}{2}$でそれが0であるように行動するとする．したがって，その結果，入札者bは，確率$\frac{1}{4}$で価値評価0とし，確率$\frac{3}{4}$で価値評価1とするのと同じことになる．入札者aは，商品に対する価値評価で間違いを犯すことは決してなく，入札者bが間違いを犯すことにも気づいている．入札者は，ともに，商品に対する自身の認識に基づいて，最適に入札額を決定する．さらに，最高額xで入札する入札者が複数いるときには，最高額の入札者から勝利者がランダムに選ばれて，その商品を価格xで獲得すること

になるとする．

(a) このときも，入札者 a にとって真の価値評価を入札額とすることが支配戦略か？ 簡単に説明せよ．

(b) 販売人の収益の期待値はいくらになるか？ 簡単に説明せよ．

5. 1人の販売人が1個の商品を第二価格封印入札オークションで販売しようとしている．販売人はその商品に s の価値評価をしている．一方，購買人は1と2の2人で，それぞれ，その商品に対して v_1 と v_2 の価値評価をしている．価値の s, v_1, v_2 は，すべて独立で個人的な値である．2人の購買人は，販売人が入札額 s を封印して提出していることはわかっているが，s の値はわかっていないとする．2人の購買人は，真の申告をすることが最適か？ すなわち，入札額として真の価値評価を申告すべきか？ 答えとともに説明も与えよ．

6. この演習問題では，第二価格封印入札オークションにおいて，2人の入札者の結託の効果を取り上げる．1人の販売人が1個の商品を第二価格入札オークションで販売しようとしている．入札者は，それぞれ $[0,1]$ の一様分布から独立に個人的な価値評価を選択している．価値評価 v の入札者が商品を価格 p で獲得すると，その利得は $v - p$ となる．一方，商品を獲得しないときには利得は0となる．2人の入札者が互いに商品に対する相手の価値評価を知っているときに結託する可能性を考える．結託する2人の入札者の目的は，2人の利得の和を最大化する入札の選択である．入札者は，区間 $[0,1]$ から任意の数を入札額として入札できるものとする．

(a) 入札者が2人のみのケースを最初に考える．どのような入札をすべきか？ その答えに対する説明も与えよ．

(b) 次に，この結託に入っていない3人目の入札者が参加したとする．この3人目の入札者により，結託している2人の入札者の最適な入札は変化するか？ 答えに対する説明も与えよ．

7. 1人の販売人が，所有している貴重なワインを第二価格封印入札オークションで売ろうとしていて，何人かの人がこのオークションに参加しようとしている．各入札者は，このワインを個人的に楽しむために買おうとしている．したがって，各入札者のワインに対する価値評価は，それぞれ異なる．また，どの入札者もそのワインを転売しようとはしていない．したがって，本章のこれまでのオークションと同様に，ワインに対する入札者の価値評価は，独立で個人的なものであると見なせる．ここで，あなたも入札者の1人であるとする．とくに，あなたは入札者 i で，ワインに v_i の価値評価をしているとする．

以下の状況のそれぞれにおいて，あなたはどのように入札すべきか？ それぞれのケースに対して，答えとその答えに対する説明を与えよ．正式の証明は必要ではない．

(a) あなたは，何人かの入札者がグループをなし，結託して入札しようとしていることを知っている．このグループでは，1人だけが"真の価値評価の入札"である v の入札額を提出し，他の残りの全員が入札額0を提出する．あなたはこの結託グループに属していないし，他の入札者と結託することもできない．

(b) この販売人は入札を受け取ったものの，実際には，第二価格入札オークションの

ルールに従って売るつもりがないことを，あなたもそれ以外のすべての入札者も知った．販売人はそうはせずに，入札を受け取った後に，他の架空の入札者が最高額の入札をして，オークションに勝利したと全員の入札者に知らせて，オークションが終了した後も，販売人はワインを手もとに置いておく．その後，販売人は，実際の最高額の入札者に密かに接触して，架空の最高入札者が降りた（ワインを買うのをあきらめた）と伝え，この最高額の入札者がオークションに提出した金額でワインを買うこともできると勧める．あなたは，どの入札者とも結託できない（最適な入札戦略を導き出さなくてもよい．あなたの入札額があなたの価値評価と異なるかどうかと，異なるとしたらどちらの方向かを説明するだけでよい）．

8. この演習問題では，オークションにおいて，1人の入札者の不合理な行動が，他の入札者の最適な行動にどのような影響を与えるのかを考える．このオークションにおいて，販売人は1個の商品を第二価格封印入札オークションで売ろうとしている．商品に対して，3人の入札者が独立に個人的な価値評価をしているとする．さらに，3人の入札者の価値評価は，それぞれ v_1, v_2, v_3 であり，それらは，区間 $[0,1]$ の一様分布から独立に選ばれたとする．

    (a) 最初に，すべての入札者が合理的に行動するとする．すなわち，全員が最適な入札をするとする．価値評価が v_1, v_2, v_3 のどの入札者がオークションに勝利して，商品への支払額はいくらとなるか？

    (b) 次に，入札者3は，商品に対して真の価値評価より高い入札額を提出するとする．とくに，その入札額は不合理なもので，入札者3の入札額は $(v_3+1)/2$ であるとする．他の入札者は，入札者3の本当の入札額はわからないが，入札者3がこのように不合理に行動することは知っているとする．この不合理な行動は，他の入札者の行動にどのような影響を与えるか？

    (c) 入札者3の不合理な行動は，入札者1の利得の期待値にどんな影響を与えるか？ここで，期待値とは，入札者1の知らない v_2 と v_3 の値に関する期待値である．解をきちんと与えたり，答えに対する証明を書いたりすることはしなくてよい．影響に対する直観的な説明を与えるだけでよい（入札者の利得とは，入札者がオークションに勝利した場合は商品に対する価値評価から価格を引いたものであり，オークションに負けた場合には0であることを思い出そう）．

9. この演習問題では，第二価格封印入札オークションにおいて，商品を販売して獲得できる販売人の収益の期待値がいくらになるかを取り上げる．入札者は2人で，各入札者 i が1あるいは2の独立で個人的な価値評価 v_i をしているとする．各入札者 i が $v_i = 1$ と $v_i = 2$ とする確率は，ともに $\frac{1}{2}$ であるとする．さらに，最高額 x で入札する入札者が複数いるときには，最高額の入札者から勝利者がランダムに選ばれて，その商品を価格 x で獲得することになるとする．

    (a) 販売人の収益の期待値は $\frac{5}{4}$ であることを示せ．

    (b) 次に，$1 < R < 2$ の保留価格 R を設定するとする．すなわち，入札の最高額が R 以上ならば，商品は2番目に高い入札額と保留価格 R のより高いほうの価格で売られる．入札額がすべて R 未満ならば，商品は売られずに，販売人の収益は0と

なる．すべての入札者がこの保留価格 R の値を知っているとする．販売人の収益の期待値は，R の関数としてどのように書けるか？

(c) 問題 (b) において，収益の期待値を最大化したい販売人は，保留価格 R を 1 より大きくて 1.5 より小さい値には決してしないことを示せ．

10. この演習問題では，第二価格封印入札オークションについて調べる．入札者は 2 人で，各入札者 i が 1 あるいは 7 の独立で個人的な価値評価 v_i をしているとする．各入札者 i が $v_i = 1$ と $v_i = 7$ とする確率は，ともに $\frac{1}{2}$ である．したがって，2 人の入札者の価値評価の対 (v_1, v_2) は，$(1,1)$，$(1,7)$，$(7,1)$，$(7,7)$ の 4 通りある．これらの各対は $\frac{1}{4}$ の確率で生じる．

さらに，最高額 x で入札する入札者が複数いるときには，最高額の入札者から勝利者がランダムに選ばれて，その商品を価格 x で獲得することになるとする．

(a) 各価値評価の対に対して，各入札者の提出する入札額はどうなるか，また，勝利する入札者の支払額とそのときの利得（すなわち，価値評価から価格を引いた値）はどうなるかを答えよ．

(b) 次に，第二価格入札オークションにおいて，販売人が獲得する収益の期待値と，入札者の利得の期待値について調べる．この収益と利得は価値評価に依存するので，四つの可能な価値評価のすべての対について，これらの値の平均を計算してみよう．なお，この計算を行う際には，入札者が商品に対する価値評価をする前に，各入札者の利得の期待値を計算していることに注意しよう．第二価格入札オークションにおいて，販売人が獲得する収益の期待値はいくらか？ 各入札者の利得の期待値はいくらか？

(c) ここで，販売人は，オークションへの参加費として 1 の金額を徴収することを決定する．オークションに参加したい入札者は，入札が始まる前にこの参加費を払わなければならない．この参加費は，売られる商品の価値評価をする前に徴収される．入札者は，価値評価については分布のみを知っている．さらに，参加費を払った入札者が商品の第二価格入札オークションに参加できることも知っている．これにより，参加費を払ってオークションに登録するか，あるいは，参加費を払わずにオークションに登録しないかのいずれかを入札者が同時に決定するステージが，ゲームの最初に加えられることになる．この最初のステージの後に，参加費を払った入札者がオークションに参加する第 2 ステージが続く．第 1 ステージが終了した後，オークションに参加する可能性のある入札者は，そこで初めて商品に対する価値評価をできることになる．もちろん他の入札者の価値評価は知らない．さらに，他の可能性のある入札者が，オークションに参加しているかいないかも，その時点で知ることになる．

可能性のある入札者がオークションに参加しないときには，その入札者の利得は 0 になるとする．全員がオークションに参加しないことを選んだときには，販売人は商品を手もとに置いたままにして，オークションは開かれない．1 人の入札者のみがオークションに参加することを選んだときには，1 人の入札者のみからなるオークションを販売人が開き（2 番目に高い入札額は 0 とする），2 人ともオークションに参加することを選んだときには，問題 (a) で解いた第二価格入札

オークションが開かれる．

　　各入札者が参加費を払い，オークションに参加するような均衡は存在するか？答えとともに，その答えに対する説明も与えよ．

11. この演習問題では，単一商品に対する第二価格封印入札オークションについて調べる．商品に対する真の価値評価は，入札者ごとに異なってもよいケースを取り上げる．さらに，商品に対する真の価値評価を決定するには，入念な調査が必要である．なぜなら，入札者は商品を購入後，商品から価値を引き出す自身の能力を決定しなければならないからである．さらに，この能力は，入札者ごとに変わりうる．

　入札者は3人であるとする．入札者1, 2は，それぞれ区間 [0,1] の一様分布から独立かつランダムに選ばれた値 v_1, v_2 の価値評価をしている．入札者1, 2は，それぞれ要求されるレベルの調査を行って，商品に対する自身の価値評価 v_1, v_2 を正確に知っているが，他の人の商品に対する価値評価は知らない．

　入札者3は，商品に対する自身の真の価値評価を知るための入念な調査を行わなかった．知っていることは，自分と入札者2はきわめて似ていて，自身の真の価値評価 v_3 が，入札者2の真の価値評価 v_2 と等しいということである．ただし，入札者3はこの値 v_2 を知らない（もちろん，v_1 も知らない）．

(a) このオークションで，入札者1は入札額をいくらにすべきか？また，入札者2は入札額をいくらにすべきか？

(b) このオークションで，入札者3は入札額をいくらにすべきか？その答えに対する説明も与えよ．正式な証明は必要ではない．

第 III 部

マーケットとネットワークにおける戦略的相互作用

第10章

マッチングマーケット

ネットワーク構造と，相互に影響を及ぼし合うエージェントの行動の両方について考える様々な方法を，これまで眺めてきた．ネットワークにおける Braess（ブレイス）のパラドックスも含めて，これらの両方が直接的に関係するトラフィックの問題などの例も眺めてきた．そこで，以下の数章では，ネットワーク構造と戦略的相互作用が絡み合う広範な問題に対して，様々なモデル設定を取り上げ，さらに詳細な議論を展開していくことにする．

最初に，ネットワーク構造を有する多数のエージェント間での相互作用を主たる例として取り上げ，マーケットについて考える．販売人（売り手）と購買人（買い手）の間の相互作用を形成するマーケットを考えてみると，そこには販売人と購買人の間でのアクセスを表現するネットワークが暗黙のうちに存在していることがわかる．実際，マーケットの参加者間の相互作用をネットワークを用いてモデル化する様々な方法が存在する．そこで，これらのモデルのいくつかを議論する．さらに，第12章のネットワーク交換理論 (network exchange theory) では，マーケット形式の相互作用が，いかにして，より広い**社会的交換** (social exchange) の概念に対するメタファーになったのかを議論する．そこでは，グループ内のソーシャルネットワークにおける相互作用のパワーの有利性と不利性に基づいて，グループ内での社会的ダイナミクスをモデル化できることになる．

10.1 二部グラフと完全マッチング

マッチングマーケット (matching market) は，本書で取り上げる最初のクラスのモデルを形成するので，本章で焦点を当てて議論する．マッチングマーケットは，経済学，オペレーションズリサーチなどの分野で長い研究の歴史を持つ．マッチングマーケットは，多くの基本的な原理をきわめて明確に様式化された方法で，体系化できるからである．そのような方法として，たとえば，複数の種類の商品に対して人々が持つ様々な優先評価に基づく方法，人々への商品の割当て機能を分散化する価格に基づく方法，さらに，そのような価格を用いて実際に社会的に最適な割当てを導く方法などが挙げられる．

豊富な内容を表現するモデルへと徐々に進みながら，これらの様々な構成要素を紹介し

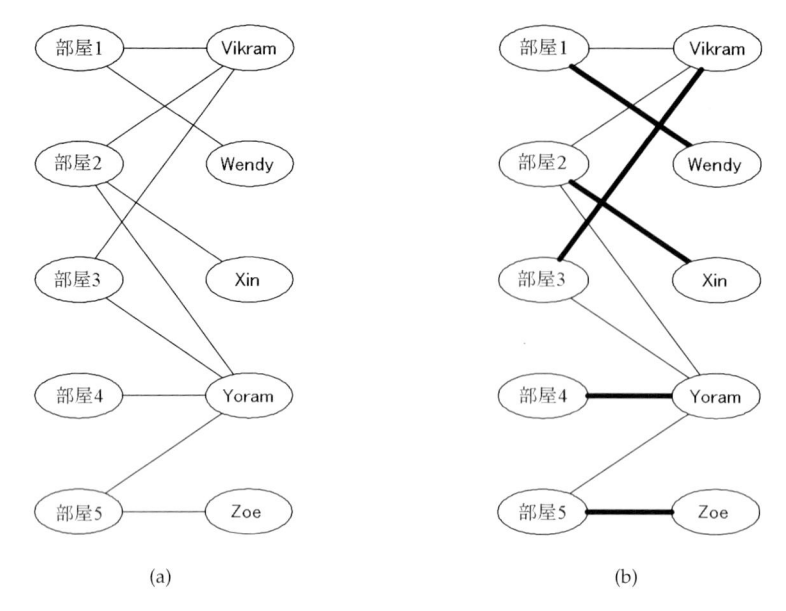

図 10.1　(a) 二部グラフの例．(b) このグラフの完全マッチング（太線で表示している）．

ていくことにする．複数の種類の商品に対して，人々の持つ様々な優先評価に基づいて商品を人々へ割り当てるモデル設定から始める．これらの優先評価はネットワーク形式で表現されるが，そこには，購買・販売・価格設定が明示的には存在しない．この最初のモデルは，その後に続く，より複雑なモデルの重要な構成要素にもなる．

二部グラフ　最初に取り上げるモデルは，**二部グラフのマッチング問題** (bipartite matching problem) と呼ばれる問題である．これは以下のシナリオを用いてわかりやすく説明することができる．大学の寮の管理者が，新学期に入寮する学生に寮の部屋の割当てを行っているとする．どの学生も1人で占有できる部屋が1部屋ずつ割り当てられる．各学生は，最初に希望の部屋のリストを提出しなければならない．部屋に対する希望は学生によって異なるものとする．たとえば，より広い部屋を希望する学生や，より静かな部屋を希望する学生，より陽当たりの良い部屋を希望する学生がいる．したがって，学生から提出された部屋の希望リストは，複雑に重複することもある．

学生から提出された部屋の希望リストは，以下のように，グラフを用いてモデル化できる．各学生に対して1個のノードが対応し，各部屋に対しても1個のノードが対応する．さらに，各学生とその学生が希望している部屋を結ぶ辺のみが存在する．図10.1(a)は5部屋と5人の学生の希望リストから得られるグラフの例である．たとえば，Vikramという名前の学生の部屋の希望リストは部屋 1, 2, 3 からなり，Wendy という名前の学生の部屋の希望リストは部屋 1 からなる．

この種のグラフは**二部グラフ** (bipartite graph) と呼ばれる．二部グラフは重要なグラフであり，第4章で所属ネットワークについて述べたときに，枠組みは違うがすでに眺めている．二部グラフにおいて，ノード集合は二つのカテゴリーに分割される．そして，各辺は異なるカテゴリーに属するノード間を結んでいる．今の場合は，二つのカテゴリーは部屋と学生である．第4章で人々の様々な活動拠点への参加を表現するのに二部グラフが有

効であったように，ここでも，一方のカテゴリーの個人や対象物を，他方のカテゴリーの個人や対象物に割り当てる状況をモデル化するのに，二部グラフが有効である．第4章で行ったように，二部グラフは，通常，図10.1(a)のように，二つのカテゴリーのノードを縦方向に2列に並べて描かれる．したがって，辺はこれらの二つの列間にまたがる．

完全マッチング 大学の寮の管理者が学生に部屋を割り当てる問題に戻ろう．上で述べたグラフを用いて，この問題の自然な解釈ができる．すなわち，辺は学生の希望している部屋を表しているので，各学生に辺で結ばれている異なる1個の部屋を割り当てる問題になる．図10.1(b)は，各学生へのそのような割当てを，辺を太線で描いて示している．

そのような割当てを**完全マッチング** (perfect matching) と呼ぶことにする．すなわち，次のように定義する．

> 二つの列が同数個のノードを持つ二部グラフにおいて，左のノードから右のノードへの割当ては，以下の性質を満たすとき**完全マッチング**と呼ばれる．
> (i) 各ノードは割り当てられるノードとグラフの辺で結ばれている．
> (ii) 左のどの二つのノードも，右の同一のノードへと割り当てられていることはない．

図10.1(b)からも明らかなように，割当てを構成する辺を用いて，完全マッチングを以下のように等価的に考えることもできる．すなわち，完全マッチングは，二部グラフの選ばれた辺の集合で，各ノードが選ばれた辺集合の"正確に"1本の辺の端点になっていることである．

障害集合 二部グラフが完全マッチングを持つときには，この事実を示すことは容易である．単に，完全マッチングを示せばよい．しかし，二部グラフが完全マッチングを持たないときにはどうであろうか？ そのことを他の人に納得してもらうためには，どうすればよいのであろうか？

一見したところでは，これは明らかではない．完全マッチングがないことを他の人に納得してもらうためには，すべての可能性を網羅して，いずれでも完全マッチングが得られないことを示すしか方法がないように思える．しかし，実際には，図10.2で説明しているアイデアに基づいて，完全マッチングがないことを納得させる明快な方法が存在する．図10.2(a)は完全マッチングを持たない二部グラフを示している．図10.2(b)は，このグラフに完全マッチングが存在しない理由を示している．すなわち，Vikram, Wendy, Xin の3人の希望リストにある部屋を全部合わせても2部屋しかないことを示している．3人に対して2部屋しかないので，完全マッチングは明らかに構成できない．3人のうちのいずれか1人は希望しない部屋が割り当てられることになってしまう．

この例の3人の学生のような集合を，**障害集合** (constricted set) と呼ぶことにする．なぜなら，その集合のノードと辺で結ばれている二部グラフの他方の側のノード集合が，完全マッチングを形成する"障害"となっているからである．この例は一般の場合にも適用できる現象である．一般に，障害集合はより正確に以下のように定義することができる．二部グラフの右側のノードの任意の部分集合 S に対して，S のノードのいずれかと

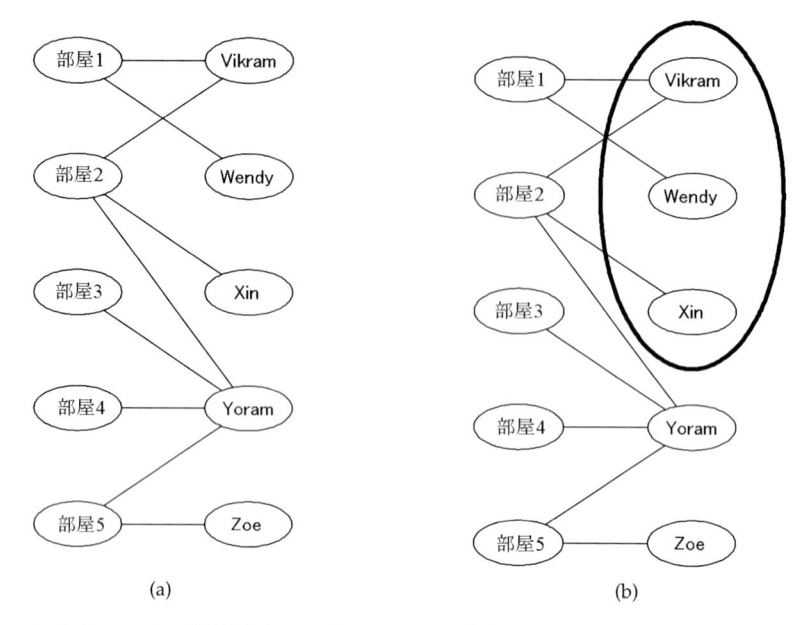

270　第10章　マッチングマーケット

図 10.2　(a) 完全マッチングを持たない二部グラフ．(b) 完全マッチングを持たないことを例証する障害集合．

辺で結ばれている左側のノードは，S の**隣接ノード** (neighbor) と呼ばれる．S のすべての隣接ノードからなる集合を $N(S)$ と表記し，S の**隣接ノード集合** (neighbor set) と定義する．そして，右側のノード集合 S のほうが $N(S)$ よりノード数が大きいとき，S は**障害集合** (constricted set) と呼ばれる．

　二部グラフに障害集合 S が存在するときには，完全マッチングが存在しないことがすぐに得られる．実際，S の各ノードを $N(S)$ の異なるノードにマッチさせたいのであるが，S に含まれるノードのほうが $N(S)$ に含まれるノードより多いので，これは不可能となるからである．

　したがって，障害集合が完全マッチングの存在の一つの障害になっていることは，明らかである．一方，自明とは決して言えないが，完全マッチングの存在の障害になりうるのは，"障害集合のみ" である．これは，**マッチング定理** (matching theorem) として知られている次の事実の核心である．

　　マッチング定理：左の列と右に列に同数個のノードを持つ二部グラフが完全マッチングを持たないときには，必ず障害集合が存在する．

マッチング定理は，1931 年に Denes König（デーネシュ・ケーニグ）と 1935 年に Phillip Hall（フィリップ・ホール）により，独立に得られている [280]．この定理がないと二部グラフが完全マッチングを持たないことを例証するために，あらゆる種類の推論が展開されると考えられる．中には，複雑すぎて説明さえも困難であるものもあると思われる．しかし，実際には，完全マッチングが存在する障害になりうるのは，唯一で単純な概念である "障害集合のみ" なのである．本章の目的からすると，定理の証明の詳細は必要でなく，マッチング定理が成立するという事実のみが必要である．しかし，その証明は華麗でもあるので，10.6 節で与える．

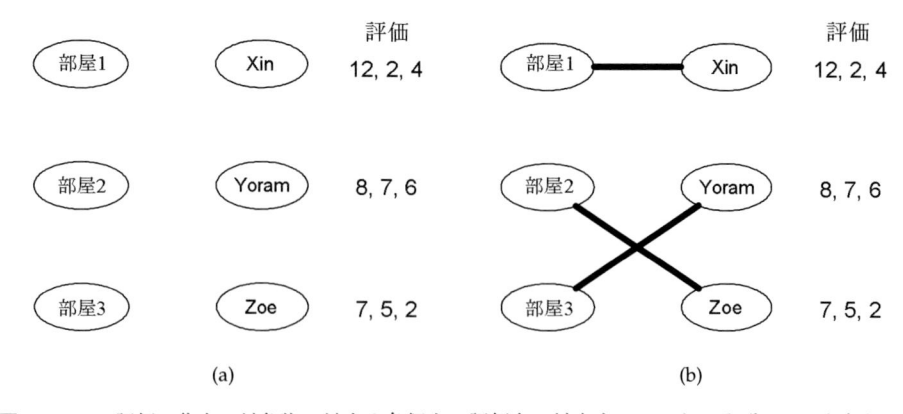

```
  部屋1      Xin     評価            部屋1 ─── Xin     評価
                   12, 2, 4                        12, 2, 4

  部屋2      Yoram   8, 7, 6         部屋2     Yoram   8, 7, 6
                                         ╲ ╱
                                         ╱ ╲
  部屋3      Zoe     7, 5, 2         部屋3     Zoe     7, 5, 2

            (a)                              (b)
```

図 10.3 (a) 評価の集合．対象物に対する各個人の評価を，対応するノードのそばにリストとして示している．(b) これらの評価に対する最適な割当て．

学生と寮の部屋の例を用いてマッチング定理について考えてみると，以下のようになる．学生から希望の部屋のリストが提出されたあとで，寮の管理者は，全員に希望どおりの部屋を割り当てることができたかどうかにかかわらず，何が起こったかだけは伝えることができる．すなわち，全員に希望どおりの部屋を割り当てた完全マッチングを発表できるか，あるいは，学生の希望の部屋数が全部合わせても学生数より少ないような学生の集合を示して，全員に希望どおりの部屋の割当てが不可能であることを説明することができる．後者のときには，その集合が障害集合になる．

10.2 価値評価と最適割当て

前節の二部グラフのマッチングの問題は，マーケットのいくつかの側面をきわめて単純な形式で説明している．すなわち，各個人が対象物から自分が希望する対象物を選んで提出すると，完全マッチングを用いて対象物を希望どおりに割り当てることができるか，あるいは，そのような完全マッチングは存在せず，それを妨害するシステムの"障害"を提示することで，そのことを示せるというものである．

次に，このモデルを拡張して，さらなる特徴をいくつか紹介することにする．まず，単に 2 値の"可能か否か"という希望を表すのではなく，各個人が各対象物を"どのくらい"好きかを数値で表すことができる．たとえば，10.1 節の学生と寮の部屋の例を取り上げると，各個人が希望する部屋のリストを提出するのではなくて，各部屋について割り当てられたときの満足度を示す数値を提出するものとする．これらの数値は，部屋に対する**価値評価 (valuation)** と呼ばれる（単に**評価**と呼ぶことも多い）．図 10.3(a) は，3 人の学生と 3 個の部屋の例を示している．たとえば，部屋 1, 2, 3 に対する Xin の評価は，それぞれ，12, 2, 4 である．同様に，部屋 1, 2, 3 に対する Yoram の評価はそれぞれ 8, 7, 6 であり，部屋 1, 2, 3 に対する Zoe の評価はそれぞれ 7, 5, 2 である．このように，学生の部屋に対する評価は一致しないことが多いことに注意しよう．

対象物の集合に対して個人の嗜好があるときには，常に評価を定義することができる．

272　第10章　マッチングマーケット

図10.4　(a) 完全マッチングを求めたい二部グラフ．(b) 最適割当てを求めて，元のグラフに完全マッチングが存在するかどうかを判定するための評価．

　これらの評価を用いると，割当ての**品質** (quality) を，割り当てられた対象物に対する各個人の評価の総和として定義することができる[1]．たとえば，この例では，図10.3(b)に示されている割当ての品質は $12 + 6 + 5 = 23$ である．

　寮の管理者が各部屋に対する各学生の評価の正確なデータを手に入れていたとすると，学生に対する部屋の割当てのうちで品質が最大になる割当てをするのが，最も自然であると思われる．このような割当てを**最適割当て** (optimal assignment) と呼ぶことにする．全体としての満足度が最大化されているからである．図10.3(b)の割当ては，与えられた評価の集合に対して，実際に最適割当てになっていることが検証できる．もちろん，最適割当ては全体としての満足度を最大化するものの，各個人は最も欲している商品を割り当てられているとは限らない．実際，図10.3(b)では，すべての学生が部屋1に最高の評価をしているが，3人のうちの1人のみがその部屋を手に入れている．

　最適割当てを求める問題は，10.1節の二部グラフのマッチング問題の一般化にもなっている．すなわち，最適割当て問題は，二部グラフのマッチング問題を特殊ケースとして含んでいる．その理由は以下のとおり，きわめて具体的である．10.1節のように，学生数と部屋数は等しく，各学生は数値による評価ではなく，希望する部屋のリストのみを提出しているとする．これから，たとえば図10.4(a)のような二部グラフが得られる．この二部グラフが完全マッチングを持つかどうかを知りたいとする．この問題は，以下のように評価と最適割当ての言語を用いて表現できる．まず，各学生がリストに入れている部屋の評価を1とし，リストに入れていない部屋の評価を0とする．この変換を図10.4(a)のグラフに適用すると，図10.4(b)に示しているような評価が得られる．すると，完全マッチングが存在することと，各学生にその学生のリストに載っている部屋（すなわち，評価1の部屋）を割り当てる割当てが存在すること，すなわち，最適割当ての評価の総和が学生数に等しいこととは等価である．この単純な変換により，二部グラフのマッチング問題が，より広い最適割当てを求める問題に含まれていることが明らかになった．

---

[1] 割当ての品質の概念は，各個人の評価の和をとることに意味がある場合に限られる．ここでは，各個人の評価は，各商品（対象物）に対する満足度（それぞれ支払ってもよい額の最大値）である．したがって，各個人に割り当てられた商品に対する評価の総和は，その割当てにおいて全体のグループの商品全体に対する満足度（支払ってもよい額の最大値）になる．第6章のゲームにおいて，利得の総和をとって社会的最適性を定義した際に，各個人の利得の総和をとるという類似の問題を議論した．

最適割当ての定義はきわめて自然で一般的であるが，与えられた評価の集合に対して，最適割当てを見つけたり特徴付けるための自然な方法が存在するかどうかは，とても明らかとは言えない．実際，きわめて複雑である．以下の二つの節で，より広いマーケットの枠組みでの解釈を用いて，この問題の最適割当てを決定する方法を述べることにする．

10.3　価格とマーケット完売性

　これまでは，各人からデータを収集してその後中央集権的な計算を実行して，完全マッチングや最適割当てを決定する，中央集権的な"管理者"の比喩を用いてきた．このように機能するマーケット的な活動の例（たとえば，上記の学生と大学の学生寮の部屋の例）もあるが，より標準的なマーケットのイメージでは，中央集権的な機能ははるかに少なくなり，各個人が価格や自分の評価に応じて決断をするものと思われる．

　後者の概念を理解することが，これから述べるマッチングマーケットの定式化には，重要なステップとなる．すなわち，価格の果たす機能が，マーケットにおける中央集権的なものではなく，分散したものになることを理解することが大切である．中央集権的な管理者の機能を，商品に対する特別なスキームの価格付けで置き換えることにより，各個人が自分の価値観に基づいて行動できるようになり，さらに，その価格に基づいて最適割当ても得られることを，これから眺めていく．

　学生寮の学生に対する部屋割当ての例に少し変更を加えて，価格の役割がより自然になる例を挙げながら，この点について述べることにする．各人が1軒の自分の家を売りたいと考えている **販売人 (seller)** の集合（売り手の集合）と，1軒の家を買いたいと思っている同人数の **購買人 (buyer)** の集合（買い手の集合）が与えられているとする．前節の議論からの類推を用いて，前と同様に，各購買人は各家に対して"評価"を持っていて，2人の購買人の評価は同一の家に対して異なるかもしれないとする．販売人iの持っている家に対する購買人jの評価をv_{ij}と表記する．添え字のiとjは，評価が販売人iと購買人jに依存することを表している．さらに，各評価は非負の整数値 $(0,1,2,...)$ をとるものとする．各販売人は自分の家に対して0の評価をしていると考える．すなわち，販売人は以下で定義する購買人からの支払いを受けることのみに関心があるとする[2]．

　価格と利得　各販売人iが自分の家に価格$p_i \geq 0$をつけて売りに出しているとする．購買人jが販売人iから家をこの価格p_iで買うと，購買人jの **利得 (payoff)** は，この家に対する自分の評価から価格を引いた値，すなわち$v_{ij} - p_i$となる．したがって，与えられた価格の集合に対して，購買人jはこの利得$v_{ij} - p_i$が最大になる販売人iから家を買いたい

---

[2] 各販売人が自分の家に対して0の評価をしているという仮定は，議論の単純化のためだけのものである．必要ならば，"0"を実際の最小の基準レベルに置き換えて，他の評価や価格がすべてこの基準レベル以上であるとして，ここで展開する議論を修正することもできる．さらに，販売人がそれぞれ自分の家に異なる評価をしているケースに対しても，ここの解析を修正して用いることが困難なく可能である．しかしながら，このように一般化したモデルでも，その本質的なアイデアがそれほど広がるわけではないので，ここでは，各販売人は自分の家に対して0の評価をしているという単純な仮定で議論を進める．

と考えるものとする．ただし，以下の問題点も考慮に含める．第一に，複数の販売人の家でこの利得が最大化されるときには，購買人はこれらのうちから任意に一つを選んで利得を最大化できるものとする．第二に，すべての販売人 i に対して $v_{ij} - p_i$ が負のときには，販売人 j は単に取引をしないことにして，利得は 0 であるとする．

購買人 j の利得が非負となる販売人が存在するときには，j の利得を最大にする販売人（の集合）を j の**選好販売人** (preferred seller) （の集合）と呼ぶことにする．購買人 j の利得が非負となる販売人が存在しないときには，すなわち，すべての i で利得 $v_{ij} - p_i$ が負になるときには，購買人 j には選好販売人が存在しないと考える．

図 10.5(b)〜10.5(d) に，購買人の同一の評価集合に対して，三つの異なる価格集合から得られる結果を示している．各購買人に対する選好販売人集合が，価格集合に依存してどのように変化するかに注意しよう．たとえば，図 10.5(b) では，購買人 x が a から買うとすると利得は $12 - 5 = 7$ となり，b から買うとすると $4 - 2 = 2$ となり，c から買うとすると $2 - 0 = 2$ となる．したがって，a のみが x の選好販売人となる．販売人 a, b, c と取引するときの購買人 y の利得が $3, 5, 6$ であり，購買人 z の利得が $2, 3, 2$ であることも同様に得られる．

マーケット完売価格 図 10.5(b) はきわめて良い性質を示している．各購買人が自分の利得が最大になる家を買うことにすると，全員が異なる家を手に入れられることになるからである．すなわち，価格が家に対する競合を完全に解消するのに役立っている．各購買人が販売人 a の家に最大の評価を与えたにもかかわらず，その価格が最も高い 5 であることから，y と z にこの家を買うことを思い留まらせているということが起こっている．

そのような価格の集合は**マーケット完売価格** (market-clearing price) と呼ばれる（**市場売りつくし価格**とも呼ばれる）．どの家も異なる購買人に買われることになるからである．これに対して，図 10.5(c) はマーケット完売価格でない例を示している．購買人の x と z がともに，販売人 a の提供している家のみを買いたいと思っているからである．この場合には，各購買人が自分の利得を最大にする家を買い求めようとすると，家の競合が生じてそれを解消することができない．なお，a, b, c に対する y の利得は等しくなり，いずれも y の選好販売人であるが，x と z での競合を解消する手助けにはならないことに注意しよう．

図 10.5(d) は，マーケット完売価格の概念がさらに微妙であることを説明している．ここでは，購買人が互いに協力し合って選好販売人を適切に選ぶようにすると，各購買人は異なる家を買うことができる．この例では，y が c の家を選び，z が b の家を選ぶことにする．最大の利得において同額が存在してわずかな協力が必要となるものの，選好販売人を用いて競合を解消できるので，この価格の集合もマーケット完売価格であるということにする．ある場合には，このような同額は避けられない．実際，すべての商品に対して，すべての購買人が同じ評価をしている場合には，どのように価格を設定しても，この対称性を解消することはできないからである．

より一般的に，複数の選好販売人に対する利得が同額であることもある価格の集合に対して，マーケット完売価格を以下のように考える．価格の集合に対して，各購買人とその選好販売人を結ぶ辺を辺集合とするグラフを，販売人と購買人の**選好販売人グラフ** (preferred-seller graph) と定義する．なお，選好販売人を持たない購買人はどのノードと

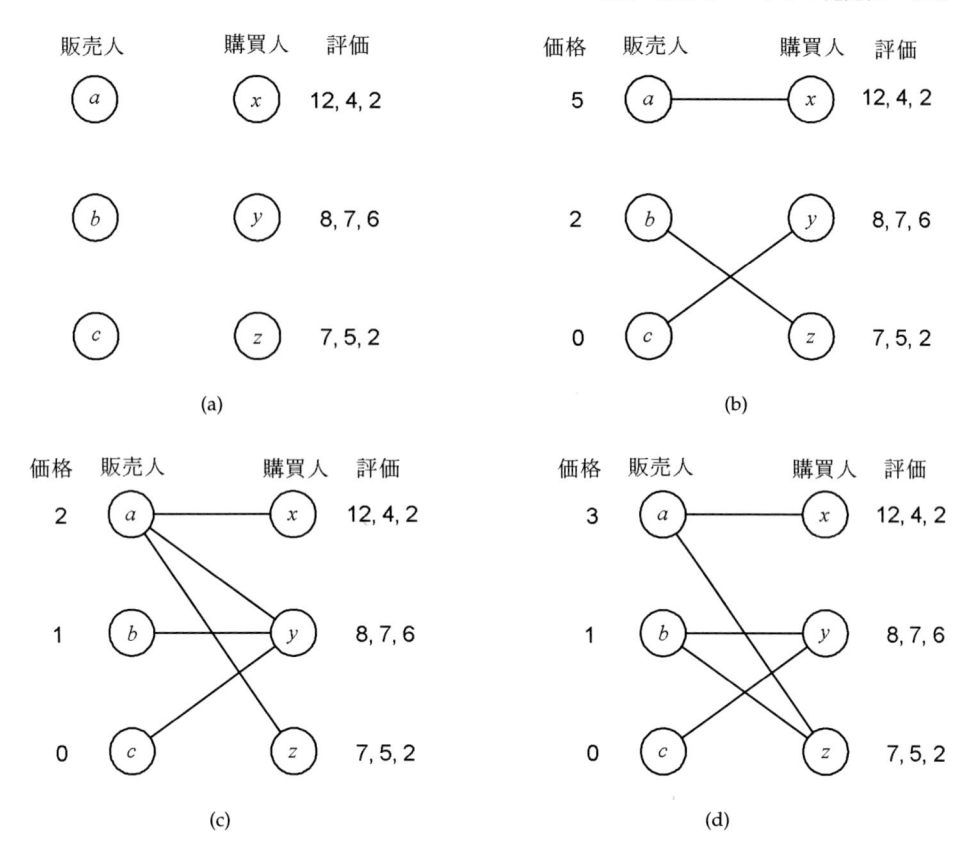

図 10.5 (a) 3 人の販売人 a, b, c と 3 人の購買人 x, y, z の例．各販売人の家に対する各購買人の評価を，対応するノードの横にリストで記している．(b) 各購買人とその選好販売人を結ぶ辺の集合．得られる辺集合から選好販売人グラフが形成される．ここでの価格は，この集合に対するマーケット完売価格となる．(c) 価格 2, 1, 0 に対する選好販売人グラフ．ここでの価格は，マーケット完売価格ではない．(d) 価格 3, 1, 0 に対する選好販売人グラフ．ここでの価格は，タイブレークが必要であるが，マーケット完売価格となる．

も辺で結ばれない．図 10.5(b)～10.5(d) は，実際に示されている三つの価格集合のそれぞれに対する選好販売人グラフである．これに基づいて，価格集合は選好販売人グラフが完全マッチングを持つとき，**マーケット完売 (market-clearing)** であるということもできる．

マーケット完売価格の性質 このように販売人がマーケット完売価格を設定すれば，（潜在的にタイブレークのためのわずかな協力は必要であるが）自分の関心にのみ基づいて行動するだけで，自動的にどの購買人も利得が最大になるものを競合することなく手に入れることができる．このようなことから，マーケット完売価格はあまりに良すぎて，本当にそれが可能であろうかとも思ってしまう．これまではきわめて小さい例でそのような価格が存在することを眺めてきたが，実際にはより一般的なことが成立するのである．

マーケット完売価格の存在：任意の購買人の評価集合に対して，マーケット完売価格の集合が存在する．

したがって，マーケット完売価格は常に存在し，ある特殊なケースに限られた単なる偶然の産物ではない．これはとても自明と言えるものではない．少ししてから，マーケット完売価格を構成する方法を与えて，それに基づいて，マーケット完売価格が常に存在することを示すことにする．

これを行う前に，もう一つの自然な問題，すなわち，マーケット完売価格と社会的効用の間の関係を考える．マーケット完売価格により，購買人の間の競合を解消して全員が異なる家を手に入れられるようになることと同様に，結果として得られる割当ての評価の総和（以下，**総評価**と呼ぶ）も良いものになるのであろうか？ 実際には，これから述べるように，きわめて強力なことが言えるのである．すなわち，販売人と購買人のマッチングマーケットに対するマーケット完売価格は，常に社会的に最適な結果をもたらす．

> **マーケット完売価格の最適性**：任意のマーケット完売価格の集合に対して得られる選好販売人グラフでの完全マッチングは，販売人の購買人への割当てのうちで総評価が最も良いものになる．

マーケット完売価格の存在を主張する前の命題と比べて，最適性の事実は，巧妙さがいくぶん存在するものの，より短い説明で証明できる．

議論の展開は以下のとおりである．与えられたマーケット完売価格の集合に対して，M を選好販売人グラフの完全マッチングとする．このマッチングの**総利得** (total payoff) を，各購買人が手に入れた商品に対する利得の総和と定義する．各購買人はそれぞれ利得が最大となる家を手に入れているので，家を購買人に割り当てる割当てのうちで，M は "利得"の総和を最大にする割当てになっている．総利得と総評価はどのような関係があるのであろうか？ M は総評価も最大にしていると期待してよいのであろうか？ 購買人 j が家 i を選ぶと，評価は v_{ij} で利得は $v_{ij} - p_i$ である．したがって，すべての購買人に対する総利得は，総評価からすべての価格の総和を引いたものに等しくなる．すなわち，

$$M の総利得 = M の総評価 - 価格の総和$$

が成立する．価格の総和は，どのようにマッチングを選んでも変わらない．それは，販売人が購買人からどのように支払われるかにかかわらず，販売人の求めている価格の単なる総和である．したがって，総利得を最大にするマッチング M は，総評価も最大にするマッチングであることになる．これで議論は完結する．

マーケット完売価格の最適性を考える別の方法もある．それは，本質的には上記で与えた定式化に等しいものとなる．そこで，マッチングの総評価を考える代わりに，マーケットにおいてすべての参加者，すなわち，すべての販売人とすべての購買人で得られる総利得を考える．購買人に対しては，その利得は手に入れた家の評価からその価格を引いた値である．販売人の利得は，家を売ることで支払われる額（すなわちその家の価格）であるとする．したがって，任意のマッチングにおいて，すべての販売人に対する総利得は，どの購買人がどの販売人に支払うかは問題ではないので，すべての販売人に支払われた総額，すなわち，単に価格の総和になる．さらに，上で議論したように，すべての購買人に対する総利得は，マッチング M の総評価から価格の総和を引いたものに等しい．したがって，すべての販売人とすべての購買人の（すべての参加者に対する）総利得は，M の

総評価に正確に等しくなる．すべての購買人に対する総利得で差し引かれている価格の総和は，すべての販売人に対する総利得にぴったり等しくなる，ということが大事な点である．すなわち，この計算においてすべてキャンセルできることになる．したがって，すべての参加者に対する総利得を最大化するには，価格の総和と総評価が最大になるマッチングがあればよいことになる．そしてこれは，マーケット完売価格と選好販売人グラフの完全マッチングを用いて達成できるのである．これを以下にまとめておく．

マーケット完売価格の最適性（等化版）：マーケット完売価格の集合と選好販売人グラフでの完全マッチングは，すべての販売人とすべての購買人の利得の総和を最大にする．

10.4 マーケット完売価格の集合の構成

ここで，なぜマーケット完売価格が常に存在するのかという，より困難な問題の理解に戻ろう．購買人の任意の評価の集合が与えられたとき，それからマーケット完売価格に到達する手続きを述べることにより，これを示すことにする．この手続きは，一種のオークションと見なせる．ただし，第9章で議論した単一の商品のオークションではなく，出品される商品が複数個あり，異なる評価を持つ購買人も複数人いることを考慮した，より一般的なオークションである．ここで述べるオークションの手続きは，1986年にDemange, Gale, and Sotomayor により提案されたものである [129]．しかし，実際には，70年前の1916年にハンガリーの数学者 Jenö Egerváry（イエネ・エゲルバーリー）により発見されたマーケット完売価格の構成法に等価である [280]．

このオークションは以下のように機能する．最初に，すべての販売人は価格を0に設定する．各購買人の選好販売人を選び，選好販売人グラフを構成する．このグラフが完全マッチングを持つならば終了する．そうでないときには，購買人の障害集合 S が存在する．これがキーポイントである．そこで，S の隣接ノード集合 $N(S)$ を考える．なお，$N(S)$ は販売人の集合の部分集合である．S に含まれる購買人は全体として，$N(S)$ に含まれる販売人が売ろうとしている商品のみを買おうとしている．しかし，$N(S)$ に含まれる販売人は，S に含まれる購買人よりも少ない．したがって，売りたいと思っている人よりも，買いたいと思っている人が多すぎて，$N(S)$ は"需要超過"（供給不足）状態である．そこで，これらの販売人は，全員同時に1単位分価格を上げる．そして再びオークションを続ける．

もう一つだけ構成要素がある．価格に対して以下のように定義される**簡約 (reduction)** 操作である．価格をすべて同じ分だけ減じて，最小の価格を0とするというものである．したがって，すべての価格が0より大きくなったら，最小の価格の $p > 0$ を用いて，それぞれの価格から p を減じる．これにより，最小の価格は0となり，他の価格もすべて p だけ小さくなる．

オークションの一般の反復のラウンドも上記のようになる．より具体的には，以下のように書ける．

(i) 各ラウンドの始まりでは，最小価格0の価格の集合が存在する．
(ii) 選好販売人グラフを構成し，完全マッチングが存在するかどうかを判定する．
(iii) 完全マッチングが存在するときには，このときの価格がマーケット完売価格となる．
(iv) 完全マッチングが存在しないときには，購買人の障害集合Sとその隣接ノード集合$N(S)$を求める．
(v) $N(S)$に含まれる販売人は，全員同時に価格を1単位分上げる．
(vi) 必要ならば，簡約操作を行う．すなわち，価格の最小値が正のときには，すべての価格からその値の分だけ減ずる．したがって，更新された価格では，価格の最小値は0となる．
(vii) 新しい価格を用いて，オークションの次のラウンドに進む．

図10.5の例に対して，上記のオークションの手続きを適用したときの動作を図10.6に示している．図10.6の例は，このオークションにおいて強調しておきたい二つの側面も説明している．第一に，"需要超過"の販売人の集合$N(S)$が2人以上の人からなるときには，どのラウンドでも，その人たち全員の価格を同時に上げなければならないことである．たとえば，図10.6の第3ラウンドで，集合$N(S)$はaとbからなるので，aとbの価格はそれぞれ同時に1単位分上げられて，更新された価格が第4ラウンドで用いられている．第二に，図10.6のオークションの手続きで，図10.5(d)に示しているマーケット完売価格が得られるが，図10.5(b)からもわかるように，同一の購買人の評価集合に対して，他のマーケット完売価格もありうることである．

オークションが終了することの証明 上で述べたオークションの手続きのキーとなる性質を以下に与える．手続きが終了するのは，マーケット完売価格の集合に到達したときのみである．そうでないときには，ラウンドはずっと続くことになる．したがって，購買人のどのような評価集合に対しても，オークションの手続きが終了すること，すなわち，ラウンドが永遠に続くことがないことを示すことができれば，マーケット完売価格が常に存在することを示せたことになる．

しかしながら，なぜオークションの手続きが常に終了するのかは，すぐには明らかではない．たとえば，図10.6におけるオークションのラウンドの進行を考えてみよう．各ラウンドでの価格の更新，異なる障害集合の形成，そして最終的に，マーケット完売価格の集合が得られて，オークションが終了している．しかし，これが一般に起こると言えるのであろうか？ある購買人の集合が常に障害集合になり，価格の更新が何度も行われるような評価の集合が存在して，オークションが終了しないことがどうしてないと言えるのであろうか？

10.4 マーケット完売価格の集合の構成 279

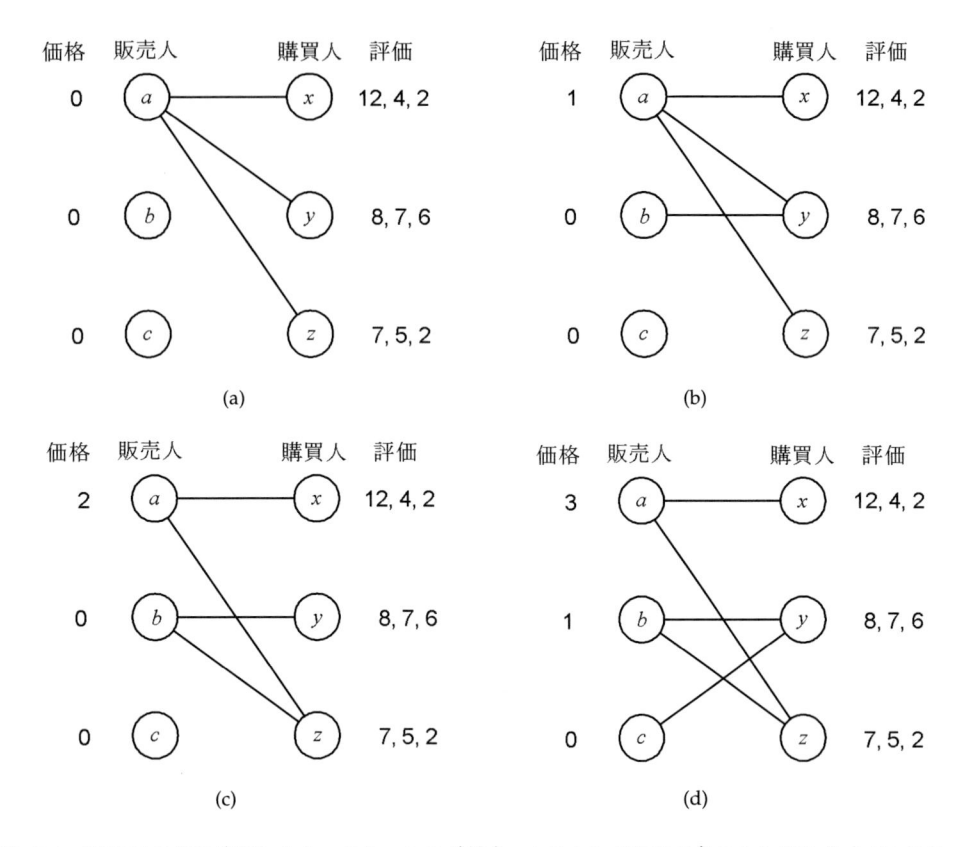

図 10.6 図 10.5 の例に適用したオークションの手続き．4 ラウンドまでの各ラウンドの (i) と (ii) のステップにおける選好販売人グラフ．(a) 最初のラウンドでは，すべての価格が 0 である．すべての購買人が障害集合 S を形成し，N(S) は販売人 a のみからなる．そこで，a の価格を 1 単位分上げてオークションの第 2 ラウンドに進む．(b) 第 2 ラウンドでは，購買人の x と z からなる集合が障害集合 S を形成し，このときも N(S) は販売人 a のみからなる．販売人 a の価格を 1 単位分上げてオークションの第 3 ラウンドに進む．(なお，このラウンドでは，すべての購買人からなる集合を障害集合 S とすることもできる．このときには，N(S) は販売人 a, b からなる集合となる．このようにしても問題は生じない．オークションの手続きには，各ラウンドで何通りかの選択肢があったとしても，どの選択肢を選んでも，オークションが終了したときにはマーケット完売価格が得られるからである．) (c) 第 3 ラウンドでは，すべての購買人が障害集合 S を形成し，N(S) は販売人 a, b からなる集合となる．したがって，a と b の価格はそれぞれ同時に 1 単位分上げられて，オークションの第 4 ラウンドに進む．(d) 第 4 ラウンドでは，選好販売人グラフを構成すると，完全マッチングを持つことがわかる．したがって，このときの価格がマーケット完売価格となり，オークションは終了する．

実際には，価格の更新が永遠に行われて終了しないということはない．オークションは必ず終了するのである．そこで，オークションのラウンドが進行するに従い，ある種の"位置エネルギー"が減っていくことを導き出して，これを示すことにする．すなわち，オークションにおいて非負である位置エネルギーは，最初有限の正整数値から出発して，毎ラウンド確実に 1 以上減少するので，オークションは終了する（最終的には 0 になって終了することもあるし，なくなってしまう前に終了することもある）ことが得られる．

そこで，位置エネルギーの概念をこれから正確に定義する．任意の現在の価格集合に対して，各購買人の利得が最大になる商品の利得を，**購買人の位置エネルギー** (potential of a buyer) と定義する．これは購買人の潜在的な利得である．現在の価格集合がマーケット完売価格ならば，購買人はこの利得を実際に手に入れることになる．同様に，各販売人が現在提示している価格を，**販売人の位置エネルギー** (potential of a seller) と定義する．これは販売人の潜在的な利得である．現在の価格集合がマーケット完売価格ならば，販売人はこの利得を実際に手に入れることになる．**オークションの位置エネルギー** (potential energy of the auction) を，販売人と購買人のすべての参加者の位置エネルギーの総和と定義する．

オークションの進行に伴い，位置エネルギーはどのように振る舞うであろうか？ オークションは，最初，販売人の位置エネルギーがすべて 0 であり，各購買人の位置エネルギーが商品に対するその人の最大の評価である状態で始まる．したがって，開始時点でのオークションの位置エネルギーは，ある整数 $P_0 \geq 0$ である．さらに，オークションのどのラウンドの始まりでも，どの参加者の位置エネルギーも 0 以上である．実際，価格は常に 0 以上であるので，販売人の位置エネルギーは常に 0 以上である．また，毎ラウンドの価格の簡約ステップにより，価格の最小値は常に 0 であるので，各購買人は最悪でも価格 0 の商品を買うことが可能であり，各購買人の利得は常に 0 以上である．したがって，どのラウンドの開始時でも，各購買人は選好販売人を持つことになる．すなわち，どのラウンドの開始時でも，販売人と購買人の位置エネルギーはすべて 0 以上であるので，オークションの位置エネルギーも 0 以上である．

ここで，位置エネルギーは価格が変化したときにのみ変化することに注意しよう．また，価格の変化は，ステップの (v) と (vi) のみで起こる．定義からわかるように，価格の簡約操作は，オークションの位置エネルギーを変化させないことに注意しよう．実際，各価格から p を引くと，各販売人の位置エネルギーが p だけ減るが，各購買人の位置エネルギーは p だけ増加する．したがって，互いに相殺される．それでは，ステップ (v) で $N(S)$ に含まれるすべての販売人が 1 単位分価格を増やすと，オークションの位置エネルギーはどうなるのであろうか？ これらの販売人の位置エネルギーは 1 単位分増加する．しかし，一方で，これらの選好販売人の商品が 1 単位分高くなるので，S に含まれるすべての購買人の位置エネルギーが 1 単位分減少する．S のほうが $N(S)$ よりノード数が真に多いので，位置エネルギーの総減少分のほうが総増加分より 1 単位分以上多くなり，オークションの位置エネルギーは少なくとも 1 以上小さくなる．

上記の議論で，オークションの進行に伴い，オークションの位置エネルギーは，毎ラウンド少なくとも 1 以上減少することを示した．したがって，オークションは最初に固定された定数値の P_0 の位置エネルギーで始まり，その後 0 より小さくなることはないので，

高々 P_0 回のラウンドで終了し，マーケット完売価格が得られることになる．

10.5 単一商品オークションとの関係

第9章で単一商品のオークションについて議論したが，本章では，二部グラフに基づいたより複雑な形のオークションを眺めてきた．そこで，これらの二つの種類のオークションは互いにどのように関係しているのかという疑問が，自然に生じる．実際には，単一商品オークションについて，出力とその手続きの両方の観点から，きわめて自然に眺める方法が存在する．すなわち，単一商品オークションは，上記の二部グラフのオークションの特殊ケースであると考えることができる．これは以下のようにして示せる．

1人の販売人から提出された1個の商品とn人の購買人の集合が，オークションに与えられるとする．購買人jはその商品にv_jの評価を与えているとする．これを完全マッチングに基づいたモデルに変換しよう．そこで，販売人と購買人を同数にする．これは簡単にできる．単に，$n-1$人の"仮想的な"販売人を考えるだけでよい（これは，$n-1$人の購買人が仮想的な販売人の商品を手に入れて，実際の商品は手に入れられないことに対応する）．そして，購買人jは，この仮想的な商品の評価をすべて0とする．また，実際の販売人には1のラベルが割り振られているとする．したがって，購買人jは，実際の商品の評価を$v_{1j} = v_j$とし，1以外の販売人iの商品の評価を$v_{ij} = 0$としていることになる．

これで，二部グラフのモデルのオークションのインスタンス（入力）が規定できたことになる．購買人と販売人の完全マッチングから，どの購買人が実際の販売人と結ばれていて実際の商品を手に入れたかがわかり，さらに，マーケット完売価格から，実際の商品が売られる価格もわかる．

さらに，マーケット完売価格を求めるために，障害集合を求めて価格を上げる手続きも，ここでも同様に自然な意味を持つことがわかる．単純な例に対して，この手続きを実行した様子を図10.7に示している．最初に，すべての購買人が，実際の販売人の商品に対する評価が正であると仮定して，実際の販売人を選好販売人としている．したがって，最初の障害集合Sはすべての購買人からなり，$N(S)$は実際の販売人の1人からなる．そして，この販売人は1単位分価格を上げる．この操作は，2人以上の購買人が実際の販売人を唯一の選好販売人としている限り続けられる．すなわち，障害集合Sは，実際の販売人を唯一の選好販売人としている購買人からなり，$N(S)$は実際の販売人の1人からなるので，この販売人は1単位分価格を上げる．これが続けられる．仮想的な商品の価格は，オークションを通してずっと0に固定される．そして最後に，実際の販売人を唯一の選好販売人とする購買人が1人となり，残りのすべての購買人がすべての仮想的な販売人を選好販売人とするようになって，選好販売人グラフが完全マッチングを持つようになる．これが起こるのは，2番目に高い評価をしている購買人が降りるとき，すなわち，最も高い評価をしている購買人が商品を獲得し，2番目に高い評価の支払いをするときに，正確に一致する．したがって，二部グラフのオークションの手続きは，競り上げ（イングリッシュ）オークションを実装していると言える．

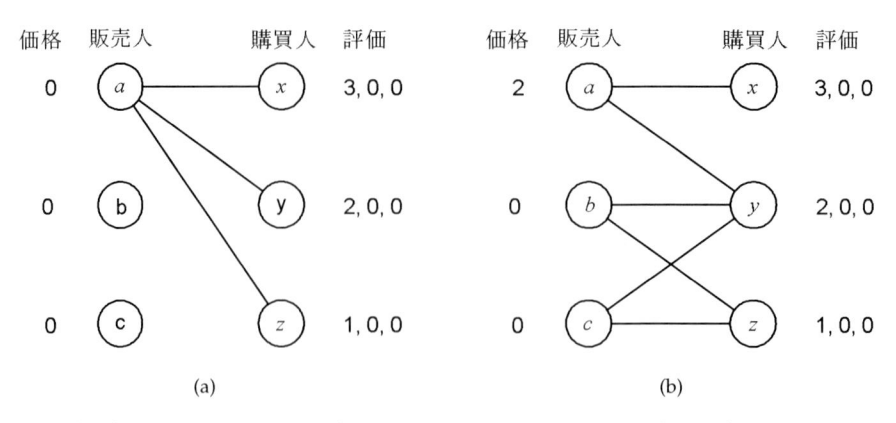

図 10.7 単一商品オークションは，二部グラフのモデルのオークションとして表現することができる．単一の商品は 1 人の販売人のノードで表され，さらにすべての購買人が 0 の評価の仮想的な販売人のノードが加えられる．(a) 二部グラフのオークションの開始時．(b) 二部グラフのオークションの終了時．購買人 x が，購買人 y の評価を支払額として商品を獲得する．

10.6 発展：マッチング定理の証明

本章の議論で，マーケット完売価格の存在に対する証明を与えた．ただし，詳細を 1 点のみ省略していた．すなわち，10.1 節のマッチング定理の証明を先送りしていた．これを"ブラックボックス"として用いても，本章の目的のためには問題なかったからである．しかしながら，マッチング定理の標準的な証明から，実際に，二部グラフの構造に対する洞察が得られるので，ここではその証明を与えることにする．

マッチング定理は以下のように記述されたことを思い出そう．

> **主張**：左と右に同数個のノードを持つ二部グラフは，完全マッチングを持たないならば，障害集合を持つ．

証明は，二部グラフが完全マッチングを持たないことを知っているとして，障害集合を求める方法を与えるものになっている．これを以下のようにして進めることにする．左と右に同数個のノードを持つ二部グラフが与えられたとする．さらに，完全マッチングが存在しないとする．そして，できるだけ多くのノードを（端点として）含むマッチングを考える．そのようなマッチングを**最大マッチング** (maximum matching) と呼ぶことにする．ここで，マッチングに含まれていないノードを左と右のそれぞれから 1 個任意に選んで加えて探索して，マッチングを大きくすることを試みる．すでに得られているマッチングが最大であるので，もちろんこの探索は失敗する．しかし，より大きいマッチングを目指すこの探索を通して，障害集合が得られることを示す．

もちろん，この戦略を具体化するにはいろいろなものが必要になる．その第一のステップは，二部グラフのマッチングを"大きく"する方法を考えることである．これが全体の証明の主要構成要素になる．

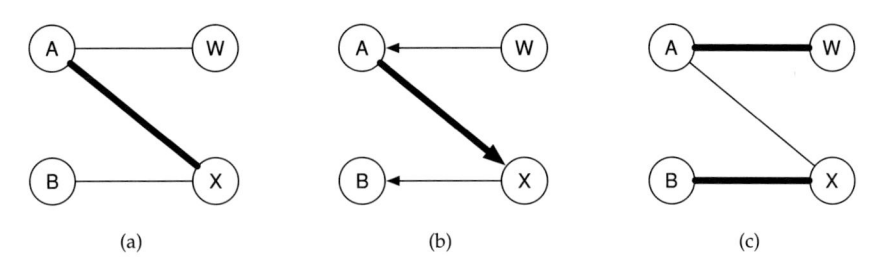

図 10.8 (a) 最大マッチングでないマッチング．(b) 最大マッチングでないときは，両側のマッチされていないノード（マッチングの辺の端点になっていないノード）を結ぶマッチング辺と非マッチング辺が交互に現れる**増加パス**を探すことを試みる．(c) そのようなパスが見つけられたときには，パス上の辺を交換する．すなわち，そのパス上のマッチング辺をマッチングから除去し，代わりにパス上の非マッチング辺をマッチングに加える．こうして，1本多くの辺からなるマッチング（この場合は完全マッチング）が得られる．

交互パスと増加パス 以上のことを考慮に入れて，しばらくの間，障害集合のことは忘れて，マッチングとそれを大きくすることだけを考えることにしよう．そこで，最初の簡単な例として，図10.8(a)の二部グラフと太線で示しているマッチングを考えてみる．与えられたマッチングに属する辺を**マッチング辺** (matching edge) といい，マッチングに含まれない辺を**非マッチング辺** (nonmatching edge) ということにする．図10.8(a)に示しているマッチングは，最大マッチングではない．図10.8(c)のように，WとAおよびXとBを対にして，さらに大きいマッチングを得ることができる．

この程度の小さい例ならば，グラフの図を眺めるだけで，より大きいマッチングを見つけることができる．しかし，より複雑な二部グラフに対しては，小さいマッチングをより大きいマッチングにする系統的な方法があると有益であろう．これについて，図10.8(a)の例で考えてみよう．ノードWから出発して，現在のマッチングに端点として含まれているノード（**マッチされている** (matched) ノードという）をすべて端点として含みながら，さらに，ノードWを端点として含む新しいマッチングを探すことにする．WとAを対にすることができるかどうかは，すぐには明らかではない．AはすでにXにマッチされているからである．そこで，AとXの対を"解消する"ことを試みる．そして，WとAを対にする．こうしてXは自由になり，Bと対になれる．したがって，マッチングはより大きくなる．

このプロセスを図10.8(b)に示している．二部グラフ上でパスをジグザグにたどりながら，パス上の非マッチング辺をマッチングに加え，前からあったマッチング辺をマッチングから除去することを，交互に行う．この例では，辺A-Wと辺B-Xがマッチングに加えられ，辺A-Xがマッチングから除去される．さらに，このジグザグパスは"単純"で，ノードが重複して出現することはない．このように，マッチング辺と非マッチング辺が交互に現れるパスを**交互パス** (alternating path) と呼ぶことにする．

この例は，一般的に成立する原理を説明している．二部グラフと与えられたマッチングに対して，マッチされていないノードで始まり，マッチされていないノードで終わる交互パスを見つけることができれば，このパス上のすべての辺の役割を交換することができる．すなわち，現在のマッチングに対して，パス上のすべての非マッチング辺をマッチン

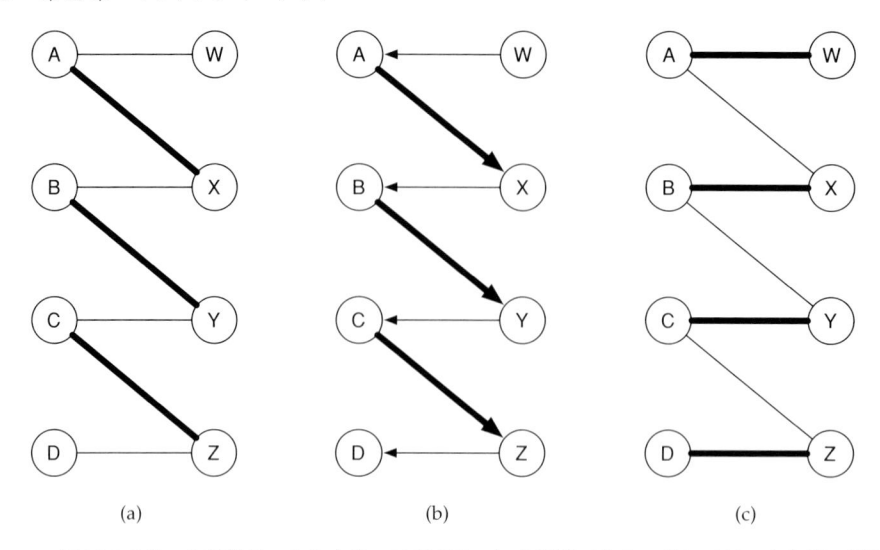

図10.9 図10.8で用いた原理は，より大きい二部グラフにも適用できる．そこでは，より長い増加パスが得られることもある．(a) 最大でないマッチング．(b) 増加パス．(c) より大きい（完全）マッチング．

グに加え，パス上の前からあるすべてのマッチング辺をマッチングから除去する．このようにして，パス上のすべてのノードが，更新されたマッチングでマッチされるようになる．したがって，前のマッチングではマッチされていなかった二つのノードが，更新されたマッチングではマッチされるようになって，マッチングを大きくすることができる．これを以下にまとめておく．

> **主張**：二部グラフのマッチングに対して，マッチされていないノードを両端に持つ交互パスが存在するときには，マッチングを大きくすることができる．

この観点から，マッチされていないノードを両端に持つ交互パスは，マッチングをより大きくするのに用いることができるので，それを**増加パス** (augmenting path) と呼ぶことにする．

増加パスは，図10.8で眺めたものよりずっと長くなることもある．たとえば，図10.9は，8個のノードを含む増加パスと，両端のWとDが更新されたマッチングでマッチされていることを示している．さらに，増加パスを見つけることが，上の二つの単純な例からは考えられないくらいに難しいこともある．上の二つの例では，増加パスを探していく中で，選択肢が複数あることはなく，毎回次に来る辺は1通りに確定されていた．しかし，より複雑な二部グラフでは，増加パスの探索において，しばしば行き止まりに遭遇することもある．たとえば，図10.10(a)のグラフのマッチングを考えてみる．このグラフでは，実際には，WとDを結ぶ増加パスが存在してマッチングを大きくできるが，それを見つけるには，かなり注意深く検証していくことが必要である．さらに，Wから出発する交互パスには，W-A-XやW-B-Y-C-Zなどもあるが，それらはマッチされていないノードDに到達できない．また，W-B-Z-C-Y-DのようなWからDへのパスで交互パスでないものも存在する．

10.6 発展：マッチング定理の証明　285

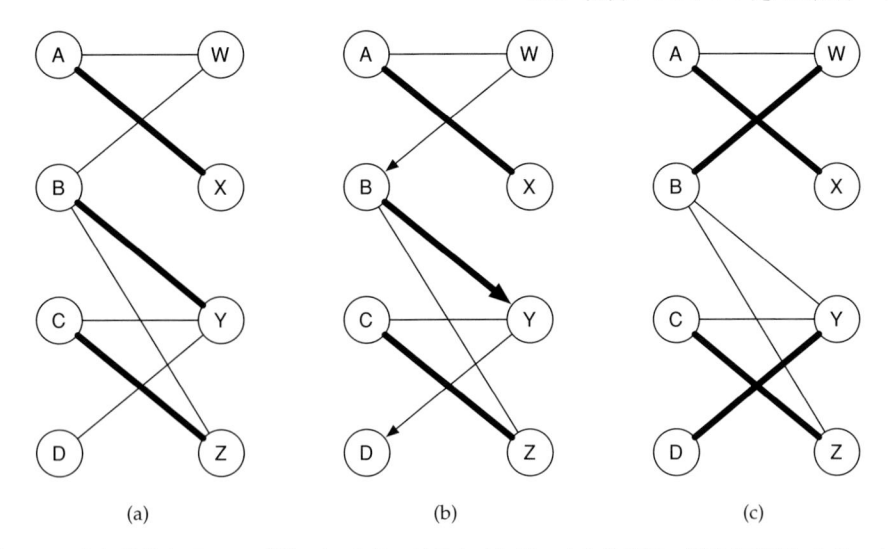

図10.10　より複雑なグラフで増加パスを見つけるためには，より注意深い探索が必要になる．ある選択では "行き止まり" になることもあるし，また，ある選択ではマッチされていない二つのノードを結ぶ交互パスでないパスとなることもある．(a) 最大でないマッチング．(b) 増加パス．(c) より大きい（完全）マッチング．

増加パスの探索　しかしながら，幸運なことに，二部グラフのマッチングに対して，増加パスの探索に利用できる自然な方法が存在する．それは，非マッチング辺とマッチング辺を交互にたどることにして，幅優先探索 (BFS) の手続きを単に少し修正したものである．これを以下では，**交互幅優先探索** (alternating breadth-first search)，あるいは，簡略化して，**交互 BFS** (alternating BFS) と呼ぶことにする．

交互 BFS の動作の詳細は以下のように書ける．右側のマッチされていないノードから出発する．次に，これまでの BFS と同様に，残りのグラフを層ごとに調べていく．すなわち，現在の層にあるノードと辺で結ばれているノードで，これまでの層に属していないものを，次の新しい層に加えていく．取り上げているグラフは二部グラフであるので，層が1段変わるたびに，ノードも右から左（あるいは左から右）へと交互に変わる．そして，これからの部分が，これまでの BFS と異なる部分である．すなわち，増加パスを探索しているので，層を1段ずつ下がっていくパスが交互パスとなるようにするのである．したがって，左側の点を含む新しい層を作るときには，現在の層にある右側のノードから出る非マッチング辺を用い，右側の点を含む新しい層を作るときには，現在の層にある左側のノードから出るマッチング辺を用いる．

図10.11 は，図10.10(a) の例に交互 BFS を適用したときの様子を示している．ノード W から出発して W は層0に属すると考える．層1は，W から非マッチング辺を用いて到達できる A と B からなる．層2は，A と B から出るマッチング辺を用いて到達できる X と Y からなる．層3は，この層の X と Y から出る非マッチング辺で到達できる（まだ属する層が決まっていない）新しいノード，すなわち，ノードの C と D からなる．最後に，C からマッチング辺をたどって Z に到達し，層4は Z のみからなる．このプロセスで，辺 B-Z は決してたどれないことに注意しよう．層1では，マッチング辺のみでしか層2に行けない

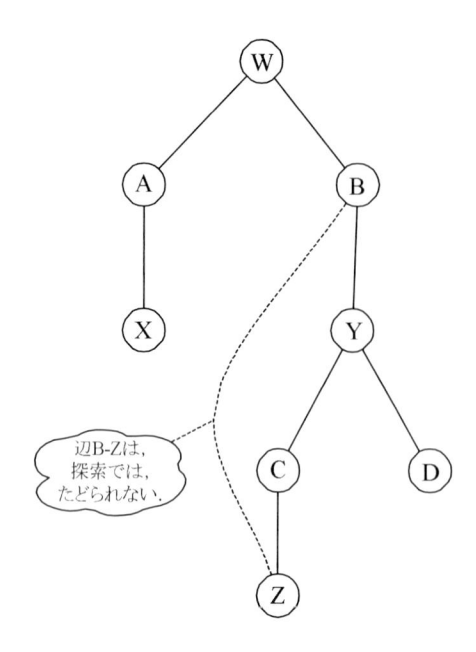

286　第10章　マッチングマーケット

```
            W
           / \
          A   B
          |   |\
          X   Y \
             /\  \
            C  D  \
            |      \
            Z-------
```

（吹き出し）辺B-Zは，探索では，たどられない．

図10.11　交互幅優先探索では，非マッチング辺とマッチング辺を交互に用いて層が構成される．マッチされていないノードに到達できると，それから増加パスが得られる．

ので，Bから出る辺として辺B-Zは用いることができないし，層4でも，Bが層2にすでに属しているので，Zから出る辺として辺B-Zを用いることはできないからである．

　ここで，重要な点は，この交互BFSでグラフの左側のマッチされていないノードを含む層が得られると，増加パスが見つけられたことになり，マッチングを大きくできることである．層0のマッチされていないノードから，毎回層を1段ずつ降りながら，この左側のマッチされていないノードに到達するパスを選んでくればよい．このパスでは非マッチング辺とマッチング辺が交互に現れるので，増加パスになるからである．

　増加パスと障害集合　増加パスを探索する系統的な方法が，これで獲得できたことになる．しかしながら，基本的な問題が解けないまま残っている．この探索手続きで増加パスを見つけることができなかったとき，完全マッチングが存在しないと本当に結論付けることができるのであろうか？　これは自明というわけではない．グラフのどこかに隠れた完全マッチングがないとどうして言えようか？　もっと強力な方法があれば，見つかるのではないか？　しかし，実際には，交互BFSで十分であることが言える．そこで，以下では，交互BFSが増加パスを見つけることに失敗したとき，この失敗した探索を通して，完全マッチングが存在しないことを証明する障害集合を導出できることを示す．

　この事実をこれから示そう．二部グラフに対して，完全マッチングでないマッチングが与えられているとする．さらに，右側のマッチされていないノードWから出発して交互BFSを実行し，左側のマッチされていないノードへ到達することができなかったとする．この探索が失敗して終了したときに得られる層集合は，模式的には，図10.12のように書ける．図10.13(b)は，図10.13(a)の完全マッチングを持たないグラフに対して交互BFSを適用して失敗して得られる層集合を，より具体的に示している．

10.6 発展：マッチング定理の証明 287

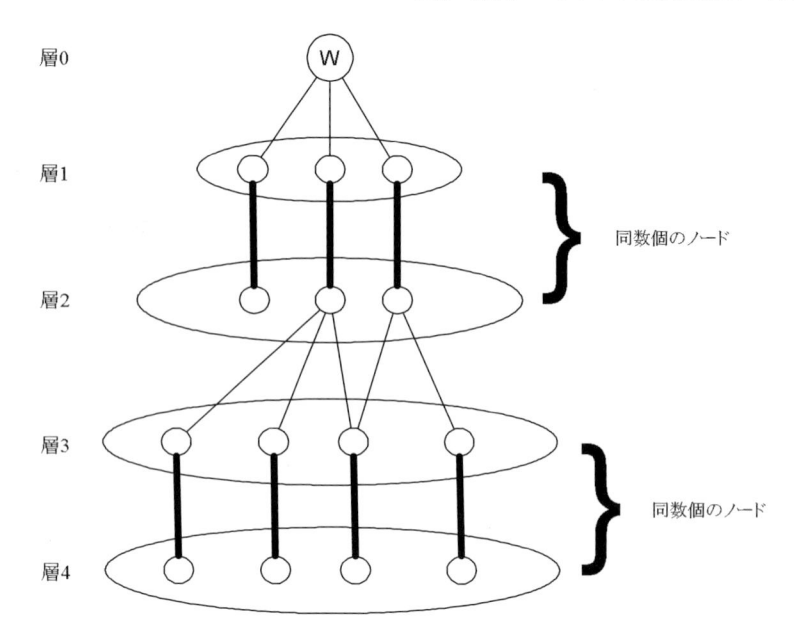

図10.12 交互幅優先探索が，同数個のノードからなる層の対を生成することを説明する模式図．

この探索が失敗した後の構造に対する観察を，いくつかまとめておこう．

1. 第一に，偶数の番号の層は右側のノードからなり，奇数の番号の層は左側のノードからなる．

2. さらに，奇数の番号の各層は，その次の偶数の番号の層と同数個のノードからなる．すなわち，層 $2k-1$ ($k=1,2,\ldots$) に含まれるノード数は，層 $2k$ に含まれるノード数に等しい．これは，図10.12に示しているように，（増加パスの探索が失敗したとしているので）奇数の層にはマッチされていないノードが存在しないことから，奇数の層に属する各ノードからマッチング辺を用いて次の偶数の層の異なるノードに到達できるためである．

3. したがって，層0のノードWを数えなければ，2以上の番号の偶数の層のノード数の総和と奇数の番号の層のノード数の総和は等しいことになる．そこで，層0のもう1個のノードを加えて数えると，偶数の層のノード数の総和は奇数の層のノード数の総和よりも1個多いことが得られる．

4. 最後に，偶数の層のノードに対して，そのノードのどの隣接ノードもいずれかの層に含まれることが以下のように言える．これは，もちろん，層0のノードWに対しては明らかである．さらに，W以外の偶数の層に属するノードに対しても，そのノードとマッチング辺で結ばれているノードが一つ前の層に存在するし，そのノードと非マッチング辺で結ばれているノードは，より上のすでに得られている層に存在するか，あるいは，次の（一つ後ろの）新しい層に含まれるからである．

   （奇数の層のノードに対しては，これは成立しないこともあることに注意しよう．すなわち，奇数の層に属するノードのすべての隣接ノードがいずれかの層に含まれるとは，必ずしも言えない．たとえば，図10.13(b)の例では，Bの隣接ノードのZはどの層にも存在しない．なぜなら，Bからの探索をするときには，Bから出ている

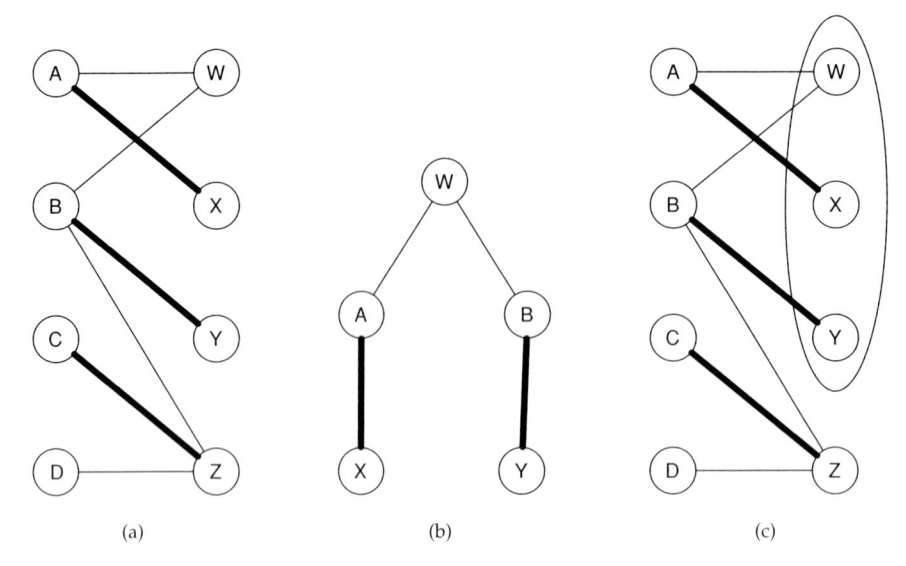

図 10.13 (a) 最大マッチングであるが，完全ではないマッチング．(b) このようなマッチングに対して，増加パスを見つける交互幅優先探索は失敗に終わる．(c) この探索の失敗から，偶数の層に属するノードからなる障害集合が得られる．

マッチング辺しか用いることができないので，Z を加えられないからである．）

これらの観察を一緒にすると，以下の事実が得られることになる．

> 交互 BFS が失敗したときに，偶数の番号の層のノード全体からなる集合 S は障害集合である．

これは以下のことから簡単にわかる．S は右側のノードの部分集合であり，その隣接ノード集合 $N(S)$ は奇数の番号の層のノード全体からなる集合であり，したがって，ノード数は S より 1 個少ない．図 10.13(b) と図 10.13(c) は，これについての具体例を示している．

これで，交互 BFS が失敗したときに障害集合を得る方法を終了する．結論を以下にまとめておく．

> **主張**：二部グラフのマッチングに対して，W をマッチされていない右側の任意のノードとする．すると，W から始まる増加パスが存在するか，あるいは，W を含む障害集合が存在する．

マッチング定理 上記の事実は，マッチング定理の証明の重要な要素になる．証明のこれ以降の部分は，以下のように簡単にすることができる．

左と右に同数個のノードを持つ二部グラフを考える．さらに，この二部グラフが完全マッチングを持たないとする．そして，できるだけ多くの辺を含む最大マッチングを考える．このマッチングは完全マッチングではなく，さらに二部グラフの両側のノード数が等しいので，マッチされていない右側のノードが存在する．そこで，そのような任意のノードを W とする．考えているマッチングは最大マッチングであるので，W を含む増加パスは存在しないことがわかっている．実際，増加パスが存在したとすると，マッチングを大

きくすることができることになってしまい，考えているマッチングが最大マッチングであることに反するからである．Wから始まる増加パスは存在しないので，したがって，上記の主張よりWを含む障害集合が存在する．グラフが完全マッチングを持たないという事実から，障害集合の存在を導き出すことができたので，マッチング定理の証明がこれで完結する．

完全マッチングの計算　上記の解析から以下の副産物，すなわち，与えられた二部グラフが完全マッチングを持つかどうかを判定するかなり効率的な方法が得られる．それは，左のノードと右のノードを全通りの方法で対にする全探索の方法より，格段に効率的である．

その方法は以下のように動作する．左右同数個のノードからなる二部グラフが与えられる．この方法は，以下のように繰り返しマッチングを求める反復系列からなる．すなわち，系列中の各マッチングは，一つ前のマッチングより辺が1本多くなっている．最初の反復の始まりでは，どのノードもマッチされていない，辺を含まない空集合のマッチングを，現在のマッチングとすることもできる．一般の反復は以下のように動作する．まず，現在のマッチングでマッチされていないノードWを見つける．次に，交互BFSを用いてWから始まる増加パスを探索する．増加パスが得られたときには，マッチングを更新して辺を1本増やし，これを次の反復のマッチングとして続ける．増加パスが得られなかったときには，障害集合を特定して，完全マッチングが存在しないとして終了できる．

プロセスが進行している間は，毎回の反復でマッチングは1本大きくなるので，反復回数は両側のノード数以下である．したがって，両側のノード数に等しい反復回数で完全マッチングが得られて終了するか，あるいは，それより少ない反復回数で障害集合が得られて終了する．

以下のような興味深い問いが考えられる．障害集合が得られて終了したときに，そのとき得られているマッチングは最大マッチングであろうか？これまで述べてきた手続きを用いる限りは，答えはNOである．図10.14の例を考えてみる．Wから出発して増加パスを見つけようとすると，失敗してWとXからなる障害集合が得られる．完全マッチングが存在しないことを証明するには，これで十分である．しかしながら，これだけでは，現在のマッチングが最大マッチングであることにはならない．実際，Yから出発して増加パスを見つけようとすると，成功してY-B-Z-Dの増加パスが得られる．すなわち，完全マッチングではなく，最大マッチングを見つけたいときには，どのノードから増加パスの探索を始めるかが問題になってくるのである．あるノードから始めると"行き止まり"になるものの，他のノードから始めるとマッチングを増やせることもあるのである．

しかしながら，最大マッチングを出力するように，上記の手続きを修正することができる．詳細を述べることはしないが，そのアイデアは以下のように書ける（詳細は，たとえば，Kozen [260] などを参照されたい）．これまで用いてきた解析をもう一度振り返ってみると，マッチされていない右側の"どの"ノードから始めても増加パスがないときには，現在のマッチングが，実際には，最大マッチングであることがわかる．したがって，マッチングを1本ずつ大きくしていく反復の系列における毎回の反復で，マッチされていない右側のすべてのノードから増加パスの探索を常に行えば，探索が成功するか，あるいは，現

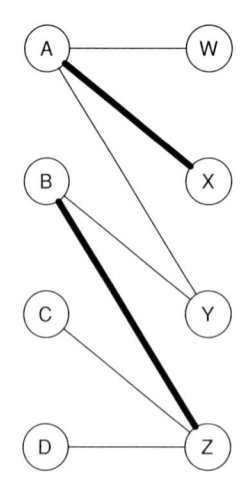

図 10.14 右側のマッチされていない一つのノードからの交互幅優先探索が失敗したときは，障害集合が得られて，完全マッチングを持たないことが証明される．しかしながら，右側のマッチされていない別のノードからの交互幅優先探索が成功することもありうる．たとえば，この図の例では，W からの探索は失敗するが，Y からの探索は成功する．

在のマッチングが最大マッチングであると結論付けることができる．これは，マッチされていない右側の各ノードから探索を別々にしなければならず，かなり計算時間が必要になるように思えるが，実際には効率的に実行することができる．すなわち，単に，交互 BFS の層 0 をマッチされていない右側の"すべての"ノードで構成すればよい．残りの部分は，完全に前と同様である．そして，いずれかの層で，左側のマッチされていないノードに到達すれば，層 0 の適切なノードから層を 1 段ずつ降りていって，そのノードに到達するパスが増加パスとして得られる．

二部グラフの最大マッチングを求める効率的な方法に対しては，膨大な量の研究が行われてきた．さらに，ここで述べた方法に対しても，多数の改善が可能である．たとえば，増加パスを同時に多数求める交互 BFS の改善版では，毎回の反復でマッチングの辺数を大きく増やせて，最大マッチングが得られるまでの全体の反復回数を減らすことができる．効率的に最大マッチングを求める研究は，現在も活発に行われている．

10.7 演習問題

1. 2 人の販売人 a, b と 2 人の購買人 x, y が与えられているとする．2 人の販売人はそれぞれ異なる家をセールに出していて，それらの家に対する 2 人の購買人の評価は以下のとおりである．

購買人	a の家に対する評価	b の家に対する評価
x	2	4
y	3	6

a はセールに出している家に 0 の価格を，b はセールに出している家に 1 の価格を提示している．この価格集合はマーケット完売価格か？ 答えとともに，この価格集合に対する選好販売人グラフを用いて，その答えに対する短い説明を与えよ．

2. 3 人の販売人 a, b, c と 3 人の購買人 x, y, z が与えられているとする．3 人の販売人はそれぞれ異なる家をセールに出していて，それらの家に対する 3 人の購買人の評価は以下のとおりである．

購買人	a の家に対する評価	b の家に対する評価	c の家に対する評価
x	5	7	1
y	2	3	1
z	5	4	4

a と b はセールに出している家にともに 2 の価格を，c はセールに出している家に 1 の価格を提示している．この価格集合はマーケット完売価格か？ 答えとともに，その答えに対する短い説明を与えよ．

3. 3 人の販売人 a, b, c と 3 人の購買人 x, y, z が与えられているとする．3 人の販売人はそれぞれ異なる家をセールに出していて，それらの家に対する 3 人の購買人の評価は以下のとおりである．

購買人	a の家に対する評価	b の家に対する評価	c の家に対する評価
x	2	4	6
y	3	5	1
z	4	7	5

a と c はセールに出している家にともに 1 の価格を，b はセールに出している家に 3 の価格を提示している．この価格集合はマーケット完売価格か？ 答えとともに，その答えに対する短い説明を与えよ．

4. 3 人の販売人 a, b, c と 3 人の購買人 x, y, z が与えられているとする．3 人の販売人はそれぞれ異なる家をセールに出していて，それらの家に対する 3 人の購買人の評価は以下のとおりである．

購買人	a の家に対する評価	b の家に対する評価	c の家に対する評価
x	12	9	8
y	10	3	6
z	8	6	5

a はセールに出している家に 3 の価格を，b はセールに出している家に 1 の価格を，c はセールに出している家に 0 の価格を提示している．この価格集合はマーケット完

売価格か？マーケット完売価格であるときには，各購買人がどの家を買うかを説明せよ．そうでないときには，本章の二部グラフのオークションの手続きの次のラウンドで，どの販売人（販売人ら）が価格を上げるかを答えよ．

5. 3人の販売人 a, b, c と3人の購買人 x, y, z が与えられているとする．3人の販売人はそれぞれ異なる家をセールに出していて，それらの家に対する3人の購買人の評価は以下のとおりである．

購買人	aの家に対する評価	bの家に対する評価	cの家に対する評価
x	7	7	4
y	7	6	3
z	5	4	3

a はセールに出している家に4の価格を，b はセールに出している家に3の価格を，c はセールに出している家に1の価格を提示している．この価格集合はマーケット完売価格か？答えとともに，本章の関係する定義を用いて，その答えに対する短い説明を与えよ．

6. 3人の販売人 a, b, c と3人の購買人 x, y, z が与えられているとする．3人の販売人はそれぞれ異なる家をセールに出していて，それらの家に対する3人の購買人の評価は以下のとおりである．

購買人	aの家に対する評価	bの家に対する評価	cの家に対する評価
x	6	3	2
y	10	5	4
z	7	8	6

a はセールに出している家に4の価格を，b はセールに出している家に1の価格を，c はセールに出している家に0の価格を提示している．この価格集合はマーケット完売価格か？マーケット完売価格であるときには，各購買人がどの家を買うかを説明せよ．そうでないときには，本章の二部グラフのオークションの手続きの次のラウンドで，どの販売人（販売人ら）が価格を上げるかを答えよ．

7. 3人の販売人 a, b, c と3人の購買人 x, y, z が与えられているとする．3人の販売人はそれぞれ異なる家をセールに出していて，それらの家に対する3人の購買人の評価は以下のとおりである．

購買人	aの家に対する評価	bの家に対する評価	cの家に対する評価
x	6	8	7
y	5	6	6
z	3	6	5

a はセールに出している家に 2 の価格を，b はセールに出している家に 5 の価格を，c はセールに出している家に 4 の価格を提示している．この価格集合はマーケット完売価格か？ マーケット完売価格であるときには，各購買人がどの家を買うかを説明せよ．そうでないときには，本章の二部グラフのオークションの手続きの次のラウンドで，どの販売人（販売人ら）が価格を上げるかを答えよ．

8. 2 人の販売人 a, b と 2 人の購買人 x, y が与えられているとする．2 人の販売人はそれぞれ異なる家をセールに出していて，それらの家に対する 2 人の購買人の評価は以下のとおりである．

購買人	a の家に対する評価	b の家に対する評価
x	7	5
y	4	1

本章の二部グラフのオークションの手続きを走らせて，マーケット完売価格を決定するものとする．オークションの各ラウンドの終了時における価格を与えるとともに，オークションの終了時におけるマーケット完売価格も与えて，どのように動作するかを述べよ．

9. 3 人の販売人 a, b, c と 3 人の購買人 x, y, z が与えられているとする．3 人の販売人はそれぞれ異なる家をセールに出していて，それらの家に対する 3 人の購買人の評価は以下のとおりである．

購買人	a の家に対する評価	b の家に対する評価	c の家に対する評価
x	3	6	4
y	2	8	1
z	1	2	3

本章の二部グラフのオークションの手続きを走らせて，マーケット完売価格を決定するものとする．オークションの各ラウンドの終了時における価格を与えるとともに，オークションの終了時におけるマーケット完売価格も与えて，どのように動作するかを述べよ．

【注意】あるラウンドでは，購買人の障害集合として，2 通り以上の選択が可能であることに気がつくと思われる．オークションのルールでは，どの障害集合を選んでもかまわないことになっている．この問題では要求されていないが，可能な障害集合の選択に応じて，最終的なマーケット完売価格がどのように変わるかを考えることは，興味深いことである．

10. 3 人の販売人 a, b, c と 3 人の購買人 x, y, z が与えられているとする．3 人の販売人はそれぞれ異なる家をセールに出していて，それらの家に対する 3 人の購買人の評価は以下のとおりである．

購買人	aの家に対する評価	bの家に対する評価	cの家に対する評価
x	9	7	4
y	5	9	7
z	11	10	8

本章の二部グラフのオークションの手続きを走らせて，マーケット完売価格を決定するものとする．オークションの各ラウンドの終了時における価格を与えるとともに，オークションの終了時におけるマーケット完売価格も与えて，どのように動作するかを述べよ．

【注意】あるラウンドでは，購買人の障害集合として，2通り以上の選択が可能であることに気がつくと思われる．オークションのルールでは，どの障害集合を選んでもかまわないことになっている．この問題では要求されていないが，可能な障害集合の選択に応じて，最終的なマーケット完売価格がどのように変わるかを考えることは，興味深いことである．

11. 図10.15は，ボストンのBack Bay地区の地図の一部を示している．x, y, zのラベルがついている太い丸は，Back Bayのアパートの3人の住人を表している．これらの3人は月極め駐車場を利用したいと考えている（住宅密集地区であるので，駐車場はアパートに面していないが，徒歩ですぐ行けるところにある）．a, b, cのラベルがついている太い丸は，利用可能な三つの駐車場を表している．

各住人と各駐車場の"距離"を，その住人のアパートからその駐車場までのブロック数と定義する．たとえば，cからzまでの距離は2であり，cからyまでの距離は5であり，cからxまでの距離は6である．なお，Gloucester通りとHereford通りに挟まれるブロックは，他のブロックより実際の距離は短いが，ここでは簡略化して，すべてのブロックは同じ距離であると考える．

各住人は，各駐車場に対して，その評価を

$$8 - (駐車場までの距離)$$

としている．したがって，近い駐車場ほど高い評価になっていることに注意しよう．これらの評価に基づいて，駐車場に対する適正価格を考えてみる．

(a) 本章の形式のマッチングマーケットとして，この問題のモデル化を与えよ．なお，そのモデルにおいて，誰が販売人で，誰が購買人であるかを述べるとともに，各販売人が提出している商品に対する各購買人の評価についても述べよ．

(b) 問題(a)でモデル化したマッチングマーケットに，本章の二部グラフのオークションの手続きを走らせて，マーケット完売価格を決定するものとする．オークションの各ラウンドの終了時における価格を与えるとともに，オークションの終了時におけるマーケット完売価格も与えて，どのように動作するかを述べよ．

【注意】あるラウンドでは，購買人の障害集合として，2通り以上の選択が可能であることに気がつくと思われる．オークションのルールでは，どの障害集合を選

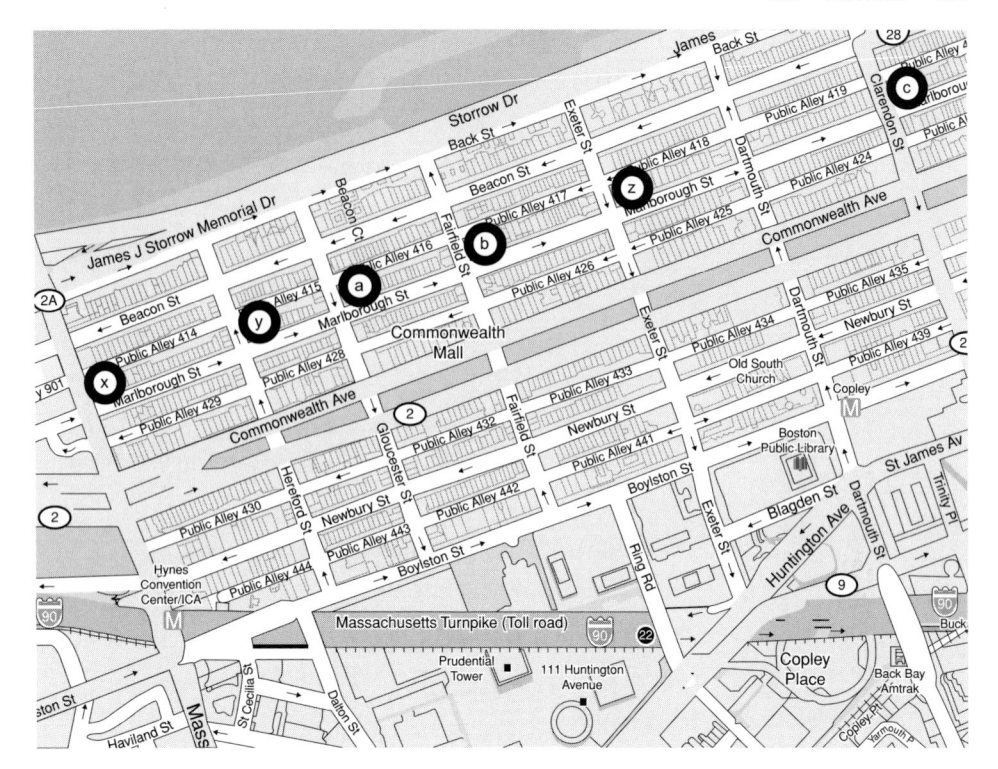

図 10.15 演習問題 11 の図．駐車場とアパートの地図．（出典：Google Maps, http://maps.google.com/）

んでもかまわないことになっている．この問題では要求されていないが，可能な障害集合の選択に応じて，最終的なマーケット完売価格がどのように変わるかを考えることは，興味深いことである．

(c) 問題 (b) で決定した駐車場の価格と，アパートの住人 x, y, z に対するこれらの駐車場の直観的な "魅力" とが，どのように関係しているかについて，より形式にとらわれない形で，説明を与えよ．

12. 2 人の販売人 a, b と 2 人の購買人 x, y が与えられているとする．2 人の販売人はそれぞれ異なる家をセールに出していて，それらの家に対する 2 人の購買人の評価は以下のとおりである．

購買人	a の家に対する評価	b の家に対する評価
x	4	1
y	3	2

一般に，与えられた販売人集合，購買人集合，評価集合の組合せに対して，マーケット完売価格は何通りか存在する．選好販売人グラフが完全マッチングを持つような価格の集合は，マーケット完売価格であるからである．

上の例でこの問題を考える．そこで，このマッチングマーケットに対して，"異なる" 三つのマーケット完売価格の集合を与えるとともに，その答えに対する説明も与

えよ．ただし，価格はすべて非負の整数（すなわち，0, 1, 2, 3, 4, 5, 6, . . .）とする．また，二つのマーケット完売価格の集合は，同じ数列でない限り，異なると考える．

13. 以下の状況に対するオークションを設計したい．価値ある同一の本が 2 冊あるとする．さらに，その本を 1 冊買いたいと考えている人が 4 人いる（いずれの人も 2 冊欲しいとは思っていない）．これらの各購入希望者 j はその本に対して v_j の評価をしている．

 単一商品の競り上げ（イングリッシュ）オークションを利用して，マッチングマーケットに一般化したオークションを設計することに決めているとする．そこでマッチングマーケットと同様に，ここでもこの状況を符号化する二部グラフを作り，二部グラフのオークションの手続きで得られるマーケット完売価格を知りたいと考えている．

 (a) 同一の 2 冊の本と 4 人の購入希望者 j の評価 v_j に対する上の例を，マッチングマーケットとしてモデル化せよ．モデル化においては，販売人と購買人の人数は同数であることに注意して，具体的な数値を用いよ．さらに，どのようにオークションが進行するかを示すとともに，マーケット完売価格も与えよ．

 (b) 単一商品のオークションのケースでは，二部グラフのオークションの手続きで，単一商品の競り上げ（イングリッシュ）オークションのルールが得られた．すなわち，最高額の入札者が，2 番目に高い入札額を価格としてその商品を手に入れることになった．同一の 2 冊の本の場合ではどのようなルールになるかを，日常的に用いる言葉で説明せよ（したがって，"二部" とか "グラフ" とか "マッチング" などの専門用語を用いてはならない）．

14. 本章では，マッチングマーケットにおける社会的効用の最大化の概念，すなわち，すべての完全マッチングのうちで，購買人が手に入れる商品の評価の総和が最大になるマッチング M を見つける問題について議論した．そのようなマッチングを求めることを**社会的効用最大化** (social-welfare maximizing) ということにする．しかしながら，購買人の評価の総和のみが，常に最大にしたい目標というわけではない．達成される評価があまりに低くなるような購買人が出ないようにすることも，目標の一つと考えられる．

 このことを考慮して，完全マッチング M に対して，M で達成される購買人の評価の最小値を M の**基底値** (baseline) と定義する．そこで，すべての完全マッチングのうちで，基底値ができるだけ大きくなる完全マッチング M を求めたくなることがあると思われる．そのような完全マッチングを求めることを**基底値最大化** (baseline-maximizing) ということにする．

 たとえば，以下の評価の集合で考えてみよう．

購買人	aの家に対する評価	bの家に対する評価	cの家に対する評価
x	9	7	4
y	5	9	7
z	11	10	8

a-x, b-y, c-z の対からなるマッチング M では，z の達成される評価が x や y の達成される評価より低いので，基底値は 8 である．一方，b-x, c-y, a-z の対からなるマッチング M' では，基底値は 7 である．実際には，最初のマッチング M が基底値最大の完全マッチングである．

したがって，基底値最大の完全マッチングを求める問題は，どの人も悪すぎないようにという，一種の"平等主義"の考え方に基づいていると言える．これは，社会的効用最大化の目標とは対立することもある．そこで，この対立についてさらに追求してみる．

(a) 社会的効用最大と基底値最大を同時に満たす完全マッチングが存在しない，すなわち，社会的効用最大の完全マッチングと基底値最大の完全マッチングが異なる完全マッチングで達成されるような，同人数の販売人と購買人からなるオークションにおける購買人の評価の集合の例を挙げよ．

(b) 基底値最大のマッチングが，常にマーケット完売価格で保証されるかどうかは，自然な質問である．すなわち，正式には，以下のように書ける質問を考えてみる．

> 販売人と購買人が同人数からなる購買人の評価の集合に対して，選好販売人グラフが基底値最大の完全マッチングを持つようなマーケット完売価格の集合は存在するか？

この質問に対して，YES あるいは NO の答えとともに，その答えの正当性の説明を与えよ．すなわち，答えが YES ならば，そのようなマーケット完売価格の集合が存在する理由を説明し，答えが NO ならば，選好販売人グラフが基底値最大の完全マッチングを持たないマーケット完売価格の集合が存在する理由を，例を挙げて説明せよ．

15. 販売人と購買人が同人数からなる購買人の評価の集合に対する，二部グラフのオークションのモデルを再度考えてみる．この問題に対するインスタンス（入力）において，特定の販売人 i は**高人気** (favorite) であるとする．すなわち，各購買人 j は販売人 i の商品に対して，他のどの販売人 k の商品よりも高い評価を与えている（したがって，記法的には，すべての購買人 j とすべての販売人 $k \neq i$ に対して $v_{ij} > v_{kj}$ である）．

この状態でのマーケット完売価格の集合を考える．このとき，販売人 i の価格は，少なくとも他のどの販売人の価格以上か？ 答えとその答えに対する説明を与えよ．

第 11 章

仲介が存在するマーケットのネットワークモデル

11.1 マーケットにおける価格設定

第 10 章で，購買人と販売人およびそれらの間を結ぶ辺からなる二部グラフ上での，取引と価格の解析を展開した．最も重要な点は，マーケット完売価格が存在し，これにより，購買人と販売人の総評価を最大とする取引が得られることを示し，さらに，マーケット完売価格を構成する手続きを与えたことである．この解析は，適切な価格設定により，所望の商品を購買人に直接的に割り当てることができることを，衝撃的に示している．実際のマーケットにおいて，価格がどこで決められているかについての明確な構図は，そこでは明らかになっていない．すなわち，実際のマーケットでは，誰が価格を設定し，そのような特別な価格をなぜ選んでいるのであろうか？

第 9 章で議論したオークションは，ある制御された状況のもとで，価格を決定する具体的な例となっている．そのオークションの議論では，販売人が一つの商品を第二価格封印入札オークション，すなわち競り上げオークションで販売するときには，その商品に対して，購買人は真の評価で入札することがわかった．その議論では，販売人が選んだ手続きの中で，購買人は入札を通して価格を選んでいたと言える．一方，購買人と販売人の役割が逆になった**調達オークション** (procurement auction) も考えることができる．そこでは，複数の販売人のうちの 1 人の品物を 1 人の購買人が買おうとしている．したがって，購買人が，最小価格の入札者から 2 番目に低い入札者の価格で商品を買う第二価格封印入札オークション，すなわち競り下げオークションで購買するときには，販売人は商品の真のコストを入札することになる．このケースでは，購買人の選んだ手続きの中で，販売人は価格（見積もり）を選んでいると言える．

しかし，販売人も購買人も複数いるときには，誰が価格を設定し，誰と誰が取引をすることになるのであろうか？　どのようなことが起こるかの感触を得るために，実際のマーケットで取引がどのように行われているのかを，まず眺めることにしよう．

仲介が存在する取引　広い範囲のマーケットにおいて，購買人と販売人が互いに直接的に，個々に相互作用をすることはない．そうはせずに，価格を設定するブローカーやマーケットメーカー，仲介人を通して取引をしている．これは，発展途上国の農産物の取引か

ら金融マーケットにおける資産の取引まで，広い範囲にわたる状況で実際に行われていることである．

仲介人のいるマーケットがどのように機能するかについてのイメージを描くために，株式市場の金融マーケットに焦点を絞って，購買人と販売人がどのように相互作用しているかを考えることにしよう．米国では毎日，購買人と販売人の間で，10億株を超える株式の売買が行われている．しかし，米国では株式市場が唯一であるわけではない．株の取引は，多くの取引所で行われている．たとえば，ニューヨーク証券取引所 (NYSE) や NASDAQ-OMX で取引されているだけでなく，それ以外の取引システムである Direct Edge，Goldman Sachs，ITG (Investment Technologies Group) なども，顧客からの要求に応じて株の取引の調整を行っている．これらのマーケットは，いろいろな方法で取引を行っている．NYSE や NASDAQ-OMX などは，第10章のマーケット完売価格にきわめて似た価格を決定している．一方，Direct Edge，Goldman Sachs，ITG などは，他のマーケットで決定される価格で，買いと売りの注文に対応している．NYSE のスペシャリストと呼ばれるような人のもとで，価格決定に直接的に関与しているところもあれば，アルゴリズムで設定された価格に基づいて，純粋に電子的マーケットを運営しているところもある．また，一日中絶え間なく行われる取引もあれば，さほど頻繁にではなく，売買の注文が十分になるまで待ってバッチ処理的に行われる取引もある．さらに，誰もが少なくとも間接的にマーケットにアクセスできる取引形式もあれば，売買を大企業などの大きい組織に限定している取引形式もある．

これらの多くのマーケットは，取引する各株に対して**注文控え帳** (order book) と呼ばれるものを作成している．注文控え帳は，単に，その株に対して購買人と販売人が提出した注文のリストである．たとえば，1人の取引者が，1株当たり $5.00 以上で100株の売り注文を出しているとする．また，別の1人の取引者が，1株当たり $5.50 以上で100株の売り注文を出しているとする．さらに，別の2人の取引者が，それぞれ，1株当たり $4.00 以下で100株の買い注文と1株当たり $3.50 以下で100株の買い注文を出しているとする．この種の注文は，**指し値注文** (limit order) と呼ばれる．なぜなら，それらは，価格が取引者による指し値に到達したときにのみ売買する証券売買契約だからである．これだけが存在する注文のときには，この株に対する注文控え帳は図 11.1(a) のようになる．

株式に対する買いの指し値の最大値は，その株式の現在の**買い呼び値** (bid) と呼ばれる．一方，株式に対する売りの指し値の最小値は，**売り呼び値** (ask) と呼ばれる．マーケットがスペシャリストを用いているときには，このスペシャリストが注文控え帳の内容をすべて知っていて，株式市場での買いと売りに対してオファーを提示するが，自分自身で考えたより良いオファーを提示することもでき，このときには，それが買い呼び値と売り呼び値になる．たとえば，図 11.1(a) が注文控え帳に記述されているものであるときには，スペシャリストは，自身のより良いオファーに基づいて，買い呼び値 $4.25，売り呼び値 $5.00 を選ぶこともできる．これらは，公的な取引に対して提示される価格である．

小売りの取引者（自身の資産運用で株式の売買をするトレーダー）は，通常は，指し値注文をしない．そうはせずに，存在する相場，すなわち，現在の売り呼び値と買い呼び値の取引値で，通常は売り買いの注文を出す．マーケット価格で直接的に行うこの種の取引に対する注文は，**マーケット注文** (market order) と呼ばれている．たとえば，トレー

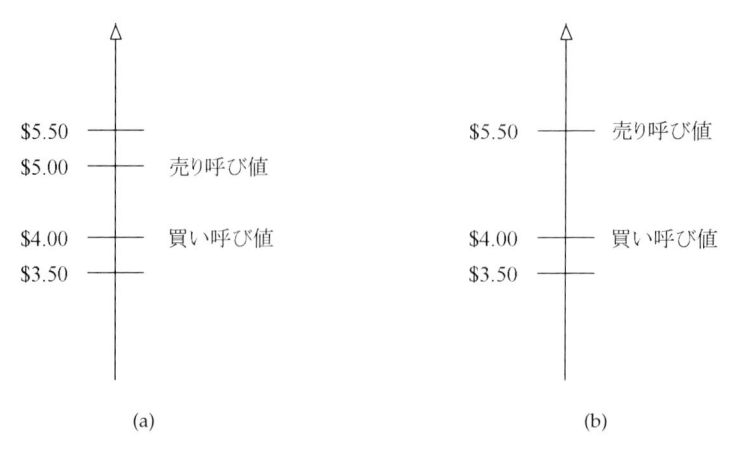

図11.1 (a) ある株式に対する $4.00 での買い呼び値と $5.00 での売り呼び値の指し値注文控え帳.
(b) ある株式に対する $4.00 での買い呼び値と $5.50 での売り呼び値の指し値注文控え帳.

ダーが図11.1(a)に示されている注文控え帳を持つ株式を100株買うマーケット注文を出すと，売り呼び値 $5.00 の指し値注文をしていた販売人が100株売り，買いの注文を出したトレーダー（購買人）が，1株 $5.00 のその株式を100株買うことになる（販売人は公的な組織の一員であることもあるし，スペシャリストであることもあることに注意しよう）．すると，新しい注文控え帳は，図11.1(b)に示しているようになり，売り呼び値は $5.50 となる．時々刻々更新される注文控え帳やスペシャリストのオファー，マーケット注文がある限り，このプロセスが取引営業日の1日中続けられ，取引が実行されるのである．

もちろん，売り買いの注文は常に100株というわけではなく，実際1回の注文で出される株数は大きく変化する．たとえば，注文控え帳が図11.1(a)のとき200株のマーケット注文が入ると，控え帳にある2人の販売人が売り指し値で売ることになる．購買人は，1株 $5.00 で100株と1株 $5.50 で100株のあわせて200株を買うことになる．この注文を"控え帳の渡り歩き"と考えることもできる．様々な価格で複数の注文を実際には行っていると見なせるからである．

Fidelity や Vanguard といった大きな投資信託会社や，銀行，年金基金団体，保険会社，ヘッジファンドなどの機関トレーダーは，大量の株の売買を毎日行っている．彼らは，200株で注文控え帳の渡り歩きをするような少数株の取引を，小売りの取引者と多くの銘柄の株で大量に行うことを，実際には欲していない．彼らはまた，マーケットに一つだけできわめて大きくなる指し値注文を出すことも欲していない．そのように大きな指し値注文をすると，彼らの取引の魂胆をマーケットの参加者が知ることになり，それを利用される場合があるからである[1]．これらのトレーダーは，一つだけできわめて大きくなるマーケット注文や指し値注文を出すことをせずに，様々な種類の注文や取引戦略を用いている．彼らは通常，価格に与えるインパクトができるだけ少なくなるように，注文を多くの部分に分割して，これらの部分の注文を1営業日あるいは数日中に取引してしまう．大きなト

---

[1] たとえば，大きな買い注文を出すと，マーケットの他の参加者は，現在の価格が低く設定されているらしいという情報を獲得できて，その価格が上がることを予想できる．すなわち，大きい注文の一部が実行されずにいるうちに，他のマーケット参加者がマーケットに一斉に買い注文で入り込んで，一気に価格が上昇してしまうこともありうる．したがって，大きな買い注文を出したトレーダーに，見積もり以上の金額の支払いを課すことにつながり，損害をもたらすことにもなりうる．これは，マーケットにおける情報の役割についての広範囲にわたる問題と関係していて，第22章で議論するトピックでもある．

レーダーが魂胆を隠すための一つの方法として，注文を多くの部分に分割して，アクセスできる多数の取引システムに，それぞれの部分の注文を出すことが挙げられる．特別な関心を持たれている取引システムの一つに，**暗黒プール (dark pool)** と呼ばれているものがある．これらの取引システムの例としては，Goldman Sachs の Sigma-X や ITG の運営するシステムが挙げられる．これらのシステムへのアクセスは限定されていて，これらのシステムへ出された注文は公開されない．その代わりに，これらのシステムは，公開されたマーケットで確立されている価格で，顧客から出された注文に単に応えていて，注文する顧客にサービス料金を課している．これは，比較的新しいシステムであるが，マーケットで急速に成長している分野である．たとえば，2009年4月の時点で，米国の普通株の取引のほぼ9%が，暗黒プール上で行われている．

　想像できると思うが，実際の株式市場の構造はきわめて複雑で，猛烈な勢いで進化している．取引システムが多数あり，売買で使用できる注文の種類も多くあり，マーケット参加者も多岐にわたっている．価格がどのように進化していくのかとか，取引される資産の基本的な価値とどのように関係しているのかという問題も同様に重要であるが，これまでこのような問題点は無視してきた．価格の進化や価値との関係については，いくつかの側面を第22章で議論する．株式市場についてのより詳細な解析は，多数の書籍で取り上げられている [206, 209, 332]．

　株式の取引には様々な形式があるため，限定された参加者からなる多種多様なマーケットが形成されている．したがって，すべてのマーケットの参加者に対する取引の選択肢を考慮すると，参加者が多い少ないにかかわらず，購買人と販売人を様々な仲介人へと結びつけるネットワーク構造が生じていることがわかる．複数のマーケットがネットワークとしてこのように結びつけられているとき，基本的な問題の一つに，取引行動の均衡を決定することが挙げられる．次節で，株式市場の特別な例から離れて抽象化した取引のネットワークモデルを取り上げ，その構造により，取引する相手がどのように制限されるかや，価格がマーケットの参加者によりどのように設定されるかという問題点に焦点を当てる．

11.2　ネットワーク上での取引モデル

　これから述べる本書のネットワークモデルは，株式市場の議論でこれまで眺めてきた三つの基本的な原理，すなわち，個々の購買人と販売人は仲介人を通して取引をするのが普通であること，すべての購買人と販売人とが同一の仲介人にアクセスできるわけではないこと，および，すべての購買人と販売人とが同一の価格で取引できるわけではないことに基づいている．むしろ，各購買人と各販売人が用いる価格は，ネットワークにおける個人の位置関係によって定まる仲介人の取引関係の範囲（機会）に基づいて決定される．

　モデルについてきちんと述べる前に，これらの性質が現れる別のきわめて異なる状況での取引の例をまず眺めることにしよう．それは，開発途上国で見られる，局所的に限定された地区において生産者と消費者の間で営まれる農産物のマーケットである．通常，生産者から農産物を買い上げ，消費者に売る仲介人が存在する．輸送ネットワークがしばしば

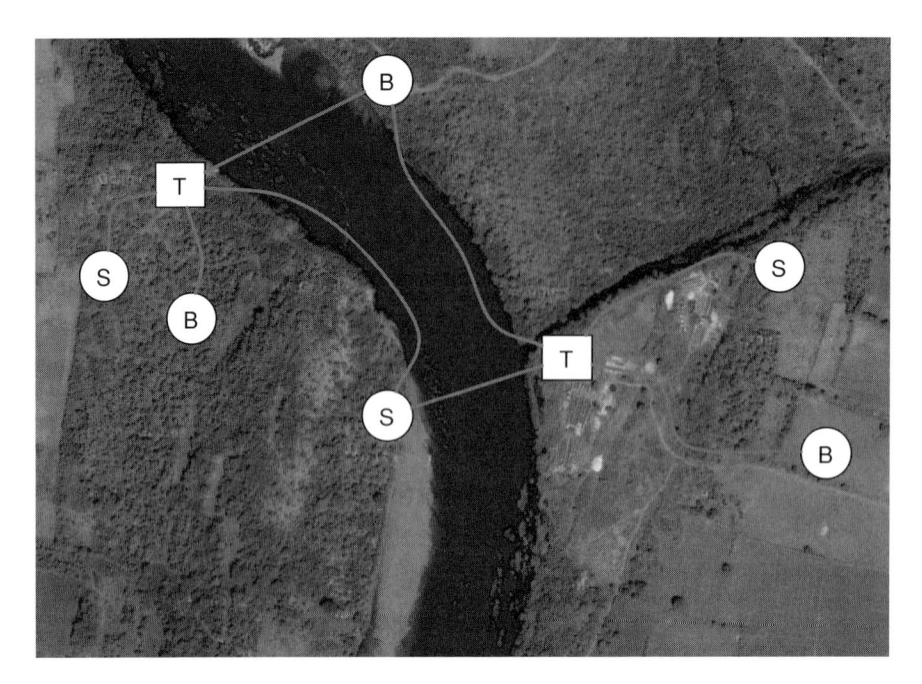

図11.2 農産物マーケットの取引ネットワーク．ノードラベルBの購買人とノードラベルSの販売人は，取引できるノードラベルTの仲介人に対して地理的な制約が存在するので，このネットワークは，地理的な制約に基づいて構成される．

貧弱であること，農産物の鮮度維持の困難性，生産者の脆弱な資金状態などの理由により，個々の生産者が農産物を売る仲介人はごく少数に限られている [46, 153]．同様に，消費者も購入できる仲介人がごく少数に限られている．開発途上国では，よりグローバルなマーケットの存在と相まって，部分的に重なりを持つこのようなローカルなマーケットが多数存在する．

販売人，購買人，仲介人（取引者）間での取引の可能性を表現するのに，グラフを用いることができる．図11.2は，地図上にそのような取引ネットワークを重ね書きした単純な例である．そこでは，販売人に対応するノードにラベルSがつけられ，購買人に対応するノードにラベルBがつけられ，仲介人に対応するノードにラベルTがつけられている．さらに，互いに取引が可能な二つのノード間がすべて辺で結ばれている．この例では，図の右側の販売人と購買人は，川の同じ側にある仲介人とのみ取引が可能である．図の上側の購買人は，船を持っているようで，両方の仲介人と取引が可能である．この購買人には取引可能な仲介人が複数いること，同様に，川の西（左）側の販売人にも取引可能な仲介人が複数いることから，価格の設定では，これらの購買人と販売人は有利な立場にいるであろうと，容易に想像できる．本章で取り上げるこの種のネットワークモデルでは，取引においてそれが実際に起こることを眺めることにする．

ネットワーク構造 そこで，ネットワーク上での一般的な取引と価格設定のプロセスの重要な側面を十分に取り込める，単純な取引のモデルについて述べる．それは，先進国での金融資産の取引から開発途上国での農産物の取引での，価格設定のプロセスの側面も十分に組み込むことのできるモデルである [63]．

11.2 ネットワーク上での取引モデル　303

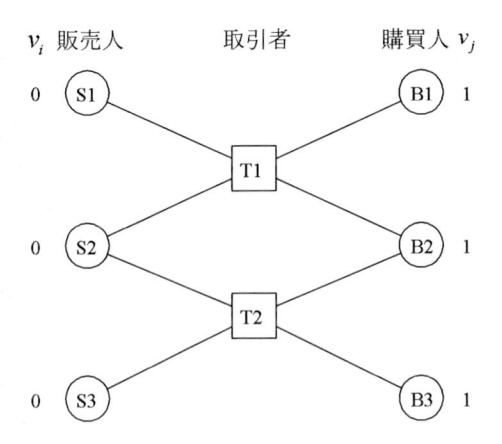

```
    v_i 販売人      取引者       購買人 v_j
  0   (S1)                        (B1)  1
                    [T1]
  0   (S2)                        (B2)  1
                    [T2]
  0   (S3)                        (B3)  1
```

図 11.3 図 11.2 の取引ネットワークの標準的な図．各販売人は左側に丸いノードで，各購買人は右側に丸いノードで，各取引者（仲介人）は中央に四角いノードで表されている．商品に対する各販売人と購買人の評価は，対応するノードのそばに数字で表されている．

　モデルを単純化するために，商品は 1 種類で，販売人と購買人はそれぞれ 1 個の商品を売買するモデルに限定し，多数の種類の商品を扱うモデルや販売人と購買人が複数個売買するモデルは取り上げない．すなわち，販売人がそれぞれ同一種類の手持ちの 1 個の商品を売ろうとし，各購買人がそれを 1 個買おうとしていると仮定する．販売人 i は商品に v_i の評価をしていて，v_i 以上の価格ならばそれを売りたいと考えている．購買人 j は商品に v_j の評価をしていて，v_j 以下の価格ならばそれを買いたいと考えている．購買人は 2 個以上買いたいと思っていないので，2 個目からはその商品の評価は 0 となる．購買人と販売人と仲介人は，これらの全員の評価を知っていると仮定する．したがって，このモデルは，取引が長年継続的に行われてきていて，購買人と販売人と仲介人が互いに売買したい価格を経験から十分によく知っているという背景のときに，最も妥当性のあるものとなる．

　取引は，誰と誰が取引できるのかを表現したネットワーク上で起こる．図 11.2 の例のように，ノード集合は販売人と購買人と取引者からなり，各辺は取引が可能なことを表現している．取引は取引者が仲介人の役割を果たして，取引可能な販売人と取引者および取引可能な購買人と取引者が取引を行うと仮定しているので，各辺は取引者と販売人，あるいは取引者と購買人を結んでいる．図 11.3 は，図 11.2 のネットワークとまったく同一のグラフであり，ネットワークモデルのこの特質を強調して描き直したものである．この例のように，本書で取引ネットワークを図示するときには，以下の表現を用いる．すなわち，各販売人を左側に丸いノードで表し，各購買人を右側に丸いノードで表し，各取引者を中央に四角いノードで表す．商品に対する各販売人と購買人の評価は，対応するノードのそばに数字で表している．

　本章のモデルと第 10 章のマッチングマーケットのモデルの間には，取引者（仲介人）が存在すること以外にも，様々に異なる点が存在する．第一に，本章のモデルでは，購買人は商品に同一の評価をしているが，マッチングマーケットでは，購買人は異なる販売人によって提供される商品ごとに，異なる評価をすることが可能であった．本章のモデルも，異なる販売人によって提供される商品ごとに，購買人が評価を変えることができるように拡張できるが，事態が複雑になるだけで，基本的なモデルの構造や得られる結論の多くは

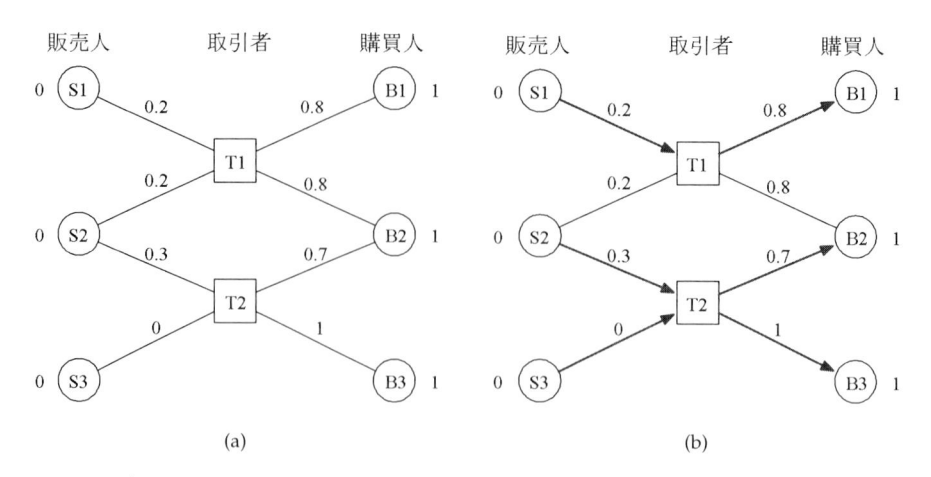

図11.4 (a) 各取引者は，結ばれている各販売人に買い値を提示し，結ばれている各購買人に売り値を提示する．(b) 販売人と購買人は，それぞれ最も都合の良い取引者を選ぶ．したがって，これらの価格から商品の流れが決定される．

ほぼ同一である．第二の相違点は，本章のネットワークモデルは固定されていて，農産物マーケットにおける地理的な要因や様々な金融マーケットにおける参加資格といった外部的な制約に基づいていることである．マッチングマーケットでは，固定したグラフで始めたが，その後は，中核となる解析を選好販売人グラフ上に限定していた．この選好販売人グラフは，外部的な要因で決定されるものではなく，時間とともに進化していく価格に関して購買人の選好も変わるので，それに基づいて決定されたものである．

価格と商品の流れ 販売人から購買人への商品の流れは，最初に取引者が価格を設定し，次に販売人と購買人がその価格へ対応するゲームで決定される．

具体的には，各取引者 t は，辺で結ばれている各販売人 i に対して**買い値** (bid price) を提示する．これ以降，この買い値を b_{ti} と表記する（この記法の添え字における t と i は，t と i の間の取引における価格であることを示している）．すなわち，この買い値は，t が i の商品を価格 b_{ti} で購入することの申し出と見なせる．同様に，各取引者 t は，各購買人 j に対して**売り値** (ask price) を提示する．この売り値は a_{tj} と表記され，t が購買人 j に対して商品を価格 a_{tj} で販売することの申し出と見なせる．図11.4(a)は，図11.3のグラフに対する買い値と売り値の例を示している．

いったん取引者が価格を提示すると，各販売人と各購買人は取引する取引者を1人以内で選ぶ．各販売人は，選んだ取引者に商品を販売するか，選んだ取引者がいないときには売らずに手もとに置く．また，各購買人は，選んだ取引者から商品を購入するか，選んだ取引者がいないときには買わない．こうして，取引者を通って，販売人から購買人への商品の流れが決定される．図11.4(b)は，販売人から購買人へのそのような商品の流れを示している．なお，各販売人と各購買人が選んだ取引者に対して，販売人から取引者へ向かう有向辺と，取引者から購買人へ向かう有向辺とでその流れを表している．

各販売人が商品を1個しか持っていないこと，および，各購買人が高々1個しか商品を欲しがっていないことから，ネットワークのどの辺に沿っても，高々1個の商品しか移動しない．これに対して，各取引者のノードを通過する商品の個数に制限はない．各取引者

は，販売人から購入した商品の個数より多くの商品を購買人に売ることはできないことに注意しよう．このモデルでは，販売人から購入した商品が不足して，選んだ購買人に商品を渡せないことが生じたときには，大きな罰金を取引者に課すことにする．したがって，取引者は買い値と売り値に対して，提示を受諾する販売人より多くの購買人が出ないように，細心の注意を払って提示する．同時に，逆のケースも起こらないように，すなわち，提示を受諾する販売人より購買人が少なくなる（売れ残りが生じる）ことのないように，細心の注意を払って買い値と売り値を提示する．これから考える解では，いずれの（悪い）結果も起こらないことがわかる．すなわち，各取引者は，販売人から受け取る商品の個数と，購買人へ引き渡す商品の個数が等しくなるような買い値と売り値を選ぶことになる．

　最後に，この例では，商品の流れ以外にもいくつかの側面があるので，それらについて注意しておく．販売人S3は，買い値が自分の評価に等しいにもかかわらず販売している．同様に，購買人B3も売り値が自分の評価に等しいにもかかわらず購買している．したがって，販売人S3と購買人B3にとっては，取引者の提示を受諾するか拒否するかにおける相違は，**識別不可能 (indifferent)** である．本書のモデルでは，販売人と購買人にとって，取引者の提示の受諾と拒否の相違が識別不可能であるときには，実際に起こる結果においては，どの選択肢も（モデラーとして）選べるものと仮定する．識別不可能性に対処できる適切な方法を見つけることは，マーケットモデルにおいてきわめて重要である．実際，取引は，個人が取引したいというぎりぎりの境界付近で起こるのが一般的であるからである．これは，第10章のマーケット完売価格の定式化のときに取り上げたタイブレークの問題にも似ている．そこで，ここでも識別不可能性に対処する別の方法の一つとして，十分に小さい正数の利得（たとえば，1セントの利得）を仮定して，買い値や売り値に0.01や0.99の値を考えることである．これにより，タイブレークの問題は明示的に解決されることになるが，モデルは極端に複雑になり，推論もきわめて困難になってしまう．そこで，本書では，利得がゼロの取引も認め，必要に応じてタイブレークを行うことに（固執）する．したがって，実際そうするときには，正式にはほぼゼロに等しいような価格や純益の概念も，本質的には，考慮している方法となっていることを忘れないようにしてほしい．そして，販売人と購買人が取引するかしないかで識別不可能なときにはいつでも，状況を単純化して考えたいならば，価格を具体的に0.01だけ上げたり下げたりしてみると，販売人と購買人の決断をわかりやすく説明できるようになる．

　利得　ゲームを記述するには戦略と利得を決めなければならないことを思い出そう．戦略については，すでに議論済みである．すなわち，取引者の戦略は，辺で結ばれている隣接する販売人と購買人に対する買い値と売り値である．一方，販売人と購買人の戦略は，辺で結ばれている隣接する取引者を選択するか，あるいは取引をしないという決断である．

　利得は，これまでの議論から自然に得られる．

- 取引者の利得は，すべての取引を通して得られる収益である．すなわち，提示を受諾した購買人への売り値の総和から提示を受諾した販売人への買い値の総和を引いた値が，利得である．（前にも議論したように，販売人から受け取る商品の個数より，購買人へ引き渡す商品の個数が多いときには，さらに，大きな額の罰金も引くことにな

り，利得は負になる．したがって，これは，取引者がそのようなことにはならないように行動することを保証する効果がある．)

- 各販売人 i に対する利得は，取引者 t を選んだときには b_{ti} であり，取引者を誰も選ばなかったときには v_i である．前者の場合 b_{ti} の金額を受け取り，後者の場合 v_i の評価をしている商品をそのまま手もとに残すことになるからである（なお，本書では，すべての販売人の v_i が 0 である場合のみを取り上げていく）．

- 各購買人 j に対する利得は，取引者 t を選んだときには $v_j - a_{tj}$ であり，取引者を誰も選ばなかったときには 0 である．前者の場合，a_{tj} の金額を支払って商品を受け取るからである．

たとえば，図 11.4(b) の価格と商品の流れの例では，取引者 T1 の利得は $(0.8 - 0.2) = 0.6$ であり，取引者 T2 の利得は $(0.7 + 1 - 0.3 - 0) = 1.4$ である．販売人 S1, S2, S3 の利得は，それぞれ 0.2, 0.3, 0 である．購買人 B1, B2, B3 の利得は，それぞれ $1 - 0.8 = 0.2$, $1 - 0.7 = 0.3$, $1 - 1 = 0$ である．

ここで定義したゲームは，これまで議論してきた他のゲームと比較して，他の重要な特徴を持っている．これまで議論してきたゲームでは，すべてのプレーヤーが同時に行動した（戦略の選択の決断を同時に行った）が，このゲームでは，行動が二つのステージで起こる．第 1 ステージでは，すべての取引者が同時に，買い値と売り値を選ぶ．次の第 2 ステージでは，すべての販売人と購買人が同時に，取引する取引者を選ぶ．二つのステージの構造は，第 2 ステージがきわめて単純であるので，事態を複雑にすることはない．すなわち，第 2 ステージにおける各販売人と各購買人にとっての最善反応は，単に最善の提示をしている取引者を選択することであるからである．したがって，販売人と購買人は，本質的には，ルールに従うように固く運命付けられている"雄ミツバチ"のようなものである．それでも，このゲームの均衡を考える際には，二つのステージの構造を考慮しなければならない．それは，このあとすぐに行う．

最善反応と均衡　図 11.4(b) で 2 人の取引者が選んだ戦略について考えてみよう．取引者 T1 は，悪い決断をいくつかしている．第一に，販売人 S2 と購買人 B2 に対する提示価格が悪いため，別の取引者 T2 に取引で負けている．たとえば，もし販売人 S2 に対する買い値を 0.4 に上げて，購買人 B2 に対する売り値を 0.6 に下げれば，負けていた別の取引者 T2 から取引を奪えることになる．実際，そうすると，販売人 S2 と購買人 B2 は T1 との取引を選択して，T1 はさらに 0.2 の利得を獲得するからである．

第二に，さらに単純なことであるが，取引者 T1 が販売人 S1 への買い値を下げ，かつ購買人 B1 への売り値を上げることに対する不都合な理由は，まったくないことである．この悪い提示価格においても，T1 と取引したいと思い続けるからである．なぜなら，それ以外の選択肢は取引しないことのみであり，そうすると利得がまったくなくなるからである．したがって，T1 は S1 への買い値を下げ，かつ B1 への売り値を上げることで，より利得を獲得できるようになる．図 11.5 は，取引者 T1 が上記の二つの点を考慮して，提示価格を変えたときの結果を示している．したがって，取引者 T1 の利得は，$(1 + 0.6 - 0 - 0.4) = 1.2$ に増加している．このとき，販売人 S1 と購買人 B1 は，取引することと取引しないことが

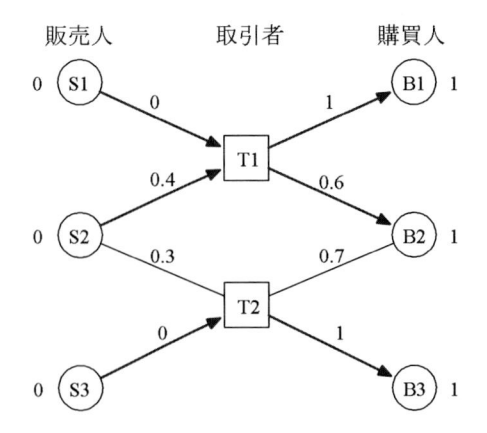

図**11.5** 図 11.4(b) の戦略の選択に対して，取引者 T1 は，取引者 T2 の提示価格より好条件の価格を提示して，販売人 S2 から購買人 B2 への商品の流れを T1 を経由するようにして，利得を改善することができる．

識別不可能になっているが，前にも議論したように，このような状況における均衡の決定においては，モデラーがタイブレークをする権限を持っていると仮定していたので，ここでは，S1 と B1 はともに T1 と取引することを選択していることにしている．

この議論から，ナッシュ均衡を一般化した，このゲームに対する均衡の概念が必要になる．第 6 章のナッシュ均衡の標準的な概念と同様に，この均衡も戦略の組合せであり，各プレーヤーが，他の全員が選択している戦略に対して最善反応の戦略を選択していると言える．しかしながら，ここでの定義では，ゲームが二つのステージの構造をしていることも考慮しなければならない．

そこで，まず，取引者が価格を提示したあとの第 2 ステージで，購買人と販売人が直面する問題について考える．これは購買人と販売人の間の標準的なゲームであり，したがって，(販売人と購買人の) 各プレーヤーが，他のすべての (販売人と購買人と取引者の) プレーヤーの選択する戦略に対して，最善反応の戦略を選択することになる．次に，取引者が提示する価格の決定を行う第 1 ステージでの問題について考える．ここでは，各取引者が，購買人と販売人が用いる戦略 (すなわち，受諾する戦略の決定) に対してのみならず，他のすべての取引者が選択する戦略 (すなわち，提示する買い値と売り値) に対しても，最善反応の戦略を選択することになる．したがって，ここでも，ナッシュ均衡のときと同様に，各プレーヤーが最善反応の戦略を選択することになる．このゲームにおける唯一の相違点は，購買人と販売人が第 2 ステージで行動して，取引者で提示された "どんな" 価格に対しても最善の提示のものを選択することが決まっていることと，取引者がすべてこのことを知っていることである．この均衡は，**部分ゲーム完全ナッシュ均衡** (subgame perfect Nash equilibrium) と呼ばれている．本章では，以降これを単に**均衡** (equilibrium) と呼ぶ[2]．

---

[2] "部分ゲーム" (subgame) は，いったん取引者が価格を提示したあとの第 2 ステージで，購買人と販売人が新しい自立したゲームに直面していることに由来している．"完全" (perfect) は，この部分ゲームにおいて，戦略の選択をまだ行っていないプレーヤーが，すでに (第 1 ステージで) 選択されている戦略に対して，最適に戦略を選択することに由来している．特別な用語を用いなかったが，6.10 節の逐次的な移動のあるゲームの議論でも，この概念を一般的なレベルで考えた．

308　第11章　仲介が存在するマーケットのネットワークモデル

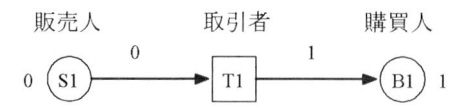

```
        販売人        取引者        購買人
     0   S1    0        T1    1    B1   1
```

図 11.6　取引者が 1 人で，取引における利得をすべて独占できる単純な取引ネットワークの例．

このゲームが二つのステージからなるという特質は，販売人と購買人の行動が非常に単純であるので，きわめて考えやすい．したがって，均衡についての推論を行うためには，同時に選択が実行されるゲームと同様に，いったん取引者が価格を提示したあとでは，購買人と販売人が（必要ならば適切にタイブレークして）最良の提示（戦略）を選択することがわかっているとして，主として，第 1 ステージの取引者の戦略について考えればよいことになる．

次節では，図 11.3〜11.5 の取引ネットワークに対して，最初にネットワークをより単純な "構成ブロック" に分割して，均衡の集合を算出する．とくに，これらの構成ブロックは，図 11.3〜11.5 のネットワークに含まれる二つの基本的な構造に対応する．すなわち，それらは，取引が唯一の取引者としかできないように**独占されている** (monopolized) 販売人と購買人からなる構成ブロックと，**完全競争** (perfect competition) している複数の取引者と販売人と購買人からなる構成ブロックである．この均衡算出のプロセスを通して，ネットワーク構造と複数の取引者との取引可能性により，マーケットの参加者の力が大きく影響を受けることを眺めていく．

11.3　取引ネットワークにおける均衡

取引ネットワークの均衡解析のプロセスをこれから議論する．単純なネットワーク構造から始め，それらを組み合わせて前節の例の解析に用いる．この計画に基づいて，独占と完全競争に対応する単純なネットワークから考える．

独占　販売人と購買人がただ 1 人の取引者としか取引できない（アクセスできない）ときは，独占されている状況である．この状況の最も単純な例は，図 11.6 に示しているようなものである．すなわち，0 の評価をしている商品を 1 個持っている販売人が 1 人，その商品に 1 の評価をしている購買人が 1 人，さらに販売人と購買人と取引できる取引者が 1 人いる．

この取引ネットワークでは，販売人と購買人に対して取引者は独占状態にあり，販売人と購買人にとって取引が可能な取引者はこの取引者のみである．均衡は唯一であり，取引者が販売人に買い値 0，購買人に売り値 1 と提示することである．販売人と購買人はこれらの価格を受諾するしかなく，商品は販売人から取引者を介して購買人へと流れることになる．なお，ここでは，前節と同様に，販売人と購買人の識別不可能性を用いていることに注意しよう．販売人と購買人はいずれも取引をしてもしなくても識別不可能であるのでモデラーの役割で，取引をするという結果を選択しているからである．

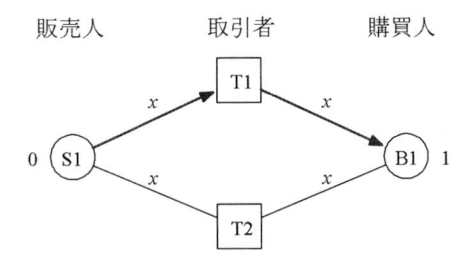

```
            販売人        取引者        購買人
                         ┌────┐
                      x ╱│ T1 │╲ x
                       ╱ └────┘ ╲
                    ┌────┐      ┌────┐
                0   │ S1 │      │ B1 │  1
                    └────┘      └────┘
                       ╲ ┌────┐ ╱
                      x ╲│ T2 │╱ x
                         └────┘
```

図 11.7 2人の取引者の T1 と T2 の間で完全競争がある取引ネットワーク．均衡は，x を 0 と 1 の間の任意の値として，買い値と売り値がともに x であることである．

これが唯一の均衡であることは，以下のようにして理解できる．これら以外の 0 と 1 の間の任意の買い値と売り値に対して，取引者は，（買い値が 0 より大きいときには）わずかに下げ，（売り値が 1 より小さいときには）わずかに上げることにより，より高い利得が実現してしまうからである．

完全競争 次に，図 11.7 に示しているように，2人の取引者が完全競争をしている基本的な例を眺めることにしよう．

図 11.7 は，販売人 S1 から商品を買い，購買人 B1 へ商品を売るのに，2人の取引者の T1 と T2 の間で完全競争がある例を示している．図 11.5 でこれまで眺めてきたように，均衡がどんな状態であるのかを考えるには，均衡でない例を最初に考えてみるのが役に立つ．そこで，取引者 T1 が取引をしていて，正の利得をあげているとする．すなわち，T1 が販売人に買い値 b，購買人に売り値 a を提示して，利得 $a - b > 0$ をあげているとする．取引者 T2 は取引をしていないので，利得は 0 である．しかし，このとき，T1 の選択している現在の戦略に対して，T2 の選択している現在の戦略は最善反応ではない．T2 は，b よりわずかに高い買い値と a よりわずかに低い売り値を提示することにより，取引を T1 から奪い，0 ではなく正の利得を受け取れるからである．

したがって，均衡においては $a = b$ となり，取引者の利得は 0 となる．すなわち，買い値と売り値は等しくなり，その値を x とおけることになる．取引者 T1 が取引を行っていると仮定しているが，この均衡 $a = b = x$ において，T1 が取引をするかしないかは識別不可能であることに注意しよう．したがって，販売人と購買人における識別不可能性のときと同様に，このケースでも，モデラーとして結果を選択できるので，取引することを選択していると仮定している．もちろんここでも，最小単位の金額（たとえば 0.01）を用いて，買い値 $x - 0.01$，売り値 x として，取引が行われるように識別不可能性を解消することもできる．しかしながら，利得が限りなく 0 に近いモデルを考えていることを心に留めて，ゼロの利得を認めて識別不可能性を取り扱うことは，結果に影響されることなく解析を簡単化できる利点があることに注意しよう．

次に，均衡においては，取引をしていない取引者 T2 も，x という買い値と売り値を提示していることについて議論する．まず，均衡においては，取引者は，購買人に商品を売ることができないときには，販売人からその商品を買えないことに注意する．したがって，T2 は販売人に買い値 $b \leq x$ を提示していることになる．そうでないとすると，販売人

T2に売ることになってしまうからである．同様に，T2は購買人に売り値 $a \geq x$ を提示していることになる．そうでないとすると，購買人はT2から買うことになってしまうからである．そこで，買い値と売り値が異なるとしてみる．すると $a > b$ であり，T1は，買い値を x よりわずかに低くするか，あるいは売り値を x よりわずかに高くすることにより，それらを a より小さく，あるいは b より大きくできることになる．したがって，T1は取引で正の利得を獲得することができるようになって，現在の x の買い値と売り値のT1の戦略が，T2の戦略に対して最善反応でないことになってしまう．すなわち，均衡においては，T2が提示する買い値と売り値も等しくなり，$a = b$ であることになる．

したがって，2人の取引者がともに x の買い値と売り値を提示することは，均衡であることが得られた．均衡はこのようにして起こるが，それでは，x の値に関してはどのようなことが言えるのであろうか？　もちろん，x は0と1の間にある．そうでないとすると，($x > 1$ のとき）販売人は売りたいが購買人が買いたいと思わないか，($x < 0$ のとき）購買人は買いたいが販売人が売りたいと思わないかのいずれかとなるからである．実際には，$0 \leq x \leq 1$ が x に関して言えることのすべてである．どの均衡も，2人の取引者が同一の買い値と売り値を提示することからなり，商品は，一方の取引者を介して，販売人から購買人へと流れる．キーとなる特徴は，販売人が取引する取引者と購買人が取引する取引者は同一人物であることである．これは，第10章のマーケット完売価格で取り上げたタイプレークの問題のときと同様に，識別不可能性に直面したときの別の種類の協調性の一つであると見なせる．どの均衡においても，取引者は利得がゼロであるにもかかわらず，x の値で決定される均衡の選択により，販売人と購買人のいずれがより高額の利得を受け取ることになるのかが決定されることも，興味深い．それは，x のとる値によって，販売人と購買人のいずれか一方に，より有利になるように働く．たとえば，極端な値として，$x = 0$ のときには購買人が利得を全額獲得し，$x = 1$ のときには販売人が利得を全額獲得する．さらに，中間の $x = \frac{1}{2}$ のときには，販売人と購買人で利得を2等分することになる．究極的には，均衡の選択は，この取引ゲームの定式化からは得られない，販売人と購買人の外部的な相対的力関係を反映する形で得られると言える．ゲームそれ自身は，均衡における可能な x の値の範囲のみしか決定できないのである．

独占と完全競争から構成されるネットワーク　図11.6と図11.7のネットワークを構成ブロックとして用いて11.2節で取り上げた例のネットワークの均衡を算出することは，困難ではない．この例における可能な均衡を図11.8に与えている．販売人のS1とS3，および購買人のB1とB3は，取引できる取引者が1人で，それぞれ独占されている．したがって，均衡において，取引者は，独占している販売人と購買人に対して，最大限の利得を獲得できる買い値0と売り値1を提示している．

これに対して，販売人S2と購買人B2は，2人の取引者間の完全競争により，有利な立場にいる．ここでは，図11.7の，より単純なネットワークの解析で用いた議論が適用できる．したがって，取引を行っている取引者は，0以上1以下のある値 x を用いた，買い値 x と売り値 x を提示していることになる．そうでないとすると，もう一方の取引者が，取引を奪えてしまうからである．したがって，もう一方の取引者も，買い値 x と売り値 x を提示していることになる．

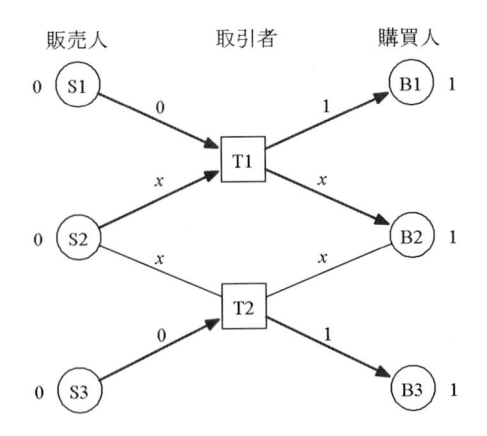

```
            販売人      取引者     購買人
         0  ┌──┐   0         1  ┌──┐ 1
            │S1│─────────┐  ┌──▶│B1│
            └──┘         ▼  │    └──┘
                       ┌──┐ │
                    ┌─▶│T1│─┤
                    │  └──┘ │
                  x │       │ x
         0  ┌──┐    │       ▼    ┌──┐ 1
            │S2│────┤       ┌──▶│B2│
            └──┘    │       │    └──┘
                  x │       │ x
                    │  ┌──┐ │
                    └─▶│T2│─┤
                       └──┘ │
                     ▲      │
         0  ┌──┐   0 │      │  1 ┌──┐ 1
            │S3│─────┘      └──▶│B3│
            └──┘                 └──┘
```

図11.8 このネットワークは，独占と完全競争を表現する，より単純なネットワークに対する考察を用いて解析できる．

　この種の推論は，他のより複雑なネットワークを解析する際にも役に立つ．販売人と購買人は，可能な取引相手が1人の取引者に限定されて独占されているときには，どのような均衡でも，獲得できる利得はゼロとなる．独占している取引者が最大の利得を獲得するために，買い値や売り値を限界まで持っていくからである．一方，同一の販売人と購買人に同時に結ばれている2人の取引者は，この販売人からこの購買人への商品の受け渡しの取引において，いずれも正の利得を獲得することはできない．一方が取引で正の利得を獲得すると，他方がその取引を奪って自分の利得を正にすることができてしまうからである．

　この二つの原理では説明できない，より複雑な効果を生み出すネットワーク構造のさらなる例について，以下で考えることにする．

非明示的な完全競争　これまでの例では，取引者が取引を実際に行ってゼロの利得しかあげられなかったときは，同一の販売人と購買人に結ばれていて，同一の取引を行える取引者が存在していた．しかしながら，このように直接的な競争相手が存在しないにもかかわらず，より巨視的なネットワーク構造に起因する理由に基づいて，取引者が取引を実際に行ってゼロの利得しかあげられないこともあるのである．

　図11.9のネットワークは，これがどのようにして起こるのかを説明している．この取引ネットワークでは，販売人から購買人へのどの"取引ルート"に対しても，直接的な競争が存在しない．しかしながら，どの均衡においても，すべての買い値と売り値は，0と1の間のある共通のxを用いた値になっていて，すべての商品が販売人から購買人へと流れる．したがって，すべての取引者は取引を行うが，ゼロの利得しかあげられないのである．

　これが均衡であることは容易に理解できる．各取引者が他の取引者の選択している戦略に対して，最善反応の戦略を選択していることを確かめるだけでよい．どの均衡でも，すべての買い値と売り値は，ある共通の値xであることを確認するためには，少し手間がかかる．これを確認する最も簡単な方法は，完全競争の図11.7で解析で行ったように，ある取引者が売り値より買い値を下げたとすると，どのようなことが起こるのかを特定することであると思われる．

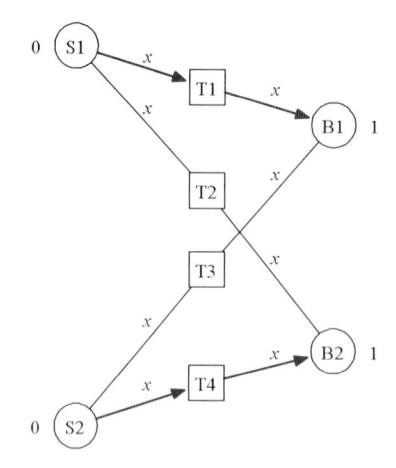

図11.9 非明示的な完全競争の一つの例．どの取引者も同一の販売人と購買人の対を持つ競争相手がいないにもかかわらず，均衡においては，取引者の利得はゼロとなる．

11.4　さらなる均衡現象：オークションと波及効果

　これまでに取り上げてきた取引ネットワークのモデルは，他の様々な現象を表現することもできる表現力の豊かなものである．ここでは，そのような例を二つ挙げておく．一つ目は，単一商品の第二価格オークションが取引ネットワークの均衡として起こる例であり，二つ目は，ネットワークの小さな変化が，他のノードにどのように波及効果を及ぼしていくかを取り扱う例である．

　第二価格オークション　図11.10は，取引ネットワークを用いて，単一商品の第二価格オークションを表現できることを示している．単一の商品を売りたいと考えている販売人S1と，その商品を買いたいと考えている4人の購買人B1, B2, B3, B4がいて，それぞれ商品の評価がw, x, y, zであるとする．さらに，$w > x > y > z$であるとする．この例では購買人は4人としているが，ここの解析は購買人が何人でも適用できる．

　取引が仲介を通して行われる本章のモデルに合わせるために，各購買人が異なる取引者と結ばれるようにする．すなわち，購買人の取引の"代理人"として取引者を考える．このようにして，図11.10(a)に示しているような取引ネットワークが得られる．

　そこで，このネットワークの均衡を考えることにする．取引者T1は，購買人に売り値wで商品を売ることができるので，他のすべての取引者の買い値以上の買い値を提示できる．均衡では，取引できる最小の買い値を提示することになるので，買い値xを提示して取引者T2に勝てる．なお，ここでは識別不可能性により，買い値xでの取引では，T2ではなくT1に商品が渡ると仮定できることを用いている．そして，購買人B1はT1から価格wで商品を買い，購買人B2, B3, B4は，代理の取引者から商品を買わないことを選択することになる．

11.4 さらなる均衡現象：オークションと波及効果　313

(a)

(b)

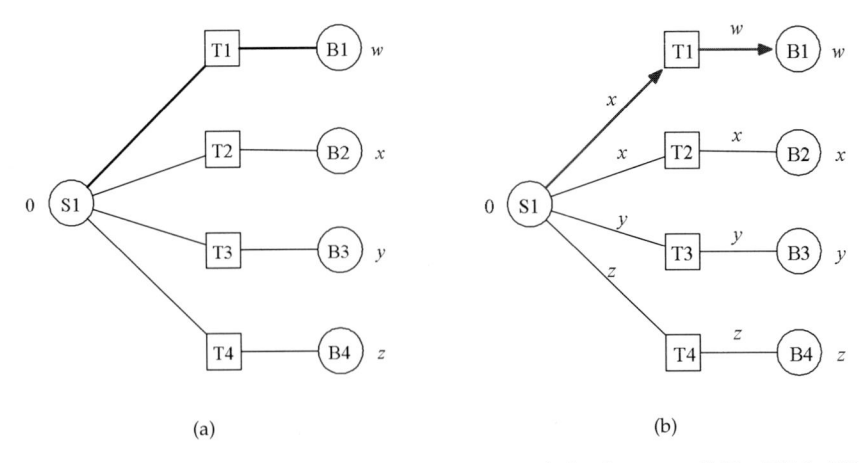

図 11.10 (a) 単一商品のオークションは取引ネットワークで表現できる．(b) 均衡の価格と商品の流れ．この結果としての均衡により，第9章の第二価格ルールが実現される．

したがって，図 11.10(b) に示している均衡が得られる．この均衡から，第二価格オークションの形式が実現されて，販売人に対する2番目に高い入札額の支払いで，最高額の入札者（取引者）に商品が渡ることに注意しよう[3]．興味深いことは，第二価格ルールがオークションの定式化にまったく組み込まれていないにもかかわらず，ここの取引ネットワーク表現の均衡として自然に出現していることであろう．

ネットワークの変化による波及効果　取引ネットワークのモデルは，ネットワーク構造の小さな変化により，直接的に変化に関与していないノードの利得がどのような影響を受けるのかを探求するのにも，用いることができる．そして，これは，高度に結合された取引ネットワークに対する"衝撃"が，ネットワークのかなり離れた地点にまで波及していく仕組みを推論する方法につながる．

これはきわめて一般的な問題であるので，ここでは，そのような効果がどのように起こるかを具体的に眺めることができる特別な例を挙げて考える．図 11.11 の対になっているネットワークを考える．(b) のネットワークは，(a) のネットワークに単に S2 と T2 を結ぶ辺を付け加えることで得られる．初めに，これらのネットワークのそれぞれで均衡を算出し，次に，それらの均衡がどのように異なるのかを考える．

図 11.11(a) では，購買人 B2 を除いて，すべての販売人と購買人が取引者に独占されているので利得はゼロとなる．なお，識別不可能性を用いて，B3 は商品を買わないが，B1

---

[3] もう少しだけ考えることにより，このネットワークの均衡をすべて求めることもできる．そして，以下のようなある種の"病理的な"構造の均衡を除外すれば，第二価格ルールは唯一の均衡であることを示せる．任意の均衡において，商品は購買人 B1 へと流れ，各取引者は独占している購買人に対して購買人の評価を売り値として提示している．ここで取り上げている均衡では，取引者の T1 と T2 は x の買い値を提示している．しかしながら，均衡の一部を形成する他の入札集合もある．取引者 T2, T3, T4 の買い値の最高額が x から w の間にあり，T1 の買い値がその値と一致するときには，均衡となる．取引者 T2, T3, T4 の買い値の最高額が x より真に大きいときには，T2, T3, T4 で最高額を提示している取引者の買い値と売り値では，買い値が売り値より高くなり，その意味で交差 (crossing) 対をなしている．これでも均衡である．なぜなら，T1 がここでも取引を行い，交差対を持つ取引者は何も失わずに，その提示を変えたいと思わないからである．しかしながら，これは一種の病理的な均衡である．売ろうとして提示している価格よりも，買おうとして提示している価格を高く設定している取引者がいるからである [63]．したがって，買い値と売り値の交差対がない均衡のみを考えると，T2 は"第二価格の値"の x を買い値として提示し，これが商品の受け渡し価格になる．すなわち，第二価格ルールは，交差対がない均衡のうちで唯一の均衡と言えるのである．

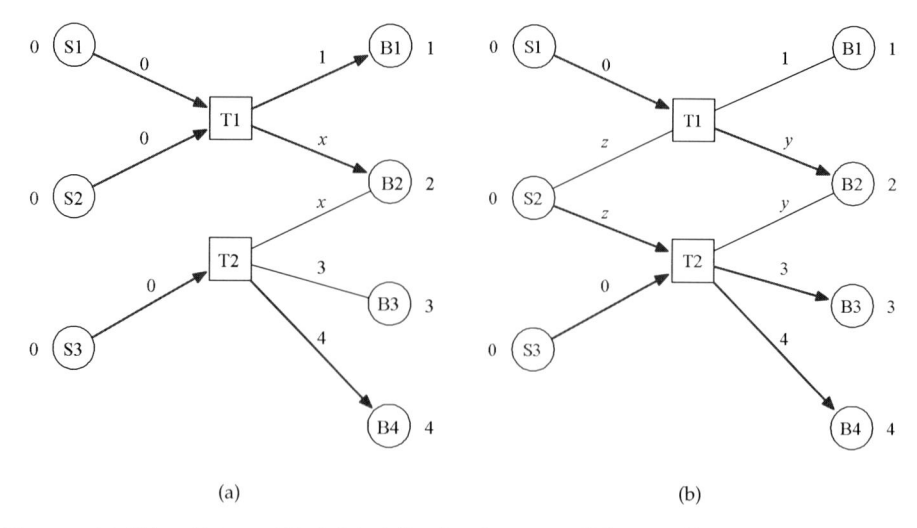

図 11.11 (a) 新しい辺 S2-T2 が加えられる前のネットワークの均衡. (b) 新しい辺 S2-T2 が加えられた後のネットワークの均衡. いくつかの変化が均衡において起こっている. それらの変化のうちの一つに, 購買人 B1 は商品を受け取れなくなり, 代わりに購買人 B3 が受け取ることになることが挙げられる.

と B4 は商品を買っていると仮定している. これまでの例でもそうであったが, これは, B3 が商品を買わないように, T2 が B3 に 3 よりほんの少しだけ高い売り値を提示したとして考えることもできる. さらなる解析が必要なところはもう一つだけで, 2 人の取引者が B2 に提示する売り値についてである. 均衡においては, これらの売り値は等しいはずである. そうでないとすると, B2 と取引している取引者が提示額をわずかに上げることができるからである. また, この等しい提示額 x は, 0 から 2 の間の任意の値となる. なお, ここでは, 識別不可能性により, B2 は取引者 T1 から商品を買うと仮定している. B2 は取引者 T2 から商品を買うことはあり得ないことにも注意しよう. B2 が最大でも 2 しか支払えないのに対して, 4 の価格で商品を売れる状態にあるからである.

図 11.11(b) では, S2 と T2 を結ぶ辺が加えられたので, 均衡において S2 と B2 に提示される買い値と売り値と, 商品の流れを算出し直すことが必要である. 提示される買い値と売り値についての推論には, これまでの例で行ってきた以上の議論が必要であるので, いくつかのステップに分けて構築していく.

- S2 に対して 2 人の取引者が提示している買い値は等しくなる. そうでないとすると, 商品を獲得するほうの取引者が, 提示額をわずかに低くすることができてしまうからである. 同様の理由により, B2 に対して 2 人の取引者が提示している売り値も等しくなる. そこで, 提示している共通の買い値と売り値を, それぞれ z と y とする.
- 次に, 均衡において, 販売人と取引者で行われる取引を決定することができる. 均衡において, 販売人 S2 は T1 ではなく, T2 に商品を売ることになる. そうでなく, S2 が T1 に商品を売って, T1 がその商品を受け取り, 取引において非負の利得を得たとすると, S2 は高々 2 の価格で商品を売ったことになる. するとこのとき, T2 は T1 よりわずかに高い提示額を S2 に提示して S2 から商品を買い取り, それを B3 に売れることになる. したがって, 均衡においては, T2 は商品を二つ買って, T1 は商品を一つ

買うことになる.

- ここで，売り値 y の可能な値を導出することにしよう．y は1以上になる．そうでないとすると，取引者の1人が低い価格（1未満の価格）でB2に商品を売っていることになってしまう．この取引者には，さらに独占している別の購買人がいて，その購買人に1以上の価格で商品を売ることができて，より高額の利得が実現することになってしまう．したがって，均衡ではこれは起こらないので，y は1以上になる.

　同様に，均衡において，売り値 y は2以下である．そうでなく y が2より大きいとしてみる．すると，B2は商品を買わないことになる．したがって，T1はB2に対する提示額を下げ，B2がT1から商品を1から2の間の価格で買うように戦略を変えれば，利得を真に増やせることになり，均衡であることに矛盾してしまう.

- 次に，均衡において，取引者と購買人での取引がどのように行われるかを決定する．取引者T2が2個の商品を買い，取引者T1が1個の商品を買うことは，すでに与えている．T2は利得を最大化するために，2個の商品をB3とB4に売ることになる．したがって，均衡においては，T2はB2には売らないことになる．さらに，売り値 y は1以上であるので，T1はS1から買い，B2に売ることになる.

- 最後に，z の値に関してどのようなことが言えるであろうか？ z は1以上となる．そうでないとすると，T1はS2に対する提示額を上げ，S2とT2との間の現在の取引を奪ってS2と取引して商品を買えるようになり，その商品をB1に売って正の利得を得られるようになる．したがって，T1の利得が現在より高くなってしまう．z は3以下でもある．そうでないとすると，T2がS2から商品を買いたくなくなってしまうからである.

解析をまとめる．均衡においては，以下が成立する．買い値 z は1と3の間の任意の値であり，売り値 y は1と2の間の任意の値である．S1の商品はT1を介してB2に流れ，S2とS3の商品はT2を介してB3とB4に流れる．この商品の流れは，ネットワークに課せられた制約のもとで，商品を獲得する購買人の評価の総和を最大化していることに注意しよう．本章の後の部分で，任意の均衡がこの効率性を持つことを眺める.

　これらの二つの対の例で何が起こっているのかを概観しよう．図11.11(a)では，取引者T2は，商品を非常に欲しがっている（高額の評価をしている）複数の購買人と取引できるが，取引できる販売人が非常に限定されている．一方，取引者T1は，すべての可能な取引の機会をすべて用いることができる．この点から，このマーケットは，商品の流れを制限する"ボトルネック"を持っていると言える.

　S2とT2を結ぶ辺が付加された図11.11(b)のネットワークでは，複数の事柄が変化している．第一の，そして最も明確なことは，購買人B3が新しく商品を獲得できて，購買人B1が商品を獲得できなくなってしまったことである．本質的には，マーケットのボトルネックが解消されて，低い評価の購買人を犠牲にして，高い評価の購買人が新しく商品を獲得できるようになっていることである．B1の観点からは，これは"局所的でない"効果である．辺が新しく形成されているが，それはB1に隣接していない二つのノードを結ぶものであるにもかかわらず，商品を獲得できない状況にB1を追い込んでいるのである.

　ほかにも複数の変化が存在する．販売人S2はより強力な位置を占めていて，（均衡にお

いて z は 1 以上であるので) かなり高い価格を提示させることができるようになっている．さらに，B2 に対する売り値の範囲も，均衡において，区間 [0,2] から区間 [1,2] に狭められている．したがって，辺が加えられる前のネットワークの均衡における B2 に対する買い値 $x < 1$ は，辺が加えられた後のネットワークでは均衡とならず，新しい均衡においては，より高い値の $y \geq 1$ に置き換えられている．これは，B2 がより弱い位置を占める販売人から，暗黙裏に利益を享受していたことを暗示している．そして，S2 と T2 とを結ぶ辺が加えられたことで，実際にそのことが明確になったのである．

　これは単純な例であるが，取引ネットワークの構造が変化すると，商品の流れのボトルネックが緩和されたり新たに生まれたりして，いくつかの複雑な事柄が生じることを，すでに説明するものになっている．さらによく考えると，ネットワークにおける変化の効果が，ネットワーク構造を介してより遠くまで波及していく例も作れる．

　この種の推論は，ネットワークを適応性に富むものと考えて，マーケットの参加者が部分的に制御できるものと見なす一連の問題とも関連している．たとえば，図 11.11(a) のネットワークから図 11.11(b) のネットワークへの構造の変更に対するリンクの創設に，S2 と T2 はどのくらい費用を負担できるのか？ という問題が挙げられる．より一般的には，複数のノードがリンクを創設したり維持したりするための資源の投資と，それによる利得の増加から得られる利点のトレードオフを，どのように評価したらよいのであろうか？ これは，別の取引ネットワークのモデルでも考えられてきている問題である [150, 261]．そして，それは，多種多様な利得のもとでのゲーム理論的な活動として，ネットワーク形成を研究する，より広範な研究活動の一部となっている [19, 39, 121, 152, 227, 385]．

11.5　取引ネットワークにおける社会的幸福

　これ以前の設定でゲームを眺めてきたときには，均衡の解だけではなく，それらの解が**社会的に最適**かどうか，すなわち，すべてのプレーヤーの利得の総和である**社会的効用**を最大化するかどうかも考えてきた．

　ここのゲームの枠組みでは，販売人 i から購買人 j へと渡る商品は，社会的効用に $v_j - v_i$ だけ寄与する．これは，j が i よりどれだけ高い評価をしているかに対応するものであり，i から j への商品の流れに沿って "支払われる金銭の授受" による利得への寄与分は，全体として総和はゼロとなる．より詳しくは，以下のとおりである．商品が取引者 t を介して i から j に渡ったとする．さらに，t は，i へ買い値 b_{ti} を提示し，j へ売り値 a_{tj} を提示しているとする．すると，i から t を経由する j への商品の流れに沿う i と j と t の利得の総和は，

$$(b_{ti} - v_i) + (a_{tj} - b_{ti}) + (v_j - a_{tj}) = v_j - v_i$$

となる．

　したがって，社会的効用は，販売人 i から購買人 j への商品の移動による $v_j - v_i$ を，すべての商品にわたって合計したものになる．これは，元の商品の所有者の評価の総和と比べて，商品の新しい所有者の評価の総和がどれだけ多くなっているか（どれだけより幸せ

になっているか）を表しているので，納得できるものである．可能な商品の流れの中で，この値の最大値が社会的な最適値である．社会的な最適値は，販売人と購買人の評価に依存するだけでなく，ネットワーク構造にも依存する．より密に結合されているネットワークは，商品の望まれる流れを阻害するボトルネックを持つような，より疎に結合されているネットワークよりも，高い社会的効用を達成できる可能性がある．

そこで，例として，図 11.11 のネットワークの対に戻って考えてみよう．どちらのケースでも，均衡は，社会的に最適な解を達成する商品の流れをもたらしている．図 11.11(a) では，B3 と B4 にネットワークを利用して同時に商品を渡すことができないので，社会的効用の可能な最大値は，$1+2+4=7$ である．しかしながら，S2 から T2 への辺が 1 本加えられると，ネットワークを利用して B3 と B4 が同時に商品を受け取れるようになるので，社会的効用の可能な最大値は，$2+3+4=9$ に増加する．これは，取引において，より密なネットワーク構造が社会的効用をより大きくできることに対する簡単な説明を与えている．

社会的最適性のこれまでの議論において，販売人と購買人とともに取引者もプレーヤーの一員であるので，取引者の利得を社会的効用の一部として含めてきた．次節では，総利得を販売人と購買人と取引者の間でどのように配分したらよいか，さらに，その配分はネットワーク構造にどのように依存するかについて議論する．

均衡と社会的効用 図 11.11 の両方のネットワークでは，社会的効用を最大化する商品の流れは，均衡で達成されている．

実際，これまで眺めてきたすべての例で，社会的効用を最大化する商品の流れは，均衡で達成されている．そして，これは一般にも成立するのである．どの取引ネットワークにおいても，少なくとも一つの均衡が存在し，すべての均衡が社会的な最適解を達成する商品の流れをもたらすことが証明できる [63]．この証明をここで取り上げることはしないが，構造的には，前章で議論したマーケット完売価格の存在と最適性の証明に似たものである．そこでは，仲介人は存在しないが，ある種の均衡を達成する価格（すなわち，マーケット完売価格）が常に存在し，そのような価格はすべて社会的効用を最大化する割当てをもたらすことを証明できていた．

11.6　取引者の利得

ここでは，均衡における社会的効用が，利得として，販売人と購買人と取引者の間でどのように配分されるのかという問題を考える．とくに，これまで研究してきた例から考えると，ネットワークがより密に結合されるに従って，個々の取引者の影響力は弱くなっていき，利得も下がる，という原理が働いているように思える．この原理をより正確に理解するためには，ここのネットワークモデルで表現できる基本的な問題を考えることが必要である．すなわち，完全競争の構造的な基盤とはどのようなものか？という問題を考える．

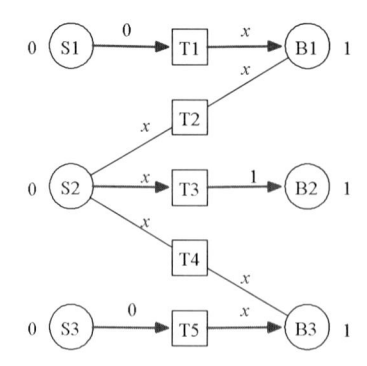

318　第 11 章　仲介が存在するマーケットのネットワークモデル

```
0  (S1) --0--> [T1] --x--> (B1)  1
                   \ x
                    [T2]
                   / x
0  (S2) --x--> [T3] --1--> (B2)  1
                   \ x
                    [T4]
                       \ x
0  (S3) --0--> [T5] --x--> (B3)  1
```

図 11.12　各取引者が正の利得を獲得できるかどうかどうかは，均衡に依存する．この取引ネットワークでは，$x = 1$ のときには，取引者の T1 と T5 が正の利得を獲得できる．一方，$x = 0$ のときには，取引者 T3 のみが正の利得を獲得できる．

　これまでに挙げた例によると，取引者が正の利得を獲得するためには，取引ネットワークで取引者の果たす機能が，ある意味で"本質的"であることが必要である．もちろん，取引者のこの機能を完全に代替できる他の取引者がいるときには，その取引者は正の利得を獲得できない．また，図 11.9 の非明示的な完全競争のように，より複雑な状況でも正の利得を獲得できない．実際には，この"本質性"の原理版が一般に成立することになるのであるが，最初に考える以上に，それはかなり複雑である．それがわかるようにするために，二つの点を象徴する例から始めることにしよう．

　第一の例は，取引者が正の利得を獲得できるかどうかは均衡に依存することを示す例である．あるネットワークでは，取引者が正の利得を獲得できる均衡もあるし，正の利得を獲得できない均衡もある．図 11.12 は，これがどのように起こるかを示す例である．この例において，0 と 1 の間の任意の値 x に対して，取引者の提示している呼び値は，均衡を形成する．なお，取引者の T2 と T4 は，x に値を"固定する"役割を果たすだけで，取引は行えない．ここで，$x = 1$ のときには，取引者の T1 と T5 が正の利得を獲得できる．一方，$x = 0$ のときには，取引者の T3 のみが正の利得を獲得できる．さらに，どの均衡も，3 人の販売人の商品を 3 人の購買人に渡す流れをもたらし，社会的効用は 3 である．この社会的効用のうちで，取引者以外の販売人と購買人に渡る社会的効用は，x が 1 から 0 に変化するに従い，1 から 2 へと変化していく．

　図 11.13 の第二の例は，さらに直観に反するものである．ここでは，取引者の T1 と T2 は，取引できるそれぞれの販売人を独占しているにもかかわらず，"どの均衡でも"正の利得を獲得することができない．この事実は，以下のように証明できる．最初に，このネットワークの均衡は，図 11.13(b) あるいは図 11.13(c) のような形になることに注意する．販売人は独占されているので，取引者から 0 の買い値を提示される．各購買人に対して，2 人の取引者が提示する売り値は等しくなる．そうでないとすると，取引を行っている取引者が，わずかに売り値を上げることができてしまうからである．最後に，購買人への売り値の一つが正であったとする．すると，対称性から $x \geq y$ かつ $x > 0$ と仮定できる．そこで，$y > 0$ としてみる．すると，売り値 y を提示されている購買人 B2 と取引を行っていない取引者が，その売り値をわずかに下げることにより，B2 と取引できて利得を真に増やせてしまう．これは均衡に反するので，$y = 0$ が得られる．したがって，$x > y = 0$ である．

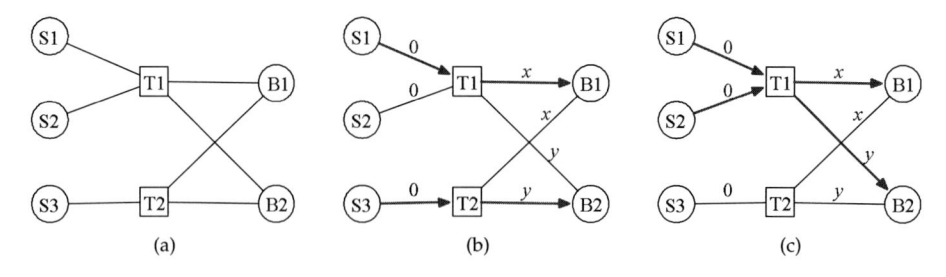

図 11.13 このネットワークでは，2人の取引者が販売人を独占しているにもかかわらず，均衡においては，いずれの取引者も正の利得を獲得することができない．(a) 取引者 T1 が本質的であるネットワーク．(b) T1 が 1 個の商品を取引する均衡．(c) T1 が 2 個の商品を取引する均衡．

しかしこのときも，売り値 x を提示されている購買人 B1 と取引を行っていない取引者 T2 が，その売り値をわずかに下げて $x' > 0$ $(x > x' > 0 = y)$ とし，B1 と取引できて利得を真に増やせてしまう．

したがって，この例では，どの均衡においても，すべての買い値と売り値は 0 となり，取引者はいずれも正の利得を獲得することができない．2人の取引者が販売人を独占しているにもかかわらず，このことが起きている．さらに，T2 が自分だけでは高々 1 個の商品しか取引できないにもかかわらず，T1 は正の利得を獲得するのに失敗している．これは，小さい取引者が，取引可能な購買人の集合に比べて取引可能な販売人が十分でないにもかかわらず，自身の取引可能な購買人の集合を最大限に活用して，大きい取引者と競争している状態にあると解釈することができる．すなわち，"実際の実行以上に脅迫のほうが強く働いている"状況であると言える．これは，モデルの枠組みに自然に適合しているものの，この例と同様の例から，モデルの自然な拡張，すなわち，各取引者が取引可能な取引の個数に固有の制限があるモデルへの拡張も期待されている．これにより，競争相手の取引者の行動も影響を受けることになる．これ以前の例では，そのような固有の制限をおけるにしても，本質的に変化するところがあるわけではなかったが，図 11.13 は，ある状況では，そのような制限をおくことも考える価値があることを示唆している．

これらの例を心に留めておいて，ネットワークのある取引者 T が正の利得を獲得することのできる均衡が存在するのはどのようなときか？という問題に戻ってみよう．そのような均衡が存在するのは，除去すると社会的な最適解の値が変わるような辺 e を T が持つときであり，そしてそのときのみであることになる．そのような状況のとき，e を T から他のノードへの**本質的な辺** (essential edge) と呼ぶことにする．この命題の証明はかなり複雑であるが，詳細は文献 [63] を参照されたい．図 11.6 と図 11.8 は，各取引者が本質的な辺を持ち，したがって，均衡において正の利得を獲得することのできる取引ネットワークの例である．一方，図 11.7 と図 11.9 は，どの取引者も本質的な辺を持たず，したがって均衡において正の利得を獲得することができない取引ネットワークの例である．

この本質的な辺の条件は，図 11.13(a) で眺めたものより強力な独占力の形式になっている．そこでは，ノード T1 を除去すると社会的な最適解の値が変わるが，どの 1 本の辺を除去しても，社会的な最適解の値は変わらずに 2 のままである．すなわち，任意に辺を 1 本除去しても 2 個の商品が購買人に渡る流れが存在し続ける．これが，図 11.13(a) において，T1 が強力な力を持っているにもかかわらず正の利得を獲得することができないこと

の，中核となる理由である．

　図11.12の例は，この条件がすべての均衡ではなく，"ある均衡"でのみ正の利得を獲得できることも示している．図11.12では，均衡をもたらすxの値の変化に伴い，一方の取引者から他方の取引者に，受け取れる利得が本質的に滑らかに"滑っていく"ことがわかる．

11.7　仲介が存在する取引についてのまとめ

　本章を終えるにあたって，ネットワーク上での取引の解析が，本章の最初に動機付けとして取り上げた例，すなわち，株式市場（金融マーケット）の取引の例，および発展途上国における農産物の取引の例と，どのように関係しているかを振り返ることは有用であろう．本章で解析したネットワークモデルは，これらの実際のマーケットの本質的な特徴のいくつかを取り込んで抽象化したものであるが，いくつかは取り込めていない．本章のモデルは，取引に仲介人（取引者）が存在して，これらの仲介人に対するアクセスの可能性は個々に異なるという制約を反映したものである．この取引ネットワークにおける均衡は，金融マーケットのように，買い値や売り値の差額が公示されて，販売人と購買人が仲介マーケットで金融証券の売買を行うという事実を反映している．ここのモデルでも，実際に仲介マーケットで行われるように，買い値と売り値の差額の大きさや仲介人が獲得する利得は，取引の流れにおける仲介人同士の競争の総量に依存する．

　しかしながら，仲介マーケットにおける取引には，ここの単純なモデルでは取り込めなかった他の興味深い側面も存在する．とくに，購買人と販売人の評価がどこから来るのかを取り上げなかったし，買い値，売り値，取引で明らかになった情報を，この評価の修正にどのように利用できるのかも取り上げなかった．このようなマーケットにおける確信（思い込み）と情報の役割については，第22章で議論する．

11.8　演習問題

1. 1人の販売人Sと，2人の購買人B1, B2，および2人の取引者（仲介人）T1, T2からなる仲介の存在する取引ネットワークを考える．販売人はいずれの取引者とも取引できる．購買人はそれぞれ，異なる1人の取引者と取引できる．すなわち，購買人B1は取引者T1とのみ取引でき，購買人B2は取引者T2とのみ取引できる．販売人は1個の商品を持っていて，その評価は0である．各購買人は，商品が獲得できると保証されているわけではないが，1個の商品を欲しがっている．商品に対する購買人B1の評価は1であり，購買人B2の評価は2である．

    (a) 取引者を四角のノードで，購買人と販売人を丸のノードで表し，互いに取引可能な2人を辺で結んで，この取引ネットワークを図示せよ．各ノードには，S, B1, B2, T1, T2のラベルを適切に与えよ．

(b) 取引者が以下のように価格の提示をしているとする.
- 取引者 T1 は，S に買い値 $\frac{1}{3}$，B1 に売り値 1 を提示している．
- 取引者 T2 は，S に買い値 $\frac{2}{3}$，B2 に売り値 2 を提示している．

これらの買い値と売り値は均衡か？ 均衡であると答えたときには，その理由を簡単に説明せよ．均衡でないと答えたときには，どの取引者が提示する価格をどのように変更すると利得が増えるかを説明せよ．

2. 2 人の購買人 B1, B2, 2 人の販売人 S1, S2, および 1 人の取引者 T1 からなる仲介の存在する取引ネットワークを考える．購買人と販売人はいずれも取引者と取引できる．各販売人は 1 個の商品を持っていて，その評価は 0 である．各購買人は，商品が獲得できると保証されているわけではないが，1 個の商品を欲しがっている．商品に対する購買人 B1 の評価は 1 であり，購買人 B2 の評価は 2 である．

(a) 取引者を四角のノードで，購買人と販売人を丸のノードで表し，互いに取引可能な 2 人を辺で結んで，この取引ネットワークを図示せよ．各ノードには，T1, B1, B2, S1, S2 のラベルを適切に与えよ．均衡となる取引者の買い値と売り値も求めよ（答えに対して説明を与える必要はない）．

(b) ここで，すべての販売人とすべての購買人と取引できる第二の取引者 T2 が加わったとする．この新しいネットワークで，各取引者がすべての販売人に対して買い値 1，購買人 B1 に対して売り値 1，購買人 B2 に対して売り値 2 を提示したとする．さらに，1 個の商品が S1 から取引者 T1 を介して B1 に流れ，1 個の商品が S2 から取引者 T2 を介して B2 に流れるとする．これは均衡か？ この新しい取引ネットワークを図示し，さらに，与えた答えに対して簡単な説明を与えよ．

3. 2 人の販売人 S1, S2, 3 人の購買人 B1, B2, B3, および 2 人の取引者（仲介人）T1, T2 からなる仲介の存在する取引ネットワークを考える．各販売人はすべての取引者と取引できる．購買人 B1 は取引者 T1 とのみ取引できる．購買人 B2 はすべての取引者と取引できる．購買人 B3 は取引者 T2 とのみ取引できる．各販売人は 1 個の商品を持っていて，その評価は 0 である．各購買人は，商品が獲得できると保証されているわけではないが，1 個の商品を欲しがっている．商品に対する購買人 B1 の評価は 1 であり，購買人 B2 の評価は 2 であり，購買人 B3 の評価は 3 である．

(a) 取引者を四角のノードで，購買人と販売人を丸のノードで表し，互いに取引可能な 2 人を辺で結んで，この取引ネットワークを図示せよ．各ノードには，S1, S2, B1, B2, B3, T1, T2 のラベルを適切に与えよ．

(b) 取引者が以下のように価格の提示をしているとする．
- 取引者 T1 は，すべての販売人に買い値 1，B1 に売り値 1，B2 に売り値 2 を提示している．
- 取引者 T2 は，すべての販売人に買い値 1，B2 に売り値 2，B3 に売り値 3 を提示している．
- 販売人 S1 から取引者 T1 を介して購買人 B2 に 1 個の商品が流れ，販売人 S2 から取引者 T2 を介して購買人 B3 に 1 個の商品が流れる．

（必要と思われるとき，そして図がはっきりとしている限りにおいては，問題 (a) で与えた図の上に，これらの価格とこの流れを書き込んでもかまわない．）これ

らの買い値と売り値，および商品の流れは均衡か？ 均衡であると答えたときには，その理由の簡単な説明を与えよ．均衡でないと答えたときには，どの取引者が提示する価格をどのように変更すると利得が増えるかを説明せよ．

4. 1人の販売人 S と，1人の購買人 B，および 2人の取引者（仲介人）T1, T2 からなる仲介の存在する取引ネットワークを考える．販売人と購買人はいずれの取引者とも取引できる．販売人は 1個の商品を持っていて，その評価は 0 である．購買人はその商品が獲得できると保証されているわけではないが，1個の商品を欲しがっている．商品に対する購買人 B の評価は 1 である．

取引者を四角のノードで，購買人と販売人を丸のノードで表し，互いに取引可能な 2人を辺で結んで，この取引ネットワークを図示せよ．さらに，均衡となる取引者の買い値と売り値も求めよ．その答えに対する説明も与えよ．

5. 1人の販売人 S と，2人の購買人 B1, B2，および 2人の取引者（仲介人）T1, T2 からなる仲介の存在する取引ネットワークを考える．販売人はいずれの取引者とも取引できる．購買人はそれぞれ，異なる 1人の取引者と取引できる．すなわち，購買人 B1 は取引者 T1 とのみ取引でき，購買人 B2 は取引者 T2 とのみ取引できる．販売人は 1個の商品を持っていて，その評価は 0 である．各購買人は，商品が獲得できると保証されているわけではないが，1個の商品を欲しがっている．商品に対する購買人 B1 の評価は 3 であり，購買人 B2 の評価は 1 である．

(a) 取引者を四角のノードで，購買人と販売人を丸のノードで表し，互いに取引可能な 2人を辺で結んで，この取引ネットワークを図示せよ．各ノードには，S, B1, B2, T1, T2 のラベルを適切に与えよ．

(b) 均衡となる取引者の買い値と売り値を求めよ．取引者の獲得できる利得はいくらになるか？

(c) ここで，各購買人がすべての取引者と取引できるように辺が加えられたとする．この新しいネットワークにおける均衡を求めよ．取引者の獲得できる利得はどうなるか？ その理由も説明せよ．

6. 3人の販売人 S1, S2, S3，2人の購買人 B1, B2，および 2人の取引者（仲介人）T1, T2 からなる仲介の存在する取引ネットワークを考える．販売人 S1, S2 は取引者 T1 とのみ取引できる．販売人 S3 は取引者 T2 とのみ取引できる．購買人はそれぞれ，異なる 1人の取引者と取引できる．すなわち，購買人 B1 は取引者 T1 とのみ取引でき，購買人 B2 は取引者 T2 とのみ取引できる．各販売人は 1個の商品を持っていて，その評価は 0 である．各購買人は，商品が獲得できると保証されているわけではないが，1個の商品を欲しがっている．商品に対する各購買人の評価は 1 である．

(a) 取引者を四角のノードで，購買人と販売人を丸のノードで表し，互いに取引可能な 2人を辺で結んで，この取引ネットワークを図示せよ．各ノードには，S1, S2, S3, B1, B2, T1, T2 のラベルを適切に与えよ．

(b) この取引ゲームにおいて，均衡となる取引者の買い値と売り値を求めよ．その答えに対する説明も与えよ．

(c) ここで，購買人 B2 と取引者 T1 を結ぶ辺を加えたとする．この新しい辺を加えたことで，ゲームの結果が変わるかどうかを知りたい．そこで，問題 (b) の答えの

均衡を持ってくる．そして，問題 (b) におけるネットワークでの価格と辺の流れはまったく同一であるとする．さらに，新しい辺 B2-T1 を用いた B2 に対する T1 の売り値を 1 とし，商品はこの辺を流れないとする．これらの価格とこの商品の流れは，新しいネットワークでも均衡か？ 均衡であると答えたときには，その理由の簡単な説明を与えよ．均衡でないと答えたときには，ゲームに参加しているどの取引者が提示する価格をどのように変更すると利得が増えるかを説明せよ．

7. 2 人の購買人 B1, B2, 2 人の販売人 S1, S2，および 2 人の取引者 T1, T2 からなる取引ネットワークを考える．各販売人は 1 個の商品を持っていて，その評価は 0 である．各購買人は，商品が獲得できると保証されているわけではないが，1 個の商品を欲しがっている．商品に対する各購買人の評価は 1 である．販売人 S1 と購買人 B1 は取引者 T1 とのみ取引でき，販売人 S2 と購買人 B2 はすべての取引者と取引できる．

(a) 取引者を四角のノードで，購買人と販売人を丸のノードで表し，互いに取引可能な 2 人を辺で結んで，この取引ネットワークを図示せよ．各ノードには，T1, T2, B1, B2, S1, S2 のラベルを適切に与えよ．

(b) 以下のような価格と商品の流れを考える．
 - 取引者 T1 は，販売人 S1 に買い値 0，販売人 S2 に買い値 $\frac{1}{2}$，購買人 B1 に売り値 1，購買人 B2 に売り値 $\frac{1}{2}$ を提示している．
 - 取引者 T2 は，販売人 S2 に買い値 $\frac{1}{2}$，購買人 B2 に売り値 $\frac{1}{2}$ を提示している．
 - 販売人 S1 から取引者 T1 を介して購買人 B1 に 1 個の商品が流れ，販売人 S2 から取引者 T2 を介して購買人 B2 に 1 個の商品が流れる．

これらの買い値と売り値，および流れは，この取引ゲームで均衡か？ 均衡でないと答えたときには，誰がどのように価格を変更するとよいのかを与えよ．均衡であると答えたときには，その理由を簡単に説明せよ．

(c) ここで，販売人 S1 と購買人 B1 の両方と取引できる第三の取引者 T3 を加えたとする．この取引者 T3 は，それ以外の販売人や購買人とは取引できないとする．そしてそれ以外の取引ネットワークの部分はそのままであるとする．このとき，以下の価格と商品の流れを考える．
 - もともとの辺における取引者の提示価格は，問題 (b) のときと同じである．
 - 取引者 T3 は新しい辺に対応して，販売人 S1 に対して買い値 $\frac{1}{2}$，購買人 B1 に対して売り値 $\frac{1}{2}$ を提示している．
 - 商品の流れは，問題 (b) における流れとまったく同一である．

このとき，これらの買い値と売り値，および商品の流れは，この取引ゲームで均衡か？ 均衡でないと答えたときには，誰がどのように価格を変更するとよいのかを与えよ．均衡であると答えたときには，その理由を簡単に説明せよ．

第 12 章
ネットワークにおける交渉とパワー

　ネットワーク上の経済的な取引に対する本書の解析では，とくに第 11 章のモデルにおいては，ネットワークでのノードの占める位置が，マーケットにおけるパワーにどのように影響するかを取り上げてきた．あるケースでは，価格とパワーに関して正確に予測できたが，別のケースでは，ある範囲に収まるという解析しかできなかった．たとえば，2 人の取引者間の完全競争のときには，取引者は正の利得を獲得することができないという結論を導き出せたが，結果として得られる状況が，対象となる販売人と購買人の間でどちらに有利になるのかは，決定できなかった．すなわち，得られた収益を，対象となる販売人と購買人の間で配分する方法が多数可能であった．これは，第 6 章で議論したより広い枠組みの現象の一つの例である．すなわち，均衡が多数存在して，あるものは一方のプレーヤーに有利に働き，あるものは別の一方のプレーヤーに有利に働くときには，事態がどのような結論になるのかを予測するには，さらなる情報を探し求めることが必要になる．

　本章では，参加者によってもたらされる様々な結果に対して，予測をさらに精密化するのに役立つような，ネットワークにおけるパワーについての視点を与える．この視点は，主として社会学の観点からの研究で生じてきたものであるが，経済的な取引のみならず，ネットワークを介してより一般的に行われる多くの社会的な相互作用にも適用することができる．ネットワーク上でのノードの位置がパワーに与える影響の微妙な相違を把握する，正式な原理をいくつか展開する．目標は，任意のネットワークに対して，どのノードがどの程度のパワーを持っているかを正確に予測できるような，簡潔な数学的枠組みを作り出すことである．

12.1　ソーシャルネットワークにおけるパワー

　パワーの概念は社会学では中心的なテーマであり，様々な形式で研究されてきた．多くの関係する概念と同様に，基本的な問題は，パワーのどこまでが個人的な特性による（すなわち，ある人は自身の例外的な特質により，とくにパワーにあふれている）のか，また，パワーのどこまでがネットワーク構造による（すなわち，基盤となるネットワーク構造において軸となる位置を占めていることにより，とくにパワーにあふれている）のか，とい

うことである．

　本章の目標は，経済的な状況，あるいは法的，政治的な状況でのエージェント（参加者）の特性としてパワーを理解するだけでなく，より一般的な社会的な相互作用の中で，すなわち，友人のグループやコミュニティや組織で人々の果たす役割の中で，パワーを理解することである．とくに，大きなソーシャルネットワークで辺で結ばれている 2 人の間に働くパワーの解明法に焦点を当てていく．実際，このテーマに関する基本的な研究の中で Richard Emerson（リチャード・エマーソン）が観察した [148] ように，パワーは個人的な特性によるというよりも，2 人の個人間の関係の特性であると言える．ある個人が単に"パワーにあふれている"というのではなく，どのような条件があると一方が他方に対して（支配的な）パワーを持つのかという研究は，有意義であると考えられる．

　この線に沿った研究における共通のテーマでは，2 人の個人間の社会的な関係を，両者に価値をもたらすものとして捉えている．この価値が何であるのかは，対象とする社会的な関係の形式に明らかに依存するが，アイデアは様々な状況で自然に適用できるものなので，意識的に曖昧にしていくことにする．その価値は，経済学的な状況では，2 人が共同して働くことによって得られる収入と見ることもできるし，政治的な状況では，2 人の間の関係において互いに好都合となることを促進する各個人の能力と見ることもできるし，友人関係の枠組みでは，互いに友人であることから引き出せる社会的・心理的な価値と見ることもできる．これらのいずれの例でも，価値は 2 人の間で等分されることもあるし，偏って分割されることもある．たとえば，この関係において，2 人のうちの一方が他方より多く価値を獲得することもある．すなわち，共同ビジネスの関係で，一方が半分を超える報酬を獲得することもあるし，友人の関係では，一方が他方より注目を浴びたり，主張が一致しないときに一方の主張がより通ることもある．2 人の間の関係でもたらされる価値の分割方法は，一種の**社会的交換** (social exchange) と見なすことができる．そしてこのとき，パワーはこの分割における不平等性に対応する．2 人の間の関係において，よりパワーのあるほうが価値の大半を獲得することになる．

　あるときには，関係のこの不平等性はほぼ完全に，関与する 2 人の人間性の結果であることもある．一方，あるときには，2 人が埋め込まれている，より大きなソーシャルネットワークの機能であることもある．すなわち，2 人の関係において，この 1 個の関係以外の外側におけるソーシャルネットワークで，一方が活用できるより多くの社会的な機会に恵まれていて，より支配的な位置を占めていることから，よりパワーがあるということもある．この後者のケースでは，関係における不平等性は，ネットワーク構造に根付いているものであり，関与する 2 人の人間性を超越するものであると考えられる．社会的な不平等性とパワーが，ソーシャルネットワークの構造に部分的にどのように根付いているかを解明したいということが，社会学において**ネットワーク交換理論** (network exchange theory) として知られている研究分野が進展するきっかけとなった [417]．

　ネットワークにおいてパワーの大きい位置の例　簡単な例を用いて，ネットワークにおいてパワーの大きい位置を議論するのが有効であろう．そこで，ソーシャルネットワークで強い絆の友人関係から得られる図 12.1 の 5 人の友人ネットワークを考える．直観的には，ノード B はこのネットワークでパワーの大きい位置を占めていると思われる．とく

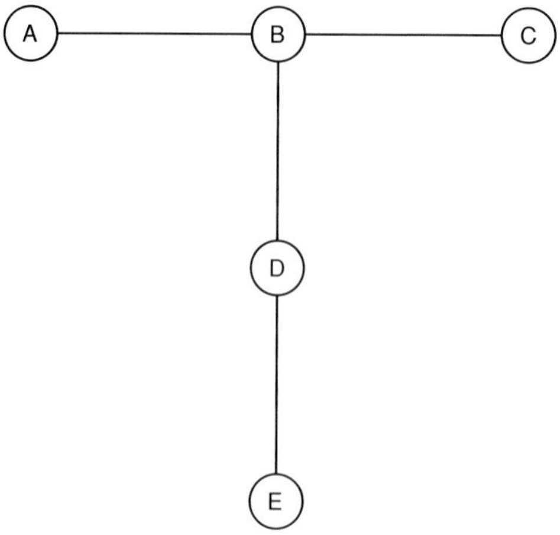

```
         A ─── B ─── C
               │
               D
               │
               E
```

図 12.1 ノード B がパワーを持つ位置を占めていると直観的にわかる 5 人の人からなるソーシャルネットワーク．

に，3 人の友人のうちの A と C の 2 人に対して B はかなり強い立場にいると言える．このような結論は，どのような一般原理から得られるのであろうか？ これに対して，以下のような回答が提案されている．ここではこれらを日常的な言葉で説明しているが，あとでより正確に規定する．

(i) **依存性 (dependence)** 社会的な関係が価値を創生することを思い出そう．それを考慮すると，ノードの A と C は，そのような価値の創生において，ノード B に完全に依存している．これに対して，B は価値の創生において複数のノードと提携できる．

(ii) **排除 (exclusion)** 提案 (i) と関係して，B は A と C を排除する権力を持っている．たとえば，このグループで各人が"最善の友人"を 1 人選ぶとする．すると，B は A と C から一方を選んで，他方を排除する一方的な力を持っている（しかしながら，B は D に対してそのような力を持っていない）．

(iii) **飽食 (satiation)** B のパワーのいくぶん異なる土台として，心理学的な**飽食**，すなわち，あるものを十分に獲得するとそれ以上獲得することへの価値が減少していく性質も，暗に働いていると考えられる．繰り返しになるが，社会的な関係が価値を創生するものと考えると，B はグループの他のメンバーより多くの価値を獲得できることになると考えられる．したがって，B は飽きるほどに手に入れられる状況にあるので，これらの社会的な関係を維持したいと考える限りは，創生される価値の大半を獲得できる．

(iv) **仲介数 (betweenness)** 価値は 1 本の辺における社会的な関係で生成されるだけでなく，複数の辺にまたがるパスに沿っても生成されると考えると，仲介数のような概念を考えることにつながる．仲介数については，3.6 節で詳しく考えた．ここでは，一つのノードの仲介数は，他の二つのノード間を結ぶ多くのパス（とくに短いパス）上にこのノードが存在するとき，高い値をとると考えれば十分であろう．図のネットワークの例では，異なる二つのノード間を結ぶ唯一のパスのうちで，B を含むものが多く存在するので，B は高い仲介数を持っていて，潜在的にパワーを持つことになっている．より一般的には，仲介数はネットワークの"中心的"な点を見つけようとす

るときの**中心度** (centrality measure) の一例とも言える．3.5 節で構造的空洞を議論したときに，ネットワークの異なる部分間を結ぶアクセスポイントとしての役割によってノードのパワーを評価することが，情報のフローなどの問題について考える枠組みでは意味があることを眺めた．しかしながら，ここでは，2 人の関係における非対称性から生じるパワーを考えているので，中心度の概念の単純な適用が実際には間違いにつながることもあることを，ある具体的な例で眺める．

12.2　パワーと交換の実験的研究

　これらの原理のすべてが，多くの状況で実際に有効に働くと思われるが，たいていの現実世界の設定では，この効果を量的に正確に評価することはきわめて困難である．したがって，研究者は，典型化された社会的な交換の形式に基づき，被実験者に参加してもらって，ある制御された条件のもとで実験を行うという，実験室での実験に向かった．この研究スタイルは，ネットワーク交換理論の多くの研究グループで遂行されるようになって，活発な実験プログラムへと成長してきた [417]．実験の基本的なアイデアは，"社会的な価値" の概念を取り入れ，そして第 10 章と第 11 章で眺めてきた種類の経済学的な具体的枠組みを用いて，それを実験室の条件のもとで表すというものである．これらの実験では，関係で創生される価値は，関係に関与する参加者が共有している総額を表していて，あとで分けることになるものである．しかしながら，これは，各個人が自身が受け取る金額のみを気にすることを意味するわけではない．あとで眺めることになるが，実験における被実験者においてさえも，配分の公平性など関係の他の側面も気にすることが，それらの結果から明らかになる．

　実験により詳細は大きく異なるが，以下は典型的な初期設定である．ソーシャルネットワークを表す小さなグラフの各ノードに被実験者が，またグラフの各辺に一定量のお金が置かれ，辺で結ばれた二つのノード間でその辺に置かれたお金の分配法について交渉する．各ノードは，隣接ノードのうちでただ一つのノードとのみ，お金の分配法について交渉することができる．これは初期設定のきわめて重要な部分であり，これにより，配分がどのくらい大きくなるかだけでなく，誰と交渉するかも問題になる．実験は，参加者全員により，繰り返しの交渉を認める複数の期間にわたって行われる．そして，多数の実験後に得られたお金の配分がどのようになったのかを研究する．

　以下は，このメカニクスの詳細である．

1. 図 12.1 のような小さいグラフが選ばれ，ボランティアの被実験者が選ばれて，各ノードに置かれる．したがって，各被実験者はノードを表し，コンピューターの前に座って，隣接ノードを表す被実験者とインスタントメッセージを交換する．

2. 各社会的な関係の価値が**資源プール** (resource pool) として各辺に置かれて，具体化される．たとえば，これを 1 ドルのお金として，固定して考えよう．そして，このお金が辺の両端の二つのノードで分割されると考える．これが平等に分割されること

になるか，不平等に分割されることになるかに応じて，この辺の表現する関係においてパワーの非対称性が判定できる．

3. 各ノードは，隣接ノードのうちで交換を実行できるノード数に制限が与えられる．最もよく用いられる制限は，高々 "1 個" という，きわめて極端な制限である．これは，**1-交換ルール (one-exchange rule)** と呼ばれている．1-交換ルールのもとでは，図 12.1 のノード B は，最終的には三つの隣接ノードのうちの 1 個とのみ交換を行い，なにがしかのお金を得ることができる．1-交換ルールのもとでは，実験のある与えられたラウンドにおいて交換が行われる辺の集合は，端点としてノードを共有することのない辺の集合であり，グラフの**マッチング (matching)** になる．しかしながら，交換において，あるノードが参加できないこともあるので，**完全マッチング (perfect matching)** になるとは限らない．たとえば，図 12.1 のグラフは奇数個のノードからなるので，交換が行われる辺の集合が完全マッチングになることは決してない．

4. 以下は，各辺におけるお金の分割法である．各ノードは一つのセッションで，同時にネットワークの各隣接ノードと別々にインスタントメッセージを交換する．各隣接ノードとは，自由形式の交渉を通してその辺上のお金の分割法を提案し，合意に到達するようにする．この交渉には一定の時間制限があり，その時間内に交渉がまとまることが要請される．さらに，上記の 1-交換ルールも適用される．したがって，一つの隣接ノードとの交渉が合意に至ると，他のすべてのノードとの交渉は即座に打ち切られる．

5. 最後に，実験は複数のラウンドにわたって行われる．すべてのラウンドにおいて，1 で述べたグラフと被実験者のノードへの割当ては不変で，固定して用いられる．そして，各ラウンドでは，以下のように 2, 3, 4 を繰り返す．すなわち，2 で，各辺に新しいお金を置く．次に，3 で，各ノードは交渉をして交換に参加することができる．そして，4 で，お金が分割される．実験は，繰り返しの交渉を認める複数のラウンドにわたって行われる．そして，多数のラウンド後に交換を通して得られたお金を研究する．

こうして，特殊な経済学的なたとえを用いて，辺上の "社会的な価値" の一般的な概念が実装される．価値はお金を用いて表現され，人々はその価値をどのように分割したらよいかを明示的に交渉する．とくに断らない限り，主として 1-交換ルールに限定して議論を進める．1-交換ルールは，前に排除について話したときに議論した "最良の友人" の選択の概念を符号化したものと見なすことができる．すなわち，1-交換ルールは，ノードがパートナー関係を形成しようとする状況をモデル化している．各ノードはこの条件のもとでパートナー関係を形成し，そして，このパートナー関係で暗黙のうちに得られる共有の価値の合理的な分け前をもらいたいと考えている．本章では後に，各ノードが同時に交換できる隣接ノード数を変えることにより，パワーを有するノードがしばしば興味深く影響を受けることを眺める．

これらの実験を行う正確な方法は，多数存在する．他の参加者との交換の際に提供される参加者への情報の量が，とくに興味深い側面を有している．これは，実験においては，各被験者が自分につながる辺に起こっている情報のみならず，ネットワークのすべての

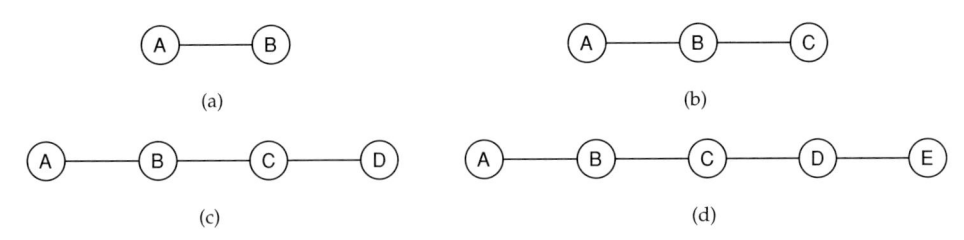

```
    A —— B              A —— B —— C
       (a)                  (b)

A —— B —— C —— D    A —— B —— C —— D —— E
       (c)                    (d)
```

図12.2 交換ネットワークにおける様々な現象を説明するための，2個から5個のノードからなるパス．(a) 2個のノードのパス．(b) 3個のノードのパス．(c) 4個のノードのパス．(d) 5個のノードのパス．

辺に起こっている情報も，実時間で見ることができる"高度の情報"版から，自分につながる辺に起こっている情報しか見ることのできない"低度の情報"版まで，多岐にわたる．たとえば，低度の情報版では，各ノードは，隣接ノードのそれぞれがほかにパートナーとなる潜在的な候補を何人持っているかをまったく知らないこともある．これらの研究全体を通して得られたことは，実験結果が利用できる情報量にほとんど依存しないという興味深いものであった [389]．すなわち，これは，結果はある意味で頑健で，参加者がこれらの実験に沿うように従事するという種類の推論に対する結論を導き出せることを示唆している．

12.3　ネットワーク交換の実験結果

　人間を被験者として用い，いくつかの単純なグラフでこの種の実験を行うと何が起こるかを議論しよう．結果は直観的に合理的で，かなり頑健であるので，次に，さらに詳細度を増して，この種の交換の状況において，パワーに関して導き出せる種類の原理とはどのようなものであるのかを考える．

　図12.2は，実験に用いられた四つの基本的なネットワークを示している．これらはそれぞれ，単に2, 3, 4, 5個のノードからなるパスであることに注意しよう．この単純さにもかかわらず，それぞれ新しい問題を提示するので，それについて順番に議論していく．

2個のノードからなるパス　2個のノードからなるパスは最も単純である．2人がある一定時間内に，1ドルの配分の仕方で合意しようとしている．この単純な設定でも，多くの概念的な困難が生じる．ゲーム理論における多くの研究が，対立する興味を持つ2人が座って交渉するときに得られる結果の推論に関する問題を取り上げてきた．本章の後のより詳しい議論からもわかるように，標準的な理論的扱いでは，ほとんどが等分の配分を予測している．これは合理的な予測と考えられ，二つのノードからなるグラフのネットワーク交換実験でも，実際にほぼ同様のことが起こっている．

3個のノードからなるパス　3個のノードが順にA, B, Cとラベル付けられているパスでは，ノードBが，ノードのAとCの両方に対して支配的なパワーを持つ．たとえば，Bは

Aと交渉しながら別の選択肢であるCのほうを振り向くこともできるが，Aはそのような選択肢を持っていない．

さらに，どのラウンドでも，AとCの少なくとも一方は交換から除外される．実験では，除外された被験者は，次のラウンドで除外されずに交換に入れるように，自身への配分額をより少なく提示することが観察されている．こうして，AとCは繰り返し除外されて，提示する配分額をますます少なくしていって，Bがほとんどすべてのお金を交換において獲得することが，実験的に観察されている（その値は，最近の実験の結果によれば，おおよそ $\frac{5}{6}$ である [281]）．

この実験の興味深い変種版では，1-交換ルールを修正して，Bがどのラウンドでも"2人"と交換できるとしている．すると，どのラウンドでも，BはAとCをほぼ同等に扱って交渉するようになる．これは，前に議論している依存性と除外性の概念にも整合していて，矛盾しない．Bがどのラウンドでも各交換から半分の価値を獲得するためには，AとCがBを必要とするのとまったく同じだけ，BもAとCを必要とする．

しかしながら，Bが2人と交換できるとしているこの版に対する結果は，飽食には，それほど整合しない．BがAとCに比べて2倍速く飽食するとすると，Bの興味を維持するために，AとCは，Bに対して不平等とも思える配分を提示するようになるという効果を観察できると期待される．しかし，これは実際には起こらない．

4個のノードからなるパス　4個のノードからなるパスは，前の二つの例より，さらに本質的に微妙になっている．すべてのノードが交換に参加する（すなわち，AとBが交換し，CとDが交換する）結果もあるが，BとCが交換して，そのためAとDが除外される結果もある．

したがって，BはAに対してなにがしかのパワーを持っていると考えられるが，それは，3個のノードからなるパスのときよりは弱いパワーである．3個のノードからなるパスでは，BはAを除外して，ほかに選択肢のないCとの交換を求めることもできた．一方，4個のノードからなるパスでは，BがAを除外すると，魅力的な選択肢のDをすでに持っているCとの交換を求める際に，対価を支払うことになる．すなわち，BがAを除外するという脅しは，実際に実行すると高価なものになる．そこで，実験から**弱いパワー** (weak power) という概念が生み出されている．すなわち，AとBの交換では，Bはおおよそ $\frac{7}{12}$ から $\frac{2}{3}$ の分け前を得ることになり，決してそれより多くなることはないことがわかっている [281, 373]．

5個のノードからなるパス　5個のノードからなるパスでは，さらなる複雑性が生じる．ノードCは，ネットワークの"中心的な"位置を占めていることがわかるが，1-交換ルールが使用されると，実際には弱い立場になる．BとDは，それぞれきわめて魅力的な選択肢のAとEを持っているのに対し，CはBとDのみだからである．CはAやEと同じくらい容易に交換から除外される．すなわち，Cの交渉相手はいずれも弱い立場の別の選択肢を持っているので，Cも同様に弱い立場になる．

実験では，CはAやEに比べて良いが，ほんの少しだけであることが観察されている．このように，仲介数のような単純な中心度の概念は，ある種の交換ネットワークでは，パ

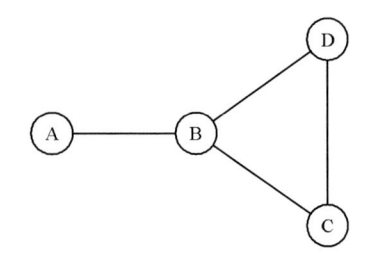

図12.3 花グラフ．パワーに関してノードBに弱い有利性がある交換ネットワーク．

ワーの評価の基準として間違ったものとなりうることが，5個のノードからなるパスによりわかる．

Cの弱い立場は，1-交換ルールが用いられていることに強く依存していることに注意しよう．そこで，たとえば，AとCとEはそれぞれ1人とのみ交換をすることができて，BとDはそれぞれ2人までと交換することができるとしてみる．このとき，BとDはそれぞれ，2人と交換できる機会を最大限生かそうとすると，Cを必要とすることになる．したがって，Cはこれらの一方を除外できるパワーを有するようになる．

その他のネットワーク ほかにも多くのネットワークで実験が行われてきている．多くのケースでは，図12.2の四つの基本的なネットワークから得られるアイデアを組み合わせて結果を理解することができる．

たとえば，図12.1のグラフは，ネットワーク交換理論の研究者により詳細に研究されてきた．BはAとCを除外できるパワーを持っているので，AとCに対して，Bは自分にきわめて有利な交換を達成することができる．このようにBが有利な二つの選択肢を持っていることから，BとDはほとんど交換をしないことになる．したがって，Dは，実際にはE以外の選択肢はないのも同然となり，DとEはほぼ同等の立場で交換する傾向が観察できる．これらの観察は，すべて実験の結果から生まれたものである．

詳細に研究されてきた別の興味深い例は，図12.3の"花グラフ"である．ここでは，通常CとDが交換し，Bは自分に有利になるようにAと交換することが観察される．このネットワークにおけるBの位置は，概念的には4個のノードからなるパスにおけるBの位置と似ている．花グラフにおいて，BはAとの交渉で有利になるパワーを持っているが，それは弱いパワーである．BはAを除外するとCあるいはDと交換をしなければならないが，CとDは互いに交換する選択肢も持っているからである．実験結果からは，花グラフにおけるノードBは，4個のノードからなるパスにおけるノードBと比べて，わずかに多くの分け前を獲得することが観察されている．いくぶん微妙ではあるが，これに対する直観的な理由は以下のとおりである．4個のノードからなるパスでのAに対するBの脅しは，Bと同等のパワーを持つノードCとの交渉をすることもできることに由来するものであり，一方，花グラフでのAに対するBの脅しは，Bより少し弱い2個のノードとの交渉をすることもできることに由来するものである．

不安定なネットワーク これまで議論してきたすべてのネットワークに共通していたことは，参加者の交渉がある制限時間内にまとまって，かなり一貫性のある結果がもたらさ

```
      A
     / \
    B---C
```

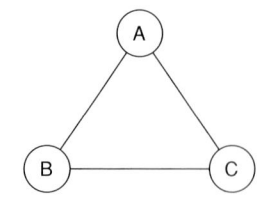

図 12.4 交渉が決して安定しない交換ネットワーク．

れていたことである．しかし，交渉が最後の最後まで引き延ばされて，参加者に対して予測もできなかったような結果が生じる不都合な病理的なネットワークも存在する．

そのようなことがどうして起こるのかを以下で考える．そこで，不都合な病理的な例の中でも最も単純な図 12.4 の例を考える．この三角形グラフで交換の実験を行うと，どんなことが起こるのかは，それほど困難なく理解することができる．すなわち，3 個のノードのうちで交換が行われるのは，一つの辺だけである．したがって，制限時間の終了間際において，二つのノード（ここでは，A と B とする）で交渉がまとまると，残りのノードの C は完全に除外されて，何も得ることができなくなる．したがって，終了間際に A と B の交渉がまとまることを妨害するために，C は A と B のいずれか一方に，自身はわずかな分け前で，相手がほとんどすべてを獲得する交換を提案する．ここでは，C が A に対してそのような提案をして，A と B の交渉を決裂させたとする．すると，B は除外される．したがって，B は誰かと交換したいと考えて，A と C のいずれか一方に，C と同様の提案を喜んでするようになってしまう．

このプロセスは，常に 1 個の残されたノードが復帰しようとして，制限時間がなければ無限に続く．したがって，実際には制限時間が来て，突然終了することになる．このような条件では，"最後の一撃を演ずる" ノードがあり，どのノードがそれになるのかを予測することは困難である．

これは，これまで議論してきたどの例でも起こらなかった問題である．三角形で異なることは，どんな暫定的な交換の計画でも，除外されたノードがその計画を "ご破算にする" 自然な方法を持っていることである．これは，ネットワークが安定する結果を出すことをいつまでも妨げる．なお，大きなネットワークに三角形が存在するだけでは，このような問題は必ずしも起こるわけではないことに注意しよう．たとえば，図 12.3 の花グラフは三角形を含むが，さらなるノード A の存在により頑健な交換の機会が生じ，実際，A が B と交換し，C と D が交換するという結果が可能になる．図 12.4 のように，"孤立している" 三角形に付随する問題とは，基本的に異なっているのである．孤立した三角形では常に除外されるノードが存在するにもかかわらず，除外されたノードはそれに対して何らかの策を講じることが可能なのである．

12.4 販売人と購買人からなるネットワークと交換ネットワークとの関係

第 10 章でマッチングマーケットについて議論したときに，購買人と販売人からなる二

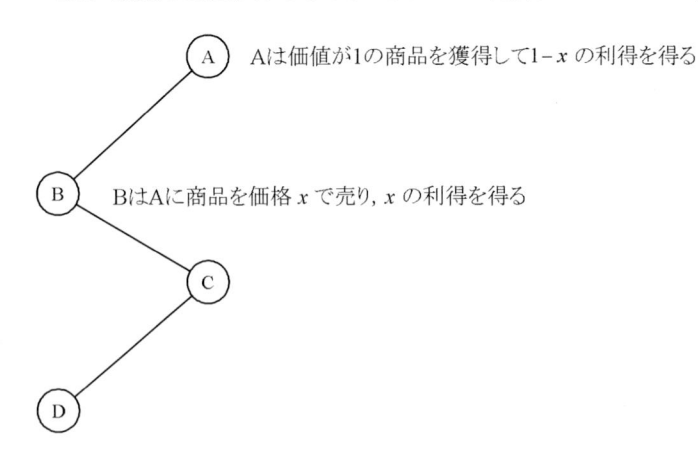

図12.5 4個のノードからなるパスの交換ネットワークは，2人の購買人と2人の販売人からなる購買人と販売人のネットワークと見なすこともできる．

部グラフを考えた．これに対して，本章では，参加者が同一の役割を果たす（すなわち，購買人と販売人の区別のない）グラフについて議論してきた．そして，取引を行うのではなく，辺に置かれたお金の分割法で交渉している．

これらの表面的な相違があるものの，二つのモデルの間には密接な関係が存在する．この関係を，4個のノードからなるパスを例にとって考えてみよう．ノードのAとCは購買人を表し，ノードのBとDは販売人を表すとする．BとDのそれぞれが1個の同じ商品を持っているとし，AとCのそれぞれが1単位のお金を持っているとする．そして，BとDのそれぞれが商品に0の評価をし，AとCのそれぞれが商品に1の評価をしているとする．このとき，マーケット完売となる価格（商品がAとCに買い取られる価格）を考える．

ここで，少し考えるとわかることであるが，これは，図12.5に示しているように，4個のノードからなるパスでの交換ネットワーク実験に完全に等価である．たとえば，BがAに商品を価格xで売るとする．すると，Bはxの利得（x単位のお金）を得ることになり，Aは（価値が1の商品を獲得してx単位のお金を支払ったので）$1-x$の利得を得ることになる．したがって，購買人と販売人のネットワークにおけるAとBの価格xの交渉は，交換ネットワークにおけるAとBを結ぶ辺に置かれた1単位（1ドル）のお金を$1-x$とxに分割する交渉と完全に対応するのである．さらに，1-交換ルールは，各販売人が高々1個の商品を売ることができて，各購買人も高々1個の商品を買うことができることに対応する．

図12.1と図12.2のすべてのグラフに対して，上記の変換が適用できる．しかしながら，交換ネットワークと購買人と販売人のネットワーク間での関係に対する一般的な観察に対して，二つの問題点に注意することが大切である．第一の問題点は，この変換は，図12.1と図12.2のような二部グラフに対してのみ可能であるということである．これらのグラフは縦に2列に並べられて書かれてはいないが，確かに二部グラフである．交換ネットワークの実験で取り上げた図12.4の三角形は，二部グラフではない．すべての辺が購買人と販売人を結ぶことになるように，ノードに購買人と販売人のラベルをつけることはできないからである．実際，任意の1個のノードに販売人のラベルをつけて，他の任意のノードに購買人のラベルをつけることはできるが，残った1個のノードには，販売人のラベル

も購買人のラベルもつけることはできない．同様に，図12.3の花グラフも二部グラフではない．したがって，購買人と販売人のネットワークからの類推は，花グラフにも適用できない．

第二の問題点は，二部グラフに対しても，二つのモデル化の等価性は，数学的なレベルにおいてのみ成立するという点である．同じグラフであったとしても，購買人と販売人のネットワークでの実験で置かれた被験者と，ネットワーク交換での実験で置かれた被験者とが同一の行動をとるとは，とても言えそうにないからである．実際，被験者による上記の（数学的に等価な）2種類の実験の最近の結果からは，異なる結果がもたらされることが指摘されている [397]．

12.5　2人相互作用のモデリング：ナッシュ交渉解

これまでに，様々なネットワークで，交換の実験がどのように遂行されてきたかを眺めた．そして，そのような結果がもたらされることへの形式ばらない推論をいくつか展開してきた．そこで，ここでは，任意のネットワークにおいてネットワーク交換を行うときに，何が起こるかを予測できるような，より数学的な枠組みを展開したい．説明したいと考えている現象の中には，以下のものが挙げられる．すなわち，辺に置かれた価値の等しい対称的な分割と非対称的な分割との識別化，（不平衡性が極端になる）強いパワーと（4個のノードからなるパスのように不平衡性が穏やかに見られる）弱いパワーとの識別化，結果が安定するネットワークと（図12.4の三角形のように）安定する結果を持たないネットワークとの識別化などである．

実際には，単純な原理に基づくモデルで，これらの現象のそれぞれを把握することができて，この目標を驚くべきところまで達成できることになる．そこで，最初に，それぞれ異なるタイプの2人の相互作用に基づく二つの構成要素を導入し，異なる二つのモデルの定式化を，本節と次節で与える．第一の構成要素は，より数学的な側面を有するナッシュ交渉解であり，第二の構成要素は，第一義的には，人間が被験者となる実験に基づく最終提案ゲームである．

ナッシュ交渉解　2人の間の交渉の単純な定式化から始めよう．2個のノードからなるパス上での交換ネットワークで行ったように，AとBの2人が1ドルの分割法について交渉しているとする．ただし，ここでは一般化して，Aはxの価値からなる外部の選択肢を持ち，Bはyの価値からなる外部の選択肢を持っているとする（図12.6参照）．これは，Bとの1ドルの分割法についての交渉で，Aが分け前に満足できないときは，その交渉を打ち切ってこの外部のxを代わりに手に入れることができることを意味する．たとえば，交渉でAの分け前がx未満となったときは，おそらくこれが起こると思われる．同様に，Bもいつでも交渉を打ち切って，外部の選択肢yを選ぶことができる．ただし，$x+y>1$のときには，AとBの交渉は決して合意に至ることはないことに注意しよう．$x+y>1$のときには，一方がx以上で，他方がy以上となるように1ドルを分割することはできない

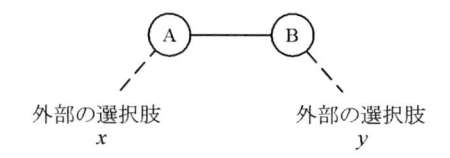

図 12.6　外部の選択肢を有する二つのノードの交渉.

からである．したがって，今後この種の状況を考えるときには，$x+y \leq 1$ であることを仮定することにする．

これらの条件が与えられたとき，1 ドルの分割法についての交渉で，A は x 以上の分け前を要求し，B は y 以上の分け前を要求する．したがって，交渉は，実際には，($x+y \leq 1$ を仮定して）**余剰** (surplus) の $s = 1 - x - y \geq 0$ の分割法についての交渉となる．このとき，A と B が同じ交渉パワーを持っているとすると，自然な予測は，この余剰を等分することに合意するというものであろう．したがって，A は $x + \frac{1}{2}s$ を獲得し，B は $y + \frac{1}{2}s$ を獲得することになる．これは，**ナッシュ交渉解** (Nash bargaining solution) [312] を含む多数の一般的な理論でも支持されている予測であり，本書でも，結果に対してこれを用いていくことにする．

> **ナッシュ交渉解**：$x+y \leq 1$ であり，価値が x である外部の選択肢を持っている A と，価値が y である外部の選択肢を持っている B とが，1 ドルの分割法について交渉しているとする．このとき，
> - A の分け前が $x + \frac{1}{2}s = \dfrac{x+1-y}{2}$
> - B の分け前が $y + \frac{1}{2}s = \dfrac{y+1-x}{2}$
>
> となる結果をナッシュ交渉解という．

ネットワーク交換理論の文献では，この分割は，互いに他方に同じだけ譲歩して交渉が成立するようにしているので，**等依存** (equidependent) 結果とも呼ばれている [120]．高所から眺めると，ナッシュ交渉解の定式化は，一般の交渉のプロセスについての重要な点を強調していると言える．すなわち，交渉が始まる前に，外部の選択肢と同等以上の分け前を獲得しようとすることは，有利な結果を達成するためにはきわめて重要であるという点である．本章のほとんどの部分では，ナッシュ交渉解は，実験結果で支持されている自己完結の原理であると考えてよい．しかしながら，本章の最後の節では，行動のより基本的なモデルからナッシュ交渉解を導出できるかどうかも取り上げる．そして，交渉のプロセスをゲームとして定式化すると，ナッシュ交渉解は，自然に一つの均衡として生じて，実際に導出できることを示す．

地位効果についての実験　人間を被験者とする実験の枠組みで交渉を考えるときには，もちろん，交渉する 2 人が対等の交渉パワーを持っているという仮定を考えることが必要である．ここで取り上げるモデルではこの仮定を用いるが，このような状況設定において，外部からの情報が，相対的に交渉パワーにどのように影響を与えるかを考えることも興味深い．

認識された社会的な地位が交渉パワーに及ぼす影響は，社会学者により幅広く，かつ詳細に，実験的に研究されてきている．これらの実験では，一方が"高い地位"であり，他方が"低い地位"であると思い込ませた状況で，2人がお金を分割することを依頼される．たとえば，最近のこれらの実験では，大学2年の2人の女子学生のAとBが，外部の選択肢を持っている状況で，インスタントメッセージを用いて交渉した．しかしながら，両者とも，他方に対して偽りの情報を与えられていた．すなわち，AはBが低い地位に当たる高校生であると伝えられていて，BはAが高い地位に当たる大学院生であると伝えられていた [390]．したがって，AはBが低い地位の人であると思い込み，BはAが高い地位の人であると思い込んでいた．

これらの実験の結果は，この実験方法が興味深いことを説明している．すなわち，異なる地位であるという思い込みから，理論的な予測からかなり離れた交渉結果が導き出されるという，興味深い結果が得られるのである．最初に，交渉の一部として，各被験者は相手の持っている外部の選択肢についての情報を交換することになった（この情報は，実験者からは与えられていなかった）．このとき，交渉相手が低い地位の人であると思い込んでいる被験者は，自身の外部の選択肢の価値を大きめに知らせるのに対して，交渉相手が高い地位の人であると思い込んでいる被験者は，自身の外部の選択肢の価値を小さめに知らせる傾向が観察された．この効果が複合されて，交渉相手が低い地位の人であると思い込んでいる被験者は，交渉相手の外部の選択肢の価値に対する報告をさらに部分的に縮小する傾向が見られた．すなわち，自分が低い地位と思い込んでいる被験者は，自身の外部の選択肢の価値を縮小して知らせるのに加えて，自身のほうが高い地位であると思い込んでいる被験者によって，その価値はさらに下方修正される．したがって，これらの理由が組み合わさって，全体として，交渉相手に高い地位の人であると思い込まれている被験者は，理論的な予測よりかなり良い結果を達成する傾向が観察された．

このように，これらの地位の効果は，交換のモデルに取り入れるべき，興味深いさらなる要因であることは確かである．しかしながら，本書では，最も基本的な複数のモデルを展開するので，ナッシュ交渉解の結果を構成要素として用い，さらなる地位の効果が存在しないケースの相互作用に限定する．

12.6　2人相互作用のモデリング：最終提案ゲーム

外部の選択肢の相違から生じる2人のパワーの相違について推論する方法が，ナッシュ交渉の結果から得られる．原理的には，これはパワーに極端な相違がある状況にも適用することができる．たとえば，3個のノードからなるパスのネットワーク交換では，中心のノードがそれ以外の二つのノードの一方を排除できるので，すべてのパワーを持つ．しかしながら，このネットワークでの交換の実験では，一般に，中心のノードは交換の相手の分け前を完全に0まで下げることはできず，$\frac{5}{6}$対$\frac{1}{6}$のような形で分割していることが観察されている．

何が原因で，交渉結果は，完全にバランスを失った1対0ではなく，"引き下がる"もの

になるのであろうか？これは，交換の実験で実際に繰り返し観察される効果である．両者のパワーに大きな差がある状況で行われる交渉では，人間の被験者は，単純な理論的モデルによる極端な予測から常に逸脱することが観察される．この効果を探求する最も基本的な実験的枠組みの一つに，**最終提案ゲーム** (ultimatum game) [203, 386] と呼ばれるものがある．この最終提案ゲームは，前節で議論した交渉の枠組みと同様に，1ドルを2人で分けるゲームであるが，これまでのものとは大きく異なり，以下のように書ける．

(i) プレーヤーAは1ドルを与えられて，プレーヤーBに対して，Bへの分け前を提案せよと言われる．すなわち，AはA自身の取り分とBの取り分を提案する．
(ii) プレーヤーBは，その分け前を受諾するか拒否するかを選択することができる．
(iii) Bが受諾するときには，各プレーヤーは提案どおりの分け前を獲得する．Bが拒否するときには，2人のプレーヤーはどちらも何も獲得できない．

さらに，AとBは二つの異なる部屋にいて，インスタントメッセージを用いて交渉していると仮定する．なお，ゲームの始まりに，2人は過去において会ったこともなければ，これから会うこともないことを伝えられている．目的としていることは，これが1回限りの相互作用であるということである．

ここで，2人とも受け取るお金の総額を最大化することにだけ関心があるとする．2人はどのような行動をすべきであろうか？算出することは困難ではない．初めに，Bがどのように行動すべきかについて考える．AがBに対してBの分け前が正になるように提案しているとする．すると，Bの選択肢は，この正の分け前を受諾して受け取るか，拒否して何も受け取らないかのいずれかである．したがって，Bは分け前が正の提案を受諾すべきとなる．

Bがこのように行動するとわかったとして，Aはどのような行動をとるべきであろうか？Bは任意の正の提示を受諾するのであるから，AはBになにがしかの分け前を与えて，A自身の分け前を最大化すべきであることになる．したがって，Aは，Bが必ず受諾することがわかっているので，自分は$0.99で，Bは$0.01と提案するのがよいとなる．代わりに，Bが受諾しても拒否しても差がない（受諾と拒否が識別不可能である）ときでもBが受諾すると賭けて，自分が1.00ドルで，Bが0.00ドルと提案することもできる．しかし，ここの議論では，AがBに$0.01の分け前を与えることにしておく．

したがって，これが，極端にパワーに差のある状況で，受け取るお金を最大化したいと純粋に考えている2人のプレーヤーがとる行動に対する予測となる．パワーを持つAは，できるだけ少額の分け前をBに提案し，本質的にパワーのないBは，そのような任意の提案を受諾することになる．しかしながら，次に実験的な結果でも眺めるが，これは直観的には人間が典型的にとる行動ではなさそうに思える．

最終提案ゲーム上での実験の結果 1982年に，Güth, Schmittberger, and Schwarze [203] は，最終提案ゲームでプレーヤーが実際にどのように振る舞うかについて，その後の研究に大きく影響を与える一連の実験を行った．そして，Aの役割を演じるプレーヤーが，かなりバランスのとれた分け前を提案する傾向があることが，わかったのである．平均して，Aを演じる全体のおよそ3分の1の割合のかなり多くが，実際に平等の分け前の提案

をしていた．さらに，分け前に極端に差のある提案は，Bの役割を演じるプレーヤーから拒否されていたこともわかった．

これらの発見はきわめて頑健であり，かなり大きい金額の分割においても再現されることが，その後の多くの研究で指摘されている [386]．実験は様々な国で同様に行われ，かなりバランスのとれた分け前の提案が行われることは一貫しているが，同時に，興味深い文化的な多様性も見られた [93]．

最終提案ゲームにおいて，かなりバランスのとれた提案がなされることと，正の分け前でも拒否されることもあることに対するこれらの観察は，前章で用いたゲーム理論の枠組みと両立させることができるものであろうか？ 実際には，そのようにする方法は複数存在する．おそらく最も自然と思われるのは，ゲーム理論的な状況で利得を定義する際に議論した基本的な原理の一つであろう．すなわち，プレーヤーの利得は，与えられた結果に対する完全な評価を反映すべきであるということである．したがって，プレーヤーBが全体の10%だけの分け前をもらうという結果を評価するときに，不公平に扱われているというかなり否定的な感情を，利得に組み込む解釈もできる．したがって，Bの選択肢への完全な評価を考えるときに，少ない分け前の提案を受諾してだまされたと感じるよりも，少ない分け前の提案を拒否して良好な気持ちでいるほうに，全体としてより大きな優位性を見出すこともあるのである．さらに，Aの役割を演じるプレーヤーは，プレーヤーBがこのような評価をしそうであることを理解するので，拒否されて何も得られなくなるようなことを避けるために，かなりバランスのとれた提案をする傾向が見られるのである．

自身の分け前を最大化する最終提案ゲームにおいて，Aの役割を演じるのが人間で，Bの役割を演じるのがロボットのときに，AはできるだけBの分け前が少なくなる提案をすることも観察されている．このトピックについての一連の実験から，実際の人間に対する利得は，自身の分け前を最大化する厳密な最終提案ゲームでは，十分にモデル化できないことが観察されている．さらに，だまされたという感情を考慮できるようにすれば，ロボットでさえも，少ない分け前の提案を拒否することになる．

隣接する二つのノード間においてパワーに大きい差があるネットワークでは，ネットワーク交換の実験について考える際，これらのすべての観察が有効である．このような状況では，資源の分割において大きな非対称性が観察されるが，その非対称性は，基本的なモデルが予測するものよりも，かなり弱くなると思われる．

12.7　ネットワーク配分のモデリング：安定結果

理論と実験の両面から，2人の相互作用を支配するいくつかの原理を構築したので，任意のグラフ上で行われるネットワーク交換の結果を，近似的に予測できるモデルの構築に適用しよう．

結果　結果とは何であるのかを正確に定義することから始める．与えられたグラフ上でのネットワーク交換の**結果** (outcome) は，以下の二つから構成される．

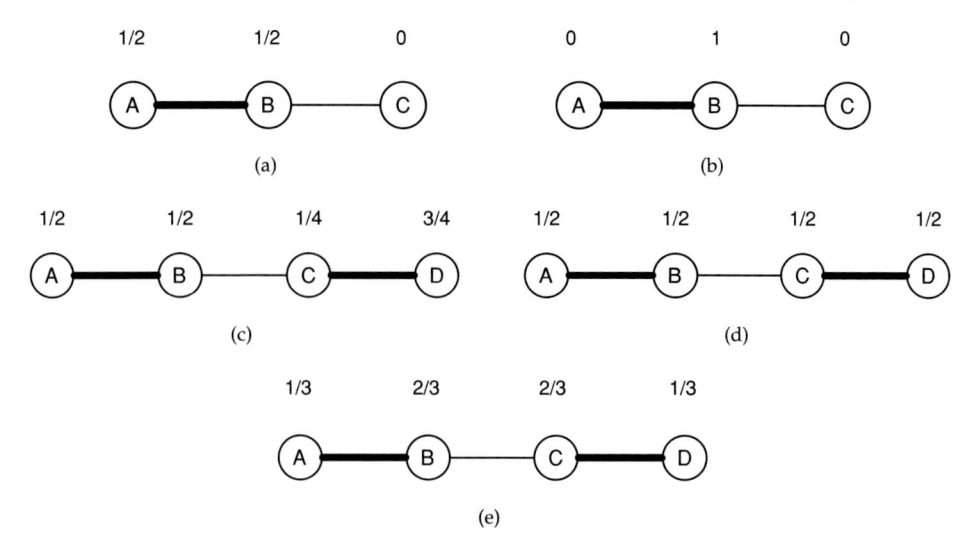

図12.7 3個のノードからなるパスと4個のノードからなるパスにおけるネットワーク交換の安定な結果と不安定な結果の例．(a) 不安定な結果．(b) 3個のノードからなるパス上での安定な結果．(c) 4個のノードからなるパス上での不安定な結果．(d), (e) 4個のノードからなるパス上での安定な結果．太い辺は，誰と誰が交換を行うかを示すマッチングを表し，ノードの上の数字はそのノードの配分額を表す．

(i) 誰が誰と交換を行うのかを規定するノード集合上でのマッチング．第10章で議論したように，マッチングは，辺の部分集合で，どのノードもそこに含まれる二つ以上の辺の端点にならないものであることを思い出そう．したがって，マッチングは1-交換ルールに対応する．1-交換ルールでは，各ノードが高々1個の交換に関与することができ，したがって，交換から除外されるノードも存在する．

(ii) 各ノードには，交換によるそのノードの分け前を表す**配分額** (share) と呼ばれる数値が付随する．結果において，二つのノードが一つの辺でマッチされている（マッチングの一つの辺で結ばれている）とき，それらのノードに付随する配分額の総和は1となる．すなわち，1単位のお金を2人でそのように分けたことを意味する．結果において，マッチされていない（どのマッチングの辺の端点にもなっていない）ノードは，交換に参加できなかったことになり，付随する配分額は0である．

図12.7は，3個のノードからなるパスと4個のノードからなるパスにおける結果を例示している．

安定な結果 任意のネットワークに対して，可能な結果はほとんどいつでも多岐にわたる．したがって，目標は，実際に交換の実験が行われたときに，ネットワークにおいて期待される結果を特定することである．

結果に期待される基本的な性質は，**安定性** (stability) である．すなわち，辺の両端のどの二つのノードのXとYに対しても，両方がより得をする提案をXがYにできないとき（すなわち，Yの現存の合意を"盗み取る"提案をXができないとき），結果は安定であると言える．たとえば，図12.7(a)の例を考えてみる．ノードCは交換から除外されているが，この状況を改善できる何かがあると感じている．たとえば，Cは，Bが現在のAとの合意

を破棄してCと交換するように，Bに分け前として$\frac{2}{3}$を与える（したがって，C自身の分け前は$\frac{1}{3}$となる）提案をすることができる．CからBへのこの提案は，Bにとっては（分け前が現在の$\frac{1}{2}$から$\frac{2}{3}$になるので）より良いものであると同時に，Cにとっても（分け前が現在の0から$\frac{1}{3}$になるので）より良いものである．これが起こることを妨げるものは何もないので，現在の状況は不安定である．なお，この取引は，Cから提起されたものとして記述しているが，B自身の現在の配分額の$\frac{1}{2}$を改善するために，Bから提起することもできる．

これを図12.7(b)の状況と比べてみる．図12.7(b)でも，Cは悪い行動となっているが，この状況から脱出する方法はまったくない．Bは獲得できる最大の配分額の1をすでに獲得しているので，Cは，Bに対して現在のAとの合意を破棄することにつながる提案をすることはできない．これは複数の人にとって悪い状況であるが，安定である．

結果における**不安定性** (instability) を定義すれば，このアイデアを任意のネットワークに対して正確に定義することができる．すなわち，二つのノードが交換する機会に恵まれていて，現在の交換のパターンを壊したい気持ちが両者に働くときに，現在の交換のパターンは不安定であると言える．より具体的には，以下のように定義できる．

不安定性：マッチングとノードへの配分額からなる結果に対して，ある二つのノードのXとYを結ぶマッチングに含まれない辺が存在して，XとYに付随する配分額の総和が1未満のとき，この辺に"不安定性"があるという．

これがこれまで議論してきた種類の状況を的確に表現していることに注意しよう．不安定性においては，二つのノードのXとYを結ぶ辺が存在するので，両者で交換して現在の状態を破壊する"機会"を持っていて，さらに，配分額の総和が1未満であるので，そうしたいという"動機"も持っている．すなわち，両者で1ドルを分け合って，現在よりも良い分け前を得ることができるのである．

図12.7(a)の例では，不安定性はBとCを結ぶ辺にある．配分額の和が$\frac{1}{2}$であり，BとCは互いに交換し合うことで，ともにさらに良い配分額を達成できるからである．一方，図12.7(b)では，不安定性が存在しない．図12.7(b)では，現在の状態を破壊するような内部的なストレスが存在しないからである．したがって，**安定性** (stability) の定義もできるようになる．

安定性：ネットワークの結果は，マッチングに含まれないどの辺も不安定性を持たないとき，そしてそのときのみ，安定である．

不安定性を有する結果には内部的な脆弱性が存在するので，実際の世界では，安定な結果が観察できると期待される．すなわち，安定な結果を持つネットワークに対しては，安定な結果に近い結果が実際に観察されるのが普通である．

図12.7(c)〜12.7(e)は，これらの定義を検証するためのさらなる例である．図12.7(c)には不安定性が存在する．ノードのBとCが辺で結ばれていて，BとCで獲得している配分額の総和が1未満であるので，互いに交換をすることにより，両者の配分額を改善できるからである．一方，図12.7(d)と図12.7(e)の結果は，ともに安定である．マッチングに含

まれない唯一の辺の両端の二つのノードが，現在あわせて1単位以上の配分額を獲得しているからである．

安定な結果の応用 安定な結果の概念は，直観的にも自然であるばかりでなく，ネットワーク交換の実験で観察した一般的な原理のいくつかを説明するのにも役に立つ．

第一に，安定な結果は，パワーに極端な差がある状況で何が起こるかを，近似的に把握するために用いることができる．図12.7(a)と図12.7(b)の例を少し考えてみると，3個のノードからなるパスでの安定な結果は，BがAとCの一方と交換を行い，1単位の全額を獲得する場合だけであることがわかる．実際，Bが1未満しか獲得していない状況では，マッチングに含まれない辺が不安定性となる．したがって，安定性から，Bがこのネットワークで支配的な位置を占めている理由もわかることになる．さらに，少し解析してみると，図12.2(d)の5個のノードからなるパスでは，安定な結果は，"中心から離れている"ノードのBとDの配分額が1となる場合だけである．したがって，5個のノードからなるパスの中心のノードCは，実際にはきわめて弱いという微妙性に関しても，安定な結果はその理由を説明できているのである．

3個のノードからなるパスや5個のノードからなるパスに置かれた人間の被験者は，実際には，極端な0対1の結果を強力に推し進めないことは，これまでにも眺めてきた．むしろ，パワーの強いノードは，$\frac{5}{6}$のような分け前を獲得することのほうが多い．しかし，最終提案ゲームに関する議論でも示したように，これは，実際に人間が行うゲームでは，ある意味で最も極端な結果の一種である．安定性の概念は，極端な結果を排除するようには設計されていないので，理論と実験のミスマッチが存在する．しかし，このミスマッチは，比較的簡単に説明できるものである．実世界において，$\frac{1}{6}$対$\frac{5}{6}$のような強いパワーの作用した結果が観察されるときには，これを理論上のプレーヤーの0対1にほぼ等しいものと見なすことができる[1]．

ここでの枠組みは，安定な結果が存在しない状況を特定するのにも用いることができる．とくに，図12.4の三角形におけるネットワーク交換での，不都合な病理的な行動を思い出そう．そこでは，予測できる結果が存在しない．"三角形のネットワークに対して安定な結果が存在しない"ことを観察する上で，何が起こっているのかを，安定性を用いて説明することができる．理由を説明するために，まず，任意の結果において，マッチされないノードが存在し，そこでは獲得する配分額が0となることに注意する．状況の対称性から，この議論では，どのノードをそのようなノードとしてもよいので，このノードをCとする．このマッチされないノードCは，他の二つのノードへの辺を持ち，これらの二つのノードでお金がどのように分割されようとも，少なくとも一方（便宜上Bとする）は，1未満の配分額しか獲得していない．しかし，このときBとCを結ぶ辺が不安定性となる．BとCの合計配分額が1未満となり，両者に利する交換を行えるからである．

安定な結果が存在しないという事実から，三角形における交渉のダイナミクスについて考える方法が得られる．すなわち，どのような暫定的な合意に到達しても，それを破壊する内部的なストレスが，システムに常に存在することが言える．

---

[1] 実際，安定性の理論を拡張して，この効果を明示的に取り扱うこともかなり簡単にできる．しかしながら，本章では，極端な結果も許す単純な版にこだわることにする．

安定な結果の限界　しかしながら，安定性の説明能力には大きな限界もある．この限界の一つに，現実の世界では人々が従わないような極端な結果を認めていることが挙げられる．しかし，すでに上でも眺めているように，この問題は，理論が近似的に正確であることに起因するものであり，その不一致性は認識できて，比較的容易に修正して用いることができる．

安定な結果の概念に付随する，より基本的な問題は，個人の間に弱いパワーの差がある状況において，曖昧性があまりにも多いことに起因している．たとえば，図 12.7(d) と図 12.7(e) の例に戻ってみよう．これらはともに，4個のノードからなるパスでの安定な結果を表している．しかし，最初の図 12.7(d) の例は，中央寄りの二つのノード B と C にパワーの優位性があるにもかかわらず，すべてのノードの配分額が等しくなっている．実際には，4個のノードからなるパスでの安定な結果は無数にある．マッチングが外側の二つの辺からなっているときには，これらの二つの辺におけるどのような分割でも，B と C の配分額の総和が 1 以上になるならば，安定な結果となるからである．

要約すると，以下のように言える．安定性は，交換で得られる結果の推論に対して重要な概念であるが，微妙なパワーの差があるネットワークでの交換に対しては，あまりにも弱すぎる．これらのネットワークにおいては，実際には起こらない結果を多く認めるので，結果を絞り込むのには無能となる．この安定性の概念を強化して，現実世界で典型的に起こる結果に絞り込めるようにする概念は存在するのであろうか？　実は，存在するのである．それを次節で取り上げることにする．

12.8　ネットワーク配分のモデリング：平衡的な結果

与えられたネットワークに対して，安定な結果が多数存在するときに，その中から**平衡的** (balanced) と呼ばれる，きわめて自然な結果の集合を選んでくる方法について，本節では示すことにする．

平衡的な結果の背後にあるアイデアは，4個のノードからなるパスを用いることで，おそらく最もうまく説明できる．とくに，図 12.7(d) は安定な結果であるが，実際の実験では観察できない結果に対応するものである．さらに，その結果には明らかに "正しくない" ものが存在する．ノードの B と C が，交渉を極端に妨害されていると見なせるからである．すなわち，B と C はそれぞれ別の選択肢を持つのに対して，A と D は別の選択肢をまったく持たないにもかかわらず，それでも，A と B とで配分額が等分され，C と D とでも配分額が等分されているからである．

この問題点については，以下のことに注意して考えるのがよいと思われる．すなわち，ネットワーク交換は，12.5節のナッシュ交渉解の意味で，ネットワークの他のノードから与えられる "外部の選択肢" の存在のもとでの一種の交渉と見なせることに注意する．図 12.8(a) においてすべての配分額が $\frac{1}{2}$ であるという結果で，このことを考えてみよう．各ノードに与えられた配分額に対して，B は外部に $\frac{1}{2}$ の選択肢を持っていると考えられる．

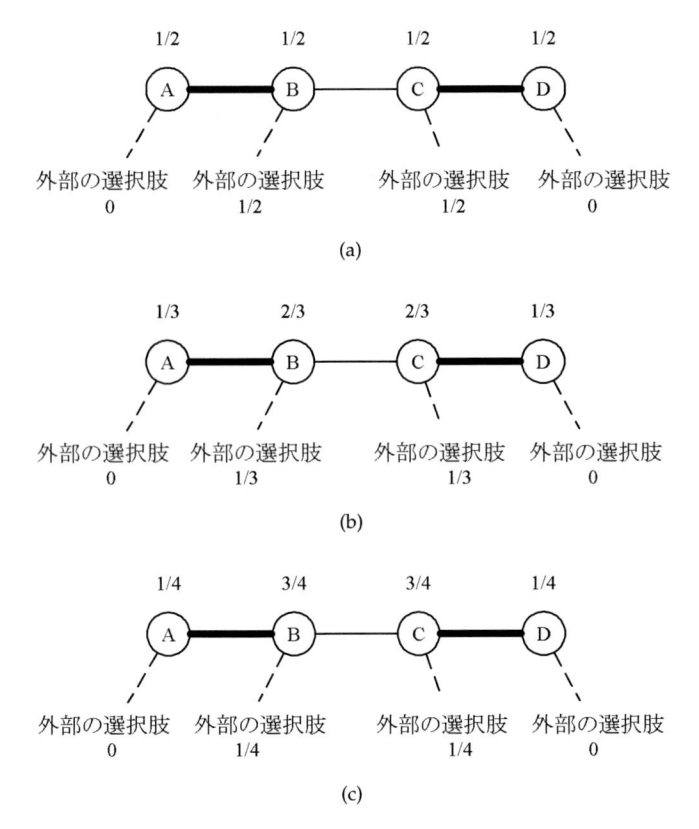

```
         1/2      1/2       1/2      1/2
         ─A───────B─────────C───────D─
         /        /         /        \
    外部の選択肢  外部の選択肢   外部の選択肢  外部の選択肢
        0        1/2        1/2        0
                        (a)

         1/3      2/3       2/3      1/3
         ─A───────B─────────C───────D─
         /        /         /        \
    外部の選択肢  外部の選択肢   外部の選択肢  外部の選択肢
        0        1/3        1/3        0
                        (b)

         1/4      3/4       3/4      1/4
         ─A───────B─────────C───────D─
         /        /         /        \
    外部の選択肢  外部の選択肢   外部の選択肢  外部の選択肢
        0        1/4        1/4        0
                        (c)
```

図12.8 平衡的な結果と平衡的でない結果の違い．(a) 平衡的でない結果．(b) 平衡的な結果．(c) 平衡的でない結果．

なぜなら，BはCに$\frac{1}{2}$の分け前（あるいは$\frac{1}{2}$よりわずかに大きい分け前）を提案し，現在のCとDの合意を破棄させて，Cを奪い取ることができるからである．同様の理由により，Cも外部に$\frac{1}{2}$の選択肢を持っていると考えられる．すなわち，CはBに$\frac{1}{2}$の分け前を提案し，現在のAとBの合意を破棄させて，Bを奪い取ることができるからである．これに対して，現在のノードの配分額に対して，AとDが外部に持つ選択肢の価値は0である．現在の合意以外の別の選択肢がないからである．

平衡的な結果の定義 上記の議論から，すべてのノードの配分額が$\frac{1}{2}$である結果の問題点を考える，有効な方法が得られる．すなわち，そこで起こっている交換は，ノードの外部の選択肢に関して，ナッシュ交渉解の結果ではないことである．この枠組みで考えて初めて，図12.8(b)の結果はきわめて自然なものとなる．これらの配分額のもとで，Bの外部の選択肢の価値は$\frac{1}{3}$である．Cを現在のパートナーから奪い取るために，BはCに$\frac{2}{3}$の分け前を提案して，自分の分け前は$\frac{1}{3}$となるからである．したがって，BとAの$\frac{2}{3}$対$\frac{1}{3}$の分割は，Aの外部の選択肢の価値が0であることに注意すれば，（ここに限定して）ナッシュ交渉解を表すものとなっている．同様の理由により，CとDの交換でも配分額の分割は，（そこに限定して）ナッシュ交渉解を表すものとなっている．したがって，4個のノードからなるパス上でのこの配分額集合は，内部的に支持される華麗な性質を持っていると言える．すなわち，ネットワークの与えられた交換と配分額に対して，すべての交換でナッ

シュ交渉解の結果が達成されているのである．

この平衡性の概念を，一般の任意のネットワークに対して，以下のように定義することができる [120, 349]．初めに，ネットワークの任意の結果に対して，4 個のノードからなるパスに対して行ったように，各ノードの最も良い外部の選択肢の価値を決定する．それは，そのノードに隣接するノードが，自身のパートナーでない限り，（隣接ノードに現在パートナーがいるときはそのパートナーから奪い取って，あるいは現在パートナーがいないときにはそのまま）自分のパートナーにするために提案する分け前を 1 から差し引いた値（すなわち，自分の分け前）の最大値である[2]．したがって，**平衡的な結果 (balanced outcome)** は，以下のように定義することができる．

> **平衡的な結果**：ネットワークのマッチングとノードの配分額からなる結果は，各ノードに対する外部の各ノードの最も良い選択肢の価値のもとで，マッチングのすべての辺で，関与する両端のノードでのお金の分割がナッシュ交渉解の結果になっているとき，平衡的であると呼ばれる[3]．

図 12.8(a) と図 12.8(c) の二つの極端な例で，結果が実際に "平衡的" であるかどうかを考えてみる．図 12.8(a) の例のように，B と C の配分額が少なすぎることがないことを，平衡性は要求している．また，図 12.8(c) の結果も平衡的でない．B と C の配分額が，ナッシュ交渉の結果の配分額より多すぎるからである．

図 12.8 のすべての結果が安定であることにも注意しよう．したがって，この例では，平衡性は安定性の細分の概念であると考えることができる．一般に，任意のネットワークに対して，任意の平衡的な結果は安定である．それは以下のようにして理解できる．第一に，平衡的な結果では，マッチングに含まれない辺の両端の少なくとも一方のノードがマッチされていることが言える．なぜなら，その辺の両端のノードがともにマッチされていないとすると，マッチングにその辺を加えることができて，訳注にあるように，平衡的なマッチングが極大マッチングであることに反するからである．第二に，各マッチング辺ではナッシュ交渉解の結果となっているので，マッチングの端点となっているマッチされている各ノードは，自身の外部の選択肢の最善の価値以上の配分額を持っていることである．外部の選択肢の最善の価値は，そのノードに接続するマッチングに含まれない辺のもう一方の端点のノードの配分額を 1 から引いた値のうちで，最大のものであることに注意すれば，マッチングに含まれないどの辺でも，両端のノードの配分額の和は 1 以上になる．すなわち，不安定性がないことが得られる．したがって，平衡的な結果は安定である．しかし，平衡性は安定性より制約が強いので，平衡的でない安定的な結果も多数ある．

平衡的な結果の応用と解釈　平衡的な結果は，定義が華麗であるばかりでなく，人間の被験者による実験の結果とも近似的に合致する．4 個のノードからなるパス上では，この

---

[2]【訳注】したがって，マッチングに含まれない辺の両端のノードにおいて，一方のノードの配分額と，他方のノードの最善の外部の選択肢の価値の和は 1 以上になる．

[3]【訳注】この定義のままでは，マッチングに含まれない辺に制約はないので，マッチングに含まれる辺がまったくないときでも "結果" は平衡的になってしまう．したがって，"結果" の定義を少し変えることが必要である．すなわち，"結果" のマッチングは，**極大マッチング**であることが必要である．なお，マッチングは，マッチングに含まれないどの辺を加えてもマッチングでなくなるときに，**極大マッチング** (maximal matching) と呼ばれる．

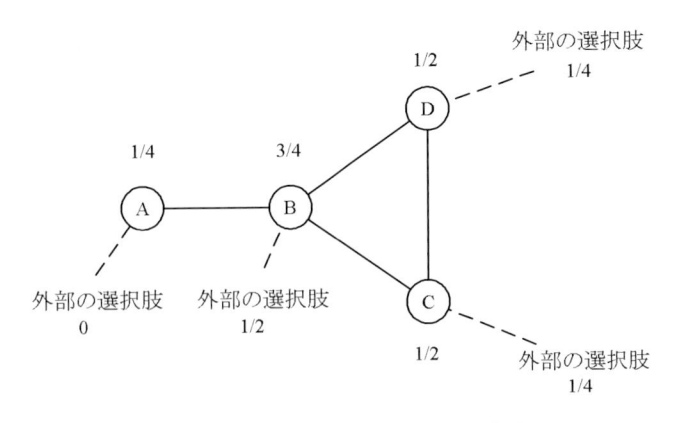

図12.9 花グラフ上での平衡的な結果.

ことはすでに眺めてきている．以下のように，花グラフに対する結果も，もう一つのそのような例になっている．

図12.9は，花グラフに対する唯一の平衡的な結果を示している．CとDは均等に分け前を獲得し，したがって，Bは外部の選択肢の価値が $\frac{1}{2}$ となり，AとBの分け前は $\frac{1}{4}$ 対 $\frac{3}{4}$ のナッシュ交渉解の結果となることになる．したがって，平衡的な結果は，パワーの弱い優位性だけでなく，これらの優位性が多種のネットワークに見られるときでも，その微妙さも把握するものになっている．たとえば，花グラフでのBの優位性は，4個のノードからなるパスでのBの優位性よりわずかに大きくなることも，把握するものになっているのである．

平衡的な結果は，配分額自身による外部の選択肢の価値を用いて，巧妙に自己参照的な形で定義されているので，平衡的な結果がすべてのネットワークに存在するのかどうかということも，自然な疑問になる．もちろん，どの平衡的な結果も安定であるので，安定な結果が存在するときに初めて，平衡的な結果が存在する．前節の議論から，すでに，（三角形のグラフなどの）あるグラフは安定な結果を持たないことがわかっている．しかし，実際には，安定な結果を持つすべてのネットワークが，平衡的な結果を持つことも証明できるのである．さらに，与えられたネットワークに対して，すべての平衡的な結果の集合を計算する方法も存在する [31, 242, 254, 349, 378]．

実際には，前節と本節の安定性と平衡性の概念は，**協力ゲームの理論** (cooperative game theory) として知られている分野の概念を用いて，体系付けることができる．なお，協力ゲームの理論では，ネットワークの各辺における価値の交換のように，複数のプレーヤーが協力して獲得できた価値を，それらのプレーヤーでどのように分割するのかについて研究されている．この枠組みでは，安定性は，協力ゲーム理論における**コア解** (core solution) として知られている中心的な概念を用いて定式化できる．また，平衡性は，コア解と**カーネル解** (kernel solution) として知られているもう一つの概念を組み合わせて定式化できる [234, 289, 349]．

最後に以下の点を注意して，本節を終了する．平衡性は，実験の結果と理論的に得られる結果が，合理的に対応するようになることを求めて，安定な結果を細分するために提案されたいくつかの定義の一つである．したがって，同様の結果をもたらす**等抵抗性** (equiresistance) と呼ばれる概念も含めて，競合する理論も存在する [373]．さらに大きく

て複雑なネットワークを考えるときに，人間の被験者から実験で得られる結果と，これらの理論から予測として得られる結果がどの程度正確に一致するかは，未解決の大きな研究課題である．

12.9　発展：交渉へのゲーム理論的アプローチ

12.5節で，それぞれが外部の選択肢を持つ2人で，共通の資源の分割を交渉する基本的なモデルを考えた．そして，余剰が交渉でどのように分割されるかに対して，ナッシュ交渉解が自然な予測を与えることを議論した．John Nash（ジョン・ナッシュ）[312]が初めてこの概念を定式化したときには，どの交渉解の結果も満たすべきであると信じた公理集合を最初に書き下し，その後に，これらの公理集合を用いて交渉解の特徴付けを証明したことに，概念は動機付けられていた．しかし，交渉を行う人の戦略的な行動を考慮に入れたモデルを通してでも，同一の解が動機付けられるかと問うこともできる．すなわち，交渉の本質を行動で把握するゲームを定式化し，そのゲームにおいてナッシュ交渉解の結果が均衡として生じるようにすることができるか，ということである．これは，Ariel Rubinstein（アリエル・ルビンシュタイン）[356]による交渉のゲーム理論的な定式化を用いて，1980年代にBinmore, Rubinstein, and Wolinsky [60] によって成し遂げられた．

以下では，この戦略的なアプローチがナッシュ交渉解にどのように機能するかについて述べる．それは，6.10節の定式化された動的ゲームの概念に基づいている．本節の交渉の定式化においても，12.5節の基本的な設定を用いることにする．AとBの2人がいて，2人で1ドルの分け方について交渉する．Aが価値xの外部の選択肢を持ち，Bが価値yの外部の選択肢を持つ．ただし，$x+y < 1$を仮定する．そうでないとすると，両方が得をする1ドルの分割法はないからである．

動的ゲームとしての交渉の定式化　最初のステップは，交渉をゲームとして定式化することである．そこで，AとBが，以下のような仮想的な会話で示唆される形式で，1ドルの分割法について交渉している様子を想像してみる（そこでは，Aのほうがより強い外部の選択肢を持っていると考えられる）．

A：1ドルの30%をあなたにあげます．
B：いや，40%欲しいです．
A：34%ではいかがですか？
B：36%いただきます．
A：了解です．

この会話から示唆される直観を把握するために，**期間** (period) の系列上で進行して，無限に続くこともある動的な**交渉ゲーム** (bargaining game) を定義する．

12.9 発展：交渉へのゲーム理論的アプローチ

- 第 1 期間で，A は自分の取り分が a_1 であり，B の取り分が b_1 である 1 ドルの分割を提案する（下付きの添え字の "1" は，第 1 期間で提案された分割であることを表している）．この分割を (a_1, b_1) と表記する．
- B は A の提案を受諾するかあるいは拒否することができる．B が受諾するとゲームは終了し，それぞれが提案された割合を獲得する．B が拒否すると，ゲームは第 2 期間に入る．
- 第 2 期間で，B は自分の取り分が b_2 であり，A の取り分が a_2 となる 1 ドルの分割 (a_2, b_2) を提案する．A はこの提案を受諾するかあるいは拒否することができる．繰り返しになるが，A が受諾するとゲームは終了し，A が拒否するとゲームは第 3 期間に入る．
- このようにして，期間はゲームが終了するまで無限に続けられる．すなわち，奇数の期間では A が分割を提案し，偶数の期間では B が分割を提案する．一方が他方の提案を受諾すれば，すぐにゲームは終了する．

先の A と B の間の会話は，このゲームの構造で表すことができる．上記の記法を用いると，以下のように書ける．

（期間 1） A：$(0.70, 0.30)$? 　B：拒否．
（期間 2） B：$(0.60, 0.40)$? 　A：拒否．
（期間 3） A：$(0.66, 0.34)$? 　B：拒否．
（期間 4） B：$(0.64, 0.36)$? 　A：受諾．

ゲームには，2 人が実際に取引を成立させなければならないと感じるプレッシャーをモデル化する，もう一つの構成要素がある．すなわち，各期間の終了後と次の期間に入る前に，ある一定の確率 $p > 0$ で交渉が急に決裂してしまうこともあるとする．そのような決裂が生じたときには，さらなる期間は存在しないことになり，2 人のプレーヤーはそれぞれ，自身の外部の選択肢をとることになる．

したがって，完全なゲームの記述は以下のとおりである．交互に提案が繰り返されて，どちらが受諾するか，あるいは交渉が決裂するまでそれは続く．結論は，各プレーヤーが合意した 1 ドルの分割の提案による利得を受け取るか，あるいは決裂により外部の選択肢の利得を受け取るかの，いずれかである．

交渉における決裂の可能性は，たとえば，第 1 期間で B が提案された分割を拒否すると，第 2 期間がなくなり，B は外部の選択肢を選ぶしかなくなる危険性があることを意味している．各プレーヤーは，拒否するときには，常にこの危険性を考慮に入れておかなければならない．この決裂の確率は，交渉で得られる結果には必要なものであり，それは，各プレーヤーが合意に到達する前にゲームが終了することもあると信じている概念を反映するものと考えることができる．すなわち，決裂は，他方のプレーヤーが交渉をあきらめることによるか，期せずしてより良いことが急に起こることによるか，他の外部の理由でゲームが突然終了することによるか，その他いろいろな理由が考えられる．

ゲームの解析：概観　上で定義したゲームは，6.10節の意味で動的ゲームであるが，注意しておくべき相違点が二つある．第一の相違は，毎回プレーヤーは提案をするが，そのときに用いることのできる戦略の集合は有限でなく，無限であることである．提案での1ドルの取り分は0と1の間の実数となる．しかしながら，ここの目的の観点からは，この相違は比較的小さいもので，解析においてはまったく問題にならない．第二の相違はより重大である．6.10節で，高々有限回の期間を持つ**有限地平ゲーム** (finite-horizon game) と言えるものを考えたが，ここでは，原理的には，期間の列が無限に続きうる**無限地平ゲーム** (infinite-horizon game) になることである．これは，ゲームの最後の期間から最初の期間に，期間を一つずつさかのぼりながら推論する6.10節の解析の形式に対して，問題を提示するものとなるからである．すなわち，ここでは最後の期間が存在しないので，ゲームの解析には別の方法が必要となるのである．

この相違にもかかわらず，6.10節で用いた種類の推論がこのゲームを解決するのに役に立つ．探そうとしている均衡は，**部分ゲーム完全ナッシュ均衡** (subgame perfect Nash equilibrium) で，取引者が最初に価格を提示し，次に購買人と販売人がそれに反応する取引ゲームに付随する，第11章で眺めた概念である．部分ゲーム完全ナッシュ均衡は，選ばれた戦略が，ゲームの途中のどの時点からゲームが開始されたとしても，ナッシュ均衡になるという性質を持つナッシュ均衡である．

主たる結果は2通りある．第一に，交渉ゲームは，Aの最初の提案が受諾されるという単純な構造の部分ゲーム完全ナッシュ均衡を持つことである．第二に，この均衡に対して，提案して受諾される最初の分割 (a_1, b_1) の値を算出できることである．a_1 と b_1 の値は，土台となる決裂の確率 p $(0 < p < 1)$ の値に依存し，p が0に近づくに従い，分割 (a_1, b_1) はナッシュ交渉解に収束する．したがって，要点は，2人の戦略的な相互作用が，早急に決裂に陥ることのない交渉に基づくものであるときには，ナッシュ交渉解が結果に対する良い近似となるということである．

ここの交渉ゲームの定式化と，本章の前の部分でのネットワーク交換理論における実験とが，どのように関係しているかを考えることも価値がある．多少の相違が存在する．第一に，前に議論した実験では，もちろん，ネットワークの各辺で一つの交渉があるので，相互接続された複数の場所で同時に起こる交渉が関与していた．ネットワークのすべての辺で交渉が同時に起こる設定にここで定式化した種類の交渉ゲームを適用することは興味深いが，多くは未解決問題である．この点についての考慮を別にして，ネットワークの一つの辺に限定しても，ここのゲーム理論的なモデルと交換理論の実験の間には，ほかにも相違が存在する．第一に，実験においては，辺の両端のノード間で，一般に自由形式の議論が許されたが，2人の交渉においては，Aから始まり，分割の提案が交互になされるという特別な形式がとられている．Aが最初に行動をとることから，ゲームにおいてAがいくぶん有利になるが，決裂の確率 p が小さくなるにつれて結果がどうなるかに主たる関心がある場合に限定すると，その差は無視できるほど小さくなる．第二に，実験では一般に，ある一定の時間制限を課して交渉が最終的には終了するようにしているが，交渉ゲームでは，毎期間適用できる決裂確率を用いている．交渉の終了に対するこれらのプレッシャーが，どのように関係し合っているかについては，正確には明らかでない．交換理論の実験

では，一定時間制限があっても，ノードが隣接する複数のノードと交渉を行うので，特定の辺上の交渉がどのくらい長く続きそうかということに対する推論は困難になっている．

最初のステップ：2期間の交渉版の解析 ゲームの期間が無限であることから複雑性が導入されるので，その有限版を最初に解析して，何らかの直観を得ておくことが役立つと考えられる．

とくに，先の版のゲームを取り上げて，第2期間の最後にはゲームが確実に終了すると仮定することにしよう（これまでと同様に，第1期間の最後にゲームが終了することもあるが，その確率はpである）．すると，これは有限期間のゲームとなるので，時間をさかのぼって以下のように解決することができる．

- 第一に，a_2がAの外部の選択肢のx以上でありさえすれば，Aは期間2でBの提案(a_2, b_2)を受諾する（この期間後に交渉は終わることが保証されているので，この時点でAはa_2とxのどちらかを単に選ぶことになる）．
- これが与えられると，Aにxより大きい値を提案する理由がBにはなくなるので，Bの第2期間のおける提案は$(x, 1-x)$となる．$x+y<1$を仮定していたので，$1-x>y$であることから，交渉が決裂してBがyしか獲得できなくなる結果よりも，Bはこの分割$(x, 1-x)$をより良いと考える[4]．
- ここで，Bは，第1期間のAの提案を受諾するか拒否するかを考える際に，受諾から得られる利得と，拒否してゲームをさらに続けることで得られる利得の期待値とを比較するべきである．提案を拒否すると，確率pで交渉は決裂してBはyを獲得し，交渉が第2期間に入って終了すると，上の結論から$1-x$を獲得することになる．したがって，提案を拒否して得られる利得の期待値は，

$$py + (1-p)(1-x)$$

となる．この値をzと表記する．したがって，第1期間でBがz以上獲得できる提案ならばBは受諾するというのが結論になる．
- 最後にAが第1期間に提案する分割を決定しなければならない．$(1-z, z)$の提案をBは受諾するので，Bに$(1-z, z)$より寛大な提案をする理由はAには何もなく，問題は，Aが外部の選択肢のxよりもこの分割$(1-z, z)$を望むかどうかになる．実際には，以下のように，望むのである．$y<1-x$であり，さらに，zはyと$1-x$の重み付き平均であるので，$z<1-x$となり，$1-z>x$が得られるからである．

したがって，第1期間で，Aは$(1-z, z)$の提案を行うことになり，それはすぐにBに受諾されることになる．

以上が，2期間の交渉ゲームにおける完全な解の記述である．ここで，各プレーヤーの結果が決裂確率のpの値にどのように依存するのかを考えることも，興味深い．たとえば，pが1に近いときには，交渉は第1期間の終了時にほぼ決裂となるので，Bの利得

---

[4] これまでの多数のモデルと同様に，識別不可能のときには，Aは交渉が決裂するよりも，提案された分割の$(x, 1-x)$を受諾すると仮定する．あるいは，これまでと同様に，Aの受諾が確実になるように，BはAの取り分がxをわずかに上回る分割を提案していると考えてもよい．

$z = py + (1-p)(1-x)$ は外部の選択肢の利得 y にきわめて近くなり，A がほぼすべての余剰を獲得することになる．一方，p が 0 に近いときには，交渉は第 2 期間にほぼ入ることとなるので，B の利得は $1-x$ にきわめて近くなり，A はほぼ外部の選択肢の利得を獲得することになる．

これは直観的には意味のあるものである．p が 1 に近いときには，A の提案が絶対的である可能性が高くなるので，A が交渉において決定的な優位性を持っていることになる．p が 0 に近いときには，B の提案が絶対的である可能性が高くて，好ましくない A の最初の提案を B は安全に無視できるので，B が交渉において決定的な優位性を持っていることになる．p が正確に $\frac{1}{2}$ となるときには，利得はナッシュ交渉解に対応することにも注意しよう．すなわち，各プレーヤーの利得は，自分の外部の選択肢の利得と余剰の和と，自分の外部の選択肢の利得の平均値となる．したがって，これは，2 人ゲームのナッシュ交渉解を得る第一の方法を与えていると言える．すなわち，第 1 期間後の決裂確率が $\frac{1}{2}$ である 2 期間交渉の 2 人ゲームのナッシュ交渉解は，上記のようにして得られるのである．しかしながら，交渉の合理的なモデルとして見ると，この構造は，かなり人工的である．なぜ 2 期間のみなのか，さらにはなぜ決裂確率が正確に $\frac{1}{2}$ であるのか？が問題になる．すなわち，合意に到達するプレッシャーが弱く作用して，決裂の確率が小さくて長く続くような交渉を考えるのがより合理的であると思われる．これが最初に定式化した無限地平版であり，それを次に解析することにする．

無限地平交渉ゲームへ戻る 無限地平交渉ゲームの解析を構築する一つの方法として，有限地平交渉ゲームの期間数を大きくしていきながら，これらのゲームでの結果を無限地平版の近似とする方法が挙げられる．偶数の期間数の有限地平交渉ゲームでは B が最後の提案をするのに対して，奇数の期間数の有限地平交渉ゲームでは A が最後の提案をする．しかしながら，期間数が増加するに従い，最後の期間に到達する可能性は減少する．この解析を実行することは可能であるが，実際には，2 期間のゲーム版で学習したことを用いて，無限地平交渉ゲームの均衡の構造を直接予想するほうが，より簡単に解析できる．

とくに，2 期間の交渉ゲームの解析で，均衡では提案が拒否されないことを眺めた．これには理由が二つ存在する．第一に，2 人のプレーヤーは，ともに余剰の $1-x-y$ をある分割の形式で獲得できる状況にあり，提案を拒否して引き延ばすと，交渉が決裂してこの余剰が消失してしまう可能性があるからである．第二に，各プレーヤーは，他のプレーヤーの受諾する最小額を推論することができるので，提案をするときには，正確にその額を提案するからである．一般のレベルでは，これらの考察は無限地平交渉ゲームにも適用でき，したがって，A の最初の提案が受諾される均衡が存在すると自然に予想することができる．そこで，そのような均衡を探し求めることにする．実際には，ゲームの途中のどの地点から出発しても，そこで提示される提案が受諾されることになる均衡を，より強力に探し求めることにする．

もう一点考慮すべきことがある．有限地平交渉ゲームは，実際には，少なくとも一つの意味で，無限地平交渉ゲームよりも複雑な構造を持っていると言える．有限地平交渉ゲームに対して，各期間の推論はわずかに異なる．たとえば，残りが 10 期間のときの利得の期待値の評価では，残りが 9 期間や 8 期間のときの利得の期待値とわずかに値が異なるの

で，実際に評価をしなければならないからである．これは，ゲームが終了するまで，期間が変化するに従って提案される分割の値がわずかに変わってくることを意味する．一方，無限地平交渉ゲームは，これとは基本的に異なる．AとBによるあちこちでの提案のあとに残された無限地平交渉ゲームは，完全に同一の無限地平交渉ゲームとなるのである．したがって，ゲームの構造と利得が期間の変化に依存して変わることはない．もちろん，プレーヤーは，第1期間後もゲームが続いているときには，それまでの提案と拒否の履歴を見て行動をそれに合わせることもできる．しかし，期間の変化においてゲームの構造の定常性が与えられると，**定常戦略** (stationary strategy) の集合での均衡を探し求めることが自然である．すなわち，AとBのそれぞれが，提案する機会のどの期間でも，相手がその提案を受諾するのに必要な一定額の同一の分割を提案する戦略が，定常戦略である．定常戦略を用いる均衡は，**定常均衡** (stationary equilibrium) と呼ばれている．

ゲームの解析：定常均衡　定常戦略の優れた特徴として，きわめて記述が簡単で作業もしやすいことが挙げられる．ゲームは複雑であるが，AとBの定常戦略のどの対も，少数個の数字を用いるだけで，以下のように表現できる．

- Aが分割の提案をするときには，Aは常に分割 (a_1, b_1) を提案する．
- Bが分割の提案をするときには，Bは常に分割 (a_2, b_2) を提案する．
- 一方からの提案を他方が受諾するときのAとBの最低額を構成する保留価格は，それぞれ $\bar{a}$ と $\bar{b}$ である．

さらに，提案は1ドルの分割からなるので，分割の二つの和は1であり，$b_1 = 1 - a_1$ と $a_2 = 1 - b_2$ が成立する．

これからしようとしている計画は以下のとおりである．まず，定常戦略を記述するパラメーターを変数とする連立方程式を書き下して，これらの連立方程式を満たす定常戦略のどの対も均衡をなすようにする．その後，これらの連立方程式を解いて定常均衡を求め，決裂確率の p が0に収束するに従ってAとBの利得の対がナッシュ交渉解の結果に収束することを示す．

連立方程式は以下のように書ける．2期間版のゲームのときと同様に，まず，AはBが受諾する最低の取り分を提案するので，

$$b_1 = \bar{b} \tag{12.1}$$

が得られる．同様に，BはAが受諾する最低の取り分を提案するので，

$$a_2 = \bar{a} \tag{12.2}$$

が得られる．再度，2期間版の推論に従い，Bは，Aの提案を受諾するときの利得と拒否するときの利得が識別不可能になるように保留価格 $\bar{b}$ を設定する．受諾すると b_1 を獲得する．拒否するとゲームは決裂することも続くこともありうるので，得られる利得の期待値を獲得する．この期待値は，以下のように決定することができる．拒否後，すぐに確率 p でゲームが終了するときには y を受け取る．そうでないときには，ゲームは続いて，BからAに提案し，その提案は式(12.2)より $a_2 = \bar{a}$ と設定するので受諾され，Bは b_2 を受け取

る．したがって，Bの獲得する利得の期待値は $py + (1-p)b_2$ となる．Bは受諾と拒否を識別不可能になるようにするので，

$$b_1 = py + (1-p)b_2 \tag{12.3}$$

が得られる．Aの保留価格に対しても，同様の推論を適用することができる．AがBの提案を拒否すると，ゲームは決裂することも続くこともありうるので，Aの獲得する利得の期待値は $px + (1-p)a_1$ となる．Bの提案に対してAの受諾と拒否が識別不可能になるようにすると，

$$a_2 = px + (1-p)a_1 \tag{12.4}$$

が得られる．先の推論に従うと，定常戦略の対が均衡を形成することを保証するためには，式(12.1)～(12.4) で十分であることがわかる．

$b_1 = 1 - a_1$ と $a_2 = 1 - b_2$ であるので，これから二つの未知変数の二つの方程式

$$1 - a_1 = py + (1-p)b_2$$
$$1 - b_2 = px + (1-p)a_1$$

が得られる．これらを解くと，

$$a_1 = \frac{(1-p)x + 1 - y}{2-p}$$

$$b_2 = \frac{(1-p)y + 1 - x}{2-p}$$

が得られる．この均衡では，Aの最初の提案が受諾されて，Aは a_1 の利得を獲得し，Bは

$$b_1 = 1 - a_1 = \frac{y + (1-p)(1-x)}{2-p}$$

の利得を獲得する．

これらの a_1 と b_1 の値が p の関数としてどのようになるかは確認できる．p が1に近いときには，a_1 と b_1 の値はそれぞれ $1-y$ と y となる．したがって，Aがほぼすべての余剰を獲得し，Bはほぼ外部の選択肢の利得を獲得することになる．なぜなら，交渉はAの最初の提案後にほぼ決裂することになるので，Aがこの事実の有利性を持っているからである．

さらに興味深いことに，p が0に収束するに従い，プレーヤーは交渉が長く続くことになると期待するので，この定常均衡で最初の提案が受諾されることになり，利得はナッシュ交渉解の

$$\left(\frac{x+1-y}{2}, \frac{y+1-x}{2} \right)$$

に収束することになる．これで解析は終了である．2人のプレーヤーが単純な交渉のモデルに従って戦略的に行動するゲーム理論的なモデルから，ナッシュ交渉解の結果がきわめて自然に生じることを示した．

12.10 演習問題

1. 1-交換ルールを用いて，ネットワーク交換理論の実験を，図 12.10 のグラフで行っているとする．どのノードが最も多くのお金を獲得する（すなわち，交換で最も高い分け前を受け取る）ことになるか？ その答えに対する簡単な説明も与えよ．

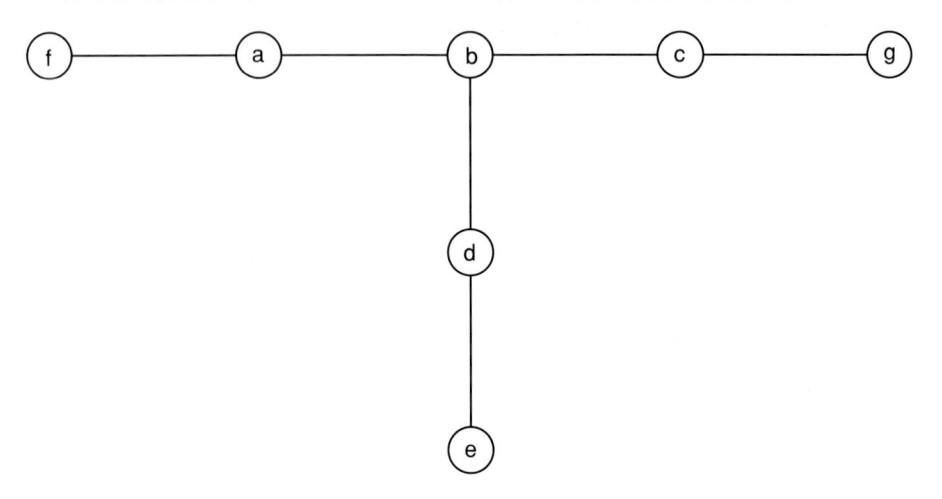

```
f --- a --- b --- c --- g
            |
            d
            |
            e
```

図 12.10 演習問題 1 のネットワーク交換理論の実験で用いられるグラフ．

2. 1-交換ルールを用いて，ネットワーク交換理論の実験を，図 12.11 の 3 個のノードからなるパスで行っているとする．

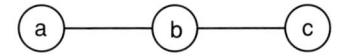

```
a --- b --- c
```

図 12.11 演習問題 2 のネットワーク交換理論の実験で出発点として用いられる，3 個のノードからなるグラフ．

ここで，4 個目のノード d が，この 3 個のノードからなるパスのネットワークのいずれか 1 個のノードに 1 本の辺で結ばれて，交換に参加するとする．この 4 個のノードからなるネットワークで，ネットワーク交換理論の実験を行ったときに，新しく加えたノード d のパワーが最も強くなるのは，どのように加えたときか？ その答えに対する簡単な説明も与えよ．

3. 1-交換ルールを用いて，ネットワーク交換理論の実験を，各辺に 10 ドルを置いて図 12.12 の 5 個のノードからなるパスで行っているとする．
   (a) どのノードが最も多くのお金を獲得する（すなわち，交換で最も高い分け前を受け取る）ことになるか？ その答えに対する簡単な説明も与えよ．なお，そのときにノードが受け取る実際の金額は与えなくてもよい．

(b) ここで，実験者はネットワークを変えることにした．すなわち，6個目のノード f を 1 本の辺でノード c と結んだ．そして f の役割を演じる新しい人をそこに置いて，この新しい 6 個のノードからなるネットワークで交換理論の実験を行った．

問題 (a) と比べて，参加者のパワーは相対的にどのように変化するか？ その答えに対する簡単な説明も与えよ．なお，そのときにノードが受け取る実際の金額は与えなくてもよい．

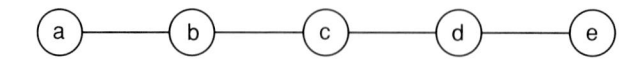

a —— b —— c —— d —— e

図 12.12 演習問題 3 のネットワーク交換理論の実験で出発点として用いられる，5 個のノードからなるグラフ．

4. 1-交換ルールを用いて，ネットワーク交換理論の実験を，各辺に 10 ドルを置いて図 12.13 の 4 個のノードからなるパスで行っているとする．
  (a) どのノードが最も多くのお金を獲得する（すなわち，交換で最も高い分け前を受け取る）ことになるか？ その答えに対する簡単な説明も与えよ．なお，そのときにノードが受け取る実際の金額は与えなくてもよい．
  (b) ここで実験者は条件を少しだけ変えることにした．すなわち，辺 b-c に 10 ドルを置かずに 2 ドルだけ置き，他の辺に対してはこれまでどおり 10 ドルを置くことにした．そして，これまでのように，ネットワークで交換理論の実験を行った．

  問題 (a) と比べて，参加者のパワーは相対的にどのように変化するか？ その答えに対する簡単な説明も与えよ．なお，そのときにノードが受け取る実際の金額は与えなくてもよい．

a —— b —— c —— d

図 12.13 演習問題 4 のネットワーク交換理論の実験で用いられる，4 個のノードからなるグラフ．

5. 1-交換ルールを用いて，ネットワーク交換理論の実験を，各辺に 10 ドルを置いて図 12.14 の 4 個のノードからなるパスで行っているとする．
  (a) しばらく実験を行った後，実験者はネットワークを変えることにした．すなわち，新しいノードの e と f を持ってきて，これらのノードの役割を演じる新しい 2 人をそれぞれ e と f に置いた．さらに，ノードの e と b の間，およびノードの f と c の間にそれぞれ辺を加えて両者を結んだ．

  そして，この新しい 6 個のノードからなるネットワークで交換理論の実験を行った．このとき，元の 4 個のノードからなるネットワークでの実験と比べて，参加者のパワーは相対的にどのように変化するか？ その答えに対する簡単な説明も与えよ．なお，そのときにノードが受け取る実際の金額は与えなくてもよい．
  (b) 実験者はさらにネットワークを変えることにした．すなわち，問題 (a) のノードの集合と辺に対して，ノードの e と f を結ぶ辺を加えた．

そして，この修正した6個のノードからなるネットワークで交換理論の実験を行った．このとき，問題(a)の6個のノードからなるネットワークでの実験と比べて，参加者のパワーは相対的にどのように変化するか？　その答えに対する簡単な説明も与えよ．なお，そのときにノードが受け取る実際の金額は与えなくてもよい．

図 **12.14** 演習問題5のネットワーク交換理論の実験で出発点として用いられる，4個のノードからなるグラフ．

6. (a) 1-交換ルールを用いて，ネットワーク交換理論の実験を，図12.15(a)の3個のノードからなるパスと，図12.15(b)の4個のノードからなるパスの両方で行っているとする．

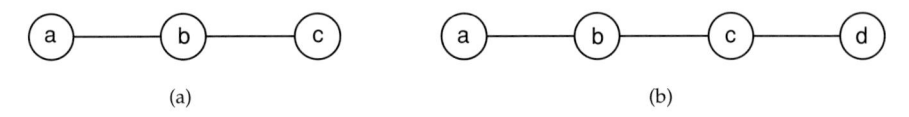

図 **12.15** 演習問題6(a)のネットワーク交換理論の実験で用いられるグラフ．(a) 3個のノードからなるパス．(b) 4個のノードからなるパス．

このとき，ノードbがより多くのお金を獲得する（すなわち，交換でより多くの分け前を受け取る）のは，どちらの実験か？　その答えに対する簡単な説明も与えよ．なお，そのときにノードが受け取る実際の金額は与えなくてもよい．

(b) 1-交換ルールを用いて，ネットワーク交換理論の実験を，図12.16のグラフで行っているとする．どのノードが最も多くのお金を獲得する（すなわち，交換で最も高い分け前を受け取る）ことになるか？

さらに，図12.16で最も強力なパワーを持つノードは，図12.15(a)の3個のノードからなるパス上のノードbと図12.15(b)の4個のノードからなるパス上のノードbの，どちらにより似ているか？

その答えに対する簡単な説明も与えよ．なお，そのときにノードが受け取る実際の金額は与えなくてもよい．

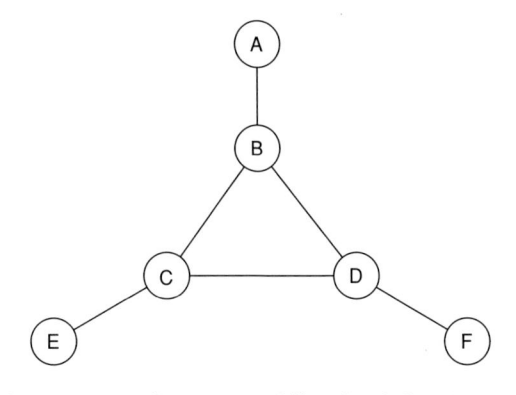

図 **12.16** 演習問題6(b)のネットワーク交換理論の実験で用いられるグラフ．

第 IV 部

情報ネットワークとワールドワイドウェブ

第 13 章
ウェブの構造

本書ではこれまで，基本単位（ノード）は，人あるいは企業や組織などの社会的実体であるとしてネットワークを考えてきた．したがって，リンク（辺）は，両端のノード間に，ある種の社会的あるいは経済的相互作用が存在することを表していた．

これからの数章では，これまでとは異なるタイプのネットワークを取り上げる．すなわち，（文書や図などの）情報の断片をノードで表し，それらの二つの情報の断片を何らかの形で結びつける関係をリンクで表すネットワークを取り上げる．ここでは，このようなネットワークを**情報ネットワーク** (information network) と呼ぶことにする．これから眺めていくように，このような情報ネットワークで，現在最も重要であると考えられるものは，疑いもなく**ワールドワイドウェブ** (World Wide Web)（以下，略して単に**ウェブ**と呼ぶ）であろう．情報ネットワークの利用には長い歴史があるが，ウェブの発展こそが，情報ネットワークを周知させることにつながったと言えるからである．

情報ネットワークと，これまでに議論してきたソーシャルネットワークや経済的ネットワークとの間には，基本的な相違が存在するが，本書で展開してきた中心的な概念は，情報ネットワークにおいても基盤的な概念となる．したがって，情報ネットワークでも，最短パスや巨大連結成分などのグラフ理論の基礎的な概念を用いることにする．また，基盤となるグラフ構造に基づいて，ネットワークにおけるパワーの概念の定式化も行う．さらには，ウェブ検索エンジンの企業のビジネス展開で用いられる，商品の割当てに対するマッチングマーケットの関係も導出する．

この情報ネットワークというトピックでは，現在ウェブが中心的な役割を果たしているので，本章では，ウェブに関するいくつかの説明から始めて，その後，ウェブに至るまでの情報ネットワークの歴史を振り返る．

13.1 ウェブ

読者はおそらく日常的にウェブを利用していると思われる．しかし，ウェブは，（インターネットや無線通信システムや地球規模のメディア産業を含む）より広範な全世界的規模の情報基盤構造に取り込まれているので，ウェブとは何か，そしてそれがどこから来たのかについて，初期の原理に立ち戻って少し考えてみることは役立つと思われる．

360　第13章　ウェブの構造

図 13.1　4 個のウェブページからなる集合.

　基本的なレベルでは，ウェブは，1989 年から 1991 年にかけて Tim Berners-Lee（ティム・バーナーズ リー）によりインターネット上で情報を共有するために開発されたアプリケーションと見なせる [54, 55]．もちろん，それは極端に単純化した見方であるが，それでもウェブのもともとの概念と設計は，次の二つの主要な機能に集約されていると言える．第一に，ウェブでは，文書を**ウェブページ** (web page) という形式で作成し，自分のコンピューターの公開スペースに入れておくことで，インターネット上のすべての人がそれを利用できる機能である．第二に，**ブラウザー** (browser) を用いることで，インターネットを通して様々な場所のコンピューターの公開スペースにアクセスして，そこにあるウェブページを取得することができる機能，すなわち，他人がウェブページに簡単にアクセスできる機能である．

　おおざっぱに見れば，これは現在ウェブでできることそのものである．すなわち，ブラウザーでウェブページをレンダリングしながら，ウェブを次々に見ていけるということである．たとえば，図 13.1 は，以下の (a)～(d) の 4 枚のウェブページの集合を表している．すなわち，(a) ネットワークの講義を担当する大学教員のホームページ，(b) そのネットワークの講義での学生のブログのページ，(c) ブログの一つであるマイクロソフトに関するページ，(d) マイクロソフトのホームページ，からなる．ウェブのもともとの設計を鑑みれば，これらのページはすべて単一の一貫したシステムであるウェブそのものの一部であるが，4 台の別々のコンピューターに格納され，それぞれ完全に独立した別個の組織によって管理されているファイル群と見なすこともできる．そして，それらのファイルは全世界共通のウェブのプロトコルに基づいて，公にアクセスできるようになっている．

　ハイパーテキスト　これらの基本的な機能に加えて，ウェブの設計にはもう一つ重要な原理がある．すなわち，ネットワークのメタファーを用いた情報の組織化である．これこそが，図 13.1 の個々のウェブページ集合を，図 13.2 に示している"ウェブ"（クモの巣）たらしめているものである．ウェブページの作成においては，文書の任意の位置に他のウェ

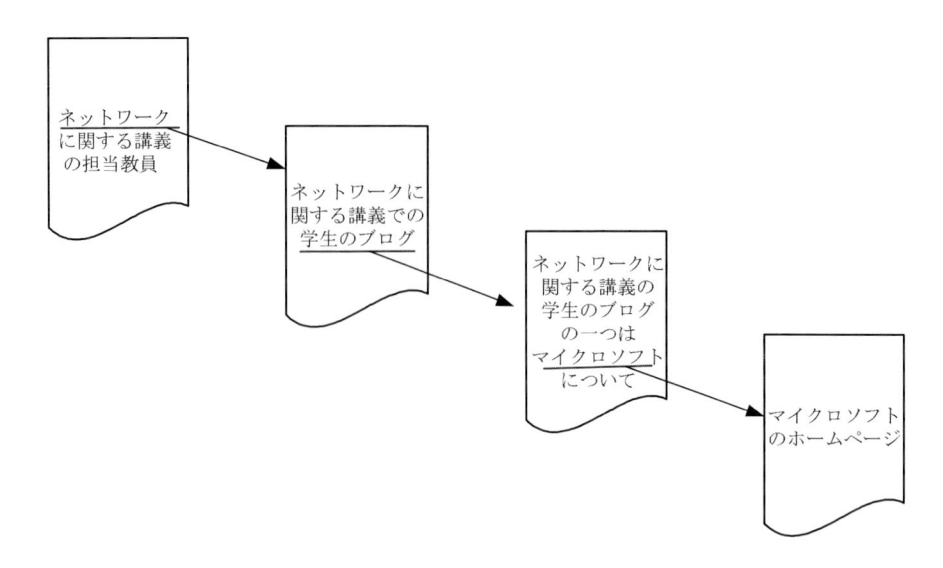

図 13.2 ネットワークのメタファーを用いて組織化されたウェブ上の情報．ウェブページ間のリンクにより，ウェブは有向グラフとなる．

ブページへの仮想的なリンクを形成することができる．このリンクにより，現在読んでいるページから他のページに直接移動することができる．したがって，ウェブ上のページの集合はグラフとなる．ノードはページそのものであり，あるページから別のページへのリンクが有向辺となって，このグラフは有向グラフとなる．

今日では，ウェブページ間のリンクという考え方はごく普通に思えるが，ウェブページをネットワークとして組織化する考え方は，ひらめきに基づいていて，普通には考えられなかったことも理解すべきである．情報を整理する方法は，図書館における本の分類，コンピューターにおいてファイルを格納するフォルダ，索引における用語や電話帳における名前を分ける頭文字など，多数ある．これらの組織化方法は，いずれも様々な用途において有効であり，ウェブに用いることも可能であったろう．しかし，このネットワーク構造の使用により，他のすでに存在している世界中のページとの関係を強調表示できるウェブページを誰もが作成できるようになり，それこそがウェブを世界中に広める原動力となったのである．

そうは言っても，ネットワークのメタファーを用いるという考えが，無から生み出されたわけではない．これは，20 世紀の半ばから探求され改良されてきた**ハイパーテキスト (hypertext)** として知られているコンピューター支援のオーサリングスタイルの応用と見なせるからである [316, 324]．ハイパーテキストのもともとの考え方は，テキストの任意の位置から他の任意の位置に直接リンクできるようにすることで，テキストの伝統的な線形構造をネットワーク構造で置き換えることであった．このように明示的なリンクの使用により，伝統的には非明示的なものとして扱われてきたテキスト内の論理的関係が，表舞台に躍り出てきたのである．その創成期では，ハイパーテキストは情熱的に，しかしながら比較的少数の技術者集団によって主張されてきた理想であった．そして，結果としてウェブが，誰も予想しなかったほどの勢いでハイパーテキストを世界中に広めたのである．

13.2 情報ネットワークとハイパーテキストと連想記憶

ウェブのハイパーテキスト構造は，ノード（この場合ウェブページ）が情報を含み，明示的なリンクがノード間の関係を表しているという，情報ネットワークのすでに慣れ親しんだ形であり，またその重要な例ともなっている．しかし，情報ネットワークの概念は，コンピューター技術の発展にかなり先行して研究されていた．ハイパーテキストの創始者らには，大規模な情報が織り込まれたネットワークのイメージがある意味では定着していて，それがハイパーテキストを考案する動機になったとも考えられる．

ハイパーテキストの理論的先駆者 ハイパーテキストの最初の重要かつ理論的な先駆者と呼べるのは，学術書や論文における**引用** (citation) という概念である．学術的研究の著者らは，彼らが参照した概念の最初の提唱者に敬意を表するために，その概念を記している先行論文を引用する．たとえば，図13.3は，本書の第I部の中心的な概念のいくつかを与えている，社会学の（著者名と出版年による）論文間での引用を表している（この図の一番下は影響力の強い論文で，左から右の順に三者閉包，スモールワールド現象，構造的平衡性，そして同種親和性のそれぞれに関する論文である）．他のあらゆる学術的分野でも同じようなことができるが，引用構造で表現される依存関係から，この分野の研究が初期の研究をもとに，どのように発展してきたかがわかる．さらに，引用構造は自然と有向グラフになることもわかる．ノードは本と論文を表し，有向辺はある研究から別の研究への引用を表す．特許でも，先行する研究や発明への引用をしていることから，同じ構造が生じる．さらに，判決でも，以前の判決への引用があることから，やはり同じ構造が生まれる．以前の判決は，判例として使われたり，現在の判決と区別したりするために用いられる．もちろん，図13.3の例は，ずっと大きな有向グラフのごくわずかな一部にすぎない．たとえば，Mark Granovetter（マーク・グラノヴェッター）の1973年の"弱い絆の強さ"に関する論文は，数千の学術文献から引用されているので，本来はこの1ノードを数千の有向辺が指していることになる．

引用ネットワークとウェブの違いの一つは，引用ネットワークのほうが潜在する"時間の矢"に，より強く支配されていることである．本，論文，特許，判決は，ある特定の時点で書かれたものであり，それらが含む引用，すなわち他のノードを指す辺は，それが書かれた時点で実質的に"凍結"してしまっている．言い換えれば，引用は過去へと戻るものである．論文Xが論文Yを引用しているならば，YはXが存在する前のある時点で書かれたということなので，YからXへの引用は通常ない．もちろん，この原理にも例外はある．同時に並行して書かれた2本の論文が互いに引用し合ったり，より最近の引用を取り入れて改訂を行う著作もある．しかし，引用ネットワークでは，辺は現在から過去へ戻る流れになっているものがほとんどである．それに対してウェブでは，いったん作成されたらずっとそのままのページもあるが，長い期間にわたってリンクが更新され続けるページもかなり多い．ウェブのリンクは有向であるが，その向きが現在から過去への"流れ"を

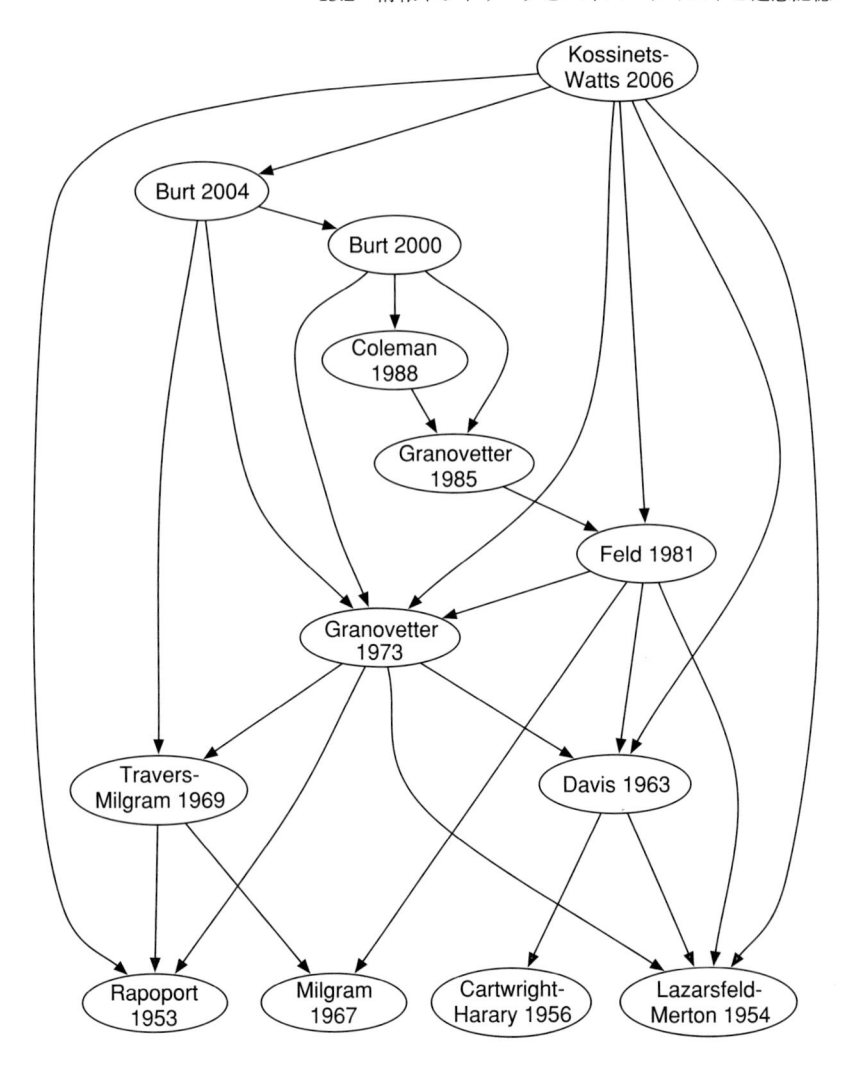

図 13.3 研究論文の集合における引用ネットワークは，ウェブのように情報ネットワークの一種となる有向グラフを形成する．しかし，ウェブとは対照的に，引用ネットワークでは，厳密に過去の論文にしかリンクを張れないので，時系列がよりはっきりしている．

表しているとは限らない．

　引用ネットワークだけが情報ネットワークの初期の形態というわけではない．印刷された百科事典における相互参照やそれに類するものが，もう一つの重要な例である．そこでは，一つの記事が他の関連記事へのポインターを含んでいることが多い．Wikipedia のようなオンライン記事集合は，たとえそれがウェブ上に存在するという事実を抜きにして，単純にリンクし合っている記事の集合と見なしても，同じように構造化されている．このような組織化の原理こそがハイパーテキストの先駆者であることは明らかであり，そこでは相互参照のリンクが記事間の関係を明示化しているのである．印刷されたものにしろオンラインのものにしろ，百科事典のあるトピックから別のトピックへと相互参照を次々たどることで，うまくいけば百科事典の掘り出し物につながることも可能なのである．

　図 13.4 は，ゲーム理論の複数のトピックに関する Wikipedia の記事集合と，関連する複数

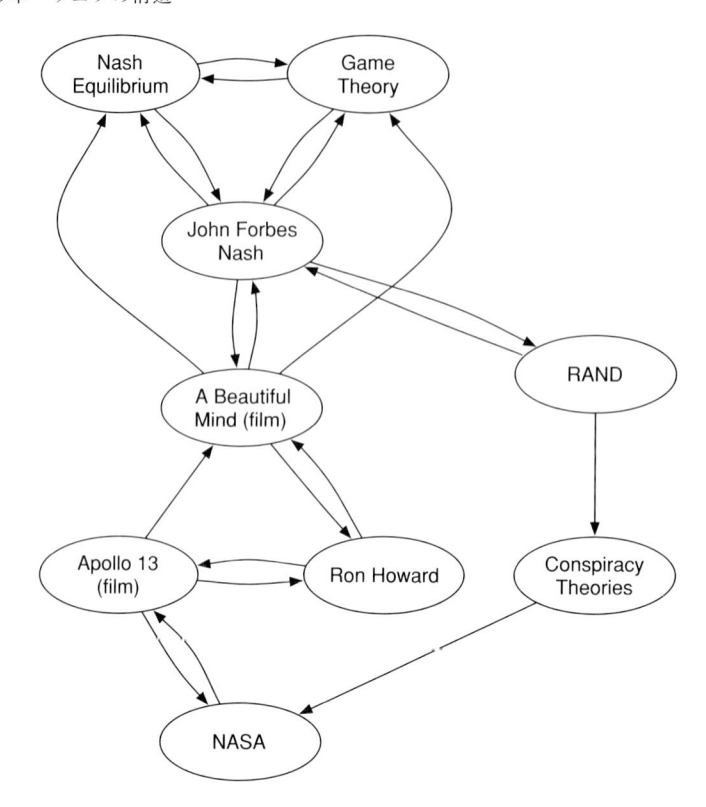

図 13.4 百科事典の記事間の相互参照は，有向グラフで表せる情報ネットワークのもう一つの例である．図はゲーム理論に関する Wikipedia の記事集合と，大衆文化および政府機関を含む関連トピックとの間の相互参照を表している．

のトピックとの間の相互参照を表している[1]．たとえば，ナッシュ均衡 (Nash equilibrium) に関する記事から NASA（米国航空宇宙局）の記事にたどり着くには，John Forbes Nash（ナッシュ均衡の提案者），その人生を描いた映画であるビューティフル・マインド (A Beautiful Mind)，その映画の監督である Ron Howard（ロン・ハワード），彼が監督した別の映画である『アポロ 13』 (Apollo 13)，そして，現実のアポロ 13 号宇宙計画を実施した米政府機関の NASA，というように記事をたどればよいことがわかる．要約すれば，NASA に関する映画を作成した監督によって映画化された人物により，ナッシュ均衡は提案されたことになる．ナッシュ均衡から NASA への短い経路は，この経路だけではない．図 13.4 は，John Nash が米国の研究開発機関である RAND で一時期働いていて，RAND での陰謀論 (Conspiracy Theories) の研究テーマは，NASA での研究テーマと似ていることを表す相互参照の経路も含んでいる．一見すると遠くかけ離れた二つの概念を結びつけているこれらの短い経路は，第 2 章で紹介した，ソーシャルネットワークにおいて "関係なさそうな人々の間にも短い経路がある" という "6 次の隔たり" の現象と同じようなことが，情報ネットワークでも起こることを示している．

実際，相互参照の経路をたどることは，頭の中で異なる概念間を連想していく意識の流れに密接に関係している．たとえば，本のナッシュ均衡に関する部分を読み終えたばか

---

[1] Wikipedia は常に変化し続けているので，図 13.4 は，これが描かれた当時の記事間のリンクの状態を表現したものにすぎない．この点を強調するのは，図 13.3 の論文集合の引用のように，凍結した性質のものとの対比を明確にしたいからである．

りで，家に歩いて帰る途中にそのことを考えていると，精神がさまよい，いつしか突然NASAに関して考えていることに気づくようなこともある．これがどのように起こったのかを理解し，頭の中で生じていた図13.4のような連想の鎖を再構成するには，少し時間がかかるであろう．この考え方は，ノードが文字どおり概念を表し，辺が概念間の論理的ないし感覚的な何らかの関係を表す**セマンティックネットワーク** (semantic network) と呼ばれる別の種類の情報ネットワークを用いて定式化される．（たとえば，"寒い" という言葉から連想される言葉を尋ねるような）**単語連想学習** (word association study) などの技術を用いて，（他の方法では困難な）人間の思考（精神）の中に存在するセマンティックネットワークの構造解明の研究が行われてきたのである [381]．

Vannevar Bush とメメックス　このように，情報ネットワークの歴史は，かなりさかのぼることができる．情報ネットワークは，コンピューター技術やインターネットに関係するよりも前から，数世紀にわたって図書館や学術文献に関連付けられてきたのである．情報ネットワークが，ウェブのような高度に技術的な形式で再来するであろうという考えは，一般には Vannevar Bush（バンネバール・ブッシュ）と，1945年に *Atlantic Monthly* 誌に掲載された彼の独創的な記事 "As We May Think" によって生み出されたとされている [89]．これは第 2 次世界大戦の終わりに書かれたものであったにもかかわらず，当時創成期にあった計算と通信の技術革新により，情報の記憶・交換・アクセスの方法が進化を遂げていくであろうことが，不気味なほど正しく予見されていたのである．

Bush はとくに，情報を本や図書館やコンピューターのメモリーに蓄えておく伝統的手法が，高度に**線形** (linear) であること，すなわち，何らかの逐次的な順序でソートされた項目の集合となっていることに注目した．一方，われわれの思考の意識的な流れは，セマンティックネットワークが表しているような**連想記憶** (associative memory) と呼ばれるものになっていることがわかっている．すなわち，最初に，あるものについて考えると，それが別のものを思い出させ，それから新たな関係の理解につながり，何らかの新しい洞察が形成されることになる．Bush は，この記憶の方法を模倣する情報システムを求めたのである．彼は**メメックス** (Memex) と呼ばれる，ウェブにきわめてよく似た機能を持つ仮想のプロトタイプを思い描いた．それは，デジタル化されたすべての人類の知識が連想的リンクで結合されたものであり，それを用いて様々な商用アプリケーションや知識共有が生まれるであろうと考えていたのである．このように，Bush の記事は，ウェブそのものだけでなく，ウェブについて考える際に利用できる多くの主要なメタファーとなりうる（すなわち，ウェブは全世界的な百科事典であり，また社会経済的な巨大システムでもあり，地球規模の頭脳ともなりうる）ことを予言したものであった．

Vannever Bush の予言がきわめて正確であったという事実は，いかなる意味でも偶然ではない．Bush は米政府の科学財団で重要な地位を占めていたし，未来の方向についての彼の考えも十分考えうる範囲のものであった．実際，初期のハイパーテキストシステムの制作者は，Tim Berners-Lee がウェブを開発し始めたときにそうであったように，Bush の考えをそのまま実行したのである．

ウェブとその進化　1990年代のウェブの最初の10年間に話を戻すと，それはウェブが控えめな研究プロジェクトから，全地球規模の新しい広大なメディアへと急速な成長を遂げた期間であったと言える．この期間の最初の時期は，図13.2の単純な絵がウェブの本質的な特徴を表していた．すなわち，ほとんどのページが比較的静的な文書であり，ほとんどのリンクは，主に**ナビゲーション** (navigation) の機能を果たしていた．すなわち，ハイパーテキストがそうであったように，閲覧者をあるページから別のページへ移動させる機能を果たしていた．

これは今日でもウェブの大部分についてほぼ成り立っているが，ウェブは，ナビゲーション目的のリンクで結ばれた文書という単純なモデルから次第に脱却してきている．そして，それがどのような経緯でなったかを理解することが，様々なウェブの構造分析を解釈する上では重要なのである．ウェブの黎明期においては，コンテンツを提供するコンピューターは比較的受動的な役割しか果たしていなかった．すなわち，要求に応じてページを提供するだけというのがほとんどであった．しかし，現在では，コンピューターの性能向上のおかげで，リンクがより直接的な役割を担えるようになった．すなわち，現在リンクは，ページを提供しているコンピューター上の複雑なプログラムを起動するためにもよく用いられている．"カートに追加"，"問合せの送信"，"カレンダーの更新"，"イメージのアップロード"というようなラベルがついたリンクは，閲覧者を新しいページに移動させるのが主たる目的ではない（意図せずそれも機能の一部となることもあるが）．そのようなリンクは，そのウェブページを提供しているコンピューター上で実行されるトランザクションを始動させるためにある．具体例を挙げよう．図13.2の例で，Microsoftのホームページからリンクをたどると，Microsoftが提供する同社の製品のオンラインショッピングサイトに行き着くかもしれない．そして，そのページで紹介されている商品の隣にある"購入する"と書かれたリンクをクリックすると，クレジットカードから代金が支払われ，物理的なオフライン世界にある自宅に製品が配達されることになる．このリンクをクリックしたことで，領収書を表す新しいページに移動することにもなるであろうが，"購入する"のリンクの主目的は，ハイパーテキスト的に"領収書ページ"に移動することではなく，上記のトランザクションを実行することである．

これらの考察に基づくと，ウェブ上のリンクは，伝統的なハイパーテキスト機能である**ナビゲーション用** (navigational) と，主にコンテンツを提供するコンピューター上で実行されるトランザクションを起動するためにある**トランザクション用** (transactional) の二つに，おおざっぱに分けて考えるのが良さそうである．ウェブ上のリンクは両方の機能を持っていることが多いので，この区別は完璧でも明確でもないが，ウェブのページやリンクの機能を評価する上で心に留めておくと役に立つ二分両断法である．

現在では，ウェブ上の多くのコンテンツが主にトランザクション用の性質を持っているが，コンテンツはいまだなお，ナビゲーション用の"バックボーン"を用いて互いに数多くリンクされている．すなわち，より伝統的なナビゲーション用リンクで互いにつながっている比較的静的なウェブページを経由しても到達できるようになっている．ウェブのこの"バックボーン"こそが，本書でその巨視的構造を分析しようとしている部分である．何がこのナビゲーション用のバックボーンに属し，何が属さないかを分類することは，究

極的には個人的な見解になってしまうが，幸いなことに，そのような判定とその成文化に対しても多くの実績がすでに存在する．なぜなら，ウェブ検索エンジンでは，ウェブ上で利用できるコンテンツのインデックスを構築する際に，ナビゲーション用とトランザクション用のリンクを区別することが，長らく必須であったからである．ウェブのすべてのユーザーが行ったオンライン取引の領収書や，飛行機の航行時間や，製品の特徴に関する検索結果のインデックスを作成することは，検索エンジンが一般大衆のために行いたいことでないことは明らかである．そしてその結果として，検索エンジンは，集めたコンテンツが比較的静的かつ公に供されるべきものであるかどうかを自動的に判定する規則を発展させ，磨いてくることができたのである．13.4 節において，ウェブの構造と多くのウェブページの集合における実験データについて議論するとき，すなわち，検索エンジンが上記の規則で集めたデータに基づいて議論をするときには，このように利用されている定義を非明示的に用いることにする．

13.3　有向グラフとしてのウェブ

　ソーシャルネットワークや経済的ネットワークでは，その構造をグラフ構造の側面から眺めることにより，重要な洞察が得られている．それはウェブのような情報ネットワークにおいても真である．ウェブをグラフとして眺めると，リンクで表現されている論理的な関係がよりよく理解できる．そして，その構造を，より小さい結合度の高い単位に分解することができる．さらに，第 14 章で眺めるように，ウェブ検索の結果を整理して組織化するステップにおいて重要となるページの識別もできるようになる．

　二つの重要な注意から始める．第一に，ウェブのグラフ構造を議論する際に，13.2 節の最後の部分で概説したプランに従い，ウェブのナビゲーション用リンクに焦点を当てるということである．それは，そこでも注意したように，全体としてウェブのコンテンツはリッチになってきているものの，ウェブの構造のバックボーンの大部分を形成しているのは，今なおナビゲーション用のリンクであるからである．

　第二に，ウェブは，本質的に**有向 (directed)** である点に十分注意を払わなければならないということである．それが，ウェブをこれまで扱ってきたネットワークの多くと本質的にまったく異なるものにしているからである．すなわち，有向グラフにおいては，辺は単純に二つのノードを結んでいるのではなく，あるノード"から"別のノード"へ"と向かっているものであるからである．これはウェブでは明らかに真である．たとえば，ブログの記事を書いて，会社や組織のウェブページへのリンクを張ったとしても，その会社や組織がそれに報いて，そのブログ記事へリンクを張るなどということは，とても考えられないからである．

　有向と無向のこの違いは，ソーシャルネットワークと情報ネットワークの重要な相違点となっている．似たようなものとしては，第 2 章で議論した，誰と誰が友だちであるかを表している世界的な友人関係ネットワークと，人物 A が人物 B について聞いたことがあるとき，そしてそのときにのみ A から B へリンクのある**全世界人名認識ネットワーク**

(global name-recognition network) との相違が挙げられる．後者のネットワークは有向で，かなり非対称になる．実際，有名なセレブは何百万もの人々に知られているし，彼らの生活を追っているファンも多いが，そのようなセレブがファンのすべての名前を知っているわけはないという理屈である．すなわち，全世界人名認識ネットワークは，友人関係で定義される伝統的なソーシャルネットワークよりも，ウェブのような情報ネットワークと構造的によく似ている．

パスと強連結性 無向グラフの連結性はパスを用いて定義された．あるノードから一連の辺をたどって別のノードまでたどり着けるとき，これらの二つのノードは**パス** (path) で結ばれていると呼ばれた．また，グラフのどの二つのノードもパスで結ばれているとき，グラフは**連結** (connected) であると呼ばれた．また，非連結グラフは，**連結成分** (connected component) に分解することができた．有向グラフでも，連結性について語るときに同じような方針をとりたいが，そうするためにはパスの定義を辺の向きを考慮するように見直すことが必要であり，それに伴って他の定義も置き換えていかなければならない．

まず，有向グラフにおけるノード A からノード B への**パス** (path) とは，A から始まり B で終わるノードの列であり，その中で連続している二つのノードは，順向きの（すなわち，A から B への向きに等しい向きの）辺で結ばれているという性質を満たしているものである．この"順向きの辺"という条件があることのみが，有向グラフと無向グラフとの間のパスの定義の相違である．ウェブでは，順向きのリンクのみをたどっていくことが，ブラウザーでウェブページを閲覧することに自然に対応している．現在見ているページから出ているリンクをたどることはできるが，現在見ているページ"に"リンクしているページをすべて知ることはできないからである．

この定義を，図 13.5 に示している少数のウェブページ間のリンクで形成された有向グラフの例で確認してみよう．この図は，ある雑誌で取り上げられた（架空の）X 大学の教員と科目に関係する事柄のいくつかを抽出して表したものである．この例において，リンクの列を（すべて順向きに）たどることで，"Univ. of X" というラベルのついたノードから "US News College Rankings" というラベルのついたノードへのパスを見出すことができる．たとえば，まず "Univ. of X" から "Classes" のページへのリンクをたどり，次に "Networks" という科目のホームページに移り，それから "Networks class blog" を経て大学ランキングに関する科目のブログ投稿 ("Blog post about college rankings") に移り，最終的にその投稿から "US News College Rankings" のページへのリンクをたどることができる．一方，"Company Z's home page" のノードから "US News College Rankings" のノードへのパスは存在しない．有向辺を逆向きにたどることが許されるならばたどれるが，順向きにたどるのでは "Company Z's home page" からは，"Our Founders" と "Press Releases" と "Contact Us" にしか行けないからである．

パスの定義が得られたので，有向グラフでも連結性を導入できるようになった．有向グラフのどのノードからもすべてのノードへのパスが存在するとき，このグラフを**強連結** (strongly connected) であるという．したがって，たとえば図 13.5 におけるウェブページの有向グラフは強連結ではない．なぜなら，すでに見てきたように，一方のノードから他方のノードへのパスが存在しない二つのノードが存在するからである．

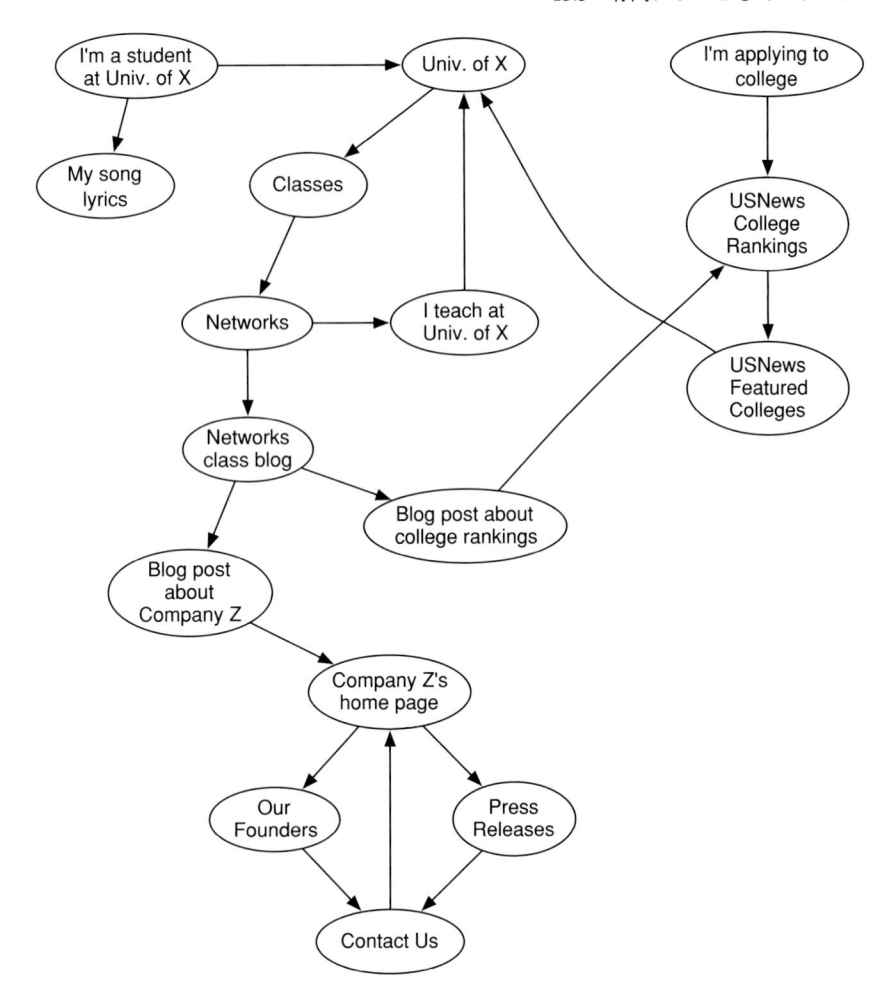

図 13.5　少数のウェブページの集合におけるリンクで形成される有向グラフ．

強連結成分　有向グラフが強連結でないときには，**到達可能性** (reachability) の記述が重要である．すなわち，どのノードが他のノードからパスで"到達可能であるか"を表現できることが重要となる．この概念を正確に定義するために，より単純な無向グラフでの定義に戻って，もう一度それを考えてみることから始める．無向グラフでは，連結成分が到達可能性をきわめて簡潔に表現している．すなわち，二つのノードが同じ連結成分に属するならば，それらは互いにパスで到達可能であり，二つのノードが異なる連結成分に属するならば，それらは到達不可能であるからである．

しかし，有向グラフにおける到達可能性は，このように簡潔に表現することはできない．なぜなら，有向グラフでは，互いに到達可能なノード対（たとえば "Univ. of X" と "US News College Rankings"）と，一方から他方には到達可能であるが，逆は到達不可能なノード対（たとえば "US News College Rankings" と "Company Z's home page"）と，互いに到達不可能なノード対（たとえば "I'm a student at Univ. of X" と "I'm applying to college"）とが存在するからである．さらに，有向グラフにおける到達可能性の概念が複雑であることから，その"様相"も同様に複雑になる．すなわち，無向グラフにおいては，

連結成分は，グラフを異なる塊にまたがる辺がないような塊に分割しているが，強連結でないグラフをそのような塊に分割することはできないのである．それでは，到達可能性はどのように記述できるのであろうか？

キーとなるのは，有向グラフにおける"連結成分"の概念を正しく記述することであり，実際，無向グラフの連結成分の定義を厳密に真似ることでこの定義が可能になる．

> 有向グラフにおける**強連結成分** (strongly connected component; SCC) とは，以下の性質 (i), (ii) を同時に満たすノードからなるノード集合の部分集合である．(i) その部分集合のどの二つのノード u, v に対しても，u から v へのパスと v から u へのパスが存在する．(ii) その部分集合は，(i) の性質を持つ，より大きい集合に真に含まれることはない．

無向グラフのときと同様に，この定義の性質 (i) は，強連結成分内ではどの二つのノード間にもそれらの間を往復できる両方向のパスが存在することを言っている．さらに，強連結成分は，どの二つのノード間にもそれらの間を往復できる両方向のパスが存在する"塊"のうちで，できるだけ大きい塊であることが，この定義の性質 (ii) で言われている．

理解の手助けとなる例を挙げよう．図 13.6 は，図 13.5 の有向グラフの強連結成分の集合を示している．上の定義の性質 (ii) は，この図のグラフをいくつかの塊に分けるときに，重要な役割を果たしていることに注意しよう．すなわち，"Univ. of X"，"Classes"，"Networks"，"I teach at Univ. of X" の四つのノードからなるノード集合は，上の定義の (i) を満たしているが，(i) を満たすより大きなノード集合に真に含まれるので，強連結成分とはならないことに注意しよう．

この図から，強連結成分が有向グラフの到達可能性の簡潔な表現として働いていることがわかる．すなわち，二つのノードの A と B が与えられたときに，A から B にパスがあるかどうかは次のようにしてわかる．まず，A と B を含む強連結成分をそれぞれ求める．もし，A と B が同じ強連結成分に属していたら，互いに往復できる両方向のパスで到達可能である．そうでない場合は，強連結成分自体を大きな"スーパーノード"と考える．すると，もし A を含む強連結成分（のスーパーノード）から B を含む強連結成分（のスーパーノード）へ，その間にある辺を順向きにたどって行くことができるならば，元のグラフにおける A から B へのパスに拡張できるし，そのようなことができなければ，A から B へのパスは存在しないことが言える．

13.4 ウェブの蝶ネクタイ構造

ウェブがほぼ 10 年間にわたって成長を続けた後の 1999 年，Andrei Broder（アンドレー・ブローダー）とその共同研究者は，強連結成分を基本的なブロックとして，ウェブの全体的な地図を作り始めた [80]．彼らは，当時最大の商用検索エンジンの一つであった AltaVista のページとリンクのインデックスを基礎データとして利用した．この強力な影響力を有す

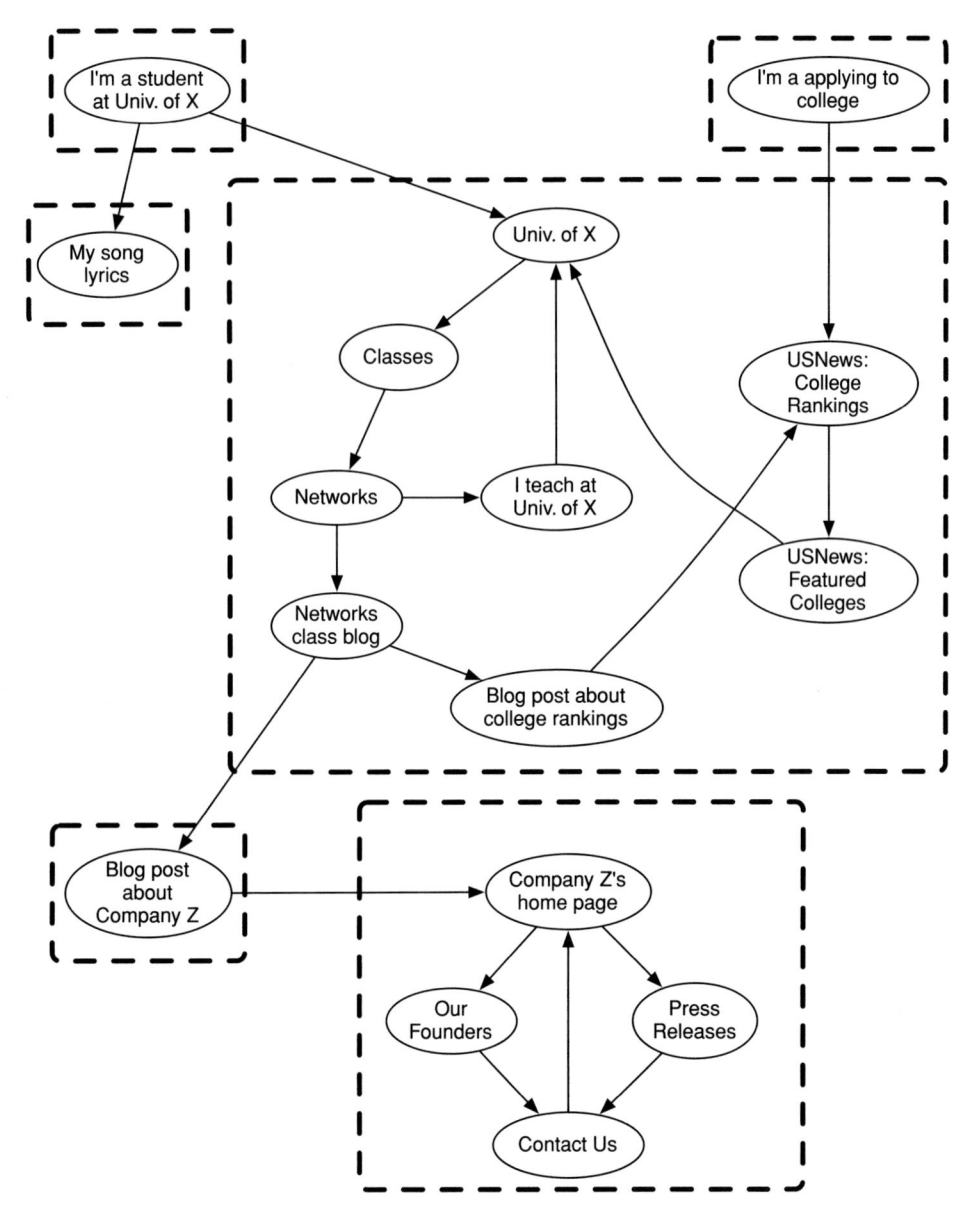

図 13.6　有向グラフとその強連結成分の集合.

る研究に対しては，Google 検索エンジンの初期のインデックス [56] やウェブページの研究用大規模コレクション [133] を含む，ウェブのより大きなスナップショットにおいても，追試的な研究が行われた．また，Wikipedia の記事間のリンク [83] などのように，ウェブ内の境界が明瞭な一部分や，第 1 章の図 1.3 に示した銀行間ローンのネットワーク [50] を含む，他の分野で現れる複雑な有向グラフにおいても，同様の分析が行われた．このようにして，Broder らのオリジナルな研究で用いられたウェブのスナップショットが，ウェブの歴史の初期のものであったにもかかわらず，そこで提案されたマッピングパラダイムは，ウェブの枠組みやより一般的な枠組みでも，巨大有向グラフについて考える際の有用な手法であり続けている．

巨大強連結成分　ウェブの"地図"は，分析されるべきネットワークの規模と複雑さの点から，実際の物理的な世界の地図とは，あらゆる点で明らかに似ていない．それに対して，Broderらが求めたものは，より概念的なもの，すなわちウェブを少数の大きなピース（塊）に分ける抽象的地図と，これらのピースをつなぎ合わせるための様式化された方法であった．

彼らの最初の発見は，ウェブが1個の巨大な強連結成分を含んでいることであった．第2章の議論によれば，自然に生起する無向グラフの多くは，ノード全体のかなりの部分を含む巨大な連結成分を1個持っている．有向版の同様な現象がウェブに対しても当てはまることは，以下のように，同様の思考実験をしてみれば理解できると思われる．おおざっぱに言って，ポイントとなるのは，多くの有名な検索エンジンや他の"ポータル"サイトは，有名な教育機関，大会社，政府機関のホームページにたどり着ける，ディレクトリー型のページへのリンクを持っていることである．さらに，これらのサイトの多くのページは，検索エンジンやポータルサイトそれ自身へ戻るリンクも持っている（図13.5と図13.6における"US News College Rankings"から"Networks class blog"へのパスと戻るパスの具体例から，これがどのようにして起こるかがわかるであろう）．したがって，これらのすべてのページは互いに到達可能であり，これらはすべて共通の強連結成分に属していることになる．この強連結成分は，（少なくとも）世界中の有名な商用・政府・非営利の組織の多くのホームページを含んでいるのであるから，それが巨大な強連結成分となるのは自然なことと思える．

無向の場合と同様に，巨大強連結成分は高々一つとなることが必然であることも議論できる．そこで，そうでなかったとして，XとYという2個の巨大な強連結成分があったとしてみる．すると，XのあるノードからYのあるノードへのリンクと，YのあるノードからXのあるノードへのリンクが1本ずつでも存在すれば（ごく常識的には存在すると考えられるが），XとYは1個の強連結成分にマージされてしまうことになる（したがって，XとYが強連結成分であるという仮定に反してしまう）からである．

蝶ネクタイ構造　Broderらの分析の2番目のステップ（2番目の発見）は，残りのすべての強連結成分を先の巨大強連結成分との関連で位置付けたことである．まず，巨大強連結成分からの到達可能性と巨大強連結成分への到達可能性で，ノードの分類を考えた．すなわち，以下のような2種類のノード集合へのノードの分類を考えた．

1. **IN**：巨大強連結成分へは到達可能であるが，巨大強連結成分からは到達不可能なノードの集合．言い換えると，強連結成分の"上流"のノードの集合である．
2. **OUT**：巨大強連結成分からは到達可能であるが，巨大強連結成分へは到達不可能なノードの集合．言い換えると，強連結成分の"下流"のノードの集合である．

図13.6は，これらの定義を理解する上で役に立つ．図13.6のネットワークでは，強連結成分のいずれも"巨大"というには小さすぎるが，最大の強連結成分を巨大強連結成分と考える．そして，それとの関係で他のノードをどのように位置付けできるかを考えてみよう．このケースでは，ノード（ページ）の"I'm a student at Univ. of X"と"I'm applying to

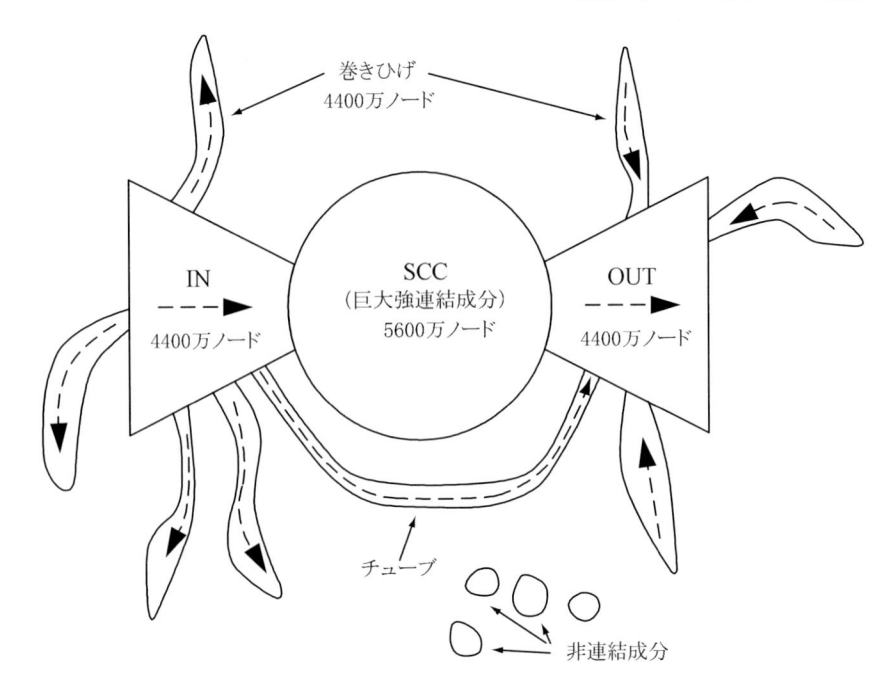

図13.7 ウェブの蝶ネクタイ構造の概略図．これらの数値は現在では時代遅れになっているが，構造自体は変わっていない．（出典：Broder et al. [80]）

college" で IN を形成し，ノード（ページ）の "Blog post about Company Z" と "Company Z' home page" を含む強連結成分とで OUT を形成している．この定義は，これらの集合で見つかるであろうものも，おおざっぱに表している．すなわち，IN は巨大強連結成分のページから "発見できない" ページを含んでいるのに対して，OUT は巨大強連結成分からリンクをたどって到達できるが，巨大強連結成分には戻れないページを含んでいる．

図13.7 は IN と OUT と巨大強連結成分の関係を描いた，Broder らによるオリジナルの概略図である．IN と OUT が，中央の強連結成分を締め付ける大きな帯のように見えるので，Broder らは巨大強連結成分を中央の結び目とする "ウェブの蝶ネクタイ図" と名づけた．図のこれらの部分の実際のサイズは 1999 年の AltaVista のデータによるものであり，時代遅れになって久しいが，ノードの全体の大きな割合をこの 3 個の部分が占めているという主要な点は，時と分野を超えて生き残り続けている．

図13.7 からもわかるように，IN と OUT と巨大強連結成分のいずれにも属さないページ（ノード），すなわち，巨大強連結成分へ到達不可能であり，かつ巨大強連結成分からも到達不可能であるページ（ノード）が存在する．これらはさらに以下のように分類される．

3. **巻きひげ (tendril)**：蝶ネクタイの "巻きひげ" は以下の (a), (b) のノードからなる．
    (a) IN からは到達可能であるが，巨大強連結成分に到達不可能であるノード．
    (b) OUT には到達可能であるが，巨大強連結成分から到達不可能であるノード．
    たとえば，図13.6 における "My song lyrics" は，IN から到達可能であるが，巨大強連結成分へのパスがないので，巻きひげページの例となっている．(a) と (b) の両方を満たす巻きひげページも存在しうる．すなわち，IN から OUT へ巨大強連結成分に触れることなく移動できる "チューブ" (tube) の部分である（たとえば，もし図

13.6 の "My song lyrics" ページが "Blog post about Company Z" へのリンクを持ったとすると，それはチューブになる）．

4. **非連結** (disconnected)：最後に，完全に辺の向きを無視したとしても巨大強連結成分へのパスが存在しないノードも存在する．これらは，これまでのカテゴリーのいずれにも属さない．

全体として，ウェブの蝶ネクタイ構造は，到達可能性と強連結成分間の関係に基づくウェブの構造の高水準な景観を示している．これにより，ウェブは，その最も有名なページの多くを含む中心となる "コア" を持ち，他のノードは，このコアに対して上流，下流，または "脇に外れたもの" のどれかになっていることがわかる．これはまた，高度に動的な図となっている．時間の経過に伴い，人々がページとリンクを作成すると，巨大連結成分に入るノードやそこから出ていくノードが現れ，蝶ネクタイの構成部分の境界はずれていく．しかし，後続の研究により，構造の小さな部分が継続的に変化していったとしても，総体的な図は，時間経過に対して比較的安定していることが示されている．

蝶ネクタイ構造は，ウェブを包括的に眺めたものになっているものの，構成部分内のより細かい粒度の結びつきに対する洞察は与えてくれない．すなわち，重要なウェブページやテーマ的に関連したページのコミュニティを強調してハイライトするのに利用できそうな，結びつきのパターンに関する洞察は与えてくれない．これらの問題に取り組むには，第14章で取り上げるような，より詳細なネットワーク解析が必要となる．そこでは，ウェブページが "強大な" 位置を占めることが何を意味するのかを，考えることが必要になる．そして，それはウェブ検索エンジンを設計することに直接的に関わる手法につながっていく．より一般的には，ウェブのネットワーク解析は，より広い分野で新しく生まれてきている研究（すなわち，ウェブ自体の現象として，ウェブの構造，行動，進化の理解を目的とする研究）において，一つの重要な構成要素となっているのである [220]．

13.5　Web 2.0 の出現

ウェブコンテンツがますますリッチになってきていることは，ナビゲーション用とトランザクション用のリンクの相違を議論したときにも眺めてきた．それにより，2000年から2009年というウェブ誕生から次の10年の間に，さらに重要な一連の変化が加速されたとも言える．この変化における三大潮流は，以下のものであった．

(i) ウェブオーサリング方法の発展により，多くの人々が共有コンテンツを集団で作成・管理できるようになった．
(ii) 人々の個人的な（電子メール，カレンダー，写真，ビデオを含む）オンラインデータの保存場所が，自身のコンピューターから大会社により管理・提供されているサービスへと移行していった．
(iii) 文書間のリンクだけでなく，人々のオンライン上の結びつきを強調するリンクが増加してきた．

これらの変化が組み合わさって，ウェブ上でユーザーの体験することが変貌してきたので，2004 年から 2005 年に，Tim O'Reilly（ティム・オライリー）に代表される技術者らは，**Web 2.0** の出現を口にするようになった [335]．この言葉は新しいソフトウェアが発表されたかのような印象を与えるが，Web 2.0 は主として "気の持ちようであって技術ではない" という議論もある [125]．この言葉の意味について完全なコンセンサスがなされたことはないが，上記の原理 (i), (ii), (iii)（およびその変形版など）に突き動かされて，巨大な組織の中央集権的な意思決定ではなく，大衆から引き起こされたウェブの進化の次の大きなステップを示唆していると，一般には思われている．

実際，2004 年から 2006 年の有名な新しいサイトの爆発的な増加は，上記の 3 原理およびその組合せの良い実例となっている．例をいくつか挙げよう．ウェブ上のオープンな百科事典を作るために集合的に記事を編集するという Wikipedia の考えに人々が飛びつき，Wikipedia はこの期間に急速に成長した［原理 (i)］．Gmail をはじめとするオンライン電子メールのサービスは，人々が Google のような会社に自分たちの電子メールのアーカイブを運営してもらうことを促進した［原理 (ii)］．MySpace と Facebook により，主にオンラインソーシャルネットワークを作ることを強調した機能が，広く受け入れられるようになった［原理 (iii)］．

この期間において，多くのサイトはこれら 3 原理を組み合わせていた．たとえば，写真共有サイトの Flickr とビデオ共有サイトの YouTube は，ユーザーに自分たちの写真やビデオを保存する中央管理的な場所を提供し［原理 (ii)］，同時に，大きなユーザーコミュニティが写真やビデオにタグやコメントをつけられるようにし［原理 (i)］，さらに，ユーザーがフォローするコンテンツを作った他者と，社会的な絆を形成できるようにした［原理 (iii)］．マイクロブログサービスである Twitter は，原理 (ii) をさらに拡張し，そうでもしなければまったく記録されなかったであろう（経験，思想，質問などの）個人的なデータを（リアルタイムに手短な記述形式で）書き込むためのオンラインフォーラムを作った．多くの人々が現在進行中の事象についてほぼ同時進行的にコメントするので，Twitter は，そのような事象に対して，世界的な反応の集合的要約を作ることにもなったし［原理 (i)］，他のユーザーをフォローするユーザー間のリンクを作れるようにもした［原理 (iii)］．

これらの特徴的なサイトのいくつか（または多く）が，年月の経過とともに他のサイトに取って代わられたとしても，そこで具体化された原理がウェブコンテンツの視点に永続的な変化をもたらしたことは明らかである．これらの原理は，第 1 章で述べた点にもつながったと言える．すなわち，今日のウェブサイトの設計者は，情報を組織化することだけでなく，サイト自体に加えて他のユーザーとも直接的に相互作用できる数百万人ものユーザーの参加を保つことで，自然に得られる社会的なフィードバック効果のことも考えなければならないという点にもつながったのである．

これは，本書の中心となる概念の多くが，現在のウェブの進化を取り巻く現象に関連している理由でもある．たとえば，Web 2.0 の船出に参加しようというスローガンの鍵となるものの多くは，以下のように，本書の他の章でも触れてきた社会的現象の，ある意味で別の言い方なのである．

- **ソフトウェアは利用する人が増えればますます良くなる** Web 2.0 の中核となる原理は，オンラインのウェブサイトとサービスは，参加者が多いほどユーザーにとってより魅力的になり，ひいてはより価値のあるものになるということである．このプロセスがいつどのようにして起こるかについては，後続の二つの部の，とくに第16章，第17章，第19章の主なテーマとなっている．

- **大衆の知恵 (wisdom of crowds)** Wikipedia 上では，数百万の人々が百科事典を集合的に編集している．Digg 上では，集団評価によってニュースコンテンツの順位が上下している．びっくりするニュースの写真が，主要メディアで取り上げられるより早く Flickr にあがるという事実もある．Web 2.0 サイトでハイライトされてきた他の似たような展開も多数存在する．おのおのが特定の専門的情報で，あるときには誤った情報を提供するという，重要な価値を持つ集合的所産を，Web 2.0 サイトにおける参加者が生み出すことも可能である．しかし，"大衆の知恵"としばしば呼ばれるこのプロセスは，成功しやすいのと同じくらいに失敗もしやすい現象である．第22章では，大集団に備わっている集合的情報が，どのようにしたらうまくまとめられるかを説明する，マーケット理論の基礎について議論する．また，第16章では，このプロセスが予期せざる，そしてしばしば望ましからぬ結果をも引き起こしうることを説明する．

- **ロングテール (long tail)** Web 2.0 サイトのコンテンツに貢献している多くの人々により，非常に人気がある少数のコンテンツと，程度の差はあってもニッチな人気のある"ロングテール型"のコンテンツの間のバランスがとれていく．そのような人気の分布は重要な結果をもたらすので，第18章でこの話題を取り上げる．

繰り返し示してきたこのような考え方に加えて，Web 2.0 に潜在している前提は，本書の他の多くの内容にも現れてくる．Web 2.0 サイトは，そのソーシャルネットワーク的な側面により，ソーシャルネットワーク構造の多くの研究で利用できるデータを豊富に提供してくれる．それらは，第3章および第4章の三者閉包と所属ネットワークの考え方に対する経験的な調査の基盤となり，第20章のスモールワールド現象の理論を評価するのにも利用されてきた．

さらに，Web 2.0 サイトに共通する特徴の多くには，良い方向の社会的フィードバックの仕組みのいくつかが，明示的に組み込まれている．たとえば，**評判システム (reputation system)** と**信頼システム (trust system)** は，ユーザーにとって他のユーザーの行動が良いか悪いかを知る手がかりとなる．第5章では，構造的平衡性の面からこのようなシステムについて議論した．第22章では，オンラインマーケットの機能に必須な情報を与える役割を，このシステムが担っていることを眺める．さらに，Web 2.0 サイトは，ユーザーにその人が知らないであろう商品を案内する**推薦システム (recommendation system)** も利用している．この推薦システムは，サイトのユーザーにとって手助けとなるだけでなく，第18章でも眺めるように，人気とニッチなコンテンツのロングテールの分布と，複雑かつ重要な方法で，相互作用しているのである．

Google に先導された現世代のウェブ検索エンジンの発展は，ウェブの創成期から Web 2.0 の時代における転換点において，欠くべからざるステップであったと言うことができるであろう．次の二つの章では，これらの検索エンジンの基礎を形成するために，ウェブ

をネットワークとしてどのように考えていくか，そして検索を利益をもたらす事業に転ずるために，マッチングに基づいてマーケットをどのようにモデル化していくかについて議論する．

13.6 演習問題

1. 図 13.8 に示している 18 個のウェブページとリンクからなる有向グラフを考える．このグラフの最大の強連結成分 (SCC) となるノード集合を求めよ．そして，これを**巨大強連結成分** (giant SCC) とする．このとき，13.4 節で定義した集合の IN と OUT に対応するノード集合をそれぞれ求めよ．さらに，このグラフの**巻きひげ** (tendril) に該当するノード集合も求めよ．

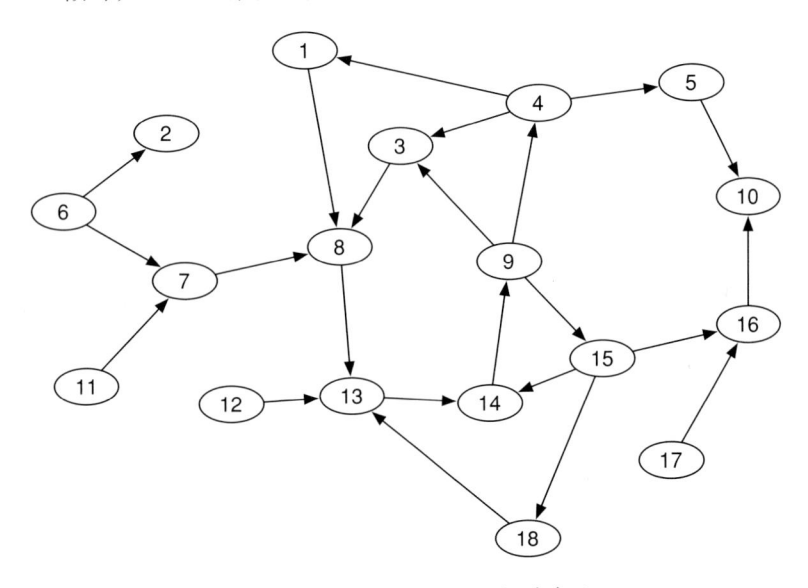

図 13.8　ウェブページの有向グラフ．

2. 既存のウェブページ間で新しいリンクが作られ，古いリンクが削除されると，ページは蝶ネクタイ構造の異なる部分（構成要素）間を移動することになる．
   (a) 図 13.8 のグラフで，1 辺を加えるか削除することで最大（巨大）強連結成分のサイズを増やせるものを求めよ．
   (b) 図 13.8 のグラフで，1 辺を加えるか削除することで IN のサイズを増やせるものを求めよ．
   (c) 図 13.8 のグラフで，1 辺を加えるか削除することで OUT のサイズを増やせるものを求めよ．

3. 演習問題 2 において，グラフの辺を追加したり削除したりすることで蝶ネクタイ構造の構成要素がどのように変化するかを考えたが，これらの変化の規模に関する問いも興味深い．

(a) 1辺を削除することで，最大（巨大）強連結成分のサイズが1,000ノード以上減るようなグラフの例を示せ．（もちろん，グラフのすべてを描く必要はない．必要に応じて概略図を用いて，言葉による説明をすればよい）．

(b) 1辺を追加することで，OUTのサイズが1,000ノード以上減るようなグラフの例を示せ（ここでも，グラフのすべてを描くのではなく，言葉で説明すればよい）．

第 14 章

リンク解析とウェブ検索

14.1 ウェブの検索：ランク付け問題

　Google の検索エンジンで "Cornell" という単語で検索すると，第一の結果として，コーネル大学のホームページである www.cornell.edu が表示される．なぜこれが第一の結果として選ばれるのかについての議論は，かなり難しい．Google はどのようにしてこれが最良の答えであるということを "知る" ようになったのであろうか？ 検索エンジンは，外部の知識を用いることなく，ウェブ内のみでページのランク付けを自動的に行っているので，結論としては，そのことを理解するのに十分な情報がウェブとその構造に "内在" していると考えられる．

　ページのランク付け問題の背後にある概念を議論する前に，これがなぜ難しい問題であるのかについて考えることから始める．第一に，ウェブに限らず，いずれの設定においても，コンピューターにとって検索は困難な問題である．実際，**情報検索** (information retrieval) の分野 [36, 360] では，ウェブが生まれる数十年も前からこの問題を扱ってきていた．1960 年代に始まった自動情報検索システムは，新聞記事，科学論文，特許，法的文書などの文書集合において，キーワードクエリで関連事項を引き出すために設計されたと言われる．このような情報検索システムは，複雑な情報のニーズに対して，キーワードによる表現ではきわめて限定的であるという問題を常に抱えてきた．キーワードのリストが短く，表現力も低いという事実に加えて，情報検索システムは**同義性** (synonymy) の問題（同じことを複数の用語で表せるので，たとえば，ワケギを用いる料理レシピを検索したくても，所望のレシピでワケギを "緑のネギ" と呼んでいるとヒットしないという問題）や，**多義性** (polysemy) の問題（複数の意味を持つ用語があり，たとえば，動物の jaguar（ジャガー）について検索したいと思っても，jaguar という単語の検索で得られる結果には，自動車，フットボール選手，Apple Macintosh の昔の OS などが多く出てきてしまうという問題）にも悩まされてきた．

　1980 年代までの長い間，情報検索は，文書集合を検索する仕事をしている図書館学者や（特許の）弁理士などの人々の分野であったと言える．そのような人々は効果的なクエリーを書けるように訓練されていたし，さらに，検索の対象となる文書は，あらかじめ決められた書式と用語に基づいてプロにより書かれていることが多かった（したがって，効

果的に検索できたとも言える）．しかし，ウェブの時代が到来すると，誰もが著者であるともに検索者にもなって（書式も用語もばらばらになり），情報検索に関わる問題は，規模においても複雑さにおいても，一気に難しい問題になってしまったのである．

　第一に，ウェブ文書の著述スタイルが多様であるために，共通の基準で文書をランク付けすることが，きわめて困難になっている．一つの話題に対しても，専門家，素人，子供，あるいは陰謀論者といった様々な人が書いたページが多数見つかるが，どのような人がそれを書いたのかは，必ずしも判別できない．さらに，かつては，プロが制作したと思えるような，整形され装飾された文書を作るには，多くの金と労力が必要であったので，文書はそのようにしてできあがったものとして，（本当はそうではなかったにしても）内容に間違いはないと受け止められることが多かった．しかし，現在では，誰もが高度に生産的価値を持つウェブページも作ることができる．

　これに対応して，クエリーを投げる人々もきわめて多種多様になり，複数の意味を持つ言葉の問題がとくにシビアになってきている．たとえば，ある人が"Cornell"という一語のクエリーを投げるとき，検索エンジンは，その意図についてよくわかっているわけではないのである．すなわち，クエリーを投げている検索者の欲している情報は，大学についてなのか，大学のホッケーチームについてなのか，大学の鳥類学研究所についてなのか，アイオワ州のコーネル単科大学についてなのか，あるいはノーベル物理学賞を取ったEric Cornellについてなのかは，検索エンジンにはわからない．したがって，検索結果の一つのランク付けがすべての人に正しいわけではないのである．

　これらの代表的な問題は，伝統的な従来の情報検索システムにおいても存在していたことであるが，今日それらがさらに新しく極端な形になってきたと言える．一方，ウェブは，新しい種類の問題ももたらした．その一つとして，ウェブコンテンツが動的であり，常に変わり続けているという性質が挙げられる．2001年9月11日，多くの人々がGoogleに駆け込んで，"World Trade Center"という用語で検索した．しかし，人々がGoogleで得ようとしたものと実際に得られたものとの間には，ミスマッチがあった．当時Googleは，定期的にウェブページを収集してインデックスをつけるというモデルのもとに構築されていたので，すべての検索結果は数日ないし数週間前に収集されたページに基づいていて，上位の検索結果は建物自体について説明するページであって，その朝に起きたことを説明するものではなかったのである．その後，Googleと他の検索エンジンは，このような事件にも対応できるようにしてきた．すなわち，ニュースが現れて数分後にはその内容に関するクエリーに応えられるように，固定された複数のニュースソースから定期的に記事を集めるという，"ニュース検索"に特化した機能を構築したのである．しかし，現在においても，そのようなニュース検索の機能は，検索エンジンのインターフェースの中核となる部分に一部が統合されているのみである．そこで，そのような静的な内容とリアルタイムの内容との間に存在する空隙を埋めているのが，Twitterのような新興のウェブサイトである．

　情報検索における多くの問題の中でもより根本的な問題は，情報検索の質問における**希少性** (scarcity) の問題を，ウェブが**過多性** (abundance) の問題に，本質的に変えてしまったという事実である．ウェブ以前の時代における情報検索の典型的な適用例では，いわば「干し草の山の中のあるかどうかもわからないところから1本の針を探す」ような問題で

あった．たとえば，（知的財産の）弁理士は，「ファジー理論に基づいてエレベーターの速度レギュレーターの設計を扱った特許はないか？」というようなことが知りたかったと考えられる．すなわち，欲しい情報にヒットすることがほとんどなかったのである．もちろん，今日のウェブ検索でもそのような検索の必要性は生じるが，しかし，一般大衆により引き起こされる検索の困難性のほとんどは，ある意味ではこれとまったく逆なのである．すなわち，ヒットする関連文書が膨大な数にのぼって，その中から真に関係する少数の本当に重要なものを選び取ることが困難になっているのである．言い換えるならば，"Cornell" という1単語のクエリーに該当する何百万もの文書を見つけ出してインデックスをつけることに関しては，検索エンジンはまったく問題ないが，検索を実行する人間は，その中のほんの少しだけを見たいのである．検索エンジンは，少数のどれを推薦すべきであろうか？

これらの問題を解決するには，これから眺めていくように，ウェブページのネットワーク構造を理解することが，きわめて重要となる．

14.2 ハブとオーソリティを用いたリンク解析

そこで，"Cornell" という1語の検索に応えて，コーネル大学のホームページである www.cornell.edu を推薦するのが良い回答であるとする根拠は何であろうか？という本章の最初の問いに戻ることにする．

入リンクによる投票 実際，正しい視点に立てば，この問いに答える自然な方法が存在する．その視点とは，純粋に www.cornell.edu のページ内に存在する特徴を用いるだけでは，何も得られないことに注意することである．すなわち，そこでは他の何千ものページに比べて "Cornell" という単語を，より頻繁にも，より別格としても用いていないので，そのページ自体にそれを際立たせるものは何も存在しない．むしろ，他のウェブページの特徴によって，そのページが際立っているのである．すなわち，"Cornell" というクエリーに関連するページの多くが，その中でも際立って www.cornell.edu にリンクしているということなのである．

これが，リンクがランク付けに必須であるという論拠の第一の部分である．すなわち，あるトピックに関して，あるページがオーソリティであるかどうかは，そのトピックに関係する他のページからそのページを参照するリンクが形成されているかどうか，つまり他のページがそのページを支持しているかどうかで査定することができる．もちろん，個々のリンクは様々な意味を持ちうる．それは，トピックと無関係であることもあるし，支持ではなく批判であることもあるし，広告であることもある．したがって，検索エンジンが個々のリンクの意図を自動的に査定することは難しい．しかし，総合的には，あるページが他の関連ページから多くのリンクを受けているときには，そのページは集合的に支持されていると考えられる．

"Cornell" というクエリーのケースでは，これは以下のようにして実現できる．まず，

テキストのみによる古典的な情報検索手法に基づいて，クエリーに関連するページの大規模なサンプルが集められる．次に，このサンプル中の各ページの各リンクを通して，リンク先のページに1票が"投票"される．すなわち，これらのCornellに関連するページから入リンクを最も多く受け取っているページが投票で決められる．このように単純に入リンクの個数を数える方法でも，"Cornell"のクエリーのように，ほとんどの人々が賛成するようなページが1個のみであるときには，それを第一のランクとして，ほとんど問題ない．

リスト発見法 単に入リンクの個数を数えることに加え，さらにネットワーク構造をより深く利用することができる．これが，リンクが必須であるという論拠の第二の部分である．典型的な例として，"newspapers"という1語のクエリーを考えてみよう．この例では，"Cornell"というクエリーとは異なり，直観的に"最良の"回答は複数考えられる．ウェブ上の主要な新聞は数多くあるので，理想の回答は，その中の最も主要なもののリストからなると考えられる．"Cornell"というクエリーに対しては，そのクエリーに関連したページのサンプルが集められて，それらのリンクによる投票で第一のランクが決められた．これを"newspapers"というクエリーに適用すると何が起こるのであろうか？

この実験で得られる典型的なものは，（所望の結果である）主要な新聞のいくつかに加えて，クエリーが何であろうとたくさんの入リンクを集めるYahoo!やFacebookやAmazonなどのページも高いスコアを得るということであろう．言い換えると，この例のために非常に単純なハイパーリンク構造を組み立ててみると，図14.1のようになる．ここでは，ラベルの付随しない丸が"newspapers"というクエリーで集められたページのサンプルであり，最も多くの投票を獲得している上位4個のページの中で，2個が新聞（*New York Times*と*USA Today*）であり，残りの2個が新聞以外（*Yahoo!*と*Amazon*）になっている．この例は，手計算も十分できるくらいに小さく設計されているが，実際の状況では，もちろん，もっと多くのしかるべき新聞のページと，さらに多くのトピック外のページが存在すると思われる．

しかし，投票はリンク構造を使う方法としては最も単純なものにすぎず，もっと詳細に調べれば，さらに多くの方法が発見できる．そのために，異なる質問を考えてみよう．上記のクエリーの回答には，新聞そのもの以外にも役立つものがある．すなわち，そのトピックに関するリソースをまとめてリストにしてあるページがある．そのようなページは，十分広いクエリーのほとんどに存在する．たとえば，"newspapers"に関しては，複数のオンライン新聞へのリンクのリストがあるであろうし，"Cornell"に関しては，コーネル大学，コーネル大学のホッケーチーム，コーネル大学の医学部，コーネル大学の美術館などへのリンクを管理する多くの同窓生を見つけることができる．したがって，新聞に関してもこのような良いリストページを見つけられるであろうとすると，新聞そのものを見つける問題に対しても，別のアプローチもあると言える．

実際，図14.1の例は，良いリストを発見するのに役立つ方法を示唆している．すなわち，投票を行っているページの中で，たくさん票を集めているページの"多く"に投票しているページは少ないことがわかる．したがって，これらのページをある意味で良い答えを含むものと考え，リストとして高いスコアを与えることは自然であろう．具体的には，リストとしての各ページの価値はそのページが投票しているすべてのページが集めた投票

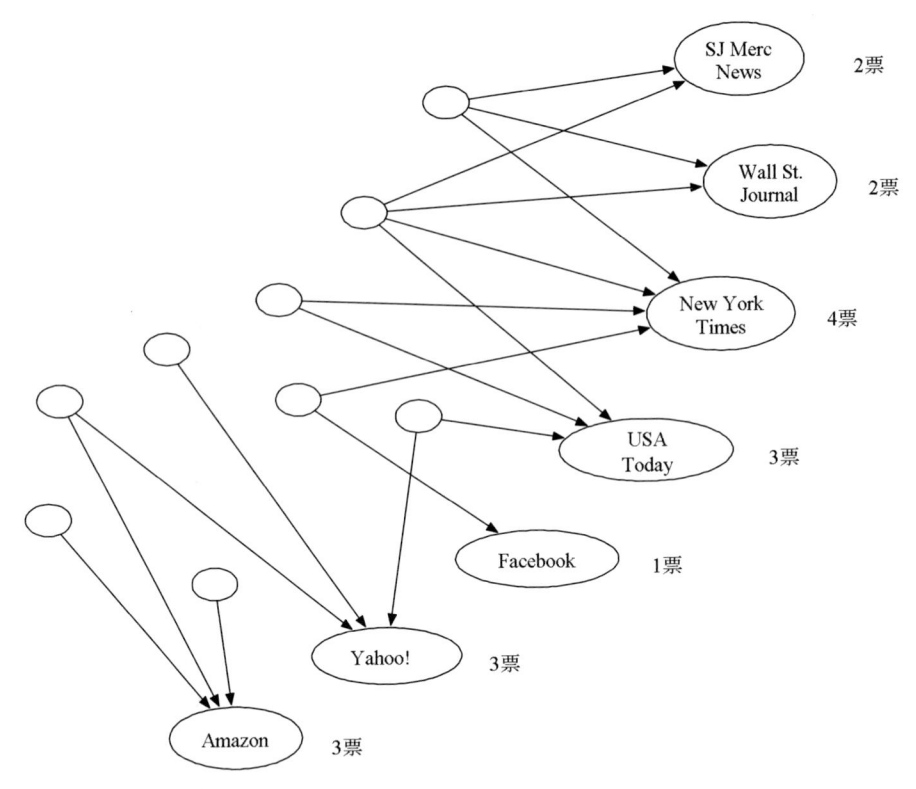

図 14.1 "newspapers" というクエリーに対して入リンクの個数を数える.

の総和に等しい，とすることができる．図14.2 は，上記の例に，この規則を適用して得られた結果を示している．

反復改善原理 リストとして良いスコアを得ているページが，実際に良い答えをリストに含んでいるという意味で優れていると考えるならば，次はそのようなページが投じる票は重みを増すべきであるということになる．そこで，再び投票を数値化する際には，各ページの各リンクの票に，そのページのリストとしての価値と同じ重みを与えることにする．図 14.3 は上の例にこれを適用したときの値を示している．最初は高いスコアであった Yahoo! と Amazon よりも，他の新聞も含めて新聞のページが高くなっているのは，新聞のページのほうが，良いリストと評価されたページからより多く支持されていたからである．

実際，日常生活においても，支持というものを評価する方法として，元に戻って，今度は重みをつけて投票をやり直すことの直観的意味を認識することができる．たとえば，新しい町に引越して，たくさんの人々からお薦めのレストランについて聞いたとしよう．たくさんの人々に薦められたレストランが，実際にすばらしかったことがわかったあとでは，実際にそれらのレストランを薦めてくれた"人々"に高い信頼を置くようになると考えられる．すなわち，これらの人々がウェブにおける高い価値を持ったリストの役割を果たしていて，いまや彼らの判断にはとくに信頼が置けるとわかったのであるから，もう一度元に戻って，最初の全員の評価だけでは曖昧な印象しか持てなかったようなレストランにおいても，彼らが薦めてくれたものに対しては高い評価を与えるのが自然であろうとい

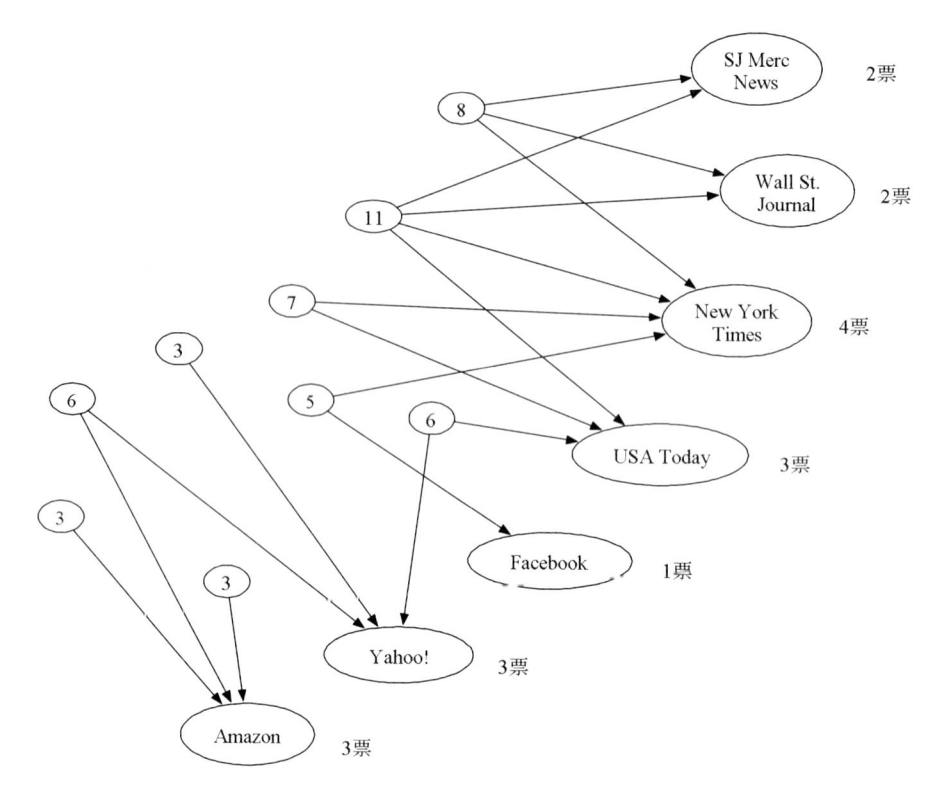

図 14.2 "newspapers" のクエリーに対して良いリストを求める．リストとしての各ページの価値は，そのページを表す丸の中に示されている．

うことになる．この最後のステップこそが，ウェブページの投票の重み付けでしたことそのものである．

　そして，リンク解析のための論拠の最後の部分は，ここでおしまいにするのか？ということになる．この図の右側でさらに良い投票結果が得られるとすると，これをまた図の左側のリストとしての品質を表す価値の改善に利用できるのである．そして，さらに高い価値を持つリストの評価が改善されるとすると，これを再び右側における投票の再重み付けに用いることができる．図の一方の改善が他方のさらなる改善を可能にするので，このプロセスは**反復改善原理** (principle of repeated improvement) と見なせて，永遠に続けることができるのである．

　ハブとオーソリティ　以上の議論に基づいて，ランク付けの手続きを以下のように正確に定義することができる [247]．まず，クエリーに対して，最初に求めようとしていた潜在的に主要かつ高く支持されている答えとなるほうのページを，そのクエリーに対する**オーソリティ** (authority) と呼ぶことにする．一方，潜在的に高い価値のリストを持つほうのページを，そのクエリーに対する**ハブ** (hub) と呼ぶことにする．ここで，各ページ p の潜在的なオーソリティまたはハブとしての価値を評価したいので，これらの2種類のページのスコアを，ページ p がオーソリティならば auth(p) と表し，ページ p がハブならば hub(p) と表すことにする．これらの2種類のカテゴリーのオーソリティとハブにおいて，どれが最良であるのかが最初は未知であることを示すために，これらの値をすべて 1

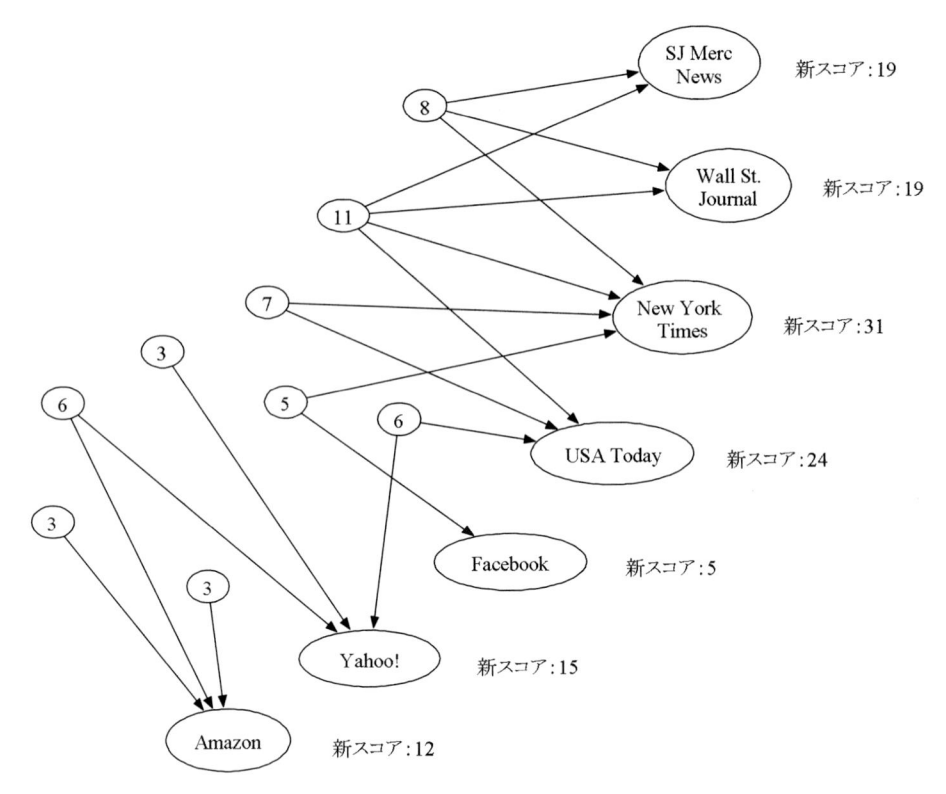

図 14.3 "newspapers" のクエリーに対して，重み付けをした後の投票によるスコア．それぞれのラベル付けされたページの新しいスコアは，それにリンクしているすべてのリストの価値の和に等しい．

としておく．

すると，ハブとしての品質を用いて，オーソリティとしての品質の評価を改善する投票は，以下のように単純なものとなる．

> **オーソリティ更新ルール**：各ページ p に対して，$\text{auth}(p)$ を，それを指しているすべてのハブのページのスコアの総和に更新する．

一方，ハブとしての品質の評価を改善するリスト発見法は，オーソリティとしての品質を用いて，以下のようになる．

> **ハブ更新ルール**：各ページ p に対して，$\text{hub}(p)$ を，それが指しているすべてのオーソリティのページのスコアの総和に更新する．

オーソリティ更新ルールを（すべてのスコアが初期値1であるところから始めて）1回適用すると，最初の入リンクによる投票と一致することに注意しよう．同様に，ハブ更新ルールを1回適用した後にオーソリティ更新ルールを1回適用すると，最初のリスト発見法と同じ結果になる．反復改善原理は，より良い評価を得るためには，以下のように，これらのルールを単純に交互に適用していけばよいと言っているのである．

- すべてのハブとオーソリティのスコアを1にして始める．

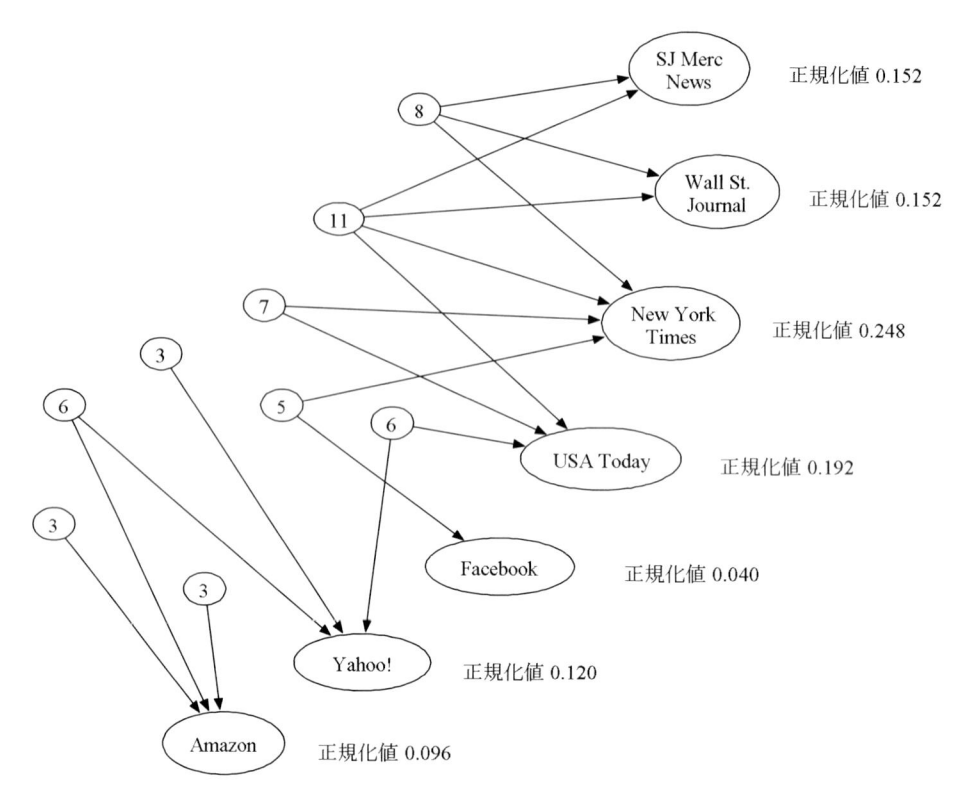

図14.4 "newspapers"のクエリーに対して正規化を行った後の再重み付け投票.

- ステップ数 k を決める.
- 各更新が以下のように書けるハブ・オーソリティ更新を k 回行う.
    - まず, ハブの現在のスコア集合を用いて, オーソリティ更新ルールを適用する.
    - 次に, その結果のオーソリティのスコア集合を用いて, ハブ更新ルールを適用する.
- 終了時には, ハブとオーソリティのスコアは非常に大きくなりうるが, 相対的な大きさだけが必要であるので, これを**正規化 (normalization)** して小さくする. すなわち, 各オーソリティスコアをすべてのオーソリティスコアの総和で割り, 各ハブスコアをすべてのハブスコアの総和で割る (図14.4は, 図14.3のオーソリティスコアを正規化して得られた結果を示している).

k の値を大きくしていって, これを行ったらどうなるであろうか? 実際には, k が無限大に近づくにつれて, 正規化された値は極限値に収束することが明らかになる. 言い換えると, 改善を繰り返すと値の変化が徐々に小さくなっていき, 結果は安定するのである. この証明はここではなく, 14.6節で行う. 14.6節の解析では, 少数の (リンク構造がある種の退化で表現できるような) 特殊なケースを除いて, ハブとオーソリティの**初期値**としてどのような正の値を選んでも同じ極限値に収束するという, さらに興味深いことも示す. 言い換えると, 収束する極限値のハブとオーソリティの値は, それらを計算するプロセスの最初に用いた値には無関係に, 純粋にリンク構造の性質によって決まる (参考までに, "newspapers" の例について収束した極限値を小数点以下3位まで図14.5に示して

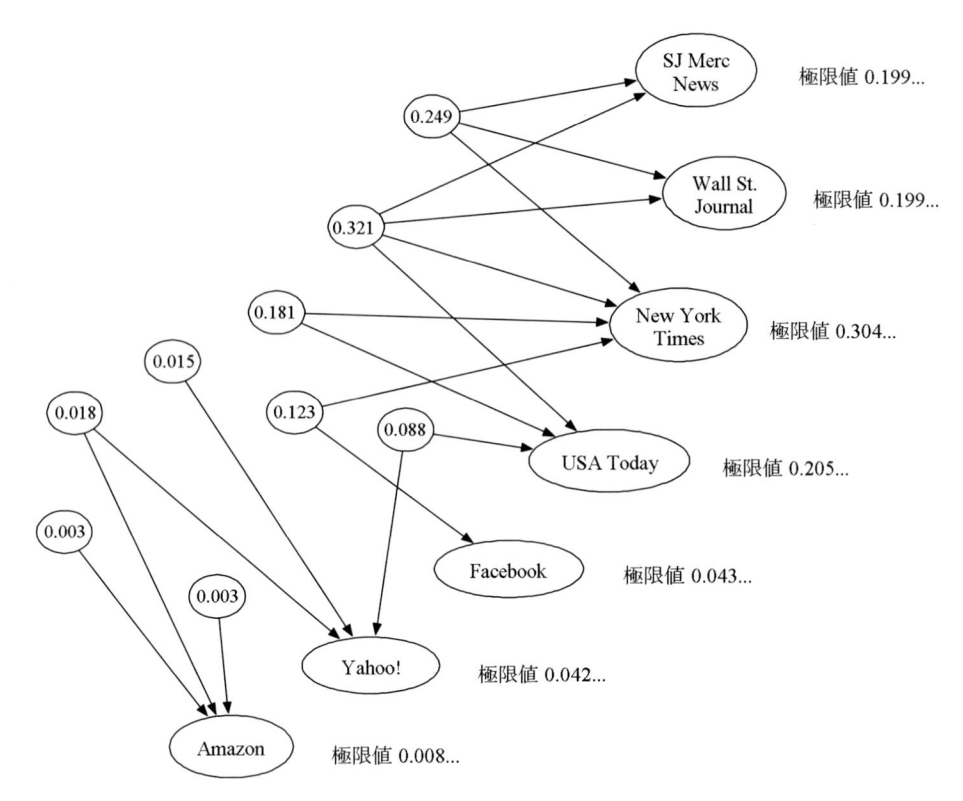

図 14.5 クエリー "newspapers" に対して収束するハブとオーソリティの値の極限値.

いる）．

究極的には，これらの収束する極限値は，一種の均衡に対応すると言える．すなわち，そこでは，オーソリティ更新ルールとハブ更新ルールを適用しても，相対的な大きさは変わらない状態になっている．これは，オーソリティとハブの間の直観的なバランスを反映している．すなわち，あるページのオーソリティスコアは，そのページにリンクしているページのハブスコアの総和に比例し，あるページのハブスコアはそのページからリンクしているページのオーソリティスコアの総和に比例する．

14.3　PageRank

ハブとオーソリティの直観的解釈は，ネットワークにおいてページが複数の役割を果たすという考え方，とくに，自身が多くに支持されていなくとも，強力な支持を与えうるページがあるという考え方に基づいている．商用目的のクエリーに対しては，たとえば，前節の新聞の検索，購入したい特定の商品の検索，あるいは，より一般的に，（あらゆる業種の）法人のページの検索などに対しては，この直観的解釈に対する自然な理由が存在する．ライバル関係にある会社は，よほどのことがない限り，互いにリンクは張ることはしないので，直接的に互いに支持しているようには見えない．むしろ，それらすべてにリンクしているようなハブページの集合を通してのみ，認め合っているとわかるのである．

しかしながら，ほかのウェブ上での設定においては，支持は卓越するページから直接的に別のページへと受け渡されると考えるほうがよいこともある．すなわち，"ページは他の重要なページから参照されていれば重要である"と考えるのである．これは，たとえば，学術的なページ間や，政府のページ間，またはブロガー間，あるいは，より一般的に個人ページ間などのように，しばしば支持の最も強力な形態であると考えることもできる．また，学術文献を扱う上でも最も強力な形態である．そして，この形態の支持の利用によって，初めて重要さの指標となる PageRank の基礎が形成されているのである [79]．

ハブとオーソリティのときと同様に，PageRank も直観的には入リンクに基づいた単純な投票から出発して，反復改善原理を用いて改善していく．とくに，ノードの支持の重みは，出リンクを通して他のノードへと伝わっていく形式で，この原理が適用される．なお，ノードの支持の重みは，そのノードの PageRank の現時点での見積もりに基づいている．すなわち，より重要であると現在見なされているノードは，より強力な支持を与えることになるわけである．

PageRank の基本的な定義 直観的には，PageRank はノードからノードへ辺を通って流れ，最も重要なノードに溜まるという，ネットワークを循環する"流体"の一種と考えられる．具体的には，PageRank は以下のように計算される．

- n 個のノードからなるネットワークに対して，各ノードの初期の PageRank は等しく $1/n$ であるとする．
- ステップ数 k を選ぶ．
- PageRank の値を，以下の更新ルールに基づいて，k 回更新する．

    PageRank の基本更新ルール：各ページは，現在の PageRank の値を出リンク数で等分して，リンクしているそれぞれのページに渡す（出リンクを持たないページは，現在の PageRank の値を自身に渡す）．各ページは受け取った値の総和を新しい PageRank の値として更新する．

これらの更新において，PageRank のネットワーク全体での総和は一定に保たれる．なぜなら，各ページは自身の PageRank を等分してそれぞれのリンクに渡すので，全体として PageRank が新たに生み出されることも消滅することもなく，単にあるノードから別のノードへと動いていくだけであるからである．したがって，ハブとオーソリティの計算で行ったような正規化も必要ない．値が際限なく増えていくことはないからである．

例として，図14.6に示している8個のウェブページの集合において，この計算がどのように行われるかを眺めてみよう．すべてのページの PageRank は最初 $\frac{1}{8}$ に設定され，最初の2回の更新（ステップ）での PageRank の値は以下の表のようになる．

ステップ	A	B	C	D	E	F	G	H
1	$\frac{1}{2}$	$\frac{1}{16}$	$\frac{1}{16}$	$\frac{1}{16}$	$\frac{1}{16}$	$\frac{1}{16}$	$\frac{1}{16}$	$\frac{1}{8}$
2	$\frac{3}{16}$	$\frac{1}{4}$	$\frac{1}{4}$	$\frac{1}{32}$	$\frac{1}{32}$	$\frac{1}{32}$	$\frac{1}{32}$	$\frac{1}{16}$

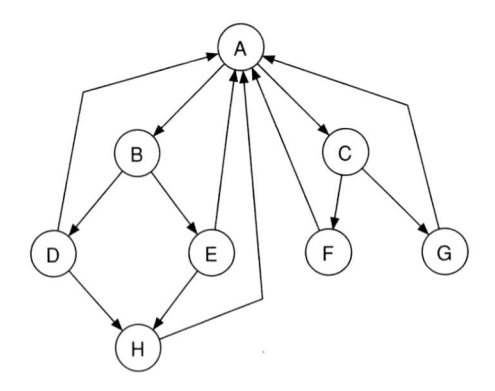

図14.6 8個のページの集合. ページAは最大のPageRankを持ち,（Aから支持を集める）ページのBとCはそれに次ぐ.

たとえば，Aは，F, G, HのPageRankのすべてと，DとEのそれぞれのPageRankの半分を集めるので，1回目の更新（ステップ）後のPageRankは$\frac{1}{2}$となる．一方，BとCは，それぞれAのPageRankの半分を得るので，1回目の更新では，それぞれ$\frac{1}{16}$しか得られない．しかし，この更新でAが高いPageRankを得たので，次の更新でBとCは恩恵を受けることになる．これは反復改善原理に合致する．すなわち，1回目の更新でAを重要なページと評価したので，次の更新ではAの支持により重みを置くようにする．

PageRankの均衡値 ハブとオーソリティの計算のときのように，退化のある特殊ケースを除いて，全ノードのPageRankの値は，更新回数kが無限大に近づくにつれて極限値に収束することが証明できる.

ネットワークの全ノードのPageRankの総和は，PageRankの計算を通して常に1に保たれるので，このプロセスの極限について単純な解釈ができる．具体的には，各ノードにおけるPageRankの収束する極限値は，以下のような**均衡**(equilibrium)を示していると考えることができる．すなわち，収束するPageRankの極限値に対しては，PageRankの基本更新ルールを適用しても各ノードのPageRankの値は変わらない．言い換えると，収束するPageRankの極限値は，更新してもぴったり同じ値に戻るのである．これは，各ウェブページのPageRank値の集合が均衡をなすかどうかを確かめる単純な方法になっている．すなわち，まずその数値の総和が1になっているかどうかを確かめ，次にPageRankの基本更新ルールを適用して同じ値に戻るかどうかを確かめればよいのである．

たとえば，図14.6のウェブページのネットワークにおいては，図14.7のように，ページAに$\frac{4}{13}$，BとCのそれぞれに$\frac{2}{13}$，そして他の5個のページに$\frac{1}{13}$というPageRankを割り当てると，均衡であることが確かめられる．

ネットワークの構造によっては，収束する極限値が均衡の唯一の解になるとは限らない．しかし，ネットワークが強連結であるとき，すなわち，第13章の定義にあるように，各ノードから有向パスに基づいてすべてのノードに到達可能であるときには，収束する極限値は唯一の均衡解となるので，PageRankの値が極限値に収束するとき，それは均衡を満たす唯一の解となる．

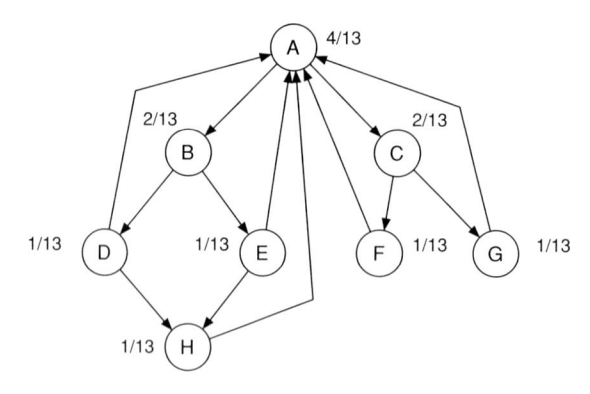

図14.7 図14.6の8個のウェブページのネットワークにおける均衡のPageRankの値.

PageRankのスケーリング しかし，PageRankの基本的な定義は，多くのネットワークにおいて，"悪い"ノードがすべてのPageRankを吸収してしまうという問題を抱えている．幸いにも，この問題は単純かつ自然な方法で修正でき，これが実用化されているPageRankの定義となる．まずこの問題を説明し，それから解法を述べることにしよう．

例を用いてこの問題を説明する．そこで，図14.6のネットワークに小さな修正を加え，FとGのリンクがAを指す代わりに，互いを指し合うようにしてみよう．その結果を図14.8に示している．これにより，Aは明らかにある程度弱くなる．しかし，実際にはそれ以上に極端なことが起こることになる．すなわち，CからFとGへ流れるPageRankは，ネットワークの他の部分には二度と戻らなくなるので，Cから出ていくリンクは"小さな漏出口"としての働きをする．そして，最終的には，すべてのPageRankがFとGに吸収されてしまうことになるのである．実際に，PageRankの基本更新ルールを繰り返し適用すると，FとGのPageRankの値は $\frac{1}{2}$ に収束し，他のすべてのノードの値は0に収束することが確かめられる．

これは明らかに望ましくないが，この定義を用いる限り避けられない．そして，現実のネットワークにPageRankを適用すると，ほとんどすべてのネットワークでこれが問題となる．すなわち，グラフの他の部分から到達できるが戻るパスのない小さなノード集合がある限り，PageRankはそこに集まってしまう[1]．幸いなことに，この問題は，PageRankの定義を単純かつ自然な方法で修正することで回避できる．それは，PageRankの"流体"としての直観的解釈から得られる．具体的には，「地球上のすべての水が完全に下に流れて，最も低い地点にのみ留まることがないのはなぜか？」という（明らかに単純な）問題を考えるとわかる．すなわち，水が蒸発し標高の高いところに雨となって再び戻ってくるという平滑化作用が働いているからである．

したがって，ここでもこの考え方が利用できる．まず，真に0と1の間にある**スケール縮小係数** (scaling factor) s を導入する．そして，PageRankの基本更新ルールを次のように変更する．

---

[1] 第13章のウェブの蝶ネクタイ構造を考えれば，そこで用いた言葉でこの問題を記述できる．すなわち，巨大強連結成分 (SCC) から出ていく"小さな漏出口"はたくさんあるので，巨大強連結成分のすべてのノードのPageRankは値0に収束することになる．一方，下流ノードの集合であるOUTには，すべてのPageRankが集まることになる．

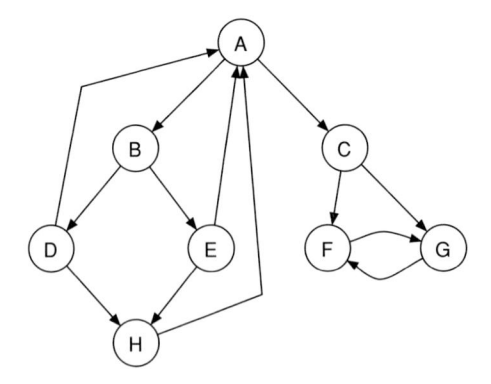

図 14.8 FとGがAへではなく，互いをリンクするように変更した同じ8個のページの集合．平滑化作用がなければ，すべてのPageRankはFとGに行ってしまう．

PageRankのスケール縮小更新ルール：最初にPageRankの基本更新ルールを適用する．次に，すべてのPageRankの値をs倍する．これにより，ネットワークにおけるPageRankの総和は1からsに縮小される．さらに，残りの$1-s$単位のPageRankをすべてのノードで等分する．すなわち，各ノードに$(1-s)/n$の値を加える．

これまでの形式とは異なるものの，各ステップで，蒸発して雨としてすべてのノードに等分に降るという"水のサイクル"により，$1-s$単位のPageRankを再配分しているだけなので，このルールでもネットワークにおけるPageRankの総和は保存される．

PageRankのスケール縮小更新ルールでの極限 PageRankのスケール縮小更新ルールを繰り返し適用して，その回数kを無限大に近づけていくと，PageRankの値は極限値に収束することが示せる．実際には，PageRankのスケール縮小更新ルールでは，任意のネットワークに対して，各ノードのPageRankはそれぞれ唯一の極限値に収束する．すなわち，この更新ルールの適用に対して値集合が不変となる集合が唯一存在する．もちろん，収束値はスケール縮小係数sに依存する．事実上，sのとりうる値ごとに，まったく異なる更新ルールになると言ってもよい．

これが実用版として用いられているPageRankであり，スケール縮小係数sは，通常，0.8から0.9の間で選ばれている[2]．また，スケール縮小係数の利用により，ノードやリンクを多少追加したり削除したりしても，PageRankはそれほど過敏には変動しなくなることも示されている [268, 422]．

---

[2] 動機となる以前の例の余談として，sの値をこの範囲から選んでも，図14.8の問題は完全には修正されないことが確かめられる．スケール縮小更新ルールにおいても，そのようなsの値を用いるとノードのFとGは，なお（すべてではないにしろ）ほとんどのPageRankを集めてしまう．PageRankの再配分を用いて，"小さな漏出口"からネットワークの行き止まりに値が集められてしまうという問題を真に相殺するためには，8個のノードの例では単に小さすぎるのである．8個のノードしかない場合は，"小さな漏出口"は実際にはそれほど小さくないのである．しかしながら，実際の応用で使われる大規模なネットワークでは，PageRankの再配分は，巨大強連結成分の外部にあるノードのほとんどのPageRankの収束値をきわめて小さくするためにうまく働く．

ランダムウォーク：PageRank の等価な定義　本節では最後に，見かけは異なるものの，実際にはこれまで扱ってきたものと同じ定義に行き着く，PageRank の等価な定式化について説明する．

これは以下のように働く．図 14.6 のように，ウェブページのネットワークをランダムに閲覧していると考える．まず，等確率でランダムに選んだ一つのページからスタートする．そして，リンクを順々にたどっていく以下のステップを k 回繰り返す．すなわち，各ステップにおいて，現在のページから出ていくリンクを等確率でランダムに選び，そのリンク先へと移動する（ただし，この現在のページから出ていくリンクがなければ，そこに留まり続ける）．このようにランダムにリンクをたどってノードを探索していくことは，そのネットワークにおける**ランダムウォーク** (random walk) と呼ばれている．もちろん，これは実際の人間がウェブを探索するときの正確なモデルになっているわけではなく，これから説明する定義を導くための思考実験であることを強調しておく．

なお，14.6 節では，このランダムウォークを解析し，以下の事実を導く．

　主張：ランダムウォークの k 回のステップ後にページ X にいる確率は，PageRank の基本更新ルールを k 回適用した後の X の PageRank に正確に一致する．

反復改善とランダムウォークに基づいたこれらの二つの PageRank の定式化は等価であるので，厳密には，この新しい定義によって何かが得られるわけではない．しかし，ランダムウォークの用語を用いた解析は，重要さの尺度としての PageRank にさらなる直観的解釈を与える．すなわち，ページ X の PageRank は，ハイパーリンクをたどるランダムウォークを非常に大きい回数繰り返したときに，ページ X に行き着く確率の極限値になる．

ランダムウォークを用いたこの等価な定義は，本節の最初のほうに出てきた問題について考えるときにも，しばしば有用な新しい視点を与えてくれる．たとえば，図 14.8 のノードの F と G への PageRank の "漏出" は，このネットワークにおけるランダムウォークの言葉を用いて自然に解釈できる．ランダムウォークのステップが何度も何度も繰り返される極限においては，F または G に到達する確率は 1 に収束し，いったん F または G に到達すると，この 2 個のノードのみを永遠に回り続ける．したがって，F と G にいる確率はそれぞれ $\frac{1}{2}$ に収束し，他のノードにいる確率はすべて 0 に収束する．

さらに，14.6 節では，PageRank のスケール縮小更新ルールが，ランダムウォークの用語を用いてどのように定式化されるかを眺めていく．そこでは，各ステップにおいて，単純にランダムに辺をたどっていくだけではなく，以下のように "スケール縮小" ランダムウォークを探索者が行っていくとしている．すなわち，探索者は，確率 s でこれまでのように現在ノードから出ている辺を等確率でランダムにたどり，確率 $1-s$ でネットワーク中の現在ノードから等確率でランダムに選ばれたノードにジャンプする．

14.4 現代のウェブ検索におけるリンク解析の応用

14.2節と14.3節で説明したリンク解析の考え方は，Google，Yahoo!，Microsoftの検索エンジンBing，そしてAskといった現世代のウェブ検索エンジンのランク付け関数において不可欠な役割を果たしている．1990年代後半には，昔ながらの検索技術にこれらのリンク解析手法をほぼ直接的に上乗せして用いることで，満足のいくランク付けを生成することが可能であった．しかし，それ以降は，ウェブコンテンツが急激に成長し，多様性も猛烈に広がったため，リンク解析の概念も格段に拡張され一般化されてきていて，現代の検索エンジンのランク付け関数の内部では，様々な部分で様々な方法が利用されている．

主要な検索エンジンの現在のランク付け関数は複雑に進化し続けていて，検索エンジンの会社自身は，その中で何が行われているかを極秘にしているので，それについて完全に具体的な何かを述べることは難しい（あとで述べるように，この秘密主義にはもっともな理由がある）．しかし，検索コミュニティで受け継がれてきた知恵を取り入れて，一般的な考察をすることはできる．とくに，PageRankはGoogleのオリジナルかつ中心的な要素の一つであって，それはGoogleの方法論の中核となる成分であり続けてきたのである．しかしながら，Googleのランク付け関数内でのPageRankの重要性は，時を経るごとに減ってきていると長いこと言われてきた．たとえば，2003年と2004年には，Googleのランク付け関数は重大なオーバーホールを受け，Krishna Bharat（クリシュナ・バラト）とGeorge Mihaila（ジョージ・ミハイラ）[58]によって開発された，ハブとオーソリティのような二つの側からなる支持の拡張となるHilltopと呼ばれる手法を含めて，PageRankにはなかったリンク解析を取り入れたのであると一般には信じられている．同じころ，検索エンジンAskはハブとオーソリティを取り入れてランク付け関数を再構築した．もっとも，Askは最近の拡張で他の特徴も多数取り込んだということである．

リンクとテキストと使用歴データを組み合わせる 本章では，明確な設定のもとでリンク解析の考え方を説明することに主眼を置いてきたが，現実において最高品質の検索結果を生み出すためには，明らかに，ネットワーク構造とテキストの内容の両方の情報を密接に統合することが必要である．ランク付けのためにテキストとリンクを組み合わせるとくに有効な方法の一つとして，他のページへジャンプするときにクリックするテキストであるアンカーテキスト (anchor text) の解析を行うことが挙げられる [102]．アンカーテキストはリンクが指しているページをきわめて簡潔かつ効率的に記述していると見なせる．たとえば，あるウェブページで "I am a student at Cornell University" という文を読んで，"Cornell University" という強調表示されたアンカーテキストをクリックすると，コーネル大学に関する何らかのページへ行けると考えるのは妥当であろう[3]．

---
[3] もちろん，すべてのアンカーテキストが役立つとは限らない．ウェブページのどこにでもあるようなテキストの断片，たとえば，"For more information, click here"（さらなる詳細についてはここをクリック）という例を見れば，それは明らかである．このような例から，有用なアンカーテキストを作ることは，ハイパーテキストの記述方法において注意を払うべき一面であることがわかる．

実際，これまで述べてきたリンク解析手法は，アンカーテキストのようなテキスト的特徴を組み入れて拡張することが容易にできる．とくに，ハブとオーソリティおよびPageRankの両方の基本形は，リンクを通じて値を単に足し合わせて更新することであるが，あるリンクがアンカーテキストに強く関連していて，その他のリンクがそうでなければ，関連しているリンクの貢献度には他のリンクより高い重みを与えることができる．たとえば，ハブまたはオーソリティ，あるいはPageRankの値をリンクを通じて渡すとき，そのリンクのアンカーテキストの品質を示す係数を掛けることができる [57, 102]．

検索エンジンは，テキストとリンクに加えて，他の多くの特徴も同様に利用している．たとえば，ユーザーが検索結果をクリックしたかどうかというデータは，貴重な情報となる．すなわち，クエリー"Cornell"に対する検索エンジンのランク付けの結果の中で，もしほとんどのユーザーが最初の結果を飛ばして次の結果をクリックするならば，これは最初の二つの結果を並べ直すべきであることを示唆している．このタイプのフィードバックに基づいて検索結果をチューニングする方法の研究は，現在も進行中である [228]．

運用目標 ウェブ検索エンジンの重要な側面の最後の注意は，これまですでに何度も眺めてきたゲーム理論の基本的な原理が作用するということである．すなわち，自分の行動に対して世界がどのように反応するかを常に予期しておくべきであることが，検索エンジンでは大切である．検索がウェブ上の情報にアクセスする主要な手段に成長したことで，多くの人々が，検索エンジンの結果で自分たちのサイトが上位にランクされるかどうかを気にするようになった．たとえば，"カリブ海での休暇"から"ヴィンテージもののレコード"まで，一般的なクエリーに対してGoogleの検索結果で最初の画面に現れることに，かなり依存するビジネスモデルを用いている小さな会社も，多数ある．Googleのランク付け関数の更新が，それらの会社を最初の画面からはじき出すようなものであれば，それは会社にとって破綻を意味しかねない．実際，検索業界の出版物は，Googleのランク付け関数の中核部分に対する重要な更新に，ハリケーンに用いられるような命名法で名前を付け始めている．そのような更新は，それぞれ何百万ドルの経済的損失をもたらすような自然の（この場合，Googleの）予測不能の振る舞いであるので，両者が似たような命名法になるのも無理はない．

このことを念頭に置いて，ウェブサイトの成功に依存している人々は，検索エンジンで高いスコアを得られるように，ウェブページの編集スタイルをかなり変え始めた．ウェブ検索が古典的情報検索の応用の一種であると考えている人々にとっては，これは新しいものであった．人々が科学的論文や新聞記事のための情報検索ツールを設計していた1970年代から1980年代にかけては，執筆者らはこのような検索ツールを公然と念頭に置いて論文や記事を書いたりはしなかったであろう[4]．しかしながら，ウェブの比較的初期の段階では，人々はかなり明確に検索エンジンを念頭に置いてウェブページを書いていた．最初，これは過度なトリックを用いて行われていて，検索業界を憤怒させた．これについて，デジタル図書館学者のCliff Lynchは，当時「ウェブ検索は，文書が積極的に汚く書かれる状況のもとでの，新しい情報検索の応用の一種である」と述べている．

---

[4] もちろん，このような分野における標準的な記述法の発展も，この種の文書を分類および組織化しやすくするという目的に基づくところでは（その度合いは小さいにしろ）あったと言える．

しかし，検索エンジンのランク付けにおいてページのスコアを向上させることに焦点を当てた技術を用いることは，時とともに理にかなったものとして受け入れられてきて，これらの技術を設計するガイドラインもできてきた．**検索エンジン最適化 (search engine optimization; SEO)**（以下，SEOと表記する）として知られるかなり大きな業界は，上位にランク付けされるページやサイトをどのようにして作ればよいかを企業にアドバイスする検索の専門家からなっている．ゲーム理論的観点に戻ると，ひとたび検索がウェブ上の応用としてこのように広がった以上，SEOが成長することは自然なこととして捉えられる．それは単に，検索でヒットしやすくなることが，多くの人々にとってきわめて重要なことになったためである．

これらの発展からいくつかの連鎖反応が引き起されてきている．第一に，検索エンジンにとって，"完璧な"ランク付け関数が常に機能し続けることが運用目標になってきているということである．すなわち，もし検索エンジンがあまりにも長い間同じランク付け手法を使用し続けていると，ウェブページの作者とそのコンサルタントは，その手法の重要な特性をリバースエンジニアリングを用いて解析して，強引にスコアを上げることができるようになり，結果として，検索エンジンはどれを上位にランクすべきかを事実上制御できなくなる．第二に，検索エンジンは，競争している他社の検索エンジンのみならず，ウェブデザイナーたちに対しても，ランク付け関数の中身について信じられないほど秘密主義になってきている．

そして最後に，検索業界は，きわめて成功した広告に基づくビジネスモデルに，大金をかけて発展の方向を変えてきている．検索エンジンは，単にランク付け関数に基づいて計算された結果を見せるだけでなく，主たる結果ページに空きスペースを作り，サイトがお金を払えばそこに表示されるようにしたのである．したがって，今日においては，検索結果のページを眺めると，ランク付け関数に基づいて計算された結果とともに，お金を払って表示された結果も見られる．

これまではランク付け関数の考え方のいくつかを眺めてきただけであったが，次章では，このお金を払って表示された結果は，第10章で議論した何種類かのマッチングマーケットを用いて割り当てられていることを説明する．

14.5 ウェブを超えた応用

これまで議論してきたリンク解析法は，ウェブ上でそれらが使用される前にも後にも，本質的には，他の様々な広範囲の設定において適用されてきたのである．情報がネットワーク構造で結びつけられているならば，いかなる領域においても，それはリンクのパターンからオーソリティを推測する自然な手段になるのである．

引用解析 第2章および第13章で議論したように，学術論文および雑誌間の引用の研究は，ウェブにずっと先行する長い歴史を持っている [145]．この分野の標準的な尺度であるEugene Garfield（ユージーン・ガーフィールド）による学術雑誌のインパクトファク

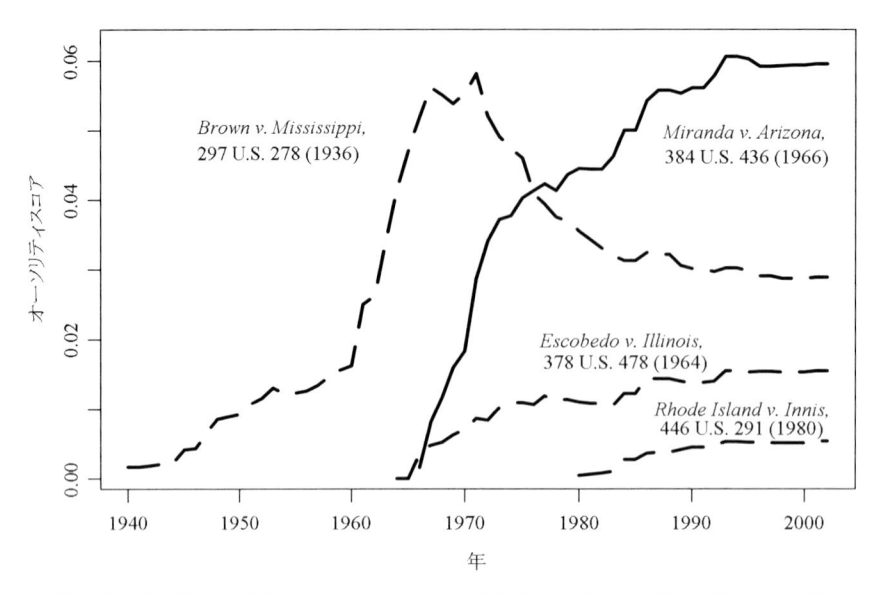

図 14.9 修正第5条の重要な事例のオーソリティの20世紀からの上昇と下降．グラフは，事例の関係のいくつかを示している．（出典：[166], Elsevier Science and Technology Journals）

ター (impact factor) は，指定された雑誌に掲載された論文が過去2年間に受けた引用の平均回数で定義される [177]．したがって，このタイプの入リンクによる投票は，その学術コミュニティがその雑誌で発表された論文にどのくらい集合的に興味を持っているかを表す尺度として用いることができる．

1970年代に Pinski and Narin [341] は，すべての引用は平等に扱われるべきではなく，むしろ，高いインパクトを持った雑誌からの引用がより重要であると見なすべきであるという考えを用いて，インパクトファクターを拡張した．これは，これまで眺めてきたウェブページをランク付けするときの反復改善原理の適用と同様の，学術文献の枠組みでの反復改善原理の適用と見なすことができる．Pinski and Narin は，これを雑誌の**影響重み** (influence weight) というものを定式化するのに用いたが，それはウェブページにおける PageRank と非常に似た方法で定義されている [180, 341]．

米国最高裁判決の引用のリンク解析 最近，研究者たちは，ウェブのリンク解析技術を米国裁判所の判決間の引用ネットワークの研究に応用している [166, 377]．法律文書においては，先例となる判決に基礎を置き，新しい判決と過去の判例との関係を説明するために，引用は必須である．この枠組みでリンク解析を用いることで，引用構造全体でとくに重要な役割を果たしている事例の識別が，効果的に行われている．

この種の研究の例としては，ハブとオーソリティの手法を，米国最高裁の2世紀以上にわたるすべての判決に適用した Fowler and Jeon [166] が挙げられる．彼らは，引用ネットワークにおいて高いオーソリティスコアを持つ最高裁判決集合が，法廷の最重要判決に関わる法の専門家による質の高い裁判とよく対応していることを発見した．この集合には，現れてまもなく数値的に大きなオーソリティを得ていたにもかかわらず，法律コミュニティで認知されるにはずっと長い時間がかかった事例もいくつか含まれていた．

最高裁判決は，長い期間にオーソリティがどのように変化しうるかを見るための，豊富

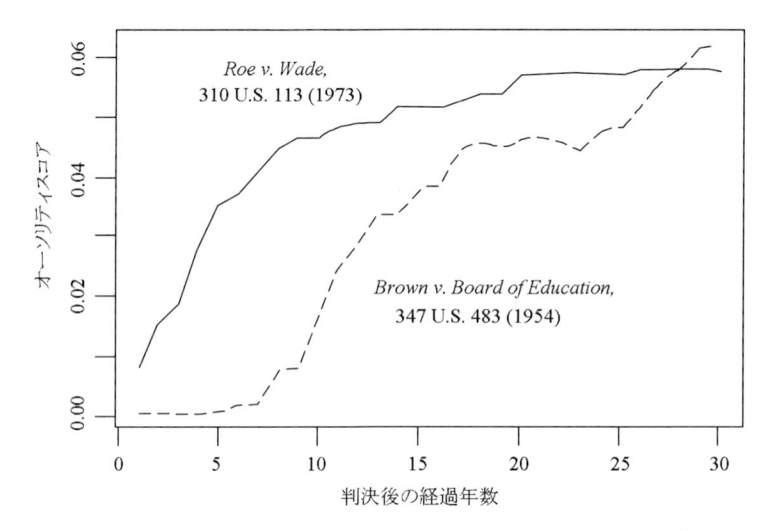

図 14.10 *Roe v. Wade* と *Brown v. Board of Education* のオーソリティを獲得するスピードはまったく異なる．（出典：[166], Elsevier Science and Technology Journals）

な背景も与えてくれる．たとえば Fowler and Jeon は，図 14.9 のように，修正第 5 条の重要ないくつかの事例のオーソリティについて，20 世紀からの上昇と下降を解析した．とくに，拷問による自白に関する 1936 年の事例 *Brown v. Mississippi* は，Warren 法廷[5]がデュープロセス[6]と自己を有罪に至らしめる証言を取り巻く幅広い問題を強制的に取り入れたので，1960 年代の初めに急速にオーソリティを獲得した．この発展は，最終的には 1966 年のランドマークとなる事例 *Miranda v. Arizona* につながり，これが明らかな先例として確立され，*Miranda v. Arizona* のオーソリティが急騰したので，*Brown v. Mississippi* を引用する必要性は急速に低下した．

最高裁の引用の解析から，重要な判決がオーソリティを獲得するスピードは，大きく変わりうるということもわかった．たとえば，図 14.10（これも [166] より）から，*Roe v. Wade* は *Miranda v. Arizona* と同じように，問題になってすぐにオーソリティを獲得したことがわかる．一方，結果として同じくらいのオーソリティを獲得した *Brown v. Board of Education* は，それが起こってからおよそ 10 年かかっている．Fowler and Jeon は，このオーソリティの軌道は法学者の事例に関する視点を反映しているとして，以下のように記した [166]．「*Brown v. Board of Education* における裁定問題は，最初に問題にされたときは法的に弱かった判例の例であり，1964 年の市民権運動とそれに続く市民権の事例に適用されたことで強められたものであると，裁判の専門家はしばしば指摘している.」

この種の解析は，法律の判例のようにきわめて難解なトピックでも，ネットワークに基づいた解析により，本来捉えにくい事実を学者のコミュニティの視点とうまく対応させ，精密に明らかにすることが可能であることを示している．これはまた，複雑な領域でオーソリティが上昇ないし下降するパターンを追跡することで，面白い効果が出てくることも示している．このように上下のパターンを追跡することは，他の多くの設定においても重要な洞察を得るために行われている．

---

[5] 【訳注】1953 年から 1969 年の間に Earl Warren が首席裁判官を務めた米国最高裁である．
[6] 【訳注】法に基づく適正な手続き．

14.6 発展：スペクトル解析・ランダムウォーク・ウェブ検索

ここでは，ハブ，オーソリティ，PageRank の値の計算法の原理について説明する．この原理の理解には，行列とベクトルに関する基本的な知識が必要になる．また，これに基づいて，これらのリンク解析法で得られる値の極限値（収束値）が，対象とするネットワークの行列の固有ベクトルとして解釈できることを示す．ネットワーク構造の研究に固有値と固有ベクトルを用いることは，グラフの**スペクトル解析** (spectral analysis) とも呼ばれている．反復改善に基づく方法で得られる結果について議論するためには，このスペクトル解析の理論が自然な言語となることが後にわかる．

A. ハブとオーソリティのスペクトル解析

最初の主目標は，ハブ・オーソリティ計算がなぜ14.2節で述べたような極限値に収束するかを示すことである．このプロセスの最初の重要なステップとして，14.2節で出てきたオーソリティ更新ルールとハブ更新ルールが，行列とベクトルの積として書けることを示す．

隣接行列とハブ・オーソリティベクトル ここでは，n 個のページの集合を有向グラフのノードの集合と見なす．これらのノードのラベルを $1,2,3,\ldots,n$ とし，ノード間のリンクを，以下のように $n \times n$ 行列 M で表す．すなわち，M の i 行 j 列成分を M_{ij} で表し，その値はノードの i から j へのリンクがあるときに 1，ないときに 0 とする．この行列 M はこのネットワークの**隣接行列** (adjacency matrix) と呼ばれる．図 14.11 は有向グラフとその隣接行列の例である．ページの集合が大きくなると，ほとんどのページは，ページの総数に対してきわめてわずかな出リンクしか持っていない可能性が高いので，隣接行列のほとんどの要素は 0 になる．結果として，隣接行列はネットワークを表現する効率の良い方法であるとは言えないが，これから眺めていくように，概念的には非常に有用である．

ハブとオーソリティのスコアは，ネットワークの n 個のノードのそれぞれに付随する数値のリストになっているので，単純に n 次元のベクトル（縦ベクトル）で表すことができる．これらのベクトルの i 番目の要素は，ノード i のハブまたはオーソリティのスコアになる．具体的には，ハブスコアのベクトルを h で，ノード i のハブスコアを h_i で表す．同様に，オーソリティスコアのベクトルを a で表す．

行列とベクトルの積としてのハブとオーソリティの更新ルール 上で定義した用語を用いてハブ更新ルールを考えてみよう．ノード i に対して，そのハブスコア h_i は，i からの辺があるすべてのノード j の a_j の値の総和に更新される．これらのノード j は，まさに $M_{ij} = 1$ となるものである．したがって，この更新ルールを

14.6 発展：スペクトル解析・ランダムウォーク・ウェブ検索

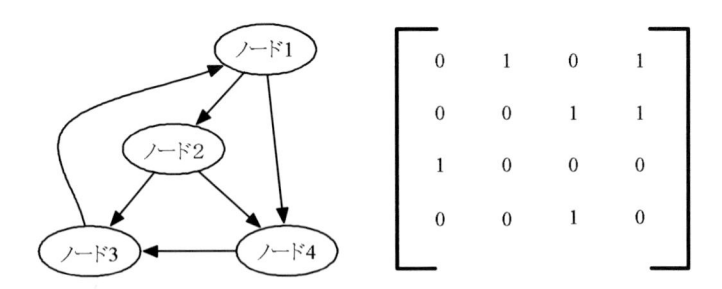

$$\begin{bmatrix} 0 & 1 & 0 & 1 \\ 0 & 0 & 1 & 1 \\ 1 & 0 & 0 & 0 \\ 0 & 0 & 1 & 0 \end{bmatrix}$$

図 14.11 ウェブページ間の有向ハイパーリンクは隣接行列 M を用いて表せる．要素 M_{ij} は i から j へのリンクがあるときには 1 に等しく，ないときには 0 となる．

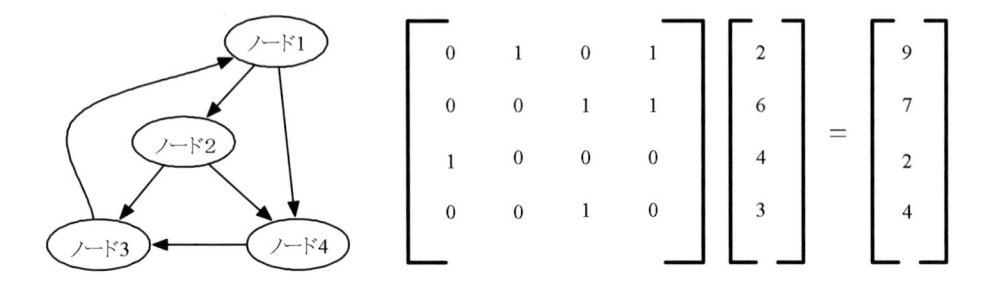

$$\begin{bmatrix} 0 & 1 & 0 & 1 \\ 0 & 0 & 1 & 1 \\ 1 & 0 & 0 & 0 \\ 0 & 0 & 1 & 0 \end{bmatrix} \begin{bmatrix} 2 \\ 6 \\ 4 \\ 3 \end{bmatrix} = \begin{bmatrix} 9 \\ 7 \\ 2 \\ 4 \end{bmatrix}$$

図 14.12 リンク構造を隣接行列で表現すると，ハブおよびオーソリティ更新ルールは行列とベクトルの積で書ける．この例では，オーソリティスコアのベクトルとの積を計算することで，新しいハブスコアのベクトルが得られることを示している．

$$h_i \leftarrow M_{i1}a_1 + M_{i2}a_2 + \cdots + M_{in}a_n \tag{14.1}$$

と書くことができる．ここで記号 "$\leftarrow$" は，左辺の値が右辺の値で更新されることを意味している．値 M_{ij} は総和をとるべきオーソリティの値を正しく選ぶ乗数となっているので，これはこの更新ルールを正しく表現していると言える．

式 (14.1) は，行列とベクトルの積の定義に完全に対応するので，これは等価的に，

$$h \leftarrow Ma$$

と書ける．これを図 14.11 の例に対して実行すると，図 14.12 のようになる．すなわち，オーソリティスコア $(2,6,4,3)$ にハブ更新ルールを適用してハブスコア $(9,7,2,4)$ が得られている（ここでは紙面の都合で横ベクトルで表している）．実際，これは一般に成立する原理の例になっている．すなわち，変数の集合をそのうちいくつかのものを選び出して足し合わせるというルールに基づいて変数の集合を更新するときには，その更新ルールは適切に選ばれた行列とベクトルの積で表現できる．

オーソリティ更新ルールは，スコアの流れが辺の反対向きに流れるところを除いて，ハブ更新ルールと完全に同じ方法で記述できる．すなわち，a_i は i への辺を持つすべてのノード j の h_j の総和に更新されるので，

$$a_i \leftarrow M_{1i}h_1 + M_{2i}h_2 + \cdots + M_{ni}h_n \tag{14.2}$$

となる．これもまた行列とベクトルの積に対応するが，行と列の役割を交換して行列を用いる．これは行列 M の**転置** (transpose) を用いて表せる．そこで M の転置行列を M^T で

表す．すると，M^T の (i,j) 要素は M の (j,i) 要素として定義される．すなわち，$M^T_{ij} = M_{ji}$ となる．したがって，式 (14.2) は，更新ルールの

$$a \leftarrow M^T h$$

に対応する．

k ステップのハブ・オーソリティ計算の巻き戻し　これで，それぞれの更新ルールを1回適用することについてはわかった．それでは，ある大きな値 k に対してハブ・オーソリティ計算を k ステップ実行するとどうなるであろうか？

オーソリティとハブのスコアの初期ベクトルを，それぞれ $a^{\langle 0 \rangle}$ と $h^{\langle 0 \rangle}$ で表すところから始めよう．これらのベクトルの各成分の値はすべて1である．ここで，14.2節のようにオーソリティ更新ルールの後にハブ更新ルールを適用することを k 回繰り返した後のオーソリティとハブスコアのベクトルを，それぞれ $a^{\langle k \rangle}$ と $h^{\langle k \rangle}$ で表す．上記の式を単純に適用すれば，まず

$$a^{\langle 1 \rangle} = M^T h^{\langle 0 \rangle}$$

と

$$h^{\langle 1 \rangle} = M a^{\langle 1 \rangle} = M M^T h^{\langle 0 \rangle}$$

が得られる．これが第1回目のステップでのハブ・オーソリティ計算の結果である．したがって，次のステップでは，

$$a^{\langle 2 \rangle} = M^T h^{\langle 1 \rangle} = M^T M M^T h^{\langle 0 \rangle}$$

と

$$h^{\langle 2 \rangle} = M a^{\langle 2 \rangle} = M M^T M M^T h^{\langle 0 \rangle} = (MM^T)^2 h^{\langle 0 \rangle}$$

が得られる．さらにもう1ステップを行ってみると，パターンが明らかになる．すなわち，

$$a^{\langle 3 \rangle} = M^T h^{\langle 2 \rangle} = M^T M M^T M M^T h^{\langle 0 \rangle} = (M^T M)^2 M^T h^{\langle 0 \rangle}$$

と

$$h^{\langle 3 \rangle} = M a^{\langle 3 \rangle} = M M^T M M^T M M^T h^{\langle 0 \rangle} = (MM^T)^3 h^{\langle 0 \rangle}$$

が得られる．ステップ数を大きくしていくと，M と M^T を交互に掛けていくことになり，$a^{\langle k \rangle}$ に対応する式は M^T から始まり，$h^{\langle k \rangle}$ に対応する式は M から始まることがわかる．これをより短い記法で書くと，

$$a^{\langle k \rangle} = (M^T M)^{k-1} M^T h^{\langle 0 \rangle}$$

と

$$h^{\langle k \rangle} = (MM^T)^k h^{\langle 0 \rangle}$$

となる.

したがって，これがハブ・オーソリティ計算を k ステップ行って得られるものを直接的に表現しているものになる．すなわち，オーソリティとハブのスコアベクトルは，それぞれ $M^T M$ と $M M^T$ を何乗かしたものと初期ベクトルの積として書けるのである．次に，このプロセスが安定する値に収束することを取り上げる．

積を固有ベクトルを用いて考える 各更新でハブおよびオーソリティの実際の値の規模は大きくなりがちなので，正規化を行うことで初めてこれらの値が収束することに注意しなければならない．言い換えると，ハブとオーソリティのスコアベクトルの**向き** (direction) が収束するということである．以下では，具体的に，k が無限大に近づくに従い，ベクトルの列 $\frac{h^{\langle k \rangle}}{c^k}$ と $\frac{a^{\langle k \rangle}}{d^k}$ が収束するような定数 c と d が存在することを示す．

まず，ハブのスコアベクトルの列から始めて，その後，その解析の直接的な類推を用いて，オーソリティのスコアベクトルに対しても考えていく．

$$\frac{h^{\langle k \rangle}}{c^k} = \frac{(MM^T)^k h^{\langle 0 \rangle}}{c^k}$$

が極限値 $h^{\langle * \rangle}$ に収束するために，$h^{\langle * \rangle}$ が満たすべき性質は何であろうか？向きが収束するので，(MM^T) を掛けると $h^{\langle * \rangle}$ の長さは c 倍大きくなるものの，その向きは変わらないはずである．したがって，$h^{\langle * \rangle}$ は等式

$$(MM^T) h^{\langle * \rangle} = c h^{\langle * \rangle}$$

を満たすことになる．与えられた行列を掛けても向きが変わらないという性質を満たす任意のベクトルは，その行列の**固有ベクトル** (eigenvector) と呼ばれ，スケーリング定数 c はその固有ベクトルに対応する**固有値** (eigenvalue) と呼ばれる．したがって，$h^{\langle * \rangle}$ は行列 MM^T の固有ベクトルであり，対応する固有値は c となる．そこで以下では，ベクトルの列 $\frac{h^{\langle k \rangle}}{c^k}$ が実際に MM^T の固有ベクトルに収束することを証明する．

これを証明するために，行列に関する下記の基本的な事実を用いる．なお，正方行列 A は，転置しても同じままであるとき（すなわち，$A = A^T$ であるとき），**対称** (symmetric) であると呼ばれる．すなわち，各 i, j に対して $A_{ij} = A_{ji}$ であるとき，正方行列 A は対称行列である．すると，用いるのは以下の事実である [268].

> （実数の要素からなる）任意の n 行 n 列の対称行列 A は，すべてが互いに直交する単位ベクトルからなる n 個の固有ベクトルの集合を持つ．したがって，これらは空間 $\mathbf{R}^n$ の**基底** (basis) をなす．

MM^T は対称であるので，この事実が適用できる．結果として得られる互いに直交する単位ベクトルからなる n 個の固有ベクトルを $z_1, z_2, \ldots, z_n$ とする．さらに，対応する固有値を $c_1, c_2, \ldots, c_n$ とする．なお，添え字は，固有値が $|c_1| \geq |c_2| \geq \cdots \geq |c_n|$ を満たすようにつけられているとする．さらに，説明をより簡単にするために，$|c_1| > |c_2|$ と仮定する（これはリンク解析の応用では本質的に常に成立するが，あとでこの仮定が成り立たない場合の議論に必要となる小さな修正について説明する）．ここで，任意のベクトル x に対

して，行列とベクトルの積 $(MM^T)x$ を考えるには，最初にベクトル $z_1,\ldots,z_n$ の線形結合で x を書いてみるのがよい．すなわち，互いに直交する単位ベクトルからなる n 個の固有ベクトル $z_1,z_2,\ldots,z_n$ で形成される別の座標系を考え，その座標系での x の z_i 成分を p_i とすると，x は，$x = p_1z_1 + p_2z_2 + \cdots + p_nz_n$ と表せる．したがって，

$$\begin{aligned}(MM^T)x &= (MM^T)(p_1z_1 + p_2z_2 + \cdots + p_nz_n) \\ &= p_1 MM^T z_1 + p_2 MM^T z_2 + \cdots + p_n MM^T z_n \\ &= p_1 c_1 z_1 + p_2 c_2 z_2 + \cdots + p_n c_n z_n\end{aligned}$$

となる．なお，3番目の等式は各 z_i が固有値 c_i に対する固有ベクトルであるという事実から得られる．

これは，（元の座標系と比べて）$z_1,z_2,\ldots,z_n$ が x を表現する座標系としてきわめて有用であることを示している．実際，MM^T を掛ける結果が，x の各項 p_iz_i を単に $c_ip_iz_i$ に置き換えることで得られるからである．これにより，MM^T という大きなべき乗を掛けるやり方よりも，格段に容易に解析できることを眺めていくことにする．そして，これが収束を示すために必要な最後のステップとなる．

ハブ・オーソリティ計算の収束　すでに，任意のベクトル x に対して，x を $p_1z_1 + \cdots + p_nz_n$ という形式で表せば，MM^T との積は $c_1p_1z_1 + \cdots + c_np_nz_n$ になることがわかっている．さらに，MM^T を繰り返し掛けるときには，連続する積のそれぞれで，各 i 番目の項の前に c_i 倍を入れればよいので，

$$(MM^T)^k x = c_1^k p_1 z_1 + c_2^k p_2 z_2 + \cdots + c_n^k p_n z_n$$

となる．

これをハブスコアのベクトル $h^{\langle k \rangle} = (MM^T)^k h^{\langle 0 \rangle}$ の枠組みで考えてみる．$h^{\langle 0 \rangle}$ は最初は各成分の値が1に固定されたベクトルであることを思い出そう．$h^{\langle 0 \rangle}$ は，基底ベクトル $z_1,\ldots,z_n$ の線形結合として，$h^{\langle 0 \rangle} = q_1z_1 + q_2z_2 \cdots + q_nz_n$ のように書ける．したがって，

$$h^{\langle k \rangle} = (MM^T)^k h^{\langle 0 \rangle} = c_1^k q_1 z_1 + c_2^k q_2 z_2 + \cdots + c_n^k q_n z_n \tag{14.3}$$

となり，両辺を c_1^k で割ると，

$$\frac{h^{\langle k \rangle}}{c_1^k} = q_1 z_1 + \left(\frac{c_2}{c_1}\right)^k q_2 z_2 + \cdots + \left(\frac{c_n}{c_1}\right)^k q_n z_n \tag{14.4}$$

が得られる．上の仮定 $|c_1| > |c_2|$（あとでこの仮定が成り立たない場合も扱う）から，k が無限大に近づくと右辺は最初の項以外は0に収束することがわかる．結果として，ベクトル列 $\dfrac{h^{\langle k \rangle}}{c_1^k}$ は k が無限大に近づくと極限値 q_1z_1 に収束することになる．

巻き上げ　上記で本質的には終わりであるが，収束の証明を完全にするためには，重要なことが二つ残っている．第一に，極限値 q_1z_1 が実際に z_1 の向きの非零ベクトルであるために，上記の議論における係数 q_1 が0でないことを示すことが必要である．第二に，初期ハブスコア $h^{\langle 0 \rangle}$ の選択に本質的に"依存せずに" z_1 の向きの極限値に至ることを示すこ

とが必要である．これは，ハブの重みの極限が，最初の見積もりではなく純粋にネットワーク構造の関数になることを意味している．これらの二点を逆順で，すなわち，第二の点から考えていく．

まず，ハブベクトルの計算を任意の異なる初期点から始めるものとする．すなわち，$h^{(0)}$ を，必ずしもすべての成分で値1をとるベクトルではなく，任意の初期ベクトル x とする．ただし，x の各成分の値が正数であることだけは仮定する．このようなベクトルを **正ベクトル** (positive vector) と呼ぶことにする．前述のように，任意のベクトル x はある係数 $p_1, \ldots, p_n$ を用いて $x = p_1 z_1 + \cdots + p_n z_n$ と書けるので，$(MM^T)^k x = c_1^k p_1 z_1 + \cdots + c_n^k p_n z_n$ となる．したがって，$h^{(k)}/c_1^k$ は $p_1 z_1$ に収束する．言い換えると，初期ベクトルを新しく $h^{(0)} = x$ と選んだとしても，やはり z_1 の向きのベクトルに収束するということである．

次に，上の q_1 と p_1 が非零である（ゆえに，極限値は非零ベクトルとなる）ことを示す．任意のベクトル x に対して，まず，$x = p_1 z_1 + \cdots + p_n z_n$ と表しておく．こうすれば，単に z_1 と x の内積を計算することで p_1 が得られるので，p_1 の値を考えやすくなるからである．実際，ベクトル $z_1, \ldots, z_n$ はすべて互いに線形独立であるので，

$$z_1 \cdot x = z_1 \cdot (p_1 z_1 + \cdots p_n z_n) = p_1(z_1 \cdot z_1) + p_2(z_1 \cdot z_2) + \cdots + p_n(z_1 \cdot z_n) = p_1$$

が得られる．なお，最後の等号は，直前の和の $p_1(z_1 \cdot z_1) = p_1$ を除くすべての項が0であることによる．このように，p_1 はまさに x と z_1 の内積であるので，ハブベクトルの列は，初期ハブベクトル $h^{(0)} = x$ が z_1 に直交しない限り，z_1 の向きの非零ベクトルに収束することになる．

そこで，ここからは z_1 に直交する正ベクトルが存在しないことを示す．これで，所望の収束の証明が完了することになる．議論は以下のステップからなる．

1. 正ベクトルのすべてが z_1 に直交するわけではないので，z_1 に直交しない正ベクトルが存在する．z_1 に直交しない正ベクトルを任意に一つ選んで x とし，$p_1 = z_1 \cdot x$ とする．すると，$p_1 \neq 0$ となる．さらに，上記の議論より，$(MM^T)^k x/c_1^k$ が非零ベクトル $p_1 z_1$ に収束する．

2. M の各要素は0または1であるので，任意の正整数 k に対して，$(MM^T)^k$ と正ベクトル x との積 $(MM^T)^k x$ のベクトルの成分はすべて非負である．さらに，十分大きい k に対して，ほぼ $(MM^T)^{k+1} x / c_1^{k+1} = (MM^T)^k x / c_1^k = p_1 z_1$ であるので，$c_1 > 0$ が得られる[7]．なぜなら，$(MM^T)^{k+1} x$ の成分がすべて非負であることと $(MM^T)^k x$ の成分がすべて非負であることから，$c_1 < 0$ とすると，上の等式に反してしまうからである．したがって，$(MM^T)^k x / c_1^k$ は，すべての成分は非負であり，さらに $p_1 z_1$ に収束するので，$p_1 z_1$ の各成分も非負となる．同時に，$p_1 z_1$ は非零なので，少なくとも一つ成分は正であることになる．そこで，$p_1 z_1$ の第 i 成分の $p_1 z_1(i)$ が正となる一つ成分であるとする．

3. したがって，任意の正ベクトル y と $p_1 z_1$ の内積 $\sum_{j=1}^n y_j p_1 z_1(j)$ は，すべての項 $y_j p_1 z_1(j)$ が非負であり，さらに正の項 $y_i p_1 z_1(i)$ を含むので必ず正になる（零にならない）．す

---

[7] 【訳注】任意の n 次元の実数ベクトル y に対して，$y^T MM^T y = (M^T y)^T (M^T y) \geq 0$ であるので，線形代数の基本的な事実より，MM^T は半正定値行列となり，したがって，MM^T の固有値はすべて非負であることが得られる．

なわち，z_1 に直交する（内積が零になる）正のベクトルは"存在しない"ことになる．以上の議論により，（すべての成分が1のベクトルを含む）いかなる正ベクトルから始めたとしても，ハブベクトルの列は z_1 の向きのベクトルに収束するという所望の結果が得られた．

これがまさに完全なストーリーであるが，一つだけやり残していることがある．すなわち，$|c_1| > |c_2|$ の仮定をしたことである．この仮定をこれから緩和することにする．一般に，固有値の中の最大絶対値に等しい絶対値を持つ固有値が $\ell > 1$ 個存在することもある．このとき，$|c_1| = \cdots = |c_\ell|$ となり，残りの固有値 $c_{\ell+1}, \ldots, c_n$ はより小さい絶対値を持つことになる．すべてを詳細に記すことはできないが，MM^T のすべての固有値が非負であることを示すのは難しいことではない（前ページの訳注参照）ので，実際には $c_1 = \cdots = c_\ell > c_{\ell+1} \geq \cdots \geq c_n \geq 0$ が得られる．この場合，式 (14.3) と式 (14.4) から，

$$\frac{h^{\langle k \rangle}}{c_1^k} = \frac{c_1^k q_1 z_1 + \cdots + c_n^k q_n z_n}{c_1^k}$$

$$= q_1 z_1 + \cdots + q_\ell z_\ell + \left(\frac{c_{\ell+1}}{c_1}\right)^k q_{\ell+1} z_{\ell+1} + \cdots + \left(\frac{c_n}{c_1}\right)^k q_n z_n$$

が得られる．この和の第 $\ell+1$ 項から第 n 項までの項は，k が大きくなるに従い0に収束するので，この列は $q_1 z_1 + \cdots + q_\ell z_\ell$ に収束する．したがって，$c_1 = \cdots = c_\ell$ ($\ell \geq 2$) のときでも列は収束するが，その極限値は初期ベクトル $h^{(0)}$ の選択（とくに，それと $z_1, \ldots, z_\ell$ のそれぞれとの内積）に依存することになる．しかし，実際的には，現実の十分に大きいハイパーリンク構造のもとでの行列 M は，MM^T の固有値が $|c_1| > |c_2|$ となる性質を，本質的に常に満たすようになる．

最後に，これまでの議論はハブベクトルの列に関してのものであったが，オーソリティベクトルの列の解析にもそのまま適用できる．オーソリティベクトルに対しては，$(M^T M)$ のべき乗が現れるので，結果として，オーソリティスコアのベクトルは，基本的には，行列 $M^T M$ の絶対値最大の固有値に対応する固有ベクトルに収束することになる．

B. PageRank のスペクトル解析

これまでの解析では，反復改善の極限値として固有ベクトルが自然に現れることを強調してきた．次に，PageRank も，行列とベクトルの積と，固有ベクトルを用いて同様に解析できることを議論する．

ハブとオーソリティのスコアのように，ノードの PageRank も，反復更新ルールが適用されて，その値が改善されることを思い出そう．まず，14.3 節の PageRank の基本更新ルールについて考え，その後，PageRank のスケール縮小更新ルールに移ることにする．基本更新ルールにおいては，各ノードは，現在の PageRank をそのノードが指しているすべてのノードに等分して与える．これは，更新ルールで規定される PageRank の"流れ"が，図 14.13 に示しているような行列 N を用いて自然に表現できることを示唆している．なお，N_{ij} は i の PageRank のうち，1回の更新ステップで j に渡される割合を表す．すなわち，N_{ij} は，i から j へのリンクがないときには $N_{ij} = 0$ であり，i から j へのリンクがあ

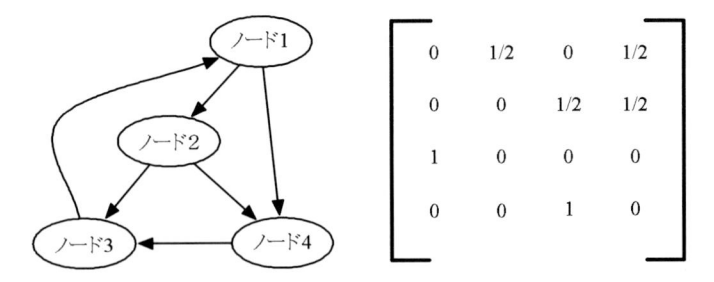

$$\begin{bmatrix} 0 & 1/2 & 0 & 1/2 \\ 0 & 0 & 1/2 & 1/2 \\ 1 & 0 & 0 & 0 \\ 0 & 0 & 1 & 0 \end{bmatrix}$$

図 14.13 PageRank基本更新ルールにおけるPageRankの流れは，隣接行列 M から導出できる行列 N を用いて表現できる．要素 N_{ij} は i の PageRank のうち1回の更新ステップで j に受け渡される割合を表している．

るときには，i から出ているリンクの本数の逆数である．言い換えると，i が j にリンクしているとき，i から出ているリンクの本数を ℓ_i とすれば $N_{ij} = 1/\ell_i$ である．なお，i から出ていくリンクがないときには，出リンクを持たないノードのPageRankはすべて自身に戻ってくるというルールを守るために，$N_{ii} = 1$ と定義する．このようにして，N は，隣接行列 M に心もち似ているが，i から j へのリンクがあるときには異なる定義となっている．

全ノードのPageRankをベクトル r で表すことにする．すると，ノード i のPageRankは r の第 i 成分となるので，それを r_i で表すことにする．この記法を用いると，PageRankの基本更新ルールは，

$$r_i \leftarrow N_{1i}r_1 + N_{2i}r_2 + \cdots + N_{ni}r_n \tag{14.5}$$

と書くことができる．これは，オーソリティ更新ルールでも眺めたように，行列の転置を掛けたものに対応する．したがって，式 (14.5) は，

$$r \leftarrow N^T r \tag{14.6}$$

と書ける．

PageRankのスケール縮小更新ルールも本質的には同じ方法で表せるが，PageRankの流れが異なるので，図14.14 に示しているように，異なる行列 $\tilde{N}$ が必要になる．スケール縮小更新ルールにおいては，リンクを流れるPageRankは s 倍に縮小されて，残りの $1-s$ 単位が（リンクを流れずに）すべてのノードに均等に配分されることを思い出そう．したがって，$\tilde{N}_{ij}$ は，単純に $sN_{ij} + (1-s)/n$ と表すことができる．これを用いて，スケール縮小更新ルールは

$$r_i \leftarrow \tilde{N}_{1i}r_1 + \tilde{N}_{2i}r_2 + \cdots + \tilde{N}_{ni}r_n \tag{14.7}$$

と書ける．したがって，等価的に，

$$r \leftarrow \tilde{N}^T r \tag{14.8}$$

と書ける．

PageRankのスケール縮小更新ルールを用いた反復改善 初期 PageRank ベクトル $r^{\langle 0 \rangle}$ にスケール縮小更新ルールを繰り返し適用していくので，ベクトルの列 $r^{\langle 1 \rangle}, r^{\langle 2 \rangle}, \ldots$ が生

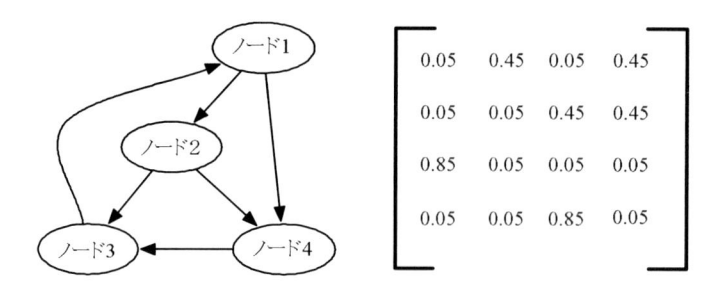

図 14.14 PageRank のスケール縮小更新ルールにおいても，PageRank の流れは隣接行列 M から導出できる行列（ここではスケール縮小係数を $s = 0.8$ としている）を用いて表せる．この行列を $\tilde{N}$ で表す．$\tilde{N}_{ij}$ は i の PageRank が 1 回の更新ステップで j に渡される割合となっている．

成される．ここで，各ベクトルは直前のベクトルに $\tilde{N}^T$ を掛けて得られる．したがって，このプロセスを巻き戻すと，

$$r^{\langle k \rangle} = (\tilde{N}^T)^k r^{\langle 0 \rangle}$$

となる．さらに，PageRank は更新時に保存される，すなわち，全ノードの PageRank の総和はスケール縮小更新ルールの適用において一定であるので，次に進む際に，これらのベクトルの正規化は必要でない．

ハブ・オーソリティ計算の極限値と同様に（ただし正規化が必要でないという事実を追加して），PageRank のスケール縮小更新ルールが極限値ベクトル $r^{\langle * \rangle}$ に収束するならば，この極限値は $\tilde{N}^T r^{\langle * \rangle} = r^{\langle * \rangle}$ を満たすことになるので，$r^{\langle * \rangle}$ は $\tilde{N}^T$ の固有値 1 に対応する固有ベクトルになる．そして，このような $r^{\langle * \rangle}$ は，さらなる PageRank のスケール縮小更新ルールの適用による改善でも変化しない性質を持つことになる．

実際，これらはすべて真であることがわかる．すなわち，PageRank のスケール縮小更新ルールを繰り返し適用すると，まさしくそのような $r^{\langle * \rangle}$ に収束することが明らかになる．しかしながら，これを証明するのに，ハブ・オーソリティ計算のときと同じアプローチは利用できない．そこでは，用いた行列の MM^T と $M^T M$ が対称行列であることから，固有値は実数であり，直交する固有ベクトルは基底をなしていた．一般に，$\tilde{N}$ のような対称でない行列に対しては，固有値は実数以外の複素数にもなりうるので，固有ベクトルの互いの関係は前ほど明白ではないのである．

PageRank のスケール縮小更新ルールの収束　幸いにも，$\tilde{N}$ のようにすべての要素が正である（すべての要素 $\tilde{N}_{ij}$ に対して $\tilde{N}_{ij} > 0$ が成り立つ）行列に対しては，**ペロンの定理** (Perron's theorem) [268] として知られている強力な道具が利用できる．ここの目的に対しては，ペロンの定理は，要素がすべて正である任意の行列 P が以下の性質を持つことを述べている．

(i) P は，他のすべての固有値 c' に対して $c > |c'|$ となる実数の固有値 $c > 0$ を持つ．
(ii) 最大の固有値 c に対応し，すべての成分が正の実数の固有ベクトル y が存在し，定数の掛け算を無視すれば y は唯一に定まる．

(iii) 最大固有値 c が 1 に等しいときには，すべての成分が非負である任意の非零初期ベクトル $x \neq 0$ に対して，ベクトル列 $P^k x$ は，k が無限大に近づくに従い y の向きのベクトルに収束する．

　PageRank のスケール縮小に基づいてペロンの定理を解釈すると，以下のように書ける．スケール縮小更新ルールを適用しても不変となる唯一のベクトル y が存在し，いかなる初期点から反復更新ルールを適用しても，y に収束することが得られる．したがって，このベクトル y が所望の PageRank の極限値に対応する．

C. ランダムウォークを用いた PageRank の定式化

　14.3 節の最後の議論に従って，ネットワークのノード上のランダムウォークに基づく PageRank の定式化について考えて，本章を終えることにする．

　まず，ランダムウォークを正確に記述することから始める．探索者が開始ノードをランダムに等確率で選ぶ（このようにすべての候補から等確率でランダムに一つ選ぶことを，**一様ランダムに** (uniformly at random) 選択するという）．そして，各ステップで，探索者は現在ノードから出ているリンクを一様ランダムに選んでそれをたどり，そのリンクが指し示しているノードに移る．このように，グラフから 1 回に 1 ノードずつ選ばれてランダムなパスが構成されていく．

　ここで，与えられたステップにおいて，ノード $1, 2, \ldots, n$ に探索者がいる確率を，それぞれ $b_1, b_2, \ldots, b_n$ とする．このとき，次のステップで探索者がノード i にいる確率はどうなるであろうか？ この問いには，次のような推論を用いて答えることができる．

1. i へのリンクを持つ各ノード j に対して，探索者が現在ノード j にいるとき，次のステップで j から i に移動する確率は，ノード j から出ているリンクの数を ℓ_j とすれば $1/\ell_j$ となる．
2. これが生じるためには，探索者がノード j に実際にいることが必要なので，ノード j は，次のステップでノード i にいる確率に，$b_j(1/\ell_j) = b_j/\ell_j$ だけ寄与する．
3. したがって，ノード i へのリンクを持つすべてのノード j に対して b_j/ℓ_j の総和をとれば，探索者が次のステップで i にいる確率が得られる．

　したがって，次のステップで探索者が i にいる確率は，ノード i にリンクするすべてのノード j に対して b_j/ℓ_j の総和をとったものになる．これから，PageRank の解析の際に定義した行列 N を用いて，確率 b_i の更新は，

$$b_i \leftarrow N_{1i} b_1 + N_{2i} b_2 + \cdots + N_{ni} b_n \tag{14.9}$$

と書くことができる．ノード i にいる確率 b_i を第 i 成分とするベクトル b を用いて，この更新ルールは以前の解析のときと同様に，行列とベクトルの積で表せて，

$$b \leftarrow N^T b \tag{14.10}$$

が得られる．

これは，式 (14.6) から得られた PageRank の基本更新ルールとまったく同じものであることがわかる．PageRank の値とランダムウォークの確率は，同じところから始まり（全ノードとも初期確率は $1/n$ である），まったく同じルールに従って進んでいくので，永遠に同じままということになる．以上により，14.3 節で述べた以下の主張が正しいことがわかる．

> **主張**：ランダムウォークの k 回のステップ後にページ X にいる確率は，PageRank の基本更新ルールを k 回適用した後の X の PageRank に正確に一致する．

この主張は直観的に次の意味を持つ．ランダムウォークが与えられたノードにいる確率は，PageRank のように，そのノードからの出リンク全体で等分されて，それらのリンクのもう一方の端にあるノードに渡される．言い換えると，この確率も PageRank も同じプロセスでグラフを流れていく．

スケール縮小のランダムウォーク　PageRank のスケール縮小更新ルールの解釈も，ランダムウォークの用語で定式化することができる．14.3 節の最後で示唆したように，この修正版ランダムウォークは，ある正の数 $s > 0$ に対して，確率 s で以前のようにランダムに辺を選んでそれをたどり，確率 $1 - s$ で一様ランダムに選ばれたノードにジャンプする．

ここでも，与えられたステップにおいて，ノード $1, 2, \ldots, n$ に探索者がいる確率を，それぞれ $b_1, b_2, \ldots, b_n$ とする．このとき，次のステップで探索者がノード i にいる確率はどうなるかを考えてみよう．今回，ノード i にいる確率は，i にリンクしているすべてのノード j に対して sb_j/ℓ_j の総和をとったものに，さらに $(1-s)/n$ を加えたものになる．PageRank のスケール縮小更新ルールの解析に使った行列 $\tilde{N}$ を用いると，この確率の更新は，

$$b_i \leftarrow \tilde{N}_{1i}b_1 + \tilde{N}_{2i}b_2 + \cdots + \tilde{N}_{ni}b_n \tag{14.11}$$

と書ける．それは等価的に

$$b \leftarrow \tilde{N}^T b \tag{14.12}$$

とも書ける．これは PageRank のスケール縮小更新のところで出てきた式 (14.8) による更新ルールと同じである．ランダムウォークの確率と PageRank のスケール縮小更新ルールを適用した値は，同じ初期値から始まり，同じ更新に基づいて進んでいくので，永遠に同じままになる．これで以下の主張が正しいとわかる．

> **主張**：スケール縮小のランダムウォークの k 回のステップ後にページ X にいる確率は，PageRank のスケール縮小更新ルールを k 回適用した後の X の PageRank に正確に一致する．

以上により，スケール縮小のランダムウォークのステップ数を無限大に近づけると，ノード X にいる確率の極限値は，PageRank のスケール縮小更新ルール適用における X の値の極限値に等しいことも得られたことになる．

14.7 演習問題

1. 図 14.15 のウェブページのネットワークで，ハブ・オーソリティ計算を 2 回適用した後の値（すなわち，k ステップのハブ・オーソリティ計算で，ステップ数 k を 2 にしたときの値）を求めよ．

  ただし，最後の**正規化 (normalization)** ステップの実行前と実行後の両方の値を記せ．すなわち，すべてのオーソリティスコアとすべてのハブスコアとともに，各オーソリティスコアをすべてのオーソリティスコアの総和で割って得られる値と，各ハブスコアをすべてのハブスコアの総和で割って得られる値（この割って得られたスコアは**正規化されたスコア (normalized score)** と呼ばれる）を記せ．なお，正規化されたスコアは，小数でなく分数を用いて書くこと．

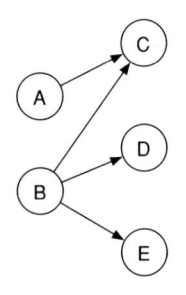

図 14.15 演習問題 1 の図．ウェブページのネットワーク．

2. (a) 図 14.16 のウェブページのネットワークで，ハブ・オーソリティ計算を 2 回適用した後の値（すなわち，k ステップのハブ・オーソリティ計算で，ステップ数 k を 2 にしたときの値）を求めよ．

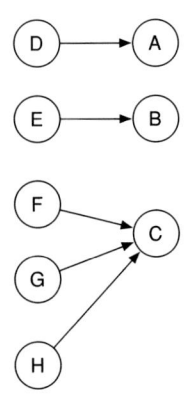

図 14.16 演習問題 2(a) の図．ウェブページのネットワーク．

ただし，最後の正規化ステップの実行前と実行後の両方の値を記せ．すなわち，すべてのオーソリティスコアとすべてのハブスコアとともに，各オーソリティスコアをすべてのオーソリティスコアの総和で割って得られる値と，各ハブ

スコアをすべてのハブスコアの総和で割って得られる値（この割って得られたスコアは正規化されたスコアと呼ばれる）を記せ．なお，正規化されたスコアは，小数でなく分数を用いて書くこと．

(b) 問題(a)では，ノードAとノードBの対称性から，それらが同じオーソリティスコアになることがわかる．ノードBにリンクしているノードEが，同様にノードCにもリンクすることにしたら，何が起こるかを考えてみよう．これによって図14.17の新しいネットワークが得られる．

問題(a)と同様に，図14.17の新しいネットワーク上でハブ・オーソリティ計算を2ステップ行った後の各ノードの正規化されたハブとオーソリティの値を求めよ．

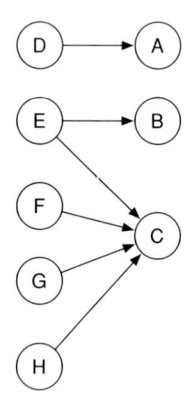

図 14.17　演習問題2(b)の図．ウェブページのネットワーク．

(c) 問題(b)では，ノードのAとBのどちらが高いオーソリティスコアを持つか？ 問題(b)においてAとBのオーソリティスコアに違いが生じる理由に対して，直観的な説明を簡潔に与えよ．

3. 本章では，ウェブコンテンツの設計者が，検索エンジンのランク付けで高いスコアを獲得できるページを作る方法を，しばしば明示的に推論していることを議論した．この設問では，スケール縮小の設定において，この種の推論について考えていく．

(a) 図14.18のウェブページのネットワークで，ハブ・オーソリティ計算を2回適用した後の値（すなわち，kステップのハブ・オーソリティ計算で，ステップ数kを

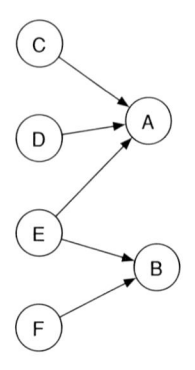

図 14.18　演習問題3の図．ウェブページのネットワーク．

2にしたときの値）を求めよ．

　ただし，最後の正規化ステップの実行前と実行後の両方の値を記せ．すなわち，すべてのオーソリティスコアとすべてのハブスコアとともに，各オーソリティスコアをすべてのオーソリティスコアの総和で割って得られる値と，各ハブスコアをすべてのハブスコアの総和で割って得られる値（この割って得られたスコアは正規化されたスコアと呼ばれる）を記せ．なお，正規化されたスコアは，小数でなく分数を用いて書くこと．

(b) ここで，あるハイパーリンク構造が与えられたときに，大きなオーソリティスコアを得られるページを作る問題を考える．

　とくに，新しいウェブページXを作って図14.18のネットワークに追加し，できるだけ高い（正規化された）オーソリティスコアが得られるようにしたい．一つの手段として，2番目のページYを同様に作成してYからXにリンクを張ってオーソリティを渡すことが考えられる．このとき，Yが他のノードにも同様にリンクを張るとすると，Xのオーソリティは上がるのか下がるのかを知りたいと思うのは自然であろう．

　具体的には，まず図14.18のネットワークにXとYを追加して，それらがどのようなリンクを持つかを指定することになる．選択肢は以下のように二つあり，一つ目はYはXにのみリンクを張るもので，二つ目はXに加えて他の強いオーソリティを持つノードにリンクを張るものである．

- **選択肢1**：図14.18に新しいノードのXとYを追加し，YからXにリンクを1本作り，Xから出ていくリンクは作らない．
- **選択肢2**：図14.18に新しいノードのXとYを追加し，YからA, B, Xのそれぞれにリンクを作り，Xから出ていくリンクは作らない．

　これらの二つの選択肢のそれぞれで，Xがどのくらいのオーソリティスコアをもらえるかを知りたい．したがって，それぞれの選択肢につき，結果として得られるネットワークに対して（問題(a)のように）ハブ・オーソリティ計算を2回適用した後のA, B, Xそれぞれの正規化された（すなわち，各オーソリティスコアを全ノードのオーソリティスコアの総和で割る正規化ステップを実行後の）オーソリティスコアを求めよ．

　選択肢1と選択肢2のうちで，ページXが（正規化も考慮して）より高いオーソリティスコアを獲得するのはどちらか？　その選択肢がより高いスコアをXに与える直観的な理由も簡潔に説明せよ．

(c) 2個のページの代わりに，X, Y, Zの3個のページを作成し，再びXができるだけ高いスコアを得られるように，それらから出ていくリンクを戦略的に作成したい．

　図14.18のネットワークに3個のノードX, Y, Zを追加し，（問題(a), (b)のように）ハブ・オーソリティ計算を2回適用したとき，全ノードのオーソリティスコアのランク付けでXが2位になるように，それらから出ていくリンクを作成する方法を説明せよ．

　【ヒント】Xが1位になることはないことに注意しよう．したがって，3個のノードX, Y, Zのみを用いて望みうる最上の結果は2位となる．

4. PageRankの基本更新ルール（スケール縮小係数sを導入していないもの）から得られる極限値について考えよう．本章では，これらの極限値は，誰もがその出リンクを通して自分の持つPageRankを等分して流すときに不変に保たれる値であるという，直接的な支持に基づく均衡の一種という特徴を捉えていると説明した．

この説明はウェブページ集合への数値の割当てがPageRankの均衡値になっているかどうかを確かめる方法を与えている．すなわち，それらの数値を足し合わせると1になり，PageRankの基本更新ルールを適用しても不変である．たとえば，図14.7を用いて説明すると，以下のようになる．この例ではPageRankとして，ページAに$\frac{4}{13}$を，BとCにそれぞれ$\frac{2}{13}$を，残りの5ページに$\frac{1}{13}$を与えている．足し合わせると1になり，PageRankの基本更新ルールを適用しても不変に保たれる．したがって，これらはPageRankの均衡値になっている．

次の2個のネットワークのそれぞれに対して，このアプローチを用いて図中の数値がPageRankの均衡値になっているかどうかを確かめよ（数値がPageRankの均衡値になっていない場合は，単にそれを説明すればよく，均衡値を与える必要はない）．

(a) 図14.19のノードへの数値の割当ては，このウェブページのネットワークに対するPageRankの均衡値になっているか？ その真偽について説明せよ．

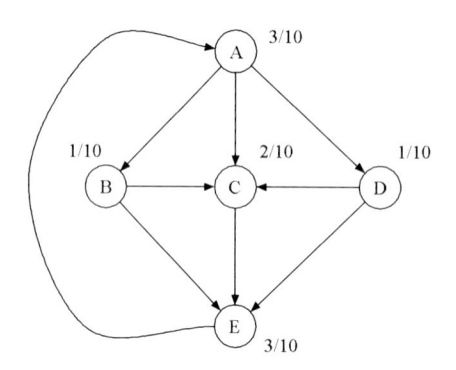

図14.19　演習問題4(a)の図．ウェブページのネットワーク．

(b) 図14.20のノードへの数値の割当ては，このウェブページのネットワークに対するPageRankの均衡値になっているか？ その真偽について説明せよ．

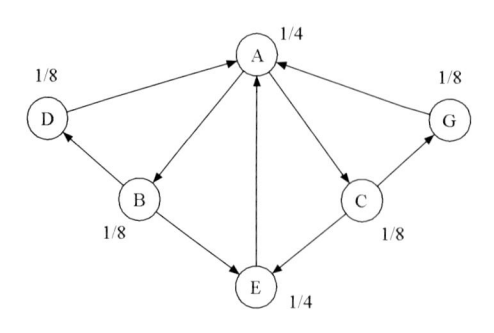

図14.20　演習問題4(b)の図．ウェブページのネットワーク．

5. 図14.21は6個のウェブページ間のリンクを表していて，各ノードに隣接する小数がそのノードの提案されたPageRankの値を表している．

これらは，PageRank の基本更新ルールに対して正しい均衡値になっているか？その真偽について簡潔な説明を与えよ．

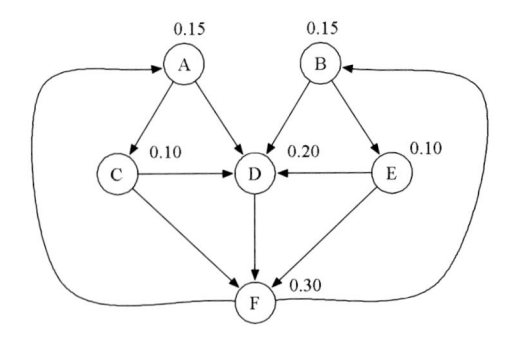

図 14.21 演習問題 5 の図．6 個のウェブページの集合と，可能な PageRank の値．

6. ハブとオーソリティの計算における基本的な考え方の一つは，強化された複数の支持を受けるページと単に入次数の高いページを区別することにある（ノードの入次数は，そのノードに入ってくるリンクの本数である）．

例として，図 14.22 のグラフ（二つの部分に分かれているが，1 個のグラフであることに注意）を考えよう．ノード D をノード B1, B2, B3 と比較すれば上記の対比が見えてくる．D は，D のみを指している多くのノードから入リンクを得ているが，ノード B1, B2, B3 は，それぞれ数は少ないものの，相互に強化されたノード集合から入リンクを得ている．

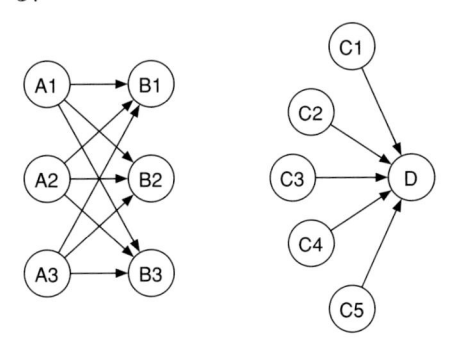

図 14.22 演習問題 6 の図．ウェブページのネットワーク．

この図式化された例において，この対比がどうなっているか調べてみよう．

(a) 本章のリンク解析のハブ・オーソリティ計算を 2 回適用した後の値を求めよ（最後の値の正規化を省略し，大きい値のままにしておいてよい）．

(b) ハブ・オーソリティ計算を k 回適用した後の値を k を用いた式で与えよ（ここでも，最後の値の正規化を省略し，正規化しない値を k の式で与えてもよい）．

(c) k が無限大に近づくとき，各ノードの正規化された値はどこに収束するか？ 答えとその説明を与えよ．説明は正式の証明になっていなくてもよいが，少なくとも，その値に収束するプロセスについての概略を述べること．この計算で何が起こるかの説明に加えて，この問題の最初の段落で述べた，強化された複数の支持を受けるページと単に入次数の高いページの違いに，これが直観的にどう関係しているかについて，簡潔な説明を与えよ．

第15章

スポンサー付き検索のマーケット

15.1 検索行動に結びつけられた広告

　ウェブ検索の問題は，きわめて"純粋な"動機に基づいていて，伝統的に以下のように述べることができる．すなわち，人々がウェブ上に構成した内容から，与えられた問題に最も関係して，有用で信頼できるページを探し出すことが，ウェブ検索である．一方，経済的な観点からも，ユーザーが発するクエリーをターゲットとする，検索と宣伝を組み合わせる枠組みのもとで，利益を生み出すマーケットの存在が，すぐに明らかになった．

　この背景にある基本的なアイデアは単純である．初期の段階のウェブの広告は，新聞や雑誌のような紙媒体に見られる広告と同じように，"印象"を基本としていた．たとえば，Yahoo! のような企業は広告主と，その広告を見せる回数に応じて価格の交渉をしたものである．しかし，ユーザーに見せる広告が，ある種の本質的な方法でユーザーの行動と結びついていないとしたら，新聞やテレビと比較して，広告の舞台となっているインターネットの主たる有利な特質を見逃してしまうことになる．たとえば，自分がある特別な商品，たとえばカリグラフィー用のペンを販売している小売業者であるとしよう．そして，ウェブ上でカリグラフィーペンを販売しているとする．すると，インターネットの全体のユーザーにその広告を見せて，顧客を見出そうとすることは，きわめて非効率的な方法と思われる．そうではなく，「"カリグラフィーペン"を検索したユーザーにのみ広告を見せてほしい」と検索エンジン側に要望すると思われる．このように，検索エンジンへのクエリーは，ある意味で，そのクエリーを発したときに興味を持っているもの，すなわちユーザーの"意図"が潜在的に表現されていると考えられる．そして，クエリーに基づく広告は，受け入れ体制の整っているユーザーの心を捉えることができるのである．

　Overture 社で最初に行われたこのスタイルの**キーワード検索連動広告** (keyword-based advertising) により，検索エンジンが莫大な富をもたらすものであることがわかった．現在それは，毎年 100 億ドルの収入をもたらすビジネスであり，たとえば Google などでは，収入のほとんどをそれから得ている．キーワード検索連動広告は，本書の観点からも，これまで取り上げてきたアイデアをうまく組み合わせられる適切な題材になっている．すなわち，ウェブを利用する何億人もの人々の情報検索行動から形成されるマーケットは，第9章と第10章で議論したオークションとマッチングマーケットと驚くほど深く結びつく．

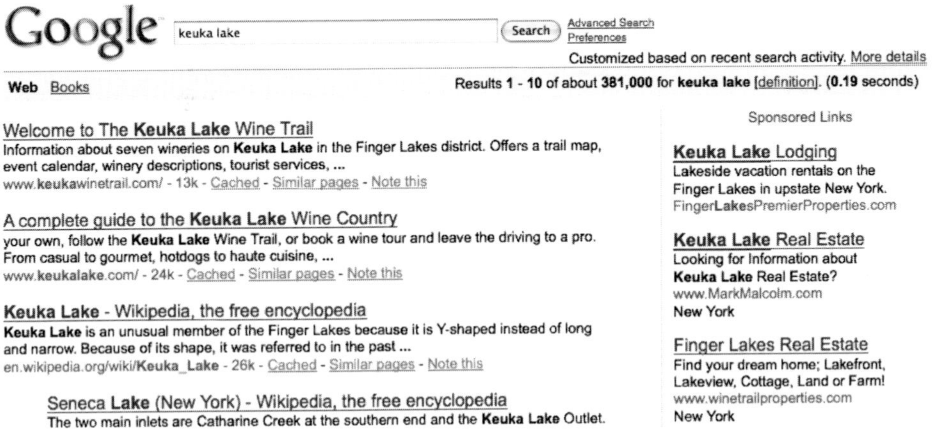

図15.1 検索エンジンは，ユーザーから発せられたクエリーに対応した有料広告を表示する（この例では，ページの右側に表示されている）．これらとともに，検索エンジンの独自のランク付け法で決定された検索結果も表示される（この例では，ページの左側に表示されている）．有料広告が表示される順番は，オークションの手続きで決定される．（出典：Google 検索のイメージ）

このことについて，以下で眺めていくことにしよう．

キーワード検索連動広告は，検索エンジンの検索結果のページにおいて，（"固有の"あるいは"アルゴリズム的な"）結果とともに表示される．たとえば，ニューヨーク州北部のフィンガー湖の一つである "Keuka Lake"（キューカ湖）を Google でキーワード検索すると，（本書の執筆時点で）図15.1のような結果が得られる．この図では，検索エンジンの内部ランク付け手続きにより生成されたアルゴリズム的な結果は，左側に表示されている．一方，有料広告の結果は右側に表示されている（この場合は，不動産や休暇用のレンタル住宅が表示されている）．単一のクエリーに対して，複数の広告結果が表示されることもある．それは単に，検索エンジンの企業が，そのクエリーに対応する広告を複数の企業に販売しているからである．広告を表示するスロットが，単一ページに複数あるときには，上にあるスロットほどユーザーにクリックされる回数が多いので，価値が高くなる．

検索エンジンの企業は，ある種の慣行を展開し発展させて，キーワード検索連動広告を販売する方法を改善してきている．そこで，最初に，このマーケットを考える上で，これらのうちの2点をハイライトして議論するのがよいと思われる．

クリックごとの支払い 図15.1に示されているような広告は，**クリック単価** (cost-per-click) モデルに基づいている．たとえば，"Keuka Lake" のクエリーで入ったユーザーに見せる広告は，広告主のウェブサイトへのリンクを含み，ユーザーが実際にその広告（のリンク）をクリックしたときにのみ，その広告主が料金を支払う．広告に対するクリックは，単にクエリーを発するよりも，強い意図があることを表現していると捉えられている．すなわち，ユーザーがクエリーを発し，広告を読んで，そして実際のウェブサイトを訪問したと考えるのである．その結果として，1クリックに対して，広告主が支払ってもよいと考える金額は，しばしば驚くほど高くなる．たとえば，Google の "calligraphy pens"（カリグラフィーペン）の検索における最も高価なスロットを獲得すると，本書の執筆時で，1

クリック当たり 1.70 ドルの支払いが生じる．同様に，"Keuka Lake" の検索における最も高価なスロットを獲得すると，1 クリック当たり 1.50 ドルの支払いが生じる（前者で，スペルミスの "calligaphy pens" の検索でも，1 クリック当たり 0.60 ドルの支払いが生じる．つまり，広告主は，タイプミスの有無には関係なく，潜在的な顧客かどうかに関心を示しているのである）．

クエリーによっては，1 クリック当たりの費用（クリック単価）がきわめて高くなっている．たとえば，"loan consolidation"（債務整理），"mortgage refinancing"（住宅ローン借り換え），"mesothelioma"（中皮腫）などのクエリーは，1 クリック当たり 50 ドル以上になることも多い[1]．そのような広告を見てサイトに入ってきたユーザーから，期待値として，50 ドル以上の利益を獲得できると広告主は見積もっている，と考えることができる．

オークションによる価格の設定 様々なクエリーに対して，1 クリック当たりの費用（クリック単価）を検索エンジンがどのように設定しているのかが，まだわからない．可能性としては，店で商品が売られているように，価格を表示する方法も考えられる．しかし，キーワードとキーワードの複合語は膨大な数になるので，単一ではいずれも，潜在的にはかなり少数の広告主にしか興味を持ってもらえない．さらに，広告主の要求も時間の経過に伴って変化するので，各クエリーに対して合理的な価格を検索エンジンが維持することもきわめて困難である．

その代わりに，検索エンジンは，広告主に入札依頼して，オークションの手続きを用いて価格を決定している．表示できるスロットが 1 個の場合は，第 9 章で眺めたように，単一商品のオークションとなり，第二価格封印入札オークションが良い特徴を多く持っている．しかしながら，本章での問題は，より複雑である．表示できるスロットが複数あり，あるスロットは他のスロットより価値が高くなるからである．

このモデルに対して，どのような形式のオークションが設計できるかを考えてみよう．

1. 最初に，検索エンジンがすべての広告主の 1 クリック当たりの評価を知っていたとする．すると，第 10 章で議論したマッチングマーケットの形式で，状況を表現できることになる．すなわち，スロットが売りに出される商品で，購買人がスロットを割り当てられる広告主である．
2. 次に，どの広告主の評価も，検索エンジンにはわからなかったとする．このときには，真の値の入札を推奨し，偽りの入札に対する対策も含む方法を考えることが必要となる．これは，特別なキーワード検索連動広告問題よりも，ずっと前に取り上げられた興味深い問題，すなわち，真の値の入札が購買人にとって支配戦略となるマッチングマーケットの価格設定を設計する問題に，直接的につながっている．この問題を，あとで **VCG メカニズム** (Vickrey–Clarke–Groves mechanism) と呼ばれる華麗な手続きで解決する [112, 199, 400]．なお，それは，第 9 章で議論した単一商品オークションに対する第二価格封印入札オークションを，高度に一般化したものと

---

[1] 中皮腫とは何なのかと疑問を持つかもしれない．Google で中皮腫を検索してみると，それは，アスベストにさらされて生じる肺がんであるとわかる．したがって，この専門用語でクエリーをしているということは，中皮腫の症状があり，雇用者を起訴しようとしているとも考えられる．このクエリーに対する最も高価なスロットは，ほとんどが法律事務所の広告で占められている．

見なせる．

3. キーワード検索連動広告から生じる問題のマッチングマーケットを含めて，VCG メカニズムは，マッチングマーケットにおける価格設定の自然な方法を提供している．しかしながら，様々な理由により，検索エンジンの企業はこの手続きを用いていない．そこで，第三のトピックとして，キーワード検索連動広告として，実際に売られて使用されているオークション手続きを取り上げる．すなわち，**一般化第二価格入札オークション** (generalized second-price auction; GSP)（簡略化して，"GSP" と呼ぶことにする）を取り上げる．GSP は簡単に記述できるが，それから導き出される入札行動はきわめて複雑であり，偽りの入札や社会的に最適でない結果となることもある．実際に導入され用いられているので，このオークションでの入札行動を理解しようとすることは，複雑なオークション手続きの複雑性における興味深いケーススタディとなる．

15.2 マッチングマーケットとしての広告

クリック率と1クリック当たりの収益 検索連動広告がどのように売られているかを正確に記述することから始めよう．図15.1 に示している三つの広告スロットのように，与えられたクエリーに連動する広告を売るために検索エンジンの所有している，利用可能な"スロット"の集合を考えよう．スロットは，ページの上から，1, 2, 3, ... と番号付けされている．上にあるスロットほどユーザーにクリックされる可能性が高いと考えられる．各スロットには，独自の**クリック率** (clickthrough rate)，すなわち，そのスロットに割り当てられた広告が1時間当たりにクリックされる回数，が付随していると仮定する．

ここでは，クリック率について単純化のための仮定を少し設ける．第一に，広告主はすべてのスロットのクリック率を知っていると仮定する．第二に，クリック率はスロットの場所にのみ依存し，そこに置かれる広告には依存しないと仮定する．第三に，各スロットのクリック率は，"他の"スロットに置かれる広告には依存しないと仮定する．実用上，第一の仮定はとくに問題ではない．広告主は，クリック率を見積もる方法を（検索エンジンから提供されるツールも含めて）かなり多く持っていると考えられるからである．第二の仮定は，重要な問題点を含んでいる．上位のスロットにおいて，密接に関係する適切で高品質な広告は，あまり関係しない内容の広告よりも，クリックを多く受け取ることになるからである．そこで，基本モデルを拡張して，広告の適切性や品質を取り扱えるモデルにする方法を，本章の最後のほうで述べる．第三の仮定は，さらに複雑な問題点を含んでいる．すなわち，掲示される異なる広告間の相互作用については，検索エンジンの企業内でも，今なおよく理解が行き届いていないと言える．

以上が検索エンジン側の全体像である．スロットは，売ろうとしている在庫品である．次に，広告主の側からの仮定を述べる．各広告主は，**1クリック当たりの収益** (revenue per click)，すなわち，広告をクリックするユーザー1人当たりから得られる収益の期待値

```
クリック率    スロット    広告主    1クリック当たりの収益
  10          (a)        (x)              3

   5          (b)        (y)              2

   2          (c)        (z)              1
```

図 15.2 検索エンジンの広告マーケットの基本的な設定では，潜在的な広告主集団に販売する広告用のスロットが一定数ある．各スロットは，1時間当たりのクリック回数である**クリック率**を持っている．上位のスロットほど，一般にクリック率が高くなる．各広告主は，毎回，ユーザーがその広告をクリックしてサイトに到達することによって得られると期待される収益の平均値である **1 クリック当たりの収益**を持っている．図は，1クリック当たりの収益の多い順に広告主を並べて描いている．これは，ここでは純粋に図の都合によるものであるが，15.2節では，マーケットが実際にスロットをこの順番で広告主に割り当てることを示すことにする．

を持っているとする．ここでも，この値は広告主に固有のものであり，ユーザーが広告をクリックしてページを開いて読める内容には依存しないと仮定する．さらに，広告主が特定のスロットに広告を載せることを要求しているときには，どの検索結果でも常にそのスロットに広告が載せられることを要求していることとする．（実用上は，広告主は検索エンジンに，より複雑な掲示を要求することもできる．たとえば，該当するクエリーのすべてに対してではなく，ある割合で広告を掲示するようにもできる．しかし，ここでは取り上げない．）

これで，キーワード検索連動広告に対するマーケットを理解するのに必要なことが全部揃ったことになる．すなわち，スロットのクリック率と，1クリック当たりの広告主の収益である．図15.2 は，3個のスロットと3社の広告主の小さな例を示している．3個のスロットのクリック率は，それぞれ 10, 5, 2 であり，3社の広告主の1クリック当たりの収益は，それぞれ 3, 2, 1 である．

マッチングマーケットの構成 キーワード検索連動広告に対するマーケットを，第10章で学んだ種類のマッチングマーケットとして表現する方法について示す．そこで，第10章のマッチングマーケットを構成している基本的な要素をもう一度復習しておく．

- マッチングマーケットの参加者は，購買人の集合と販売人の集合からなる．
- 各購買人 j は，各販売人 i から提供された商品に**価値評価 (valuation)**（単に**評価**ともいう）をしている．この評価は，購買人と販売人の両方に依存するので，v_{ij} と表記する．
- どの購買人も二つ以上の異なる商品が割り当てられないように，そして，どの商品も2人以上の異なる購買人に渡ることがないように，購買人と販売人（の商品）を対にすることが目標である．

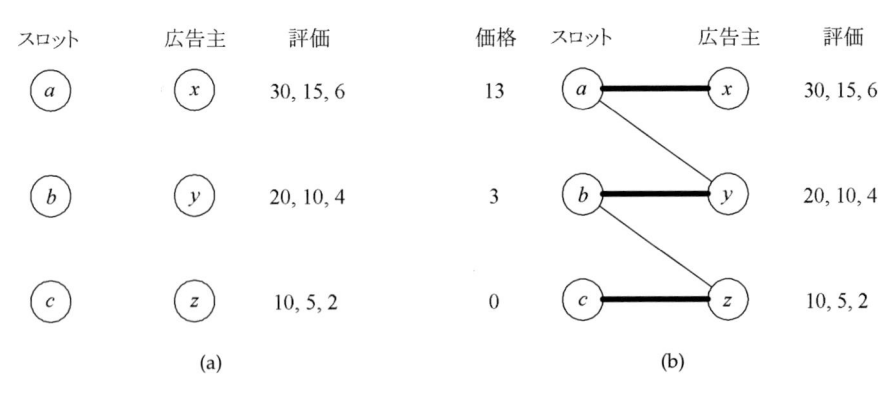

	スロット	広告主	評価	価格	スロット	広告主	評価
	a	x	30, 15, 6	13	a — x		30, 15, 6
	b	y	20, 10, 4	3	b — y		20, 10, 4
	c	z	10, 5, 2	0	c — z		10, 5, 2
	(a)				(b)		

図 15.3 スロットの広告主への割当て問題は，マッチングマーケットとして表現できる．スロットが販売される商品であり，広告主が購買人である．(a) 各スロットに対する広告主の評価は，広告の1クリック当たりの収益とそのスロットのクリック率との積である．(b) スロットに対するマーケット完売価格の決定にこの評価が用いられる．

この枠組みで，検索エンジンのキーワード連動広告に対するマーケットを表現するために，スロット i のクリック率を r_i とし，広告主 j の1クリック当たりの収益を v_j とする．したがって，広告主 j がスロット i から受け取れる収益は，クリック率と1クリック当たりの収益の積である $r_i v_j$ となる．

マッチングマーケットの言語では，これが広告主 j のスロット i に対する評価 v_{ij} である．すなわち，スロット i を獲得できるときの価値である．したがって，スロットが購買人に売られる販売人の持っている商品であり，広告主が購買人であり，購買人 j の商品 i に対する評価が $v_{ij} = r_i v_j$ であると考えることによって，広告主にスロットを割り当てることは，マッチングマーケットで購買人を販売人に割り当てる問題に正確に一致することになる．図 15.3(a) は，図 15.2 の例にこの変換を適用して得られたものを，広告主の評価とともに示している．この図からも明らかなように，この広告のモデルから特別な構造を持つマッチングマーケットが得られる．なぜなら，各広告主の評価が，収益とクリック率の積をとることで得られるので，各広告主のスロットに対する評価は，他の広告主のスロットに対する評価と順番が一致するだけでなく，単に定数倍になるだけであるからである．

第10章でマッチングマーケットを考えたときは，販売人の人数と購買人の人数が等しい場合に焦点を当てて議論した．これにより，様々な点で議論を単純化できた．とくに，購買人と販売人を完全にマッチすることができ，各商品が売られ，各購買人がちょうど1個の商品を購入できた．ここでも同様の仮定をすることにする．すなわち，スロットが販売人の役割を果たし，広告主が購買人の役割を果たすので，スロットの個数と広告主の人数が等しいケースに焦点を当てて議論する．しかし，この仮定は決して本質的でないことを理解することは重要である．すなわち，解析上は，スロットの個数と広告主の人数が等しくないときでも，以下のようなシナリオで，スロットの個数と広告主の人数が等しいケースに，常に変換できるからである．広告主の人数がスロットの個数より大きいときには，その差の分だけ"仮想的な"スロットを考え，クリック率を0とすればよい．すると，スロットの個数と広告主の人数が等しくなり，どの購買人も仮想的なスロットに対する評価は0となる．クリック率0の仮想的なスロットが割り当てられた広告主は，広告用の実

際のスロットを手に入れることができなかったことになる．スロットの個数が広告主の人数より大きいときにも，同様に，その差の分だけ"仮想的な"広告主を考え，評価をすべてのスロットに対して0とすればよい．

マーケット完売価格の決定 マッチングマーケットとの関係が明らかになったので，第10章の枠組みを用いて，**マーケット完売価格** (market-clearing price) を決定することができる．ここでも，第10章でのこの概念を少し詳しく復習しておくのがよいと思われる．マーケット完売価格の概念をこれ以降きわめて多く用いるからである．大まかに言うと，各購買人がそれぞれ異なる販売人の商品を優先的に評価するようになるときの，販売人が課する価格がマーケット完売価格である．より正確には，マーケット完売価格の基本的な構成要素は，以下のように書ける．

- 各販売人 i は自分の商品に価格 p_i を提示する（ここでは商品はスロットである）．
- 各購買人 j は，販売人 i を選択するときの利得を評価する．それは，販売人 i の商品に対する評価からその価格を引いた値に等しく，$v_{ij} - p_i$ である．
- 次に，各購買人を利得が最大になる販売人（複数いるときにはそれらのすべての販売人）と辺で結んで，図15.3(b)のような**選好販売人グラフ** (preferred-seller graph) を構築する．
- このグラフが完全マッチングを持つとき，価格は**マーケット完売** (market-clearing) であると呼ばれる．このとき，それぞれ異なる商品がすべての購買人に割り当てられて，各購買人は自分の利得を最大にする商品が獲得できることになる．

第10章では，どのマッチングマーケットにもマーケット完売価格が存在することを示し，それを構成する手続きも与えた．さらに，マーケット完売価格で得られる割当てが，購買人の獲得できる商品の総評価を最大化することも示した．

　特別な内容の広告マーケットに戻ってみると，検索エンジンの広告用のスロットに対するマーケット完売価格は，各広告主が優先する異なるスロットに割り当てられ，さらにその割当てが各広告主の獲得できるスロットの総評価を最大化するというきわめて好都合な性質を有する（図15.3(b)を再度参照されたい）．実際，各評価がクリック率と1クリック当たりの収益の積になる特別な形式の広告マーケットでは，総評価の最大化は，1クリック当たりの収益が最大になる広告主に最大のクリック率のスロットを割り当て，1クリック当たりの収益が2番目に高い広告主に2番目に大きいクリック率のスロットを割り当て，以下同様に，1クリック当たりの収益が k 番目に高い広告主に k 番目に大きいクリック率のスロットを割り当てるという割当てで，常に達成される．このことを算出することは難しくない．

　マッチングマーケットと関連して，異なる広告主がスロットの評価を任意に設定できる，より一般的なケース，すなわち，クリック率と1クリック当たりの収益の積とは限らない一般的な評価のケースにおける広告用の価格の決定についても考えることができる．たとえば，上から3番目（下から1番目）のスロットの広告を見てサイトに入ったユーザーと，上から1番目のスロットの広告を見てサイトに入ったユーザーとを，広告主がどう判断するかも考慮することができる（実際，上を優先するユーザーと下を優先するユー

ザーの二つの異なる集団があって，このように異なる行動を起こすこともあるとも考えられるからである）.

しかしながら，このような価格の設定は，究極的には，検索エンジンが広告主の評価を前もってわかっているときにのみ実行できるものである．次節で，検索エンジン側が，広告主の評価をわかっていないときの価格の設定法について考える．したがって，広告主が正確な評価を報告しているかどうかわからない状況で，広告主の報告に基づいて価格の設定を行うことになる．

15.3 マッチングマーケットにおける真の評価の入札の推奨：VCG 原理

検索エンジンが広告主の評価を知らないときの，良い価格設定の手続きとは，どんなものであろうか？ 検索エンジンの企業は，初期の時代には，第一価格入札オークションの変種版を用いていた．広告主は，単に1クリック当たりの収益を報告することを依頼されて，入札額の大きい順にスロットが割り当てられ，入札額と等しい金額が1クリック当たりの金額として課金された．第9章で，入札額と等しい金額が課金されると，広告主は入札額を少なめに報告するようになることを眺めたが，それはここでも起こることである．入札額は次第に下げられ，真の評価未満になる．より問題になったのは，オークションが継続的に実行されたので，広告主は，ごくわずかだけ競争者に勝てるような結果を求めて，試行錯誤しながら，入札額のわずかな変更を何度も繰り返した．その結果，マーケットはきわめて変動が激しくなり，広告主も検索エンジンの企業も膨大な資源を消費したのである．絶え間ない価格の試行錯誤により，大部分のクエリーに対して，猛烈な頻度で価格の更新が行われたからである．

単一商品オークションのケースでは，これらの問題は，第二価格入札オークションで解決できることを第9章で眺めた．なお，第二価格入札オークションでは，オークションにかけられた単一の商品を最高額の入札者が獲得し，支払額は2番目に高い入札額に等しくなる．そこでも示したように，第二価格入札オークションでは，真の評価を入札するのが，**支配戦略** (dominant strategy) となる．すなわち，他の参加者がどのような行動をとろうとも，自分の他のどの戦略よりも決して悪くなることのない戦略である．この支配戦略であることにより，第二価格入札オークションでは，他の複雑なオークションに付随する多くの不都合な病理的な現象を避けることができる．

しかし，多くの広告用のスロットを持つマーケットに対する第二価格入札オークションに対応するものは何であろうか？ これは，前節のマッチングマーケットとの関係から，第二価格入札オークションを特殊ケースとして含む興味深い基本的な問題である．すなわち，購買人に対する支配戦略が真の評価の報告となるようなマッチングマーケットの価格設定手続きは，どうすれば定義できるのであろうか？ そのような手続きは，単一商品オークションのみで適用可能であった第二価格入札オークションの複数商品への一般化と見なせる．

VCG 原理　マッチングマーケットは多数の商品を含むので，単一の商品を 2 番目に高い入札額の価格で最高額の入札者に割り当てる第二価格入札オークションをそのまま一般化することは，困難である．しかしながら，第二価格入札オークションを少し視点を変えて眺めてみると，一般化できる原理を手に入れることができる．

その視点は以下のとおりである．第一に，第二価格入札オークションは，社会的満足度を最大化する割当てであることである．すなわち，商品に最大の評価を与えた入札者がその商品を獲得できる．第二に，オークションの勝者は，その商品を獲得することによって，他の人に与えた"損害"に等しい額を請求されることである．それについて少し詳しく説明しよう．そこで，商品に対する入札者の入札額を，大きい順に $v_1, v_2, v_3, \ldots, v_n$ とする．そして入札者 1 がいなかったとしてみる．すると，その商品は，v_2 の入札をした入札者 2 が獲得することになる．それ以外の入札者は，入札者 1 がいないにもかかわらず，やはり商品を獲得できないことになる．したがって，2 から n の入札者は，入札者 1 がいることにより，全体として，v_2 の損害を受けることになる．なぜなら，入札者 2 が v_2 の損害となり，3 から n の入札者は損害がないからである．この v_2 の損害分が入札者 1 に請求されるのである．実際には，他の入札者も，その存在により自分以外の入札者に損害を与えて，その損害分を請求されると考えることもできるが，この場合にはその金額は 0 である．なぜなら，単一商品のオークションでは，2 から n のどの入札者も，その存在により他の入札者に損害を与えることはないからである．

各個人が世界の残りの人に与えた損害分を請求されるというこのアプローチは，単一商品のオークションを考える上で決して自明ではないが，より一般的な状況で，真の評価を申告することを推奨する原理となる．言い換えると，このアプローチでは，各個人は，その存在がなかったとすると他のすべての人が獲得できたはずである商品の評価の総額分を請求される．これ以降，単一商品に対する William Vickrey (ウィリアム・ヴィックリー) の第二価格入札オークションの背後にある中心的なアイデアを一般化した Clarke と Groves の業績にちなんで，これを **Vickrey–Clarke–Groves 原理** (Vickrey–Clarke–Groves principle) と呼ぶ (簡略化して，**VCG 原理** (VCG principle) とも呼ぶ) [112, 199, 400]．Herman Leonard [270] と Gabrielle Demange [128] に基づいて，マッチングマーケットに対してこの原理を適用してみよう．すなわち，購買人が評価を正確に申告するこの枠組みで，評価メカニズムを展開する．

マッチングマーケットへの VCG 原理の適用　マッチングマーケットでは，同人数からなる販売人の集合と購買人の集合があり，購買人 j は販売人 i の商品に v_{ij} の評価をしている[2]．ここでは，各購買人は自身の評価は知っているが，その評価は他の購買人にも販売人にも知られていないと仮定する．さらに，各購買人は獲得できる商品にのみ関心があり，他の商品は誰に渡ろうとも気にしないと仮定する．オークションの言語では，これを**購買人は独立で個人的な評価** (independent private value) を持っていると呼ぶ．

VCG 原理のもとでは，最初に，総評価が最大になるように商品を購買人に割り当てる．

---

[2] これまでどおり，販売人と購買人の人数が異なるときには，15.2 節のように，"仮想的な"個人を考えて 0 の評価をするとすればよい．

15.3 マッチングマーケットにおける真の評価の入札の推奨：VCG原理　423

(a) の図:
- スロット a — 広告主 ✗ — 評価 30, 15, 6
- スロット b — 広告主 y — 評価 ⓴, 10, 4
- スロット c — 広告主 z — 評価 10, ⑤, 2

吹き出し: x が存在しなかったならば y は20−10=10だけ良くなり，z は5−2=3 だけ良くなるので，損害は総額で13になる．

(a)

(b) の図:
- スロット a — 広告主 x — 評価 ㉚, 15, 6
- スロット b — 広告主 ✗ — 評価 20, 10, 4
- スロット c — 広告主 z — 評価 10, ⑤, 2

吹き出し: y が存在しなかったならば x は影響を受けないが，z は5−2=3 だけ良くなるので，損害は総額で3になる．

(b)

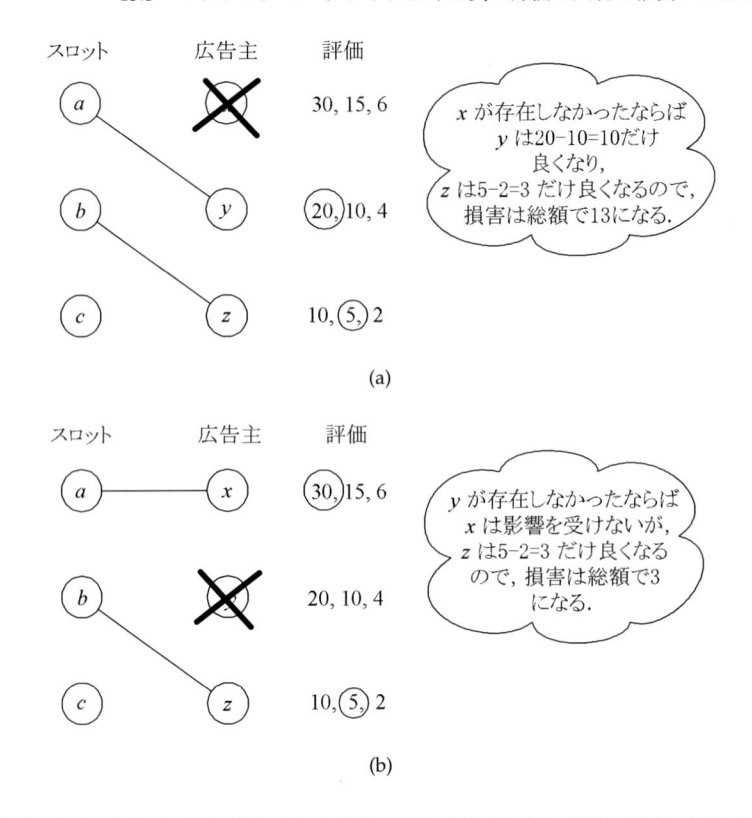

図15.4 獲得した商品に対して各購買人が支払うVCG価格は，その購買人が存在しなかったとして計算した最適マッチングで，他のすべての購買人が受け取る評価の上昇分の総額として決定できる．(a) 購買人 x が存在しなかったとしたときに購買人 y, z が受け取る評価の上昇分の決定．(b) 購買人 y が存在しなかったとしたときに購買人 x, z が受け取る評価の上昇分の決定．

次に，購買人 j が販売人 i の商品を獲得したとして支払う金額は，その商品の獲得により他の残りの購買人に与えた損害の総額分となる．したがって，この値は，購買人 j が存在しなかったとして計算した最適マッチングで他のすべての購買人が受け取る評価の上昇分の総額となる．マッチングマーケットに対して，この原理がどのように働くかをさらによく理解するために，まず，実際に図15.3の例に適用して考えてみよう．その後に，VCG価格設定メカニズムを一般的に定義し，次節で，真の申告が支配戦略になることを示す．すなわち，各購買人にとって，他の購買人がどのような行動をとろうとも，自身の真の評価の申告が，自身の他の申告より悪くなることがないことを示す．

図15.3では，購買人が広告主で，商品が広告用のスロットである．このとき，評価を最大にする割当てがすでに与えられているとする．すなわち，その割当てで，商品 a は購買人 x へ，商品 b は購買人 y へ，商品 c は購買人 z へ割り当てられているとする．VCG原理は各購買人にどのような価格を決定するであろうか？ これに対する推論を図15.4に示しているが，具体的には以下のように書ける．

- 最初に，購買人 x が存在しなかったとする．すると，最適なマッチングで，購買人 y は商品 a を獲得し，購買人 z は商品 b を獲得することになる．この結果，y と z は，実際に割り当てられている商品よりも，それぞれ，$20 - 10 = 10$ と $5 - 2 = 3$ と評価が

改善されることになる．したがって，x の存在で与えられる損害は総額で $10 + 3 = 13$ となり，これが x が支払わなければならない価格となる．

- 次に，購買人 y が存在しなかったとする．すると，最適なマッチングで，購買人 x は商品 a を獲得して影響を受けないが，購買人 z は商品 b を獲得することになり，評価が 3 だけ改善されることになる．したがって，y の存在で与えられる損害は総額で $0 + 3 = 3$ となり，これが y が支払わなければならない価格となる．

- 最後に，購買人 z が存在しなかったとする．すると，最適なマッチングで，購買人 x, y は，それぞれ，z が存在したときと同一の商品を獲得することになり，z の存在で与えられる損害はないことになる．したがって，z が支払わなければならない VCG 価格は 0 となる．

この例を念頭に置いて，一般のマッチングマーケットに対する VCG 価格について述べることにする．これまで議論してきた原理に正確に従うが，複数の商品と評価が存在するので，記法が少し必要となる．最初に，S を販売人の集合とし，B を購買人の集合とする．V_B^S は，販売人と購買人のすべての（完全）マッチングのうちで，最大になる評価の総和とする．すなわち，V_B^S はすべての販売人と購買人における社会的な最適解の値である．

さらに，$S-i$ は，販売人 i を除去した販売人の集合であり，$B-j$ は，購買人 j を除去した購買人の集合であるとする．そこで，商品 i が購買人 j に割り当てられているとする．すると，残りのすべての購買人が獲得できる最大の評価は V_{B-j}^{S-i} となる．すなわち，この値は，商品 i と購買人 j を除去したときの，すべての販売人と購買人における社会的な最適解の値である．一方，購買人 j のみが存在しないときには，商品 i は他の購買人が獲得することもできるので，残りのすべての購買人が獲得できる最大の評価は V_{B-j}^S となる．したがって，購買人 j の存在で引き起こされる残りのすべての購買人への損害は，j が存在しないときの社会的な最適解の値と，j が存在するときの社会的な最適解の値から商品 i に対する j の評価を引いた値との差額になる．すなわち，購買人 j の存在で引き起こされる残りのすべての購買人への損害は，$V_{B-j}^S - V_{B-j}^{S-i}$ となる．これが商品 i に対して購買人 j の請求される VCG 価格 p_{ij} である．したがって，等式

$$p_{ij} = V_{B-j}^S - V_{B-j}^{S-i} \tag{15.1}$$

が得られる．

VCG 価格設定メカニズム　これまでに展開したアイデアを用いて，マッチングマーケットに対する VCG 価格設定メカニズムを完全な形で定義することができる．購買人からの情報を集めて，購買人に商品を割り当て，その価格を請求する 1 人の価格設定の権威者（"競売人"）が存在すると仮定する．幸運なことに，すべての商品（スロット）が，単一のエージェント（検索エンジン）でコントロールされるので，この枠組みは，広告用のスロットの販売に対してきわめてうまく動作する．

メカニズムは以下のように動作する．

1. 購買人に商品に対する評価を申告してもらう（この申告は真の値でなくてもかまわない）．

2. 社会的に満足度が最適になるような商品の購買人に対する割当て，すなわち，各購買人が獲得する商品の評価の総和が最大になる完全マッチングを選ぶ．この割当ては，申告された評価に基づいて行われる（アクセスできるのは，この申告されたものだけであるからである）．
3. 各購買人に適切なVCG価格を請求する．すなわち，最適なマッチングで，購買人 j が商品 i を受け取ることになったときには，購買人 j に請求される価格は式(15.1)により決定される価格 p_{ij} となる．

本質的には，競売人が行ったことは，購買人が行うゲームを定義することである．購買人の申告する評価の集合が，その購買人の一つの戦略の選択であり，そして，獲得した商品の評価から支払う価格を差し引いた額の利得を手に入れる．この結果からわかることは，自明とは決して言えないが，このゲームが真の申告をするように設計されていたということである．すなわち，各購買人は，真の評価を申告することが，支配戦略となるのである．次節でこれを証明する．その前に，いくつかの観察を記しておく．

第一に，ここで定義したVCG価格と第10章でのオークション手続きで生じたマーケット完売価格の間に，重要な相違が存在することに注意しよう．第10章で定義されたマーケット完売価格は，販売人が価格を提示して，関心を持つ購買人にその金額を請求するという点で，**公示価格** (posted price) であった．一方，ここのVCG価格は，販売される商品とそれが売られる購買人の両方に依存する**私的価格** (personalized price) である．すなわち，式(15.1)より，商品 i に対して購買人 j が支払うVCG価格 p_{ij} は，商品 i が購買人 k に割り当てられたときに支払われるVCG価格 p_{ik} とは，かなり異なるものになる[3]．

第10章のマーケット完売価格とここのVCG価格との関係について考えるもう一つの方法は，それぞれが単一商品オークションの異なる形式の一般化としてどのように設計されているかを観察することである．第10章のマーケット完売価格は，競り上げ（イングリッシュ）オークションの本質的な一般化として定義されていた．すなわち，各購買人が異なる商品を優先的に評価するまで，価格がステップごとに競り上げられていった．そして，10.5節で眺めたように，マーケット完売価格の一般的な構成の特別なケースとして，単一商品競り上げオークションを符号化できたのである．

一方，VCG価格も，同様に第二価格封印入札オークションの本質的な一般化として定義されている．質的なレベルで眺めると，第二価格入札オークションとVCG価格の両方の背後には，"他人に与えた損害"という原理の存在を見て取れる．そして，実際には，第二価格入札オークションがVCGメカニズムの特殊ケースであることは，以下のように，かなり直接的に理解することができる．具体的には，n 人の購買人が単一の商品1を求めてオークションを行っているとする．さらに，各購買人 i が商品1に対して v_i の評価をしているとする．便宜上，v_i は大きい順に並べられていて，v_1 が最も大きい値であるとする．ここで，$n-1$ 個の仮想的な商品を考えて，n 人の購買人と n 人の販売人（の商品）のマッチングマーケットに以下のように変換する．すなわち，各仮想的な商品には，どの購買人も0の評価をしているとする．そこで，各購買人が自分の評価に基づいて真の申告をする

---
[3] これにもかかわらず，これらの二つの価格には深くて複雑な関係がある．本章の最後の節で，この点を取り上げて探求する．

とする.すると,VCGメカニズムは,(実際の商品で唯一正の評価を持つ)商品 1 を(最高の入札額を与えた)購買人 1 に割り当て,他の残りの購買人には評価が 0 の仮想的な商品を割り当てることになる.このとき,購買人 1 はいくらの金額を支払うべきであろうか？式 (15.1) によれば,$V_{B-1}^{S} - V_{B-1}^{S-1}$ の金額を支払えばよい.第 1 項は購買人 2 の評価である.購買人 1 がいなくなれば,社会的な最適マッチングで,商品 1 は購買人 2 に割り当てられるからである.第 2 項は 0 である.購買人 1 と商品 1 がともになければ,残りの商品の評価はすべて 0 であるからである.したがって,購買人 1 は購買人 2 の評価の v_2 の支払いをすることになり,第二価格封印入札オークションの支払いルールに正確に一致する.

15.4 VCG メカニズムの解析：支配戦略としての真の申告

マッチングマーケットにおいて,VCG メカニズムが真の申告を推奨することを示そう.具体的には,以下の主張を証明する.

> **主張**：商品が割り当てられて,VCG メカニズムに基づいて価格が計算されるときには,各購買人が真の評価を申告することが支配戦略となる.真の申告の結果として,割当ては商品を購買人に割り当てる完全マッチングのうちで,評価の総和を最大化するものになる.

この主張の 2 番目の部分(評価の総和が最大化されること)は容易に示せる.購買人が真の評価を申告すると,商品の割当ては,定義より,評価の総和を最大化するように設計されているからである.

主張の最初の部分は,より困難である.どうして,真の申告が支配戦略となるのであろうか？ 購買人 j が自分の評価を正しく申告して,マッチングで商品 i が割り当てられたとする.すると,利得は $v_{ij} - p_{ij}$ となる.購買人 j が真の申告でない嘘の申告をしたい気持ちにならないことを示したい.

購買人 j が自分の評価に対して嘘の申告をすると決定したとする.すると,以下の二つのうちのいずれかが起こることになる.すなわち,この嘘により,自分の獲得する商品が変わるか,変わらないかのいずれかである.購買人 j が嘘をついたものの,獲得する商品はそのまま i であるときには,利得はまったく変わらず同一である.なぜなら,価格 p_{ij} は,購買人 j 以外のすべての購買人の申告のみを用いて計算されるからである.したがって,購買人 j にとって,嘘の申告で利得がより多くなるときには,獲得する商品が変わることになる.

したがって,購買人 j が嘘の評価の申告をして,獲得する商品が i ではなく,h になったとする.すると,購買人 j の利得は $v_{hj} - p_{hj}$ となる.この場合も,価格 p_{hj} は,購買人 j 以外のすべての購買人の申告のみを用いて決定されることに注意しよう.購買人 j が嘘の申告をして,獲得する商品を i から他の h に変えたい気持ちにならないことを示すには,不等式

15.4 VCG メカニズムの解析：支配戦略としての真の申告　427

(a)　　　　　　　　　　(b)

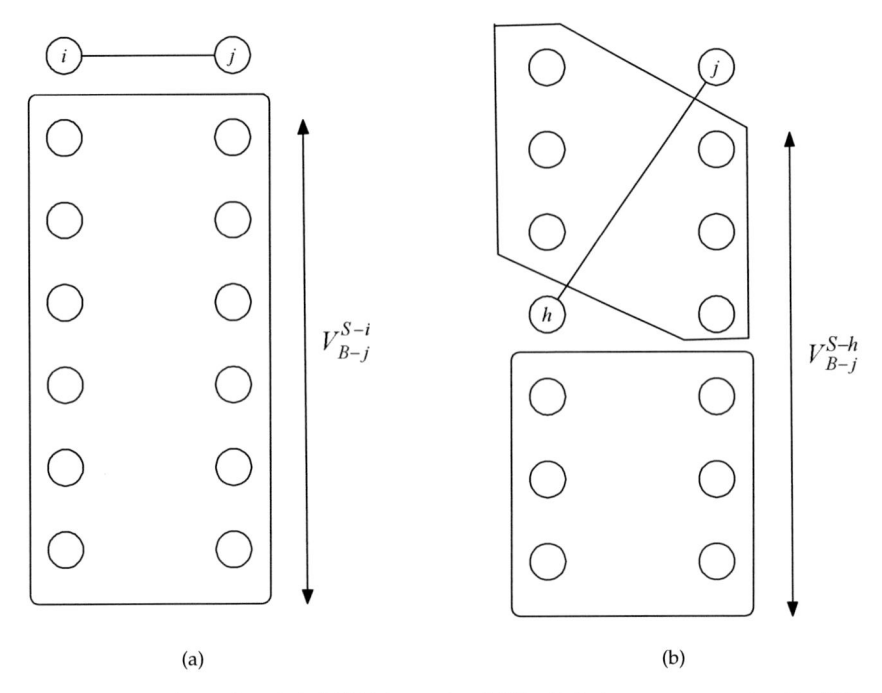

図 15.5 VCG メカニズムが真の申告を推奨することの証明の核心は，二つのマッチングの評価の総和の比較である．(a) $v_{ij} + V_{B-j}^{S-i}$ は，すべての完全マッチングのうちで，評価の総和を最大化するマッチングの評価の総和である．(b) $v_{hj} + V_{B-j}^{S-h}$ は，h を j に割り当てるという制約のついたすべての完全マッチングのうちで，評価の総和を最大化するマッチングの評価の総和である．

$$v_{ij} - p_{ij} \geq v_{hj} - p_{hj}$$

が成立することを示せばよい．p_{ij} と p_{hj} の定義の式 (15.1) を用いて展開すると，この不等式は，

$$v_{ij} - (V_{B-j}^{S} - V_{B-j}^{S-i}) \geq v_{hj} - (V_{B-j}^{S} - V_{B-j}^{S-h})$$

と等価であることが得られる．この不等式の両辺はとも V_{B-j}^{S} の項を含むので，これを両辺に加える．すると，この不等式は，不等式

$$v_{ij} + V_{B-j}^{S-i} \geq v_{hj} + V_{B-j}^{S-h} \tag{15.2}$$

と等価であることが得られる．

　最後の不等式 (15.2) がなぜ成立するのかを議論する．実際，図 15.5 にも示しているように，この不等式の両辺は，それぞれ，異なる完全マッチングの評価の総和を表している．左辺のマッチングは，最適なマッチングで購買人 j が獲得する商品 i を取り出して j と i をまず対にしてマッチさせ，その後，残りの購買人と商品を最適にマッチさせるマッチングになっている．言い換えると，すべての完全マッチングのうちで評価の総和を最大にするマッチングになっている．したがって，左辺は，

$$v_{ij} + V_{B-j}^{S-i} = V_{B}^{S} \tag{15.3}$$

と書ける．一方，不等式 (15.2) の右辺のマッチングは，購買人 j と商品 h をまず対にしてマッチさせ，その後，残りの購買人と商品を最適にマッチさせるマッチングになってい

る．言い換えると，それは，"j と h を対にするすべての完全マッチングのうちで" 評価の総和を最大にするマッチングとなる．したがって，

$$V_B^S \geq v_{hj} + V_{B-j}^{S-h}$$

が成立する．不等式 (15.2) の左辺は，どの購買人がどのスロットを獲得してもかまわない（すなわち，何の制限もない）すべての完全マッチングのうちで，評価の総和を最大化するマッチングである．一方，右辺は，制限付きの完全マッチングのうちで，評価の総和を最大化するマッチングである．したがって，左辺のほうが少なくとも右辺以上になる．そして，これが示したかったことである．

上の議論は，他の購買人の決断した申告にはまったく依存していない．たとえば，他の購買人が真の申告をすることを要求していない．異なるマッチングを比較する上記の議論は，他の購買人のどの申告にも適用できるものであり，（自身の利得を最大化する商品が割り当てられるという）同一の結果が得られる．したがって，VCG メカニズムでは真の評価を申告することが支配戦略であることを示せたことになる．

本節を終えるにあたって，キーワード検索連動広告の特別なケースにもう一度戻ってみよう．キーワード検索連動広告では，購買人は広告主に対応し，売りに出されている商品は広告用のスロットに対応する．これまでの議論では，広告主の評価の総和を最大にするような，スロットの広告主への割当てを求めることに焦点を当ててきた．しかし，もちろんこれは，広告用のスロットを販売する検索エンジンが直接的に気にするものとは異なる．検索エンジンが気にしているのは収益であり，それはスロットの請求金額の総和である．検索エンジンにとって，収益の観点から，VCG メカニズムが最善かどうかは明らかでない．販売人に最大の収益をもたらす手続きの決定は，現在最先端の研究トピックとなっている．販売人にできる最善のことは，最適なマッチングを生成し，その総評価の配分となる販売人への収益を VCG よりも潜在的に良くすることであろう．あるいは，最適なマッチングを常に生成するものでなくても，販売人への収益をより良くすることであろう．そして，第 9 章の単一商品オークションで眺めた**等価収益原理** (revenue-equivalence principle) のある版がここでも成立すると思われる．なお，第 9 章での等価収益原理は，ある複数のクラスのオークションにおいて，購買人が戦略的に行動すると，販売人の収益の総額が等しくなることを示す原理である．

次節においては，検索エンジンの企業が VCG の代わりに実際に用いているオークションを考えて，この収益の問題点のいくつかを取り上げ，それを概観する．検索エンジンの企業が用いているオークションは，一般化第二価格オークションと呼ばれ，記述するのは簡単であるが，複雑な入札行動を呼び起こすものである．

15.5　一般化第二価格入札オークション

広告用のスロットの販売に対して，主たる検索エンジンは様々な方法で初期的な実験をいくつか行った後，一般化第二価格入札オークション (GSP) と呼ばれる手続きを採用し

た．GSP も VCG と同様に，あるレベルまでは単一商品に対する第二価格入札オークションの一般化と見なせる．しかしながら，GSP は，第二価格入札オークションや VCG の持っている良い性質を受け継いでいない点などから，表面的な意味での一般化にすぎないと言える．本節では，このことを眺める．

GSP の手続きでは，各広告主 j は，1 クリック当たりに支払ってもよいと考える単一の金額 b_j（たとえば，本章の始まりで眺めた "calligraphy pens" に対する 1.70 ドルや，"Keuka Lake" に対する 1.50 ドルに対応する）からなる入札を申告する．これまでどおり，この入札額が 1 クリック当たりの真の評価 v_j と等しいかどうかは，広告主の判断に依存する．そして，各広告主からの入札の提出後に，GSP 手続きは，i 番目に高い入札額の広告主に，スロット i（i 番目のスロット）を，$(i+1)$ 番目に高い入札額の価格で引き渡す．言い換えると，各広告主は，獲得したページに対して，自分の入札額よりすぐ下の入札額を，1 クリック当たりの支払額として支払うことになる．

したがって，GSP と VCG は，並列的に眺めることができる．すなわち，それぞれが，まず広告主から入札の申告を提出してもらい，次に，この申告された入札に基づいて，各広告主へのスロットの割当てと支払額を決定する．スロットが一つの場合には，GSP と VCG はともに第二価格入札オークションに一致する．しかし，スロットが複数の場合には，支払額を決めるルールは異なる．VCG のルールでは，支払額は式 (15.1) で与えられる．一方，GSP のルールでは，1 クリック当たりの支払額である入札額を大きい順に $b_1, b_2, b_3, \ldots$ とすると，スロット i に対する総支払額は $r_i b_{i+1}$ となる．すなわち，入札額が i 番目に高い入札者がスロット i を獲得して，スロット i の 1 クリック当たりの支払額 b_{i+1} にクリック率 r_i を掛けた金額 $r_i b_{i+1}$ が，スロット i に付随するクリックの総回数の支払額となる．

第 9 章で，第二価格入札オークションを最初に取り上げたときにも，最低入札額（保留価格）を考慮していなかったように，ここでの GSP でも最低入札額を考慮していない．実用上は，検索エンジンは最低入札額を設定することが多い．この最低入札額により，オークションで生成される収益は増加することがあるからである．とくに，最小クリック率がきわめて小さいときには，顕著に見られる．この最低入札額は，第 9 章の最後の節で議論した，第二価格入札オークションの保留価格で演じられる役割と同様の役割を果たす．

GSP の解析 GSP は最初に Google で利用された．GSP が検索エンジンの企業で用いられてからしばらくして，Varian [399] や Edelman, Ostrovsky, and Schwarz [144] を含む研究者により，GSP の基本的な性質のいくつかが解明され始めた．そこで用いられた解析では，第 6 章の定義を用いて，問題をゲームとして定式化している．各広告主がプレーヤーであり，入札が戦略であり，利得が評価から支払額を引いた金額である．このゲームで，ナッシュ均衡を考えていこう．すなわち，与えられた入札の集合に対して，どの広告主も，現在とっている行動を変えたい気持ちが湧かないような入札の集合を求めていきたい[4]．

最初に，GSP が，VCG では避けるように設計されていた不都合で病理的な現象を複数

---

[4] ここでのナッシュ均衡の解析を第 6 章で定義した枠組みに当てはめるために，この入札ゲームで，各プレーヤー（広告主）は，他のすべての広告主の評価を知っていて，すべてのプレーヤーの利得の集合もすべて知っていると仮定しよう．もちろん，自分の利得を知っているだけで，他のプレーヤーの利得を互いに知らないときに，このゲームがどのように動作するかを考えることも興味深い．しかしながら，ここではこの変種版は取り上げないことにする．

430　第15章　スポンサー付き検索のマーケット

```
        クリック率    スロット    広告主    1クリック当たりの収益

          10          ⓐ          ⓧ              7


           4          ⓑ          ⓨ              6


           0          ⓒ          ⓩ              1
```

図15.6　GSP オークションで真の申告が均衡にならない広告主とスロットの集合の例．この例は複数の均衡を持ち，それらのいくつかは社会的に最適ではない．

持っていることを眺めることにする．すなわち，GSP では，真の申告でナッシュ均衡を構成できないこともあること，複数のナッシュ均衡が存在しうること，これらのいくつかは，広告主の評価の総和を最大化しないような広告主へのスロットの割当てを行うこともあることなどを眺める．一方，GSP の良い点としては，ナッシュ均衡をなす入札の集合が常に少なくとも一つは存在すること，複数ありうる均衡のうちで広告主の評価の総和を最大化するものが常に存在することなどが挙げられる．これらは次節で示す．この均衡の良い結果につながる解析から，広告主とスロットのマッチングマーケットに対するマーケット完売価格が直接的に得られ，したがって，GSP とマーケット完売価格との関係も確立されることになる．

　このように，GSP 手続きはナッシュ均衡を持つものの，15.3 節と 15.4 節の VCG メカニズムが有する良い性質のうち重要ないくつかを欠いている．しかしながら，15.4 節の最後に述べた議論を踏まえると，検索エンジンの企業は，究極的には，手続きに反応して広告主がとる行動で定まる収益を最大化する手続きを選択し利用することを，最大の関心事としている．この点から眺めると，GSP が正しい選択であることかどうかはまったく明らかでないが，悪い選択と言えるかどうかも明らかでない．15.4 節の最後に述べたように，キーワード検索連動広告の様々な販売手続きの収益のトレードオフを理解することは，大部分が未解決問題であり，現在進行中の研究テーマである．

　真の申告は均衡にならないこともある　GSP 手続きを用いると，真の申告が均衡にならないこともある例を構成することはそれほど困難ではない．図 15.6 は，そのような例を示している．

- 広告用のスロットは二つで，クリック率はそれぞれ 10 と 4 である．図では，仮想的なスロットを考えてそのクリック率を 0 としている．
- 3 人の広告主 x, y, z の 1 クリック当たりの評価は，それぞれ 7, 6, 1 である．

　ここで，各広告主が真の評価を入札するとする．すると，広告主 x は一番上のスロットを獲得して，1 クリック当たりの支払額は 6 となる．このスロットに付随するクリック率は 10 であるので，x はこのスロットに総額 $6 \times 10 = 60$ の金額を支払うことになる．広告主 x の一番上のスロットに対する評価は $7 \times 10 = 70$ となるので，その利得は $70 - 60 = 10$

15.5 一般化第二価格入札オークション

となる．次に，x が入札額を下げて 5 にしたとしよう．すると，x は上から 2 番目のスロットを獲得して，1 クリック当たりの支払額は 1 となる．したがって，このスロットに総額 4 の金額を支払うことになる．上から 2 番目のスロットに対する評価は $7 \times 4 = 28$ となるので，その利得は $28 - 4 = 24$ となり，真の申告より利得が改善されることになる．

複数の均衡と最適でない均衡　図 15.6 の例は，GSP オークションにおける入札行動の他の複雑な性質も説明している．とくに，この例では，二つ以上の入札の集合が均衡となり，それらの均衡のいくつかは，広告主へのスロット割当てが社会的に最適でないものになっている．

最初に，広告主 x の入札額が 5 で，広告主 y の入札額が 4，広告主 z の入札額が 2 であるとする．少し時間をかけてみると，これは均衡を形成することが確認できる．実際，z に対する均衡の条件は容易に確認できる．さらに確認すべき点は，以下のとおりである．すなわち，x が上から 2 番目のスロットを得ようとして，入札額を 4 未満にしたいと考えることがないこと，および，y が一番上のスロットを得ようとして，入札額を 5 より高くしたいと考えることがないことを確認すれば十分である．この均衡は，x がスロット a を獲得し，y がスロット b を獲得し，z がスロット c を獲得するので，広告主へのスロット割当てが社会的に最適となる均衡である．

次に，広告主 x の入札額が 3 で，広告主 y の入札額が 5，広告主 z の入札額が 1 であるとする．すると，x がスロット b を獲得し，y がスロット a を獲得し，z がスロット c を獲得することになる．そして，これもナッシュ均衡を形成する入札集合であることが確認できる．すなわち，ここでも確認すべき点は以下のとおりである．x が一番上のスロットを得ようとして，入札額を y の入札額の 5 より高くしたいと考えることがないこと，および，y が上から 2 番目のスロットを得ようとして，入札額を x の入札額の 3 より低くしたいと考えることがないことを確認すれば十分である．この均衡は，y に一番上のスロット a を割り当て，x に上から 2 番目のスロット b を割り当てているので，広告主へのスロット割当てが社会的に最適とならない均衡である．

GSP 手続きで生じる準最適な均衡の構造については，一般に理解のできていないものが多数ある．たとえば，GSP のナッシュ均衡が社会的最適解からどのくらい離れうるかを定量的に評価する問題などは，興味深い．

GSP の収益と VCG の収益　複数の均衡の存在は，GSP で生成される検索エンジンの収益についての推論でも，潜在的に多数存在しうる均衡の中から入札者に選択された均衡に収益が依存するので，困難性を増加させている．上の例で，広告主が実際に用いる GSP の均衡に依存して，検索エンジンに渡る収益が，VCG 価格で集められる収益に比べて高くなったり低くなったりすることを，これから眺めていく．

上で算出した二つの GSP 均衡で得られる検索エンジンの収益を決定することから始めよう．

- 5, 4, 2 の入札集合では，一番上のクリック率 10 のスロットは 1 クリック当たり 4 で売られ，上から 2 番目のクリック率 4 のスロットは 1 クリック当たり 2 で売られるので，

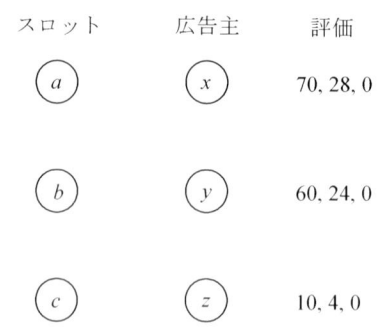

432　第15章　スポンサー付き検索のマーケット

```
 スロット    広告主    評価
   ⓐ        ⓧ       70, 28, 0

   ⓑ        ⓨ       60, 24, 0

   ⓒ        ⓩ       10, 4, 0
```

図15.7 図15.6の例に対して，スロットに付随するクリック率を用いて算出した広告主の評価によるマッチングマーケット．

検索エンジンの総収益は48となる．

- 一方，3, 5, 1の入札集合では，一番上のクリック率10のスロットは1クリック当たり3で売られ，上から2番目のクリック率4のスロットは1クリック当たり1で売られるので，検索エンジンの総収益は34となる．

　ここで，これらの収益は，VCGメカニズムで生成される収益とどのように比較できるのであろうか？ そこで，VCG価格を算出するために，まず図15.6の例を，15.2節で行ったようにマッチングマーケットに変換する．次に，各広告主と各スロットに対して，スロットに付随するクリック率から広告主の評価を算出する．図15.7に，このようにして得られた評価を示している．

　VCGメカニズムで用いられるマッチングは，広告主が獲得するスロットの評価の総和を最大化するものになっている．したがって，このマッチングは，スロットaをxに，スロットbをyに，スロットcをzに割り当てることで得られる．次に，スロットに付随するクリック率を考慮した総クリック回数に対する各広告主への請求額を，他の広告主に与える損害を決定して算出する．xがyとzに与える損害は以下のように計算できる．xが存在しなかったとする．このとき，yは一つ上のスロットに移り，$60 - 24 = 36$だけ評価が増加することになる．同様に，zも一つ上のスロットに移り，$4 - 0 = 4$だけ評価が増加することになる．したがって，xの一番上のスロットの総クリック回数に対する支払額は40になる．同様に，yが存在しなかったとする．このとき，zは一つ上のスロットに移り，0から4に評価が増加することになる．したがって，yの上から2番目のスロットの総クリック回数に対する支払額は4になる．最後に，zはほかの誰にも損害を与えないので，zの上から3番目のスロットの総クリック回数に対する支払額は0になる．したがって，検索エンジンが集められる収益は44となる．

　以上のことにより，GSPとVCGのどちらが検索エンジンにより多くの収益をもたらすか？ という問いに対する回答は，この例では広告主が用いるGSPの均衡に依存する，となる．最初に特定したGSPの均衡では収益は48であり，2番目に特定したGSPの均衡では収益は34である．VCGメカニズムでの収益はこの中間にあり，44である．

15.6 一般化第二価格入札オークションの均衡　433

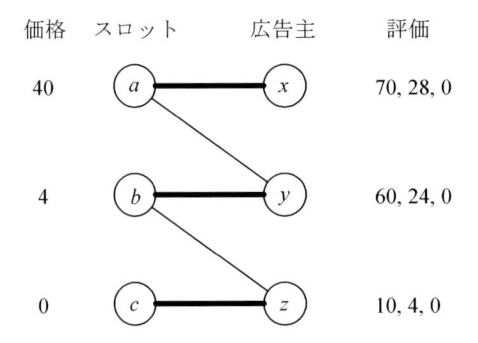

価格　スロット　　広告主　　評価

40　　　ⓐ ──── ⓧ　　　70, 28, 0

4　　　ⓑ ──── ⓨ　　　60, 24, 0

0　　　ⓒ ──── ⓩ　　　10, 4, 0

図15.8　図15.6の例に対するマッチングマーケット表現でのマーケット完売価格の決定.

15.6　一般化第二価格入札オークションの均衡

　前節の例は，GSPオークションの複雑な行動のいくつかに説明を与えている．ここでは，それにもかかわらず，GSPとマーケット完売価格には自然な関係が存在することを示す．すなわち，広告主とスロットのマッチングマーケットに対するマーケット完売価格の集合から，ナッシュ均衡となる入札集合が常に構成でき，さらに，それから社会的に最適な広告主へのスロットの割当ても生成される．結果的には，GSP手続きに対して，社会的に最適な均衡をもたらす入札集合が常に存在することになる．

　均衡の構成法に対する基本的なアイデアを与えるために，まず，図15.6の例に対して均衡を構成してみる．実際，前節において，この例に対する二つの均衡を眺めてきたが，ここでの重要な点は，社会的に最適な均衡が，試行錯誤や当てずっぽうによるものではなく，数個の単純な原理に従って容易に構成できることを確かめることである．そして，一般の場合で均衡を構成するのに適用できる原理を，この例から特定することにする．

　図15.6の均衡　基本的なアイデアは，マーケット完売価格を用いて，この価格をもたらす入札の集合を求めることである．マーケット完売価格を構成するために，まず，前節の最後に図15.7でも行ったように，図15.6の例における各スロットに対する広告主の評価を決定し，マッチングマーケットに変換する．次に，図15.8に示しているように，このマッチングマーケットでマーケット完売価格を決定する．

　このマーケット完売価格において，各スロットに対する価格は，そのスロットに付随するすべてのクリックをカバーする総支払額である．各スロットの1クリック当たりの価格は，それらをクリック率で割れば得られる．したがって，一番上のスロットは，1クリック当たりの価格が$40/10 = 4$であり，上から2番目のスロットは，1クリック当たりの価格が$4/4 = 1$である．上から3番目の仮想的なスロットは，どのように1クリック当たりの価格を定めてもかまわないが，ここではその価格を0としておく．

　次に，1クリック当たりの支払額がこの価格になる入札を求める．これは難しいことではない．上の二つのスロットの1クリック当たりの価格は4と1であるので，これらがそ

れぞれ y と z の入札額となる．そして，x の入札額は 4 より大きい限りどんな数字でもよい．これらの入札のもとで，x は一番上のスロットに対して 1 クリック当たり 4 の支払いとなり，y は上から 2 番目のスロットに対して 1 クリック当たり 1 の支払いとなり，z は上から 3 番目の仮想的なスロットに対して 1 クリック当たり 0 の支払いとなる．そして，スロットの広告主へのこの割当ては，社会的に最適である．

マーケット完売価格を用いて入札の集合を求めたので，以下では，この入札集合がナッシュ均衡を形成することを，マーケット完売価格を用いて証明する．いくつかのケースを考えなければならないが，全体にわたる推論から，この例だけに限らず拡張できる一般的な原理が得られることになる．まず，x がその入札額を下げたい気持ちにならないことを議論する．x がその入札額を，y の入札額より低くなるまで（z の入札額よりは高いままで）下げたとする．すると，x は，y が現在支払っている金額で，上から 2 番目のスロットを獲得することになる．同様に，x がその入札額を，z の入札額より低く（あるいは等しく）なるまで下げたとする．すると，x は，z が現在支払っている金額で，上から 3 番目のスロットを獲得することになる．しかし，価格はマーケット完売価格であるので，x はこれらをしたい気持ちにはならない．同様の理由により，y も入札額を z の入札額より低く（あるいは等しく）なるまで下げて，上から 3 番目のスロットを獲得したい気持ちにはならない．

次に，y がその入札額を上げたい気持ちにならないことを議論する．そこで，y が一番上のスロットを獲得するために，その入札額を，x の現在の入札額より高く（あるいは等しく）なるまで上げたとする．すると，x は 2 番目に高い入札者となり，y は一番上のスロットを獲得することになるが，そのときの 1 クリック当たりの支払額は，x の現在の入札額と等しくなり，4 よりも高くなる．しかし，価格はマーケット完売価格であるので，y は，1 クリック当たりの価格が 4 の一番上のスロットより，上から 2 番目の現在のスロットのほうを良いと思っている．したがって，y は，1 クリック当たりの支払額がさらに高くなる一番上のスロットより，明らかに，上から 2 番目の現在のスロットのほうを良いと思うことになる．したがって，y はその入札額を上げたい気持ちにはならない．同様の理由により，z も入札額を上げたい気持ちにはならない．

これで解析は完結である．すなわち，どの広告主も，現在の入札額を上げたり下げたりしたいとは思わず，この例の入札集合はナッシュ均衡を形成することが得られた．

ここで用いた構成と推論を，一般の場合でも可能にすることは，困難ではない．それを以下に示す．

GSP は常にナッシュ均衡を持つ：一般のときの議論 広告主の集合とスロットの集合からなる一般のインスタンス（入力）を考えよう．必要に応じて，仮想的なスロットを考えて，その評価を 0 とし，広告主数とスロット数は同数であると仮定する．

さらに，1 クリック当たりの評価の高い順に，広告主に $1, 2, \ldots, n$ のラベルをつける．同様に，クリック率の高い順に，スロットに $1, 2, \ldots, n$ のラベルをつける．そして，広告主とスロットの集合をマッチングマーケットで表現して，スロットの集合に対するマーケット完売価格を求め，それをスロットのラベル順に $p_1, p_2, \ldots, p_n$ とする．前にも述べたように，これらの値は，各スロットに対して，クリック率を考慮した総クリック数に対する価

格である．したがって，クリック率で割ることにより，各スロットの1クリック当たりの価格が得られるので，下記の議論ではそれを用いている．15.2節で議論したように，選好販売人グラフの完全マッチングは，各広告主が獲得するスロットの評価を最大化するので，1クリック当たりの評価が最も高い広告主が一番上のスロットを獲得し，1クリック当たりの評価が2番目に高い広告主が上から2番目のスロットを獲得し，以下同様に，1クリック当たりの評価がi番目に高い広告主が上からi番目のスロットを獲得する．

次に，GSPオークションの入札の均衡集合から，この結果がどのように得られるかを示す．これを以下のプランに基づいて達成することにする．まず，上と同一のマーケット完売価格とともに，同一の社会的に最適な広告主とスロットのマッチングをもたらす入札集合を構成する．そしてその後に，これらの入札集合がナッシュ均衡を形成することを示す．

入札の構成 最初のステップとして，マーケット完売価格から各スロットjの1クリック当たりの価格である$p_j^* = p_j/r_j$を考える．これらの1クリック当たりの価格は単調減少であること，すなわち$p_1^* \geq p_2^* \geq \cdots \geq p_n^*$であることを議論する．これがなぜ成立するかを確認するために，二つのスロットj, kを比較し，$j < k$のとき，$p_j^* \geq p_k^*$が成立することを示す．

価格はマーケット完売価格なので，広告主kはスロットjよりもスロットkを好む．スロットkに対する広告主kの総利得は，1クリック当たりの利得$v_k - p_k^*$とクリック率r_kの積となる．スロットjに対する広告主kの総利得は，1クリック当たりの利得$v_k - p_j^*$とクリック率r_jの積となる．クリック率はスロットjのほうがスロットkより高いが，広告主kはスロットjよりもスロットkを好むので，1クリック当たりの利得はスロットkのほうがスロットjより大きくなる．すなわち，$v_k - p_k^*$は$v_k - p_j^*$より大きくなる．したがって，$p_j^* \geq p_k^*$が成立する．$j < k$であるので，この不等式から所望の$p_1^* \geq p_2^* \geq \cdots \geq p_n^*$が得られる．

これで，1クリック当たりの価格はスロットのラベルの増加に伴い単調減少であることが得られたので，所望の入札集合を構成することができる．各$j > 1$に対して，広告主jは入札額を単にp_{j-1}^*とすればよい．広告主1は，p_1^*より高ければどんな入札額でもよい．これは，図15.6の例に対して前述の均衡の入札集合を構成したときと，まったく同一であることに注意しよう．これらの入札集合は所望の性質をすべて持つのである．すなわち，各jに対して，広告主jはスロットjが割り当てられ，1クリック当たりp_j^*の金額を支払うことになる．

入札集合がナッシュ均衡を形成する理由 これらの入札集合がナッシュ均衡を形成することを示すために，図15.6の均衡を解析する際に用いた原理を適用する．最初に，広告主はいずれも，自分の入札額を下げたいと思わないことを議論する．次に，広告主はいずれも，自分の入札額を上げたいとも思わないことを議論する．

現在スロットjが割り当てられている広告主jを考える．ここで，広告主jが入札額を下げて，スロットjより下にあるスロットkを得ようとしたとする．すなわち，広告主jは入札額を，広告主kの現在の入札額未満で広告主$k+1$の現在の入札額より大きい額（ある

いは等しい額）まで下げたとする．すると，広告主 j は，スロット k を広告主 k が現在支払っている金額（すなわち，広告主 $k+1$ の現在の入札額）の価格で獲得することになる．しかし，価格はマーケット完売価格であるので，広告主 j に対して現在割り当てられているスロット j の評価と価格は，広告主 k に現在割り当てられているスロット k の評価と価格と比べて，広告主 j の利得が等しいか高くなるので，広告主 j は少なくとも，現在の割当てのほうが，入札を下げたときの割当て以上に幸福である．以上の議論により，実際にはどの広告主も入札額を下げたいとは思わないことが示された．

　入札額を上げることに対してはどうであろうか？広告主 j が入札額を上げて，スロット j より上にあるスロット i を得ようとしたとする．すなわち，広告主 j は入札額を，広告主 i の現在の入札額より大きくて広告主 $i-1$ の現在の入札額より小さい額まで上げたとする．すると，広告主 j は，スロット i を獲得することになるが，このとき j が支払う金額はいくらになるのであろうか？このとき，広告主 i は一つ下のスロット $i+1$ を獲得することになるので，広告主 j はスロット i に，広告主 i の現在の入札額を支払うことになる．これは，広告主 i がスロット i に現在支払っている金額である広告主 $i+1$ の入札額より，実際に大きくなってしまう．したがって，広告主 j がこのように入札額を上げると，広告主 j は，スロット i を，スロット i の現在の価格より"より高い"価格で獲得することになる．マーケット完売価格の条件から，広告主 j は，現在のスロット i の価格でもスロット i を欲しいとは思っていなかったので，価格がさらに高くなったスロット i を欲しくないことは明らかである．したがって，どの広告主も入札額を上げたいとは思わないことが示された．以上の議論により，現在の入札集合が，実際にナッシュ均衡を形成することが得られた．

15.7　広告の品質

　これまでに議論してきたことは，キーワード検索連動広告マーケットについて考える際の，基本的な枠組みの一部を形成する．もちろん，この枠組みの利用において，主たる検索エンジンの企業では，さらに多くの様々な課題に直面している．そこで，本節と次節では，そのような課題を取り上げて議論する．最初に，広告の品質の問題点から始める．

クリック率が一定であるという仮定　これまでの解析の全体にわたって行った仮定の一つに，各スロット j に付随する固定のクリック率 r_j が挙げられる．すなわち，各スロットは，そこにどのような広告を置こうとも，クリック率は，それには依存せずに一定であると仮定していた．しかし，一般には，これはとても真であるとは言えそうにない．ユーザーは，与えられたスロットに置かれた広告の簡潔な記述を眺めて（広告に書かれている企業名を知っているかどうかなどで評価して）から，広告をクリックするかどうかを判断すると思われる．すなわち，クリック率は，置かれた広告に影響されると考えられる．そして，検索エンジンは印象ではなくクリック当たりで価格を設定しているので，このことは検索エンジンがどれだけの収益をあげられるかに影響を与える．

　したがって，検索エンジンの観点からは，以下のシナリオが心配である．すなわち，質

の良くない広告主が入札額を高く設定して，GSP手続きで一番上のスロットを獲得することである．このような広告主による広告は，広告主が信頼できないとか，クエリーのキーワードと広告がほとんど関係ないなどの理由で，ユーザーが関心を持たず，クリックすることがほとんどなくなる可能性がある．結果として，検索エンジンは収益をほとんどあげられなくなってしまう．このような広告を何らかの方法で排除し，高品質の広告を促進することで，検索エンジンは，より多くの収益をあげることが可能になると思われる．

繰り返しになるが，これまで述べてきたモデルでは，この問題を取り上げてこなかった．位置 i のスロットに置かれる広告は，その広告が何であっても，クリック率 r_i のクリックがあると仮定して，モデルを設定したからである．15.5節と15.6節のモデルを用いたこの"純粋"版のGSPは，Yahoo! に吸収された当時のOverture社が本質的に用いたものであり，したがって，Yahoo! も最初に用いたものである．そして，実際，広告の品質の問題に悩まされた．検索エンジンに収益をもたらさない広告主が上位のスロットを獲得することも多かったのである．

広告の品質の役割 Googleは，広告用のシステムを開発したときに，この問題に対して以下のように対処した．すなわち，提出された各広告主 j の広告に対して，見積もれる**品質係数** (quality factor) q_j を決定した．これは，広告主 j の広告がスロット i に置かれたとき，クリック率を r_i ではなく，積 $q_j r_i$ で見積もるという，クリック率の"誇張補正係数"として考えられたものである．広告の品質係数の導入は，これまでずっと議論してきたモデルの一般化と見なせる．とくに，品質係数 q_j がすべて1に等しいときには，本章でこれまで用いてきたモデルに一致するからである．

マッチングマーケットの定式化の観点からすると，これらの品質係数を組み込むことは簡単である．広告主 j のスロット i に対する評価を，単に，$v_{ij} = r_i v_j$ から $v_{ij} = q_j r_i v_j$ に変えるだけでよい．これらの新しい評価を用いさえすれば，解析の他の部分はそのまま用いることができる．

Googleは，GSP手続きをそのように適合させた．すなわち，広告主の入札額 b_j の大きい順に上からスロットを割り当てるのではなく，入札額と品質係数の積 $q_j b_j$ の大きい順に割り当てることにしたのである．これは，検索エンジンに期待できる収益が大きい順に広告主を並べているので，意味のあることである．支払額もこれに応じて変化している．これまでのルールでは，各広告主は，入札額が自分より一つ下の広告主の入札額を支払っていたが，それは振り返ってみると，自分の現在の順番を維持するのに必要な最小の入札額であると，より一般的に解釈することもできる．このように解釈すると，このルールを品質係数を持つ版にも適用できる．すなわち，各広告主は，$q_j b_j$ の大きい順に並べたときの順番を維持するのに必要な最小の入札額を支払うことになる．

これらの変更により，より一般的なレベルでのGSPの解析を，これまでと同じように行える．したがって，これまで示してきたことに対して，類似の一般化版がここでも得られることになる．すなわち，品質係数の導入により，解析は多少複雑になるが，基本的なアイデアをほとんどすべて適用できるのである [144, 399]．

広告の品質の秘密性 広告の品質はどのように計算されているのであろうか？ 広告の品質は，かなりの部分にまで当てはまることであるが，検索エンジンのキーワード検索結果のページに置かれた広告のクリック率を実際に観察することにより，見積もられている．これは，クリック率に対する補正が品質係数により適切に働くことを目標としているので，意味のあることである．しかし，広告内容と広告でリンクされている"着陸ページ"の適切性など，他の点も考慮に入れなければならない．検索エンジンのキーワード検索の結果として，画面の左側に現れる無料の結果でもそうであるように，検索エンジンは，広告の品質の計算法に関してはきわめて秘密主義を貫いている．したがって，広告主の入札に対する広告の品質の計算の詳細は，広告主には公表されていない．

以上のことから，広告の品質係数の導入により，キーワード検索連動広告マーケットは，広告主にはまったく不透明なものになった．純粋なGSPでは，ルールはきわめて単純であった．すなわち，与えられた入札集合における広告主へのスロットの割当て法は，きわめて明快であった．しかし，広告の品質の管理は検索エンジンに制御されているので，入札集合に対する実際の広告主の順番の決定に関しては，検索エンジン側に無制限の権力が与えられていると言える．

このときのように，割当て法の正確なルールが入札者に秘密であるときには，マッチングマーケットにおける行動はどのように変化するのであろうか？ これは，検索エンジンの企業で活発に議論されている課題であり，潜在的な研究テーマの一つでもある．

15.8 複合的クエリーとキーワード間の相互作用

本章の最初に，マーケットでは，キーワードやフレーズからなる数百万のクエリーが同時に実行されていることを観察した．本章では，これらのマーケットのうちで，一つのキーワードに対するマーケットをモデル化して，それに焦点を当てて動作を解析をしてきた．しかし，実際には，様々なキーワードに対するマーケット間での複雑な相互作用が存在する．

とくに，キーワード検索連動広告を用いた商品で，広告を出したい企業の観点から考えてみよう．たとえば，ある企業がスイスでのスキー休暇プランを販売しているとする．すると，入札しておきたいキーワードやフレーズは，たとえば，"スイス"，"スイスでの休暇"，"スイスのホテル"，"アルプス"，"スキー休暇"，"ヨーロッパスキー休暇"をはじめ，多数考えられる．固定額の広告予算と，ユーザーの行動や他の広告主の行動の評価のもと，この企業はそれぞれのキーワードに，どのように予算を配分すればよいのであろうか？ これはきわめて挑戦的な問題であり，現在注目されている研究テーマの一つである[357]．

検索エンジンの企業の点からも同様の課題が存在する．スイスでのスキー休暇に関係する多くのクエリーに，広告主が入札したとしてみよう．そして，ユーザーが，"チューリッヒへの12月のスキー休暇旅行"というクエリーを発したとしよう．このように詳細なクエ

リーをしたユーザーはこれまでほとんどいなかったと思われるし，さらに，このように詳細なフレーズに入札した広告主も皆無であったと思われる．キーワード検索連動広告マーケットのルールが，あまりにも厳密に定義されてしまうと，すなわち，検索エンジンが，明示的に入札されたキーワードやフレーズに対してのみ広告のスロットを割り当てると，検索エンジンも広告主も，儲けるチャンスを失ってしまうことになるであろう．しかし，このような詳細なクエリーに対して広告を表示してもらいたいと思う広告主は，必ずいると思われる．

しかしながら，どの広告を表示すべきかとなると，これはきわめて難しい問題である．クエリーに現れる各キーワードに対して最高の入札をした広告をすべて表示するという単純なルールは，的を射ていないように思われる．"休暇"に対してきわめて高い入札をしている広告主（たとえば，一般の休暇プランを販売している企業）や，"スキー"に対してきわめて高い入札をしている広告主（たとえば，スキー用品を販売している企業）が，おそらくいると思われる．しかし，これらのいずれも，このクエリーに合致する広告とは思えない．複合語からなるクエリーでは，関心の対象がかなり絞られていることを考慮すべきであろう．

さらに，このクエリーに合致する広告主が複数特定できたとしても，このクエリーに対して，これらの広告主が正確な入札額を表現したとはとても思われないので，そのことを考慮して，これらの広告主に対する 1 クリック当たりの支払額を，どのように定めたらよいのであろうか？検索エンジンの代表的な企業は，広告主と以下の点に関して合意をとる傾向が見られる．すなわち，この例のような複合語を用いたクエリーに対して，検索エンジンは，複数のキーワードに対する広告主からの入札額を組み合わせて外挿することで入札額を決定するという，合意をとっていると見られる．しかし，これを行うための最善の方法が完全に理解されているとは，とても言えない．これらの課題は，検索エンジンの企業で活発に研究されていて，将来の興味深い研究テーマでもある．

15.9 発展：VCG 価格とマーケット完売性

15.3 節の最後で，マッチングマーケットにおいて，商品の価格を設定する二つの異なる方法があることを眺めた．すなわち，本章で定義した VCG 価格と第 10 章で構成したマーケット完売価格である．とくに，"個人的な"価格と"公示"価格の対比に反映される相違を観察した．すなわち，VCG 価格では，購買人と販売人の間の完全マッチングのうちで，購買人の評価の総和が最大になる完全マッチングが決定されてから，価格が設定される．したがって，商品の VCG 価格は，商品自体だけではなく，その商品がマッチングでどの購買人に割り当てられたかにも依存する．一方，マーケット完売価格では，ある意味で逆の方法がとられていると見なせる．すなわち，最初に商品の価格が設定されて，商品に関心を持つ購買人にその価格が公示される．したがって，購買人はいくつかの商品を候補と

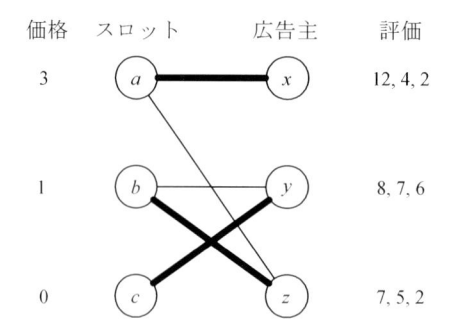

440　第 15 章　スポンサー付き検索のマーケット

　　　　　　　　価格　スロット　　　広告主　　評価

　　　　　　　　3　　　　a　　　　　x　　　12, 4, 2

　　　　　　　　1　　　　b　　　　　y　　　8, 7, 6

　　　　　　　　0　　　　c　　　　　z　　　7, 5, 2

図 15.9　評価とマーケット完売価格を表示したマッチングマーケットと，太線で示した選好販売人グラフの完全マッチング．

して選び，最終的にその候補を考慮しながら完全マッチングが決定される[5]．

　これらの価格設定法の大きな相違により，決定される二つの価格も同様に異なると思える．しかし，簡単な例でこれらの二つの価格を比較してみると，何か面白いことが起こりそうである．たとえば，図 15.3 と図 15.4 のマッチングマーケットを考えてみよう．図 15.3 は，第 10 章の手続きを用いて構成されたマーケット完売価格の価格集合を示している．図 15.4 は，VCG 価格でも同一の価格集合が得られることを示している．

　これらの価格が一致したのは，クリック率と 1 クリック当たりの収益の積を評価として用いたことの特殊構造によるわけではない．たとえば，第 10 章の図 10.6 で用いた例では，評価の構造は，きわめて"かき回された"構造をしている．この図の例に対して，オークション手続きで最後に得られた選好販売人グラフを，図 15.9 に再掲する．太線で示された辺の集合は，このグラフでの唯一の完全マッチングである．これは，商品を獲得する購買人の評価の総和を最大化しているマッチングである．したがって，本章の VCG 価格を決定する際に用いる完全マッチングにもなっている．たとえば，販売人 a の商品の価格は，以下のように決定される．

- a も x も存在しなかったとする．すると，残りの販売人と購買人の間のマッチングのうちで，評価の総和が最大になるマッチングでは，総和が 11 であり，y に c が割り当てられ，z に b が割り当てられる．
- a は存在するが，x は存在しなかったとする．すると，残りの販売人と購買人の間のマッチングのうちで，評価の総和が最大になるマッチングでは，総和が 14 であり，y に b が割り当てられ，z に a が割り当てられる．
- 上記の二つの総和の差が，商品 a の VCG 価格の定義である．すなわち，商品 a の VCG 価格は，$14 - 11 = 3$ である．

商品 b, c に対する VCG 価格も同様の解析で得ることができる．したがって，b と c の VCG 価格は，それぞれ 1 と 0 となる．言い換えると，この例では，VCG 価格もマーケット完売価格となることがわかる．

　本節では，これらの例で示唆されている関係が，一般に成立することを示す．すなわ

---

[5] これ以降，二部グラフの左側のノードを，目的に応じて，あるときは"商品"，あるときは"販売人"と呼ぶことがあるが，それらはまったく同一のことを意味している．

15.9 発展：VCG価格とマーケット完売性　441

ち，個人的な価格として定義されたにもかかわらず，VCG価格は常にマーケット完売価格であることを示す．これが本節で取り上げている主たる結果である．そこで，与えられたマッチングマーケットに対して，まず，購買人の評価の総和が最大になる完全マッチングを決定し，次に，このマッチングで割り当てられている商品を購買人が獲得するものとして，そのVCG価格も計算されていたとする．さらに，その価格が公示されたとする．ここで，購買人はVCGで構成されたマッチングにとらわれずに，指定された価格で購入したい商品を購入できるものとする．しかしながら，このように自由度が大きくなったにもかかわらず，各購買人は，VCG価格を構成したときに割り当てられていた商品を選択することにより，最高の利得を達成できる．このことを以下で確かめる．これにより，VCG価格は，第10章の定義のもとでのマーケット完売価格になることがわかる．

証明への第1段階　簡単な例から成立すると思われるこのような事実を証明するときには，どのように行えばよいのであろうか？と少し考えてみよう．すると，VCG価格を定義しているきわめて簡潔な式である式 (15.1) から考えて，その後に，この式について推論を行って，マーケット完売価格を持つことを示すのがよいと気づくであろう．

　実際，このアプローチを有効に働くようにするには工夫が必要であり，その理由を理解することも役に立つ．式 (15.1) は，最適なマッチングで商品iが購買人jに割り当てられているとき，その価格は

$$V_{B-j}^{S} - V_{B-j}^{S-i}$$

となると言っていることを思い出そう．なお，項V_{B-j}^{S}は，jを除去したときの最適なマッチングの評価の総和であり，項V_{B-j}^{S-i}は，iとjをともに除去したときの最適なマッチングの評価の総和である．実際には，項V_{B-j}^{S}は，最適なマッチングで各購買人が割り当てられている商品の評価からなる，多くの小さな項からなる和になっている．同様に，項V_{B-j}^{S-i}も多くの小さな項からなる和になっている．しかし，差をとる際に生じる概念的な困難性のキーポイントは，以下の点にある．すなわち，V_{B-j}^{S}とV_{B-j}^{S-i}は，潜在的にはきわめて異なるマッチングから生じたものであるという点である．したがって，表現されている和を比べたり，一方の項から他方の項を引いたりする直接的な方法が存在しないのである．そこが，困難性のキーポイントである．

　困難を克服するためには，これらの二つの項のV_{B-j}^{S}とV_{B-j}^{S-i}を定義するマッチングが，構造的なレベルでどのように関係しているかを，実際に理解することが必要となる．そこで，これらの項を定義する二つのマッチングが，実際には，共通のマーケット完売価格の価格集合から生じていることを示そう．すなわち，商品集合Sに対するマーケット完売価格のある一つの集合が存在して，V_{B-j}^{S}とV_{B-j}^{S-i}を達成するマッチングが，それぞれ，わずかに異なるマッチングマーケットの選好販売人グラフの完全マッチングとして生じていることを示す．この事実から，二つのマッチングがどのように関係しているかがわかる．とくに，一方から他方を構築する方法がわかり，関連する項で互いに差をとることもできるようになり，したがって，式 (15.1) の右辺の解析もできることになる．

　これらのすべてがうまく働くようにするために，マーケット完売価格の"どのような"価格集合が実際にVCG価格に対応するのかを理解することが必要になる．マーケット完

売価格となる価格集合は多数存在する．そこで，これまでの例で確かめてみると，VCG価格は，マーケット完売価格のうちで，価格の総和が最小になる価格集合であることがわかる．したがって，以下の方法でこれを正確にすることにしよう．マーケット完売価格となるすべての価格集合のうちで，価格の総和を最小化するものを考える．たとえば，図15.9の例では，総和は $3+1+0=4$ となる．そのような価格集合を，**最小マーケット完売価格** (minimum market-clearing price) 集合と呼ぶことにする．原理的には，最小マーケット完売価格集合も複数存在しうると考えられるが，実際には，そのような価格集合は唯一で，それはVCG価格となることを眺める．これは，Leonard [270] と Demange [128] により証明された以下の成果の核心である．

> **主張**：任意のマッチングマーケットにおいて，VCG価格は，唯一の最小マーケット完売価格集合（総和が最小となるマーケット完売価格の集合）である．

これが本節で証明しようとしている主張である．

この主張の証明はきわめて華麗である．しかし，本書で最も解析の難解な部分をなしていることも確かである．その解析は，複数の自明でない議論を組み合わせて，全体の証明となるという，かなり複雑なレベルの証明である．この種の構造を有する証明に対するアプローチでは，二つのステージに分割して証明を行うのが有効である．最初に，基盤となる二つのマッチングの構造に光を当てる二つのキーポイントとなる事実の概要を与える．これらの二つの事実は，それぞれ証明を必要とする．そこで，最初は単にその事実のみを述べて，次に，その二つの事実から，上記の主張がどのようにして得られるかを示す．これにより，ハイレベルでの証明の概観が，中心的なアイデアとともに，自己完結の形で理解できることになる．このハイレベルでの概観の終了後に，主張の証明の詳細を完成させるための，二つの事実の証明を与える．

実際に証明に入る前に，一つだけ注意を与えておく．これまでマッチングマーケットを議論したときに仮定していたように，これからも，評価に用いる数値は，すべて非負整数 $(0,1,2,\ldots)$ であり，価格の数値も同様に，すべて非負整数であると仮定する．

A. ハイレベルでの証明の概観

V_{B-j}^{S} と V_{B-j}^{S-i} の値を定義するマッチングが，共通の構造からどのように生じて，互いにどのように関係しているのかを理解することが，最初の基本的なプランであったことを思い出そう．最小マーケット完売価格に対する選好販売人グラフが，完全マッチングの辺以外にも，VCG価格の設定で用いられる購買人の除去のあとでマッチングを組み立てるのに必要な辺も含んでいることを示すことが，このための第1ステップとなる．

第一の事実：最小マーケット完売価格に対する選好販売人グラフ 取り上げている二つの事実のうちで，最初の事実は，（マーケット完売価格の価格集合で総和が最小になるような）最小マーケット完売価格に対する選好販売人グラフについての性質を述べている．そこで，まず，第10章のマーケット完売価格の例に戻ってみよう．そして，とくに，同一の評価集合に対する，図10.5(b)と図10.5(d)の，二つの異なるマーケット完売価格の価格集

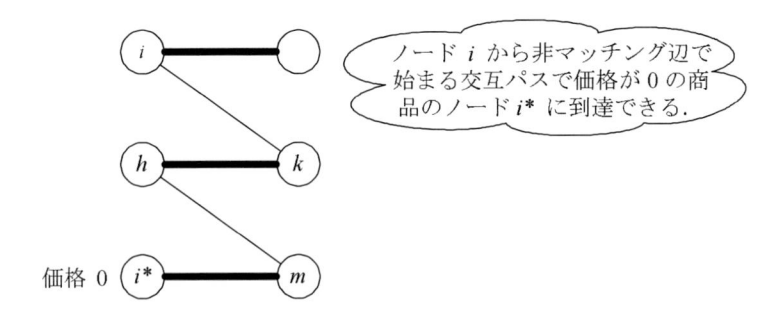

図 15.10 最小マーケット完売価格に対する選好販売人グラフのキーとなる性質．0 より真に大きい価格の商品のノードに対して，そのノードから非マッチング辺を用いて出発して，最終的に価格が 0 の商品のノードに到達する交互パスが存在する．

（吹き出し）ノード i から非マッチング辺で始まる交互パスで価格が 0 の商品のノード i^* に到達できる．

合を比較する（後者の選好販売人グラフを図 15.9 に再掲している）．これらの図で，前者の図 10.5(b) は，価格の総和がより大きくなり，辺が "散在している"．一方，図 10.5(d) の価格集合は，実際に価格の総和が最小になっている．これは，一般の選好販売人グラフの構造の相違にも対応している．図 10.5(b) の選好販売人グラフは，きわめて辺数が少なく，3 本の辺が分離していて，完全マッチングを形成している．一方，図 10.5(d) の選好販売人グラフは，より多くの辺を含んでいる．ここでも，完全マッチングは唯一であるが，さらに，マッチングを支えてその場に "固定する" ような働きをする辺も存在する．

この固定する働きが一般に成立する性質であることを，これから示す．すなわち，（マーケット完売価格の価格集合で総和が最小になるような）最小マーケット完売価格に対する選好販売人グラフにおいては，完全マッチングを持つばかりではなく，どの商品からも価格が 0 の商品へつながるパスを形成するだけの辺を十分に含んでいるのである．実際には，ここでのパスは，10.6 節で定義された意味での**交互パス** (alternating path) である．すなわち，グラフの与えられた完全マッチングに対して，パス上に**マッチング辺** (matching edge)（そのマッチングに含まれる辺）と**非マッチング辺** (nonmatching edge)（そのマッチングに含まれない辺）が交互に現れるパスが，交互パスであったことを思い出そう．

以下が最初の事実の正確な主張であり，図 15.10 はそのイメージ図である．

事実 1：（マーケット完売価格の価格集合で総和が最小になるような）最小マーケット完売価格に対する選好販売人グラフにおいて，完全マッチングを任意に一つ選んで固定する．そして，i を価格が 0 より真に大きい商品とする．すると，i から非マッチング辺を用いて出発して，最終的に価格が 0 の商品に到達する交互パスが存在する．

たとえば，図 15.9 の太線で示された完全マッチングの例では，b から y へ，そして c へと行く交互パスが存在する．このパスは非マッチング辺 b-y で始まり，価格が 0 の商品 c で終わっている．同様に，a から z, b, y を経由して c に到達する，より長い交互パスも存在する．図 15.11 は，さらに大きい例であり，最小マーケット完売価格に対する選好販売人グラフに，最小マーケット完売価格と完全マッチングを太線で示して表示している．ここでも，a, b, c の各商品から価格が 0 の商品 d への交互パスを確認することができる．

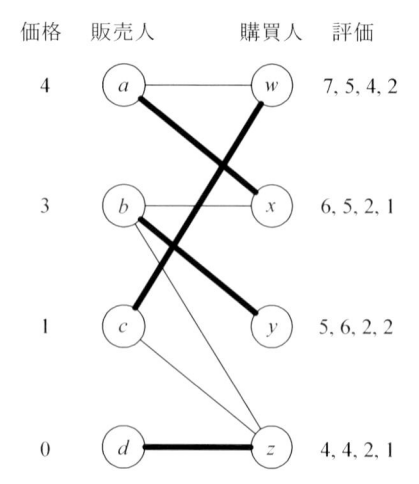

444　第 15 章　スポンサー付き検索のマーケット

```
価格　販売人　　　購買人　評価
 4    (a)─────────(w)   7, 5, 4, 2
 3    (b)─────────(x)   6, 5, 2, 1
 1    (c)─────────(y)   5, 6, 2, 2
 0    (d)─────────(z)   4, 4, 2, 1
```

図 15.11 最小マーケット完売価格に対する選好販売人グラフ．0 より真に大きい価格の商品から非マッチング辺を用いて出発して，最終的に価格が 0 の商品に到達する交互パスが存在する．

最初の計画に従い，事実 1 の証明は少し延ばして本節の後に与える．しかしながら，証明に対する直観を大まかに以下に与えておこう．ある商品から価格が 0 の商品に到達する交互パスがなかったとすると，価格が 0 の商品に固定されずに自由な関係にあるとも言える，"浮遊する"商品の集合を発見できることになってしまうのである．この場合は，マーケット完売性を維持しながら，自由に浮遊する商品の価格をわずかに下げることができてしまう．したがって，マーケット完売価格の価格集合で総和をより小さくできることになる．しかし，最初に，（マーケット完売価格の価格集合で総和が最小になるような）最小マーケット完売価格の集合を考えていたので，矛盾が得られる．この矛盾から，最小マーケット完売価格の集合に対する選好販売人グラフでは，すべての商品から価格が 0 の商品に到達する交互パスで固定されていることが得られるのである．

第二の事実：購買人のゼロ化除外　第二の事実は，最小マーケット完売価格と式 (15.1) の右辺の値 V^S_{B-j} を達成するマッチングとを関係付けるものである．

これがどのように働くかを説明するために，V^S_{B-j} の値について考える有効な方法から始める．定義によれば，V^S_{B-j} は，j のみを除去して商品はすべてそのままあるとして考えたときのマーケットにおいて，評価の総和が最大になるようなマッチングの評価の総和である．しかし，以下のように，V^S_{B-j} の別の等価な定義法も存在する．すべての商品に対して，j の評価を 0 に変更したとする．そこで，これを j が**ゼロ化除外** (zeroed out) されたマッチングマーケット版と呼ぶことにする．j がゼロ化除外されたマッチングマーケットでは，j がすべての商品の評価を 0 としているので，最適なマッチングを見つける際に，j が獲得する商品はどれでもよくなることに注意しよう．したがって，最初に，j 以外の他のすべての購買人に商品を最適に割り当て，最後に，残った唯一の商品を j に割り当てることで，j がゼロ化除外されたマッチングマーケットの最適なマッチングを得ることができる．そして得られたマッチングの評価の総和は V^S_{B-j} となる．言い換えると，V^S_{B-j} は，j がゼロ化除外されたマッチングマーケットの最適なマッチングの評価の総和である．この版のマッチングマーケットでは，j は存在するが，j の評価はすべての商品に対して 0 で

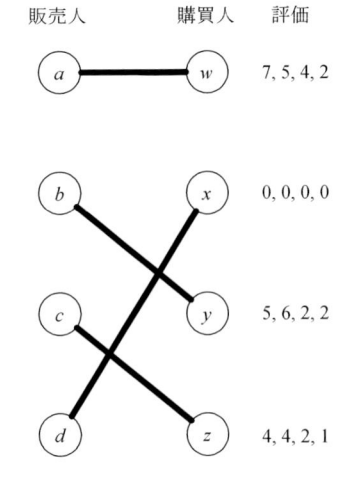

15.9 発展：VCG価格とマーケット完売性　　445

```
            販売人      購買人    評価
              a ────── w       7, 5, 4, 2

              b         x       0, 0, 0, 0

              c         y       5, 6, 2, 2

              d         z       4, 4, 2, 1
```

図15.12　図15.11の例から出発して，販売人xをゼロ化除外すると，最適なマッチングの構造は大きく変わる．

ある．

　ここで，jがゼロ化除外されたマッチングマーケットの最適なマッチングは，元のマッチングマーケットの最適なマッチングときわめて異なる構造を持ちうることに注意しよう．実際，元のマッチングで割り当てられた商品とまったく異なる商品を割り当てられる購買人が，多数にのぼることもある．たとえば，図15.12の例は，図15.11のマーケットからxをゼロ化除外して得られるマーケットの，唯一の最適なマッチングを示している．購買人yはここでも商品bを獲得するが，他のすべての購買人は獲得する商品が完全に異なるものになる．これが，式(15.1)の推論を困難にする原因の一つになっているのである．購買人が除去されたり，商品が除去されたりすると，最適なマッチングでの割り当ては複雑に絡み合って大きく変わるからである．

　このような困難性にもかかわらず，元のマーケットとゼロ化除外したマーケット間には，重要な関係が存在する．すなわち，

　　元のマーケットの最小マーケット完売価格は，ゼロ化除外したマーケットでも，
　　マーケット完売価格である．

これを図15.13の例で説明する．図15.11で用いたのと同一の価格を用いて，xをゼロ化除外したマッチングマーケットの選好販売人グラフも，完全マッチングを持つことがわかる．したがって，この価格集合は，xをゼロ化除外したマッチングマーケットでも，マーケット完売価格であることになる．さらに，この例で他のいくつかの特徴も観察できる．第一に，xは価格0の商品を受け取ることになる．第二に，他の各購買人の商品に対する評価から価格を引いた"利得"を考えてみると，その利得は，図15.11と図15.13とで同一であることがわかる．

　第二の事実は，一般に以下のことが成立することを示すものである．

　　事実2：最小マーケット完売価格pを持つ任意のマッチングマーケットを考え，j
　　を任意の購買人とする．すると，以下が成立する．

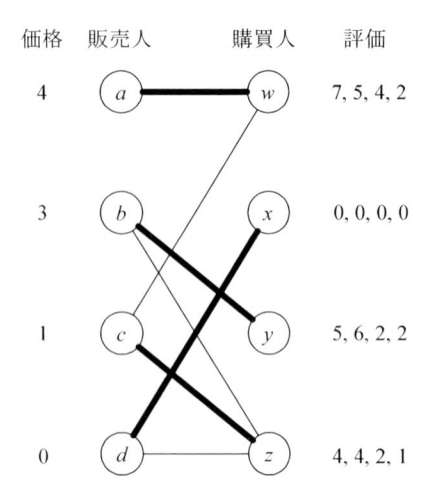

446　第15章　スポンサー付き検索のマーケット

```
価格  販売人    購買人  評価
 4      a ────── w     7, 5, 4, 2
 3      b        x     0, 0, 0, 0
 1      c        y     5, 6, 2, 2
 0      d        z     4, 4, 2, 1
```

図15.13 xをゼロ化除外したマッチングマーケットでも，価格の集合はそのままマーケット完売価格であり続ける．この原理は，この例のみならず一般のときにも成り立つ．

　(i) 価格pは，jをゼロ化除外したマッチングマーケットでも，マーケット完売価格である．

さらに，jをゼロ化除外したマッチングマーケットの選好販売人グラフの任意の完全マッチングに対して，以下が成立する．

　(ii) 購買人jは価格0の商品を受け取る．

　(iii) j以外の他の各購買人は，元のマーケットにおける利得と同じ利得を獲得する．

当初の計画どおり，事実2の証明も延ばして，本節の後に与える．しかし，事実1を用いて，それほど困難なく確立できることを簡単に眺めておく．そこで，jをゼロ化除外するとき，jをゼロ化除外する前の元のマーケットでjが獲得していた商品iを考える．事実1より，iから価格0のある商品i^*への（元の選好販売人グラフの完全マッチングに関する）交互パスが存在する．したがって，i^*をjに割り当て，この交互パス上にいる各購買人に対して，この交互パス上の非マッチング辺を用いて，商品の割当てを移動する．それ以外の残りの購買人への商品の割当てはそのままにする．すると，jをゼロ化除外したマーケットで，同一の価格集合のもとでの選好販売人グラフにおける完全マッチングが得られる．したがって，同一の価格集合は，実際に，jをゼロ化除外したマーケットでのマーケット完売価格になり，主張の(ii)と(iii)も確立される．

事実1と事実2に基づく主張の証明　事実1と事実2に基づいて，最小マーケット完売価格がVCGで定義される価格と一致するという主張の証明を完成することができる．

　記法の復習から始めよう．これまでと同様に，v_{ij}は商品iに対する購買人jの評価を表す．p_iも同様に，どの購買人もゼロ化除外しない元のマーケットに対するマーケット完売価格において，商品iにつけられた価格を表す．Pをすべての商品の価格の総和とする．選好販売人グラフの完全マッチングで，購買人jに商品iが割り当てられているとする．したがって，購買人jは，この商品iから利得$v_{ij} - p_i$を受け取る．この利得をz_jと表すこ

とにする．したがって，

$$z_j = v_{ij} - p_i \tag{15.4}$$

である．さらに，選好販売人グラフの完全マッチングで，すべての購買人に割り当てられた商品で定まる利得の総和を Z と表記する．

次に，これまでの節で観察してきた基本的な事項を思い出そう．第一に，各購買人 j は，割り当てられた商品 i で利得が $v_{ij} - p_i$ となる．第 10 章でも注意したように，購買人と商品のマッチング M に対して，

M での利得の総和 = M での評価の総和 − 価格の総和

の関係が成立する．ここでの記法を用いると，これは

$$Z = V_B^S - P \tag{15.5}$$

と書ける．第二に，15.4 節で議論したように，最適なマッチングで i が j に割り当てられているとする．すると，

$$v_{ij} + V_{B-j}^{S-i} = V_B^S \tag{15.6}$$

が成立する．これは 15.4 節の式 (15.3) であり，以下の理由から得られる．すなわち，最適なマッチングでは，i が j に割り当てられていることはわかっているので，最初にそのように i を j に割り当てて評価が v_{ij} となり，さらに，残りの購買人と商品を最適に割り当てて評価が V_{B-j}^{S-i} になるからである．

最後に，同一のマーケット完売価格の価格集合を用いて j をゼロ化除外して得られるマーケットに対して，事実 2 で与えられている選好販売人グラフの完全マッチング M' を考える．上記の M の代わりに M' を用いて得られる

M' での利得の総和 = M' での評価の総和 − 価格の総和

を考えよう．このマッチング M' の評価の総和は，前述のように V_{B-j}^S である．価格の集合は不変であるので，価格の総和は変わらず P である．それでは，利得の総和はどうなるのであろうか？ 事実 2 の (ii) より，購買人 j の利得は，元のマーケットでの利得 z_j から 0 になる．事実 2 の (iii) より，他の残りの購買人の利得はそのままである．したがって，j をゼロ化除外したマーケットでの利得の総和は $Z - z_j$ となる．これらをすべて組み合わせて，

$$Z - z_j = V_{B-j}^S - P \tag{15.7}$$

が得られる．

これで，式 (15.1) の右辺の二つの項 V_{B-j}^{S-i} と V_{B-j}^S を，共通の P と Z を用いて関係付ける式が確立できた．これにより，簡単な算術操作で証明を完成することができる．まず，式 (15.5) から式 (15.7) を引くと，

$$z_j = V_B^S - V_{B-j}^S$$

が得られる．次に，式 (15.4) を用いて z_j を展開し，式 (15.6) を用いて V_B^S を展開すると，

$$v_{ij} - p_i = v_{ij} + V_{B-j}^{S-i} - V_{B-j}^S$$

が得られる．共通項の v_{ij} を消去し，符号を反転させると，

$$p_i = V_{B-j}^S - V_{B-j}^{S-i}$$

が得られる．これは，所望のVCG価格の定義に一致する．以上の議論により，最小マーケット完売価格は，VCGで定義される価格と一致することが得られたので，主張の証明はこれで終了である．

B. 証明の詳細

これまでの議論で証明は終了したが，事実1と事実2は成立するものと仮定していた．したがって，証明を完成するには，事実1と事実2を証明することが必要である．この証明の中核となるのは，事実1の証明である．それは，10.6節で用いたスタイルの交互パスの解析からなっている．この解析が済んでいれば，事実1を用いて，事実2はかなり簡単に確立できる．

事実1への第1ステップ　事実1を証明するために，最小マーケット完売価格の価格集合と0より大きい価格の商品 i を考える．そして，i から非マッチング辺で始まり，価格0のある商品へ到達する交互パスの構成を考える．

第一のステップとして，議論の核心となるアイデアを説明するために，より簡単なことを示そう．すなわち，価格が正である商品 i（すなわち，$p_i > 0$ である商品 i）は，それを獲得する購買人へのマッチング辺以外に，少なくとも1本の非マッチング辺を持つことを示す．もちろん，i から，非マッチング辺で始まり価格が0の商品に到達する交互パスが存在するためには，そのような非マッチング辺が存在することが必要であることは明らかである．

背理法で証明する．そこで，そのような非マッチング辺が i に接続していなかったと仮定してみる．したがって，i に接続する辺は，購買人 j と i を結ぶマッチング辺の1本のみである．このとき，価格 p_i から1を引くことができて，修正された価格もマーケット完売価格になることを主張できる．したがって，最初に最小マーケット完売価格を仮定していたことに矛盾してしまうことになる．

もちろん，p_i から1を引いても非負であるので，修正された価格集合での選好販売人グラフが完全マッチングを持つことさえ示せれば十分である．しかし実際には，より強力な事実を示す．すなわち，修正された価格集合での選好販売人グラフでも，元の選好販売人グラフの完全マッチングが存在すると言えることを示す．実際，ここでの価格の修正により，元の選好販売人グラフから，どのようにしてマッチング辺が消滅するのであろうか？価格の引き下げで，より魅力的になる商品は i のみであることから，元の選好販売人グラフから消滅するマッチング辺は，j と異なるある購買人 k とある商品 h を結ぶマッチング辺 h-k であり，i に対する k の利得のほうが，h に対する k の利得より高くなったために消

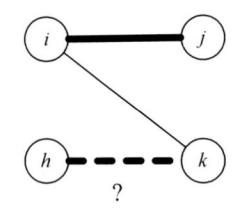

15.9 発展：VCG価格とマーケット完売性 449

図 15.14 商品 i の価格が1引き下げられて，購買人 k と商品 h を結ぶマッチング辺が選好販売人グラフから消滅するためには，k が i のほうをより優先するようになることが必要である．この場合には，i と h に対する k の利得は同額であったことになり，i と k を結ぶ辺は非マッチング辺となる．

滅したことになる．この状況を，図 15.14 に例示している．ここで，i の価格は1だけ下げられて，修正前のすべての価格とすべての購買人の評価が非負整数であったことを思い出そう．したがって，商品 i の価格を1引き下げたことにより，k が h よりも i のほうが真により良いと考えたので，それらの商品に対する k の利得は，商品 i の価格を1引き下げる前は，等しかったことになる．しかし，これは，i の価格の引き下げ前の選好販売人グラフに，k と i を結ぶ辺が存在していたことを意味することになる．さらに，i の価格の引き下げ前の選好販売人グラフで，k は h とマッチング辺で結ばれていたので，この辺 k-i は非マッチング辺となる．しかし，これは不可能である．この選好販売人グラフで，i につながる辺は j と i を結ぶマッチング辺の1本のみであると，最初に仮定したからである．したがって，商品 i の価格が1引き下げられても，元の選好販売人グラフの完全マッチングの辺は，新しい価格の集合の選好販売人グラフでも存在することの証明が完結した．したがって，新しい価格の集合もマーケット完売価格となり，最初に，最小マーケット完売価格であると仮定したことに反することになる．

事実1の証明 前述の議論は，事実1の証明のキーとなる．完全な証明には，単に i に接続する非マッチング辺の存在だけではなく，そのような非マッチング辺を用いて i から出発して，最終的に価格0の商品へ至る交互パスが存在することを示さなければならない．

そのために，商品 i から非マッチング辺で出発して，交互パスで到達できる二部グラフのすべてのノード（商品と購買人）の集合を X とする．すると，集合 X に対して以下の (a) と (b) が成立することが観察できる．

(a) X に属する任意の購買人 k に対して，k に割り当てられている商品 h も X に属する．図 15.15 は，これがなぜ成立するのかを理解するのに役立つ説明図である．i から k に到達する交互パスでは，最後に非マッチング辺で k に到達していることになる．したがって，この交互パスの最後に h へのマッチング辺を付け加えることで，h も X に属することがわかる．

(b) X に属する任意の商品 h に対して，選好販売人グラフで h と非マッチング辺で結ばれている任意の購買人 m もまた X に属する．これは，(a) に連れ添うものであり，同様に図 15.15 がその説明図になっている．i から h に到達する交互パスでは，最後にマッチング辺で h に到達していることになる．したがって，この交互パスの最後に m への非マッチング辺を付け加えることで，m も X に属することがわかる．

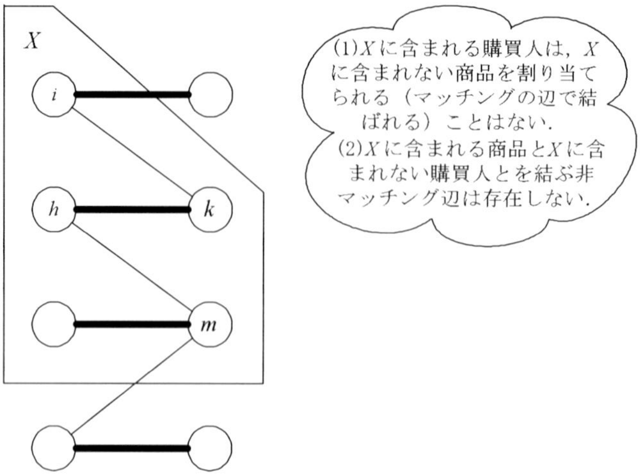

図15.15 i から非マッチング辺で出発して，交互パスで到達できるすべてのノードの集合を X とする．すると，本文でも議論しているように，以下のことが言える．すなわち，購買人 k が X に属するとき，k に割り当てられている商品 h も X に属する．さらに，商品 h が X に属するとき，h と非マッチング辺で結ばれている購買人 m も X に属する．これは等価的に以下のようにも言える．X に属する購買人と X に属さない商品を結ぶマッチング辺は存在しないし，さらに，X に属する商品と X に属さない購買人を結ぶ非マッチング辺も存在しない．

この集合 X が価格 0 の商品を含んでいるときには，所望のパスが得られるので，証明は終了である．そこで，この集合 X が価格 0 の商品を含んでいないとする．すると，事実 1 の第 1 ステップで述べたアイデアと同様の価格の引き下げを用いて，証明を完成することができる．そこで，X に属するすべての商品の価格を 1 だけ下げることにする．すると，こうして得られる価格の集合もマーケット完売価格となり，したがって，最初に最小マーケット完売価格を仮定したことに反することになる．これが，X が価格 0 の商品を含むことの証明として，ここでこれから行おうとしている証明の流れである．

したがって，示さなければならないことは，以下のとおりである．

> X に属するすべての商品の価格を 1 だけ下げるとする．すると，価格を下げる前の選好販売人グラフにあった完全マッチングの辺は，価格を下げた後の選好販売人グラフにも存在する．

ここで展開する議論は，本質的には，商品 i のみの価格を引き下げたときに用いた議論と同一である．価格を下げる前の選好販売人グラフにあった完全マッチングの辺が，価格を下げたあとの選好販売人グラフで消滅するのはどのようなときであろうか？ 図 15.16 は，これが可能であるために必要な条件を説明している．すなわち，購買人 n に価格の引き下げ前にマッチング辺で割り当てられていた商品 e より，価格の引き下げ後に商品 f のほうが，n の利得がより高くなるとき，そのマッチング辺が消滅することになる．評価，価格，利得はすべて非負整数であり，価格は高々 1 しか引き下げられていないので，引き下げられる前では，e と f の n に対する利得額はともに最高で，その値は等しくなる．したがって，価格の引き下げ前の選好販売人グラフには，n と e を結ぶ辺（マッチング辺）と n と f を結ぶ辺（非マッチング辺）の両方が存在していたことになる．そして，n と e を結ぶ

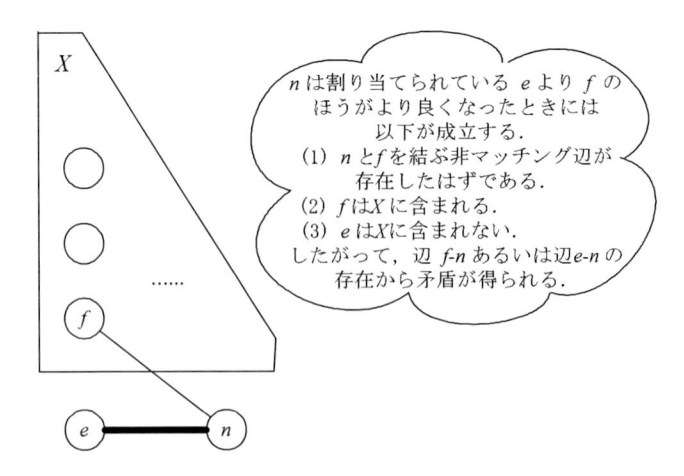

15.9 発展：VCG価格とマーケット完売性

nは割り当てられている e より f の
ほうがより良くなったときには
以下が成立する．
(1) n と f を結ぶ非マッチング辺が
存在したはずである．
(2) f は X に含まれる．
(3) e は X に含まれない．
したがって，辺 f-n あるいは辺 e-n の
存在から矛盾が得られる．

図 15.16 X に属する商品の価格をすべて 1 だけ下げることができて，マーケット完売価格となる．これが成立しないとすると，本文でも議論しているように，X に属する購買人と X に属さない商品を結ぶマッチング辺が存在するか，X に属する商品と X に属さない購買人を結ぶ非マッチング辺が存在するかのいずれかになる．しかし，これらはいずれも図 15.15 に示している事実に矛盾する．

マッチング辺が引き下げ後に消滅するので，f は価格が引き下げられるが，e の価格はそのままになる．したがって，f は集合 X に属するが，e は集合 X に属さないことになる．

ここで，集合 X に対する基本的な観察である (a) と (b) のいずれかに矛盾することになる．n はマッチング辺で e と結ばれていたが，e は X に属していないので，観察 (a) により，n は X に属さないことになる．一方，f が X に属していて，n は f と非マッチング辺で結ばれていたので，観察 (b) より，n は X に属することになる．したがって，n は X に属し，かつ，X に属さないことになって，矛盾が得られた．すなわち，価格引き下げ前の選好販売人グラフのマッチング辺は，価格引き下げ後でも選好販売人グラフに存在することが得られた．したがって，価格引き下げ後の価格集合もマーケット完売価格となり，最初に，最小マーケット完売価格を仮定したことに矛盾する．

これで証明は終了である．証明がどのように進行したかを振り返ってみよう．すると，すべての商品を，価格 0 の商品に交互パスを用いて固定するのに，非マッチング辺が果たしている役割に対する直観に基づいて，証明したことがわかるであろう．具体的には，この固定する辺がなかったとすると，価格 0 の商品から自由に浮遊する集合 X が存在して，X に属するすべての商品の価格を引き下げることができたのである．しかし，最小マーケット完売価格を最初から考えておけば，このようなことは起こり得ない．

事実 2 の証明 事実 2 を証明するために，最小マーケット完売価格 p のマッチングマーケットと，この価格集合に対する選好販売人グラフを考える．そして，価格をそのままにして，購買人 j をゼロ化除外する．すると，結果として得られる選好販売人グラフは異なっても，完全マッチングを持つことを示したい．

価格を固定したままで j をゼロ化除外すると，選好販売人グラフはどのように変化するのであろうか？購買人 j 以外の購買人に対しては，評価も価格も同一であるので，それらに接続する辺は不変である．一方，j に対しては，価格 0 の商品のみが利得が非負となる

ので，ゼロ化除外後の選好販売人グラフで，jと辺で結ばれる商品は，価格が0の商品のみである．たとえば，これが，図15.11から図15.13へと移動した際に，選好販売人グラフで起こったことであることに注意しよう．すなわち，ゼロ化除外されたxに辺で結ばれていた商品bからその辺が除去されて，新しくxと価格0の商品dを結ぶ辺が加えられている．

元のマーケットの選好販売人グラフが，事実1で保証している構造を持つことはわかっているので，選好販売人グラフに対する変更は，図15.17と図15.18で例示している形で眺めることができる．すなわち，購買人jをゼロ化除外する前の選好販売人グラフに，jはある商品iとマッチング辺で結ばれていて，iから非マッチング辺で始まり，価格が0のある商品i^*への交互パスが存在する．一方，購買人jをゼロ化除外した後の選好販売人グラフ

> 元のマーケットで，jに商品iが割り当てられているときには，商品iから価格が0のある商品i^*への非マッチング辺で始まる交互パスを見つける．

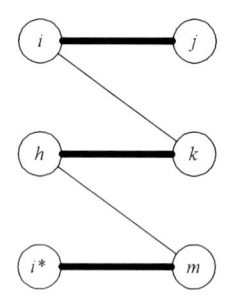

図15.17 購買人jをゼロ化除外した後のマーケットの解析の第1ステップ．元のマーケットの選好販売人グラフで，購買人jとマッチング辺で結ばれている商品iから価格が0のある商品i^*へ到達する交互パスを見つける．

> ゼロ化除外した後のマーケットでは，商品iはjの選好販売人の商品ではなくなる．代わりに商品i^*が選好販売人の商品となる．

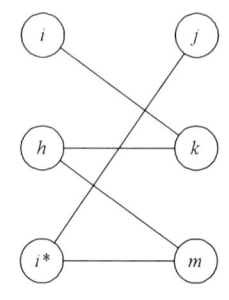

図15.18 購買人jをゼロ化除外した後のマーケットの解析の第2ステップ．jの選好販売人が価格0の商品に変わるので，そのように辺に変更を加えて，新しい選好販売人グラフを構成する．

15.9 発展：VCG 価格とマーケット完売性　453

> この新しい選好販売人グラフにおいても，完全マッチングが存在する．したがって，ゼロ化除外した後のマーケットでも同一の価格集合はマーケット完売となる．

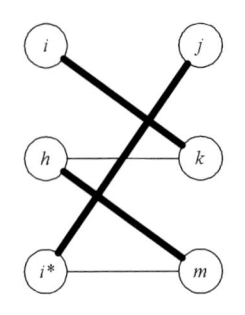

図 15.19　購買人 j をゼロ化除外した後のマーケットの解析の第 3 ステップと最終ステップ．新しい選好販売人グラフにおいても，完全マッチングが存在することがわかる．さらに，その完全マッチングで，j は i^* とマッチング辺で結ばれている．

には，j と i^* を直接結ぶ辺（ほかにも価格 0 の商品があるときにはそれと j を結ぶ辺も）が存在する．

　この二つの図から，購買人 j をゼロ化除外して構造を変更した後の選好販売人グラフで，どのようにして完全マッチングを得たらよいかが簡単にわかる．図 15.19 にその様子を示す．i から i^* への交互パス上の j 以外の各購買人に対して，この交互パスに沿って"上向きの"辺を，新しくマッチング辺とするだけでよい．このようにマッチング辺をシフトすると，j と i^* をマッチング辺で結ぶことができて，新しい完全マッチングが得られる．

　ゼロ化除外した後のマーケットの選好販売人グラフが完全マッチングを持つので，価格集合は，このマーケットでも，マーケット完売価格であることが確立できた．事実 2 の (ii) と (iii) も，前述の構成法から，すぐに確立することができる．選好販売人グラフで，j は価格 0 の商品とのみ辺で結ばれているという事実から，(ii) はすぐに得られる．(iii) に対しては，それが，j 以外の購買人が受け取る利得についての命題であることに注意しよう．選好販売人グラフに複数の完全マッチングが存在するとき，j 以外の各購買人が受け取る利得は，選好販売人グラフでその購買人と結ばれている商品から受け取る利得と等しいので，どの完全マッチングでも等しい．結果として，前述の構成で得られたマッチングに対して，(iii) を確立できれば，十分であることになる．それが確立されれば，選好販売人グラフのすべての完全マッチングにも，その利得の性質が適用できるからである．したがって，前述の構成で得られたマッチングに対して，k を j 以外の任意の購買人とする．すると，k は，元のマーケットに対する完全マッチングで割り当てられた商品を獲得して同一の利得になるか，あるいは，交互パスに沿ってシフトされた別の商品を獲得することになる．後者の場合には，元のマーケットの選好販売人グラフにおいて，これらの二つの商品と k を結ぶ辺が存在するので，どちらの商品を獲得しても利得は等しくなる．したがって，後者の場合も k の利得は不変である．事実 2 の証明はこれで終了である．こうして，主張の全体の証明を完成するのに必要な詳細を，すべて書き記すことができた．

15.10 演習問題

1. 検索エンジンが，販売できる二つの広告用のスロットを持っているとする．スロット a はクリック率が 10 であり，スロット b はクリック率が 5 である．これらのスロットに関心を示している広告主が 3 社ある．広告主 x は 1 クリック当たりの収益が 3，広告主 y は 1 クリック当たりの収益が 2，広告主 z は 1 クリック当たりの収益が 1 である．

   社会的に最適な割当てとそれに対する VCG 価格を計算せよ．その答えに対する短い説明も与えよ．

2. 検索エンジンが，販売できる三つの広告用のスロットを持っているとする．スロット a はクリック率が 6，スロット b はクリック率が 5，スロット c はクリック率が 1 である．これらのスロットに関心を示している広告主が 3 社ある．広告主 x は 1 クリック当たりの収益が 4，広告主 y は 1 クリック当たりの収益が 2，広告主 z は 1 クリック当たりの収益が 1 である．

   社会的に最適な割当てとそれに対する VCG 価格を計算せよ．その答えに対する短い説明も与えよ．

3. 検索エンジンが，販売できる三つの広告用のスロットを持っているとする．スロット a はクリック率が 5，スロット b はクリック率が 2，スロット c はクリック率が 1 である．これらのスロットに関心を示している広告主が 3 社ある．広告主 x は 1 クリック当たりの収益が 3，広告主 y は 1 クリック当たりの収益が 2，広告主 z は 1 クリック当たりの収益が 1 である．

   社会的に最適な割当てとそれに対する VCG 価格を計算せよ．その答えに対する短い説明も与えよ．

4. 検索エンジンが，販売できる二つの広告用のスロットを持っているとする．スロット a はクリック率が 4 であり，スロット b はクリック率が 3 である．これらのスロットに関心を示している広告主が 3 社ある．広告主 x は 1 クリック当たりの収益が 4，広告主 y は 1 クリック当たりの収益が 3，広告主 z は 1 クリック当たりの収益が 1 である．

   (a) 検索エンジンが，VCG メカニズムを走らせてスロットの割当てを決めるとする．広告主へのスロットの割当てと，広告主の支払額を求めよ．その答えに対する説明も与えよ．

   (b) 検索エンジンは，さらに，3 番目の広告用のスロットの販売を検討している．そのスロットは，クリック率が 2 である．この新しい広告用スロットを c とする．検索エンジンが，このスロット c もスロット a, b と同時に販売に出して，VCG メカニズムを走らせてスロットの割当てを決めるとする．このとき，広告主へのスロットの割当てと，広告主の支払額を求めよ．その答えに対する説明も与えよ．

   (c) 問題 (a) と (b) において，VCG メカニズムで獲得できる検索エンジンの利得はい

くらか？ さらに，この検索エンジンを読者が経営しているとする．このような広告主とスロットの集合が与えられていて，VCG メカニズムを用いて，広告主へのスロットの割当てと広告主の支払額を決定する．このとき，スロット c は，販売することもできるし，販売しないこともできる．経営者として，これに対してどのような決断をすべきと考えるか？ その答えに対する説明も与えよ．

5. 検索エンジンが，販売できる二つの広告用のスロットを持っているとする．スロット a はクリック率が 12 であり，スロット b はクリック率が 5 である．これらのスロットに関心を示している広告主が 2 社ある．広告主 x は 1 クリック当たりの収益が 5 であり，広告主 y は 1 クリック当たりの収益が 4 である．

   (a) 社会的に最適な割当てと，それに対する VCG 価格を計算せよ．
   (b) 検索エンジンがスロット b を販売しないと決断したとする．そして，スロット a のみを第二価格封印入札オークションで販売するとする．このとき，スロット a に対する各広告主の入札額はいくらになるか？ さらに，スロットを獲得することになる広告主と，その支払額を求めよ．
   (c) 問題 (a) と (b) で，検索エンジンにより大きい利得をもたらすのはどちらか？ その差はいくらか？
   (d) 問題 (c) での結果は，一般の場合でも成立するかどうかを考えよう．すなわち，その結果は，クリック率と収益に依存するのであろうか？ そこで，スロットが二つあり，広告主が 2 社であるとする．スロット a のクリック率は r_a，スロット b のクリック率は r_b で，$r_a > r_b > 0$ とする．また，広告主の x と y の収益は，それぞれ v_x と v_y であり，$v_x > v_y > 0$ とする．このとき，検索エンジンは，スロット b を販売することもできるし，販売しないこともできるとする．検索エンジンにより大きい利得をもたらすのはどちらか？ その答えに対する説明も与えよ．

6. 本章では，VCG 原理と第二価格入札オークションの関係について議論してきた．とくに，VCG 原理は，単一の商品に対する第二価格入札オークションの背後にあるアイデアを，複数の商品に対して適用できるように一般化したものであることを眺めた．この演習問題では，この関係を例題で確認する．販売人が 1 人で，販売する 1 個の商品 x を持っているとする．購買人は a, b, c の 3 人からなるとする．a, b, c はこの 1 個の商品に，それぞれ 6, 3, 1 の評価を与えているとする．

   (a) この商品に対して，第二価格入札オークションを用いたとする．このオークションで勝利する購買人と，その支払額を求めよ．
   (b) 次に，VCG メカニズムを用いて，商品の割当てを決定するものとする．VCG メカニズムでは，購買人の人数が商品の個数より大きいときには，最初のステップで，その差の個数分だけ仮想的な商品を考えて，すべての購買人がそれらの商品に対する評価を 0 としていたことを思い出そう．したがって，購買人の人数と商品の個数は等しいと考えることができる．これらの仮想的な商品を y と z とする．VCG メカニズムを走らせて得られる商品の購買人への割当てを求めよ．受け取る商品に対する各購買人の支払額を求めよ．購買人 a の支払額が，a に割り当てられた商品を獲得することによって他の購買人が被る損害の総額になることの理由を説明せよ．

第 V 部

ネットワークダイナミクス：集団モデル

第 16 章

情報カスケード

16.1 群衆化

　人々はネットワークで結ばれると，互いの行動や決断において影響し合うようになる．これ以降のいくつかの章では，ネットワークで人々の行動が集約されて集団の行動となる様々な社会的プロセスにおいて，この原理がどのように働くかについて探究する．

　人々が他の人から影響を受ける状況は限りなく考えられる．たとえば，物事の考え方，購入する商品，支持する政党，好きな趣味，利用する技術など，多数挙げられる．ここでは，単なる観察を超えて，そのような影響が起こる理由のいくつかを取り上げて考察する．そこで，自身の得ている情報からは別の選択が示唆されていても，実際には，他の人の採用している選択を模倣して，それに従うことが合理的であるという状況が，多数存在することを眺めていく．

　最初の例として，なじみの薄い町で，自分の下調べに基づいて，あるレストラン A で食事をする状況を取り上げる．レストラン A に到着したところ，レストラン A には客が 1 人もいなかったが，隣のレストラン B はほぼ満席であったとする．さらに，食事をしている人々が，自分と同じものをおいしいと感じる類似の嗜好を持っていて，レストランに対するある程度の情報も持っていたとする．すると，自身の情報に従うよりも，むしろレストラン B で多数の客とともに食事をするのが良いと思うようになる．これがどうして合理的かは以下のようにしてわかる．二つのレストランのどちらがより良いかに対して，独立で不完全な情報を，食事をしている客がすでに得ていたとする．すると，レストラン B に多くの食事客がいるということは，個人的な下調べによるレストラン A の良さよりも，現在多数の客が食事をしているレストラン B のほうの良さがより大きいという推論を，強力に働かせることになる．したがって，下調べに関係なく，多数の客のいるレストラン B で食事をすることが，意味のあることになる．このとき，**群衆化** (herding)，あるいは**情報カスケード** (information cascade) が起こったと呼ぶことにする．この用語とこの例は，Banerjee の業績に由来する [40]．この概念は，ほぼ同時期に，Bikhchandani, Hirshleifer, and Welch による他の業績でも展開されている [59, 412]．

　大まかに言うと，情報カスケードは，人々が順番に決定を行うとき，あとから決定を行う人が前の人たちの行動を眺め，その行動から前の人たちの知っていることを推論して，

それに基づいて行動を決定し実行するときに起こりうると考えられる．上記のレストランの例では，前に来た人たちがレストランBを選んで食事をしていたことが，あとから来た人に，前の人たちの知っている情報を伝達したと考えられる．したがって，前に来た人たちの行動に基づいた推論により重きを置き，自身の情報を捨てるときに，情報カスケードが展開される．

ここで面白いことは，カスケードにおいて，人々は他の人の行動を模倣するが，意味のない模倣をしているわけではないことである．むしろ，それは限られた情報から合理的な推論を通して得られた結果なのである．もちろん，基盤の情報的な要因がまったくないときでも，社会的な統一性への圧力から模倣が生じることもある．そして，これらの二つの現象を識別することは，必ずしも簡単ではない．たとえば，1960年にStanley Milgram（スタンレー・ミルグラム），Leonard Bickman（レオナルド・ビックマン），およびLawrence Berkowitz（ローレンス・ベルコビッツ）により行われた，以下の実験[298]を考えてみよう．彼らは実験者として，1人の人から15人までのグループに街角に立ってもらい，上空をじっと見つめてもらった．そして，通行人の何人が立ち止まって上空を見上げるようになるかを観察した．1人だけが上空を見上げているときは，ごく少数の通行人のみが立ち止まり，さらに5人が上空を見上げているときは，それより多くの人が立ち止まったものの，多くの通行人からは無視された．しかし，15人が上空を見上げているときには，通行人の45%が立ち止まって，上空を見つめた．

この結果から，同一行動をとらせようとする社会的な圧力は，その行動をとる人が多くなればなるほど大きくなることが実証された，と実験者は解釈した．しかし，別の説明もできる．すなわち，この種の状況で観察される同一の行動に対して，それを生じさせるメカニズムは，情報カスケードに基づいていると解釈することもできる．上空を見上げている人が少ないうちは，（必要性を示唆する個人的情報も公的情報も持ち合わせていないので）通行人は上空を見ることはないが，上空を見上げている人が多くなるにつれて，それ以降の通行人は，（おそらく，上空を見上げている人が，通行人の知らなかった何らかの情報を知っていると考えて）自分も上空を見上げたいという気持ちに駆られたと考えられるのである．

したがって，究極的には，情報カスケードは，社会的状況における多くの種類の模倣を，少なくとも部分的に説明するものである．実際，流行，候補者の人気投票，ベストセラーのさらなる成功，消費者や企業の技術的選択の広がり，局所化された性質を持つ犯罪や政治活動などのすべてにおいて，情報カスケードの例が観察できる．すなわち，そこにおいては，あとから行動する人は，それ以前に行われた人々の行動から推論して得られる結論に基づいて，意思決定を行っていると考えられるのである．

情報の効果と直接的利益の効果の比較　他人のしていることを模倣したいと思う理由には，根本的に別の種類の合理的な理由もある．他の人の行動と同一の行動をとることにより，直接的な利益がもたらされるときには，同一の行動をとりたいと考えると思われる．たとえば，ファックスが最初に売り出された当時を思い浮かべてみよう．他の誰もファックスを持っていなければ，ファックスは無用の代物である．したがって，ファックスを買うべきかどうかを評価する際には，他の人たちもファックスを持っているかどうかがきわ

めて重要になる．それは，他の人がファックスを購入するという決断が情報を運ぶばかりでなく，ファックスの製品としての自身における価値にも直接的に影響を与えるからである．多数のユーザーを有する選択肢を選ぶことにより，直接的な利益を獲得できるコンピューターのオペレーティングシステムや交流サイトやその他の技術でも，同様の議論が適用できる．

　この種の効果は，これまでに議論した情報の効果とは異なる．これらは，他の人々の行動が自身の利得に直接的な影響を与えるからである．すなわち，それは，自身の情報に変更をもたらす間接的な影響ではない．多くの意思決定では，情報の効果と直接的利益の効果の両方が表れる．たとえば，直前で議論したファックスの選択における意思決定では，互換性の観点から得られる利益に加えて，他の人の意思決定からも学ぶことになる．また，あるときには，両者の効果が対立することもある．たとえば，人気の高いレストランに入るために長い行列があるときには，他の人の情報に従う利益よりも，この模倣によって引き起こされる（待つことによる）直接的な不便のほうが大きくなると判断して，それを選択しないこともある．

　本章では，情報カスケードの単純なモデルをいくつか展開する．次章では直接的利益の効果の単純なモデルをいくつか展開する．単純な典型的モデルに限定して話を進めるのは，取り上げるストーリーが単純な基礎に基づくことを明白にするためである．そして，直観的なレベルで議論してきたものの多くが，個人による意思決定の非常に基本的なモデルで，実際に表現できることがわかる．

16.2　単純なカスケード実験

　情報カスケードの数学的モデル [40, 59, 412] を詳しく探究する前に，これらのモデルがどのように動作するのかがわかりやすくなるように，Lisa R. Anderson（リサ・アンダーソン）と Charles Holt（チャールズ・ホルト）により行われた情報カスケードの単純な実験 [14, 15] の説明から始める．

　実験は，以下のように，前節の議論の基本的な構成要素を有する状況が把握できるように設計されている．

(a) 下すべき意思決定が存在する．たとえば，新技術を採用するべきか，新しいスタイルの服装にするべきか，新しいレストランで食事をするべきか，特定の政党を支持するべきか，というような意思決定である．
(b) 人々は順番に意思決定をする．ただし，各人の意思決定においては，それ以前の人の意思決定の結果の行動が観察できる．
(c) さらに，各人は意思決定において，自身の有する情報も参考にする．
(d) 各人は，他人が"知っている"個人的な情報を直接観察することはできないが，"とった"行動からその情報を推論して結論を出すことができる．

　多数の学生に被験者として参加してもらい，実験は教室で行われる．実験者は，一つ

の壺に赤と青のビー玉を合計3個入れ，教室の前に置く．壺の中の3個のビー玉は，赤いビー玉が2個で青いビー玉が1個である確率が50%であり，赤いビー玉が1個で青いビー玉が2個である確率が50%であると宣言する．2個の赤いビー玉と1個の青いビー玉からなる壺は"赤が過半数"であるといい，1個の赤いビー玉と2個の青いビー玉からなる壺は"青が過半数"であるという[1]．

次に，各学生が順々に教室の前に来て，手探りで壺からビー玉を一つ取り出し，他の誰にも見られないようにそのビー玉を見てすぐに壺に戻す．そして，壺が"赤が過半数"であるか"青が過半数"であるかを推測してその結果を発表する．なお，実験の終了後に，推測が正しかった学生は褒美がもらえ，推測が外れた学生は何ももらえない．発表は，この設定の重要な部分である．順番がまだ回ってこない学生は，それ以前に順番の回ってきた学生の取り出したビー玉の色を見ることはできないが，下した推測は聞こえる．これは，二つのレストランでの最初の例に対応する．そこでは，順々に，各人がどちらがより良いレストランであるかを推測して行動する．そして，自分より前にレストランに入った人の感想を聞いているわけではないが，どちらのレストランを選択したかは実際に見ていることになる．

この実験が実行されると何が起こるかについて考えよう．どの学生も自分の順番が来たときに，それまでに下された推測と自身の得た情報を総合的に用いて正しく推論し，推測を発表すると仮定する．まず，実験の直観的な分析のみを与え，次に数学的なモデルを用いて，その結果をより正確に説明する．

各学生がどのように行動するかについて順番に議論していく．最初の2人の学生についての議論はかなり単純である．3番目からの学生に対する議論はきわめて興味深いものとなる．

- **最初の学生** 最初の学生は，単純な意思決定ルールに基づいて推測をすると考えられる．すなわち，取り出して見たビー玉が赤ならば壺は"赤が過半数"であると推測して発表し，取り出して見たビー玉が青ならば壺は"青が過半数"であると推測して発表する．（これは，直観的には自然であると考えられる．さらに，以下で述べる他の結論も同様に自然である．その正当性を，本節以降の節で展開するモデルを用いて数学的に示す．）このことから，最初の学生の発表は実際に見た情報を完全に表現していると見なせる．
- **2番目の学生** 2番目の学生の取り出して見た色が，最初の学生の発表した色と同じ色であるときには，推測からなされる発表は単純で，自身の見た色となる．

  次に，取り出して見た色が別の色のときを考える．対称性から，最初の学生が発表した色が赤で，2番目の学生が見た色が青であったとする．最初の学生が発表した色は実際に見た色であるので，2番目の学生は，壺からビー玉を取り出してその色を見て壺に返す試行を2回続け，最初が赤で2度目が青であったと考えることもできる．このときには，壺がどちらの色が過半数であるかは識別不可能である．そこで，実際

---

[1] 学生に確率に対するこの宣言を信じてもらうことが重要である．そのため，必要に応じて，実験者は二つの空の壺を用意して，実際に，一方の壺に2個の赤いビー玉と1個の青いビー玉を入れ，他方の壺に1個の赤いビー玉と2個の青いビー玉を入れて，二つの壺のいずれの壺も等確率（50%の確率）でランダムに選ぶことにする．そして，それが実験で試用する壺であるとする．

に見た色に重きを置いて推測し，自身の見た色を発表すると仮定する．したがって，最初の学生が発表した色と2番目の学生が見た色が異なるときにも，自身の見た色を発表する．すなわち，2番目の学生は，どちらの色を見ても，自身の見た色を発表することになる．

- **3番目の学生** ここから面白くなり始める．最初の2人の学生が異なる色を発表したときには，3番目の学生は，最初の2人の発表と自分が取り出して見た色を考慮して，多いほうの色となる自身の見た色が過半数であると推測して発表する．

  次に，最初の2人が発表した色が同じであったときを考える．対称性から，最初の2人が発表した色が青であったとする．そして，3番目の学生が壺から取り出して見た色が赤であったとする．上で述べたように，最初の2人の発表は実際に見た色であるので，3番目の学生は，壺からビー玉を取り出してその色を見て壺に返す試行を3回続け，最初と2度目がともに青で，3度目が赤であったと考えることもできる．したがって，3人目の学生は，2回の青と1回の赤から，自分の見た色の情報を無視して，壺は"青が過半数"であると推測して発表すると考えられる．

  より一般的には，最初の2人の発表が同じ色であるときには，3番目の学生は，自分の見た色の情報を"無視して"，最初の2人が発表した色を発表する．そして，教室にいる他の全員は，この発表を聞くだけで，実際に3番目の学生が見た色が何であるかはわからない．

  したがって，このときに情報カスケードは始まったと見なせる．すなわち，最初の2人の発表が同じ色であるときには，3番目の学生は，壺から取り出して見た色がどちらであっても，自身の個人情報に関係なく，最初の2人が発表した色を発表する．

- **4番目以降の学生** 直観的な議論を展開するために，3番目の学生での上記の"面白い"ケースに限定して考える．すなわち，最初の2人の発表が同じ色（対称性から青とする）であるときに限定して考える．このとき，3番目の学生は，壺から取り出して見た色がどちらであっても，最初の2人が発表した色である青を発表することを議論した．

  そこで，青という前の3人の発表を聞いた4番目の学生に順番が回ってきたとする．最初の2人の学生は見たとおりの色を発表していることを，4番目の学生は知っている．さらに，3番目の学生は，壺から取り出して見た色がどちらであっても最初の2人が発表した青を発表していて，実際に見た色の情報が発表に正確には反映されていないことも知っている．

  その結果，4番目の学生は，意思決定の観点からは，3番目の学生とまったく同じ状況になる．すなわち，4番目の学生は，壺から取り出して見た色がどちらであっても，最初の2人の学生が発表した青をより重要視して，青と発表することになる．

  これは，これ以降の学生すべてに当てはまる．すなわち，最初の2人の発表が青のときには，それ以降の学生も全員が青と発表することになる．もちろん対称性から，最初の2人の発表が赤のときには，それ以降の学生も全員が赤と発表することになる．したがって，情報カスケードが続くことになる．もちろん，その後ずっと青いビー玉が取り出され続けたという幻想を抱く者は誰一人としていない．しかし，それでも，最初の2人の発表が青のときには，それ以降の学生の発表は意味のないものと

なり，したがって，いずれの人も，限定された視野のもとで利用可能な情報に，完全に頼ることが最善な戦略となる．

次節で，この実験での学生による不確実性のもとでの発表の，正当性を与える意思決定モデルを議論する．これまでは，可能性のあるすべての事例，たとえば，6番目の学生が"青，赤，赤，青，青"という発表を聞いたときにどうすべきか？などを議論してきたわけではないが，次節のモデルは，より一般的に，どのような系列の発表に対しても次に出される発表を予測するものとなる．

しかし，本節では，最初の二つの発表が同じである限りカスケードが起こるという，特殊なシナリオについて考えることにする．この設定はきわめて型にはめられているものの，情報カスケードについての一般的な原理をいくつか教えてくれる．第一に，適切な構造的条件が整えば，カスケードはきわめて容易に起こりうることを示している．さらに，すべての意思決定者が完全に合理的に判断するときでも，多数の学生からなるグループの誰もが同一の発表を行うという意思決定の奇怪なパターンも示している．

第二に，情報カスケードは最適でない結果に至ることもありうることを示している．たとえば，壺は赤が過半数であるとする．すると，最初の学生が青のビー玉を取り出す確率は $\frac{1}{3}$ であり，2番目の学生が青のビー玉を取り出す確率も $\frac{1}{3}$ である．これらの試行は独立であるので，両者とも青のビー玉を取り出す確率は $\frac{1}{3} \times \frac{1}{3} = \frac{1}{9}$ となる．そしてこのとき，最初の2人の発表はともに青となる．したがって，上で議論したように，それ以降の発表はすべて青となるので，これらの発表（推測）はすべて誤答となる．この $\frac{1}{9}$ の確率で生じる集団全体の誤答は，被験者を多くしても，改善できないものである．最初の2人の発表がともに青であるときには，集団がどれだけ大きくなっても，合理的な意思決定のもとでは，誰もが青と発表することになるからである．

第三に，カスケードの同一の行動が長期にわたる可能性があるにもかかわらず，それは基本的に非常にもろいものでありうることを，この実験は示している．たとえば，被験者が100人の学生からなり，最初の2人の発表がともに青であったとする．したがって，それ以降の発表は，予想どおりに青となる．ここで，50番目の学生と51番目の学生が，壺から取り出したビー玉がともに赤であり，"不正"を行って，他の全員にそれらのビー玉を見せてしまったとする．すると，これまで観察されていたカスケードは終了することになる．52番目の学生が壺からビー玉を取り出して色を見るときには，本物の情報が4個あることになる．すなわち，1番目と2番目の学生が発表した色と50番目と51番目の学生が見せた色はすべて本物である．これらは2個が青で2個が赤であるので，52番目の学生は，2個と2個の同数個に自身の見た色を加えることによりその色が過半数になるので，自身の見た色を発表することになる．

最初の49個の青の発表をサポートする情報がきわめてわずかであることを誰もが知っていたので，新情報の新たな注入により，それがもろくもひっくり返ったという点が重要である．これが情報カスケードの本質的なもろさなのである．長期間にわたって続いたあとでも，それはわずかな作用でひっくり返されうる[2]．

---

[2] すべての模倣効果が容易にひっくり返されるわけではない点に注意することも重要である．次章で眺めるように，たとえば，直接的利益の効果に基づく模倣は，それが進行中であるときには，ひっくり返すのが非常に困難になりうる．

このスタイルの実験は，これ以降も多数行われて，重要な研究成果がかなり得られた．そして，実際的な実験の条件のもとで，被験者がどこまでこの種の振る舞いに従うかを理解することは，きわめて困難な問題であることがわかった [100, 223]．しかし，本節では，ある制御された設定のもとで，情報カスケードの基本的な特性のいくらかを鮮明に説明できることを，実験の単純な説明で示すことが主な目的であった．これらの基本的な特性がいくつか得られたので，次は，カスケードが進行中の意思決定について，正確に推論することが可能となるモデルの定式化に移る．

16.3　ベイズの法則：不確実性のもとでの意思決定モデル

情報カスケードがどのようにして起こるのかを解明するための数学的モデルを構築しようとすると，たとえば「下調べしてきたレストランのレビューに基づいてレストランに到着し，目標のレストランと隣のレストランにいる客を見たとき，目標のレストランがより良いレストランである確率はどのようにして求められるか？」とか，「これまでに聞いた発表と自身が壺から取り出して見た色をもとにして，赤が過半数である確率はどのようにして求められるか」というような質問が必然的に関係してくる．言い換えると，観察される情報を与えられて，ある事象が起こる確率を決定する方法が必要となる．

条件付き確率とベイズの法則　様々な**事象** (event) が起こる確率を計算し，意思決定の推論にこれらの確率を用いることにする．16.2 節の実験の内容では，"壺の中は青が過半数である"とか，"最初の学生が取り出すビー玉の色は青である"などが事象である．任意の事象 A に対して，事象 A が起こる確率を Pr [A] と書くことにする．事象が起こるかどうかは，たとえば，どちらの壺が教室の前に置かれたかとか，何色のビー玉が学生に取り出されたかといった，あるランダムな結果からなる集合による．そこで，大きな**標本空間** (sample space) を取り上げ，標本空間の各点が，これらのランダムな結果のそれぞれを表現すると考える．

与えられた標本空間に対して，事象は図 16.1 のように図示できる．1 単位の面積を持つ長方形が全体の可能な結果の集合である標本空間を表し，事象 A は，事象 A が起こるときに得られる結果の集合として，標本空間の部分集合の領域で表される．この図では，A の確率はこの領域の面積と一致する．二つの事象の関係も同様に図示できる．図 16.1 には，二つの事象の A と B があり，それらの共通部分は，A と B が同時に起こる事象に対応する．この事象は A と B の共通事象であり，A∩B と表記される．

本節の最初に述べた質問例について考えるときには，事象 A の確率について話すだけでは不十分であることがわかる．むしろ，"他の事象 B が起こったとして"，そのときに事象 A の起こる確率を考えることが必要である．たとえば，A は 16.2 節の実験で青が過半数の壺である事象であり，B は次の番の学生が壺から取り出したビー玉の色が青である事象であるとする．すると，この値は，"与えられた B のもとで A が起こる"**条件付き確率** (conditional probability) と呼ばれ，Pr [A | B] と表記される．このときも，図 16.1 の視覚

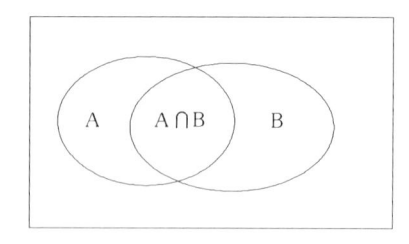

図 16.1　標本空間における二つの事象 A, B と，その共通事象 A ∩ B.

的な表現が役立つ．与えられた B のもとで A が起こる条件付き確率を決定するときには，B に対応する標本空間の部分に標本空間を限定するものとする．そして，A にも含まれる（すなわち，共通部分の A ∩ B に含まれる）確率を決定すればよい．したがって，この値は，領域 B における領域 A ∩ B の面積の割合となり，

$$\Pr[A \mid B] = \frac{\Pr[A \cap B]}{\Pr[B]} \tag{16.1}$$

と定義される．同様に，与えられた A のもとで B が起こる条件付き確率は，

$$\Pr[B \mid A] = \frac{\Pr[B \cap A]}{\Pr[A]} = \frac{\Pr[A \cap B]}{\Pr[A]} \tag{16.2}$$

と定義される．なお，2 番目の等式は，A ∩ B と B ∩ A が同じ集合であることから得られる．

式 (16.1) と式 (16.2) を書き換えると，

$$\Pr[A \mid B] \times \Pr[B] = \Pr[A \cap B] = \Pr[B \mid A] \times \Pr[A] \tag{16.3}$$

となり，Pr [B] で割ると，

$$\Pr[A \mid B] = \frac{\Pr[A] \times \Pr[B \mid A]}{\Pr[B]} \tag{16.4}$$

が得られる．式 (16.4) は，**ベイズの法則** (Bayes' rule) と呼ばれる．ベイズの法則に関係して役に立つ用語が，ほかにも少しある．事象 A の確率に対する事象 B の効果を明らかにしたいときには，Pr [A] を A の**事前確率** (prior probability) と呼ぶ．B が起こったかどうかについて何も知らないときに，A の確率を理解することに対応するからである．さらに，これに対応して，Pr [A | B] は，B が与えられたときに A が起こる**事後確率** (posterior probability) と呼ばれることもある．B が起こったことを知っていて，A の確率を理解することに対応するからである．したがって，B を知っていることによる効果は，式 (16.4) を用いて，A の事前確率から A の事後確率への変化として把握できる．

ベイズの法則の例　以前に注意したように，意思決定者は，個人的な情報を受け取り，同時に他の人の意思決定を観察したという事象が "与えられた" という条件のもとで，ある選択が最善である確率を査定するときにベイズの法則が適用できる．ベイズの法則に慣れるには，それがどのような形で適用されるかを，簡単な例を通して確かめるのがよいであろう．

目撃者証言に関係する例を取り上げる．ある都市では，タクシーの 80% が黒で，残りの 20% が黄色であるとする．タクシーによるひき逃げ事故が起き，目撃者が該当のタク

シーは黄色であったと証言したとする．目撃者がタクシーの色をときどき誤認するという点で，目撃者の証言は完全ではないとする．そこで，タクシーが黄色のときには，目撃者は80%の確率で黄色であると証言するとする．タクシーが黒のときには，目撃者は80%の確率で黒であると証言するとする．

したがって，目撃者証言の解釈は，あるレベルでは，条件付き確率の問題であると考えることができる．すなわち，「目撃者証言が黄色であることが与えられたときに，タクシーが黄色である（または黒である）確率はいくらか？」という問題と考えられる．ここで，タクシーの本当の色を"真実"と書き，証言されたタクシーの色を"証言"と書くことにする．さらに，黄色を"黄"と書くことにする．すると，Pr[真実 = 黄 | 証言 = 黄]の値を求めようとしていることになる．

手もとにある情報から，この質問に対する答えは直接的には得られない．しかし，ベイズの法則を用いて答えを決定することができる．Aは事象"真実 = 黄"であり，Bは事象"証言 = 黄"であるとして，式(16.4)を適用すると，

$$\Pr[\text{真実} = \text{黄} | \text{証言} = \text{黄}] = \frac{\Pr[\text{真実} = \text{黄}] \times \Pr[\text{証言} = \text{黄} | \text{真実} = \text{黄}]}{\Pr[\text{証言} = \text{黄}]} \quad (16.5)$$

となる．ここで，上で述べたように，Pr[証言 = 黄 | 真実 = 黄]は0.8である（これは目撃者証言の正確さである）．さらに，Pr[真実 = 黄]は0.2である（これは黄色のタクシーの割合であり，事象"真実 = 黄"の事前確率となる）．分母も，以下のように，少し作業するだけで計算できる．タクシーが黄色であると目撃者が報告するケースは2通りある．タクシーが実際に黄色であって黄色と報告するケースと，タクシーが実際には黒であって黄色と報告するケースである．タクシーが実際に黄色であって黄色と報告する確率は，

$$\Pr[\text{真実} = \text{黄}] \times \Pr[\text{証言} = \text{黄} | \text{真実} = \text{黄}] = 0.2 \times 0.8 = 0.16$$

となり，タクシーが実際には黒であって黄色と報告する確率は，

$$\Pr[\text{真実} = \text{黒}] \times \Pr[\text{証言} = \text{黄} | \text{真実} = \text{黒}] = 0.8 \times 0.2 = 0.16$$

となる．黄色と報告する確率はこれらの二つの確率の和となり，

$$\begin{aligned}\Pr[\text{証言} = \text{黄}] &= \Pr[\text{真実} = \text{黄}] \times \Pr[\text{証言} = \text{黄} | \text{真実} = \text{黄}] \\ &+ \Pr[\text{真実} = \text{黒}] \times \Pr[\text{証言} = \text{黄} | \text{真実} = \text{黒}] \\ &= 0.2 \times 0.8 + 0.8 \times 0.2 = 0.32\end{aligned}$$

が得られる．これらのすべてを式(16.5)に代入すると，

$$\begin{aligned}\Pr[\text{真実} = \text{黄} | \text{証言} = \text{黄}] &= \frac{\Pr[\text{真実} = \text{黄}] \times \Pr[\text{証言} = \text{黄} | \text{真実} = \text{黄}]}{\Pr[\text{証言} = \text{黄}]} \\ &= \frac{0.2 \times 0.8}{0.32} = 0.5\end{aligned}$$

が得られる．

したがって，タクシーが黄色であったと目撃者が証言したときには，実際には，タクシーが黄色である確率と黒である確率は等しく，ともに0.5となる．黒の車と黄色の車の

台数は，0.8 対 0.2 の割合であり，何の情報もないときには黒の車が圧倒的に多いので，目撃者の証言は事故に関与したタクシーの色に対して，本質的な効果をもたらしたと見なせる．しかし，その証言は，事故に関与したタクシーが，黒ではなく，黄色であったと確信できるほどのものでもないと言える[3]．

2番目の例：スパムフィルタリング　タクシーの例からわかるように，ベイズの法則は，観察から結論を導き出すための基本的な方法であるので，広範にわたる様々な設定で用いられている．非常に大きい影響力を有する一つの応用として，E メールのスパムフィルター，すなわち，ユーザーの受信メールから受け取りたくないメールを自動的に除去する機能が挙げられる．ベイズの法則は，第 1 世代のスパムフィルターの重要な概念要素であったが，現在も多くのスパムフィルターの基本的な構成要素の一部として用いられている [187]．

ベイズの法則とスパムフィルターの関係は，以下の例を通して，十分に理解することができる．件名の欄に（多くのスパムメールに含まれるフレーズである）"check this out"（これをチェックして下さい）というフレーズの含まれている E メールを受け取ったとする．（送信者やメールの内容を見ることなく）これだけに基づいてスパムと判断すると，スパムであるメールはどの程度検出できるのであろうか？

これは，すでに条件付き確率についての質問になっている．すなわち，

$$\Pr[\text{メールはスパムである} \mid \text{件名に check this out というフレーズが含まれる}]$$

の値が問題になっている．この等式を見やすくするために，"メールはスパムである"を"スパム"と省略し，"メールはスパムでない"を"スパムでない"と省略し，"件名に check this out というフレーズが含まれる"を "check this out" と省略することにする．したがって，

$$\Pr[\text{スパム} \mid \text{check this out}]$$

の値を求めたいことになる．この値を決定するには，受信する E メールと件名での check this out のフレーズの一般的な利用について，いくつかのことを知ることが必要になる．そこで，受信する E メールの 40% がスパムであり，残りの 60% が本当に受信したい E メールであるとする．さらに，スパムメールの 1% が件名に check this out というフレーズを含み，スパムでないメールの 0.4% が件名に check this out というフレーズを含むものとする．これらを確率を用いて表すと，以下のように書ける．まず，$\Pr[\text{スパム}] = 0.4$ である．これは，受信するメールがスパムである事前確率（すなわち，メール自身に基づく事象に何も条件付けていない確率）である．さらに，

$$\Pr[\text{check this out} \mid \text{スパム}] = 0.01$$

---

[3] Kahneman and Tversky [231] は，同様の例で実験を行った．そこでは，人々がときにはベイズの法則に従う行動をしないこともあることが示されている．彼らの実験では，被験者は観察されたことに重きを置きすぎ，事前確率を軽んじすぎたのである．行動の予測（発表）における誤答効果とカスケードにおける後続の効果は，興味深いトピックである．しかし，ここではそれを取り上げることはしない．

かつ

$$\Pr[\text{check this out} \mid \text{スパムでない}] = 0.004$$

と書ける．ここまで来ると，状況は事故の目撃者証言における計算の状況とまったく同じになっている．したがって，ベイズの法則を用いると，

$$\Pr[\text{スパム} \mid \text{check this out}] = \frac{\Pr[\text{スパム}] \times \Pr[\text{check this out} \mid \text{スパム}]}{\Pr[\text{check this out}]}$$

と書ける．これまでにわかったことに基づいて，分子は $0.4 \times 0.01 = 0.004$ となる．分母は，タクシーの例での計算のように，check this out を含むメールが，スパムであるメールとスパムでないメールの2通りあることに注意して計算する．したがって，

$$\begin{aligned}\Pr[\text{check this out}] &= \Pr[\text{スパム}] \times \Pr[\text{check this out} \mid \text{スパム}] \\ &\quad + \Pr[\text{スパムでない}] \times \Pr[\text{check this out} \mid \text{スパムでない}] \\ &= 0.4 \times 0.01 + 0.6 \times 0.004 = 0.0064\end{aligned}$$

となる．分子を分母で割って，

$$\Pr[\text{スパム} \mid \text{check this out}] = \frac{0.004}{0.0064} = \frac{5}{8} = 0.625$$

の答えが得られる．以上より，（この例では）スパムが受信メールの半分未満であるにもかかわらず，件名に check this out というフレーズを含むメールは，これ以外に情報がないときには，スパムである確率がスパムでない確率よりも高いことがわかる．

したがって，メールの件名にこのフレーズを含むときには，そのメールがスパムである根拠の弱い"兆候"があると考えることができる．実際の応用では，ベイズの法則に基づくスパムフィルターは，各メールに含まれる様々な兆候を探し求めて，スパムを検出している．すなわち，メール本体に含まれる単語，件名に含まれる単語，送信者の特徴（知人か，使用している E メールアドレス），メールを作成したメールソフトの特徴，およびその他の特徴などからの兆候も探し出して，スパム検出に利用している．各兆候からスパムであるかないかを評価する指標が得られ，それらの指標を総合的に組み合わせて，スパムフィルターは，受信したメールがスパムであるかどうかを推測している．したがって，たとえば，毎日メールを交換している人から来たメールでは，送信者の特徴からメールがスパムでないことが強く示唆され，件名に check this out というフレーズがあったにしても，そちらが優先されるのである．

16.4　情報カスケードの実験におけるベイズの法則

壺とビー玉を使った 16.2 節の単純な情報カスケードの実験で学生が用いた推論を，ベイズの法則で正当化しよう．最初に，各学生の意思決定は，本質的には条件付き確率の計算に基づいていることに注意しよう．すなわち，各学生は，これまでに聞いたことおよび見

たことが与えられて，青が過半数である確率（条件付き確率），あるいは赤が過半数である確率（条件付き確率）を評価していたのである．正しく推測（発表）して褒美をもらえる確率を最大化するためには，

$$\Pr[\text{青が過半数} \mid \text{これまで自分が見聞したこと}] > \frac{1}{2}$$

のときには，壺は青が過半数であると推測（発表）すべきであり，そうでないとき，すなわち，

$$\Pr[\text{赤が過半数} \mid \text{これまで自分が見聞したこと}] > \frac{1}{2}$$

のときには，壺は赤が過半数であると推測（発表）すべきである．さらに，二つの確率が正確に 0.5 で等しいときには，どちらの推測（発表）でもかまわない．

実験の設定から，壺からビー玉を誰も取り出さないうちから，以下のことが成立することがわかっている．青が過半数である事前確率と赤が過半数である事前確率は，ともに $\frac{1}{2}$ である．すなわち，

$$\Pr[\text{青が過半数}] = \Pr[\text{赤が過半数}] = \frac{1}{2}$$

である．さらに，2 種類の壺の構成から，青が過半数の壺から取り出すビー玉の色が青である確率と，赤が過半数の壺から取り出すビー玉の色が赤である確率は，

$$\Pr[\text{青} \mid \text{青が過半数}] = \Pr[\text{赤} \mid \text{赤が過半数}] = \frac{2}{3}$$

である．

ここで，16.2 節のシナリオに従い，最初の学生は青のビー玉を取り出したとする．したがって，$\Pr[\text{青が過半数} \mid \text{青}]$ を決定したいことになる．16.3 節の例で述べたように，これは，ベイズの法則を用いると，

$$\Pr[\text{青が過半数} \mid \text{青}] = \frac{\Pr[\text{青が過半数}] \times \Pr[\text{青} \mid \text{青が過半数}]}{\Pr[\text{青}]} \tag{16.6}$$

と書ける．したがって，分子は $\frac{1}{2} \times \frac{2}{3} = \frac{1}{3}$ となる．一方，分母に対しては，16.3 節でも述べたように，青いビー玉は 2 通りの方法で達成することができる．すなわち，青が過半数の壺から取り出されるときと，赤が過半数の壺から取り出されるときの 2 通りである．これに注意すると，

$$\begin{aligned}\Pr[\text{青}] &= \Pr[\text{青が過半数}] \times \Pr[\text{青} \mid \text{青が過半数}] \\ &\quad + \Pr[\text{赤が過半数}] \times \Pr[\text{青} \mid \text{赤が過半数}] \\ &= \frac{1}{2} \times \frac{2}{3} + \frac{1}{2} \times \frac{1}{3} = \frac{1}{2}\end{aligned}$$

が得られる．この実験では赤と青の役割が完全に対称的であるので，この答えの $\Pr[\text{青}] = \frac{1}{2}$ は当然であるとも言える．

分子を分母で割って，

$$\Pr[\text{青が過半数} \mid \text{青}] = \frac{1/3}{1/2} = \frac{2}{3}$$

が得られる．この条件付き確率は $\frac{1}{2}$ より大きいので，最初の学生は，青のビー玉を取り出したときには，壺は青が過半数であると答えるという直観に合致する結果が得られる．ベイズの法則は，推測に対する基礎を与えるだけでなく，その推測の正しい確率，すなわち $\frac{2}{3}$ も与えていることに注意しよう．

2番目の学生に対する計算もほとんど同様にできるので，それは省略して，3番目の学生に対してカスケードが起こる計算に移ることにする．16.2節で述べたシナリオのように，最初の2人の学生が青の推測（発表）をし，3番目の学生が赤いビー玉を取り出したとする．そこでも議論したように，最初の二つの推測（発表）は本物の情報を表現しているので，3番目の学生は，壺からビー玉を取り出して見て戻す試行を3回実行したのと同等の経験をしている．すなわち，青，青，赤が3回の試行の結果であることがわかっている．したがって，壺がどちらかを推測するために，

$$\Pr[\text{青が過半数} \mid \text{青，青，赤}]$$

を決定したいことになる．これは，ベイズの法則を用いると，

$$\Pr[\text{青が過半数} \mid \text{青，青，赤}] = \frac{\Pr[\text{青が過半数}] \times \Pr[\text{青，青，赤} \mid \text{青が過半数}]}{\Pr[\text{青，青，赤}]} \tag{16.7}$$

と書ける．壺からビー玉の3回の取り出しは独立であるので，確率 $\Pr[\text{青，青，赤} \mid \text{青が過半数}]$ は，各試行で取り出したビー玉の色となる確率の三つの積になるので，

$$\Pr[\text{青，青，赤} \mid \text{青が過半数}] = \frac{2}{3} \times \frac{2}{3} \times \frac{1}{3} = \frac{4}{27}$$

となる．$\Pr[\text{青，青，赤}]$ は，これまでと同様に，青が過半数の壺と赤が過半数の壺の2通りの方法でこの系列が起こることを考えて，

$$\begin{aligned}\Pr[\text{青，青，赤}] &= \Pr[\text{青が過半数}] \times \Pr[\text{青，青，赤} \mid \text{青が過半数}] \\ &\quad + \Pr[\text{赤が過半数}] \times \Pr[\text{青，青，赤} \mid \text{赤が過半数}] \\ &= \frac{1}{2} \times \frac{2}{3} \times \frac{2}{3} \times \frac{1}{3} + \frac{1}{2} \times \frac{1}{3} \times \frac{1}{3} \times \frac{2}{3} = \frac{6}{54} = \frac{1}{9}\end{aligned}$$

となる．これらを式 (16.7) に代入して，

$$\Pr[\text{青が過半数} \mid \text{青，青，赤}] = \frac{\frac{1}{2} \times \frac{4}{27}}{\frac{1}{9}} = \frac{2}{3}$$

が得られる．したがって，3番目の学生は，青が過半数と推測して答えるのがよいことになる（それが正しい答えになる確率は $\frac{2}{3}$ である）．この結果は，3番目の学生が前の二つの青の推測（発表）を聞き，自身の見た赤の情報を無視して青が過半数と推測（発表）するという，16.2節の直観的な観察を正当化するものである．

最後に，壺からの3回の取り出しがこのような結果になってしまうと，その後の4番目以降の学生は，3番目の学生とまったく同じ情報を持つことになり，同一の計算を実行して青が過半数と推測（発表）するという，情報カスケードが結果として生じることになる．

16.5 カスケードの単純な一般的モデル

16.2節のカスケードの実験を動機付けとして用いた理由に戻ることにしよう．その実験は，人々が，前の人の意思決定の結果を観察し，さらに自身の個人的な情報を組み合わせて，時系列的に意思決定をする状況の典型的な例となっている．そこで，このような状況を一般的に表現するモデルを定式化することにする．そして，この一般的なモデルにおいて，参加する人数が無限大に近づくにつれてカスケードが起こる確率が1に近づいていくことを，ベイズの法則を用いて示す．

モデルの定式化 逐次的に意思決定を行う人（1, 2, 3,…と番号付けられているとする）の集合を考える．番号1の人が最初に意思決定を行い，次に番号2の人が意思決定し，以下同様に，番号順に意思決定をしていくとする．意思決定は，ある選択肢を"受諾する"か"拒否する"かのいずれかであるとする．この決定には，たとえば，新技術を採用するかどうかとか，新しいファッションの服を着るかどうかとか，新しいレストランで食事をするかどうかとか，犯罪を犯すか犯さないかとか，特別な政党の候補者に投票するかどうかとか，目的地への二つのルートのどちらを選ぶかなどが挙げられる．

第一の構成要素：世界の状態 誰も意思決定をしていない最初の出発時点で，世界は二つの可能な"状態"からランダムに選ばれた状態であるとする．二つの可能性から選ばれた状態は，実際に良い選択である状態と実際に悪い選択である状態のいずれかである．世界の状態は，最初のランダムな事象で決定され，決定された状態を誰も観察することはできないと考える．そして，各人がその後の観察を通して，その状態を推論して結論を出していくものとする．たとえば，世界は，新しいレストランが良い選択の状態であるか悪い選択の状態であるという世界である．そして，このモデルで意思決定を行う誰もが，世界は二つの状態からランダムに選ばれていることを知っていて，それを当てようとしている．

二つの状態である良い選択の状態と悪い選択の状態を，それぞれGとBで表すことにする．さらに，最初に世界に対してGあるいはBの状態をランダムに割り当てる事象において，Gとなる確率はpであり，Bとなる確率は$1-p$であることを，誰もが知っているとする．

2番目の構成要素：利得 誰もが，選択肢を受諾するか拒否するかの意思決定に基づいて，利得を受け取る．選択肢を拒否すると受け取る利得は0となる．選択肢を受諾するときに受け取る利得は，選択肢が良い選択であるか悪い選択であるかによる．選択肢が良い選択であるときには，それを受諾することで受け取れる利得v_gは正で$v_g > 0$となり，選択肢が悪い選択であるときには，それを受諾することで受け取れる利得v_bは負で$v_b < 0$となると考える．さらに，他の情報がないときには，選択肢を受諾して受け取れる利得の期待値は0であると仮定する．したがって，$v_g p + v_b(1-p) = 0$となる．すなわち，各個人が追加の情報を得る以前は，選択肢を受諾して受け取れる利得の期待値は，選択肢を拒

状態

		B	G
シグナル	L	q	$1-q$
	H	$1-q$	q

図16.2 二つの可能な世界の状態（GとB）の関数として，低シグナルLと高シグナルHを受け取る確率．

否して受け取れる利得と等しくなる．

3番目の構成要素：シグナル 利得に加えて，個人的な情報の効果もモデルに組み込むことにする．最初の意思決定が行われる前に，各個人は，選択肢の受諾が良い選択であるか悪い選択であるかを示唆する情報である"個人的なシグナル"を受け取る．個人的なシグナルは，選択肢の受諾が良い選択であるという単なる事前確率 p 以外にも，その個人が偶然に知りうる個人的な情報をモデル化できるようにするために設計されたものである．（個人的な情報を手にしたあとでも，各個人に不確実性が存在することをモデル化しているので）個人的なシグナルは意思決定のための完全な情報を与えるものではないが，役立つ情報となる．具体的には，可能なシグナルは以下の2種類である．選択肢の受諾が良い選択であることを示唆する"高シグナル"と，悪い選択であることを示唆する"低シグナル"である．以下では，高シグナルをHと表記し，低シグナルをLと表記する．したがって，選択肢の受諾が実際に良い選択であるときには，高シグナルのHが低シグナルのLより頻繁に生じることになる．すなわち，選択肢の受諾が実際に良い選択であるときには，$\Pr[H \mid G] = q > \frac{1}{2}$ かつ $\Pr[L \mid G] = 1-q < \frac{1}{2}$ が成立する．同様に，選択肢の受諾が実際に悪い選択であるときには，低シグナルのLが高シグナルのHより頻繁に生じて，同じ値の $q > \frac{1}{2}$ に対して，$\Pr[L \mid B] = q$ かつ $\Pr[H \mid B] = 1-q$ が成立する．図16.2にこのことをまとめている．

16.2節の情報カスケードの実験が，より抽象的なこのモデルの特性を，どのように満たしているかを確かめることは大切である．教室の前に置かれた壺における世界の可能な二つの状態では，青が過半数であることが一つの状態であり，赤が過半数であることがもう一つの状態である．そこで，"青が過半数であると発表する"ことを"選択肢を受諾する"ことと考える[4]．これは，実際に壺が青が過半数であるときには良い選択であり，そうでないときには悪い選択である．選択肢を受諾することが良い選択である事前確率は $p = \frac{1}{2}$ である．この実験における個人情報は，各個人が取り出したビー玉の色である．その色が青のとき，それは"高シグナル"であり，$\Pr[H \mid G] = \Pr[青 \mid 青が過半数] = q = \frac{2}{3}$ である．

同様に，最初の節で取り上げた二つのレストランの例でも考えてみよう．そこで，"レストランAを選択する"ことを"選択肢を受諾する"ことと考える．これは，レストランAがレストランBより実際に良いレストランであるときには良い選択であり，そうでないときには悪い選択である．個人情報は，各個人がレストランAに対する下調べで読んだ評価であり，それがレストランBに対する評価より良く書かれたものであるときには"高

---

[4] 【訳注】ここでは"青が過半数である"が対象の選択肢であるので，"赤が過半数であると発表する"は"選択肢を拒否する"ことになる．"赤が過半数である"を選択肢としても，同様の議論を展開できる．

シグナル" である（そうでないときには "低シグナル" である）．したがって，レストランAを選ぶことが実際に良いことであるときには，高シグナルに対応する評価が多くなり，$\Pr[H \mid G] = q > \frac{1}{2}$ となる．

個人の意思決定　各個人がどのようにして選択肢の受諾・拒否の意思決定をするのかをモデル化する．最初に，個人情報に基づいてのみ意思決定をするときを取り上げる．その後に，その人よりも前に意思決定した人の行動を観察して，それがその人の意思決定に及ぼす効果を考える．

順番が回ってきた個人が高シグナルを受け取っているとする．すると，これにより，利得の期待値は，$v_g \Pr[G] + v_b \Pr[B] = 0$ から $v_g \Pr[G \mid H] + v_b \Pr[B \mid H]$ へと変わる．この新しい期待値をより具体的にするために，ベイズの法則を用いる．その計算は，前節までの計算と同様に行えるので，

$$
\begin{aligned}
\Pr[G \mid H] &= \frac{\Pr[G] \times \Pr[H \mid G]}{\Pr[H]} \\
&= \frac{\Pr[G] \times \Pr[H \mid G]}{\Pr[G] \times \Pr[H \mid G] + \Pr[B] \cdot \Pr[H \mid B]} \\
&= \frac{pq}{pq + (1-p)(1-q)} \\
&> p
\end{aligned}
$$

が得られる．なお，1行目の右辺の分母の $\Pr[H]$ は，（選択肢を受諾するのが良い選択であるか悪い選択であるかの）2通りの方法で高シグナルHが得られるので，それを考慮して展開することで，第2行目の分母になっている．最後の不等式は，分母で $pq + (1-p)(1-q) < pq + (1-p)q = q$ が成立することから得られる．

この結果は当然である．選択肢を受諾することが良い選択のときには，選択肢を受諾することが悪い選択のときより高シグナルHが多くなり，したがって，各個人は高シグナルHを観察すると，選択肢の受諾が良い選択である確率の評価を高めることになるからである．結果として，利得の期待値はゼロから正の値に変わるので，選択肢を受諾すべきとなる．

個人が低シグナルLを受け取るときにも完全に対称的に示せるので，選択肢を拒否すべきとなる．

複数のシグナル　人々がどのようにして逐次進行的に意思決定を行うかを推論する際に重要となるのが，各個人が多数のシグナルをどのように利用するかを理解することである．そのことは，情報カスケードの実験からもすでにわかっている．独立に生成された a 個の高シグナルと b 個の低シグナルがある形式で組み合わされた系列 S が手に入ったときに各個人が行う意思決定を，ベイズの法則を用いて直接推論することも困難ではない．以下の事実を導き出して，これを行うことにする．

(i) $a > b$ のときには，事後確率 $\Pr[G \mid S]$ は事前確率 $\Pr[G]$ より大きい．
(ii) $a < b$ のときには，事後確率 $\Pr[G \mid S]$ は事前確率 $\Pr[G]$ より小さい．

(iii) $a = b$ のときには，事後確率 $\Pr[G \mid S]$ と事前確率 $\Pr[G]$ は等しい．

結果として，各個人は，受け取るシグナルのうちで，高シグナルが低シグナルより多いときには選択肢を受諾すべきであり，高シグナルが低シグナルより少ないときには選択肢を拒否すべきである．さらに，高シグナルと低シグナルが同じ個数のときには，選択肢を受諾することと拒否することの良さは識別不可能である．すなわち，このように単純な設定のシグナルの系列では，受け取るシグナルの多さに基づいて，意思決定ができることになる．

本節の残りの部分では，上記の (i)〜(iii) の事実の正当性を，ベイズの法則と簡単な計算を用いて示す．次節では，カスケードモデルにおける逐次意思決定が，これらの事実から帰結できることについて探究する．

a 個の高シグナルと b 個の低シグナルからなるシグナル列 S に対して，ベイズの法則を適用すると，

$$\Pr[G \mid S] = \frac{\Pr[G] \times \Pr[S \mid G]}{\Pr[S]} \tag{16.8}$$

となる．シグナルが独立に生成されているので，分子の $\Pr[S \mid G]$ は，それぞれのシグナルが生成される確率の積になる．したがって，q の a 個の積と $(1-q)$ の b 個の積となり，$\Pr[S \mid G] = q^a(1-q)^b$ となる．

S は，選択肢の受諾が良い選択であるときと，選択肢の受諾が悪い選択であるときの 2 通りで起こるので，$\Pr[S]$ は，

$$\begin{aligned}\Pr[S] &= \Pr[G] \times \Pr[S \mid G] + \Pr[B] \times \Pr[S \mid B] \\ &= pq^a(1-q)^b + (1-p)(1-q)^a q^b\end{aligned}$$

と計算できる．これらを式 (16.8) に代入すると，

$$\Pr[G \mid S] = \frac{pq^a(1-q)^b}{pq^a(1-q)^b + (1-p)(1-q)^a q^b}$$

が得られる．ここで知りたいことは，この式の値と p との大小関係である．これは，以下のように答えることができる．まず，分母の第 2 項を $(1-p)q^a(1-q)^b$ で置き換えると，分母は $pq^a(1-q)^b + (1-p)q^a(1-q)^b = q^a(1-q)^b$ となり，全体の式の値は

$$\frac{pq^a(1-q)^b}{q^a(1-q)^b} = p$$

となる．すなわち，この置き換えによって分母が小さくなるか大きくなるかが問題となる．

(i) $a > b$ のときには，この置き換えによって分母は大きくなる．$q > \frac{1}{2}$ であり，q の積の個数が $1-q$ の積の個数より多くなるからである．したがって，分母が大きくなることから，全体の式の値は小さくなって p となるので，$\Pr[G \mid S] > p = \Pr[G]$ が得られる．

(ii) $a < b$ のときには，対称的な議論ができる．したがって，この置き換えによって分母は小さくなり，全体の式の値は大きくなって p となるので，$\Pr[G \mid S] < p = \Pr[G]$ が得られる．

(iii) 最後に，$a = b$ のときには，この置き換えをしても分母は不変である．したがって，$\Pr[G \mid S] = p = \Pr[G]$ となる．

16.6 逐次意思決定とカスケード

　各個人が逐次的に意思決定を行うときにどんなことが起こるかを考える．前と同様に，各人は自分より前の他の人の"行動"を観察できるが，彼らが"知っていること"はわからない，という状況を把握したい．これまで取り上げた本書のモデルでは，これは，各個人が選択の受諾または拒否を決定するときに，自身の個人的なシグナルにアクセスできるだけでなく，それ以前の人の受諾・拒否の意思決定にもアクセスできることを意味する．しかし，重要な点は，それ以前の人が手にした個人的なシグナルにはアクセスできないことである．

　これに対する推論は，壺とビー玉を使った16.2節のカスケードの実験における推論とほぼ同じである．そこで，その議論と密接に対応させながら説明する．

- 最初の人は，16.5節で眺めたように，自身の個人的なシグナルに従って意思決定を行う．
- 2番目の人は，最初の人が自身の個人的シグナルに従っていることを知っているので，自身のシグナルも含めて，二つのシグナルを受け取っていると考えることができる．この二つのシグナルが同じときには，2番目の人の意思決定は容易である．この二つのシグナルが異なるときには，16.5節の最後で眺めたように，選択肢の受諾・拒否が識別不可能となる．このときには，自身のシグナルに従うと仮定している．したがって，いずれにせよ，2番目の人も自身の個人的なシグナルに従って意思決定を行う．
- 結果として，3番目の人は，最初の2人がともに自身の個人的シグナルに従っていることを知っているので，自身のシグナルも含めて，三つのシグナルを受け取っていると考えることができる（最初の二つは推論で得られたシグナルであり，最後の一つは自身の受け取ったシグナルである）．16.5節の議論から，3番目の人は，高シグナルと低シグナルの多さに基づいて，選択肢を受諾するか拒否する．

　　したがって，最初の人と2番目の人が異なる意思決定をしている（すなわち，2人は異なるシグナルを受け取っている）ときには，3番目の人は，自身の個人的なシグナルを用いて同数個に対するタイブレークを行う．このときには，これ以降の人も，3番目の人が意思決定に自身の個人的なシグナルを用いていることを，知ることになり，これを自身の意思決定に用いることができることになる．

　　そこで，最初の人と2番目の人が同じ意思決定をしている（すなわち，2人は同じシグナルを受け取っている）とする．すると，3番目の人は，自身の個人的なシグナルにかかわらず，これに従うことになる．したがって，これ以降の人は，3番目の人が自身の個人的なシグナルにかかわらず意思決定をしていることを，知ることになる．すなわち，観察された3番目の人の意思決定は，3番目の人の個人的なシグナル

とは無関係であることがわかり，これ以降の人は3番目の人とまったく同じ状況になる．したがって，このケースではここでカスケードが始まる．すなわち，各個人が自身の個人的なシグナルにかかわらずに意思決定を行うことになる．どんなシグナルを受け取っても，3番目以降の人は，最初の2人と同じ意思決定を行うことになる．

そこで，3番目以降の人で，このプロセスがどのように展開されるのかを考えよう．とくに，N番目の人の視点で考えてみる．N番目の人が，それ以前の人が自身の個人的なシグナルに従って意思決定を行ってきたことを知っていると仮定する．したがって，$N-1$番目の人まで，各個人の選択肢の受諾・拒否の意思決定は，自身の受け取ったシグナル（の高シグナル・低シグナル）に完全に一致している．そして，このことをN番目の人は知っている．考えられる可能なすべてのケースは，以下のようになる．

- $N-1$番目の人までで，選択肢を受諾した人数と選択肢を拒否した人数が等しいときには，N番目の人の受け取るシグナルは同数個に対するタイブレークとなるので，N番目の人は自身の個人的なシグナルに従って意思決定を行うことになる．

- $N-1$番目の人までで，選択肢を受諾した人数と選択肢を拒否した人数が1異なるときには，N番目の人の受け取るシグナルにより，選択肢の受諾・拒否が識別不可能となるか，あるいは，過半数と推測されるシグナルが2だけ多くなるかのいずれかである．いずれの場合でも，N番目の人は，自身の個人的なシグナルに従って意思決定を行うことになる．選択肢の受諾・拒否が識別不可能であるときには，自身の個人的なシグナルに従って意思決定を行うと仮定しているからである．

- $N-1$番目の人までで，選択肢を受諾した人数と選択肢を拒否した人数が2以上（実際には，仮定より2）異なるときには，N番目の人は，自身の受け取るシグナルとは無関係に，過半数と推測されるシグナルを重視して，それに従って意思決定を行うことになる．結果として，N番目の人は自身の受け取るシグナルを無視することになる．

  さらに，このケースでは，$N+1$番目，$N+2$番目，そしてそれ以降の人はすべて，N番目の人が自身の受け取ったシグナルを無視したこと（および仮定より，それ以前の人がすべて自身の受け取ったシグナルに従って意思決定を行っていること）を知っていることになる．したがって，N番目の人とまったく同じ状況になる．これから，$N+1$番目以降の人はすべて，自身の受け取るシグナルとは無関係に，過半数と推測されるシグナルを重視して，それに従って意思決定を行うことになり，カスケードが始まったことになる．

以上により，意思決定のプロセスにおける行動は，以下のようにまとめることができる．各個人は，自分より前の人の意思決定において，選択肢を受諾した人数と選択肢を拒否した人数との差が高々1であるときには，自身の受け取る個人的なシグナルに従って意思決定を行う．しかし，選択肢を受諾した人数と選択肢を拒否した人数との差が2以上のときは，カスケードが生じ，それ以降の人はいずれも過半数の意思決定に従う．図16.3は，プロセスのある結果の例を説明するものである．時刻とともに，選択肢を受諾した人数から選択肢を拒否した人数を引いた値の変化をプロットしている．意思決定が行われるごとに，毎回プロットされる点は1だけ上下する．選択肢を受諾した人数あるいは選択肢

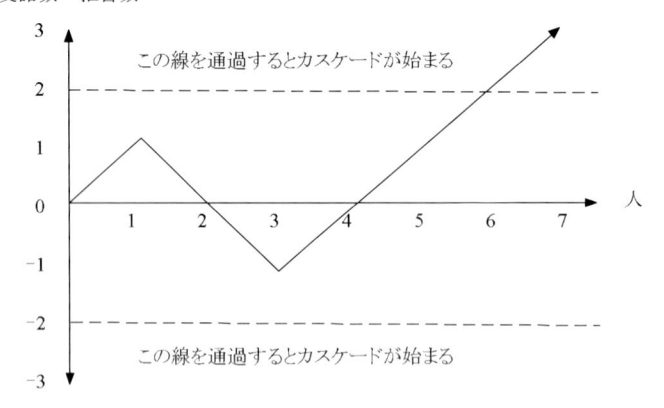

図16.3 選択肢を受諾した人数と選択肢を拒否した人数が2以上になると，カスケードが始まる．

を拒否した人数のいずれか一方のみが1増えるからである．そして，選択肢を受諾した人数から選択肢を拒否した人数を引いた値が，0のまわりの水平な狭い破線の領域から飛び出してしまうと，すなわち，プロットされる点が x 軸から2以上離れてしまうとカスケードが始まり，それが永遠に続くことになる．

最後に，この差が破線よりも内側（-1 と $+1$ の間）に留まり続けることはきわめて困難であることを注意しておく．たとえば，各個人が自身の個人的なシグナルに従って意思決定をずっと行ってきているときでも，その後3人が続けて同一のシグナルを受け取ると，確実にカスケードが始まることになる．3人が続けて同一のシグナルを受け取るとき以外にも，カスケードが始まることはありうる．しかし，各個人が自身の個人的なシグナルに従って意思決定をずっと行ってきているときには，3人が続けて同一のシグナルを受け取ると，どんなときでもカスケードが進行する（たとえカスケードになっていなくても始まることを確認できることに注意しよう）．以下では，人数 N が無限大に近づくにつれて，3人が続けて同一のシグナルを受け取る確率は1に収束することを議論する．初めに，N 人を連続する番号の3人ずつのグループに分割する．すなわち，1, 2, 3番目の人からなるグループ，4, 5, 6番目の人からなるグループ，7, 8, 9番目の人からなるグループというようにグループ分けする．すると，どのグループでも，全員が同一のシグナルを受け取る確率は，$q^3 + (1-q)^3$ となる．したがって，どのグループでも，同一のシグナルを受け取らない確率は，$(1 - q^3 - (1-q)^3)^{N/3}$ となる．この値は，$0 < q < 1$ である限り，N が無限大に近づくにつれて0に収束する．

この短い議論は，人数 N が無限大に近づくにつれて，カスケードの始まる確率が1に収束することを示している．したがって，このモデルでは，究極的には，確実にカスケードが起こるのである．

これで解析が終わったので，最終的な観察をいくつかしておこう．第一に，このモデルは，個人の意思決定の極端に単純なモデルである．たとえば，より一般的なモデルでは，各個人が，その人より前の"すべての"人の意思決定を観察できるのではなく，一部の人の意思決定しか観察できないとすることも可能であろう．また，受け取る個人的なシグナルが，すべて等しい情報をもたらすとは限らないとすることも可能であろう．さらに，すべての人が同一の利得を受け取れるとは限らないとすることも可能であろう [2, 38, 186]．

これらのより一般的なモデルの多くでは，解析が格段に複雑になり，得られる結果も細部で異なりうる（たとえば，カスケードが始まる条件は，本章の簡単なモデルにおいて，選択肢の受諾数と拒否数の差が2以上にであったのに比べて，より複雑になる）．しかしながら，これらの一般化されたモデルにおいても，得られる結論は，定性的には類似したものになる．他の人が行うことを知ることはできるが，他の人が知っていることは知ることができないという状況では，最初，自身の有する個人的な情報に従って行動する期間が存在するが，時間が経過するにつれて，たとえ全員が完全に合理的に行動するとしても，次第に自身の有する個人的な情報を無視して，集団の残りの全員が群衆に従って行動する状況に移りうるのである．

これ以降では，様々な情報カスケードのモデルにおいて観察されてきた，より定性的な原理と関係付けて，上記のカスケードのモデルから得られる一般的な結論のいくつかについて注意を与える．

16.7　カスケードからの教訓

16.2節の最後で，カスケードの単純な実験についていくつかの観察をしたが，それらをより一般的なモデルで解析して強化すると，以下のようにまとめることができる．

(i) **カスケードは間違いとなることもある．**　たとえば，選択肢を受諾することが本当は悪い選択であるときでも，最初の2人が高シグナルを受け取ると，選択肢を受諾するカスケードがすぐに起こることになる．すなわち，集団にとって悪い選択のカスケードが生じる．

(ii) **カスケードはきわめて少ない情報に基づいて起こることもある．**　カスケードがいったん始まってしまうと，各個人は自身の個人的な情報を無視してしまい，カスケードが起こる前の人の情報のみが集団の行動を支配することになる．大きな集団で，カスケードが比較的早い段階で始まってしまうと，個人的な情報の多くは，個人に対する私的なシグナルの形式で集団として収集可能であったとしても，用いられることはない．

(iii) **カスケードは脆弱である．**　カスケードがきわめて少ない情報に基づいて起こりうるという上記の点は，カスケードが簡単に始まることを示すとともに，簡単に終わることもあることを示している．したがって，長い間続いたカスケードでも，わずかに優れた情報を受け取った人が，容易にそれを変えうることも事実である．

たとえば，選択肢を受諾するというカスケードが，本章のモデルで進行中であるとする．したがって，カスケードが始まった時点で，高シグナルの個数は低シグナルの個数より2だけ多いことになる．このカスケードの途中で，ある人が偶然にも，二つの個人的なシグナルを受け取ったとする．この二つのシグナルが低シグナルであった場合，この人は，実際に推論で無視されたシグナルを除外すると，観察されたシグナルでは，高シグナルと低シグナルが同数になる．したがって，高シグナル

と低シグナルの良さは識別不可能となり，これ以前までは受諾の意思決定が続いていたにもかかわらず，仮定から，この人は自身の低シグナルに従って拒否の意思決定をすることになる．全員に明らかにされる1個のシグナルでも同一の効果が得られる．カスケードの途中で，全員が観察できるシグナルが一つ公表されると，次に意思決定を行う人にとっては，（公的なシグナルと個人的なシグナルの）二つのシグナルを受け取ることと同じ働きになる．したがって，同様の結論が得られる．

より一般的には，カスケードの研究から学ぶべき最大の教訓は，観察された集団の行動から最善の行動に関する結論を引き出すときには，格別の注意が必要であるということであろう．上で眺めたように，集団の全員が合理的に行動するとしても，集団は間違って同一の行動をとることもありうるからである．

これは，大衆の知恵として，James Surowiecki（ジェームズ・スロウィッキー）の書籍 "The Wisdom of Crowds" [383] [5] など，一般向けのポピュラーな本で紹介されている．限られた情報のもとでの大衆の行動で集約される行動が，きわめて正確な結果をもたらすという議論と，興味深い対比を形成する．Surowieckiはこの本の書き出しで，どんなものの推測でも（たとえば，ビンの中のジェリービーンズの個数や，祭りでの雄牛の体重といった推測でも），多くの人が独立に推測すると，その推測の平均値は驚くほど良い見積もりとなることに注目している．もちろん，この議論の核心は，各個人が個人的な情報（それらのシグナル）を持ち，他人がどのような推測をするかを知ることなく，"独立に"推測をしている点である．推測を逐次的に行うことになると，自分より前の人の推測を観察できることになり，カスケードのモデル設定と一致することになって，平均の推測が良いものと期待できる理由はなくなってしまう．Surowieckiは，集団に従うときの注意として，カスケードの可能性も挙げている．

多岐にわたる状況で，カスケードの可能性が個人やグループの行動に影響を与えうることが，これらの観察からわかる．カスケードを起こしやすいモデル設定としては，委員会の委員がテーブルを囲んで一堂に会し，問題解決の可能な解を議論するような，集団による意思決定のスタイルが挙げられる．たとえば，人事委員会が，候補者Aと候補者Bのいずれを採用するかで，決断を迫られているとする．このような状況では，たとえばテーブルの着席順に，選択肢のAかBのどちらを支持するかを聞くのが普通である．しかし，問題に対して，委員の全員がほぼ同様の情報を持っていると考えられるときには，カスケードがかなり早い段階で起こりうる．最初に少数の委員がAを支持すると，他の多くの人が，最初はBのほうが良いかもしれないと思っていても，次第にAのほうが良さそうであるという気持ちになっていく．カスケードは，大勢に従うという社会的な圧力の観点から生じるだけでなく，意思決定の合理的なアプローチにおいても，自分より前の人の意見が自分の持っている意見と同等の情報を有すると考えるときにも生じることを，本章で眺めた原理は示唆している．

そのような考慮から，複数の専門家からなるグループに共同で働いてもらって，各自のアイデアに基づいて集団としての意見を構築することと，そのグループの各構成員にそれ

---

[5]【訳注】邦訳：小高尚子（監訳），『「みんなの意見」は案外正しい』，角川書店 角川グループパブリッシング，2009．

ぞれの見解を形成してもらうこととの間には，本質的に対立が内在することがわかる．そこで，この対立を平衡化するための戦略として，最初に，各専門家にある程度の意思決定を密かに独自にしてもらい，その後に協調と合意のフェーズに入ることが考えられる．また，ある複数の人が問題に対して格別に良い情報を有しているとわかっているときには，それらの人が，プロセスの早い段階あるいは遅い段階のどちらで意思決定を行うかも問題となりうることがわかる．

　企業の経営者も，新商品にして購買者のカスケードを起こそうとして，アイデアを絞っている．新商品を購入する最初の（少数の）集団を導入できるときには，その後に購入を決断する人は，その商品がライバル商品より良くても悪くても，その商品を購入することもありうると考えられる．これは，これらのあとからの消費者が，その商品が購入されたことのみを観察できて，その商品に対する実際の満足度を手に入れられないうちが，最も効果的である．このシナリオは，人々が，他の人の行動を観察できるが他の人の知っていることを知らないときに，カスケードが生じることに一致する．早い段階における消費者の満足度（あるいは満足度に対する統計）が見えるときには，悪い選択のカスケードが広まるのを防げることもある．これは，集団に属する人に対して，利用可能な情報を変更すると，その集団の集団としての行動に影響を与える例にもなっている．

16.8　演習問題

1. この演習問題では，各個人が，自分より前の人の行動をすべて観察できるのではなく，直前の人の行動のみを観察できるときに，情報カスケードが起こりうるかどうかを取り上げる．すなわち，各個人 i が，自分のシグナルと個人 $i-1$ の行動のみを観察できるとしている以外は，本章の本文と同一の設定を用いる．
   (a) 個人 1 と個人 2 が直面する決断の問題は，この変更した情報ネットワークでも，変更前と同一であることを簡単に説明せよ．
   (b) 個人 3 は，個人 2 の行動を観察するが，個人 1 の行動は観察しない．個人 3 は個人 2 の行動から個人 2 のシグナルを推論できるか？
   (c) 個人 3 は個人 2 の行動から個人 1 のシグナルを推論できるか？答えとともにその答えに対する説明を与えよ．
   (d) 個人 3 は，自分の高シグナルを観察して，個人 2 が受諾したことを知っているとすると，どのように行動すべきか？この行動から個人 1 のシグナルを推論できるか？個人 3 は，自分の低シグナルを観察して，個人 2 が受諾したことを知っているとすると，どのように行動すべきか？
   (e) この世界でカスケードは起こりうるか？答えとともにその答えに対する説明を与えよ．正式な証明は必要でない．簡単な説明で十分である．
2. この演習問題では，本章の情報カスケードのモデルの変形版を考える．ある新技術を採用するか拒否するかを人々が逐次的に決断していくとする．その新技術を採用する人は，その新技術を用いることから正あるいは負の利得を受け取るとする．本

章で用いたモデルと異なり，それらの利得はランダムであるとする．そして，新技術は，良いときにはその利得の平均は正であり，悪いときにはその利得の平均は負である性質を持つとする．さらに，その新技術を拒否する人の利得は正確にゼロであるとする．

本章で用いたモデルと同様に，各個人はその新技術についてのシグナルを受け取り，自分より前の人たちが選んだ行動をすべて観察しているとする．しかしながら，本章で用いたモデルと異なり，各個人は，自分より前の人たちが選んだ行動から受け取った利得もすべて知っているとする（これは，政府の機関が人々の経験情報を収集し，公的なサービスとして無料で配布していると解釈することもできる）．

(a) その新技術は，実際には悪いとする．（これまで新技術に移行した人々が受け取った利得は平均して負であるという）利得に関するこの新しい情報は，新技術の採用の情報カスケードの形成にどのような影響を与えるか？（証明を書く必要はない．簡単な説明で十分である．）

(b) その新技術は，実際には良いとする．新技術の拒否の情報カスケードは起こりうるか？答えとともにその答えに対する簡単な説明を与えよ．

3. この演習問題では，特別な確率の値が付随する本章の情報カスケードのモデルを考える．受諾（Aと表記する）が良い考えである確率が $p = 1/2$ であり，良いが真であるときに高シグナルを受け取る確率と，悪いが真であるときに低シグナルを受け取る確率は，ともに $q = 3/4$ であるとする．なお，良いが実際には真であるとする．

(a) 1番目の人が受諾の意思決定をする確率はいくらか？1番目の人が拒否（Rと表記する）の意思決定をする確率はいくらか？

(b) 最初の2人が選択する行動の対は，(A,A), (A,R), (R,A), (R,R) の4通りある．それぞれの行動の対が観察される確率はいくらか？（1番目の人が受諾を選択し，2番目の人が拒否を選択するときの対は (A,R) であり，他も同様である．）

(c) 3番目の人の意思決定で受諾あるいは拒否のカスケードが起こる確率はいくらか？その確率でカスケードが起こる理由も説明せよ．

4. 本章の情報カスケードのモデルを考える．良い状態 (G) の確率は $p = 1/2$ であり，良い状態のときに高シグナルを受け取る確率と，悪い状態のときに低シグナルを受け取る確率は，ともに $q = 2/3$ であるとする．各個人は，自分のシグナルと自分よりも前のすべての人が選択した行動（受け取ったシグナルではない）を観察しているとする．各個人は受諾 (A) と拒否 (R) のいずれかを選択する．

10番目に意思決定の選択をする人を考える．10番目の人は，最初から9番目までの全員が拒否 (R) を選択することを観察してきた．すなわち，拒否 (R) のカスケードが起こっていた．

(a) これが正しくないカスケードである確率はいくらか？すなわち，この (R) のカスケードのもとで，状態が実際には良い確率はいくらか？

(b) 10番目の人が自分のシグナルを受け取る前に，9番目の人に受け取ったシグナルを尋ねるとする．9番目の人が受け取ったシグナルは高シグナルで，高シグナルを受け取ったことを10番目の人に正しく伝え，10番目の人も9番目の人が正直に言っていることを知っているとする．その後に，10番目の人は自分のシグナル

を受け取る．10番目の人は，受け取るシグナルに応じて，受諾 (A) あるいは拒否 (R) の意思決定をどのようにすべきか？

(c) 次に，11番目の人を考える．11番目の人は，自分のシグナルと先行する10番目までの全員の意思決定を観察してきている．11番目の人は，10番目の人が自分のシグナルと9番目の人のシグナルを観察したことを知っているが，それらが何であったかは知らない．わかっていることは，先行する10番目までの全員の意思決定のみである．すなわち，最初から9番目までの人はすべて拒否 (R) を選択してきた．11番目の人は，10番目の人が拒否 (R) を選んだときはどうすべきであろうか？また，10番目の人が受諾 (A) を選んだときはどうすべきであろうか？答えとともに，その理由も説明せよ．11番目の人は自分のシグナルを観察するので，11番目の人の意思決定の選択は，自分のシグナルとそれ以前に観察された選択に依存することに注意しよう．

5. ある会社に勤めていて，最近の人事採用における悪い結果について社長に説明を求められているとする．状況は以下のとおりである．一つの職に応募してきた2人の候補者のAとBの採用を，会社は面接で判断することにした．採用人事委員会が構成されて，面接が行われた．委員会の誰もが，できる限りより良い人を採用したいと考えていたが，面接後，委員会の委員の間で，どちらの候補がより良いかについて意見が分かれた．そこで，最終決断の委員会が開催され，会社にとってより良い選択はどちらの候補かを，委員1人ずつ順番に発表していった．委員会の全員が，候補者Aが最善の選択であろうと発表したので，それ以上の議論はせずに，候補者Aを採用する意思決定に至った．

候補者Aはそれ以来会社で働いているが，候補者Bがより良い選択であったらしいことが明らかになってきた．

(a) 社長は最終決断の委員会が開始される前，少なくとも何人かの委員は候補者Bを最善の選択と考えていたことをかなり客観的に確信していたので，なぜ委員会が全員一致で候補者Aの支持に回ってしまったのかを問いただした．どのように説明したらよいのであろうか？

(b) 候補者についての最初の異なる意見を全部出してもらって，実際に候補者Bがより良い選択となるような，委員会が用いることのできたはずである別の手続き（方法）を与えることはできるか？

6. あなたは二つの選択肢から一つを選択しなければならない立場にいるとする．これらの選択肢として，たとえば，噂を信じるかどうかとか，競合する二つの商品のうちのどちらを購入するかとか，対立する二つの政党の候補者のどちらに投票するかとか，二つの可能な技術のうちのどちらを会社で採用するかなどが挙げられる．どちらの選択肢を選択すると，より恩恵が大きくなるかについては，残念ながらあまり多くはわからないとする．これは，形式的には，どちらの選択肢も同じくらい最善の選択と考えられる，ということができる．しかしながら，いずれの選択肢に対しても，それを選択することで得られる恩恵について，情報を持っている専門家がいる．しかし，専門家が完全であるとは必ずしも言えない．専門家はより多くのことを知っているだけである．これは，形式的には，各専門家はいずれの選択肢に対

しても，それを選択することで得られる恩恵について，不完全ではあるものの個人的なある情報を持っている，ということができる．そこで，すべての専門家は，二つの選択肢の評価において，ほぼ同等の良さを持っていると仮定する．

専門家が全員，どちらの選択肢があなたにとって最善であるかについての推薦（情報）を公表したとする．（専門家は，自分の情報を直接的に発表しているわけではない．きわめて複雑である．したがって，彼らがあなたに説明してくれようとしても，それがどのように選択に関係するかは，あなたにはわからない．）専門家は，推薦を逐次的に行い，各専門家は，自分よりも前に推薦を公表した専門家が何を選択していたかは，すべて知っている（これは少し極端かもしれないが，全員が同時に推薦を公表するという反対のケースは，さらに極端である）．あなたは，すべての専門家の推薦を見ることはできるが，これらの推薦がどのような順番で行われたのかはわからない．最後に，専門家は正直であると仮定する．すなわち，専門家は，個人的な情報と他の専門家の推薦から導き出せる推論に基づいて，それぞれがあなたにとって最善と信じている推薦を常にすると仮定する．

(a) 専門家の過半数が選択肢Aを推薦するとする．このとき，あなたは，Aが実際に最善な選択であると，どれほど確信すべきか？ 専門家の選択肢Aを推薦する割合がさらに大きいとき（すなわち単に過半数ではなく，1に近いとき）に，Aが最善な選択であるという確信をより大きくすべきか？ 答えとともにその答えに対する説明を与えよ．（数値的な答えは必要ではない．推薦を見てからできる推論を議論するだけでよい．）

(b) 次に，いずれの専門家も，どちらの選択肢が最善であるかについての推薦（情報）を公表しないとする．そこで，あなたは推薦を手に入れるために，何人かの専門家を雇うとする．雇われる専門家は，雇われる前に互いに会話をすることはしない．代わりに，個人的な情報を獲得してそれに基づいて選択肢についての意見を更新する．あなたは，専門家が完全でないことを知っているので，得られる意見がより良くなるようにと，5人の専門家を採用することを計画している．専門家の推薦を獲得するプロセスをどのように組織化するかについて，二つの手続きを考える．第一の手続きでは，専門家を全員一つの部屋に集めて，推薦を1人ずつ順番に発表してもらう．第二の手続きでは，各専門家に個人的に質問して（他の専門家にわからない形で）推薦を発表してもらう．どちらの手続きが最も多くの情報が得られるか？ 答えとともにその答えに対する理由を説明せよ．

第 17 章

ネットワーク効果

第 16 章の初めに，人はなぜ他人の行動を模倣するのかについて，二つの基本的な理由を議論した．理由の一つは**情報の効果** (informational effect) である．すなわち，他の人の行動がその人の知っている情報を伝えるので，行動を観察して（自身の個人的情報を無視しても）模倣することが，ときには合理的な意思決定になるということである．これについては第 16 章で焦点を当てて議論した．もう一つの理由は**直接的利益の効果** (direct-benefit effect) である．すなわち，ある種の意思決定に対して，自身の行動を他人の行動を合わせることによって，明示的な利益が得られるときもあるということである．これは**ネットワーク効果** (network effect) とも呼ばれている．これが，本章で議論することである．

ネットワーク効果が生じる自然な設定としては，他との相互作用や互換性が重要である技術の採用が挙げられる．たとえば，ファックスが商品として初めて売り出されたとき，その価値は，同じ技術を利用する可能性のある人がどの程度いるかにかかっていた．交流サイトやメディア共有サイトの価値も，同一の特性を持っている．すなわち，それをこれから使おうとしている人における価値は，それを使っている他の人がどれほどいるかによって決まる．同様に，コンピューターのオペレーティングシステムは，それを用いる人が多くなればなるほど，より役に立つようになる．オペレーティングシステムを用いる本来の目的が他の人と相互作用をすることではなくても，より多くのユーザーに用いられているオペレーティングシステムは，その上で動くソフトウェアがより多く生産されることになり，また，より多くの人が読み込めるファイル形式（たとえば，ドキュメント，イメージ，動画などにおいて）が普及するからである．

外部性としてのネットワーク効果　ここで取り上げる効果は**正の外部性** (positive externality) と呼ばれる．なお，他の人の行動から個人の幸福が補償もなく影響を受ける状況は，**外部性** (externality) と呼ばれる．たとえば，交流サイトからの利得は，そのサイトを利用する人数と直接的に関係している．そのサイトに新しく参加する人が現れると，これによる補償は明らかではないが，各利用者の利得は増加する．これが外部性であり，利得が増加するという意味で，"正"である．本章では，ネットワーク効果による正の外部性について取り上げる．ここで解析するモデル設定では，製品の採用による利得は，その製品を採用している他の人の人数に依存し，他の人とどのように結ばれているかについての詳細には依存しない．他の人との詳細な結びつきを考慮し，それから生じる正の外部性

については，第19章で取り上げる．

外部性が利得を減少させる**負の外部性** (negative externality) については，いくつかの例を本書の前の部分ですでに眺めてきた．第8章で議論したトラフィックの混雑は，輸送や通信のネットワークにおいて，それを利用する人が新しく現れると，互いに影響を受ける利用者間で何の補償もなしに，すでに利用している人の利得が減少する例である．本章の最後の節で，正の外部性と負の外部性を直接比較して，より詳細な議論を行うことにする．

すべてが外部性でないことに注意することも大切である．重要なのは，効果が"補償なし"である点である．たとえば，誰かがコーラを1本飲んだとすると，残りのコーラが1本少なくなるので，この行動により他の人の利得を減らしたことになる．しかし，このケースでは，コーラを飲むためにその人は代金を払わなければならない．この代金により，コーラを1本新しく製造することができると考えられるので，他の人の利得を正確に補償したことになる．すなわち，代償なしの効果は完全になくなり，したがって外部性も完全になくなる．外部性と補償の相互作用については，第24章で財産権を議論するときに，さらに探究する．

17.1 ネットワーク効果がない経済

本章で取り上げるモデルは，商品に対するマーケットである．ネットワーク効果がないとき，マーケットがどのように働くかを最初に取り上げる．すなわち，ある商品を採用しようとしている消費者が，それを採用している利用者数を気にしないマーケットを取り上げる．その後に，ネットワーク効果が存在するときどのような変化が起こるかを眺める．

ここでは，潜在的な購入者の規模が巨大であるマーケットの解析を行おうとしている．したがって，全体から見ると各個人の意思決定は十分に小さく，全体の行動に影響を与えないようなマーケットを取り上げる．たとえば，各個人が1斤のパンの購入を考えているマーケットである．各個人は，自らのパン1斤の購入が，残りのマーケットにおけるパン1斤の価格に影響を与えるなどと心配することなく，パン1斤の購入を意思決定することができる．（これは，大多数による意思決定が影響を与えるかもしれないという心配とは，異なることに注意しよう．実際，大多数による意思決定は影響を与えうるからである．）もちろん，実際のマーケットでは，消費者数は有限であり，各個人の意思決定は全体の集団にきわめて小さい影響を与える．しかしながら，1人の消費者の与える影響は，全体のマーケットではきわめて小さく無視できるほどであるので，各消費者はこれを考えることなく意思決定するとして，モデル化できる．

正式には，1人の個人が集団に影響を与えないことを，消費者を0と1の区間にある（0と1を除く）実数の集合を用いて表現することで，モデル化する．すなわち，各消費者は異なる実数の名前を持ち，消費者の総数（総量）は1であるとする．この実数による名前付けは，記法的には役に立つものである．たとえば，0から $x\,(x<1)$ までの名前の消費者の集合は，全体の割合として x である．この消費者のモデルは，きわめて大規模な有限の消費者のモデルの，連続的な近似版であると考えることができる．連続的なモデルは，全

体の集団に対する 1 人の個人の明示的な影響を避けたい様々な状況で，役に立つのである．

各消費者が高々 1 単位の商品を購入したいと考えているとする．その商品に対して，誰もが独自の関心から異なる固有の価値評価を行っているとする．ネットワーク効果がないときには，この評価に基づいて決定される価格で，各消費者は商品を購入したいと考えるとする．ネットワーク効果が存在するときには，各消費者が商品を購入したいと考える価格は，以下の二つに基づいて決定されると考える．

- 各消費者の独自の関心．
- その商品をすでに購入している他の人の人数．その人数が多ければ多いほど，より高額でも購入したいと考える．

本章で取り上げるネットワーク効果の研究は，2 番目の要因が起こったときに状況がどのように変わるのかの解析と見なすこともできる．

これらの問題点の理解を深めるために，ネットワーク効果がないときのマーケットの働きを，まず眺めることにする．

保留価格 ネットワーク効果がないときには，各購買人の商品に対する関心は，その商品を 1 個買うときに支払ってもよいという額の最大値である，単一の**保留価格** (reservation price) で記述できる．そこで，購買人は自身の保留価格の大きい順に区間 0 と 1 の間に並べられているとする．したがって，購買人 x の保留価格が購買人 x' の保留価格より大きいときには，$x < x'$ となる．購買人 x の保留価格を $r(x)$ と表記する．本章での解析の（議論を簡単化する）ために，関数 $r(\cdot)$ は連続で，どの 2 人も異なる保留価格を持っているとする．したがって，関数 $r(\cdot)$ は 0 から 1 の区間で真に単調に減少する．

商品 1 個の**マーケット価格** (market price) が p であるとする．買いたいと思っている購買人は，誰もがその商品を価格 p で購入できるが，p より安い価格や p より高い価格では，決して売りに出されない．価格 p であるので，保留価格が p 以上の購買人は実際にその商品を購入し，保留価格が p 未満の購買人はその商品を購入しないことになる．明らかに，$r(0)$ 以上の価格では，誰もその商品を購入しないことになる．また，$r(1)$ 以下の価格では，誰もがその商品を購入することになる．そこで，価格 p が真に $r(1)$ と $r(0)$ の間にある興味深いときを，これから考えることにしよう．この区間では，$r(x) = p$ となる x がただ一つ存在する．実際，$r(\cdot)$ は真に減少する連続関数であるので，水平線 $y = p$ にこの区間のいずれかで交差するからである．図 17.1 は，このことを説明している．

これは，0 と x の間にいる購買人の全員がその商品を購入し，x より上にいる購買人は誰もその商品を購入しないことを意味する．したがって，購買人の集団のうちで商品を購入する割合は x となる．以上のことをすべての価格 p で行うことができる．すなわち，その商品を価格 p で購入する集団の割合は x であるような，価格 p に依存する x が存在する．価格とその価格に対する需要量の関係をこのように読み取ること（読み取られた需要量）は，通常，その商品に対する**マーケット需要** (demand) と呼ばれている．これは，価格と購入される商品の個数の関係を考える上できわめて有用な方法である[1]．

---
[1] ミクロ経済学では，関数 $r(\cdot)$ は**需要逆関数** (inverse demand function) と呼ばれている．p によって x を規定する関数は，$r(\cdot)$ の逆関数とも言えるが，**需要関数** (demand function) と呼ばれる．

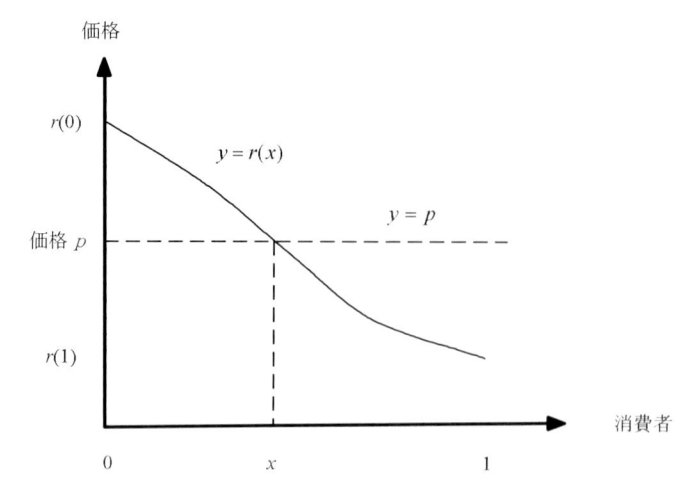

図17.1 ネットワーク効果がないときには，固定されたマーケット価格 p の商品に対する需要は，曲線 $y = r(x)$ が水平線 $y = p$ と交差する点で求められる．

商品の均衡量 この商品が1個当たり p^* の固定コストで生産できるとする．さらに，購買人のケースと同様に，潜在的な生産者は多数存在し，どの生産者もその商品の価格に影響を与えるほど大きくはないとする．したがって，全体として，生産者はいずれも，その商品を単価 p^* で要求されるだけ供給できるが，p^* より低い単価では1個も供給できないとする．さらに，固定コスト p^* で新しいコピー（商品）を生産できる多数の潜在的な生産者が存在するという仮定から，価格は p^* より高い値に留まることはない．他の生産者との競争で利益が0以下になってしまうからである．したがって，商品の個数に関係なく，p^* のマーケット価格を仮定することができる[2]．前にも述べたように，p^* が $r(0)$ 以上のときは誰もが購入せず，p^* が $r(1)$ 以下のときは誰もが購入することになり，いずれも興味深いケースではない．そこで，以下では，$r(0) > p^* > r(1)$ を仮定して議論を進める．

ネットワーク効果がないときのマーケットの様子を表す図を完成するために，商品の供給 (supply) を決定する．p^* は保留価格の最高値と最低値の間にあるので，0と1の間で $r(x^*) = p^*$ を満たす唯一の x^* を求めることができる．この x^* を，与えられた保留価格とコスト p^* に対する商品の**均衡量** (equilibrium quantity) という．図17.2 は，与えられた保留価格とコスト p^* に対する均衡量 x^* を強調して，図17.1 を表したものである．

集団での商品に対する消費で，x^* が均衡をなすことの意味に注意しよう．その商品を購入した集団の割合が x^* より小さいときには，保留価格が p^* より大きくて買いたかったのに購入できなかった消費者がいたことになる．言い換えると，集団の一部の人が買いたかったのに購入できなかったことから，その商品に対する消費の"上向き圧力"が存在することになる．一方，その商品を購入した集団の割合が x^* より大きいときには，保留価格が p^* より小さくて買いたくもなかったのに，購入してしまった消費者がいることになる．この場合には，その商品に対する消費の"下向き圧力"が存在する．

この均衡の魅力的な点は，それが（第6章で定義した意味で）社会的に最適であること

---
[2] ミクロ経済学では，これは固定コストで生産される商品に対する長期間競争的供給と呼ばれている．

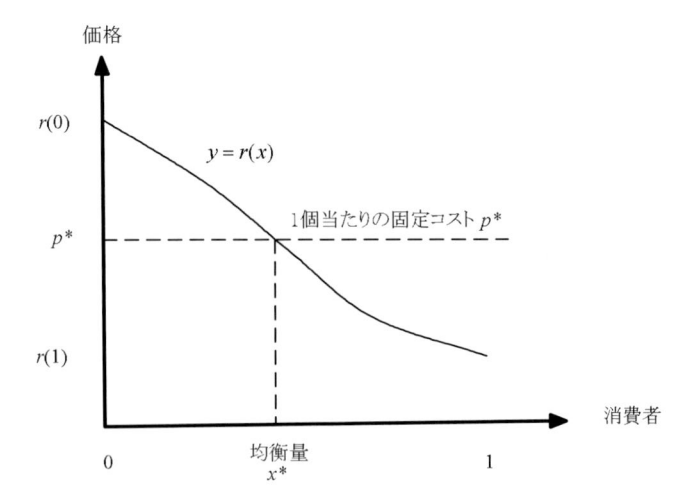

図 17.2 商品が 1 個当たり p^* の固定コストで生産できるときには，消費（購入）される均衡量は，$r(x^*) = p^*$ を満たす x^* となる．

である．以下でその理由を眺めてみよう．商品を獲得した全消費者の商品 1 個に対する保留価格の総和から，それだけの量の商品を生産するのに要する総コストを引いた値が，その割当てによる社会的な満足度であると考える．そこで，集団のうちのある割合 x の人が獲得できるだけの商品を社会が生産したとする．すると，（売れ残らずに）0 から x にいるすべての消費者のみがその商品を獲得するときに，社会的な幸福度は最大化されることになる．なぜなら，集団の x の割合の人がその商品を獲得するのに見合う評価をしているからである．このとき，x の値をどのように選択すれば，最善となるのであろうか？消費者 x' の社会的な幸福度に対する寄与は，保留価格から価格 $p*$ を引いた値の $r(x') - p^*$ となるので，0 から x にいる全員の消費者が商品を獲得したとすると，社会的な幸福度は，曲線 $y = r(x)$ と水平線 $y = p^*$ で囲まれる符号付き領域の面積となる．実際，$y = p^*$ より下にある曲線 $y = r(x)$ の部分では，囲まれる領域の（正の）面積の分だけ寄与分は減ることになるので，負の符号がつくことになる．このようなことから，$y = r(x)$ と $y = p^*$ で囲まれる領域で正の面積の部分だけをすべて含んで，負の面積の部分は含まないように，x を定めることになる．したがって，x の値として均衡の x^* が選ばれることになる．以上の議論により，均衡量 x^* は社会的に最適であることが得られた．

　これ以降は，ネットワーク効果があるときの議論をする．ネットワーク効果により，マーケットは様々な点で本質的に変化することになるが，そのような重要な特徴の変化を眺めていく．

17.2　ネットワーク効果があるときの経済

　本節では，商品に対するマーケットにおけるネットワーク効果のモデル化を議論する．ここでは，Katz, Shapiro, and Varian [235, 368] で示唆された一般的なアプローチに従うことにする．さらに，これらのアイデアの初期の議論で重要な役割を果たした Brian Arthur

（ブライアン・アーサー）[25, 27] の記述も参考にする．

　ネットワーク効果があるときには，潜在的な購買人は，自身の保留価格のほかに，その商品の利用者（購入者）の総数も考慮することになる．これをモデル化する単純な方法は，二つの関数が働くと考えることである．すなわち，商品を利用する人の集団における割合が z であるとき，消費者 x の保留価格を $r(x)f(z)$ とする．ここで，$r(x)$ は，これまでと同様に，商品に対する消費者 x の固有な評価（ネットワーク効果がないときの保留価格）であり，$f(z)$ は，集団において z の割合の消費者がその商品を利用するときに各消費者が得る利益の倍率を表す．さらに，この関数 $f(z)$ は z に関して増加関数であるとする．すなわち，それは，より多くの人が商品を利用するに従い，商品の価値がより大きくなることを制御するものであり，保留価格に対して $r(x)f(z)$ と積の形で寄与していることから，商品に対して固有な評価（ネットワーク効果がないときの保留価格）が高い人のほうが，低い人よりも，商品の利用者数の増加による恩恵をより多く得ることを意味している．

　最初は，通信技術やソーシャルメディアからの動機付けを用いて，$f(0) = 0$ であると仮定する．したがって，商品の利用者がまったくいないときには，誰もその商品を買いたい気持ちにはならないことになる．なお，後の 17.6 節では，$f(0)$ が 0 でないモデル版を取り上げる．さらに，f は連続関数であると仮定する．最後に，議論をより簡単化するために，$r(1) = 0$ と仮定する．これは，消費者 x は 1 に近づくに従い，商品を買いたいと思わなくなって，購入意欲が 0 に近づいていくことを意味している[3]．

　商品に対して消費者の喜んで支払う金額の（ネットワーク効果があるときの）保留価格は，その商品を利用する集団の割合に依存するので，各消費者は購入するかどうかを評価するために，この割合がどうなるかを予測することが必要である．そこで，商品の価格が p^* であり，その商品の集団における利用者の割合が z であるとする．すると，消費者 x は，$r(x)f(z) \geq p^*$ であれば商品を購入したいと考えることになる．

　初めに，すべての消費者が，その商品の集団における利用者の割合を完全に正しく予測しているときについて議論する．その後，不完全な予測で呼び起こされる集団のレベルでのダイナミクスを議論する．

ネットワーク効果があるときの均衡　消費者の予測が完全に正しいとした現在の議論の枠組みで，どのようなことが言えるであろうか？ すなわち，その商品の集団における利用者の割合が z になると，消費者全員が正しく見積もりを共有しているとする．そして，この見積もりに基づいて，各消費者はその商品を購入するかしないかの意思決定をするとする．このとき，実際に購入する人の割合は z になる．これを，購入者の割合 z に対する**自己充足期待感均衡** (self-fulfilling expectations equilibrium) と呼ぶことにする．集団において商品を購入する利用者の割合が z であると消費者全員が期待すると，この期待は消費者全員の行動で満たされることになる．

　価格 $p^* > 0$ において，この均衡値 z がどのようになるかを考えてみよう．初めに，集団において商品を購入する利用者の割合が $z = 0$ であると消費者全員が期待するとする．このとき，各消費者 x の保留価格は $r(x)f(0) = 0$ となり，p^* より低くなる．したがって，誰

---
[3] $r(1) = 0$ の仮定は定性的な結果では必要でないが，この仮定により，以降様々な議論を簡略化できる．

も商品を買いたい気持ちにならず，$z=0$ の共有された期待は満たされることになる．

次に，z の値が真に 0 と 1 の間にあるときを考える．集団において商品を購入する利用者の割合が正確に z であるとき，購入する消費者はどんな人であろうか？ 消費者 x' が商品を購入するときには，消費者 x $(x<x')$ も商品を購入することになる．したがって，購入する消費者の集合は，正確に 0 から z にいる消費者からなることになる．これらの消費者だけが購入したい気持ちになり，それ以外の消費者が購入したくない気持ちになる商品の価格 p^* は，どうなるであろうか？ 集団において商品を購入する利用者の割合が正確に z であることが共有されているので，この集合における最小の保留価格は，消費者 z の保留価格であり，その値は $r(z)f(z)$ である．この消費者集合の全員の消費者のみが商品を購入し，それ以外の消費者は商品を購入しないためには，$p^* = r(z)f(z)$ としなければならない．

したがって，これは以下のようにまとめることができる．

価格 $p^*>0$ と（真に 0 と 1 の間にある）値 z が自己充足期待感均衡を形成するときには，$p^* = r(z)f(z)$ である．

これは，ネットワーク効果がない前節のモデルとの明瞭な相違点をハイライトしている．前節のモデルでは，商品をより多く売るためには，価格を下げることが必要であった．言い換えると，価格を高くするに従い，売れる商品の個数が少なくなった．これは，ネットワーク効果がないときの均衡値 x^* が $p^* = r(x^*)$ で支配され，$r(x)$ が x についての減少関数であることから直接得られる．ネットワーク効果がある商品のマーケットは，商品に対する消費者の需要の見積もりに依存していて，均衡値 z に対してより複雑な式 $p^* = r(z)f(z)$ となるので，さらに複雑である．ここでの $f(0)=0$ の仮定のもとでは，ネットワーク効果があるときの一つの均衡として，価格 p^* と $z=0$ が挙げられることはすでに眺めている．生産者は商品の生産量を 0 とし，消費者は誰もその商品を利用しないと考えるので，その商品の需要も 0 である．

具体例 他の均衡が存在するかどうかを調べるためには，式 $p^* = r(z)f(z)$ を解析しなければならず，そしてそのためには，関数 $r(\cdot)$ と $f(\cdot)$ の形がわからなければならない．そこで，具体的に $r(x)=1-x$ と $f(z)=z$ の例で，どうなるかを眺めてみよう．このとき，$r(z)f(z)=z(1-z)$ となり，それは図 17.3 に示しているように，$z=0$ と $z=1$ で 0, $z=\frac{1}{2}$ で最大値 $\frac{1}{4}$ をとる．もちろん，一般の関数 $r(\cdot)$ と $f(\cdot)$ では，必ずしもこの例のようにはならないが，典型的には，図 17.3 に示しているような形状をなすと期待できる．

議論を続けて，この具体例で正確な均衡の集合を求めることにする．$p^*>\frac{1}{4}$ のときには，$z(1-z)$ が $z=\frac{1}{2}$ で $\frac{1}{4}$ の最大値をとるので，$p^* = r(z)f(z) = z(1-z)$ の解は存在しない．したがって，このときの均衡は $z=0$ のときのみである．すなわち，商品が高すぎて，それを利用する人が誰もいないと期待される点が唯一の均衡である．

一方，p^* が 0 と $\frac{1}{4}$ の間にあるときには，$p^* = z(1-z)$ の解は二つ存在する．図 17.3 に示しているように，水平線 $y=p^*$ が放物線 $z(1-z)$ を切っている z' と z'' の 2 点である．したがって，このケースでは 3 個の均衡が存在する．$z=0$, $z=z'$, $z=z''$ の 3 点である．z のこれらの 3 点のいずれでも，集団でその商品を買う人の割合が z であると期待されれ

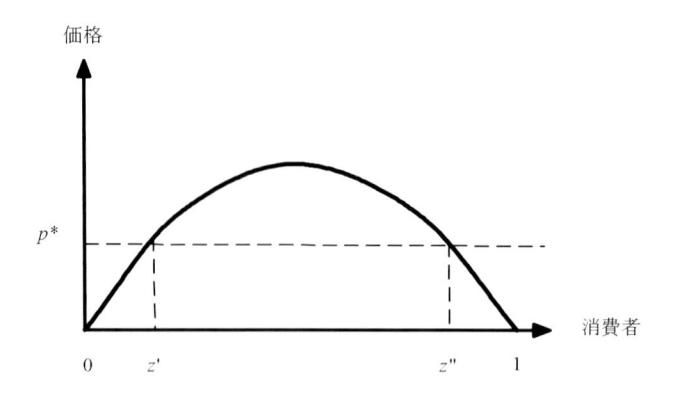

図 17.3 ネットワーク効果が存在し，商品の利用者が 1 人もいないときには，商品の価値は 0 ($f(0) = 0$) であるとする．このとき，自己充足期待感均衡は複数存在する．すなわち，$z = 0$ と曲線 $y = r(z)f(z)$ が $y = p^*$ の水平線と交差する点が，自己充足期待感均衡となる．

ば，正確に集団の z の割合に相当する集団の 0 から z の人が買うことになる．

この例から二つの点を観察することが大切である．第一に，自己充足期待感均衡の概念が，一般的な意味で，集団レベルの"消費者の確信"の効果に対応することである．集団がその商品の成功を誰も信じていなければ，ネットワーク効果により，誰もそれを欲しいとは思わない．その商品を購入して失敗した人からこの確信の欠如が生み出されることになる．一方，まったく同一の商品で価格も同じでも，集団がその商品の成功を確信すると，集団の実質的にかなりの割合が，その購入の意思決定をすることもある．したがって，成功が確実になる．このように，均衡が複数存在する可能性が，ネットワーク効果が働くマーケットでの特徴である．

第二の観察は，このケースでの消費者の需要の性質に関するものである．図 17.2 の単純な減少関数の曲線と比較して，図 17.3 の曲線は，価格と均衡値との間の複雑な関係に光を当てている．とくに，価格 p^* が $\frac{1}{4}$ から次第に下がるにつれて，高い均衡 z'' は（ネットワーク効果がないときの均衡と同様に）右側に移動するが，低い均衡 z' は左側に移動して集団の割合が減少する．これらの均衡が互いにどのように関係し合っているかを理解するには，それらの間の定性的な性質における重要な相違を考えることが必要である．そこで，次節では，その相違を定式化する．

17.3 安定性・不安定性・転換点

図 17.3 の例を用いて議論を続け，その均衡の性質を検討しよう．初めに，z が $0, z', z''$ 以外の点で均衡にならない理由を詳しく考えてみる．そこで，z が $0, z', z''$ 以外の点であるとして，商品を購入した集団の割合が z であるとする．

- z が 0 と z' の間にあるときには，商品の消費に"下向き圧力"が存在する．なぜなら，$r(z)f(z) < p^*$ であるので，購入者 z（と z より下の購入者）は商品の価値を p^* 未満と

していて，その商品を買わなければよかったと思うからである．これは需要を下向きにすることになる．

- z が z' と z'' の間にあるときには，商品の消費に"上向き圧力"が存在する．なぜなら，$r(z)f(z) > p^*$ であるので，z よりわずかに上の消費者は，商品を買わなかったとすると買っておけばよかったと思うからである．これは需要を上向きにすることになる．
- 最後に，z が z'' より上にあるときには，商品の消費に下向き圧力が存在する．なぜなら，$r(z)f(z) < p^*$ であるので，購入者 z と z よりわずかに下の購入者は，その商品を買わなければよかったと思うからである．これは需要を下向きにすることになる．

この非均衡の値 z に対する三つの異なる可能性の集合は，z' と z'' の均衡に興味深い結果をもたらす．第一に，z'' は強い**安定性** (stability) を持っていることがわかる．z'' よりわずかに高い割合で集団がその商品を購入すると，需要は z'' に向かって下げ戻されることになる．z'' よりわずかに低い割合で集団がその商品を購入すると，需要は z'' に向かって上げ戻されることになる．商品を購入すると期待される集団の割合が z'' のあたりで"ニアミス"すると，いずれにせよ結果は z'' に落ち着くことになる．

一方，均衡 z' の近辺では，状況はきわめて異なり，高度に不安定である．商品を購入する集団の割合が z' よりわずかに上回ると，需要は z' から離れて高いほうの均衡 z'' に向かう上向きの圧力が働く．商品を購入する集団の割合が z' よりわずかに下回ると，需要は z' から離れて逆向きの均衡 0 に向かう下向きの圧力が働く．すなわち，商品を購入する集団の割合が"正確に"z' であるときには均衡にあるが，その割合がこの値からほんのわずかにそれると，システムは大幅にスパイラルアップするかスパイラルダウンする傾向を見せる．

したがって，z' は不安定な均衡であるだけでなく，商品が成功するかどうかの真の**臨界点** (critical point) あるいは**転向点** (tipping point) である．商品を生産する会社は，購入見込み者数に対する集団の期待値を z' より上にできれば，需要に対する上向きの圧力を利用して，マーケットのシェアを z'' の均衡に上げることができる．一方，購入見込み者数に対する集団の期待値が z' よりわずかでも下回るときには，需要に対する下向きの圧力が働き，マーケットのシェアは 0 になる．すなわち，値 z' は，会社が成功するために乗り越えなければならない山である．

この均衡の景観は，価格 p^* の考慮法を示唆している．商品の価格を会社がより低く設定できれば，すなわち，価格 p^* を下げることができれば，二つの有利な効果がもたらされる．第一に，図 17.3 の放物線が低い価格を反映して"低い"水平線で切られると，低い均衡の z' は左に移動し，容易に乗り越えられる臨界点となる．さらに，高い均衡の z'' も右に移動するので，会社が臨界点を乗り越えることができれば，集団の最終的な割合の z'' はいっそう大きくなる．もちろん，p^* が商品の生産コストを下回るように設定されると，会社は損失を被ることになる．しかし，初期の損失は，利用者集団の増加がもたらす将来の利益で元をとるという，時間の経過を見越した強力な価格戦略となりうる．多くの企業が，販売する商品の価格を最初は無料にして試行期間を設けたり，あるいは導入価格を低く設定したりして，これを実行している．

17.4 マーケットの動的な景観

きわめて興味深いこの臨界点の概念を別の観点から眺めることもできる．これまでは，商品の実際の利用者数を消費者が正しく予測するときの均衡に焦点を当ててきた．これからは，消費者が商品の利用者数に対して共通の予測（以下，**期待感の共有値 (shared expectation)** と呼ぶことにする）を持っているものの，その予測が正しくないこともありうることとする．

これは，全体の消費者のうち z の割合で商品を利用するという予測を全消費者が確信していると，消費者 x は $r(x)f(z) \geq p^*$ ならば商品を購入することを意味する．したがって，方程式 $r(x)f(z) = p^*$ の解を $x = \hat{z}$ とすると（$r(\hat{z})f(z) = p^*$ となり），購入したいと思っている人の集合は，0 と $\hat{z}$ の間にいる消費者からなることになる．すなわち，

$$r(\hat{z}) = \frac{p^*}{f(z)} \tag{17.1}$$

となる．あるいは，関数 $r(\cdot)$ の逆関数をとって

$$\hat{z} = r^{-1}\left(\frac{p^*}{f(z)}\right) \tag{17.2}$$

とも書ける．この式は，期待感の共有値の z から $\hat{z}$ を計算する方法を与えている．方程式 (17.1) を満たす解 $\hat{z}$ が実際に存在するときにのみ，この方程式を用いることができることを心に留めておかなければならない．そうでないときには，単に購入する人は誰もいないという結果になる．

$r(\cdot)$ は $r(0)$ から $r(1) = 0$ に減少する連続関数であるので，$\frac{p^*}{f(z)} \leq r(0)$ であるとき，そしてそのときのみ，そのような解が唯一存在することになる．したがって，一般に，期待感の共有値 z を用いて $\hat{z}$ を与える関数 $g(\cdot)$ は，以下のように定義することができる．

$$g(z) = \begin{cases} r^{-1}\left(\dfrac{p^*}{f(z)}\right) & (p^*/f(z) \leq r(0) \text{ のとき}) \\ 0 & (\text{それ以外のとき}) \end{cases}$$

これを $r(x) = 1 - x$ と $f(z) = z$ の図 17.3 の例で考えてみよう．このとき，$r^{-1}(x)$ は $1 - x$ となる．さらに，$r(0) = 1$ であるので，解の条件である $\frac{p^*}{f(z)} \leq r(0)$ は単に $z \geq p^*$ となる．したがって，この例では，

$$g(z) = \begin{cases} 1 - \dfrac{p^*}{z} & (z \geq p^* \text{ のとき}) \\ 0 & (\text{それ以外のとき}) \end{cases}$$

となる．

関数 $\hat{z} = g(z)$ は，図 17.4 に示しているようなグラフになる．この曲線の形状は単純であるが，この曲線と $45°$ の直線 $\hat{z} = z$ との関係は，これまで議論してきた均衡における安

17.4 マーケットの動的な景観　495

結果 $\hat{z}$

$\hat{z} = g(z)$

消費者の期待感の共有値 z

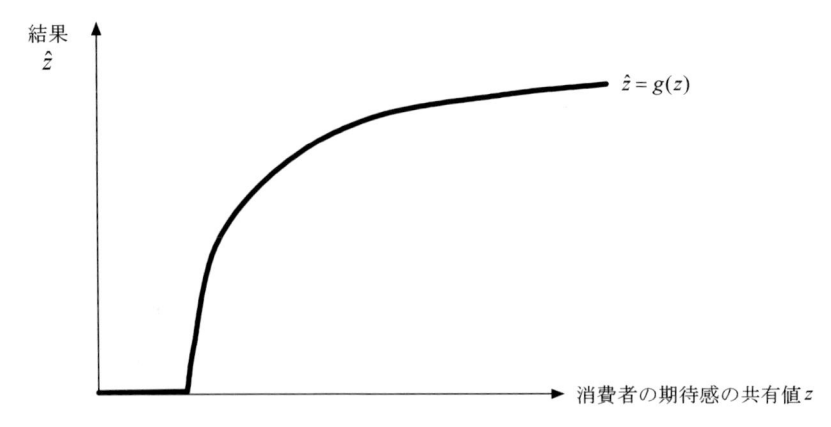

図 17.4 ネットワーク効果を持つモデルから関数 $\hat{z} = g(z)$ を定義することができる．集団の z の割合が商品を購入するとすべての消費者が予測していると，実際には，$g(z)$ の割合の消費者がその商品を購入することになる．

定性と不安定性の問題に対して，視覚的なまとめを衝撃的に与えてくれる．図 17.5 はこの点を説明している．初めに，$\hat{z} = g(z)$ と $\hat{z} = z$ の二つの関数が交差する点は，自己充足期待感均衡となる．ここでは $g(z) = z$ であるので，集団の z の割合が購入するとすべての消費者が予測していると，実際には z の割合の消費者が購入することになる．曲線 $\hat{z} = g(z)$ が直線 $\hat{z} = z$ の下に来るところでは，商品の消費に下向きの圧力が働く．すなわち，商品の利用者が集団の z の割合であると，結果はこれらの予測を下回り，消費は下向きのスパイラルになると予測できる．一方，曲線 $\hat{z} = g(z)$ が直線 $\hat{z} = z$ の上に来るところでは，商品の消費に上向きの圧力が働くことが，同様にわかる．

これにより，均衡の安定性の図式的な解釈ができる．すなわち，z'' の均衡の近辺での関数の交差の状態から，z'' の均衡は安定であることがわかる．実際，z'' の左側から上向きの圧力が働き，z'' の右側から下向きの圧力が働くからである．一方，z' の均衡の近辺での関数の交差の状態により，z' の均衡は不安定であることがわかる．z' の左側から下向きの圧力が働き，z' の右側から上向きの圧力が働くからである．したがって，どちらのほうに振れても，均衡は急速に失われてしまう．

図 17.5 の曲線のグラフの特別な形状は，この例で選んだ関数によるが，この図から直観的に得られることは，この例から得られること以上に非常に一般的なことである．一般に，ネットワーク効果があるときには，予測される購入者数と実際の購入者数との間の関係は，質的には，この曲線，あるいはより滑らかな図 17.6 のような曲線になると期待できる．曲線 $\hat{z} = g(z)$ と直線 $\hat{z} = z$ が交差する点は自己充足期待感均衡となるが，それらは，曲線が直線と上から交差するか下から交差するかに従って，安定あるいは不安定となる．

集団の動的な行動　1970 年代に Mark Granovetter（マーク・グラノヴェッター）と Thomas Schelling（トーマス・シェリング）は，ネットワーク効果に対して集団がどのように動的に反応するかをモデル化するために，図 17.5 や図 17.6 に示しているような図を用いた [192, 366]．具体的には，ネットワーク効果を持つある活動に対して，参加する人数が時間の経過とともに，どのように増加したり減少したりするかに，彼らは関心を持った．

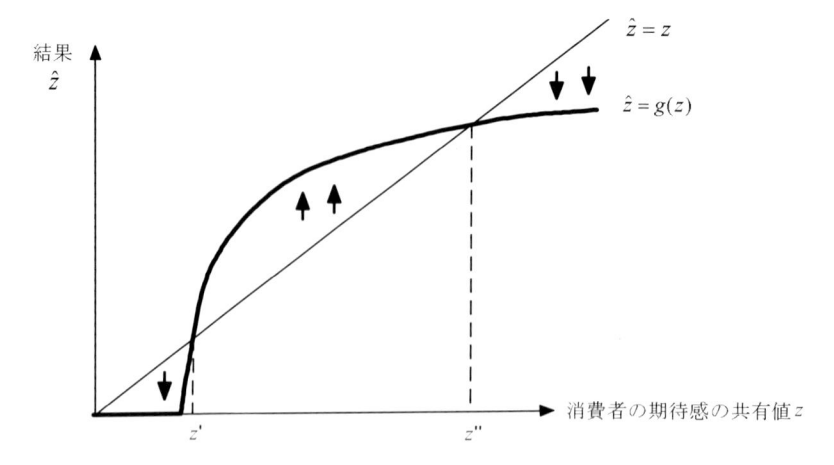

図 17.5 $r(x) = 1 - x$ と $f(z) = z$ のときには，$\hat{z} = g(z)$ のグラフはこの図のようになる．すなわち，$z \geq p^*$ のとき $g(z) = 1 - p^*/z$ であり，$z < p^*$ のとき $g(z) = 0$ である．曲線 $\hat{z} = g(z)$ と直線 $\hat{z} = z$ が交差する点は自己充足期待感均衡となる．曲線 $\hat{z} = g(z)$ が直線 $\hat{z} = z$ の下に来るところでは商品の消費に下向きの圧力が働く（下向きの矢印で示している）．曲線 $\hat{z} = g(z)$ が直線 $\hat{z} = z$ の上に来るところでは商品の消費に上向きの圧力が働く（上向きの矢印で示している）．これから z' での均衡は不安定であり，z'' での均衡は安定であることが，視覚的にもわかる．

彼らの定式化した問題をわかりやすくするために，ファックスのような物理的なものの評価ではなく，大きなソーシャルメディアサイトへの参加を評価している状況を考える．すなわち，人々は友人と会話をしたり，ビデオや同種の行動を共有したりすることができるものを考える．そこで，基盤となるストーリーを，購入者数ではなく参加者数によって定式化する．参加のダイナミクスのほうが，購入のダイナミクスより，柔軟性に富むからである．すなわち，ソーシャルメディアサイトへの参加なら，1日でその意思を変更することも可能であるが，ファックスの購入の場合，返却は通常困難であるからである．

このように，用いるストーリーに変更があっても，モデルはこれまでと同一である．各個人 x はそのサイトの利用に対して関数 $r(x)$ で表される固有の価値評価を持っている．また，そのサイトには，利用者が増えれば増えるほどより魅力的になることを表す関数 $f(z)$ も付随している．さらに，そのサイトを利用する際に必要となる固定の労力も付随しているとする．それは，"価格" p^* の役割を果たすことになる（価格がお金ではなく労力から構成されているという違いはある）．したがって，各個人 x は，集団が z の割合で参加すると評価しているときには，$r(x)f(z) \geq p^*$ のときに参加したいと考える．これは，これまで眺めてきた基準とまったく同一である．

そこで，時間が（たとえば，日，週，月などのような）固定された期間 $t = 0, 1, 2, \ldots$ からなる集合とする．期間 $t = 0$ では，集団のうち初期のある割合 z_0 が，そのサイトへ参加しているとする．これを初期の**オーディエンスサイズ** (audience size) と呼ぶことにする．ここで，オーディエンスサイズは，時間の経過とともに，以下のように動的に変化すると考える．各期間 t では，オーディエンスサイズが前期間と同一であると予測して，それに基づいて人々は参加価値の評価をする．この期待感の共有値を出力に結びつける関数 $g(\cdot)$ を用いると，これは $z_1 = g(z_0)$ となることを意味する．期間 $t = 1$ では，各人はオーディエンスサイズが z_0 であると考えて行動をとるからである．この後，期間 $t = 2$ では，各人

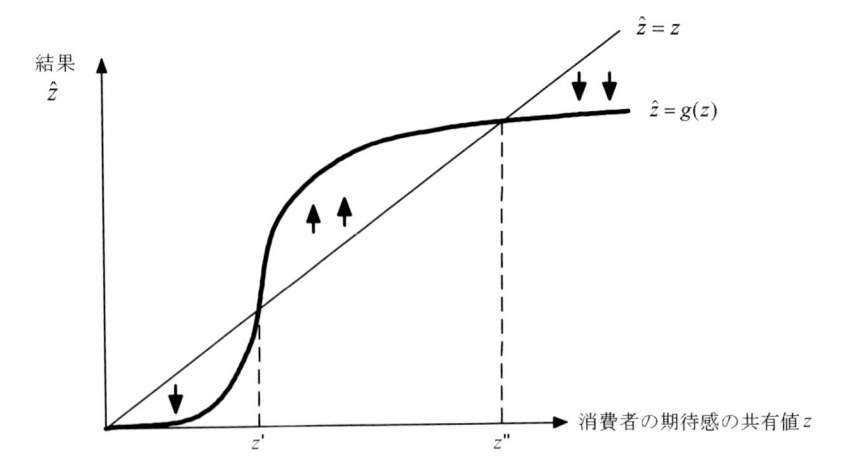

17.4 マーケットの動的な景観　497

図 17.6 図 17.5 で用いた例より一般的な状況での曲線 $\hat{z} = g(z)$ と直線 $\hat{z} = z$ の関係．この場合も図 17.5 とほぼ同様であると期待できる．

はオーディエンスサイズが z_1 であると考えて行動をとるので，$z_2 = g(z_1)$ となり，より一般の期間 t では，$z_t = g(z_{t-1})$ となる．

これは，人々が未来も現在とまったく同一であると考えて参加の利点を評価しているので，明らかに近視眼的に人々が行動するモデルである．しかし，人々がきわめて限られた情報のもとで，単純なルールに基づいて行動する設定では，妥当な近似であると言える．さらに，このケースでの近似としての値は，これまで述べてきた均衡の概念と密接に関係する動的な行動をもたらす．集団がこのモデルに従って行動すると，正確に安定な自己充足期待感均衡に収束することになるからである．この理由については，以下で議論する．

ダイナミクスの解析　集団の動的な行動は，完全に厳密性を保ちながら，純粋に"図式的な"方法で解析することができる．そこで，図 17.7 に示しているように，曲線 $\hat{z} = g(z)$ から二つの均衡の付近を抽出して，それを説明する．

初期のオーディエンスサイズが z_0 であるとして，期間の経過とともにオーディエンスサイズが $z_1 = g(z_0)$, $z_2 = g(z_1)$, $z_3 = g(z_2)$, ... と変化していくことを理解したい．そこで，t が $t = 0, 1, 2, \ldots$ と進んでいくときの点 (z_t, z_t) の軌跡を調べてこれを行うことにする．なお，これらの点はすべて直線 $\hat{z} = z$ 上に乗ることに注意しよう．これらの点の 1 点から次の点に移動する基本的なステップは，図 17.8 に示しているとおりである．すなわち，初めに，現在のオーディエンスサイズの z_0 を直線 $\hat{z} = z$ 上で位置決めする．次に，垂直に移動して曲線 $\hat{z} = g(z)$ 上の位置 z_1 を決定する．これが $z_1 = g(z_0)$ の値となるからである．そして，点 (z_0, z_1) から直線 $\hat{z} = z$ 上の (z_1, z_1) に到達するまで水平に移動して，オーディエンスサイズ z_1 を決定する．こうして，第 1 期間における集団の行動に従って，(z_0, z_0) から (z_1, z_1) に行ったことになる．

これが基本的な操作である．いずれの期間 t でも，現在のオーディエンスサイズ z_{t-1} から新しいオーディエンスサイズ z_t を同一の方法で決定することができる．最初に，点 (z_{t-1}, z_{t-1}) から垂直に曲線 $\hat{z} = g(z)$ 上にある点 (z_{t-1}, z_t) まで移動して，次に，点 (z_{t-1}, z_t) から点 (z_t, z_t) まで水平に移動する．

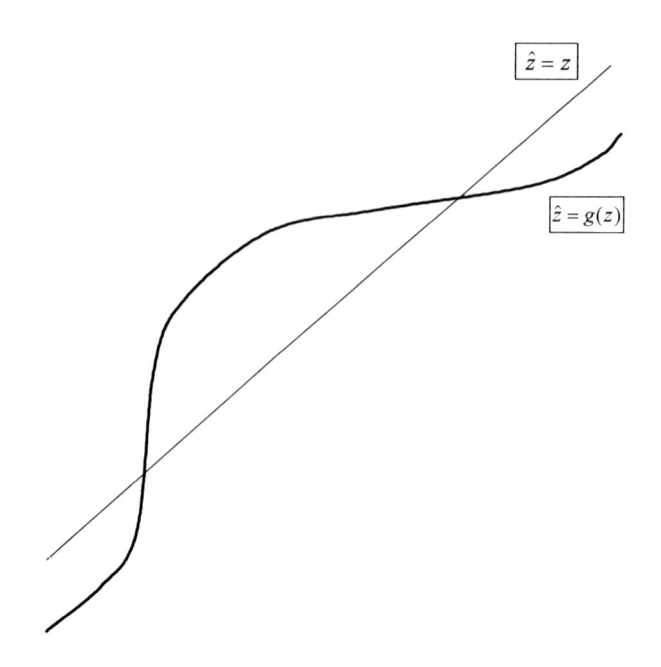

図 17.7 曲線 $\hat{z} = g(z)$ の二つの均衡付近での "注目" 領域と直線 $\hat{z} = z$ との関係.

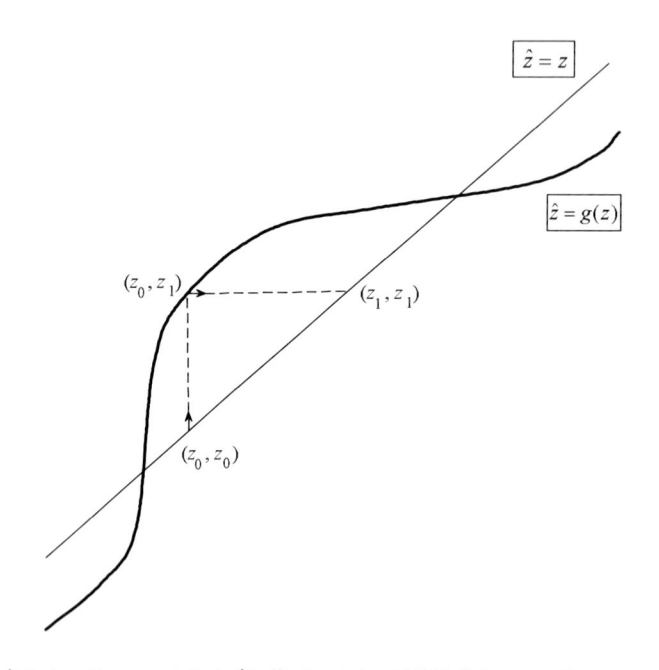

図 17.8 現在のオーディエンスサイズに基づいて人々は行動するので，オーディエンスサイズは動的に変化する．この効果は，曲線 $\hat{z} = g(z)$ と直線 $\hat{z} = z$ を用いて追跡できる．

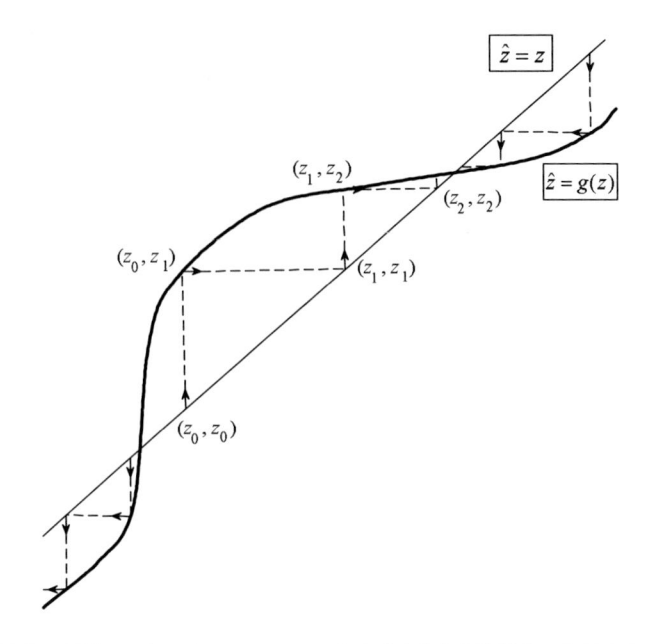

図 17.9 連続する更新により，オーディエンスサイズは安定な均衡点へと収束する．一方，不安定な均衡点のまわりでは，点列はその均衡点から離れていく．

　図 17.9 は，これらの点列の軌跡から，オーディエンスサイズの変化に従って何が起こるかを示している．直線 $\hat{z} = z$ の上側にある曲線 $\hat{z} = g(z)$ の領域から始まると，点列は上 (右) に移動し，二つの関数が交差する点，すなわち，安定な均衡に向かって近づいていく．図の左 (下) や右 (上) の部分には，直線 $\hat{z} = z$ の "下側" にある曲線 $\hat{z} = g(z)$ の領域から始まると，点列にどのようなことが起こるかを示している．これらの部分では，オーディエンスサイズの点列は，下 (左) 向きに移動し，最初に出会う交点へと近づいていく．この場合も交点は安定な均衡となる．図の不安定な均衡点のまわりでは，点列の軌跡は，いずれの側でもその均衡点から "離れて" いく．したがって，均衡点以外の点から出発するとこの均衡点には到達することができないので，不安定な均衡の概念に一致している．

　このように，この単純なオーディエンスサイズの更新のダイナミクスは，集団の近視眼的な行動に基づいたモデルの結果を，安定な均衡と不安定な均衡がどのように支配するかを説明している．安定な均衡は，集団の (均衡点の) 両側から望まれる点であるのに対して，不安定な均衡は，集団の (均衡点の) いずれの側にいてもオーディエンスサイズが離れていく "分岐点" のようなものである．

17.5　ネットワーク効果を持つ商品の販売企業

　これまでの議論とモデルから，ネットワーク効果を持つ商品の企業に対して，時間の経過を考慮する有力な戦略が示唆される．まず，これらのモデルから質的なレベルで学べることから始めよう．ここでも，商品を購入する集団の割合を "オーディエンスサイズ" として用いていく．

そこで，図 17.3 を用いる．初めに，新商品が高い初期価格で発表されたとする．具体的には，価格を表す高さ p^* の水平線が放物線の頂点よりも上にあったとする．このときには，均衡でのオーディエンスサイズは $z = 0$ のみである．そこで，時間の経過とともに，価格が下げられていったとする．すると，高さ p^* の水平線は，図 17.3 に示しているように，放物線と 2 点で交差するようになる．このとき，均衡には三つの可能性が生じる．しかし，それでも p^* が大きくて，二つの交点が図 17.3 の曲線の頂上付近にあるときには，商品がほとんど売れないこともある．商品が売れるためには，オーディエンスサイズが少なくとも z' 以上であると消費者が予測してくれなくてはならないのに，p^* が大きいと，z' も放物線の頂点を達成する集団の割合にほぼ等しくなって，大きくなるからである．価格が放物線の頂点より高いときには，商品がまったく売れないことがわかっているので，このときもあまり売れるとは思えない．しかし，価格を下げ続ければ，この臨界点 z' は下がって 0 に近づいていき，z' 以上のオーディエンスサイズが容易に達成されるようになっていく．オーディエンスサイズが z' 以上で商品が売れ普及し始めると消費者が期待すると，安定な均衡は，実際には z'' となるのである．したがって，商品は最初まったく売れないが，価格の低下に伴って商品が売れ始めると，安定点まで急速に売れて普及することになると期待できる．

ネットワーク効果を持つ商品のマーケティング　ネットワーク効果を持つ商品を売りたい企業は，商品のマーケティングにおいて，これらの洞察をどのように利用すればよいのであろうか？　そこで，たとえば，ソフトウェアや，通信技術，ソーシャルメディアといった，ネットワーク効果を持つ新商品を生産する企業を経営しているとする．この商品のマーケティングは，z' の転向点を超えることができない限り，成功できない．すなわち，最初に少量生産して，次第に拡大していく方法では成功しない．商品が広範に利用されない限りは，潜在的な購買者にとって価値が少ないからである．

したがって，多くの人が商品を喜んで買いたいと思うようになる前に，最初にある程度の大きなグループの人々に，その商品を何らかの方法で利用してもらうことが必要となる．どのようにすればよいのであろうか？　可能性の一つとして，最初に価格を低く設定して，あるいは，より強力に無料にして，商品を市場へ投入することが挙げられる．商品の生産コストより低い価格設定は，最初は損失につながる．しかし，商品が普及して転換点を超えると，価格を上げることもできるようになり，最初の損失を十分補填するだけの利益を達成することができる．

別の可能性としては，流行を先導する人たちを選んで，商品を利用してもらえるよう説得し，他の多くの人に購入したいと思わせることが挙げられる．この戦略も，ネットワーク効果に関与するものであるが，単なる集団のレベルで研究できるものではない．集団のレベルではなく，潜在的な購入者間の結びつきのネットワークを特定し，このネットワークで誰が誰に影響を与えるかを考えることが必要になるからである．このアイデアについては，第 19 章で探究する．

ネットワーク効果があるときの社会的最適性　ネットワーク効果がないマーケットでは均衡が社会的に最適であることを，17.1 節で眺めた．すなわち，商品の購入者への割当て

のすべての可能性のうちで，商品を購入した消費者の保留価格の総和からその商品の総生産コストを引いた値が最大になるのは，均衡においてである．

一方，ネットワーク効果があるときの商品では，均衡は通常，社会的に最適にはならない．ハイレベルでは，各消費者の選択が他の消費者の利得に影響を与えることがその理由である．実際，それは以下のように解析できる．オーディエンスサイズ z^* の均衡にあるとする．すると，消費者 z^* は，$r(z^*)f(z^*) = p^*$ を満たす保留価格を持っているので，その商品の購入に関心を持っている最後の人と言える．そして，ごく小さい定数 $c > 0$ に対して，z^* と $z^* + c$ の間にいる消費者の集合を考える．この領域の各消費者 z は $r(z)f(z^*) < p^*$ であるので，購入したいとは考えない．しかし，この領域の消費者全員が商品を購入したとすると，これまでに購入済みの消費者にはこれによる利益が転がり込むことになる．すなわち，商品のこれまでの各購入者 $x < z^*$ の価値は，$r(x)f(z^*)$ から $r(x)f(z^* + c)$ へと増加することになる．z^* と $z^* + c$ の間にいる潜在的な消費者は，自身の購入の意思決定において，この効果を考慮していないと言える．

z^* と $z^* + c$ の間にいる消費者全員の商品の購入によって，すでに購入済みの消費者全員の総利益が，z^* と $z^* + c$ の間にいる消費者全員の商品の購入による総損失より大きくなるような例も容易に作れる．そのようなケースでは，均衡は社会的な最適解ではない．社会としては，これらの z^* と $z^* + c$ の間にいる消費者全員が商品を購入してくれるほうが，より良いからである．この例は，ネットワーク効果を持つ商品のマーケットでは，均衡が通常，社会的な最適解の値より小さくなるという，より一般的な原理を説明するものになっている．

ネットワーク効果と競争 最後に，複数の企業が，それぞれ固有のネットワーク効果を持っている競合する新製品を開発すると，どんなことが起こるかを考えてみよう．たとえば，同様のサービスを提供する二つの競合するソーシャルネットワークサイトや，利用者数に応じて価値が上がる，本質的に同じことが行える二つの技術などが挙げられる．過去数十年間における企業間の技術開発競争において，このような古典的な例を多数観察することができる [27]．その中には，パソコンのオペレーティングシステムにおける Microsoft の支配や，1980 年代のビデオテープにおける Betamax に対する VHS の勝利などが含まれる．

このようなネットワーク効果を持つ商品の企業間競争においては，二つ（あるいはそれ以上）の商品がマーケットに共存する場合より，一つの商品がマーケットを支配する場合が多い．最初に自身の転向点を超えた商品が消費者を魅了し，これにより競合商品の魅力は小さくなる．抽象的な意味で"最良"であることよりも，最初に転向点を超えることのほうがきわめて重要である．すなわち，以下が言えるからである．商品 A と商品 B のオーディエンスサイズがともに z であるとすると，消費者 x は，商品 A の価値を $r_A(x)f(z)$ と考え，商品 B の価値を $r_B(x)f(z)$ と考えるので，$r_B(x)f(z) > r_A(x)f(z)$ ならば，商品 B のほうが価値が高いことになる．このとき，各商品の生産コストは同一であるとすると，商品 B は商品 A より良い製品であると合理的に言える．しかし，商品 A が最初にマーケッ

トに現れて転換点を超えていれば，商品 B が生き残れないこともありうるのである[4]．

これらの考察は，強力なネットワーク効果があるネットワークにおいてどのような行動が起こるかについて，直観を与える手助けになる．1996 年の *Harvard Business Review* で，著者の Brian Arthur（ブライアン・アーサー）は，上述の議論を反映する形で，これらのマーケットの"特徴"を"マーケットの不安定性（マーケットは先行する商品に有利に働く傾向があること），複数の潜在的な商品の混在（たとえば，歴史における異なる事象のもとでは異なるオペレーティングシステムの勝利もありうること），予測不可能性，マーケットでの停止能力，劣る商品の可能な優位性，および勝者に集中する利益"とまとめている [27]．ネットワーク効果を持つマーケットがこれらの特徴のすべてを持つわけではないが，これらは上記の設定では観察できる現象である．

もちろん，商品 A の商品 B に対する支配についての議論において，A が支配を達成したあとでは，バランスがシフトするように変化することは，何も仮定していなかった．商品 B を生産する企業が十分に商品を改良できて，それをうまくマーケティングできれば，そして，商品 A を生産する企業がそれにうまく対応できなければ，商品 B が商品 A に取って代わってマーケットを支配するようになることもある．

17.6 個人的効果と集団レベルの効果の混合

これまでは，オーディエンスサイズが 0 のときに商品が消費者に無価値であるような，ネットワーク効果を持つモデルに焦点を当ててきた．すなわち，これは $f(0) = 0$ という仮定で把握できる．しかし，もちろん，最初の購入者にとっても商品に何らかの価値があり，さらに購入者が増えるに従いその価値が増加するという，より一般的なネットワーク効果を持つモデルを研究することもできる．すなわち，商品そのものに対する価値の個人的な効果に，（商品がより大きなオーディエンスサイズを有するときには個人の価値が増加する）集団レベルの効果が混合されたモデルとして考えることができる．このようなモデルでは，$f(0) > 0$ であり，$f(z)$ は z について増加関数である．

ここでは，このようなモデルを最初から定義し直すことはしない．そうはせずに，個人的な効果と集団レベルの効果を混合すると，質的にどのような新しいことが生じるのかを説明する一般的なクラスの例を展開することにする．具体的には，Mark Granovetter（マーク・グラノヴェッター）[192] によるこの種のモデルで観察される現象のうちで，ネットワーク効果を持つ新製品のマーケティングにおける自然で直観的な問題に対応する現象に焦点を当てる．

具体的なモデル 例として，正の定数パラメーターの a を用いた $f(z) = 1 + az^2$ の形の関数 $f(\cdot)$ を考える．さらに，これまでの例でも用いてきた単純な関数 $r(x) = 1 - x$ をここでも用いる．したがって，オーディエンスサイズが z のときには，消費者 x の商品に対す

---
[4] 本章の演習問題の 3 と 4 で，この状況に対する単純なモデルを取り上げている．

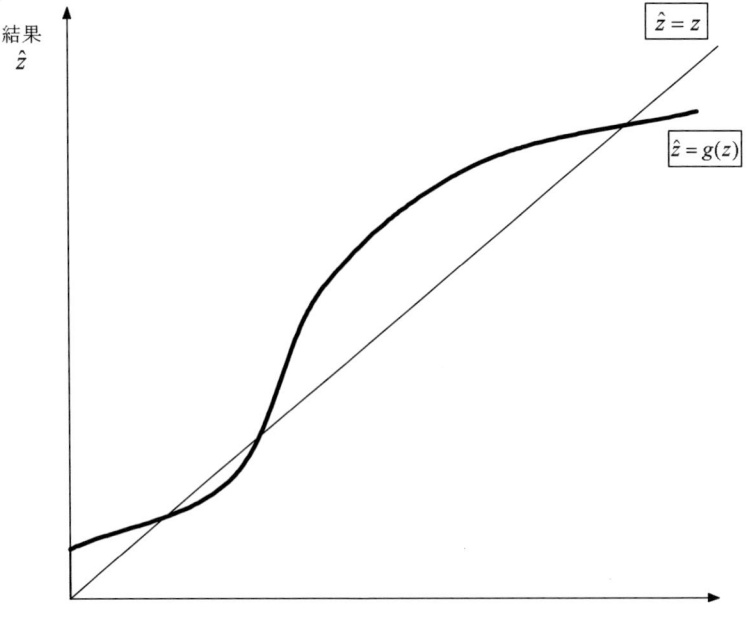

図 17.10 $f(0) > 0$ のときには，商品の利用者がほかに誰もいなくても，各消費者はその商品に 0 でない価値をつける．したがって，曲線 $\hat{z} = g(z)$ のグラフは原点 $(0,0)$ を通らないので，オーディエンスサイズ 0 はもはや均衡とはならない．

る価値は

$$r(x)f(z) = (1-x)(1+az^2)$$

となる．

この関数に対して，17.4 節で行った解析を用いて，マーケットの動的な行動を得ることにする．価格 p^* は真に 0 と 1 の間にあると仮定する．誰もがオーディエンスサイズが z であると予測するときには，商品を実際に利用する（購入する）人々の割合は，$\hat{z} = g(z)$ となる．なお，$g(\cdot)$ は 17.4 節で定義した $g(\cdot)$ で，

$$g(z) = \begin{cases} r^{-1}\left(\dfrac{p^*}{f(z)}\right) & (p^*/f(z) \leq r(0) \text{ のとき}) \\ 0 & (\text{それ以外のとき}) \end{cases}$$

である．また，これまでと同様に，$r^{-1}(x) = 1 - x$ である．さらに，$r(0) = 1$，$f(z) \geq 1$，$p^* < 1$ であるので，解における条件 $\dfrac{p^*}{f(z)} \leq r(0)$ は常に成立する．これらを $g(z)$ の式に代入すると，

$$g(z) = 1 - \frac{p^*}{1+az^2}$$

が得られる．この関数 $\hat{z} = g(z)$ のグラフと 45° の直線 $\hat{z} = z$ のグラフをともに描くと，図 17.10 のようになる．

オーディエンスサイズの 0 からの増加 これまでの $f(0) = 0$ のモデルでは，商品の利用者が 1 人もいないと誰もが予測する 0 のオーディエンスサイズは，安定な均衡であった．

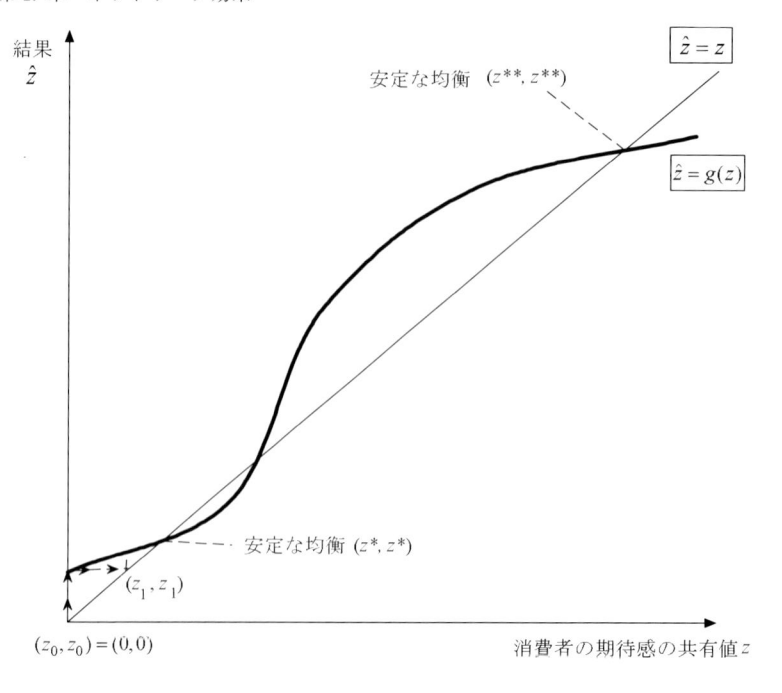

図 17.11 オーディエンスサイズは初期の 0 から動的に増加して, 小さいほうの安定な均衡 z^* まで行く.

しかし, $f(0) > 0$ のときには, 商品の利用者がほかに 1 人もいないときでもその商品には価値があり, したがって, ($p^* < 1$ ならば) 0 のオーディエンスサイズはもはや安定な均衡ではなくなる. ほかの誰もが商品を利用しないと予測しているときでも, それを購入する人がいることになるのである.

その結果として, そのような商品がオーディエンスサイズ 0 から出発して, 17.4 節で定義したダイナミクスに従うと, どのようなことになるのかという自然な疑問が起こる. 図 17.11 は, その様子を示している. オーディエンスサイズの点列は, $z_0 = 0$ から増加して, 曲線 $\hat{z} = g(z)$ と直線 $\hat{z} = z$ が最初に交差する交点 (z^*, z^*) へ近づいていく. この交点は, マーケットのダイナミクスをオーディエンスサイズ 0 から出発して走らせると到達する, 安定な均衡である.

このモデルにおけるこのプロセスのストーリーは, $f(0) = 0$ の前のモデルでは直接対応するものがなかったことに注意しよう. そこでは, オーディエンスサイズが 0 のときに商品の価値はまったくなかったので, 企業が消費者を取り込むには, 商品のマーケティングにおいて, 別の方法で転換点の低い不安定な均衡を超える必要があった. 一方, $f(0) > 0$ のときは, 図 17.11 の単純なダイナミクスで, オーディエンスサイズは 0 からある程度大きい安定な均衡の z^* まで増加する. すなわち, 最初の転換点を超えるために別の方法を用いる必要もなく, オーディエンスサイズは 0 から徐々に, そして有機的に増加する.

ボトルネックと大きな変化 しかしながら, この例でも, 商品に対する企業のマーケティングでは, 図 17.11 の均衡を超えてもっとオーディエンスサイズを大きくしたいと思われる. 何もしないでもオーディエンスサイズは z^* まで大きくなるが, 図に示されてい

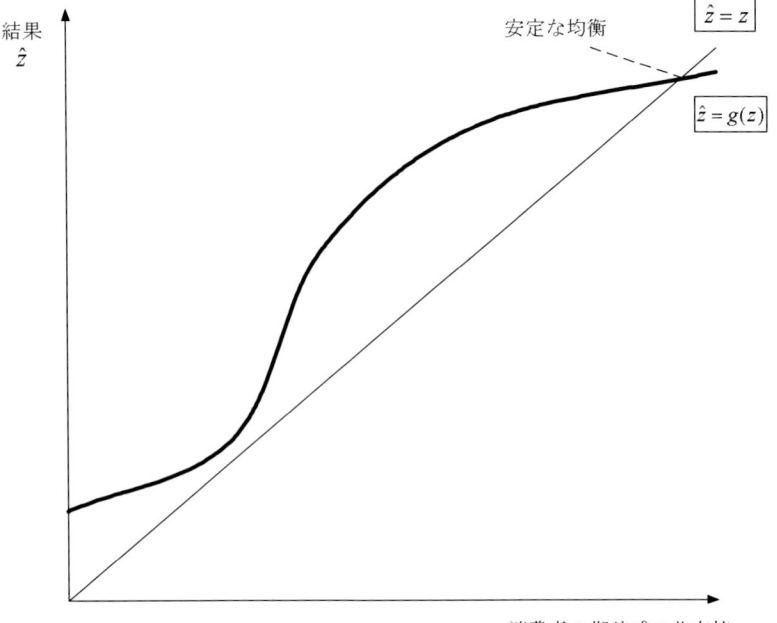

[図: 結果 $\hat{z}$ を縦軸、消費者の期待感の共有値 z を横軸とするグラフ。曲線 $\hat{z}=g(z)$ と直線 $\hat{z}=z$ が描かれ、右上で「安定な均衡」として交差している。]

図 17.12 価格がわずかに下げられると，曲線 $\hat{z} = g(z)$ は上に移動し，点 (z^*, z^*) の近傍では直線 $\hat{z} = z$ と交差しなくなる．

る格段に大きい安定な均衡 (z^{**}, z^{**}) もあり，そこまで到達できれば申し分ない．しかし，0 から出発するのでは，オーディエンスサイズは大きい安定な均衡の z^{**} には到達できない．z^* で停止するという"ボトルネック"でブロックされてしまうからである．

ここからがこの例で中核となる驚異的な現象である．すなわち，マーケットの性質におけるわずかな変更が，0 から出発して到達できるオーディエンスの均衡におけるサイズを劇的に変えることにもつながるのである [192]．企業が価格 p^* をわずかに下げて，ある値 $q^* < p^*$ にできるとする．すると，結果に対する期待感の共有値の関数 $g(z)$ は新しい関数

$$h(z) = 1 - \frac{q^*}{1 + az^2}$$

となる．これが新しい動的なプロセスを定義するのである．q^* を小さくするに従い，曲線 $\hat{z} = h(z)$ は上に移動し，(z^*, z^*) の近傍では直線 $\hat{z} = z$ と交差しなくなる（図 17.12）．一方，関数 $g(\cdot)$ の大きい均衡の (z^{**}, z^{**}) の近傍では，$h(\cdot)$ は依然として安定な均衡を持つ．

$h(\cdot)$ が上に移動して，$\hat{z} = z$ と (z^*, z^*) の近傍で交差しなくなると，0 から出発するオーディエンスサイズは突然に，そして劇的に変化する．すなわち，到達できるオーディエンスサイズの均衡は，z^* の近くから z^{**} の近くまで格段に大きくジャンプするのである．この行動には，自然な理由が存在する．すなわち，図 17.13 に示しているように，(z^*, z^*) におけるボトルネックが解消されて，わずかに通れる小道ができ，点 $(0,0)$ から出発するダイナミクスで，オーディエンスサイズは (z^{**}, z^{**}) の近くの安定な均衡まで到達できるようになるのである[5]．

---

[5] この効果が起こる実際の数値 q^* を求めることも困難ではない．たとえば，$f(z) = 1 + 4z^2$ で $p^* = 0.93$ とする．すると，0 から出発して到達するオーディエンスサイズの均衡は 0.1 となる．一方，価格を $q^* = 0.92$ に下げると，0 から出発して到達するオーディエンスサイズの均衡は 0.7 に跳ね上がる．

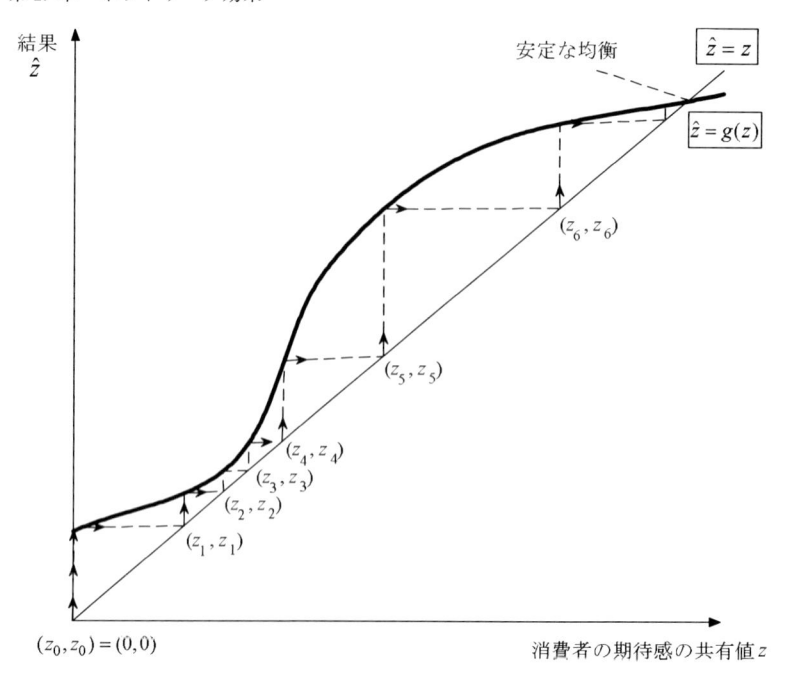

図 17.13 価格をわずかに下げると，曲線 $\hat{z} = g(z)$ が上に移動し，0 から出発して到達するオーディエンスサイズの均衡に大きな効果がもたらされる．

　この現象は，ネットワーク効果を持つモデルにおいて，マーケットの条件のわずかな変更が，いかに強力でそして不連続的な効果を結果にもたらすかを示している．図 17.11 と図 17.13 との対比が，ネットワーク効果を持つ商品のマーケティングにおける重要な問題を関係付けている．図 17.11 では，商品は（高い価値をつけている）熱狂的な消費者にのみ買われるが，メインとなるそれほど熱狂的でない広範囲の消費者には買われないので，オーディエンスサイズを z^{**} の大きい安定な均衡まで押し上げるのには失敗している．しかし，価格をわずかに下げて，誰にとっても商品がわずかに魅力的になるようにするだけで小道が開け，熱狂的な消費者にだけでなく，メインとなる広範囲の消費者に至るまで，商品が買われるようになる．すなわち，格段に大きい均衡へと導けるのである．

17.7　発展：負の外部性とエルファロルバー問題

　ここまで，異なる内容を取り上げて，負の外部性（交通渋滞とブレイス (Braess) のパラドックス）と正の外部性（ネットワーク効果を持つ商品）の両方を解析してきた．これらの解析のモデル設定には，それぞれの内容を把握するために設計された多くの詳細が含まれていた．たとえば，負の外部性の議論においては，土台となるネットワークのトラフィックによる困難性があった．正の外部性の議論においては，様々な保留価格を持ちながらも共通のマーケット価格に反応する異種の集団があった．

　これらの詳細を消去して，問題をより単純な形式に簡単化しても，負の外部性と正の外

部性を取り巻く現象は，より基本的なレベルできわめて異なっている．本節では，これらの相違に光を当てて，それらの対比をより明瞭に際立たせることができるような，典型的で単純な例を考える．さらに，そのプロセスにおいて，各モデル設定での均衡行動に関して，個人がどのように調整するかについても考えていく．

負の外部性と正の外部性を有する単純なシナリオ 負の外部性を有する単純なモデル設定として，Brian Arthur（ブライアン・アーサー）により作成されて広く研究されてきた**エルファロルバー問題** (El Farol Bar problem) を用いる [26]．この問題は，毎週木曜日にライブコンサートを開催しているサンタフェのバーにちなんで名づけられた．問題の定式化は以下のとおりである．バーの席はぎりぎり60人が座れる分しかなく，したがって，高々60人だけが聴きに来たときにのみ，観客はコンサートを十分に鑑賞することができる．60人を超える観客が来ると混雑しすぎで不快になるため，家にいるほうがよい．ここで，毎週100人がこのバーにコンサートを聴きに行くことを考えているとする．そして，この100人全員が，観客数が高々60人のときのみ心地良く鑑賞できるとする．ある週において，この100人の各個人はコンサートに行くべきか家にいるべきかを，どのように推論するであろうか？ただし，他のすべての人も同様の推論を行うことを各個人は知っているものとする．

エルファロルバー問題は，きわめて単純な負の外部性を有する状況を記述している．基盤の活動（バーのコンサート）に参加する利得は，参加者数が増加するに従い減少する．そして，きわめて単純な問題の記述にもかかわらず，参加者が直面する推論の問題はきわめて複雑になりうる．これらの複雑性のいくつかがどこから来るのかを説明するためには，この問題の状況を正の外部性を持つ同様の問題の状況と比較することが有用であろう．

一方，これに対する並列的なシナリオでは，大手の会社の100人の社員からなる部局があり，そこの部局長は社員に，ワークフローの一部として，あるソーシャルネットワークサイトを利用することを推奨している．部局長は，部局内の相互作用を増やすため，各社員にアカウントを生成し，そのサイトの活用を勧めている．いずれの社員も，部局内でそのサイトに参加する人が十分にいるときに価値があると信じている．参加者が十分にいないときには，その努力は報われないことになる．したがって，各社員は，自分を除いて60人以上の人がそのソーシャルネットワークサイトに参加しているときに，参加したいと考えている．したがって，そのサイトを利用する社員が61人以上になるときに努力が報われることになる．これは，17.6節で考えた，ネットワーク効果を持つ商品のシナリオにきわめて似たものになる．ただし，ここでは，各個人が異なる保留価格を持つのではなく，単純に，利用者数が十分に大きい条件のもとで参加するということに，共通の関心がある．また，サイズが無限ではなく，有限であるという違いもある．エルファロルバー問題との類推関係も明らかであるが，その働き方に相違がある．すなわち，ソーシャルネットワークサイトでのシナリオでは，参加者が60人を超えるときに良いという正の外部性があるのに対して，エルファロルバー問題では，参加者が60人を超えるときに悪いという負の外部性がある．

これらの二つの例は，一方では負の外部性のみが出現し，他方では正の外部性のみが出

現するように設計されている．実際の多くの状況では，あるレベル内までの他の人の参加は良いことであるのに対して，あまりに多すぎると悪いというような，実際には両方の外部性が出現することもあることに留意しなければならない．たとえば，エルファロルバー問題は，60人を超えない限り，ある程度の参加者がいるほうが最も楽しめると思われる．同様に，オンラインのソーシャルメディアも，インフラ構造の制限により，参加者が多すぎて回線に渋滞が生じ，ウェブサイトに接続するのに長時間かかってしまうよりは，ある程度の参加者に限定されているほうが最も楽しめると思われる．ここの議論をできるだけ明快に保つために，2種類の外部性を分離し続けるが，それらがどのように組み合わさって機能するかを理解することは，これからの重要な研究課題である[229]．これらの二つの効果を組み合わせる単純な方法を，本章の演習問題2で取り上げる．

二つのシナリオ間の基本的な比較　エルファロルバー問題と法人のソーシャルネットワーキングの問題の二つのシナリオ間の対比は，人々がどのように行動するかについての重大な相違を理解するために役立つ．最初に，これらの相違をインフォーマルに考えてみよう．そしてその後に，詳細に解析を行う．

本章で前述したことを用いて，ソーシャルネットワーキングのシナリオについての推論をすると，100人のグループにおいて，きわめて自然な均衡が二つ存在することがわかる．誰もが参加すると，参加する（参加し続ける）ことに興味を持つ．同様に，誰もが参加しないと，誰も参加しようとは思わない．すなわち，これらが二つの自然な均衡である．（さらに，あとで眺めるように，他の複雑な均衡も存在する．しかしながら，これらの全員参加，あるいは全員不参加の均衡は，最も自然な二つの均衡と言える．）

一方，エルファロルバー問題では，これらの全員参加，あるいは全員不参加は，どちらも均衡にはならない．すなわち，全員が参加すると誰もが家に留まりたくなるし，誰も参加しないと誰もが参加したい気持ちになっていく．したがって，均衡はより複雑な構造になっている．そこでは，集団のある人たちは参加して，ある人たちは家に留まるというような，集団の人たちによる，土台となる対称性の解消が必要になる．

本章で前述した期待感の共有値の概念を用いてこの対比を記述する，本質的に等価な別の方法もある．ソーシャルネットワーキングのシナリオでは，誰もが参加するという共通の期待感があるときには，この期待感は自己充足され，全員が実際に参加することになる．一方，誰もが参加しないという共通の期待感があるときには，この期待感も自己充足され，全員が実際に不参加になる．これまでも眺めてきたように，そのような自己充足の期待感は，正の外部性がある状況における推論のキーとなる部分である．

対照的に，エルファロルバー問題での負の外部性は，期待感の共有値に対して問題を提起する．とくに，エルファロルバーのオーディエンスサイズに対する共通の期待感には，自己充足となる固定化されたものは存在し得ない．誰もがオーディエンスサイズが60以下であるという予測をすれば，全員が参加してしまい，この予測は外れることになる．同様に，誰もがオーディエンスサイズが60より大きいという予測をすれば，全員が家に留まることになり，この予測も外れることになる[6]．

---

[6] Brian Arthur（ブライアン・アーサー）が注意しているように，後者の可能性は，野球選手のYogi Berraが人気のあるレストランについて，「誰ももうそこにはいかない，あまりに混みすぎているから」(Nobody

これらには，基本的な対比が存在する．正の外部性があるときは，自己充足の期待感と，それを達成する自然な結果の集合が存在する．負の外部性があるときは，オーディエンスサイズの固定された共通の期待感は自己否定であるため，各個人は格段に複雑な方法に頼らなければならなくなる．この複雑性により，エルファロルバー問題は，個人の行動の様々なモデルをテストするための基盤となっているのである．これらのモデルのいくつかと解析のスタイルについて，これからさらに詳しく考えていく．

エルファロルバー問題のナッシュ均衡 最初に，1回に100人の人たちでプレーされるゲームとして，エルファロルバー問題がどのようにモデル化されるかを考えよう（ここでは，バーで毎週木曜日にコンサートが行われるのではなく，1回のコンサートのみが開催され，誰もが前もって参加するかどうかを決定しなければならないと考えてよい）．各個人は，参加と不参加という二つの戦略が可能で，獲得する利得は以下のようにして定まる．

- 不参加を選択すると，どのような結果でも，獲得する利得は0である．
- 参加を選択すると，高々60人の人が参加する結果になると$x > 0$の利得を獲得し，60人を超える人が参加する結果になると$-y < 0$の利得を獲得する．

このゲームには多数の純粋戦略のナッシュ均衡が存在する．全員が同一の純粋戦略を使用するナッシュ均衡は存在しないが，正確に60人が参加して，残りの40人が不参加という結果はナッシュ均衡である．この異種の戦略の集合にグループがどのようにして収まるかについては，ゲームの開始時で全員同一であるので，まったく明らかではない．本節のあとで，いかにしてこの異種の戦略が生じるかという問題に戻る．

しかしながら，全員が対称的に行動する均衡も存在する．それは，混合戦略を用いるもので，全員が（ある適切な値の）同一の確率pで参加を選択することにより達成される．この場合にも，いくつかの複雑性が存在する．この混合戦略の均衡では，共有の確率pは0.6であろうと考えるかもしれないが，必ずしもそうではない．pは利得のxと$-y$に依存して決まるのである．第6章で眺めた推論に従うと，pは，各プレーヤーの利得において，参加と不参加とで差が出ない（識別不可能である）ようになっていなければならないからである．これにより，二つの選択肢のそれぞれを選ぶ確率を変えたいと思う気持ちを起こさせないことが保証される．

不参加のときの利得は常に0なので，参加の利得の期待値も0となるようにpを選ぶことが必要になる．したがって，pは

$$x \cdot \Pr[\text{高々}60\text{人参加}] - y \cdot \Pr[61\text{人以上参加}] = 0 \tag{17.3}$$

が成立するように選ばなければならない．さらに，

$$\Pr[61\text{人以上参加}] = 1 - \Pr[\text{高々}60\text{人参加}]$$

となる事実を用いて，式(17.3)から

$$\Pr[\text{高々}60\text{人参加}] = \frac{y}{x+y} \tag{17.4}$$

---

goes there anymore; it's too crowded) と皮肉を言ったときに引き起こされた現象を反映している [26, 105]．

が得られる．したがって，混合戦略の均衡を得るためには，式 (17.4) が成立するように p を選ばなければならない．$x = y$ のときには $p = 0.6$ と選べることが示されている [212]．しかし，x と y が異なるときはどうであろうか？ そこで，以下では x と y は異なるものとする．たとえば，エルファロルバーのコンサートは本当に心地良いが，混雑はとても耐えられないと考えられるので，y のほうが x より格段に大きいと思われる．このとき，p は60人以下の参加者となる確率がきわめて高くなるように選ばれるため，p は 0.6 より大幅に小さい値になる．参加者数の期待値は $100p$ であるので，期待値としては，コンサートに行く人数は，60 を大幅に下回ることになる．このように，$y > x$ のときには，混合戦略の均衡において，混雑するという共通の恐怖により，コンサートの聴衆は定員の 60 人を大幅に下回る．

この混合戦略の均衡の存在は，エルファロルバー問題において，期待感の共有値を形成することが困難であるという先のインフォーマルな議論に対して，有用な対比となっている．本章の前の部分で用いた期待感の共有値の種類である，オーディエンスサイズを表現する固定値からなる期待感の共有値は，どんなものでも，実際に起こることとは反対のことになるのである．しかし，より複雑な種類の期待感を許すことにすれば，自己充足の共有の期待感，すなわち，式 (17.4) が実現するような確率 p を選んで，各個人がバーのコンサートに参加することをランダムに確率 p で選択するときの期待感も，実際に存在するのである．

関係するゲームにおける均衡の類推 発見した均衡についての直観をいくつか得るためには，関係するいくつかのゲームの均衡とそれらとを比較することが有用である．

最初に，本節で取り上げた 100 人の部局のソーシャルネットワーキングのシナリオを，同様の 1 回のゲームとしてモデル化しよう．各個人は，参加と不参加という二つの戦略が可能である．不参加を選択すると，どのような結果でも獲得する利得は 0 であり，参加を選択すると，60 人を超える人が参加する結果になると y の利得を獲得して，高々 60 人が参加する結果になると $-x$ の利得を獲得する．このケースでは，先にインフォーマルな議論で眺めたことに対応して，二つの純粋戦略の均衡が（そしてそれのみ）存在する．一つは全員が参加する純粋戦略の均衡であり，もう一つは全員が不参加の純粋戦略の均衡である．興味深いことに，エルファロルバー問題に適用した同一の混合戦略の均衡がここでも成立する．すなわち，

$$-x \cdot \Pr[\text{高々 60 人参加}] + y \cdot \Pr[\text{61 人以上参加}] = 0 \tag{17.5}$$

が成立するように，全員が確率 p で参加を選択すると，全員が参加と不参加の利得が識別不可能となるので，これが均衡となる．（一方が他方に "−" を掛けたものになっているので）式 (17.3) と式 (17.5) とは等価であるため，エルファロルバー問題のときと同一の値 p が得られる．

100 人のプレーヤーのゲームは本質的に複雑なので，このゲームの 2 人プレーヤー版がどんなものになるかを考えることも有用であろう．エルファロルバー問題の 2 人プレーヤー版では，各プレーヤーは他のプレーヤーが参加しないときに参加したいことになる．2 人版のソーシャルネットワーキングのゲームでは，各プレーヤーは他のプレーヤーがサ

	プレーヤー2	
	不参加	参加
プレーヤー1 不参加	0,0	0,x
プレーヤー1 参加	x,0	$-y,-y$

図17.14 2人プレーヤーの問題.

イトに参加するときにサイトに参加したいことになる．このサイズに縮小して考えると，これらの状況はいずれも第6章の基本的なゲームのどれかに対応する．エルファロルバー問題の2人プレーヤー版は，2人のプレーヤーが異なる行動を選ぼうとする鷹と鳩のゲームに対応し，ソーシャルネットワーキングの2人プレーヤー版は，2人のプレーヤーが一致する行動を選ぼうとする協調ゲームに対応する．

これらのゲームはいずれも，純粋戦略の均衡と二つの利用可能な戦略をある確率で用いる混合戦略の均衡を持つ．たとえば，エルファロルバー問題の2人プレーヤー版では，利得行列は図17.14に示しているものになる．

二つの純粋戦略の均衡は，一方のプレーヤーが参加を選び，他方のプレーヤーが不参加を選ぶものからなる．混合戦略の均衡は，各プレーヤーが，参加の利得の期待値が0となる確率pで参加を選ぶものからなる．すなわち，

$$x(1-p) - yp = 0$$

を満たすpであるので，$p = x/(x+y)$となる．多数のプレーヤー版との類推から，$x = y$でない限りpは$\frac{1}{2}$と等しくならないことがわかる．さらに，多数のプレーヤー版におけるコンサートの実際の参加者数が，平均の参加者数$100p$の付近で確率的に変動するように，2人プレーヤー版でも参加する人数に大きな変動が存在する．具体的には，p^2の確率で2人のプレーヤーがともに参加を選び，$(1-p)^2$の確率で2人のプレーヤーがともに不参加を選ぶ．

繰り返しエルファロルバー問題 100人全員が同一の戦略に従う混合戦略の均衡の存在は，エルファロルバー問題についての重要な観察であるものの，それがストーリーのすべてではない．グループの全員が，なぜ多くの可能なパターンから実際に混合戦略の均衡に到達するのか，あるいは本当に到達するのかということが明らかでない．いったんグループが均衡をプレーすると，誰もが自分の戦略を変更したい気持ちにならない．すなわち，それが行動の均衡にあることを意味する．しかし，そもそもどのようにして均衡の行動で一致するようになるのであろうか？

これらの問題を取り扱うモデルを定式化するためには，エルファロルバーゲームを繰り返しプレーするモデルについて考えるのが有効である．すなわち，同じ100人の人々が，毎週木曜日の夜に，バーのコンサートに参加するか参加しないかをそれぞれ決定しなければならず，参加する場合，参加者が60人以下となるときにはxの利得を獲得し，参加者が60人を超えるときには$-y$の利得を獲得し，不参加の場合は，0の利得を獲得するとする．さらに，各個人は先週の木曜日までの毎週の結果の歴史も知っていて，今週の木曜日

の意思決定にこの情報を用いることができるとする．この繰り返し行われるエルファロルバーゲームの意思決定について推論することにより，過去の経験を考慮したルールに基づいて，行動のパターンがどのように次第に形成されていくのかを理解できるようになると考えられる．

繰り返しエルファロルバーゲームの研究に用いることができる定式化は，多数存在する．一つのアプローチとして，毎週木曜日のすべての系列を，6.10 節で研究した動的なゲームの一種として見なすことが挙げられる．すなわち，この場合は各週の木曜日の選ばれた戦略の集合が系列の一つの要素となる．プレーヤーが選ぶ戦略の系列と，その系列に対応して獲得する利得の系列からなる動的なゲームとして見なすアプローチである．この動的なゲームのナッシュ均衡を考えて，ゲームのプレーが最終的に 1 回限りのエルファロルバーゲームのある均衡におけるプレーの繰り返しに落ち着いていくゲームと，理解することもできる．すなわち，本質的には，動的ゲームの深い理解を有するプレーヤーでプレーされる均衡が，単純そうな何かに収束していくかどうかを考えていると言える．動的ゲームの均衡におけるプレーから学習を深めることはできる [175] が，ここでの学習は，より大きな動的ゲームでのナッシュ均衡の中で起こっていると考えられるので，このアプローチは，いかにして個人がナッシュ均衡をプレーするようになっていくかを完全には答えるものにはなっていない．

別のアプローチとして，プレーヤーが潜在的により素朴であるとして，どのようなことが起こるかを考えてみる方法が挙げられる．プレーヤーが理解力が深いか素朴かにかかわらず，プレーヤーが繰り返しゲームでどのように行動するかを考える有用方法は，戦略の選択を**予想ルール** (forecasting rule) と，予想ルールが与えられたときの選択とに分解することである．予想ルールは，過去のプレーの歴史から他のすべてのプレーヤーが将来とるであろう行動を予測する任意の関数である．予想ルールは，原理的にきわめて困難なものになりうる．個人は，予想を生成するときに過去のすべての行動を考慮に入れることもできる．また，自分が現在どのように行動するかによって，将来他の人たちがどのように行動することになるかについても予想することもできる．あるいは，きわめて素朴なプレーヤーは，他のすべてのプレーヤーが，単に一定の行動を永遠にとり続けると予想することもできる．各個人の予想ルールから，その人の行動に対する予測を導き出すことができる．ここでは，各個人は，自分の予想ルールに対して最適に行動すると仮定する．すなわち，他の人の行動に対してどのような予想をしても，それが与えられると，自分の利得を最大化する行動を選択する．

繰り返しのエルファロルバーゲームで，最も取り上げられて研究されてきたのは，固定されたオーディエンスサイズで機能する予想ルールである．予想ルールは，次の木曜日にバーのコンサートに来る他の人の数を過去のオーディエンスサイズの系列から予測する関数である（したがって，過去のオーディエンスサイズの歴史が与えられると，予想ルールは，0 から 99 の間の整数を生成する）．これは，他の各個人がバーのコンサートに参加であるか不参加であるかを予測する予想ルールと比較して，かなり表現力が限定されているものの，参加する人数の興味ある主たる性質は捉えている．そのような予想ルールを用いる個人に対しては，意思決定の行動は簡単に記述できる．すなわち，予想ルールで 59 以下の数字が生成されたときには参加し，60 以上の数字が生成されたときには不参加とする

ことになる．

　自己充足と自己否定の期待感について本節で前述したインフォーマルな議論に従い続けると，以下のことが言える．第一に，オーディエンスサイズに対して同一の予想ルールを全員が用いると，全員がきわめて悪い予測をすることになってしまうことがわかる．任意の状況において，この共通の予想ルールは，参加者数が59以下であるか，あるいは60以上であるかのいずれかを予測することになる．前者（参加者数が59以下）のときは全員が参加することになり，後者（参加者数が60以上）のときは全員が参加しないことになる．すなわち，いずれの場合も，予想ルールは間違いとなる．したがって，より良い結果を得るためには，プレーヤーが様々に異なる予想ルールを用いることが必要となる．

　グループの各個人が異なる予想ルールを用いるときに，グループとしての行動がどのようになるかについては，長い研究の歴史が存在する．研究目標は，ある木曜日に，グループのほぼ60%の人がコンサートに参加し，グループのほぼ40%の人が参加しないという予測を生成する状態にシステムが収束するかどうかを理解することである（たとえば，[26, 104, 167]）．この研究は，数理解析の観点からも，コンピューターシミュレーションの観点からも行われてきたが，この解析には大変な複雑性がいくつか含まれている．一般には，多様な条件のもとで，コンサートに毎回ほぼ最適な人数が参加する，すなわち，平均の参加者数がほぼ60となる状態にシステムが収束することが，研究者によって発見されている．

　この解析の詳細を述べることはしないが，グループの各個人が様々に異なる予想ルールを用いることにすると，平均参加者数がほぼ60になる理由は，それほど困難なく直観的に解釈できる．そのためには，各個人が一定の予想参加者数kを選択し，毎週これを用いるとする最も単純なモデルで解析するのが，おそらく適切であろう．すなわち，過去の歴史を完全に無視して，他の人は常にk人参加すると予測するモデルを考える．各個人が，0から99の100個の整数から一様ランダムにkを選んで固定すると，毎週のバーのコンサートへの参加者数の期待値はいくらになるであろうか？参加者は，予測値のkが0から59の間になり，そのような人数の期待値は60となる．したがって，このきわめて素朴な予測により，毎週木曜日に，所望の平均参加者数である60が実際に得られることになる．

　もちろん，この解析は，極端に素朴な予測をする人に基づいている．しかし，それは同時に，予想ルール集合の多様性から，ほぼ正しいレベルの参加者数が自然に得られることも示している．さらに，過去の参加者数に基づいて予測をする，より複雑な可能性の空間から個人の予測をランダムに選ぶと，どんなことが起こるかを考えることもできる．かなり公正な一般的な仮定のもとでも，その確率は格段に複雑になるものの，平均の参加者数60が成立するのである [104]．

17.8　演習問題

1. 本章のモデルの意味で，ネットワーク効果を持つ商品を考える．消費者は0から1の間の実数の名前がつけられている．集団のzの割合がその商品を使用しているとき，

消費者 x の保留価格は，$r(x) = 1 - x$ と $f(z) = z$ を用いて，$r(x)f(z)$ という式で与えられる．

(a) この商品は，1個購入したい消費者に価格 $\frac{1}{4}$ で販売されるとする．商品の購買者数の均衡における値はいくらか？

(b) 価格が $\frac{2}{9}$ に下がって，1個購入したい消費者にその価格で販売されるとする．商品の購買者数の均衡における値はいくらか？

(c) 問題 (a) と (b) の答えが質的に異なる理由を簡単に説明せよ．

(d) 問題 (a) と (b) の答えの均衡のうちで，安定な均衡はどちらか？ 答えとその答えに対する説明を与えよ．

2. 本章では，正のネットワーク効果を持つ商品，すなわち，その商品の利用者が多くなればなるほど魅力が増す商品に焦点を当てて議論した．しかしながら，ブレイス (Braess) のパラドックスでも眺めたように，負のネットワーク効果もありうる．すなわち，その商品の利用者が多くなればなるほど魅力がなくなる商品もある．さらに両方の効果を持つ商品もある．すなわち，利用者が多すぎない限りにおいては，その商品の利用者が多くなればなるほど魅力が増すが，いったん増えすぎてしまうと，その商品の利用者が多くなればなるほど魅力がなくなる商品が存在する．会員クラブなどがそうである．適切な数の会員である限りにおいては，会員が多いほど快適であるが，適切な会員数を超えてしまうと，過密状態になり魅力がなくなる．この演習問題では，そのような効果の組合せを取り込めるネットワーク効果のモデルは，どのようにしたら設計できるかを考える．

本章の記法をそのまま用い，消費者は 0 から 1 の間の実数の名前がつけられていると仮定する．ネットワーク効果を考える前の個人 x の保留価格を $r(x) = 1 - x$ とする．ネットワーク効果は，$z \leq \frac{1}{4}$ では $f(z) = z$ で与えられ，$z \geq \frac{1}{4}$ では $f(z) = \frac{1}{2} - z$ で与えられる．したがって，ネットワーク効果の恩恵が最大になるのは，集団におけるその商品の利用者の割合が $z = \frac{1}{4}$ のときである．この割合が $\frac{1}{4}$ を超えると恩恵は減少し，$\frac{1}{2}$ を超えると恩恵は負になる．この商品の価格は，$0 < p < \frac{1}{16}$ を満たす p であるとする．

(a) 均衡は何通りあるか？ 理由も説明せよ．（利用者数を求める必要はない．グラフとその説明だけで十分である．）

(b) それらの均衡は安定か？ 理由も説明せよ．

(c) 商品の利用者がいる均衡を考える．社会的な財は，この利用者数で最大化されるか？ あるいは，これより増えると増加するか？ それとも減ると増加するか？ 答えとその答えに対する説明を与えよ．（ここでも計算は必要でない．注意深い説明だけで十分である．）

3. 確立されている従来製品と同等の役割を果たす新製品を開発しているとする．性能は，従来製品よりこの新製品のほうが格段に優れているとする．より具体的には，二つの製品の利用者数が同じときには，新製品の潜在的な購買人の保留価格は，従来製品の購買人の保留価格の2倍になる．問題は，これらがネットワーク効果を有する製品であり，誰もが二つの商品の一方のみがあれば十分であると考えていることである．現在，集団の 80% の人が従来製品を利用している．新製品の生産コスト

と従来製品の生産コストは同一であり，価格と等しいとする．

　従来製品の現在の利用者の全員が新製品にスイッチすることになれば，新製品につけうる最大の価格は，現在の価格の2倍になる（そうしても全員に買ってもらえる）．したがって，これらの潜在的な購買人に魅力を感じてもらえれば，かなりの収益があがることは明らかである．利用者が新製品にスイッチするように説得するにはどうしたらよいか？ この問題で記述されている状況を正式に構成する必要はない．試みようとしている戦略を記述し，それらがネットワーク効果の点から成功することを説明するだけで十分である．

4. 本章で議論したネットワーク効果のモデルでは，商品は1個しかなかった．この演習問題では，ネットワーク効果を持つ競合する商品が二つあるとすると，どのようなことが起こるかについて考える．各商品について以下を仮定する．

   (a) その商品を利用する人が誰もいないと予測したときには，その商品に正の価値を与える人はいない．

   (b) 消費者の半数がその商品を利用すると予測したときには，消費者の正確に半数がその商品を購買することになる．

   (c) 消費者の全員がその商品を利用すると予測したときには，消費者の全員がその商品を購買することになる．

   ネットワーク効果の解析を用いて，各商品を利用する消費者数の可能な均衡状態を与えよ．さらに，これらの均衡のうちで，安定と考えられるものと，不安定と考えられるものについて，簡単に議論せよ．この問題を正式に構築する必要はない．このマーケットで起こりうることを簡単に述べるだけで十分である．

第 18 章
べき乗則と富めるものがますます富む現象

18.1 ネットワーク現象としての人気

　直前の二つの章では，個人の利得が他の人々の行動に依存したり，他の人々の選択が個人の意思決定に役立つ情報をもたらしたりすることから，個人の行動や意思決定が他の人々の選択や意思決定に依存する状況について考察してきた．行動が集団全体で相互に関係し合う状況におけるこの種の意思決定では，各個人が独立に意思決定を行うときに得られる結果とまったく異なる結果になる場合もあることを眺めてきた．

　本章では，一般的な人気 (popularity) の概念の解析に，ネットワーク的なアプローチを適用する．人気は極端な不均衡により特徴付けられる現象である．ほとんどの人は，一生を通じてその人が属する社会の輪の中でしか他の人に認知されない．より広い世界で知られる有名な人は数少なく，そして全世界的に名前が知れ渡る人はさらにずっとずっと少ない．同様のことが，本や映画など，読者や観衆を対象とするもののほぼすべてに当てはまる．このような不均衡はどのように定量化できるのであろうか？ なぜこのようなことが生じるのであろうか？ そして，これは人気の概念全体にある程度本来備わっているものなのであろうか？

　本章では，ネットワーク行動の初歩的モデルをいくつか与えて，これらの問題に対して重要な直観的洞察が得られることを眺めていく．まず，人気をきわめて正確に測定できる具体的な領域のウェブに焦点を当てて，議論を始める．バラク・オバマ (Barack Obama) やビル・ゲイツ (Bill Gates) のような有名人の名前を聞いたことがある全世界の人々の数を正確に見積もることは困難であるが，ウェブ全体のある時刻のスナップをとって，Google, Amazon, Wikipedia などの有名なサイトへのリンク数を数えることは簡単にできる．そこで，与えられたウェブページへのリンクをそのページへの入リンク (in-link) と呼ぶ．そして最初は，各ウェブページへの入リンクの総数を用いてそのページの人気の指標とする．しかし，これは様々ある指標の一つの例にすぎないことを心に留めておこう．

　ウェブの歴史の初期において，人々はすでに，きわめて基本的な以下のような問題意識を持っていた．

　　　k 本の入リンクを持っているウェブページの割合は，k の関数としていくらか？

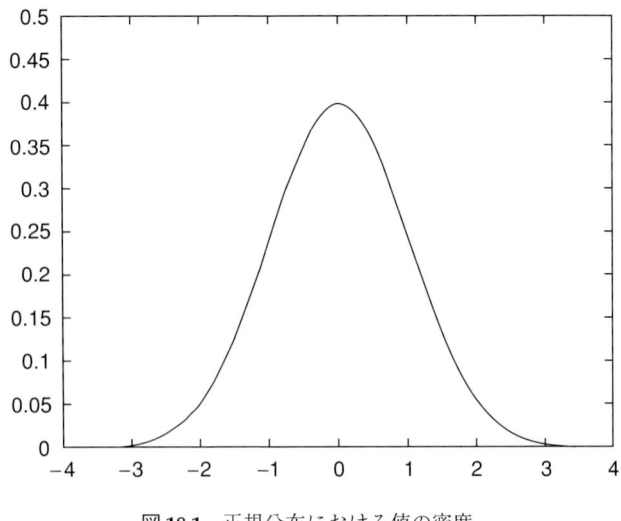

図18.1 正規分布における値の密度.

k の値が大きくなるに従い人気がより高くなるので，これはまさにウェブページの集合における人気の分布を問うものであったと言える．

単純な仮説：正規分布 この疑問を解決する前に，答えがどのようなものになるかを考えてみることが大切である．自然な推測としては，確率統計で広く用いられている釣り鐘型の**正規 (normal) 分布**，すなわち**ガウス (Gaussian) 分布**が挙げられる．ここでは，正規分布についての詳細は必要でないが，この分布が平均と標準偏差という二つの量で特徴付けられることを思い出すことには価値がある．図18.1は，平均0，標準偏差1の正規分布のグラフである．正規分布に関する基本的な事実として，平均から標準偏差の c 倍以上離れた値が観測される確率が c に関して指数的に減少することが挙げられる．

正規分布が自然な推測であると考えられる理由は，正規分布が自然科学分野の至るところに現れるからである．1900年代初頭の成果である**中心極限定理 (central limit theorem)** は，多くの事例において正規分布が出現する基本的な理由を説明している．完全な詳細を圧縮しておおざっぱに述べるとすると，中心極限定理は以下のように言える．すなわち，互いに独立である小さなランダムな量の任意の列をとってくると，その和（または平均）は極限的には正規分布に従って分布する．言い換えると，小さな値をとる互いに独立でランダムな効果の和として考えうる量ならば，いかなる量であっても，それは正規分布で近似できる，ということである．したがって，たとえば，一つの物理量を繰り返し計測する際に得られる値の変動が（計測の）各試行における多くの独立した要因で起こる誤差の累積であるとすると，計測された値の分布は近似的に正規分布になると考えられる．

ウェブページの場合には，これをどのように適用できるのであろうか？たとえば，ウェブのリンク構造のモデル化として，各ページがリンクするページを独立かつランダムに決めるとしてみる．すると，各ページへの入リンク数は，多くの独立なランダム量（すなわち，他の各ページからのリンクがあるかないかという量）の和になる．したがって，これは正規分布に従うと期待できる．とくにこれは，もともとの疑問への答えに対する仮説に対応するものとなる．すなわち，このモデルを信じるとすると，k 本の入リンクを持って

いるページの数は，k の増加に伴って指数的に減少することになる．

18.2 べき乗則

　しかし，人々が実際にウェブのリンクの分布を計測してみると，中心極限定理から予想されることとはまったく違う結果が得られた．ウェブの歴史の様々な時点で得られた多くのスナップショットに対する調査によると，k 本の入リンクを持っているウェブページの割合は，近似的に $1/k^2$ に比例する（より正確には，k の指数は一般に 2 よりわずかに大きい）ことが繰り返し発見されたのである [80]．

　なぜ正規分布とそんなにも異なっているのであろうか？ 重要なのは，k の増加に伴う $1/k^2$ の減少が，正規分布における指数的な減少に比べて，ずっとゆっくりであるという点である．したがって，きわめて多くの入リンクを持つノードは，正規分布から期待されるよりもずっと多いことになる．たとえば，$k=1000$ のとき，$1/k^2$ は 100 万分の 1 にすぎないが，指数的に減少する 2^{-k} のような関数は，$k=1000$ のとき想像できないほど小さい．今回の $1/k^2$ のように，k のある固定されたべき乗に従って減少する関数は，**べき乗則** (power law) に従うと呼ばれる．値 k を持つアイテムの割合を計測したいときは，k がきわめて大きくても無視するわけにはいかないことを，べき乗則は定性的に示している．

　これは，最初に述べた「人気というものはきわめて不均衡なもので，きわめて大きな値もしばしばありうる」という要点を定量的に示している．さらに，ウェブにおいて，きわめて人気の高いページがかなり多く存在していることへの直観的な説明も与えている．他の多くの分野でも，人気を計測する際に同様のべき乗則が現れる．たとえば，1 日に k 本の電話がかかってくる電話番号の割合はほぼ $1/k^2$ に比例し，k 人の人が購入する本の割合はほぼ $1/k^3$ に比例し，合計 k 回引用されている学術論文の割合もほぼ $1/k^3$ に比例するというように，多くの関連する例もあることが指摘されている [10, 320]．

　実際には，正規分布が自然科学の分野で広く見られるように，一種の人気と見なして計測できる量に関しては，べき乗則が支配的となっている．したがって，この種のデータ，たとえば，大規模なオンライン音楽サイトにおける各楽曲の月間ダウンロード数の表が渡されたときには，最初にやるべき価値のあることは，それが何らかの c に関してほぼべき乗則 $1/k^c$ に従っているかどうかを確かめ，もしそうであるときには，さらにその指数 c を決定することであると言える．

　データ集合がべき乗則分布に従うかどうかを素早く確かめる以下の単純な方法がある．すなわち，値 k をとるアイテムの割合が $f(k)$ であり，ある指数 c とある比例定数 a に対して等式 $f(k) = a/k^c$ がほぼ成立するかどうかを知りたいとする．このとき，これを $f(k) = ak^{-c}$ と表して等式の両辺の対数をとると，

$$\log f(k) = \log a - c \log k$$

となる．したがって，べき乗則が成立するとすると，$\log f(k)$ を $\log k$ の関数としてプロットすれば，傾きが $-c$ で，y 切片が $\log a$ の直線のグラフとなる．このような "両対数" のグ

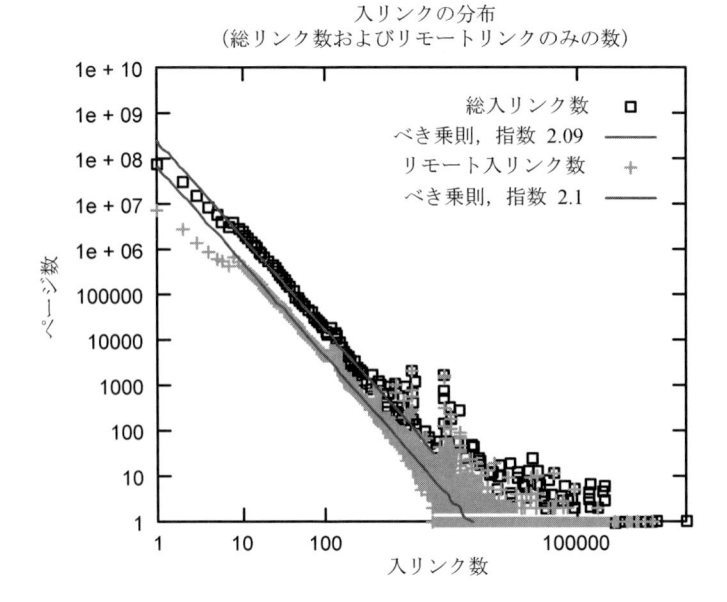

入リンクの分布
（総リンク数およびリモートリンクのみの数）

図 18.2 Broder ら [80] によるウェブページの入リンク数の分布．このようなべき乗則の分布は，両対数のグラフで直線となる．（出典：Elsevier 社）

ラフは，データ集合が近似的にべき乗則に従うかどうかを知るための手っ取り早い方法である．おおざっぱに直線となるかどうかを確かめるのは容易であるし，傾きから指数を知ることもできる．たとえば，図 18.2 は，k 本の入リンクを持つウェブページの割合に対して，この方法を適用した図である [80]．

しかし，べき乗則がこのように至るところで観察されることを受け入れるとすると，正規分布が現れる基本的な理由を中心極限定理が説明しているように，べき乗則が現れる原因が何であるかについての簡単な説明も必要になると思われる．たとえば，図 18.2 の分布のほとんどの部分でグラフが直線に近いということは，とくに，ウェブのリンク構造の形成でまったく制御不能な要因が多いことを考えると，驚くべきことである．いったい，どんなプロセスからこの直線が生じているのであろうか？

18.3　富めるものがますます富むモデル

情報カスケードとネットワーク効果の解析で用いた考え方から，べき乗則が出現するきわめて自然なメカニズムに対する基礎が得られる．多くのランダムな決断の平均化から正規分布が生じるのと同様に，集団で相互に関連する意思決定で引き起こされるフィードバック効果によりべき乗則が生まれることを，以下で眺めていく．

（情報カスケードのところで示したときと同様に）個人の意思決定の単純なモデル化に基づいて，べき乗則を完全に説明できるモデルを与える問題は，興味深い未解決の研究課題である．そこで，ここではその代わりに，各個人の意思決定のプロセスの内面からではなく，カスケードが存在する中で，逐次的に行われる意思決定の結果が観測できるものと

してモデルを構築する．すなわち，人々は，先人たちの決定を模倣する傾向にあるという単純な仮定を利用する．

この考え方に基づいて，ウェブページ間でのリンク生成の単純なモデルは，以下のように書ける [42, 265, 300, 340, 371]．

1. ページは順番に作られ，その順に $1, 2, 3, \ldots, N$ と名前がつけられる．
2. （0 と 1 の間の値をとる固定されたパラメーター p を用いて）確率的ルールに基づいて，ページ j が作られるときに，以下の (a) あるいは (b) を選択して，それ以前に作られたウェブページにリンクを張る．
    - (a) 確率 p で，ページ j は，それ以前に作られたすべてのページから等確率でランダムにページ i を選び，ページ i にリンクを張る．
    - (b) 確率 $1-p$ で，ページ j は，それ以前に作られたすべてのページから等確率でランダムにページ i を選び，"ページ i がリンクしている"ページにリンクを張る．
    - (c) これがページ j からの 1 本のリンクを作成する方法である．これを繰り返すことで，ページ j から独立なリンクを複数張ることもできる（しかし，ここでは単純化のために，各ページから出ていくリンクは 1 本だけであるとする）．

このプロセスでは 2(b) が鍵となる．以前に作られたページの集団からページ i をランダムに選んだあとで，ページ j の作者は i にリンクするのではなく，ページ i の作者の決定を模倣する．すなわち，i がリンクしたのと同じページにリンクする．

このモデルの主要な結果は，これを多くのページについて行うと，k 本の入リンクを持つページの割合は，ほぼべき乗則 $1/k^c$ に従って分布するということである．ここで，指数の値 c は，p の選び方に依存する [68]．この依存関係は，直観的に自然な方向に沿うものになっている．すなわち，p が小さくなると，模倣がより頻繁に行われて，指数 c も小さくなって，極端に人気の高いページがより極端に現れることになる．

この結果を証明するためのより込み入った解析はここではできないが，この解析で用いられているいくつかの考え方をざっくりと紹介しておくと役に立つであろう．まず，2(b) における模倣のメカニズムは，以下のような"富めるものがますます富む"ダイナミクスを実際に実現していると言えることである．なぜなら，以前に作られたページをランダムに選んでその決定を模倣する際に，あるページ ℓ にリンクを張る確率は，現在 ℓ にリンクしているページの総数に直接比例するからである．したがって，2(b) の模倣プロセスは，等価的に以下のように書ける．

2. …
    - (b) 確率 $1-p$ で，ページ j は，ページ ℓ を ℓ の現在の入リンク数に比例する確率で選び，ℓ にリンクを張る．

これを"富めるものがますます富む"ルールと呼ぶ．なぜそう呼ばれるのであろうか？それは，ページ ℓ の人気を増す確率が，ℓ の現在の人気に直接比例するからである．この現象は，すでに人気が高くなっているページにリンクが"優先的に"形成されることから，**優先接続** (preferential attachment) としても知られている [42]．この模倣モデルは，人気

というものがなぜ"富めるものがますます富む"ダイナミクスを必然的に示すことになるかに対しても説明を与える．すなわち，より多く知られている人ほど，会話でその人の名前を耳にする機会が多くなり，したがって，また別の人がその名前の人を知ることになる機会も同様に増えると言える．これと同じことが，ここのモデルで焦点を当てているウェブページにも当てはまるのである．

上述の分析の背後にある残りの直観的な説明は，以下のように続けられる．"富めるものがますます富む"ダイナミクスが働いている今回のモデルでも，バクテリアのコロニーや複利の成長を説明する原理と同じルールに従って，人気というものが成長していく．すなわち，ページの人気は，現在の人気に比例する割合で成長するので，時間に対して指数的に成長することになる．したがって，他のページに対して少しでもリードしているページは，このリードをさらに広げていくのが普通である．中心極限定理の核心は，互いに独立である小さいランダムな値が互いに打ち消し合うところであるが，"富めるものがますます富む"という模倣の本質は，大きな値の効果を増幅し，さらにその値を大きくするところにある．18.7節では，この推論を用いて，べき乗則分布における正確な指数を計算で求めることができることを示す．

どの単純なモデルでも当てはまることであるが，目標は，ウェブや他の任意のネットワークにおいて，人々がリンクを作成する理由をすべて捉えることではなく，リンク作成の背後に潜んでいる単純かつきわめて自然な原理を用いて，直接的にべき乗則が導出できることを示すことである．したがって，そのことが示せれば，べき乗則がそこで初めて現れてきたとしても，それは驚くべきことではないと思えるようになるのである．

実際，"富めるものがますます富む"というモデルを用い，人間の意思決定とまったく関係しないようなものも含めて，広範にわたる設定においてべき乗則を導出できることが示唆されている．たとえば，都市の人口はべき乗則に従うことが観察されてきた．すなわち，k人の人口を持つ都市の割合は，ある定数cを用いて，ほぼ$1/k^c$と書けると言われている [371]．そこで，都市が異なる時期に形成されて，いったん形成されると，単純にそこにいる人々から生まれる子供に基づいて，都市が成長すると仮定してみる．すなわち，現在の都市の人口規模に比例して都市の人口が増加していくと仮定する．すると，"富めるものがますます富む"モデルとほとんど同じモデルが得られるので，実際にべき乗則が観察されても驚くには値しないことになる．まったく別の例として，生物学の研究者は，（それを確実なものにするにはデータがいまだに少なすぎるが）ゲノムにおける各遺伝子のコピー数は近似的にべき乗則に従うと議論してきている [99]．そこで，遺伝子のコピーが，DNAのランダムなセグメントが誤って複写されるという突然変異によって，その大部分が生じると信じてみよう．すると，すでに多くのコピーが存在する遺伝子は，その数に比例してDNAのランダムに選ばれた範囲にコピーされる可能性が高くなるので，"富める"（多くのコピーを持つ）遺伝子はより"富む"ことになり，ここでもまた，べき乗則が観察されても驚くには値しないことになる．

ウェブページの人気，都市の人口，遺伝子のコピーを支配する類似の法則を発見することは，きわめて神秘的だが，これらがすべて"富めるものがますます富む"効果を示すプロセスの結果であると考えることにすると，その構図がはっきりし始める．なお，繰り返しになるが，これらは何が起きているかを近似するためだけに設計された単純なモデ

ルにすぎず，ここで議論していないべき乗則の振る舞いを捉える他のクラスの単純なモデルも設計できる可能性があることを強調しておきたい．たとえば，制約条件が存在する中で"最適化された"系から，どのようにべき乗則が生じるかも並行して研究されている [96, 136, 151, 284, 300]．しかし，これらの単純なモデルすべてが示唆していることは，データにべき乗則が見られるならば，それが"存在する"という単純な事実よりも，"なぜそれが存在するのか"を説明できることが重要であるということである．

18.4 富めるものがますます富む効果の予測不可能性

　べき乗則を生み出すフィードバック効果の性質がわかったとしても，ウェブページ，本，楽曲，その他の人気が関係するものに対して，その人気が上昇する最初のフェーズは，かなり危なっかしいものになるのではないかと考えるのは，自然なことである．これらのどのアイテムでも，いったん十分な人気が確立されてしまえば，"富めるものがますます富む"という人気のダイナミクスにより，その人気はさらに高みに押し上げられる可能性が高くなるが，最初にこの富めるものがますます富むプロセスに火がつくところは，アクシデントやニアミスの可能性に満ちた，不安定なプロセスであるかのように思える．

　初期の予測できない変動に対するこの過敏性は，前の二つの章で眺めてきたものである．すなわち，集団における少数の初期の意思決定の結果に依存して情報カスケードが起こりうるし，より劣る技術でも，ライバル企業より先に十分な顧客数を獲得していれば勝利することもありうる．人気のダイナミクスは，プロセスの初期のランダムな効果が，ここでも同様の役割を果たすことを示唆している．たとえば，15年前に時を巻き戻して，そこから再び歴史を進めるとすると，ハリーポッターの本はどうなるのであろうか？　再びミリオンセラーとなるのであろうか？　それとも無名のまましぼんでいって，他の子供向けフィクションが大成功を収めることになるのであろうか？　直観的には，後者になりそうに思える．より一般的には，歴史を何通りも並行して実現できるとすると，どの歴史でも人気に関して何らかのべき乗則が観察されるであろうが，最も人気のあるアイテムがどの歴史でも同じであるなどということは，とても起こらないと思える．

　この種の思考実験は，今回のモデルからの結果を考える上では役に立つが，いうまでもなく，実際の実験として行うことは困難である．しかし，近年，Salganik, Dodds, and Watts により，この直観に対する実験的な支持を与える試みが行われた [359]．すなわち，彼らは楽曲のダウンロードサイトを作り，実際の演奏者が演奏した様々な品質のあまり世に知られていない 48 曲をそこに置いたのである．そして，サイトの来訪者は，楽曲のリストが提示され，それらを聞くことができる．さらに，各来訪者は，サイトからこれまでにダウンロードされた各楽曲の"ダウンロード数"の表も見せられる．そして，セッションの最後に，来訪者は好みの楽曲をダウンロードすることができる．

　ここで，サイトの来訪者には知らされていないが，彼らがサイトにやってきたとき，実はそのサイトの"並列な"8個の複製のうちのランダムに選ばれた一つを見せられていたのである．並列な複製はいずれも同じ楽曲のリストからなり，最初はダウンロード数もすべ

て0で同じにしてあった．しかし，ユーザーが楽曲をダウンロードしていくと，それぞれの並列な複製は異なる進化の道をたどった．この実験の設定は，小規模で制御されているとはいえ，8個の異なる歴史を走らせたとき，48楽曲の人気がどのようになるかを観察する方法であると言える．そして実際，楽曲の"マーケットシェア"は異なる複製においてそれぞれ違うものになった．ただし，どこかで首位の楽曲がどこかで最下位になることはなく，（当然その逆に）どこかで最下位の楽曲がどこかで首位になることもなかったのである．

Salganikらは，フィードバックが結果の不均衡を全般的に大きくしていることを示すのにも，このアプローチを用いた．具体的には，一部のユーザーをダウンロード数に関するフィードバックがまったくない9個目のサイトに導いたのである．このサイトでは，ユーザーが"富めるものがますます富む"ダイナミクスに直接的に貢献する機会はなく，実際，楽曲間のマーケットシェアの違いはきわめて小さかった．

より制御されていない環境においても，人気に対して，今回のモデルから引き出されたいくつかの結論と同様の結論が観察されている．具体的には，本，映画，有名人，ウェブサイトの将来の成功は，この種のフィードバック効果に強く影響されるので，本来ある程度は予知できないものなのである．

べき乗則と情報カスケードにおける密接な関係 この種の考察から，さらなる研究に向けての重要な問題が示唆される．たとえば，べき乗則と情報カスケードの関係をより深いレベルで理解する研究が挙げられる．情報カスケードでは，二つの相反する（ある考えを受け入れるか拒否するかというような）選択肢に対して，すでになされた他の人の意思決定を観察できる状況で，各個人が観察したことも考慮して最適な意思決定をなそうとしても，人々はカスケードを起こしてしまうことを眺めた．本章におけるべき乗則のモデルは，このカスケードのモデルにおけるその直観的な説明を引き継いでいるが，いくつかの面で異なっている．第一に，べき乗則のモデル（模倣モデル）では，二つのみの選択肢ではなく，（たとえば，すべてのウェブページというように）多くの選択肢がある．第二に，べき乗則のモデル（模倣モデル）では，人々は集団においてきわめて限定された人々の行動しか観測できない．すなわち，新しいウェブページを作るとき，このモデルでは，作者はランダムに選ばれたたった1人の決定しか参考にすることはできない．第三に，べき乗則のモデル（模倣モデル）は，後の人々が初期の人々の決定を模倣するという考えに基づいてはいるが，その模倣が合理的な意思決定に基づいているわけではない．

これらの相違点のうちの最初の二つは，ここでのモデルであるべき乗則のモデルで，人気が時間とともに変化していくという問題の特徴を単に反映しているにすぎない．その一方で，3番目の相違点を克服すること，すなわち，各個人の合理的な意思決定の基本的なモデルの上にべき乗則を生み出す模倣モデルを構築することは，きわめて興味深いであろう．そのようなアプローチを通して，"富めるものがますます富む"ダイナミクスの背後に潜むメカニズムに対してさらなる洞察が明らかになり，現実のシステムで観測されるべき乗則に従う様々な強さの競合する情報カスケードから生じる人気に対しても，明快な説明が可能になると考えられる．

18.5 ロングテール現象

　人気の分布は，とくにメディア産業において，ビジネス上の重要な結果をもたらすことがある．たとえば，本や楽曲の大規模な小売業者のような，巨大な在庫を持っているメディア会社において，売上の大部分を占めるのは，きわめて人気のある少数のアイテムの集合か，それともそれぞれは人気がそれほどでもない多数のアイテムの集合か，という疑問について考えてみよう．前者の場合，その会社は"ヒット"商品の売上で成功している．すなわち，成功は巨大な利益を生み出す少数のブロックバスターの売上に基づいている．後者の場合，その会社の成功は，それぞれが少数の顧客にしかアピールしない多種の"ニッチな商品"の売上に基づいている．

　2004年に広く読まれた本の"The Long Tail"において，著者のChris Anderson（クリス・アンダーソン）は，インターネット販売と様々な要因により，熱狂的なファンを有する隠れた商品の"ロングテール現象"のもとで，ニッチな商品が支配的である世界に，メディアと娯楽産業が駆り出されていると述べている [13]．すなわち，彼は次のように述べている．「ロングテール現象においては，すべてのものを見つけることができる．昔からのファンに愛されている曲，あるいは，新しいファンに再発見された曲からなる古いアルバムのバックカタログもある．ライブトラック，B面，リミックス，そして（はっとする）カバーさえもある．ジャンルの中のジャンルの，そしてさらにその中のジャンルというようにニッチなものも，何千と存在する．80年代のヘアバンドや環境音楽のオーディオビデオの売上がタワーレコード全店でどのくらいになっているのかを想像してみてほしい．」

　売上のデータは，トレンドが実際かなり複雑であることを示している [146] が，ヒット商品とニッチな商品の対立により，組織化の枠組みが強制的に生み出されてきている．それは，AmazonやNetflixのような企業の基本的な販売モデルにも合致する．すなわち，物理的店舗の制約を受けない巨大な在庫能力により，天文学的に多数の種類の商品を売ることができるようになり，一つの種類で大きな売上を生み出すことがきわめて少なくても，十分に収益をあげることができるのである．そして，究極的には，ロングテール現象の重要性を定量化することは，べき乗則の分析にもつながるのである．

ロングテール現象の可視化　第一に注目すべき点として，ロングテール現象の議論と，すでに述べたべき乗則の分析とを比較すると，それはある意味で，同じ物を望遠鏡の接眼側と対物側からそれぞれ覗くようなものである．本章では，ガウス（正規）分布では平均近くに密集していることが期待されるという基準線から出発して，人気の高いアイテムがその基準線から予想されるよりも高い頻度で出現することを観察した．ここでは，逆に，世界をまったく異なった視点から眺めてみよう．すなわち，ブロックバスターのみが重要であるようなメディア商売のある種のステレオタイプの世界から出発しても，"あまり人気のない"商品の売上は，それらを合算すると，その基準線から予想されるよりもずっと大きくなることが観察できる．図18.2のグラフを用いて説明すると，以前は主に右下に焦

18.5 ロングテール現象

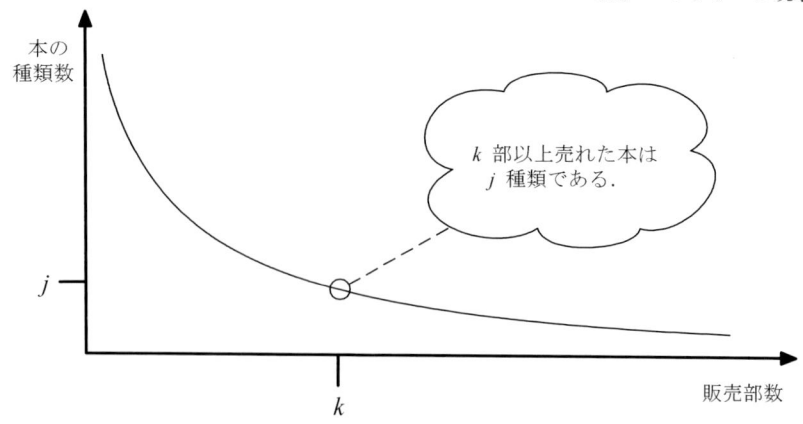

図 18.3 人気の分布：k 部以上売れた本は何種類か？

（吹き出し：k 部以上売れた本は j 種類である．）

点を当てていたのに対して，この新たな視点は図の左上に焦点を当てている．

この対比に気づきさえすれば，この二つの視点をまとめることは難しくない [4]．そこで，まず，人気曲線の元の定義を，計測していたものを基本的には変えることなしに少し修正する．すなわち，

> 人気（順位）が正確に k であるアイテムの割合は，k の関数としていくらか？

という質問の代わりに，

> 人気（順位）が k 以上であるアイテムの個数は，k の関数としていくらか？

という質問を用いる．ここでは，二つの変更点があることに注意しよう．一つは "割合" を "個数" に変えたことである（これはまったく些細な変更である）．もう一つは，"正確に k" を "k 以上" に変えたことである．2 番目の変更点では，考えてきた関数を修正してはいるものの，その導出の詳細はここで述べることはしないが，元の関数がべき乗則を示すならば，新しい関数もそのようになる．この新しい関数のグラフの概略を図 18.3 に示している．本の人気（販売部数）について考えるときは，曲線上の点 (k, j) は，定義より "k 部以上売れた本は j 種類ある" ことを意味している．

これまでのところ，これは前節から得られた概念的な見方でしかない．すなわち，この曲線の横軸に沿って右に行くことは，本質的に "より多く売れている本は，どれだけ少なくなっていくか？" と聞いていることになる．ロングテール現象の議論をより直接的に捉えるためには，横軸に沿って右に行くことで，"より人気のない商品はどのくらいの売上を占めていくか？" と聞きたいのである．

したがって，単純に二つの座標軸を入れ替えればよい．すなわち，図 18.4 のように，同じ曲線を縦軸と横軸の役割を交換して描くのである．この新しい曲線の解釈は，その定義から，曲線のグラフ上の点 (j, k) は "j 番目に人気のある本が k 部売れた" という意味になる．これがまさに求めていたものであり，本を "売上順" に並べて，売上順位が下位の（数字がより大きい）ニッチな本の人気を見ることができる[1]．右に行くほどゆっくりと下

---
[1] ここで "売上順" というのは，単に販売部数で昇順にソートしたものである．Amazon などのオンライン小売業者の使う**売上ランキング** (sales rank) は，他の要因も考慮した，より複雑な尺度になっていることが多い．

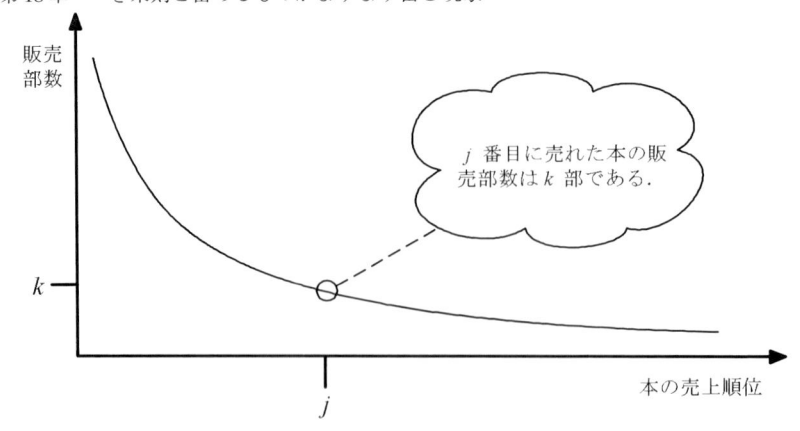

図18.4 人気の分布：j 番目に人気のある商品はどのくらい売れたか？

がっていくこの曲線の特徴的な形状が，"ロングテール現象"という用語の視覚的な由来となっている．

これで，図18.4の曲線のグラフを用いて，売上のトレンドとその結果について簡単に議論できるようになった．本質的には，点jから右側の曲線のグラフの下側の面積が，売上順位j以降のすべてのアイテムの売上合計となっている．したがって，特定の商品の集合に対して，ヒット対ニッチの先ほどの疑問を具体的にすると，それはこの曲線のグラフの左部分の下の面積（ヒット商品）と右部分の下の面積（ニッチ商品）とで，どちらがより大きいかということになる．そして，ニッチな商品のトレンドに関する議論では，この曲線が時間とともに形を変えていくときに，左部分の曲線のグラフの下の面積が減って右部分の曲線の下の面積が増えるかどうかを問うことになる．

図18.4のような，横軸が人気ではなく順位を表すようにした曲線のグラフが長い歴史を持っていることは，特筆に値する．これは，言語学者のGeorge Kingsley Zipf（ジョージ・キングズリー・ジップ）が，数多くの人間の行動のためにこの曲線を生み出した[423]ことから，しばしばジップ曲線(Zipf plot)と呼ばれている．彼は最も有名なところでは，英語（および世界的に用いられているほかの言語）でj番目に頻出する単語の頻度が$1/j$に比例することを述べたジップの法則(Zipf's law)で知られている．したがって，このような曲線についてのメディア産業における議論が，他の分野でももっと早くから繰り返し注目されていたことは，驚くべきことではないように思える．

18.6 検索ツールと推薦システムの効果

最後に，人気とその分布について人々が考えるようになって，その重要性を増してきたインターネット検索ツールは，"富めるものがますます富む"という人気のダイナミクスを，より極端にしているのか，それともそうでないのか？ というさらなる疑問について短い議論をしよう．この疑問に対しては，二つの納得できる（ただし対比的な）側面が存在することが面白い．そして，究極の解決は，個人と企業がどのように次世代の検索ツー

ルを設計し，用いていくのかという決定にかかっていると言える．

　この疑問の一方の側面は，すでに眺めてきたように，人々がランダムに等確率でウェブページを選んでリンクを模倣するモデルは，人気の高いページを有利にしているということである．しかし，人々がひとたびGoogleのような検索エンジンでページを探すようになれば，模倣の対象の選択さえも大いに偏ってくる．すなわち，これもすでに眺めてきたように，Googleは人気の尺度を用いてウェブページをランキングしていて，上位にランキングされたページは，今度はユーザーがリンクを作成するにあたって，自身の決定を下す際に目にする主要なページとなる．きわめて少数の人気の高いアイテムが他のすべてを圧倒する潜在能力を秘めているような他のメディアに対しても，同様の議論が成立する．単純なモデルにおいては，この類のフィードバックは"富めるものがますます富む"ダイナミクスの効果をさらに高め，人気の不均衡の度合いをさらに大きくしうる [103]．

　しかし，別の力も働いている．まず，ユーザーは，Googleにきわめて多様なクエリーを投げかけるので，"Google上のトップページ"の単一のリストは存在しない．むしろ，比較的曖昧なクエリーの結果を見て，ユーザーはブラウジングだけでは決して発見できなかったであろうページにたどり着くこともあるのである．このようなユーザーの特定の興味に，より密接に目標を置いたスタイルの検索ツールは，事実，全体的に人気のあるページの正しい順序を与えてくれるが，逆に人気のないアイテムを簡単に発見するようにもしてくれるので，潜在的に"富めるものがますます富む"ダイナミクスに対する反作用になる．さらに，そのような効果がどのように働くかを見せてくれる単純な数学的モデルもある [165]．

　この後者の見方は，Andersonのロングテール現象に関する議論の重要な部分も形成している．すなわち，ニッチな商品を巨大な規模で小売りして儲けるためには，企業は顧客にそれらの商品に気づかせることと，また，それらを探索させるための合理的な方法を何かしら与えることがきわめて大事である [13]．この観点から見れば，AmazonやNetflixのような企業が有名にした**推薦システム** (recommendation system) は，彼らのビジネス戦略に不可欠なものに思える．推薦システムとは，ユーザーの購買履歴から推測される興味に合致してはいるが，一般的にはあまり人気がないかもしれないアイテムに人々の目を向けさせるために設計された検索ツールである．

　究極的には，検索ツールの設計は，より高次のフィードバック効果の一例となる．人々にとりうる選択肢を何らかの方法で提供することで，"富めるものがますます富む"効果を減じたり増幅させたりできるし，あるいは完全に異なる方向に導いたりすることもできるかもしれない．これらは，洗練された情報システムを，複雑な社会システムに組み入れるときに生じる難解な諸問題の例である．

18.7　発展：富めるものがますます富むプロセスの解析

　18.3節において，他人の行動への模倣，すなわち"富めるものがますます富む"というダイナミクスに基づいて成長する，有向ネットワークの単純なモデルについて述べた．そし

て，k 本の入リンクを持つノードの割合は，モデルでのノードの行動に依存して定まる定数 c を用いて，ほぼ $1/k^c$ のべき乗則に従って分布すると主張した．ここでは，ヒューリスティックな議論を用いて，そのモデルでの行動を解析して，なぜ，べき乗則が生じるのかを示す．実際には，さらに踏み込んで，べき乗則の指数 c がモデルのより基本的な特徴にどのように関連しているのかを示す．解析は，初等解析学の単純な微分方程式に基づいている．

まず，18.3 節のモデルの記述を再度与える．

1. ページは順番に作られ，その順に $1, 2, 3, \ldots, N$ と名前がつけられる．
2. （0 と 1 の間の値をとる固定されたパラメーター p を用いて）確率的ルールに基づいて，ページ j が作られるときに，以下の (a) あるいは (b) を選択して，それ以前に作られたウェブページにリンクを張る．
   (a) 確率 p で，ページ j は，それ以前に作られたすべてのページから等確率でランダムにページ i を選び，ページ i にリンクを張る．
   (b) 確率 $1 - p$ で，ページ j は，ページ ℓ を ℓ の現在の入リンク数に比例する確率で選び，ℓ にリンクを張る．
   (c) これがページ j からの 1 本のリンクを作成する方法である．これを繰り返すことで，ページ j から独立なリンクを複数張ることもできる（しかし，ここでは単純化のために，各ページから出ていくリンクは 1 本だけであるとする）．

なお，元の模倣バージョンそのままではなく，ステップ 2(b) は "富めるものがますます富む" モデルとなっている．これらの二つの定式化は等価であるということを思い出してほしいが，モデルの解析においては，上記のようにしておくほうがやりやすい．

ここで，純粋に確率的な問題，すなわち，N 回行われる（一度に 1 ページずつ全部で N ページが作られる）ランダム化されたプロセスの後に，単に k 本の入リンクを持つページの個数の期待値を決定する（またはこの量の分布を解析する）問題が生じる．いくつかの研究者グループがこの解析を行ってきた [68] が，ここで扱うには，どれも複雑すぎる．そこで，少しレベルを下げて，その代わりとして，べき乗則の指数 c の正確な値をより単純な計算で求められるような近似モデルについて説明する．この近似的解析は，初めに行われた解析であり [42]，それゆえ，後に完全な確率的モデルの厳密な解析を用いて証明されたべき乗則効果の，ヒューリスティックな根拠を与えていると言えるからである．

富めるものがますます富むプロセスの確定的近似 このモデルの近似について説明する前に，元の完全な確率的モデル自体が持ついくつかの単純な性質について議論する．まず，ノード j の時刻 $t \geq j$ における入リンクの本数を表す確率変数を $X_j(t)$ とおく．この $X_j(t)$ について，以下の二つの観察が得られる．

(a) **初期条件** ノード j は時刻 j で初めて作成されるまでは入リンクを持たないので，$X_j(j) = 0$ となる．
(b) **時間経過による X_j の変化の期待値** ノード j が時刻 $t + 1$ において新たに入リンクを獲得する必要十分条件は，新しく作成されたノード $t + 1$ が j にリンクを張ることであ

る．これが起こる確率はどうなるであろうか？ノード$t+1$は，確率pで以前に作られたノードを等確率でランダムに選んでリンクを張り，確率$1-p$で以前に作られたノードを，ノードの現在の入リンク数に比例する確率で選んでリンクを張る．前者の場合，ノード$t+1$は，ノードjに確率$1/t$でリンクを張る．後者の場合，ノード$t+1$が作られた時点で，ネットワークのリンクの総数は（以前に作られた各ノードごとに1本リンクを作るので）tであり[2]，その中の$X_j(t)$本がノードjへのリンクである．したがって，後者でノード$t+1$がノードjにリンクを張る確率は，$X_j(t)/t$である．これらをまとめると，ノード$t+1$がノードjにリンクを張る確率は

$$\frac{p}{t} + \frac{(1-p)X_j(t)}{t}$$

となる．

近似モデルを構築する基本的なプランは，異なってはいるものの，きわめてよく似ていて，べき乗則がより発見しやすい，より単純な"富めるものがますます富む"プロセスのモデルを考えて，解析できるようにすることである．これから元のモデルがまったく同じ振る舞いをするとは直接的には言えないものの，両モデルの類似性から，元のモデルをより厳密に解析することで証明できる根拠が得られることになる．

より単純な近似モデルを定式化するアイデアの中心となるのは，これを**確定的 (deterministic)** にすることである．すなわち，確率的ではなく，時間経過とともに確定した方法で発展していくモデル，たとえば，初期条件の群から始まり，"運動方程式"に従って振る舞う理想的な物理系のようなモデルにすることである．そのために，時刻を（離散的な$1, 2, 3, \ldots$の代わりに）0からNの間の連続数とし，ノードjの入リンク数$X_j(t)$を，連続的な時間の関数$x_j(t)$で近似する．そして，先ほどの$X_j(t)$に対して説明した初期条件と時間経過による変化の期待値を近似する二つの性質を用いて，この関数$x_j(t)$を特徴付ける．関数x_jに対するその二つの性質は，以下のように書ける．

(a) **初期条件** $X_j(j) = 0$であったことを思い出せば，同様に$x_j(j) = 0$と定義することができる[3]．

(b) **成長方程式** ノード$t+1$に到達すると，ノードjの入リンク数は，確率

$$\frac{p}{t} + \frac{(1-p)X_j(t)}{t}$$

で増加することを思い出そう．関数x_jによる確定的近似では，この成長率を微分方程式

$$\frac{dx_j}{dt} = \frac{p}{t} + \frac{(1-p)x_j}{t} \tag{18.1}$$

でモデル化する．

微分方程式を用いることで，x_jの振る舞いが記述でき，ノードjへの入リンク数に対して時間経過による確定的近似が得られた．すなわち，離散的な時刻において確率的に小さ

---

[2] 【訳注】便宜上，ノード1からのリンクは確率1でノード1に向かっていると考える．
[3] 【訳注】上の訳注に従い，$j=1$のときは例外で，$X_1(1) = 1$かつ$x_1(1) = 1$と考える．

な"飛躍"を起こす確率変数 $X_j(t)$ を扱う代わりに，時間経過に対して完全に滑らかに，そして対応する確率変数の変化の期待値に適合する率で成長する量 x_j で作業できることになったわけである．

そこでこれからは，x_j を定義するこの微分方程式の解を調べることにする．これにより，所望のべき乗則分布に素早くたどり着けることになる．

確定的近似を解く x_j を支配する微分方程式 (18.1) を解くことから始める．表記を単純にするために，$q = 1 - p$ とおく．すると，この微分方程式は

$$\frac{dx_j}{dt} = \frac{p + qx_j}{t}$$

となり，両辺を $p + qx_j$ で割ることで，

$$\frac{1}{p + qx_j} \frac{dx_j}{dt} = \frac{1}{t}$$

が得られる．両辺を積分すると

$$\int \frac{1}{p + qx_j} \frac{dx_j}{dt} dt = \int \frac{1}{t} dt$$

となることから，ある定数 c を用いて，

$$\ln(p + qx_j) = q \ln t + c$$

と書ける．両辺の対数を外して，$A = e^c$ とおくことで，

$$p + qx_j = At^q$$

が得られるので，

$$x_j(t) = \frac{1}{q}(At^q - p) \tag{18.2}$$

となる．ここで，初期条件 $x_j(j) = 0$ を用いて定数 A の値を決める．

$$0 = x_j(j) = \frac{1}{q}(Aj^q - p)$$

となるので，$A = p/j^q$ となる．この A を式 (18.2) に代入すると，

$$x_j(t) = \frac{1}{q}\left(\frac{p}{j^q} \cdot t^q - p\right) = \frac{p}{q}\left[\left(\frac{t}{j}\right)^q - 1\right] \tag{18.3}$$

が得られる[4]．

確定的近似におけるべき乗則の導出 式 (18.3) は，各 x_j が時間経過とともにどのように成長するかを閉じた表現で与えているので，この解析の重要な中間地点となる．これを用いて，与えられた値 k と時刻 t に対して，時刻 t において入リンク数が k 以上となるノード

---

[4] 【訳注】前の二つの訳注に従うとすると，$j = 1$ のときは $A = 1$ となり，$x_1(t) = \frac{1}{q}(t^q - p)$ となる．

の割合はいくらになるか？という問いに答えたい．x_jはノードjの入リンク数を近似しているので，今回の単純化されたモデルで同じようなことを考えると，与えられた値kと時刻tに対して$x_j(t) \geq k$を満たす関数x_jの割合はいくらになるか？という問題になる．

式(18.3)を用いると，この問題は不等式

$$x_j(t) = \frac{p}{q}\left[\left(\frac{t}{j}\right)^q - 1\right] \geq k$$

に対応する．jについて書き直せば，

$$j \leq t\left[\frac{q}{p} \cdot k + 1\right]^{-1/q} \leq t$$

となる．時刻tにおけるすべての関数$x_1, x_2, \ldots, x_t$に対して，これを満たす値jの割合は，単に区間$[0,t]$のうちの区間$\left[0, t\left[\frac{q}{p} \cdot k + 1\right]^{-1/q}\right]$となるので，

$$\frac{1}{t} \cdot t\left[\frac{q}{p} \cdot k + 1\right]^{-1/q} = \left[\frac{q}{p} \cdot k + 1\right]^{-1/q} \tag{18.4}$$

となる．ここで，すでにべき乗則が姿を表している．すなわち，pとqは定数であるので，右辺の大括弧の中身はkに比例し，したがって，k以上のx_jの割合は$k^{-1/q}$に比例することが言える．

最後の段階として，これは，その時点までで入リンク数がk"以上"のノードの割合$F(k)$であることに注意してほしい．ここでこの導関数をとることで，入リンク数が"正確に"kであるノードの割合$f(k)$を直接的に近似することができる．すなわち，$f(k)$は$-dF/dk$で近似することができる．式(18.4)を微分すると，

$$\frac{1}{q}\frac{q}{p}\left[\frac{q}{p} \cdot k + 1\right]^{-1-1/q}$$

が得られる．言い換えるならば，この確定的モデルは，入リンク数がkになるノードの割合が$k^{-(1+1/q)}$に比例することを予測している．これは，指数が

$$1 + \frac{1}{q} = 1 + \frac{1}{1-p}$$

のべき乗則である．

リンクがランダムに形成されても，k本の入リンクを持つノードの割合が実際に高確率で$k^{-[1+1/(1-p)]}$に比例することが，元の確率的モデルのさらなる解析で得られている[68]．したがって，モデルを確定的に近似することで得られたヒューリスティックな議論は，このべき乗則の指数$1+1/(1-p)$の由来を知る単純な方法となっている．

この指数の振る舞いは，pを変えることで直観的にも理解できる．pが1に近いときには，リンクは，主に等確率でランダムにノードを選ぶことで生成されるので，"富めるものがますます富む"ダイナミクスの役割は消される．これに対応して，このときのべき乗則の指数は無限大に近づき，入リンク数が膨大なノードはきわめて少なくなる．しかし，pが0に近いときには，ネットワークの成長は"富めるものがますます富む"振る舞いに強く支配されるようになり，べき乗則の指数は減少して2に近づき，入リンク数が膨大なノードは多くなる．"富めるものがますます富む"ダイナミクスが強くなっていく際の指

数の自然な極限が2であるという事実は，（ウェブページの入リンク数のような）多くの現実のネットワークのべき乗則の指数が2よりもわずかに大きい程度になりやすいという事実について考える良い方法も与えていると言える．

この確定的解析の，最後の魅力的な特徴として，これが非常に順応性に富むことが挙げられる．この解析はモデルが拡張されても容易にカバーできるように修正できるので，モデルの拡張とその解析は，さらなる研究の重要なテーマになってきている [10]．

18.8　演習問題

1. 多数の記事にリンクを張っているトップページからなる，cnn.com や nytimes.com のようなオンラインニュースサイトを考えよう．このようなサイトの運営者は，投稿された様々な記事を追いながら，本章で眺めてきたような"k 人の人々に読まれたすべての記事の割合は，k の関数としてどうなるか？"という問題意識を持っている．これを記事の**人気分布** (popularity distribution) と呼ぼう．

   このようなニュースサイトの運営者が，トップページの各リンクの隣に，そのリンクをクリックした人数を示すカウンターをつけることを考えているとする（たとえば，各リンクの隣に"30,480 人がこの記事を読みました"というようなものがつき，その数は時間経過とともに更新される）．

   第一に，この変更がこのサイトの利用者の行動にどのような影響をもたらすと考えられるか？ 第二に，以前の版のサイトに比べて，このカウンターを追加することで，記事の人気分布はべき乗則分布により近づくか？ 答えとともに，答えに対する説明も与えよ．

2. 本章でべき乗則について触れたときに，一般に何らかの"人気"またはそれに類似するようなものを反映してべき乗則が生じる事例について，いくつか議論した．たとえば，毎日 k 人に読まれるニュース記事の割合について考えよう．すなわち，$f(k)$ をこの割合を表す k の関数とすると，$f(k)$ は，ある指数 c を用いて $f(k) \approx k^{-c}$ の形で表せて，おおむねべき乗則に従うことになる．

   この例について，より詳しく，とくに次のような問題について考えてみよう．このべき乗則効果を促進して，最も広く読まれている記事をさらに広く読ませるのは，ニュースを公に提供するどんなメカニズムであろうか？ 逆に，このべき乗則効果を抑制して，広く読まれている記事とそうでない記事のバランスを良くするのは，どんなメカニズムなのであろうか？ 答えとともに，答えに対する説明も与えよ．

   とりうる正解の範囲がきわめて幅広いという意味で，これは自由形式の問題であるため，解答はその説明が明快であればよく，形式的でなくてもかまわない．

3. 教育機関について研究している研究者らが，次の二つの疑問に的を絞ったデータを集めることを決めたと想定する．

   (a) コーネル大学で k 人の学生が登録している科目の割合は，k の関数としてどのように書けるか？

(b) ニューヨーク州の小学校3年で k 人の生徒が在籍するクラスの割合は，k の関数としてどのように書けるか？

k の関数としてべき乗則により近づくと期待されるのは，どちらであろうか？ 答えとともに，べき乗則分布に関して本章で培われた考え方のいくつかを用いて，答えに対する短い説明も与えよ．

第 VI 部

ネットワークダイナミクス：構造的モデル

第19章

ネットワークにおけるカスケード行動

19.1 ネットワークでの拡散

　前章までの数章では，個人の選択（意思決定）が他の人の行動にどのように依存するかが基本的なテーマであった．そして，新しい考え方や新技術が集団に普及していくプロセスをモデル化するのに，情報カスケード，ネットワーク効果，富めるものがますます富むダイナミクスが有効であることがわかった．この種の解析を行う際に，基盤となるソーシャルネットワークは，概念的にきわめて異なる二つのレベルの視点で考えることができる．一つは，ネットワークを個々人のかなり曖昧な形の集まりとして捉え，効果を集約化して眺める視点であり，もう一つは，ネットワークのより詳細な構造をグラフとして捉え，個々人がネットワークでの隣人からどのように影響を受けるかを眺める視点である．これまでの章では，主として，前者の視点で議論を進めてきた．すなわち，各個人が意思決定をする際に，自分より前に行われた他の人の選択（意思決定）を，少なくとも何らかの形で知ることができて，それを考慮して意思決定を行うことを扱ってきた．これからの数章では，後者の詳細なネットワークのレベルでの解析を行う．

　ネットワークの構造を考慮して，後者の視点で議論することに，どんな利点があるのであろうか？　第一には，均一な集団のレベルではうまくモデル化できなかった様々な現象も，取り上げられるようになる点である．世界の他の人々との相互作用の多くは，大域的（グローバル）なレベルではなく，局所的（ローカル）なレベルで生じる．実際，集団全体としての意思決定よりも，むしろ友人や同僚の意思決定を重要視することが多い．たとえば，職場では，広く世間一般に用いられている技術よりも，直接共同で働く人々が用いている技術を選択するのが普通である．同様に，政党に関しても，全国的には少数派になるとしても，友人らの支持する政党を支持するようになることも多い．

　このように，ネットワーク構造を明示的に有する状況で個々人の意思決定を考えることは，前章までの数章で議論してきたモデルを，第4章で議論し始めた別の線に沿った考え方に併合することになる．第4章では，人々が自身と似た他の人とどのようにリンクで結ばれ，そして時間の経過とともに，リンクで結ばれている隣人とよりいっそう似てくることもありうることを議論した．第4章の枠組みでは，ネットワークの構造を明示的に取り扱ったが，隣人と類似してくることになる個人の意思決定については，深く探究してこな

かった．そこでは，類似性を好む傾向は，基本的な原理から導出されたのではなく，基本的な仮定として用いられていた．これに対して，前章までの数章では，個々人が与えられた状況で自身の効用を最大化しようとする行動から，集団として集約されたレベルで，隣人との類似性がどのように形成されるかを示す原理を展開してきた．実際，他の人の行動を模倣することの利点に対して，2通りの推論があることを眺めた．すなわち，他の人々の選択（意思決定）は，その人たちの知っていることに対する情報を間接的に提供しうるという事実に基づく**情報の効果** (informational effect) と，（たとえば，互換性のない技術ではなく，互換性のある技術を用いることにより生じる利得のように）他の人々の選択（意思決定）を模倣することから得られる直接的な利得による**直接的利益の効果** (direct-benefit effect) が，その2通りの推論である．

そこで，以下では，ソーシャルネットワークにおいて，個々人が意思決定をしてネットワークで隣人と類似の行動をとるようになることをモデル化するのに利用できる原理のいくつかを探究して，これらの二つのアプローチをつなぎ合わせる．

新技術の普及　ソーシャルネットワークを介して，人々が自身の友人に新しい考え方の影響を与えることで，新しい行動，実践，意見，慣習，技術が，人から人へとどのように広まっていくかを具体的に考えよう．このプロセスがどのように働いていくかについての本書の記述は，社会学で**新技術の普及** (diffusion of innovation) として知られている，豊富な実験結果で確立された理論に基づいている [115, 351, 382]．20世紀の中頃に行われたいまや古典的とも言える多くの研究において，集団での新技術や新しい考え方の普及，およびその進行を活性化あるいは強制化する要因を解析する研究の基本的な戦略が確立された．

これらの初期段階の研究では，人から人への影響が主として情報の効果に基づくケースに焦点が当てられていた．すなわち，人々は，新技術に対して，ネットワークでの隣人の意思決定を観察して，それから間接的な情報を得て，自身も新技術を試してみようと決断していた．そのような情報の効果を明らかにした，初期の最も画期的な二つの研究としては，Ryan and Gross によるアイオワ州の農民における交配種トウモロコシの採用の研究 [358] と，Coleman, Katz, and Menzel による米国における医師のテトラサイクリンの採用の研究 [115] が挙げられる．Ryan and Gross の研究は，農民へのインタビューを通して，いつどのようにして彼らが交配種トウモロコシの使用を決断したかを明らかにしようとした．多くの農民は交配種トウモロコシについて販売人から最初に知識を得たが，使用を試みたのは，そのコミュニティにおいて近所の人の使用経験を観察してからであることが，その研究を通してわかった．Coleman, Katz, and Menzel は，さらに高度に研究を進めて，医師による新製薬のテトラサイクリンの採用を，医師間の社会的なつながりに関係付けて研究した．これらの二つの研究は，きわめて異なるコミュニティにおいての，きわめて異なる新技術に関するものであった．それらは，その当時の他の重要な研究とも類似しているが，基本的で重要な構成要素を多く共有していた．どちらのケースでも，新技術の斬新さとそれに対する最初の知識の欠如から，採用はリスクが大きいと考えられたが，最終的にはそれはきわめて役立つ技術であった．また，どちらのケースでも，最初に採用したのは，社会経済的にハイステータスの人や広く移動する傾向のある人たちを含む，ある一般的な特徴を持った人たちであった．さらに，どちらのケースでも，隣人，友人，同僚の行

動を観察できる社会的な構造の枠組みの中で，採用の決断がなされた．

新技術の普及に関する重要な研究では，情報の効果よりも，主として直接的利益の効果によって採用の決断がなされるモデルに焦点を当てているものもある．通信技術の普及の長期にわたる研究では，そのような直接的利益の効果についての探究が行われてきた．電話，ファックス，Eメールなどの技術の普及は，その技術をすでに用いている友人と交信したいと思う人々に依存していた [162, 285]．

この種の研究が急増し始めるに従い，多くの様々な分野にわたって適用できる，共通の原理のいくつかを特定する研究が始められた．Everett Rogers（エヴァレット・ロジャース）は，新技術の普及に関する研究に大きく寄与した本で，これらの原理を数多く集めてまとめている [351]．そこには，新技術が既存の技術と比べて"相対的に優る点"を多く持っていたとしても，新技術の普及が失敗に終わる可能性がある理由も，多数載せられている．とくに，新技術の成功は，以下の特性に大きく依存しうる．すなわち，利用者が，それを理解して活用することの**複雑性** (complexity)，他の人もそれを利用していることがわかる**観察可能性** (observability)，その利用のリスクを緩和して，利用者が段階的に増えていくようにする**試用可能性** (trialability)，および，最も重要と思われる特性としての，それが利用される社会システムとの**互換性** (compatibility) に大きく依存する．これらの問題点に関連して，以前の章で眺めた同種親和性の原理が，あるときには普及の障壁になることもある．なぜなら，人々は自身と類似の他の人と相互作用する傾向があるのに対して，新技術はシステムの"外部"から到達する傾向があり，したがって，きつく結ばれた社会のコミュニティには，このような新技術が浸透するのは容易でないからである．

これらの考察を踏まえて，ソーシャルネットワークを介する新技術の普及のモデル定式化に着手しよう．

19.2 ネットワークを介する普及のモデル化

個人の意思決定のより基本的な基盤モデルを用いて，新しい行動の普及のモデルを構築する．個々人が，隣人の意思決定に基づいて意思決定を行うに伴い，ネットワークのリンクを伝って，特定の行動パターンが広がっていく．そのような個人的なレベルのモデル定式化は，情報の効果 [2, 38, 186] と直接的利益の効果 [62, 147, 308, 420] のいずれからでも出発できる．本章では，後者に焦点を当てて，Stephen Morris [308] による直接的利益の効果の自然なモデルから始めることにする．

直接的利益の効果に基づくネットワークのモデルは，ソーシャルネットワークでの隣人である友人や知人や同僚が存在し，新しい行動を採用するこれらの隣人が増えれば増えるほど，その行動を採用する利益が高まることを基礎とする．このような状況では，自身の隣人のうちで新しい行動を採用する人の割合が，ある一定数以上に達して十分になると，単純な自己的関心から，自分もそれを採用するのがよいということになる．たとえば，互換性のある技術を用いることにすれば，共同作業者との協力が容易になることに気づくこともある．同様に，社会的な相互作用において，信仰や意見が自身と類似している人との

ネットワーク協調ゲーム これらの概念は，6.5節で紹介した概念の協調ゲームを用いてきわめて自然に説明することができる．基盤となるソーシャルネットワークにおいて，各ノードがAとBのラベルがついた可能な二つの行動を選択肢とする状況を探究しよう．vとwのノードが辺で結ばれているとき，ともに行動を一致させたいという気持ちが生じるとする．このゲームは，vとwがプレーヤーで，AとBが可能な戦略であるとして表現できる．そして，利得は以下のように定義される．

- vとwがともに行動Aを採用するときには，それぞれが$a > 0$の利得を獲得する．
- vとwがともに行動Bを採用するときには，それぞれが$b > 0$の利得を獲得する．
- vとwが異なる行動を採用するときには，いずれも0の利得を獲得する．

これを利得行列で表すと，図19.1のように書ける．もちろん，より一般的な協調ゲームも多数考えることができるが，ここではできるだけ単純なモデルで話を進めていく．

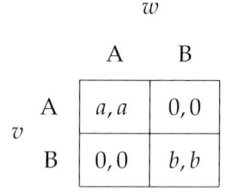

		w	
		A	B
v	A	a,a	$0,0$
	B	$0,0$	b,b

図 19.1 A-B協調ゲーム．

これで，ネットワークの1本の辺で起こることは記述できた．しかし，各ノードvは接続しているすべての辺に対してこのゲームを行うので，ノードvの利得は接続しているすべての辺での利得の総和になる．したがって，vの戦略の選択は，辺で結ばれているすべてのノードの戦略の選択に基づいて決定されることになる．

ノードvが直面する基本的な問題は，以下のとおりである．vのいくつかの隣接ノードが行動Aを採用し，残りの隣接ノードが行動Bを採用するとする．このとき，vはどのような行動をすると利得を最大化できるであろうか？ これは，明らかに，Aの行動をするvの隣接ノード数とBの行動をするvの隣接ノード数，および利得のaとbの値に依存する．簡単な計算で，vのとるべき行動が以下のように得られる．図19.2に示しているように，vがd個の隣接ノードを持ち，そのうちの割合pのノードがAの行動をして，残りの割合$(1-p)$のノードがBの行動をしたとする．すると，vはAの行動を選択するとpdaの利得を獲得し，Bの行動を選択すると$(1-p)db$の利得を獲得することになる．したがって，

$$pda \geq (1-p)db$$

のとき，すなわち，

$$p \geq \frac{b}{a+b}$$

のときには，vはAの行動を選ぶことが良い選択となる．ここで，二つ目の不等式の右辺をqと表記することにする．この不等式から，きわめて単純なしきい値ルールが得られ

[図: ノード v を中心とした星形ネットワーク。左側に A を採用する pd 個の隣接ノード、右側に B を採用する (1−p)d 個の隣接ノードが描かれている]

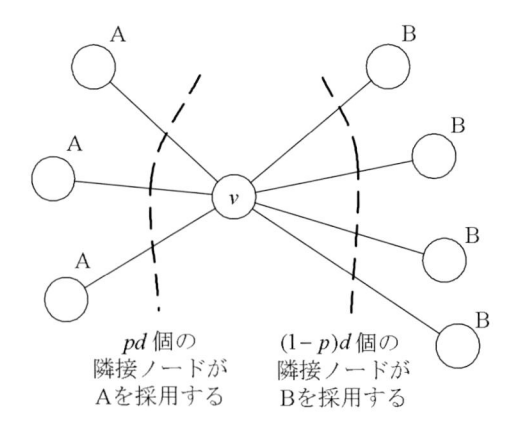

図 19.2 ノード v は，A の行動をする隣接ノード数と B の行動をする隣接ノード数とそれぞれの行動の利得に基づいて，行動 A あるいは B を選択する．

る．すなわち，v の隣接ノードのうちで，A の行動をするノードの割合 p が $q = b/(a+b)$ 以上であるときには，v も A の行動をするのがよいことになる．これは，直観的にも理解できる．q が小さい（a が b よりかなり大きい）ときには，A は格段に魅惑的な行動であるので，A の行動をする v の隣接ノードがかなり少なくても，v は A の行動をしたくなると考えられるからである．一方，q が大きいとき（q が 1 に近くて a が b よりかなり小さいとき）は状況が反対で，B は格段に魅惑的な行動となるので，A の行動をする v の隣接ノードがかなり多くならない限り，v は A の行動をとりたくならないと考えられる．A の行動をする v の隣接ノードの割合 p が q に等しいときには，便宜上，v は B ではなく A の行動を選択すると仮定する．

このモデルは，個々人の意思決定のモデルとしては，実際にはきわめて単純で，近視眼的であることに注意しよう．そこでは，各ノードが，自身の隣接ノードが現在どの行動をとっているかを考慮して，それに基づいて自身の決断を最適に更新している．しかし，各ノードが B から A に移ることを長期的に考慮することを取り入れた，より一般的なモデルの考察が，興味深い研究テーマとなっている．

カスケード行動 このネットワーク協調ゲームでは，どのネットワークにも二つの自明な均衡が存在する．すなわち，すべてのノードが A を採用するときの均衡とすべてのノードが B を採用するときの均衡である．普及の問題でも取り上げたように，ここでも，与えられたネットワークで，一方の均衡から他方の均衡へどれほど簡単に"覆る"かを理解したい．さらに，ネットワークの一部が A を採用し，残りが B を採用するという"中間の"均衡がどのようなものかも理解したい．

具体的には，以下の種類の状況を考える．最初，ネットワークのすべてのノードがデフォルトの行動 B をとっているとする．そして，少数のノードからなる"初期採用者"が全員，行動 A をとると決定したとする．ここでは，初期採用者は，協調ゲームの定義には含まれない外的な要因によって行動 A に移ったと仮定している．したがって，利得に基づいて変更したのではなく，たとえば，A が他の何らかの理由で優越していると確信して変更したと考える．したがって，初期採用者は，これ以降ずっと行動 A を採用し続けると仮

定する．一方，残りのノードは，協調ゲームの利得に基づいて選択を決断し続けると仮定する．ここで，初期採用者が行動Aを用いるようになったので，それらに隣接するノードでは，行動Aに移る者も出てくることになる．そしてその結果，さらに行動Aに移る者が出てくる．こうして，カスケードが生じるケースも出てくる．ここで，「最終的に，ネットワークのすべてのノードが行動Aをとることになるのはどのようなときか？」という問題が考えられる．また，「Aの普及が途中で止まり，最終的に，行動Bをとるノードがネットワークの一部に残ることになるのは，どのようなときか？」という問題も生じる．もちろん，答えは，ネットワークの構造，初期採用者の選択，Aへの移行の決断に用いるしきい値qに依存する．

これでモデルの全体の記述が完成した．すなわち，初期採用者が行動Aを採用し，残りのノードは行動Bを採用する．時間は1単位ステップずつ進む．そして，各ステップでは，各ノードがしきい値ルールに従い，BからAに移るかどうかを決断する[1]．プロセスは，すべてのノードがAに移行して終了するか，あるいは，途中でどのノードも行動を変化させなくなって終了する．後者の場合は，AとBの行動をとる者が均衡して共存することになる．

図19.3(a)のソーシャルネットワークを用いて，このプロセスの例を考えよう．

- 協調ゲームが，$a = 3$ かつ $b = 2$ として設定されたとする．したがって，行動Aで一致するときのノードの利得は，行動Bで一致するときのノードの利得の $\frac{3}{2}$ 倍である．しきい値ルールを用いて，ノードの隣接ノードのうちで，$q = \frac{2}{(3+2)} = \frac{2}{5}$ 以上の割合のノードが行動Aを採用すると，そのノードはBからAに移行する．

- ここで，ノードのvとwが行動Aの初期採用者であり，それ以外のノードは行動Bを採用しているとする（図19.3(b)では，Aを採用しているノードを太い丸で示し，Bを採用しているノードを細い丸で示している）．1ステップ後に，（初期採用者以外の）各ノードは，しきい値ルールを用いて自身の行動を再評価する．すると，ノードのrとtは，それぞれ，隣接ノードが $\frac{2}{3} > \frac{2}{5}$ の割合でAを採用しているので，Aに移行する．一方，ノードのsとuは，どちらも隣接ノードが $\frac{1}{3} < \frac{2}{5}$ の割合でAを採用しているだけであるので，Bのままでいる．

- しかし，次のステップで，ノードのsとuは，どちらも隣接ノードが $\frac{2}{3} > \frac{2}{5}$ の割合でAを採用しているので，Aに移行する．こうして，プロセスは終了し，ネットワークのすべてのノードがAを採用することになる．

プロセスが，連鎖的に反応していくことに注意しよう．ノードのvとwだけでは，ノードのsとuがAに移行するには不十分であるが，ノードのrとtがいったんAに移行すると，sとuがAに移行するのに十分になる．

---

[1] ここでは詳細に立ち入ることはしないが，このプロセスにおいてある時点でAに移ったノードは，その後ずっとAをとり続けてBに戻らないことが，それほど困難なく示せる．したがって，ここで議論しているプロセスでは，BからAへの移行が確実に広がっていく．これは，直観的には以下のような観察から理解できる．ある時点でAに移行した任意のノードvに対して，この時点からの時刻の進行に伴い，Aの行動をとっているノードvの隣接ノードの個数は，増加することはあっても減少することはない．したがって，しきい値ルールから，ある時点でAに移行したノードは，それ以降も，そのしきい値ルールからAをとり続けることになる．これは，正式の議論ではないが，（適切な数学的帰納法を用いて）正式な証明にすることも困難ではない．

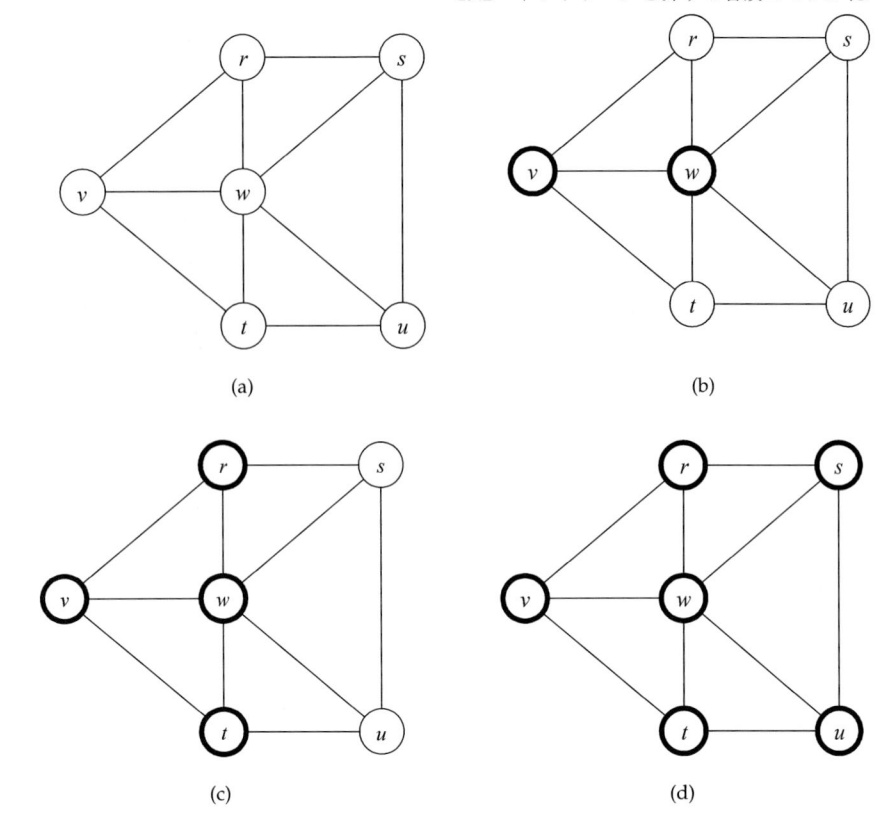

図 19.3 利得は $a = 3$ と $b = 2$ であり，初期採用者は v と w であるとして出発する．すると，行動 A は 2 ステップですべてのノードに広がる．各ステップで，A を採用しているノードを太い丸で示し，B を採用しているノードを細い丸で示している．(a) もともとのネットワーク．(b) 初期採用者の 2 個のノード．(c) 1 ステップ後に，さらに 2 個のノードが A を採用する．(d) 2 ステップ後に，すべてのノードが A を採用する．

A への移行がしばらく続いた後に動きが止まる例も考えるのが有効であろう．そこで，図 19.4 のソーシャルネットワークで，A-B 協調ゲームを考える．これまでと同様に，$a = 3$ かつ $b = 2$ であり，しきい値は $q = \frac{2}{5}$ であるとする．そして，図 19.5(a) のように，7 と 8 のノードが初期採用者であるとする．すると，続く 3 ステップで以下のことが起こる．最初のステップで 5 と 10 のノードが A に移行し，2 番目のステップで 4 と 9 のノードが A に移行し，3 番目のステップで 6 のノードが A に移行する．しかし，この時点で，他の残りのノードはいずれも A に移行したいとは思わなくなる．したがって，図 19.5(b) の均衡が得られる．

この A への移行の連鎖反応を，A の採用の**カスケード** (cascade) と呼ぶことにする．そして，以下の二つの基本的な可能性を識別したいと考える．(i) カスケードがしばらく続くが，B をとるノードが残ったままで終了する．(ii) **完全カスケード** (complete cascade) となる．すなわち，すべてのノードが A を採用するまで，カスケードが全体に広がる．ここで，完全カスケードに関して，以下の用語を導入する．

新しい行動 A の初期採用者のノード集合と，古い行動 B を採用しているノード集合からなるネットワークを考える．初期採用者以外のノードは，しきい値 q を用

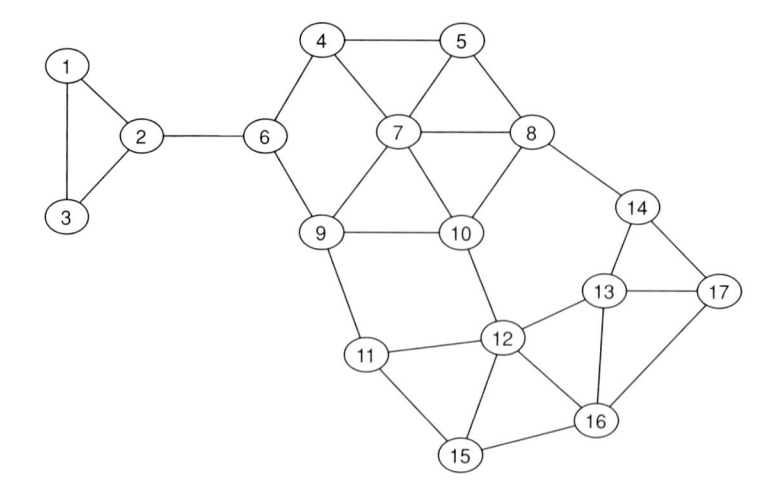

図 19.4　新しい行動の広がりを考えるより大きいグラフ．

いて，BからAへの移行の可能性を繰り返し評価する．Aの採用のカスケードが最終的にすべてのノードに広がり，初期採用者のノード以外のすべてのノードがBからAに移行することを，初期採用者のノード集合が"しきい値 q で完全カスケードを起こす"という．

カスケード行動と"ウイルス感染的マーケティング"　図 19.5 のより大きな例には，一般的に注意すべきことがいくつか存在する．第一に，この例は，本章の最初の節で取り上げた，ネットワーク内できつく結ばれたコミュニティが新しい技術の波及を妨げるように働くこともあることをうまく説明している．プロセスを大まかに言うと，新しい行動Aは，自分の属する内部的に十分密につながれているノード集合へは広がることができたが，ネットワークのノードの 8 から 10 の"前線"を越えてノードの 11 から 14 へ飛び移ることはできなかった．同様に，ノード 6 を越えてノード 2 へ飛び移ることもできなかった．その結果，AとBとの共存が得られ，両者がネットワークで対峙するところで境界が生じた．このようなことは，拡散（普及）の多くの例で観察される．たとえば，隣接するコミュニティが異なる政党を支持する例が挙げられる．あるいは，より技術的な設定での例として，年齢層の異なるグループや生活様式の異なるグループでは，異なる交流サイトが支配的に利用される例も挙げられる．世界の他の多くの人が別のサイトを利用しているとしても，人々は友人が利用しているサイトにいたい気持ちになるからである．同様に，Windows が一般的に世界を支配していても，Apple の Macintosh を全社的に用いている企業の例も挙げられる．すなわち，直接相互作用し合う人の多くが Apple のソフトウェアを利用しているときには，たとえ世界のそれ以外の人との共同作業の困難性が増えるにしても，直接相互作用し合う人の多くはやはり Apple のソフトウェアを利用したいと考えると思われる．

上記の議論から，以下のような状況での戦略の有効性も示唆される．図 19.5 のAとBがライバル企業の技術であるとし，Aを販売している企業が，シェアの拡大が止まった図 19.5(b) の状況を打開したいと考えているとする．おそらく最も直接的な方法は，それが可

(a)

(b)

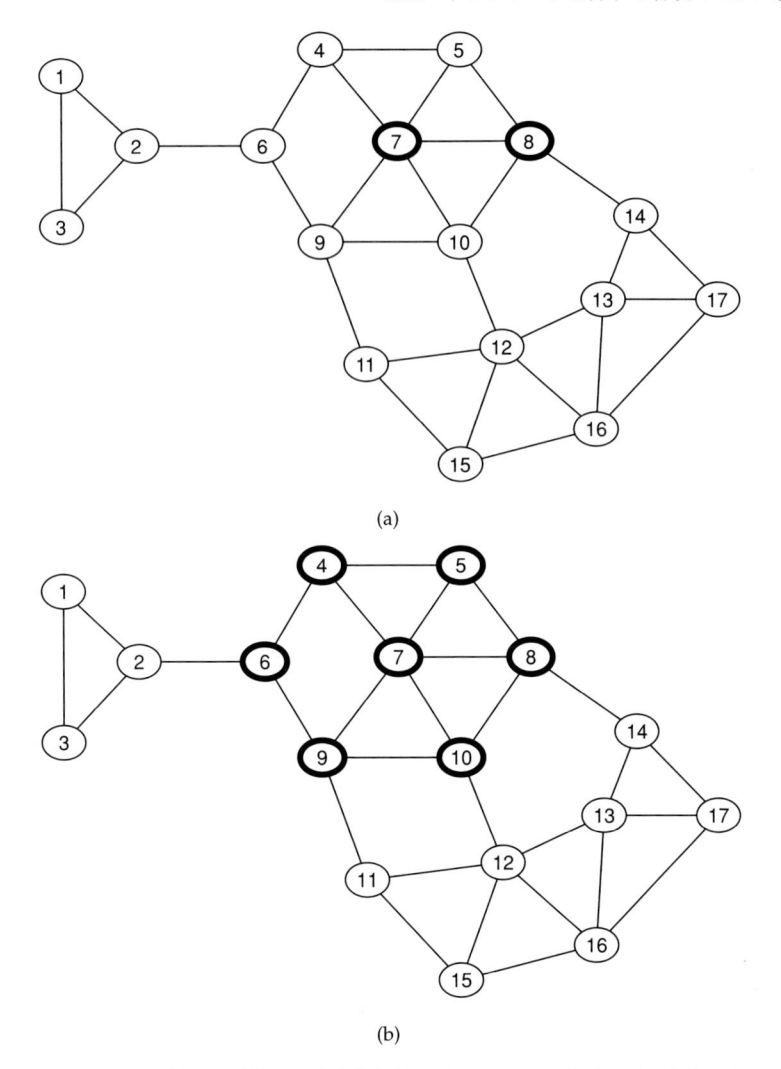

図 19.5 7と8のノードが新しい行動Aの初期採用者であるとして出発すると,新しい行動Aは残りのノードに広まるが,すべてのノードには広がらない.(a) 7と8のノードが初期採用者である.(b) プロセスは3ステップ後に終了する.

能であるならば,Aを販売している企業が製品の性能をわずかに向上させることである.たとえば,この協調ゲームで,利得 a を $a=3$ から $a=4$ に変更できたとする.すると,Aを採用するしきい値は $q=\frac{2}{5}$ から $q=\frac{1}{3}$ に下がる.このしきい値のもとでは,図19.5(b)の初期採用者の状況から,最終的にすべてのノードがAに移行することを確認できる.すなわち,この低くなったしきい値なら,現在Aの採用に抵抗しているネットワークの領域にも,Aは分け入ることができる.これは,既存の技術をわずかに魅力的にすることにより,シェアが急増するケースもあるという興味深いことを説明している.さらに,ネットワークにおけるAとBの共存による自然な境界についての議論は,ネットワークの構造のみならず,AとBの協調ゲームにおける利得の比にも依存することも示している.

Aの性能を改善できないとき,すなわち,Aのメーカーがしきい値を変更できないときは,Aのシェアをさらに広げるためには,BからAに移行してもらう少数のキーとなる人々(ノード)を注意深く選んで説得し,カスケードを再び起こす戦略が有効となる.た

とえば，図19.5(b)の例では，Aのメーカーがそのようなノードとして，11，12あるいは13のいずれかを選んで，Aへの移行を納得してもらえれば，A の採用のカスケードが再度起こり，最終的に11から17のすべてのノードがAに移行する．一方，Aのメーカーがそのようなノードとして14を選んでも，カスケードが起こることはない．それ以外のBを採用しているノードでは，隣接ノードでAを採用している割合がAに移行するしきい値$q = \frac{2}{5}$より依然として低いからである．このことから，新しいAに移行するキーとなる少数のノード集合の選び方は，きわめて難解になりうること，そしてそれは対象とするネットワークでの位置に大きく依存することを示唆している．そのような視点は，"ウイルス感染的マーケティング"[230]の議論において重要なテーマであり，ここで取り上げた種類のモデルを用いて解析されている [71, 132, 240, 309, 348]．

最後に，技術の採用において，第17章で定式化した集団レベルのネットワーク効果と，ここで説明したネットワークレベルのカスケードの採用との間の対照的な点をいくつか振り返ってみるのも有効であろう．集団レベルのモデルでは，ある新技術を利用している集団が全体に対して占める割合に基づいて，自身がその技術を採用するかしないかを評価するので，現存の技術より格段に優れているとしても，新技術のカスケードはきわめて起こりにくい．一方，ネットワークでは，直接辺で結ばれている隣人の行動に関心があって，それを気にするだけであるので，ごく少数の初期採用者でも，その技術が最終的に全体に行き渡る，採用のカスケードの起爆剤となることもありうる．新しい概念が局所的なレベルの相互作用により，ソーシャルネットワークのリンクに沿って社会全体に広がることは，新技術の普及をはじめとする多くの状況で見られることである．

19.3 カスケードとクラスター

前節のカスケード行動の単純なモデルから導出された結論のいくつかを，さらに探究しよう．カスケードがどのようにして形成されるかを眺めたので，何がそのカスケードを止めるのかをより詳しく検討する．具体的には，図19.5でも直観的に明らかであるように，新しい行動の広がりは，ネットワーク内で密に結合されたコミュニティから抵抗されて進めなくなることもあることを定式化することである．実際，これが，これまで議論してきた定性的な原理を定式化する一つの方法を与えるものである．すなわち，外部から密に結合されたコミュニティに新技術が入り込むのを困難にして，しばしば，普及の障壁として働くのが同種親和性なのである．

最初のステップとして，"密に結合されたコミュニティ"の概念を正確にして，本節のモデルの枠組みでそれを用いることができるようにする．そのようなコミュニティの重要な特性として，そのコミュニティに1人が属していれば，その人の友人もそのコミュニティに属することが多いことが挙げられる．これを具体的な定義の基盤として，以下の定義を考える．

ネットワークのノードの部分集合は，その集合のどのノードに対しても，その

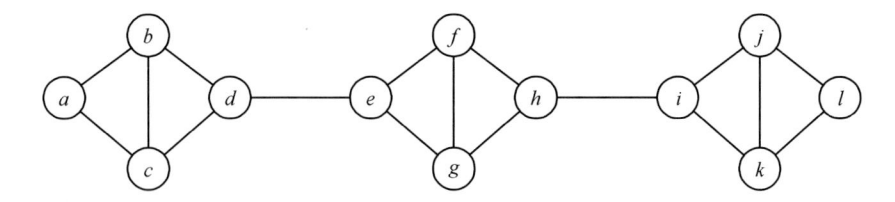

図19.6 4個のノードからなる密度 $\frac{2}{3}$ の三つのクラスター.

ノードの隣接ノードのうち，p 以上の割合のノードがその集合に含まれるとき，**密度 p のクラスター** (cluster) と呼ぶことにする．

たとえば，図19.6のネットワークでは，ノード a, b, c, d の集合は密度 $\frac{2}{3}$ のクラスターを形成する．ノード e, f, g, h の集合とノード i, j, k, l の集合も，それぞれ密度 $\frac{2}{3}$ のクラスターを形成する．

どんな正式な定義でも言えることであるが，その定義に当てはまることと当てはまらないこととを，きちんと把握することが重要である．一つのクラスターに属する各ノードは，全友人（隣接ノード）のある指定された値以上の割合の友人をクラスター内に持つので，クラスターには，あるレベルの内部的な"結束"があることになる．一方，上記のクラスターの定義から，同一のクラスターに属する二つのノードが，共通の友人（隣接ノード）を多く持つとは，必ずしも言えない．たとえば，どんなネットワークでも，"すべての"ノードからなる集合は，どのノードの隣接ノードもすべてその集合に含まれるので，定義から密度1のクラスターである．また，密度 p の二つのクラスターに対して，その和集合（すなわち，この二つのクラスターの少なくとも一方のクラスターに属するノードの集合）も，密度 p のクラスターとなる．これらの観察から，ネットワークに様々なスケールのクラスターが同時に存在しうることがわかる．

クラスターとカスケードとの間の関係 図19.7の例は，ネットワークのクラスターの構造が，カスケードの成功・失敗に何らかの関係のあることを示している．この例から，図19.4のネットワークに密度 $\frac{2}{3}$ の二つのコミュニティがあることがわかる．これらは，7と8のノードを行動Aの初期採用者として出発したときに，カスケード行動Aが入り込めなかったネットワークの部分に正確に一致している．これは，一般にも成立する原理となりうるのであろうか？

少なくとも，ここで展開しているモデルの枠組みでは，それは一般にも成立する原理である．カスケードは本質的に，密な結合のクラスターに入り込もうとするときに終了し，さらに，カスケードが終了するのはそのときのみであるという事実を，正式に定式化しよう [308]．以下が，初期採用者と**残りのネットワーク** (remaining network)（初期採用者以外のすべてのノードからなるネットワークの部分）による，その正確な記述である．

主張：行動Aの初期採用者の集合としきい値 q に対して，残りのネットワークのノードが行動Aを採用するかどうかは，以下のように記述できる．

(i) 残りのネットワークが $1-q$ より大きい密度のクラスターを含むときには，行動Aの初期採用者の集合は完全カスケードを達成できない．

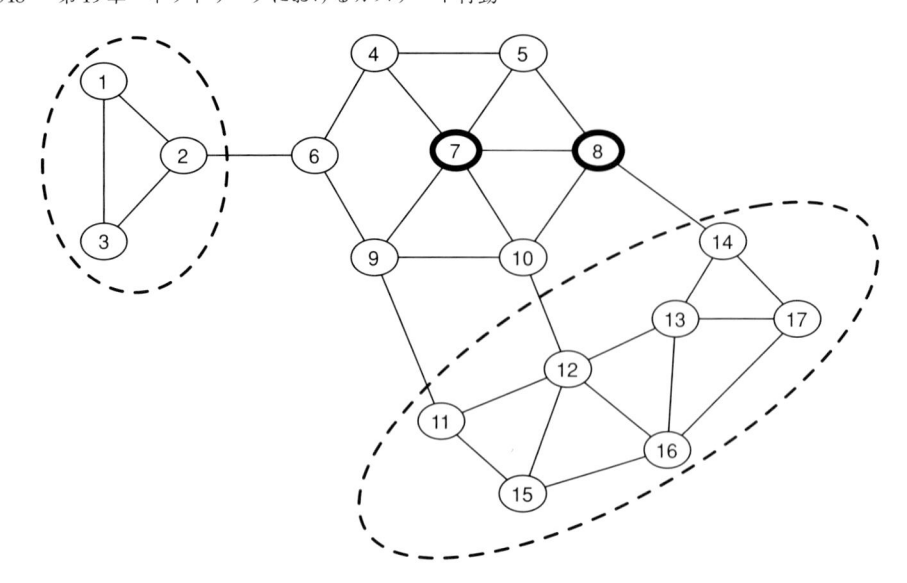

図19.7 図19.4のネットワークの密度 $\frac{2}{3}$ の二つのクラスター．

(ii) 行動Aの初期採用者の集合がしきい値 q で完全カスケードを達成できないときには，残りのネットワークが $1-q$ より大きい密度のクラスターを含む．

ここの単純なモデルで，ネットワークの構造の自然な特性を用いて，カスケードの成功・失敗の正確な特徴付けを，この結果が与えていることは魅力的である．さらに，この結果は，カスケードの広がりを密な結合のコミュニティがブロックすることをわかりやすく説明するものになっている．

この結果を，(i) と (ii) を別々にして証明する．この二つの証明においては，それらを一般的に考えるとともに，同時に図19.7の例でも，$1-\frac{2}{5}=\frac{3}{5}$ より大きい密度のクラスターが，しきい値 $\frac{2}{5}$ のAのカスケードの広がりをブロックすることを確認することも役立つ．

(i) から始める．

(i) の証明：クラスターはカスケードの障害である． 任意のネットワークで，行動Aの初期採用者からしきい値 q で出発した場合のカスケードの広がりを考える．残りのネットワークが $1-q$ より大きい密度のクラスターを含むとする．このとき，このようなクラスターのどのノードも，決してAの行動を採用することがないことを議論する．

そこで，そうでなかったと仮定してみる．すなわち，クラスターのあるノードがAの行動を採用したとする．そして，クラスター内で，最初にAの行動を採用するノードを v とし，そのときのステップを t とする．この状況を図19.8に示している．このとき，v が行動Aを採用した時点で，しきい値ルールより，Aを採用している隣接ノードが十分にあったことになる．しかし，v は，実際には採用できないことになり，矛盾することになる．

以下がその議論である．v が行動Aを採用したステップ t の一つ前のステップ $t-1$ の終了時点で，Aを採用しているノードの集合に基づいて，しきい値ルールにより，Aの採用を決断したことになる．v の選び方より，クラスター内のノードは，いずれも v よりも

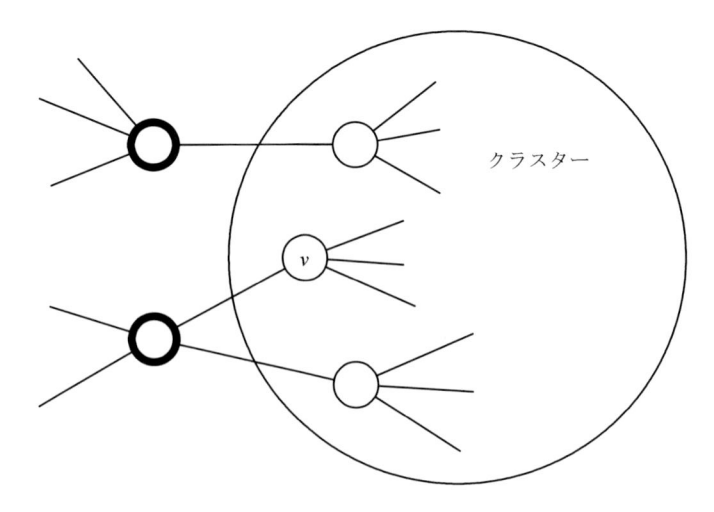

図 19.8 しきい値 q のとき，新しい行動の広がりは，$(1-q)$ より大きい密度のクラスターに到達すると終了する．

前に A を採用してはいないので，v が行動 A を採用したステップ t の開始時に，v の隣接ノードで A を採用しているノードは，すべてクラスターの"外部に"あることになる．しかし，クラスターは $1-q$ より密度が大きいので，v の隣接ノードのうちで，$1-q$ より大きい割合のノードがそのクラスター内にあることになり，したがって，クラスターの外部にある v の隣接ノードの割合は，q より真に小さくなる．A を採用している v の隣接ノードはクラスターの外部にのみ存在するので，これは，v が行動 A を採用することから，しきい値ルールより，v の隣接ノードで A を採用しているノードの割合が q 以上であることに矛盾する．したがって，クラスターのあるノードが A の行動を採用したとした最初の仮定が間違っていたことになる．

以上により，クラスターのどのノードも A の行動を採用することがないことが確立できた．したがって，与えられた初期採用者の集合から完全カスケードは達成されることがないことが得られた．

(ii) の証明：クラスターのみがカスケードの障害である． クラスターがカスケードの障害であるばかりでなく，クラスター"のみ"がカスケードの障害であることを述べている主張 (ii) を確立しよう．（詳細は異なるものの）方法論の観点からは，マッチングマーケットで取り上げた問題の議論と似たものになる．すなわち，完全マッチングの存在を妨害する障害集合を求めたときに，それのみが障害であることの議論に進んだときと類似の議論になる．

(ii) を証明するために，初期採用者の集合がしきい値 q での完全カスケードに失敗するときには，残りのネットワークに $(1-q)$ より大きい密度のクラスターが存在することを示す．これは困難ではない．そこで，初期採用者の集合から出発して，A の採用の広がりのプロセスが終了した時点を考える．このとき，図 19.9 に示しているように，B を採用しているノードが存在し，そのようなノードは，決して A に移行したくないと考えているので，終了したことになる．

このプロセスの終了時に B を採用しているノードの集合を S とする．このとき，S が

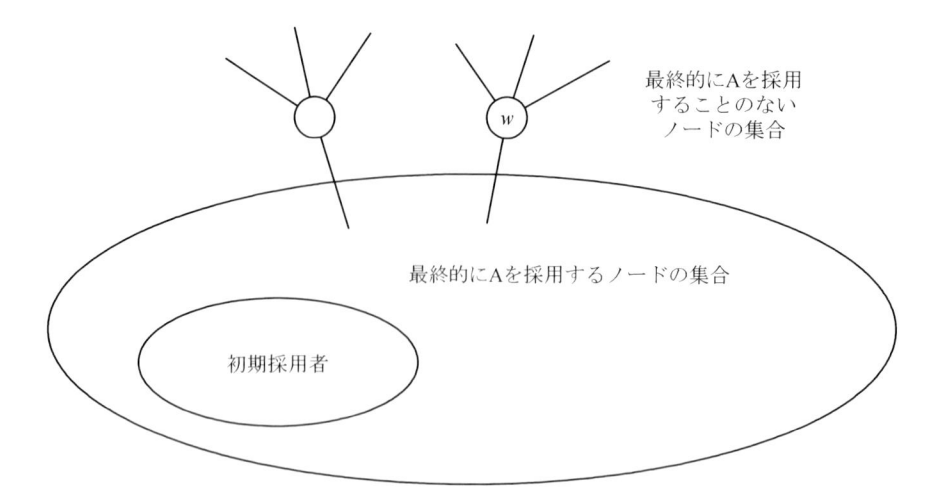

550　第19章　ネットワークにおけるカスケード行動

図19.9　Aの広がりは，ネットワークの全体に行き渡る前に終了する．そして，Bをとり続けるノードの集合は，$1-q$ より大きい密度のクラスターを形成する．

$1-q$ より大きい密度のクラスターとなると主張したい．これが言えれば，(ii) の証明が完了することになる．この集合 S の任意のノード w を考える．ノード w は A に移行したいと考えないので，A を採用している隣接ノードの割合は q 未満である．したがって，B を採用している隣接ノードの割合は $1-q$ より大きいことになる．しかし，B を採用しているノードはすべて集合 S に属するので，w の隣接ノードで S に属する割合は $1-q$ より大きくなる．したがって，S は $1-q$ より大きい密度のクラスターとなる．

　カスケードとクラスターの解析をまとめておこう．このモデルの核心は，以下のとおりである．初期採用者の集合がしきい値 q で完全カスケードを達成できるための必要十分条件は，残りのネットワークに $1-q$ より大きい密度のクラスターが存在しないことである．したがって，この意味では，カスケードとクラスターは完全に相補的である．すなわち，カスケードが途中で終わるときには，それを説明できるクラスターが存在するのである．

19.4　普及としきい値と弱い絆の役割

　普及の研究から学んだ基本的な教訓の一つとして，新しいアイデアを認識することとそのアイデアを実際に採用することとの間には，大きな隔たりのあることが挙げられる．この対比は，初期段階の普及の研究でもすでに重要視されていた．たとえば，図 19.10 は，Ryan–Gross による交配種トウモロコシの最初の研究成果 [358] であるが，それは，この新技術に対する認識の波が，実際の採用の波よりも，ずいぶん前に来ていたことを示している．

　このモデルは，その対比も説明してくれる．人々は，隣人（隣接ノード）の誰かがその新技術を採用したときに，その新技術を初めて認識したとする．すると，たとえば図19.5 では，ノードの 4 と 9 は，新しい行動 A の初期採用者が与えられたときに，その新し

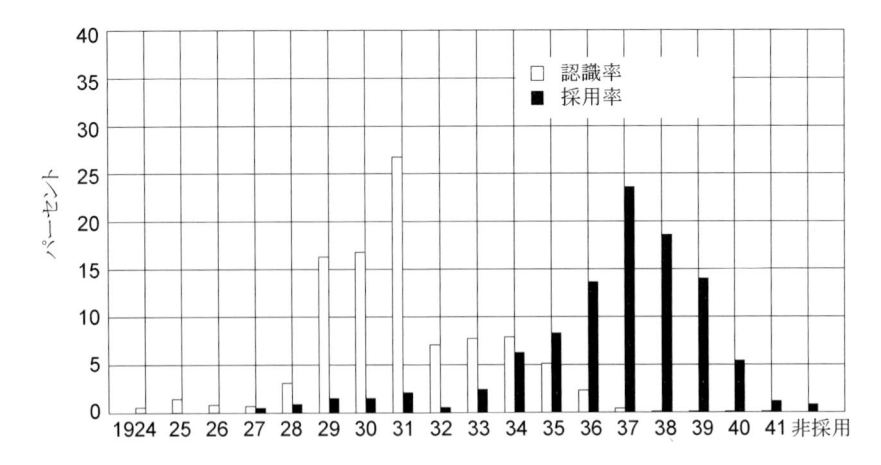

図 **19.10** 交配種トウモロコシが農民に最初に認識された年と，最初に採用された年の比較．Ryan–Gross の研究より．(出典：[358]．Scarecrow Press, Inc.)

い行動 A を初めて認識したことになるが，実際に A を採用したのはそのときよりあとになる．また，ノード 2 とノードの 11 から 14 は，A を最終的には認識することになるが，その後実際に採用することは決してない．

Centola and Macy [101] と Siegel [369] は，第 3 章で議論した弱い絆の強さの理論における興味深い巧妙性が，普及のしきい値モデルによって照らし出されるという興味深い観察を行っている．弱い絆の強さの理論は，人々の間ではそれほど多くない"弱い"社会的な絆が，ソーシャルネットワークにおける局所ブリッジ辺をしばしば形成するという考えに基づいていたことを思い出そう．たとえば新しい就職先の情報などのように，ネットワークのたどり着きにくい部分にある情報にも，弱い絆を使うことでアクセスできるようになる．第 3 章で用いた標準的な図を図 19.11 に再掲するが，この図で，辺 u-w と辺 v-w は，それらの辺がなければ交流できない，密に結合されたコミュニティを結びつけている．したがって，たとえば v は，それ以外の辺を通しては受け取れない情報を，w への辺を介して受け取れると期待できるのである．

しかし，認識だけではなく採用となると，高いしきい値に基づく新技術の普及では，この状況は大きく変わることになる．たとえば，図 19.11 の w と x が，しきい値 $\frac{1}{2}$ で広がる新しい技術の初期採用者であるとする．すると，w と x を含む密に結合された 6 個のノードのコミュニティでは，他のノードもすべて新技術を採用するようになるが，u と v はともにいつまでも新技術を採用しない（したがって，それらのノードを越えて到達できるネットワークのノードも，いつまでも新技術を採用しない）ことが確かめられる．

これは，ソーシャルネットワークにおいてブリッジ辺と局所ブリッジ辺の果たす役割の二面性を自然に説明している．すなわち，ブリッジ辺と局所ブリッジ辺は新しい情報を伝える強力な手段であるが，ある種の危険性があったり高価であったりする新行動の採用においては，しきい値を上げることにより，隣人の多くが実際にその行動を採用していることを確かめてから初めて採用するため，ブリッジ辺と局所ブリッジ辺はうまく機能しないのである．この意味では，図 19.11 の u と v のノードは，それぞれの密に結合されたコミュニティでは，情報の観点から，他のメンバーよりきわめて有利な位置を占めている（w が

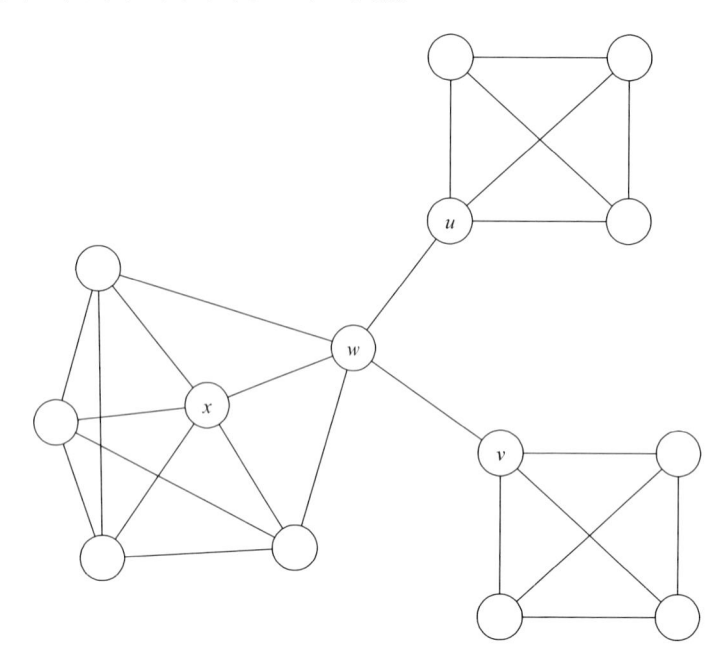

図 19.11 辺 u-w と辺 v-w は，高いしきい値の新技術ではなく，情報を伝達するパイプとして働く．

属するコミュニティで現在広がっている新しい行動について，ノード w を通して情報を得ることができる）が，高いしきい値を持つ行動に対しては，それぞれが属するコミュニティの他のメンバーに歩調を合わせたままでいたいと考えるのである．このことを考えれば，これは，第3章の図における局所ブリッジ辺と構造的空洞の近くの位置が，ネットワークで自身の属するクラスターからは知ることのできない情報にアクセスできることに何ら矛盾しない．すなわち，普及のしきい値の高い行動に対しては，局所ブリッジ辺は，ネットワーク上での隣人が自分と異なる行動をとっている人と自分とを結ぶこともあるのである．

この図に存在するトレードオフは，多くの社会的なシステムの移行が，局所的にかなりゆっくりと進展する理由のいくつかを説明するのに用いられている．全世界的な友人のネットワークでの弱い絆のシステムでは，ジョークやオンラインビデオが猛烈なスピードで駆け巡るが，政治的な運動は，隣人や小さいコミュニティにおける普及を必要とするので，よりゆっくりと広がる．その理由はしきい値であると考えられる．社会的な運動は，本質的に危険あふれる活動である傾向があり，したがって，個人の参加には高いしきい値が伴いがちである．そのような状況では，ネットワークのきわめて異なる部分を結ぶ局所ブリッジ辺は，それほど有用ではなくなる．このような考察は，普及の研究の分野では，社会的な運動はしばしば地理的に広がるという Hedström の発見 [215] や，1960年代の夏季自由期間の学生の就職活動に対する募集において，弱い絆よりも強い絆がより重要な役割を果たしていたという McAdam の結論 [290, 291] などのように，社会的な運動に関するよく知られている観察に対して，一つの視点を与える．

19.5 カスケードの基本モデルの一般化

　これまでの議論では，ネットワークにおけるカスケードのきわめて単純なモデルを用いて，新しい行動や新技術の普及の仕組みについて，定性的な観察を多数行ってきた．ここでは，基本的なポイントは保ちながら，さらなる複雑性も取り上げられるようにするために，モデルを一般化する．

不均一なしきい値　これまでは，個人の行動に対する基本モデルをできるだけ単純に保ってきた．すなわち，すべての人の利得が同一の構造であり，ネットワークでの隣人（隣接ノード）との相互作用における影響の強さも均一であった．しかし，モデルの構造およびカスケードとクラスター間の密接な関係を保ちながら，これらの仮定をより一般的にすることも簡単にできる．

　そこで，以下のように，主たる一般化を行う．すなわち，ソーシャルネットワークにおいて，AとBの行動に対する価値評価が各個人で異なるとする．したがって，各ノードvに対して，辺で結ばれているノードとAの行動で一致するときに受け取る利得はvに依存すると考えられるので，vの添え字をつけて，それをa_vと表すことにする．同様に，辺で結ばれているノードとBの行動で一致するときに受け取る利得をb_vと表記する．したがって，ネットワークにおいて，二つのノードのvとwが辺で結ばれていて相互作用をするとき，図19.12の協調ゲームを行うことになる．

w

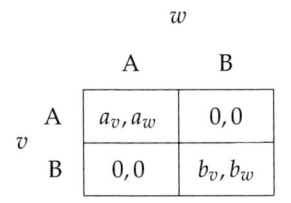

		A	B
v	A	a_v, a_w	0,0
	B	0,0	b_v, b_w

図 19.12　A-B協調ゲーム．

　これまでの解析のほとんどすべては，わずかに変更するだけで，そのまま用いることができる．そこで，これらの変更を簡単に述べることにする．基本的な協調ゲームを定義したとき，まずAとBのそれぞれの評価がすべてのノードで一致するとし，次に各ノードvが隣接ノードの行動に対する評価に基づいて自身のとるべき行動を選択するとした．この一般化モデルでも同様に，隣接ノードの行動に対する評価に基づいて，自身のとるべき行動を選択する．すなわち，vがd個の隣接ノードを持ち，そのうちpの割合のノードがAの行動をとり，$(1-p)$の割合のノードがBの行動をとると，vがAを選択するときの利得はpda_vとなり，Bを選択するときの利得は$(1-p)db_v$となる．したがって，

$$p \geq \frac{b_v}{a_v + b_v}$$

のときには，Aが良い選択となる．この不等式の右辺をq_vとする．すると，ここでもきわ

(a)

(b)

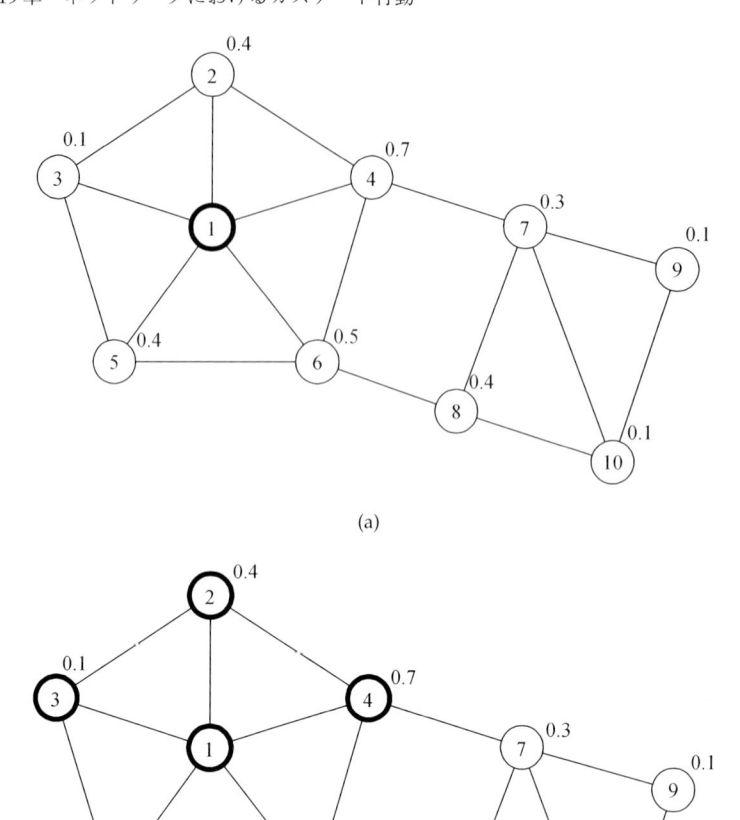

図 19.13 ノード 1 が新行動 A の唯一の初期採用者であるとして出発し，新行動 A が残りのノードの（すべてではない）いくつかに広がる．(a) 唯一の初期採用者のノード．(b) プロセスは 4 ステップ後に終了する．

めて単純な判定ルールが得られる．すなわち，各ノード v は自身の"個人的な"しきい値 q_v を持ち，隣接ノードのうちで q_v 以上の割合のノードが A の行動を採用しているときには A の行動を選択する．さらに，ノードごとに異なるしきい値集合への変化は，利得における変化に対する直観的な意味も持っている．ノード v が A をより高く評価するときには，そのしきい値 q_v は下がることになる．

プロセスは前と同様に進む．行動 A の初期採用者の集合から出発して，各時間ステップで，各ノードが自身のしきい値による判定ルールに基づいて決断を評価し，しきい値以上のときには A に移行する．図 19.13 は，このプロセスの例を示している（各ノードのしきい値を，そのノードの右上に示している）．

図 19.13 のプロセスの例から，興味深い一般的な観察がいくつか得られる．第一に，ノードのしきい値が多様化されたことから，その多様性がネットワークの構造と複雑に相互作用して，重要な役割を果たしている．たとえば，ノード 1 が"中心的な"位置を占めている

にもかかわらず，もしノード3のしきい値がこのように極端に低くなかったならば，Aの行動に移行するノードは一つも現れなかった．これは，ソーシャルネットワークでの行動の広がりを理解するためには，影響を与えるノードのパワーのみならず，これらのノードが"影響を受けやすい"人にどの程度容易にアクセスできるかを考慮することが必要であることを議論している Watts and Dodds の指摘 [409] と密接に関係している．

　図 19.13 においてどのようにして A の広がりが終了するかを確認して，カスケードの障害としてのクラスターの概念を，しきい値が不均一なケースにも適用できるように一般化できるかどうかを問うことも有用である．実際，このモデルで，クラスターの概念を以下のように定式化すると，これが可能である．与えられたノードのしきい値の集合に対して，ネットワークのノードの部分集合は，その集合の各ノード v に対して，v の隣接ノードのうちで $1 - q_v$ の割合のノードがその集合に含まれているとき，**ブロッキングクラスター** (blocking cluster) と呼ばれる．（クラスターの概念も，しきい値の概念のように，不均一になることに注意しよう．要求されるクラスター内に持つべき隣接ノードの割合がノードごとに異なるからである．）19.3 節の解析をほぼそのまま適用して，初期採用者のノード集合が，与えられたノードのしきい値の集合のもとで，完全カスケードを達成できる必要十分条件は，初期採用者のノードを除いたノード集合の残りのネットワークがブロッキングクラスターを含まないことであることが示せる．

19.6　知識としきい値と集団活動

　集団レベルと局所的ネットワークレベルの両方のレベルのネットワーク効果を統合することに関係するトピックに議論を移そう．行動の一致が集団全体の大部分にわたることが重要である状況で，人々の参加したいという情報の伝達において，基盤となるソーシャルネットワークが果たす役割を取り上げる．

　集合行為と多数の無知　直観的にもわかりやすい有用な例は，抑圧的な支配体制のもとでの抗議，蜂起，反乱の組織化の問題であろう [109, 110, 192]．そのような社会に住んでいて，政権に対する抗議デモ集会が明日計画されているとしよう．デモ集会への参加者が膨大な人数となれば，政権は大きく弱体化するので，デモ参加者も含めた社会の全員が恩恵を受けることになる．しかし，数百人程度しか集まらない小規模なデモでは，参加者は逮捕されて（あるいはそれ以上の目にあって），誰もが家で静かにしていたほうがよかったことになる．このような状況で，どうすべきであろうか？

　これは，**集合行為** (collective action) の問題の例である．ここでは，活動が恩恵を生み出すのは，十分な人数が参加するときのみである．したがって，これは第17章の集団レベルのネットワーク効果における解析を連想させる．すなわち，十分な人数が大規模なデモ集会に参加するときにのみ参加したくなるのと同様に，十分な人数がファックスを用いているときにのみ自分もファックスを買いたくなる．しかしながら，本章の例は，いくつかの点で際立って異なっている．ファックスのケースでは，すでに使用している人たちの経

験を見ることもできるし，評価や宣伝を読むこともできるし，多くの友人や同僚の計画を聞いて回ることもできる．抑圧的な政権への抗議は，失敗したときの負の利得が極端に大きいので，多くの選択肢は閉ざされて，考えを話すことができるのは信頼できるごく限られた親しい友人のみになる．しかし，それ以上に，他の人々が自ら望んで参加するかどうかの情報の欠如や，参加するかどうかの基準の欠如により，デモに参加するかどうかの決断は困難になっている．

これらのことは，抑圧的な政権が，市民間での通信を極端に制限している理由のいくつかを説明している．たとえば，集団のきわめて多くの割合の人々が，徹底的な手段に進んで訴えるくらいの猛烈な反対意見を持っているにしても，これらの人々が，自分たちは少数派であり，抗議にはきわめて危険が伴うと考えているかもしれない．そのため，原理的には，政権を排除したいという猛烈な反対意見があるにしても，その後も政権は長く生き延びられることがある．

大きな集団に広く浸透している意見について，人々がそれを大きく間違って評価してしまうというこの現象は，**多数の無知** (pluralistic ignorance) [330] として知られている．それは，中央集権が情報の制限に積極的に関与する状況のみでなく，広く適用できる一つの原理なのである．たとえば，1970 年から数年間にわたって行われた同様の調査において，当時，米国における人種隔離に賛成する白人アメリカ人はごく少数であったにもかかわらず，50% をかなり超える多くの国民が，人種隔離に賛成する白人アメリカ人は多数派であると信じていたと報告されている [331]．

集合行為における知識の効果のモデル　基盤となるソーシャルネットワークの構造が，集合行為についての決断にどのような影響を及ぼすかについて，Michael Chwe により提案されたモデルと説明例 [109, 110] に従って考えてみよう．ソーシャルネットワークの誰もが，政権への抗議行動を行う計画を知っているとする．そして，各個人はその抗議行動に進んで参加するための自分のしきい値 (threshold) を持っているとする．しきい値が k であるということは，「自分も含めて参加者が k 人以上であると確信できるときに，自分も抗議デモに参加する」ことを意味する．

ソーシャルネットワークのリンクは強い絆を表し，リンクの両端の 2 人は互いに固く信頼している．したがって，ネットワークの各個人は，自分の隣接ノードのしきい値を知っているものの，社会に反抗する通信はきわめてリスクがあるという性質上，それ以外の人たちのしきい値は知らないと仮定する．このとき，各個人がしきい値を持つこのネットワークに起こりうることは，どのように推論したらよいのであろうか？

ここで生じる複雑性のいくつかを図 19.14 の例で考えてみよう．"蜂起" の概念を小規模化して，3 人と 4 人の例を考える．各ノードはある会社の副社長を表すとする．各副社長は，翌日の取締役会議において，横暴な社長に自ら抗議するかどうかを決断しなければならないとする．他の人たちからの合理的なサポートがないと最悪の結果になる可能性があるので，抗議する人がある一定数以上になると考えられるときに，進んで対決する．さらに，各ノードがソーシャルネットワークの構造を知っていると仮定する．

図 19.14(a) は，他のノードで行われる決断に対しての推論をいくつか示唆している．この図において，ノード w は，少なくとも 4 人が蜂起に参加するときにのみ蜂起に参加す

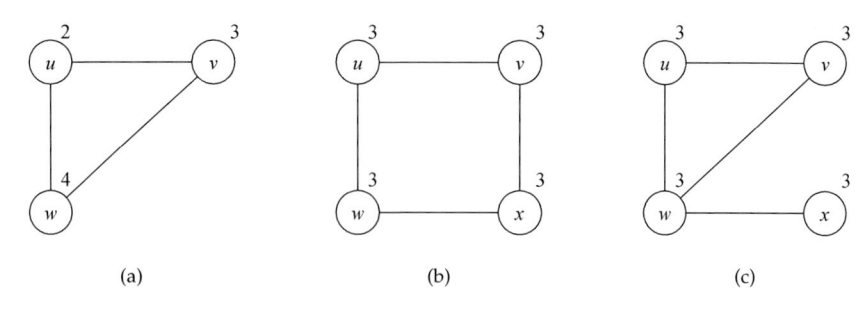

図 19.14 ネットワークの各ノードは，蜂起への参加に対する自分のしきい値を持っていて，自分のしきい値と隣接ノードのしきい値のみを知っている．三つの異なるネットワークにおいて，(a) と (b) では蜂起は起こらず，(c) では起こりうる．

る．全員でも3人しかいないので，これはノードwが蜂起に参加しないことを意味する．ノードvはwのしきい値が4であることを知っているので，vにはwが蜂起に参加しないことがわかる．そして，vは3人以上蜂起に参加するときにのみ蜂起に参加することにしているので，vも蜂起に参加しない．最後に，uは2人以上蜂起に参加するときにのみ蜂起に参加することにしていて，さらに，他の2人のしきい値を知っていることから，他の2人が蜂起に参加しないことがわかり，uも蜂起に参加しない．したがって，蜂起は起こらない．

図19.14(b)ではさらに複雑な考察が行われる．すなわち，各ノードは，他のノードがどのような行動をとるかの推論を通して"知る"ことを，推論することが必要になる．そこで，すべてのノードが対称的であるので，uの立場になって状況を考えてみる．uは，vとwのしきい値がともに3であることを知っている．したがって，u, v, wの3人すべてが蜂起に参加すれば大丈夫（安全）であろうと感じている．しかし，uは，vとwが互いにそれぞれのしきい値を知らないことも知っている．したがって，uは，vとwが自分と同じ推論をすることはできないとわかることになる．

uは蜂起に参加しても安全なのであろうか？答えは，以下の理由により，NOである．uはxのしきい値を知らないので，その値はかなり高くて，たとえば5であるかもしれないと考える．そうすると，ノードvは隣接ノードのしきい値が3と5であるのでノードvは蜂起に参加しないと，uは考えることになる．同様に，ノードwも蜂起に参加しないと，uは考えることになる．こうして，uが蜂起に参加すると，蜂起に参加しているのは自分だけとなり最悪の結果となる，とuは考えることになる．したがって，uは蜂起の可能性を受け入れることはできず，蜂起に参加しない．

図19.14(b)の四つのすべてのノードで状況は対称的であるので，どのノードも蜂起に参加しないと結論付けることができて，蜂起は起こらない．これについては，衝撃的なものが存在する．すなわち，ネットワークのどのノードも，しきい値3のノードが3個あることは知っている．これは蜂起を起こすのに十分な数であるものの，それ以外のノードがそれを知っているかどうかの確信が持てないので，感情を抑えてしまい，蜂起に参加すると決断できないのである．

vとxを結んでいるリンクをvとwを結ぶリンクに置き換えると，図19.14(c)のネットワークになり，状況は一変する．このときには，u, v, wのいずれも，全員のしきい値が3

であることを知っているだけでなく，この事実が，u, v, w からなるノード集合において，**共有知識** (common knowledge) であることも知っている [29, 154, 276]．すなわち，各ノードがこの事実を知っていて，さらに，各ノードは，各ノードがこの事実を知っていることを，知っていて，さらに，各ノードは，各ノードが，各ノードがこの事実を知っていることを，知っていることを，知っていて，という形で，無限に続くのである．第 6 章におけるゲーム理論の枠組みでも共有知識について簡単に触れたが，ここでもわかるように，一致を達成するために設計される相互作用で，共有知識は重要な役割を果たすのである．

したがって，図 19.14(b) と図 19.14(c) の間の相違はきわめて微妙で，他の人たちが知っていることについての知識に依存して，異なるネットワークの結論となるのである．この対比は，19.4 節で議論したトピックの，強い絆できつく結ばれたコミュニティがリスクの高い活動への参加を推奨する際のパワーを考える別の方法にも光を当てるものになっている．弱い絆は，情報の獲得の面から有利性を持っている．強い絆で結ばれている人々の知っていることは，自分の知っていることと重複が多いからである．しかしながら，集合行為に対しては，そのような知識の重複こそが必要なものそのものである．

共有知識と協調のこのモデルについては，さらなる研究が展開されている [110]．集合行為に付随する知識の相互作用を正確に理解することは，今後の興味深い研究課題である．

共有知識と社会的制度　これらのモデルを構築して，Chwe らは，広範にわたる社会的制度が，実際には，人々が共有知識を達成する役割を果たしていると議論してきた [111]．大観衆の前での演説や多数の読者を有する新聞の記事は，単に一つの意見を伝えるだけではなく，聴衆や読者に，他の多くの人も同じ意見を持っていることを認識させる効果を持っている．

これは，報道の自由と集会の自由について，また，それらと開かれた社会との関係について考える有効な枠組みである．しかし，政治的な領域から遠く離れた制度も，同様に，共有知識を生成するのにきわめて強力な役割を果たすことができるのである．たとえば，Chwe は以下のように議論している．スーパーボールのコマーシャルは，強力なネットワーク効果を発揮する商品，すなわち，集団における利用者の割合の高さが問題となる携帯電話などの商品の宣伝に，しばしば利用されている [111]．たとえば，Apple の Macintosh は，1984 年のスーパーボールの期間中に Ridley Scott による広告で紹介された（その数年後，その広告は "これまでの最も偉大なテレビコマーシャル" として *TV Guide* と *Advertising Age* から認定された）．Chwe はこの事象を以下のように記している [111]．「Macintosh は既存のパソコンとの互換性がまったくなかった．すなわち，Macintosh のユーザーは，他の Macintosh のユーザーとしか容易にデータ交換ができなかったので，Macintosh を購入する人が少ないと，利用できるソフトウェアも少なくなる状況であった．したがって，潜在的な購買人の大多数は，他の人も買うなら自分も買うという状況であった．Macintosh の潜在的な購買人の集団は協調ゲームの問題に直面していた．スーパーボールの期間中のコマーシャルのテレビ放映により，Apple は視聴者に Macintosh について知らせただけでなく，多くの視聴者が Macintosh について知ったということを，各視聴者に伝えた．」

最近，David Patel は，共有知識の原理を用いて，スンニ派とシーア派の宗教制度の組織

間の相違により，2003年の米国のイラク侵攻以降における両者の力関係の多くを説明できると議論して，以下のように記している [339]．「組織構造が強固なシーア派のモスクでは，金曜日の礼拝が上からの統制でしっかりと行われていたのに対して，スンニ派の宗教的組織はその構造がしっかりとしていなかった．シーア派のアヤトラは，聖職者の階層的なネットワークを統制することにより，連邦制と投票戦略のような国家的レベルの問題において，各地に散らばるシーア派の集会でも共有知識と協調性を利用して，確実に，そして一貫してそれぞれのモスクへ同一のメッセージを伝えることができた．そして，モスクネットワークを通じて，シーア派の住民は遠く離れたシーア派の住民の知っていることを確実に知った．」Patelは，これらの共有知識を育むメカニズムにより，シーア派が国家的なスケールでの目標に対して協調を達成できたのに対して，もう一方のスンニ派はイラク侵攻後にそのような制度的なパワーが欠如していたと議論している [339]．

以上のことから，ソーシャルネットワークが相互作用と情報の流れを可能にすることだけでなく，それらの展開により，他の人が知っていること，およびその結果としてどのように行動することが期待されるかということに基づく意思決定も，可能になることがわかってきている．社会的なプロセスと社会的な制度を研究するこの枠組みの可能性は，現在も活発に探究されている．

19.7　発展：カスケード容量

ネットワーク協調ゲームから得られるしきい値に基づいて，ノードがAとBの行動のいずれかを選択する本章の基本モデルに戻ると，興味深い視点は，ネットワーク構造により，カスケードが起こりやすくなったり，起こりにくくなったりする理由であろう．この視点からの最初の議論は19.3節の解析であり，そこではネットワーク構造のクラスターが，カスケードの自然な障害を形成することを示した．ここでは，別のアプローチ，すなわち，「与えられたネットワークに対して，初期採用者の"小さな"集合から出発して，完全カスケードが起こる最大のしきい値はいくらになるのであろうか？」を取り上げる．したがって，この最大しきい値は，ネットワークに固有の値であり，カスケードが起こりうる上限を与えるものであるので，ネットワークの**カスケード容量** (cascade capacity) と呼ばれる．

この概念が技術的なレベルで機能するようにするためには，"小さな"集合が何を意味するかをきちんと定義することが必要になる．たとえば，初期採用者の集合を全体のノード集合，あるいは，ほぼ全体のノード集合とすれば，しきい値が1にきわめて近くても，カスケードは起こりうる．

問題の定式化を最も明瞭にする方法は，各ノードが有限個の隣接ノードを持つ無限ネットワークを考えることである．すると，カスケード容量は，初期採用者のノードの"有限"集合から出発して，完全カスケードが起こる最大のしきい値であると定義できる．このように，全体のノード集合が可算無限集合であるネットワークの枠組みでは，"小さな"集合は有限集合を意味することになる．

560　第19章　ネットワークにおけるカスケード行動

・・・――○――*x*――*v*――**r**――**s**――*u*――*w*――○――・・・

図19.15　（太い円で示されている）行動Aの初期採用者のノード集合からなる無限パスのネットワーク．

A. 無限ネットワークでのカスケード

次に，この目標を考慮して一般のモデルを記述する．ソーシャルネットワークを，可算無限個のノードの集合からなる連結グラフとしてモデル化する．なお，ノード集合は可算無限であるが，各ノードは有限個のノードにのみ接続されているとする．

ノードの行動のモデルは，先に本章で定義したものと同一である．ノード集合が可算無限であることは何ら問題とはならない．各ノードの隣接ノード集合が有限であり，これらの隣接ノードの行動に基づいて，そのノードが決断を下すからである．具体的には，行動Aを採用するノードの有限集合S（これが初期採用者の集合である）と行動Bをとるそれ以外のノードから出発する．その後，時間は前方に$t = 1, 2, 3, \ldots$ステップと進んでいく．各ステップtで，Sに属さない各ノードは，しきい値qの判定ルールを用いて，行動Aあるいは B のどちらかを採用する（これまでと同様に，Sのノードは常に行動Aをとり続けると仮定する）．最後に，行動Aの初期採用者のノード集合であるSから出発して，ネットワークの各ノードが最終的に行動Aをとり続けるようになるとき，集合Sは**完全カスケード** (complete cascade) を引き起こすという．（ノード集合が可算無限であるので，これが意味することには注意が必要である．それは，各ノードvに対して，ある時刻ステップのtが存在して，その時刻ステップ以降vは行動Aをとり続けるようになるということである．）

カスケード容量　キーとなる定義は以下のようになる．ネットワークの**カスケード容量** (cascade capacity) は，完全カスケードを引き起こすような初期採用者の有限集合が存在するしきい値qの最大値である．この定義を説明するために，二つの単純な例を考えてみよう．第一の例は，図19.15の両側に無限に広がるパスのネットワークである．図の二つの太い円のノードが行動Aの初期採用者であるとする．それ以外のノードは行動Bを採用しているとする．何が起こるであろうか？　しきい値が$q \leq \frac{1}{2}$のときには，ノードのuとvがAにスイッチし，その後にノードのwとxがスイッチする．そして，BからAへのスイッチがパスのすべてのノードに広がっていく．これは容易に確認することができる．すなわち，各ノードに対して，ある時刻が存在して，その時刻でAにスイッチすることを選んで，その後はずっとAをとり続ける．したがって，初期採用者の有限集合から出発して，しきい値$\frac{1}{2}$で完全カスケードが引き起こされていることを眺めたので，この無限パスのネットワークのカスケード容量は少なくとも$\frac{1}{2}$である．実際には，$\frac{1}{2}$が無限パスのネットワークのカスケード容量の正確な値である．しきい値$q > \frac{1}{2}$では，初期採用者の"どんな有限集合"から出発しても，それらの右側でAにスイッチするノードは現れない．したがって，Aはすべてのノードには広がらない．

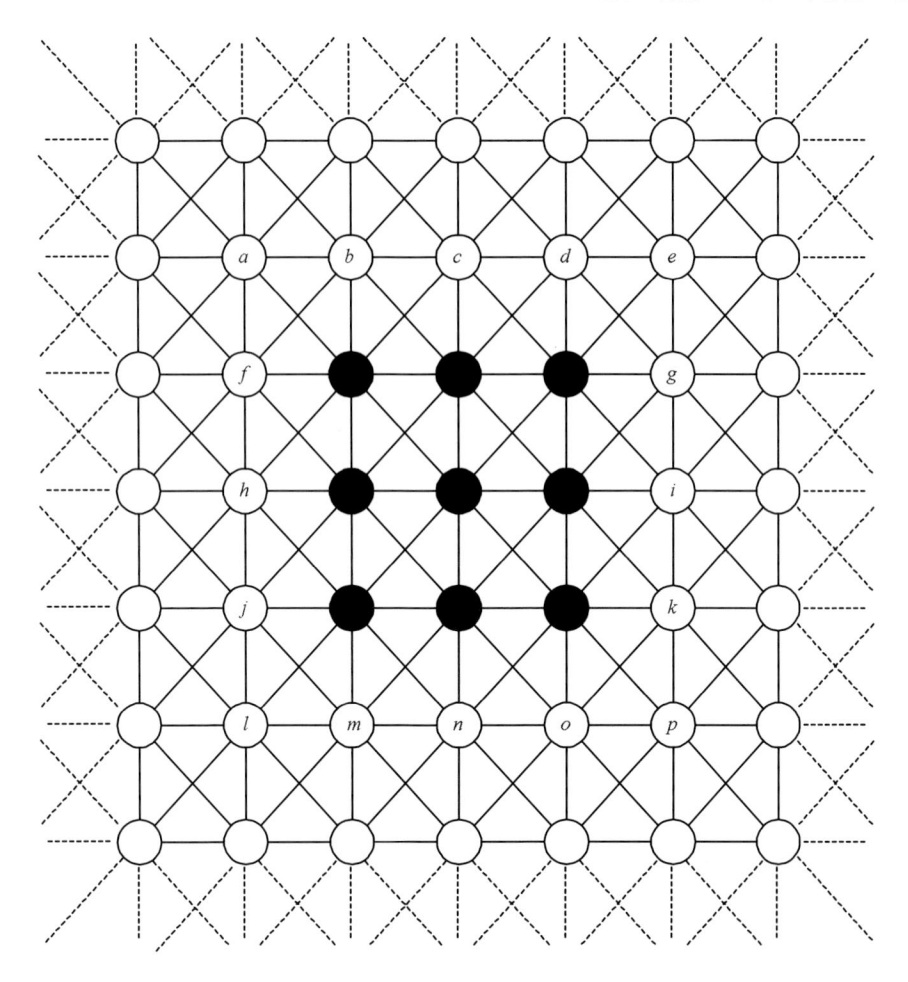

図 19.16 （黒丸で示されている）行動 A の初期採用者のノード集合からなる無限グリッドのネットワーク．

図 19.16 は第二の単純な例であり，各ノードが 8 個の隣接ノードを持つ無限グリッドからなるネットワークである．9 個の黒ノードが行動 A の初期採用者の集合であり，それ以外のノードは行動 B を採用している．しきい値 q が高々 $\frac{3}{8}$ であるときには，黒ノードから外側の隣接ノードに向かって行動 A は徐々に広がっていくことが確認できる．最初ノードの c, h, i, n が行動 A をとるようになり，次にノードの b, d, f, g, j, k, m, o が行動 A をとるようになり，さらにそこから他のノードが A の行動をとるようになり，そしてグリッドのすべてのノードが行動 A をとるようになっていく（より小さい値のしきい値のとき，たとえば，$q \leq \frac{2}{8}$ などのときには，行動 A はより速く広がる）．実際には，$\frac{3}{8}$ がこの無限グリッドのネットワークのカスケード容量であることが確認できる．与えられた初期採用者の有限集合に対して，それを含むグリッドの長方形が存在して，$q > \frac{3}{8}$ のときには，行動 A はこの長方形の外側のノードには広がらない．

カスケード容量はネットワークそれ自身に固有の性質であることに注意しよう．大きなカスケード容量を持つネットワークは，"より容易に"カスケードが起こりやすいネットワークである．すなわち，行動 A の利得がデフォルトの行動 B の利得と比べてさほど有利でなくても，行動 A のカスケードが起こるのである．19.2 節で議論したように，小さ

な初期採用者の集合から最終的に全体の集団にカスケードが起こりうることは，良い技術（$q < \frac{1}{2}$ のときにはA）がより劣るBに取って代わりうることを説明している．この観点から眺めると，図19.16のグリッドは，社会的な最適解を達成できない一つの例と見なせる．グリッドのカスケード容量が $\frac{3}{8}$ であるということは，q が真に $\frac{3}{8}$ と $\frac{1}{2}$ の間にあるときには，ネットワーク構造のもとでBの利用に凝り固まっていて，より良い技術であるAのどのような初期採用者の有限集合から出発しても，最終的に勝利することはできないことを意味する．

次に，ネットワークのカスケード容量はどれほどまで大きくなりうるかという，基本的な問題を取り上げることにする．無限パスは，カスケード容量が $\frac{1}{2}$ になるネットワークが存在することを示している．そこでは，二つの行動のAとBが本質的に対等であっても，（AとBを用いる隣接ノードが同数個であるノードでは，"タイブレーク"でAに優位性があるとすると）新しい行動Aが既存の行動Bに取って代わる．$\frac{1}{2}$ より大きいカスケード容量を持つネットワークは存在するのであろうか？ 存在するとすると，それはかなりの驚きである．なぜなら，そのようなネットワークでは，より劣る技術が小さな初期採用者の集合から出発したとしても，より優れた技術に取って代わりうるからである．

実際には $\frac{1}{2}$ より大きいカスケード容量を持つネットワークは存在しないことを以下で示す．すなわち，基盤となるネットワークの構造にかかわらず，51%の割合の友人が採用するようになって自分も採用し始めるという新しい行動は，集団の全体に広く広がることはないのである．これは直観的にはきわめて自然であるが，その証明はかなり大変と思われる．しきい値が $\frac{1}{2}$ を超えるときには，行動の広がりの範囲が限定できることを示さなければならないからである．

B. カスケード容量はどれほどまで大きくなりうるか？

これから，カスケード容量についての基本的な事実を定式化して，それを証明する．

　　主張：カスケード容量が $\frac{1}{2}$ を超えるネットワークは存在しない．

この主張は上で述べたように自然であるが，なぜ正しいのかは明らかではない．実際，巧妙に構成されたネットワークで，適切に初期採用者の集合を設定すれば，各ノードが51%以上の隣接ノードが新しい行動を採用するようになって初めて採用し始めることにしても，カスケードが確実に広がり，最終的にすべてのノードが新しい行動を採用するようになるのではないかとも思えるからである．したがって，実際に示したいことは，$q > \frac{1}{2}$ ならば，対象となるネットワークがどのような構造をしていても，初期採用者の有限集合から出発するカスケードは全体のノードには広がらない，ということである．

インターフェースの解析 この問題には，Aの採用者とBの採用者とを辺で結ぶ"インターフェース"を追跡しながらアプローチする．したがって，ハイレベルの説明では，以下のとおりである．プロセスが進むにつれて，このインターフェースはだんだん狭くなっていくので，最終的にはプロセスが終了し，したがって，すべてのノードには広がらないことを示す．

19.7 発展：カスケード容量 563

(a)   (b)

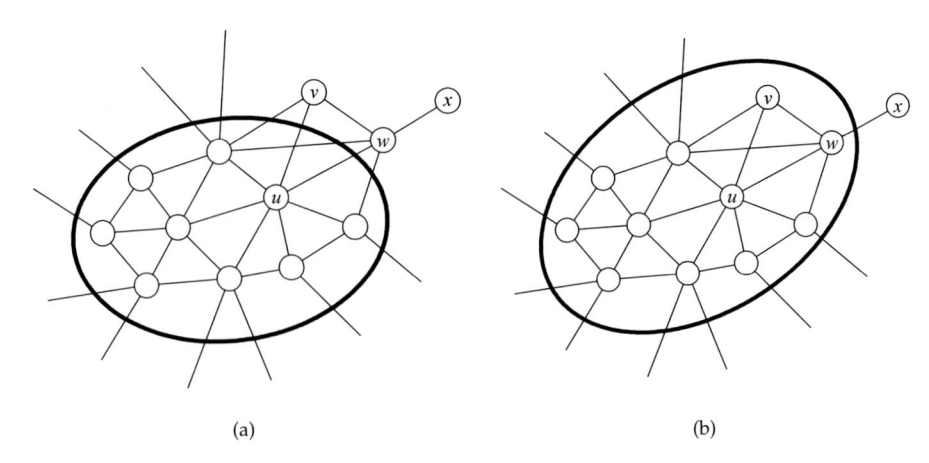

図 19.17 Aの採用者のノードすべて，そしてそれのみが太い楕円内に来るように図示する．(a) プロセスにおいて，ノードの v と w が A を採用する一つ前のステップでの状況．(b) プロセスにおいて，ノードの v と w が A を採用した直後のステップでの状況．インターフェースのサイズは真に減少している．一般に，$q > \frac{1}{2}$ のときには，インターフェースのサイズはプロセスの各ステップで真に減少する．

　より正確には，以下のとおりである．初期採用者の有限集合 S から出発して，しきい値 $q > \frac{1}{2}$ で行動 A が広がるとする．時刻が前方に $t = 1, 2, 3, \ldots$ というステップで進行するに従い，A を採用するノードの集合は潜在的に大きくなっていく．与えられた時刻において，各辺は，両方とも A の行動の採用者である二つのノードを結ぶ A-A 辺であるか，両方とも B の行動の採用者である二つのノードを結ぶ B-B 辺であるか，一方が A の行動の採用者で他方が B の行動の採用者である二つのノードを結ぶ A-B 辺であるかのいずれかである．ここで，A-B 辺のすべての集合を**インターフェース** (interface) と定義する．図 19.17 は，インターフェースを図示する一つの有用な方法を示している．すなわち，A の採用者の集合を太い楕円内のノードからなるように図示すると，インターフェースの辺は，この楕円を交差する辺に一致する．

　これから示そうとしていることは，どのステップでも，インターフェースのサイズ（インターフェースに含まれる辺の本数）が真に減少するということである．以下の理由により，これさえ示せれば十分である．最初インターフェースのサイズはある整数 I_0 である．初期採用者の有限集合 S の各ノードは有限個の隣接ノードしか持たないので，A-B 辺の集合は有限で，ある整数のサイズ I_0 を持つことになるからである．さらに，インターフェースのサイズは，プロセスの進行中は常に正の整数であるので，どのステップでも真に減少するとすると，A の広がりは高々 I_0 ステップ後には終了することになる．また，プロセスの各ステップで，有限個のノードが A の採用に移るだけであるので，プロセスが終了した時点で，A を採用しているノードは有限個となる．（したがって，必要となること以上の結論を得ることができることになる．すなわち，S から出発して，A は全体に広がることがないばかりでなく，有限個の集合にしか広がらないことが言えるのである．）

インターフェースのサイズはどのステップでも減少する　したがって，証明の核心は，プロセスのどのステップでも，インターフェースのサイズが真に減少することを示すこと

になる．プロセスの1ステップでどのようなことが起こるのであろうか？ 図 19.17 はこの質問に答える一つの方法を示している．そのステップの開始時に，現在 B を採用している各ノードは，自分の隣接ノードのうちの q 以上の割合のノードが初めて新しく A を採用するようになっているときには，そのステップで，A を採用するようにスイッチする．

これにより，インターフェースは以下のように変化することになる．ノード w が B から A にスイッチすると，B をとり続けている w の隣接ノードとの辺は B-B 辺から A-B 辺に変わり，この辺はインターフェースに新しく入ることになる（図 19.17 の例では，w と x を結ぶ辺がこれに対応する）．一方，すでに A を採用している w の隣接ノードとの辺は A-B 辺から A-A 辺に変わり，この辺はインターフェースから除去されることになる（図 19.17 の例では，u と w を結ぶ辺がこれに対応する）．このステップで，インターフェースに新しく入る辺，あるいはインターフェースから除去される辺は，いずれも，正確に一つのノードが B から A にスイッチすることに対応させて数えることができる．

したがって，インターフェースのサイズの変化の解析においては，新しく A にスイッチする各ノードに対応して，個別に変化を考慮して数えればよいことになる．そこで，ノード w がスイッチするとする．そのステップでスイッチする前は，a 本の辺がすでに A を採用しているノードと結ばれていて，そのステップのスイッチ後，b 本の辺が依然として B を採用しているノードと結ばれているとする．すると，ノード w のスイッチにより，インターフェースに新しく b 本が入り，インターフェースから a 本が除去される．しかし，$q > \frac{1}{2}$ であり，ノード w がこのステップで A にスイッチしているので，このステップの開始時に，w の隣接ノードでは，A の採用者のほうが B の採用者より多いことになる．したがって，$a > b$ となるので，w に接続する辺のうちでは，このステップでインターフェースから除去される辺のほうが，新しく入れられる辺より多いことになる．これはこのステップでスイッチするどのノードでも成立するので，インターフェースのサイズは真に小さくなることが得られた．

これが示したかったことである．前の議論に戻ると，インターフェースは最初 I_0 のサイズで出発しているので，プロセスの終了までには，高々 I_0 のステップしかないことになり，すべてのノードへは到達できないことになる．

いくつかの最終考察 $q > \frac{1}{2}$ のときには，すべてのネットワークにおいて，どのような有限個の初期採用のノード集合から出発しても，完全カスケードは生じないことを示した．技術の A と B の間でどちらを採用するかというこれまで用いてきたストーリーでは，$q > \frac{1}{2}$ の状況は，直観的には，新技術 A が実際にはより悪いことに対応する．すなわち，A-A 作用の利得は，B-B 作用の利得より小さくて，友人の中に A を採用している人が過半数であるときに初めて，自分も A を採用することになるというものである．したがって，少なくともここで研究している単純なモデルでは，より悪い技術は，すでに広く用いられているより良い技術に取って代わることはない（しかしながら，ネットワーク効果の先の議論との関連を考慮すると，カスケード容量が $\frac{1}{2}$ より真に小さいネットワークでも，より良い技術が，広く用いられているより悪い技術に取って代わればないこともある）．

$q > \frac{1}{2}$ のときに，A はすべてのノードに広がらないという議論も興味深いと思われる．ここで用いた議論は，マッチングマーケットでの議論と（詳細な部分は完全に異なるもの

の）方法論的にはきわめて似ている．そこでも，価格を更新する二部グラフのオークションの手続きでのプロセスがあり，そのプロセスが終了することを示すことが必要であった．プロセスの進捗状況を測定する自明な測定器がなかったので，そこでは非自明な測定器を考案した．すなわち，一種の"位置エネルギー"に対応する測定器であり，プロセスが進行するにつれて位置エネルギーが真に減少し，最終的にすべて使い切ってプロセスが終了することを示したのである．振り返ってみると，ここでもきわめて似た戦略を用いたと言える．インターフェースのサイズが位置エネルギーに対応し，プロセスが終了するまで確実に減少するのである．

C. 共存性とカスケードにおけるその役割

本章では，二つの可能な戦略からなる基本的にきわめて単純な協調ゲームから出発し，潜在的に複雑なネットワークの辺を介してゲームがどのように展開するかの解析を通して，多くのことを獲得した．このゲームを拡張して一般化する方法は多数あるが，それらの多くは，そのまま現在進行中の研究や未解決問題につながっている．基盤となるゲームをわずかに拡張するだけでも，新しい複雑性が生じることを説明するために，ここでは以下の拡張版を議論する．すなわち，各個人が二つの行動の組合せを選択することもできるゲームである [225]．

これの意味するところを説明するために，図 19.5 の例で最終的に行動の A と B がネットワークで共存することになる 19.2 節の最後の議論に戻ろう．共存性の存在する結果であるが，A と B の境界に沿ってどのようなことが起こっているかは興味深い．たとえば，A と B を二つの国の国境付近で用いられている二つの言語と考えることもできる．あるいは，A と B を，それぞれ大学生向けと高校生向けのソーシャルネットワークサイトと考えることもできる．これまでのモデルでは，たとえば，図 19.5 のノードの 8 から 14 のように，ネットワークの A と B のインターフェース（境界）付近にいる任意のノードは，同一の行動をとる隣接ノードから正の利得を受け取るが，異なる行動をとる隣接ノードとの相互作用で受け取る利得はゼロであった．

経験からわかるように，実際にそのような状況に置かれた人々は，単独の A でも B でもなく，A と B の両方を採用して **2 言語** (bilingual) になることがしばしばある．あるケースでは 2 言語利用が実際に観察されている．たとえば，フランス語とドイツ語の両方を話す人の近くに住む人は，かなりが両方の言語を話す．技術版の 2 言語利用もふんだんに見られる．互換性のない二つのインスタントメッセージシステムや，二つの異なるソーシャルネットワークサイトに友人を持つ人々は，両方のアカウントを持つことがよく見られる．コンピューターの二つの異なるオペレーティングシステムを取り扱うことが要求される人々は，両方を使いこなせることが多く見られる．これらの例に共通する特徴は，複数の種類の人々との相互作用をより円滑にすることと，両方の行動形式に対応するために必要な知識の獲得と維持のコスト（すなわち，さらなる言語の修得や，二つの異なる版の維持などにかかるコスト）とのトレードオフを考えながら，利用可能な両方の行動に対応できる形式を採用していることである．この 2 言語利用を選択肢に加えると，ネットワークの行動の広がりにどのような効果が生じるであろうか？

2言語の選択肢のモデル化　ノードが2言語を選べる可能性をモデルに組み込むことは，困難ではない．各辺の両端のノードの v と w ではこれまでと同様にゲームが行われるが，利用可能な戦略は A, B, AB の3個になる．戦略の A と B はこれまでと同一で，戦略 AB は両方の行動を採用する決断を表現する．利得はこれまで議論した直観から自然に得られる．二つのノードでの相互作用は，両方に同時に利用可能な行動で行われる．ともに A を用いて相互作用すると，利得はともに a であり，ともに B を用いて相互作用すると，利得はともに b である．すなわち，二つの2言語ノード間では，より利得の高い戦略を用いて相互作用が行われる．2言語ノードと単言語ノード間の相互作用は，単言語の戦略を用いて行われる．二つの単言語ノード間では，ともに同じ単言語を用いているときにのみ相互作用が生じる．したがって，このゲームの利得行列は図19.18のように書ける．なお，a と b の大きいほうの値を $\max\{a,b\}$ と表記している．

		w		
		A	B	AB
	A	a,a	$0,0$	a,a
v	B	$0,0$	b,b	b,b
	AB	a,a	b,b	$\max\{a,b\},\max\{a,b\}$

図19.18　2言語の選択肢を持つ協調ゲーム．なお，$\max\{a,b\}$ は a と b の大きいほうの値である．

このゲームにおいて，AB が支配戦略であることは容易にわかる．両方の世界で最善であるときに，2言語でないというほうが良いことはあろうか？しかしながら，上で議論したトレードオフをモデル化するためには，2言語利用にはコストがかかることを組み込まなければならない．コストの意味は状況によって変わりうるが，一般には，二つの異なる行動を維持するためのさらなる努力や資源の消費に対応する．したがって，各ノード v は，v の各隣接ノードとこの3戦略2言語協調ゲーム（以下では，コピーゲームと呼ぶことにする）を行うと仮定する．本章の前のモデルと同様に，v は隣接ノードとの各コピーゲームでは，同一の戦略を用いることになる．そのときの v の利得は，各隣接ノードとのゲームから得られる利得の和となるが，v が戦略 AB を選択するときのみ，その和から2言語のコストである c を引く．このコストこそが，AB を選びたい気持ちを抑えるように働かせるものであり，したがって，トレードオフのバランスをとるものである．

モデルの残りの部分はこれまでどおりである．無限ネットワークのすべてのノードがデフォルトの行動 B で出発し，（戦略に無関係の理由で）行動 A の初期採用者の有限集合 S が与えられる．そして，時刻は離散ステップで $t = 1, 2, 3, \ldots$ と前方に進んでいく．これらの各ステップで，S に含まれるノード以外の各ノードは，一つ前のステップでの隣接ノードの行動に対して，利得が最大になる戦略を選ぶ．時刻が進むにつれて，ノードはどのような戦略をとるであろうか？最終的に A あるいは AB の行動をとり続けるのは，どのようなノードであろうか？

19.7 発展：カスケード容量　567

例題　モデルのイメージがつかめるようにするために，図 19.19 の無限パスのネットワークで考えてみよう．ノードの r と s が行動 A の初期採用者であるとする．さらに，利得の定義で用いられている a, b, c の値は $a = 2$, $b = 3$, $c = 1$ であるとする．

$$\cdots\!-\!\!(z)\!-\!\!(x)\!-\!\!(v)\!-\!\!(r)\!-\!\!(s)\!-\!\!(u)\!-\!\!(w)\!-\!\!(y)\!-\!\cdots$$

図 19.19　ノードの r と s が A の初期採用者である無限パスのネットワーク．

時間の進行とともに，ノードの行動は以下のようになる．$t = 1$ の時刻ステップでは，興味深い決断をするのは，ノードの u と v のみである．それ以外のノードは，（A の行動しかとれないように運命付けられている）初期採用者であるか，あるいは，隣接ノードがすべて B の行動をとっているノードであるからである．u と v が直面している決断は対称的である．それらのいずれも，戦略 AB をとることで利得が最大になるので，その戦略を選択することが確認できる．すなわち，戦略 AB をとることにより，両方の隣接ノードと相互作用ができるが，2 言語のコストの 1 を支払わなければならないので，利得は $2 + 3 - 1 = 4$ となるからである．$t = 2$ の時刻ステップでは，ノードの w と x も（そしてそれらのみが）新しい決断を迫られる．それぞれ，隣接ノードの一つが AB の戦略をとっていて，一つ前のステップでとっていた戦略 B から変わっているからである．しかし，これらのいずれに対しても B が利得の最大になる戦略であることが確かめられるので，そのままの行動をとることになる．これ以降は，将来のいずれのステップでも，どのノードも決断を変えることはなくなる．したがって，これらの値による利得では，新しい行動 A はそれほど広く普及しない．単に，初期採用者の隣接ノードのみが 2 言語に変わるだけで，変化のプロセスはそこで終了してしまう．

このネットワークで利得のみを変えてさらに考えてみよう．そこで，行動 A の利得が格段に高くなるようにしてみる．すなわち，$a = 5$ とし，ほかはそのままで，$b = 3$, $c = 1$ とする．このケースで起こることは，図 19.20 に示しているように，かなり複雑になる．（対称性から，以下の議論では初期採用者の右側で起こることのみを取り上げる．初期採用者の左側で起こることは，完全に対称的である．）

- $t = 1$ の時刻ステップでは，ノード u は AB にスイッチする．そうすることにより，$5 + 3 - 1 = 7$ の利得を受け取れるからである．その結果，$t = 2$ の時刻ステップでは，ノード w も AB にスイッチする．

- $t = 3$ の時刻ステップ以降では，戦略 AB が 1 ステップで 1 個右側のノードに進んでいく．しかし，さらなることが第 3 ステップから起こる．ノード w が第 2 ステップで AB にスイッチしたので，第 3 ステップでノード u は新しい決断を迫られる．u は，A を用いている隣接ノードと AB を用いている隣接ノードを持っている．したがって，この時点で，u の最善の選択は，AB から A にスイッチすることになる．本質的には，すべての隣接ノードと利得の高い単言語（ここでは A）で相互作用できるならば，2 言語でいる必要性はまったくなくなるからである．

- 第 4 ステップで，ノード w も AB から A にスイッチする．そして，より一般には，各

```
         ····─( z )─( x )─( v )─(( r ))─(( s ))─( u )─( w )─( y )─····

開始時       B    B    B    A    A    B    B    B

ステップ1    B    B    AB   A    A    AB   B    B

ステップ2    B    AB   AB   A    A    AB   AB   B

ステップ3    AB   AB   A    A    A    A    AB   AB

ステップ4    AB   A    A    A    A    A    A    AB
```

図 19.20　AとBを用いる相互作用の利得は，$a=5$ と $b=3$ であり，2言語のコストは $c=1$ であるとする．すると，戦略Aの初期採用者の r と s から2フェーズの構造を通して，戦略Aが外側に広がっていく．すなわち，最初に戦略ABがノードに広がり，少し遅れて，ノードはABからAへの永久スイッチを行う．

ノードは戦略ABを採用した2ステップ後に戦略Aを採用することとなり，より右のノードに向かってAが広がっていく．これ以外の戦略の変化は生じない．したがって，各ノードは最初に（Bから）ABにスイッチして（2言語の波が走って），その後2ステップ遅れて（より利得の高い単言語の選択肢である）Aに永久にスイッチする．

この版で起こっていることは，以下のように眺めることもできる．ABがノードを通過するに伴い，Bは**退化**(vestigial) して，それ以降用いられなくなる．したがって，ノードはBを完全に捨ててしまうので，最終的には，（ABでいることも必要でなくなり）Aのみが生存することになる．

カスケード容量の2次元版　本章の前の部分で，二つの戦略のAとBに基づく協調ゲームの基本的なモデルを使って，以下の問題を定式化した．すなわち，「無限グラフが与えられて，利得の二つの値 a と b に対して，有限集合から出発して行動Aを採用する完全カスケードが生じるのは，a, b がどのような値のときか？」という問題を提起した．このように述べると，問題は二つの数 a と b に依存するように思えるが，前にも眺めたように，実際には $q = b/(a+b)$ という一つの数にのみ依存する．

戦略ABを含むモデルでも，同様の問題を考えることができる．すなわち，「無限グラフが与えられて，利得の三つの値 a, b, c に対して，有限集合から出発して行動Aを採用する完全カスケードが生じるのは，a, b, c がどのような値のときか？」前の問題のときと同様に，この問題においても一つの数は簡単に消去できる．最も簡単な方法は，a, b, c のそれぞれに同じ定数を掛けても，問題の答えは同一になることに注意することである（たとえば，a, b, c のそれぞれを100倍し，利得をドルで考える代わりに，セントで考えても同じことである）．したがって，b を"基本通貨単位"と考えて，$b=1$ と仮定することもできる．すると，「a と c に依存して，完全カスケードが起こるのはどのようなときか？」という問題になる．b の値を1に固定することにした直観的な理由は，デフォルトの行動がBであるので，他の行動との比較も容易になると思われるからである．すなわち，このようにす

ると，「完全カスケードが起こるためには，新しい行動Aはどれだけ良い（それが利得の a である）ことが必要か，あるいは，どれほどの共存性（それは c にも反映される）が要求されるか？」という問題となる．

この問題は，最近一般のグラフで研究されてきていて[225]，このモデルから興味深い定性的な結論が導き出されている．すなわち，戦略Aが優れていてより高い利得であることは必要である（もちろんこれは当然である）が，一般に，共存性のレベルが"中程度"であるときには，すなわち，c の値が大きすぎも小さすぎもしないときには，カスケードはきわめて困難になるという結果が得られている．この現象の一般的な解析を記述する代わりに，無限パスでそのことがどのように起こるかを示すことにする．そこでは，解析は格段に単純になるばかりでなく，主たる効果も明らかになる．その後に，この効果の可能な解釈もいくつか議論する．

無限パスで完全カスケードが起こるのはどんなときか？ 無限グラフは極端に単純なグラフであり，本節の前の部分で，AとBの二つの戦略のモデルで，完全カスケードが起こるためのAの条件はきわめて単純であることを眺めた．すなわち，Aの完全カスケードが起こるのは，しきい値 q が高々 $\frac{1}{2}$ である（これは $a \geq b$ と等価である）とき，そしてそのときのみである．言い換えると，より良い技術は，パス上で常に広がるということになる．

しかし，戦略ABが選択肢に加わると，状況はかなり複雑になる．初期採用者の有限集合からAの完全カスケードが起こるかどうかを対象としているので，この初期採用者の有限集合は，パス上のノードの連続区間を形成していると仮定することができる．（実際，そうでないときには，初期採用者の有限集合のうちで，最も左側のノードと最も右側のノードを持ってきて，この間にあるノードは，すべて初期採用者であると考えることができる．このようにしても，得られる初期採用者の集合は有限であり，完全カスケードが起こる可能性は一致するからである．）したがって，ノードでの戦略の変更は，初期採用者の有限集合から左の方向と右の方向に，対称的に外側に向かって広がっていくことになるので，隣接ノードで変更が生じた時点で，自分のノードでの戦略を評価して，可能な決断をすればよいことになる．対称性から，初期採用者の集合の右側における戦略の変更についてだけ考えていく．左側で起こることは完全に同一である．

これからの解析にきわめて役立つ，ノードレベルでの2種類の決断が存在する．

- 第一に，左の隣接ノードがAを用いて，右の隣接ノードがBを用いている，図19.21のようなノード w について考えることである（たとえば，これは，最も右側の初期採用者のノードを左側の隣接ノードとするノードでカスケードの第1ステップで起こる）．この図の状況では，ノード w が受け取れる利得は，Aを選択すると（左側の隣接ノードと相互作用することができるので）a であり，Bを選択すると（右側の隣接ノードと相互作用することができるので）1であり，ABを選択すると（両側の隣接ノードと相互作用することができ，2言語のコスト c を支払うので）$a+1-c$ である．

  ノード w は最大の利得を持つ戦略を選択する．最大の利得を持つ戦略は，a と c（および $b=1$）との関係で決定される．したがって，ノード w は，a と c がどんな値のときにAを選択し，どんな値のときにBを選択し，どんな値のときにABを選択する

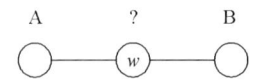

570　第19章　ネットワークにおけるカスケード行動

```
        A        ?        B
       ( )──────(w)──────( )
```

Aを選択するときの利得：a
Bを選択するときの利得：1
ABを選択するときの利得：$a+1-c$

図 19.21　無限パス上でAとBを用いる二つの隣接ノードを持つノードの利得．

(a)

(b)

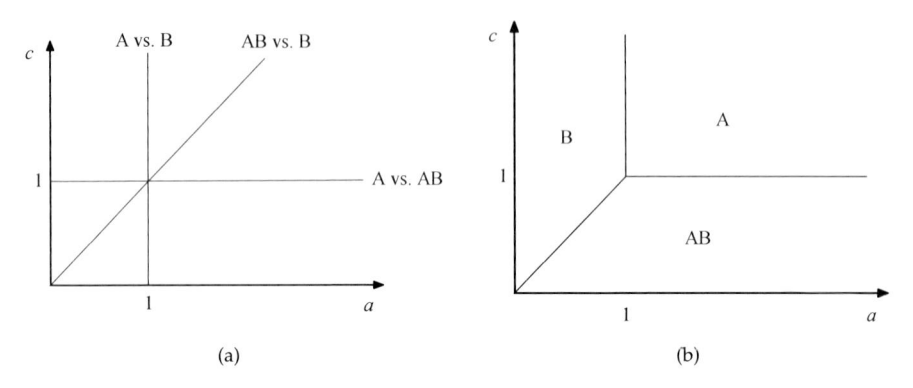

図 19.22　戦略のAとBを用いる二つの隣接ノードを持つノードは，aとcの値から，戦略A, B, ABのいずれを選択するかを決定する（ここでは，スケール変換して$b=1$を仮定している）．(a,c)平面を異なる選択に対応する領域に分割して，aとcの関数として戦略の選択を表現することができる．(a) 直線は戦略間の利得が等しくなる引き分けを表している．(b) 最善の戦略を定義する領域．

か？ということである．この問題に対しては，aの値をx座標，cの値をy座標と考えて，図 19.22(a) に示しているように，aとc（および$b=1$）との関係を(a,c)平面にグラフとして表現することで，簡単に答えることができる．たとえば，戦略のABとBの二つの利得が等しくなる引き分けの線は，$a+1-c=1$，すなわち，$a-c=0$のグラフ（直線の方程式）で与えられる．これは，図における対角線である．同様に，戦略のAとBの二つの利得が等しくなる引き分けの線は$a=1$のグラフであり，戦略のAとABの二つの利得が等しくなる引き分けの線は，$a=a+1-c$，すなわち，$c=1$のグラフである．

これらの3本の直線は点$(1,1)$で交差している．したがって，(a,c)平面は6個の領域に分割される．図 19.22(b) に示しているように，これらの領域のうちで，二つの領域でAが最善の戦略となり，二つの領域でBが最善の戦略となり，二つの領域でABが最善の戦略となる．

- ABが広がり出すときには，図 19.23 に示している状況も考慮しなければならない．すなわち，左側の隣接ノードがABを用いていて，右側の隣接ノードがBを用いているようなノードを考慮しなければならない．

　ここで，$a<1$であるときには，コストの値cがどのような値でも（その値が正である限りは），ノードwの利得が最大となる戦略はBとなる．したがって，以下では，より興味深い$a \geq 1$のケースを考えることにする．これは，wの左側の隣接ノードがAを用いていて，右側の隣接ノードがBを用いている前のケースときわめて似ている．

```
       AB        ?        B
        ○────────○────────○
                 w
```
Aを選択するときの利得：a
Bを選択するときの利得：2
ABを選択するときの利得：$a+1-c$
　（AがBより良いとき）

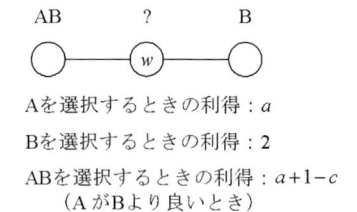

図19.23 無限パス上でABとBを用いる二つの隣接ノードを持つノードの利得．

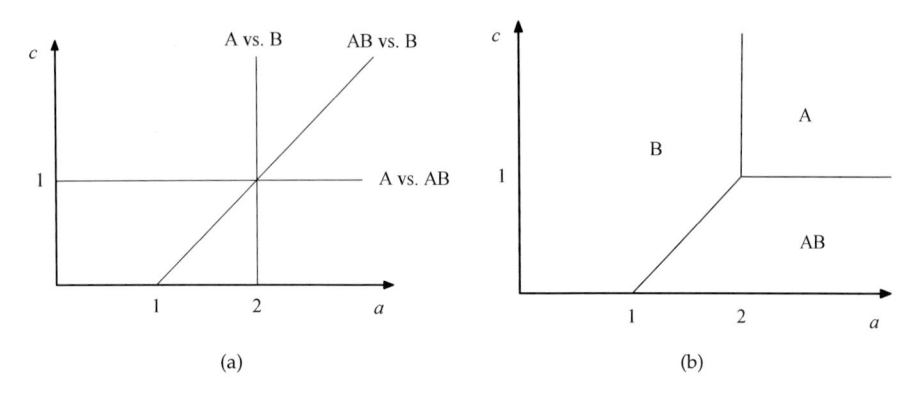

(a)　(b)

図19.24 戦略のABとBを用いる二つの隣接ノードを持つノードは，aとcの値から，戦略A, B, ABのいずれを選択するかを決定する．したがって，(a,c)平面を異なる選択に対応する領域に分割して，aとcの関数として戦略の選択を表現することができる．(a) 直線は戦略間の利得が等しくなる引き分けを表している．(b) 最善の戦略を定義する領域．

wがBを用いるときに利得が2に上昇する点だけが前と異なる．このケースでは，wはBを用いて（片側の隣接ノードのみではなく）両側の隣接ノードと相互作用をすることができるからである．

その結果として，戦略Bと他の二つの戦略との利得が等しくなる引き分けを定義する(a,c)平面上の直線は，1だけ右に移動する（すなわち，$a=2$と$a+1-c=2$の直線となる）．これにより，wの選択すべき戦略を定義する(a,c)平面上の三つの領域も，図19.24に示しているように，移動することになる．

Aのカスケードが起こりうるaとcの値を決定するところまで来たことになる．Aの初期採用者の集合の連続する区間から出発するので，最初に，最も右側の初期採用者の右隣のノードuを考える（繰り返しになるが，これからの議論は，対称性から，最も左側の初期採用者の左隣のノードにもまったく同様に当てはまる）．

- 図19.22(b)のB領域にいるときには，ノードuは戦略Bを優先するので，Bの戦略をそのままとり続けることになり，新しい戦略Aはこれ以上広がらない．
- 図19.22(b)のA領域にいるときには，ノードuは戦略Aを優先するので，Aにスイッチすることになる．したがって，次のステップでも，1個右のノードにシフトするだけで完全に同一の状況となり，その結果として，新しい戦略Aはパス全体に広がっていくことになる．すなわち，カスケードが起こる．
- 最も興味深いのは，図19.22(b)のAB領域にいるときである．このときにも，ノードu

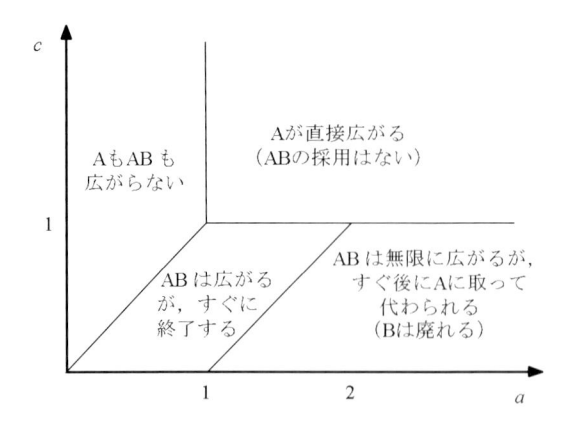

図 19.25 無限パス上での A の広がりは，(a, c) 平面の四つの領域で示されているように，成功と失敗の四つの可能な結果が存在する．

は戦略 AB を優先するので，AB にスイッチすることになる．しかし，このときには，次のステップの状況は複数考えられる．すなわち，u の右側のノード w は，重大な決断を迫られるのである．w の左側の隣接ノード u は AB を用いていて，w の右側の隣接ノードは B を用いているからである．

a と c の値に基づいて w がどのように行動するかを理解するために，図 19.24(b) の領域を参照しよう．ここで重要な点は以下のとおりである．第 1 ステップで，AB が最善の戦略であったことは知っているので，a と c の値は，図 19.22(b) の AB 領域にある．したがって，図 19.24(b) を考える上では，全体の (a, c) 平面でその領域がどのようになっているかを問題にするのではなく，図 19.22(b) の AB 領域内で，どのようになっているかを問題にしなければならない．

実際には，図 19.22(b) の AB 領域の境界の対角線の部分が，図 19.25 に示しているように，点 $(1, 0)$ と点 $(2, 1)$ を結ぶ直線分へと移動することになる．この対角線の左側では，B が勝利し，カスケードは終了する．この対角線の右側では，AB が勝利し，AB は右側に向かって広がっていくが，AB 波の通過後（w の右側のノードも AB を採用すると）すぐに B は廃れて，w は A のみを採用するようになる．これは，2 言語世界では B は過去の遺物になって生き残ることはできないという，前の例で眺めたシナリオと同じである．

図 19.25 は，(a, c) 平面上の点で表現されている a と c の値に基づいて，カスケードの結果には，以下の (i)〜(iv) の四つの可能性が存在することを示している．すなわち，(i) 初期採用者以外のノードでは B が優先される．(ii) A が AB の援助なしに直接的に広がる．(iii) 最初のステップで，初期採用者集合から右側の 1 個のノードにだけ AB が広がるが，その後は，それ以外のノードではそのまま B が優先される．(iv) AB が右側に無限に広がるが，AB を採用したノードは（2 ステップ後に）A にスイッチする．

したがって，点 (a, c)（a と c の値の対）が (ii) と (iv) の結果の領域のいずれかにあるときに，A のカスケードは起こる．すなわち，カスケードが起こる (a, c) 平面の部分は，図 19.26 に示しているような形になる．それは，垂直線 $a = 1$ の右側にあり，奇妙な三角形の"切り抜き"を持っている．垂直線の右にある理由はよく理解できる．それは，$a \geq 1$，す

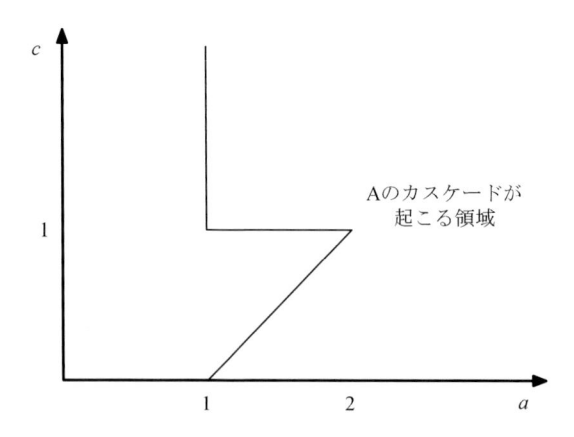

19.7 発展：カスケード容量　573

図 19.26 A のカスケードが起こる a と c の値の対の点 (a,c) の集合は，(a,c) 平面の領域を定義し，その境界は垂直線と三角形の切り抜きからなる．

なわち，B を用いる相互作用よりも，A を用いる相互作用のほうが利得が高くなることに対応しているからである．しかし，三角形の切り抜きは何を意味するのであろうか？ 形式的には，それは，2 言語利用のコストが極端に高くも低くもないときに，新しい戦略 A が"格段に良い"ことを要求していると言える．すなわち，新しい戦略 A が広がるためには，A が 1 よりも十分に高い利得 a をもたらすことが必要である．また，より複雑なグラフについてはここでは議論しないが，任意のグラフで A のカスケードが起こる (a,c) 平面の領域も，三角形の切り抜きのようなある種の切り抜き形状を持つことがわかっている（もちろん，この形状はグラフの構造に依存する）[225]．

　この三角形の切り抜きに対しては，定性的に自然な解釈ができる．この解釈から，ネットワークにおける広がりのプロセスに共存性と 2 言語利用がどのように影響しているかについて，潜在的な洞察が得られる．この解釈について，以下で議論しよう．

カスケード領域の解釈　三角形の切り抜きの領域で何が起こっているかを理解するためには，技術の採用の言葉で，以下の問いを考えてみるのが一つの方法であろう．デフォルトの技術 B を製造している企業を経営しているとする．B の製造で 1 の利得が得られるとする．そこに，利得 $a = 1.5$ の新しい技術 A が出現したとする．このとき，2 言語利用のコスト c の値がいくつなら，B は生き延びられると考えられるか？

　具体的な計算をしなくても，以下のような推論ができると思われる．両方の技術を同時に利用することが極端にやさしいときには，AB の採用が急速に広まり，それが十分に広まると，A のほうがより良くて，さらに A を用いての相互作用も円滑になるので，人々は B を利用しなくなっていく．本質的には，A は，B との共存を経由することで集団への"浸透"作用を十分に達成できて，最終的に勝利すると言える．一方，両方の技術を同時に利用することが極端に困難なときには，二つの技術のユーザー集団の境界にいる人々は，両方の技術を用いている友人がそれぞれいる中で，どちらかの技術を用いるかを決断しなければならない．そして，このケースでは，A のほうが実際により良いので，結局は A を選択すると期待できる．したがって，このケースでも，一種の"直接対決"を通して勝利し，B は時間とともに姿を消していく．

しかし，その中間のとき，すなわち，両方の技術を同時に利用することが，極端にやさしいわけでも極端に困難なわけでもないときには，Bにかなり都合の良いことが起こりうる．具体的には，Aのみを用いる人とBのみを用いる人との間に，2言語の"緩衝地帯"が形成されうる．この緩衝地帯のB側では，以下に述べる理由から，現在の行動を変えたい気持ちが誰にも湧かないと思われる．すなわち，Bのみを用いてすべての隣人と（2言語の人ともBのみを用いる人とも）相互作用を行うことができるので，より良い技術のAにスイッチしてごく一部の隣人とのみ相互作用を行うことは望まないと考えられる．言い換えると，より劣る技術であるBは，Aとそれほど共存性があるわけでも，ないわけでもないので，部分的にAと共存性があることにより，Aが遠くまで広がることを防げて，生き延びられるのである[2]．

このストーリーは，技術的でない設定でも通用する．たとえば，地理的に隣り合う町での継承問題で，伝統的な言語Bから，現在よりも利益をもたらすよりグローバルな言語Aにスイッチするか，あるいは，両方とも用いて2言語にするか，という議論も挙げられる．関連して，より伝統的な文化的習慣Bが，より現代的な文化的習慣Aに直面したときに生き残れるかどうかは，両方の習慣にどれだけ容易に従うことができるかにかかっている．

もちろん，本章で議論したモデルはきわめて単純である．一方，これらのシナリオにおけるストーリーの全体像には，ほかにも多くの要素が含まれる．たとえば，競合企業間の技術競争に対する研究においては，共存性と共存不可能性が果たす役割についての長い歴史に基づく研究成果が存在する [143, 235, 415]．そこには，インスタントメッセージ [158] や電子的イメージング [283] などの技術のケーススタディも含まれている．しかし，これまで眺めてきた多くの解析と同様に，モデルの単純性は，より複雑なモデル設定で起こる原理に対する洞察を得ることにも役立っている．このように特別なケースであるものの，本章のモデルは，それ以前には個人が集団に集約されて相互作用すると捉えて，準備的な集団レベルでの解析しかなされていなかったモデル設定に対しても，ネットワークの詳細な構造がそこでどのような役割を果たせるかについても示している．

最後に，本章で与えた議論は，単純な協調ゲームに基づく基本的な拡散（広がり）のモデルが，拡散が実際に起こっている状況でのさらなる特徴を組み込むように拡張できることも示している．ここで取り上げたごくわずかな拡張でも，格段に複雑になる新しい要因が導入される．そして，さらに豊富な拡張版の展開は，研究の新分野を形成している．

19.8　演習問題

1. 新しい行動がソーシャルネットワークに広がっていく本章のモデルを考える．図19.27のネットワークを考える．各ノードは行動Bから出発し，行動Aにスイッチす

---

[2] 無限パス上では，2言語の緩衝地帯はきわめて単純で1個分のノードの厚みしか持たない．しかし，一般のグラフでは，緩衝地帯はより複雑な構造を持ちうる．実際，19.3節で示した，二つの戦略のモデルでカスケードの唯一の障害となるのがクラスターであるという結果に類似する結果を，証明することができる．2言語の選択肢であるABも伴う，より一般の結果では，クラスターとそれに付随する2言語の緩衝地帯からなる構造が，Aのカスケードに対する唯一の障害である [225]．

るしきい値は $q = \frac{1}{2}$ であるとする.
- (a) ここで，2個のノード e と f が行動 A の初期採用者の集合 S を形成しているとする．他のノードはすべてしきい値ルールに基づいて行動を選ぶとき，最終的に A にスイッチするノードはどれか？
- (b) S からしきい値 q で出発するとして，グラフの S の外側の部分で，行動 A がすべてのノードに広がることをブロックする $1 - q = \frac{1}{2}$ より大きい密度のクラスターを求めよ．

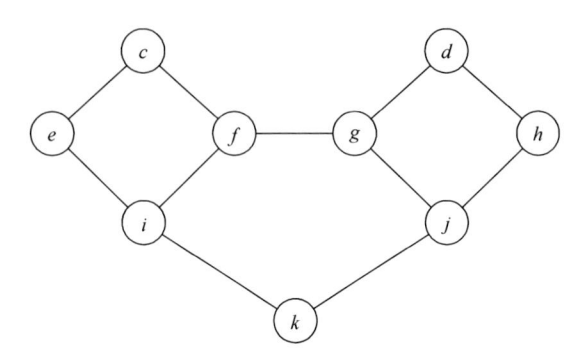

図 19.27　演習問題 1 の図．2 個のノード e と f で構成される新しい行動 A の初期採用者の集合から出発して，A がグラフ全体に広がることに失敗するグラフ．

2. 新しい行動がソーシャルネットワークに広がっていく本章のモデルを考える．図 19.28 のソーシャルネットワークが与えられているとする．各ノードは行動 B から出発し，行動 A にスイッチするしきい値は $q = \frac{2}{5}$ であるとする．

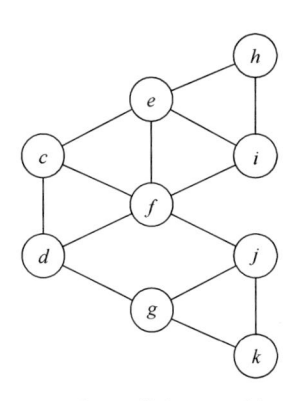

図 19.28　演習問題 2 の図．2 個のノード c と d で構成される新しい行動 A の初期採用者の集合から出発して，A がグラフ全体に広がることに失敗するグラフ．

- (a) 2 個のノード c と d が新しい行動 A の初期採用者の集合 S を形成するとする．他のノードはすべてしきい値ルールに基づいて行動を選ぶときに，最終的に A にスイッチするノードはどれか？　答えとともに，その答えに対する簡単な説明を与えよ．
- (b) S からしきい値 q で出発するとして，グラフ S の外側の部分で，行動 A がすべてのノードに広がることをブロックする $1 - q = \frac{3}{5}$ より大きい密度のクラスターを求めよ．答えとともに，その答えに対する簡単な説明を与えよ．

(c) ここで, c あるいは d のいずれかの一つのノードと辺で結ばれていない任意のノードを結ぶ辺を1本加えるとする. このとき, S からしきい値 $\frac{2}{5}$ で出発するとして, 新しい行動Aがすべてのノードに広がるように辺を加えることはできるか？ 答えとともに, その答えに対する簡単な説明を与えよ.

3. 新しい行動がソーシャルネットワークに広がっていく本章のモデルを考える. したがって, ネットワーク, 最初にすべてのノードが用いる行動B, および隣接ノードでAを採用するノードの割合が少なくとも q 以上になるときに新しい行動にスイッチする, しきい値 q が与えられることを思い出そう.

図 19.29 のネットワークを考える. 各ノードは行動Bから出発し, 新しい行動にスイッチするしきい値は $q = \frac{2}{5}$ であるとする.

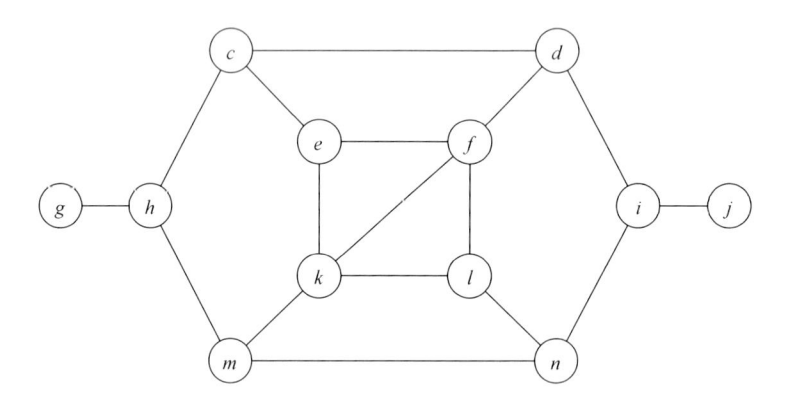

図 19.29 演習問題3の図. 新しい行動が広がるソーシャルネットワーク.

2個のノード e と f が行動Aの初期採用者の集合 S を形成しているとする.

(a) 他のノードはすべてしきい値ルールに基づいて行動を選ぶときに, 最終的にAにスイッチするノードはどれか？

(b) S からしきい値 q で出発するとして, グラフの S の外側の部分で, 行動Aがすべてのノードに広がることをブロックする $1 - q = \frac{3}{5}$ より大きい密度のクラスターを求めよ. 答えとともに, その答えに対する簡単な説明を与えよ.

(c) ここで, 行動Aの初期採用者の集合 S に1個のノードを加えることができるとする. このとき, この新しい3個のノードからしきい値 $\frac{2}{5}$ で出発するとして, 新しい行動Aがすべてのノードに広がるようにノードを S に加えることはできるか？

答えとともに, その答えに対する簡単な説明を与えよ. すなわち, そのようにできるときには, 加えるノードとどのようなことが起こるかを説明せよ. そのようにできないときには, その理由を説明せよ.

4. 新しい行動がソーシャルネットワークに広がっていく本章のモデルを考える.

図 19.30 のソーシャルネットワークで, 最初すべてのノードが行動Bを用いていて, その後に新しい行動Aが導入されるとする. この行動を採用するしきい値は $q = \frac{1}{2}$ である. すなわち, 各ノードは, 隣接ノードのうちでAを採用するノードの割合が $\frac{1}{2}$ 以上になると, Aにスイッチする.

(a) 3個のノードからなる集合のうちで, それをAの初期採用者の集合とすると, す

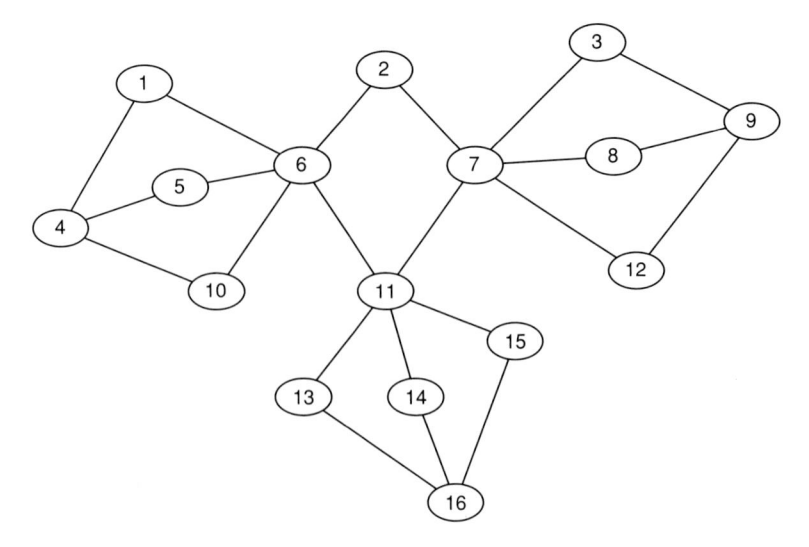

図19.30 演習問題4の図. 新しい行動が広がるソーシャルネットワーク.

べてのノードにAが広がるようになる集合を一つ求めよ（すなわち，Aの採用のカスケードをすべてのノードに引き起こすことができる3個のノードからなる集合を求めよ）．

(b) 3個のノードからなるAの初期採用者の集合のうちで，すべてのノードにAが広がる集合は，問題(a)で求めた3個のノード集合のみであるか，あるいは，それ以外のものも存在するか？

(c) このネットワークで，$\frac{1}{2}$より大きい密度を持つクラスターのうちで，どのノードも2個以上のクラスターに属さない3個のクラスターを求めよ．

(d) このネットワークの2個のノードからなるAの初期採用者の集合は，どのような集合を選んでも，それからすべてのノードにAが広がることはない（すなわち，ネットワークのすべてのノードがAを採用するようになる，2個のノードからなるAの初期採用者の集合は存在しない）理由を説明するのに，問題(c)の答えはどのように役に立つか？

5. 本章の拡散モデルを続けよう．しきい値qは，各ノードと各隣接ノードとの協調ゲームから導き出されたものであることを思い出そう．より具体的には，ノードのvとwが行動AとBのどちらを選択するかを決断しようとしているとき，利得が以下のようになるゲームである．

- vとwがともに行動Aを採用するときには，それぞれが$a > 0$の利得を獲得する．
- vとwがともに行動Bを採用するときには，それぞれが$b > 0$の利得を獲得する．
- vとwが異なる行動を採用するときには，いずれも0の利得を獲得する．

各ノードの総利得は，すべての隣接ノードとの協調ゲームから得られる利得の総和である．

ここで，このモデルを少し一般化する．すなわち，異なる行動をとるときの利得は0ではなく，ある小さい正の値xであるとする．より正確には，上記の3番目の記述を以下のように置き換える．

- v と w が異なる行動を採用するときには，いずれも，a と b より小さい正の利得 x を獲得する．

以下が問題である．このより一般的な利得のモデルでも，各ノードの決断はしきい値ルールに基づいて行われるか？ より具体的には，各ノード v は，行動 A を採用する隣接ノードの割合が全隣接ノードの q 以上であるときに A を採用し，そうでないときに行動 B を採用するというように，a, b, x の三つの値を用いて q を表すことができるか？

できるときには，しきい値 q を a, b, x を用いて表し，できないときには，その理由を説明せよ．

6. 大学の寮の 3 階と 4 階に住んでいる 20 人の学生は，オンラインゲームをするのが好きである．新しいゲームがキャンパスに現れると，これらの学生はそれぞれ参加するかどうかを決定し，参加するときには，ゲームのアカウントを作成し，ゲームを開始するのに必要ないくつかのステップを実行する．

各学生は，参加するかどうかを，この 20 人のグループの中で自分の友人が何人参加するかに基づいて決断する．（グループの 20 人のうちには，互いに友人でない 2 人もいる．ゲームに参加するかどうかの判断基準は，グループ全体で参加する人数ではなく，参加する友人数であることに注意しよう．）

ストーリーを具体的にするために，学生のグループ内での各ゲームの"ライフサイクル"は，以下のように書けるとする．

(a) グループの中に，新しいゲームを発見してそれに参加する最初のプレーヤーが出現する．

(b) この最初のプレーヤー以外のグループの学生は，自分の友人の半数以上がそのゲームを行っているときに，そのゲームに参加する．

(c) ソーシャルネットワークで新しい行動が広がる本章のモデルのように，問題 (b) のルールが繰り返し適用される．

この 20 人の学生のグループは，10 人が学生寮の 3 階に住み，残りの 10 人が 4 階に住んでいるとする．このグループの各学生は，自分と同じ階に 2 人の友人を持ち，異なる階に 1 人の友人を持つとする．ここで，新しいゲームが現れ，4 階に住んでいる 5 人の学生がそれぞれゲームを行っているとする．

残りの 15 人は，上記のルールでゲームに参加するかしないかを評価する．この新しいゲームは，最終的にグループの 20 人全員に広がるか？ この問題に対して可能な 3 通りの答えがある．すなわち，YES, NO, そして，YES/NO を導けるだけの情報が問題設定に存在しない，の 3 通りである．どれが正しいかを答えるとともに，答えに対する説明も与えよ．

7. あなたの数人の友人が大きなオンラインゲームの会社に就職して，ネットワークについてのあなたの知識を拝借して，その会社のゲームの利用者に関するさらなる理解に役立てようとしている．

そのゲームの各キャラクターは，一連の"探し物"を選択して探検に出る．一般には，複数のキャラクターが一つのグループを形成して，協力してその探し物を求めていく．探し物については多くの選択肢があり，そこから選べるが，1 人のキャラク

ターは，一つのグループで協力して1個の探し物を求めて探検に出ると，数週間その探し物を求め続けることもある．

　ゲーム会社で働いている友人たちは，すでにそのゲームにおけるソーシャルネットワークを構築していて，各プレーヤーの友人を有効な方法で分類する手法を開発済みである．すなわち，そこでは，共通の友人を少なくとも1人持つ**強化された** (reinforced) 友人と，共通の友人を1人も持たない**強化されていない** (unreinforced) 友人に分類されている．たとえば，図19.31では，プレーヤーAの友人のうちで，プレーヤーB, C, Dは強化された友人であるが，プレーヤーEは強化されていない友人である．

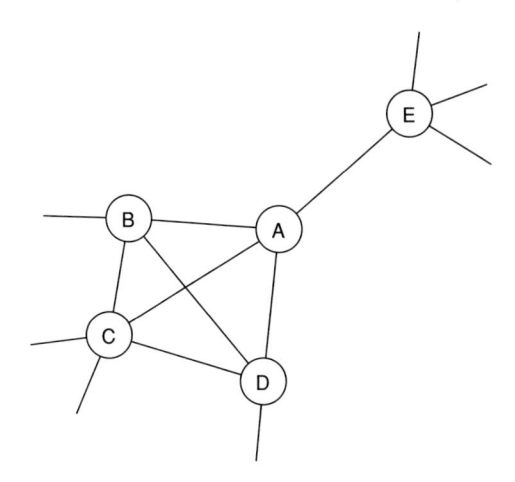

図19.31　演習問題7の図．あるオンラインゲームにおけるソーシャルネットワークの断片．

　ここで，あなたの友人たちは，プレーヤーが複数ある探し物の選択肢からどのようにして一つの探し物を選ぶのかと，探検の最中にどのようにして特殊な抜け道（ずるい方法，すなわち，ゲームのルールから外れて，得点を獲得しやすくなる一般的なトリックであり，通常は探し物の種類にはよらない方法）を知るのかについて，強い関心を持っている．この点に関して，友人たちはゲームのプレーヤーに，以下の二つを問う無記名のアンケートを行った．
(a) 現在参加している探し物に対して，最初にどのようにしてそれを知りましたか？
(b) ゲームでの抜け道をどのようにして知りましたか？
友人たちにとっては驚きであったが，これら2問の回答はきわめて異なるものであった．(a)の質問に対しては，強化された友人から知ったという回答が80%であった．一方，(b)の質問に対しては，強化されていない友人から知ったという回答が60%であった．

　二つの回答が異なるものになった理由は何か？ この相違はこのゲームの特殊性によるものか？ あるいは，ソーシャルネットワークのより一般的な原理に基づいて予測できるものか？ 本章で解説した特別な概念は，二つの回答が異なるものになった理由に対して，どのように役立つか？を簡単に説明せよ．

第20章

スモールワールド現象

20.1　6次の隔たり

　前章では，アイデアと技術革新が集団から集団へと広がっていくときに，ソーシャルネットワークが伝達経路としてどのように働くかを考えた．そこで，この考え方を十分に発展させるために，ここでは，これを，もう一つの基本的な構造的問題である，異なる集団がソーシャルネットワーク上で非常に短いパスでつながっている事実と関連付けることにする．人々がこれらの短いパスを利用して社会的に離れている人たちにたどり着こうとするときには，情報の伝搬や新しい行動の広がりのパターンと異なり，対象が格段に絞り込まれた一種の，いわば"フォーカスされた"検索になる．この対象の絞り込まれた検索と広範囲への伝搬との関係を理解することは，ソーシャルネットワーク上で物事の流れをより一般的に考える上でも重要である．

　第2章でも眺めたように，ソーシャルネットワークに短いパスが多いという事実は，**スモールワールド現象** (small-world phenomenon)，あるいは"6次の隔たり"として知られている．そして，それはずっと長く逸話や科学の興味を引く対象となってきている．第2章で議論したことを再度短く要約すると以下のとおりである．社会心理学者の Stanley Milgram（スタンレー・ミルグラム）の研究 [297, 391] が，スモールワールド現象の最初の重要な実験的研究であると考えられている．その研究で彼は，"スターター"（開始者）となる個人をランダムに選び，マサチューセッツ州のボストンの郊外にあるシャロンという町に住む"ターゲット"（最終受取人）に手紙を届けるように頼んだ．彼は，最終受取人の名前，住所，職業と，いくつかの個人情報を開始者に提供したが，最終受取人を個人的によく知らない場合には直接手紙を送るのではなく，ファーストネームで呼び合う程度の知人の中の1人に手紙を送ることを繰り返して，できるだけ速く最終受取人に到達できるように，送る相手を選ばなければならない，と依頼した．そしてその結果，おおよそ全体の $\frac{1}{3}$ の手紙は最終受取人に到達できて，途中の転送回数の中間値は6であった．この結果はそれ以来，この社会におけるすべての（あるいはほとんどすべての）人を対象とする全地球的な友人ネットワークに短いパスが存在することの実験的な基礎的証拠として用いられてきた．この種のソーシャルネットワーク上で，遠く離れた人へのパスを構築する実験は，その後も長年にわたり，数多くのグループで繰り返し行われてきている [131, 178, 257]．

Milgramの実験は，大規模なソーシャルネットワークにおいて，衝撃的な二つの事実が存在することを明らかにしたと言える．すなわち，一つは短いパスが豊富に存在するということであり，もう一つは，ネットワークの巨視的な"地図"を持っていなくても，人々は集団として効果的にそのような短いパスを見つけ出せるということである．最初の事実が真であり，2番目の事実が偽であるようなソーシャルネットワークは容易に想像できる．すなわち，短いパスはあるが，何千マイルもの彼方へ，1人の知人から別の知人へと順々に送られるにすぎない手紙のつながりが社会的迷宮で迷子になってしまう世界を想像することはたやすい [248]．誰もが9桁の数字からなるIDで登録されているような大規模なソーシャルネットワークサイトでは，そのようになってしまうであろう．すなわち，「この手紙を，ファーストネームで呼べる人たちだけを経由して，ユーザー名 482285204 まで届けてくれ」と依頼されたとしても，明らかにこれは目標に到達せずに失敗すると思われる．一方，実際の全地球規模の友人ネットワークには，地理的にも社会的にもより大きな構造の中で人々が順応し一体化するのに必要な手がかりが十分に含まれていて，これによって遠く離れた目標にフォーカスされた検索ができるようになっているのである．実際，Milgramの実験に対するKillworth and Bernardの追試実験では，目標に向かってメッセージを進めていく方法に対して，人々が選ぶ戦略の調査も行われて，以下のことが判明した．すなわち，主に地理的・職業的情報が取り込まれて用いられ，とくに送り主との関連で目標に対して際立った特徴が積極的に用いられていたのである [243]．

そこで，これらの両方の原理をモデル化するところから始める．すなわち，短いパスの存在と，それが見つかるという事実に対するモデルを構築する．そして，これらのモデルのいくつかが，大規模なソーシャルネットワークデータでも，驚くほど多く観察されることを眺める．最後に，20.6節では，スモールワールド現象のもろさと，それについて考える際に考慮しなければならない警鐘のようなものを眺めていく．とくに，目標が高い地位にあり社会的にもアクセスできるときには，人々のパスの発見が最も成功しやすいという事実 [255] について眺めていく．これらの難しい事柄を理解していくことで，ソーシャルネットワークの巨視的な構造についての興味深い点と，さらなる研究に関する課題が見えてくることになる．

20.2 構造とランダム性

短いパスが存在するモデルから始めよう．任意の2人の間のパスがそんなに短いという事実は，驚くべきことであろうか？ 図20.1(a) は，パスが短いことが少なくとも直観と矛盾しないことを示す基礎的論拠を図示している．各人がファーストネームで呼び合う知り合いを100人以上持っている（実際，ファーストネームで呼び合う習慣のある大部分の人にとっては，この数はもっとずっと多い）と仮定しよう．すると，この知り合いのおのおのがまた別の100人以上の知り合いを持っているという事実を考慮すると，2ステップでたどり着けるのは，原理的に $100 \times 100 = 10{,}000$ 人になる．これらの人々の100人の知り合いを考慮すれば，3ステップでたどり着けるのは，原理的に $100 \times 100 \times 100 = 1{,}000{,}000$

582　第20章　スモールワールド現象

(a)

(b)

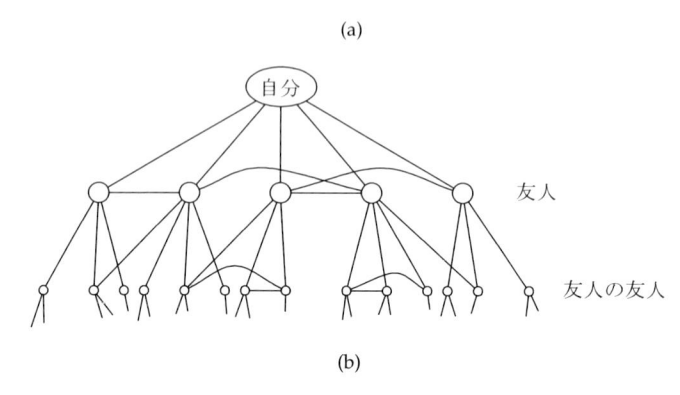

図20.1　ソーシャルネットワークは，多くの人々をわずか数ステップでつないで広がる．(a) 純粋に指数的な成長はスモールワールドを生み出す．(b) 三者閉包は成長率を減少させる．

人ということになる．各ステップごとにこの数が100倍になっていくので，4ステップで1億人，5ステップで100億人ということになる．

　この推論は，数学的な間違いを含みはしないものの，ソーシャルネットワークにおいてどのくらい当てはまっているかは明らかでない．当てはまると考えるには，2ステップで10,000人以上にたどり着けるとするところに，早くも無理がある．すでに眺めてきたように，ソーシャルネットワークには，相互に知り合いである3人の集合からなる三角形が多数含まれる．とくに，1人の人の100人の知り合いの多くは，互いを知っていると思われる．結果として，その人の知り合いからの辺をたどってたどり着けるノードについて考えると，これらの辺の多くは，その人のある知り合いから別の知り合いに行くだけで，それ以外の人にはたどり着けないことになる．これを図式的に説明しているのが，図20.1(b)である．上記の10,000という数は，ある人の100人の知り合いのそれぞれが，完全に異なる"新しい"100人にリンクしていることを仮定していたのである．この仮定が成立しないときには，2ステップでたどり着ける人の数はずっと少なくなる．

　したがって，ソーシャルネットワークにおける三者閉包は，図20.1(a)と図20.1(b)の対比で示されるように，短いパスを用いてたどり着ける人々の数を制限する効果がある．そして実際，これこそが潜在的には，スモールワールド現象を初めて聞いた多くの人々が驚く理由の大部分を占めている．すなわち，任意の個人から局所的に眺めたソーシャルネットワークは，高度にクラスター化されていて，明らかに非常に短いパスで多くのノードにたどり着くことができる大規模に枝分かれする構造ではないらしいのである．

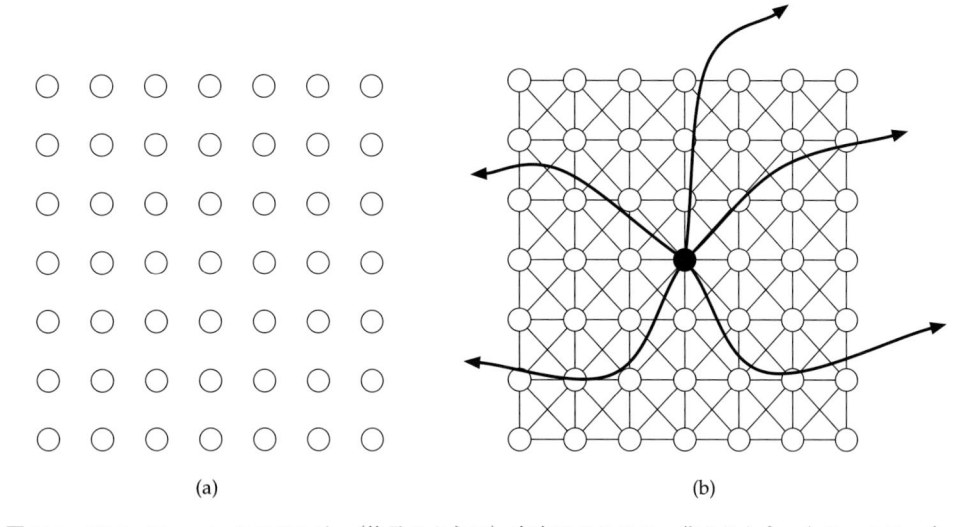

図 20.2 Watts–Strogatz のモデルは，（格子のように）高度にクラスター化されたネットワークに，少数のランダムなリンクを加えて得られる．(a) 格子上に並べられたノード．(b) 局所的な構造とランダムな辺から作られるネットワーク．

Watts–Strogatz のモデル 上で議論してきた特徴の両方を実現する（すなわち，三者閉包を多く含み，かつ非常に短いパスも含む）単純なモデルは作れるのであろうか？ 1998年，Duncan Watts（ダンカン・ワッツ）と Steve Strogatz（スティーブ・ストロガッツ）は，第3章と第4章で眺めてきた，ソーシャルネットワークの二つの基本的な考え方である同種親和性（自分たちと似ている人とつながるという原理）と弱い絆（ネットワーク上でそのリンクがなければ異なる集団間のつながりがなくなってしまうリンク）を組み合わせることで，自然にそのようなモデルができると論じた [411]．同種親和性は多くの三角形を作り出すのに対して，弱い絆は，少ないステップで多くのノードにたどり着くことができる，広く分岐する構造を作り出す．

Watts and Strogatz は，所望の性質を持つランダムなネットワークを生成する非常に単純なモデルでこれを具体化した．（主たる考え方をそのままにしながら）元の定式化をわずかに言い換えて，2次元格子状にすべての人が住んでいると考えてみよう．この格子は，地理的な近接度のモデルと考えることもできるし，より抽象的な社会的な近接度のモデルと考えることもできるが，いずれにせよ，リンクの形成につながる類似性の概念を表している．図20.2(a) は，格子状に配置されたノードの集合を表していて，二つのノードが水平方向または垂直方向で直接的に隣接しているならば，この二つのノードは **1 格子ステップ** (grid step) にあるということにする．

各ノードに2種類のリンクを与えてネットワークを作ろう．一方は純粋に同種親和性によって説明しうるものであり，もう一方は弱い絆を形成するものである．同種親和性は，各ノードから，半径が r 格子ステップ（r は定数）の領域に含まれるすべてのノードにリンクを作ることで表現できる．こうして各個人は自分に似ている人へとリンクを張ることになる．その後，また別の定数 k に対して，各ノードから格子上の一様ランダムに選ばれた k 個のノードへリンクを作る．これらのリンクは弱い絆に対応し，格子上の非常に離れ

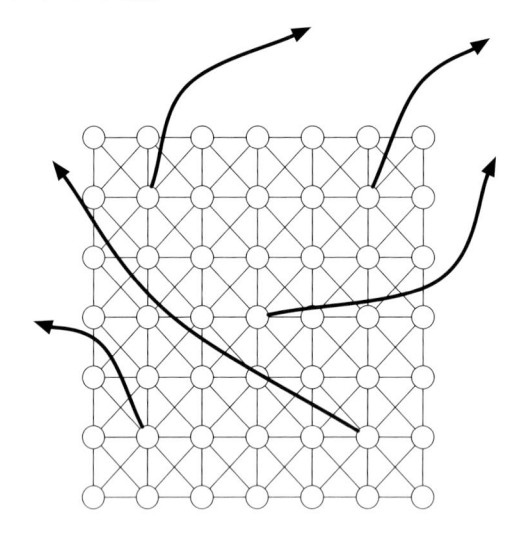

図 20.3 Watts–Strogatz のモデルの一般的な結論は，格子上の少数のノードが "1本" だけランダムなリンクを持つとしても成り立つ．

た部分にあるノードへとつながることになる．

　図 20.2(b) は，結果として得られるネットワークの概略図を示している．すなわち，少量のランダム性（弱い絆）が基盤となる構造化されたパターン（同種親和性リンク）に散りばめられたようなハイブリッド構造の図示的な説明になっている．Watts and Strogatz は，最初に，このネットワークが三角形を多く含んでいることを確認した．任意の隣り合う（または近くの）二つのノードは，半径 r 内の近傍が重複し合うので，共通の知り合いを多く持っていることになり，多くの三角形が生成されるからである．彼らは，次に，ネットワークのすべてのノード対に，高確率で非常に短いパスが存在することも発見した．その議論は，おおよそ以下のように書ける．出発ノード v から出発して，各ノードから出ていく k 本の弱い絆のリンクのみを用いてパスをたどる．これらの辺は一様ランダムに選ばれたノードへのリンクであるので，v から最初の数ステップで同じノードを 2 回訪れることはきわめてまれである．結果として，これらの最初の数ステップは，ほとんど三者閉包がない図 20.1(a) のような状態になり，小さなステップ数で非常に多くのノードにたどり着けることになる．Bollobás and Chung は，この議論を数学的に精緻化して，このモデルでの典型的なパスの長さを決定している [67]．

　この種のハイブリッドなネットワークから短いパスが導かれることを理解すれば，同じ定量的効果を得るのに必要なランダム性が，実際には驚くほど小さくてもよいことがわかる．たとえば，各ノードに k 人のランダムな知り合いを許す代わりに，各 k 個のノードごとにノードを 1 個だけ選んで，そのノードに "1人" だけランダムな知り合いを許すことを考えてみる．すると，近接度に基づいた辺はそのままであり，図式的には，図 20.3 に示しているようになる．大まかに言うと，ランダムな知り合いが少ないこのモデルは，ほとんどの人々が近所の人々しか知らず，ごく一部の人が遠くの誰かを知っているという，ある意味で技術的な創成期に対応していると考えられる．このネットワークにおいても，全ノード間に短いパスが存在すると考えられる．その理由を確認するために，格子の $k \times k$ 個の正方形のグループを概念的に "町" と考えてみよう．それぞれの町には，ランダムな

知り合いを持つ人がおよそ k 人いることになるので，それをまとめると，この町は一様ランダムに選ばれた他の町へのリンクを k 本持っていることになる．これは，以前のモデルで個々のノードが果たしていた役割を町に置き換えただけであるので，したがって，各町の任意の対の間には短いパスを見つけることができる．さらに，このモデルのネットワークで，任意の 2 人の間の短いパスを見つけるには，まず，彼らが居住している二つの町の間の短いパスを探し，それから近接度に基づく辺をいくつか加えて，この 2 人の間の実際のパスを作ればよいことになる．

そして，これが Watts–Strogatz のモデルの核心である．すなわち，世界を"小さく"，各ノード対間に短いパスがあるようにするには，長距離の弱い絆という形でごく少量のランダム性を導入すれば十分であるのである．

20.3　分散化検索

次に，Milgram の実験のスモールワールド現象の 2 番目の基本的な側面を考える．すなわち，人々が実際に指定された目標への短いパスを集合知的に見つけられるという事実について考える．この新しい種類の"社会的な検索"こそが，Milgram が行った実験の参加者を定式化する上で最も必要なものであったと言える．開始者から目標の最終受取人への"最短"パスを確実に見つけるには，開始者に対して知り合いの"すべて"に手紙を送るようにと指示しなければならない．そして，その知り合い全員に対しても，おのおのの知り合いのすべてに手紙を送ってもらうことを続けていかなければならない．このようにネットワーク上で"洪水"が広がるように広げていけば，目標へは最も速くたどり着くことになる．そして，それは第 2 章で説明した**幅優先探索** (breadth-first search) そのものである．しかし，そのような実験が選択肢として不可能であることは明らかである．その結果として，Milgram は，一度にたった 1 人にだけ手紙を送るという，すなわち，短いパスが存在したとしても目標に到達できないことがよくありそうなプロセスを用いて，ネットワークで"抜け穴を見つける"ようにパスを作っていくという，ずっと興味深い実験に乗り出すことを余儀なくされたのである．

そして，この実験の成功から，集合知的な検索の威力に対して，基本的な問題が提起されたのである．すなわち，ソーシャルネットワークに短いパスが存在することが断言できたとしても，この種の**分散化検索** (decentralized search) がソーシャルネットワークできわめて効果的に機能するのは，どのような構造になっているからであろうか？という問題である．明らかに，このネットワークには，目標に向かって参加者がメッセージを送る手助けとなるある種の"勾配"が存在すると考えられる．高度にクラスター化されたネットワークにおいて短いパスの存在を考える単純な枠組みを与えようとした Watts–Strogatz のモデルのときと同様に，この種の検索もモデル化できるのである．すなわち，「分散化された検索が効果的に機能するランダムなネットワークを構築することはできるか，そして，それができるとすると，その成功の鍵となる定性的性質は何なのか？」を調べるモデルを構築することができるのである．

586　第20章　スモールワールド現象

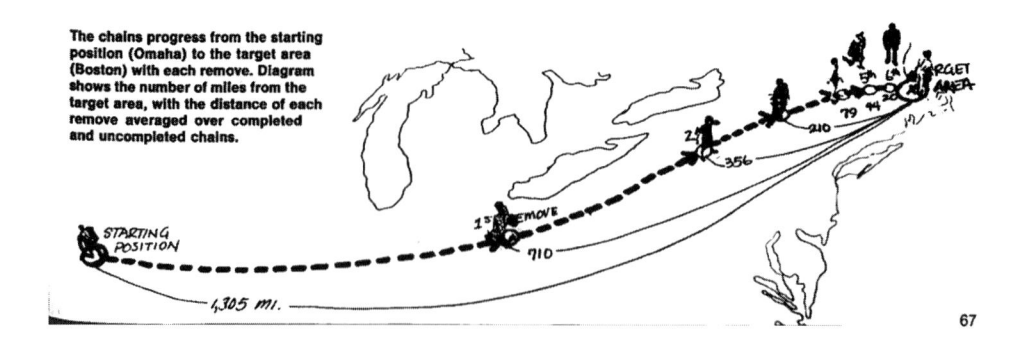

図 20.4　Milgram の論文 "Psychology Today" に掲載された手書きの図．成功したパスの "合成" が，目標の人物に収束していく様子がわかる．途中の各中間ステップは，平均的にその後にカバーする距離のほぼ中央地点に位置している．

分散化検索のモデル　Milgram の実験で行われた分散化検索のモデル化は難しいことでないことの説明から始める．Watts and Strogatz の格子モデルにおいて，開始ノード s にメッセージが与えられて，ネットワークの辺に沿ってそのメッセージを転送しながら目標ノード t に届けなければならないとする．大事なことは，最初は，s は t の格子状の位置しか知らないし，自分以外のいかなるノードに対しても，そこから出ているランダムな辺については知らないということである．パス中の各中間ノードも，これと同じように部分的な情報しか持っていない状況で，次にメッセージを送る近傍を選ばなければならない．ちょうど Milgram の実験の参加者が目標の人物へのパスを集合知的に構築したように，これらの選択が積み重なって，s から t へのパスが集合知的に見出されることになるのである．そこで，**転送回数** (delivery time) に基づいて，これらの異なる検索手続きを評価しよう．すなわち，ランダムに生成された遠方連絡員の集合と，ランダムに選ばれた開始ノードと目標ノードに対して，目標に到達するまでに必要とするステップ数（転送回数）の期待値を用いて，異なる検索手続きを評価する．

しかし残念なことに，この設定では，Watts–Strogatz モデルにおいて分散化検索が目標に到達するのに必要なステップ数（転送回数）は，真の最短パスよりずっと長くなることが証明できてしまうのである [248]．数学的モデルとしての Watts–Strogatz のネットワークは，三角形が多く存在することと短いパスが存在することを捉えるのにはよいが，ネットワークにいる人々自身が，実際にパスを見つけることができることを捉えるのには向いていない．すなわち，このモデルでは，世界を小さくしている弱い絆が "ランダムすぎる" ことが本質的に問題なのである．言い換えると，それらの弱い絆は，同種親和性に基づいてリンクを生成するノード間の類似性に完全に無関係であるので，人々がそれらを信頼して用いることが困難になってしまっているのである．

これを克服する一つの方法は，"Psychology Today" に掲載されている Milgram の論文の手書きの絵（図 20.4）について考えることである．すなわち，遠く離れた目標に到達するためには，常に目標への距離を減らしていく，かなり構造化された秩序立った方法で，長距離の弱い絆を使用していかなければならない．この絵に付随する議論において，

Milgram は以下の点に注目した．すなわち，「ネブラスカからマサチューセッツまでの手紙の地理的な移動は衝撃的で，新しい人がこのパス（鎖）に加わるごとに，目標の地域が革新的に狭められている」ことを観察したのである [297]．したがって，弱い絆が非常に長い距離に広がるだけでは，分散化検索が効果的に機能するネットワークのモデルとしては不十分である．すなわち，分散化検索が効果的に機能するためには，弱い絆が，途中のスケールのすべての部分においても，相似的に同様に広がっていなければならない．これを考慮に入れて，モデルをうまく適合させる単純な方法はあるのであろうか？

20.4 分散化検索のプロセスのモデル化

Watts–Strogatz のモデルは，分散化検索が効果的に働く構造を与えてはくれないが，実際には，このモデルをわずかに一般化することで，ネットワークが短いパスを持ち，これらの短いパスが分散化検索によって見つけられるという，所望の性質を両方とも満たすことができるのである [248]．

ネットワークモデルの一般化　長距離の弱い絆が広がる"スケール"を制御する新しい量を導入して，モデルを修正する．前と同様に，ノードは格子状に配置されていて，各ノードは r 格子ステップ以内にある他の各ノードへの辺も持つ．しかし今回は，各ノードが持つ k 本のランダムな辺のそれぞれが，次のような**クラスタリング指数** (clustering exponent) q に制御されて，距離が長いほど確率が減衰する方法で生成される．二つのノードの v と w に対して，その間の格子ステップ数を $d(v,w)$ で表す（これは，格子に沿って歩いていくとすると，その間の距離そのものである）．v から出ていくランダムな辺を生成するときには，$d(v,w)^{-q}$ に比例する確率でこの辺を w にリンクさせる．

したがって，q の各値に対して異なるモデルが得られることになる．元の格子モデルは，リンクが一様ランダムに選ばれていたので，$q=0$ に対応している．q を変化させることは，ランダムなリンクがどのくらい一様であるかを制御するノブを回すようなものである．実際，q が非常に小さいときには，長距離リンクは"ランダムすぎる"ものになり，（上で $q=0$ の場合に具体的に眺めてきたように）分散化検索はうまく働かない．q が大きいときには，スモールワールド現象を生み出すのに必要なほどの長距離のジャンプを与えられないことから，長距離リンクは"十分にランダムではない"ことになる．この q の変化による二つのネットワークの違いを描いたのが図 20.5 である．ネットワークの長距離リンクの分布において，これらの極端な場合の中間でうまくバランスをとって，分散化検索を高速に実行可能にする最適な基点は存在するのであろうか？

実際には，存在するのである．そして，このモデルの主たる具体的成果として，ノード数が十分に大きいネットワークにおいては，分散化検索は $q=2$ のとき（すなわち，ランダムなリンクが逆2乗分布に従うとき），最もうまく働くのである．図 20.6 は，4 億ノードのネットワークに対して，基本的な分散化検索の性能が，q の値を変化させることでどのように変化するかを示している．$q=2$ の結果はネットワークのサイズが無限大に近づく

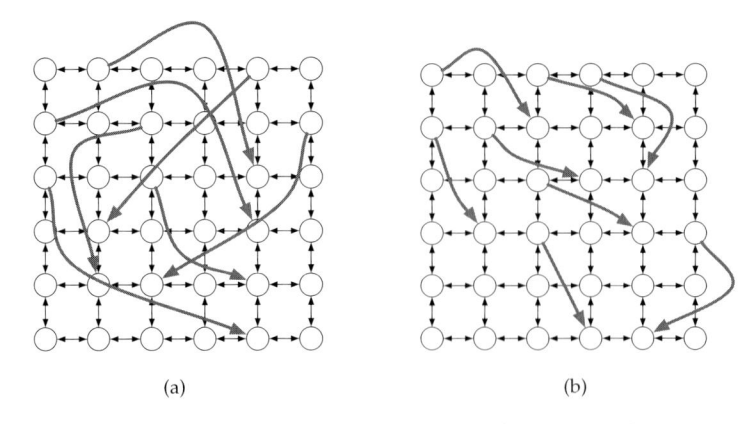

図 20.5 (a) クラスタリング指数が小さいと，ランダムな辺は格子上で長距離にわたる傾向がある．(b) クラスタリング指数が大きくなるに従い，ランダムな辺はより短くなる．

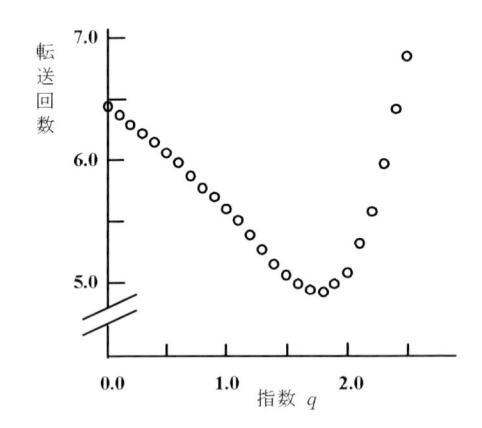

図 20.6 格子モデルでクラスタリング指数を q とするときの分散化検索のシミュレーション．グラフの各点は（少しずつ異なる）4億ノードの格子 1,000 個についてシミュレーションを走らせたときの平均を表している．期待どおり，転送回数は指数 $q = 2$ の近辺で最良となっている．しかし，このノード数においてさえ，指数が 1.5 から 2 の間では，転送回数はほぼ同じである [248]．

ときの極限においてのみ成り立つという性質上，このサイズのネットワークでは，1.5 から 2.0 の間のすべての指数 q に対して，分散化検索の効率はほぼ同じである（そしてこのサイズにおいては，q が 2 よりも少しだけ小さい値のときに最良となる）．しかし，全体的な傾向はすでに明らかであり，ネットワークのサイズが大きくなるほど，最良の性能を示す指数 q の値は，2 に近づいていく．

逆 2 乗ネットワークを説明するおおざっぱな計算 分散化検索が指数 $q = 2$ で最善になるのはなぜであろうか？という疑問が自然に起こる．20.7 節でこのことを証明し，さらに，ネットワークのサイズが極限まで大きくなると，他の指数よりも 2 で分散化検索がより効率的になる理由についても概略を与える．しかしながら，証明の完全な詳細がなくても，指数として 2 が重要であることを示唆する短い計算を与えることはできる．そこで以下ではそれを述べることにする．

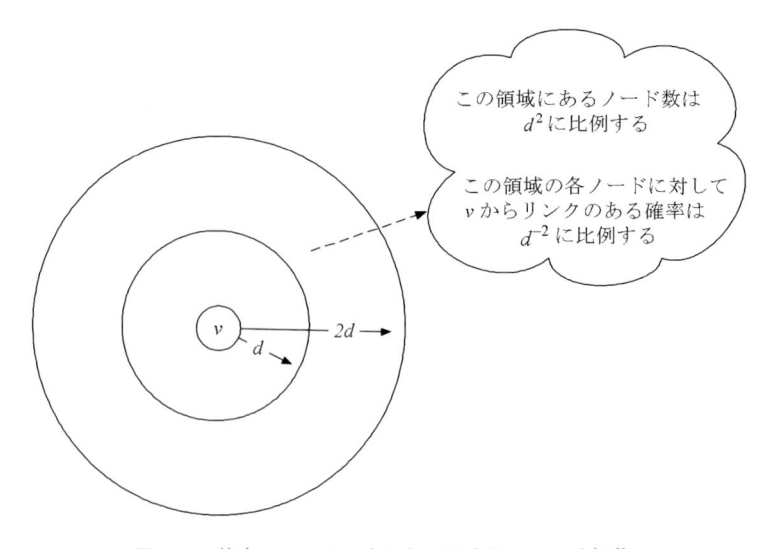

図20.7 特定のノードのまわりの同心円による分解能.

Milgramの実験が行われた現実の世界では，人々は距離をそれぞれ異なる"分解能"(scale of resolution)に基づいて心の中で整理している．すなわち，世界規模か，国家単位か，州，町，あるいはブロック単位かというように整理している．ネットワークモデルにおいて，あるノードvという観点からこれらの分解能を考える合理的な方法は，vからの距離が等比数列になるような範囲でノードをグループ分けすることである．すなわち，距離2から4のノード，4から8のノード，8から16のノード，というように分類する．この整理の方式と分散化検索のつながりは，図20.4にも示されている．すなわち，この図に示された各ステップでの手紙の位置から目標までの距離が，どのステップでもほぼ1/2に減っていったことからも理解できるように，効率的な分散化検索は，異なる分解能の分類において，"より詳細な分類へと絞り込んでいく"のである．

それでは，逆2乗指数$q = 2$がこの分解能とどのように関係しているかを眺めていこう．具体的には，図20.7のように，ネットワークのノードvと一定の距離dの例で一つの分解能として，vからの距離がdと$2d$の間のノードを一つのグループとして考える．

ここで，vからこの集合の中のあるノードにリンクが作成される確率はどうなるのであろうか？平面上のこの領域の面積は半径の2乗で大きくなることから，このグループに属するノードの"個数"はd^2に比例する．一方で，このグループに属する各ノードwにvがリンクする確率は，vとwの距離に依存して，（$q = 2$としているので）d^{-2}に比例することになる．したがって，これらの二つの項，すなわち，このグループに含まれるノードの個数とそれらの一つにリンクする確率は，ほぼ打ち消し合うので，このグループの輪の"いずれかのノード"にランダムな辺がリンクする確率は，dの値とは近似的に無関係になるという結論が得られる．

したがって，これは，$q = 2$のときに生じるネットワークについて定性的に考える方法を示している．すなわち，長距離の弱い絆は，それぞれの異なる分解能に対しておおよそ均等に広がるように形成される．これにより，人々は，対象が近いか遠いかによらずに，絶えず目標への距離を減らす方法を見つけてメッセージを送ることができるのである．この方法は，米国郵便公社が封筒に書かれた住所を用いてメッセージを配達するやり方と，

さほどかけ離れていない．すなわち，郵便に書かれている典型的な住所は，国，州，都市，ストリート，最後に番地というように，まさに分解能を指定している．しかし，要点は，郵便システムが中央集権的に設計されて，この仕事を正確に行うためにかなりのコストをかけて維持されているということである．一方，逆2乗ネットワークを通してメッセージを送っていく方式は，完全にランダムなリンクのパターンから自然に生じているのである．

20.5 実験的解析と一般化モデル

これまでに眺めてきた結果は，形式的なモデルに対するものであるが，現実のソーシャルネットワークのデータのもとで確認できる多くの定性的問題も提起している．本節では，指数 $q = 2$ の証拠を求めて地理的データの実験的解析を議論するとともに，地理的距離ではない社会的距離の概念を組み入れた，より一般的なモデルについても議論する．

友人関係における地理的データ　ここ数年で，ソーシャルネットワークのサイトの豊富なデータが利用できるようになった．それに伴い，友人関係のリンクが距離的にどのようになっているかについても洞察が得られる，大規模データをずっと容易に入手できるようになった．そして，Liben-Nowellらは，ブログサイトのLiveJournalをまさにこの目的のために用いて，居住地として米国にZIPコードのあるほぼ50万人のユーザーで形成されるシステム上での友人リンクを解析した[277]．ここで，LiveJournalは，従来の伝統的な調査方法ではほとんど不可能な規模の，地理的データを含む友人関係リンクの非常に有用な"モデルシステム"として機能していることにも注意しよう．方法論的な視点からは，これは，オンラインコミュニティで定義されている友人関係の構造が，オフラインの友人関係の構造とどのくらい近いかを理解するという，これまでにない興味深い問題であり，ほとんど未解決の問題なのである．

LiveJournalのデータを基本的な格子モデルに適合させるためには，なすべきことが多数ある．おそらく最も厄介なのは，（米国全体を見たときにそうであるように）ユーザーの人口密度が極端に偏っている点であろう．図20.8は，LiveJournalデータにおける人口密度を可視化したものである．逆2乗分布は，とくに，ノードが2次元上で等間隔に並んでいるときに目標を発見するのに役立つが，これをノードが非常に偏っている場合にもうまく一般化できるのであろうか？

ランクに基づく友人関係　うまくいく方法の一つとして，リンクする確率を物理的距離ではなく，ランク (rank) によって決めることが挙げられる．そこで，ノードvから見た近接度で，他のノードをランク付けすることを考える．ノードwのランクを$\mathrm{rank}(w)$で表し，その値は，wよりもvから近いすべてのノードの個数であるとする．たとえば，図20.9(a)では，wよりもvから近いノードは（v自身も含めて）7個あるので，ノードwのランクは7である．ここで，ある指数pに対して，ノードvがランダムなリンクを以下のようにして作るものとする．すなわち，ノードwを$\mathrm{rank}(w)^{-p}$に比例する確率で，もう一方の

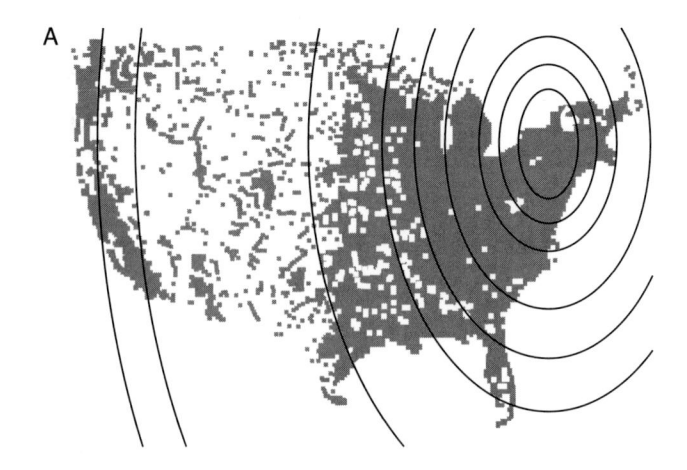

図 20.8　Liben-Nowell らの調査による LiveJournal ネットワークの人口密度．（出典：[277], National Academy of Sciences）

端点として選ぶ．これを，指数 p によるランクに基づく友人関係 (rank-based friendship) と呼ぶことにする．

指数 p をうまく選ぶことで，ノードからのリンクがグループごとに均等である逆 2 乗分布を一般化できるであろうか？ 図 20.9(b) に示しているように，ノード w が等間隔の格子上で v からの距離が d であるときには，w は半径 d の円盤の円周上にあり，円盤の内側には v により近いノードがほぼ d^2 個含まれるので，w のランクはおおよそ d^2 となる．したがって，w に d^{-2} に比例する確率でリンクすることは，rank$(w)^{-1}$ に比例する確率でリンクすることにほぼ等しいので，指数 $p = 1$ が逆 2 乗分布の正しい一般化と考えられる．実際，Liben-Nowell らは，本質的にどんな人口密度に対しても，ランダムリンクが指数 1 のランクの友人関係に基づいて作られるときには，得られるネットワークにおいて，高確率で効率的に分散化検索が可能であると証明することができたのである．この結果は，格子に対する逆 2 乗の結果を一般化することに加えて，効率的に検索可能なネットワークを構築するためには，各ノードへのランダムなリンクを，より近いノードの個数に反比例する確率で作ればよいという，定性的な良い要約も与えている．

それでは，LiveJournal に戻って，ランクに基づく友人関係が，実際のソーシャルネットワークのリンクの分布にどのようにうまく適合するかを眺めていこう．二つのノードの対で，一方に対してもう一方のランクが r であるとき，これらの二つのノードが実際に友人関係を持つ割合 f が r の関数としてどうなるのかを考える．この割合はおおよそ r^{-1} のように減少するのであろうか？ ランク r と辺の割合 f との間の友人関係におけるべき乗則を探しているので，第 18 章で行ったように進めていくことができる．f を r の関数としてグラフを描く代わりに，$\log f$ を $\log r$ の関数としてグラフを描くことで，ほぼ直線を得ることができれば，指数 p をこの直線の傾きとして評価することができる．

これを LiveJournal のデータに対して行った結果が，図 20.10(a) である．曲線の大部分が，傾き -1.15 から -1.2 の間の直線で近似できるので，最適な指数 p は 1 に近いと言える．より構造的に均一なデータの部分集合である，西海岸のユーザーからなる集合と東海岸のユーザーからなる集合のそれぞれに対して，別々に同じことをやってみることも興味

(a) (b)

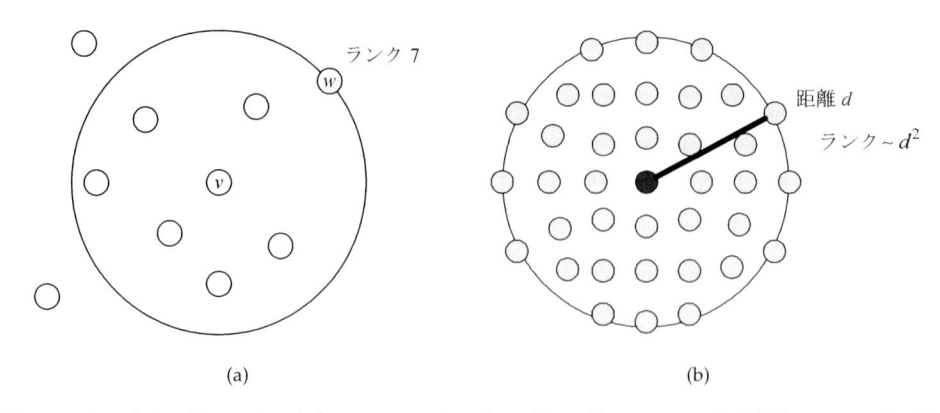

図 20.9 人口密度が均一でないときに，w が v からどのくらい離れているかを理解するには，物理的距離よりランクを用いるのがよい．(a) w は，v から 7 番目に近いノードであるので，v に関してランク 7 である．(b) 人口密度が均一であった元のモデルに対しては，v から距離 d にあるノード w より半径 d の円内にあるノードのほうが v に近いので，w のランクは d^2 に比例する．

深い．実際にやってみると，指数 p の最適な値は 1 にきわめて近くなったのである．図 20.10(b) は，この結果を表している．下の薄い破線が，ノードが分布 r^{-1} に従うときのものであり，上の濃い点線が，ノードが分布 $r^{-1.05}$ に従うときのものである．実際のネットワークにおいて，ランクに基づく指数 p が最適値 1 に近くなることは，それに続く研究でも裏付けられている．とくに，Facebook のソーシャルネットワークを使って，いくつかの地理的な現象について近年行われた大規模な研究の一部として，Backstrom らは，ランクに基づく友人関係の指数 p が 1 にきわめて近くなることを再発見した [33]．そこでは，分布の大半が rank$^{-0.95}$ で良く近似できていたのである．

したがって，図 20.10 のグラフとその後の実験調査による支持は，一連のステップの結論であると言える．すなわち，Milgram の実験から始まって，この実験に基づく（局所的リンクと長距離リンクを組み合わせた）数学的モデルを構築し，モデルに基づいた予測（長距離リンクを制御する指数の値の予測）を行い，（ランクに基づく友人関係を用いるモデルの一般化の後に，LiveJournal と Facebook からの）実際のデータを用いてこの予測を確かめるという，一連のステップの結論である．これは，実験，理論，計測の演じるこのような相互作用に対して，まさに望むべきそのものであった．しかし，ここでの予測は，おおよそ現実のソーシャルネットワークから生じたデータから生み出されているとしても，基礎をなすソーシャルネットワークを高度に単純化したモデルに基づくものなので，この特定の場合において，理論と計測がこれほど近くなったことは，かなり衝撃的である．

実際には，これらの発見の中核には，いまだに謎が残っている．二つの分布がこれほど近いという事実は，必ずしも特定の組織的メカニズムが存在することを意味しない [70]．しかしそれでも，現実のソーシャルネットワークにおいて，遠く離れた目標にメッセージを送る際に，最適に近い距離間隔を実現する友人関係のパターンが示されるのはなぜか？と問うのは自然なことである．さらに，LiveJournal と Facebook のユーザーが何をしていようとも，彼らが明示的に Milgram の実験のようなことをしようとしているわけでもないと言える．ネットワークをこの形にしようとする動的な力やえり好みするような圧力があるとしても，それはより暗黙のものに違いなく，そのような力が存在するのかどうか，

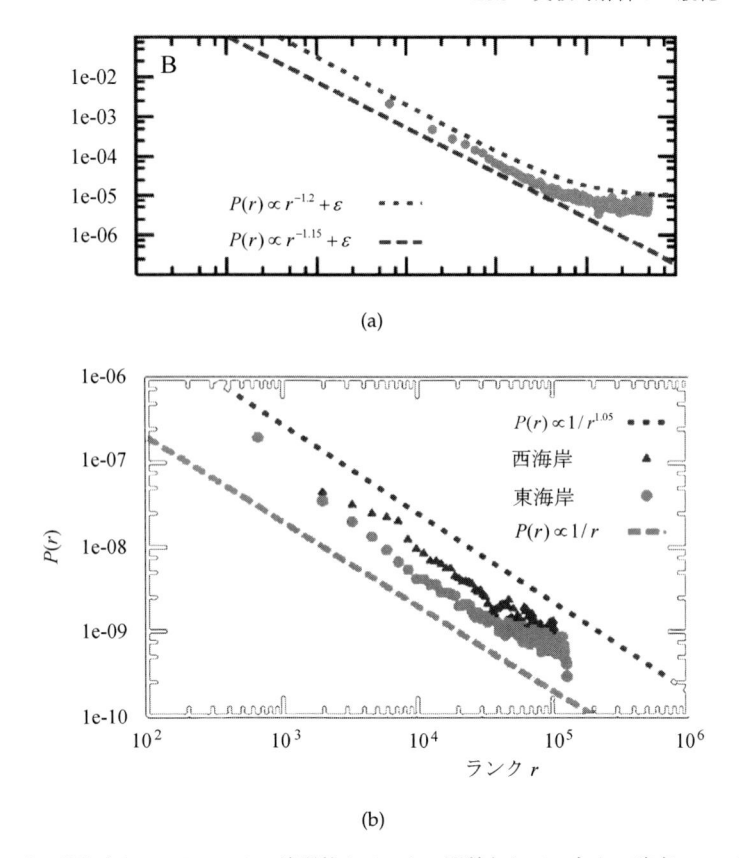

図 20.10 ブログサイト LiveJournal の地理的なランクの関数としての友人の確率. (a) 人口全体に対するランクに基づく友人関係. (b) 東海岸と西海岸を分けたときのグラフ.（出典：[277], National Academy of Sciences）

そしてそれがどう働いているのかを突き止めることは，いまだなお魅力的な未解決問題なのである．この問題に対する非常に興味をそそるアプローチの一つが，Oskar Sandberg により示唆されている．彼は，人々が分散化検索を行うのに伴って定常的にリンクが張り直されるネットワークのモデルを分析している．そして，彼は，時間経過とともにネットワークは本質的に検索のパターンに"適合"し始めると主張している．すなわち，結果的に検索はより効率的になり，長距離リンクの配置は，最適な指数を伴う，ランクに基づく友人関係に近い構造になるというのである [361]．

社会的拠点と社会的距離 20.2 節で Watts–Strogatz モデルを最初に議論したときには，格子モデルのグラフが人々の間の同種親和性（類似性）を典型的に反映すると考えていたことに注意しよう．それは，明らかに地理的な近接関係を最も簡単に表すものであるが，その後のモデルでは異なるタイプの類似性や，様々なネットワークでスモールワールド現象が起こる仕組みも探求された [250, 410]．

第 4 章の**社会的拠点** (social focus) の概念により，多数の短いパスの存在と効率的な分散化検索の可能性をもたらすモデルが幅広く様々な方法で与えられる．社会的拠点とは，そのまわりで社会的な生活が形成される任意の種類のコミュニティ，職業的娯楽，近所，共有趣味，活動であることを思い出そう [161]．そのような拠点は，人々が知り合いになっ

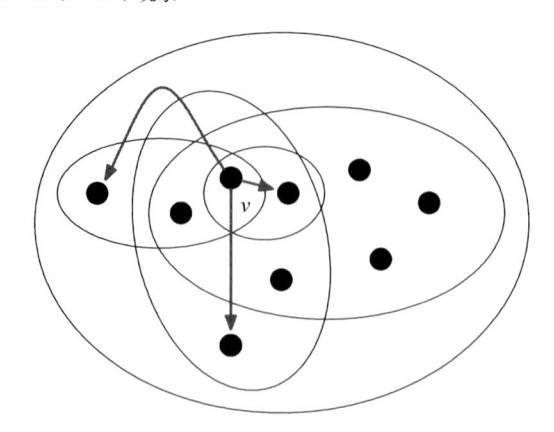

図 20.11 ノードが複数の拠点に属しているとき，二つのノード間の社会的距離はそれら両方を含む最小の拠点のサイズで定義できる．この図では，拠点は楕円で表されている．このとき，ノード v はサイズ 2, 3, 5, 7, 9 の拠点に属している（最大の拠点には，この図のすべてのノードが含まれる）．

たり友人になったりする多くの機会をもたらすものである．すなわち，同じ町内に住んでいるとか，同じ会社で働いているとか，同じカフェでしばしば一緒になるとか，同じ種類のコンサートに参加するといった理由により，人々が知り合いになったり友人になったりする．また，2 人の人が多くの拠点を共有することも多々ありうる．しかしながら，共有する拠点がすべて等しい性質を持つとは言えず，構成員の少ない拠点ほど 2 人の社会的な絆は強固になりやすいようである．たとえば，2 人の人が数千人の社員からなる同一会社で働いているときや，数百万人の人口の同一都市に住んでいるときよりも，20 人の教養講座運営組織で共同作業を行っているときのほうが互いによく知り合うことができる．したがって，任意の 2 人の**社会的距離** (social distance) は，その 2 人が共有する社会的拠点のうちで構成員が "最小の" 拠点の人数として定義するのが自然であると思われる．

前節では，地理的距離の概念を反映するソーシャルネットワークでリンクが形成されるモデルを用いた．そこで，以下では，より一般的な社会的距離の概念のもとでリンクが形成されるモデルについて考えることにする．ノードの集合とそれらのノードが属する拠点の集合が与えられるとする．すなわち，各拠点は，その拠点に属するノードの部分集合である．二つのノード v と w に対して，v, w の社会的距離 $\mathrm{dist}(v, w)$ は，共有される拠点に基づいて以下のように定義される．すなわち，$\mathrm{dist}(v, w)$ は，v と w の両方を含む最小サイズの拠点のサイズである．次に，前のモデルと同様に，二つのノード v と w に対して，$\mathrm{dist}(v, w)^{-p}$ に比例する確率で v と w を結ぶリンクを構成する．たとえば，図 20.11 の例では，ノード v から社会的距離が 2, 3, 5 のノードへそれぞれリンクが張られている．このとき，社会的拠点の構造にある種の技術的な仮定を与えることにより，指数 $p = 1$ でこのようにしてリンクを形成して得られるネットワークは，高い確率で効率的な分散化検索が可能になることが示せるのである [250]．

この結果には，ランクに基づく友人関係で眺めたことと同様の側面が存在する．第一に，ランクに基づく友人関係のときと同様に，基盤となる原理の単純な記述が存在する．すなわち，ノードは互いに社会的距離に逆比例する確率でリンクを張るので，結果として得られるネットワークでは効率的な検索が可能である．第二に，指数の $p = 1$ は，単純な

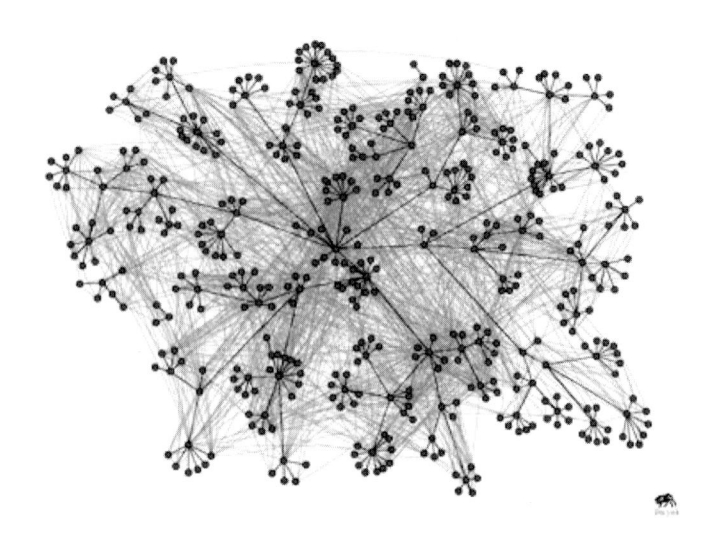

図 20.12　ヒューレット・パッカード研究所における 436 人の社員の電子メール交換のパターン．社会的拠点間にネットワークのリンクがどのように形成されているかを示すために基盤の組織階層構造に上書きしている [6]．（出典：http://www-personal.umich.edu/~ladamic/img/hplabsemailhierarchy.jpg，Elsevier Science and Technology Journals）

格子モデルでの逆2乗規則の自然な一般化でもある．これを確認するために，格子モデルを考えて拠点の集合を以下のように定義する．すなわち，格子の各位置のノード v と各可能な半径 r に対して，v からの距離が r 以内であるすべてのノードからなる拠点が存在すると考える（これらの拠点は，本質的に，様々なレベルでの近接関係に基づく近所の住民（ノード）からなる）．このとき，距離 d の二つのノードを含む共通の拠点は d^2 に比例する個数のノードを含むので，d^2 が社会的距離となる．したがって，d^{-2} に比例する確率でリンクを張ることは，社会的距離に反比例する確率でリンクを張ることと本質的に同じことになる．

　誰と誰が会話したかというデータの最近の研究では，このモデルがソーシャルネットワーク構造によく合致することが指摘されている．とくに Adamic and Adar は，第 1 章で簡単に議論した，直近の 3 か月間に 6 回以上メールを交換した 2 人の間を辺で結んで得られるヒューレット・パッカード研究所の社員のソーシャルネットワーク（図 20.12）を分析した [6]．さらに，組織構造内の各グループを，それぞれ一つの拠点と考えた．具体的には，共通の上司を持つ社員からなるグループを拠点として定義した．そして，この組織内で社会的距離 d の 2 人の社員間におけるリンクが $d^{-3/4}$ に比例する確率で形成されていることを発見したのである．言い換えると，このネットワークに対するリンク形成の確率の指数は，ネットワーク内での分散化検索が効率的になる最善の指数より小さいものの，近いことがわかったのである．

　これらの一般化モデルにより，ソーシャルネットワークデータを観察し，異なるレベル間を結ぶリンクがどのように形成されるかを定性的に理解できるようになってきている．これは，これらのネットワークにおけるスモールワールド現象の性質を理解するのに重要であるだけでなく，同種親和性と弱い絆が絡み合って，現実のネットワークで観察される

分散化検索問題の解決策としての検索　Milgramの実験は，全地球規模のソーシャルネットワークにおいて，人々が短いパスで結びつけられるという仮説を確認するために設計されたものであったが，本節の議論より，人々が集合知的に問題を解決する能力の実験的な研究と見なすこともできる．すなわち，ソーシャルネットワークにおいて遠く離れた人へのパスを検索する問題を，局所的な情報だけで友人とのみ交信を行う方法で，集合知的に解決できる可能性を探る実験的な研究でもあったのである．各ステップでできるだけ目標に近づこうとする，ここで議論した検索法に加えて，研究者は以下のパス発見戦略，すなわち，人々が（一般に"より良い絆"を持っていると考えられる）きわめて多くの辺に接続している友人にメッセージを送る戦略 [6, 7] と，接続する辺の多さと個人の近接性とのトレードオフを明示的に識別する戦略 [370] の有効性も研究してきている．

分散化検索問題のこの種の解決策がソーシャルネットワークで有効であるという考えは，単にMilgramが考えたパス発見の問題よりも，広範な問題に適用できるであろうという，興味ある一般的な仮説でもある．ネットワークで人々が相互作用を通して解決できる問題は多数あると考えられる．そして，それらの有効性は，解こうとしている問題の困難性にも依存するし，ネットワークの構造にも依存すると考えられる．集合知に基づく問題解決に対する実験的な関心には，長い歴史がある [47]．ネットワークで相互作用が制約されるときに，互いに納得できる交換集合をグループの人々が集合知的に発見する，第12章で述べた交渉実験もその一つである．最近の実験では，複数の種類のネットワーク構造において，様々な基本的問題に対してこの視点で探求が行われきている [236, 237]．そして，オンラインで結ばれた巨大な集団において，人間の集合知的な問題解決能力が発揮できるような，システムの設計に対する研究が非常に活発化してきている [402, 403]．

20.6　分散化検索における核-周辺構造と困難性

Milgramの実験からの40年間で，研究コミュニティは "6次の隔たり" 原理の頑健性と複雑性を十分に理解できるようになってきた．第2章でも注意したように，大規模なソーシャルネットワークデータの多数の研究から，ほぼすべての状況で，きわめて短いパスがふんだんに存在することが確認された．一方，ネットワーク内でこれらのパスを人々が発見できることは，より微妙な現象である．実際にそれが可能であることは驚異的であり，それがどのような条件のもとでできるのかに関しては，完全に理解できているとは言えない．

Judith Kleinfeldは，Milgramの実験に対する自身の最近の批評で，以下のような注意点を指摘している [255]．すなわち，目標へのパスを発見する実験の娯楽的な観点からの追試実験では，その成功率は，Milgramの実験における成功率と比べて極端に低くなっている．成功率の低さの原因は，主として参加者の欠如による．実験の一部として，手紙を転送してほしいと言われても，多くの人はそれを単に無視してしまう．メールで遂行される

調査や活動は，どんな種類のものでも，参加者の欠如がほぼ間違いなく起こる．このプロセスに参加者の欠如が多少起こるものとして考えると，結果には予測できるものがあり，したがって修正も可能である [131, 416].

しかし，より基本的な困難性も働いている．それは，ネットワーク構造のより広くて深い理解に役立つような大規模なソーシャルネットワークに関する問題とも関連するものである．とくに，ネットワーク内でのMilgramのスタイルの検索は，手紙の到達目標が社会的に高所得で高い地位の人であるときには，成功率がきわめて高い．たとえば，最近の最大級のスモールワールド現象の実験 [131] では，目標の最終受取人として，広い範囲から背景の異なる人が18人選ばれている．電子メールによるメッセージの転送ということから，参加者の欠如により，すべての目標において成功率は低かったものの，目標が大学教授やジャーナリストのときには成功率が最も高くなり，目標が社会的に地位の低い人のときには成功率がとくに低くなることが得られた．

核–周辺構造 異なる目標間での成功率の大きなばらつきは，目標の各個人特性から単に起こっているのではない．それは，ソーシャルネットワークの構造が，低い地位の人より高い地位の人のほうが目標としてずっと発見しやすくなるように形成されていることによる．同種親和性から，高い地位の人は主として他の高い地位の人と知り合いであり，低い地位の人は主として他の低い地位の人と知り合いであることが多い．しかしながら，そうであるからと言って，これらの二つのグループが，ソーシャルネットワークにおいて対称的で交換可能な位置を占めているとは決して言えない．むしろ，大規模なソーシャルネットワークは，**核–周辺構造** (core–periphery structure) と呼ばれる構造になる傾向が強いのである [72]．すなわち，高い地位の人々は密な結合で**核** (core) を形成し，低い地位の人々はネットワークの（原子の構造のように）核の**周辺** (periphery) を形成する．図20.13は，そのような構造の模式図である．高い地位の人々は広く移動する資産を持っている．したがって，クラブ，趣味，教育的・職業的な娯楽などの拠点を互いに共有し合うので，一般にネットワークで地理的・社会的な境界を越えるリンクも形成される．一方，低い地位の人々は，局所的に固まってリンクを形成する傾向にある．したがって，地理的・社会的に遠く離れた低い地位の2人を結ぶ最短なパスは，周辺から核に入ってまた周辺に行く傾向がある．

ネットワーク内で目標へのパスを発見する人々の能力に，このようなことがすべて影響を与えることは明らかである．とくに，Milgramのスタイルの分散化検索が，目標が高い地位の人の場合より目標が低い地位の人の場合のほうが困難になる理由を，この構造がかなり正確に指摘していると言える．高い地位の目標に向かうときには，地位が高くなるに従いリンク構造はより密になる．高い地位の人ほど，基盤となるソーシャルネットワークにおいて，友人をより多く持っている傾向があるからである．一方，低い地位の人が目標のときには，周辺に近づくに従いリンク構造はより疎になる．

これらの考察から，地位をより直接的に考慮にする，より精密なモデルの構築も考えられている．これまで眺めてきたモデルは，人々が全員基盤となるソーシャルネットワークに埋め込まれていて，指定された目標に向かってパスを構築し続けるときに，人々がそのパスを見つけるプロセスを把握するものであった．しかし，ソーシャルネットワークが周

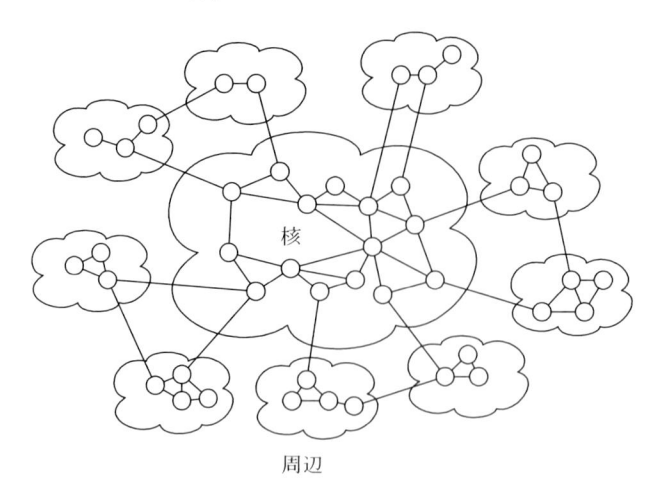

図 20.13　ソーシャルネットワークの核-周辺構造.

辺でリンクが少なくなっていってしまうときに，パス発見がどのようにして行われるかの仕組みの理解は，ネットワークそのものに光を当てるだけでなく，全体としての社会において，異なるグループが占める地位と異なる位置が絡み合って形成されるネットワーク構造の形成法にも光を当てる可能性があるのである．

20.7　発展：分散化検索の解析

　20.4 節で，距離の 2 乗の逆数に比例して分布するリンクの存在により，分散化検索が効果的に実行できるようになる理由について，いくつかの基本的な直観的説明を与えた．しかし，そのような考え方が与えられたとしても，この分布においてなぜ検索が成功するかを実際に理解するには，さらなる努力が必要である．本節では，プロセスの完全な解析を与える [249]．

　計算を多少簡単化するために，モデルを 1 点だけ変更する．すなわち，ノードは 2 次元的ではなく，1 次元的に置かれているとする．実際には，ノードの存在する次元がいくらであっても議論は本質的に同一である．しかし，1 次元で議論するのが，（実際の集団における現実の地理的構造に最も適合しているとは言えないにしても）物事を最も明快にできるからである．さらに，本節のあとでより一般的に議論するように，検索に最も効果的な最良の指数は次元に等しいことになるので，1 次元の解析では，$q = 2$ ではなく，$q = 1$ の指数を用いることにする．そして最後に，2 次元以上の高次元に適用する際に必要となる議論のわずかな修正法について議論する．

　本章の前の部分での議論を思い出して，ネットワークのサイズが限界まで大きくなるときには，q のこの選択が，実際には，分散化検索に最も良い値であることを証明している，この解析の第二の基本的な部分が存在することにも，言及しておくべきであろう．最後に，なぜこれが正しいかを説明するが，詳細な記述は本書のレベルを超えるため，概略に留める．

20.7 発展：分散化検索の解析　599

(a)　　　　　　　　　　　　　　(b)

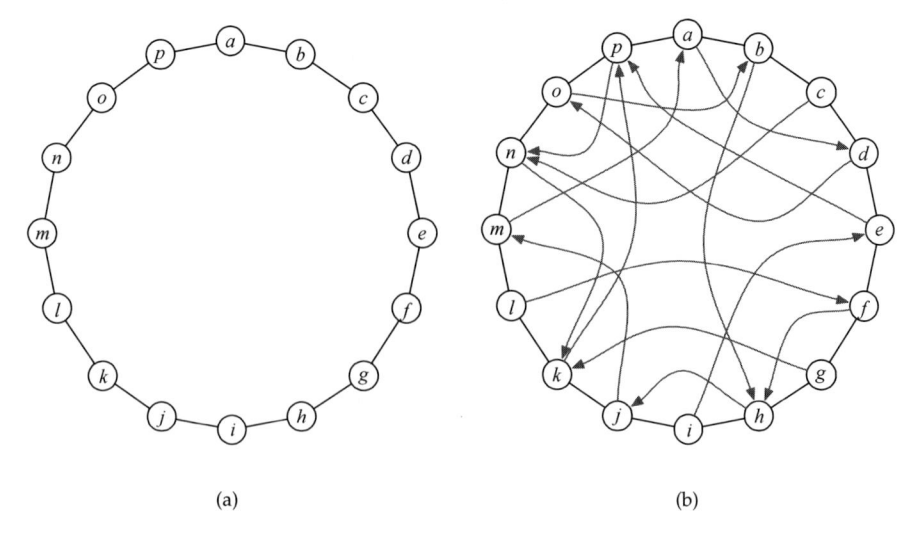

図 20.14 分散化検索の解析は 2 次元よりも 1 次元のほうがより明快にできる．1 次元での解析を 2 次元の議論に適用できるようにすることは，概念的には容易である．そこで，(a) の 1 次元の円環上に配置されたノードの集合と (b) の遠方連絡員へのリンクが加えられた円環に，ほぼ限定して議論する．

A. 1 次元における最適な指数

対象とするモデルは以下のとおりである．図 20.14(a) に示しているように，1 次元の円環上に並べられた n 個のノードの集合があり，各ノードは円環上で隣り合う二つのノードと互いに有向辺で結ばれている．さらに，各ノード v は，円環上のそれら以外の 1 個のノードへの 1 本の有向辺を持つ．ここで，円環上でのノードの v と w の距離を $d(v,w)$ と表記する．すると，ノード v がある特別なノード w への有向辺を持つ確率は，$d(v,w)^{-1}$ に比例する．v からの辺があるノードを v の**連絡員** (contact) と呼ぶことにする．とくに，円環上で v に隣接する二つのノードを v の**局所連絡員** (local contact) と呼び，v のもう一つの連絡員を v の**遠方連絡員** (long-range contact) と呼ぶことにする．このようにして，最終的な構造は，図 20.14(b) に示しているような，円環上のノード集合にランダムな辺が加えられたものとなる．繰り返しになるが，これは本質的に，図 20.5 で眺めた，格子グラフにランダムな辺を加えた構造の 1 次元版である[1]．

近視眼的検索　このランダムな辺が付加されたリングネットワークで，まず，ランダムな出発ノード s とランダムな目標ノード t を選ぶ．目標は，Milgram の実験のように，出発ノードから目標ノードへのメッセージの伝達である．ただし，途中の経路上の各ノードは，自分の連絡員の位置と目標ノード t の位置しかわからず，全体のネットワークについては何も知らない．

ここで解析する転送戦略は，$q = 1$ のリング上でうまく機能する単純な方法であり，近

---

[1] 各ノードからさらに多くのランダムな有向辺が出ているモデルも考えることができるが，それは検索問題を簡単化するだけである．ここでの結果は，各ノードが 2 個の局所連絡員と 1 個の遠方連絡員を持つときでも，検索が効率的に行えることを証明している．

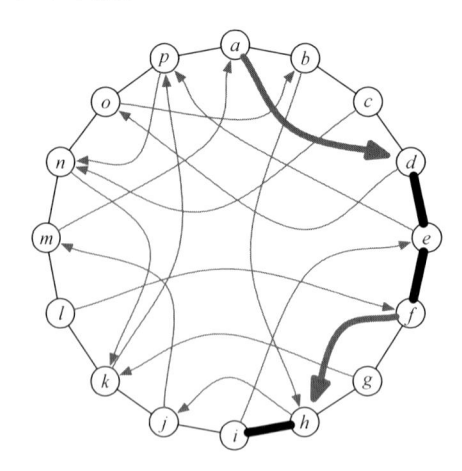

600　第20章　スモールワールド現象

図20.15　近視眼的検索では，現在メッセージを保有している人が，リング上で目標に最も近い位置にいる連絡員を選んで，メッセージを転送する．

視眼的検索 (myopic search) と呼ぶことにする．すなわち，v がメッセージを保有しているとき，できるだけ t の近くにいる v の連絡員にメッセージを渡すという技法が，近視眼的検索である．近視眼的検索は，各ノードが自分の連絡員の位置とノード t の位置以外にネットワークについて何もわからなくても明らかに実行でき，それは，Milgram の形式の実験で多くの人が用いる戦略の合理的な近似でもある [243]．

たとえば，図20.15は，図20.14(b) のネットワークで，a が出発ノードであり，i が目標ノードであるときに，近視眼的検索で得られるパスを示している．

1. まず，ノード a は，a の連絡員である p, b, d のうちで，ノード d がリング上で目標ノード i に最も近いので，d にメッセージを送る．
2. 次に，ノード d は局所連絡員の e にメッセージを渡し，e も同様に局所連絡員の f にメッセージを渡す．d の遠方連絡員は，局所連絡員 e よりも目標ノード i から遠くにいるし，e の遠方連絡員も，局所連絡員 f よりも i から遠くにいるからである．
3. ノード f は有力な遠方連絡員 h を持っているので，h にメッセージを渡す．さらに，ノード h は目標ノード i を局所連絡員に持っているので，i に直接メッセージを渡し，5ステップのパスが完成する．

この近視眼的なパスは，a から i への最短パスではないことに注意しよう．ノード a の局所連絡員の b が，遠方連絡員として h を持っていることを a が知っていたならば，a は最初に b にメッセージを渡し，3ステップのパス a-b-h-i が得られていたからである．ネットワークの全体構造についての知識の欠如こそが，近視眼的検索で一般に最短パスを発見できない理由である．

しかしながら，それにもかかわらず，近視眼的検索で得られるパスは期待値として驚くほど短くなることを，次に眺めよう．

近視眼的検索の解析：基本的プラン　解析すべき確率的な問題は，以下のように，完全にうまく定義できる．前述のように，最初にリング上でランダムに遠方連絡員のリンクを

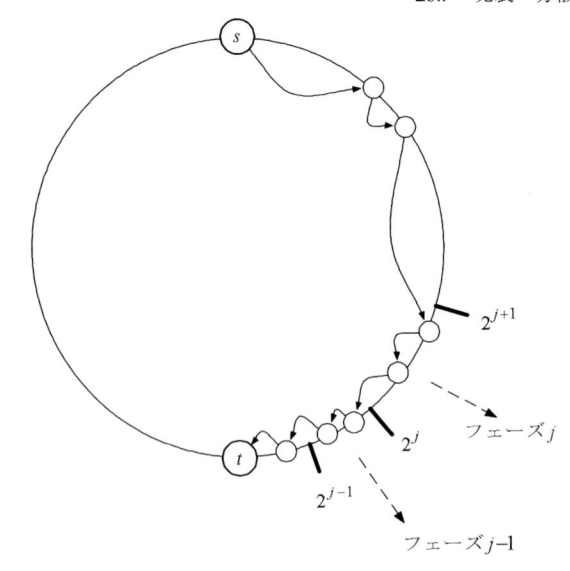

図 20.16 近視眼的検索の進行をフェーズごとに解析する．検索のフェーズ j は，目標ノードまでの距離が 2^j から 2^{j+1} の間にあるノードにメッセージがあることを意味する．

加えて，ランダムなネットワークを生成する．次に，このネットワークで，ランダムに出発ノード s と，ランダムに目標ノード t を選ぶ．したがって，近視眼的検索で得られるパスの長さ（ステップ数）は確率変数 X で表記することができる．ここで，目標は，X の期待値 $\mathbf{E}[X]$ が比較的小さくなることを示すことである．

X の期待値 $\mathbf{E}[X]$ の上界を求めるプランは，図 20.4 の Milgram の絵に描かれているアイデアに従うものである．すなわち，目標ノードに向かってその距離が半分以下になるのに，どのくらいのステップがかかるかを追跡する．具体的には，出発ノード s から目標ノード t に向かってメッセージが移動する際に，目標ノードまでの距離が 2^j から 2^{j+1} の間にあるノードにメッセージがあるとき，検索の**フェーズ** (phase) j にあるということにする．図 20.16 は，検索のフェーズへの分割を説明している．異なるフェーズの個数は $\log_2 n$ 以下であることに注意しよう．1 から出発して 2 倍することを繰り返していくときに，初めて n 以上になるときの，2 倍の操作の回数が $\log_2 n$ であるからである（以下の議論では，対数の底を省略して，$\log_2 n$ を単に $\log n$ と表記する）．

検索全体でのステップ数 X は，フェーズ j でのステップ数 X_j を用いると，

$$X = X_1 + X_2 + \cdots + X_{\log n}$$

と書ける．すなわち，検索の総ステップ数（総転送回数）は，各フェーズでのステップ数（転送回数）の総和となる．期待値の線形性より，確率変数の和で表される確率変数の期待値は，それぞれの確率変数の期待値の和であるので，

$$\mathbf{E}[X] = \mathbf{E}\left[X_1 + X_2 + \cdots + X_{\log n}\right] = \mathbf{E}[X_1] + \mathbf{E}[X_2] + \cdots + \mathbf{E}\left[X_{\log n}\right]$$

が得られる．以下では，各 X_j の期待値 $\mathbf{E}\left[X_j\right]$ が $\log n$ に比例する値で上から抑えられることを示そう．これが議論の核心となる．このようにして，$\mathbf{E}[X]$ は，各項が $\log n$ に比例する値で上から抑えられる $\log n$ 個の項からなる．したがって，$\mathbf{E}[X]$ は $(\log n)^2$ に比例する値で上から抑えられることが得られる．

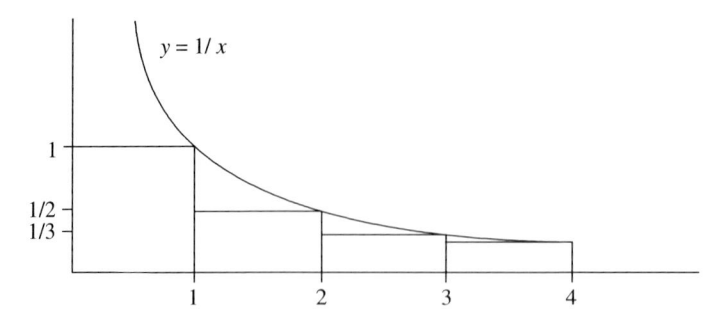

図20.17 リンクの確率に対する正規化定数の決定には，最初の $n/2$ 個の逆数の和が関与している．この和の値の上界は，曲線 $y = 1/x$ の面積から決定することができる．

こうして，近視眼的検索が，このリンクの分布においてきわめて効率的になることを示すという全体的な目標が達成された．すなわち，ネットワークは全体として n 個のノードを持っていても，近視眼的検索で得られるパスは，n と比較して"指数的に"小さい $\log n$ の 2 乗に比例する長さとなるのである．

中間ステップ：正規化定数 上記のハイレベルな戦略を実行するために，最初に算出すべきものは，実はきわめて基本的なものである．これまでずっと，v から遠方連絡員 w へのリンクが，$d(v,w)^{-1}$ に"比例する"確率で形成されると述べてきた．しかし，比例の定数とはいくらなのであろうか？ 未知の比例定数 $1/Z$ のもとで確率の集合を知っているときにはいつでも当てはまることであるが，ここでの Z の値は，リング上のすべてのノード $u \neq v$ についての $d(v,u)^{-1}$ の和となる．この正規化定数 Z ですべてを割っておけばよいので，v から w へとリンクが張られる確率は $\frac{1}{Z}d(v,w)^{-1}$ と等しくなる．

Z の値を算出するために，以下のことに注意する．v から距離 1 のノードは二つであり，距離 2 のノードも二つであり，一般に距離が $n/2$ になる前までは，距離 d のノードはすべて二つである．n が偶数であると仮定すると，v から距離 $n/2$ のノードは 1 個であり，それはリングの円の中心と v を通る直線を引いたときに v 以外のもう一方で円と交わるノードであり，v とともに直径を構成するノードである．したがって，(n が偶数でなくても)

$$Z \leq 2\left(1 + \frac{1}{2} + \frac{1}{3} + \frac{1}{4} + \cdots + \frac{1}{n/2}\right) \tag{20.1}$$

が得られる．右辺の括弧内の式は，確率の計算でごく普通に現れる式である．すなわち，ある正整数 k に対する，最初の k 個の逆数の和であり，ここでは，k が $n/2$ のときの例である．この値の上界は，図 20.17 に示しているように，曲線 $y = 1/x$ で囲まれる面積と比較することで得られる．図からもわかるように，幅が 1 で高さが $\frac{1}{2}, \frac{1}{3}, \frac{1}{4}, \ldots, \frac{1}{k}$ の長方形の列は，1 から k の x の範囲で，$y = 1/x$ により上から抑えられている．これと高さと幅が 1 の 1 個の長方形を組み合わせると，

$$1 + \frac{1}{2} + \frac{1}{3} + \frac{1}{4} + \cdots + \frac{1}{k} \leq 1 + \int_1^k \frac{1}{x}dx = 1 + \ln k$$

が得られる．この不等式の右辺の式に $k = n/2$ を代入すると，不等式 (20.1) から

$$Z \leq 2(1 + \ln(n/2)) = 2 + 2\ln(n/2)$$

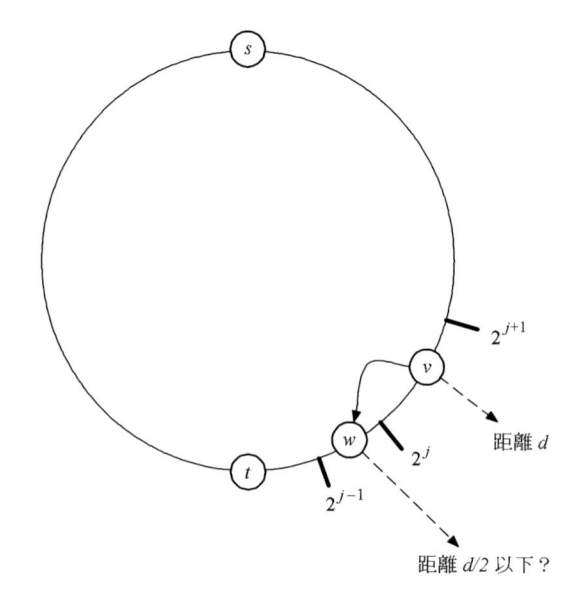

図 20.18　ある時間において，検索はあるフェーズ j にあり，メッセージを保有するノード v は目標ノードから距離 d にある．v の遠方連絡員の目標ノード t からの距離が $\frac{d}{2}$ 以下になると，このフェーズは終了する．したがって，この事象が起こる確率が大きくなることを示せれば，そのフェーズがそれほど長く続かないことが得られる．

が得られる．簡単化のために，Z に対するより弱い上界を用いることにする．すなわち，$\ln x \leq \log_2 x$ に注意すると，

$$Z \leq 2 + 2\log_2(n/2) = 2 + 2(\log_2 n) - 2(\log_2 2) = 2\log_2 n$$

が得られる．したがって，v から w へのリンクが張られる実際の確率の下界は（比例定数も含めて），

$$\frac{1}{Z}d(v,w)^{-1} \geq \frac{1}{2\log n}d(v,w)^{-1}$$

となる．

近視眼的検索の 1 フェーズでのステップ数の解析　これでついに解析の最後の中心ステップにたどり着いた．すなわち，検索の 1 フェーズで費やされるステップ数は，それほど大きくならないことを示すステップである．検索の任意のフェーズ j を選んで，そこで議論しよう．すなわち，目標ノードからの距離が，2^j から 2^{j+1} の間のある値 d であるノード v にメッセージがあるとする（表記については図 20.18 を参照）．目標までの距離が 2^j 以下になると，このフェーズは終了となる．ここでは，これが比較的早く起こることを示したい．

そのフェーズがすぐに終了する一つのケースは，v の遠方連絡員 w の t からの距離が $\frac{d}{2}$ 以下になることである．このときには，v は必ずフェーズ j に属する最後のノードとなる．したがって，この距離が次に半分以下になる（半分の区間に入る）確率が，実際にはかなり大きいことを，これから証明する．

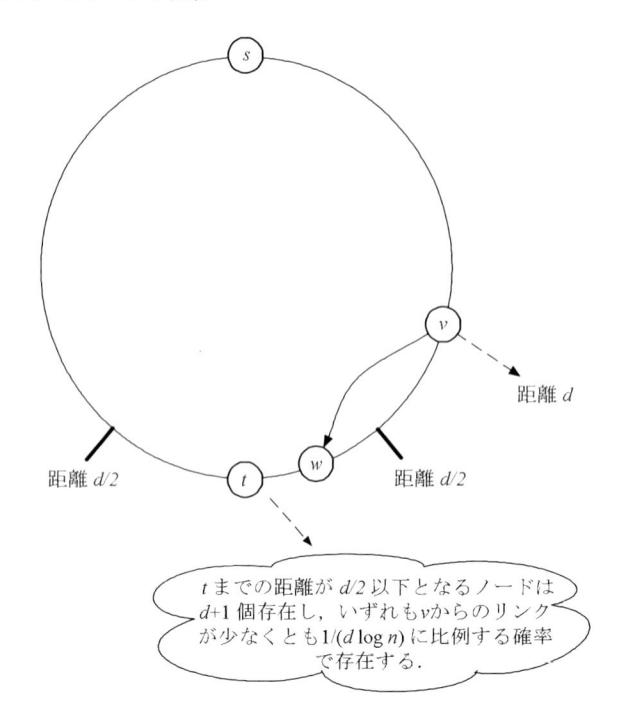

図 20.19 の中の吹き出し: *t* までの距離が *d*/2 以下となるノードは *d*+1 個存在し，いずれも *v* からのリンクが少なくとも 1/(*d* log *n*) に比例する確率で存在する．

図 20.19 かなりの確率で，*v* の遠方連絡員は，目標までの距離が半分の区間に入る．

議論は，図 20.19 に可視化されている．*t* からの距離が $\frac{d}{2}$ 以下であるノードの集合を I と表記する．*v* の遠方連絡員がここにいることを期待する．I は $d+1$ 個のノードからなる．すなわち，I は，ノード *t* 自身と *t* からそれぞれの側に連続する $\frac{d}{2}$ 個のノードで形成されている．I の各ノード *w* は，*v* からの距離が $\frac{3d}{2}$ 以下である．最も遠いノードは，*v* から見て，*t* の "遠い側" にあり距離 $d + \frac{d}{2}$ である．したがって，I の各ノード *w* が *v* からの遠方連絡員である確率は，少なくとも

$$\frac{1}{2\log n}d(v,w)^{-1} \geq \frac{1}{2\log n} \times \frac{1}{3d/2} = \frac{1}{3d\log n}$$

である．I は $d+1$ 個以上のノードを持つので，"それらの一つ"が *v* の遠方連絡員である確率は，

$$d \times \frac{1}{3d\log n} = \frac{1}{3\log n}$$

以上となる．

これらのノードの一つが *v* の遠方連絡員であるときには，このフェーズはこのステップですぐに終了する．したがって，フェーズ j の各ステップで，フェーズ j がそれ以前の事象（ステップ）とは無関係に終了する確率は，$1/(3\log n)$ 以上である．フェーズ j が少なくとも i ステップ続くためには，フェーズ j の最初から連続して $i-1$ 回のステップで終了しないことが必要であるので，フェーズ j が少なくとも i ステップ続く確率は，

$$\left(1 - \frac{1}{3\log n}\right)^{i-1}$$

以下となる．

ここで，確率変数についての期待値の公式

$$\mathbf{E}\left[X_j\right] = 1 \times \Pr\left[X_j = 1\right] + 2 \times \Pr\left[X_j = 2\right] + 3 \times \Pr\left[X_j = 3\right] + \cdots \tag{20.2}$$

を用いて，結論を導くことにする．この式を等価的に書き下す別の方法がある．次の式

$$\Pr\left[X_j \geq 1\right] + \Pr\left[X_j \geq 2\right] + \Pr\left[X_j \geq 3\right] + \cdots \tag{20.3}$$

において，$\Pr\left[X_j = 1\right]$ は 1 回数えられ（最初の項でのみ数えられる），$\Pr\left[X_j = 2\right]$ は 2 回数えられ（最初と 2 番目の項でのみ数えられる），以下同様に類推できる．したがって，式 (20.2) と式 (20.3) は等価になるので，

$$\mathbf{E}\left[X_j\right] = \Pr\left[X_j \geq 1\right] + \Pr\left[X_j \geq 2\right] + \Pr\left[X_j \geq 3\right] + \cdots \tag{20.4}$$

が得られる．ここで，上で議論したように，

$$\Pr\left[X_j \geq i\right] \leq \left(1 - \frac{1}{3\log n}\right)^{i-1}$$

であるので，

$$\mathbf{E}\left[X_j\right] \leq 1 + \left(1 - \frac{1}{3\log n}\right) + \left(1 - \frac{1}{3\log n}\right)^2 + \left(1 - \frac{1}{3\log n}\right)^3 + \cdots$$

となる．右辺は公比（等比）$1 - \frac{1}{3\log n}$ の等比級数であるので，

$$\frac{1}{1 - \left(1 - \frac{1}{3\log n}\right)} = 3\log n$$

に収束する．したがって，

$$\mathbf{E}\left[X_j\right] \leq 3\log n$$

が得られた．

これで終了である．$\mathbf{E}[X]$ は，$\log n$ 項の和の $\mathbf{E}[X_1] + \mathbf{E}[X_2] + \cdots + \mathbf{E}\left[X_{\log n}\right]$ であり，各項は，上で議論したように $3\log n$ 以下である．したがって，$\mathbf{E}[X] \leq 3(\log n)^2$ であり，$\mathbf{E}[X]$ は所望の $(\log n)^2$ に比例する値で上から抑えられることになる．

B. より高次元と他の指数

上述の解析を用いて，さらに二つの問題点について議論する．まず，2 次元に配置されたノードに遠方連絡員へのリンクを付加して構築されたネットワークの解析に，どのように用いることができるかについて概観を与える．次に，ネットワークのサイズが大きくなる極限では，q の値が土台となっている次元と等しいとき，他の値のときよりも，検索がより効率的になることを示す．

2 次元での解析 1 次元のリングに対する解析を，2 次元格子に直接的に適応させることは，困難ではない．本質的には，1 次元であるという事実を，二つの点で解析に用いただ

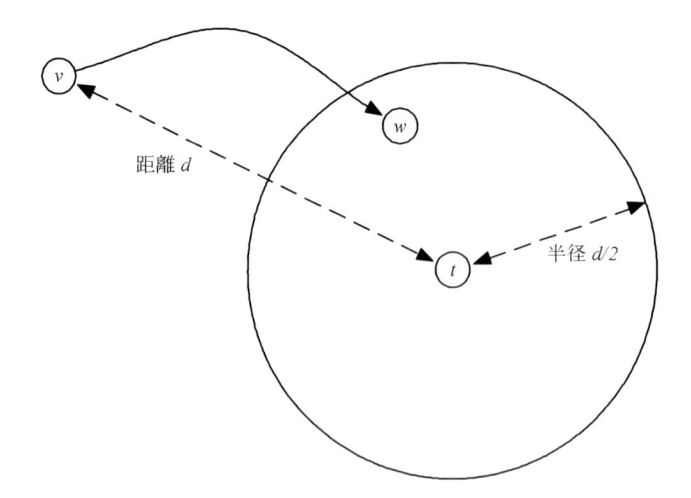

図20.20 1次元のリングでの解析を，2次元の格子モデルに，ほぼそのまま適用することができる．すなわち，2次元では，現在目標ノードtから距離dにあるメッセージに対して，目標ノードtからの距離が$\frac{d}{2}$以下であるノードの集合を考えて，この集合に1ステップで入る確率がかなり大きいことを議論する．

けである．第一に，正規化定数のZを決定する際に1次元であることを用いた．第二に，より重要な点として，目標ノードtからの距離が$\frac{d}{2}$以下となるノードが少なくともd個以上あることを議論する際に1次元であることを用いた．この因子dはリンクの生成確率のd^{-1}と互いに打ち消し合うので，任意のステップで，目標ノードへの距離が次ステップに半分以下になる（半分の区間に入る）確率が，dの値に"無関係に"，$1/(\log n)$に比例する値以上であることを結論付けることができた．

質的なレベルでは，この最後の点が解析の中核と言える．リング上ではこのリンク確率d^{-1}を用いることで，任意の一つのノードへのリンクの確率がtに近いノード数をきっちりと相殺することになり，したがって，目標ノードからの距離にかかわらず，近視眼的検索が前進できているのである．

2次元に進むと，目標ノードへの距離が$\frac{d}{2}$以下のノード数はd^2に比例する．これにより，同一の良い相殺の性質を持つためには，vから各ノードwへのリンクは，$d(v,w)^{-2}$に比例する確率で張られるべきであると示唆される．そこで，以下ではこの指数$p = 2$を用いることにする．

これまでのアイデアをそのまま用いて，指数を$p = 2$へ変更することにより，2次元に対する解析は，1次元のリングで眺めたものとほぼ同一となる．ここで計算することはしないが，まず，vからのwへのリンクの確率が$d(v,w)^{-2}$に比例するときの正規化定数のZは，ここでも$\log n$に比例することになる．次に，前と同様に，$\log n$個の異なるフェーズを考える．そして，図20.20に示しているように，与えられた時点で，メッセージの現在の保有者vの遠方連絡員wが，目標ノードへの距離が次の半分になる区間に入って，このフェーズがすぐに終了する確率を考える．ここで，前の段落で示唆した計算を用いる．すなわち，目標ノードからの距離が$\frac{d}{2}$以下のノードの個数はd^2に比例し，vからそのような各ノードへリンクが張られる確率は$1/(d^2 \log n)$に比例する．したがって，目標ノードからの距離が次の半分の区間となる区間に，メッセージがこのステップで入る確率は，少な

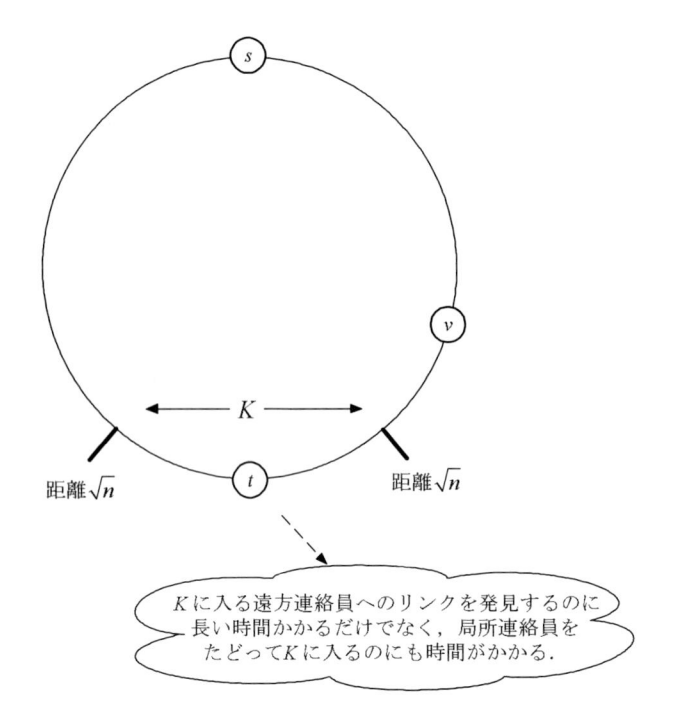

図 20.21 指数が $q=0$ であるときに，分散化検索に長い時間（ステップ）がかかることを示すために，検索が目標ノードに近い $2\sqrt{n}$ 個のノード集合に入り込むことが困難であることを議論する．同様の議論が $q<1$ の他の指数でも成立する．

くとも $d^2/(d^2\log n) = 1/(\log n)$ に比例することになる．残りの解析の部分は，前とまったく同じである．

同様に，直接的に適合させた解析により，$D>2$ 次元の格子モデルに対して，指数 q を D に等しくして遠方連絡員へのリンクを確率 d^{-D} に比例して加えて得られるネットワークにおいて分散化検索が効率的であることも示すことができる．

他の指数で検索が効率的でなくなる理由 最後に，指数が他の値のとき（次元と異なるとき）には，分散化検索が効率的でなくなる理由を簡単に概観することにする．分散化検索がそれほどうまく機能しない理由を，$q=0$ のとき，すなわち，遠方連絡員が一様ランダムに選ばれる最初の Watts–Strogatz のモデルのときに限定して，具体的に説明する．さらに，2次元の格子モデルではなく，1次元のリングで話をすることにする．2次元でも解析は本質的に同一であるが，1次元のほうが物事がより明快になるからである．

$q=1$ という "良い" 指数のときと同様に，キーとなるアイデアは，目標ノード t からの距離がある値以下となるノードの集合を考えることである．$q=1$ のときには t を中心とするこの集合が容易に小さくなっていくことを議論したが，ここでは，簡単には "進入できない" ような t を中心とする集合，すなわち，検索がそこに入るまでにきわめて脱出に時間がかかる集合を特定することが必要となる．

実際には，これは困難なことではない．基本的なアイデアは，図 20.21 に示しているとおりである．議論がどのように行われるかについて，詳細に入り込むことはせずに概略を述べる（詳細は，文献 [249] に記載されている）．K は t までの距離が $\sqrt{n}$ 未満となるすべ

てのノードの集合であるとする．さらに，高い確率で成立するように，検索の出発ノードはKの外側にあるとする．$q = 0$から遠方連絡員は一様ランダムに生成されているので，各ノードがKに入る遠方連絡員を持つ確率は，Kをnで割った値に等しくなる．すなわち，その確率は$2\sqrt{n}/n = 2/\sqrt{n}$より小さくなる．したがって，分散化検索でKに入る遠方連絡員を持つノードに到達するまでには，期待値として，少なくとも$\sqrt{n}/2$ステップがかかることになる．しかし，Kに入る遠方連絡員を持つノードに到達しないうちは，Kの内部で局所連絡員のみを用いて一歩ずつ"歩く"長い道のりとなることもあるので，目標ノードtに$\sqrt{n}$ステップ未満で到達できるとは言えない．この議論を用いて，目標ノードtに到達するには，どの分散化検索でも$\sqrt{n}$に比例するステップが期待値として必要であることを示すことができる．

$q = 1$以外の指数でも同様の議論ができる．qが真に0と1の間にあるときには，qの値に依存して決まる距離に対して，tまでの距離がその距離未満となるすべてのノードの集合をKとすることにより，上記の議論をそのまま適用できる．また，$q > 1$のときには，別の理由で分散化検索は効率的でなくなる．すなわち，遠方連絡員へのリンクがかなり短くなり，分散化検索で長い距離をカバーするリンク（集合）を見つけるのにかなり時間がかかってしまうからである．これが，出発ノードから目標ノードへの距離を短期間に通過していくことを困難にしているのである．

要約すると，以下のとおりである．すべての指数$q \neq 1$に対して，（qに依存する）定数$c > 0$が存在し，指数qで生成されたネットワークでは，目標ノードへ到達するまでに，どの分散化検索でも期待値としてn^cに比例するステップが必要であることを，示すことができる．したがって，nが十分に大きいところでは，指数$q = 1$による分散化検索のステップ数が$\log n$に比例するのに対して，他の指数による分散化検索のステップ数はn^cに比例するので，指数的に悪いことになる[2]．リング上での指数$q = 1$と平面上での指数$q = 2$は，"ランダムすぎる"ネットワークとあまりランダムでないネットワークの中間にあって，最適にバランスがとれているのである．

20.8 演習問題

1. 基本的な6次の隔たりの問題では，ファーストネームで互いに呼び合う2人を辺で結んで得られるソーシャルネットワークにおいて，世界のほとんどの2人が6本以下の辺で構成されるパスで結ばれるかどうかについて考えている．

 そこで，この問題の変種版を考えよう．世界のすべての人々を考えて，各個人が10人の最も親しい友人に向かって有向辺を張っている（ファーストネームで呼び合っていても10人を超える人には張らない）とする．こうして得られる"親友"版のソーシャルネットワークで，世界のどの2人に対しても，2人を結ぶ6本以下の辺で構成されるパスは存在するか？ 答えとともに簡単な説明も与えよ．

---

[2] もちろん，この相違が真に重大になるのは，nがきわめて大きいところにおいてである．図20.6は，4億ノードのネットワーク上でのシミュレーション結果であることに注意しよう．

2. 基本的な6次の隔たりの問題では，ファーストネームで互いに呼び合う2人を辺で結んで得られるソーシャルネットワークにおいて，世界のほとんどの2人が6本以下の辺で構成されるパスで結ばれるかどうかについて考えている．

そこで，この問題の変種版を考えよう．世界の各個人に対して，その人がよく知っている30人を，よく知っている順に挙げてもらう（どの人もそのような30人を挙げられるとする）．そして以下のように，二つの異なるソーシャルネットワークを構成する．

(a) 各個人が挙げた30人のうちで，最もよく知っている10人の友人に向かって有向辺を張って得られる"親友"ネットワーク．

(b) 各個人が挙げた30人のうちで，21番目から30番目によく知っている友人に向かって有向辺を張って得られる"遠い友人"ネットワーク．

これらの二つのネットワークで，スモールワールド現象がどのように異なるかを考えよう．親友ネットワークにおいて，1人の人から6ステップ内で到達できる人数の平均をCとし，遠い友人ネットワークにおいて1人の人から6ステップ内で到達できる人数の平均をDとする（世界のすべての人について平均をとるとする）．

研究者たちがこれらの2種類を比較する実験的研究を行ってきた結果，（詳細は研究により異なるが）CとDの一方が他方より常に大きいという傾向は一貫していた．CとDのうちで大きいと考えられるのはどちらか？ 答えとともに簡単な説明も与えよ．

3. ソーシャルコミュニケーションネットワークの研究者グループと一緒に仕事をしているとする．その研究グループは，そのようなネットワークにおける人々の間の距離とスモールワールド現象のより広い洞察に焦点を当てて研究している．

その研究グループは，現在"誰が誰と会話した"かを示すグラフのスナップショットの提供について，大きな携帯電話会社と契約の交渉をしている．より具体的には，厳格な個人情報保護を条件に，会社は以下のグラフの提供を提示している．すなわち，その会社の各顧客に対応してグラフのノードが存在し，対象とする1年間に通話した2人を辺で結んでいるグラフである．（それらのすべての辺には，通話回数と各通話の時刻も付随している．なお，各ノードには個人の特定につながる情報はいっさい付随していない．）

最近になって，会社は，上記の完全なデータ（グラフ）ではなく，1年間にわたって平均で1週間に少なくとも一度通話した2人の間にのみ辺のあるデータ（グラフ）を提供したいと言ってきている（すなわち，すべてのノードはそのまま存在するが，辺は少なくとも52回以上通話した2人の間にしか存在しないグラフである）．会社は，これが完全なネットワークではないことは認識している．しかしながら，会社は提供する情報を少なくしたいと考えていて，これでも完全なネットワークの十分に良い近似になっていると主張している．

研究グループはその提案に反対しているが，会社は，この簡略化したデータ集合（グラフ）で正しい研究成果が得られないことが明示されない限り，当初の提案には戻さないと言っている．

どのように対応すればよいであろうか？

第 21 章
伝染病

　伝染病の研究は，常に生物学的なテーマと社会学的なテーマとを併せ持つトピックである．伝染病について語るとき，人から人に感染するインフルエンザ，はしか，性的な接触による感染症などの病原菌で引き起こされる伝染病を思い浮かべる．伝染病は，集団を通して感染し，低いレベルで長期間にわたって潜伏することもある．したがって，突然爆発的に広がることもあるし，周期的に広がることもある．極端なケースでは，たとえば，米国におけるヨーロッパ人の到来による伝染病の蔓延 [130] や 1300 年代の 7 年間にわたるペストの猛威による全ヨーロッパ人の 20% の死亡 [293] などのように，一つの伝染病が文明世界に重大な打撃を与えることもありうる．

21.1 病気の感染ネットワーク

　集団において病気が拡大するパターンは，感染の仕方，感染期間，感染力などの病原菌の性質のみならず，感染に関与する集団内でのネットワーク構造にも依存する．誰が誰を知っているという集団内でのソーシャルネットワークを調べると，誰から誰にどのように病気が感染するのかがかなりよくわかる．しかし，より一般的には，病気の広がりは**接触ネットワーク** (contact network) を用いて分析される．接触ネットワークとは，人が他の人と接触して病気をうつす可能性があるときの接触関係を表現するネットワークである．
　このことから，病気の拡大を理解するには，土台となるネットワークの正確なモデル化が重要であることがわかる．したがって，一つの都市内における通行パターン [149, 295] や世界中に張り巡らされた航空ネットワークにおける運行パターン [119] により，病気の高速な広がりがどのように影響を受けるのかについて，研究が行われてきている．接触ネットワークは，人間以外の動物界や植物界において病気がどのように広がるかを理解する上でも重要である．たとえば，2001 年の英国での畜産業における口蹄疫の大流行の感染経路 [211] や，感染した個々の植物が形成する特徴的な空間的模様 [139] の究明でも，接触ネットワークは研究者に用いられてきた．同様のモデルが，土台となる通信ネットワークにおけるコンピューター間でのコンピューターウイルス，悪意のあるソフトウェアの広がりの研究でも用いられている [241]．

病気の種類とネットワークは，密接に関係している．同一の集団でも，異なる二つの病気では，接触ネットワークはきわめて異なる構造を持つこともある．咳やくしゃみにより空気感染する感染力の強い病気では，接触ネットワークの辺は猛烈な本数になる．たとえば，バスや飛行機で単に隣の席に座った者同士でも，辺が生じるからである．一方，緊密な接触や性的な接触で感染する病気では，接触ネットワークはより疎で，辺で結ばれる2人がそれ以外の人と結ばれることは，それほど多くはない．コンピューターウイルスの研究でも同様の違いが観察されている．インターネットを介してコンピューターに感染する悪意あるソフトウェアの接触ネットワークは，近くにいるモバイル機器間の短距離無線通信で広がる悪意あるソフトウェアの接触ネットワークと比べて，より広がりのあるものとなっている [251]．

アイデアと行動の普及の関係 病気の感染とソーシャルネットワークにおけるアイデアの普及の間には，明白な関係がある．病気もアイデアも，人を結びつけている同じようなネットワークを通して，人から人へと広がる．したがって，この点では，きわめて似た構造的なメカニズムを持っていると言える．その意味で，アイデアの広がりは，しばしば，"社会的な感染"とも呼ばれる [85]．すでに，第19章で，アイデアや新技術，新しい行動の広がりについて取り上げてきたにもかかわらず，病気の枠組みでこの普及（感染）のトピックを再度本章で取り上げる理由は何であろうか？

生物的な感染と社会的な感染では，人から人へと感染する"感染の仕方"に最大の相違があることが，本章で再度取り上げる理由である．すなわち，社会的な感染では，新しいアイデアや新技術の採用を人々が自身で決断しているので，第19章のモデルでは，土台となる意思決定のプロセスをネットワークレベルのより大きな効果と結びつけることに重点をおいてきた．一方，病気の感染では，人から人への感染において意思決定がないばかりでなく，そのプロセスはかなり複雑であり，個人から個人へのレベルで観察できるものではないので，モデルとしては，**ランダム (random)**性が最も重要となるのである．すなわち，2人の人が直接辺で結ばれていて，一方のみが病気に感染しているとき，感染していない他方がある確率で病気に感染するというモデルである．人から人への感染を表現する有効な単純モデルはないが，このランダム性をモデルに採用することにより，感染のメカニズムについての問題を抽象化して取り去ることができる．

このアプローチに基づいて生物的な感染のモデルとしてこれから採用する新しいモデルのクラスは，社会的な感染のモデルと比べて，以下の点で大きく異なる．すなわち，社会的な感染では感染が確定的であったが，生物的な感染では，感染がネットワークのランダムなプロセスに基づいている点である．それ以外の点では，それほど異なることはない．これからの三つの節で，ネットワークにおける感染の最も基本的な確率的モデルをいくつか議論する．その後，病気の広がりの基本的な定性的問題に対して，これらのモデルからどのような洞察が得られるか，とくに感染の同期性，期間，同時進行性などを取り上げる．最後に，遺伝子の継承において，系統図ネットワークを通して行われる，ある種のランダムな伝搬における同様の問題に対して，ここで取り上げたモデルのいくつかがどのように関連付けられるかを考える．

なお，本論に進む前に，社会的な感染を研究する上でもランダム化モデルが有効である

ことを注意しておくことは大切であろう．とくに，個人での土台となる意思決定のプロセスがモデル化しづらくてランダムなプロセスとして抽象化するほうがより役立つときには，ランダム化モデルが有効である．意思決定に基づくアプローチと確率に基づくアプローチという二つのアプローチは，しばしば，関係する結果をもたらし，一緒にして用いることもできる（たとえば，[62, 408] を参照）．これらの方法の関係を深いレベルで理解することは，将来の興味深い研究の一つであると言える．

21.2　分枝プロセス

最も単純と思われる感染のモデルから始める．以下では，それを**分枝プロセス** (branching process) と呼ぶことにする．分枝プロセスは以下のように動作する．

- **第一波**　新しい病気に感染した1人が集団に現れ，感染している間に k 人と会い，会う人ごとに確率 p で独立にその病気をうつすとする．これらの k 人への接触を感染の**第一波** (first wave) と呼ぶことにする．最初の人から病気がランダムに感染していく伝搬に基づいて，第一波の何人かは感染し，残りの人たちは感染しない．
- **第二波**　第一波の k 人が集団に入り込んで，それぞれ異なる k 人と会うことを**第二波** (second wave) という．したがって，第二波は，$k \times k = k^2$ 人の人からなる．第一波で確率 p で病気に感染した各人は，第二波で k 人と会って，ここでも会う人ごとに確率 p で独立にその病気をうつす．
- **それ以降の波**　それ以降の波も同様に形成される．現在の波を形成する各人が，それぞれ異なる新しい k 人と会い，病気に感染している各人は，会う人ごとに確率 p で独立に病気をうつす．

したがって，この病気の感染の接触ネットワークは，図21.1(a)のように書ける（$k = 3$ の例で第三波までを示している）．このようなネットワークを**木** (tree) と呼ぶことにする．すなわち，木は，**根** (root) と呼ばれる1個のノードをトップレベルに持ち，各ノードは直下のレベルのいくつかのノードと辺で結ばれ，さらに，根以外の各ノードは直上のレベルの"単一の"ノードと辺で結ばれている．分枝プロセスの接触ネットワークを形成する木は，実際には波が無限に続くので，無限のノードで構成される．

さて，このモデルで感染はどのように振る舞うであろうか？ 人から人へと病気が感染して広がる様子は，接触ネットワークで辺を太く描くことで図式化できる．もちろん，各感染は独立に確率 p で起こるとしている．したがって，図21.1(b)は感染力の強い病気の感染の様子を示していて，第一波で2人が感染し，第二波で3人が感染し，第三波で5人が感染して，（図には示されていないものの）その後の波でも多数の人が感染すると考えられる．一方，図21.1(c)は，より感染力の弱い病気，すなわち確率 p の小さい病気の感染の様子を示していて，第一波で2人が感染しているが，第二波では一方の感染者から感染する人はなく，他方の感染者からは1人のみが感染し，第三波では感染者は1人もいなくなっている．この病気の感染は，第二波を終えた後，集団から完全に消滅している．し

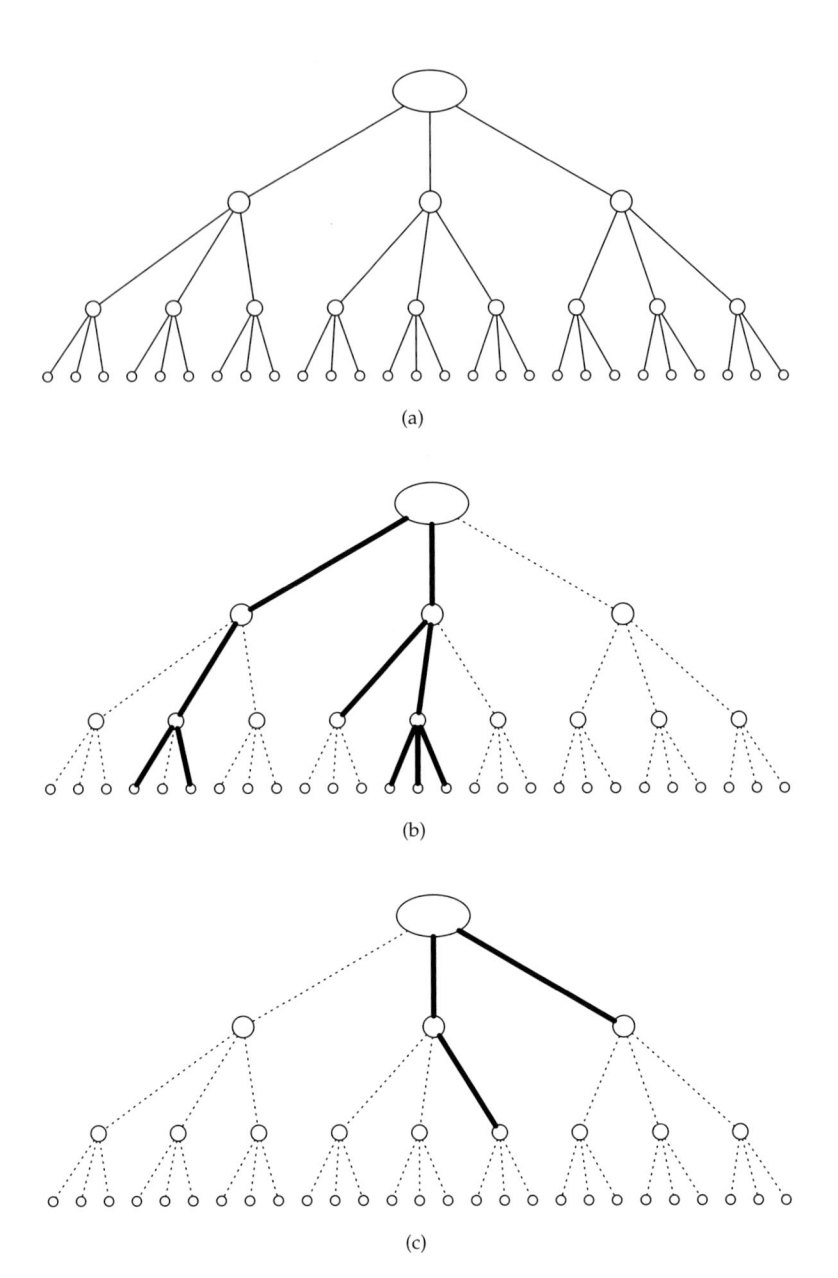

図 21.1 分枝プロセスモデルは，病気の感染の広がりを推論する単純な枠組みのモデルである．各個人が接触する人数と感染力に応じてそのモデルは変化する．(a) 分枝プロセスの接触ネットワーク．(b) 感染力が強い（感染する確率が高い）病気の感染は広範に広がる．(c) 感染力が弱い（感染する確率が低い）病気の感染は急速に消滅する．

がって，総感染者は 4 人のみである．

基本的な再生数と分枝プロセスに対する二分性　図 21.1(c) についての最後の観察から，分枝プロセスの基本的な性質が得られる．分枝プロセスで他の人への病気の感染がなくなる波に到達すると，感染は消滅する．なぜなら，将来のある波で人々が病気に感染するためには，一つ前の波で感染者がいなければならないからである．すなわち，感染がどれかの波で止まると，それ以降の波では感染は現れない．

したがって，分枝プロセスモデルでは病気に対して二つの可能性しかない．感染がなくなる波に到達して，有限回の波（ステップ）の後に病気が消滅するか，あるいは，"すべての" 波で誰かが感染して，接触ネットワークで無限に感染が続くかのいずれかである．この二つの可能性のいずれになるかは，病気の**基本的再生数** (basic reproductive number) と呼ばれる値を用いて単純な条件式で与えることができる．

基本的再生数は 1 人の感染者から新しく病気に感染する人数の期待値である．それを R_0 と表記する．各波で 1 人の人は k 人の新しい人に出会い，それらの新しい人は感染者から確率 p で感染するので，基本的再生数は $R_0 = pk$ と書ける．分枝プロセスモデルの結果は，基本的再生数が 1 より小さいか大きいかによって決定される．

主張：$R_0 < 1$ のときには，確率 1 で，病気は有限回の波の後に消滅する．$R_0 > 1$ のときには，各波で少なくとも 1 人の感染者がいて，病気が消滅しない確率が正となる．

この主張の証明は，21.8 節で与えることにする．しかしながら，証明の詳細がなくても，主張の中で記述されている基本的な条件の R_0 を 1 と比較していることに対しては自然な直観的な基礎があることがわかる．$R_0 < 1$ のときには，病気は自身を保持できない．感染している各人は，期待値として 1 人未満にしか病気をうつすことができないので，たとえランダムな揺らぎで短期的に増加したとしても，長い期間で眺めると確実に感染者数は減少する方向に進むからである．一方，$R_0 > 1$ のときには，長い期間で眺めると確実に感染者数は増加する方向に進む．しかしながら，たとえ $R_0 > 1$ であっても，病気が消滅しない確率が正であるというだけで，病気が消滅しないことを保証しているわけではないことに注意しよう．すなわち，$p < 1$ である限りにおいては，新しく感染した人が誰にも感染させることができなくて，病気が消滅することもありうるからである．言い換えると，どんなに感染力の強い病気であったとしても，大流行する前に，"不運にも" 集団から消滅してしまうこともあるのである．

この条件で表現される二分性は，基本的再生数 R_0 が 1 に近いときには，興味深い "紙一重" の性質を示す．たとえば，R_0 が 1 に非常に近いが 1 未満であるとする．このとき，感染の確率 p をわずかに増やしてみる．すると，病気の大流行の確率が，急に正になる．同様のことが，逆の方向でも起こりうる．R_0 が 1 よりほんの少しだけ大きいとき，R_0 をわずかに下げて 1 未満にすることにより，病気の大流行を防げるのである．さらに，R_0 は p と k の積なので，R_0 が 1 に近いときには，各人が出会う人数 k をわずかに変更することでも，大きな効果を得ることができる．

これらのすべては，臨界的な値の $R_0 = 1$ の付近では，基本的再生数におけるわずかな

変動に対しても大きな努力を払う価値があることを示している．R_0 は p と k の積であるので，2種類の公衆衛生的な指標を R_0 の減少に基づいて解釈することができる．人々を隔離することは k の値を減らす効果があり，病原菌の広がりを防ぐ消毒や手洗いうがいの奨励は，p の値を減らす効果がある．

分枝プロセスモデルは，病気の広がりのきわめて単純なモデルである．この接触ネットワークは三角形を持たないため，第20章でのスモールワールド現象に対する最初のモデルに似たものでもある．そこで，次節以降の数節で，より複雑な接触ネットワークを扱えるモデルを眺める．これらのモデルにおいては，先に主張した単純な二分性は成立しない．しかしながら，基本的再生数の概念は，より複雑なモデルでの振る舞いにおいても，有用で簡便な指標であり続ける．感染を制御する公衆衛生の関係者は，病気の消滅と存続を支配する正確な条件がわからないときでも，基本的再生数 R_0 が感染の勢いを近似的に表現する有用な指標であることを知っている．

21.3 SIR 感染モデル

任意のネットワーク構造に適用できる感染モデルを展開しよう．各個人ノードのレベルでは，分枝プロセスモデルの基本的な構成要素をそのまま用いるが，接触ネットワークの構造をより一般化する．分枝プロセスモデルの個人ノードは，病気の感染において，以下のように三つの潜在的なステージを経過すると考える．

- **感染可能 (susceptible)**：ノードは，病気に感染する前の段階では，隣接ノードから病気に感染する可能性がある．
- **感染 (infectious)**：ノードは，病気にいったん感染すると，感染可能な各隣接ノードに，ある一定の確率で病気をうつす．
- **除去 (removed)**：感染したノードは，一定の感染期間を経過すると回復し，また，免疫ができることから感染の危険がなくなり，考慮対象から除去される．

病気の三つのステージからなる"ライフサイクル"を用いて，ネットワークにおける各ノードの感染をモデル化しよう．接触ネットワークを表現する有向グラフでは，グラフの v から w への辺は，v がある時点で病気に感染すると，w がその病気に直接感染する可能性があることを示している．2人の一方から他方への感染がどちら向きにもありうる対称的な接触を表現するときには，両方向の有向辺を考えればよい．すなわち，v から w への向きと，w から v への向きがあると考える．人々の接触は対称的であることが多いので，ほとんどの辺が両方向であるネットワークを用いてもかまわないが，非対称的な接触も表現できるほうが好都合なこともある．

各ノードは，感染可能 (S) - 感染 (I) - 除去 (R) のサイクルを通過する可能性があるので，これらの三つのステージの状態を S, I, R と簡略化して用いることにする．感染の進行は，接触ネットワーク構造，および感染確率 p と感染期間 t_I の二つのパラメーターで制御できる．

(a)　(b)　(c)　(d)

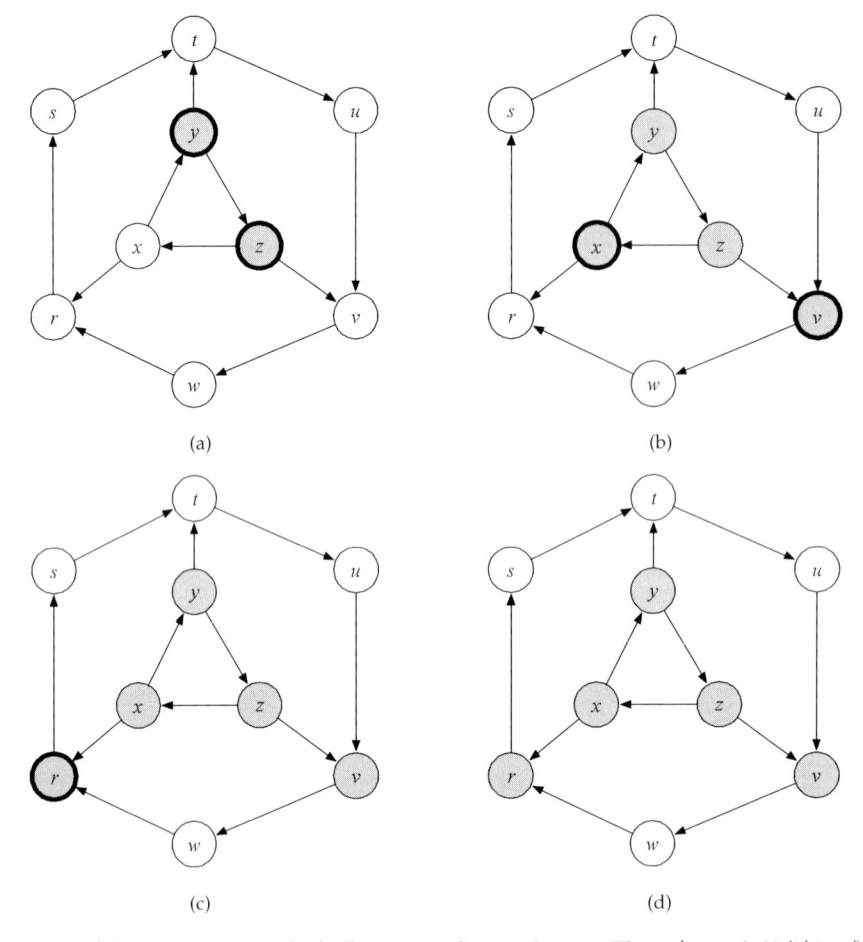

図 21.2　SIR 感染モデルのステップの経過のスナップショット．この図で，各ノードが病気に感染している期間を表すステップ数 t_I は $t_I = 1$ である．最初二つのノードの y と z が感染している（I 状態である）．感染は広がるが，必ずしもすべてのノードに広がるとは限らない．各ステップで，太い線の灰色のノードは I 状態であることを表し，細い線の灰色のノードは R 状態であることを表している．

- 最初，いくつかのノードが I 状態であり，それ以外のノードはすべて S 状態である．
- I 状態に入った各ノードは，一定の t_I 期間，I 状態でいる．
- t_I 期間の各ステップで，I 状態のノードは，感染可能な隣接ノードに確率 p で病気をうつす．
- t_I ステップを経た I 状態のノードは，回復して免疫を持ち（あるいは病気で死んで），自身が感染することも他にうつすことも不可能となる．したがって，接触ネットワークから "除去" されて状態 R になる．

これでモデルを完全に記述することができた．このモデルを，ノードが経験する病気の三つの状態にちなんで，**SIR モデル** (SIR model) と呼ぶことにする．図 21.2 は，接触ネットワークにおけるステップの経過をスナップショットで表した SIR モデルの例である．各ステップで，太い線の灰色のノードは I 状態であることを表し，細い線の灰色のノードは R 状態であることを表している．

SIRモデルは，各個人が一生のうちで一度しか患わない病気に対して，明らかに最も適したモデルである．病気を患ってから一定期間後には，回復して一生免疫を持つか，あるいは病気で死んで，ノードは除去される．次節では，1人が何度もかかる病気の感染モデルを取り上げる．なお，21.2節で取り上げた分枝プロセスモデルも，一種の制限されたSIRモデルであることを注意しておく．すなわち，分枝プロセスモデルは，$t_I = 1$で接触ネットワークが，各ノードが直下のレベルの一定個のノードと隣接しているような，無限の木であるSIRモデルである．

SIRモデルの拡張 一般のSIRモデルの接触ネットワークは，いくらでも複雑になりうるが，病気の感染のダイナミクスは単純なままであるとする．したがって，感染確率は一定でpであり，感染は一種の"オン/オフ"の性質を持つとする．すなわち，ノードは感染しているt_I期間のどのステップでも，確率pで感染可能な隣接ノードに病気をうつす．

しかしながら，より複雑な仮定も取り扱えるようにモデルを拡張することも，困難ではない．たとえば，感染が起こりやすいノード対をネットワークに含めることもできる．すなわち，有向グラフの接触ネットワークにおいて，vからwへのリンクのあるノード対v, wに対して，個別に感染確率$p_{v,w}$を与えることもできる．$p_{v,w}$の値が大きいことは，接触の度合いが濃く感染する確率が高いことに対応し，$p_{v,w}$の値が小さいことは，接触の度合いが薄いことに対応する．さらに，感染しているノードが各ステップで確率qで回復するとして，感染期間をランダムな長さとする（他の部分はこれまでどおりとする）モデルも選べる．

さらに複雑で，I状態をいくつかの状態系列（たとえば，感染の初期期間，中間期間，最終期間）に細分するモデルも考えられていて，これらのそれぞれの期間で感染確率が変えられている [238]．これは，たとえば，感染力の強い潜伏期間や，発病後の感染力の弱い期間を表現するのに用いることもできる．流行中に病気を引き起こす病原菌に突然変異が起こる（したがって，病気の性質が変化する）SIRモデルの変種版も，研究者により考えられている [183]．

基本的再生数の役割 任意の接触ネットワークで最も基本的な版のSIRモデルについて，観察できることをいくつか議論しよう．第一に，21.2節の最後に与えた主張である，基本的再生数R_0によって決定される感染の単純な二分性の振る舞いが，木構造でないネットワークでは，必ずしも成立しないことを示す．実際，この二分性が成立しない例を与えることは困難ではない．そこで，2個のノードの層が右に無限に続く図21.3の接触ネットワークで，感染確率pが$p = \frac{2}{3}$，感染期間t_Iが$t_I = 1$，最も左側の2点が最初の感染ノードであるSIR感染モデルを考えてみよう．

木構造のネットワークでないときには，基本的再生数に類似するものをどのように定義したらよいかを決定しなければならない．図21.3のような高度に構造化されたネットワークでは，感染している1個のノードから新しく感染するノードの個数の期待値であるというR_0の定義を用いて（より構造化レベルの低いネットワークでは，集団からランダムに選ばれた1個の感染ノードから新しく感染するノードの個数の期待値としてR_0を考えることができる），直接的に議論を展開することができる．図21.3では，各ノードは次の層

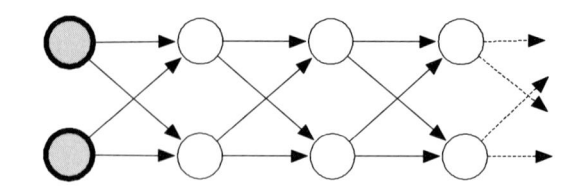

図 21.3 このネットワークでは，感染は狭い"海峡"を形成するノードを経由して広がる．このような構造では，感染力の高い病気もすぐに消滅してしまう．

に隣接ノードをちょうど2個持っている．各感染ノードは，確率 $\frac{2}{3}$ で隣接ノードに病気をうつすので，新しく感染するノード数の期待値は $\frac{4}{3}$ となる．

したがって，この例では $R_0 > 1$ である．しかし，これにもかかわらず，病気は有限個のステップ後にほとんど確実に消滅することが，以下のように容易にわかる．各層では，次の層に向かって4本の辺が存在して，各辺は，独立に $\frac{1}{3}$ の確率で，感染させるのに失敗する．したがって，$\left(\frac{1}{3}\right)^4 = \frac{1}{81}$ の確率で，4本の辺すべてが感染させるのに失敗する．そして，これが起きた時点で，これらの4本の辺は"路上障害物"となって，病気はこの層を超えてネットワークのそれ以降の層の部分へ到達できなくなることが保証される．したがって，病気が層ごとに移動していく限りにおいては，現在の層が最後になる確率が少なくとも $\frac{1}{81}$ となる．以上により，有限個の層で感染が消滅する確率は1となることが言えた．

これはきわめて単純な例であるが，たとえ，感染性や他の性質が与えられたとしても，ネットワークの様々な構造が，多かれ少なかれ病気の感染の広がりに寄与することを示している．21.2節の単純な分枝プロセスモデルでは，接触ネットワークはすべての方向に急速に広がることができる木であったのに対して，図21.3のネットワークでは，病気の感染が狭い"海峡"を通過しなければならず，したがって，感染が弱まることになったのである．ネットワークの構造が病気の感染のダイナミクスとどのように相互作用するかを解明することは，実際の病気の感染を予測する上でも重要であるが，それは現在，挑戦的な研究課題の一つである．

SIR感染とパーコレーション　これまでは，SIR感染を，ネットワークのノードの状態が時間の経過とともに変化する，ダイナミックなプロセスとして考えてきた．これにより，集団における病気の感染を，時間の経過によるダイナミクスとして捉えることができる．しかし，興味深いことに，これらの感染のダイナミクスを，完全に静的な観点で，等価的に眺めることもできるのである．そして，これはモデル化の観点からも，しばしばきわめて有効になる [44, 173]．

そこで，$t_I = 1$ の基本的なSIRモデルに絞って，どのようにしてプロセスを静的な観点で眺めることができるかを説明しよう．SIR感染モデルで，ある時点でノード v が感染して，感染可能なノード w を隣接ノードに持っているとする．$t_I = 1$ であるので，v が w に病気をうつすチャンスは一度限りであり，そのときの確率は p である．このランダムな事象の結果を，確率 p で表が出るコインを投げて，その結果を観察することで，等価的に眺めることができる．プロセスの観点からは，コインがどの時点で投げられて観察されても，明らかに問題ではない．すなわち，ノード v が病気に感染した時点でコインを投げて

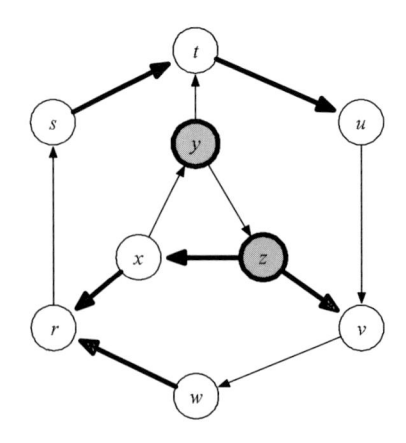

図 21.4 SIR 感染の"パーコレーション"による等価な表現. ここでは，各辺が（辺の始点のノードが病気に感染したときに終点のノードに）病気をうつすかうつさないかを前もって決定している.

結果を観察しても，あるいは，全体のプロセスの開始時点で投げて，ノード v が病気に感染した時点でその結果を眺めても，どちらでも問題ない．この推論をさらに続けると，全体のプロセスの開始時点で，一つのノード v から一つのノード w への接触ネットワークの"各辺"で，独立に，確率 p で表が出るコインを投げて，その結果を保存していて，ノード v が病気に感染した"時点で"，w が感染可能であるときにそれを確認することでも問題ないことになる．

このように，最初にすべての辺でコインを独立に投げてその結果を保存しておけば，SIR 感染プロセスは以下のように眺めることができる．接触ネットワークの各辺に対して，コイン投げで表が出た辺は"開通"と宣言し，裏が出た辺は"閉鎖"と宣言する．図 21.4 は，図 21.2 の例の感染のパターンに正確に対応する，コイン投げの結果の例を示している．こうして，開通された辺と閉鎖された辺を用いて，感染の経過を以下のように眺めることができる．

> 病気の感染が続いている間にノード v が感染するための必要十分条件は，最初に感染したノードのいずれかのノードから，開通された辺のみを用いて v へとたどり着くパスが存在することである．

したがって，図 21.4 は，図 21.2 のステップ列と表面的に異なって見えても，実際は，その病気の感染経過を簡潔にまとめている．ノードが最終的に病気に感染するのは，最初に感染したノードのいずれかから，ネットワークの開通された辺のみを用いてそのノードに到達できるとき，そしてそのときのみである．

この静的な観点からのモデルの図は，以下のような物理的な類推に基づいて，**パーコレーション (percolation)** と呼ばれている．接触ネットワークをパイプシステムと見なし，病原菌をこれらのパイプを移動する流体と見なすと，感染に成功する接触ネットワークの辺は"開通"されたパイプであり，感染に失敗する辺は"閉栓"されたパイプであることになる．すると，開通されたパイプのみを通って液体が到達できるノードを決めたいことになる．実際には，これは説明のためだけの例ではない．パーコレーションは，ある種の通水性のある物質を介する液体のフローのモデルとして，物理学者や数学者により，詳細に

研究されてきたトピックである [69, 173]．したがって，それ自身が興味深いトピックであるのと同時に，病気の感染の進行を等価的に眺めるのにも有効である．

21.4 SIS 感染モデル

前節までは，各個人は同じ病気を高々一度しか患わないものとして，感染のモデルを取り上げてきた．しかしながら，これらのモデルをわずかに修正するだけで，複数回患うこともある病気の感染モデルが得られる．

そのような感染を表現するためには，単に，各ノードで感染可能 (S) と感染 (I) の二つの可能な状態が交互に起こると考えるだけでよい．"除去"の状態はここではない．感染状態が終了すると，再び感染可能状態に戻るとする．S 状態と I 状態が交互に起こることから，このモデルを **SIS モデル** (SIS model) と呼ぶことにする．

R 状態がないことを除いては，SIS モデルのメカニズムは，以下に示すように，SIR モデルのプロセスに，ほとんどそのまま従っている．

- 最初，いくつかのノードが I 状態であり，それ以外のノードはすべて S 状態である．
- I 状態に入った各ノードは，一定の t_I 期間，I 状態でいる．
- t_I 期間の各ステップで，I 状態のノードは，感染可能な隣接ノードに確率 p で病気をうつす．
- t_I ステップを経た I 状態のノードは回復して，他のノードに病気をうつすことができなくなり，S 状態に戻る．

図 21.5 は，$t_I = 1$ で，3 個のノードからなる接触ネットワークにおけるステップの経過を，スナップショットとして表した SIS モデルの例である．ノード v が感染の状態から出発して，回復し，そしてまた感染の状態になっていることに注意しよう．この図は，3 人でアパートをシェアしているときの接触ネットワークや，3 人家族での接触ネットワークをイメージすればわかりやすい．1 人が病気になり，一緒に住んでいる他の人に病気をうつし，その後また最初の 1 人がその病気にかかる例である．

SIR モデルのときと同様に，SIS モデルでも，異なるペアに対する異なる感染確率や，各ステップの回復に確率 q を使うことによる病気の感染期間の確率的取り扱い，異なる性質を持つ複数ステージからなる感染期間といった，より一般的な様々な仮定を扱えるように拡張することができる．

SIR 感染と SIS 感染のライフサイクル 本節と前節の例は，有限個のノードからなる SIR 感染と SIS 感染の全般的な"軌跡"が，質的にきわめて異なるものとなることを示唆している．有限グラフの SIR 感染では，どのノードも再感染しないので，感染するノードが有界で燃え尽きてしまうことから，感染はかなり少ないステップ後に終了する．一方，SIS 感染では，ノードは潜在的に何度も感染しうるので，格段に長く感染が生き長らえることもある．図 21.5(e) からもわかるように，すべてのノードがある時点で SIS 感染から同時に

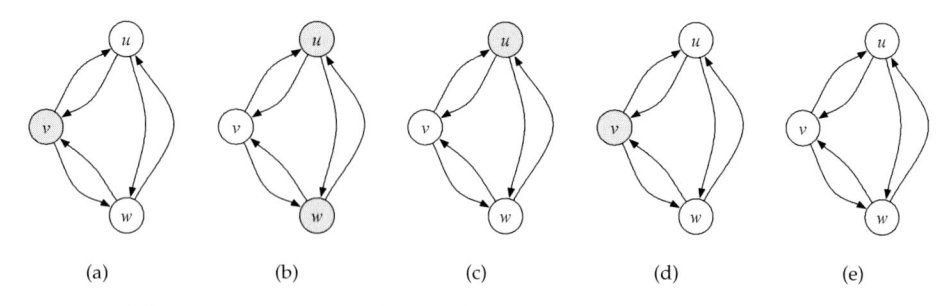

図 21.5 SIS 感染モデルでは，ノードは感染，回復の後，再度感染することもありうる．図の各ステップで，感染しているノードを灰色で表示している．

解放されると，病気は永遠に消滅したことになる．それ以降，病気を他にうつす感染ノードがなくなっているからである．多くの有限グラフでは，すべての感染ノードが t_I ステップにわたって病気をうつすのに失敗し続けるときがいずれ来て，その時点で感染が終了する．したがって，与えられた接触ネットワークにおける SIS 感染でキーとなる質問は，病気が生き長らえる期間と異なる時点で何人が感染しているかを理解することである．

実際，数学的に扱いやすい構造の接触ネットワークに対しては，分枝プロセスモデルでの二分性に類似の SIS モデルに対する"紙一重の"結果の証明も研究者によって得られてきている．特殊な接触ネットワークのクラスに対するこれらの研究成果は，感染の確率 p のある特別な臨界値で，ネットワークの SIS 感染は，わずかな変化で，急速に感染が静まるケースからきわめて長い間生存するケースまで大きく変わるのである [52, 278]．感染確率 p の臨界値はネットワークの構造に複雑に依存しているため，この種の解析はきわめて複雑である．

SIR 感染と SIS 感染の間の関係 SIR 感染モデルと SIS 感染モデルの間には相違があるものの，ある種の基本的な SIS 感染モデルは，SIR 感染モデルの特殊ケースとして表現することができる．この驚異的な関係は，基本的な感染モデルが有する柔軟性のさらなる証拠とも言える．したがって，異なる方法で定義されたモデルが，実際には互いに密接に関係していることがわかるのである．

各ノードが感染から回復するまでに，他のノードを感染させる機会が 1 ステップ分しかない $t_I = 1$ の SIS 感染モデルでこの関係を説明する．キーとなるアイデアは，各ノード v をそれぞれの時刻ステップで"異なるノード"と見なすことである．すると，どのノードも二度以上感染することはないことになる．具体的には，与えられた $t_I = 1$ の SIS 感染モデルに対して，各時刻ステップ $t = 0, 1, 2, 3$ で，各ノードのコピーを作る．これを**時刻展開接触ネットワーク** (time-expanded contact network) と呼ぶことにする．最初の接触ネットワークの各辺（ノード v からノード w への辺とする）に対して，時刻展開接触ネットワークでは，各時刻 t の v のコピーから時刻 $t+1$ の w のコピーへの辺を加える．これは，ノード v が時刻 t で感染すると，ノード w が時刻 $t+1$ で感染する可能性があることを表している．図 21.6(a) は，図 21.5 の接触ネットワークに対して，このようにして得られる時刻展開接触ネットワークを示している．

ポイントは，元の接触ネットワークで感染 – 回復（感染可能）– 感染と循環する SIS の感

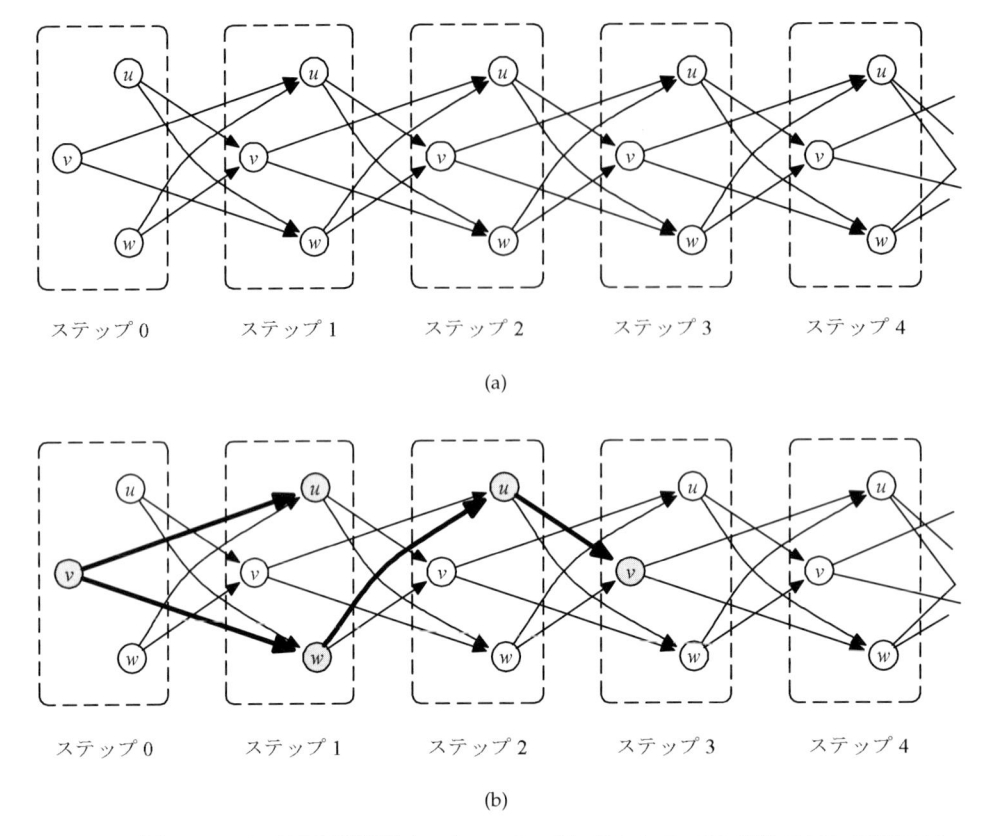

図 21.6 SIS 感染モデルは，時刻展開接触ネットワークを用いることで，SIR 感染モデルで表現できる．(a) 時刻展開接触ネットワークでは，接触ネットワークのコピーが各時刻ステップであり，時刻 t で感染するノードは時刻 $t+1$ で接触ネットワークのそのノードの隣接ノードを感染させることができる．(b) SIS 感染モデルは，この時刻展開接触ネットワークを用いて，SIR 感染モデルとしてモデル化することができる．

染ダイナミクスとまったく同一のことが，時刻展開接触ネットワークで時間の進行に伴うフローとして表現できるということである．すなわち，時刻 t で I 状態にいるノードのコピーから時刻 $t+1$ にいるノードのコピーへ新しく感染させることができるからである．一方，この時刻展開接触ネットワークは，ノードのどのコピーも感染している 1 ステップが過ぎると（時刻の経過で）除去されると見なせるので，SIR プロセスとなっている．そしてそれは，もともとの SIS プロセスと同一の結果分布となるのである．図 21.6(b) は，図 21.5 の SIS 感染モデルに対応する SIR 感染モデルの感染経過を示している．

21.5　同期性

これまで展開してきたモデルは，病気の感染の広がりにおける，より広範にわたる様々な問題を考える上での枠組みも与えてくれる．分枝プロセスモデルに対する二分性でこれらの問題の一つをすでに眺めている．そこでは，感染におけるわずかな変化が大流行をも

たらすことを示し，基本的再生数の臨界的な役割に対して形式的な基礎を与えた．以下では，大域的な観点から，病気の感染のダイナミクスにおける関連する問題点，たとえば，集団におけるある種の病気の感染が，感染者数が時間とともに大きく変動し，周期的に大流行する傾向があることなどを眺める．そのような現象は，はしか [196, 213] や梅毒 [195] などの病気では，よく知られている．

公衆衛生データを眺めてみると，かなり多くの病気で周期的な振動が観察される．それが起こる原因を解明しようとすることは自然なことである．たとえば，米国における過去 50 年間のデータから得られる梅毒の流行サイクルは，性的な道徳観や慣習などの変化も含む，社会的な変化に大きく依存していると考えられる [195]．そのような因子が働いているのは明らかであるが，一方で，最近の研究から，時系列的な振動や同期は，病気それ自体の感染のダイナミクスに大きく由来していることがわかってきている．そして，これまで考えてきた種類のモデルを用いて，病気の感染の直接的なシミュレーションでも，同様のパターンを作り出すことができる [195, 267]．

単純な病気の感染モデルを用いて，そうした効果をどのように再現できるかを説明しよう．重要な構成要素となるのは，一時的に免疫ができることと，接触ネットワークに遠く離れている二つのノード間を結ぶ辺の存在とが組み合わさって得られる効果であると考えられている．おおざっぱに述べると，遠く離れている二つのノード間を結ぶ辺の存在により，ネットワークの遠く離れた部分で，時を同じくして大流行が起こる．これらの大流行が静まると，一時的に免疫が形成され，ネットワーク全体で，感染可能なノードに対する個数と連結性の不足が起こる．したがって，流行の"ピーク"の直後に深い"谷底"が生まれる．単純なモデルを用いて，この直観的な図を具体的に実現してみよう．

SIRS 感染モデル 振動するモデルを作る最初のステップは，病気から回復すると（永続的ではない）一時的な免疫ができるとすること，すなわち，現実の多くの病気で観察される特徴に基づくことである．そこで，SIR 感染モデルと SIS 感染モデルの構成要素を単純な方法で組み合わせる．すなわち，ノードは感染から回復すると，短期間 R 状態を経過してから S 状態に戻るとする．感染が進行するに従い，ノードは S-I-R-S の系列をたどるので，こうして得られるモデルを **SIRS モデル** (SIRS model) と呼ぶことにする [267]．このモデルの動作の詳細は，以下のように書ける．

- 最初，いくつかのノードが I 状態であり，それ以外のノードはすべて S 状態である．
- I 状態に入った各ノードは，一定の t_I 期間，I 状態でいる．
- t_I 期間の各ステップで，I 状態のノードは，感染可能な隣接ノードに確率 p で病気をうつす．
- （このモデルの**新しい特徴**）t_I ステップを経た I 状態のノードは回復して，一定の t_R 期間 R 状態でいる．この期間中は病気に感染しないし，他のノードに病気をうつすこともない．t_R ステップの R 状態の期間が過ぎると，ノードは S 状態に戻る．

SIRS 感染モデルでは，集団における感染の経過は，もちろん p と t_I の値のみならず，一時的な免疫が働いている期間の t_R の値からも影響を受ける．

スモールワールド接触ネットワーク　集中的に大きな感染が見られた後にあちこちで免疫の効果が現れて，この一時的な免疫により，ネットワークの多くの局所的な部分で振動が生まれることもある．しかしながら，ネットワーク全体としての大きな振動が生まれるためには，多くの部分で時期を同じくして病気の発生が起こらなければならない．この種の同時発生を引き起こす自然なメカニズムにおいては，ネットワークに，ある種の辺，すなわち，そのような辺がないと遠く離れて孤立する部分が多数生じてしまう辺が十分に存在しなければならない．

この種の構造は，第20章のスモールワールド現象の性質を議論したときにも出てきている．そこでは，多くの辺が"局所的"にクラスターを構成するモデルを考えた．すなわち，同種親和性の原理に基づいて，社会的あるいは地理的にきわめて似た者同士のノード間に辺があるネットワークのモデルであるが，一方で，ネットワークの遠く離れた部分を結ぶ弱い絆に対応する辺もわずかながら存在していた．第20章では，この種の構造が遠く離れたノードに及ぼす効果に焦点を当てて議論した．実はここでも，これと密接に関係することが得られる．すなわち，遠くを結ぶ辺の存在によって，ネットワークの一部に起こった事象が，そこから遠く離れたところでも，すぐに起こりうることになるのである．

Watts and Strogatz は，スモールワールド現象の性質と病気の感染における振動の同期性との関連に注目して論文を記している [411]．また，Kuperman and Abramson は，病気の感染における振動と同期がいかにして自然に生じうるかについて説明を与えている [267]．より具体的には，第20章で議論したように，格子グラフにランダムに辺を加えてグラフを構成するのときわめて似た方法で，スモールワールド現象の性質を満たすランダムなネットワークを構成して，分析を行った．しかしながら，実際には，第20章でのネットワークそのものではなく，Watts and Strogatz の最初の構成にほぼ完全に従ってグラフを構成している．すなわち，リングネットワークに辺をランダムに加えて得られるネットワークで分析を行った [411]．より具体的には，リング上にノードを配置して，各ノードから見て数ステップしか離れていないノードへの辺のあるグラフから出発している．これらの辺は，リング上できわめて近いノード同士を結んでいるので，すべて同種親和性の辺である．次に，2点を一様ランダムに選んで，ある一定の確率 c で独立に弱い絆となる辺として選んで加えていたのである．したがって，ネットワークにおける弱い絆の辺の割合を確率 c で制御していると言える．

SIRSモデルをこの種のネットワークで走らせると，図21.7に示しているように，c の値によって大きく異なる結果が観察される．c がきわめて小さいときには，ネットワークにおける感染は，近くを結ぶ局所的な辺を介するものが主となり，ネットワークの一部で局所的に流行するのみで，決して他の部分と同時多発的に大流行することはない．しかし，c が大きくなるにつれて，同期のとれた大流行が起こり始める．なぜなら，各部分での流行の後に，その部分における多くのノードの一時的な免疫により，感染可能なノードに過疎化が生じて，感染が広がらなくなるからである．一方，図21.7の0.9のようなきわめて大きい c では，病気に感染している人の総数に，明らかな振動と同期性が見られる．0.2のような中くらいの c では，ある程度の期間にわたってネットワーク全体としての振動と同期性が観察されるものの，その後は"同期性のない"状態に陥るように思われる．ただし，

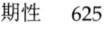

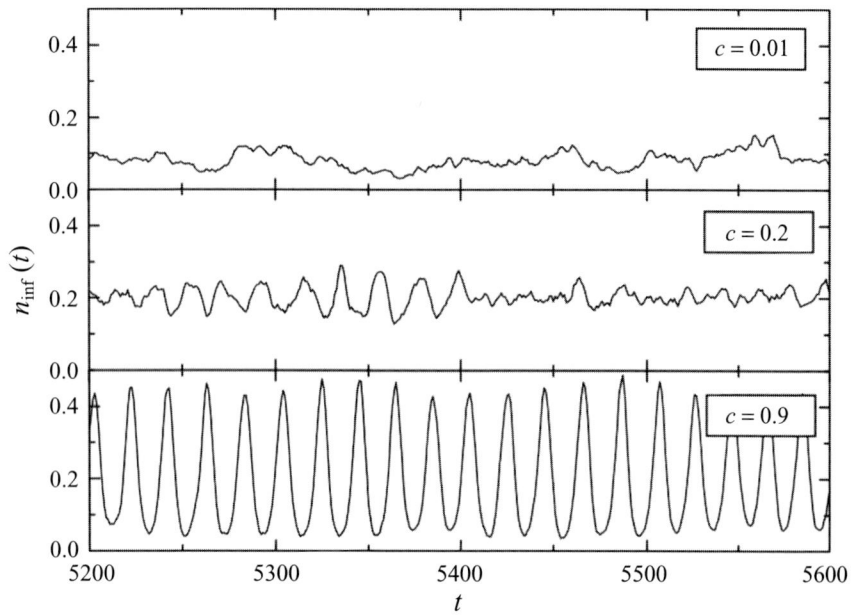

図 21.7 これらのグラフは，SIRS 感染モデルで，接触ネットワークの遠く離れたノード間を辺で結ぶ確率 c を変えて，横軸の時間 t の経過に伴う感染者の割合を縦軸の $n_{\text{inf}}(t)$ に表している．$c = 0.01$ のように c が小さいときには振動はなく，$c = 0.9$ のように c が大きいときには大きな振動が広範にわたって見られる．$c = 0.2$ のように中間的な c の値では，最初，間欠的な振動が見られるが，その後消えてしまう．（結果と図の出典：[267]（アメリカ物理学会の好意による））

その理由を特定することは難しい．

これらの結果は，単純な接触ネットワークの感染モデルから，いかにして複雑な感染のダイナミクスが生じうるかを示している．しかしながら，興味深い未解決問題も多数ある．たとえば，ここで述べた結果は，主として，シミュレーションで発見されたものであり，したがって，このモデルでの同期性の現象を数学的に解析することに対しては，ほとんど何の研究結果も得られていない．

病気の感染データにおける同期性 これらの効果は，実験的に研究することができる．そして，長年にわたって蓄積されてきた過去の病気の流行の膨大なデータを用いて，提案したモデルを評価することができる．Grassly, Fraser, and Garnett [195] は，梅毒と淋病を比較して，それらにおける同期性に対して複数の原理を与えている．たとえば，梅毒の流行は 8～11 年の間隔で周期的に振動するのに対して，淋病の流行は周期性がほとんど見られないと指摘している．それでも，これら二つの病気は同種の集団で起こり，社会的にきわめて類似する力に従っていると考えられている．

しかしながら，これらの相違性は，梅毒が感染から回復すると一時的な免疫ができるのに対して，淋病はそうでないという事実に合致している．さらに，梅毒に見られる周期は，一時的な免疫の期間とよく合っている．そして，その周期パターンから，米国の異なる地域間の同期性の範囲が，時間の経過とともに増加していることがわかる．それは，感染を誘起する接触ネットワークが，20 世紀の後半に，全米間に張り巡らされる形で大幅に

拡大したことを示唆している [195].

　より複雑な時間的な経過現象のモデル化も含めて，病気の感染に対して実際に行われている研究は，さらに多岐にわたっている．たとえば，はしかのような病気のデータ集合では，異なる都市での病気の流行は，"位相が反転して"負の同期をしていると言える．すなわち，一方の都市が流行しているときには，他方はまったく静かである（すなわち，まだ流行していないか，すでに沈静化している）という形で，負の同期がとれている [196]．単純に遠く離れたノード間を結ぶ辺の存在だけでは，そのような性質は説明できないので，他の説明が要求される [213]．免疫や予防計画や医学的な治療が，どのようにこれらの同期（および負の同期）に作用しているかや，単純なモデルから得られる洞察をこの分野の意思決定に役立てる方法も，まだよくわかっていない．

21.6　一時的な接触と同時並行性の危険

　これまでの病気の感染のモデルでは，土台となる接触ネットワークのリンクが，感染の広がりの期間中ずっと存在し続けるとして，かなり静的なネットワークを考えてきた．これは，病気の感染力が強く，新しい接触が生じたり古い接触が消滅したりするスピードより速く，短期間に広がるときには，自然で単純な仮定である．

　しかし，長い時間スケールで集団に感染が広がる病気を考える際には，これらの仮定をもう一度原点に戻って考えてみることも有効である．HIV/AIDS のような病気では，感染の広がりが多数年にわたり，その感染コースは性的な接触ネットワークの性質に深く依存している．たいていの人は，いずれの1時点でも0人，1人，あるいはごく少数の人と性的な接触を持つ．しかし，多くの人と性的な接触を持つ人も，ごく少数見られる．そして，このこともここでの議論では重要である．これらの接触ネットワークの構造は，病気の進行中に大きく変化しうる．新しいパートナーとの性的な接触により新たな辺が生まれたり，別離によって辺が消滅したりするからである．

　したがって，そのような病気に対する接触ネットワークのモデル化では，その病気の感染の全期間ずっとその接触が存在するとは限らないので，接触は"一時的"であり，ある特定の期間のみ存在するということを考慮することが重要となる．そこで，これから取り上げる接触ネットワークでは，接触が存在している"期間"を各辺に付記している．したがって，各辺の両端のノードでは，一方が病気に感染したときに他方に病気をうつせる期間は，その辺に付記された期間に限定されることになる．

　図 21.8(a) は，大括弧で表した存在期間を各辺に付記した接触ネットワークの例である．たとえば，u-v と w-x のパートナー関係は初めのうちに起こり，互いに [2,5] の時期が重なっている．その後，ノード w はノード v とパートナー関係になり，さらにその後，ノード y とパートナー関係になっていることがわかる．なお，HIV/AIDS や同様の病気を動機付けと考えている本節の観点から，病気はパートナー関係の一方から他方へどちらの向きにも感染しうるので，各辺は有向ではなく，無向であると仮定している（前節でも行ったように，パートナー関係を両方向に向きを持つ有向辺で表すこともできるが，ここではど

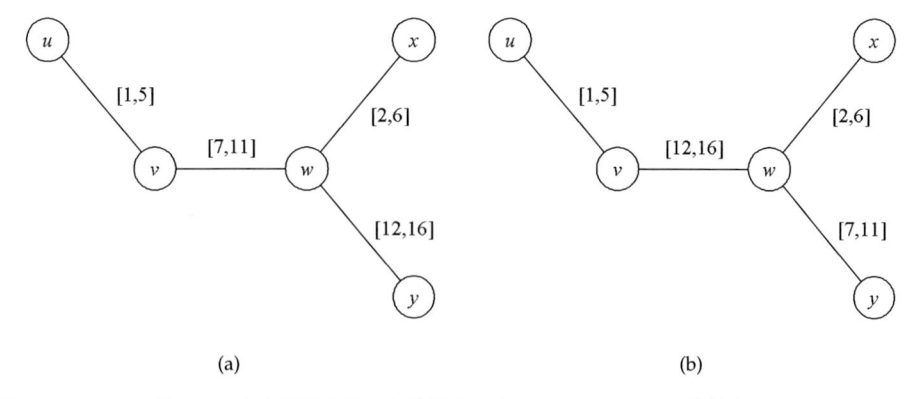

21.6 一時的な接触と同時並行性の危険　627

図 21.8 (a) 辺の横にその存在期間を記した接触ネットワーク．(b) (a) の接触ネットワークから w-v と w-y のパートナー関係の存在期間を交換して得られる接触ネットワーク．接触ネットワークの辺の存在期間を変えることにより，集団における感染の広がりは変化する．たとえば，(a) では，ノード u からノード y への感染がありうるが，(b) ではその可能性はない．

のパートナー関係も対称的であるので，無向辺を用いるのがより好都合である）．

一時的な接触からの結果　図 21.8(a) の例を少し考えてみると，各辺の存在期間の違いが感染の広がり具合に影響を与えることがわかる．たとえば，ノード u が時刻 1 で病気に感染したとすると，それはノードの v と w を経由して，y へも感染する可能性がある．もちろん，感染はこれまでと同様に確率的であるので，必ずしも感染するとは言えないが，可能性はある．一方，ノード u は，ノード x に病気をうつすことはできない．なぜなら，ノード u がノード v に病気をうつすことはでき，ノード v がノード w にも病気をうつすことはできるが，ノード w が病気に感染したときには，w と x のパートナー関係はすでに消滅しているからである．

さらに，辺の存在期間を考慮しない土台のネットワークの構造が同一であっても，存在期間を変えると，可能な感染の広がりも変化することになる．たとえば，図 21.8(a) の例の w-v と w-y のパートナー関係の存在期間だけを変えた図 21.8(b) の例を考えてみる．すると，図 21.8(a) の例では，ノード u はノード y にまで病気をうつすこともできたが，図 21.8(b) の例では，それが不可能であることがわかる．なぜなら，図 21.8(b) の例でノード u がノード w に病気をうつす時期では，w-y のパートナー関係がすでに消滅しているからである．

公衆衛生関係の従事者や疫学者にとって，HIV/AIDS などの病気に結びつく接触ネットワークで病気の感染の可能性を正しく予測検証する際に，このような考慮はきわめて重要である．たとえば，図 21.8(a) と図 21.8(b) の相違からもわかるように，ノード y がノード u から感染する可能性があるかどうかを知りたいときなどには，単に性的な接触ネットワークの構造を調べるだけでは不十分であり，その接触の（前後関係もわかる）存在期間の情報が本質的に重要になるからである．あるいは，第 2 章のある高等学校における恋愛関係を図示した衝撃的な図 2.7 に戻って考えてみると，それは，この集団における病気の感染の広がりの可能性を図式化するには不十分であることがわかる．すなわち，それらの関係が存在していた期間の情報も必要となるのである．

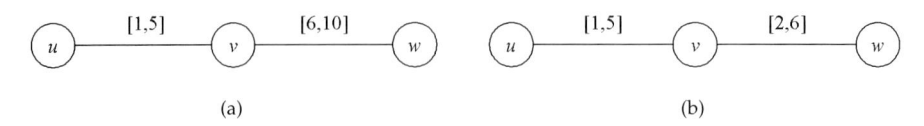

```
         [1,5]        [6,10]                      [1,5]        [2,6]
    (u)──────────(v)──────────(w)          (u)──────────(v)──────────(w)

                  (a)                                    (b)
```

図 21.9 同じようにパートナーが複数いる場合でも，そのタイミングが逐次的な場合より同時並行的な場合のほうが，病気は広がりやすい傾向がある．ノード v の 2 人のパートナーは，(a) では逐次的であり，(b) では同時並行的である．

各辺にその辺の存在期間を付記したネットワークのモデルは，社会学 [182, 305, 258]，疫学 [307, 406]，数学 [106]，および情報科学 [53, 239] などを含む多くの分野で研究対象となってきた．それは，病気の感染の広がりに関係する問題だけでなく，ネットワークに基づくモデルを適用しうる広範な問題に関わるからである．たとえば，ソーシャルネットワークにおける情報，アイデア，行動の普及においても，人々の交信のタイミングにより，集団の異なる部分への情報の流れが変化し，それに伴い普及の全体像も大きく変わりうる．

同時並行性 接触のタイミングの相違は，誰が誰に病気をうつす可能性があるかに影響を与えるだけではない．タイミングのパターンは，病気の感染の広がりの大きさにも影響する．HIV の研究者がとくに興味を持って関心を示しているタイミングのパターンは，**同時並行性** (concurrency) である [307, 406]．

1 人の人が複数の人と期間を重複してパートナー関係にあるとき，同時並行的にパートナー関係を持っているという．たとえば，図 21.9(a) と図 21.9(b) のそれぞれにおいて，ノード v は，ノードの u と w のそれぞれとパートナー関係にある．しかし，図 21.9(a) における v のパートナー関係は，最初の u と次の w とで逐次的である．一方，図 21.9(b) における v のパートナー関係は，u と w とで期間の重複があり，同時並行的である．同時並行的なパターンでは，3 人のネットワークで病気の感染がより強力に広がることになる．ノードの u と w は互いに相手の存在すら知らないかもしれないのに，v の同時並行的なパートナー関係により，u と w の一方は他方を病気に感染させることができる．一方，逐次的なパートナー関係では，ノード u からノード w への感染はありうるが，その逆はあり得ない．より大きな例では，さらに極端な効果も観察される．たとえば，図 21.10(b) は，図 21.10(a) と異なる点は，単にパートナー関係の存在期間を表す時間窓が全部重なるように"強制的に一緒にされた"点だけであるが，両者の感染の広がりの効果は大きく異なる．図 21.10(a) のパターンでは，逐次的なパートナー関係のタイミングの効果により，他のところで発生した病気が自分に及ぶことのないような"障壁"が存在するが，図 21.10(b) の同時並行的なパートナー関係では，どのノードからでもすべてのノードへ感染が広がる可能性がある．

様々な同時並行性を伴うシミュレーションにより，**Morris and Kretzschmar** は，パートナー関係の平均数や平均期間長はそのままにしても，同時並行性の割合をわずかに変えるだけで，病気の感染者数が大きく変化することを発見した [307]．定性的には，これは，これまでの節で得られた直観的なこと，すなわち，各感染者から新しく感染者が出る平均の割合をわずかに変えるだけで，結果が大きく異なることに整合する．分枝プロセスモデ

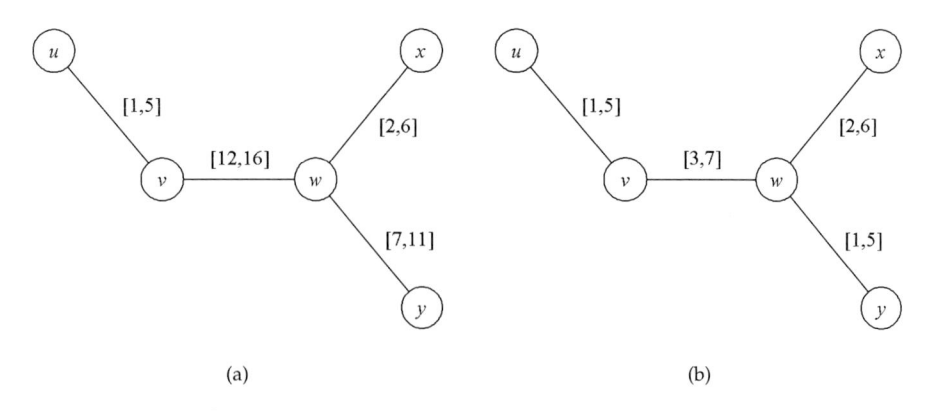

図 21.10 より大きいネットワークでは，感染の広がりに対する同時並行的なパートナー関係の影響は，とくに大きくなる．(a) どのノードも同時並行的なパートナー関係には関与していない．(b) すべてのパートナー関係が期間の重なりを持っている．

ルのようなきわめて単純なモデルに対しては，この直観を正確化することができる．しかし，上記のモデルのような同時並行性を持つ任意のネットワークのように，さらに複雑なモデルに対しては，そのような直観を正確化することは，研究途上のトピックである．

同時並行性は，接触ネットワークにおけるタイミングの関係で見られる一種の特殊なパターンである．この分野のさらなる研究により，より複雑なパターンの解明も行われると思われる．すなわち，タイミングとネットワーク構造との相互作用は，集団内で接触が変化する状況における病気の感染の広がり方にさらなる洞察を与えてくれる可能性がある．

21.7 系図学と遺伝子継承とミトコンドリアイブ

これまでの病気の感染の議論から，ネットワークで時間の経過とともにランダムに広がるプロセスを考える方法が得られる．前にも述べたように，この枠組みは，単に病気の感染の広がりのみならず，多くの種類の広がりをモデル化する際にも有効である．情報の広がりに対しても，第 19 章で議論した明示的な意思決定のルールに基づくアプローチ以外の別のアプローチとして，このようなモデル化も考えることができる．本章のアイデアをこうした設定で適合させることは，比較的簡単であるが，それでもきわめて有効になりうる．

本節ではそうはせずに，結びつきが一見少し複雑であると思われる状況に対して，ランダムな広がりの視点を適用する．正確にネットワークを特定して，そこを通って広がるプロセスを明らかにするには，少し努力をしなければならない．取り上げる設定は，遺伝子の継承の広がりである．見つけようとしていることは，生物を次世代の生物に結びつける（すなわち，親と子を結びつける辺を考えて得られる）ネットワークで起こるランダムなプロセスとして，特質の遺伝継承を眺めると，基本的な遺伝継承のいくつかのプロセスに洞察を与えることができるということである．基本的な遺伝的問題のいくつかを説明するストーリーから始める．

ミトコンドリアイブ 1987 年，Rebecca Cann, Mark Stoneking, and Allan Wilson は，*Nature* 誌に，衝撃的な命題に根拠を与える論文を発表した [94]．人類の歴史で，自分の母親，母親の母親，そしてまたその母親と，母方の祖先をさかのぼって得られる形跡を考える．原理的に誰もが母方の祖先をさかのぼることができ，それを母方の**血統** (lineage) と呼ぶことにする．Cann, Stoneking, and Wilson の主張は，今生きているすべての人の母方の血統は，10〜20 万年前におそらくアフリカにいたと考えられる 1 人の女性にたどり着くというものである．すなわち，彼女は，現在のすべての人類の母方の祖先のルーツである．

まず，この結論にどうして到達したのかを考え，次に，その意味するものが何であるかを考えよう．母方の祖先に関する命題を推論する一つの方法として，人の細胞の核にではなく，ずっと小さいミトコンドリア内の個別のゲノムに存在が確認された DNA を研究することが挙げられる．両親のゲノムを部分として含む核 DNA とは異なり，このミトコンドリア DNA は，（第一の近似では）完全に母から子に受け継がれるものである．したがって，おおざっぱに述べると，ランダムな突然変異を無視すれば，母の DNA を持ち，母はその母の DNA を持ち，というように，母方の祖先の DNA をずっとたどれることになる．これを踏まえて，Cann, Stoneking, and Wilson は，地理的にも民族的にも多岐にわたる多数の人々のサンプルをとってきて，ミトコンドリア DNA を分析した．そして，長きにわたる世代交代におけるランダムな突然変異により，遺伝子配列が異なっていく速さを評価する標準的な技法を用いて，現在地球上に存在する人類の集団のミトコンドリア DNA は，すべて 10〜20 万年前の 1 人の女性を共通の祖先としていると結論付けたのである．ここで，"共通の祖先" と言っている意味は，一つのミトコンドリアゲノムが 1 人の人間から来たものであるということである．彼女が地球上のすべての人のミトコンドリア DNA の起源であるので，研究者は彼女を**ミトコンドリアイブ** (Mitochondrial Eve) と呼んでいる．

この発見は，最初に発表された当時，メディアからかなりの注目を浴び，人類の歴史に関する一般書でも，その意味するものが好意的に解説されてきた [333]．この発見をもたらした分析は，その後，多数の異なる研究グループで改善された．ミトコンドリア DNA の継承に関する仮説は，最初の論文のものより実際はかなり複雑らしいということで，手厳しい警告も与えられた．それにもかかわらず，現在では，基本的な結論は，一般的なレベルで正しいと承認されているのである．

次に，この発見の意義について考える．初めて聞いた限りでは，この発見から言えることと言えないことを判別するのに，少し時間がかかる．遺伝的にそれほど離れていない過去の人が存在して，その人が現在の地球上のすべての人の共通の祖先であると断定できることは，実際にきわめて衝撃的である．（聖書における同名のイブとは対照的に）ミトコンドリアイブは，彼女が生存していた時代の唯一の人であるとは言われていない．同時代に生存していた女性は，ほかにも多数いたと考えられる．しかし，現在の地球上のミトコンドリア DNA の観点からは，他のすべての女性とは遺伝学的に無関係なのである．これらの女性からのミトコンドリア DNA は，その時代から現在までの間のいずれかの時点で消滅していたのである．

一方，ミトコンドリアイブのかなり最近の存在に対して，過大な評価をしすぎないように注意することも必要である．とくに，彼女の同時代の人々が，現在の人々のミトコン

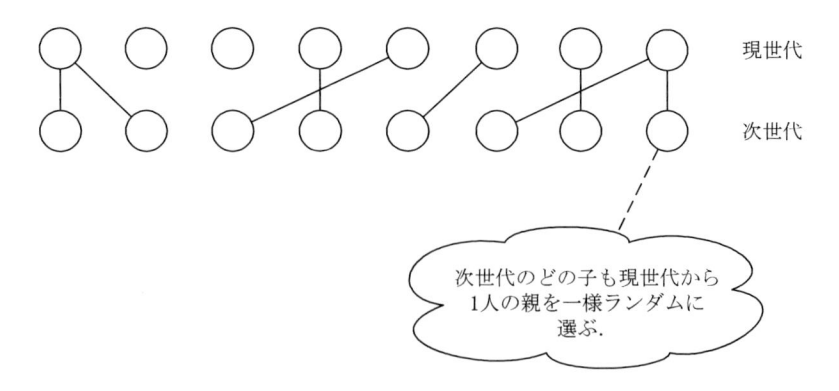

[次世代のどの子も現世代から1人の親を一様ランダムに選ぶ.]

図 21.11 1人の親から子が生まれる Wright–Fisher モデルの基本版.時間は世代ごとにステップで区切られて進行する.各世代の人数は一定数に固定されている.各世代の子は,一つ前の世代の1人の親から生まれる.

リア DNA に遺伝的に無関係であっても,他のゲノムでは無関係というわけではなく,現在の誰もが多数の祖先から多くの遺伝的要素を受け継いでいることに注意しなければならない.この点に関しても,現在目にしている以上のことが進展していて,すぐあとで,そのことを取り上げることにする.さらに,それぞれの祖先が重複するパターンは複雑で,まだ解明できていない部分も多い.ミトコンドリアイブからわかることは,その遺伝子に基づいて,現在の世界中の人々の母方の祖先をたどると,数十万年前の1人の女性に行き着くということだけである.

究極的には,ミトコンドリアイブの特定はある意味で,遺伝学の分野においてこの数十年間で得られた数々のアイデアのショーケースとも言える [245, 325].これらのアイデアは,共通の祖先の存在とその年代を予測できるモデルに基づいて得られたものである.それにより,遺伝的なデータからその根拠を確立する困難性から解放されて,ミトコンドリアイブのような祖先の存在が当然であることだけでなく,それが本質的に避けられないことであったことも,数学的なレベルで正確に導き出せるのである.コアとなるのは,これらのモデルが,ネットワークに関与する確率的な定式化を用いて構築されている点である.定性的な観点からも,様々な人々のミトコンドリア DNA のコピーが次の世代に引き継がれて未来の子孫に広がっていき,最終的に,1人の遺伝子のみが残って他の人々の遺伝子が消滅する様子は,病気の感染に類似するものとして捉えることができるのである.そこで,以下でこれらのモデルの基本版を与えて,祖先に関する問題とそれがどのように結びつくのかを説明する.

単独の親の祖先モデル　集団遺伝学で **Wright–Fisher モデル** (Wright–Fisher model) [325] として知られている基本的な祖先モデルを用いる.説明をわかりやすくするために,単純化の仮定をいくつか設けることにする.集団の人口は資源による制約から,いずれの世代でも一定の N 人であるとする.時間は一つの世代から次の世代へとステップごとに進行するとする.すなわち,どの世代でも,現在の世代の N 人の集団から次の世代の N 人の集団から生まれるとする.次の世代のそれぞれが,現在の世代の N 人から一様独立かつランダムに選ばれた,1人の親から生まれるとする.図 21.11 は,このプロセスの様子

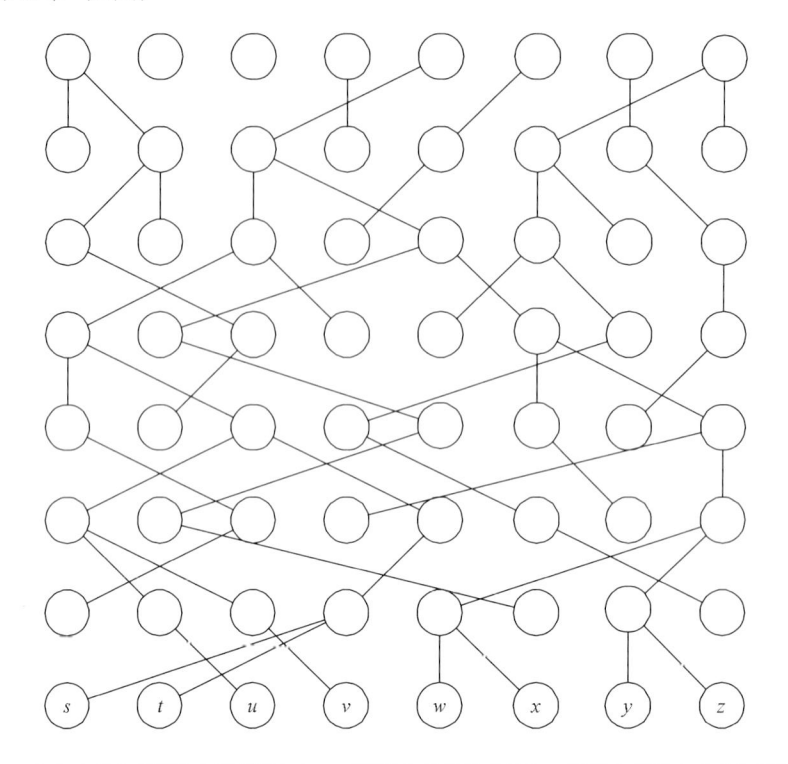

図 21.12 このモデルで複数の世代にわたって時間を経過させると，現在の各個人までたどることができる．現在の各個人からも，時間をさかのぼると，ネットワークの最上位の単独の親までたどることができる．

を示している．図からもわかるように，一つの世代から次の世代への親子関係は，各個人に対応するノードと，各ノードから一つ前の世代のノードを親として一様ランダムに選んで，親子関係にある二つのノード間を結ぶ辺を考えて得られるグラフとして書ける．親を選択するこのルールにより，前の世代のノードには，（図 21.11 の両端のノードのように）子を複数持つノードや，（左から 2 番目のノードのように）子をまったく持たないノードも存在することに注意しよう．

このモデルの構造は，土台となるいくつかの仮定を反映している．第一に，どのノードも子の生産において有利性が存在しない**中立的モデル** (neutral model) を仮定している．どのノードも 1 人の子を産む確率は同じである．さらに，両親の性接触による子の誕生ではなく，"単独の" 親から子が生まれるという設定でモデル化している．これは，いくつかの可能な解釈とも一致する．

- 第一に，そして最も直接的であるが，それは，単独の親から生物が生まれる，性的でない仕組みでの再生産に基づく種をモデル化するのに用いることができる．
- 第二に，性的な仕組みにより再生産する種でも，前に議論した母方のミトコンドリア DNA の遺伝のように，単独の親からの遺伝をモデル化するのに用いることができる．この解釈に基づくと，各ノードは人間の女性であり，それぞれが前の世代の 1 人の女性に辺で結ばれている．さらに，あとで議論するように，性的な仕組みでの再生産に基づく集団における遺伝として考える上でも，実際には，このモデルをさらに一般的

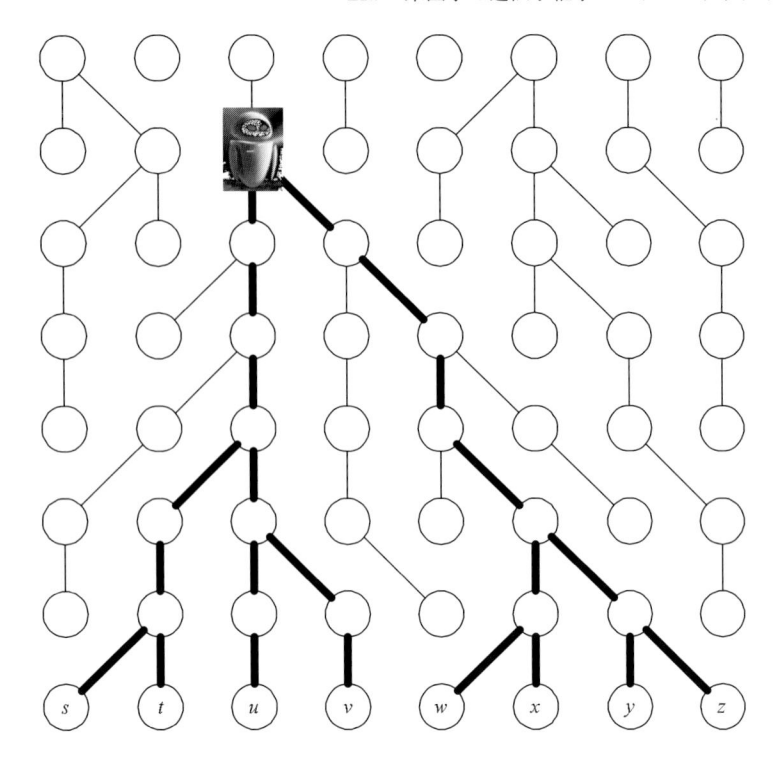

図 21.13 図 21.12 の単独の親のネットワークを整理した図. 現在の各個人から母親の辺をたどると，すべての母方の共通の祖先となるノードがある世代で現れる.

な方法で用いることもできるのである.

- 第三に，親方と徒弟の関係のような，純粋に"社会的な"形式の継承を，モデル化するのにも用いることができる．たとえば，学問分野での博士の学位の獲得において，一般には，主たる指導教授は1人であることが多い．博士取得の学生を指導教授の"子"としてモデル化すると，指導教授の系図を，母方の系図のように，過去にさかのぼることができる．

ここで，このモデルを複数の世代にわたって時間を経過させてみると，図 21.12 のようなネットワークが得られる．各個人は前世代の1人の個人と結ばれている．このネットワークでは，最上位から $s \sim z$ のラベルがついた N 人の人からなる最下位（の現在）まで時間を進めることができる．一方，現在の各個人から逆に辺をたどり，最上位の単独の親まで時間をさかのぼることもできる．

図 21.12 の一番下の行のノードが現代の女性を表すと考えてみる．すると，ミトコンドリアイブは，母親の辺をたどっていって，すべての母方の共通の祖先となる初めてのノードとなる．図 21.12 のネットワークでは，このようなノードを見つけるには少し時間がかかるが，図 21.13 のようにネットワークを整理して書き直すと，ミトコンドリアイブの特定は簡単になる．すなわち，図 21.13 で，たどられる母親の辺を太い線で表すと，上から2行目の左から3番目のノードがミトコンドリアイブとなることがわかる．

これらの例は，共通の祖先の存在と，さらにはその祖先にたどり着くまでの世代数を，**Wright–Fisher** モデルによりどのようにして予測できるかを示唆している．これを実際に

行うために，モデルに関する推論において，未来に向かって下がるのではなく，"過去にさかのぼって"祖先を考えるという有効な技法を用いる．すなわち，現在の各個人から始めて，各世代の個人の親を，前世代の個人から独立かつ一様ランダムに選んで構成していくという，等価的な方法でモデルを考える．

図21.13の各レベルを上に向かって移動することにより，これがどのように動作するかを眺めることができる．2人の個人が同一の親をたまたま選ぶと，二つの血統が一つの血統に"併合"されて，それ以降は一つの血統となる．したがって，現在の N 人の異なる血統から始まって，世代を過去にさかのぼりながら，異なる血統の個人が同一の親を選ぶたびに，血統の併合が起こり，異なる血統数は減少していく．この併合は，最初のうちは血統数が多くて同一の親が選ばれる確率も高いので，かなり頻繁に起こる．上にさかのぼるにつれて，異なる血統の併合はまれになっていく．しかし，異なる血統が複数ある限りにおいては，二つの血統の併合が起こるまでに，さかのぼらなければならない世代数の期待値は有限であるので，最終的には，このプロセスで，すべての血統が唯一の血統に併合されることになる．これが最初に起こるノードは，このモデルのミトコンドリアイブからも推測できるように，**最近共通祖先** (most recent common ancestor) と呼ばれる．このモデルは単純なので，二つの血統が併合するまでの世代数の期待値が評価でき，したがって，最近共通祖先に到達するまでの世代数の期待値も評価できる [245, 325]．

遺伝学的な解釈 ミトコンドリアDNAの母方遺伝のWright–Fisherモデルは，きわめて単純な単独の親のプロセスにはふさわしいが，同時に，より基本的な理由から，性的な再生産のプロセスにも深く関係している．両親の染色体を再結合で組み合わせることで，子の染色体は再構成される．すなわち，親の二つでペアとなっている染色体の一方が，それぞれの親から提供されて，それらの二つでペアとなって子の染色体が構成されている．したがって，子におけるペアになっている染色体の遺伝子の"一方"は，母親あるいは父親のいずれか一方から遺伝したものと言える．そして，その遺伝子は，またその母親あるいは父親の一方から遺伝したものである．このようにして，この遺伝子については，性的な再生産のプロセスであるにもかかわらず，単独の血統をたどっていくことができる．したがって，このようにして注目した一つの遺伝子に対しては，N 人の集団における最近共通祖先は，前述のミトコンドリアDNAで行ったように，同一の解析を適用できるのである．

染色体の再結合のため，ゲノムのある一つの遺伝子と他の一つの遺伝子では，遺伝子の塩基配列の上で互いに近くにあっても，血統の系図は異なることもありうる．したがって，最近共通祖先も異なることがある．これらの血統の系図がどのように関係しているかを解明する確率的なモデルも開発できるが，解析は格段に困難になる [418]．

これらの単純なモデルを，より複雑な遺伝学的な研究に適用できるように拡張するには，様々な課題を解決しなければならない．たとえば，集団における地理的な障壁は，人々を互いに孤立化させうるので，血統の系図における相互作用のパターンにも影響を与えうる [354]．さらに一般に，人々の間の相互作用に対する空間的な制約も，これらのパターンに影響を与えうる．したがって，これらを考慮して設定した他のモデルでは，遺伝的な結果に関して，ネットワークの性質がより広範な結論を知らせてくれる可能性もある．

21.8 発展：分枝プロセスと併合プロセスの解析

本節では，本章で議論した二つの基本的なプロセス，すなわち，単純化された接触ネットワーク構造での病気の感染の広がりに対する**分枝プロセス** (branching process) と，共通の祖先へたどり着く血統の系図の併合に対する**併合プロセス** (coalescent process) の解析を行う．これらの解析はともに，木の分枝構造に関係する確率的な推論に基づいている．最初のプロセスでは病気の感染が前に向かって広がり，2番目のプロセスでは血統の併合が過去にさかのぼって発見される．

A. 分枝プロセスの解析

21.2節で取り上げた分枝プロセスモデルを思い出そう．病気の各感染者が，新しい k 人の人に会って，それぞれに確率 p で病気をうつす．したがって，病気の各感染者から新しく病気に感染する人数の期待値は $R_0 = pk$ である．R_0 は**基本的再生数** (basic reproductive number) である．ここで，病気が永続するかどうかは，R_0 が1より小さいか大きいかに大きく依存することを示したい．それをこれから議論する．

このモデルでの集団は，図21.1(a) に示しているように，一つの**木** (tree) で表現されることを思い出そう．この図では，各ノードがその直下の k 個のノードと結ばれている．少なくとも n 波まで病気が生存する確率を q_n で表すことにする．すなわち，q_n は，木の第 n レベルにおいても病気に感染しているノードのある確率である．n が無限大になるときの q_n の極限を q^* とする．すなわち，q^* は，病気が永遠に生き長らえる確率である．ここでは，以下の主張を証明することにする．

主張：(a) $R_0 < 1$ のときは $q^* = 0$ である．(b) $R_0 > 1$ のときは $q^* > 0$ である．

これは，21.2節で議論した R_0 の"紙一重"の性質を確立するものとなる．

感染者数の期待値 この問題に対する一つのアプローチとして，木の各レベルで感染者数の期待値を計算することから始める方法が挙げられる．これにより，主張の証明の途中まで行ける．

そこで初めに，木の各レベルにいる人の総数を考える．与えられたレベルの人の総数は，一つ前のレベルの総数を k 倍した値である．したがって，レベル n の人の総数は k^n である．なお，$k^0 = 1$ であるので，これは一番上の根のレベルの $n = 0$ でも成立する．

ここで，X_n をレベル n での感染者数を表す確率変数とする．期待値 $\mathbf{E}[X_n]$ について考える一つの方法として，以下のように，X_n をより単純な確率変数の和として表すことが挙げられる．レベル n の各ノード j に対して，Y_{nj} を j が病気に感染するとき1の値をとり，そうでないときに0の値をとる確率変数とする．そして $m = k^n$ とする．すると，

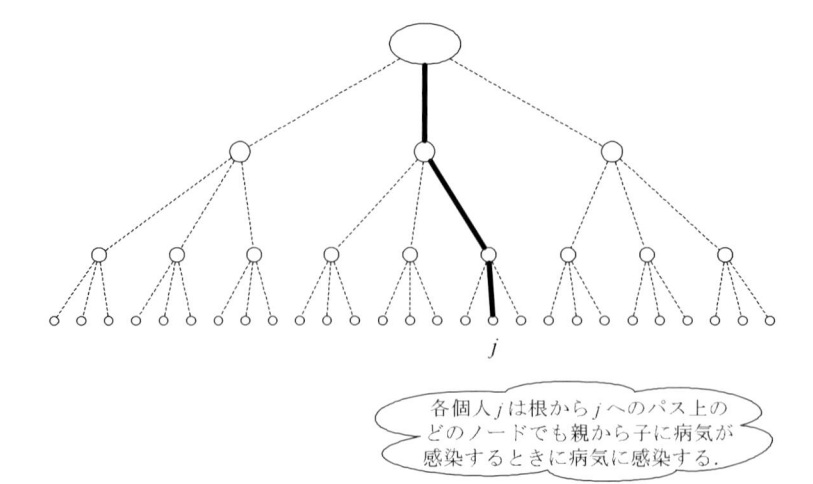

（各個人 j は根から j へのパス上の
どのノードでも親から子に病気が
感染するときに病気に感染する．）

図 21.14 特定のノードが病気に感染する確率を決定するために，根からそのノードに至るパス上の辺の病気をうつす（独立な）確率の積をとる．

$$X_n = Y_{n1} + Y_{n2} + \cdots + Y_{nm}$$

と書ける．なぜなら，右辺では，レベル n で感染する人を 1 人ずつ見ながら数えているからである．確率論でよく知られている期待値の線形性から，確率変数の和の期待値は，それぞれの確率変数の期待値の和として書けるので，

$$\mathbf{E}[X_n] = \mathbf{E}[Y_{n1} + Y_{n2} + \cdots + Y_{nm}] = \mathbf{E}[Y_{n1}] + \mathbf{E}[Y_{n2}] + \cdots + \mathbf{E}[Y_{nm}] \quad (21.1)$$

が成立する．このように書いている理由は，右辺の各期待値が以下のように簡単に計算できるからである．すなわち，$\mathbf{E}[Y_{nj}] = 1 \times \Pr[Y_{nj} = 1] + 0 \times \Pr[Y_{nj} = 0] = \Pr[Y_{nj} = 1]$ であるので，各 Y_{nj} の期待値がノード j の感染する確率に一致する．

レベル n のノード j は，図 21.14 に示しているように，根から j までのパス上にある n 個のノードがすべて病気に感染させるのに成功するとき，そしてそのときのみ，病気に感染する．これらのノードのそれぞれは，独立に確率 p で病気をうつすので，ノード j が病気に感染する確率は p^n となる．したがって，$\mathbf{E}[Y_{nj}] = p^n$ が得られる．木のレベル n には k^n 個のノードがあることはすでに与えているので，式 (21.1) の右辺には，k^n 個の項がある．したがって，図 21.15 からもわかるように，その和は

$$\mathbf{E}[X_n] = p^n k^n = (pk)^n = R_0^n \quad (21.2)$$

となる．

期待値から存続確率へ 式 (21.2) から，分枝プロセスモデルにおける病気の感染の広がりを推論する際の，基本的再生数 R_0 の重要性が示唆される．そこで以下では，病気が永続する確率 q^* に関して，基本的再生数がどんなことを言っているのかについて考える．

第一に，$\mathbf{E}[X_n] = R_0^n$ であることから，証明しようとしている主張の (a) の部分，$R_0 < 1$ のときには $q^* = 0$ であることがすぐに得られる．理由は以下のとおりである．$\mathbf{E}[X_n]$ の定義に戻って，20.7 節で有用とわかった事実を適用しよう．そこでの議論を再度繰り返す

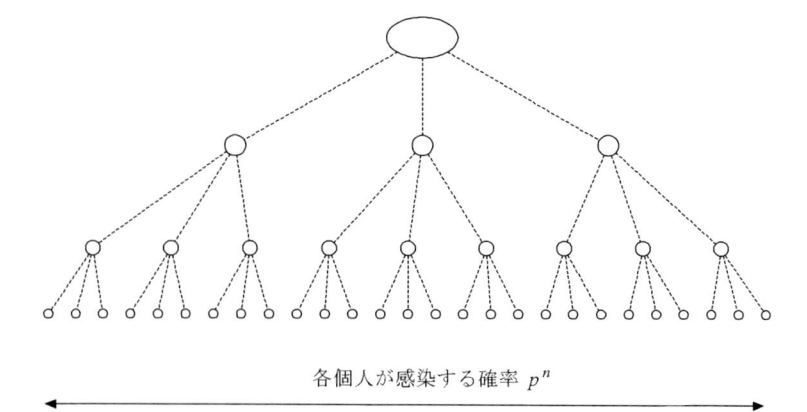

図21.15 レベル n の病気の感染者数の期待値は，そのレベルの総人数 k^n と各人が感染する確率 p^n の積をとることで得られる．

と，期待値の定義は，

$$\mathbf{E}[X_n] = 1 \times \Pr[X_n = 1] + 2 \times \Pr[X_n = 2] + 3 \times \Pr[X_n = 3] + \cdots \quad (21.3)$$

であり，その右辺は等価的に

$$\Pr[X_n \geq 1] + \Pr[X_n \geq 2] + \Pr[X_n \geq 3] + \cdots \quad (21.4)$$

と書ける．なぜなら，式 (21.4) の和において，各 $\Pr[X_n = i]$ が正確に i 回寄与しているからである．したがって，

$$\mathbf{E}[X_n] = \Pr[X_n \geq 1] + \Pr[X_n \geq 2] + \Pr[X_n \geq 3] + \cdots \quad (21.5)$$

が得られる．

式 (21.5) から，$\mathbf{E}[X_n]$ が右辺の第 1 項以上であることがわかり，したがって，$\mathbf{E}[X_n] \geq \Pr[X_n \geq 1]$ となる．さらに，$\Pr[X_n \geq 1]$ が q_n の定義そのものに一致することに注意すると，$\mathbf{E}[X_n] \geq q_n$ が得られる．一方，$\mathbf{E}[X_n] = R_0^n$ は n が大きくなるに従って 0 に収束していくので，q_n も 0 に収束していく．これで，$R_0 < 1$ のときの $q^* = 0$ が示されたことになる．

次に，$R_0 > 1$ のときに，n が大きくなるにつれて期待値 $\mathbf{E}[X_n] = R_0^n$ が無限大に発散することを考える．しかしながら，この事実だけでは，$q^* > 0$ を導き出すのには不十分である．n が大きくなるにつれて $\mathbf{E}[X_n]$ が無限大に発散しても，$\Pr[X_n > 0]$ が 0 に収束するような確率変数の系列を明示的に与えることもできる．たとえば，単純な例として，X_n が確率 2^{-n} で 4^n の値をとり，それ以外の確率で値 0 をとる確率変数であるとする．すると，n が大きくなるにつれて，$\mathbf{E}[X_n] = (4/2)^n = 2^n$ が無限大に発散するが，$\Pr[X_n > 0] = 2^{-n}$ は 0 に収束する．

このようなことはここでは起こらないが，$R_0 > 1$ のときに $q^* > 0$ であることを確立するためには，プロセスにおける単なる感染者数の期待値以上の何かを使用しなければならないことが，これらの考察からわかる．そこで，ここでは，q^* の値を最終的に正確に決定することを可能にする，q_n に対する漸化式を求めることにする．

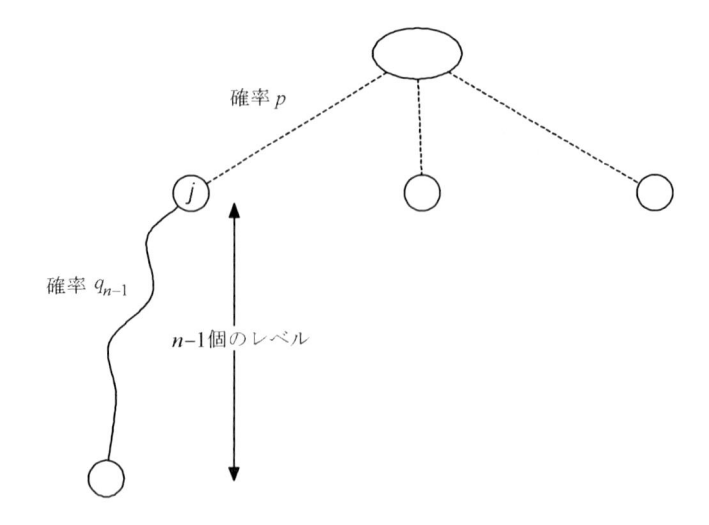

図 21.16 感染者がレベル n で存在するためには，根が子に病気をうつし，その子が，（再帰的に）レベル $n-1$ にまで感染を広げなければならない．

q_n に対する漸化式　q_n の値は，各個人が接触する人の総数 k と感染確率 p，および木のレベル n という三つの基本的な値に依存している．この三つの値を用いて q_n を直接的に表現することは困難である．しかしながら，q_{n-1} を用いて q_n を表現することはそれほど困難ではない（このように表現される式は**漸化式** (recurrence equation) と呼ばれる）．以下ではそれを行う．

根のノードを考えて，以下の事象が起こるとどんなことになるかを最初に考えてみよう．

(∗) 病気が根ノードからその子のノード j に感染して広がり，その後，"j を経由して到達できる" レベル n までの領域に感染が広がる．

この事象を，図 21.16 に示している．第一に，事象 (∗) が起こるためには，まず j が根からの病気に感染しなければならない．これは確率 p で起こる．この時点で，j は根からの分枝プロセスとまったく同一のプロセスをとると考えることができる．すなわち，j は自身から下に向かって到達できる木のすべてのノードからなる分枝プロセスをとるが，そのプロセスは根からの木のすべてのノードへの分枝プロセスと同一である．したがって，事象 (∗) が起こるためには，j が病気に感染した後，ノード j を根と見なした木における分枝プロセスで，レベル $n-1$ まで病気が存続することが必要となる．これは，q_{n-1} の定義から，確率 q_{n-1} で起こる．したがって，事象 (∗) が起こる確率は pq_{n-1} となる．すなわち，余事象を考えると，事象 (∗) は

$$1 - pq_{n-1}$$

の確率で失敗することになる．

根ノードのすべての子に対して事象 (∗) のコピーが存在し，そしていずれのコピーも確率 $1 - pq_{n-1}$ で失敗する．さらに，これらはすべて独立であるので，これらのコピーの "すべてが" 失敗する確率は

$$(1-pq_{n-1})^k$$

となる．この時点でほぼすべてが終了していると言える．木のレベル n まで病気が存続することに失敗するのは，根から出発するいずれの子からも，木のレベル n まで病気が存続することに失敗するとき，そしてそのときのみである．すなわち，木のレベル n まで病気が存続することに失敗するのは，根のすべての子における事象 (∗) のコピーがすべて失敗するとき，そしてそのときのみである．この確率が $(1-pq_{n-1})^k$ であることは上で決定したとおりである．一方，この確率は，q_n の定義から，値 $1-q_n$ が木のレベル n までに病気が存続することに失敗する確率であるので，$1-q_n$ でもある．したがって，

$$1-q_n = (1-pq_{n-1})^k$$

が得られ，これを q_n に関して解くと

$$q_n = 1 - (1-pq_{n-1})^k \tag{21.6}$$

が得られる．

根は病気に感染すると仮定していて，木における根のレベルを 0 と見なせるので，$q_0 = 1$ が得られる．これは，根が確率 1 で病気に感染することを単に言っているにすぎない．式 (21.6) を用いて，$q_0 = 1$ から出発して順番に前の値を代入し，$q_1, q_2, q_3, \ldots$ と決定していくことができる．各 q_n の値をこのように決定できるからといって，n が無限大に向かって大きくなるにつれて，q_n がどこに向かうかはすぐにはわからない．そのためには，この値の系列が収束することを観察する技法が必要になる．

q_n の値を追跡して収束値へ 関数 $f(x)$ を $f(x) = 1 - (1-px)^k$ として定義する．すると，式 (21.6) は $q_n = f(q_{n-1})$ と書ける．これにより，きわめて明快で純粋に代数的な方法で，問題を q^* に関して定式化できることになる．すなわち，関数 $f(x) = 1 - (1-px)^k$ が手もとにあるので，f を繰り返し適用して得られる値の列 $1, f(1), f(f(1)), f(f(f(1))), \ldots$ で収束値を知りたいということになる．

これについて考え始めるために，図 21.17 に示しているように，関数 f を x-y 座標の平面上にグラフとして描いてみる．以下は，f のグラフを描く上で役に立ついくつかの事実である．

- 第一に，$f(0) = 0$ かつ $f(1) = 1 - (1-p)^k < 1$ である．したがって，図 21.17 に示しているように，f のグラフは原点を通り，$x = 1$ では直線 $y = x$ よりも下に来ることがわかる．
- 第二に，f の導関数は $f'(x) = pk(1-px)^{k-1}$ である．そこで，x が 0 と 1 の間の値をとるとする．すると，$f'(x)$ の値は正であり，さらに x が増加するに従い単調に減少することに注意しよう．したがって，図 21.17 に示しているように，f は増加関数であり，かつ凹関数（上に凸）である．
- 最後に，$x = 0$ における f の傾きは，$f'(0) = pk = R_0$ に等しい．ここでは $R_0 > 1$ のときを考えているので，原点から出発して小さい正の x のところでは，$y = f(x)$ のグラフは，直線 $y = x$ よりも上に位置することになる．

[図: y=x と y=f(x) のグラフ、交点 x*]

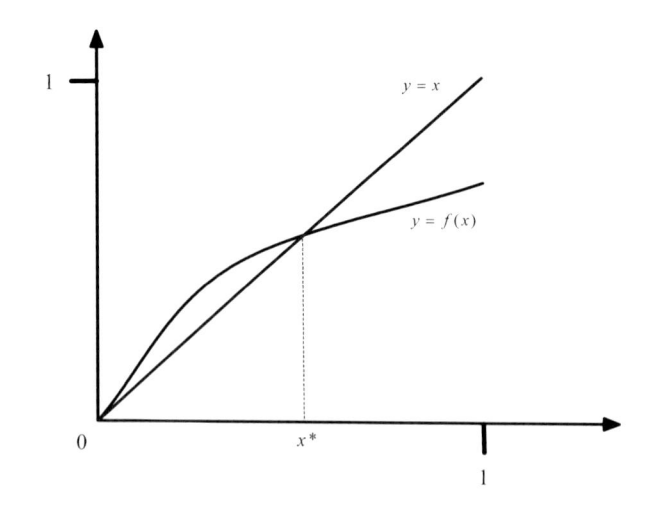

図 21.17 レベル n の感染の確率 q_n が，n が無限大になるに従って収束する値を決定するためには，漸化式 $q_n = f(q_{n-1})$ の記述に用いられている関数 $f(x) = 1 - (1-px)^k$ で繰り返し値を計算することが必要である．

$R_0 > 1$ であるので，$y = f(x)$ のグラフは，原点から出発して小さい正の x のところでは，直線 $y = x$ よりも上にあるが，$x = 1$ ではその直線より真に下に来る．したがって，グラフ $y = f(x)$ は，0 から 1 の開区間で直線 $y = x$ と交差することになる．そこで，その交点の x 座標を $x^* > 0$ とする．

このグラフを用いて，解析しようとしている値の数列

$$1, f(1), f(f(1)), f(f(f(1))), \ldots$$

を幾何学的に眺めることにしよう．具体的には，この数列の値を順に直線 $y = x$ 上にプロットしていく．直線 $y = x$ 上で，ある点 (x,x) に現在いるとすると，次は点 $(f(x), f(x))$ に進むことになる．そこで，最初に点 (x,x) から垂直に曲線 $y = f(x)$ まで移動する．すると，その点の座標は $(x, f(x))$ となる．次に，点 $(x, f(x))$ から水平に直線 $y = x$ まで移動する．すると，その点の座標は所望の $(f(x), f(x))$ となる．図 21.18 では，この 2 ステップの垂直・水平の移動を最初の 2 回分だけ破線で示している．このプロセスをさらに続けていくと，直線 $y = x$ に沿って，数列 $x, f(x), f(f(x)), \ldots$ に対応する点列が得られる．

図 21.18 に示しているように，$x = 1$ から出発するこのプロセスは，直線 $y = x$ と曲線 $y = f(x)$ の交点である (x^*, x^*) に収束していく．そこで，分枝プロセスに基づいて，これらをすべて解釈してみよう．前にも議論したように，数列 $1, f(1), f(f(1)), \ldots$ は，数列 $q_0, q_1, q_2, \ldots$ に完全に一致する．したがって，数列 $q_0, q_1, q_2, \ldots$ も 0 と 1 の開区間で $f(x) = x$ を満たす唯一の点 $x^* > 0$ に収束することが得られた．

これで，$R_0 > 1$ のときにレベル n まで病気が存続する確率 q_n が，n が無限大に近づくにつれてある正の値 q^* に収束することの議論は終わりである．

このスタイルの解析は $R_0 < 1$ のときにも適用できて，$q^* = 0$ が得られることに注意しよう．実際，$R_0 < 1$ のときには，関数 $y = f(x)$ のグラフは $x = 0$ で $R_0 < 1$ であるので，0 から 1 の全体の区間で直線 $y = x$ の下に来る点を"除いて"，図 21.17 とほぼ同じである．したがって，$1, f(1), f(f(1)), \ldots$ の数列で，図 21.18 で破線で示したような垂直・水平の

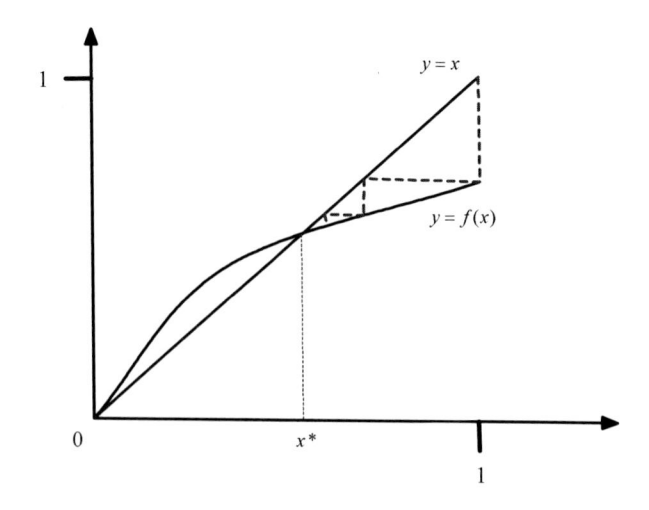

図 21.18 $x = 1$ から出発して，曲線 $y = f(x)$ と直線 $y = x$ の間で垂直・水平の移動を繰り返し行うことで，$f(x)$ を繰り返し適用する際の軌跡を追跡できる．

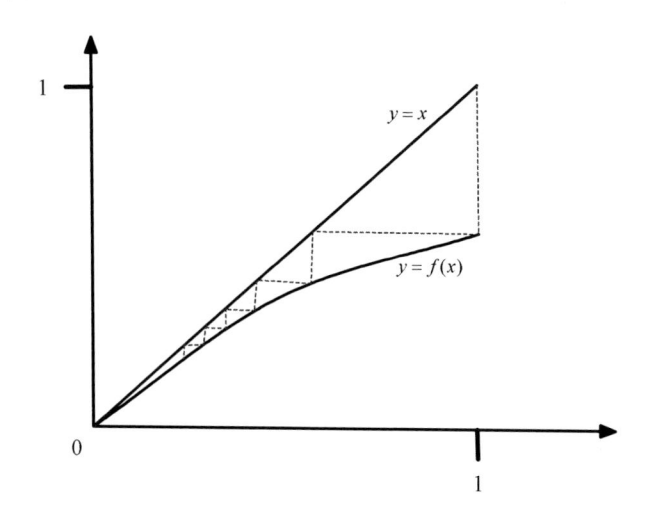

図 21.19 曲線 $y = f(x)$ と直線 $y = x$ の交点が原点のみであるときには，$x = 1$ から出発して $f(x)$ を繰り返し適用すると，0 に収束する．

移動を繰り返し行うと，図 21.19 に破線で示すように，途中で終了することはなく，最終的に $x = 0$ まで降りてくることになる．したがって，この場合の収束値 q^* は 0 となる．

B. 併合プロセスの解析

次に，21.7 節で議論した，血統の系図の併合におけるプロセスの解析を行う．具体的には，21.7 節で取り上げたモデルで，集団のすべての人の最近の共通の祖先を見出すまでさかのぼらなければならない世代数の期待値を導き出す [245, 325]．分枝プロセスの解析と同様に，このアプローチでも，木での確率的な計算が必要となる．しかしながら，ここでは正確な答えを得る過程はきわめて複雑であるので，必要となる世代数の期待値を評価する際に，二つの近似を用いることにする．なお，これらの近似を用いても，厳密に正確な評価で得られる期待値にきわめて近い値が得られることを注意しておく．

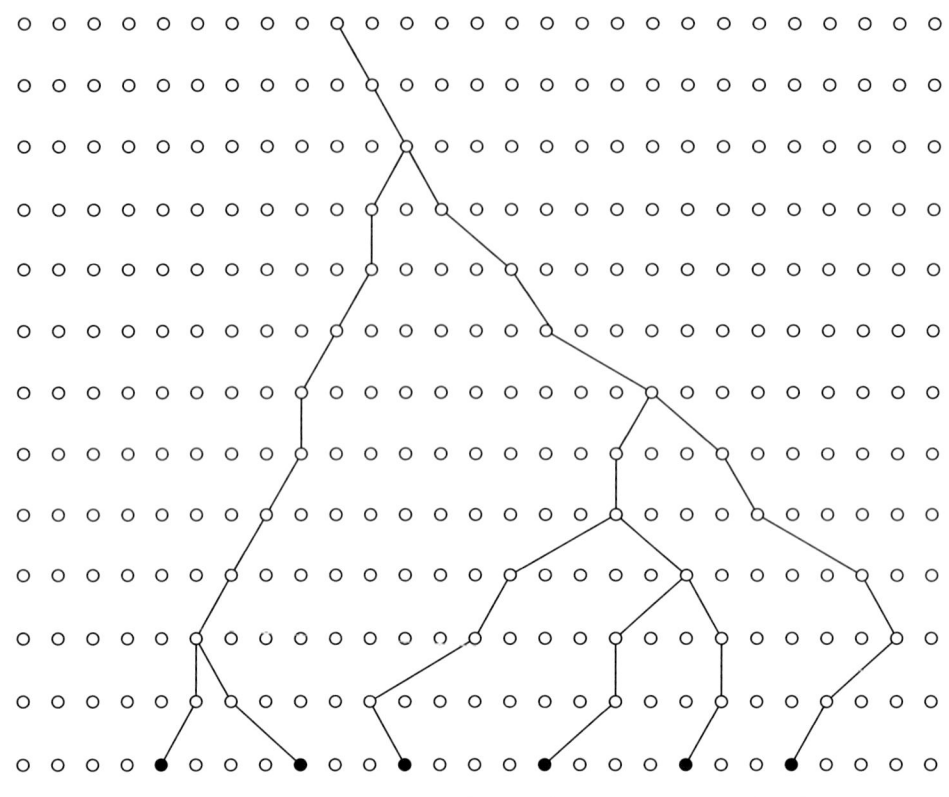

図 21.20 併合の探索は，最近の世代から親の世代へと世代をさかのぼって，血統の合流を経ながら行われる．

　そのような近似のほかに，具体的には後述するが，このトピックを最初に取り上げた研究者にならい，問題の記述をわずかに変えて議論を始める．すなわち，N 人からなる大きいサイズの集団から小さいサンプル k 人を選んで，そこに焦点を絞って議論を進める．したがって，集団全体のすべての人の最近の共通の祖先までの世代数を求めるのではなく，これらの k 人のすべての人の最近の共通の祖先までの世代数を求めることになる．実際には，大集団の中から一定サイズのサンプルを選んで研究することしかできないので，これは応用の観点からは理にかなっている．さらに，関係する計算から，全体の集団における問題に対しても洞察が得られる．

　固定サイズの k 人をサンプルとして選んだ 21.7 節のモデルを振り返ると，問題は以下のように書ける．各世代は N 人の人からなる．与えられたサンプルの k 人のそれぞれが，前世代から親を一様ランダムに選択する．これを繰り返しながら，k 人の系図を過去にさかのぼる．系図のある時点で二つの血統が同じ親を選んで合流すると，その二つの血統はその後祖先は同一となるので一つの血統となる．したがって，血統数はある時点で少なくなりながら，この追跡のプロセスが続けられる．そして最終的に，血統が初めて一つになった時点ですぐに終了する．この一つになった時点を**併合** (coalescence) と呼び，併合が起こるまでの世代数の期待値を求めたい．図 21.20 は，集団のサイズが $N = 27$ 人（各行のノード数）で，サンプルを（一番下の行の黒いノードに対応する）$k = 6$ 人としたときの，このプロセスの例を示している．

複数の血統が1世代さかのぼることで合流する確率 この解析でのキーは，1ステップ（1世代）単位で考えることである．ここで，j 個の異なる血統があり，1ステップさかのぼるとする．このとき，少なくとも二つ以上の血統が一つ前の共通の親を選んで合流する（これを複数の血統間の**衝突** (collision) という）確率を評価したい．

最も考えやすいのが $j = 2$ のときである．対象としている二つの血統が順番に親をランダムに選ぶとする．一方の血統で最初に親がランダムに選ばれ，次に他方の血統で N 人の可能な親から1人の親がランダムに選ばれる．このとき，最初の血統が選んだ親が選ばれると衝突が起こる．したがって，この衝突が起こる確率は，正確に $1/N$ である．

j が2より大きくなると，これは複雑になる．そこで，まず一つのステップでそれぞれの血統が親を選ぶときに，どの二つの血統も衝突しない確率を計算しよう．どの二つの血統も衝突しないためには，最初の血統が親を選んで，2番目の血統が別の親を選んで，3番目が前の2人の親とは異なる親を選んで，というように進んで，j 番目の血統は，前に選ばれた $j-1$ 人とは異なる親を選ぶことが必要となる．これが起こる確率は，

$$\left(1 - \frac{1}{N}\right)\left(1 - \frac{2}{N}\right)\left(1 - \frac{3}{N}\right) \cdots \left(1 - \frac{j-1}{N}\right)$$

となる．この積を展開すると，

$$1 - \left(\frac{1 + 2 + 3 + \cdots + j - 1}{N}\right)$$
$$+ (分母が N^h \ (h \geq 2) \ の項からなる和)$$

と書ける．したがって，それは，j にのみ依存するある関数 $g(\cdot)$ を用いて，高々

$$1 - \left(\frac{1 + 2 + 3 + \cdots + j - 1}{N}\right) + \frac{g(j)}{N^2}$$

であると言える．ここまでの計算は厳密であったが，以下では [245] に従って，二つの近似のうちの最初の近似を取り入れる．すなわち，複雑な最後の項を厳密に取り扱う代わりに，集団のサイズ N がサンプルのサイズ j より格段に大きいので，$g(j)/N^2$ の部分が $(1 + 2 + \cdots + j - 1)/N$ に比べて無視できるくらい小さくなることに注目して，無視するのである．このような無視による近似を用いると，どの二つも衝突しない確率は，

$$1 - \left(\frac{1 + 2 + 3 + \cdots + j - 1}{N}\right) = 1 - \frac{j(j-1)}{2N} \tag{21.7}$$

とすることができる．

二つの血統が衝突するケースは，いくつか考えられる．二つの血統だけが衝突して，ほかはどの血統も衝突しない場合もあるし，一つのステップで三つ以上の血統が同時に衝突することもある．後者のケースは非常にまれにしか起こらないとして省略できることを，これから説明しよう．

- 第一に，三つの血統が一つのステップで同一の親を選んだとする．これが起こる確率は正確に $1/N^2$ である．なぜなら，親を順番に選ぶとすると，最初の血統が任意に親を選び，次に2番目と3番目の血統が，いずれも独立に N 人の可能な親からその親を

選ぶことになるからである．j 人から 3 人を選ぶ組合せの個数は j^3 未満であるので，あるステップで三つの血統が同一の親を選んで衝突する確率は，j^3/N^2 未満である（四つ以上の血統が同一の親を選択する確率はさらに小さくなる）．N が j に比べてきわめて大きいときには，これは，式 (21.7) の分母に N が現れる項と比べて無視できるくらいに小さくなる．

- 二つの異なる血統のペアが二つあって，それぞれのペアの二つの血統が，同一の親を選んで衝突が起こることもある．このときは，衝突が 2 か所で起こっていると考える．そこで，血統の A と B が衝突し，さらに別の血統の C と D が衝突しているとする．A と B が衝突する確率は $1/N$ であり，C と D が衝突する確率も $1/N$ である．これらは互いに独立な事象であるので，両方の衝突が同時に起こる確率は $1/N^2$ となる．j 人からこのような A, B, C, D を選ぶ組合せの個数は j^4 未満であるので，全体で両方の衝突が同時に起こる確率は j^4/N^2 未満となる．前と同様に，N が j に比べてきわめて大きいときには，これは，分母に N が現れる項と比べて無視できるくらいに小さくなる．

以上の議論より，以下の 2 番目の近似が得られる．最近共通祖先に至るまでのどのステップでも，単純な二つの血統の 1 組のみが衝突する可能性があると仮定する．すなわち，一つのステップで，三つ以上の血統が同一の親を選んだり，二つの異なる血統のペアの二つ以上がそれぞれ同一の親を選んだりすることはないという仮定を置いた近似を考える．

以上のことより，あるステップで j 個の血統が完全に異なったままでいることに失敗するときには，ちょうど 1 組の二つの血統が同一の親を選んだことになり，血統数は j から $j-1$ となる．

併合までの世代数の期待値　二つの近似をモデルに組み入れたことにより，世代を過去にさかのぼるプロセスはきわめて明確になる．この近似モデルでは，k 個の異なる血統から出発して，二つが衝突するまで待つことになる．ここでは衝突は，各世代で確率 $\frac{k(k-1)}{2N}$ で起こる．いったん衝突が起こると，血統数は $k-1$ となり，二つの血統が衝突するまで待つことになる．ここでは衝突は，各世代で確率 $\frac{(k-1)(k-2)}{2N}$ で起こる．以下同様にして，血統数が 2 になるまで進んだとする．ここでも二つの血統が衝突するまで待つことになる．ここでは衝突は，各世代で確率 $\frac{2}{2N} = \frac{1}{N}$ で起こる．$k=6$ の取り上げている例では，全体のプロセスは図 21.21 に示しているようになる．

プロセスをこのように眺めることにより，併合までの世代数の期待値は，以下のように解析することができる．W を併合までの世代数を表す確率変数であるとする．W_j を正確に j 個の血統からなる世代数を表す確率変数とする．すると，

$$W = W_k + W_{k-1} + W_{k-2} + \cdots + W_2$$

と書ける．期待値の線形性より，

$$\mathbf{E}[W] = \mathbf{E}[W_k] + \mathbf{E}[W_{k-1}] + \cdots + \mathbf{E}[W_2]$$

が得られる．したがって，右辺の各項を計算すればよいことになる．

21.8 発展：分枝プロセスと併合プロセスの解析　645

2から1：
確率1/Nで起こる事象
が起こるまでの待ち

3から2：
確率3/Nで起こる事象
が起こるまでの待ち

4から3：
確率6/Nで起こる事象
が起こるまでの待ち

5から4：
確率10/Nで起こる事象
が起こるまでの待ち

6から5：
確率15/Nで起こる事象
が起こるまでの待ち

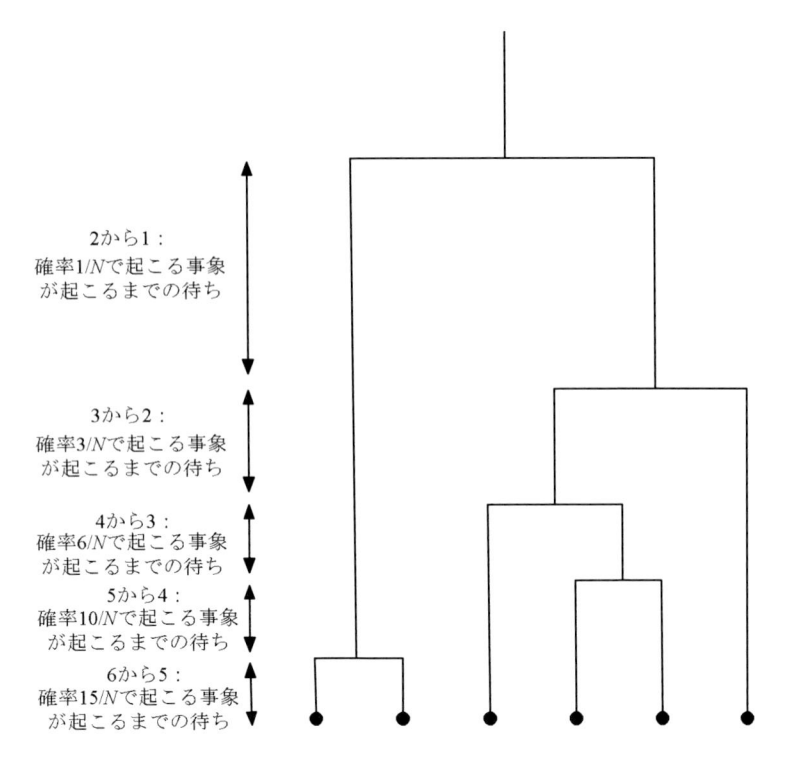

図21.21　三つ以上の血統の衝突が同時に起こらないと仮定すると，併合までの期待世代数は，異なる衝突が起こる事象の系列に対する世代数を計算することで得られる．

　W_j の形式の各確率変数は，以下のように眺めることができる．血統数がちょうど j であるときに，特殊な事象（衝突）が起こるまで，親の世代に向かい過去にさかのぼって移動する．ここで，前述の仮定を用いる．W_j は，血統数が j から $j-1$ に減るまでにたどる世代数を表すより単純な確率変数と密接に関係している．そして，各世代でこの減少は，正確に $p = \frac{j(j-1)}{2N}$ の確率で起こる．そこで，X_j をこの密接に関係するより単純な確率変数とする．すると，

$$X = X_k + X_{k-1} + X_{k-2} + \cdots + X_2$$

と書ける．そして，以下では，期待値 $\mathbf{E}[W]$ ではなく，期待値

$$\mathbf{E}[X] = \mathbf{E}[X_k] + \mathbf{E}[X_{k-1}] + \cdots + \mathbf{E}[X_2]$$

の決定をする．

　より単純な確率変数 X_j の期待値は，どのように考えればよいのであろうか？　これは，固定確率 $p = \frac{j(j-1)}{2N}$ で表が出るコインを投げて，初めて表が出るまでのコイン投げの回数の期待値と見なせる．この期待値を求めるために，式 (21.5) を思い出して，現在の確率変数 X_j に適用してみる．したがって，

$$\mathbf{E}\left[X_j\right] = \Pr\left[X_j \geq 1\right] + \Pr\left[X_j \geq 2\right] + \Pr\left[X_j \geq 3\right] + \cdots$$

となる．X_j がある値の i 以上となる確率は，最初の i 回のコイン投げですべて裏が出る確率であるので，$(1-p)^i$ となる．したがって，

$$\mathbf{E}\left[X_j\right] = 1 + (1-p) + (1-p)^2 + (1-p)^3 + \cdots = \frac{1}{1-(1-p)} = \frac{1}{p}$$

が得られる．これは直観的にもきわめてわかりやすい関係を示している．確率 p で表が出るコイン投げでは，最初に表が出るまでのコイン投げの回数の期待値は，単に，その確率の逆数の $\frac{1}{p}$ となるのである．

確率変数 X_j は，確率 $p = \frac{j(j-1)}{2N}$ のこのプロセスに正確に従う．したがって，

$$\mathbf{E}\left[X_j\right] = \frac{2N}{j(j-1)}$$

となり，

$$\mathbf{E}[X] = \frac{2N}{2\times 1} + \frac{2N}{3\times 2} + \frac{2N}{4\times 3} + \cdots + \frac{2N}{j(j-1)} + \cdots + \frac{2N}{k(k-1)} \tag{21.8}$$

$$= 2N\left[\frac{1}{2\times 1} + \frac{1}{3\times 2} + \frac{1}{4\times 3} + \cdots + \frac{1}{j(j-1)} + \cdots + \frac{1}{k(k-1)}\right] \tag{21.9}$$

が得られる．最後の和は

$$\frac{1}{j(j-1)} = \frac{1}{j-1} - \frac{1}{j}$$

に注意して，式 (21.9) の各項に代入すると，

$$\mathbf{E}[X] = 2N\left[\left(\frac{1}{1} - \frac{1}{2}\right) + \left(\frac{1}{2} - \frac{1}{3}\right) + \cdots + \left(\frac{1}{j-1} - \frac{1}{j}\right) \right.$$
$$\left. + \left(\frac{1}{j} - \frac{1}{j+1}\right) + \cdots + \left(\frac{1}{k-1} - \frac{1}{k}\right)\right]$$

と書ける．和をこのように表すと，括弧の中のほとんどすべての項が打ち消し合うことになり，最終的に残るのは二つの項だけで，それは 1 と $-\frac{1}{k}$ である．したがって，

$$\mathbf{E}[X] = 2N\left(1 - \frac{1}{k}\right)$$

が得られる．

これで，求めようとしていた併合までの世代数の近似が得られた．そこで，最終的な観察事項をいくつかまとめて結論とする．第一に，k がある程度大きくなると，併合までの世代数の期待値は，k への依存度がきわめて小さくなる．すなわち，k が大きくなると，併合までの世代数の期待値はほぼ $2N$ となる．第二に，X を $X_k + X_{k-1} + \cdots + X_2$ と分解したことにより，共通の親を選ぶのに費やされている世代数が，どこで多く費やされているかがわかった．過去への移動において，最初のうちは，かなり早く衝突が起こる．しかし，上にさかのぼるにつれて，新しく衝突が起こるまでの世代数が増えていき，最終的に二つの血統が衝突するまでにたどる世代数の期待値は，全体で最近共通祖先に至るまでにたどる世代数の期待値のほぼ半分となる．第三に，近似を用いることにより，このプロセスによる木をきわめて単純な方法で構築できた．図 21.21 の処方箋に基づいて，過去にさかのぼって垂直線を引きながら，コイン投げで衝突が起こったときに，一様ランダムに選んだ二つの垂直線を水平線で併合するだけでよい．

最後に，以下の注意を与えておく．最初に定式化した問題に対していくつかの近似を導入したが，その後の研究で，近似を使わない格段に複雑な解析を通じて厳密な結果が得ら

れている．本節の最終的な結果は，それらの厳密な解析結果にきわめて近いことがわかっている [91, 174].

21.9 演習問題

1. 人々の間で起こっている，図 21.22 に示しているような奇病の感染について研究しているとする．図のネットワークの各辺には，両端の 2 人が接触した期間が付随して示されている．観察期間は時刻 0 から時刻 20 までと仮定する．

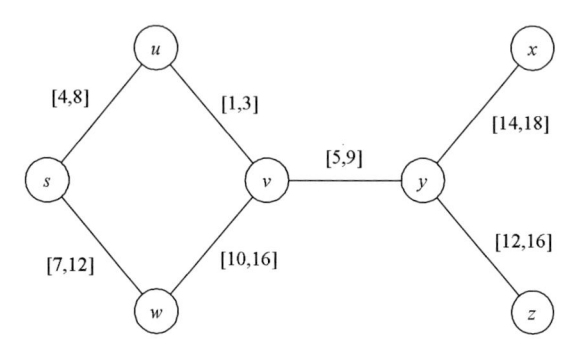

```
         u
    [4,8]   [1,3]
  s        v   [5,9]   y   [14,18]   x
    [7,12]   [10,16]       [12,16]
         w                    z
```

図 21.22 演習問題 1 の図．各辺に両端の 2 人が接触した期間が付随している．人々の接触ネットワーク．

(a) 時刻 0 でその病気を患っていた人は，ノード s のみであるとする．時刻 20 までに病気に感染する可能性があるのはどのノードか？

(b) 実際には，時刻 20 までにすべてのノードが病気に感染したことがわかったとする．病気が外部から導入された形跡はなかったので，図の一つの辺に付随する接触期間に誤りがあったと考えられる．一つの辺の開始時刻あるいは終了時刻の誤りを指摘せよ．また，その値をどのように変更すれば，ノード s からの病気がすべてのノードに観察期間内に伝染することになるか？

2. 人々の接触グラフが手もとにあるが，各辺の両端の 2 人が接触した期間は正確にはわからないとする．そのグラフで，ある一つの病気がある辺の両端の人々の間では伝染したが，他の辺の両端の人々の間では伝染しなかったという仮説が考えられる．伝染があった辺を"陽"の辺，伝染がなかった辺を"陰"の辺と呼ぶことにする．この仮説が強い意味で成立するように，すなわち，陽の辺では病気が伝染し，陰の辺では病気が伝染しないように，辺に適切に付随する期間を割り当てることは可能か？と考えることは自然である．

そこで，図 21.23 の 5 人の単純な接触グラフで，この種の問題について考えよう．

(a) ノード a からノード e への感染を除いて，"どのノードから"も"他のすべてのノードへ"病気が感染するように，すべての辺に時間区間を与えることは可能か？ 可能ならば，そのような時間区間の割当てを与えよ．不可能ならば，そのような時間区間の割当てが存在しない理由を説明せよ．

(b) ノード a からノード d へ，およびノード b からノード e へは感染が起こるが，ノード a からノード c へは起こらないように，すべての辺に時間区間を与えることは可能か？ 可能ならば，そのような時間区間の割当てを与えよ．不可能ならば，そのような時間区間の割当てが存在しないことの理由を説明せよ．

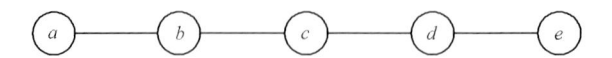

図 21.23 演習問題 2 の図．5 人の人々の接触グラフ．

3. 家畜の集団における病気の大流行を早期に制御する手段を検討している役所にアドバイスをしたい．彼らは，家畜同士の接触の範囲を制御することができるか，あるいは家畜から家畜への感染の確率を抑制するためにより高度な衛生管理を導入することができるかについて議論している．

これらの手段のいずれも膨大な費用がかかり，それは以下のように見積もられている．役所では，家畜同士の接触範囲の制御に対して x ドルをかけると，各家畜は

$$40 - \frac{x}{200,000}$$

頭の他の家畜とのみ接触することになると予測している．また，感染確率を減少させる高度な衛生管理に対して y ドルをかけると，病気に感染した家畜に接触した他の家畜の感染確率は

$$0.04 - \frac{y}{100,000,000}$$

になると予測している．この活動の予算は 200 万ドルである．現在の計画では，2 種類の活動のそれぞれに 100 万ドルを割り当てようとしている．これは良い予算配分か？ もしそうならば，その理由を述べよ．そうでなければ，より良い予算配分をアドバイスせよ．

第VII部

制度と集約行動

第 22 章

マーケットと情報

　これまで展開してきた原理に基づいて，本書の最後の部では，制度の設計，および制度が異なると形成される集約行動がどのように異なることになるかについて考える．ここでいうところの**制度 (institution)** は，きわめて一般的なものを意味し，集団における個々の行動を全体の行動として集約するような，規則や慣例やメカニズムのあらゆる集合が当てはまるものと考えている．本章を含めてこれからの三つの章では，三つの基本的な制度のクラスである，マーケット，投票，財産権に焦点を当てる．

　マーケット，とくに集団における情報を集約して伝達する機能としてのマーケットの役割を議論することから始めよう．マーケットへの参加者は，いずれも，資産や製品の価値，およびその価値を左右する事象の確率に関するある種の確信や期待を持って参加する．ここで取り上げるマーケットは，これらの確信や期待の情報を市場価格として集約する構造体，すなわち，総体的な結果へと集約する構造体であると考える．

　個人の期待感がそれぞれの行動に影響を与えるという事実は，これまで広範な問題をとおして眺めてきたが，それはマーケットにおいても観察される．第 8 章では，最適なルートは他の人が選ぶと考えられるルートに依存するというブレイス (Braess) のパラドックスを眺めた．また，第 16 章では，（レストランやファッションなどにおいて）人は他人の行動から別の選択肢の未知の優越性を推論することを眺めた．第 17 章では，（ファックスやソーシャルネットワークサイトなどにおいて）商品の潜在的な価値は，どのくらい多くの人がその製品を利用すると期待できるかに依存することを眺めた．これらのいずれのケースでも，各個人は，将来起こることを正確には知ることなく，決断を迫られる．すなわち，ルートは渋滞するようになるか，そのレストランは良いレストランか悪いレストランか，他の人もそのソーシャルネットワークサイトを用いるようになるか，などがわからないうちに，決断を迫られる．そして，これらのすべてのケースで，各個人の利得に関する期待値は，人々がどのような選択をするかにかかっている．

　これらのモデル設定の間には類似性があると同時に，個々での議論の基礎となる重要な相違もある．すなわち，別の選択肢の未知の優越性が，**外生的 (exogenous)** であるか，**内生的 (endogenous)** であるかという相違もある．外生的な優越性は，個人の決断とは無関係に，別の選択肢が本質的に良いか悪いかによって決まるということである．たとえば，本書で取り上げた情報カスケードのモデルでは，選択肢を採用するか拒否するかの判断は，その選択肢が本質的に良いか悪いかに従っていると考えていた．そして，その選択肢

の優越性は，人々がそれを採用するか拒否するかには，完全に無関係であった．一方，内生的な優越性では，それとは異なり，さらに複雑になる．内生的な優越性は，その選択肢に対する人々の実際の決断に左右されるのである．本書のネットワークトラフィックとブレイス (Braess) のパラドックスのモデルでは，どの指定されたルートも，そのルートの利用者が多数になれば渋滞するので，渋滞するかどうかは前もってわからない．同様に，ファックスのように，ネットワーク効果を持つ商品では，実際に多数の人がそれを購入するまで，購入する価値があるかどうかはわからない．

　本章では，両方のケースを取り上げる．最初に，資産の優越性が未知で外生的である資産マーケットで起こることを眺める．とくに，その単純な典型例である賭博マーケットに焦点を当てて，この分析を始める．そこで，賭博マーケットにおいて，各個人がどのように行動し，どのように価格が決定されるかを説明する．そして，賭博マーケットで展開したアイデアから，より複雑な株式市場などに対してどのような洞察が得られるかを議論する．その後に，商品の優越性が内生的であるマーケットではどのようなことが起こるかについて考える．このケースでは，非対称的な情報の役割に焦点を当てる．

　本章の後の二つの章では，投票と財産権の役割について議論する．マーケットと投票のメカニズムは，集団における個人の行動を集約する異なる制度である．両者の重要な相違の一つとして，投票メカニズムでは集団としての単一の決断が得られるのに対して，マーケットでは各個人が異なる結果を選択できることもある点が挙げられる．最後の章では，可能な結果に影響を与える財産権の役割について議論する．

22.1　外生的な事象のマーケット

　本節では，マーケットにおける事象の確率が結果に依存しないような状況設定，すなわち，事象が外生的である状況設定から始める．そして，このような設定で，事象に対する複数の意見をマーケットがどのように集約するかを調べる．このような設定の基本的なモデルの一つに，予測マーケットが挙げられる．**予測マーケット (prediction market)** とは，集団やマーケットの将来の唯一の事象に対して，個人の予想を集約するために投資される（一般にはきわめて単純な）資産に対するマーケットである．すなわち，予測マーケットでは，各個人は，将来起こることもある複数の事象の中の一つに対して，ある金額を賭ける．

　これまで最もよく知られている予測マーケットの一つとして，選挙の当選者予想が挙げられる．たとえば，アイオワ電子マーケット[1]は，（この構造を有する多くの形態の一つとして）2008 年の米国大統領選において，民主党が勝利する事象に対して 1 ドル支払い，共和党が勝利する事象に対して何も支払わない契約を個人が売買することができるマーケットを運営していた．この契約を購入した各個人は，民主党が選挙に勝利することに賭けていた．同様に，共和党が勝利する事象に対して 1 ドル支払い，民主党が勝利する事象

---
[1] www.biz.uiowa.edu/iem/

に対して何も支払わない契約もあった．第 1 章の図 1.13 は，これらの二つの契約に対する価格の時間経過をグラフに表している．そして，国民の選挙結果に対する予想の確率に影響を与える外生的な事象の列に従って，価格が変化していったことが読み取れた．

　予測マーケットも含めたすべてのマーケットで，取引には二つの面が存在する．すなわち，一方が購入すれば，他方が販売することになる．したがって，予測マーケットでの取引では，賭けたい側が売り手と買い手で対立している．しかし，取引が実際に行われる価格では，売り手と買い手が取引を望ましいと考えていることに注意しよう．あとで正確にするところの意味で，価格は，"両者の確信を分離する"と言える．すなわち，両者の確信は，互いに価格の反対側に存在し，その意味で，価格は両者の確信の平均をとったものと言える．これが，予測マーケットにおける価格が，起こる事象の確率に関する予測の平均であるという，通常用いられている解釈に対する動機になっている．したがって，民主党が勝利するという契約の価格が 60 セントのときには，通常の解釈では，"マーケット"は，民主党が勝利する確率が 0.6 であると信じている（確信を持っている）ことになる．もちろん，マーケットそれ自身が確信を持っているわけではない．それは，特別なルールの集合のもとで取引が行われる場としての単なる制度である．したがって，将来の事象に対してマーケットが何かを信じている（確信を持っている）というときには，マーケット価格が，マーケットへの参加者の確信の平均を表していると言っていることになる．

　競馬のようなスポーツに関する賭博マーケットも，参加者の多様な意見（確信）を価格に集約するマーケットである．予測マーケットのケースと同様に，スポーツにおける事象の結果は，参加者の賭け行動には無関係である．もちろん，ある賭け人は他の賭け人より確度の高い確信を持っていることもありうる．しかしながら，八百長がないと仮定できれば，賭博マーケットに何が起ころうとも，スポーツにおける事象の結果には影響はない．

　株式市場も，予測マーケットや競馬と同様である．したがって，これらのマーケットで展開して理解したことを利用して，株式市場がどのように機能を果たすかを理解することができる．賭博マーケットと株式市場の両方において，各個人は，契約や賭けや株の価値について不確定性のある状況で決断を下し，マーケットは，資産の価値についての多様な意見（確信）を集約化する．しかし，賭博マーケットと株式市場の間には，重要な相違もある．賭博マーケットでは，価格集合と誰が何に賭けているかは，ともに重要であったが，それらは実際の資本の存在には影響されない．一方，株式市場では，各企業の取引可能な株から制約を受けている．これらの株に対する市場価格は，その企業の（取引に出されていない）持ち株の資産も決定することになるのである．すなわち，投資家が所有しているその株式を売り出すときの金額や新しくその株式を買うときに支払わなければならない金額の期待値になる．持ち株による企業の金融資産は，実際の投資の決定において影響を与えるので，将来の株価にも影響を与える．したがって，企業に関するマーケットの集約された意見（確信）と株価と企業の資産の間には，間接的な結びつきがある．しかし，この結びつきは，実際にはきわめて間接的であり，したがって，株式市場での株価の理解においては，最初の段階では，これを無視しても問題ないと思われる．実際，資産価格に関する多くの学術的な文献でも，この効果は無視されている．

　あとで眺めるように，取引される資産が株や，民主党が選挙で勝利するという事象の契約，競馬の馬券のいずれであっても，取引される資産の価格は，ある事象に対するマー

ケットの予測であると解釈できる．次節では，こうしたマーケットがどのように機能するかを検証し，有用な集約予測をするときとしないときの状況に対する理解を構築する．

22.2　競馬と賭博と確信

　これらのマーケットで起こることを理解するためには，2頭の馬による単純な競馬の例から始めるのが最もわかりやすいと思われる [64]．そこで，2頭の馬のAとBが競争をして，一方が勝つものとする．ここでは，引き分けはないとする．賭け人がこの賭博に利用できる財はwドルである．このとき，2頭の馬にかける金額をどのように配分したらよいのであろうか？

　賭け人は，2頭の馬に何らかの形でこのwドルを全部賭けようと思っている．馬Aに賭ける財の割合を表すrを0と1の間の値とする．残りの$1-r$の財は馬Bに賭けることになる．$r=1$のときには，すべての財を馬Aに賭けることになり，$r=0$のときには，すべての財を馬Bに賭けることになる．rが真に0から1の間にあるときには，財を分離して2頭の馬の両方に賭けることになる．したがって，ここでは，賭け人は，（手もとにいくらか残して）全額を賭けに用いることはしないとか，まったく賭けないとかはしないものとしている．しかしながら，この制約は，賭けた財をぴったりそのまま受け取るような賭け戦略もあることをあとで眺めるので，実際には制約とはならない．

　賭け人の賭けの選択は，レースで各馬の勝つ確率に対する賭け人の確信に依存すると考えるのが理にかなうと思われる．馬Aが勝つと考えている確率をaとし，馬Bが勝つと考えている確率を$b=1-a$とする．さらに，馬Aが勝つと考えている確率aの増加に伴って，財の賭け割合rは減少することはないと考えるのが妥当であるので，$a=1$のときは，馬Aは必ず勝つことから，rは1とすべきである．しかし，どちらの馬も必ず勝つとは言えないときには，賭けの割合はどのようにしたらよいのであろうか？　これに対する回答は，レースで馬Aあるいは馬Bの勝つ確率以外の要因にも依存する．具体的には，以下のように，二つの要因に依存すると考えられる．

　第一に，賭け人の賭けの選択は賭け率に依存する．馬Aに対する賭け率が，たとえば3（3対1）ならば，馬Aに対する1ドルの賭けは，馬Aが勝ったときには3倍の3ドルになって支払われるが，馬Aが負けたときには何も支払われない．より一般には，馬Aに対する賭け率がo_Aであり，馬Bに対する賭け率がo_Bのときには，xドルの賭けは，馬Aが勝ったときには$o_A x$ドルが支払われ，馬Bが勝ったときには$o_B x$ドルが支払われる．賭け人は，賭け率の高い馬が勝ったときに支払われる金額が魅力的で，その馬に対する賭けの割合を大きくしたいと考えるかもしれない．しかしそうすると，賭け率の低い馬に賭ける残りの財が少なくなって，その馬が勝ったとき手もとに残る財は，最初の額に比べてきわめて少なくなってしまう．したがって，これらの選択肢における異なるレベルのリスクに対する評価が，次に取り上げるトピックとなる．

リスクのモデル化と財の効用の評価　リスクに対する賭け人の反応が，賭けの選択に影響を与える第二の要因である．リスクに対してきわめて慎重な賭け人は，どちらの馬が勝ってもいくらかの財が残るように賭けると考えられる．一方，リスクをそれほど気にしない賭け人は，一方の馬にかなりの比重を置いて賭けるであろうし，リスクをまったく気にしない賭け人は，一方の馬にすべてを賭けることもあると思われる．リスクを特徴付けるこの問題点は，単純な競馬の例から金融市場での投資に進むときに，よりいっそう重要になる．人々は，いずれも一定のリスクのある様々な資産にかなりの額の財を投資するが，たいていの人は財がゼロになる可能性がある投資戦略は選択しないと仮定することは，きわめて自然である．この問題をここの例でも定式化できる．すなわち，ここの例は，馬 A と馬 B に賭けることをリスクを持つ選択肢と考えて，一般に外生的な事象を有するマーケットの単純模倣化されたモデルの全面的な例になっている．

リスクに対する賭け人の態度はどのようにモデル化できるであろうか？ 第 6 章で，ゲームのプレーヤーがランダムな利得を持つ戦略をどのように評価するかを考えたときに，この問題の単純化版をすでに眺めている．これに対する答えは，プレーヤーが，各戦略をその利得の期待値に基づいて評価することであったが，ここでもこのアイデアを用いることにする．賭けにおける利得の期待値に基づいて，賭け人がそれぞれの賭けを評価すると仮定する．しかしここでは，少し注意が必要である．賭けにおける利得とは，いったい何であろうか？ 勝ったときあるいは負けたときの財の額であろうか？ あるいは，財の額に関して賭け人がどう感じるかという感覚であろうか？

もちろん，賭け人は，より大きい額の財を得られる結果をより良く感じるが，結果に対する実際の評価は，獲得する財の額にどのように依存するのであろうか？ これを正確に定義するためには，賭け人の結果に対する評価を，財の関数として数値的に表すことが必要になる．そして，その数値的な指標を用いて賭け人の利得を評価する．これを，**効用関数** (utility function) $U(\cdot)$ を用いて行う．すなわち，賭け人の財が w であるとき，結果に対する評価である利得は，$U(w)$ に等しいと考えるのである．

最も単純な効用関数の例としては，線形関数 $U(w) = w$ が考えられる．この例では，財に対する賭け人の効用は，財の値そのものになる．より一般的な線形の効用関数としては，ある正の定数 a と定数 b による $U(w) = aw + b$ の形のものも考えられる．このような効用関数では，1 ドルを勝ち取るときの効用の増加と，1 ドルを失うときの効用の減少は等しくなる．一見しただけでは，それら以外の効用関数を用いることは奇妙に思えるが，線形の効用関数では実験的にも常識的にも，賭け人のとる行動をうまく予測できないのである．

これを理解する簡単な方法は，公平なギャンブルを賭け人が受け入れるかどうかを考えてみることである．そこで，これを説明する公平なギャンブルの特殊な例を考える．他の例でも同様の効果が得られる．賭け人の現在の財が w であるとする．そして，確率 $\frac{1}{2}$ で w ドル勝ち取り，確率 $\frac{1}{2}$ で w ドル失うギャンブルが与えられたとする．したがって，ギャンブルの終了後には，確率 $\frac{1}{2}$ で財は $2w$ ドルになり，確率 $\frac{1}{2}$ で財は 0 ドルになる．ギャンブルの終了後に，賭け人の手持ちの財の期待値が $\frac{1}{2} \times (2w) + \frac{1}{2} \times 0 = w$ となるという意味で，これは"公平"であると言える．ここで，賭け人の線形の効用関数 $U(w) = w$ では，こ

のギャンブルを受け入れるか拒否するかの間での優劣の識別はできない．なぜなら，ギャンブルを受け入れるときの効用の期待値は，

$$\frac{1}{2}U(2w) + \frac{1}{2}U(0) = \frac{1}{2} \times (2w) + \frac{1}{2} \times 0 = w$$

であり，ギャンブルを拒否するときの効用の期待値と同じ値になるからである．他の線形の効用関数でもこれは成立する．金融市場での個人の投資に対する行動のモデルとして考えてみると，上記の計算は以下のことを仮定していたことになる．すなわち，100万ドルを持っている投資家が，さらに100万ドルを得て200万ドルになるか，すべて失って0ドルになるかの投資戦略があるときに，それに投資しても投資しなくてもその優劣の識別は不可能であることを言っていたのである．しかし，そのような投資戦略では，100万ドルを得て200万ドルになることより，すべてを失って0ドルなることのほうが重大であると，投資家が考えるモデルがより望まれる．すなわち，期待値として手持ちの財が不変であっても，投資家はこの戦略がきわめてリスクの高い戦略であると考えるということを，ある程度考慮するモデルが欲しいのである．

　この種の行動は，財wの増加に伴い効用の増加の割合が減少する関数を効用関数として用いることにより，把握することができる．この性質を持つ効用関数の例としては，$U(w) = w^{1/2}$や，自然対数関数の$U(w) = \ln(w)$などが挙げられる．これらの効用関数のときでも，効用は財の増加とともに増加する．しかし，効用の増加の割合は，財の増加とともに減少する．すなわち，裕福になるに従い，さらに1ドル増えるときの幸福度はそれほど増加しなくなることに対応する．少し解析をすれば，この種の効用関数の賭け人は，上記の公正なギャンブルを拒否することがわかる．たとえば，$U(w) = w^{1/2}$としてみる．すると，受け入れたときに結果として得られる効用の期待値は，

$$\frac{1}{2}U(2w) + \frac{1}{2}U(0) = \frac{1}{2} \times (2w)^{1/2} + \frac{1}{2} \times 0 = \frac{1}{2^{1/2}} \times w^{1/2}$$

となる．これは，ギャンブルを行う前の効用関数の値$w^{1/2}$よりも小さい．したがって，拒否してそのままの効用関数の値を選ぶことになる．したがって，財wの増加に伴い効用の増加の割合が減少するこの種の効用関数では，上記のギャンブルは拒否される．

　これから本書では，この種の効用関数を用いることにする．しかしながら，効用を財の関数としてどのように定義しようとも，効用の期待値を用いて賭け人が賭けを評価するモデルを採用していることは，忘れずに記憶しておくことが重要である．相違は，単に賭け人が用いる効用関数の形状のみである．

　対数の効用関数　賭け人がとりそうな行動の単純なモデルを構築するために，ここでは特別に，賭け人の効用関数として，財の自然対数を用いることにする．すなわち，賭け人の財$w > 0$に対して，効用関数を$\ln(w)$とする．この効用関数のグラフは，図22.1に示しているようになる．上で注意したように，この関数は，財の増加に伴って増加率が減少する．この対数形式の効用関数は，現在の財がいくらであっても，財が2倍なると効用は$\ln 2$だけ増加するという，直観的にもわかりやすい単純な性質を持っている．すなわち，さらなる1ドルのありがたみ（効用としての価値）は，手持ちの財が増加するに従い減少するが，財が倍増するときのありがたみ（効用としての価値）は，常に同じである．それ

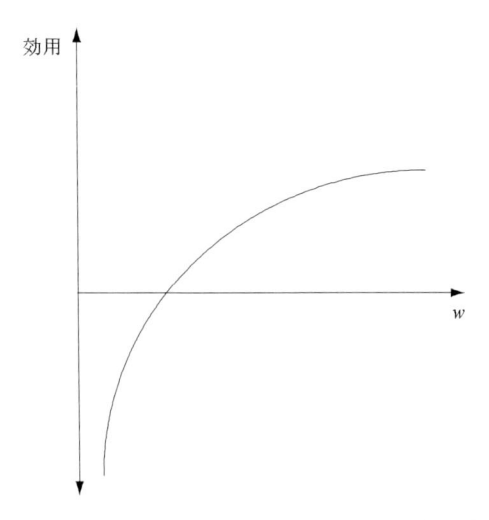

図 22.1 個人の効用が財 w の対数 $\ln(w)$ であるときには，財の増加に伴い効用の増加率が減少する．

は，対数についての基本的な性質である．任意の正数の x と y に対して，

$$\ln(x) - \ln(y) = \ln(x/y) \tag{22.1}$$

であることを用いると，その理由がわかる．この性質を用いて実際に確かめてみよう．現在の財 w が 2 倍に増加すると，効用の増加は

$$\ln(2w) - \ln(w) = \ln(2w/w) = \ln(2)$$

となる．最初の等号は，式 (22.1) に $x = 2w$ と $y = w$ を代入すれば得られる．財が任意の数の k 倍（$1/k$ 倍）になっても同様で，効用の増加（減少）は $\ln k$ である．効用の増加と減少は現在の財に依存しないのである．

対数の効用関数は，解析がきわめて明快になる．なお，財の増加に伴って増加率が減少する他の関数でも，同様の解析が行える．

最適戦略：確信を賭ける 財に対する対数の効用関数，および馬 A と馬 B のそれぞれの賭け率と勝つ確率に対する賭け人の確信が与えられて，それらのもとでの最適な戦略を導き出すことにしよう．

財に対する効用関数は対数の効用関数であり，馬 A の賭け率を o_A，馬 B の賭け率を o_B としたことを思い出そう．賭け人が馬 A に賭ける財の割合は r であるとする．すると，賭け人が馬 A に賭ける財の額は rw となり，馬 A が勝つと賭け人の財は rwo_A となる．賭け人が馬 B に賭ける財の額は $(1-r)w$ となり，馬 B が勝つと賭け人の財は $(1-r)wo_B$ となる．賭け人は，馬 A が勝つ確率が a であり，馬 B が勝つ確率が $b = 1-a$ であると信じている（確信を持っている）．したがって，賭け戦略 r とこれらの確率が与えられたとすると，効用は，（馬 A が勝つ）確率 a で $\ln(rwo_A)$ となり，（馬 B が勝つ）確率 $1-a$ で $\ln((1-r)wo_B)$ となる．これらを足し合わせて，賭けの終了後の効用の期待値は，

$$a \ln(rwo_A) + (1-a) \ln((1-r)wo_B) \tag{22.2}$$

となる．ここで，この式の値が最大になる r の値を決定したい．

この値の最大化に向けたステップとして，任意の正数の x と y に対して，

$$\ln(x) + \ln(y) = \ln(xy) \tag{22.3}$$

であるという，式 (22.1) と密接に関係する対数の性質を用いる．したがって，式 (22.2) の対数の内部に入っている変数の積をばらして最大化したい効用の期待値は，等価的に

$$a\ln(r) + (1-a)\ln(1-r) + a\ln(wo_A) + (1-a)\ln(wo_B) \tag{22.4}$$

と書ける．ここで興味深いことがわかる．この式の第 3 項と第 4 項は値 r を含まない．さらに，この値 r のみが賭け人が制御できるものである．したがって，式の第 1 項と第 2 項の和の

$$a\ln(r) + (1-a)\ln(1-r). \tag{22.5}$$

を最大化する r を選べばよいことになる．

これは，対数の効用関数の仮定から直接得られることであるが，一見直観に反する結論に至る．式 (22.5) は賭け率の o_A と o_B を含まないので，賭け人は，この式を最大化する最適な r を決定するときには，賭け率を気にしなくてもよいことになる．対数の効用関数についてさらに考える際に，これは有効である．馬 A の賭け率 o_A は以下のように解釈することができる．馬 A が勝つ事象では，最初の賭け額が rw ドルであり，終了後にはそれが o_A 倍になって戻ってくる．しかし，上述のように，対数の効用関数では，財における k 倍の効用の効果は，財の額に関係なく，$\ln k$ の増加である．したがって，財が最終的に o_A 倍になることはすばらしいボーナスであるが，それは賭け額には無関係である．すなわち，それは r の選択に影響を与えない．

そこで，式 (22.5) を最大化する賭け人の問題に戻ることにしよう．r についての関数の典型的な形は，図 22.2 に示しているようなものになる．$r=0$ と $r=1$ の付近で関数の値は大きく落ちる．したがって，中間で唯一の最大値をとると考えられる．きわめて単純な計算で，この関数は $r=a$ で最大値をとることを示すことができる．これからは，この結果を，どのようにして得られるのかに煩わされることなく，"ブラックボックス" として用いることにする．しかしその議論は単純である．r に関する式 (22.5) の関数の微分は，

$$\frac{a}{r} - \frac{1-a}{1-r} \tag{22.6}$$

となる．ここでこの式をゼロとおいて方程式を解くと，唯一の解 $r=a$ が得られ，そこで式 (22.5) の関数は最大となる．

この結果は，"賭け人は自身の確信どおりに賭けよ" と解釈ができる．すなわち，馬 A に賭ける財の割合は，賭け人が信じている A の勝つ確率とせよということである．さらに，最適な賭けは，馬 A に賭ける額は馬 A が勝つ確率が大きくなれば大きくなるという性質を持つので，この確率が 1 に近づけば，最適な賭けも賭け人のすべての財を賭けるものに近づくことにも注意しよう．

この基本的な結果を，参加者が多いマーケットで起こることを研究するためにも用いる．これからの解析でも，賭け人の効用関数はすべて対数関数であるとする．異なる効用

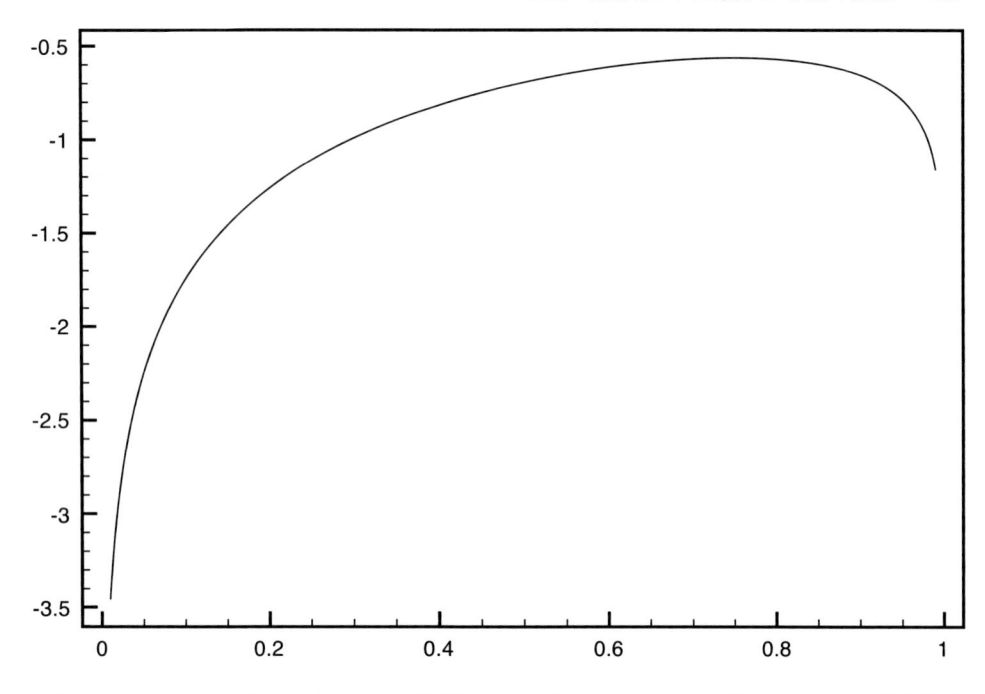

図 22.2 $a = 0.75$ のときの，r についての関数 $a\ln(r) + (1-a)\ln(1-r)$ のグラフ．$r = a$ で最大値が達成される．

関数を用いたにしても，得られる全般的な結果は質的に同一のものになる．しかし，その解析は極端に複雑になり，いくつかの特別な事実は成立しなくなってしまう．とくに，異なる効用関数では，賭け人の決断は必ずしも賭け率に無関係ではなくなるので，賭け人の行動に対する推論は，より複雑になる．

22.3 集約化された確信と"大衆の知恵"

賭け人が1人のときには，その最適な戦略を観察して，戦略を学習することができる．しかし，それでは，多数の人の意見が集約されているとは言えない．集約がどのように働くかを理解するために，多数の賭け人のいるシステムを次に考える．

$1, 2, 3, \ldots, N$ の名前のつけられた N 人の賭け人がいて，各賭け人 n は，馬 A の勝つ確率が a_n であり，馬 B の勝つ確率が $b_n = 1 - a_n$ であると信じている（確信を持っている）とする．ここでは，賭け人の持っている確信の（各馬の勝つ）確率が異なってもかまわないが，実際には異なっていなくてもよいものとする[2]．確率が一致するときには，あとで眺めるように，互いに（確率の小さい側の）賭けの負け側には立ちたくないと考えて（確率の大きいほうの）勝ち側に集約されるのではと考えるかもしれないが，実際には，マー

---
[2] 賭け人の確信の確率が異なることは外生的に与えられると考える．持っている情報が異なるためにこの確率の不一致が生じているときに何が起こるかを考えることは，興味深い．しかし，そのときには状況が格段に複雑になる．マーケットのいかなる統計データが観察できたとしても，賭け人はそれぞれにそのデータから他の人の情報を推論することが必要となるからである．

ケットの賭け率と意見の集約を決定できて，それは単に共通の意見そのものであることになるのである．

すべての賭け人が同じ額の財を持つと仮定できる理由はないし，いったん賭けが始まれば勝者と敗者が生じて，賭け人の財は異なってくる．したがって，ここでは最初から，賭け人の財は異なることもあるとし，賭け人 n の財を w_n とする．すると，すべての賭け人の財の総和は

$$w = w_1 + w_2 + \cdots + w_N$$

と書ける．さらに，すべての賭け人は，同一の効用関数を用いて財を評価するとする．そして，用いる効用関数は，これまでと同じで，財 w の自然対数の $\ln(w)$ であるとする．

22.2 節で，a_n という確信を持つ賭け人 n の最適な賭け戦略は $r_n = a_n$ であること，すなわち賭け人 n は，馬 A に $a_n w_n$ 賭けるのが最適な戦略であることを眺めた．したがって，賭け人 n は，馬 B に $(1-a_n)w_n = b_n w_n$ 賭けることになる．こうして，すべての賭け人が馬 A に賭ける額の総和は

$$a_1 w_1 + a_2 w_2 + \cdots + a_N w_N$$

となり，すべての賭け人が馬 B に賭ける額の総和は

$$b_1 w_1 + b_2 w_2 + \cdots + b_N w_N$$

となる．各賭け人は持っている財をすべて賭けるので，両方の馬に賭ける額の総額は w となる．

競馬で決定される賭け率　ここで，この競馬の馬 A と馬 B に対する賭け率を決定したい．どちらの馬が勝利しても，両方の馬に賭けられた額の総額 w のすべてが，賭け人に支払金として戻るようにする．競馬の主催者はすべての賭け人から賭け金を集める．したがって，その額は w となる．競馬が終了後，その全額 w を勝ち馬に賭けていた額に賭け率を掛けた金額として支払う．どちらの馬が勝利しても，集めた額の w を支払うとしている．したがって，そこでは競馬の運営の費用も利益もないと考えている．

馬 A が勝利すると，賭け人 n に支払われる額は $a_n w_n o_A$ となる．したがって，すべての賭け人へ支払う額の総額は，

$$a_1 w_1 o_A + \cdots + a_N w_N o_A$$

となる．馬 A が勝利するときに支払われるこの額は，競馬の主催者が最初に集めた額の w と等しいので，馬 A に対する賭け率は，

$$a_1 w_1 o_A + \cdots + a_N w_N o_A = w \tag{22.7}$$

の解となる．すなわち，馬 A における均衡の賭け率は，馬 A が勝利するときでも，集めた額と支払われる額が等しくなるように設定される．（均衡の賭け率に対する式よりいくぶん良い形式をなす）馬 A における均衡の賭け率の逆数の解を求めると

$$\frac{a_1 w_1}{w} + \cdots + \frac{a_N w_N}{w} = o_A^{-1} \tag{22.8}$$

が得られる．すべての賭け人の財に対する賭け人 n の財の割合を $f_n = w_n/w$ と書くことにする．すると，この式は，

$$a_1 f_1 + \cdots + a_N f_N = o_A^{-1} \tag{22.9}$$

と書ける．同様に，馬 B における均衡の賭け率の逆数も，

$$b_1 f_1 + \cdots + b_N f_N = o_B^{-1} \tag{22.10}$$

と書ける．

賭け率の逆数は，うまい解釈ができる．馬 A の賭け率が 4 である（すなわち，1 ドルの賭け金が 4 倍されて 4 ドルとなって戻ってくる）ときには，馬 A が勝利する事象で 1 ドルの支払いを受け取るためには，馬 A に 1/4 ドル賭ければよいことになる．この額は，馬 A の賭け率の逆数に等しいのである．すなわち，o_A^{-1} ドルの馬 A への賭け金は，馬 A が勝利する事象が起こると，1 ドルになって戻ってくるのである．したがって，馬 A への賭け率の逆数は，馬 A が勝利する事象が起こるとき支払われる 1 ドルの価格と言える．同様に，馬 B への賭け率の逆数も，馬 B が勝利する事象が起こるとき支払われる 1 ドルの価格と言える．

状態価格　馬 A が勝利する事象と馬 B が勝利する事象の "1 ドルの価格" を，それぞれ $\rho_A = o_A^{-1}$ と $\rho_B = o_B^{-1}$ と書くことにする．これらの価格は，将来その状態の世界が現れたときの 1 ドルの価格であるので，通常，**状態価格** (state price) と呼ばれている [24]．

均衡の賭け率には重要な特徴がもう一つ存在する．競馬の終了後に 1 ドルを確実に手に入れるためには，賭け人は，競馬が始まる前にいくら賭ければよいのであろうか？これを実現するためには，馬 A が勝ったときに 1 ドル受け取れるように馬 A に十分な額を賭けなければならないし，馬 B が勝ったときにも 1 ドル受け取れるように馬 B にも十分な額を賭けなければならない．前にも眺めたように，これらの額はそれぞれ，o_A^{-1} と o_B^{-1} である．したがって，どちらが勝っても関係なく 1 ドル受け取れるようにするには，総額で $o_A^{-1} + o_B^{-1}$ を賭けなければならない．この額がいくらになるのかを決定するために，均衡の賭け率の値を用いることにする．すると，

$$\begin{aligned} o_A^{-1} + o_B^{-1} &= (a_1 f_1 + \cdots + a_N f_N) + (b_1 f_1 + \cdots + b_N f_N) \\ &= (a_1 + b_1) f_1 + \cdots + (a_N + b_N) f_N \\ &= (1 \times f_1) + \cdots + (1 \times f_N) \\ &= 1 \end{aligned}$$

が得られる．この計算から，競馬が始まる前の 1 ドルから競馬が終了後の 1 ドルを確実に保証する賭け戦略が存在することがわかる．さらに，賭け人が手持ちの財をすべて賭けることにするという仮定は，実際には制約にならないこともわかる．すなわち，リスクを冒したくない財の部分は，賭け率の逆数に基づいて上記のように賭ければ，その分は確実に戻ってくるからである．この計算は，さらに，賭け率の逆数の和，すなわち，状態価格の和が 1 になるという有用な性質も与えている．

これらのすべての計算が終わったので，状態価格を解釈する段階に進む．第一に，賭け人全員が馬 A の勝つ確率が a であると信じて（確信して）いれば，$\rho_A = a$ となる．すなわち，賭け人全員が確率について一致していれば，マーケットはその確信を正確に反映して，状態価格はその共通する確信に等しくなる．第二に，財の割合の和は 1 になるので，状態価格は，賭け人の確信の**重み付き平均** (weighted average) と見なせる．賭け人 n の確信の重みは，全体の財における賭け人 n の割合 f_n となる．したがって，賭け人 n が財を持たないときには，$f_n = 0$ であり，賭けることができないので，状態価格がその賭け人 n の確信 a_n から影響を受けることはない．一方，1 人の賭け人の財が全体の財をなすときには，状態価格はその賭け人の確率になる．より一般的には，賭け人の状態価格に対する影響の度合いは，その賭け人の財が全体の財に対してどのくらいの割合になっているかで決定される．

したがって，状態価格は，マーケットが各個人の確信を平均化したものであると見なせる．より典型的な言い方をすれば，状態価格は**マーケットの確信** (market's belief) であると解釈することもできる（マーケット確率とも呼ばれる）．本節の対数の効用関数の競馬マーケットでは，このマーケット確率は，投資者（賭け人）の確信の重み付き平均である．ここで，各投資者の重みは，全体の投資者の賭け額におけるその投資者の賭け額の割合である[3]．

"大衆の知恵" との関係　James Surowiecki（ジェームズ・スロウィッキー）の "The Wisdom of Crowds" [383] [4] などの書籍で大衆の知恵として最近よく知られようになった直観について，この分析からどのようなことが言えるであろうか？この本では，基本的に，各個人が限定された情報のもとで行動しても，多くの人で集約された行動により，きわめて正確な確信が生み出されるという，マーケットに対する直観の長い歴史をひもといて得られた知見を肯定的に議論している．

状態価格に関する上記の結果を用いて，この直観に対する技術的な土台のいくつかを説明することができる．とくに，競馬において，大衆が賭け率，すなわち状態価格を決定できること，そして，これらの賭け率が大衆の意見（確信）の平均であることを眺めてきた．確率の平均が馬 A の勝つ真の確率に等しくなる分布から，各賭け人が意見（確信，すなわち馬 A の勝つ確率）を独立に選んでくるとき，そして，すべての賭け人の財が等しいときには，状態価格は，大衆のサイズが大きくなるに従って真の確率に収束していく．これが起こるのは，状態価格が実際に大衆の確信の平均であり，この平均は大衆のサイズが大きくなるに従って真値に収束するからである[5]．

しかし，これらの主張には，二つの重要な条件が内包されている．そのどちらも大衆の知恵の限界を理解する上で重要である．第一に，確信（意見）は独立である．第 16 章で独

---

[3] この関係において，対数の効用関数であることが必要である．他の効用関数では，状態価格は各個人のリスクに対する姿勢にも依存する．

[4] 【訳注】邦訳：小高尚子（監訳），『「みんなの意見」は案外正しい』，角川書店 角川グループパブリッシング，2009．

[5] この議論において，賭け人の確信は固定されていて，外生的に与えられているものとして扱っている．そうでなくて，賭け人の確信が異なる情報に基づいて変動するときには，賭け人は価格から学習しなければならない．確信（確率）が，平均が真の確率に等しくなる分布から独立に選ばれてくるときには，マーケット価格は平均の確信となり，賭け人は全員，マーケット価格を用いて，自身の確信をその価格に更新すべきである．

立でない確信の複雑性を探求した．そして，大衆の行動を推論する際に起こる困難性と，たとえ多数の参加者がいても集約された予測が質の悪いものになってしまうこともあるという事実を注意した．第二に，すべての確信は同じ重みを持っている．ある賭け人が他の賭け人より大きい財を持っているときには，状態価格は，より財の少ない人たちよりも，より財の多い人たちに重きを置くことになる．これにより，状態価格の正確性が良くなるか悪くなるかは，より財の多い人たちの確信が，より財の少ない人たちよりも正確度が高いか低いかに依存する．時間の経過とともに，より正確度が高い確信を持っている人たちは，より正確度が低い確信を持っている人たちよりも，より良く賭けていくので，裕福になっていく．これが起こると，より正確度が高い確信を持っている人たちの重みが増し，マーケット価格はますます良い予測となっていく．この概念については，22.10節で詳細に探究することにする．

時間の経過とともに，賭け人が競馬を何度も見ながら各馬が勝利する確率を学習していくと，何が起こるのかを考えることも興味深い．たとえば，馬Aと馬Bが毎週競馬をしていて，それらの結果は独立であったとする．馬Aの勝つ真の確率がaであるとすると，馬Aが実際の競馬で勝つ割合はaに収束していくことになる．馬Aの勝つ確率を当初aと予測していなかった賭け人も，何度も競馬を観察することにより，経験に照らし合わせてその確信（確率）を変えていくと考えられる．第16章のベイズ学習の実験では，独立な事象を何度も観察し，ベイズの法則を用いて，時間の経過とともに真の確率を学習していくことを議論した（この結果については，22.10節で復習し，さらに拡張する）．したがって，時間の経過とともに，馬Aの勝つ確率に対する各賭け人の確信は，aに収束していく．同様に，馬Bの勝つ確率に対する各賭け人の確信は，bに収束していく．これらの状態価格は，これらの各賭け人の確信の重み付き平均であるので，したがってaとbに収束する．

22.4　予測マーケットと株式市場

これまで競馬についての話をしてきたが，価値が将来の不確実な事象の結果に依存するいかなるマーケットにも，直接的に同様の類推を適用することができる．そこで以下では，具体的に二つの例を挙げて説明する．一つは予測マーケットであり，もう一つは，これらの概念のきわめて重要な応用と言える株式市場である．状態価格が両方のケースで，マーケットにおいてどんなことが起こるかを推論する際に重要な役割を果たすことを眺めていく．

予測マーケット　予測マーケットでは，各個人は，ある事象が起こるという条件のもとで1ドルの支払いを受ける権利を取引する．たとえば，本章の最初に議論したように，米国の次の大統領選挙において共和党が勝利するときに1ドルの支払いを受ける権利を，参加者が取引することが挙げられる．予測マーケットの制度は，競馬の賭けマーケットの制度とは異なる．予測マーケットでは，各個人はマーケットを通して互いに取引を行うが，競馬では，各個人は競馬に直接賭ける（競馬の主催者と取引を行う）．それにもかかわら

ず，価格は両方のマーケットで同一の役割を果たす．各馬の賭け率の逆数は，その馬が競馬で勝利するときに1ドル受け取れるときの価格である．同様に，予測マーケットでの契約の価格は，（選挙で一方の党が勝利するというような）契約に書かれている特別なことが起きて1ドル受け取れるときの価格である．いずれの場合も，価格はマーケットの参加者の確信の平均を反映する．

ここでは，予測マーケットの様々な制度を無視して，代わりに状態価格による競馬の分析を用い，予測マーケットについてどのようなことを発見できるかを眺めていく．たとえば，2008年の米国大統領選挙において民主党と共和党のいずれが勝利するかの予測マーケットを考えてみよう（同一の分析は，2008年の米国の大統領予備選挙において民主党と共和党のそれぞれの候補者を決定するというような，多数の候補者から1人の勝者を決定する予測マーケットにも用いることができる）．

全体の取引者の財の総和に対して，取引者 n が予測マーケットで賭けることのできる財の割合を f_n とする．取引者 n が民主党および共和党が勝利すると信じているそれぞれの確率を a_n と b_n とする．すると，競馬のときと同様に，民主党が勝利するという契約に対するマーケット価格 ρ^D は，民主党が選挙で勝利すると各投資家が信じている確率の，財の割合を重みとする重み付き平均となる．すなわち，

$$\rho^D = a_1 f_1 + \cdots + a_N f_N \tag{22.11}$$

と書ける．同様に，共和党が勝利するという契約に対するマーケット価格は，共和党が選挙で勝利すると各投資家が信じている確率の，財の割合を重みとする重み付き平均となる．これからの議論では，事象が起こる直前の時点と考えることができる，ある時点での予測マーケットのスナップショットを眺めていく．確信や財が変化する幅のある期間にわたって，マーケットの動的な行動も調べることができる．そのような動的な問題については，22.10節で焦点を当てる．

これらの契約の価格は，選挙の結果の良い予測をもたらすであろうか？価格はマーケットにおける参加者の確信の重み付き平均であるが，競馬でも眺めたように，必ずしも良い予測あるいは悪い予測とは言えない．それは，投資家の集団における確信のばらつきに依存するし，さらにこれらの投資家の財の分散にも依存する．この問題に対して実験的に考察する一つの方法として，実際の予測マーケットで下された予測を眺めてみて，現実の事象に対してどれだけ良い予測を出していたかを調べることが挙げられる．Berg, Nelson, and Rietz の興味深い論文 [51] には，1988年〜2004年の米国大統領選挙の結果の予測で，アイオワ電子マーケット (Iowa Electronic Markets) が，米国の他の主たる予測マーケットよりも，格段に良い成果を挙げていたことが示されている．

株式市場 株式市場も，世界の将来の状態に賭ける機会を各個人に与えてくれる．しかし，ここにおける賭けはより複雑になる．株式の価格（株価）は，ある特別な一つの事象が生じるときに1ドル受け取るときの価格ではないからである．そうではなく，企業の株価は，起こりうる多くの事象に依存して変動する．たとえば，そのような事象として，「その企業の研究開発に対する現在の投資は成功である」とか，「強力なライバルの企業がマーケットに進出しそうだ」とか，「その企業の生産した製品に対する需要が予想以上に

急激に増加している」とか，「労働者がストに突入する」とかが挙げられる．これらのいずれの事象も，その企業の株の将来の価値に大きな影響を与えうるので，株価は，それぞれの事象（状態）を様々に考慮して定まると考えられる．2頭の馬による競馬への賭けと株式の相違は，（2頭ではなく）多数の馬の競馬が普通であるように，株式には多くの状態がありうることである．株式の所有者の権利の額は，明示的な賭け率ではなく，これらの状態のそれぞれの状態での株の価値を考慮して決定されるのである[6]．

これらの状態のそれぞれでの1ドルの価格（状態価格）と株の価値を知ることができれば，各状態が起こるときに株に対して投資家が支払うべき額を知ることができる．それは，その状態における株の価値とその状態での1ドルの価格の積となるからである．そして，現時点の株価は，すべての状態におけるこれらの和となるのである．取引される株が十分に多ければ，株価から状態価格を決定できるし，逆に，状態価格から株価も決定できる．単純な例で，これがどのように機能するかを眺めてみよう．

状態価格と株価　株価からの状態価格の決定および状態価格からの株価の決定と，この決定を可能にする，取引される株の集合が"十分に多い"という規定に対する一般的な枠組みは複雑である．ここでは，簡素な例を用いて，中心的なアイデアを説明する．

株の取引が行われる1と2と名づけられた二つの企業があるとする．さらに，可能な状態として，s_1 と s_2 の二つの状態があるとする．具体的には，状態 s_1 は"企業1がうまくいく"状態であり，状態 s_2 は"企業2がうまくいく"状態である．企業1の株は，状態 s_1 のときは1ドルの価値があり，状態 s_2 のときは無価値であるとする．さらに，企業2の株は，状態 s_2 のときは1ドルの価値があり，状態 s_1 のときは無価値であるとする．すると，二つの株は，上で眺めてきた予測マーケットの二つの契約と等価であり，それらの価格は，それぞれの状態のマーケット確率になる．

次に，より現実味のあるケースを考えよう．そこで，各株はいずれの状態でもある程度の価値があるとする．企業1の株は，状態 s_1 のときには2ドルの価値があり，状態 s_2 のときには1ドルの価値があるとする．さらに，企業2の株は，状態 s_1 のときには1ドルの価値があり，状態 s_2 のときには2ドルの価値があるとする．ここで，これらの状態の状態価格がわかれば，それぞれの株価を決定できる．企業1の株価を v_1 とし，企業2の株価を v_2 とする．さらに，状態 s_1 と状態 s_2 の状態価格をそれぞれ ρ_1 と ρ_2 とする．企業1の株価は，企業1の将来の価値に対する現在の値であり，$2\rho_1 + 1\rho_2$ となる．直観的には，企業1の株価は，状態 s_1 の2ドルと状態 s_2 の1ドルを抱き合わせて提供される"一括取引"の額であると解釈すればよい．この抱き合わせの価格は，それを構成する状態のそれぞれの価格であると見なせる．すなわち，状態1に対する1ドルの契約の2株の価格 $2\rho_1$ による購入と，状態2に対する1ドルの契約の1株の価格 ρ_2 による購入とを組み合わせたものと見なせる．（もちろん，それぞれの状態に基づいた契約で別々に売られることはない．要点は，それらが非明示的に"抱き合わせ"で株価になることである．）同様に，企業2の株価は $1\rho_1 + 2\rho_2$ となる．

---

[6] ここでは，競馬のときのように，各事象における株の価値は外生的に与えられると考えている．これは重要な単純化である．なぜなら，現実の世界の株の価値は，各事象において内生的であり，その状態におけるマーケットの均衡で決定されるからである．

逆に，各株価がわかれば，状態価格の ρ_1 と ρ_2 を変数と考えて得られる連立方程式

$$v_1 = 2\rho_1 + 1\rho_2$$
$$v_2 = 1\rho_1 + 2\rho_2$$

を解いて，状態価格を決定することができる．それらの解は，

$$\rho_1 = \frac{2v_1 - v_2}{3}$$
$$\rho_2 = \frac{2v_2 - v_1}{3}$$

と得られる．

　これらの例を踏まえて，"十分に多い株の集合"の意味するところに対して，いくつかの説明ができる．本質的には，それぞれの株価を，土台となっている状態価格を変数とする関数として書き表すことにより，前述のように連立方程式が得られるが，この連立方程式の解（状態価格）が一意的に定まることが必要である．これができるときには，株価から状態価格を決定でき，投資家は，これを用いてそれぞれの状態に対して自身が好むように投資する額を決めて取引することができる．実際，この場合には，本質的に，各状態の契約に対して大規模な予測マーケットが存在し，均衡の状態価格を決定でき，したがって，これらの状態価格から株価が決定されるというイメージを描いてもよい．

　ここで行った分析からの結論は，株式市場，予測マーケット，賭けマーケットは，本質的にすべて同一であるということである．いずれも，賭ける機会を参加者に与え，将来の状態の確からしさについての集約的な予測と解釈できる価格をもたらす．この視点は，価格の変化が起こる原因に対しても，いくつかの直観を与えてくれる．（参加者の確信に相違があって）財の分布に変化が生じるときや，状態に対する参加者の確信に変化が生じるときには，価格も変化する．参加者が，突然何らかの理由で，高利得と考えられていた状態が起こりそうもないと信じると，価格は下落することになる．逆に，参加者がより楽観的になると，価格は上昇することになる．もちろん，ここで，参加者の確信が変化する理由は何かということになる．一つの可能性としては，ベイズの法則を用いて，状態が起こる確からしさについて学習していくことが挙げられる[7]．観察により悲観的な予測が広がれば，価格は下落する．情報カスケードが起こる環境ならば，第16章で眺めたように，小さな事象でも予測に大きく影響を及ぼすこともある．

22.5　内生的な事象のマーケット

　本章の初めにも注意したように，あるときには，参加者の事象に対する確信が内生的で，それらの事象が実際に起こるかどうかが，参加者の集約化された行動に依存することもある．ネットワーク効果で議論した例を考えてみよう．ある特別なソーシャルネットワークサイトに，ほかの誰も参加しないと考えられるときには，そのサイトに参加するこ

---

[7] このトピックについては，22.10節で探究する．

とによって得られる利得が正になると誰も考えない．したがって，誰も参加しないことになり，実際に参加しても得られる利得はきわめて低くなる．逆に，そのソーシャルネットワークサイトに多くの人が参加すると多くの人が考えるときには，参加することによって得られる利得も大きくなると多くの人が考える．したがって，多くの人が参加することになり，実際に利得も高くなる．

以下は，購買人と販売員からなるマーケットの別の例である．セールに出された中古車が一様に質が悪いと人々が思っているとする．すると，中古車を高い価格で買いたいと思う人はいない．その結果，質の良い中古車を持っている人は，（その車が持っている価値未満の価格にしかならないので）その車をセールに出したいとは思わなくなる．したがって，そのマーケットは，質の悪い中古車のみのセールとなる．一方，セールに出された中古車が平均的な質であると人々が思っていると，質の悪い中古車を持っている人はもちろん，質の良い中古車を持っている人もセールに出したいと考えるようになる高い価格で，買ってもよいと人々は思うようになる．

これらの二つのストーリーに共通する重要なテーマは，**自己充足期待感** (self-fulfilling expectation) の概念であり，とくに，自己充足期待感の均衡が多数存在することが重要である．これは，第17章におけるネットワーク効果の議論で中心となった概念である．ここでは，中古車マーケットの例で，これを再度考えてみる．ある期待感の集合においては，その期待感が実現する形で世界が変わることもあるし，また，別の期待感の集合においては，"そのときの"期待感が実現しない形で世界が展開してしまうこともある．

非対称的な情報 しかしながら，二つのストーリーには，重要な相違が存在する．ソーシャルネットワークサイトの例では，そのサイトに参加するときに得られる利得に対して，たいていの人はほぼ同じ情報を持っていると考えられる．この情報は，あまり正確ではないかもしれないが，ある大きな割合の集団が，他の大きな割合の集団より，本質的に良い情報を持っているとは考えられない．一方，中古車のマーケットでは，自分の中古車を販売しようとしている人は，それを買おうとしている潜在的な購買人より，自分の中古車の質について，より多くを知っていると考えられる．このように購買人と販売人の間の**非対称的な情報** (asymmetric information) は，このマーケットで機能する固有の特徴である．

第17章では，非対称的な情報はないという設定で，自己充足期待感の均衡を探究した．本章の残りでは，この議論に，非対称的な情報において考慮すべきことを組み込む．実は，これ（非対称的な情報）が，内生的な事象の確信がマーケットにおいて自己増殖していく（巨大化していく）際の基本的な構成要素となっていくのである．これには基本的な理由が存在する．購買人と販売人が相互作用する多くの状況では，取引される製品やサービスに対して，マーケットの一方（の側）が，他方（の側）より，より良い情報を持っている．中古車のマーケットでは，販売人が所有する車に対して，購買人より販売人のほうがより多くのことを知っている．また，eBay (Yahoo!) などの電子マーケットでは，販売人がセールに出している商品に対して，購買人より販売人のほうがより多くのことを知っている．一方，医療保険のマーケットでは，保険の購買人のほうが購入しようとしている商品（医療保険）の価値について，より多く知っている．購買人のほうが，自分の身体に

固有の健康リスクについて，その保険を販売しようとしている企業よりも，より多く知っているからである．株式市場では，取引のどちらの側も，知られていない株の将来の価値ついて，他方の側に知られていない情報（これはこれまでの株式市場の議論では無視してきた特徴である）を持つこともありうる．これらのケースのすべてにおいて，知らされていない取引者は，取引される商品の価値について期待値を形成しなければならない．さらに，これらの期待値においては，より良く知らされているもう一方の取引者の行動を考慮しなければならない．

22.6 ポンコツ車のマーケット

本章では，競馬の単純なシナリオから始めて，得られた原理を，株式市場などのより大規模で複雑なシステムにも適用できるように拡張してきた．非対称的な情報の役割を考える上でも，この単純な戦略に従って，シンプルで典型的な例である中古車のマーケットから始めて，得られた原理をより複雑で一般的なマーケットにまで適用できることを示していく．

最初に中古車に焦点を当てる際に，非対称的な情報に関する基盤的な論文 [9] を発表して，2001 年にノーベル経済学賞を共同受賞した経済学者の George Akerlof（ジョージ・アカロフ）の修辞学的な先導に従うことにする．その論文における先駆的な例は，中古車のマーケットである．彼はそれを "ポンコツ車のマーケット" (market for lemons) と呼んでいる（中古車のうちで，とくに悪いものはレモン（ポンコツ車）と呼ばれる）．ポンコツ車のマーケットの背後にあるアイデアは，おそらく取引が始められたときから知られていたことであると思われるが，その原理とそれがマーケットにどのように作用するか（すなわち，マーケットがどのようにして失敗につながることもあるか）を整然と明快に述べたのは，Akerlof が初めてである．中古車マーケットの例で基本的なアイデアを展開した後に，これらのアイデアを他のマーケットに適用していくことにする．

2 種類の中古車があるとする．すなわち，"良い車" と "悪い車" の 2 種類があるとする．販売人は自分の車がどちらの種類かわかっている．一方，購買人は販売人のどの車も，どちらの種類かわかっていない．しかし，販売人が自分の車がどちらの種類かわかっていることを，購買人は知っているとする．マーケットの参加者である購買人と販売人は，中古車に異なる価値評価をしている．解析を簡単にするために，中古車に対する価値として，以下のような特別な値を用いる．

- 販売人は，良い車に 10 の価値を，悪い車に 4 の価値をつけている（たとえば，この価値を 1000 倍した値が取引されるときのドルの価格であると考えればよい）．これらの価値は，販売人の自分の車に対する保留価格であると解釈できる．すなわち，良い車の所有者である販売人は，自分の車を 10 以上の価格なら喜んで売りに出すが，10 未満の価格なら売りに出さない．同様に，悪い車の所有者である販売人は，自分の車を 4 以上の価格なら喜んで売りに出すが，4 未満の価格なら売りに出さない．

- 購買人は良い車に12の価値を，悪い車に6の価値をつけている．これらの価値は，購買人の車に対する保留価格であると解釈できる．したがって，良い車とわかっている車は，価格が12以下であるとき，そしてそのときのみ喜んで購入し，悪い車とわかっている車は，価格が6以下であるとき，そしてそのときのみ喜んで購入する．

どちらの種類の車に対しても，すべての購買人は，それぞれの種類の車に対して同一の価値をつけていて，その価値はすべての販売人がつけている価値よりも真に大きい，と仮定していることに注意しよう．この単純化は，以下で述べる解析では必要ではないが，マーケットが失敗する例をより衝撃的なものにする効果がある．

中古車全体のうちで良い車の割合が g であるとする．したがって，悪い車の割合は $1-g$ となる．そして，誰もがこの割合 g を知っていると仮定する．最後に，購買人の人数が中古車の台数より多いと仮定する．各販売人の所有する中古車は1台と考えているので，これは，購買人のほうが販売人より多いことを意味する．

対称的な情報のマーケット　最初に基本として，すべての車に対して，その車の種類がすべての購買人にわかっている単純なケースを考える．購買人が販売人より多いので，このときには，どの車もいずれかの購買人に売れることになる．

この仮定のもとでは，マーケットはどのような動作をするであろうか？良い車と悪い車に対する価格は異なるものになると考えられる．良い車の価格は明らかに10から12の値になる．価格がこの範囲にあるとき，そしてそのときのみ，良い車はすべて売れるからである．同様に，悪い車の価格は4から6の値になる．購買人が販売人より多いので，購買人の中には車を買えない人も出る．したがって，どちらの種類の車も価格は上がり，これらの範囲の上限にまで到達すると考えられる．すなわち，良い車の価格は12となり，悪い車の価格は6となる．

非対称的な情報のマーケット　しかし，購買人が車を買う前に，買う車がどちらの種類の車かわからないときには，どのようなことが起こるであろうか？車は購買人には識別不可能であるので，中古車の価格はすべて同一であり，取引される車はすべてその価格で取引されることになる．さらに，購買人は自分の購入する車の種類がわからないので，二つの種類が混在するマーケットに基づいて，どちらの種類になるかは確率的になる．結果におけるこの確率が与えられるときには，競馬と賭け人のときに考えたように，購買人がどのようにリスクを評価するかを考えることが必要になる．ここの中古車マーケットでの解析の単純性を保つために，購買人はリスクを気にしないと仮定しよう．したがって，購買人は，買おうとしている中古車の期待値を単に評価する．もちろん，本章で以前行ったように，購買人がリスクを考慮する概念を表現する効用関数を導入することもできるが，このケースでは，得られる結論の定性的な観点からの本質は変わらずに，モデルを複雑にするだけであるので，そうはしないことにする．

そこで，購買人が車の種類を識別できないときに，マーケットがどのような動作をするかを考えてみよう．第一に，セールに出される中古車のうちで，良い車の割合を h とする．この割合 h は，セールに出される可能性のある中古車のうちで良い車の割合 g と同じであ

ることもあるが，良い中古車を持っている販売人が必ずしもセールに出すとは限らないので，そうでないときもある．この割合 h が与えられたときに，購買人が中古車につける価値は

$$12h + 6(1-h) = 6 + 6h \tag{22.12}$$

となる．したがって，購買人が中古車を買うときに喜んで支払える金額を知るためには，h の値を予測することが必要になる．

これは，第 17 章のネットワーク効果の議論で眺めたことと同様の，自己充足期待感の均衡の領域へと連なる（しかしここでは，さらに非対称的な情報の問題が加わる）．各購買人が中古車マーケットの車のうち良い車の割合が h であると考えるときには，実際に中古車マーケットの車における良い車の割合が h となるような，購買人による自己充足期待感の均衡（の共通の期待値 h）を探すことが必要となる．

自己充足期待感の均衡の特徴付け この形式の均衡の一つの候補として，$h = g$ が挙げられる．これは，すべての販売人が所有する車を実際にセールに出すことを選択すれば，購買人による正しい予測となる．これが起こるときには，$h = g$ を式 (22.12) に代入できて，購買人は買おうとしている車に喜んで $6 + 6g$ の支払いをすることになる．この価格を p^* と書くことにする．予測 $h = g$ が正しくなるためには，良い車を持っている販売人と悪い車を持っている販売人の両方とも，価格 p^* で車をセールに出さなければならない．良い車を持っている販売人は，

$$p^* = 6 + 6g \geq 10$$

であるとき，すなわち，$g \geq \frac{2}{3}$ であるときに，価格 p^* での車の販売に応じることになる．良い車を持っている販売人が価格 p^* で車をセールに出すときに，悪い車を持っている販売人も価格 p^* で車をセールに出すことは容易にわかる．したがって，$g \geq \frac{2}{3}$ のときには，すべての車がセールに出される自己充足期待感の均衡が存在する．

次に，$g < \frac{2}{3}$ のとき何が起こるかを考えてみよう．$h = g$ となる自己充足期待感の均衡は存在するであろうか？ すなわち，すべての車がセールに出されるであろうか？ これは以下のように解析できる．$g < \frac{2}{3}$ のときには，すべての車がセールに出されると購買人が信じるとすると，購買人が喜んで支払える車の価格は，式 (22.12) を用いて

$$p^* = 6 + 6g < 10$$

となる．しかし，このとき，価格が 10 未満であるので，良い車を持っている販売人が自分の車を喜んでセールに出すことはない．したがって，$g < \frac{2}{3}$ のときには，良い車を持っている販売人は自分の車をセールには出さないことになり，中古車マーケットにおける良い車の割合の h は，g とは異なることになる．したがって，$g < \frac{2}{3}$ のときには，$h = g$ の自己充足期待感の均衡は存在しない．

しかしながら，任意の値 g に対して，常に，$h = 0$ の自己充足期待感の均衡，すなわち，セールに出される車は悪い車であるという均衡が存在する．その理由を考えてみよう．購買人がマーケットに悪い車しかセールに出されないと信じると，購買人が喜んで支払える

車の価格は 6 となることに注意しよう．この価格では，悪い車を持っている販売人は喜んで自分の車をセールに出すが，良い車を持っている販売人は自分の車をセールに出さないことになる．したがって，マーケットは，悪い車のみからなることになる．すなわち，これは，$h = 0$ の自己充足期待感の均衡である．

要約すると，以下のようになる．$g = \frac{2}{3}$ は，この例では臨界点である．$g \geq \frac{2}{3}$ のときには，可能な自己充足期待感の均衡が二つある．一つはすべての車がセールに出されてすべて売れる均衡で，もう一つはすべての悪い車のみがセールに出されてすべて売れる均衡である．一方，$g < \frac{2}{3}$ のときには，可能な自己充足期待感の均衡は一つで，すべての悪い車のみがセールに出されてすべて売れる均衡である．後者の場合には，悪い車が十分にあることと，購買人が良い車と悪い車の識別ができないことにより，マーケットから良い車が追い出されてしまう．

マーケットの完全な失敗 上記の良い車と悪い車のマーケットの例は，非対称的な情報の均衡がどのように動作するかについて，基本的なアイデアを説明していたが，マーケットが失敗することまでを（すなわち，どれほどまで悪くなりうるかを）完全に把握するものではなかった．どれほどまで悪くなりうるかを説明するために，良い車と悪い車とポンコツ車 (lemon) の 3 種類からなる中古車マーケットの例を考える．良い車と悪い車は，これまでの例と同一の基本的な役割を果たすのに対して，ポンコツ車は，販売人と購買人の両者に完全に無価値である．すなわち，ポンコツ車のみがセールに出されるマーケットは，価値が 0 の商品の取引の機会からなるので，マーケットの機能をまったく果たさなくなる．

この 3 種類の中古車の例では，以下を仮定する．

- 良い車の割合と悪い車の割合とポンコツ車の割合はすべて同じで 1/3 とする．
- 販売人は，良い車の価値を 10，悪い車の価値を 4，ポンコツ車の価値を 0 とする．
- 購買人は，良い車の価値を 12，悪い車の価値を 6，ポンコツ車の価値を 0 とする．
- 中古車の台数（販売人の人数）よりも購買人の人数が多いとする．

したがって，（購買人に）完全な情報があるときには，購買人が販売人より多く，良い車と悪い車のそれぞれに対して購買人の価値が販売人の価値より大きいので，良い車は価格 12 で，悪い車は価格 6 で売れると考えられる．購買人と販売人は，ポンコツ車の価値は 0 であるので，ポンコツ車が売れるか売れないかは，まったく問題にしない．

しかし，非対称的な情報のもとでは，これは当てはまらないので，可能な自己充足期待感の均衡を考えなければならない．均衡の候補となりうるのは以下の 3 種類である．(a) すべての車がセールに出される．(b) 悪い車とポンコツ車のみがセールに出される．(c) ポンコツ車のみがセールに出される．繰り返しになるが，候補の (c) は，マーケットのすべての商品が価値が 0 となるので，マーケットの完全な失敗であることに注意しよう．これらのそれぞれが，実際に起こりうるかどうかを順番に考える．

(a) 最初に，マーケットにすべての車がセールに出されると購買人が考えるとする．すると，購買人の車に対する価値の期待値は，

$$\frac{12+6+0}{3}=6$$

となる．しかし，この値は，良い車を持っている販売人の価値よりも低いので，販売人は自分の車をセールには出さないことになり，したがって，この期待感は実現しない．したがって，これは均衡にはならない．

(b) 次に，マーケットに悪い車とポンコツ車のみがセールに出されると購買人が考えるとする．すると，購買人の車に対する価値の期待値は，

$$\frac{6+0}{2}=3$$

となる．しかし，この値は，悪い車を持っている販売人の価値よりも低いので，悪い車の販売人は自分の車をセールには出さないことになり，したがって，この期待感は実現しない．したがって，これも均衡にはならない．

(c) 最後に，2種類の車だけを考えた前の例と同様に，マーケットにポンコツ車のみがセールに出されると購買人が考えるとすると，これは明らかに均衡となる．このときには，購買人の車に対する価値の期待値は0となり，それが喜んで支払う額であるとすると，マーケットは完全にポンコツ車からなることになる．

マーケットが，一種の連鎖反応で，どのように機能しなくなってしまうかについて注意しよう．悪い車とポンコツ車が多すぎて良い車が駆逐され，良い車がなくなると，今度はポンコツ車が多すぎて悪い車が駆逐される．車の種類がさらに多くても，この連鎖反応の効果が生まれうることを確認することは難しくない．Akerlof の言葉を借りると，「悪い車がそれほど悪いわけではない車を駆逐し，それらの車が中くらいの車を駆逐し，さらにそれらの車がそれほど良いとは言えない車を駆逐し，さらにそれらの車が良い車を駆逐する」というように，連鎖反応が続くこともある [9]．

要約：ポンコツ車のマーケットの構成要素 次節では，中古車マーケットの例からの教訓を取り上げ，格段に大きくてより一般的なマーケットにそれを適用する．そのために，マーケットの失敗につながった上記の例のキーとなる特徴を復習しておくことは有用であろう．

(i) セールに出される商品は様々な品質からなる．

(ii) 任意のレベルの品質とその品質の商品の価値に対して，購買人の価値は販売人の価値以上である．したがって，完全な情報のもとでは，マーケットにおいて，異なる品質のレベルの商品が異なる価格に基づいて，販売人から購買人へ商品が渡ることに成功する．

(iii) 商品の品質に非対称的な情報が存在する．取引の一方の側のみが，売られる商品の品質を正確に決定できる．（中古車マーケットの例では，購買人と販売人の潜在的な取引において，販売人のみが売ろうとしている車の品質を述べることができる．次節では，販売人に対して購買人がこの力を有する他の基本的なモデルを説明する．）

(iv) 特徴 (iii) から，商品はすべて同一の価格で売られることになる．さらに，販売人は，その価格が自分の売ろうとしている商品の価値以上のときに，商品をセールに出す

ことになる．

　マーケットは，これらの構成要素が揃っても，必ずしも失敗するとは限らない．それは，商品の品質に混在があって，購買人が喜んで支払うと考える価格に対して，販売人が商品をセールに出そうと思えるような均衡が存在するかどうかに依存する．マーケットの失敗は，品質の低い商品の割合が高く，購買人と販売人の価値の差がかなり小さいときに，より多く起こりうる．

　これまでの議論では，マーケットの結果を，販売人の車についての完全な情報があるときに達成される結果と非明示的に比較していた．しかし，販売人のみが自分の車の価値を知っているときには，マーケットだけでなく，どのような割当ての手続きを用いても，この問題を取り上げなければならない．どんな手続きも，販売人が情報を明らかにすることに対して，少なくとも非明示的に報いていて，その見返りとして，販売人が参加するのを説得するために必要となる補償と購買人が喜んで支払う額の間にくさびを打ち込むことになる．どのような割当てが可能かを正確に決定することは複雑であり，完全な情報が可能なときの最適な割当ては，必ずしも達成できるとは限らない．

22.7　他のマーケットにおける非対称的な情報

　ポンコツ車のマーケットの背後にあるアイデアは，社会における最も重要なマーケットのいくつかに対しても，基本的に適用できる．取引の一方の側のみが他方の側が気にする何かを知っているときの相互作用について考え始めると，これまで議論してきたことが，決して例外的でないことがわかる．実際，すべてにおいてそれは起こるのである．

　労働市場　これらのアイデアがきわめて自然に適用できる一つの例として，労働市場が挙げられる．労働市場では，職を求めている人（求職者）が販売人の役割を果たし，求職者を求める企業が購買人の役割を果たす．すなわち，就職活動のプロセスを，給料を見返りに支払う雇用主へ，求職者が自身のスキルをセールに出すマーケットと考えることができる．そこで，前節の最後に記したポンコツ車のマーケットにおける (i)〜(iv) の基本的な特徴を労働市場の枠組みで考えてみよう．

(i) 求職者は能力（品質）が様々である．ある人たちはきわめて生産的であるが，残りの人たちはその人たちより生産的ではない．したがって，これは人々を雇用することによって得られる企業の価値に影響を与える．

(ii) 企業には様々な職種と異なる賃金のレベルがあるが，これから採用しようとしている人がどのような能力の人であっても，企業がその人の能力に見合う職種と賃金レベルを正確に決定できるならば，喜んで採用するという設定を考えるのが自然である．

(iii) 非対称的な情報が存在する．一般に，将来の雇用主より，求職者のほうが，自分がどれほど生産的であるかをよく知っている．

(iv) 企業は採用しようとしている求職者の能力を正確には決定できないという (iii) の仮定の，より強力でもっともらしい版を考えると，企業は生産的な求職者のみを採用できるわけではなく，賃金も採用する人の能力に直接的に依存するわけではない．むしろ，同一の賃金が提示され，その賃金が自分のスキルでは許容できると信じる求職者のみが求人に応募する．

　この解析において，求職者は異なる生産性を持つが，それは求職者ごとの一定値であり，求職者がどの仕事を選んでも変化しないと仮定している．求職者が仕事に費やす努力によって生産性が変化するという設定がもっともらしいと考えられるが，ここの定式化では，この問題点は無視する．したがって，キーとなるのは (iv) の部分であり，中古車マーケットのときと同様に，**対立選択 (adverse selection)** の問題として見なすことができる．企業は，生産性の高い求職者のみからなる集団を選択することはできない．そうではなく，任意の求職者を採用することになると，確かなことは，生産性の低い人もそこには含まれてくることもあるということである．

　労働市場における情報の非対称性から得られる結論を導き出すには，中古車マーケットと並列的な構造を持つ単純な例を使うことが役に立つと思われる．そこで，企業は，潜在的な求職者の大きな集団から求職者を雇うとする．さらに，求職者は，生産的と非生産的の 2 種類に分けられるとする．そして，集団における両方の種類の求職者はちょうど半分ずつであるとする．企業に採用された各生産的な求職者は，企業に 1 年間に 80,000 ドルの収益をもたらすとする．一方，各非生産的な求職者は，企業に 1 年間に 40,000 ドルの収益をもたらすとする．

　各求職者は，自分がどちらの種類かはわかっている．さらに，各求職者は，企業のために働くことを選ばないこともできる．そのときには，自身を自分で雇って独自に収入を得ることもできる．自身を自分で雇って得られる収入は，生産的な求職者のほうが非生産的な求職者より多い．そこで，各生産的な求職者が自身を雇って得られる収入は，1 年間で 55,000 ドルであるとする．一方，各非生産的な求職者が自身を雇って得られる収入は，1 年間で 25,000 ドルであるとする．したがって，企業が各求職者の種類を正確に決定できるとすると，状況はきわめて単純になる．企業は，各生産的な求職者に 55,000 ドル〜80,000 ドルの間の給料を提示することができ，各非生産的な求職者に 25,000 ドル〜40,000 ドルの間の給料を提示することができるので，すべての職の求人への応募は受け入れられて，企業の各職において求職者と企業の両方が利益を得られることになる．

　しかしながら，企業にとっては残念なことであるが，各求職者がどちらの種類に属するかを正確に決定することはできない．したがって，企業は均一の給料の w を提示することになる．そして，この給料 w で喜んで働いてくれる人を採用する．この給料 w で採用する求職者から得られる企業の平均の収入が w 以上であるとき，そしてそのときのみ，企業はこの額 w を喜んで提示する．

労働市場における均衡　この例では，どのような賃金が提示できて，その賃金のもとで企業のために喜んで働いてくれるのはいずれの求職者であろうか？　推論は中古車マーケットのときときわめて似たものになる．自己充足期待感の均衡を探すことから始める．

すべての求職者が労働市場に現れると企業が期待すると，2種類の求職者は同数であるので，1人の求職者から得られる収益の期待値は

$$\frac{80,000 + 40,000}{2} = 60,000$$

となる．したがって，企業は，1年間で60,000ドルの均一の給料を提示することができる．この給料のときには，企業の提示を両方の種類の求職者は喜んで受け入れる．したがって，企業の期待は，現実のものとして実現されることになり，すべての求職者が雇われる均衡が得られる．

中古車マーケットの例からの類推でもわかるように，社会的にはそれほど望まれない別の均衡も存在する．非生産的な求職者のみが労働市場に現れると企業が期待すると，1人の求職者から1年間で得られる収益の期待値は40,000ドルとなるので，それが企業の提示できる最高の額である．この給料のときには，企業の提示を非生産的な求職者のみが喜んで受け入れることになり，企業の期待は，現実のものとして実現されることになる．したがって，ここでは高い均衡と低い均衡の二つの均衡が可能である．すなわち，二つの均衡では，応募する求職者の集団が異なる．本質的には，応募する求職者の能力に対する企業の前もっての思惑が，そのとおりに実現されることになり，自己充足期待感の均衡となるのである．

集団における生産的な求職者と非生産的な求職者の割合が変わると，状況が一変することもある．生産的な求職者の割合が$\frac{1}{4}$で，非生産的な求職者の割合が$\frac{3}{4}$であるとしてみる．このときも，非生産的な求職者のみが雇われる状態は均衡となる．しかし，すべての求職者が雇われるほうも均衡となるのであろうか？ すべての求職者が労働市場に現れると企業が期待すると，1人の求職者から得られる収益の期待値は

$$\frac{1}{4} \times 80,000 + \frac{3}{4} \times 40,000 = 50,000$$

となるので，それが企業の提示できる最高の額である．しかし，この給料のときには，生産的な求職者は喜んで受け入れることができず，すべての求職者が労働市場に現れるとは言えなくなる．すなわち，すべての生産的な求職者が求人に応募するという均衡はなくなり，中古車マーケットの例のときと同様に，生産的な求職者は，より多い非生産的な求職者により，マーケットから追い出されてしまうのである．

保険のマーケット　同様に解析できるマーケットが多数存在する．たとえば，医療保険のマーケットでも，非対称的な情報が重要な役割を果たしている．被保険者が自分の健康について知っているほど，医療保険会社はその被保険者の健康について知らないのが普通である．医療保険会社は，平均的な支払保険金を予測することはきわめて得意であるが，特定の個人への支払保険金を予測することはきわめて困難である．既往歴に基づいて，人々を複数のリスクカテゴリーに分けるが，どのグループにおいても，各個人のほうが自分の既往歴と将来どのようになるかについて，保険会社よりよく知っている．

したがって，ポンコツ車のマーケットの構成要素がここでもすべて揃っている．リスクカテゴリーに応じて，保険会社が個人に支払うことになる保険金額には差がある．しかし，保険会社は個人を精密に分類することはできない．一方，興味深いことに，医療保険

のマーケットでは，購買人と販売人の立場がこれまでとは異なっている．保険の販売人ではなく，さらなる情報を持っているのは，保険の"購買人"のほうである．しかし，結果は同一である．どのリスクカテゴリーにおいても，そのグループの人の健康維持に必要な平均コストをカバーするのに十分な保険に対して，均一の保険料を保険会社は本質的に課金することになる．したがって，そのグループにおいて最も健康的である人にとっては，必要以上の保険料を徴収されると感じることになり，保険に喜んで入りたいとは思わなくなる．すると，これらの人が保険に加入しなくなるので，そのカテゴリーの残りには，より健康的でない人たちが多くなる．そこで，より健康的でない人たちのために，保険会社は保険料をさらに高く設定することが必要になる．すると，その残りの人たちのうちで，最も健康的な人たちが，この高い保険料の保険に喜んで入りたいとは思わなくなる．したがって，彼らもまた保険に加入しなくなり，このカテゴリーの残りの人たちの平均的な健康状態はさらに悪くなる．中古車マーケットのときと同様に，医療保険のマーケットでもこれが展開されて，最後には誰も保険に加入しなくなるところまで到達する．もちろん，これが実際に起こるかどうかは実際の数値に依存する．すなわち，それは，健康維持に必要となる保険金がいくらになるかと，他の選択肢と比べてその保険の価値をどれほどと考えるかなどに依存する．しかし，これまでの例のように，このマーケットにおいても，情報の共有に非対称性が存在する場合には，どのようにして社会的に望まれない結果が起こりうるかがわかる．

医療保険のマーケットで焦点を当てた情報の非対称性は，中古車マーケットや労働市場のときと同様に，一種の対立選択につながる．保険会社は，健康的な人からなる集団を選ぶことはできない．むしろ，保険に加入する人に関して言える確かなことは，保険にはより健康的でない人が加入するということである．医療保険のマーケットにおいては，これまでの議論で無視してきた，別の種類の情報の非対称性も存在する．上記の例でも眺めたように，各個人の健康状態とその健康の維持にかかる費用は，個人ごとに一定であるとして取り扱ってきた．しかし，各個人は健康に影響する行動をとることもある．これらの行動を保険会社が観察できないとすると，各個人のほうが自分の将来の行動に対して保険会社よりよく知ることになって，さらなる情報の非対称性の源となる．個人はいったん保険に加入してしまうと，自分で悪い健康状態の改善にかかる費用を負担しなくても済むことになり，自分の健康維持のための努力を続ける気持ちが薄れる．これにより，潜在的に悪い行動に対する費用に対して全面的な保護が得られると，悪い行動を避けようとする気持ちがより薄れていくという，**モラルハザード** (moral hazard) として知られている効果が生まれることになる．

取引と株式市場における情報の非対称性　任意の取引において，どの取引者も，相手が自分となぜ取引を行いたいのかを考えてみることが大切であるという，本章の基本的な教訓の一つに光を当てて，これらの例についてさらに考えよう．本章の最初にも注意したように，1人の取引者が購入すれば，他の取引者は販売する．また，逆も成立する．したがって，2人の取引者の行動は，互いに完全に正反対である．他方の側の取引者の背後にある取引動機を理解することは，取引が実際に良い考えであるのかどうかを理解する上できわめて重要である．たとえば，中古車マーケットでは，購買人はなぜ販売人が売りたい

と思っているかを考えてみることが大切であろう．販売人に潜在的な情報の不利性があるときには，販売人に対しても同じことが言える．たとえば，医療保険を売る会社では，相手がなぜ保険を必要としているかを考えることが重要である．

　これらの問題点はすべて，本章の前の部分で議論した株式や公債といった金融資産のマーケットでも，重要な役割を果たす．ここでも，各購買人に対して販売人が存在し，それぞれが他方の動機について好奇心旺盛であると考えられる．株の所有者が株を販売しようするのは，ポートフォリオの調整や現金の必要性からかもしれないし，あるいは，マーケット価格で反映されている意見（マーケットの確信）とたまたま得た意見（確信）が異なるという（個人的な情報以外の）理由からかもしれない．あるいはまた，株価が将来下落するという個人的な情報を獲得したので売りに出す，ということもあるであろう．一方，株の購入者は，剰余金があるから投資したいということかもしれないし，マーケットの確信と異なる確信をたまたま得たからかもしれない．あるいはまた，株価が将来上昇するという個人的な情報を獲得したのかもしれない．

　一方の側がより良い情報を有している株式市場で，他方の側もその情報を獲得すると，他方の側はその株に異なる価値評価を行うことになる．取引の他方の側が知っていることを決定することは不可能であるし，他方の側が何かを知っていることを理解することも不可能である．このことをどちらの側についても考慮すると，中古車マーケットの例で眺めたように，取引は行われなくなる可能性もある [299]．

22.8　品質を知らせるシグナル

　情報の非対称性がマーケットの機能に大きく影響を与えることを眺めてきたので，今度はそれを緩和する方法を考えるのが自然であろう．他の多くの設定でも有用な基礎となるアプローチは，一種の保証メカニズムであろう．すなわち，販売人がセールに出す商品に対して，品質を知らせるシグナルを提供する方法である．

　たとえば，中古車マーケットの例に戻って考えてみると，そのようなシグナルの発信には様々な方法があることがわかる．ディーラーは，車に保証をつけて，"保証付き中古車"として提供していることがある．すなわち，このような車では，可能性があると考えられる欠陥は検査されて，問題があった部分は修理されていることが保証されている．また，別のシグナル発信メカニズムとして，販売後の一定期間内に修理が必要となった場合には，その代金を販売人が支払うこととか，あるいは，無料で修理することを約束する保証書を提供することも考えられる．これらの品質保証はいずれも購買人には直接的な価値があるが，実際の価値は想像以上である．良い車を持っている販売人にとって，そのような保証や保証書を与えることは，悪い車を持っている販売人ほど困難ではない．車が買われる前に必要とされる修理も，車が買われたあとで必要になるかもしれない修理も，良い車では，（悪い車と比べて）ずっと少ないと考えられるからである．悪い車を持っている販売人にとって，そのようなシグナルを発信すること（保証や保証書を与えること）が高価すぎるときには，良い車に対してのみそのようなシグナルが発信される．こうしたとき

には，この推論をそれほど強力でなく適用しても，少なくとも良い車のほうが，悪い車よりもそのような保証や保証書のある車の割合が多くなる．したがって，そのような保証や保証書の存在から，購買人は車の品質について推論できることになる．これらの推論により，購買人に対する車の価値の期待値は，完全修理済みや将来の故障の修理に対する保証の直接的な価値より，はるかに高くなるのである．

したがって，マーケットの失敗につながりうる情報の非対称性を軽減する方法として，全般的な保証のシステムは重要な役割を果たしうるのである．

労働市場におけるシグナル発信 このシグナル発信のアイデアは，中古車マーケット以外の多くの設定にも適用することができる．最も重要と思われるのは労働市場への適用であろう．そこでは，教育（学歴）がシグナル発信の役割を果たす．Michael Spence（マイケル・スペンス）は，このアイデアを発展させて，このトピックに関する業績で 2001 年にノーベル経済学賞を（George Akerlof と Joseph Stiglitz とともに）共同受賞している．

Spence のアイデアは，前の労働市場の例の枠組みで容易に理解できる．その例では，企業は，生産的な求職者と非生産的な求職者の区別ができない．そこで，生産的な求職者は非生産的な求職者よりも，学歴を充実させるのが容易であるとする（生産的な求職者は，おそらく学校でより良い成績を修めて，学位もより少ない努力で取得できたと考えられる）．この場合には，学歴は生産性の信頼できる証し（シグナル）になり，企業はより学歴の高い求職者に高い賃金を喜んで支払うことになる．

このシグナル発信のメカニズムは，学歴が求職者の生産性に直接的に影響を与えないときでも機能することに注意しよう．もちろん，学歴（教育）は本質的にも価値があるが，情報の非対称性を考慮するときには，マーケットにおいてある種の 2 通りの力を持つことがわかる．教育は将来の雇用のために求職者を鍛錬するのみでなく，求職者の品質（能力）における情報の非対称性を軽減して，労働市場が十分に効果的に機能するための隠れた役割も果たしていると考えられる．

22.9 不確定性のあるオンラインでの品質：評判システムと他のメカニズム

情報の利用可能性が多くのマーケットで重要であるという視点をいったん採用してしまえば，オンラインの商用のウェブサイトで用いられている多くの標準的なメカニズムが，実際には，情報の非対称性とシグナルの発信に対する考慮を発端にして設計されていることを理解できる．本節では，これらのメカニズムのうちの二つ，すなわち，評判システムとスポンサー付き検索連動広告における広告品質基準の役割について議論する．

評判システム オンラインの設定でこのアイデアが機能している明確な例の一つとして，eBay のような**評判システム** (reputation system) [171] の展開が挙げられる．eBay は，これまで会ったこともなく，これから会うこともないと考えられる任意の人同士が取引できるように設計されているので，購買人は，宣伝しているよりも品質の劣る商品を提供し

22.9 不確定性のあるオンラインでの品質：評判システムと他のメカニズム

たり，あるいは，約束した商品を送ってこなかったりするような，（ポンコツ車の販売人のような）悪い販売人と取引するかもしれないリスクに直面する．したがって，ポンコツ車のマーケットと密接に関係する状況にいることになる．すなわち，購買人が悪い商品を受け取る（あるいは完全にだまされる）機会があまりにも多すぎると信じると，eBayのどの商品に対しても購買人が喜んで支払う額はきわめて低くなって，品質の良い商品を持っている販売者も参加しなくなる．この場合は，eBayのマーケットは完全な失敗となってしまう．

評判システムは，この問題を緩和するための保証書を発行するメカニズムとしての機能を果たすもので，eBayなどのウェブサイトが提供している．そこでは，購買人は毎回商品の購入後に，その商品の販売人に対する評価を与えることができる．すなわち，取引と受け取った商品が宣伝どおりの期待に応えるものであったかどうかを報告できる．販売人が受け取った評価は，システムの中核となっているアルゴリズムで統合されて，その販売人に対する全般的な**評点 (reputation score)** として与えられる．販売人の評点は取引とともに変化する．良い評価は評点の上昇につながり，悪い評価は評点の低下につながる．したがって，高い評点はシグナル（保証書）の役割を果たすことになる．原則として，その販売人の一連の商品の取引において，すべての購入者から満足を獲得しなければならないので，良い評点の獲得は大変なコストを要する．良い販売人が良い評点を獲得するときのコストと，悪い販売人がそれと同じ評点を獲得するときのコストを比較したときに，良い販売人のほうがかかるコストが低ければ，評点は販売人の品質を保証する保証書（シグナル）となりうる．それは，中古車を保証する販売人や教育（学歴）にお金をかけている求職者の保証書（シグナル）と同じ働きをする．このように，eBayのようなウェブサイトが，評判システムの信頼性に基づいて購買人を安心させることができれば，結果としての評点に基づいて，サイトに固有の強力な情報の非対称性もかなり軽減されることになる．

効果的に機能する評判システムを創出する挑戦（難題解決）が多数行われてきている．これらの挑戦の多くは，適用の場がオンラインであることに起因する[171]．とくに，eBayのようなウェブサイトへの参加者は，ユーザーのアカウントを多数登録することで，1人で多数の名義人として振る舞うことができ，これにより，評判システムの役割を妨害できるからである．それらのアプローチとして，以下のようなものが挙げられる．第一に，不正を働こうとする販売人は，ある名義で評点を構築して購買人を信用させ，その評点がかなり低下するまで悪い販売人としての行動を続け，その後，その名義を捨てて，別の名義で新しい評点を構築し，また同様のことを行うことができる．すなわち，サイトに新しい名義を単に登録するだけで簡単に"再出発"できる方法があると，悪い行動に対する評点の結果が弱められてしまう．個人の健康状態に影響を与えられる可能性が，医療保険のマーケットにおいてモラルハザードの要因を生み出すのと同様に，この再出発の可能性は，オンラインの取引に重大なモラルハザードの問題を与えている．対立選択の問題だけでなく，これがあるために，信頼できる評判システムの開発は，より困難になっている．さらに，他の種類の誤解を招く紛らわしい販売人の行動も複数ありうる．とくに，販売人が同時に複数の名義を操作することもできるので，同一人物が異なる名義で見せかけの取引を行って，評点に正のフィードバックを起こすこともできる．したがって，良い行動の真の履歴がなくても，その販売人は高い評価の名義人となりうるのである．

精神としては，この種の戦略は，ウェブ探索のリンク解析の議論で眺めたものと類似している．すなわち，その種の戦略は，人々の行動があるアルゴリズムで評価されるときには，多くの人がそれに反応して，アルゴリズムの基準で高得点に結びつくような形に適合していくと思われるという，一般原理の極端版であると言える．この種の困難性の存在にも頑健な評判システムの設計は，現在も進行中の研究課題である．

キーワード検索連動広告の品質 ポンコツ車のマーケットの背後にあるアイデアは，キーワード検索連動広告のために検索エンジンが用いているシステムでも，明らかに現れる．実際，キーワード検索連動広告は，これらのアイデアが大きなオンラインマーケットにどのような影響を与えるかのケーススタディに役立つ．具体的には，第15章で広告の品質の問題について議論したように，有料広告をスロットに配置する際のランク付けでは，広告主が提示した入札額だけではなく，あるスロットに置かれたときの真のクリック率の相対評価にも基づくべきである．入札額が高く魅力の乏しい広告が最上位のスロットに置かれても，検索エンジンの企業にきわめて低い収入しかもたらさないためである．

しかし，検索エンジンの企業が実際に広告マーケットを運営している様子を眺めてみると，"広告の品質"の概念は，その広告が獲得すると考えられるクリック率の期待値を単に表現するものではないことが，すぐにわかる．それは，その広告に対するユーザーの総合的な満足を考慮した，より広い評価に基づくより微妙な概念である．そのようなシナリオに共通な例として，以下が挙げられる．あるキーワードの検索に対する広告として，きわめて高い入札額を提示する広告主がいたとする．さらに，検索結果のページでも，この広告はクリックしたくなるような（したがって，高いクリック率が確約される）魅惑的な文を含んでいたとする．高い入札額と高いクリック率の積は，検索エンジンの企業にきわめて高い収入をもたらす．しかしながら，その広告でリンクされている実際のページ（ユーザーがクリックして到達するページは**着陸ページ** (landing page) と呼ばれる）が低品質であり，詐欺ではないものの，広告から連想するウェブサイトとはほとんど関係がないものであったとする．たとえば，"カリブ海の休暇"というキーワード検索に高い入札額を提示する広告主が，"ここで夢の休暇を満喫しよう"という宣伝文を掲載していたとする．しかし，その宣伝文をクリックすると，別の地域の休暇プランが掲載されていたとする．すると，たいていのユーザーは，この広告をクリックしたことを後悔する．

このようなシナリオに対して検索エンジンの企業がとっている現在の戦略は，ほぼ以下のようにまとめることができる．すなわち，広告掲載のページにおいて，そのような広告はきわめて低い位置に配置されるか，あるいは，まったく掲載されない．"たとえ"その広告をページの高い位置に置くことにより企業に多くの収益をもたらすとしてもである．その理由は以下のとおりである．広告をクリックするたびに低品質の着陸ページに到達することが多いことをユーザーが経験から学んでしまうと，一般に，ユーザーは広告をそれほどクリックしなくなる．ユーザーの行動におけるこの種の全般的な影響として，長期間にわたる収入にきわめて大きな負の効果をもたらすことになる．すなわち，本質的には，高クリック率で低品質の広告から得られる短期間の収入と，低品質の広告に対するユーザーの認識から生じる長期間の損失のトレードオフが存在するのである．

このトレードオフの背後にある基本的な問題が，情報の非対称性である．実際，キー

ワード検索連動広告のマーケットには，ポンコツ車のマーケットの基本構成要素が存在する．単一の検索におけるクリックは，中古車マーケットでの車の購入や労働市場での新しい人の雇用に比べてきわめて軽い行動であるが，それでも，それはリンクの着陸先に存在するもの（販売人から提示されたもの）が努力に値するものであることをユーザー（購買人）が信じるときにのみとられる行動である．さらに，中古車の真の品質は購買人がそれを買わないとわからないのと同様に，広告の宣伝文が着陸ページの真の品質を反映しているかどうかは，ユーザーがそれをクリックしないとわからない．このような点から，着陸ページの品質について，広告主は検索エンジンのユーザーよりも多くの情報を持っているので，ユーザーは宣伝文に着陸ページの品質がどれだけ反映されているかを非明示的に知的に評価していると言える．

したがって，ポンコツ車のマーケットからの類推はきわめて自然にできるが，同時に微妙な点もあることに注意しよう．とくに，それは広告主と検索エンジンの間の関係ではない．たしかに，広告主と検索エンジンの間でも情報の非対称性を探すことはできるが，むしろ，ユーザーのクリックに伴い広告の品質が評価されるという，ユーザーと広告主の間の関係である．要約すると，もちろんクリックは検索エンジンの企業の大きな収入源につながるので，これらのすべてのユーザーのクリックへの決断がきわめて重要である．

この種のマーケットでは，複数の自己充足期待感の均衡が存在しうることを，これまでの解析で眺めてきた．すなわち，購買人が高品質を期待すると，高品質な商品がセールに出されるという均衡が生じ，また，購買人が低品質を期待すると，低品質な商品がセールに出されるという均衡が生じる．そのような均衡は，消費者が正確な予測をするという仮定に基づいている．そして，それは，ユーザーが広告の品質の分布を学ぶための時間が十分にあるときには，キーワード検索連動広告の検索エンジンでも成立する．一方，検索エンジンは掲載する広告を制御することができる．実際，検索エンジンは，品質をかなりの程度保ちながら，品質にある程度の幅のある広告を織り交ぜて掲載して，全体のマーケットでユーザーの期待に応えるような均衡が実現されるように努めている．すなわち，ユーザーが高品質な広告を期待するときには，高品質な内容を持つ広告主の広告が優先的に掲載されるようになるのである．

22.10　発展：マーケットにおける財のダイナミクス

株式，予測マーケットでの賭け，競馬での賭けといった資産のマーケットを考えてきたが，そこでは，マーケットへの参加者の確信を集約する役割をマーケット価格が果たしていた．本質的にマーケットは，参加者全体の財に対する各参加者の財の割合を重みとする，参加者の確信の重み付き平均を生み出す．そこで，マーケットを時間の経過とともに観察してみると，ある参加者は他の参加者よりうまく立ち振る舞って財の割合を増やし，その結果，集約されて得られるマーケット価格での影響力を増強する．より正確な確信を持っている人がマーケットでよりうまく立ち振る舞うと考えると，このような人への財の移動に伴う重みの変更で，より正確なマーケット価格が得られることになる．

時間の経過に伴って生じる進化に関する直観は，20世紀中頃に複数の経済学者の論文や書籍で展開された [11, 157, 172]．そこでの基本的な議論では，マーケットは，最も最適に近い意思決定をする取引者を優先するという，一種の"自然淘汰"論が展開されている．初期の著者らはこのアイデアを用いて，マーケットでは，自然淘汰により合理的な投資家が見つけられ，他の投資家は排除されていくので，長期間にわたって生き延びた取引者で価格が決定されるようになり，いっそう効率的になっていく傾向を議論した．

この一般的なアイデアがより深く探究されて，その有効範囲と限界が理解され始めたのは，比較的最近のことである．本節では，これらのアイデアの核心となっている直観を定式化する基本的な数学的解析 [64] を解説する．解析は，マーケットにおける財のダイナミクス間の密接な類推の展開と繰り返しの経験からの学習である，ベイズの法則を利用して行われる．ベイズの法則は，第16章で眺めたように，意思決定において新しい観察を利用する系統的な方法を与えるものであることを思い出そう．マーケットへの参加者の間での財の移動に伴い，集約化されて得られるマーケット価格への寄与も時間とともに変化していくが，それは，異なる仮説に割り当てられる確率がベイズの法則に基づいて変化することと完全に対応することを眺めていく．

正確な意味では，マーケットは単に取引を行う制度であるが，それは，情報を集約する人工的な知能を有するベイジアンエージェント（ベイズの法則に従う代理人）としての行動と見なすこともできる．さらに，正確な確信を持つ取引者の集合があると，その集合に属する人たちの財の割合は時間の経過に伴い1に収束していき，マーケット価格もその人たちの正確な確信を反映するものに収束していく．このことは，資産のマーケットは参加者が持っている情報を統合できたときにうまく機能するという一般概念を具体的に表している．

A. マーケットにおけるベイズ学習

ベイズ学習者（ベイズの法則を適用する人）が，マーケットにおいて，時間の経過とともに，自分の確信をどのように変更していくかについて考えながら解析を始める．これが終了したら，次にその類推を用いて，参加者の財が時間の経過とともにどのように変化するかを議論する．

第16章でベイズの法則を議論したが，ここでは，本章の記法に適合する形にすると同時に，いくつかの結論を拡張する．競馬は，株式市場のようなより複雑な設定において作用している現象も示唆する有用な単純例の役割を果たすので，ここでも競馬を用いて議論を展開する．すなわち，2頭の馬AとBが毎週レースを行う．これらのレースの結果は独立であり，どのレースでも馬Aが勝つ確率はaであるとする（馬Bが勝つ確率は$b = 1 - a$となる）．

ここで，ベイズ学習者は，これらの確率のaとbの値を知らないとする．すなわち，レースの結果を繰り返し観察しながらそれらの値を学習していくと考える．そこで，(a, b)の可能と思われるN個の仮説の集合を

$$(a_1, b_1), (a_2, b_2), \ldots, (a_N, b_N)$$

とする．最初は，これらの仮説のうちの一つが実際に正しいと仮定する．もちろん，学習者はどれが正しいかはわからない．ここでは，必要ならば並べ替えて，正しいのは $(a_1, b_1) = (a, b)$ であるとする．

学習者は，まず各仮説の**事前確率** (prior probability) を用いて学習を始める．仮説 (a_n, b_n) の事前確率を f_n とする．各事前確率 f_n はゼロより真に大きい（正である）と仮定する．すなわち，学習者は，いずれの仮説も真の確率になりうると考えている．これらの事前確率は仮説の重み付き平均をとる際の最初の重みとなるので，学習者の馬Aが勝利する確率に対する最初の予測は，

$$a_1 f_1 + a_2 f_2 + \cdots + a_N f_N$$

となる．ここで，レースがT回行われて，それらの勝敗結果の系列Sが観察されたとする．このSで，馬Aはk回勝利し，馬Bは$\ell = T - k$回勝利しているとする．すると，第16章のベイズの法則を用いて，系列Sの条件のもとでの仮説(a_n, b_n)の事後確率は

$$\Pr\left[(a_n, b_n) \mid S\right] = \frac{f_n \Pr\left[S \mid (a_n, b_n)\right]}{\Pr\left[S\right]}$$

$$= \frac{f_n \Pr\left[S \mid (a_n, b_n)\right]}{f_1 \Pr\left[S \mid (a_1, b_1)\right] + f_2 \Pr\left[S \mid (a_2, b_2)\right] + \cdots + f_N \Pr\left[S \mid (a_N, b_N)\right]}$$

となる．ここで，仮説(a_n, b_n)の条件のもとで系列Sが起こる確率は，単に各レースでその系列Sにある結果が起こる確率の積となる．したがって，馬Aがk回勝利し，馬Bがℓ回勝利しているので，この確率は $a_n^k b_n^\ell$ と書ける．したがって，

$$\Pr\left[(a_n, b_n) \mid S\right] = \frac{f_n a_n^k b_n^\ell}{f_1 a_1^k b_1^\ell + f_2 a_2^k b_2^\ell + \cdots + f_N a_N^k b_N^\ell} \tag{22.13}$$

が得られる．この観察結果の系列Sのあとでは，学習者は馬Aが勝利する確率を

$$a_1 \Pr\left[(a_1, b_1) \mid S\right] + a_2 \Pr\left[(a_2, b_2) \mid S\right] + \cdots + a_N \Pr\left[(a_N, b_N) \mid S\right] \tag{22.14}$$

と予測する．これは，学習者がベイズ学習者であるときには，よく理解できる予測結果である．そのような学習者は，レースの結果を観察するごとに，ベイズの法則の基づいて予測確率を変更していくからである．

正しい仮説への収束 ここで，レースが長期間にわたって行われるに伴い，異なる仮説の事後確率がどのように変化するかを考えよう．これを行う最も単純な方法は，これらの確率の比を考えることである．馬Aがk回勝利し，馬Bがℓ回勝利する結果の系列Sを観察した後，仮説(a_m, b_m)の事後確率と仮説(a_n, b_n)の事前確率の比は，式(22.13)で与えられるそれぞれの数式の比であるので，二つの数式において分母が同一であることに注意して，

$$\frac{\Pr\left[(a_m, b_m) \mid S\right]}{\Pr\left[(a_n, b_n) \mid S\right]} = \frac{f_m a_m^k b_m^\ell}{f_n a_n^k b_n^\ell} \tag{22.15}$$

となることがわかる．

とくに，正しい仮説の (a_1, b_1) と別の仮説 (a_n, b_n) との比

$$\frac{\Pr\left[(a_1, b_1) \mid S\right]}{\Pr\left[(a_n, b_n) \mid S\right]} = \frac{f_1 a_1^k b_1^\ell}{f_n a_n^k b_n^\ell} \tag{22.16}$$

を考える．この比を $R_n[S]$ と書くことにする．対数をとって，観察された結果の系列 S に対する二つの仮説の**対数賭け率** (log odds ratio) と呼ばれるものを求めると，

$$\ln(R_n[S]) = \ln\left(\frac{f_1}{f_n}\right) + k\ln\left(\frac{a_1}{a_n}\right) + \ell\ln\left(\frac{b_1}{b_n}\right)$$

が得られる．ここで，レースの総回数の T で両辺を割ると

$$\frac{1}{T}\ln(R_n[S]) = \frac{1}{T}\ln\left(\frac{f_1}{f_n}\right) + \frac{k}{T}\ln\left(\frac{a_1}{a_n}\right) + \frac{\ell}{T}\ln\left(\frac{b_1}{b_n}\right) \tag{22.17}$$

が得られる．

ここで，T が無限大に近づくにつれてどのようなことが起こるかに注目する．このときには，この式の右辺は以下のように単純化できるようになる．第1項は，定数 $\ln(f_1/f_n)$ を T で割っているので，T が大きくなるに従って0に収束する．第2項と第3項を解析するためには，大数の法則を用いて以下が成立することを確認する．まず，k/T は，T が大きくなるに従い，馬Aが勝利する真の確率 a に収束することがわかる．また，ℓ/T も，T が大きくなるに従い，馬Bが勝利する真の確率 b に収束することがわかる．したがって，式 (22.17) の右辺は，T が大きくなるに従い，

$$a\ln\left(\frac{a_1}{a_n}\right) + b\ln\left(\frac{b_1}{b_n}\right) = a\ln(a_1) + b\ln(b_1) - [a\ln(a_n) + b\ln(b_n)] \tag{22.18}$$

に収束する．

ここで知りたいことは，これが極限では正なのかゼロなのか負なのかである．それがわかれば，式 (22.17) の左辺で起こることを推論できる．以下では，この極限について考える．最初の二つの項は，$x = a_1$ とすると，$a\ln(x) + (1-a)\ln(1-x)$ の形をしていて，第3項と第4項も，$x = a_n$ とすると，完全に同じ形をしている．一方，式 $a\ln(x) + (1-a)\ln(1-x)$ は，22.2節の式 (22.5) 周辺での議論により，$x = a$ で最大値をとり，a 以外の値の x ではこの最大値よりも真に小さい値をとることがわかる．仮定より $a_1 = a$ であるので，最初の二つの項の和が最大値を達成して，引かれるところの第3項と第4項の和は，$a_n \neq a$ であるので最大値を達成しない（最大値よりも真に小さい値となる）．したがって，（最初の2項が最後の2項より大きくなるので）式 (22.18) は正となり，最初の式 (22.17) に戻ると，T が大きくなるに従い，

$$\frac{1}{T}\ln(R_n[S]) > 0$$

が成立することになることが得られる．

以上の議論から，T が大きくなるに従い，$\ln(R_n[S])$ は正の無限大に発散することがわかる．したがって，$R_n[S]$ も正の無限大に発散する．さらに，すべての $n > 1$（すなわち，すべての正しくない仮説）でこれが成立する．このことは何を意味するのであろうか？ 各 $R_n[S]$ が二つの確率の比であり，したがって一つの仮説 (a_1, b_1) における確率が，他のすべての仮説における確率よりも高いということは，仮説 (a_1, b_1) の確率が1に収束し，他のすべての確率が0に収束することを意味する．

この解析の結論として，ベイズ学習者は，正しい仮説に対して事後確率の1を極限において割り当てることが言える．さらにこれは，馬Aが勝つ確率の予測が，式 (22.14) の計算のように，$a_1 = a$ に収束することを意味する．

正しい仮説がないときの収束 前述の解析を少し考えてみると，それは，主張した以上のことを与えていることがわかる．すなわち，仮説 (a_1, b_1) に対する学習者の事後確率が 1 に収束することに対して，(a_1, b_1) が実際に正しいことは必ずしも必要でなかったのである．必要なのは，式 (22.18) の数式が，競争するすべての $n > 1$ の仮説に対して正であることだけである．

以下のように二つの仮説の"距離"の概念を導入して，より強力な主張の解釈を与えることができる．与えられた仮説の (a_n, b_n) に対して，(a_n, b_n) と正しい仮説 (a, b) との**相対エントロピー** (relative entropy) $D_{(a,b)}(a_n, b_n)$ を

$$D_{(a,b)}(a_n, b_n) = a \ln(a) + b \ln(b) - [a \ln(a_n) + b \ln(b_n)] \tag{22.19}$$

と定義する．関数 $a \ln(x) + (1-a) \ln(1-x)$ の最大値については上でも眺めたとおりであるので，式 (22.19) の最初の 2 項の和は，最後の 2 項の和よりも絶対値で大きいか等しいので，$D_{(a,b)}(a_n, b_n)$ は常に非負となる．さらに，$(a_n, b_n) = (a, b)$ のときのみゼロとなる．したがって，相対エントロピーは，与えられた仮説が正しいかどうかを非線形的に定量的に計る指標として解釈できる．すなわち，仮説の相対エントロピーが小さければ小さいほど，その仮説は正しい仮説により合致していると見なすことができる．

式 (22.17) と式 (22.18) を振り返ってみると，(a_1, b_1) が正しい仮説でないとしても，$\ln(R_n[S])/T$ は

$$D_{(a,b)}(a_n, b_n) - D_{(a,b)}(a_1, b_1)$$

に収束することがわかる．そこで，$a_1 \neq a$ であり，かつ仮説 (a_1, b_1) は他の仮説 (a_n, b_n) よりも相対エントロピーが小さいとする．すなわち，すべての $n > 1$ で

$$D_{(a,b)}(a_1, b_1) < D_{(a,b)}(a_n, b_n)$$

であるとする．すると，これまでと同様に，T が無限大に近づくに従い，

$$\frac{1}{T} \ln(R_n[S]) > 0$$

が成立することになる．これにより，仮説 (a_1, b_1) に対する学習者の事後確率が 1 に収束するという，これまでと同じ結論が導き出せる．

すなわち，どの仮説も正しくないときでも，真の正しい仮説に相対エントロピーの意味で最も近い仮説が唯一であるときには，ベイズ学習者は，その仮説に対して事後確率の 1 を極限において割り当てると言える．

B. 財のダイナミクス

マーケットで起こる事象の情報をベイズ学習者がいかに集約するかについて眺めてきた．すなわち，ベイズの法則を用いて重みを更新しながら，複数の異なる仮説に割り当てられる確率の重み付き平均を，学習者が管理していることを眺めた．本章の最初の部分

で，マーケットで計算される賭け率（の逆数）も重み付き平均であることを眺めた．すなわち，それは財の割合を重みとして与えた，賭け人の確信の平均であった．時間の経過とともに賭けが繰り返されると，賭け人は財を獲得したり失ったりするので，この重み付き平均における重みは更新されていく．この更新がベイズの法則に従って動作することを，以下で示す．このことは，マーケットの自身による集約の行動が，ベイズ学習者の行動と見なされるゆえんでもある．

財の割合の進化　ここでも，22.2 節と 22.3 節の賭けのマーケットの枠組みを用いよう．それは，ここでも株式市場のようなより複雑な設定の簡易版として役立つからである．N 人の賭け人がいるとする．各賭け人 n は，馬 A が確率 a_n で勝利する（馬 B は確率 $b_n = 1 - a_n$ で勝利する）という固定された確信を持っているとする．賭け人 n は最初 w_n の財を持っている．すべての賭け人の財の総和を w とし，したがって，賭け人 n の財の割合は $f_n = w_n/w$ となる．

ここで，馬 A と馬 B は各時刻ステップ $t = 1, 2, 3, \ldots$ で互いにレースを行う．各時刻ステップ t のレース，すなわち t 回目のレースの開始時において，マーケットが決めた馬 A と馬 B に対する賭け率は，それぞれ $o_A^{\langle t \rangle}$ と $o_B^{\langle t \rangle}$ であるとする．賭け率は毎ステップ異なることもあり得て，22.3 節でも眺めたように，賭け人が誰かとか，どのくらい賭けるのかとかにも依存することに注意しよう．さらに，各時刻ステップ t のレースの開始時において，各賭け人 n の財は $w_n^{\langle t \rangle}$ であるとし，自身の確信 (a_n, b_n) に基づいて最適に財を賭けるものとする．これは，22.2 節で眺めたように，馬 A に $a_n w_n^{\langle t \rangle}$ 賭けて，馬 B に $b_n w_n^{\langle t \rangle}$ 賭けることを意味する．したがって，このレース後の賭け人 n の新しい財 $w_n^{\langle t+1 \rangle}$ は，馬 A が勝利すると $a_n w_n^{\langle t \rangle} o_A^{\langle t \rangle}$ となり，馬 B が勝利すると $b_n w_n^{\langle t \rangle} o_B^{\langle t \rangle}$ となる．

最初の財の割合がそれぞれ f_m と f_n である 2 人の賭け人の m と n を考える．そして，最初の $t-1$ 回のレースが終了し，t 回目のレースの開始時において，2 人の賭け人の m と n の財の割合がそれぞれ $f_m^{\langle t \rangle}$ と $f_n^{\langle t \rangle}$ になっているとする．このとき，t 回目のレースの二つの結果に応じて，この割合がどのように変化するかを考える．

- 馬 A が t 回目のレースで勝利するとする．すると，賭け人 m の財は $a_m o_A^{\langle t \rangle}$ 倍され，賭け人 n の財は $a_n o_A^{\langle t \rangle}$ 倍される．したがって，このときには，2 人の賭け人の m と n の財の割合の比は，$f_m^{\langle t \rangle}/f_n^{\langle t \rangle}$ から $a_m f_m^{\langle t \rangle}/a_n f_n^{\langle t \rangle}$ に変化する（賭け率は 2 人の賭け人で等しいので，この比において賭け率が省略できることに注意しよう）．すなわち，2 人の賭け人の m と n の財の割合の比は a_m/a_n 倍される．
- 馬 B が t 回目のレースで勝利するとする．すると，賭け人 m の財は $b_m o_B^{\langle t \rangle}$ 倍され，賭け人 n の財は $b_n o_B^{\langle t \rangle}$ 倍される．したがって，このときには，2 人の賭け人の m と n の財の割合の比は，$f_m^{\langle t \rangle}/f_n^{\langle t \rangle}$ から $b_m f_m^{\langle t \rangle}/b_n f_n^{\langle t \rangle}$ に変化する．すなわち，2 人の賭け人の m と n の財の割合の比は b_m/b_n 倍される．

したがって，2 人の賭け人の m と n の財の割合の比は，馬 A が勝利すると a_m/a_n 倍された値に変化し，馬 B が勝利すると b_m/b_n 倍された値に変化する．

2 人の賭け人の m と n がそれぞれ f_m と f_n である最初の財の割合から出発して，馬 A が k 回勝利し，馬 B が ℓ 回勝利する系列 S でこれらの変更が適用されるとする．すると，2 人

の賭け人の m と n の財の割合の比は，

$$\frac{f_m a_m^k b_m^\ell}{f_n a_n^k b_n^\ell} \tag{22.20}$$

に等しくなる．これが，式 (22.15) と完全に同一であることがキーポイントである．すなわち，仮説の (a_m, b_m) と (a_n, b_n) に対して，ベイズ学習者が，事前確率の f_m と f_n から出発して与える事後確率の比と完全に一致している．したがって，完全な類推ができることになる．すなわち，進化する賭け人の財の割合は，ベイズの法則に基づく事後確率と完全に一致する．より具体的には，マーケットは，各賭け人を 2 頭の馬に対する仮説として取り扱い，レースの結果に応じて，ベイズ学習者が仮説の確率を調整していくのと完全に一致する方法で，賭け人の財を調整していく．

この結果から，以下の主たる結論を導き出すことができる．

- 第一に，マーケットで管理される賭け率の逆数は，22.3 節の式 (22.9) を用いて，財の割合を重みとする賭け人の確信の重み付き平均から計算される．この式は，馬 A が勝利する予測確率を決定するのに用いるベイズ学習者の式 (22.14) に対応する．したがって，マーケットの賭け率の逆数は，ベイズ学習者の結果に従う．
- 仮説に対する事後確率の進化と同様に，財の割合の比は進化するので，相対エントロピーのもとで正しい確率 (a, b) に最も近い確信を持つ賭け人が唯一いるときには，極限において，その賭け人の財の割合が 1 に収束すると，結論することができる．したがって，マーケットはより正確な確信を持つ賭け人を選択していることになる．ここで，"正確性" は，正しい確信からの相対エントロピーのもとでの距離に基づいている．賭け率に関する上述の観察と組み合わせると，極限において，マーケットの参加者が持っている情報のうちで，最も正確な情報に従って，資産（すなわち，可能な賭け）が価格付けられていくことがわかる．

賭け人のうちで 1 人だけが正しい確信を持っているという特別なケースでは，極限において，その賭け人の財の割合が 1 に収束し，マーケットはその賭け人の（正しい）確信を反映するものになることに注意しよう．

拡張と解釈　本章では，計算が明快になるようにと，きわめて単純なモデルに限定してきた．しかし，さらなる検討事項を多数取り込めるように，モデルを拡張することもできる．

第一に，本章では，賭け人の確信は固定されていて不変と考えたので，レースの結果から学習することはできなかった．これにより，マーケットでの財のダイナミクスの効果を，各参加者の学習効果から切り離して，容易に浮き彫りにすることができた．しかし，本書の財のダイナミクスの解析と賭け人のベイズ学習を組み合わせることも，解析はかなり複雑になるが，とくに困難ではない．第二に，賭け人はマーケットにおいて毎回自分の財を全部賭けることを仮定していた．しかしながら，賭け人がマーケットで賭ける財の総額とその割り振りを決定できるように拡張することも可能である [64]．

以下は，全般的な結論である．マーケットは，最も正確な確信を持つ取引者を選び出し，漸近的にはそれらの確信に従って資産の価格付けを行うという原理は，予測マーケッ

トなどを含む他のマーケットにも，同様に当てはまる．マーケットの性能についてのここでの議論は，前述の"大衆の知恵"の議論で行ったように，平均化の恩恵には基づいてはいない．むしろ，ここの解析では，大衆は，極限においては最も優秀な参加者と完全に同じ優秀さを示すことが得られている．極限において，最も優秀な参加者の確信のみがマーケットの予測に影響を与えるからである．前にも注意したように，この考え方は，自然淘汰に基づくマーケットの効率性に対する経済学的な議論の長い歴史の中から導き出されたものである [11, 157, 172]．そこでは，より優秀な取引者が，マーケットの財の多くの割合を占めるようになり，したがって，マーケット上でますます大きな影響力を持つようになることが，主張されている．本章のモデルは，この直観をより正確な礎 [64] に基づいて取り込んでいる．それに引き続く研究では，そのことに関して，重要な方法で拡張がなされている [65, 362]．

　これらの拡張版のモデルは複雑すぎて，本書で詳細を記述することはできないが，本章の問題点のいくつかと興味深い形で関係している．第一に，かなり驚くべきことに，本書のモデルで基礎とした対数の効用関数が，マーケットの選択に関する一般の結論を導き出す上で実際には重要でないことが，より複雑なモデルで示されているのである．より一般化した抽象的な解析で，取引者がリスクを嫌うという性質，すなわち，効用の増加率が財の増加に従って減少するという性質の仮定があれば十分であることが示されている．最近の研究動向もまた，取引される資産の集合が十分豊富でありさえすれば，これらの結果をより複雑なマーケットにも適用できることを示している．直観的には，取引できる資産が十分でないときには，より良い確信を持っている取引者が，より悪い確信を持っている取引者に対する優位性を発揮できるだけの十分な方法がなくて，より悪い確信を持っている取引者がマーケットから排除されないこともある．株式市場に対して必要とされる豊富性の条件は，22.4 節で議論した条件そのものである．この解析の結論は，株式市場に取引に十分なだけの豊富な資産の集合があるときには，取引者の確信の集合がマーケットに与えられると，長期間にわたるマーケットの運営を通じて，マーケットは資産に対して与えられた確信の集合に見合った正確な価格付けを行うことができる，ということである．

22.11　演習問題

1. 22.3 節のように，2 頭の馬 A, B と 2 人の賭け人 1, 2 からなる賭けマーケットを考える．各賭け人は財が w であるとする．賭け人 1 は，馬 A が勝利する確率は $\frac{1}{2}$ であり，馬 B が勝利する確率も $\frac{1}{2}$ であると信じている．賭け人 2 は，馬 A が勝利する確率は $\frac{1}{4}$ であり，馬 B が勝利する確率は $\frac{3}{4}$ であると信じている．2 人の賭け人は，ともに財に対して対数の効用関数を持ち，それぞれの確信のもとで，財の効用の期待値を最大化できるように賭ける．
   (a) 各賭け人は，2 頭の馬 A, B に，それぞれどのように賭ければよいか？
   (b) 2 頭の馬 A, B のそれぞれに対して，均衡の賭け率の逆数を求めよ．
   (c) 賭け人 1 は馬 A がレースに勝利すると，どのくらいの財が得られるか？　また，賭

け人 1 は馬 B がレースに勝利すると，どのくらいの財が得られるか？

2. 22.3 節のように，2 頭の馬 A, B と 2 人の賭け人 1, 2 からなる賭けマーケットを考える．各賭け人は財が w であるとする．賭け人 1 の確信は (a_1, b_1) であるとする．ここで，a_1 は賭け人 1 が，馬 A がレースに勝利すると信じている確率であり，b_1 は賭け人 1 が，馬 B がレースに勝利すると信じている確率である．2 人の賭け人は，ともに財に対して対数の効用関数を持っている．賭け人 1 は，本章での説明のように，自分の確信のもとで，財の効用の期待値を最大化できるように賭ける．一方，賭け人 2 は違う賭け方をする．すなわち，賭け人 2 は，これらの賭け率の逆数が正しい確率であると信じて，それらの賭け率の逆数を用いて財の効用の期待値を最大化できるように賭ける．

   (a) 賭け人 1 の馬 A に対する最適な賭けは，自分の財と確信のある関数となる．この関数を $f_1(w, a_1)$ とする．この関数を決定せよ．

   (b) 賭け人 2 は，馬 A に対する均衡の賭け率の逆数の値を知っている．この値を ρ_A とする．賭け人 2 の馬 A に対する最適な賭けは，自分の財と馬 A に対する均衡の賭け率の逆数のある関数となる．この関数を $f_2(w, \rho_A)$ とする．この関数を決定せよ．

   (c) 22.3 節の式 (22.8) を持ってきて，上記の賭けのルールを問題に適用すると，馬 A に対する均衡の賭け率の逆数は，方程式

   $$\frac{f_1(w, a_1)}{2w} + \frac{f_2(w, \rho_A)}{2w} = \rho_A$$

   の解となる．この観察を用いて，馬 A に対する均衡の賭け率の逆数を求めよ．

   (d) ここで，このアイデアを多数の賭け人からなる賭けマーケットに一般化する．ほとんどの賭け人は賭け人 2 のように行動するとする．すなわち，賭け率の逆数をある意味で正しいと考え，それを用いていくら賭けるかを決定する．一方，残りのごく少数の賭け人は賭け人 1 のように行動するとする．すなわち，自分の確信を持ち，それに基づいていくら賭けるかを決定する．このマーケットと各賭け人が確信を持ち自身の確信に基づいて賭けるマーケットとで，"大衆の知恵" のアイデアがより真となるのはどちらであると思うか？ 答えは，賭け人が賭け率の逆数を確信として用いるか，あるいは，賭け人が自身の確信を用いるかに依存すると思うか？（どちらの賭け人が，より正しい確信を持つ可能性があるかを考えよ．）

3. 本章のポンコツ車のマーケットのモデルを考える．良い車，中程度の車，ポンコツ車の 3 種類の品質の中古車が存在し，車を所有する販売人は自分の車の品質を知っているとする．一方，購買人には各販売人の車の品質はわからない．各種類の中古車の台数の割合は $\frac{1}{3}$ であり，すべての購買人がこの割合を知っているとする．販売人は，良い車に 8,000 ドルの価値を，中程度の車に 5,000 ドルの価値を，ポンコツ車に 1,000 ドルの価値をつけている．販売人は，自分のつけている価値以上の価格が自分の車についたときには，喜んで売りたいと考えるが，自分のつけている価値未満のときは，売りたいとは考えない．購買人は，良い車に 9,000 ドルの価値を，中程度の車に 8,000 ドルの価値を，ポンコツ車に 4,000 ドルの価値をつけているとする．本章の本文と同じように，購買人はリスクを気にせず，車の価値の期待値までの価格

ならば，車を喜んで買いたいと考えている．

(a) すべての種類の車が売れる中古車マーケットの均衡は存在するか？答えに対する簡単な説明も与えよ．

(b) すべての中程度の車のみが売れる中古車マーケットの均衡は存在するか？答えに対する簡単な説明も与えよ．

(c) すべてのポンコツ車のみが売れる中古車マーケットの均衡は存在するか？答えに対する簡単な説明も与えよ．

4. 本章の中古車のマーケットのモデルを考える．良い車と悪い車の2種類の品質の中古車が存在し，車を所有する販売人は自分の車の品質を知っているとする．一方，購買人には各販売人の車の品質はわからない．各種類の中古車の台数の割合は $\frac{1}{2}$ であり，すべての購買人がこの割合を知っているとする．販売人は，良い車に10,000ドルの価値を，悪い車に5,000ドルの価値をつけている．販売人は，自分のつけている価値以上の価格が自分の車についたときには，喜んで売りたいと考えるが，自分のつけている価値未満のときは，売りたいとは考えない．購買人は，良い車に14,000ドルの価値を，悪い車に8,000ドルの価値をつけているとする．本章の本文と同じように，購買人はリスクを気にせず，車の価値の期待値までの価格ならば，車を喜んで買いたいと考えている．

(a) すべての種類の車が売れる中古車マーケットの均衡は存在するか？答えに対する簡単な説明も与えよ．

(b) すべての悪い車のみが売れる中古車マーケットの均衡は存在するか？答えに対する簡単な説明も与えよ．

5. 本章のポンコツ車のマーケットのモデルを考える．良い車，中程度の車，ポンコツ車の3種類の品質の中古車が存在し，車を所有する販売人は自分の車の品質を知っているとする．一方，購買人には各販売人の車の品質はわからない．各種類の中古車の台数の割合は $\frac{1}{3}$ であり，すべての購買人がこの割合を知っているとする．中古車の台数は購買人の人数以上である．販売人は，良い車に4,000ドルの価値を，中程度の車に3,000ドルの価値を，ポンコツ車に0ドルの価値をつけている．販売人は，自分のつけている価値以上の価格が自分の車についたときには，喜んで売りたいと考えるが，自分のつけている価値未満のときは，売りたいとは考えない．購買人は，良い車に10,000ドルの価値を，中程度の車に4,000ドルの価値を，ポンコツ車に1,000ドルの価値をつけているとする．本章の本文と同じように，購買人は車の価値の期待値までの価格ならば，車を喜んで買いたいと考えている．なお，購買人の人数は販売人（中古車）数以上であると仮定する．

(a) すべての種類の車が売れる中古車マーケットの均衡は存在するか？もし存在するならば，その理由の簡単な説明を与えるとともに，均衡の価格を示せ．存在しないならば，その理由を説明せよ．

(b) ここで，良い車を持っている販売人に対して，その人たちの車が良い車であることを保証する方法として，保証書をつけて中古車を売る中古車マーケットが用意されているとする．良い車を持っているすべての販売人は，このマーケットを用いるとする．したがって，良い車は保証書のない一般の中古車マーケットには存

在しない．すなわち，保証書のない一般の中古車マーケットは中程度の車とポンコツ車のみからなり，その台数の割合は同じである．この保証書のない一般の中古車マーケットでは，中程度の車とポンコツ車がすべて売れる均衡が存在するか？ もし存在するならば，その理由の簡単な説明を与えるとともに，均衡の価格を示せ．存在しないならば，その理由を説明せよ．

6. 本章の中古車のマーケットのモデルを考える．良い車と悪い車の2種類の品質の中古車が存在し，車を所有する販売人は自分の車の品質を知っているとする．一方，購買人には各販売人の車の品質はわからない．中古車における良い中古車の割合は g であり，すべての購買人がこの割合を知っているとする．販売人は，良い車に10,000ドルの価値を，悪い車に4,000ドルの価値をつけている．販売人は，自分のつけている価値以上の価格が自分の車についたときには，喜んで売りたいと考えるが，自分のつけている価値未満のときは，売りたいとは考えない．購買人は，良い車に12,000ドルの価値を，悪い車に5,000ドルの価値をつけているとする．本章の本文と同じように，購買人はリスクを気にせず，車の価値の期待値までの価格ならば，車を喜んで買いたいと考えている．

   (a) 中古車が価格10,000ドルで販売されているとする．このとき，中古車における悪い車の割合はいくらと考えられるか？

   (b) 中古車における悪い車の割合が $g = 0.5$ であるとする．このとき，中古車につけられる最大の価格はいくらか？

7. この演習問題では，中古車の購入に税金を課すと，取引される中古車の価格と品質にどのような影響を及ぼすかについて考える．良い中古車と悪い中古車の2種類の中古車があるとする．各販売人は，自分の所有している中古車がどちらの種類に属するかを知っている．各購買人には，それぞれの販売人が所有している中古車がどちらの種類に属するかはわからない．良い中古車と悪い中古車があり，中古車を所有している販売人は100人で，いずれも自分の車を売ってもよいと考えていることを，各購買人は知っている．さらに，その100台の中古車のうち，50台は良い車で，50台は悪い車であることも，各購買人は知っている．中古車の購入を考えている人は200人であるとする．（本章の本文と同様に，購買人のほうが販売人よりも多いと仮定する．これにより，解析が容易になる．）良い中古車を持っている販売人は自分の所有している車の価値を8,000ドルとしていて，悪い中古車を持っている販売人は自分の所有している車の価値を3,000ドルとしている．どの販売人も，自分の価値以上の価格ならば喜んで売りたいと考えているが，自分の価値未満ならば売りたくないと考えている．すべての購買人は，良い中古車に10,000ドルの価値を，悪い中古車に6,000ドルの価値をつけている．本章の本文と同様に，購買人は，中古車の価値の期待値に等しい支払額で1台だけ中古車を購入したいと考えていると仮定する．

   (a) この中古車のマーケットでの均衡をすべて求めよ．各均衡に対して，取引される中古車の価格と台数を求めよ．

   (b) ここで，1台の中古車の購入に政府が100ドルの税金を課しているとする．すなわち，中古車を1台購入する人は，その車の購入の際に100ドルの税金も支払わなければならない．これは，いずれの種類の中古車でも，購買人の価値を100ド

ル下げる効果を持つことになる．このときの中古車のマーケットでの均衡をすべて求めよ．

(c) 次に，問題の設定を以下のように少し変更する．すなわち，中古車は，良い車，悪い車，ポンコツ車の3種類であるとする．さらに，中古車を所有して自分の車を売りたいと考えている販売人は150人で，150台の中古車のうち，50台は良い車で，50台は悪い車で，50台はポンコツ車である．購買人と販売人の良い車と悪い車に対する価値は，これまでと同一である．ポンコツ車に対しては，（購買人と販売人の）すべての人が0ドルの価値をつけている．購買人はこれまでと同じで，200人である．

　(i) 中古車の購入に税金はかからないとする．このときの中古車のマーケットでの均衡をすべて求めよ．

　(ii) 1台の中古車の購入に政府が100ドルの税金を課しているとする．このときの中古車のマーケットでの均衡をすべて求めよ．

8. 何人かの研究者のグループが，米国において，進水後5年経過した（5才の）船舶の品質と堪航能力の調査を行っている．彼らは船舶を，優，良，可，劣，危険の五つのクラスに分類している．彼らは，優の5才の船舶は皆無で，ほとんどが可以下であると結論付けている．調査を行うために，彼らは5才の船舶の潜在的な購買人のふりをして，個人と船舶のディーラーからセールに出された，きわめて多くの5才の船舶を調査した．調査の結果に基づいて，研究者グループは，これらの古い船舶の品質に対して，米国沿岸警備の査察が必要であると結論付けた．この調査でこの研究者たちが用いた方法に問題点はあるか？ 5才の船舶の実際の品質の分布に対して，より注意深い結論を導き出すのに用いることができる別の方法を与えられるか？

第 23 章

投　　票

　前章では，マーケットが投資家の確信を集約する機能を果たすことを通して，多くの人が持っている情報を統合する制度の第一の例を眺めた．本章では，第二の基本的な制度の例として，投票を議論する．

23.1　グループの意思決定のための投票

　マーケットと同様に，投票システムもグループ内の情報を集約する機能を果たす．したがって，2種類の制度を，完全にはっきりと分離して区別することは困難である．しかし，それらが適用されるそれぞれの設定間には，確かな相違が存在する．そのような重要な相違として，第一に以下が挙げられる．一般に投票は，多数の人からなるグループ内で，何らかの意味でそのグループを代弁する単一の決定をはっきりと導き出そうとする状況で用いられる．人々が代議士の選挙で投票を行うとき，議会が法案の採決で投票を行うとき，陪審員が裁判の評決で投票を行うとき，ある賞の受賞者を決定するために選定委員会で投票を行うとき，あるいは，複数の審査員からなるグループで前世紀の最高の映画を決める投票を行うときに，得られる決断はそのグループを代表する単一の結果であり，その後に一種の拘束を与えるものとなる．これに対して，マーケットは，グループの意見をより間接的に統合する．すなわち，どのくらい投資するかとか，どのくらい賭けるかとか，買うか買わないかのいずれにするかなどのマーケットでの取引を通して，投資家の確信が非明示的に伝達されるからである．マーケットの明白な目標は，集約された取引から実際に起こる，より広い統合やグループの意思決定というよりは，むしろ，これらの取引を可能にすることである．

　ほかにも重要な相違が存在する．単純であるが重要なものの一つとして，マーケットでの選択では通常，（様々な方法でどのくらいのお金を取引するかというように）本質的に数値的なものが関与し，一般に統合では，重み付き平均や他の指標などが絡んできて，これらの値に対する算術演算が行われる．一方，主な投票は，個人の選好を"平均化する"自然な方法がない状況で適用される．選好は，様々な人々，様々な政策意思決定，あるいは多岐にわたる主観的な基準に根ざすからである．実際，これから本章で眺めていくが，

単純に平均をとることができない選好を組み合わせるこの企てそのものから，投票の理論の豊富な内容の多くが来ているのである．

投票の概念は，グループの意思決定を導くための多数の幅広い方法に関係している．たとえば，陪審員の評決，米国大統領選挙による大統領の決定，大学フットボールでのハイズマン賞受賞者の決定に到達する方法はすべて異なる．そして，これらの相違は，プロセスと結果にも影響を与えている．さらに，投票は，1人の"勝者"を決定する状況のみならず，ランクリストの作成を目標とする状況でも用いられている．後者の例としては，多数の投票結果を集約して得られる大学のスポーツチームのランキングや，多くの評論家の意見を組み合わせて得られる映画，楽曲，アルバムのランキングが挙げられる．

投票は，投票者の主観的な評価における多様性のために，一致が得られない状況で用いられることが多い．たとえば，映画評論家が全時代を通して二つの映画，**市民ケーン** (Citizen Kane) とゴッドファーザー (The Godfather) のどちらを最高傑作として推薦するかで一致しないのは，二つの映画についての情報の欠如によるものではなく（情報は十分持っていると思われる），美的感覚の相違によると一般に考えられる．一方，他のケースもある．決断に関与する情報がグループ全員で共有されていれば，グループ全員の賛成で意思決定できるにもかかわらず，情報の欠如によりグループの意思決定の達成が困難である状況でも，投票が用いられる．たとえば，犯罪の陪審員裁判の評決では，被告が犯罪を犯したかどうかについての本質的な不確実性の存在が問題となる．そのようなケースでは，陪審員が全員ほぼ同一の目標（正しい評決を決定したいという気持ち）を持っていて，相違は利用可能な情報へのアクセスとその情報の処理であると考えられる．本章では，これらの両方の設定を取り上げて議論する．

最近のオンラインへの数多くの応用でも，投票理論のアイデアが用いられている [140]．ウェブ検索エンジンのランキング結果は検索エンジンによって異なるが，**メタ検索** (meta-search) に関する一連の研究で，これらのランキングを組み合わせて単一のランキングに集約するツールが開発されている．Amazonの商品推薦システムのような，書籍や楽曲などに対する推薦システムは，選好を集約するアイデアと似た考え方を採用している．このような推薦システムでは，ある1人の人への商品の推薦において，まず過去の履歴からその人と同様の嗜好を持つユーザーの集合を決定して，これらのユーザーの選好を組み合わせて，一つの推薦のランキングリスト（あるいは最高の推薦商品）を，投票を用いて見出している．このケースでは，目標は，ユーザー全員に適用される単一の集約ランキングではなく，同種の嗜好を有するユーザーの選好に基づいた，そのユーザー向けの個別の集約ランキングであることに注意しよう．

投票が行われているこれらの様々に異なるすべての状況で，共通して起こる問題が多数存在する．「どのようにして，複数の投票者の対立する意見から単一のランキングを作成したらよいのであろうか？ ある種の多数決投票は良いメカニズムであろうか？ さらに，より良いものがあるのであろうか？ そして究極的には，良い投票システムとは，いったいどのようなシステムを指して言うのであろうか？」これらが，本章で取り上げる問題のいくつかである．

23.2 個人の選好

　本書における投票システムの目標は，以下のように記述することができる．グループ内で人々が有限個の**選択肢** (alternative) を評価するとする．これらの選択肢は，政治的な複数の候補者，陪審員の選択可能な複数個の評決，国防費の何通りかの予算案，賞への複数の受賞候補者，あるいは任意の複数個の選択候補などに対応する．グループ内の人々は，選択肢を，ある意味で，グループの全員の意見を反映して一番良いものから一番悪いものまで順番に並べた**グループランキング** (group ranking) と呼ばれる1本のリストを作り出したいと考えている．もちろん，ここで難しいのは，グループ内の全員の意見を"反映する"ことの意味をいかに定義するかであろう．

　そこでまず，グループの1人の意見をモデル化する方法から考えよう．グループの各個人が，任意に選ばれてきた二つの選択肢に対して，どちらがより良い（好き）かを決定できるものとする．個人iが，選択肢Yより選択肢Xのほうがより良い（好き）と考えるとき，$X \succ_i Y$と表記することにする（議論を簡単にするために，iの選好においてXがYを"負かす"と表現することもある）．たとえば，映画評論家を集めて，それぞれの評論家に映画のリストを渡して選好を質問する．このとき，評論家iが市民ケーンのほうがゴッドファーザーより好きであることを，"市民ケーン $\succ_i$ ゴッドファーザー"と表すわけである．選択肢のすべての対に対して1人の個人iの選好を$\succ_i$で表現して，それを選択肢におけるこの個人iの**選好関係** (preference relation) と呼ぶことにする．

　完全性と推移性　本書では，個人の選好は以下の二つの性質を満たすものとする．第一に，各個人の選好は**完全** (complete) であるとする．すなわち，どの二つの異なる選択肢のXとYに対しても，YよりXが好きか，あるいはXよりYが好きかのいずれかである．選好において，タイ（すなわち，二つの選択肢の好きな度合いが等しいこと）を認めたり，（個人iが二つの選択肢のXとYのうちの一方について知識がないなどの理由で）比較不可能を認めたりするように，理論を拡張することもできる．これらの拡張はどちらも興味深い洞察をもたらしてくれるが，本章では，いずれの個人も，すべての二つの異なる選択肢に対して，一方が他方より好きであるケースに限定して議論を進める．

　第二に，各個人の選好は**推移的** (transitive) であるとする．すなわち，どの三つの選択肢X, Y, Zに対しても，個人iがYよりXが好きで，かつZよりYが好きであるときには，個人iはZよりXが好きであることが成立する．選好にこの制限を課すことはきわめて妥当であると考えられる．この制限を置かないと，どの選択肢が好きなのかわからなくなってしまう状況が起こるからである．たとえば，アイスクリームのフレーバーの選好で，これが起こる例を考えてみよう．すなわち，個人iが，チョコレートがバニラより好き（チョコレート $\succ_i$ バニラ）で，バニラがイチゴより好き（バニラ $\succ_i$ イチゴ）で，さらに，推移性に反してイチゴがチョコレートより好き（イチゴ $\succ_i$ チョコレート）であったとしてみる．このような選好がなぜ病理的であると考えられるかは，以下のように直観的にわか

る．個人 i がアイスクリーム店でこれらの三つのフレーバーの陳列ケースを眺めて，どのフレーバーにしようかと考えていたとする．しかし，どのフレーバーも他のいずれかには負けてしまうので，どれが一番良いか決められず，どれも買えない．推移的な選好の哲学的で心理学的な基礎付けの探究，および推移的でない選好が実際に起こる自然な状況の特定に対しては，多数の研究成果が発表されてきている [12, 41, 163]．本書では，各個人の選好は推移的であることを仮定する．

個人のランキング これまで，個人の複数の選択肢についての意見を，すべての二つの対での選好で表現してきた．個人の意見を表現する別のモデルとして，すべての選択肢を一番良いものから一番悪いものまで順番に並べた，完全にランク付けられたリスト（ランキングリストと呼ぶことにする）も考えられる．

個人 i のそのようなランキングリストから，選好関係 $\succ_i$ はきわめて単純に定義できることに注意しよう．すなわち，i のランキングリストで選択肢 X が選択肢 Y より前に来るときに，X $\succ_i$ Y と定義する．したがって，このケースでは，"ランキングリストから選好関係が得られる"と呼ぶことができる．選択肢のランキングリストから得られる選好関係は，完全で推移的であることが，それほど難しくなくわかる．すなわち，どの二つの選択肢の対でも，リストで一方が前に来て他方が後ろに来るので，完全性は明らかに成立し，三つの選択肢 X, Y, Z に対して，リストにおいて X が Y より前に来て Y が Z より前に来るときには X は Z より前に来るので，推移性も成立する．

明らかとはすぐには言えないが，この事実の逆の以下の命題も成立する．

> 選好関係が完全で推移的であるならば，それは選択肢のあるランキングリストから得られる選好関係に一致する．

これが成立する理由を理解するために，完全で推移的な選好関係から，ランキングリストを構成する以下の方法を考える．そこで初めに，すべての選択肢の対において，最も多くの選択肢を負かす選択肢を X とする．すなわち，すべての選択肢の中で，X は X $\succ_i$ Y を満たす選択肢 Y の個数が最大となる選択肢である．ここで，この X が実際には他のすべての選択肢を負かすこと，すなわち，他のすべての選択肢 Y に対して X $\succ_i$ Y であることが主張できる．

この主張が正しいことの証明はすぐ後に与える．その前に，この主張から所望のランキングリストが得られることをまず示そう．X が他のすべての選択肢を負かすことが確立できたとすると，X を安全に所望のランキングリストの先頭における．次に，選択肢の集合から X を除去して，残りの選択肢の集合で同一のプロセスを厳密に繰り返す．残りの選択肢の集合でも，この定義された選好関係 $\succ_i$ は完全で推移的であるので，この残りの選択肢の集合でも主張を適用できる．すなわち，この集合で，最も多くの選択肢を負かす選択肢を Y とする．すると主張より，Y は他のすべての選択肢を負かすことになる．したがって，Y は最初の選択肢の集合で X 以外のすべての選択肢を負かすので，所望のランキングリストで 2 番目の位置に置ける．さらに，選択肢の集合から Y を除去して，残りの選択肢の集合でこれを繰り返して，（選択肢の集合は有限であるので）最終的に選択肢がなくなるまで行う．こうして，所望のランキングリストが得られる．さらに，所望のリストの作

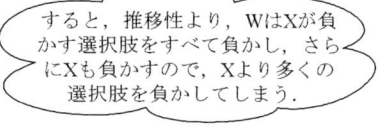

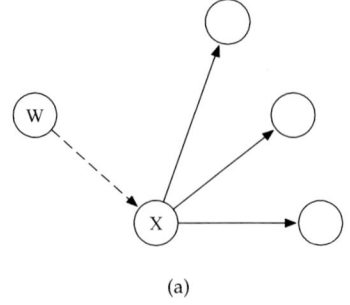

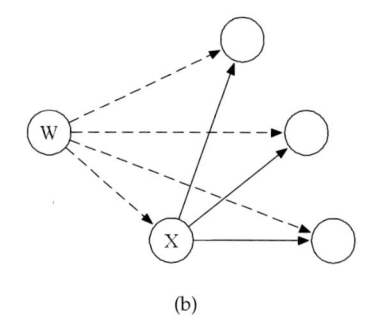

図 23.1 完全で推移的な選好関係では，最も多くの選択肢を負かす選択肢 X が，実際には，他のすべての選択肢を負かすことになる．(a) そうでないとして，ある選択肢 W が X を負かすとしてみる．(b) すると，推移性により，W は X よりも多くの選択肢を負かすことになってしまう．

り方から，各選択肢はそれより後ろに来る選択肢を負かすので，最初の選好関係 $\succ_i$ もこの所望のランキングリストから得られる．

　上記の議論は，選択肢の集合における任意の完全で推移的な選好関係（最初の選好関係，および選択肢を除去して得られるその後の選好関係も含む）に対して，最も多くの選択肢を負かす選択肢 X が，実際には他のすべての選択肢を負かすという主張に依存している．この主張が正しいことは，以下のような議論で示せる（図 23.1 を参照）．背理法で示す．そこで，そうではなかったとして，ある選択肢 W が X を負かすとする．すると，X が負かすすべての Y に対して，$W \succ_i X$ と $X \succ_i Y$ から推移性により $W \succ_i Y$ が得られる．したがって，W は，X が負かすすべての選択肢を負かすと同時に X も負かす．したがって，W は X よりも多くの選択肢を負かすことになる．これは，最も多くの選択肢を負かす選択肢であるとして X を選んだことに反する．したがって，X を負かす選択肢 W が存在するとしたことが誤りであったことになり，X は他のすべての選択肢を負かすという主張が得られた．この議論から，上記の所望のランキングリストの構成も正しいことが得られる．

　以上の議論より，完全で推移的な選好関係とランキングリストは，完全に同等であると見なせる．これらの同等な二つの視点が，これからの議論では有用になる．

23.3　投票システム：多数決ルール

　前節では，これから組み合わせようとしているそれぞれの個人の選好関係について議論を展開した．**投票システム** (voting system)（**集約手続き** (aggregation procedure) とも呼ばれる）は，以下のように定義することができる．完全で推移的な個人の選好関係，すなわち，それぞれの個人のランキングが入力として与えられたときに，**グループランキング** (group ranking) を生み出す（出力する）任意の方法は，投票システムと呼ばれる．

この定義はきわめて一般的であるので，この一般的なレベルでは，"合理的な"投票システムとはどんなものであるかを把握することは困難であると思われる．そこで，本節と次節で，最もよく知られている二つの投票システムについて議論する．これらを考えながら，投票においてより一般的に作用する原理と病理のいくつかを特定していく．

多数決ルールとコンドルセパラドックス 選択肢が二つのときには，最も広く用いられていて，そして最も自然と言える投票システムは，**多数決ルール** (majority rule) である．多数決ルールでは，投票で過半数を獲得した選択肢を第一にランクし，もう一方の選択肢を第二とする．ここでの議論では，投票者数は奇数であるとする．したがって，多数決ルールでタイ（同数票）が生じる可能性を心配する必要はない．

選択肢が二つのときには，多数決ルールがきわめて自然であるので，選択肢が三つ以上のときにも，多数決ルールに基づいて投票システムの設計を試みるのが自然であると考えられる．しかし，これはきわめて扱いにくいものになることがわかる．最も直接的なアプローチとしては，最初に，二つの選択肢のすべての対に対して，多数決ルールを適用して**グループ選好関係** (group preference relation) を求め，次に，このグループ選好関係からグループランキングを求めることが挙げられる．すなわち，最初に，すべての個人の選好関係 $\succ_i$ からグループ選好関係 $\succ$ を以下のようにして求める．二つの選択肢の各対 X, Y に対して，$X \succ_i Y$ としている人数と $Y \succ_i X$ としている人数を数える．$X \succ_i Y$ としている人数のほうが $Y \succ_i X$ としている人数より多いときには，二つの選択肢の X と Y に限定して考えると，Y より X が好きであるという選好関係が過半数であるので，グループ選好 $\succ$ は $X \succ Y$ となる．同様に，グループで $Y \succ_i X$ となる人 i が過半数となるときには，$Y \succ X$ がグループ選好となる．投票者数は奇数であることを仮定しているので，X がより好きな人数と Y がより好きな人数とが同数になることはない．したがって，二つの選択肢の各対 X, Y に対して，$X \succ Y$ あるいは $Y \succ X$ のいずれか一方のみが成立する．すなわち，グループ選好関係は完全である．

ここまでは何の問題も起こらない．しかし，すべての個人の選好関係が推移的でも，グループ選好関係は推移的でなくなることもあるという，予期しない困難があるのである．これが起こる例を考えてみよう．1, 2, 3 という名前の 3 人がいて，選択肢も X, Y, Z の 3 個であるとする．さらに，個人 1 のランキングは，

$$X \succ_1 Y \succ_1 Z \tag{23.1}$$

であり，個人 2 のランキングは，

$$Y \succ_2 Z \succ_2 X \tag{23.2}$$

であり，個人 3 のランキングは，

$$Z \succ_3 X \succ_3 Y \tag{23.3}$$

であるとする．すると，多数決ルールを用いてグループ選好関係を求めると，(1 と 3 が Y よりも X が好きであるので) $X \succ Y$，(1 と 2 が Z よりも Y が好きであるので) $Y \succ Z$，(2

大学	大学ランキング	1クラスの平均定員	提供される奨学金の額
X	4	40	$3,000
Y	8	18	$1,000
Z	12	24	$8,000

図23.2 1人が複数の基準に基づいて決断をするときには，コンドルセパラドックスにより非推移的な選好関係が生じる．ここでは，学生が入学を希望する大学は，高いランクで，1クラスの平均定員が少なく，高額の奨学金を提供する大学であるとすると，多数決ルールの基準で得られる選好関係では，どの選択肢も他のいずれかの選択肢に負かされてしまう．

と3がXよりもZが好きであるので）$Z \succ X$が得られる．しかし，これは推移性に反する．推移性が成立するときには，$X \succ Y$かつ$Y \succ Z$ならば，$X \succ Z$となるからである．

すべての個人の選好関係が推移的であっても，グループ選好関係が推移的でなくなる可能性があることは，**コンドルセパラドックス (Condorcet paradox)** と呼ばれている．それは，フランスの政治哲学者であるMarquis de Condorcet（マルキス・ド・コンドルセ）が，1700年代にこれについて議論したことに由来している．さらに，これについては，純粋に直観に反することもある．前に推移的でない選好関係を議論したときには，"一貫性がない"という観点に基づいたが，コンドルセパラドックスは，グループの全員がそれぞれ推移的で一貫性のある選好関係を持っていたとしても，多数決でグループ選好を決定しようとすると，一貫性のない行動がすぐにでも起こってしまうという単純なシナリオを与えている．アイスクリームの話に戻ろう．そこでは，ある個人が，チョコレートよりバニラが好き，バニラよりイチゴが好き，イチゴよりチョコレートが好きと言っていた．友人同士のグループでは，このようなことを行う人が誰もいないとしても，多数決ルールの基準に基づいてグループ全員が同じトッピング（フレーバー）を選ぼうとすると，自然に非推移的な選好関係に陥りうる．コンドルセパラドックスはそれを示しているのである．

コンドルセパラドックスは，個人の選好でも非推移的な選好関係が自然に形成されうることを示すのに利用されてきた [41, 163]．たとえば，ある学生が入学する大学の決定を迫られているとする．学生の希望は，高いランクで，1クラスの平均定員が少なく，高額の奨学金を提供する大学であるとする．合格した三つの大学のこれらの特徴を，図23.2に示している．

大学を比較する際，学生は二つの大学間でどちらが良いかを三つの基準で評価して，多数決で決定することとする．しかしそうすると，（ランキングと提供される奨学金の額でYよりもXが優れているので）$X \succ_i Y$であり，（ランキングと1クラスの平均定員でZよりもYが優れているので）$Y \succ_i Z$であり，（1クラスの平均定員と提供される奨学金の額でXよりもZが優れているので）$Z \succ_i X$であることになる．グループにおける投票からの類推は困難ではない．各基準が投票者に対応し，この学生の"個人の選好関係"が三つの基準（3人の投票者）で統合されたグループ選好関係に対応する．したがって，1人が複数の基準のもとで意思決定を行うときには，個人の選好関係でも複雑性が生じるのである．

多数決ルールに基づく投票システム　コンドルセパラドックスは，一般的な投票システムの設計における困難性の兆候ではあるが，実際には，（最高ランクの選択肢の決定を含む）グループランキングを作り出さなければならないので，多数決ルールを用いてできることとできないことをきちんと探究しておくことには，価値がある．最高ランクの選択肢を**グループ最高選択肢** (group favorite) と呼び，グループ最高選択肢を選び出す方法に限定して議論を進めることにする．なぜなら，完全なランキングリストは，グループ最高選択肢を最初に選び出し，残った選択肢であらためてグループ最高選択肢を選出することを繰り返すことで得られるからである．

　グループ最高選択肢を見つける自然なアプローチの一つとして，以下のようなものが挙げられる．すべての選択肢をある順番で並べ，その順番で多数決ルールを用いて一つずつ選択肢を除去していく．すなわち，この順番で最初の二つの選択肢を多数決ルールで比較して，勝ったほうの選択肢を3番目の選択肢と多数決ルールで比較して，勝ったほうの選択肢を4番目の選択肢と多数決ルールで比較して，というようにして，勝者を残し，敗者を除去していく．したがって，最終的な比較における勝者がグループ最高選択肢となる．図23.3(a) は，この説明図である．この図では，4個の選択肢があって，最初に選択肢のAとBが比較され，次にその勝者と選択肢Cが比較され，さらにその勝者と選択肢Dが比較される．これは，会議におけるアジェンダ（議事進行）と見なせる．すなわち，最初に二つの選択肢が提案されて，多数決で一方の選択肢が選ばれ，以下，選ばれたほうの選択肢と次の選択肢が比較されて，という形で審議が進んで，最終的に一つの選択肢（グループ最高選択肢）が選出される．

　これは，グループ最高選択肢を見つけるために，二つの選択肢の対に多数決ルールを適用する，より一般的な戦略の一つの例である．すなわち，一般的な戦略では，任意の形式の**敗者消去トーナメント** (elimination tournament) を用いて，対戦する二つの選択肢の対に多数決ルールを適用して敗者を消去し，勝者を次のラウンドに進めていく．そして，トーナメントで最後まで勝ち残った選択肢が，グループ最高選択肢となる．上記で述べた方法は，図23.3(a) の形式の敗者消去トーナメントである．図23.3(b) は，一般的な形式の別のトーナメントの例を示している．

多数決ルールに基づく投票システムの病理　これらのシステムは，グループ最高選択肢を選び出してくれる（また，残りの選択肢に対して繰り返しシステムを呼び出すことで，グループランキングも得られる）．しかしながら，コンドルセパラドックスを用いて，このようなシステムの有する重要な病理も明らかにすることができる．得られる結果が一種の**戦略的アジェンダ設定** (strategic agenda setting) に影響を受けやすいのである．選択肢X, Y, Z に対する3人の投票者のリストが式 (23.1)〜(23.3) で与えられる．コンドルセパラドックスの最初の例を振り返って考えてみよう．そして，図23.3(a) のような方法で，グループ最高選択肢を選出するとする．すなわち，最初に，二つの選択肢の間で多数決ルールの投票で勝者を決定し，次に，その勝者と次の選択肢の間で多数決ルールの投票で勝者を決定する．

　すると，このプロセスに対するアジェンダの設定の仕方が，問題になる．すなわち，X,

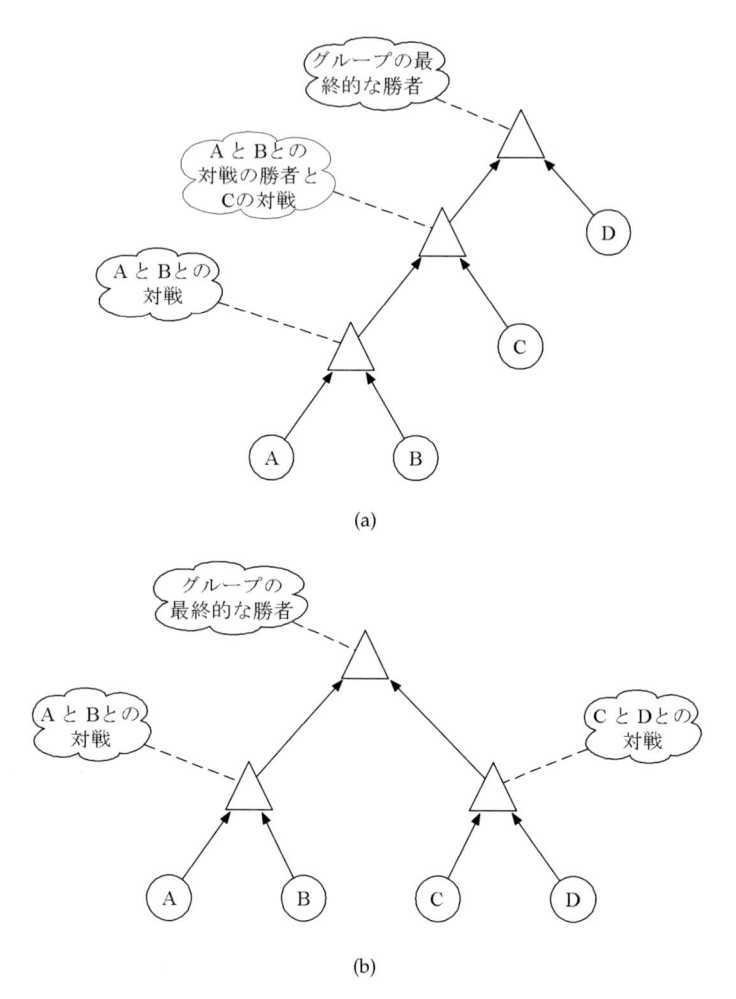

図 23.3　3個以上の選択肢に対する投票システムは，選択肢対に対して多数決ルールを用いることで構築できる．選択肢は，(敗者消去トーナメント形式の) ある "アジェンダ" に基づいて考慮される．このアジェンダによって，二つの選択肢は多数決で一方が消去される．これにより，最終的な勝者がグループ最高選択肢として選ばれる．(a) と (b) に示しているように，互いに比較される二つの選択肢の対戦の順番は多数存在する．

702　第23章　投票

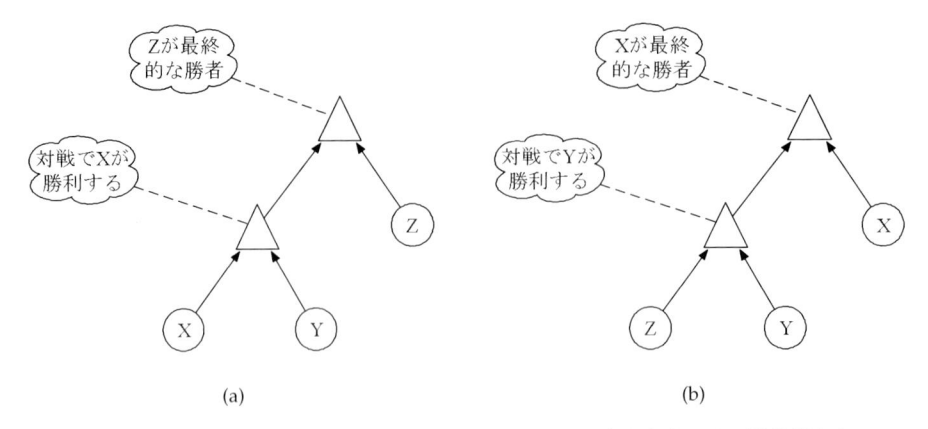

図23.4　コンドルセパラドックスの例での個人のランキングのようなときには，敗者消去トーナメントにおける勝者は，設定されるアジェンダに依存する．(a) Zが勝利するアジェンダ．(b) Xが勝利するアジェンダ．

Y, Zの三つの選択肢のうちで投票が最初に行われる二つはどれで，次の投票で新たに加わるのはどれか？ということである．個人の選好関係の構造のために，このケースではアジェンダの選択によって，結果が完全に変わってしまうのである．図23.4(a)では，選択肢のXとYが最初に対戦してXが勝ち上がるが，次にZに敗れて，Zがグループ最高選択肢になっている．一方，図23.4(b)では，選択肢YとZが最初に対戦してYが勝ち上がるが，次にXに敗れて，Xがグループ最高選択肢になっている（同様に，選択肢のZとXが最初に対戦すると，Yがグループ最高選択肢になる）．

したがって，コンドルセパラドックスの例での個人のランキングのようなときには，全体の勝者は，対戦する二つの選択肢の対がどの順番でアジェンダに設定されるかに完全に依存する．言い換えると，Zが一番好きな投票者がアジェンダを設定するとすると，投票の系列を考慮することで，Zが最終的に勝利するようにアジェンダを設定できるのである．XやYが一番好きな投票者も，同様に，自分の好きな選択肢が最終的に勝利するようにアジェンダを設定できる．したがって，グループ最高選択肢は，アジェンダを制御できる人が決定できるのである．一度消去された選択肢を再対戦できるようにシステムを変更しても，この欠点は矯正できない．実際，コンドルセパラドックスの例での個人のランキングのようなときには，再対戦する選択肢がこれまでの勝者を負かし，したがって，繰り返し再対戦の選択肢が考慮されて，プロセスは永遠に終了しなくなる．

本節の前の部分で取り上げた，図23.2の複数の基準に基づいて大学を選択する学生の例を用いることにより，グループではなく，1人の個人で行われる決断での病理も，コンドルセパラドックスで把握できる．そのような個人の決断の枠組みでも，アジェンダ設定の問題での類推が可能である．学生が合格通知を受けた順に，敗者消去トーナメントで一方を消去していくとする．このとき，X, Y, Zの順に合格通知が届くと，Yの合格通知が届いた時点で，（YよりXがランキングが上で奨学金も高額であるので）Yは消去される．そして，Zの合格通知が届いた時点で，（XよりZがクラスが少人数で奨学金も高額であるので）Xは消去される．対の比較決断はいずれも合理的であり，Zが最終的な決断となる．しかし，この学生にとっては，Zよりも最初に消去したYのほうが，より入学したい大学

であるのである．これは，対戦する選択肢のアジェンダに最終的な決断が依存する問題に完全に一致する．

23.4　投票システム：順位投票

二つの選択肢の比較でグループランキングを構築するのではなく，すべての個人のランキングから直接的にグループランキングを産出する別の投票システムも存在する．このタイプのシステムでは，各選択肢は，すべての個人のランキングにおける順位に基づいて"得点"を獲得し，総得点の大きい順に選択肢が順位付けされる（グループランキングが得られる）．そのようなシステムの単純な例としては，1770年にそれを提案したJean-Charles de Borda（ジーン-チャールズ・ド・ボルダ）にちなんで**ボルダ得点法 (Borda count)** と呼ばれるものがある．ボルダ得点法は，大学のフットボールのハイズマン賞など，スポーツの受賞者を決定する際にしばしば用いられている．（大リーグを含む）プロ野球におけるMVPの選考にも変種版が用いられている．また，AP通信社やUPI通信社がスポーツチームをランク付けするのにも用いられている．

ボルダ得点法では，全部でk個の選択肢があるときには，各個人iのランキングで，1位の選択肢は得点$k-1$を獲得し，2位の選択肢は得点$k-2$を獲得し，以下ℓ位の選択肢は得点$k-\ell$を獲得し，$k-1$位の選択肢は得点1を獲得し，k位（最下位）の選択肢は得点0を獲得する．すなわち，各選択肢は，各個人iから，iのランキングで自分より下位にいる選択肢の個数に等しい得点を獲得する．各選択肢の総得点は，すべての個人から獲得する得点の総和である．そして，選択肢は獲得した総得点の大きい順に並べられる（二つの選択肢の総得点が同じであるときには，前もってシステムで決められているルールに基づいて，どちらが良い順位になるかのタイブレークが行われると考える）．

たとえば，A, B, C, Dの四つの選択肢と2人の投票者がいて，それぞれのランキングが

$$A \succ_1 B \succ_1 C \succ_1 D$$

と

$$B \succ_2 C \succ_2 A \succ_2 D$$

であるとする．すると，ボルダ得点法でそれぞれの選択肢の獲得する総得点は，選択肢Aは$3+1=4$，選択肢Bは5，選択肢Cは3，選択肢Dは0である．したがって，得点の大きい順に並べるとグループランキングが得られ，

$$B \succ A \succ C \succ D$$

となる．

ボルダ得点法の基本的な性質を保った変種版も容易に作れる．たとえば，各個人のランキングの各順位に任意の"得点"を割り当てて，各選択肢が全員のランキングから獲得できる総得点でランクをつけることもできる．k個の選択肢からなるとき，ボルダ得点法は，

1位に $k-1$ の得点，2位に $k-2$ の得点というようにつけているが，これらの得点を異なるようにつけた版である．たとえば，各個人のランキングで上位3位までに得点を与えるときには，1位に3, 2位に2, 3位に1, 4位以降に0の得点を与える．各選択肢の全員にわたる総得点でグループのランクをつけることもできる．この種のシステムを**順位投票システム** (positional voting system) と呼ぶことにする．各選択肢が，それぞれの個人のランキングにおける順位に基づいて，得点を獲得するからである．

ボルダ得点法のキーとなる魅力的な特徴は，タイを除いて，選択肢の集合に対して常に完全で推移的なランキングをもたらすことである．これは単に，単純な数値的基準が定義から生み出され，それに従って選択肢をソーティングできるからである（前にも注意したように，タイブレークのルールは備わっているとする）．しかし，ボルダ得点法にも，これから議論するような基本的な病理がいくつか存在する．

順位投票システムにおける病理 ボルダ得点法と，その一般化である順位投票システムに付随する問題のほとんどは，グループランキングの最高位での競争が，ずっと下位にいる選択肢のランクに依存しうることから生じている．

以下は，これがどのようにして起こるかを説明する仮説のシナリオである．ある雑誌で，5人の映画評論家がこれまでの最高傑作を選出するコラムを掲載していたとする．コラムで取り上げられた二つの映画は，市民ケーンとゴッドファーザーであり，多数決ルールで勝者を決定しようとしていた．この時点で，評論家1, 2, 3は市民ケーンに投票するつもりで，評論家4, 5はゴッドファーザーに投票するつもりでいた．

しかし，雑誌の編集者は投票直前に，より"現代的"な感性が必要であると判断し，第三の選択肢として**パルプフィクション** (Pulp Fiction) も加えて，評価することを要請した．選択肢が三つになったので，編集者は各評論家に三つのランキングを作成してもらい，ボルダ得点法により最終結果を決定することにした．（古い映画が好きな）最初の3人の評論家は，いずれも

$$\text{市民ケーン} \succ_i \text{ゴッドファーザー} \succ_i \text{パルプフィクション}$$

のランキングを与えた．（過去40年間に作られた映画が好きな）残る2人の評論家は，ともに

$$\text{ゴッドファーザー} \succ_i \text{パルプフィクション} \succ_i \text{市民ケーン}$$

のランキングを与えた．ボルダ得点法を適用すると，市民ケーンは，最初の3人の評論家のそれぞれから得点2を獲得し，最後の2人からはそれぞれ得点0を獲得するので，獲得する総得点は6となる．ゴッドファーザーは，最初の3人の評論家のそれぞれから得点1を獲得し，最後の2人からはそれぞれ得点2を獲得するので，獲得する総得点は7となる．パルプフィクションは，最初の3人の評論家のそれぞれから得点0を獲得し，最後の2人からはそれぞれ得点1を獲得するので，獲得する総得点は2となる．結果として，ボルダ得点法では，ゴッドファーザーがグループ最高選択肢となる．

ここで何が起こったかに注意しよう．このときでも，市民ケーンとゴッドファーザーの二つだけの比較では，前と同じで市民ケーンが投票数3対2で選出される．しかし，3番

目の選択肢が導入されると，選出されるグループ最高選択肢は変わってしまうのである．さらに，評論家がこの新しい3番目の選択肢がとくに好きであるわけでもない．実際，この新しい選択肢は，他の二つの選択肢の"それぞれ"との一対一の比較では負けるからである．ここにおける不都合性は以下のようにも言える．市民ケーンが他の二つの選択肢のそれぞれとの一対一の多数決ルールで勝っていても，ボルダ得点法では最高位をとれない．したがって，ボルダ得点法での結果は，直観的には"無関係"とも思える選択肢の存在によって変化しうることがわかる．すなわち，弱い選択肢は，グループ最高選択肢を変える"妨害立候補者"としての役割を果たしうるのである．

そのような結果が起こる可能性は，ボルダ得点法のさらなる欠点も示唆している．とくに，**選好の戦略的な偽報告** (strategic misreporting of preferences) の問題が挙げられる．これがどのように起こるかを理解するために，わずかに異なるシナリオを考えよう．先のストーリーで，評論家の4と5のランキングが

$$\text{ゴッドファーザー} \succ_i \text{市民ケーン} \succ_i \text{パルプフィクション}$$

であったとする．すなわち，この版のストーリーでは，5人の評論家の全員が，パルプフィクションを三つの映画の最後にランクしている．5人のこの個人ランキングにおけるボルダ得点法でのグループランキングでは，（市民ケーンの総得点が $3 \times 2 + 2 \times 1 = 8$，ゴッドファーザーの総得点が $3 \times 1 + 2 \times 2 = 7$ なので）市民ケーンが1位である．しかしながら，評論家の4と5がボルダ得点法で起こりうる病理をよく知っていて，自分たちのランキングを

$$\text{ゴッドファーザー} \succ_i \text{パルプフィクション} \succ_i \text{市民ケーン}$$

と偽って報告したとする．すると，個人ランキングは以前に述べたシナリオとなり，ゴッドファーザーがグループランキングで1位となるのである．

ボルダ得点法の投票者があえて真の選好を報告しないことでグループランキングを歪曲できること，とくに，他の多くの投票者に人気のある選択肢を陥れることができることは，ボルダ得点法の本質的な問題なのである．

米国大統領選挙の例 これらの病理に似たことが米国大統領選挙でも見られる．米国大統領選挙のプロセスの詳細は複雑であるが，一般選挙で各州が（大統領）選挙人をどのように選出しているか，すなわち，その州に割り当てられている全選挙人をどの大統領立候補者に与えるかについて考えてみると，通常，**最多得票ルール** (plurality voting)，すなわち，獲得票が最も多い立候補者が当選するルールが用いられていることがわかる．（アメリカ合衆国憲法は最多得票ルールを規定しているわけではない．過去にある州では他の方法を考えて用いたが，現在は最多得票ルールが典型的に用いられている．）

少し考えてみると，最多得票ルールは順位投票システムと見なせることがわかる．順位投票システムを以下のように考えれば，最多得票ルールになるからである．各投票者に候補者全員に対する個人ランキングを報告してもらう．そして，各個人ランキングの1位の候補者に得点1を，2位以下の候補者に得点0を与えて，総得点が最高になった候補者を勝者（当選者）と宣言する．これは，トップにランクされた投票数の最多であった候補者

が当選することを別の方法で述べているだけであるが，このシステムが順位投票システムの構造に適合することを明確に表していることに注意しよう．

最多得票ルールにも，ボルダ得点法で観察された欠点に類似の欠点がある．候補者が 2 人だけのときには，最多得票ルールと多数決ルールは一致する．しかし，候補者が 3 人以上のときには，以下のように，"第三者" 効果が起こりうることがわかる．ごく少数の投票者から支持されている選択肢が，競争している 2 人の優位性を左右することができるのである．すなわち，最多得票ルールでは，ある投票者は，勝利する可能性のある候補者のうちで自分が好むほうがより有利になるように，1 位の候補者を偽って戦略的に投票を行えるのである．そのような問題は，米国大統領選挙でも指摘されていて，1860 年のエイブラハム・リンカーン (Abraham Lincoln) の選挙などの重要な選挙において，それがどのような効果を与えたかが研究されてきている [384]．

23.5　アローの不可能性定理

これまで様々な投票システムを取り上げて，対象となる選択肢が三つ以上のときには，いずれのシステムでも病理的な挙動が発生することを眺めてきた．現実に用いられているさらなる投票システムを考えてみると，それらもグループランキングを導出する方法で固有の問題に煩わされていることがわかる．しかし，ある時点で，特定の投票システムから距離を置いて，より一般的な質問をしてみることも有意義であると考えられる．すなわち，三つ以上の選択肢のときに，これまで見てきた病理のすべてを避けることができる投票システムは，"存在する" のであろうか？

この問題を具体的にするには，関係する定義をすべて正確に記述することが必要となる．投票システムの定義はすでに与えている．すなわち，定数の k 人の投票者に対して，k 人分の個人ランキングを入力として与えると，グループランキングを出力する関数が投票システムである．ほかに必要となるのは，投票システムが病理から解放されるために必要な事柄の記述である．そこで，合理的な投票システムが満たすべき性質として，以下の二つの性質を考えることにする．

- 第一に，二つの選択肢 X と Y に対して，すべての個人 i の個人ランキングで $X \succ_i Y$ であるときには，グループランキングも $X \succ Y$ でなければならない．これは**パレート原理** (Pareto principle)，あるいは，**全員一致性** (unanimity) として知られているきわめて自然な条件である．すなわち，グループの誰もが Y より X のほうが良いと思っているときには，グループランキングもこの選好に従わなければならない．グループランキングは各個人ランキングを少なくとも最小限の形で責任を負うべきであることを，全員一致性は保証するものとして考えることができる．
- 第二に，すべての二つの選択肢の X と Y に対して，グループランキングにおける X と Y の順序は，各個人ランキングでの X と Y の相対的な順序にのみ依存しなければならない．言い換えると，これは以下のことを意味する．グループランキングとして，

X ≻ Y を出力する入力の個人ランキングの集合があるとする．第三の選択肢 Z に対して，個人ランキングのいくつかでその Z の位置を変えても，X と Y の相対的な順序が不変であるときには，投票システムはその新しい個人ランキングの集合でも，グループランキングとして，X ≻ Y を出力しなければならない．

この条件は，**無関係選択肢からの独立性** (independence of irrelevant alternatives) と呼ばれる（以下では，**IIA** と略記する）．X と Y のグループランキングは，投票者の選択肢の X と Y のみに対する選好関係に依存すべきで，他の選択肢がどのような評価を得ようとも無関係であるべきであるからである．IIA は全員一致性に比べて微妙である．しかしながら，これまで議論してきた投票システムで眺めてきた病理的な行動の要因は，多くが IIA の欠如に由来するものである．ボルダ得点法において戦略的な偽報告が成功するのは，明らかに，第三の選択肢 Z のランキングにおける順位を移動することにより，二つの選択肢の X と Y の間の結果を変化させることができるからである．IIA は，多数決ルールに基づく敗者消去トーナメントシステムに対する戦略的なアジェンダの設定の問題でも，重要な役割を果たしている．たとえば，前に取り上げた例では，一つの選択肢 X が，実際には勝利できる選択肢 Y と対戦する前に消去されてしまうアジェンダが選ばれていることが，重要なキーアイデアであった．

全員一致性と IIA を満たす投票システム　全員一致性と IIA はともに合理的な性質であるので，それらの性質を満たす投票システムとはどんなものであるかを尋ねるのが自然である．選択肢が 2 個のときには，多数決ルールが両方の性質を満たすことは明らかである．第一に，すべての投票者が Y より X のほうが良いときには，多数決ルールも Y より X を選ぶからである．第二に，選択肢が 2 個のみであるので，X と Y のグループランキングが他の選択肢に依存しないことは明らかであるからである．

選択肢が 3 個以上のときには，これらの二つの性質を満たす投票システムを見つけることはより困難である．順位投票システムでも多数決ルールに基づく投票システムでも，これから眺めるように，これらの二つの性質は満たされない．しかしながら，これらの二つの性質を満たす投票システムは存在する．独裁制がそれである．すなわち，1 人の個人 i を選んで，その人の個人ランキングをグループランキングとすることである．したがって，k 人の投票者をそれぞれ独裁者として選ぶことにより，独裁制に基づく k 個の異なる投票システムが存在することに注意しよう．

これらの k 個の独裁制システムのそれぞれが全員一致性と IIA を満たすことは，簡単に確認できる．第一に，Y よりも X のほうを全員良いと考えるときには，独裁者も Y よりも X のほうを良いと考えるので，グループランキングでも Y よりも X のほうが良いことになるからである．第二に，X と Y のグループランキングでの順位（相対位置）は，独裁者のランキングで X と Y の順位（相対位置）にのみ依存し，他の選択肢 Z の順位には依存しないからである．

アローの定理　1950 年代に，Kenneth Arrow（ケネス・アロー）は，病理的な行動が存在しない投票システムを見つけることがきわめて困難である理由を明らかにする，以下の

驚異的な結果を証明している [22, 23].

> **アローの定理** (Arrow's theorem)：選択肢が3個以上のときには，全員一致性とIIAをともに満たす投票システムは，ある1人の独裁者による独裁制である．

すなわち，独裁制のみが，全員一致性とIIAをともに満たす投票システムである．

一般に，独裁制は望ましくない性質の一つと考えられているので，アローの定理は，通常，不可能性の結果として知られている．すなわち，それは以下のように述べることができるからである．グループランキングがどの個人 i のランキングにも一致しないとき，その投票システムは**非独裁制** (non-dictatorship) を満たすということにする．すると，アローの定理は以下のように書ける．

> **アローの定理**（等価版）：選択肢が3個以上のときには，全員一致性とIIAと非独裁制を同時に満たす投票システムは存在しない．

究極的には，アローの定理は，投票システムが"不可能"であることを必ずしも強調しているのではなく，避けられないトレードオフが存在することを示していると言える．すなわち，選ばれるどのシステムも何らかの望まれない行動を持ちうるということである．アローの定理は，これらのトレードオフの調整法とそれを踏まえた異なる投票システムの評価法に焦点を当てて，投票システムを議論するのに役立つ．

23.6 単峰型選好と中位投票者定理

コンドルセパラドックスとアローの定理は本質的な事実であり，取り払うことはできない．しかしながら，不可能性の結果に直面したときの共通のアプローチは，土台となる困難性が生じない問題の意味のある特殊ケースを考えることである．この方向に沿う投票システムの研究が多数存在する．

その出発点となるのは，コンドルセパラドックスの説明で用いた個人ランキングに，ある種の異常性の存在が観察されることであろう．3個の選択肢 X, Y, Z と3人の投票者 1, 2, 3 に対して，個人ランキングが

$X \succ_1 Y \succ_1 Z$

$Y \succ_2 Z \succ_2 X$

$Z \succ_3 X \succ_3 Y$

であったことを思い出そう．たとえば，X, Y, Z が教育予算あるいは国防費予算の提案額であり，X は小型予算案，Y は中型予算案，Z は大型予算案であるとする．すると，投票者1の選好は合理的である．なぜなら，小型予算案に最も賛成で，次に中型予算案に賛成で，最後に大型予算案に賛成であるという，自然な感覚であるからである．投票者2の選好も合理的である．なぜなら，中型予算案に最も賛成で，中型でないときには，大型予算

案に賛成で，それもだめなときには，小型予算案に賛成であるという，自然な感覚であるからである．これに対して，投票者3の選好は単純には理解できない．大型予算案に最も賛成で，それがだめなときには小型予算案に賛成で，それもだめなときには中型予算案に賛成であるという，不自然な感覚であるからである．言い換えると，投票者の1と2の選好は，ある固定された数からの近さで説明できる．すなわち，それぞれが，"理想的" な額を持っていて，選択肢の良さをこの理想値からの近さで評価している．これに対して，投票者3の選好はこのような説明ができない．大型と小型がともに近くて，中型はそれら以上に遠いというような，存在し得ない "理想的" な値による選好を持つ人（たとえば，教育に十分な投資ができないのであれば，いっさい必要ないと考える人）がいないわけではないが，それはごく少数で，ある意味で異常であると言えるであろう．

X, Y, Z が政治的なスペクトラムで並べた政党の候補者であり，X はリベラルな候補者，Y は中道の候補者，Z は保守的な候補者であるときにも，同様の推論が適用できる．このときには，投票者1は，リベラルな候補者をより好む．投票者2は，中道の候補者を最も好むが，それがだめなときには，どちらかと言えば保守的な候補者をより好む．これに対して，投票者3は，保守的な候補者を最も好むが，それがだめなときにはリベラルな候補者を好み，それもだめなときには中道の候補者を好む．ここでも，投票者の1と2の選好は，政治的なスペクトラムにおいて，それぞれの投票者が自身の "理想的" な点からの近さで候補者を評価していると仮定すれば，説明できる．しかし，投票者3の選好はこのような説明ができない点から，不自然であると考えられる．

これから，投票者3のランキングにおける "異常性" を定式化する方法を与えて，この異常性構造を持たないときには，コンドルセパラドックスが生じないことを示す．

単峰型選好　数量や政治的なスペクトラムのような線形順序に対応する選択肢に対して，上記の例の投票者の1と2の選好のような個人ランキングを仮定することは合理的である．すなわち，選択肢の中でとくに好む点が存在し，その点からの近さに基づいて選択肢の順位を評価していく．実際には，この議論のためには，少し弱いことを仮定するだけで十分である．すなわち，各投票者の選好は，最高に好む選択肢から両側に，一貫して好みが "降下する" ことのみを仮定する．

これを正確に述べることにしよう．k 個の選択肢を $X_1, X_2, \ldots, X_k$ とし，投票者は，選択肢がこの順番で並べられていることを知っているとする（ここでも，数量や政治的なスペクトラムのような線形順序に対応する選択肢を考える）．投票者の選好は，どの選択肢 X_s に対しても，両隣りの選択肢の X_{s-1} と X_{s+1} がともに X_s よりも上位に来ることがないとき，**単峰型選好** (single-peaked preference) と呼ばれる．言い換えると，中間の選択肢より，反対側にある二つの隣接する選択肢のほうをより好む投票者はいないということである．なお，すべての投票者が完全で推移的な選好関係を持っていることを仮定しているので，単峰型選好を**単峰型ランキング**とも呼ぶことにする．

そのような選好が単峰と呼ばれるのは，それが以下に述べる条件と一致するからである．各投票者 i が最高位の選択肢 X_t を持ち，残りの選好は X_t の両側に

$$X_t \succ_i X_{t+1} \succ_i X_{t+2} \succ_i \cdots$$

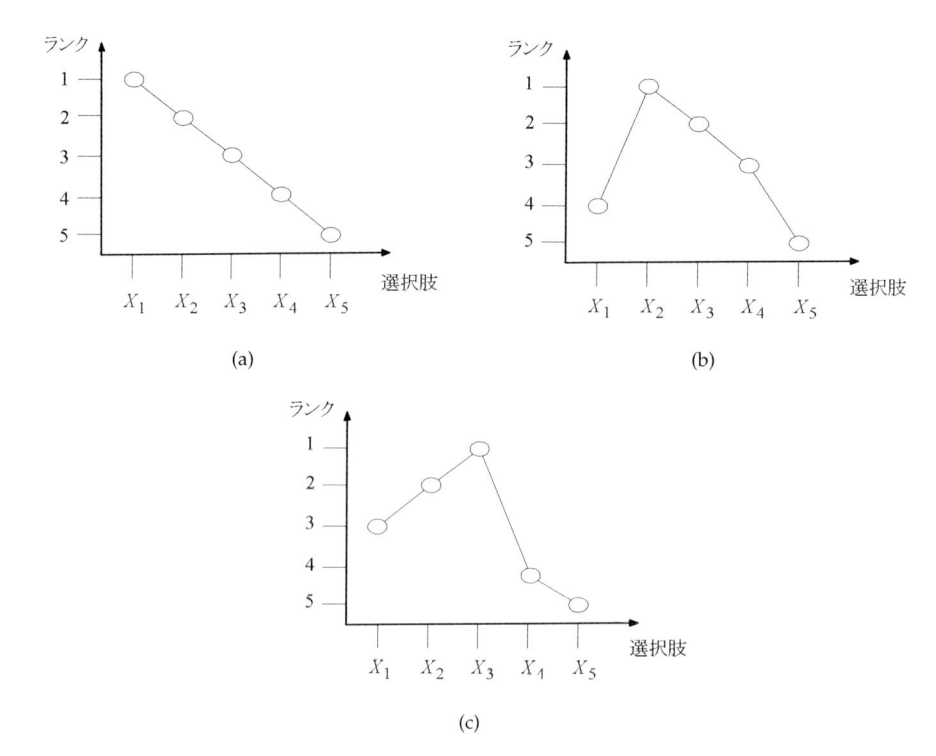

図 23.5 単峰型選好では，選択肢に対する各投票者のランキングは，最高位の選択肢を"ピーク"として，両側に単調に降下する．(a) 投票者 1 のランキング．(b) 投票者 2 のランキング．(c) 投票者 3 のランキング．

かつ

$$X_t \succ_i X_{t-1} \succ_i X_{t-2} \succ_i \cdots$$

と降下していく．イメージとしては，これは図 23.5 のように表せる．この例では，3 人の投票者の選好は，

$$X_1 \succ_1 X_2 \succ_1 X_3 \succ_1 X_4 \succ_1 X_5$$

$$X_2 \succ_2 X_3 \succ_2 X_4 \succ_2 X_1 \succ_2 X_5$$

$$X_3 \succ_3 X_2 \succ_3 X_1 \succ_3 X_4 \succ_3 X_5$$

であり，三つのグラフのそれぞれが，各個人の選好を示している．グラフにおいて，各選択肢は楕円で表示され，リストにおけるランクが高さで表されている．図からもわかるように，各個人ランキングでの単峰は，最高位の選択肢がグラフで一番上のピークとなっている．

単峰型選好に対する多数決ルール　単峰型選好は多数の種類のランキングのモデルとして自然である．しかし，投票理論におけるその意義は，1948 年に Duncan Black（ダンカン・ブラック）によってなされた以下の観察による [61]．

まず，23.3 節の個人ランキングの集合からグループランキングを作り出す最も基本的な試みを思い出そう．これは，すべての二つの選択肢の対である X と Y とで比較して，より

多くの投票者から好まれる選択肢を選ぶ多数決ルールを用いてグループ選好を $X \succ Y$ あるいは $Y \succ X$ と決定するものであった．前と同様に，投票者数は奇数であると考えるので，タイの可能性は心配しなくてよい．結果として得られるグループの選好関係 $\succ$ が完全で推移的であることが期待できれば，それからグループランキングを導き出せることになる．しかし，残念ながら，コンドルセパラドックスが示すように，この期待はかなわない．個人の選好関係がすべて完全で推移的であっても，グループ選好関係は非推移的であることもありうるからである．

しかし，本節で展開する枠組みの要点は，以下のとおりである．すなわち，単峰型選好では上記のプランが完全にうまくいき，以下の結果が成立するのである．

> **主張**：すべての個人の選好が単峰であるときには，すべての二つの選択肢の対に対する多数決ルールによるグループ選好関係 $\succ$ は，完全で推移的である．

一見しただけでは，この衝撃的な事実がなぜ成立するのかは明確でないが，これから述べるように，それは直観的にも自然な理由によるのである．

各個人の最高位のメジアン グループランキングを構成する他の試みと同様に，グループ最高選択肢（グループランキングで1位の選択肢）を特定する方法を見出すことから始める．そして，これを続けて，グループランキングでのそれぞれの位置を占める選択肢を決めていく．したがって，多数決ルールですべての二つの選択肢の対の比較投票で勝利する選択肢を特定して，グループ最高選択肢を求める方法がキーポイントとなる．

各投票者の最高選択肢を考えて，全員のこれらの最高選択肢を線形順序で左から右に並べてソート列を作る．複数の投票者が同じ選択肢をそれぞれの最高選択肢として選んでいるときには，その投票者の分だけこのソート列にその最高選択肢を含める．そして，このソート列で**メジアン (median)** の位置に，すなわち正確に中央の位置に属する個人の最高選択肢を考える．たとえば，図 23.5 の選好では，各個人の最高選択肢のソート列は X_1, X_2, X_3 となるので，メジアンは X_2 である．さらに投票者の多いときの例で，たとえば，各個人の最高選択肢のソート列が $X_1, X_1, X_2, X_2, X_3, X_4, X_5$ であるときにも，メジアンは X_2 である．重複も含めたソート列のメジアンであるからである．

各個人の最高選択肢のソート列のメジアンをグループ最高選択肢の候補とするのは，それが両側の極端な個人の最高選択肢における自然な"妥協"であるので，自然なアイデアと言える．実際，ここの目的のためには十分うまく働くのである．

> **中位投票者定理 (median voter theorem)**：すべての個人の選好が単峰型選好であるときには，各個人の最高選択肢のソート列のメジアンとなる選択肢は，多数決ルールで他のすべての選択肢に勝利する．

なぜこれが成立するかを考えてみよう．そこで，各個人の最高選択肢のソート列のメジアンとなる選択肢を X_m とし，X_t をそれ以外の任意の選択肢とする．X_t が X_m の右側にあるとする．すなわち，$t > m$ であるとする（X_t が X_m の左側にあるときも，完全に対称的な議論ができるので省略する）．さらに，個人の最高選択肢のソート列に基づいて，投票者もすべてその順序で並べる．

712　第23章　投　　票

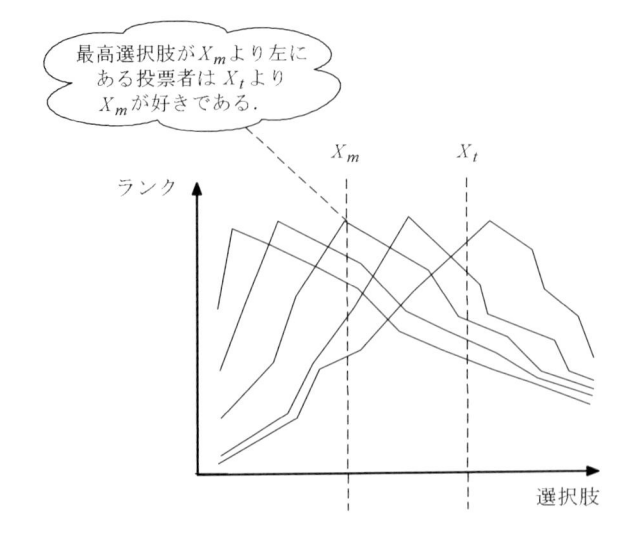

> 最高選択肢がX_mより左にある投票者はX_tよりX_mが好きである.

図23.6　個人の最高選択肢のソート列のメジアンとなる選択肢X_mが，他のすべての選択肢X_tとの対決で多数決ルールで勝利することの証明．X_tがX_mの右側にあるとする．すると，最高選択肢がX_mの左側にある投票者のいずれでも，X_mのほうがX_tよりも好まれる（X_tがX_mの左側にあるときも，完全に対称的な議論を適用できる）．

図23.6を用いて系統的に議論することができる．投票者数のkは奇数であり，X_mは個人の最高選択肢のソート列のメジアンとなる選択肢であるので，そのソート列で第$(k+1)/2$位の位置にいることになる．これは，最初の$(k+1)/2$位までの位置にいる投票者のいずれでも，X_mは最高選択肢であるか，あるいは，最高選択肢はX_mの左側にあることを意味している．最高選択肢がX_mの左側にある投票者のいずれでも，X_mとX_tはともに最高選択肢の右側の"降下するスロープ"上にあり，X_mのほうがX_tより最高選択肢に近いので，X_mのほうがX_tよりも好まれる．したがって，最初の$(k+1)/2$位までの位置にいる投票者のそれぞれは，X_tよりもX_mを好むことになる．$(k+1)/2$は投票者数kの過半数となるので，X_mは多数決ルールでX_tに勝利することになる．

簡潔にまとめておこう．個人の最高選択肢のソート列のメジアンとなる選択肢X_mは，他の選択肢X_tとの比較投票で，過半数以上の支持を獲得する．その理由は，過半数以上の投票者のそれぞれの選好において，最高選択肢と選択肢X_tとの間に選択肢X_mが存在するからである．

個人の最高選択肢のソート列のメジアンとなる選択肢に関するこの事実より，すべての二つの選択肢の対に対する比較投票による多数決ルールで，完全で推移的なグループランキングを導出できることが簡単にわかる．すなわち，毎回，単にグループ最高選択肢を特定しながら，グループランキングを構築していけばよい．より具体的には，以下のとおりである．最初に，個人の最高選択肢のソート列のメジアンとなる選択肢を求め，それをグループランキングの最高位に置く．これは安全に実行することができる．中位投票者定理より，リストにそれ以降に置かれる他のどの選択肢に対しても，多数決ルールで勝利することが保証されているからである．次に，各個人のランキングから，この選択肢を消去する．すると，残りの個人ランキングも単峰であることがわかる．実際，この選択肢が最高位であった個人ランキングでは，"トップの首がはねられ"，2位の位置にいる選択肢が最

高選択肢となるからである（他の個人ランキングでは最高選択肢はそのままである）．さらに，最高選択肢の両側で単調に降下することは保たれるからである．したがって，選択肢の個数が1個減った単峰型ランキングでの同一の問題が得られる．そこで，残りの選択肢の個人の最高選択肢のソート列のメジアンとなる選択肢を求め，それをグループランキングの2位の位置に置く．以下有限個の選択肢がなくなるまで，これを繰り返せばよい．

たとえば，図23.5の3人の投票者の例にこれを適用すると，個人の最高選択肢のソート列のメジアンとなる選択肢は X_2 となり，X_2 がグループランキングの最高位に置かれる．この選択肢を消去すると，選択肢 X_1, X_3, X_4, X_5 での3人の単峰型ランキングが得られる．この1個減った選択肢の集合での個人の最高選択肢のソート列は X_1, X_3, X_3 となるので，X_3 がメジアンとなり，グループランキングの2位に置かれる．このように進んでいき，

$$X_2 \succ X_3 \succ X_1 \succ X_4 \succ X_5$$

というグループランキングが最終的に得られる．投票者2は，最初に個人の最高選択肢のソート列のメジアンとなる選択肢を最高選択肢として持つという意味で，最初の"中位投票者"であったので，グループランキングの最高位の決定では，投票者2の個人ランキングと一致した．すなわち，X_2 がグループランキングでも投票者2の個人ランキングでも最高位であった．しかしながら，全体のグループランキングと投票者2の個人ランキングは必ずしも一致しないのである．たとえば，投票者の1と3は X_4 よりも X_1 を好むので，たとえ投票者2がそうでないにしても，グループランキングではこれが反映されるのである．

23.7 情報集約の一形式としての投票

基本的にこれまでは，集団内の人々の本質的かつ真に異なる意見の集約のために投票を用いる状況に絞って，議論してきた．しかし，共通の目標を持つ集団内の人々が投票を用いるという状況も存在する．たとえば，選択肢の真の最善のランキングが存在すると考えるのが自然で，投票システムの目標がその発見であるという状況でも，投票が用いられている．これは，政治的な候補者や芸術作品のランキングではあまり適切ではないように思えるが，事実に対する情報の不確定性が真に存在する状況で決断しなければならない陪審などのモデルとしては，良いモデルと考えられる．また，会社に将来利益をもたらす不確定要素のあるビジネスプランの候補に対して，評価して取締役会議で決断を下すモデルとしても，良いモデルでもあると考えられる．

真の最善のランキングが存在するこうした設定において，個人ランキングが異なるのは，得られる情報が異なること，あるいは利用可能な情報の評価が異なることに基づいていると考えられる．したがって，このような設定では，同一の情報と同一の評価方法をすべての人が共有しているとすると，同一のランキングになると考えられる．

これらを踏まえて，投票についての個人的な推論を行う方法に，潜在的に複雑な効果が生じうることを眺めていこう．出発点として，全員が各自の個人ランキングに基づいて同

時に投票するという，単純なモデルから始める．その後に，これらの仮定の一方あるいは両方が成立しない状況で，どのようなことが起こるかについて議論する．たとえば，投票が逐次的に行われたり，他の人のランキングを知って自分の個人ランキングを変えたりするような状況は，その後に取り上げる．

同時かつ誠実投票：コンドルセ陪審定理 二つの選択肢のXとYがあって，これらの二つのうちの一方が真に最善の選択肢であり，各投票人は自分の信じる最善の選択肢に投票するという，単純な設定から始める．

投票人が異なる不確実な情報を持っていることをモデル化するために，第16章でうまく機能した情報カスケードの一般的な枠組みを用いる．Xが最善の選択肢である**事前確率** (prior probability) があり，それはすべての投票人に既知であるとする．ここでは，解析の単純化のために，この事前確率を $\frac{1}{2}$ とする．したがって，XとYは，最初はいずれも同じくらい最善の選択肢である．その後，各候補者はXとYがどちらが良いかについての，独立で個人的な**シグナル** (signal) を受け取るとする．ある値 $q > \frac{1}{2}$ に対して，最善の選択肢であることを示唆するシグナルが確率 q で起こるものとする．これは，第16章の条件付き確率を用いて，

$$\Pr[\text{Xを優先するシグナルが観察される} \mid \text{Xが最善である}] = q$$

および

$$\Pr[\text{Yを優先するシグナルが観察される} \mid \text{Yが最善である}] = q$$

と書ける．（各投票人のシグナルは，表裏の出る確率の異なるコイン投げのような行動をイメージすることもできる．すなわち，各投票人に対して，コイン投げでより良い選択肢を示唆する表あるいは裏が確率 q で現れると考えてよい．）

第16章のケースと異なり，ここの解析では，投票はすべて同時に行われる．どの投票人も自身の決断を下す前には，他の投票人が下す決断を見ることはできない．さらに，誰もが"誠実に"投票するとする．すなわち，各投票人は，（個人的なシグナル形式の）自身が利用できる情報に基づいて，自分の信じる最善の選択肢に投票する．個人による誠実な投票をモデル化するためには，第16章と同じ条件付き確率を用いることができる．投票人は，Xを優先するシグナルを観察すると，条件付き確率

$$\Pr[\text{Xが最善である} \mid \text{Xを優先するシグナルが観察される}]$$

を最初に評価する．この確率が $\frac{1}{2}$ より大きいときにはXに投票し，この確率が $\frac{1}{2}$ より小さいときにはYに投票することを決断する．投票人がYを優先するシグナルを観察するときも，対称性から同様の推論ができる．すなわち，条件付き確率

$$\Pr[\text{Yが最善である} \mid \text{Yを優先するシグナルが観察される}]$$

が $\frac{1}{2}$ より大きいときにはYに投票し，$\frac{1}{2}$ より小さいときにはXに投票することを決断する．

ここでも，ベイズの法則に基づいて16.3節で行った計算を用い，投票人の決断の基礎となる条件付き確率を評価することができる．すなわち，

$$\Pr[\text{Xが最善である} \mid \text{Xを優先するシグナルが観察される}]$$

$$= \frac{\Pr[\text{Xが最善である}] \times \Pr[\text{Xを優先するシグナルが観察される} \mid \text{Xが最善である}]}{\Pr[\text{Xを優先するシグナルが観察される}]}$$

が得られる．事前確率についての仮定から，$\Pr[\text{Xが最善である}] = \frac{1}{2}$ であることはわかっている．シグナルの定義から，$\Pr[\text{Xを優先するシグナルが観察される} \mid \text{Xが最善である}] = q$ であることもわかっている．最後に，Xを優先するシグナルが観察されるのは，Xが最善であるときと，Yが最善であるときの2通りある．したがって，

$\Pr[\text{Xを優先するシグナルが観察される}]$

$= \Pr[\text{Xが最善である}] \times \Pr[\text{Xを優先するシグナルが観察される} \mid \text{Xが最善である}]$

$+ \Pr[\text{Yが最善である}] \times \Pr[\text{Xを優先するシグナルが観察される} \mid \text{Yが最善である}]$

$= \frac{1}{2}q + \frac{1}{2}(1-q) = \frac{1}{2}$

が得られる．これらをすべて組み合わせると，

$$\Pr[\text{Xが最善である} \mid \text{Xを優先するシグナルが観察される}] = \frac{(1/2)q}{1/2} = q$$

となる．この結論は完全に自然なものであり，受け取るシグナルで強化される選択肢を優先するようになることを意味する．実際には，ベイズの法則を用いた計算から，この結論以上のことが得られる．受け取ったシグナルに基づいて，どの程度最善の選択肢を優先すればよいのかも示しているのである．

Marquis de Condorcet は，1785年にこの種のシナリオを書き記している．彼の版では，各投票人が，ある選択肢が最善であるときにその選択肢を優先する個人的なシグナルの確率 $q > \frac{1}{2}$ の仮定が与えられて，そのシグナルが観察されるときの優先する選択肢が最善である確率を導き出すのではなく，あるシグナルが観察されるときの優先する選択肢が最善であるという確率 $q > \frac{1}{2}$ の仮定が与えられて，その選択肢が最善であるときにその選択肢を優先する個人的なシグナルの確率を導き出すというものであった．しかしながら，これらの仮定のいずれを出発点とするモデルでも，結論への効果は同一になる．Condorcet の関心は，多くの投票人がいて選択肢が二つの場合，過半数をわずかにでも超える割合で一方の選択肢を優先するときには，多数決ルールが効果的に機能することを示すことであった．当時，確率は比較的に新しい概念であったので，彼による個人の決断の確率的な定式化は，革新的なステップであった．さらに，彼の主たる観察事項は，現在**コンドルセ陪審定理** (Condorcet jury theorem) として知られている．これは以下のようなものである．Xが最善の選択肢であるとする（Yが最善の選択肢であるときも対称的に議論できる）．すると，投票人の人数が増加するに従い，Xを選択する投票人の割合は，Xを優先するシグナルを受け取る確率 $q > \frac{1}{2}$ にほぼ完全に一致する．とくにこれは，多数決ルールで正解の決断に至る確率が，投票人の人数が増加するに従って1に収束することを意味する．この意味では，コンドルセ陪審定理は，多数の人の評価を集約することにより，1人の専門家よりも高品質の決断に至ることができるという，"大衆の知恵"のアイデアを明示的に示した最古の定式化の一つであると考えられる．

23.8 情報集約に対する不誠実投票

前節のコンドルセ陪審定理の背後にある仮定の一つに，各自が利用可能な情報が与えられて，その情報のもとで自身が最善と信じる選択肢を選択して投票するという仮定，すなわち，全員が誠実に投票するという仮定があった．表面的には，これは妥当な仮定に思える．投票人が全員のシグナルを共有できるのであれば，全員一致の評価で最善の選択肢に到達することができる．しかし，実際には互いに通信できずに，自身の個人的なシグナルにアクセスできるだけなので，自身のシグナルに基づいて最善の推測をしてそれに従う以外に，何をすべきであると言えるのであろうか？

しかしながら，実際には，個人が不誠実に投票することがきわめて自然である状況もある．すなわち，"グループ全体として最善の選択肢を選ぶ確率を最大化することが，自身の目標であるとしても"，自身がより悪い選択肢を優先して選ぶ状況もあるのである．これは明らかに直観に反する主張であり，その根拠については，比較的最近まで見落とされていた [30, 159, 160]．この現象がどのようにして起こるかを説明するために，Austen-Smith and Banks [30] に記載されているシナリオでモデル化された仮想的実験から始めよう．

不誠実投票を推奨する実験 以下がその実験の内容である．10個のビー玉が入っている壺が部屋の前方に置かれている．その壺は，50%の確率で10個の白のビー玉からなり，残りの50%の確率で9個の緑のビー玉と1個の白のビー玉からなる．そこで，前者の壺は"純粋"であり，後者の壺は"混合"であると呼ぶことにする．

実験者は，3人からなるグループにその壺がどちらであるのかを当ててもらう．グループの決断は，以下のプロトコルによってなされる．最初に，3人のそれぞれが壺から1個のビー玉を取り出し，他の人には見せずに，自分だけ見て壺に戻す．その後，3人全員が同時に，どちらの壺であるかをそれぞれ推測して投票する．多数決ルールによる3人の投票結果が正しい壺になるときには，3人全員に賞金が贈られる（個人的に間違いの壺に投票した人でも賞金をもらえる）．多数決ルールによる3人の投票結果が間違った壺になるときには，3人のいずれも賞金はもらえない．多数決ルールで間違った壺になっているときには，個人的に正しい投票をした人でも賞金はもらえないことに注意しよう．

実験は，それぞれの投票者に対して独立で個人的なシグナル集合を設計できるように設定されていることがわかる．各投票人によって取り出されるビー玉の色は，その人への個人的なシグナルであり，このシグナルを他の投票人へ伝えることはできない．そして，各投票人が，これらの独立であり潜在的に衝突する確率的なシグナルへのアクセス後に投票し，グループの決断は多数決ルールに基づいて決定される．

以下では，各個人が自分の取り出したビー玉に基づいて，異なる種類の条件付き確率に対してどのような推論を行うかを考える．そしてその後に，実際にどのように投票するかを考えることにする．

条件付き確率と投票についての決断　まず，実験の3人の被験者の1人として，白のビー玉を引いた（取り出した）とする．前節で行ったように，ベイズの法則を用いて事後確率を正確に計算することもできるが，そのような正確な計算をしなくても，白のビー玉を引いたときには，壺は混合であるよりも純粋である確率がきわめて高いことがわかる（白のビー玉を引いたときには，すべてが白のビー玉からなる壺から引いた確率が，白のビー玉が1個で残りが9個の緑のビー玉からなる壺から引いた確率よりずっと高いことは明らかである）．これに対して，緑のビー玉を引いたときには，壺が混合であることが確実にわかる．緑のビー玉は混合の壺にしか含まれないからである．

したがって，誠実に投票するとすると，白のビー玉を引いたときには"純粋"に投票し，緑のビー玉を引いたときには"混合"に投票することになる．ここで，グループの他の2人は誠実な投票をすることがわかっていたとする．そして，あなたは，多数決ルールでのグループの決断が正しくなる確率を最大化する投票を目指しているとする．すると，「自分の投票がグループの決断結果を左右するのはどのような状況であろうか？」と自問してみることが役に立つ．少し考えてみると，自分の投票が決断結果を左右するのは，他の2人の（誠実な）投票が，一方が純粋で他方が混合と，分かれたときであることがわかる．このときには，他の2人のうちの1人が，実際に緑のビー玉を引いているので，壺は混合であることがわかる．したがって，白のビー玉を引いたときに，正しい結果を導く（結果を左右する）ための自分の推論は，壺は混合であるという不誠実な投票をするという推論になる．

以上の議論から，グループの他の2人が誠実に投票することがわかっているときには，自分がグループのためにできる最善のことは，他の1人の人が緑のビー玉を引いているときに多数決ルールで正しい答えになるように，"混合"と投票することである（他の2人が白のビー玉を引いていても，あるいは他の2人が緑のビー玉を引いていても，自分が混合と答えることは，多数決ルールでのグループの決断の正しさを失うことはない）．これは，戦略的に投票することで，グループの決断を操作していると考えることができる．他の人が有利になるように投票しているのではない．実際，これは，グループの決断が多数決ルールで最善となる機会がより多くなるようにしているのである．すなわち，このケースで他の2人が誠実に投票するときには，自分が誠実に投票することが最適ではないのである．

投票実験の解釈　いったん何が起こるかがわかれば，共通の目標がある投票は，ゲーム理論を用いて考えるのが自然である．投票人がプレーヤーに対応し，可能な戦略が個人的な情報に基づいた可能な投票方法に対応し，そして，投票人は全員が選択した投票に基づいて利得を受け取る．上記で眺めた実験は，誠実な投票が均衡にはならないシナリオを構成している．上記の分析は，均衡として最も自然と思える候補が除外されることを示しているが，このゲームの均衡がどのようなものになるかを与えていないことに注意しよう．実際には，複数の均衡が存在する．しかし，そのいくつかは計算がかなり複雑なので，ここではそれを導出することはしない．

この議論に関して言及しておく価値のあることが，さらにいくつか存在する．第一に，

この実験は不誠実な投票の現象をきわめて明確かつ典型的な形式で与えている．それには，何が起こるのかを明快に記述できる利点があると言える．しかしながら，このシナリオ版は，実世界でも生じるのである．上記の純粋な壺と混合の壺のように，非対称的な構造を有する二つの選択肢の選択で，多数決ルールのような高度に対称的な意思決定のプロセスが衝突しているときに，このシナリオ版は実世界でも生じる．たとえば，会社の将来経営に関する取締役会議において，リスキーな経営戦略と安全な経営戦略の間で決断が迫られていて，多数決ルールで投票して決定するとする．さらに，各取締役は，一方の選択肢を後押しする個人的な情報証拠を手に入れているとする．そして，誰か1人でもリスキーな選択肢が実はリスキーでないという証拠を獲得しているときには，その選択肢を選ぶことがより良い選択であるとする．このとき，あなたが取締役の1人であるとしよう．他のすべての取締役は誠実に投票するとする．すると，あなたを除いた取締役のちょうど半数が，リスキーな選択肢を優先する証拠を獲得しているときにのみ，あなたの投票が結果を左右することになる．そして，このときには，リスキーな選択肢を選択することがより良い決断となる．したがって，必要に応じてその機会を改善するために，あなたがリスキーな選択肢を選択して不誠実に投票することで，グループの決断をより良くすることができる．もちろん，投票のプロセスをゲームとして眺めると，実際には，状況はさらに複雑であることがわかる．すなわち，他のすべての人が誠実に投票すると仮定するのではなく，ここでの推論を他の人も行うと仮定することもできるからである．このような仮定のもとでは，どのような行動になるかは複雑な問題である．

最後に，この分析におけるキーとなる方法論的な点，すなわち，結果を左右するときにのみ，自分の行動で得られる結果の評価に対して基礎となる原理に光を当てておくことは，価値があるであろう．この原理は，不誠実な投票が正しい決断であることを説明する洞察を明らかにするものであった．投票に対するこの原理の有用性は，第9章のオークション[159]で眺めた"勝者の呪い"も含めて，他のゲーム理論的な枠組みでの推論でも同様に利用できるものであることを，研究者が確認してきている．すなわち，第9章のオークションで，（油田搾油権などのような）共通価値を持つ商品に対する多数の入札があるときに，自分の入札が価値を持つのは入札において勝利するときのみであり，このときには，商品の真の価値評価は，過小評価というよりも過大評価になっていた可能性が高くなる．したがって，入札をするときには，このことも考慮に入れて，商品の真の価値評価よりも低い入札にすべきである．入札におけるこの種の不誠実性は，ここで議論した投票における不誠実性に類似している．すなわち，どちらのケースでも，結果に対して実際に影響を及ぼすことを決断の評価に含める必要性が生じて，考慮すべき非明示的な情報がさらに加わることになる．

23.9 陪審判決と全員一致ルール

犯罪における陪審判決は，上記の議論を動機付ける最初の重要な例であった．すなわち，投票人（陪審員）からなるグループは，被告が有罪ならば有罪の判決を下し，無罪な

らば無罪の判決を下すべきであるという，そのグループでの"最善"の決断が存在して，全員の意見をこの最善の決断へと集約したいとしている自然なクラスを形成している．これまで眺めてきたことを踏まえると，「このケースで不誠実な投票は起こりうるか？もし起こりうるなら，その結論はどのようなものか？」という疑問が自然に生じる．Feddersen and Pesendorfer が議論したように，実際には，グループの最善の決断に寄与できるように投票したいという陪審員の戦略として，不誠実な投票が自然に起こりうるのである [160]．彼らの分析の基本的な構造を，以下で述べる．

評決と全員一致性と個人的なシグナル 犯罪裁判における陪審判決と 23.7 節のコンドルセ陪審定理における設定とを比較すると，二つの基本的な相違に気がつくことになる．これらは両方とも，無罪の被告に有罪の判決を下すことがないようにするのに役立つ，犯罪裁判システムの制度的な特徴から生じている．

第一の相違は，被告に有罪の判決を下すには，評決の投票において，一般には，全員一致が要求されていることである．したがって，陪審員が k 人のときには，無罪と有罪の二つの選択肢に対して，各陪審員がいずれかに投票し，すべての陪審員が有罪に投票しているときにのみ，グループとして有罪が選ばれる．第二の相違は，陪審員が二つの選択肢を評価する際に用いる基準の中にある．23.7 節のモデルでは，各投票人がすべての利用可能な情報を観察できるときには，

$$\Pr[\text{X が最善である} \mid \text{すべての情報が観察できる}] > \frac{1}{2}$$

ならば選択肢 X を選んでいた．しかしながら，犯罪裁判では，陪審での指令は「無罪よりも有罪の可能性が高いときに被告を有罪とすべきである」というものではなく，「合理的な有罪の疑いをはるかに超えて有罪であると確信できるときに，被告を有罪とすべきである」というものであるからである．これは，陪審員が

$$\Pr[\text{被告が有罪} \mid \text{すべての情報が観察できる}] > \frac{1}{2}$$

であるかどうかではなく，$\frac{1}{2}$ より（かなり）大きい z に対して

$$\Pr[\text{被告が有罪} \mid \text{すべての情報が観察できる}] > z$$

であるかどうかを問題にすべきであることを意味している．

ここで，各陪審員に利用可能な情報をモデル化する方法について考える．23.7 節のコンドルセ陪審定理で用いた枠組みに従い，各陪審員は，有罪を示唆する G シグナル，あるいは無罪を示唆する I シグナルという，独立で個人的なシグナルを受け取ると仮定する．被告はもちろん有罪か無罪かのいずれかである．ここでは，真実を優先するシグナルは，虚偽を優先するシグナルより多く現れると仮定する．したがって，ある値 $q > \frac{1}{2}$ に対して，

$$\Pr[\text{G シグナル} \mid \text{被告が有罪}] = q$$

かつ

$$\Pr[\text{I シグナル} \mid \text{被告が無罪}] = q$$

であるとしている．すると，Gシグナルを観察する陪審員は，そのシグナルが与えられたときに被告が有罪である事後確率 Pr[被告が有罪 | Gシグナル] に関心を持つことになる．そこで，被告が有罪である事前確率，すなわち，シグナルを受け取る前の確率は $\frac{1}{2}$ であると仮定する．すると，23.7節のベイズの法則を用いた議論より，有罪と無罪がその節の選択肢のXとYの役割を果たすと考えて，すぐに

$$\Pr[\text{被告が有罪} | \text{Gシグナル}] = q$$

と

$$\Pr[\text{被告が無罪} | \text{Iシグナル}] = q$$

が得られる．事前確率を0と1の間の任意の値に仮定したとしても，計算はわずかに異なるものの，解析から得られる結論は本質的にそのままで同一なものとなる．

解析に進む前に，有罪あるいは無罪の，独立で個人的なシグナルを陪審員が受け取るという仮定のモデルが合理的であるかどうかを考えてみることが，公正であると思われる．結局のところ，陪審員は全員が陪審を通して席を同じくしているわけであるので，全員が同一の証拠を見ていることになる．もちろん，個人的な情報の仮定は単純化された近似であるが，現実の陪審における陪審員は，一つのケースの事実に対して，広範で多岐にわたる視点を形成しうるし，実際に形成してもいる．これは当然である．同一の証拠を見たとしても，陪審員は，自身の個人的な直観や意思決定のスタイルに基づいて，異なる解釈や推論を形成する．すなわち，物事は，単に1人の人から事実として他の人へと伝達されるとは限らない [160]．したがって，ここのケースでは，個人的なシグナルは，その人に提示された情報そのものではなく，提示された情報の個人的な"解釈"を表現するものであると考えることができる．こうして，合理的な陪審員は，自身の個人的なシグナルに導かれると同時に，他の人の個人的なシグナルの知識，すなわち，他の人が物事を自身と同じあるいは異なって解釈している知識からも影響を受けることになるのである．

陪審の決断のモデリング 上で注意したように，全員一致性のルールは，無実の被告に有罪の判決を下すことを困難にするために設計されたものである．すなわち，そのような結果に至るには，全員が"誤って"有罪にすることが要求される．この直観的にわかりやすい原理は，表面的には有意義であると思える．しかし，23.8節で眺めたように，各個人がグループの決断を考慮して投票することを選ぶようになると仮定すると，そのような原理についての推論は複雑になる．

とくに，物事は以下の理由で複雑になる．そこで，あなたは k 人の陪審員の1人であるとしよう．そして，Iシグナルを受け取るとする．最初は，無罪に投票すべきであることは自明であると思える．実際，個人的な情報のIシグナルは，被告が無罪である条件付き確率を $q > \frac{1}{2}$ とする．しかし，このとき二つのことを思い出そう．第一に，グループによる有罪の基準は

$$\Pr[\text{被告が有罪} | \text{すべての情報が観察できる}] > z$$

であり，原理的にそれは，あなたのIシグナルを除いても，観察されない他の全員のシグナルをあなただけが知り得たとして，それらが有罪である条件付き確率が z より十分大き

くするものであることを要求する．第二に，23.8節のキーとなる質問である「どのような状況のときに，あなたの投票が結果に影響を与えるか？」を自問してみる．すると，全員一致ルールでは，あなたを除いて他の全員が有罪に投票しているときであることがわかる．したがって，他の全員が受け取ったシグナルを反映して投票すると信じることにすると，あなたの投票が結果に影響を与えることのできるときのシグナルの全体集合は，$k-1$個のGシグナルとあなたのIシグナルからなると，正確に算出することができる．

このとき，被告が有罪になる確率はいくらになるであろうか？それは，ベイズの法則を用いて

$$\Pr[\text{被告が有罪} \mid \text{あなたのみがIシグナルを観察}]$$
$$= \frac{\Pr[\text{被告が有罪}] \times \Pr[\text{あなたのみがIシグナルを観察} \mid \text{被告が有罪}]}{\Pr[\text{あなたのみがIシグナルを観察}]}$$

と書ける．$\Pr[\text{被告が有罪}] = \frac{1}{2}$ であり，Gシグナルは独立であるという仮定であるので，$\Pr[\text{あなたのみがIシグナルを観察} \mid \text{被告が有罪}] = q^{k-1}(1-q)$ が得られる（右辺の値は，他の$k-1$人のすべての陪審員がGシグナルを受け取る確率q^{k-1}と，あなたがIシグナルを受け取る確率$1-q$の積として得られる）．最後に，通常どおりのベイズの法則による計算で，あなた以外の全員がGシグナルを受け取る確率を，被告が有罪のときと，被告が無罪のときの2通りに分けて，

$$\Pr[\text{あなたのみがIシグナルを観察}]$$
$$= \Pr[\text{被告が有罪}] \times \Pr[\text{あなたのみがIシグナルを観察} \mid \text{被告が有罪}]$$
$$+ \Pr[\text{被告が無罪}] \times \Pr[\text{あなたのみがIシグナルを観察} \mid \text{被告が無罪}]$$
$$= \frac{1}{2}q^{k-1}(1-q) + \frac{1}{2}(1-q)^{k-1}q$$

と計算することができる．（2式目の第2項は，上で第1項に対して用いた計算と同様にして計算することができる．すなわち，被告が無罪のときに，他の$k-1$人のすべての陪審員がGシグナルを受け取る確率の$(1-q)^{k-1}$と，あなたがIシグナルを受け取る確率のqの積として得られる．）これらを全部一緒にすると，

$$\Pr[\text{被告が有罪} \mid \text{あなたのみがIシグナルを観察}] = \frac{\frac{1}{2}q^{k-1}(1-q)}{\frac{1}{2}q^{k-1}(1-q) + \frac{1}{2}(1-q)^{k-1}q}$$
$$= \frac{q^{k-2}}{q^{k-2} + (1-q)^{k-2}}$$

が得られる．最後の式は，分母と分子の$q(1-q)/2$を消去することで得られる．

ここで，$q > \frac{1}{2}$ であるので，陪審員の人数kが無限大に向かうにつれて，分母の$(1-q)^{k-2}$の項は分母全体で無視できるくらい小さい割合になり，したがって，

$$\Pr[\text{被告が有罪} \mid \text{あなたのみがIシグナルを観察}]$$

は，kが無限大に向かうにつれて1に収束する．すなわち，陪審員の人数kが十分に大きいときには，$\Pr[\text{被告が有罪} \mid \text{あなたのみがIシグナルを観察}] > z$ となることが得られた．

上記の計算から，他の全員の陪審員が受け取ったシグナルを反映して投票するとあなたが信じて，さらに，他の陪審員が十分多くいるときには，あなたが無実と投票することに

より，結果に影響を与えることができるのは，合理的な有罪の疑いをはるかに超えて被告が実際に有罪であるときのみであると結論付けることできる．したがって，陪審の実際の指令を考慮して投票することにすれば，自身のシグナルを無視して有罪に投票すべきとなる．もちろん，あなたがGシグナルを受け取るときでも，より多くの確信を持ってそうすべきである．したがって，結論はきわめて明確になる．すなわち，他の全員の陪審員が受け取ったシグナルを反映して投票するとあなたが信じて，陪審員が十分多くいるときには，常に，受け取るシグナルを無視して，有罪に投票すべきである．

　直観的には，全員一致ルールの投票で結果に影響を与えることができるのは，他の全員があなたとは反対の意見を持っているときのみである．すなわち，他の全員があなたと同じように情報を受け取っていて，真の意見に従い投票するときには，結論は，他の全員が全体としては正しくて，あなたが間違っていると考えられるときのみである．23.8節の先の例と同様に，これは，グループの人々が従う手続きやプロトコルを設計する際には，定義したルールに照らし合わせて行動をとるようになることを，十分予測しておかなければならないことに，興味深く気づかせてくれる．ここでは，全員一致ルールに基づく投票システムは，冤罪を防ごうとして設計されているが，実際には，そのシステムにおいて，被告が無罪であるというシグナルを無視したくなる気持ちが，陪審員に生じるのである．

全員一致ルールの投票システムと他のシステムにおける均衡　23.8節と同様に，陪審員が十分に多くいるときには，受け取ったシグナルどおりに投票することは均衡でないことを示してきた．すなわち，他の全員が受け取ったシグナルどおりに投票するときには，常に有罪に投票すべきであることを示してきた．Feddersen and Pesendorfer はこの問題に対する解析で，さらに踏み込んで，このモデルでの陪審投票の均衡が実際にどのようなものかを導出している．

　第一に，容易に見つけ出せるが，かなり病理的でもある均衡が存在する．すなわち，全員が受け取ったシグナルを無視して，無罪に投票するという均衡である．これが均衡になることは，どの陪審員も，自身の行動を変えても結果に影響を与えることができないことからわかる．したがって，どの陪審員にも行動を変えたい気持ちは起こらない．

　より興味深い，以下の (i), (ii) の性質を持つ均衡も唯一存在する．

 (i) 全員の陪審員が同一の戦略を用いる．
 (ii) 各陪審員は，自身の受け取るシグナルに実際に依存する行動をとる．

これは，具体的には，各陪審員がGシグナルを受け取ったときには常に有罪に投票し，Iシグナルを受け取ったときには，0から1の間のある確率で有罪に投票するという，混合戦略の均衡である．Iシグナルを受け取る各陪審員が，ランダムにそれを無視して投票し，自身の間違う確率を効果的に修正する．この均衡に従うときには，グループの決断で無実の被告を有罪とする確率は，陪審員の人数が無限に向かっていってもゼロに収束せず，ある正の値になる．これは，投票人数が大きくなるに従い，正しい決断になる確率が1に収束するというコンドルセ陪審定理とは，鮮明な対比を形成している．ここでの問題は，全員一致ルールが，間違いを犯す可能性を"過度に修正する"ことを投票人に強く推奨しすぎて，全体のグループとして，間違った決断に到達してしまう確率を正にしてしまったこ

とである．

さらに，全員一致ルールは以下の点からも極端に悪いと言える．具体的には，さらなる解析として，$0 < f < 1$ を満たす様々な値 f を用い，全陪審員のうちの f 以上の割合の陪審員が有罪の投票をするときに初めて，有罪をグループの決断とする投票システムを研究することができる．選択された値 f に対して，そのようなシステムを f 多数決ルール (f-majority rule) と呼ぶことにする．このシステムでも，陪審員が混合戦略を採用して，間違う可能性を修正するために，ときにシグナルを無視する均衡が存在する．しかし，f 多数決ルールでは，1 人の投票人の投票が結果に影響を与えうるのは，残りの投票人全員の投票で，有罪と無罪の割合が f 対 $(1-f)$ に分かれているときのみである．これは，1 人の投票人の投票が結果に影響を与えうるのは，あなたのみが有罪に反対する特異点のときのみであるという，全員一致ルールの割合の比と比べて，それほど極端ではない．結果として，陪審員に用いられるランダム化された修正はそれほど極端ではなく，陪審員数が大きくなるに従い，グループの決断が間違う確率は 0 に収束することが示せるのである [160].

この結果はさらに，多数決ルールの適切性に対する疑問の理由も与えることになる．すなわち，有罪にかなりの多数性を要求する陪審の決断ルールは，全員一致ルールと異なり，無実の被告に間違って有罪の決断を下す確率が実際には低くなる行動を誘導しうることを示唆している．それは，参加する人々に誘導される行動に光を当てて，異なる社会的な制度間のトレードオフを評価するとすると，生じてくる微妙な問題をもここでは指摘していると言えるのである．

23.10　逐次投票と情報カスケードとの関係

二つの選択肢 X と Y に対して，全員が同時に誠実に投票するコンドルセ陪審定理の最初の定式化に戻ることにしよう．前の二つの節では，誠実性の仮定を除去すると何が起こるかについて調べてきた．誠実性ではなく，同時性の仮定を除去すると何が起こるかも興味深い．一度にモデルの一つの側面のみを変化させて，解析を単純化するために，これからの議論では，誠実性を仮定することにする．したがって，各投票人は，自身の信じる最善の選択肢に投票することになる．

投票人が誠実に逐次的に投票することを仮定すると，第 16 章の情報カスケードの定式化にきわめて似たモデルが得られる．第 16 章の情報カスケードのモデルでは，投票人は逐次的に投票すると仮定した．したがって，前の投票人の（獲得しているシグナルは観察できないが）投票した選択肢は観察できて，自分の投票では，自身の獲得したシグナルを無視して，全体としての良い選択肢を個人的に選んで投票する可能性を増やすこともできる．このカスケードモデルでは，観察できたすべてのことに基づいて，正しい可能性がより高い選択肢を選択しようとしているという意味で，投票人は誠実に行動していると見なせることに注意しよう．

同時投票と逐次投票の間のこの相違を脇に置くと，23.7 節のコンドルセ陪審定理の初期設定は，第 16 章の情報カスケードのモデルにきわめて似ている．どちらのモデルでも，X

は正しい事前確率が与えられて，正しいほうの選択肢を優先する個人的なシグナルが $\frac{1}{2}$ より大きい確率で起こる．したがって，投票人が逐次的に行動するときには，最初の2人のXを優先する投票から，その後の全員の投票もXを優先するカスケードが起こることになることを議論するのに，16.5節の解析を用いることができる．より一般的には，いったん，一方の選択肢の投票数が他方の選択肢の投票数より2以上多くなると，その後の全員の投票でも，自身のシグナルを戦略的に無視することを選択するというカスケードが生じることになる．

一方の選択肢が他方の選択肢を投票数で正確に2だけリードするそのときに，情報カスケードが始まるという事実は，第16章の単純なモデルの特殊構造に依存している．しかしながら，より広い原理もきわめて一般的である．ここで取り上げている種類の逐次投票では，最終的にはカスケードが起こる．そして，カスケードは間違いとなりうる．たとえYが最善の選択肢であっても，Xを優先するカスケードが起こりうる．さらに，投票人数を増やしても，このカスケードは本質的に止まらない．したがって，コンドルセ陪審定理の背後にある原理は，この設定では適用することができない．すなわち，逐次投票では，人衆が正しい答えをもたらすことは，まったく期待できないのである．

23.11 発展：アローの不可能性定理の証明

本節では，23.5節で述べたアローの定理 [22, 23] の証明を与える．ここで与える証明は，アローが最初に与えたものではなく，最近 John Geanakoplos によって与えられた，より短い証明である [179]．

証明に用いるアイデアを明快に説明できるような言語で定理を述べることから始めよう．有限の選択肢の集合が与えられる．さらに，$1, 2, 3, \ldots, k$ の番号をつけられた k 人の集合が与えられる．各個人は，選択肢に対する選好の個人ランキングを持っているとする．すべての k 個の個人ランキングの集合を**プロファイル** (profile) と呼ぶことにする．この用語のもとでは，**投票システム** (voting system) は，プロファイルを入力として与えると，選択肢に対する一つのランキングである**グループランキング** (group ranking) を出力する，単なる関数と言える[1]．投票システムは，すべての人 i の個人ランキングが $X \succ_i Y$ であり，グループランキングも $X \succ Y$ であるときには，**全員一致性** (unanimity) を満たすと呼ばれた．投票システムは，すべての二つの選択肢 X と Y に対して，グループランキングにおける X と Y の順序が，各個人ランキングでの X と Y の順序にのみ依存し，それ以外の選択肢の相対的な位置に依存しないとき，**無関係選択肢からの独立性** (independence of irrelevant alternatives)（以下 **IIA** と略記する）を満たすと呼ばれた．

以下は，IIA の少し異なる等価的な記述であり，これからの議論で有用となるものである．一つのランキングのプロファイルと任意の二つの選択肢のXとYを考える．各個人ランキングから，XとY以外の他の選択肢をすべて除いて得られるものを，その個人の "X と

---

[1] 本章の前のいくつかの節と同様に，ここでも，個人ランキングはタイを持たず，投票システムで出力されるグループランキングも，タイを持たないことを要求する．

プロファイル1：

個人	ランキング	XとYに限定したランキング
1	W ≻ X ≻ Y ≻ Z	X ≻ Y
2	W ≻ Z ≻ Y ≻ X	Y ≻ X
3	X ≻ W ≻ Z ≻ Y	X ≻ Y

プロファイル2：

個人	ランキング	XとYに限定したランキング
1	X ≻ Y ≻ W ≻ Z	X ≻ Y
2	Z ≻ Y ≻ X ≻ W	Y ≻ X
3	W ≻ X ≻ Y ≻ Z	X ≻ Y

図 23.7 これらの二つのプロファイルはきわめて異なるランキングからなるが，各個人のXとYに限定したランキングでは，これらの二つのプロファイルは同じである．投票システムがIIAを満たすときには，これらの二つのプロファイルに対してその投票システムで得られるグループランキングにおけるXとYの順序は同じである．

Yに限定した"ランキングという．"XとYに限定した"プロファイルは，全員のXとYに限定した個人ランキングからなる．すると，投票システムがIIAが満たす場合は，図 23.7 で説明しているように，二つのプロファイルがXとYに限定したプロファイルでXとYの順序が同じときには，それらの二つのプロファイルに対して投票システムで出力されるグループランキングでも，その順序が保たれる（すなわち，投票システムがグループランキングでXとYの順序をつけるときに見ることができるのは，XとYに限定したプロファイルの情報のみであると言える）．

全員一致性とIIAを満たす投票システムは，**独裁制 (dictatorship)** で実現できることを 23.5 節で眺めたことを思い出そう．すなわち，ある個人 j を前もって選び，どの個人ランキングのプロファイルに対しても，グループランキングとして単に j の個人ランキングを宣言することが，個人 j による独裁制である．したがって，k 人のそれぞれを前もって独裁者として選ぶ k 個の異なる独裁制が存在する．アローの定理は，これらの k 個の独裁制のみが，全員一致性とIIAを満たす投票システムであることを言っている．これがここで証明しようとしている命題である．

アローの定理の証明の困難性は，全員一致性とIIAの条件がともに単純で，それらを利用するのにかなり限定的な情報しか与えてくれないことから来ている．この困難性にもかかわらず，これらの二つの性質を満たす任意の投票システムを取り上げて，それがある 1 人の独裁者の独裁制に実際に一致することを示すことが必要である．

ここでの証明は三つのステップからなる．最初のステップでは，以下のような興味深い事実を示す．証明におけるその事実の有用性はすぐには明らかではないが，実際にはきわめて重要な役割を果たすことになる．選択肢 X は，すべての個人ランキングで最上位（最初）あるいは最下位（最後）にランク付けられているときに，**両極選択肢 (polarizing**

プロファイル P：

個人	ランキング
1	X ≻ ⋯ ≻ Y ≻ ⋯ ≻ Z ≻ ⋯
2	X ≻ ⋯ ≻ Z ≻ ⋯ ≻ Y ≻ ⋯
3	⋯ ≻ Y ≻ ⋯ ≻ Z ≻ ⋯ ≻ X

プロファイル P′：

個人	ランキング
1	X ≻ ⋯ ≻ Z ≻ Y ≻ ⋯
2	X ≻ ⋯ ≻ Z ≻ ⋯ ≻ Y ≻ ⋯
3	⋯ ≻ Z ≻ Y ≻ ⋯ ≻ X

図 23.8 すべての個人ランキングにおいて，最初か最後に位置するという選択肢は，両極選択肢である．IIA を満たす投票システムは，このような両極選択肢を，グループランキングでも必ず最初か最後に置く．図は，両極選択肢の位置をもとのままにしておきながら，個人ランキングの再調整に基づいて，この事実の証明のキーステップを示している．

alternative) であると呼ばれる．たとえば，図 23.8 のプロファイルの P と P′ では，X は両極選択肢である．そこで，投票システムが全員一致性と IIA を満たすときには，両極選択肢はグループランキングで最上位（最初）か最下位 (最後) に置かれることを示す．言い換えると，そのような投票システムでは，両極選択肢の "平均" をとってグループランキングの内部に置くことはできないということである．両極選択肢を持たないプロファイルが多いことに注意しよう．上記の事実は，両極選択肢を持つものに限定される．証明の第 2 ステップでは，上記の事実を用いて，独裁者の役割を果たす候補者として自然と考えられる個人を特定する．証明の第 3 ステップでは，この候補者が実際に独裁者であることを証明する．

第 1 ステップ：両極選択肢 これ以降の証明では，全員一致性と IIA を満たす投票システムを F とする．さらに，個人ランキングからなるプロファイルを P とし，プロファイル P の関数として投票システム F で得られるグループランキングを $F(P)$ とする．このとき，F がある個人 j による独裁制に一致するという性質を持つような個人 j の特定を目指して作業を進めていくことにする．

まず，P は X が両極選択肢であるようなプロファイルであるとする．このとき，F がグループランキング $F(P)$ で，X を最初か最後に置くことを，背理法を用いて証明する．そこで，F が $F(P)$ で X を最初にも最後にも置かなかったとする．すると，グループランキング $F(P)$ で Y ≻ X ≻ Z を満たすような他の選択肢の Y と Z が存在することになる．このような Y と Z を任意に選んで固定する．

ここで，Y が Z よりも前に来る個人ランキングのすべてで Z を Y の直前に移動する．このようにして得られる新しいプロファイルを P′ とする．図 23.8 はその例を示している．

Xは両極選択肢であるので，このような操作で個人ランキングにおけるXとY，およびXとZの相対的な順序は変わらない．したがって，IIAにより，グループランキング$F(P')$ではY≻XかつX≻Zとなり，Y≻X≻Zが得られる．一方，P'のすべての個人ランキングで選択肢Zは選択肢Yよりも前に位置するので，全員一致性より，グループランキング$F(P')$でもZ≻Yである．これらを一緒にすると，グループランキング$F(P')$はY≻X≻Z≻Yとなるので，投票システムが推移的なグループランキングを導き出すという事実に矛盾する．

この矛盾から，$F(P)$にY≻X≻Zを満たすような選択肢YとZが存在するとしたことが間違いであったことになり，グループランキング$F(P)$でXが最初あるいは最後に来ることが証明された．

第2ステップ：潜在的な独裁者の特定 このステップでは，プロファイルの列を作成する．この列において，連続する二つのプロファイルはごくわずかに異なるだけである．そして，連続するプロファイルでFによるグループランキングがどのように変化していくのかを眺めることにする．この変化を追跡することから，自然に独裁者の候補が現れてくる．

プロファイルの列を以下のように構成する．選択肢から1個選び，それをXとする．すべての個人ランキングでXが最後にある任意のプロファイルをP_0とする．そして，図23.9に示しているように，毎回，1人の個人ランキングでXを最後の位置から最初の位置へ持ってくる（それ以外の個人ランキングはそのままにしておく）．これにより，プロファイルの列$P_0, P_1, P_2, \ldots, P_k$が得られる．ここで，$P_i$は以下の性質を満たす．

(i) $1, 2, \ldots, i$のすべての個人ランキングでXは最初にある．
(ii) $i+1, i+2, \ldots, k$のすべての個人ランキングで，Xは最後にある．
(iii) 他のすべての選択肢の順序は，P_0と完全に一致している．

言い換えると，P_{i-1}とP_iは個人iの個人ランキングのみが異なり，P_{i-1}の個人iの個人ランキングでXが最後にあるのに対して，P_iの個人iの個人ランキングでXが最初にある．

ここで，全員一致性より，グループランキング$F(P_0)$でXは最後に来て，グループランキング$F(P_k)$でXは最初に来る．したがって，この列のいずれかのプロファイルで，グループランキングでXが最後でなくなる初めてのプロファイルが存在する．そのような最初のプロファイルをP_jとする．さらに，P_jでXは両極選択肢であり，$F(P_j)$でXは最後でないので，$F(P_j)$でXは最初にあることになる．

したがって，個人jは，選択肢Xに対する結果において，少なくともこの列のグループランキングにおいて巨大な力を発揮している．すなわち，j自身の個人ランキングにおいて，Xのランクが最下位から最上位になると，それに応じて，グループランキングでもXのランクが最下位から最上位になっているのである．証明の最後の第3ステップでは，個人jが実際に独裁者であることを証明する．

プロファイル P_0 :

個人	ランキング
1	$\cdots \succ Y \succ \cdots \succ Z \succ \cdots \succ X$
2	$\cdots \succ Z \succ \cdots \succ Y \succ \cdots \succ X$
3	$\cdots \succ Y \succ \cdots \succ Z \succ \cdots \succ X$

プロファイル P_1 :

個人	ランキング
1	$X \succ \cdots \succ Y \succ \cdots \succ Z \succ \cdots$
2	$\cdots \succ Z \succ \cdots \succ Y \succ \cdots \succ X$
3	$\cdots \succ Y \succ \cdots \succ Z \succ \cdots \succ X$

プロファイル P_2 :

個人	ランキング
1	$X \succ \cdots \succ Y \succ \cdots \succ Z \succ \cdots$
2	$X \succ \cdots \succ Z \succ \cdots \succ Y \succ \cdots$
3	$\cdots \succ Y \succ \cdots \succ Z \succ \cdots \succ X$

プロファイル P_3 :

個人	ランキング
1	$X \succ \cdots \succ Y \succ \cdots \succ Z \succ \cdots$
2	$X \succ \cdots \succ Z \succ \cdots \succ Y \succ \cdots$
3	$X \succ \cdots \succ Y \succ \cdots \succ Z \succ \cdots$

図 23.9 潜在的な独裁者を求めるために，すべての個人ランキングで特定の一つの選択肢が最後にあるプロファイルから出発して，毎回1人の個人ランキングでその選択肢を最初に持ってくることを繰り返して得られるプロファイルの列で，投票システムの動作を調べる．

第3ステップ：j が独裁者であることの確立 j が独裁者であることの証明でキーとなる議論は，任意のプロファイル Q と X と異なる任意の選択肢の Y と Z に対して，グループランキング $F(Q)$ における Y と Z の順序は，Q での j の個人ランキングにおける Y と Z の順序と同一であることを示すことである．その後，一方の選択肢が X である二つの選択肢に対しても同一のことが言えることを示す．このようにして，グループランキングにおける二つの選択肢の順序は，j の個人ランキングにおけるそれらの二つの選択肢の順序で決定されることが得られて，したがって，j は独裁者となるのである．

そこで，Q を任意のプロファイルとし，Y と Z を X と異なる任意の選択肢であり，j の

個人ランキングでYがZより先に来ているとする．このとき，$F(Q)$でもYがZより先に来ることを示す．

まず，Qから新しいプロファイルQ'を以下のように作る．この新しいプロファイルは，jがYとZの順序をどのように制御するかを理解するのに役立つ．最初に，Qでの$1, 2, \ldots, j$のすべての個人ランキングでXを先頭（最初）に移動し，Qでの$j+1, j+2, \ldots, k$のすべての個人ランキングでXを末尾(最後)に移動する．次に，jの個人ランキングでYを先頭（Xの直前）に移動する．こうして得られるプロファイルがQ'である．

ここで，以下の観察ができる．

- グループランキング$F(P_j)$でXが先頭に来ることはわかっている．Q'とP_jはXとZに限定したときには同一となるので，IIAから$F(Q')$でX $\succ$ Zであることが得られる．
- グループランキング$F(P_{j-1})$でXが末尾に来ることはわかっている．Q'とP_{j-1}はXとYに限定したときには同一となるので，IIAから$F(Q')$でY $\succ$ Xであることが得られる．
- 推移性より，$F(Q')$でY $\succ$ Zであることが得られる．
- QからQ'を得るときに，いずれの個人ランキングでもYとZの順序は交換していないので，QとQ'はYとZに限定したときには同一となる．したがって，IIAから$F(Q)$でY $\succ$ Zであることが得られる．
- Qは任意のプロファイルであり，YとZはXと異なる任意の選択肢であり，jの個人ランキングでYがZより先に来るという条件を満たしていたので，YとZのグループランキングにおける順序は，jの個人ランキングにおけるYとZの順序と同一であることが得られる．

したがって，Xが関与しない二つの選択肢のすべてに対して，jは独裁者であることが証明できた．これでほぼ証明は完了である．あとは，Xが関与する二つの選択肢のすべてに対しても，jが独裁者であることを証明すれば十分である．

以下に，これを示すことにする．まず，Xと異なる任意の選択肢Wに関しても，上記の議論が適用できることに注意する．したがって，Wが関与しない二つの選択肢のすべてに対して独裁者となる個人ℓが存在することが得られる．そこで，ℓがjと異なると仮定してみる．XとWとは異なる任意の第三の選択肢をYとする．プロファイルのP_{j-1}とP_jでは，jの個人ランキングのみが異なることと，グループランキングの$F(P_{j-1})$と$F(P_j)$では，XとYの順序が異なることは，すでにわかっている．したがって，$F(P_{j-1})$あるいは$F(P_j)$の少なくとも一方のグループランキングで，XとYの順序は，ℓの個人ランキングでのXとYの順序と異なることになる．しかしこれは，Wが関与しない二つの選択肢のすべてに対してℓが独裁者であることに反する．したがって，ℓとjが異なるとした仮定が間違いであることになり，jが二つの選択肢のすべてに対して独裁者であることが得られる．

23.12 演習問題

1. 本章では，多数決ルールに基づく投票システムが戦略的なアジェンダ設定から影響を受けやすいことについて議論した．いくつかの基本的な例で，このことを追究してみよう．

    (a) A, B, C, D の 4 個の選択肢があるとする．投票人は 3 人であり，3 人の個人ランキングは，

    $$B \succ_1 C \succ_1 D \succ_1 A,$$

    $$C \succ_2 D \succ_2 A \succ_2 B,$$

    $$D \succ_3 A \succ_3 B \succ_3 C$$

    であるとする．このとき，図 23.3 の例のように，二つずつ選択肢を対戦させて多数決ルールで負けたほうを消去する敗者消去トーナメントのアジェンダを設計したい．

    ここで，選択肢 A を勝利させたいとする．そのようなアジェンダ（すなわち，敗者消去トーナメント）を設計することはできるか？もしできるならば，そのようなアジェンダを与えよ．もしできないならば，なぜ不可能であるかを説明せよ．

    (b) 次に，個人ランキングの集合を少し変える．すなわち，投票人 3 の個人ランキングで最後の二つの選択肢の順番を変える．したがって，3 人の個人ランキングは，

    $$B \succ_1 C \succ_1 D \succ_1 A,$$

    $$C \succ_2 D \succ_2 A \succ_2 B,$$

    $$D \succ_3 A \succ_3 C \succ_3 B$$

    となる．

    ここで同じ質問をする．A が勝利するアジェンダ（すなわち，敗者消去トーナメント）を設計することはできるか？もしできるならば，そのようなアジェンダを与えよ．もしできないならば，なぜ不可能であるかを説明せよ．

2. ボルダ得点法は，選好の戦略的な偽報告に影響を受けやすい．以下のいくつかの例は，これがどのように働くかを確かめるものである．

    (a) A, B, C, D の 4 個の選択肢の集合があり，3 人の投票者の 1 人であるとする．投票システムにはボルダ得点法を用いる．他の 2 人の投票人のランキングは，

    $$D \succ_1 C \succ_1 A \succ_1 B,$$

    $$D \succ_2 B \succ_2 A \succ_2 C$$

である．投票人 3 は，ボルダ得点法で決定されるグループランキングで，選択肢 A を 1 位にしたいと考えている．このとき，投票人 3 は，そのような結果になるように，自分の個人ランキングを構成することができるか？できるときには，そのような個人ランキングを与えて説明せよ．できないときには，なぜ不可能かを説明せよ．

(b) 他の 2 人の投票人のランキングが少し変わって，

$$D \succ_1 A \succ_1 C \succ_1 B,$$

$$B \succ_2 D \succ_2 A \succ_2 C.$$

であるとする．ここでも同一の質問をする．

　すなわち，投票人 3 は，ボルダ得点法で決定されるグループランキングで，選択肢 A を 1 位にしたいと考えている．このとき，投票人 3 は，そのような結果になるように，自分の個人ランキングを構成することができるか？できるときには，そのような個人ランキングを与えて説明せよ．できないときには，なぜ不可能かを説明せよ．

3. 23.6 節で，選択肢を一直線上に並べるモデルを取り上げた．各投票者は，この直線上の 1 点を"理想"点として，その理想点からの距離の近い順に選択肢をランク付けている．このモデルでは，コンドルセパラドックスが起こらないという興味深い性質が成立する．より具体的には，二つの選択肢の対決による多数決ルールでグループ選好を定義すると，それは完全で推移的であると言える．

　そこで，これを一般化して，選択肢と投票者の理想点が 1 次元ではなく，2 次元平面上の点であるとする．すなわち，各点は 2 次元平面に置かれているとする（たとえば，選択肢は複数個の法案であり，各法案は 2 個の指標で測定されて，その値に基づいて 2 次元平面の点として表されていると考えればよい）．1 次元のときと同様に，各投票人は 2 次元平面上に"理想"点を持ち，その理想点からの距離の近い順に選択肢をランク付けている．

　残念ながら，1 次元のときには成立した選好における良い性質が，ここではもはや成立しない．2 次元平面上において，個人の選好からグループ選好を得る際に，コンドルセパラドックスが起こる例を，3 個の選択肢の集合と，各人がそれぞれ理想点を持つ 3 人の投票人の集合で与えよ．

第 24 章
財産権

本書で取り上げる社会的制度の最後の広いクラスは，**財産権** (property right) を介しての社会における資源の配置についてである．財産権は，その権利の所有者に，資源を利用する権利，他人がその資源を利用することを排除する権利，その資源を他人に売却したり移譲したりする権利を与える．財産は多くの形式にわたりうる．すなわち，小区画の土地や 1 缶のコカコーラなどの物的な財産から，楽曲，製法（製造工程）などの知的財産まで，多岐にわたる．本章では，これらの種類の財産のそれぞれに対して，財産権の存在と形式，あるいは財産権の欠如が，社会的な結果にどのように影響を与えうるかを調べる．本章で伝えたい中心的なメッセージは，社会が選んで確立する財産権により，その結果として得られる配置（割当て）が影響を受けるということである．したがって，ある財産権が，他の財産権よりも社会的に最適な配置（割当て）をもたらすこともある．

24.1　外部性とコースの定理

第 17 章で，（ネットワーク効果がない経済に対して）マーケット均衡での商品の割当て（配置）が社会的に最適であることを議論した．マーケット均衡において，生産された商品は，最大の評価をする消費者に割り当てられ，生産される商品の社会に対する単価（1個当たりの生産コスト）は，消費者がその商品を受け取ることによって得る価値よりも小さい．これにより，社会的な余剰の総和は最大となるのである．この事実に対する直観は，以下の観察から来ている．すなわち，マーケット均衡の割当て（配置）では，商品を 1 個消費する各個人は，社会がその商品を 1 個生産するのにかかるコストを支払い，その商品を消費しない個人は，誰も社会がその商品を 1 個生産するのにかかるコストを支払いたいとは思わない．この議論と第 17 章においては，以下の (i)〜(iv) を非明示的に仮定していた．すなわち，(i) その商品を生産するコストは，その商品を社会が生産する真のコストを反映する．(ii) 個人が 1 個の商品に対して支払う金額は，社会がその商品をその人が消費することを認めるときの評価を正しく反映する．(iii) 商品の生産者はそれを所有し（その財産権を持ち），それをマーケット価格で売ることができる．(iv) その商品を消費するためには，各個人はマーケット価格でその商品を購入しなければならない．

これらは，マーケット均衡の社会的な最適性の重要な条件である．これらの値が正しい値であることが重要であることの理由を知るために，生産と取引のストーリーを少し異なる用語を用いて述べることにする．1人の人がコーラを1缶消費すると，その人には個人的な利得が生成される（そうでなければ自発的に消費することにはならない）．同時に，社会の他の1人の人が消費することも可能であった1缶のコーラがなくなるということで，社会の残りの全員に対して損害を与えることになる．しかしながら，その消費者が，社会が1缶のコーラを生産するのにかかるコストと等しい代金を支払うと，その1缶を購入し消費する消費者は，自分が与える社会の残りの全員に対する損害を補償することになる．正しく定義された財産権は，このストーリーのもとでも重要な役割を果たす．それらが果たす重要な役割の一つとして，生産され消費されるどの商品も明らかな一つの財産権で守られている（カバーされている）．1缶のコーラの財産権が明らかであり，コーラの生産者とコーラの消費者の行動で他の誰もが影響を受けないときには，財産権がこの取引を完全にカバーしている．そうでないとき，すなわち，コーラの生産者と消費者の一方の行動が，ある財産権でカバーされない形で，他の残りの人たちに影響を与えるときには，結果として生まれる均衡は必ずしも社会的に最適になるとは限らない．ある個人や企業の富が，互いに合意可能な補償を要求する財産権のない他の個人や企業の行動から影響を受けるときには，**外部性** (externality) が起こると呼ぶことにする．外部性は，第8章のネットワークトラフィックで眺めたように負であるときもあるし，第17章でネットワーク効果を有する商品を議論したときのように正であるときもある．本章では，より一般的なレベルで外部性を議論していく．

外部性と最適でない配置（割当て） 外部性がどのように生じて，なぜ最適でない配置を生み出しうるのかについて理解するために，いくつかの例を眺めてみよう．第一に，ほかに1人だけ客がいるレストランで，1人の人がたばこを吸うことを決断しているとする．その喫煙者はそのたばこを，そのたばこの生産コストをカバーすると考えられる価格で購入したとする．この時点では，少なくともたばこの喫煙者と生産者の間には，たばこの販売によって生成される外部性はない．しかし，レストランで喫煙する行為により，喫煙者はレストランで食事をしている他の人に対して，その人が受ける損害に対して何の補償もせずに損害を与えることになる．結果として得られる配置（割当て）が社会的に最適であるか最適でないかは，生成される損害と利得の額に依存する．

レストランで食事をしている他の人が受ける損害額が10ドルであるとする．すなわち，その人がたばこの喫煙で生成される損害額の10ドルを補償として受け取るとすると，その人は，喫煙者がレストランで喫煙しなかったときと同等に幸福であることになる．一方，喫煙者が喫煙することにより，支払ったたばこの価格よりもさらに5ドルだけの利得を受け取るとする．すると，たばこの喫煙により，社会の総余剰は5ドル減ることになる．すなわち，喫煙で生じる損害の10ドルから喫煙で生じる利得を引いた値だけ減ることになる．このときには，レストランにおける社会的な最適性は，禁煙の環境となる．この目標を達成する社会的なメカニズムの一つに，レストランでの喫煙を禁じる法律が挙げられる．

同一の目標を達成する別のメカニズムとしては，レストランでの禁煙の財産権を確立

し，この財産権を取引できるようにすることが挙げられる．このときには，レストランで食事をする他の人は，適切な補償との交換による財産権の放棄に合意して，それに基づいて喫煙者が喫煙することを許可するかどうかを選択することができる．喫煙者が喫煙できることに対して5ドルの価値しかつけていないと仮定しているので，このときには，食事をしている他の人に，喫煙で引き起こされる損害額の10ドルを支払いたいとは思わないことになり，レストランでの喫煙は生じないことになる．もちろん，喫煙者の喫煙による利得が，5ドルではなく15ドルであったとすると，取引が成立することになる．喫煙者は，レストランで食事をする他の人に，きれいな空気の代償として，10ドルから15ドルの金額を支払うことにすれば，両方の人が結果に満足できることになり，社会的に最適な配置（割当て）が得られる[1]．

レストランでの喫煙問題の例では，禁煙に対する財産権を確立することにより，個人の喫煙と禁煙の評価がどうであっても，社会的に最適な配置（割当て）が得られることになる．あるいは，喫煙者にたばこの喫煙を許可するという財産権も同様に機能する．喫煙者と食事をしている他の人との間で交渉があって，その後に喫煙が社会的に最適であることになるとき，そしてそのときのみ，喫煙が実際に起こるからである．明確な財産権がないときや，まったく財産権がないときには，社会的な最適性が欠如することもありうる．このときには，喫煙が許されるか許されないかについて，人々の間で合意がとれず，社会的に最適な配置（割当て）に対する交渉が，起こらないように思える．

最後に，レストランでの喫煙を禁じる法律は，禁煙が最適な配置（割当て）となるときには社会的に最適な配置（割当て）をもたらすが，喫煙が最適な配置（割当て）となるときには，社会的に最適な配置（割当て）をもたらすのに失敗することになる．現実には，米国のいくつかの部分で，レストランでの喫煙が禁じられている．したがって，これと最適な配置（割当て）の問題を関連付けることは有用である．喫煙の禁止には，上記の議論で説明できる可能性のある理由（動機付け）が，以下のように，いくつか挙げられる．
(i) 最適あるいはほぼ最適な配置（割当て）が，常に禁煙となるような基盤構造を持っている．(ii) 人々は一貫して禁煙を過小評価するので，取引を許可すると間違いを犯してしまうと政策決定者が信じている．(iii) レストランでの禁煙に対する財産権を施行したり取引したりするコストはきわめて高いので，レストランでの喫煙を単に非合法とするのがより良い．

これらの動機付けのうち，最後の財産権を確立するコストについて，もう少し詳しく考えてみよう．上記の例では，レストランの他の客は1人であるとしていた．レストランにほかにも多数の客がいたとしたら，どうなるであろうか？　すると，（その喫煙者あるいはそれ以外の人たちの）誰が財産権を所有しているとしても，複雑な交渉が要求されることになり，さらに，レストランに新しく来る客や去る客もいると，交渉は繰り返し行われることになる．これは非常にコストがかかり，ほぼ実現不可能となる．したがって，そうはせずに，喫煙を法律で禁じることが次善の選択肢となるのである．いずれにせよ，社会的な最適性が禁煙であるような典型的な例では，喫煙を法律で禁じることはできることの最善である可能性がきわめて高いと言える．

---

[1] この議論と本章の残りの部分では，個人の価値評価は財には無関係であると仮定している．

レストランでの喫煙問題の例は，財産権の果たす役割が取り上げられる，より広くて重要な分野で起こる問題，たとえば産業活動における環境汚染問題などの論点のいくつかを把握する単純なストーリーである．産業活動における環境汚染問題でも，財産権が明確に定義されていないときや施行されていないときには，同様の論点が生じる．たとえば，大気と水を汚染する発電所を考えてみる．発電所は，電力の発電のプロセスで使用する様々な商品に支払いをしている．すなわち，労働力，設備，燃料などの商品に対して，それらの商品の販売人がそれらを手放すことにより受ける損害に対する代償として，マーケット価格を支払って，それらの商品を購入している．しかし，発電所では，明示的ではないものの，きれいな空気ときれいな水も同時に使用している．その発電所が，きれいな空気と水を汚染することによって他の個人や企業に与える損害を反映する代価をさらに支払うことにすれば，電力と空気と水の配置（割当て）は，社会的に最適となる．レストランでの喫煙問題のときと同様に，きれいな空気と水に対する財産権，あるいは，発電所に空気と水を汚染する財産権を確立すれば，発電と空気と水の汚染度合いの両方の配置（割当て）を，原理的には社会的に最適にすることができる．汚染がまったくないことで社会的な最適性が達成されることはほとんどないことも，指摘しておくべきであろう．そうではなく，社会的な最適解では，他のすべての商品でもそうであるように，汚染の度合いも，財を改善する再配置（再割当て）がなくなるところで達成されるのである．しかし，レストランでの喫煙問題のときと同様に，発電所とその発電の行動で影響を受ける他者との間の交渉に関与する取引のコストは天文学的になり，許容できるものではない．

社会的に最適な配置（割当て）を決定するメカニズム 発電所の例で，財産権と互いに合意可能な補償を用いて，社会的に最適な配置を決定する際の困難の一つに，以下が挙げられる．すなわち，環境汚染により生成される損害の真の額を，どのようにして発見すればよいのであろうか？「汚染でいくらの損害を受けますか？」と人々に単に聞いて得られる情報を，汚染を許可するかどうかの決断に用いようとすると，損害を被る人は損害額を過大評価したい気持ちになる．同様に，汚染を生成する企業は，汚染を軽減するコストを過大評価したい気持ちになる．しかしながら，このような気持ちが働く問題に対して利用できる手続きが存在する．そして，その特別なケースをすでに解析してきている．

第15章のマッチングマーケットにおいて，Vickrey–Clark–Groves (VCG) メカニズムを利用すると，（広告のスロットと広告主という特殊な枠組みにおいて）商品に対する購買人の価値評価が未知であるときでさえも，販売人を購買人に割り当てるマッチングを効率的に求めることができることを証明した．すなわち，VCGの評価では，購買人に対して真の入札をすることが支配戦力であることから，これが可能なのである．同様のメカニズムを，汚染生成者と汚染被害者に対して真の申告を誘起させるために利用することができる．購買人（汚染者）と販売人（汚染被害者）の評価が未知であるので，汚染のモデル設定は多少複雑になる．ここでは，汚染者から金を徴収して，汚染被害者に補償を与えるメカニズムを政府が運用しているとする．このメカニズムの目標は，社会的に最適な汚染の量の決定である．したがって，目標は，汚染者から徴収した金を，汚染被害者の損害を全額補償するために用いることではない．実際，いったんメカニズムが走り出して支払いが起こると，個人はより良かったりより悪かったりする．さらに，徴収された金額と補償に

費やされる金額は異なることもあり，したがって，政府は余剰が出るときもあるし，損失が出るときもある[2]．

実際にVCGメカニズムを走らせて汚染の最適な量を決定することは，困難で費用がかかる．第一の問題は，汚染で被害を受ける可能性がある人々と，メカニズムに入れるべき人々の決定である．次に，メカニズムは何度も走らせることになるが，影響を受ける人々のグループは毎回変わるので，汚染者は汚染の量を変化させたいと考える．これが各汚染者に対して行われることになる．これらのメカニズムを繰り返し繰り返し走らせるためのコストは膨大になる．したがって，ある政府はそうはせずに，企業が汚染する権利をマーケット価格で購入できるという，マーケットに基づくアプローチを用いている．これらは，キャップ・アンド・トレードシステムと呼ばれている．米国は，二酸化硫黄の排出に対してキャップ・アンド・トレードシステムを用いている [394]．キャップ・アンド・トレードシステムにおいては，政府は排出可能な汚染の許可量を算出し，企業に取引できる汚染の許可量を与える．各企業は，生成する汚染の量が，取引で獲得した許可量と等しくなるまでは汚染を許可される．最初の許可量が正しく設定されれば，これもまた社会的に最適な汚染の配置（割当て）を達成することになる．

外部性で創出される問題に対する解決の仕組みとしての，財産権の使用あるいは取引可能な汚染の許可量の背後で中心となる概念は，**コースの定理** (Coase's theorem) である [113]．それは，大まかには以下のように述べることができる．取引可能な財産権が確立され施行されると，外部性からの影響を受ける両者間での交渉は，最初に誰が財産権を持っていたにしても，最終的に社会的に最適な結果につながる．たとえば，先のレストランでの喫煙問題の例では，社会的な最適性に必要となるすべてのものは，喫煙権あるいは禁煙権を確立し，施行することであった．その後に，両者間の取引により，社会的に最適な配置（割当て）が実現したのである．もちろん，誰が権利を持っているかにより，得られる均衡において，それぞれがどのくらい良くなるかは影響を受け，したがって，最初に誰が権利を所有すべきかに対しては，合意が得られるとは限らない．しかしながら，誰に権利が与えられたとしても，喫煙が社会的に最適なとき，そしてそのときのみ，喫煙が起こる．同一のアイデアは，汚染の許可量にも適用できる．最初に一方に財産権が明確に確立されていれば，取引は最適性につながるのである．繰り返しになるが，ここでも許可量の最初の配置（割当て）が，一方をより良くし，他方をより悪くする．それには，政治的な闘争が確実に存在するのである [81]．

（最初の財産権がどちらにあるかに関わらないという）Coase の議論に必要な一つの条件は，取引のコストが無視できて，財産権の任意の割当てから始まる交渉が効率的な結果につながることである．レストランでの喫煙問題の例でも注意したように，これは，多くの人が関与するときには望ましいことではない．同様に，汚染問題のときにも，マーケット価格で購入可能な汚染財産権を確立すると，取引のコストを最小化できて，社会的に最適な結果につながる可能性が高くなる．

---

[2] 最適なメカニズムの設計に関係する問題点を議論している文献としては，メカニズム設計についての業績で 2007 年のノーベル経済学賞を受賞したノーベル科学審査委員会の背景説明が挙げられる [329]．

24.2 共有地の悲劇

"The Tragedy of the Commons"（共有地の悲劇）というタイトルで1968年に *Science* 誌に掲載された論文において，Garrett Hardin（ギャレット・ハーディン）は，共有資源の避けられない"悲劇"について，以下の注目すべきストーリーを展開している [205]．どの牧夫もウシに牧草を与えることができる村の共有地があった[3]．共有地は必然的に使用過多に陥ってすべての村民に損失を与えることに，Hardin は注目した．そして，財産権を確立することで，この問題が解決できることになると議論した．これらの財産権は，共有地を1人の個人に売却することでその人が所有することもできるし，あるいは，公的に所有することもできる．しかしながら，村が共有地を所有し続けるとき，社会的に最適な配置（割当て）を達成するためには，共有地の注意深い使用制限が必要である．

共有地のモデル Hardin のストーリーがどのように展開されるかを眺めるために，単純な例を構成しよう．N 人の村民からなる村があり，村民は誰もが1頭のウシを所有していたとする．ただし，N はある大きい整数とする．集団 N の x の割合のウシが共有地に放牧されると，1頭のウシから生成される収益は，ある関数 $f(\cdot)$ を用いて，$f(x)$ と書けるとする．Hardin は，共有地に放牧されるウシが少ないほど，各ウシは多くの牧草にありつけて，1頭当たりの収益が高くなることに注目した．すなわち，$f(\cdot)$ は減少関数である．そこで，たとえば，ある $c < 1$ を用いて $f(x) = c - x$ と書けるとしてみる．これは，x が c に到達するまではウシ1頭当たりの収益が正であるが，$x = c$ の時点でそれがゼロになり，さらに，共有地に放牧されるウシの割合が $x = c$ を超えると，共有地にウシが密集してしまい，ウシ1頭当たりの収益は負になることを意味する．

したがって，すべてのウシのうちの x の割合で共有地が放牧に利用されると，生成される収益の総額は $f(x)(xN)$ に等しくなり，この例では $(cx - x^2)N$ となる．図 24.1 はこの曲線 $y = (cx - x^2)N$ のグラフを示している．共有地を利用する目標が，ウシの放牧から得られる収益の最大化であるとすると，社会的な最適性を達成するための共有地におけるウシの割合は，$f(x)(xN)$ を最大化する値 x^* となる．ここの例では，図からもわかるように，この最大値は，曲線が x 軸（横軸）と交差する2点の中間の点 $x^* = c/2$ で達成される．したがって，最大の収益は

$$f(x^*)(x^*N) = \left(c - \frac{c}{2}\right)\left(\frac{c}{2}\right)N = \frac{c^2 N}{4}$$

となる．

第17章においても，ネットワーク効果を有する商品を集団の x の割合が使用するときに，商品に対してユーザーが支払う価格を記述する同様の関数の最大値を解析していた．その設定では，各個人がその商品に対して支払ってもよいと考える額はユーザーの総数に

---
[3] **共有地** (commons) という用語は，ヨーロッパにおける村の放牧用共有地から来ている．多くの村では，放牧用としては一般に用いられなくなったが，今でも共有地がある．

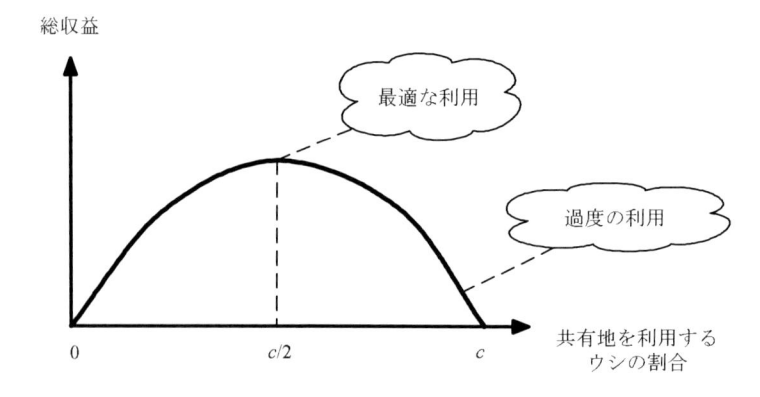

図 24.1 "共有地の悲劇" では，自由に利用できる共有地は，ある種の財産権が確立されない限り，使用過多に陥りやすい．

依存するので，そこでも外部性が存在していた．しかしながら，ネットワーク効果の設定と共有地の問題の間には，重要な相違が存在する．ネットワーク効果のときには，商品をすでに利用している人々にとって，新たに商品を購入する各ユーザーは，外部性により正の効果を持っていた．一方，ここでは，共有地を利用するウシの集団の増加は，すでにそこにいる各ウシに対して，密集による負の効果を持っている．他のウシの到来による密度の上昇と，共有地を利用するウシの増加による収益の増加とのトレードオフにより，ある値で収益の最大値が達成されることになる．具体的には，この単純な例では，集団の割合 $x = c/2$ で収益の最大値が達成される．

ここまで，共有地におけるウシの頭数を総収益が最大になるように選ぶ観点で説明してきた．しかし，共有地をすべての村民が自由に利用できるとすると，どんなことが起こるであろうか？ まだ共有地で放牧していない村民は，自分のウシをさらに放牧することにより正の収益を獲得できるときには，自分のウシも共有地に放すことになる．（ここの例のように，ウシが十分多くいるときには）これは最終的に，自分のウシをさらに放牧することにより獲得できる収益がゼロになるまで続くことになる．なぜこれが起こるのかは，以下のとおりである．全体のウシの x の割合のウシが共有地に現在いて，$f(x) > 0$ であるとすると，自分のウシが共有地を現在利用していない村民は，自分のウシを放牧してわずかな正の収益でも得たいと考えることになる．これは，$f(\bar{x}) = 0$ になる割合 $\bar{x}$ に全体のウシの割合が達するまで（ここの例では $\bar{x} = c$ になるまで），共有地にウシが放牧されることを意味する．この時点で，社会的に最適なウシの頭数の2倍の頭数となり，共有地を集団で利用することにより得られる総収益は $f(\bar{x})(\bar{x}N) = 0$ となる．これが Hardin の言う悲劇である．村は明らかに価値のある資源である共有地を所有しているが，その利用を制限していないことから，それを利用している誰もがそのことで得られる収益をゼロにしてしまっているのである．

悲劇の回避 この社会的な最適性の欠如のさらなる "悲劇的" 側面は，村がこの問題を簡単に解決できるということであろう．自明な方法が二つ存在する．さらに，それらのそれぞれに対していくつかの変種版が存在する．

一つのアプローチは，村が共有地を所有し続けるが，放牧できるウシの頭数を社会的に

最適な数にまで制限するものである．これは，共有地へのウシの放牧に課金することでも可能であるし，単に最適値 x^*（本節の例では $c/2$）を超える放牧を禁止することでも可能である．村が共有地へのウシの放牧に課金するときには，ウシ 1 頭当たりの最適な課金は $c/2$ となる．これが最適であることは，以下のようにしてわかる．まず，村民が自分のウシを放牧したくなるのは，それによる収益が課金より大きくなるとき，そしてそのときのみであることに注意する．したがって，均衡においては，共有地へのウシの放牧による収益と課金が等しくなる．すなわち，均衡は $f(x) = c - x = c/2$ の解の x の値になり，$x = c/2$ となる．あるいは，このアプローチの別の実現法として，x^*N 頭のウシの放牧の権利を売却することもできる．そのような放牧権に対して村がウシ 1 頭当たりに設定できる最大の課金値は，このときも上で眺めたように $c/2$ である．このアプローチのどちらの版でも，共有地の社会的に最適な利用をもたらし，村の収入は $c^2N/4$ となる．

村が所有する代わりに，多くのウシを飼っている 1 人の酪農家に共有地を売却することもできる．共有地を購入するこのウシの大所有者は，x^*N 頭のウシを共有地に放牧することになる．これが収益を最大にするウシの頭数であるからである．村が設定できる共有地の最大の価格は，購入者が共有地の最適な利用であげられる収益となるので，その値はこのときも $c^2N/4$ である．したがって，いずれのアプローチでも，すなわち，放牧のウシ 1 頭当たりに適切な課金をする村の所有でも，あるいは個人への完全売却でも，村の受け取る収益は $c^2N/4$ であり，共有地は最適な割合のウシの放牧に利用される．

Hardin の村の共有地の例では，悲劇を回避するのに必要なことは，財産権を確立することだけである．それは，資源利用を最適に管理する形式で村が所有する財産権でもよいし，個人が所有する財産権でもよい．Coase の議論のときと同様に，社会的な最適性には，誰が財産権を所有しても問題はない．必要なのは，誰かが財産権を所有することである．Hardin はこのストーリーを用いて，過度に汚染される理由や，無料で入場制限のない国立公園が人であふれる理由，漁業で乱獲が起こる理由も説明している．さらには，異論もあるが，人口超過とそれによる地球上での資源の超過利用の必然性の理由にも用いている．これらのいずれの例でも，企業や個人の行動が他に影響を与えるので外部性が存在し，したがって，財産権がないと補償がなくなり，資源が最適に利用される理由は完全に存在しなくなる．

24.3 知的財産

コースの定理と Hardin の悲劇を探求したときに議論した財産は，個人や企業の投資とは独立に存在していた．レストランの空気や，発電所によって汚染されるかもしれない大気や水は，社会がどのような財産権を創出するかにかかわらず，そこに存在していた．さらに，牧草地がいったん確立されれば，村民の行動とは独立にそれは存在する．しかし，ここでの牧草と大気や水との間には相違がある．さらに，これから眺めるように，これまでのそれぞれの例と知的財産との間にも，別の相違が存在する．

これまでの解析では，資源がどこから来るのかを考慮せずに，資源の効率的な利用につ

いてのみ議論していた．これは，大気や水に関しては合理的であると思われる．これらの自然資源は，人間の努力では創出することができず，それらを実用化する努力も必要でない．牧草も自然資源であるが，人間の努力によってその価値は変わりうると考えられる．牧草を定期的に刈り，雑草を除去し，肥料を与えることで，牧草地の生産性を改善することができる．どのような財産権が確立されようとも，これらの行動が実行されるかされないかは，大きな問題である．誰も牧草地を所有していないときには，生産性を向上させることのできるこれらの行動への投資から誰も十分な収益をあげることができなくなるので，誰もそのようなことをしようとは思わなくなる．財産権を誰かに割り当てて権利の問題を解決することは，資源の非効率的な利用の問題も解決し，生産性を向上させたいという気持ちの欠如の問題も解決する．個人が牧草地を所有するときには，その人は牧草地への投資から収益を獲得することになるので，これらの投資が十分に有意義になるようにしたいという自然な気持ちが生じる．そして，その人は，投資した費用よりも大きい収益を牧草地が産出できるように，さらなる投資を牧草地にすることになる．同様に，村が牧草地を所有していて，その使用権を売却するときにも，村は牧草地を正常に維持したいという自然な気持ちを持つことになる．したがって，牧草地の財産権を誰かに割り当てることは，これまで眺めてきた以上に，社会的な最適性のために重要なのである．

ライバル商品と非ライバル商品 これまで財産権の割当てや施行の望ましさを強調してきたので，財産権の割当てがないときより，財産権の割当てがあるときのほうが利用効率が悪くなる商品も存在するというと，ある意味で驚くかもしれない．たとえば，書籍，楽曲，新しいコンピュータープログラム，新種の作物，ガンの新薬，あるいは，電池を生産する新工程などの創造的なプロセスから生まれた無形の成果を考えてみよう．（物理的なものではないものの，物理的なもので把握できるアイデアなどの）創造的なプロセスから生まれた無形の成果は，誰かが利用することは他の人がそれを利用することの妨げにはならない[4]．たとえば，電池や薬の製造工程は，制限なく多くの人々が同じものを利用できる．また，誰もが，他の人のさらなる利用を不可能にすることなく，インターネットから楽曲をダウンロードして聴くことも，オンラインで本を読むこともできる．これに対して，1人の人に飲まれる（消費される）1缶のコーラは，もはや他の人が消費することはできない．牧草地において，1頭のウシに消費される牧草を，他のウシが消費することはできない．1人の利用者に消費されると，他の人が消費できなくなる商品は，**ライバル商品** (rivalrous good) と呼ばれる．また，そうでない商品，すなわち繰り返し利用・消費できる商品は，**非ライバル商品** (nonrivalrous good) と呼ばれている．

非ライバル商品に対して財産権が確立されると，商品の効率的な利用が妨害されることになる．商品の財産権の所有者は商品に利用料金を課し，その料金が非ゼロである限り，潜在的な利用希望者も商品を購入したくなくなり，（少なくとも合法的には）利用したくなくなってしまう．その商品を利用することを社会が許すことにかかる費用はないので，その利用を禁じることは無駄となり，これは非効率的であると言える．これは，牧草地における社会的に最適な利用とは対照的である．牧草地においては，社会的な最適性を達成

---
[4] もちろん，多くの人の利用は，創造的なプロセスの成果利用による収益の総額に影響を与えうるが，他の人の利用可能性に対しては影響を与えない．

するためには，商品の利用制限が必要であったからである．そのケースでは，商品はライバル商品であったのである．しかし，非ライバル商品に対しては，Hardinのアイデアは適用できない．

もちろん，非ライバル商品に対する財産権に対して，ストーリーはこれでおしまいではない．商品がどこから来たのか，そして，商品は財産権なしでも存在するのかを考えなければならない．非ライバル商品の創造者がその商品の財産権を所有しないと，その創造からあげられる創造者の収益は限定されてしまう．もちろん限定されても，創造者はその創造からいくらかの恩恵を受け取ることもある．（火の発見などのように）人類は多くの有用なアイデアを発見してきている．それは，創造者によるこれらのアイデアの成果に対する法律的な保護が確立されるよりもずっと以前からである．これらの初期の考案者は，考案したものを自身が利用することから直接的な恩恵を受け取っていた．プラトンは書を著述し，モーツアルトは曲を創作したが，彼らの成果に保護はほとんどなかったと言える．しかし，彼らは，直接的にも成果の利用者からも恩恵を受けていた．したがって，ある創造活動が存在し，創造者は，知的財産を保護する財産権がなくても，その創造から何らかの恩恵を受け取ることになる．しかし，財産権なしでも創造活動の社会的に最適な量が達成されうるのかは明らかでないし，創造活動の社会的に最適な量が達成されるようにするための，財産権の形式がどのようなものになるのかも，明らかではない．

ここで問題になるのは，創造活動に対する動機付けと創造品が発表されたあとの効率的利用の許可との間のトレードオフである．創造者が創造品を発表しない限りは誰も創造品を鑑賞できないので，創造者は，少なくとも貴重な創造品を自分が最初に利用できることから，直接的な恩恵を受けていると言える．しかし，その創造品に対する保護がなければ，創造品は公に利用可能となり，創造者がその創造品に対して利用料を徴収することはできなくなる．したがって，財産権なしでは，創造活動に対する金銭的な利得はきわめて小さくなる．さらに，現在の経済活動においては，高速で安価なコピーと通信の出現により，創造活動に対する金銭的な利得は，実際にきわめて小さくなっていると考えられる．創造活動に対する財産権を制度化することは，創造活動を推奨することになるが，それは，同時に創造品発表後の非効率的な利用にもつながるのである．

著作権 この平衡化がどうあるべきかを抽象的に取り上げて決定することはせずに，いくつかの例を眺めることにする．最初に，書籍，楽曲，演劇，テレビショー，映画のケースを考えてみよう．米国においては，これらの創作作品はすべて，**著作権法** (copyright law)（1976年に定められた）で保護されている．著作権法は，その作品の創作者に，以下の行為に対して排他的な権利を与えている．すなわち，作品のコピーを作ること，作品を配布すること，作品を修正すること，さらに，楽曲，演劇，テレビショー，映画の場合は，その作品を実演することである．この著作権は，創作者の存命中はもちろん，没後70年間は有効である[5]．著作権の所有者は，この権利を第三者に譲渡する権利も持っている．

著作権で保護されている作品の第三者による利用においては，どのような利用が許可されていて，著作権の所有者の許可なしではどのような利用が非合法であるのかに

---

[5] 【訳注】日本も含めて没後50年間としている国が多い．

ついて，注意することが重要である．たとえば，作品のコピーを作ることに対する著作権の所有者の排他的な権利は，実際には，コピーを作ることをすべて禁止しているわけではない．**公正使用** (fair use) の原義（ドクトリン）は，時代とともに徐々に変化してきていて，非商業的な使用目的で，著作権で保護されている作品の一部を限定的にコピーすることは許可されている．たとえば，著作権で保護されている作品を，作品の論評や学術的な記事や教室で引用することは許されているのである．公正使用の原義は，1976年の著作権法の第17章第107条に概要が記述されている（この著作権法の全文は，http://www.copyright.gov/title17/ に掲載されている）．この著作権法では，何が公正使用であり，何がそうでないかについて，正確に定義はしていない．代わりに，著作権法で保護された作品の使用が公正であるかどうかは，コピーの制作者の意思決定における意思を重要要因と見なして，ケースバイケースで判断される．著作物の利用で注意すべき点のもう一つの例として，著作権法は，作品のコピーの所有者がそのコピーを他の人に売ることを禁止していない．これは，新しくコピーを作って，その新しいコピーを売ることとは異なる（これは禁止されている）．したがって，本やCDのコピーを作成して，それを他人に譲渡することは違法であるが，合法的に手に入れた本やCDを他人に譲渡することは許可されている．

著作権法は，著作権の所有者に（単独の販売人としての）専売権を与える．一般に，専売者が社会的な最適価格よりも高い価格を設定して，商品の利用を人工的に制限するので，専売権は有害である．著作権法で保護されている作品に対して，社会的に最適な価格は，作品の創作に効果を与えない価格であるとすると，明らかにゼロとなってしまう．現在，著作権法で保護されているような作品に対して，創作の動機付けをするのに十分な保護がどの範囲まであるべきかは，明確ではない．たとえば，Boldrin and Levine [66] のように，著作権法は完全になくなるべきであると言っている研究者もいる．著作権法は技術革新に必要ではなく，作品の創作後の効率的な使用も妨げると，彼らは信じているからである．より標準的な視点は，著作権法は必要悪であるという捉え方である．確かに効率的な使用を妨げるものの，著作権法がないと，創作活動に費やせる資源の量はきわめて小さく不十分になってしまうと考えられる．

特許　次に，新薬，新製法，コンピューターハードウェアの発明を考えよう．発明者は発明の特許を，米国特許商標庁に申請することができる．さらに，特許が付与されれば，発明者は一定期間（通常は20年間），その発明を排他的に使用する権利を所有することになる．米国特許商標庁のウェブサイト (http://www.uspto.gov/main/patents.htm) には，特許法が掲載されている．

特許の経済的な役割は，著作権とほぼ同じである．特許は，特許を有する発明が考案された以後の非効率的な使用の犠牲に基づいて，発明活動を推奨する金銭的な利得を発明者に与えていると言える．しかしながら，特許は，著作権とは複数の点で異なっている．以下は，著作権と特許の特色の比較である．第一に，著作権はオリジナルの作品に対して自動的に付与される．創作者は作品が著作権に保護されていることを明記するだけでよい．一方，特許は，発明を申請書に記入して米国特許商標庁に提出し，そこでその発明の新規性（オリジナリティ）が審査されて認められることにより，初めて付与される．第二に，

著作権と特許の施行は，一般にはその所有者自身に任される．これに対する本質的な例外は，インターネット上での楽曲や映画に対する著作権侵害，およびデジタル権利保護管理技術（コピーの作成を妨げるためのデジタルの保護技術）を解除する装置や手法の新規作成である．これらの行為は，1998 年のデジタルミレニアム著作権法 (Digital Millennium Copyright Act) で罰せられる．第三に，特許を有する商品の創成に必要となる研究開発の投資が，芸術的な作品の創作に必要となる投資と比べて，一般にきわめて膨大になる点である．たとえば，製薬会社では，新薬の研究開発に莫大な費用を投資している．そして，これは特許権なしではとても実行できないように思われる．したがって，特許法の限定的で強い施行は，著作権法の施行よりも強制的である．他の多くの財産権の側面と同様に，ここでもトレードオフは複雑であり，活発な議論がなされているテーマでもある．

24.4 演習問題

1. ある空港が，空港のターミナルで無線アクセスネットワークを運営する排他的な権利を販売することを考えているとする．空港利用の旅行者のうちでネットワークを使用する人の割合に応じて，混雑が予想され，混雑するとネットワークを利用するすべての人に対してサービスの品質が落ちてしまう．簡単化のため，標準的な時間帯ではどの時点でも N 人の旅行者が空港にいて，旅行者のうちの x の割合の人が同時にネットワークを利用すると，各利用者の利得は $\frac{1}{2} - x$ になるとする（この利得は，サービスに対して払ってもよいと考える金額と見なすこともできる）．

    (a) 空港が，無線アクセスネットワークを運営する排他的な権利を第三者のアクセスプロバイダーに販売するとする．すると，このプロバイダーは，空港でネットワークを利用する旅行者から使用料を徴収して，権利の代金を支払うことになる．空港はいくらでこの権利を売れると予測することができるか？ その予測どおりになると，空港でネットワークを利用する旅行者への使用料を，第三者のアクセスプロバイダーはいくらにするか？ そしてそのようにすると，すべての旅行者の利得はどうなるか？ 説明を与えよ．

    (b) 次に，空港は上記のようにはせずに，旅行者に対してサービスを無料で提供したとする．すると，旅行者の利得の総和はどうなるであろうか？ 説明を与えよ．

2. 演習問題 1 を少し設定を変えて用いる．すなわち，空港を利用する旅行者は二つのタイプの集団に分類でき，一方の集団は，無線アクセスサービスに対して，他方の集団よりも高い評価を与えているとする．

    より具体的には，サービスを利用する旅行者の割合が x であるとき，タイプ 1 の旅行者の利得は $\frac{1}{2} - x$ であり，タイプ 2 の旅行者の利得は $1 - 2x$ であるとする（どちらのタイプも混雑には同等に寄与するので，ここでも，割合 x は旅行者全体のうちでサービスを利用する（タイプ 1 とタイプ 2 を合わせた両方のタイプの）人の割合である）．したがって，サービスを利用する旅行者の割合が x であるとき，タイプ 2 の旅行者は，タイプ 1 の旅行者の 2 倍の利得を受け取ることになる．どちらのタイプの利

得も，x が $\frac{1}{2}$ に到達すると 0 になることに注意しよう．この時点で，混雑がきわめて高くなって，サービスの価値はなくなってしまうからである．

演習問題1のときと同様に，空港は無線アクセスネットワークを運営する権利を，アクセスプロバイダーに販売しようとしている．そして，このプロバイダーは，空港でネットワークを利用する旅行者から，（旅行者のタイプにかかわらず）一律の使用料を徴収するものとする．

(a) 空港もアクセスプロバイダーも，旅行者の半分がタイプ1であり，残りの半分がタイプ2であることを知っているとする．空港はいくらでこの権利を売れると予測でき，アクセスプロバイダーはいくらの使用料を設定することになるか？

(b) 次に，旅行者の5%のみがタイプ2であり，残りはすべてタイプ1であるとする．空港もアクセスプロバイダーも，このことを知っているとする．このとき，空港はいくらでこの権利を売れると予測でき，アクセスプロバイダーはいくらの使用料を設定することになるか？

参考文献

[1] James Abello, Adam L. Buchsbaum, and Jeffery Westbrook. A functional approach to external graph algorithms. In *Proc. 6th European Symposium on Algorithms*, pages 332–343, 1998.

[2] Daron Acemoglu, Munther A. Dahleh, Ilan Lobel, and Asuman Ozdaglar. Bayesian learning in social networks. Technical Report 2780, MIT Laboratory for Information and Decision Systems (LIDS), May 2008.

[3] Theodore B. Achacoso and William S. Yamamoto. *AY's Neuroanatomy of C. elegans for Computation*. CRC Press, 1991.

[4] Lada Adamic. Zipf, power-laws, and Pareto: A ranking tutorial, 2000. Online at http://www.hpl.hp.com/research/idl/papers/ranking/ranking.html.

[5] Lada Adamic and Natalie Glance. The political blogosphere and the 2004 U.S. election: Divided they blog. In *Proceedings of the 3rd International Workshop on Link Discovery*, pages 36–43, 2005.

[6] Lada A. Adamic and Eytan Adar. How to search a social network. *Social Networks*, 27(3):187–203, 2005.

[7] Lada A. Adamic, Rajan M. Lukose, Amit R. Puniyani, and Bernardo A. Huberman. Search in power-law networks. *Physical Review E*, 64:046135, 2001.

[8] Ravindra K. Ahuja, Thomas L. Magnanti, and James B. Orlin. *Network Flows: Theory, Algorithms, and Applications*. Prentice Hall, 1993.

[9] George Akerlof. The market for 'lemons': Quality uncertainty and the market mechanism. *Quarterly Journal of Economics*, 84:488–500, 1970.

[10] Réka Albert and Albert-László Barabási. Statistical mechanics of complex networks. *Reviews of Modern Physics*, 74:47–97, 2002.

[11] Armen A. Alchian. Uncertainty, evolution, and economic theory. *Journal of Political Economy*, 58:211–221, 1950.

[12] Paul Anand. *Foundations of Rational Choice Under Risk*. Oxford University Press, 1993.

[13] Chris Anderson. The long tail. *Wired*, October 2004. （邦訳：篠森ゆりこ，『ロングテール：「売れない商品」を宝の山に変える新戦略』，早川書房，2006）

[14] Lisa R. Anderson and Charles A. Holt. Classroom games: Information cascades. *Journal of Economic Perspectives*, 10(4):187–193, Fall 1996.

[15] Lisa R. Anderson and Charles A. Holt. Information cascades in the laboratory. *American Economic Review*, 87(5):847–862, December 1997.

[16] McKenzie Andre, Kashef Ijaz, Jon D. Tillinghast, Valdis E. Krebs, Lois A. Diem, Beverly Metchock, Theresa Crisp, and Peter D. McElroy. Transmission network analysis to complement routine tuberculosis contact investigations. *American Journal of Public Health*, 97(3):470–

477, 2007.

[17] Helmut K. Anheier, Jürgen Gerhards, and Frank P. Romo. Forms of capital and social structure in cultural fields: Examining Bourdieu's social topography. *American Journal of Sociology*, 100(4):859–903, January 1995.

[18] Elliot Anshelevich, Anirban Dasgupta, Jon M. Kleinberg, Éva Tardos, Tom Wexler, and Tim Roughgarden. The price of stability for network design with fair cost allocation. In *Proc. 45th IEEE Symposium on Foundations of Computer Science*, pages 295–304, 2004.

[19] Elliot Anshelevich, Anirban Dasgupta, Éva Tardos, and Tom Wexler. Near-optimal network design with selfish agents. In *Proc. 35th ACM Symposium on Theory of Computing*, pages 511–520, 2003.

[20] Tibor Antal, Paul Krapivsky, and Sidney Redner. Social balance on networks: The dynamics of friendship and enmity. *Physica D*, 224(130), 2006.

[21] Sinan Aral, Lev Muchnik, and Arun Sundararajan. Distinguishing influence-based contagion from homophily-driven diffusion in dynamic networks. *Proc. Natl. Acad. Sci. USA*, 106(51):21544–21549, December 2009.

[22] Kenneth J. Arrow. A difficulty in the concept of social welfare. *Journal of Political Economy*, 58(4):328–346, August 1950.

[23] Kenneth J. Arrow. *Social Choice and Individual Values*. John Wiley & Sons, second edition, 1963. (邦訳：長名寛明，『社会的選択と個人的評価』，日本経済新聞社，1977)

[24] Kenneth J. Arrow. The role of securities in the optimal allocation of risk-bearing. *Review of Economic Studies*, 31(2):91–96, April 1964.

[25] Brian Arthur. Positive feedbacks in the economy. *Scientific American*, pages 92–99, February 1990.

[26] W. Brian Arthur. Inductive reasoning and bounded rationality. *American Economic Review*, 84:406–411, 1994.

[27] W. Brian Arthur. Increasing returns and the two worlds of business. *Harvard Business Review*, 74(4):100–109, July–August 1996.

[28] Robert Aumann and Adam Brandenberger. Epistemic conditions for Nash equilibrium. *Econometrica*, 63(5):1161–1180, 1995.

[29] Robert J. Aumann. Agreeing to disagree. *Annals of Statistics*, 4:1236–1239, 1976.

[30] David Austen-Smith and Jeffrey S. Banks. Information aggregation, rationality, and the Condorcet Jury Theorem. *American Political Science Review*, 90(1):34–45, March 1996.

[31] Yossi Azar, Benjamin Birnbaum, L. Elisa Celis, Nikhil R. Devanur, and Yuval Peres. Convergence of local dynamics to balanced outcomes in exchange networks. In *Proc. 50th IEEE Symposium on Foundations of Computer Science*, 2009.

[32] Lars Backstrom, Dan Huttenlocher, Jon Kleinberg, and Xiangyang Lan. Group formation in large social networks: Membership, growth, and evolution. In *Proc. 12th ACM SIGKDD International Conference on Knowledge Discovery and Data Mining*, 2006.

[33] Lars Backstrom, Eric Sun, and Cameron Marlow. Find me if you can: Improving geographical prediction with social and spatial proximity. In *Proc. 19th International World Wide Web Conference*, 2010.

[34] David A. Bader, Shiva Kintali, Kamesh Madduri, and Milena Mihail. Approximating betweenness centrality. In *Proc. 5th Workshop on Algorithms and Models for the Web Graph*, pages 124–137, 2007.

[35] David A. Bader and Kamesh Madduri. SNAP: Small-world network analysis and partition-

ing: An open-source parallel graph framework for the exploration of large-scale networks. In *Proc. 22nd IEEE International Symposium on Parallel and Distributed Processing*, pages 1–12, 2008.

[36] Ricardo Baeza-Yates and Berthier Ribeiro-Neto. *Modern Information Retrieval*. Addison Wesley, 1999.

[37] Linda Baker. Removing roads and traffic lights speeds urban travel. *Scientific American*, pages 20–21, February 2009.

[38] Venkatesh Bala and Sanjeev Goyal. Learning from neighbours. *Review of Economic Studies*, 65(3):595–621, 1998.

[39] Venkatesh Bala and Sanjeev Goyal. A non-cooperative model of network formation. *Econometrica*, 68:1181–1229, September 2000.

[40] Abhijit Banerjee. A simple model of herd behavior. *Quarterly Journal of Economics*, 107:797–817, 1992.

[41] Maya Bar-Hillel and Avishai Margalit. How vicious are cycles of intransitive choice? *Theory and Decision*, 24:119–145, 1988.

[42] Albert-László Barabási and Réka Albert. Emergence of scaling in random networks. *Science*, 286:509–512, 1999.

[43] Albert-László Barabási and Zoltan Oltvai. Network biology: Understanding the cell's functional organization. *Nature Reviews Genetics*, 5:101–113, 2004.

[44] A. D. Barbour and D. Mollison. Epidemics and random graphs. In *Stochastic Processes in Epidemic Theory*, volume 86 of *Lecture Notes in Biomathematics*, pages 86–89. Springer, 1990.

[45] John A. Barnes. *Social Networks*. Number 26 in Modules in Anthropology. Addison Wesley, 1972.

[46] Chris Barrett and E. Mutambatsere. Agricultural markets in developing countries. In Lawrence E. Blume and Steven N. Durlauf, editors, *The New Palgrave Dictionary of Economics*. Oxford University Press, second edition, 2008.

[47] Alex Bavelas. Communication patterns in task-oriented groups. *Journal of the Acoustical Society of America*, 22(6):725–730, November 1950.

[48] Peter Bearman and James Moody. Suicide and friendships among American adolescents. *American Journal of Public Health*, 94(1):89–95, 2004.

[49] Peter Bearman, James Moody, and Katherine Stovel. Chains of affection: The structure of adolescent romantic and sexual networks. *American Journal of Sociology*, 110(1):44–99, 2004.

[50] Morton L. Bech and Enghin Atalay. The topology of the federal funds market. Technical Report 354, Federal Reserve Bank of New York, November 2008.

[51] Joyce E. Berg, Forrest D. Nelson, and Thomas A. Rietz. Prediction market accuracy in the long run. *International Journal of Forecasting*, 24(2):285–300, April–June 2008.

[52] Noam Berger, Christian Borgs, Jennifer T. Chayes, and Amin Saberi. On the spread of viruses on the Internet. In *Proc. 16th ACM-SIAM Symposium on Discrete Algorithms*, pages 301–310, 2005.

[53] Kenneth Berman. Vulnerability of scheduled networks and a generalization of Menger's theorem. *Networks*, 28:125–134, 1996.

[54] Tim Berners-Lee, Robert Cailliau, Ari Luotonen, Henrik Frystyk Nielsen, and Arthur Secret. The World-Wide Web. *Communications of the ACM*, 37(8):76–82, 1994.

[55] Tim Berners-Lee and Mark Fischetti. *Weaving the Web*. Harper Collins, 1999. (邦訳：高橋 徹（監訳),『Web の創成 World Wide Web はいかにして生まれどこに向かうのか』, 毎日コミュニケーションズ, 2001)

[56] Krishna Bharat, Bay-Wei Chang, Monika Rauch Henzinger, and Matthias Ruhl. Who links to whom: Mining linkage between Web sites. In *Proc. IEEE International Conference on Data Mining*, pages 51–58, 2001.

[57] Krishna Bharat and Monika Rauch Henzinger. Improved algorithms for topic distillation in a hyperlinked environment. In *Proc. 21st ACM SIGIR Conference on Research and Development in Information Retrieval*, pages 104–111, 1998.

[58] Krishna Bharat and George A. Mihaila. When experts agree: Using non-affiliated experts to rank popular topics. In *Proc. 10th International World Wide Web Conference*, pages 597–602, 2001.

[59] Sushil Bikhchandani, David Hirshleifer, and Ivo Welch. A theory of fads, fashion, custom and cultural change as information cascades. *Journal of Political Economy*, 100:992–1026, 1992.

[60] Ken Binmore, Ariel Rubinstein, and Asher Wolinsky. The Nash bargaining solution in economic modeling. *RAND Journal of Economics*, 17:176–188, 1986.

[61] Duncan Black. On the rationale of group decision-making. *Journal of Political Economy*, 56:23–34, 1948.

[62] Lawrence Blume. The statistical mechanics of strategic interaction. *Games and Economic Behavior*, 5:387–424, 1993.

[63] Lawrence Blume, David Easley, Jon M. Kleinberg, and Éva Tardos. Trading networks with price-setting agents. In *Proc. 8th ACM Conference on Electronic Commerce*, pages 143–151, 2007.

[64] Lawrence Blume and David Easley. Evolution and market behavior. *Journal of Economic Theory*, 58:9–40, 1992.

[65] Lawrence Blume and David Easley. If you're so smart, why aren't you rich? Belief selection in complete and incomplete markets. *Econometrica*, 74:929–966, 2006.

[66] Michele Boldrin and David K. Levine. *Against Intellectual Monopoly*. Cambridge University Press, 2008.（邦訳：山形浩生，守岡 桜，『〈反〉知的独占：特許と著作権の経済学』，エヌティティ出版，2010）

[67] Bela Bollobás and Fan R. K. Chung. The diameter of a cycle plus a random matching. *SIAM Journal on Discrete Mathematics*, 1(3):328–333, August 1988.

[68] Bela Bollobás and Oliver Riordan. Mathematical results on scale-free random graphs. In Stefan Bornholdt and Hans Georg Schuster, editors, *Handbook of Graphs and Networks*, pages 1–34. John Wiley & Sons, 2005.

[69] Bela Bollobás and Oliver Riordan. *Percolation*. Cambridge University Press, 2006.

[70] Abraham Bookstein. Informetric distributions, Part II: Resilience to ambiguity. *Journal of the American Society for Information Science*, 41(5):376–386, 1990.

[71] Stephen P. Borgatti. Identifying sets of key players in a network. *Computational and Mathematical Organization Theory*, 12(4):21–34, 2006.

[72] Stephen P. Borgatti and Martin G. Everett. Models of core/periphery structures. *Social Networks*, 21(4):375–395, October 2000.

[73] Stephen P. Borgatti and Martin G. Everett. A graph-theoretic perspective on centrality. *Social Networks*, 28(4):466–484, 2006.

[74] Stephen P. Borgatti, Candace Jones, and Martin G. Everett. Network measures of social capital. *Connections*, 21(2):27–36, 1998.

[75] Pierre Bourdieu. The forms of capital. In J. E. Richardson, editor, *Handbook of Theory of Research for the Sociology of Education*, pages 241–258. Greenwood Press, 1986.

[76] Dietrich Braess. Über ein paradoxon aus der verkehrsplanung. *Unternehmensforschung*,

12:258–268, 1968.

[77] Ulrich Brandes. A faster algorithm for betweenness centrality. *Journal of Mathematical Sociology*, 25:163–177, 2001.

[78] Ronald L. Breiger. The duality of persons and groups. *Social Forces*, 53:181–190, 1974.

[79] Sergey Brin and Lawrence Page. The anatomy of a large-scale hypertextual Web search engine. In *Proc. 7th International World Wide Web Conference*, pages 107–117, 1998.

[80] Andrei Broder, Ravi Kumar, Farzin Maghoul, Prabhakar Raghavan, Sridhar Rajagopalan, Raymie Stata, Andrew Tomkins, and Janet Wiener. Graph structure in the Web. In *Proc. 9th International World Wide Web Conference*, pages 309–320, 2000.

[81] John M. Broder. From a theory to a consensus on emissions. *New York Times*, 16 May 2009.

[82] Chris Brown. Run/pass balance and a little game theory, 10 July 2006. http://smartfootball.blogspot.com/2006/07/runpass-balance-and-little-game-theory.html.

[83] Luciana S. Buriol, Carlos Castillo, Debora Donato, Stefano Leonardi, and Stefano Millozzi. Temporal analysis of the wikigraph. In *Proc. IEEE/WIC/ACM International Conference on Web Intelligence*, pages 45–51, 2006.

[84] Brian Burke. Game theory and run/pass balance, 13 June 2008. http://www.advancednflstats.com/2008/06/game-theory-and-runpass-balance.html.

[85] Ronald S. Burt. Social contagion and innovation: Cohesion versus structural equivalence. *American Journal of Sociology*, 92(6):1287–1335, May 1987.

[86] Ronald S. Burt. *Structural Holes: The Social Structure of Competition*. Harvard University Press, 1992.

[87] Ronald S. Burt. The network structure of social capital. *Research in Organizational Studies*, 22:345–423, 2000.

[88] Ronald S. Burt. Structural holes and good ideas. *American Journal of Sociology*, 110(2):349–99, September 2004.

[89] Vannevar Bush. As we may think. *Atlantic Monthly*, 176(1):101–108, July 1945.

[90] Vincent Buskens and Arnout van de Rijt. Dynamics of networks if everyone strives for structural holes. *American Journal of Sociology*, 114(2):371–407, 2009.

[91] Samuel R. Buss and Peter Clote. Solving the Fisher–Wright and coalescence problems with a discrete Markov chain analysis. *Advances in Applied Probability*, 36:1175–1197, 2004.

[92] Robert B. Cairns and Beverly D. Cairns. *Lifelines and Risks: Pathways of Youth in our Time*. Cambridge University Press, 1995.

[93] Colin Camerer. *Behavioral Game Theory: Experiments in Strategic Interaction*. Princeton University Press, 2003.

[94] Rebecca L. Cann, Mark Stoneking, and Allan C. Wilson. Mitochondrial DNA and human evolution. *Nature*, 325:31–36, January 1987.

[95] E. C. Capen, R. V. Clapp, and W. M. Campbell. Competitive bidding in high-risk situations. *Journal of Petroleum Technology*, 23:641–653, June 1971.

[96] Jean M. Carlson and John Doyle. Highly optimized tolerance: A mechanism for power laws in designed systems. *Physical Review E*, 60(2):1412–1427, 1999.

[97] Dorwin Cartwright and Frank Harary. Structure balance: A generalization of Heider's theory. *Psychological Review*, 63(5):277–293, September 1956.

[98] James Cassing and Richard W. Douglas. Implications of the auction mechanism in baseball's free agent draft. *Southern Economic Journal*, 47:110–121, July 1980.

[99] Stanislaw Cebrat, Jan P. Radomski, and Dietrich Stauffer. Genetic paralog analysis and simu-

lations. In *International Conference on Computational Science*, pages 709–717, 2004.

[100] Bogachan Celen and Shachar Kariv. Distinguishing informational cascades from herd behavior in the laboratory. *American Economic Review*, 94(3):484–498, June 2004.

[101] Damon Centola and Michael Macy. Complex contagions and the weakness of long ties. *American Journal of Sociology*, 113:702–734, 2007.

[102] Soumen Chakrabarti, Byron Dom, Prabhakar Raghavan, Sridhar Rajagopalan, David Gibson, and Jon M. Kleinberg. Automatic resource compilation by analyzing hyperlink structure and associated text. In *Proc. 7th International World Wide Web Conference*, pages 65–74, 1998.

[103] Soumen Chakrabarti, Alan M. Frieze, and Juan Vera. The influence of search engines on preferential attachment. In *Proc. 16th ACM-SIAM Symposium on Discrete Algorithms*, pages 293–300, 2005.

[104] Damien Challet, M. Marsili, and Gabriele Ottino. Shedding light on El Farol. *Physica A*, 332:469–482, 2004.

[105] Murray Chass. View of sport: It's over now that it's over. *New York Times*, 1 October 1989.

[106] Eddie Cheng, Jerrold W. Grossman, and Marc J. Lipman. Time-stamped graphs and their associated influence digraphs. *Discrete Applied Mathematics*, 128:317–335, 2003.

[107] P.A. Chiappori, S. Levitt, and T. Groseclose. Testing mixed-strategy equilibria when players are heterogeneous: The case of penalty kicks in soccer. *American Economic Review*, 92:1138–1151, 2002.

[108] Nicholas A. Christakis and James H. Fowler. The spread of obesity in a large social network over 32 years. *New England Journal of Medicine*, 357(4):3700–379, July 2007.

[109] Michael Suk-Young Chwe. Structure and strategy in collective action. *American Journal of Sociology*, 105(1):128–156, July 1999.

[110] Michael Suk-Young Chwe. Communication and coordination in social networks. *Review of Economic Studies*, 67:1–16, 2000.

[111] Michael Suk-Young Chwe. *Rational Ritual: Culture, Coordination, and Common Knowledge*. Princeton University Press, 2001.

[112] Edward H. Clarke. Multipart pricing of public goods. *Public Choice*, 11:17–33, Fall 1971.

[113] Ronald Coase. The problem of social cost. *Journal of Law and Economics*, 1:1–44, 1960.

[114] Jere M. Cohen. Sources of peer group homogeneity. *Sociology in Education*, 50:227–241, October 1977.

[115] James S. Coleman, Herbert Menzel, and Elihu Katz. *Medical Innovations: A Diffusion Study*. Bobbs Merrill, 1966.（邦訳：小口一元，宮本史郎，『販売戦略と意思決定』，ラテイス丸善，1970）

[116] James S. Coleman. *The Adolescent Society*. Free Press, 1961.

[117] James S. Coleman. Social capital in the creation of human capital. *American Journal of Sociology*, 94(S1):S95–S120, 1988.

[118] James S. Coleman. *Foundations of Social Theory*. Harvard University Press, 1990.（邦訳：久慈利武（監訳），『社会理論の基礎』，青木書店，2004）

[119] Vittoria Colizza, Alain Barrat, Marc Barthélemy, and Alessandro Vespignani. The role of the airline transportation network in the prediction and predictability of global epidemics. *Proc. Natl. Acad. Sci. USA*, 103(7):2015–2020, 2006.

[120] Karen S. Cook and Toshio Yamagishi. Power in exchange networks: A power-dependence formulation. *Social Networks*, 14:245–265, 1992.

[121] Jacomo Corbo and David C. Parkes. The price of selfish behavior in bilateral network for-

mation. In *Proc. 24th ACM Symposium on Principles of Distributed Computing*, pages 99–107, 2005.

[122] David Crandall, Dan Cosley, Dan Huttenlocher, Jon Kleinberg, Xiangyang Lan, and Siddharth Suri. Feedback effects between similarity and social influence in online communities. In *Proc. 14th ACM SIGKDD International Conference on Knowledge Discovery and Data Mining*, 2008.

[123] Vincent P. Crawford. Lying for strategic advantage: Rational and boundedly rational misrepresentation of intentions. *American Economic Review*, 93(1):133–149, 2003.

[124] Partha Dasgupta, Peter Hammond, and Eric Maskin. The implementation of social choice rules: Some general results on incentive compatibility. *Review of Economic Studies*, 46:216, 1979.

[125] Ian Davis. Talis, Web 2.0, and all that, 4 July 2005. Internet Alchemy blog, http://internetalchemy.org/2005/07/talis-web-20-and-all-that.

[126] James A. Davis. Structural balance, mechanical solidarity, and interpersonal relations. *American Journal of Sociology*, 68:444–462, 1963.

[127] James A. Davis. Clustering and structural balance in graphs. *Human Relations*, 20(2):181–187, 1967.

[128] Gabrielle Demange. Strategyproofness in the assignment market game, 1982. Laboratoire d'Econometrie de l'Ecole Polytechnique.

[129] Gabrielle Demange, David Gale, and Marilda Sotomayor. Multi-item auctions. *Journal of Political Economy*, 94(4):863–872, 1986.

[130] Jared Diamond. *Guns, Germs, and Steel: The Fates of Human Societies*. W. W. Norton & Company, 1999. (邦訳：倉骨 彰, 『銃・病原菌・鉄（上・下）1万3000年にわたる人類史の謎』，草思社文庫，2012)

[131] Peter Dodds, Roby Muhamad, and Duncan Watts. An experimental study of search in global social networks. *Science*, 301:827–829, 2003.

[132] Pedro Domingos and Matt Richardson. Mining the network value of customers. In *Proc. 7th ACM SIGKDD International Conference on Knowledge Discovery and Data Mining*, pages 57–66, 2001.

[133] Debora Donato, Luigi Laura, Stefano Leonardi, and Stefano Millozzi. The Web as a graph: How far we are. *ACM Transactions on Internet Technology*, 7(1), 2007.

[134] Shawn M. Douglas, Gaetano T. Montelione, and Mark Gerstein. PubNet: A flexible system for visualizing literature derived networks. *Genome Biology*, 6(9), 2005.

[135] Zvi Drezner (editor). *Facility location: a survey of applications and methods*. Springer, 1995.

[136] Raissa M. D'Souza, Christian Borgs, Jennifer T. Chayes, Noam Berger, and Robert D. Kleinberg. Emergence of tempered preferential attachment from optimization. *Proc. Natl. Acad. Sci. USA*, 104(15):6112–6117, April 2007.

[137] Jennifer A. Dunne. The network structure of food webs. In Mercedes Pascual and Jennifer A. Dunne, editors, *Ecological Networks: Linking Structure to Dynamics in Food Webs*, pages 27–86. Oxford University Press, 2006.

[138] Steven Durlauf and Marcel Fafchamps. Social capital. In Phillippe Aghion and Steven Durlauf, editors, *Handbook of Economic Growth*. Elsevier, 2004.

[139] Richard Durrett. Stochastic spatial models. *SIAM Review*, 41(4):677–718, 1999.

[140] Cynthia Dwork, Ravi Kumar, Moni Naor, and D. Sivakumar. Rank aggregation methods for the Web. In *Proc. 10th International World Wide Web Conference*, pages 613–622, 2001.

[141] Nathan Eagle and Alex Pentland. Reality mining: Sensing complex social systems. *Personal*

and Ubiquitous Computing, 10(4), May 2006.

[142] Nathan Eagle, Alex Pentland, and David Lazer. Mobile phone data for inferring social network structure. In John J. Salerno, Huan Liu and Michael J. Young, editors, *Social Computing, Behavioral Modeling, and Prediction*, pages 79–88. Springer, 2008.

[143] Nicholas Economides. Desirability of compatibility in the absence of network externalities. *American Economic Review*, 79(5):1165–1181, December 1989.

[144] Ben Edelman, Michael Ostrovsky, and Michael Schwarz. Internet advertising and the generalized second price auction: Selling billions of dollars worth of keywords. *American Economic Review*, 97(1):242–259, March 2007.

[145] Leo Egghe and Ronald Rousseau. *Introduction to Informetrics: Quantitative Methods in Library, Documentation and Information Science*. Elsevier, 1990.

[146] Anita Elberse. Should you invest in the long tail? *Harvard Business Review*, 86(7/8):88–96, Jul-Aug 2008.

[147] Glenn Ellison. Learning, local interaction, and coordination. *Econometrica*, 61:1047–1071, 1993.

[148] Richard M. Emerson. Power-dependence relations. *American Sociological Review*, 27:31–40, 1962.

[149] Stephen Eubank, Hasan Guclu, V. S. Anil Kumar, Madhav V. Marathe, Aravind Srinivasan, Zoltan Toroczkai, and Nan Wang. Modelling disease outbreaks in realistic urban social networks. *Nature*, 429:180–184, 2004.

[150] Eyal Even-Dar, Michael Kearns, and Siddharth Suri. A network formation game for bipartite exchange economies. In *Proc. 18th ACM-SIAM Symposium on Discrete Algorithms*, pages 697–706, 2007.

[151] Alex Fabrikant, Elias Koutsoupias, and Christos H. Papadimitriou. Heuristically optimized trade-offs: A new paradigm for power laws in the Internet. In *Proc. 29th Intl. Colloq. on Automata, Languages and Programming*, pages 110–122, 2002.

[152] Alex Fabrikant, Ankur Luthra, Elitza N. Maneva, Christos H. Papadimitriou, and Scott Shenker. On a network creation game. In *Proc. 22nd ACM Symposium on Principles of Distributed Computing*, pages 347–351, 2003.

[153] Marcel Fafchamps and Eleni Gabre-Madhin. Agricultural markets in Benin and Malawi. *African Journal of Agricultural and Resource Economics*, 1(1):67–94, 2006.

[154] Ronald Fagin, Joseph Y. Halpern, Yoram Moses, and Moshe Y. Vardi. *Reasoning About Knowledge*. MIT Press, 1995.

[155] Michalis Faloutsos, Petros Faloutsos, and Christos Faloutsos. On power-law relationships of the Internet topology. In *Proc. ACM SIGCOMM Conference on Applications, Technologies, Architectures, and Protocols for Computer Communication*, pages 251–262, 1999.

[156] Daniel S. Falster and Mark Westoby. Plant height and evolutionary games. *Trends in Ecology and Evolution*, 18(7):337–343, July 2003.

[157] Eugene F. Fama. The behavior of stock market prices. *Journal of Business*, 38:34–105, 1965.

[158] Gerald R. Faulhaber. Network effects and merger analysis: Instant messaging and the AOL Time Warner case. *Telecommunication Policy*, 26:311–333, June/July 2002.

[159] Timothy J. Feddersen and Wolfgang Pesendorfer. The swing voter's curse. *American Economic Review*, 86(3):408–424, June 1996.

[160] Timothy J. Feddersen and Wolfgang Pesendorfer. Convicting the innocent: The inferiority of unanimous jury verdicts under strategic voting. *American Political Science Review*, 92(1):23–35, March 1998.

[161]   Scott L. Feld. The focused organization of social ties. *American Journal of Sociology*, 86(5):1015–1035, 1981.

[162]   Claude S. Fischer. *America Calling: A Social History of the Telephone to 1940*. University of California Press, 1992.

[163]   Peter C. Fishburn. Nontransitive preferences in decision theory. *Journal of Risk and Uncertainty*, 4:113–134, 1991.

[164]   Lester R. Ford and D. Ray Fulkerson. *Flows in Networks*. Princeton University Press, 1962.

[165]   S. Fortunato, A. Flammini, F. Menczer, and A. Vespignani. Topical interests and the mitigation of search engine bias. *Proc. Natl. Acad. Sci. USA*, 103(34):12684–12689, 2006.

[166]   James H. Fowler and Sangick Jeon. The authority of Supreme Court precedent. *Social Networks*, 30:16–30, 2008.

[167]   Reiner Franke. Reinforcement learning in the El Farol model. *Journal of Economic Behavior and Organization*, 51:367–388, 2003.

[168]   Linton C. Freeman. A set of measure of centrality based on betweenness. *Sociometry*, 40(1):35–41, 1977.

[169]   Linton C. Freeman. Centrality in social networks: Conceptual clarification. *Social Networks*, 1:215–239, 1979.

[170]   Noah Friedkin. *A Structural Theory of Social Influence*. Cambridge University Press, 1998.

[171]   Eric Friedman, Paul Resnick, and Rahul Sami. Manipulation-resistant reputation systems. In Noam Nisan, Tim Roughgarden, Éva Tardos, and Vijay Vazirani, editors, *Algorithmic Game Theory*, pages 677–698. Cambridge University Press, 2007.

[172]   Milton Friedman. *Essays in Positive Economics*. University of Chicago Press, 1953.

[173]   H. L. Frisch and J. M. Hammersley. Percolation processes and related topics. *SIAM Journal on Applied Mathematics*, 11(4):894–918, 1963.

[174]   Yun-Xin Fu. Exact coalescent for the Wright–Fisher model. *Theoretical Population Biology*, 69:385–394, 2006.

[175]   Drew Fudenberg and David Levine. *The Theory of Learning in Games*. The MIT Press, 1998.

[176]   Douglas Gale and Shachar Kariv. Financial networks. *American Economic Review: Papers and Proceedings*, 97(2):99–103, May 2007.

[177]   Eugene Garfield. Citation analysis as a tool in journal evaluation. *Science*, 178:471–479, 1972.

[178]   Eugene Garfield. It's a small world after all. *Current Contents*, 43:5–10, 1979.

[179]   John Geanakoplos. Three brief proofs of Arrow's impossibility theorem. *Economic Theory*, 26(1):211–215, 2005.

[180]   Nancy Geller. On the citation influence methodology of Pinski and Narin. *Information Processing and Management*, 14:93–95, 1978.

[181]   Mordechai Gersani, Joel S. Brown, Erin E. O'Brien, Godfrey M. Maina, and Zvika Abramski. Tragedy of the commons as a result of root competition. *Journal of Ecology*, 89:660–669, 2001.

[182]   David Gibson. Concurrency and commitment: Network scheduling and its consequences for diffusion. *Journal of Mathematical Sociology*, 29(4):295–323, 2005.

[183]   Michelle Girvan, Duncan Callaway, Mark E. J. Newman, and Steven H. Strogatz. Simple model of epidemics with pathogen mutation. *Physical Review E*, 65:031915, 2002.

[184]   Michelle Girvan and Mark E. J. Newman. Community structure in social and biological networks. *Proc. Natl. Acad. Sci. USA*, 99(12):7821–7826, June 2002.

[185]   Scott A. Golder, Dennis Wilkinson, and Bernardo A. Huberman. Rhythms of social interaction: Messaging within a massive online network. In *Proc. 3rd International Conference on*

Communities and Technologies, 2007.

[186] Benjamin Golub and Matthew O. Jackson. Naive learning in social networks: Convergence, influence and the wisdom of crowds. *American Economic Journal: Microeconomics*, 2(1):112–49, 2010.

[187] Joshua Goodman, Gordon Cormack, and David Heckerman. Spam and the ongoing battle for the inbox. *Communications of the ACM*, 50(2):24–33, February 2007.

[188] Sanjeev Goyal and Fernando Vega-Redondo. Structural holes in social networks. *Journal of Economic Theory*, 137(1):460–492, 2007.

[189] Ronald L. Graham. On properties of a well-known graph, or, What is your Ramsey number? *Annals of the New York Academy of Sciences*, 328(1):166–172, June 1979.

[190] Mark Granovetter. The strength of weak ties. *American Journal of Sociology*, 78:1360–1380, 1973.

[191] Mark Granovetter. *Getting a Job: A Study of Contacts and Careers*. University of Chicago Press, 1974.

[192] Mark Granovetter. Threshold models of collective behavior. *American Journal of Sociology*, 83:1420–1443, 1978.

[193] Mark Granovetter. Economic action and social structure: The problem of embeddedness. *American Journal of Sociology*, 91(3):481–510, November 1985.

[194] Mark Granovetter. Problems of explanation in economic sociology. In Nitin Nohria and Robert G. Eccles, editors, *Networks and Organization*, pages 29–56. Harvard Business School Press, 1992.

[195] Nicholas C. Grassly, Christophe Fraser, and Geoffrey P. Garnett. Host immunity and synchronized epidemics of syphilis across the United States. *Nature*, 433:417–421, January 2005.

[196] B. T. Grenfell, O. N. Bjornstad, and J. Kappey. Travelling waves and spatial hierarchies in measles epidemics. *Nature*, 414:716–723, December 2001.

[197] David Griffeath. Ultimate Bacon: The giant component of a complex network. http://psoup.math.wisc.edu/archive/recipe59.html.

[198] Jerrold W. Grossman and Patrick D. F. Ion. On a portion of the well-known collaboration graph. *Congressus Numerantium*, 108:129–131, 1995.

[199] Theodore Groves. Incentives in teams. *Econometrica*, 41:617–631, July 1973.

[200] John Guare. *Six Degrees of Separation: A Play*. Vintage Books, 1990.

[201] R. V. Guha, Ravi Kumar, Prabhakar Raghavan, and Andrew Tomkins. Propagation of trust and distrust. In *Proc. 13th International World Wide Web Conference*, 2004.

[202] Sunetra Gupta, Roy M. Anderson, and Robert M. May. Networks of sexual contacts: Implications for the pattern of spread of HIV. *AIDS*, 3:807–817, 1989.

[203] Werner Güth, Rolf Schmittberger, and Bernd Schwarze. An experimental analysis of ultimatum bargaining. *Journal of Economic Behavior and Organization*, 3:367–388, 1982.

[204] Frank Harary. On the notion of balance of a signed graph. *Michigan Mathematical Journal*, 2(2):143–146, 1953.

[205] Garrett Hardin. The tragedy of the commons. *Science*, 162(3859):1243–1248, 1968.

[206] Larry Harris. *Trading and Exchanges: Market Microstructure for Practitioners*. Oxford University Press, 2002.

[207] Milton Harris and Robert M. Townsend. Resource allocation under asymmetric information. *Econometrica*, 49:33–64, 1981.

[208] John C. Harsanyi. Game with incomplete information played by "Bayesian" players, I–III. Part I: The basic model. *Management Science*, 14(3):159–182, November 1967.

[209] Joel Hasbrouck. *Empirical Market Microstructure: The Institutions, Economics, and Econometrics of Securities Trading*. Oxford University Press, 2007.

[210] Kjetil K. Haugen. The performance-enhancing drug game. *Journal of Sports Economics*, 5(1):67–86, 2004.

[211] D. T. Haydon, M. Chase-Topping, D. J. Shaw, L. Matthews, J. K. Friar, J. Wilesmith, and M. E. J. Woolhouse. The construction and analysis of epidemic trees with reference to the 2001 UK foot-and-mouth outbreak. *Proc. Royal Soc. London B*, 270:121–127, 2003.

[212] Kais Hazma. The smallest uniform upper bound on the distance between the mean and the median of the binomial and Poisson distributions. *Statistics and Probability Letters*, 23:21–25, 1995.

[213] Daihai He and Lewi Stone. Spatio-temporal synchronization of recurrent epidemics. *Proc. Royal Soc. London B*, 270:1519–1526, 2003.

[214] F. Heart, A. McKenzie, J. McQuillian, and D. Walden. *ARPANET Completion Report*. Bolt, Beranek and Newman, 1978.

[215] Peter Hedstrom. Contagious collectivities: On the spatial diffusion of Swedish trade unions. *American Journal of Sociology*, 99:1157–1179, 1994.

[216] Fritz Heider. Attitudes and cognitive organization. *Journal of Psychology*, 21:107–112, 1946.

[217] Fritz Heider. *The Psychology of Interpersonal Relations*. John Wiley & Sons, 1958.

[218] Robert Heinsohn and Craig Packer. Complex cooperative strategies in group-territorial African lions. *Science*, 269:1260–1262, September 1995.

[219] Miguel Helft. Google and Apple eliminate another tie. *New York Times*, 12 October 2009.

[220] James Hendler, Nigel Shadbolt, Wendy Hall, Tim Berners-Lee, and Daniel Weitzner. Web science: An interdisciplinary approach to understanding the Web. *Communications of the ACM*, 51(7):60–69, 2008.

[221] Douglas Hofstadter. *Gödel, Escher, Bach: An Eternal Golden Braid*. Basic Books, 1979.（邦訳：野崎昭弘，柳瀬尚紀，はやしはじめ，『ゲーデル，エッシャー，バッハ——あるいは不思議の環』，白揚社，1985，2005（20周年記念版））

[222] Bernardo A. Huberman, Daniel M. Romero, and Fang Wu. Social networks that matter: Twitter under the microscope. *First Monday*, 14(1), January 2009.

[223] Steffen Huck and Jorg Oechssler. Informational cascades in the laboratory: Do they occur for the right reasons? *Journal of Economic Psychology*, 21(6):661–671, 2000.

[224] Robert Huckfeldt and John Sprague. Networks in context: The social flow of political information. *American Political Science Review*, 81(4):1197–1216, December 1987.

[225] Nicole Immorlica, Jon Kleinberg, Mohammad Mahdian, and Tom Wexler. The role of compatibility in the diffusion of technologies through social networks. In *Proc. 8th ACM Conference on Electronic Commerce*, 2007.

[226] Y. Iwasa, D. Cohen, and J. A. Leon. Tree height and crown shape, as results of competitive games. *Journal of Theoretical Biology*, 112:279–298, 1985.

[227] Matthew O. Jackson and Asher Wolinsky. A strategic model of social and economic networks. *Journal of Economic Theory*, 71(1):44–74, 1996.

[228] Thorsten Joachims. Optimizing search engines using clickthrough data. In *Proc. 8th ACM SIGKDD International Conference on Knowledge Discovery and Data Mining*, pages 133–142, 2002.

[229] Ramesh Johari and Sunil Kumar. Congestible Services and Network Effects. In *Proc. 11th ACM Conference on Electronic Commerce*, 2010.

[230] Steve Jurvetson. What exactly is viral marketing? *Red Herring*, 78:110–112, 2000.

[231] Daniel Kahneman and Amos Tversky. On the psychology of prediction. *Psychological Review*, 80(4):237–251, 1973.

[232] Sham M. Kakade, Michael J. Kearns, Luis E. Ortiz, Robin Pemantle, and Siddharth Suri. Economic properties of social networks. In *Proc. 17th Advances in Neural Information Processing Systems*, 2004.

[233] Denise B. Kandel. Homophily, selection, and socialization in adolescent friendships. *American Journal of Sociology*, 84(2):427–436, September 1978.

[234] Yakar Kannai. The core and balancedness. In Robert J. Aumman and Sergiu Hart, editors, *Handbook of Game Theory*, volume 1, pages 355–395. Elsevier, 1992.

[235] Michael L. Katz and Carl Shapiro. Network externalities, competition, and compatibility. *American Economic Review*, 75(3):424–440, June 1985.

[236] Michael Kearns, Stephen Judd, Jinsong Tan, and Jennifer Wortman. Behavioral experiments on biased voting in networks. *Proc. Natl. Acad. Sci. USA*, 106(5):1347–1352, February 2009.

[237] Michael Kearns, Siddharth Suri, and Nick Montfort. An experimental study of the coloring problem on human subject networks. *Science*, 313(5788):824–827, 2006.

[238] Matt J. Keeling and Ken T. D. Eames. Network and epidemic models. *J. Royal Soc. Interface*, 2:295–307, 2005.

[239] David Kempe, Jon Kleinberg, and Amit Kumar. Connectivity and inference problems for temporal networks. In *Proc. 32nd ACM Symposium on Theory of Computing*, pages 504–513, 2000.

[240] David Kempe, Jon Kleinberg, and Éva Tardos. Maximizing the spread of influence in a social network. In *Proc. 9th ACM SIGKDD International Conference on Knowledge Discovery and Data Mining*, pages 137–146, 2003.

[241] Jeffrey Kephart, Gregory Sorkin, David Chess, and Steve White. Fighting computer viruses. *Scientific American*, pages 88–93, November 1997.

[242] Walter Kern and Daniël Palusma. Matching games: The least core and the nucleolus. *Mathematics of Operations Research*, 28(2):294–308, 2003.

[243] Peter D. Killworth and H. Russell Bernard. Reverse small world experiment. *Social Networks*, 1:159–192, 1978.

[244] Peter D. Killworth, Eugene C. Johnsen, H. Russell Bernard, Gene Ann Shelley, and Christopher McCarty. Estimating the size of personal networks. *Social Networks*, 12(4):289–312, December 1990.

[245] John F. C. Kingman. The coalescent. *Stochastic Processes and their Applications*, 13:235–248, 1982.

[246] Aniket Kittur and Robert E. Kraut. Harnessing the wisdom of crowds in Wikipedia: Quality through coordination. In *Proc. CSCW'08: ACM Conference on Computer-Supported Cooperative Work*, 2008.

[247] Jon Kleinberg. Authoritative sources in a hyperlinked environment. *Journal of the ACM*, 46(5):604–632, 1999. A preliminary version appears in the Proceedings of the 9th ACM-SIAM Symposium on Discrete Algorithms, Jan. 1998.

[248] Jon Kleinberg. Navigation in a small world. *Nature*, 406:845, 2000.

[249] Jon Kleinberg. The small-world phenomenon: an algorithmic perspective. In *Proc. 32nd ACM Symposium on Theory of Computing*, pages 163–170, 2000.

[250] Jon Kleinberg. Small-world phenomena and the dynamics of information. In *Proc. 14th Advances in Neural Information Processing Systems*, pages 431–438, 2001.

[251] Jon Kleinberg. The wireless epidemic. *Nature (News & Views)*, 449:287–288, 2007.

[252] Jon Kleinberg, Siddharth Suri, Éva Tardos, and Tom Wexler. Strategic network formation with structural holes. In *Proc. 9th ACM Conference on Electronic Commerce*, 2008.

[253] Jon Kleinberg and Éva Tardos. *Algorithm Design*. Addison Wesley, 2006. (邦訳：浅野孝夫，浅野泰仁，小野孝男，平田富夫，『アルゴリズムデザイン』，共立出版，2008)

[254] Jon Kleinberg and Éva Tardos. Balanced outcomes in social exchange networks. In *Proc. 40th ACM Symposium on Theory of Computing*, 2008.

[255] Judith Kleinfeld. Could it be a big world after all? The 'six degrees of separation' myth. *Society*, 39(2):61–66, January 2002.

[256] Paul Klemperer. *Auctions: Theory and Practice*. Princeton University Press, 2004. On-line at www.paulklemperer.org.

[257] Charles Korte and Stanley Milgram. Acquaintance networks between racial groups: Application of the small world method. *Journal of Personality and Social Psychology*, 15, 1978.

[258] Gueorgi Kossinets, Jon Kleinberg, and Duncan Watts. The structure of information pathways in a social communication network. In *Proc. 14th ACM SIGKDD International Conference on Knowledge Discovery and Data Mining*, 2008.

[259] Gueorgi Kossinets and Duncan Watts. Empirical analysis of an evolving social network. *Science*, 311:88–90, 2006.

[260] Dexter Kozen. *The Design and Analysis of Algorithms*. Springer, 1990.

[261] Rachel Kranton and Deborah Minehart. A theory of buyer-seller networks. *American Economic Review*, 91(3):485–508, June 2001.

[262] Lothar Krempel and Thomas Plümper. Exploring the dynamics of international trade by combining the comparative advantages of multivariate statistics and network visualizations. *Journal of Social Structure*, 4(1), 2003.

[263] David Kreps. *A Course in Microeconomic Theory*. Princeton University Press, 1990.

[264] Ravi Kumar, Jasmine Novak, Prabhakar Raghavan, and Andrew Tomkins. Structure and evolution of blogspace. *Communications of the ACM*, 47(12):35–39, 2004.

[265] Ravi Kumar, Prabhakar Raghavan, Sridhar Rajagopalan, D. Sivakumar, Andrew Tomkins, and Eli Upfal. Random graph models for the Web graph. In *Proc. 41st IEEE Symposium on Foundations of Computer Science*, pages 57–65, 2000.

[266] Jérôme Kunegis, Andreas Lommatzsch, and Christian Bauckhage. The Slashdot Zoo: Mining a social network with negative edges. In *Proc. 18th International World Wide Web Conference*, pages 741–750, 2009.

[267] Marcelo Kuperman and Guillermo Abramson. Small world effect in an epidemiological model. *Physical Review Letters*, 86(13):2909–2912, March 2001.

[268] Amy N. Langville and Carl D. Meyer. *Google's PageRank and Beyond: The Science of Search Engine Rankings*. Princeton University Press, 2006. (邦訳：岩野和生，黒川利明，黒川洋，『Google PageRankの数理：最強検索エンジンのランキング手法を求めて』，共立出版，2009)

[269] Paul Lazarsfeld and Robert K. Merton. Friendship as a social process: A substantive and methodological analysis. In Morroe Berger, Theodore Abel, and Charles H. Page, editors, *Freedom and Control in Modern Society*, pages 18–66. Van Nostrand, 1954.

[270] Herman B. Leonard. Elicitation of honest preferences for the assignment of individuals to positions. *Journal of Political Economy*, 91(3):461–479, 1983.

[271] Jure Leskovec, Lada Adamic, and Bernardo Huberman. The dynamics of viral marketing. *ACM Transactions on the Web*, 1(1), May 2007.

[272] Jure Leskovec, Lars Backstrom, Ravi Kumar, and Andrew Tomkins. Microscopic evolution of social networks. In *Proc. 14th ACM SIGKDD International Conference on Knowledge Discovery and Data Mining*, pages 462–470, 2008.

[273] Jure Leskovec and Eric Horvitz. Worldwide buzz: Planetary-scale views on an instant-messaging network. In *Proc. 17th International World Wide Web Conference*, 2008.

[274] Jure Leskovec, Dan Huttenlocher, and Jon Kleinberg. Signed networks in social media. In *Proc. 28th ACM SIGCHI Conference on Human Factors in Computing Systems*, 2010.

[275] Jure Leskovec, Kevin J. Lang, Anirban Dasgupta, and Michael W. Mahoney. Statistical properties of community structure in large social and information networks. In *Proc. 17th International World Wide Web Conference*, pages 695–704, 2008.

[276] David Lewis. *Convention: A Philosophical Study*. Oxford University Press, 1969.

[277] David Liben-Nowell, Jasmine Novak, Ravi Kumar, Prabhakar Raghavan, and Andrew Tomkins. Geographic routing in social networks. *Proc. Natl. Acad. Sci. USA*, 102(33):11623–11628, August 2005.

[278] Thomas Liggett. *Stochastic Interacting Systems: Contact, Voter and Exclusion Processes*. Springer, 1999.

[279] Nan Lin. *Social Capital: A Theory of Social Structure and Action*. Cambridge University Press, 2002.（邦訳：筒井淳也，石田光規，桜井政成，三輪 哲，土岐智賀子，『ソーシャル・キャピタル：社会構造と行為の理論』，ミネルヴァ書房，2008）

[280] László Lovász and Michael Plummer. *Matching Theory*. North-Holland, 1986.

[281] Jeffrey W. Lucas, C. Wesley Younts, Michael J. Lovaglia, and Barry Markovsky. Lines of power in exchange networks. *Social Forces*, 80(11):185–214, 2001.

[282] Sean Luke. Schelling segregation applet. http://www.cs.gmu.edu/eclab/projects/mason/projects/schelling/.

[283] Jeffrey K. MacKie-Mason and John Metzler. Links between markets and aftermarkets: Kodak (1997). In John E. Kwoka and Lawrence J. White, editors, *The Antitrust Revolution*, pages 558–583. Oxford University Press, fifth edition, 2004.

[284] Benoit B. Mandelbrot. An informational theory of the statistical structure of languages. In W. Jackson, editor, *Communication Theory*, pages 486–502. Butterworth, 1953.

[285] M. Lynne Markus. Toward a "critical mass" theory of interactive media: Universal access, interdependence and diffusion. *Communication Research*, 14(5):491–511, 1987.

[286] Cameron Marlow, Lee Byron, Tom Lento, and Itamar Rosenn. Maintained relationships on Facebook 2009. Online at http://overstated.net/2009/03/09/maintained-relationships-on-facebook.

[287] Seth A. Marvel, Steven H. Strogatz, and Jon M. Kleinberg. The energy landscape of social balance. *Physical Review Letters*, 103(19):198701, 2009.

[288] Andreu Mas-Collel, Michael Whinston, and Jerry Green. *Microeconomic Theory*. Oxford University Press, 1995.

[289] Michael Maschler. The bargaining set, kernel, and nucleolus. In Robert J. Aumman and Sergiu Hart, editors, *Handbook of Game Theory*, volume 1, pages 592–667. Elsevier, 1992.

[290] Doug McAdam. Recruitment to high-risk activism: The case of Freedom Summer. *American Journal of Sociology*, 92:64–90, 1986.

[291] Doug McAdam. *Freedom Summer*. Oxford University Press, 1988.

[292] Preston McAfee and John McMillan. Auctions and bidding. *Journal of Economic Literature*, 25:708–747, 1987.

[293] Colin McEvedy. The bubonic plague. *Scientific American*, 258(2):118–123, February 1988.

[294] Miller McPherson, Lynn Smith-Lovin, and James M. Cook. Birds of a feather: Homophily in social networks. *Annual Review of Sociology*, 27:415–444, 2001.

[295] Lauren Ancel Meyers, Babak Pourbohloul, Mark E. J. Newman, Danuta M. Skowronski, and Robert C. Brunham. Network theory and SARS: Predicting outbreak diversity. *Journal of Theoretical Biology*, 232:71–81, 2005.

[296] Donna Miles. Bush outlines strategy for victory in terror war. *American Forces Press Service*, 6 October 2005.

[297] Stanley Milgram. The small-world problem. *Psychology Today*, 2:60–67, 1967.

[298] Stanley Milgram, Leonard Bickman, and Lawrence Berkowitz. Note on the drawing power of crowds of different size. *Journal of Personality and Social Psychology*, 13(2):79–82, October 1969.

[299] Paul Milgrom and Nancy Stokey. Information, trade and common knowledge. *Journal of Economic Theory*, 26:17–27, 1982.

[300] Michael Mitzenmacher. A brief history of generative models for power law and lognormal distributions. *Internet Mathematics*, 1(2):226–251, 2004.

[301] Mark S. Mizruchi. What do interlocks do? An analysis, critique, and assessment of research on interlocking directorates. *Annual Review of Sociology*, 22:271–298, 1996.

[302] Markus M. Möbius and Tanya S. Rosenblat. The process of ghetto formation: Evidence from Chicago, 2001. Working paper.

[303] Dov Monderer and Lloyd S. Shapley. Potential games. *Games and Economic Behavior*, 14:124–143, 1996.

[304] James Moody. Race, school integration, and friendship segregation in america. *American Journal of Sociology*, 107(3):679–716, November 2001.

[305] James Moody. The importance of relationship timing for diffusion. *Social Forces*, 81:25–56, 2002.

[306] Michael Moore. An international application of Heider's balance theory. *European Journal of Social Psychology*, 8:401–405, 1978.

[307] Martina Morris and Mirjam Kretzschmar. Concurrent partnerships and the spread of HIV. *AIDS*, 11(4):641–648, 1997.

[308] Stephen Morris. Contagion. *Review of Economic Studies*, 67:57–78, 2000.

[309] Elchanan Mossel and Sebastien Roch. On the submodularity of influence in social networks. In *Proc. 39th ACM Symposium on Theory of Computing*, 2007.

[310] Roger Myerson. Incentive compatibility and the bargaining problem. *Econometrica*, 47:61–73, 1979.

[311] Roger Myerson. Optimal auction design. *Mathematics of Operations Research*, 6:58–73, 1981.

[312] John Nash. The bargaining problem. *Econometrica*, 18:155–162, 1950.

[313] John Nash. Equilibrium points in n-person games. *Proc. Natl. Acad. Sci. USA*, 36:48–49, 1950.

[314] John Nash. Non-cooperative games. *Annals of Mathematics*, 54:286–295, 1951.

[315] National Research Council Committee on Technical and Privacy Dimensions of Information for Terrorism Prevention and Other National Goals. *Protecting Individual Privacy in the Struggle Against Terrorists: A Framework for Program Assessment*. National Academies Press, 2008.

[316] Ted Nelson. *Literary Machines*. Mindful Press, 1981.

[317] Mark E. J. Newman. Scientific collaboration networks: II. Shortest paths, weighted networks, and centrality. *Physical Review E*, 64:016132, 2001.

[318] Mark E. J. Newman. The structure of scientific collaboration networks. *Proc. Natl. Acad. Sci.*

USA, 98(2):404–409, January 2001.

[319] Mark E. J. Newman. Mixing patterns in networks. *Physical Review E*, 67:026126, 2003.

[320] Mark E. J. Newman. The structure and function of complex networks. *SIAM Review*, 45:167–256, 2003.

[321] Mark E. J. Newman. Fast algorithm for detecting community structure in networks. *Physical Review E*, 69:066133, 2004.

[322] Mark E. J. Newman and Michelle Girvan. Finding and evaluating community structure in networks. *Physical Review E*, 69(2):026113, 2004.

[323] Mark E. J. Newman, Duncan J. Watts, and Steven H. Strogatz. Random graph models of social networks. *Proc. Natl. Acad. Sci. USA*, 99(Suppl.1):2566–2572, February 2002.

[324] Jakob Nielsen. The art of navigating through hypertext. *Communications of the ACM*, 33(3):296–310, 1990.

[325] Magnus Nordborg. Coalescent theory. In David J. Balding, Martin Bishop, and Chris Canning, editors, *Handbook of Statistical Genetics*, pages 179–212. John Wiley & Sons, 2001.

[326] Martin A. Nowak and Karl Sigmund. Phage-lift for game theory. *Nature*, 398:367–368, April 1999.

[327] Martin A. Nowak and Karl Sigmund. Evolutionary dynamics of biological games. *Science*, 303:793–799, February 2004.

[328] Barack Obama. Inaugural address, 20 January 2009.

[329] Prize Committee of the Royal Swedish Academy of Sciences. Mechanism design theory, 15 October 2007. Online at http://nobelprize.org/nobel_prizes/economics/laureates/2007/sci.html.

[330] Hubert J. O'Gorman. The discovery of pluralistic ignorance: An ironic lesson. *Journal of the History of the Behavioral Sciences*, 22:333–347, 1986.

[331] Hubert J. O'Gorman and Stephen L. Garry. Pluralistic ignorance – A replication and extension. *Public Opinion Quarterly*, 40:449–458, 1976.

[332] Maureen O'Hara. *Market Microstructure Theory*. Wiley, 1998.

[333] Steve Olson. *Mapping Human History: Genes, Race, and our Common Origins*. Houghton Mifflin, 2002.

[334] J.-P. Onnela, J. Saramaki, J. Hyvonen, G. Szabo, D. Lazer, K. Kaski, J. Kertesz, and A.-L. Barabasi. Structure and tie strengths in mobile communication networks. *Proc. Natl. Acad. Sci. USA*, 104:7332–7336, 2007.

[335] Tim O'Reilly. What is Web 2.0: Design patterns and business models for the next generation of software. *Communication and Strategy*, 1:17, 2007.

[336] Martin Osboren and Ariel Rubinstein. *A Course in Game Theory*. The MIT Press, 1994.

[337] I. Palacios-Huerta. Professionals play minimax. *Review of Economic Studies*, 70:395–415, 2003.

[338] Christopher R. Palmer, Phillip B. Gibbons, and Christos Faloutsos. ANF: A fast and scalable tool for data mining in massive graphs. In *Proc. 8th ACM SIGKDD International Conference on Knowledge Discovery and Data Mining*, pages 81–90, 2002.

[339] David S. Patel. Ayatollahs on the Pareto frontier: The institutional basis of religious authority in Iraq, 2006. Working paper.

[340] David M. Pennock, Gary W. Flake, Steve Lawrence, Eric J. Glover, and C. Lee Giles. Winners don't take all: Characterizing the competition for links on the Web. *Proc. Natl. Acad. Sci. USA*, 99(8):5207–5211, April 2002.

[341] Gabriel Pinski and Francis Narin. Citation influence for journal aggregates of scientific pub-

lications: Theory, with application to the literature of physics. *Information Processing and Management*, 12:297–312, 1976.

[342] Alejandro Portes. Social capital: Its origins and applications in modern sociology. *Annual Review of Sociology*, 24:1–24, 1998.

[343] William Poundstone. *Prisoner's Dilemma*. Doubleday, 1992.（邦訳：松浦俊輔，『囚人のジレンマ：フォン・ノイマンとゲームの理論』，青土社，1995）

[344] Robert D. Putnam. *Bowling Alone: The Collapse and Revival of American Community*. Simon & Schuster, 2000.（邦訳：柴内康文，『孤独なボウリング：米国コミュニティの崩壊と再生』，柏書房，2006）

[345] Roy Radner. Rational expectations equilibrium: Generic existence and the information revealed by prices. *Econometrica*, 47:655–678, 1979.

[346] Anatol Rapoport and Albert M. Chammah. *Prisoner's Dilemma*. University of Michigan Press, 1965.（邦訳：廣松 毅，平山朝治，田中辰雄，『囚人のジレンマ：紛争と協力に関する心理学的研究』，啓明社，1983）

[347] Anatole Rapoport. Spread of information through a population with socio-structural bias I: Assumption of transitivity. *Bulletin of Mathematical Biophysics*, 15(4):523–533, December 1953.

[348] Matt Richardson and Pedro Domingos. Mining knowledge-sharing sites for viral marketing. In *Proc. 8th ACM SIGKDD International Conference on Knowledge Discovery and Data Mining*, pages 61–70, 2002.

[349] Sharon C. Rochford. Symmetrically pairwise-bargained allocations in an assignment market. *Journal of Economic Theory*, 34:262–281, 1984.

[350] John E. Roemer. *Political Competition: Theory and Applications*. Harvard University Press, 2001.

[351] Everett Rogers. *Diffusion of Innovations*. Free Press, fourth edition, 1995.（邦訳：三藤利雄，『イノベーションの普及』，翔泳社，2007）

[352] Tim Roughgarden. *Selfish Routing and the Price of Anarchy*. MIT Press, 2005.

[353] Tim Roughgarden and Éva Tardos. How bad is selfish routing? *Journal of the ACM*, 49(2):236–259, 2002.

[354] Francois Rousset. Inferences from spatial population genetics. In David J. Balding, Martin Bishop, and Chris Canning, editors, *Handbook of Statistical Genetics*, pages 239–270. John Wiley & Sons, 2001.

[355] Matthew C. Rousu. A football play-calling experiment to illustrate the mixed strategy Nash equilibrium. *Journal of the Academy of Business Education*, pages 79–89, Summer 2008.

[356] Ariel Rubinstein. Perfect equilibrium in a bargaining model. *Econometrica*, 50:97–109, 1982.

[357] Paat Rusmevichientong and David P. Williamson. An adaptive algorithm for selecting profitable keywords for search-based advertising services. In *Proc. 7th ACM Conference on Electronic Commerce*, pages 260–269, 2006.

[358] Bryce Ryan and Neal C. Gross. The diffusion of hybrid seed corn in two Iowa communities. *Rural Sociology*, 8:15–24, 1943.

[359] Matthew Salganik, Peter Dodds, and Duncan Watts. Experimental study of inequality and unpredictability in an artificial cultural market. *Science*, 311:854–856, 2006.

[360] Gerard Salton and M.J. McGill. *Introduction to Modern Information Retrieval*. McGraw-Hill, 1983.

[361] Oskar Sandberg. Neighbor selection and hitting probability in small-world graphs. *Annals of Applied Probability*, 18(5):1771–1793, 2008.

[362] Alvaro Sandroni. Do markets favor agents able to make accurate predictions? *Econometrica*,

68:1303–1342, 2000.

[363] Leonard Savage. *The Foundations of Statistics*. Wiley, 1954.

[364] Thomas Schelling. *The Strategy of Conflict*. Harvard University Press, 1960.（邦訳：河野 勝（監訳），『紛争の戦略：ゲーム理論のエッセンス』，勁草書房，2008）

[365] Thomas Schelling. Dynamic models of segregation. *Journal of Mathematical Sociology*, 1:143–186, 1972.

[366] Thomas Schelling. *Micromotives and Macrobehavior*. Norton, 1978.

[367] Bruce Schneier. Drugs: Sports' prisoner's dilemma. *Wired*, 10 August 2006.

[368] Carl Shapiro and Hal Varian. *Information Rules: A Strategic Guide to the Network Economy*. Harvard Business School Press, 1998.（邦訳：千本倖生，宮本喜一，『「ネットワーク経済」の法則：アトム型産業からビット型産業へ — 変革期を生き抜く72の指針』，IDGコミュニケーションズ，1999）

[369] David A. Siegel. Social networks and collective action. *American Journal of Political Science*, 53(1):122–138, 2009.

[370] Özgür Simşek and David Jensen. Navigating networks by using homophily and degree. *Proc. Natl. Acad. Sci. USA*, 105(35):12758–12762, September 2008.

[371] Herbert Simon. On a class of skew distribution functions. *Biometrika*, 42:425–440, 1955.

[372] Simon Singh. Erdos-Bacon numbers. *Daily Telegraph*, April 2002.

[373] John Skvoretz and David Willer. Exclusion and power: A test of four theories of power in exchange networks. *American Sociological Review*, 58:801–818, 1993.

[374] Brian Skyrms. *The Stag Hunt and Evolution of Social Structure*. Cambridge University Press, 2003.

[375] John Maynard Smith. *On Evolution*. Edinburgh University Pres, 1972.

[376] John Maynard Smith and G. R. Price. The logic of animal conflict. *Nature*, 246:15–18, 1973.

[377] Thomas A. Smith. The web of law. *San Diego Law Review*, 44(309), 2007.

[378] Tamás Solymosi and Tirukkannamangai E. S. Raghavan. An algorithm for finding the nucleolus of assignment games. *International Journal of Game Theory*, 23:119–143, 1994.

[379] Michael Spence. Job market signaling. *Quarterly Journal of Economics*, 87:355–374, 1973.

[380] Olaf Sporns, Dante R. Chialvo, Marcus Kaiser, and Claus Hilgetag. Organization, development and function of complex brain networks. *Trends in Cognitive Science*, 8:418–425, 2004.

[381] Mark Steyvers and Joshua B. Tenebaum. The large-scale structure of semantic networks: Statistical analyses and a model of semantic growth. *Cognitive Science*, 29(1):41–78, 2005.

[382] David Strang and Sarah Soule. Diffusion in organizations and social movements: From hybrid corn to poison pills. *Annual Review of Sociology*, 24:265–290, 1998.

[383] James Surowiecki. *The Wisdom of Crowds: Why the Many Are Smarter Than the Few and How Collective Wisdom Shapes Business, Economies, Societies and Nations*. Little, Brown, 2004.（邦訳：小高尚子（監訳），『「みんなの意見」は案外正しい』，角川書店 角川グループパブリッシング，2009）

[384] Alexander Tabarrok and Lee Spector. Would the Borda Count have avoid the Civil War? *Journal of Theoretical Politics*, 11(2):261–288, 1999.

[385] Éva Tardos and Tom Wexler. Network formation games and the potential function method. In Noam Nisan, Tim Roughgarden, Éva Tardos, and Vijay Vazirani, editors, *Algorithmic Game Theory*, pages 487–516. Cambridge University Press, 2007.

[386] Richard H. Thaler. Anomalies: The ultimatum game. *Journal of Economic Perspectives*, 2(4):195–206, 1988.

[387] Richard H. Thaler. Anomalies: The winner's curse. *Journal of Economic Perspectives*, 2(1):191–202, 1988.

[388] Michael F. Thorpe and Philip M. Duxbury. *Rigidity Theory and Applications*. Springer, 1999.

[389] Shane Thye, Michael Lovaglia, and Barry Markovsky. Responses to social exchange and social exclusion in networks. *Social Forces*, 75:1031–1049, 1997.

[390] Shane Thye, David Willer, and Barry Markovsky. From status to power: New models at the intersection of two theories. *Social Forces*, 84:1471–1495, 2006.

[391] Jeffrey Travers and Stanley Milgram. An experimental study of the small world problem. *Sociometry*, 32(4):425–443, 1969.

[392] Paul E. Turner and Lin Chao. Prisoner's Dilemma in an RNA virus. *Nature*, 398:441–443, April 1999.

[393] Paul E. Turner and Lin Chao. Escape from Prisoner's Dilemma in RNA phage $\phi 6$. *American Naturalist*, 161(3):497–505, March 2003.

[394] U.S. Environmental Protection Agency. Clean air markets. http://www.epa.gov/airmarkt/.

[395] Brian Uzzi. The sources and consequences of embeddedness for economic performance of organizations: The network effect. *American Sociological Review*, 61(4):674–698, August 1996.

[396] Thomas Valente. *Evaluating Health Promotion Programs*. Oxford University Press, 2002.

[397] Marcel van Assen. Essays on actor models in exchange networks and social dilemmas, 2001. Ph.D. Thesis, Rijksuniversiteit Groningen.

[398] Hal Varian. *Intermediate Microeconomics: A Modern Approach*. Norton, 2003. （邦訳：佐藤隆三，『入門ミクロ経済学』，勁草書房，2007）

[399] Hal Varian. Position auctions. *International Journal of Industrial Organization*, 25:1163–1178, 2007.

[400] William Vickrey. Counterspeculation, auctions, and competitive sealed tenders. *Journal of Finance*, 16:8–37, 1961.

[401] Dejan Vinković and Alan Kirman. A physical analogue of the Schelling model. *Proc. Natl. Acad. Sci. USA*, 103(51):19261–19265, 2006.

[402] Luis von Ahn and Laura Dabbish. Designing games with a purpose. *Communications of the ACM*, 51(8):58–67, 2008.

[403] Luis von Ahn, Ben Maurer, Colin McMillen, David Abraham, and Manuel Blum. reCAPTCHA: Human-based character recognition via Web security measures. *Science*, 321(5895):1465–1468, September 2008.

[404] Jakob Voss. Measuring Wikipedia. In *International Conference of the International Society for Scientometrics and Informetrics*, 2005.

[405] Mark Walker and John Wooders. Minimax play at Wimbledon. *American Economic Review*, 91:1521–1538, 2001.

[406] Charlotte H. Watts and Robert M. May. The influence of concurrent partnerships on the dynamics of HIV/AIDS. *Mathematical Biosciences*, 108:89–104, 1992.

[407] Duncan J. Watts. *Small Worlds: The Dynamics of Networks Between Order and Randomness*. Princeton University Press, 1999. （邦訳：栗原 聡，福田健介，佐藤進也，『スモールワールド：ネットワークの構造とダイナミクス』，東京電機大学出版局，2006）

[408] Duncan J. Watts. A simple model of global cascades on random networks. *Proc. Natl. Acad. Sci. USA*, 99(9):5766–5771, April 2002.

[409] Duncan J. Watts and Peter S. Dodds. Networks, influence, and public opinion formation. *Journal of Consumer Research*, 34(4):441–458, 2007.

[410] Duncan J. Watts, Peter S. Dodds, and Mark E. J. Newman. Identity and search in social networks. *Science*, 296(5571):1302–1305, May 2002.

[411] Duncan J. Watts and Steven H. Strogatz. Collective dynamics of "small-world" networks. *Nature*, 393:440–442, 1998.

[412] Ivo Welch. Sequential sales, learning and cascades. *Journal of Finance*, 47:695–732, 1992.

[413] Barry Wellman. An electronic group is virtually a social network. In Sara Kiesler, editor, *Culture of the Internet*, pages 179–205. Lawrence Erlbaum, 1997.

[414] Barry Wellman, Janet Salaff, Dimitrina Dimitrova, Laura Garton, Milena Gulia, and Caroline Haythornthwaite. Computer networks as social networks: Collaborative work, telework, and virtual community. *Annual Review of Sociology*, 22:213–238, 1996.

[415] Michael D. Whinston. Tying, foreclosure, and exclusion. *American Economic Review*, 80(4):837–859, September 1990.

[416] Harrison C. White. Search parameters for the small world problem. *Social Forces*, 49(2):259–264, December 1970.

[417] David Willer (editor). *Network Exchange Theory*. Praeger, 1999.

[418] Carsten Wiuf and Jotun Hein. On the number of ancestors to a DNA sequence. *Genetics*, 147:1459–1468, 1997.

[419] B. Wotal, H. Green, D. Williams, and N. Contractor. WoW!: The dynamics of knowledge networks in massively multiplayer online role playing games (MMORPG). In *Sunbelt XXVI: International Sunbelt Social Network Conference*, 2006.

[420] H. Peyton Young. *Individual Strategy and Social Structure: An Evolutionary Theory of Institutions*. Princeton University Press, 1998.

[421] Wayne Zachary. An information flow model for conflict and fission in small groups. *Journal of Anthropological Research*, 33(4):452–473, 1977.

[422] Alice X. Zheng, Andrew Y. Ng, and Michael I. Jordan. Stable algorithms for link analysis. In *Proc. 24th ACM SIGIR Conference on Research and Development in Information Retrieval*, pages 258–266, 2001.

[423] George Kingsley Zipf. *Human Behaviour and the Principle of Least Effort: An Introduction to Human Ecology*. Addison Wesley, 1949.

索 引

■A

A Beautiful Mind（ビューティフル・マインド），364
abundance（過多性），380
acquittal（無罪），719
Adamic（Lada Adamic，ラダ・アダミック），12
adjacency matrix（隣接行列），398
adverse selection（対立選択），674
affiliation network（所属ネットワーク），87
agglomerative（集塊的），67
aggregation procedure（集約手続き），697
Akerlof（George Akerlof，ジョージ・アカロフ），668
all-pay auction（全額払いオークション），247
alternating BFS（交互 BFS），285
alternating breadth-first search（交互幅優先探索），285
alternating path（交互パス），283, 443
alternative（選択肢），695
anchor text（アンカーテキスト），393
Anderson（Chris Anderson，クリス・アンダーソン），524
Anderson（Lisa R. Anderson，リサ・アンダーソン），461
Apollo 13（アポロ 13），364
arms race（軍拡レース），150
ARPANET（Advanced Research Projects Agency Network），22
Arrow（Kenneth Arrow，ケネス・アロー），707
Arrow's theorem（アローの定理），708
Arthur（Brian Arthur，ブライアン・アーサー），490, 502, 507, 508
AS graph（AS グラフ），40

ascending-bid auction（競り上げオークション），239
ask（売り呼び値），299
ask price（売り値），304
associative memory（連想記憶），365
asymmetric information（非対称的な情報），667
audience size（オーディエンスサイズ），496
augmenting path（増加パス），284
authority（オーソリティ），384
autonomous system（自律システム），40
average distance（平均距離），43

■B

Bacon number（Bacon 数），36
balance theorem（平衡性定理），114
balanced（平衡的），112, 342, 344
balanced division（平衡的分割），127
balanced outcome（平衡な結果），344
bargaining game（交渉ゲーム），346
Barnes（John Barnes，ジョン・バーンズ），23
baseline（基底値），296
baseline-maximizing（基底値最大化），296
basic reproductive number（基本的な再生数），614, 635
basis（基底），401
battle of the sexes（夫婦の戦い），158
Bayes' rule（ベイズの法則），466
behavior（行動），4
Berkowitz（Lawrence Berkowitz，ローレンス・ベルコビッツ），460
Berners-Lee（Tim Berners-Lee，ティム・バーナーズ リー），360
best response（最善反応），151, 175
best-response dynamics（最善反応ダイナミク

ス), 226
betweenness（仲介数）, 69, 326
Bharat（Krishna Bharat, クリシュナ・バラト）, 393
Bickman（Leonard Bickman, レオナルド・ビックマン）, 460
bid（買い呼び値）, 299
bid price（買い値）, 304
bilingual（2言語）, 565
bipartite（二部）, 131
bipartite graph（二部グラフ）, 87, 268
bipartite matching problem（二部グラフのマッチング問題）, 268
Black（Duncan Black, ダンカン・ブラック）, 710
blocking cluster（ブロッキングクラスター）, 555
bonding capital（内部結合型資産）, 64
Borda（Jean-Charles de Borda, ジーン-チャールズ・ド・ボルダ）, 703
Borda count（ボルダ得点法）, 703
Bourdieu（Pierre Bourdieu, ピエール・ブルデュ）, 63
Braess（Dietrich Braess, ディートリッヒ・ブレイス）, 222
Braess's paradox（ブレイスのパラドックス）, 9, 219
branching process（分枝プロセス）, 612, 635
breadth-first search（幅優先探索）, 30, 585
bridge（ブリッジ辺）, 47
bridging capital（橋渡し型資産）, 64
Broder（Andrei Broder, アンドレー・ブローダー）, 370
brokerage（仲介）, 64
browser（ブラウザー）, 360
Burt（Ron Burt, ロン・バート）, 60
Bush（Vannevar Bush, バンネバール・ブッシュ）, 365
buyer（購買人）, 273

■ C
call graph（電話利用グラフ）, 38
cascade（カスケード）, 543
cascade capacity（カスケード容量）, 559, 560
cascading effect（カスケード効果）, 15
cascading extinction（絶滅危機連鎖）, 40

central limit theorem（中心極限定理）, 517
centrality measure（中心度）, 327
chicken game（チキンゲーム）, 161
citation（引用）, 362
citation analysis（引用解析）, 39
Citizen Kane（市民ケーン）, 694
clickthrough rate（クリック率）, 417
clique（クリーク）, 111
closure（閉包）, 64
closure process（閉包プロセス）, 89
cluster（クラスター）, 547
clustering coefficient（クラスタリング率）, 46
clustering exponent（クラスタリング指数）, 587
coalescence（併合）, 642
coalescent process（併合プロセス）, 635
Coase's theorem（コースの定理）, 736
coevolution（共進化）, 88
Coleman（James Coleman, ジェームズ・コールマン）, 63
collective action（集合行為）, 555
collision（衝突）, 643
common knowledge（共有知識）, 154, 558
common value（共通価値）, 241
commons（共有地）, 737
communication network（コミュニケーションネットワーク）, 23
compatibility（互換性）, 539
complete（完全）, 695
complete cascade（完全カスケード）, 543, 560
complete graph（完全グラフ）, 111
complexity（複雑性）, 539
component（成分）, 26
concurrency（同時並行性）, 628
concurrent（同時並行的）, 628
conditional probability（条件付き確率）, 465
Condorcet（Marquis de Condorcet, マルキス・ド・コンドルセ）, 699
Condorcet jury theorem（コンドルセ陪審定理）, 715
Condorcet paradox（コンドルセパラドックス）, 699
connected（連結）, 25, 368
connected component（連結成分）, 26, 368
constricted set（障害集合）, 269, 270

contact（連絡員）, 599
contact network（接触ネットワーク）, 610
conviction（有罪）, 719
cooperative game theory（協力ゲームの理論）, 345
coordination game（協調ゲーム）, 156, 157
copyright law（著作権法）, 741
core（核）, 597
core solution（コア解）, 345
core–periphery structure（核-周辺構造）, 597
cost-per-click（クリック単価）, 415
critical point（臨界点）, 493
crossing（交差）, 313
cultural capital（文化的資本）, 63
cumulative distribution function（累積分布関数）, 254
cycle（閉路）, 25

■ D

dark pool（暗黒プール）, 301
Davis（James Davis, ジェームズ・デービス）, 119
decentralized search（分散化検索）, 585
delivery time（転送回数）, 586
demand（需要）, 487
demand function（需要関数）, 487
dependence（依存性）, 326
dependency network（依存ネットワーク）, 24
descending-bid auction（競り下げオークション）, 239
deterministic（確定的）, 529
diameter（直径）, 43
Diamond（Jared Diamond, ジャレド・ダイアモンド）, 28
dictatorship（独裁制）, 725
diffusion of innovation（新技術の普及）, 538
direct-benefit effect（直接的利益の効果）, 485, 538
directed（有向）, 367
directed edge（有向辺）, 22
directed graph（有向グラフ）, 22
direction（向き）, 401
disconnected（非連結）, 374
distance（距離）, 30
divisive（分断的）, 66
dominant strategy（支配戦略）, 152, 421

dominated strategy（被支配戦略）, 174
Dutch auction（ダッチオークション）, 239
dynamic game（動的ゲーム）, 182

■ E

economic capital（経済的資本）, 63
edge（辺）, 21
Egerváry（Jenö Egerváry, イエネ・エゲルバーリー）, 277
eigenvalue（固有値）, 401
eigenvector（固有ベクトル）, 401
El Farol Bar problem（エルファロルバー問題）, 507
elimination tournament（敗者消去トーナメント）, 700
embeddedness（埋め込み数）, 60
Emerson（Richard Emerson, リチャード・エマーソン）, 325
endogenous（内生的）, 651
English auction（イングリッシュオークション）, 239
equidependent（等依存）, 335
equilibrium（均衡）, 10, 155, 307, 389
equilibrium quantity（均衡量）, 488
equiresistance（等抵抗性）, 345
Erdös（Paul Erdös, パウル・エルデシュ）, 35
Erdös number（Erdös 数）, 36
essential edge（本質的な辺）, 319
event（事象）, 465
evolutionarily stable（進化論的に安定）, 202
evolutionarily stable strategy（進化論的安定戦略）, 201
evolutionary game theory（進化論的ゲーム理論）, 199
exclusion（排除）, 326
exogenous（外生的）, 651
expected value（期待値）, 164
extensive-form（拡張形）, 182
externality（外部性）, 485, 733

■ F

f-majority rule（f 多数決ルール）, 723
facility location game（施設配置ゲーム）, 176
fair use（公正使用）, 742
favorite（高人気）, 297
Feld（Scott Feld, スコット・フェルド）, 86

768　索　引

finite-horizon game（有限地平ゲーム）, 348
first wave（第一波）, 612
first-price sealed-bid auction（第一価格封印入札オークション）, 239
fitness（適合性）, 202
focal closure（拠点閉包）, 89
focal point（焦点法）, 157
focal point（拠点）, 86
food web（食物網）, 40
forecasting rule（予想ルール）, 512
Freeman（Linton Freeman, リントン・フリーマン）, 70

■ G

game（ゲーム）, 146
game theory（ゲーム理論）, 143
Garfield（Eugene Garfield, ユージーン・ガーフィールド）, 395
gatekeeper（門番）, 42
Gaussian（ガウス）, 517
generalized second-price auction; GSP（一般化第二価格入札オークション）, 417
giant component（巨大連結成分）, 28, 53
giant SCC（巨大強連結成分）, 377
Glance（Natalie Glance, ナタリー・グランス）, 12
global name-recognition network（全世界人名認識ネットワーク）, 368
Granovetter（Mark Granovetter, マーク・グラノヴェッター）, 44, 362, 495, 502
graph（グラフ）, 21
graph partitioning（グラフ分割）, 65
grid step（格子ステップ）, 583
group favorite（グループ最高選択肢）, 700
group preference relation（グループ選好関係）, 698
group ranking（グループランキング）, 695, 697, 724
GSP（一般化第二価格入札オークション）, 417
Guare（John Guare, ジョン・グエア）, 32

■ H

Hall（Phillip Hall, フィリップ・ホール）, 270
Harary（Frank Harary, フランク・ハラリー）, 114
Hardin（Garrett Hardin, ギャレット・ハーディン）, 737
Harsanyi（John Harsanyi, ジョン・ハルサーニ）, 147
hawk-dove game（鷹と鳩のゲーム）, 160
herding（群衆化）, 459
heterogeneous（異種）, 83
Holt（Charles Holt, チャールズ・ホルト）, 461
homophily（同種親和性）, 79
Howard（Ron Howard, ロン・ハワード）, 364
hub（ハブ）, 384
human capital（人的資本）, 63
hypertext（ハイパーテキスト）, 361

■ I

IIA（無関係選択肢からの独立性）, 707, 724
impact factor（インパクトファクター）, 396
in-link（入リンク）, 516
independence of irrelevant alternatives; IIA（無関係選択肢からの独立性）, 707, 724
independent private value（独立で個人的な評価）, 422
indifferent（識別不可能）, 166, 213, 305
infinite-horizon game（無限地平ゲーム）, 348
influence（影響）, 13
influence weight（影響重み）, 396
information cascade（情報カスケード）, 14, 459
information network（情報ネットワーク）, 23, 359
information retrieval（情報検索）, 379
informational effect（情報の効果）, 485, 538
instability（不安定性）, 340
institution（制度）, 16, 651
interface（インターフェース）, 563
intrinsic value（固有の価値）, 239
inverse demand function（需要逆関数）, 487
inverse homophily（異種親和性）, 83
iterated deletion of strictly dominated strategies（厳密被支配戦略の反復除去）, 178, 179

■ J

joint strategy（結合戦略）, 175

■ K

König（Denes König, デーネシュ・ケーニグ）, 270
kernel solution（カーネル解）, 345

keyword-based advertising（キーワード検索連動広告）, 414
Klemperer（Paul Klemperer, パウル・クレンペラー）, 255

■ L

landing page（着陸ページ）, 680
layer（層）, 74
lemon（ポンコツ車）, 671
length（長さ）, 30
limit order（指し値注文）, 299
lineage（血統）, 630
linear（線形）, 365
link（リンク）, 2
local bridge（局所ブリッジ辺）, 48
local contact（局所連絡員）, 599
local gatekeeper（局所的な門番）, 42
log odds ratio（対数賭け率）, 684
long tail（ロングテール）, 376
long-range contact（遠方連絡員）, 599
longitudinal（長期間）, 84

■ M

maintained relationship（維持関係）, 56, 57
majority rule（多数決ルール）, 698
market entry game（マーケット進出ゲーム）, 185
market order（マーケット注文）, 299
market price（マーケット価格）, 487
market's belief（マーケットの確信）, 662
market-clearing（マーケット完売）, 275, 420
market-clearing price（マーケット完売価格）, 274, 420
Marlow（Cameron Marlow, キャメロン・マーロー）, 56
matched（マッチされている）, 283
matching（マッチング）, 328
matching edge（マッチング辺）, 283, 443
matching market（マッチングマーケット）, 267
matching pennies（二つのコインの表裏ゲーム）, 162
matching theorem（マッチング定理）, 270
maximal matching（極大マッチング）, 344
maximum matching（最大マッチング）, 282
Maynard Smith（John Maynard Smith, ジョン・メイナード・スミス）, 199
median（メジアン）, 711
median voter theorem（中位投票者定理）, 711
membership closure（会員閉包）, 89
Memex（メメックス）, 365
meta-search（メタ検索）, 694
microblogging（マイクロブロギング）, 59
Mihaila（George Mihaila, ジョージ・ミハイラ）, 393
Milgram（Stanley Milgram, スタンレー・ミルグラム）, 32, 460, 580
minimum cut（最小カット）, 72
minimum market-clearing price（最小マーケット完売価格）, 442
Mitochondrial Eve（ミトコンドリアイブ）, 630
mixed strategy（混合戦略）, 163, 210
monopolized（独占されている）, 308
Moody（James Moody, ジェームズ・ムーディ）, 80
moral hazard（モラルハザード）, 676
most recent common ancestor（最近共通祖先）, 634
mutual communication（相互的通信）, 56
myopic search（近視眼的検索）, 600

■ N

Nash（John Nash, ジョン・ナッシュ）, 155, 162, 346, 364
Nash bargaining solution（ナッシュ交渉解）, 335
Nash equilibrium（ナッシュ均衡）, 155, 175
navigation（ナビゲーション）, 366
navigational（ナビゲーション用）, 366
negative externality（負の外部性）, 486
neighbor（隣接ノード）, 21, 270
neighbor set（隣接ノード集合）, 270
neighborhood overlap（隣接ノード重なり）, 53, 61, 98
nested structure（入れ子構造）, 67
network（ネットワーク）, 1
network effect（ネットワーク効果）, 14, 485
network exchange theory（ネットワーク交換理論）, 267, 325
neutral model（中立的モデル）, 632
node（ノード）, 21
non-dictatorship（非独裁制）, 708

nonmatching edge（非マッチング辺）, 283, 443
nonrivalrous good（非ライバル商品）, 740
normal（正規）, 517
normal-form（標準形）, 182
normalization（正規化）, 386, 409, 411
normalized score（正規化されたスコア）, 409–411

■ O

O'Reilly（Tim O'Reilly, ティム・オライリー）, 375
observability（観察可能性）, 539
one-exchange rule（1-交換ルール）, 328
one-way communication（一方向的通信）, 56, 57
optimal assignment（最適割当て）, 272
order book（注文控え帳）, 299
order statistics（順序統計量）, 255
outcome（結果）, 175, 338

■ P

Palacios-Huerta, Ignacio, 170
Pareto（Vilfredo Pareto, ビルフレッド・パレート）, 172
Pareto principle（パレート原理）, 706
Pareto-optimal（パレート最適）, 173
Pareto-optimality（パレート最適性）, 172
passive engagement（受動的参加）, 58
path（パス）, 25, 368
payoff（利得）, 9, 146, 273
payoff function（利得関数）, 175
payoff matrix（利得行列）, 146
percolation（パーコレーション）, 619
perfect competition（完全競争）, 308
perfect matching（完全マッチング）, 269, 328
period（期間）, 346
periphery（周辺）, 597
Perron's theorem（ペロンの定理）, 406
personalized price（私的価格）, 425
phase（フェーズ）, 601
physical capital（物理的資本）, 63
pigeonhole principle（鳩ノ巣原理）, 135
pivotal（中軸的）, 41
player（プレーヤー）, 146
pluralistic ignorance（多数の無知）, 556
plurality voting（最多得票ルール）, 705

polarizing alternative（両極選択肢）, 726
polysemy（多義性）, 379
popularity（人気）, 516
popularity distribution（人気分布）, 532
Portes（Alejandro Portes, アレハンドロ・ポーティス）, 63
positional voting system（順位投票システム）, 704
positive externality（正の外部性）, 485
positive vector（正ベクトル）, 403
posted price（公示価格）, 425
posterior probability（事後確率）, 466, 683
potential energy（位置エネルギー）, 227
potential energy of the auction（オークションの位置エネルギー）, 280
potential of a buyer（購買人の位置エネルギー）, 280
potential of a seller（販売人の位置エネルギー）, 280
power law（べき乗則）, 518
practice（習慣）, 13
prediction market（予測マーケット）, 17, 652
preference relation（選好関係）, 695
preferential attachment（優先接続）, 520
preferred seller（選好販売人）, 274
preferred-seller graph（選好販売人グラフ）, 274, 420
Price（G. R. Price, G. R.・プライス）, 199
principle of repeated improvement（反復改善原理）, 384
prior probability（事前確率）, 466, 683, 714
prisoner's dilemma（囚人のジレンマ）, 148
probability（確率）, 163
procurement auction（調達オークション）, 238, 298
profile（プロファイル）, 724
progress measure（進捗度測定器）, 226
projected graph（プロジェクトグラフ）, 108
property right（財産権）, 732
Pulp Fiction（パルプフィクション）, 704
pure strategy（純粋戦略）, 164, 210
Putnam（Robert Putnam, ロバート・パットナム）, 64

■ Q

quality（品質）, 272

quality factor（品質係数）, 437
quest（探し物）, 578

■ R

random（ランダム）, 611
random walk（ランダムウォーク）, 392
rank（ランク）, 590
rank-based friendship（ランクに基づく友人関係）, 591
rationality（合理性）, 147
reachability（到達可能性）, 369
reciprocal communication（両方向的通信）, 56, 57
recommendation system（推薦システム）, 376, 527
recurrence equation（漸化式）, 638
reduced graph（既約グラフ）, 129
reduction（簡約）, 277
region（領域）, 65
reinforced（強化された）, 579
relative entropy（相対エントロピー）, 685
reputation score（評点）, 679
reputation system（評判システム）, 376, 678
reservation price（保留価格）, 487
reserve price（保留価格）, 256
resource pool（資源プール）, 327
revelation principle（啓示原理）, 251
revenue equivalence（収益の等価性）, 255
revenue per click（1 クリック当たりの収益）, 417
revenue-equivalence principle（等価収益原理）, 428
rigidity theory（剛性理論）, 24
rivalrous good（ライバル商品）, 740
Rogers（Everett Rogers, エヴァレット・ロジャース）, 539
root（根）, 612
Roughgarden（Tim Roughgarden, ティム・ラフガーデン）, 223
Rubinstein（Ariel Rubinstein, アリエル・ルビンシュタイン）, 346

■ S

sales rank（売上ランキング）, 525
sample space（標本空間）, 465
satiation（飽食）, 326

scaling factor（スケール縮小係数）, 390
scarcity（希少性）, 380
Schelling（Thomas Schelling, トーマス・シェリング）, 101, 157, 495
search（検索）, 16
search engine optimization; SEO（検索エンジン最適化）, 395
second wave（第二波）, 612
second-price sealed-bid auction（第二価格封印入札オークション）, 239
selection（選択）, 83
self-fulfilling expectation（自己充足期待感）, 667
self-fulfilling expectations equilibrium（自己充足期待感均衡）, 490
seller（販売人）, 273
semantic network（セマンティックネットワーク）, 365
share（配分額）, 339
shared expectation（期待感の共有値）, 494
shortest path（最短パス）, 30, 41, 69
signal（シグナル）, 714
simple path（単純なパス）, 25
single-peaked preference（単峰型選好）, 709
SIR model（SIR モデル）, 616
SIRS model（SIRS モデル）, 623
SIS model（SIS モデル）, 620
six degrees of separation（6 次の隔たり）, 8, 32
small-world phenomenon（スモールワールド現象）, 32, 580
social capital（社会的資本）, 63
social cost（社会的コスト）, 224
social distance（社会的距離）, 594
social exchange（社会的交換）, 267, 325
social focus（社会的拠点）, 593
social influence（社会的影響）, 84
social network（ソーシャルネットワーク）, 23
social optimality（社会的最適性）, 173
social welfare（社会的効用）, 316
social welfare maximizer（社会的効用最大解）, 174
social-affiliation network（ソーシャル-所属ネットワーク）, 89
social-welfare maximizing（社会的効用最大化）, 296

772　索　引

socialization（社会化）, 84
socially optimal（社会的に最適）, 224, 316
socially optimal solution（社会的最適解）, 174
span（スパン）, 48
spectral analysis（スペクトル解析）, 398
Spence（Michael Spence, マイケル・スペンス）, 678
stability（安定性）, 339, 340, 493
stable（安定）, 340
state price（状態価格）, 661
stationary equilibrium（定常均衡）, 351
stationary strategy（定常戦略）, 351
strategic agenda setting（戦略的アジェンダ設定）, 700
strategy（戦略）, 9, 146
strength（強さ）, 49
strict best response（厳密最善反応）, 152
strict Nash equilibrium（厳密ナッシュ均衡）, 209
strictly dominant strategy（厳密支配戦略）, 148, 152, 217
strictly dominated（厳密支配されている）, 175, 193
strictly dominated strategy（厳密被支配戦略）, 175, 193, 194
Strogatz（Steve Strogatz, スティーブ・ストロガッツ）, 583
strong tie（強い絆）, 8, 49
strong triadic closure property（強三者閉包性）, 50
strongly connected（強連結）, 368
strongly connected component; SCC（強連結成分）, 370
structural balance（構造的平衡）, 8
structural balance property（構造的平衡性）, 110, 112
structural hole（構造的空洞）, 8, 62
structural network（構造ネットワーク）, 24
subgame perfect Nash equilibrium（部分ゲーム完全ナッシュ均衡）, 307, 348
supernode（スーパーノード）, 127
supply（供給）, 488
Surowiecki（James Surowiecki, ジェームズ・スロウィッキー）, 480, 662
surplus（剰余）, 240

surplus（余剰）, 335
surrounding context（周囲環境）, 79
symmetric（対称）, 401
synonymy（同義性）, 379

■ T

Tardos（Éva Tardos, エーバ・タルドシュ）, 223
tendril（巻きひげ）, 373
Thaler（Richard Thaler, リチャード・セイラー）, 249
The Godfather（ゴッドファーザー）, 694
threshold（しきい値）, 556
tie（紐帯）, 8
time-expanded contact network（時刻展開接触ネットワーク）, 621
tipping point（転向点）, 493
total payoff（総利得）, 276
traffic pattern（トラフィックパターン）, 224
transactional（トランザクション用）, 366
transitive（推移的）, 695
transportation network（輸送ネットワーク）, 24
transpose（転置）, 399
travel-time function（所要時間関数）, 224
tree（木）, 612
triadic closure（三者閉包）, 45
trialability（試用可能性）, 539
triangle（三角形）, 45
true value（真の価値）, 239
trust system（信頼システム）, 376

■ U

ultimatum game（最終提案ゲーム）, 337
unanimity（全員一致性）, 706, 724
unbalanced（非平衡的）, 112
unbalanced coordination game（不均等協調ゲーム）, 158
undirected graph（無向グラフ）, 22
uniformly at random（一様ランダムに）, 407
unreinforced（強化されていない）, 579
user talk page（ユーザー会話ページ）, 95
utility function（効用関数）, 655

■ V

valuation（価値評価）, 271, 418
VCG principle（VCG原理）, 422

索　引

Vickrey（William Vickrey，ウィリアム・ヴィックリー），240, 422
Vickrey auction（ヴィックリーオークション），239
Vickrey–Clarke–Groves mechanism（VCG メカニズム），416
Vickrey–Clarke–Groves principle（Vickrey–Clarke–Groves 原理），422
voting（投票），18
voting system（投票システム），697, 724

■ W
Watts（Duncan Watts，ダンカン・ワッツ），583
weak power（弱いパワー），330
weak structural balance property（弱構造的平衡性），120
weak tie（弱い絆），8, 49
weakly balanced（弱平衡的），120
weakly dominated（弱支配されている），180, 195
weakly dominated strategy（弱被支配戦略），180, 194, 195, 217
web page（ウェブページ），360
Wellman（Barry Wellman，バリー・ウェルマン），56
winner's curse（勝者の呪い），249
wisdom of crowds（大衆の知恵），376, 480, 662
word association study（単語連想学習），365
World Wide Web（ワールドワイドウェブ），359
Wright–Fisher model（Wright–Fisher モデル），631

■ Z
Zachary（Wayne Zachary，ウェイン・ザカリー），2, 65
zero-sum game（ゼロ和ゲーム），162
zeroed out（ゼロ化除外），444
Zipf（George Kingsley Zipf，ジョージ・キングズリー・ジップ），526
Zipf plot（ジップ曲線），526
Zipf's law（ジップの法則），526

■ あ
1 クリック当たりの収益 (revenue per click)，417
1-交換ルール (one-exchange rule)，328

2 言語 (bilingual)，565
6 次の隔たり (six degrees of separation)，8, 32
AS グラフ (AS graph)，40
Bacon 数 (Bacon number)，36
Erdös 数 (Erdös number)，36
f 多数決ルール (f-majority rule)，723
SIRS モデル (SIRS model)，623
SIR モデル (SIR model)，616
SIS モデル (SIS model)，620
VCG 原理 (VCG principle)，422
VCG メカニズム (Vickrey–Clarke–Groves mechanism)，416
Vickrey–Clarke–Groves 原理 (Vickrey–Clarke–Groves principle)，422
Wright–Fisher モデル (Wright–Fisher model)，631
アーサー（ブライアン・アーサー，Brian Arthur），490, 502, 507, 508
アカロフ（ジョージ・アカロフ，George Akerlof），668
アダミック（ラダ・アダミック，Lada Adamic），12
アポロ 13 (Apollo 13)，364
アロー（ケネス・アロー，Kenneth Arrow），707
アローの定理 (Arrow's theorem)，708
アンカーテキスト (anchor text)，393
暗黒プール (dark pool)，301
アンダーソン（クリス・アンダーソン，Chris Anderson），524
アンダーソン（リサ・アンダーソン，Lisa R. Anderson），461
安定 (stable)，340
安定性 (stability)，339, 340, 493

■ い
維持関係 (maintained relationship)，56, 57
異種 (heterogeneous)，83
異種親和性 (inverse homophily)，83
依存性 (dependence)，326
依存ネットワーク (dependency network)，24
位置エネルギー (potential energy)，227
一方向的通信 (one-way communication)，56, 57
一様ランダムに (uniformly at random)，407
一般化第二価格入札オークション (generalized second-price auction; GSP)，417

入れ子構造 (nested structure), 67
イングリッシュオークション (English auction), 239
インターフェース (interface), 563
インパクトファクター (impact factor), 396
引用 (citation), 362
引用解析 (citation analysis), 39

■う

ヴィックリー（ウィリアム・ヴィックリー，William Vickrey), 240, 422
ヴィックリーオークション (Vickrey auction), 239
ウェブページ (web page), 360
ウェルマン（バリー・ウェルマン，Barry Wellman), 56
埋め込み数 (embeddedness), 60
売上ランキング (sales rank), 525
売り値 (ask price), 304
売り呼び値 (ask), 299

■え

影響 (influence), 13
影響重み (influence weight), 396
エゲルバーリー（イエネ・エゲルバーリー，Jenö Egerváry), 277
エマーソン（リチャード・エマーソン，Richard Emerson), 325
エルデシュ（パウル・エルデシュ，Paul Erdös), 35
エルファロルバー問題 (El Farol Bar problem), 507
遠方連絡員 (long-range contact), 599

■お

オークションの位置エネルギー (potential energy of the auction), 280
オーソリティ (authority), 384
オーディエンスサイズ (audience size), 496
オライリー（ティム・オライリー，Tim O'Reilly), 375

■か

カーネル解 (kernel solution), 345
ガーフィールド（ユージーン・ガーフィールド，Eugene Garfield), 395
会員閉包 (membership closure), 89

外生的 (exogenous), 651
買い値 (bid price), 304
外部性 (externality), 485, 733
買い呼び値 (bid), 299
ガウス (Gaussian), 517
核 (core), 597
核–周辺構造 (core–periphery structure), 597
拡張形 (extensive-form), 182
確定的 (deterministic), 529
確率 (probability), 163
カスケード (cascade), 543
カスケード効果 (cascading effect), 15
カスケード容量 (cascade capacity), 559, 560
過多性 (abundance), 380
価値評価 (valuation), 271, 418
観察可能性 (observability), 539
完全 (complete), 695
完全カスケード (complete cascade), 543, 560
完全競争 (perfect competition), 308
完全グラフ (complete graph), 111
完全マッチング (perfect matching), 269, 328
簡約 (reduction), 277

■き

木 (tree), 612
キーワード検索連動広告 (keyword-based advertising), 414
期間 (period), 346
希少性 (scarcity), 380
期待感の共有値 (shared expectation), 494
期待値 (expected value), 164
基底 (basis), 401
基底値 (baseline), 296
基底値最大化 (baseline-maximizing), 296
基本的再生数 (basic reproductive number), 614, 635
既約グラフ (reduced graph), 129
強化された (reinforced), 579
強化されていない (unreinforced), 579
供給 (supply), 488
強三者閉包性 (strong triadic closure property), 50
共進化 (coevolution), 88
協調ゲーム (coordination game), 156, 157
共通価値 (common value), 241
共有地 (commons), 737

共有知識 (common knowledge), 154, 558
協力ゲームの理論 (cooperative game theory), 345
強連結 (strongly connected), 368
強連結成分 (strongly connected component; SCC), 370
局所的な門番 (local gatekeeper), 42
局所ブリッジ辺 (local bridge), 48
局所連絡員 (local contact), 599
極大マッチング (maximal matching), 344
巨大強連結成分 (giant SCC), 377
巨大連結成分 (giant component), 28, 53
拠点 (focal point), 86
拠点閉包 (focal closure), 89
距離 (distance), 30
均衡 (equilibrium), 10, 155, 307, 389
均衡量 (equilibrium quantity), 488
近視眼的検索 (myopic search), 600

■く

グエア（ジョン・グエア，John Guare), 32
クラスター (cluster), 547
クラスタリング指数 (clustering exponent), 587
クラスタリング率 (clustering coefficient), 46
グラノヴェッター（マーク・グラノヴェッター，Mark Granovetter), 44, 362, 495, 502
グラフ (graph), 21
グラフ分割 (graph partitioning), 65
グランス（ナタリー・グランス，Natalie Glance), 12
クリーク (clique), 111
クリック単価 (cost-per-click), 415
クリック率 (clickthrough rate), 417
グループ最高選択肢 (group favorite), 700
グループ選好関係 (group preference relation), 698
グループランキング (group ranking), 695, 697, 724
クレンペラー（パウル・クレンペラー，Paul Klemperer), 255
軍拡レース (arms race), 150
群衆化 (herding), 459

■け

経済的資本 (economic capital), 63

啓示原理 (revelation principle), 251
ケーニグ（デーネシュ・ケーニグ，Denes König), 270
ゲーム (game), 146
ゲーム理論 (game theory), 143
結果 (outcome), 175, 338
結合戦略 (joint strategy), 175
血統 (lineage), 630
検索 (search), 16
検索エンジン最適化 (search engine optimization; SEO), 395
厳密最善反応 (strict best response), 152
厳密支配されている (strictly dominated), 175, 193
厳密支配戦略 (strictly dominant strategy), 148, 152, 217
厳密ナッシュ均衡 (strict Nash equilibrium), 209
厳密被支配戦略 (strictly dominated strategy), 175, 193, 194
厳密被支配戦略の反復除去 (iterated deletion of strictly dominated strategies), 178, 179

■こ

コア解 (core solution), 345
交互 BFS (alternating BFS), 285
交互パス (alternating path), 283, 443
交互幅優先探索 (alternating breadth-first search), 285
交差 (crossing), 313
公示価格 (posted price), 425
格子ステップ (grid step), 583
交渉ゲーム (bargaining game), 346
公正使用 (fair use), 742
剛性理論 (rigidity theory), 24
構造的空洞 (structural hole), 8, 62
構造的平衡 (structural balance), 8
構造的平衡性 (structural balance property), 110, 112
構造ネットワーク (structural network), 24
行動 (behavior), 4
高人気 (favorite), 297
購買人 (buyer), 273
購買人の位置エネルギー (potential of a buyer), 280

効用関数 (utility function), 655
合理性 (rationality), 147
コースの定理 (Coase's theorem), 736
コールマン（ジェームズ・コールマン，James Coleman), 63
互換性 (compatibility), 539
ゴッドファーザー (The Godfather), 694
コミュニケーションネットワーク (communication network), 23
固有値 (eigenvalue), 401
固有の価値 (intrinsic value), 239
固有ベクトル (eigenvector), 401
混合戦略 (mixed strategy), 163, 210
コンドルセ（マルキス・ド・コンドルセ，Marquis de Condorcet), 699
コンドルセ陪審定理 (Condorcet jury theorem), 715
コンドルセパラドックス (Condorcet paradox), 699

■さ

最近共通祖先 (most recent common ancestor), 634
財産権 (property right), 732
最終提案ゲーム (ultimatum game), 337
最小カット (minimum cut), 72
最小マーケット完売価格 (minimum market-clearing price), 442
最善反応 (best response), 151, 175
最善反応ダイナミクス (best-response dynamics), 226
最大マッチング (maximum matching), 282
最多得票ルール (plurality voting), 705
最短パス (shortest path), 30, 41, 69
最適割当て (optimal assignment), 272
探し物 (quest), 578
ザカリー（ウェイン・ザカリー，Wayne Zachary), 2, 65
指し値注文 (limit order), 299
三角形 (triangle), 45
三者閉包 (triadic closure), 45

■し

シェリング（トーマス・シェリング，Thomas Schelling), 101, 157, 495
しきい値 (threshold), 556

識別不可能 (indifferent), 166, 213, 305
シグナル (signal), 714
資源プール (resource pool), 327
事後確率 (posterior probability), 466, 683
時刻展開接触ネットワーク (time-expanded contact network), 621
自己充足期待感 (self-fulfilling expectation), 667
自己充足期待感均衡 (self-fulfilling expectations equilibrium), 490
事象 (event), 465
施設配置ゲーム (facility location game), 176
事前確率 (prior probability), 466, 683, 714
ジップ（ジョージ・キングズリー・ジップ，George Kingsley Zipf), 526
ジップ曲線 (Zipf plot), 526
ジップの法則 (Zipf's law), 526
私的価格 (personalized price), 425
支配戦略 (dominant strategy), 152, 421
市民ケーン (Citizen Kane), 694
社会化 (socialization), 84
社会的影響 (social influence), 84
社会的拠点 (social focus), 593
社会的距離 (social distance), 594
社会的交換 (social exchange), 267, 325
社会的効用 (social welfare), 316
社会的効用最大化 (social-welfare maximizing), 296
社会的効用最大解 (social welfare maximizer), 174
社会的コスト (social cost), 224
社会的最適解 (socially optimal solution), 174
社会的最適性 (social optimality), 173
社会的資本 (social capital), 63
社会的に最適 (socially optimal), 224, 316
弱構造的平衡性 (weak structural balance property), 120
弱支配されている (weakly dominated), 180, 195
弱被支配戦略 (weakly dominated strategy), 180, 194, 195, 217
弱平衡的 (weakly balanced), 120
周囲環境 (surrounding context), 79
収益の等価性 (revenue equivalence), 255
集塊的 (agglomerative), 67

習慣 (practice), 13
集合行為 (collective action), 555
囚人のジレンマ (prisoner's dilemma), 148
周辺 (periphery), 597
集約手続き (aggregation procedure), 697
受動的参加 (passive engagement), 58
需要 (demand), 487
需要関数 (demand function), 487
需要逆関数 (inverse demand function), 487
順位投票システム (positional voting system), 704
順序統計量 (order statistics), 255
純粋戦略 (pure strategy), 164, 210
障害集合 (constricted set), 269, 270
試用可能性 (trialability), 539
条件付き確率 (conditional probability), 465
勝者の呪い (winner's curse), 249
状態価格 (state price), 661
焦点法 (focal point), 157
衝突 (collision), 643
情報カスケード (information cascade), 14, 459
情報検索 (information retrieval), 379
情報ネットワーク (information network), 23, 359
情報の効果 (informational effect), 485, 538
剰余 (surplus), 240
食物網 (food web), 40
所属ネットワーク (affiliation network), 87
所要時間関数 (travel-time function), 224
自律システム (autonomous system), 40
進化論的安定戦略 (evolutionarily stable strategy), 201
進化論的ゲーム理論 (evolutionary game theory), 199
進化論的に安定 (evolutionarily stable), 202
新技術の普及 (diffusion of innovation), 538
進捗度測定器 (progress measure), 226
人的資本 (human capital), 63
真の価値 (true value), 239
信頼システム (trust system), 376

■す

推移的 (transitive), 695
推薦システム (recommendation system), 376, 527
スーパーノード (supernode), 127

スケール縮小係数 (scaling factor), 390
ストロガッツ（スティーブ・ストロガッツ, Steve Strogatz), 583
スパン (span), 48
スペクトル解析 (spectral analysis), 398
スペンス（マイケル・スペンス, Michael Spence), 678
スモールワールド現象 (small-world phenomenon), 32, 580
スロウィッキー（ジェームズ・スロウィッキー, James Surowiecki), 480, 662

■せ

正規 (normal), 517
正規化 (normalization), 386, 409, 411
正規化されたスコア (normalized score), 409–411
制度 (institution), 16, 651
正の外部性 (positive externality), 485
成分 (component), 26
正ベクトル (positive vector), 403
セイラー（リチャード・セイラー, Richard Thaler), 249
接触ネットワーク (contact network), 610
絶滅危機連鎖 (cascading extinction), 40
セマンティックネットワーク (semantic network), 365
競り上げオークション (ascending-bid auction), 239
競り下げオークション (descending-bid auction), 239
ゼロ化除外 (zeroed out), 444
ゼロ和ゲーム (zero-sum game), 162
全員一致性 (unanimity), 706, 724
全額払いオークション (all-pay auction), 247
漸化式 (recurrence equation), 638
線形 (linear), 365
選好関係 (preference relation), 695
選好販売人 (preferred seller), 274
選好販売人グラフ (preferred-seller graph), 274, 420
全世界人名認識ネットワーク (global name-recognition network), 368
選択 (selection), 83
選択肢 (alternative), 695
戦略 (strategy), 9, 146

戦略的アジェンダ設定 (strategic agenda setting), 700

■そ

層 (layer), 74
増加パス (augmenting path), 284
相互的通信 (mutual communication), 56
相対エントロピー (relative entropy), 685
総利得 (total payoff), 276
ソーシャル-所属ネットワーク (social-affiliation network), 89
ソーシャルネットワーク (social network), 23

■た

ダイアモンド（ジャレド・ダイアモンド，Jared Diamond), 28
第一価格封印入札オークション (first-price sealed-bid auction), 239
第一波 (first wave), 612
大衆の知恵 (wisdom of crowds), 376, 480, 662
対称 (symmetric), 401
対数賭け率 (log odds ratio), 684
第二価格封印入札オークション (second-price sealed-bid auction), 239
第二波 (second wave), 612
対立選択 (adverse selection), 674
鷹と鳩のゲーム (hawk-dove game), 160
多義性 (polysemy), 379
多数決ルール (majority rule), 698
多数の無知 (pluralistic ignorance), 556
ダッチオークション (Dutch auction), 239
タルドシュ（エーバ・タルドシュ，Éva Tardos), 223
単語連想学習 (word association study), 365
単純なパス (simple path), 25
単峰型選好 (single-peaked preference), 709

■ち

チキンゲーム (chicken game), 161
着陸ページ (landing page), 680
中位投票者定理 (median voter theorem), 711
仲介 (brokerage), 64
仲介数 (betweenness), 69, 326
中軸的 (pivotal), 41
中心極限定理 (central limit theorem), 517
中心度 (centrality measure), 327
紐帯 (tie), 8

注文控え帳 (order book), 299
中立的モデル (neutral model), 632
長期間 (longitudinal), 84
調達オークション (procurement auction), 238, 298
直接的利益の効果 (direct-benefit effect), 485, 538
著作権法 (copyright law), 741
直径 (diameter), 43

■つ

強い絆 (strong tie), 8, 49
強さ (strength), 49

■て

定常均衡 (stationary equilibrium), 351
定常戦略 (stationary strategy), 351
デービス（ジェームズ・デービス，James Davis), 119
適合性 (fitness), 202
転向点 (tipping point), 493
転送回数 (delivery time), 586
転置 (transpose), 399
電話利用グラフ (call graph), 38

■と

等依存 (equidependent), 335
等価収益原理 (revenue-equivalence principle), 428
同義性 (synonymy), 379
同時並行性 (concurrency), 628
同時並行的 (concurrent), 628
同種親和性 (homophily), 79
到達可能性 (reachability), 369
等抵抗性 (equiresistance), 345
動的ゲーム (dynamic game), 182
投票 (voting), 18
投票システム (voting system), 697, 724
独裁制 (dictatorship), 725
独占されている (monopolized), 308
独立で個人的な評価 (independent private value), 422
トラフィックパターン (traffic pattern), 224
トランザクション用 (transactional), 366

■な

内生的 (endogenous), 651

内部結合型資産 (bonding capital), 64
長さ (length), 30
ナッシュ（ジョン・ナッシュ, John Nash）, 155, 162, 346, 364
ナッシュ均衡 (Nash equilibrium), 155, 175
ナッシュ交渉解 (Nash bargaining solution), 335
ナビゲーション (navigation), 366
ナビゲーション用 (navigational), 366

■に

二部 (bipartite), 131
二部グラフ (bipartite graph), 87, 268
二部グラフのマッチング問題 (bipartite matching problem), 268
入リンク (in-link), 516
人気 (popularity), 516
人気分布 (popularity distribution), 532

■ね

根 (root), 612
ネットワーク (network), 1
ネットワーク効果 (network effect), 14, 485
ネットワーク交換理論 (network exchange theory), 267, 325

■の

ノード (node), 21

■は

パーコレーション (percolation), 619
ハーディン（ギャレット・ハーディン, Garrett Hardin）, 737
バート（ロン・バート, Ron Burt）, 60
バーナーズ リー（ティム・バーナーズ リー, Tim Berners-Lee）, 360
バーンズ（ジョン・バーンズ, John Barnes）, 23
敗者消去トーナメント (elimination tournament), 700
排除 (exclusion), 326
ハイパーテキスト (hypertext), 361
配分額 (share), 339
橋渡し型資産 (bridging capital), 64
パス (path), 25, 368
パットナム（ロバート・パットナム, Robert Putnam）, 64

鳩ノ巣原理 (pigeonhole principle), 135
幅優先探索 (breadth-first search), 30, 585
ハブ (hub), 384
バラト（クリシュナ・バラト, Krishna Bharat）, 393
ハラリー（フランク・ハラリー, Frank Harary）, 114
ハルサーニ（ジョン・ハルサーニ, John Harsanyi）, 147
パルプフィクション (Pulp Fiction), 704
パレート（ビルフレッド・パレート, Vilfredo Pareto）, 172
パレート原理 (Pareto principle), 706
パレート最適 (Pareto-optimal), 173
パレート最適性 (Pareto-optimality), 172
ハワード（ロン・ハワード, Ron Howard）, 364
販売人 (seller), 273
販売人の位置エネルギー (potential of a seller), 280
反復改善原理 (principle of repeated improvement), 384

■ひ

被支配戦略 (dominated strategy), 174
非対称的な情報 (asymmetric information), 667
ビックマン（レオナルド・ビックマン, Leonard Bickman）, 460
非独裁制 (non-dictatorship), 708
非平衡的 (unbalanced), 112
非マッチング辺 (nonmatching edge), 283, 443
ビューティフル・マインド (A Beautiful Mind), 364
標準形 (normal-form), 182
評点 (reputation score), 679
評判システム (reputation system), 376, 678
標本空間 (sample space), 465
非ライバル商品 (nonrivalrous good), 740
非連結 (disconnected), 374
品質 (quality), 272
品質係数 (quality factor), 437

■ふ

不安定性 (instability), 340
夫婦の戦い (battle of the sexes), 158
フェーズ (phase), 601
フェルド（スコット・フェルド, Scott Feld）,

86
不均等協調ゲーム (unbalanced coordination game), 158
複雑性 (complexity), 539
二つのコインの表裏ゲーム (matching pennies), 162
ブッシュ（バンネバール・ブッシュ，Vannevar Bush），365
物理的資本 (physical capital), 63
負の外部性 (negative externality), 486
部分ゲーム完全ナッシュ均衡 (subgame perfect Nash equilibrium), 307, 348
プライス（G. R.・プライス，G. R. Price），199
ブラウザー (browser), 360
ブラック（ダンカン・ブラック，Duncan Black），710
フリーマン（リントン・フリーマン，Linton Freeman），70
ブリッジ辺 (bridge), 47
ブルデュ（ピエール・ブルデュ，Pierre Bourdieu），63
ブレイス（ディートリッヒ・ブレイス，Dietrich Braess），222
ブレイスのパラドックス (Braess's paradox), 9, 219
プレーヤー (player), 146
ブローダー（アンドレー・ブローダー，Andrei Broder），370
プロジェクトグラフ (projected graph), 108
ブロッキングクラスター (blocking cluster), 555
プロファイル (profile), 724
文化的資本 (cultural capital), 63
分散化検索 (decentralized search), 585
分枝プロセス (branching process), 612, 635
分断的 (divisive), 66

■へ

平均距離 (average distance), 43
併合 (coalescence), 642
平衡性定理 (balance theorem), 114
平衡的 (balanced), 112, 342, 344
平衡的な結果 (balanced outcome), 344
平衡的分割 (balanced division), 127
併合プロセス (coalescent process), 635
ベイズの法則 (Bayes' rule), 466

閉包 (closure), 64
閉包プロセス (closure process), 89
閉路 (cycle), 25
べき乗則 (power law), 518
ベルコビッツ（ローレンス・ベルコビッツ，Lawrence Berkowitz），460
ペロンの定理 (Perron's theorem), 406
辺 (edge), 21

■ほ

飽食 (satiation), 326
ポーティス（アレハンドロ・ポーティス，Alejandro Portes），63
ホール（フィリップ・ホール，Phillip Hall），270
保留価格 (reserve price), 256
保留価格 (reservation price), 487
ボルダ（ジーン-チャールズ・ド・ボルダ，Jean-Charles de Borda），703
ボルダ得点法 (Borda count), 703
ホルト（チャールズ・ホルト，Charles Holt），461
ポンコツ車 (lemon), 671
本質的な辺 (essential edge), 319

■ま

マーケット価格 (market price), 487
マーケット完売 (market-clearing), 275, 420
マーケット完売価格 (market-clearing price), 274, 420
マーケット進出ゲーム (market entry game), 185
マーケット注文 (market order), 299
マーケットの確信 (market's belief), 662
マーロー（キャメロン・マーロー，Cameron Marlow），56
マイクロブロギング (microblogging), 59
巻きひげ (tendril), 373
マッチされている (matched), 283
マッチング (matching), 328
マッチング定理 (matching theorem), 270
マッチング辺 (matching edge), 283, 443
マッチングマーケット (matching market), 267

■み

ミトコンドリアイブ (Mitochondrial Eve), 630

ミハイラ（ジョージ・ミハイラ，George Mihaila），393
ミルグラム（スタンレー・ミルグラム，Stanley Milgram），32, 460, 580

■む

ムーディ（ジェームズ・ムーディ，James Moody），80
無関係選択肢からの独立性 (independence of irrelevant alternatives), 707, 724
向き (direction), 401
無限地平ゲーム (infinite-horizon game), 348
無向グラフ (undirected graph), 22
無罪 (acquittal), 719

■め

メイナード・スミス（ジョン・メイナード・スミス，John Maynard Smith），199
メジアン (median), 711
メタ検索 (meta-search), 694
メメックス (Memex), 365

■も

モラルハザード (moral hazard), 676
門番 (gatekeeper), 42

■ゆ

有限地平ゲーム (finite-horizon game), 348
有向 (directed), 367
有向グラフ (directed graph), 22
有向辺 (directed edge), 22
ユーザー会話ページ (user talk page), 95
有罪 (conviction), 719
優先接続 (preferential attachment), 520
輸送ネットワーク (transportation network), 24

■よ

余剰 (surplus), 335
予想ルール (forecasting rule), 512
予測マーケット (prediction market), 17, 652
弱い絆 (weak tie), 8, 49
弱いパワー (weak power), 330

■ら

ライバル商品 (rivalrous good), 740
ラフガーデン（ティム・ラフガーデン，Tim Roughgarden），223

ランク (rank), 590
ランクに基づく友人関係 (rank-based friendship), 591
ランダム (random), 611
ランダムウォーク (random walk), 392

■り

利得 (payoff), 9, 146, 273
利得関数 (payoff function), 175
利得行列 (payoff matrix), 146
領域 (region), 65
両極選択肢 (polarizing alternative), 726
両方向的通信 (reciprocal communication), 56, 57
臨界点 (critical point), 493
リンク (link), 2
隣接行列 (adjacency matrix), 398
隣接ノード (neighbor), 21, 270
隣接ノード重なり (neighborhood overlap), 53, 61, 98
隣接ノード集合 (neighbor set), 270

■る

累積分布関数 (cumulative distribution function), 254
ルビンシュタイン（アリエル・ルビンシュタイン，Ariel Rubinstein），346

■れ

連結 (connected), 25, 368
連結成分 (connected component), 26, 368
連想記憶 (associative memory), 365
連絡員 (contact), 599

■ろ

ロジャース（エヴァレット・ロジャース，Everett Rogers），539
ロングテール (long tail), 376

■わ

ワールドワイドウェブ (World Wide Web), 359
ワッツ（ダンカン・ワッツ，Duncan Watts），583

〈訳者紹介〉

浅野　孝夫（あさの　たかお）
中央大学理工学部情報工学科教授
1977 年 東北大学にて工学博士取得．
著書に「情報の構造」（日本評論社），「離散数学」（サイエンス社），「情報数学」（コロナ社），訳書に「近似アルゴリズム」（丸善出版），「組合せ最適化」（丸善出版），「アルゴリズムデザイン」（共立出版）などがある．
1987 年 日本 IBM 科学賞（情報科学部門）受賞．

浅野　泰仁（あさの　やすひと）
京都大学情報学研究科特定准教授
2003 年 東京大学にて理学博士（情報科学）取得．
以降，Web 上の情報発見手法の研究に従事．

ネットワーク・大衆・マーケット ―現代社会の複雑な連結性についての推論― （原題：*Networks, Crowds, and Markets: Reasoning about a Highly Connected World*） 2013 年 6 月 10 日　初版 1 刷発行	訳　者　浅野孝夫・浅野泰仁　Ⓒ 2013 原著者　D. Easley（イースリー） 　　　　J. Kleinberg（クラインバーグ） 発行者　南條光章 発行所　**共立出版株式会社** 　　　　東京都文京区小日向 4-6-19 　　　　電話　03-3947-2511（代表） 　　　　郵便番号　112-8700 　　　　振替口座　00110-2-57035 　　　　URL http://www.kyoritsu-pub.co.jp/ 印　刷　啓文堂 製　本　ブロケード

検印廃止
NDC 007
ISBN 978-4-320-12331-1

一般社団法人
自然科学書協会
会員

Printed in Japan

JCOPY ＜(社)出版者著作権管理機構委託出版物＞
本書の無断複写は著作権法上での例外を除き禁じられています．複写される場合は，そのつど事前に，(社)出版者著作権管理機構（電話 03-3513-6969，FAX 03-3513-6979，e-mail: info@jcopy.or.jp）の許諾を得てください．